Weichbrodt
Lebensläufe von Verstorbenen aus Königsberg i. Pr. 1626–1637

Sonderschriften des Vereins
für Familienforschung in Ost- und Westpreußen e. V.

Nr. 119

"Bey gehaltener Leichpredigt abgekündiget"

Lebensläufe von Verstorbenen der Altstädtischen Gemeinde Königsberg i. Pr. aus den Jahren 1626–1637

Herausgegeben von
Ernst Peter Weichbrodt

unter Mitwirkung von
Martin Conitzer

Hamburg 2015
Im Selbstverlag des Vereins

Sonderschrift 119

Weichbrodt
Lebensläufe von Verstorbenen aus Königsberg i. Pr. 1626–1637

ISBN 978-3-931577-72-8

Hamburg 2015

Selbstverlag des Vereins für Familienforschung
in Ost- und Westpreußen e. V.
Sitz Hamburg

Herausgeber: Verein für Familienforschung in Ost- und Westpreußen. e. V. Sitz Hamburg
Homepage: < http://www.vffow.de >

Schriftleitung: Carsten Fecker, Schenefelder Diek 3, 22589 Hamburg
Satz: Ernst Peter Weichbrodt, Poeler Str. 37, 23970 Wismar

Bezug sämtlicher Schriften nur über:
Elisabeth Meier, Postfach 2102, 58264 Gevelsberg
E-Mail: vffow.buchverkauf@t-online.de

Konto: Postbank Hamburg Nr. 1575 80-206 (BLZ 200 100 20)

Herstellung: Basse-Druck, Hagen

Inhaltsverzeichnis

Einführung

1. Das Kirchenbuch und seine Übertragung

Die vorliegende Veröffentlichung gibt den Inhalt eines Kirchenbuches wieder, das jetzt im Evangelischen Zentralarchiv Berlin aufbewahrt wird. Es enthält Angaben zu den Lebensläufen von 839 Personen, die in der Altstädtischen Gemeinde in Königsberg zwischen 1626 und 1637 gestorben sind.

Das Buch trägt die Signatur 2109 des Evangelischen Zentralarchivs Berlin. Es ist 22 cm breit und 32 cm hoch mit einer Dicke von 5 cm und ist in Leinen mit Lederrücken gebunden. Es enthält eine Rückenprägung in fünf Zeilen:

Königsberg / Pr. / Altstadt / Leichenpredigten / 1626-1637.

Das Buch ist 1953 verfilmt worden. Der Vorspann des Films enthält diese Angaben:

Filmed by the Genealogical Society, Salt Lake City, Utah
at Berlin-Dahlem Am Hirschsprung 60 East German Mission
Date: Jue. 3, 1953
Title of record:
DEATHS EVGL.
Vol.: B 2820
1626 – 1637 with alph. Reg.

Das Buch ist in gutem Erhaltungszustand. Die Eintragungen beginnen auf dem Vorblatt unten (von einer Hand des 19. Jahrhunderts):

Blatt 1 – 314
Depositum
der Altstädtischen Kirche zu Königsberg i. Pr.
No. 9

Es gibt eine zeitgenössische Paginierung von S. 1 bis zur Seite 599, die sich über der obersten Schriftzeile jeweils innen am Kopf der Seiten befindet und mit "pag. xx" jede Seite zählt. Ebenfalls am oberen Seitenrand befinden sich die zeitgenössische Angabe der Jahreszahl und des Monats, ab dem Jahresbeginn 1636 nur noch die Jahreszahl. Offensichtlich neuer ist eine zweite, mit Bleistift geschriebene und auf dem Vorblatt erwähnte Paginierung, ebenfalls am Kopf der Seiten, die für jedes Blatt (nicht für jede Seite einzeln) rechts oben eine Ziffer vergibt und bis 314 zählt.

Die Eintragungen sind auf jeder Seite in zwei Spalten angeordnet. In einer breiten Hauptspalte mit etwa drei Vierteln der Seitenbreite stehen die Lebensläufe auf, die auf pag. 1 beginnen und auf pag. 599 enden. In einer jeweils am äußeren Seitenrand angeordneten schmaleren Spalte stehen anfänglich der Vor- und Nachname, manchmal zusätzlich der Beruf jedes Verstorbenen. Eine fortlaufende Nummerierung wurde nur bis Nummer 10 vor diese Namen gesetzt. Ab dem Jahr 1628 (bei lfd. Nr. 127) wird in der Randspalte an Stelle der Namen meistens das Tagesdatum des Begräbnisses eingetragen, immer wieder finden sich hier auch Ergänzungen der Texte oder sonstige Eintragungen. Von Mitte Januar 1630 bis Frühjahr 1631 (von lfd. Nr. 386 bis 475) wird sie nicht beschrieben. Die Abbildungen 2 bis 6 geben einen optischen Eindruck von dem Kirchenbuch (1); siehe dazu besonders die Abb. 2 (S. 46) und Abb. 4 (S. 349). Nach den Lebensläufen und einer Leerseite folgt auf den anschließenden 32 Seiten ohne Paginierung der „CATALOGUS DEFUNCTORUM iuxta seriem Alphabeti

---

1 Abdruck mit freundlicher Genehmigung des Evangelischen Zentralarchivs Berlin vom 26. Mai 2014.

distributus". Dieses Namensregister der im Buch aufgeführten Personen ist nach den Vornamen [!] und innerhalb gleicher Vornamen nach den Nachnamen geordnet, bei Frauen innerhalb gleicher Vornamen nach dem Vor- und Nachnamen des Ehemannes bzw. des Vaters; häufig findet sich der Eintrag für eine Frau auch nur unter dem Namen des Mannes. Dieses Register enthält Vorname, Nachname, teilweise auch den Beruf/Stand sowie die zeitgenössische Seitennummer für den Beginn des Lebenslaufes. Es ist nicht ganz vollständig und gibt die Vornamen abweichend von den Lebensläufen in vereinheitlichter Weise wieder (Hans = Johann, Merten = Martin usw.). Die Seiten mit diesem Namensindex am Ende des Buches tragen nur die jüngere Paginierung, beginnen entsprechend dieser Zählung mit der Ziffer 299 und enden auf Seite 314v. Das Register wurde in diese Edition nicht mit aufgenommen, weil es nur selten weiterführende Inhalte enthält, die ggflls. in den Fußnoten gebracht werden.

Der vorliegenden Veröffentlichung liegt eine maschinenschriftliche Abschrift des Kirchenbuches zu Grunde, die in Berlin (West) nach Kriegsende gefertigt wurde. Dieses Typoskript enthält die Eintragungen zu jeder Person auf einem eigenen Blatt – geschrieben auf holzhaltigem, grobem Papier, das mit teils sehr schwachem, nur noch schlecht lesbarem Farbband beschrieben wurde. Bei Caspar **Kleinpfennig** (lfd. Nr. 373), d. h. nach etwa einem Drittel des gesamten Textes, findet sich auf dem Typoskript-Blatt an der Stelle, an der sonst das Begräbnisdatum vermerkt ist, die Jahreszahl 1958, die nachträglich in das Sterbejahr 1629 geändert wurde – 1958 ist sicherlich das Jahr, in dem diese Textstelle übertragen wurde. Ernst **Witt** hat nach diesem Typoskript die Auszüge aus den Lebensläufen erstellt, die er 1963 in der Reihe 'Sonderschriften' des Vereins für Familienforschung in Ost- und Westpreußen publizieren konnte (2). Ob er auch derjenige gewesen ist, der das Kirchenbuch als Typoskript übertragen hat, ist heute zwar nicht mit letzter Sicherheit festzustellen. Benutzungsvermerke aus der fraglichen Zeit sind in den Akten des Evangelischen Zentralarchivs nicht vorhanden (3). Eine diesbezügliche Anfrage beim Geheimen Staatsarchiv Preußischer Kulturbesitz, dem seinerzeitigen Aufbewahrungsort des Buches, blieb leider ohne Antwort. Man kann dennoch ohne Zweifel davon ausgehen, dass es Ernst **Witt** selbst war, der um 1958 das Buch in Maschinenschrift übertragen hat. Wie aus den Vereinsmatrikeln hervorgeht, war er 1902 in Königsberg geboren. Nach dem Krieg lebte er in Berlin und trat am 11. März 1956 dem Verein bei, als Beruf gab er an "Verwaltungs-Amtmann z. Wv.". Am 30. April 1983 trat er, nun in Aachen wohnend, "aus Krankheits- und Altersgründen" aus dem Verein aus. Dieser Ernst Witt ist nicht personengleich mit einem anderen Vereinsmitglied Dr.-Ing. Ernst **Witt**, der im Frühjahr 1932 in Königsberg dem Verein beigetreten war (4) und der in der Nachkriegszeit als Architekt in Hannover lebte (5).

Durch eine glückliche Fügung gelangten die zwei Aktenordner mit den Blättern des Typoskripts in den Besitz des Vereins für Familienforschung in Ost- und Westpreußen. Die genauen Umstände dieser Übergabe lassen sich nicht mehr feststellen – sie wurden von der Familie des damals wohl schon verstorbenen Ernst **Witt**, die den Wert dieser Arbeit zu schätzen wusste, an den späteren Vorsitzenden des Vereins Reinhold Heling in den 1980er

---

2 Ernst Witt: Leichenpredigten der Altstädtischen Kirche in Königsberg/Pr. 1626–1637. (Sonderschriften des Vereins für Familienforschung in Ost- und Westpreußen. 3.) Hamburg 1963. – Die Schrift ist als Ausgabe auf CD-Rom weiterhin beim Verein erhältlich, siehe < www.vffow-buchverkauf.de >

3 Freundliche Mitteilung des Archivs vom 28. Januar 2013.

4 Eintrag unter „Neue Mitglieder": Witt, Ernst, Dr. Ing, Architekt, Königsberg Pr., Wallring 12. In: Altpreußische Geschlechterkunde 6 (1932), S. 48. – Irrtümliche Gleichsetzung beider Vereinsmitglieder bei Reinhold Heling: Zur Geschichte und zum Stand der altpreußischen Familienforschung. Notizen und Gedanken zum 65.Gründungstag des Vereins. In: Altpreußische Geschlechterkunde NF 38. (1990), Bd. 20, S. 1-26, hier S. 8 Anm. 27.

5 Ernst Bahr: Artikel "Ernst Witt". In: Altpreußische Biographie 4 (1995), S. 1304.

Jahren übergeben. Reinhold **Heling** (6) war stets davon überzeugt, dass die vollständigen Lebensläufe einen eigenen Wert über die bereits veröffentlichten Auszüge hinaus haben. Da ist zunächst die Tatsache, dass sich bei **Witt** in wenigen Fällen falsche Tagesdaten finden und, schon häufiger, das Begräbnisdatum als Sterbedatum genannt wurde, wenn Letzteres nicht direkt genannt wird, sondern aus dem Text erschlossen werden muss. Die Angaben zu den Kindern fehlen bei **Witt** ganz wie auch die teils ausführlichen Mitteilungen über häusliche Gegebenheiten. Die beruflichen Teile der Lebensläufe sind bei ihm nur kurz angedeutet ohne viele der mitgeteilten Details, die Aussagen über soziale Beziehungen und Krankheiten sind gar nicht enthalten ebenso wie die genauen Umstände und Ursachen des Sterbens, die zusammen mit der letzten, zum Tode führenden Krankheit breiten Raum einnehmen. Alles dieses und viele weitere Tatbestände insbesondere zum Alltagsleben sind seit Jahrzehnten Gegenstand von Forschungen an und mit Leichenpredigten und in den hier vorgelegten Lebensläufen vielfältig enthalten. Für diese Edition konnte erstmalig durch Auswertung der Totenregister der Altstädtischen Gemeinde (s. u. S. 38) in vielen Fällen das genaue Sterbedatum ermittelt werden. Nicht zuletzt stellt sie auch neuartiges Quellenmaterial für sprachwissenschaftliche Auswertungen bereit, indem hier – wohl erstmals – handschriftliche Aufzeichnungen aus dem Umkreis von Leichenpredigten im Wortlaut vorgelegt werden (7). Reinhold **Heling** reichte das Typoskript mit der Bitte, sich um eine vollständige Edition zu kümmern, im Jahre 2004 an den Herausgeber weiter. Der Verein ließ die Blätter anschließend erneut und nun digitalisiert abschreiben, um eine zeitgemäße Grundlage für alle nachfolgenden Arbeiten zu haben.

Der notwendige Abgleich dieser auf dem Typoskript fußenden Niederschrift der Texte mit dem originalen Kirchenbuch erfolgte durch den Herausgeber zunächst anhand der oben erwähnten Filme (jetzt in Form von Mikrofiches) aus dem Evangelischen Zentralarchiv Berlin. Für die vorliegende Edition konnte im EZA anschließend das originale Kirchenbuch eingesehen, dabei einige Lesefehler und wenige schwer lesbare oder unklare Stellen berichtigt bzw. nachgetragen werden und vor allem die Anordnung der Textteile in einer Hauptspalte mit Vorspann (siehe dazu den nächsten Absatz) und einer am äußeren Seitenrand angeordneten Randspalte erkannt werden, was aus dem Typoskript nicht hervorging. Der Zustand der Mikrofiches ist sehr schlecht. Viele Stellen, manchmal halbe Seiten, sind durch Überblendung nicht mehr lesbar. Der obere Seitenrand ist meist etwas abgeschnitten, dadurch ist die zeitgenössische Paginierung auf den Fiches nur selten zu lesen. Das ist der Grund für den Verzicht auf die Wiedergabe der Original-Paginierung im hier veröffentlichten Text. Das Kirchenbuch selbst ist sehr gut lesbar. Die seltenen unlesbaren Stellen sind nur einem dann flüchtigen Schreibstil oder winziger Schriftgröße geschuldet, wenn eine nachträgliche Eintragung länger als der dafür freigehaltene Platz wurde. Die Übertragung der Handschrift in das Typoskript war durchweg buchstabengetreu. Ernst **Witt** hat seine Übertragung offenkundig anhand des originalen Kirchenbuches (d. h. nicht nur anhand der damals schon vorliegenden Filme) machen können und schreibt dazu: "Obwohl die Schriftzüge im

---

6 Zu seiner Person und seinem Wirken siehe: Carsten Fecker: Reinhold Heling zum Gedächtnis. In: Altpreußische Geschlechterkunde, NF 57. (2009), Bd. 39, S. VII-XI.

7 Aus der umfangreichen Literatur zu diesem Thema seien hier wenige Titel aufgeführt, die für diese Einführung herangezogen wurden:
Rudolf Lenz (Hrsg.): Leichenpredigten als Quelle historischer Wissenschaften. Band 1 bis 4. Marburg 1975–2004. / Ralf Georg Bogner: Der Autor im Nachruf. Formen und Funktionen der literarischen Memorialkultur von der Reformation bis zum Vormärz. Tübingen 2006. / Héctor Wittwer, Daniel Schäfer und Andreas Frewer (Hrsgg.): Sterben und Tod. Geschichte – Theorie – Ethik. Ein interdisziplinäres Handbuch. Stuttgart, Weimar 2010.
Eine sehr gute Übersicht bietet die "Bibliographie zur Leichenpredigten-Literatur", die als Datenbank online von der in Marburg beheimateten "Forschungsstelle für Personalschriften" der Akademie der Wissenschaften und der Literatur Mainz bereitgestellt und ständig aktualisiert wird: < http://www.personalschriften.de/datenbanken/bibliographie.html > .

allgemeinen erstaunlich gut erhalten und gut lesbar sind, werden vereinzelt Lesefehler entstanden sein. Sie sind wohl nicht immer zu vermeiden und lassen sich bei eingehender Forschung Interessierter richtigstellen" (S. 2). **Witt** konnte Latein und kennzeichnete bzw. berichtigte wiederholt falsche lateinische Textstellen. Er beherrschte jedoch kein Griechisch und vermerkte bei den wenigen griechischen Textstellen lediglich deren Vorkommen. Bei dem jetzigen Abgleich wurden sehr selten an einzelnen Stellen Auslassungen einiger Worte durch Ernst Witt festgestellt ebenso wie falsche Buchstaben. Dabei handelt es sich überwiegend um Tippfehler durch Verwechslung von zwei auf der Schreibmaschinen-Tastatur nebeneinander liegenden Buchstaben. Solche an unsinnigen Wörtern leicht erkennbare Fehler wurden meist stillschweigend, zum Teil auch nach Überprüfung anhand der Mikrofiches bzw. des Kirchenbuches berichtigt. Fehler im Originaltext, wie z. B. Wortwiederholungen wie bei Mattheus **Leder** (lfd. Nr. 199): "Ist ... Von Von seiner Mutter ... gebohren", wurden dagegen beibehalten. Alle Einfügungen in eckigen Klammern [ ] sind Erläuterungen des Herausgebers und nicht Teil der Vorlage, sondern ebenso wie die Fußnoten bei der Bearbeitung erstellt worden. Unleserlich gebliebene Worte oder Wortteile sind unabhängig von ihrer Länge einheitlich durch vier Punkte .... gekennzeichnet. Anmerkungen zum Text, die auf Ernst **Witt** zurückgehen und sich bereits im Typoskript finden, werden in den Fußnoten wiedergegeben. Die Edition strebt eine buchstabengetreue Wiedergabe der Texte an, ausgehend von der Typoskript-Übertragung von Ernst Witt. Dieser hatte nicht zwischen vokalischem und konsonantischem u/v bzw. i/j unterschieden, sondern stets die originale Schreibweise beibehalten, auch hinsichtlich der Groß- und Kleinschreibung. Dies mußte beibehalten werden, auch wenn es die Lesbarkeit erschwert. Die vollständige Anwendung heutiger Editionsgrundsätze (8) wäre einer Neu-Übertragung der Quelle gleichgekommen, die angesichts des vorliegenden Typoskriptes weder sinnvoll noch vom herausgebenden Verein leistbar gewesen wäre.

Die Edition lehnt sich im äußeren Bild mit einer Ausnahme an das Original an. Viele der Eintragungen zu einer/m Verstorbenen beginnen mit einer Art Einleitung, einem Vorspann zum eigentlichen Lebenslauf aus wenigen Zeilen mit dem Namen des/der Verstorbenen, dem Pfarrer der Trauerfeier u. ä. Angaben. Diese gesondert geschriebenen Textteile sind mit dem originalen Zeilenfall und wie im Original eingerückt oder zentriert vor den Lebensläufen wiedergegeben. Die Texte der Lebensläufe im Kirchenbuch wurden ersichtlich in einer Art Blocksatz geschrieben. Dafür erhielten alle Seiten außen eine Markierung für die richtige Breite der Hauptspalte – teilweise durch senkrechte Striche, teilweise durch das Einknicken des Papiers. Die zeitgenössischen Buchführer haben sich bei der Niederschrift insgesamt, insonderheit in den ersten Jahren, um eine optisch ansprechende Textgestaltung in diesem besonderen Kirchenbuch bemüht. Die Edition gibt alle Unterstreichungen, Einrückungen sowie die (seltenen) sonstigen Hervorhebungen im Text so wieder wie in der Quelle geschrieben. Die Silbentrennungen entsprechen jedoch nicht der Quelle (die fast keine Trennungen kennt) und der Zeilenfall der Quelle ist nur im Vorspann beibehalten – im laufenden Text der Lebensläufe sind die Zeilen in der Quelle durchweg kürzer. Die Randspalte konnte aus technischen Gründen hier nur einheitlich links neben dem Text wiedergegeben werden.

Die Ausnahme von dem Bestreben, die Anordnung der Textteile im Kirchenbuch in der Edition möglichst ähnlich wiederzugeben, besteht in der Hinzufügung einer Kopfzeile mit einer laufenden Nummer, dem Namen und den Lebensdaten der Verstorbenen. Die Kopfzeile ist in abweichender Schriftart (ARIAL – KAPITÄLCHEN) gesetzt und wurde eingefügt, um die einzelnen Lebensläufe optisch voneinander zu trennen, die wichtigsten Fakten zu den Verstorbenen auf einen Blick erkennen zu lassen und Suchvorgänge zu erleichtern. Sie enthält insbesondere auch das aus den Texten erschlossene Geburtsdatum, das sich im Original

---

8 Vgl. Walter Heinemeyer (Hrsg.): Richtlinien für die Edition landesgeschichtlicher Quellen. 2. Aufl. Marburg/Hannover 2000, hier die "Richtlinien für die Edition von Quellen zur neueren deutschen Geschichte" S. 31-39.

nirgends an herausgehobener Stelle findet. Weitere Einzelheiten zur Kopfzeile siehe unten im Kapitel 2.1 über die Bearbeitung für die Edition. Ferner ist am Ende jedes Lebenslaufes in eckiger Klammer die Nummerierung angegeben, die Ernst Witt in seiner Veröffentlichung 1963 eingeführt hatte, wie nachfolgend erläutert wird.

Hierfür muss eine Besonderheit des Typoskriptes erwähnt werden, wie es auf den Verein überkommen ist: Die Blätter mit den Lebensläufen waren nicht in der zeitlichen Reihenfolge der Todesfälle, sondern nach den Namen der Verstorbenen alphabetisch sortiert. Wir kennen nicht den Grund dieser Maßnahme. Sehr wahrscheinlich wollte Ernst **Witt** damit die Verstorbenen gleichen Namens zusammenführen, um Versippungen und Verschwägerungen leichter zu erkennen, wie zahlreiche diesbezügliche Hinweise in seinen Regesten nahelegen. In das Textverarbeitungssystem konnte das Typoskript nur in dieser alphabetischen Reihenfolge übertragen werden. Für die editorische Bearbeitung des Kirchenbuches musste natürlich wieder die richtige chronologische Reihenfolge hergestellt werden durch Umsortierung aller Lebensläufe und der mit diesen zusammenhängenden Bemerkungen z. B. in der Randspalte. Teilweise hilfreich war dafür ein alphabetisches Namensregister, das sich in Akten fand, die dem Verein als dem Eigentümer vom Geheimen Staatsarchiv Preußischer Kulturbesitz im Jahre 1991 zurückgegeben worden waren und das von Carl **Schulz** (9) noch in Königsberg vor 1945 zusammengestellt war. Dieses in der originalen Maschinenschrift überlieferte Namensregister wendet ein – nicht immer fehlerfreies – Nummernsystem entsprechend der Zeitfolge der Einträge an. Danach ließ sich die originale Reihenfolge der Einträge weitgehend rekonstruieren, die später anhand der Filme endgültig berichtigt wurde. Um den Bezug auf die Regesten von Ernst **Witt** zu ermöglichen, sind am Ende jedes Lebenslaufes die Witt'schen Nummern in eckiger Klammer angegeben. Neben dem Namensregister fand sich im gleichen Aktenstück auch ein Ortsregister, das für die Entschlüsselung problematischer Ortsangaben vergleichend herangezogen werden konnte.

Kirchenbücher mit mehr oder weniger ausführlichen Lebensläufen sind eine Rarität. Ein dem vorliegenden Kirchenbuch offenbar ähnlicher Bestand ist aus dem Staatsarchiv Danzig – Archivum Państwowe w Gdańsku – bekannt geworden. Im Aktenbestand der St.-Georgs-Kirche zu Marienburg aus den Jahren 1673–1829 (Signatur APG 959) befinden sich "sieben Bände der Lebensläufe von Mitgliedern der Kirchengemeinde, angefertigt anlässlich der Begräbnisse, aus den Jahren 1673-1829" (10). 19 Lebensläufe aus dieser Sammlung sind von Walther **Müller-Dultz** veröffentlicht worden (11). Alle von Müller-Dultz in Auszügen mitgeteilten Lebensläufe sind in deutscher Sprache geschrieben und von gleicher Art wie die hier edierten, jedoch durchschnittlich von größerer Ausführlichkeit. Eine Namensliste dieser etwa 900 Personen wird gegenwärtig (2015) von Arkadiusz **Wełniak** erstellt und für den Abdruck in der Altpreußischen Geschlechterkunde, Neue Folge, vorbereitet.

Bis 1945 wurde in der Stadtbibliothek Königsberg eine Sammlung von 507 ebenfalls handschriftlichen Leichenpredigten verwahrt, die in Auszügen bereits 1927 von Kurt **Tiesler**

---

9 Über ihn siehe den Artikel von Fritz Gause, Carl Schulz. In: Altpreußische Biographie 2. (1969), S. 646.

10 Mitteilung von Rafał Wolski über ein entsprechendes Schreiben des Archivs. In: Altpreußische Geschlechterkunde, NF 40. (1992), Bd. 22, S. 526.

11 Walther Müller-Dultz: Aus der Leichenpredigtsammlung in Marienburg/Westpr. In: Altpreußische Geschlechterkunde NF 6. (1958), Bd. 2, S. 88-91
desgl. NF 6. (1958), Bd. 2, S. 103-107
desgl. NF 6. (1958), Bd. 2, S. 119-120
desgl. NF 7. (1959), Bd. 2, S. 133-135
desgl. NF 9. (1961), Bd. 3, S. 58-60
desgl. NF 12. (1964), Bd. 4, S. 56-59.
Als CD-Rom-Ausgabe lieferbar, siehe < www.vffow-buchverkauf.de > .

veröffentlicht wurden (12). Diese Sammlung war bereits damals nur noch ein Teil eines ehemals deutlich umfangreicheren Bestandes, der offenbar jeweils das Konzept der Predigt einschließlich der Lebensläufe umfasste und nach den Familiennamen der Verstorbenen in mehreren Bänden gebunden war. Tiesler vermutet, dass diese Sammlung "auf den Eifer des Heinrich **Bartsch** zurückzuführen ist, der durch seine mannigfachen Verbindungen wohl in der Lage war, sich die Konzepte von den einzelnen Predigern auszubitten und zu sammeln" (Tiesler wie Anm. 12, S. VIII-IX). So hatte diese Sammlung eine gänzlich andere Entstehung als das vorliegende Kirchenbuch, und die Lebensläufe waren deutlich umfangreicher und enthielten mehr biographische Angaben zu den Verstorbenen und ihren Familien.

Aus Hinterpommern ist eine Sammlung von 238 Lebensläufen bekannt, die Erwin Aßmann 1938 in Regesten veröffentlicht hat (13). Die Lebensbeschreibungen wurden von drei Pfarrern in den Jahren 1735–1822 in einem Kirchenbuch aufgezeichnet, und zwar „nur von denen, die mit einer Leichenpredigt, also der feierlichsten (und kostspieligsten) Form bestattet worden sind“ (S. 4). Wie unten noch gezeigt wird (Kap. 4.3, S. 37), erfolgte die Auswahl der mit Lebenslauf Geehrten aus der größeren Zahl aller Verstorbenen nach dem gleichen Grundsatz wie im hier edierten Königsberger Kirchenbuch: Wer mit einer Leichenpredigt bestattet wurde, dessen Nachruf wurde in den angegebenen 80 Jahren zusätzlich auch schriftlich festgehalten. Nach einem in voller Länge und mehreren in längeren Ausschnitten wiedergegebenen Lebensläufen zu schließen, enthalten diese Aufzeichnungen mehr biographische Details zu den Vorfahren der Verstorbenen und sind länger als im Königsberger Buch. Aßmann rechnet es „zu einer hervorragenden Quelle für die Familien- und Hofgeschichte und die vielen Mühlen des Kirchspiels“ (S. 3).

Über einen jüngeren Bestand von 255 handschriftlichen Lebensläufen aus Leichenpredigten der Kirchengemeinde Zehren aus den Jahre von 1819 bis 1852 berichtet die Forschungsstelle für Personalschriften unter "Aktuelles" vom 23. Juli 2009 (14). Auf Initiative des Pfarrers Gottfried **Lehmann** wurden in diesem Zeitraum biographische Angaben aus den Lebensläufen der Verstorbenen nach gleichartigem Schema in Zehren (15) aufgeschrieben. Sie werden heute in der Gemeinde aufbewahrt.

Der Vollständigkeit halber sei auch an dieser Stelle erwähnt, dass sich in dem hier edierten Kirchenbuch deutliche Hinweise auf weitere solcher Kirchenbücher mit Lebensläufen von Verstorbenen finden, die im 17. Jahrhundert in der Altstädtischen Gemeinde in Königsberg / Pr. geführt worden sein müssen, heute jedoch verschollen sind. Näheres dazu siehe unten in Kapitel 4.3.

---

12 Kurt Tiesler: Verzeichnis von Lebensläufen aus der Zeit von 1579–1724 aus 507 Königsberger Leichenpredigten. Leipzig 1927. (Sonderschriften des Vereins für Familienforschung in Ost- und Westpreußen. 68.) Faksimile-Nachdruck Hamburg 1992.

13 Erwin Aßmann: Das Leichenbuch der Gemeinde Frauendorf bei Stettin. (Quellen zur bäuerlichen Hof- und Sippenforschung. Band 4). Goslar 1938.

14 Siehe < http://www.personalschriften.de/aktuelles/artikelansicht/details/neuer-leichenpredigtenbestand-in-gesa-2.html > (Abfrage am 2. 6. 2013).

15 Zehren, heute Ortsteil der Gemeinde Diera-Zehren im Landkreis Meißen, Sachsen.

2. Die Bearbeitung des Kirchenbuches für die Edition

2.1 Orts-, Datums- und allgemeine Angaben

Wie schon erwähnt, wurde für jede Person des Kirchenbuches eine Kopfzeile neu erstellt und dem originalen Text vorangestellt. Sie hebt sich durch abweichende Schriftart und größe deutlich ab und soll dem schnellen Überblick dienen sowie das Suchen erleichtern. Sie nennt als Erstes eine für diese Edition neu eingeführte laufende Nummer entsprechend der Reihenfolge der Personen im Kirchenbuch, dann den Vor- und Nachnamen der/des Verstorbenen, Ort und Datum der Geburt, soweit sie aus den Lebensläufen oder sonstigen Quellen mit hinreichender Sicherheit zu ermitteln waren sowie den Todestag bzw. das Datum des Begräbnisses, wenn das Sterbedatum fehlt. Unsichere Angaben zum Geburtsort bzw. -datum sind mit abschließendem ? gekennzeichnet, fehlende durch ein wo? bzw. wann? Die Festlegung, ob ein Ort als 'sicher' bzw. 'unsicher' lokalisiert gilt, ist in einzelnen Fällen natürlich die subjektive Einschätzung des Herausgebers; sie fußt jedoch immer auf der sorgfältigen Suche nach denkbaren Alternativen vor dem Hintergrund der oftmals arg verstümmelten Schreibung in der Quelle.

Der Geburtsort ebenso wie die übrigen, in der Quelle genannten Orte wurden soweit möglich aus den Angaben in den Texten identifiziert, d. h. in moderner Form in der Kopfzeile und in den Fußnoten angegeben. Bei Geburten in Königsberg werden auch die Teilstädte oder Stadtteile genannt, soweit diese sich aus den Texten ergaben. Um die zahlreichen oftmals kleinen Orte aus Ost- und Westpreußen oder aus dem Deutschen Reich heute identifizieren zu können, wurden in der Kopfzeile - und ebenso auch in den Fußnoten - alle Orte in ihrer Schreibweise um 1900 angegeben, weil für diesen Zeitpunkt die Gemeindeverzeichnisse auf der privaten Internetseite < www.gemeindeverzeichnis.de > deutschlandweit leicht zugänglich sind und einheitlich den Stand vor den Veränderungen des 20. Jahrhunderts wiedergeben. Für Orte in Ost- und Westpreußen wurde vor allem das vom Verein herausgegebene Gemeindelexikon für die Provinz Ostpreußen und die Provinz Westpreußen herangezogen, ebenso das Ortsregister von Dietrich Lange und die Topographie von Goldbeck (16). Alle Ortsangaben mit Ausnahme überregional bekannter Städte werden zum leichteren Auffinden mit ihrer verwaltungsmäßigen Zugehörigkeit (Kreis, Amt / Regierungsbezirk / Land) nach dem Stand um 1900 aufgeführt; abweichend wird einzig „Thüringen“ als solches genannt, weil die dortigen Kleinstaaten heute weitgehend unbekannt sind und auch die Quelle von „Düringen“ spricht. Nur die Kreisstädte und Namen der Kreise in Ost- und in Westpreußen erscheinen ohne Nennung der Provinz. Die angeführten Verwaltungszuordnungen dienen allein dem praktischen Zweck, die Orte auffinden zu können und müssen weder mit denen zur Entstehungszeit des Kirchenbuches noch mit den gegenwärtigen übereinstimmen. Die Lokalisierung von Orten außerhalb Ost- und Westpreußens wäre ohne die Recherchemöglichkeiten, die das Internet heute bietet, so zahlreich nicht möglich gewesen.

Das Ortsregister enthält immer die moderne Ortsnamenform, soweit sie identifiziert werden konnte, weil die im Kirchenbuch geschriebenen Ortsbezeichnungen oftmals falsch oder unverständlich und deshalb für eine Registersuche ungeeignet sind. Für spezifische Fragestellungen sind sie den Texten im Editionsteil zu entnehmen. In das Ortsregister sind die originalen Bezeichnungen nur dann aufgenommen, wenn ihre Entschlüsselung unmöglich oder sehr unsicher war.

Der Sterbeort ist immer Königsberg und deshalb nicht angegeben. Davon gibt es nur ganz wenige Ausnahmen:

16 Die bibliographischen Angaben finden sich unten in Kapitel 5, Seite 42.

Susanna **Godemann** (lfd. Nr. 37) ✞ Plutwinden, Kr. Fischhausen 5. 8. 1626 während eines privaten Besuches.

Christoph **Belert** (lfd. Nr. 83) ✞ Pillau 19. 5. 1627, der "seiner nahrung des Stöerfangs halber offt in die Pillaw" reisen musste, dort gestorben ist und "am Pfingstabendt fürm Altar Vnter seines Vaters Stein" begraben wurde.

Dorothea **Schimmelpfennig** (lfd. Nr. 523) ✞ Barsenicken, Kr. Fischhausen 20. 12. 1631, begraben „alllhie Auffm Steinthamb in ihrem Erbbegrebnus".

Jacob **Wecker** (lfd. Nr. 785) wurde im Streit während einer Reise nach Memel erschlagen – sein Begräbnis fand in der Altstädtischen Kirche statt.

In der Regel wurden die im Kirchenbuch genannten Personen in der Gemeinde Königsberg Altstadt bestattet. In wenigen Fällen bleibt der Bestattungsort unklar, wenn außergewöhnliche Umstände vorliegen und er nicht ausdrücklich erwähnt wird. So z. B. bei Michel **Koepke** ✞ 27. 10. 1628 (lfd. Nr. 187), der in Berlin wohnend sich nur vorübergehend in Königsberg aufhielt, beim Warten auf ein Schiff für die Rückreise in Pillau erkrankte, nach Königsberg zurückgebracht wurde und hier einen Tag später verstarb. Ob er auch hier bestattet wird oder seine Leiche zu seiner Familie nach Berlin überführt wird, bleibt offen. Meistens ist am Ende der Texte jeweils angegeben, ob die Trauerfeier in der Altstädtischen Kirche (auch Nikolaikirche) oder der Steindammer Kirche stattfand. Die letztere hieß auch Polnische Kirche, weil sie seit der Reformation für die Gottesdienste der evangelischen Bevölkerung mit nichtdeutscher Muttersprache, meist Polen und Litauer, genutzt wurde (17). Einmal erfahren wir von einer Trauerfeier in der Tragheimer Kirche (Barbara **Weiss**, lfd. Nr. 577).

Die zeitgenössischen Datumsangaben wurden aufgelöst nur für das Geburts- und Sterbedatum bzw. für den Tag des Begräbnisses bei fehlendem Sterbedatum (18). Für die Erschließung der übrigen Datierungen sind die einschlägigen Hilfsmittel für historische Kalenderdaten heranzuziehen. Abkürzungen für die Namen bestimmter Tage sind in den Fußnoten erläutert. Um die Verständlichkeit der Texte zu erleichtern, bringt Tabelle 1 die Namen der Feiertage

---

17 Die Altstädtische Kirche war um 1265 angelegt worden und dem heiligen Nikolaus geweiht. Sie stand ursprünglich in der Nähe des Schlosses an der Stelle des späteren Kaiser-Wilhelm-Platzes. Nach mehrfachen Umbauten (zuletzt 1504–1537) handelte es sich um einen chorlosen dreischiffigen Hallenbau aus Backstein mit kleinem Dachreiter und Turm. Wegen Baufälligkeit in den Jahren 1826–1828 abgerissen und 1839–1843 an neuem Standort in ca. 100 Meter Entfernung zur älteren Steindammer Kirche neu errichtet.
Die Steindammer Kirche war bereits um 1256 gegründet worden und als erste Kirche der Altstadt und älteste Königsbergs ursprünglich ebenfalls dem heiligen Nikolaus geweiht. Nach Zerstörung 1263 entstand an gleicher Stelle ab etwa 1320 die zweite Kirche, einschiffig mit drei Jochen und vorgebautem Turm. Um 1400 erhielt sie einen dreiseitig geschlossenen Chorraum. Ab 1523 wurden hier polnischsprachige evangelische Gottesdienste gehalten, bis 1603 auch solche in litauischer Sprache. - Die Kirche wurde bei der Einnahme Königsbergs durch russische Truppen 1945 weitgehend zerstört; heute führt der ‚Leninskij Prospekt' über den Ort der Kirche und den sie früher umgebenden Friedhof hinweg; gleiches gilt für den neuen Standort der Altstädtischen Kirche.
Vgl. Adolf Boetticher: Die Bau- und Kunstdenkmäler in Königsberg. (Die Bau- und Kunstdenkmäler der Provinz Ostpreußen. Heft VII.) Königsberg 1897 (Faksimile-Nachdruck Warburg 1995), S. 181 ff (Altstädtische Kirche) bzw. S. 228 ff (Steindammer Kirche).
Zur Steindammer Kirche siehe auch: Aug[ust] Grzybowski: Geschichte der evangelischen Steindammer Kirche zu Königsberg i. Pr. aus Anlaß ihres 650jährigen Jubiläums. Königsberg i. Pr. 1905 sowie Klaus Plorin: Die bewegte Geschichte der Steindammer Kirche in Königsberg. In: GEO-Rundbrief. Hrsg. Gemeinschaft evangelischer Ostpreußen e. V. 1 / 2014, S. 12-15.

18 Dafür leistete ein von dem Vereinsmitglied Dr. Dietrich Flade entwickeltes EDV-Programm wertvolle Hilfe, das er freundlicherweise zur Verfügung stellte.

(F) und Sonntage in ihrer Reihenfolge zwischen Epiphanias und Trinitatis, wie sie im Kirchenbuch erwähnt werden.

Tabelle 1

Christliche Feiertage (F) und Sonntage zwischen Epiphanias und Trinitatis, die im Kirchenbuch erwähnt werden

Name	Tag	Bedeutung
(F) Epiphanias / [Heilige Drei Könige]	6. Januar	Erscheinung des Herrn
Septuagesimae	Sonntage der Vorpassionszeit	70. Tag vor dem Ende der Osterwoche [*die mit Sonntag Quasimodogeniti endet*]
Sexagesimae	„	[*noch etwa*] 60 Tage
Estomihi (Quinquagesimae)	„	[*noch etwa*] 50 Tage
Invocavit	1. Sonntag der Fastenzeit	„Er mich ruft mich an“ (Psalm 91, 15)
Reminiscere	2. Sonntag der Fastenzeit	„Gedenke, Herr, an deine Barmherzigkeit“ (Psalm 25, 6)
Okuli	3. Sonntag der Fastenzeit	„Meine Augen sehen stets auf den Herrn“ (Psalm 25, 15)
Lätare	4. Sonntag der Fastenzeit	„Freuet euch mit Jerusalem“ (Jes 66, 10)
Judika	5. Sonntag der Fastenzeit	„Richte mich, o Gott“ (Psalm 43, 1)
Palmarum	6. Sonntag der Fastenzeit	Sonntag der Palmen - Hosannah-Ruf
Ostern		Feier der Auferstehung Jesu Christi
Quasimodogeniti	1. Sonntag nach Ostern	„Wie die neugeborenen Kindlein“ (1. Petrus 2, 2a)
Misericordias Domini	2. Sonntag nach Ostern	„Von der Gnade des Herrn“ (Psalm 89, 2)
Jubilate	3. Sonntag nach Ostern	„Jauchzet Gott, alle Lande“ (Psalm 66, 1)
Kantate	4. Sonntag nach Ostern	„Singt dem Herrn ein neues Lied“ (Psalm 98, 1)
Rogate (Rogationum) / Vocem jucunditatis	5. Sonntag nach Ostern	„Betet / bittet“ [*für eine gute Ernte*] / „Mit fröhlichem Schall verkündigt dies“ (Jes 48, 20)
(F) Christi Himmelfahrt	Donnerstag nach Sonntag Rogate	Rückkehr Jesu Christi in den Himmel [*40 Tage nach Beginn d. Osterfestkreises*]
Exaudi	6. Sonntag nach Ostern	„Herr, höre meine Stimme“ (Psalm 27, 7)
	Pfingsten	Entsendung des Heiligen Geistes
Trinitatis	Sonnt. n. Pfingst.	Verehrung der Dreifaltigkeit Gottes

Bei den Personennamen finden sich wie in zeitgenössischen Kirchenbüchern üblich oftmals mehrere unterschiedliche Schreibweisen eines Familiennamens. Die Vorbemerkung zum Register der Personennamen (s. unten S. 537) beschreibt das Verfahren für die Bildung der Lemmata dieses Registers.

Die in den Lebensläufen erwähnten Pfarrer sind in den einschlägigen Pfarrerverzeichnissen nachgesucht worden und die für die vorliegenden Texte relevanten Angaben in den Fußnoten angemerkt. Es ist dies die einzige Berufsgruppe, mit der so verfahren wurde, und das geschah teils wegen der besonderen Stellung dieses Berufes und teils wegen der laufenden Neubearbeitung des Pfarrerbuches von Ost- und Westpreußen im Verein (19).

Sofern gedruckte Leichenpredigten für die hier Genannten ermittelt werden konnten, sind sie in den Fußnoten zitiert, so z. B. bei Susanna **Godemann** (lfd. Nr. 37). In den Lebensläufen weniger anderer Verstorbener finden sich Hinweise auf den beabsichtigten Druck von Leichenpredigten, ohne dass in diesen Fällen die Drucke bisher nachgewiesen werden konnten.

2.2 Abkürzungen, zeitgenössische Begriffe und verwendete Zeichen

Die Lebensläufe sind überwiegend in deutscher Sprache geschrieben. Die eingebetteten lateinischen Stellen hat Martin Conitzer übertragen, um das Verständnis der barocken Texte nach Möglichkeit zu erleichtern. Um die Übersetzungen zweifelsfrei als *Hinzufügungen* erkennen zu können, wurden sie *kursiv und in kleinerer Schrift* gesetzt.

Im Kirchenbuch finden sich die folgenden Abkürzungen und heute eher unbekannten oder ungebräuchlichen Worte, Wendungen und Begriffe. Oft erschließen sie sich nach längerer Vertrautheit mit den Texten, weil sie an einigen Stellen ausgeschrieben oder mehrfach in verschiedenen Situationen vorkommen (20) Unbekannte Berufsbezeichnungen wurden aus einschlägigen Lexika, Handbüchern o. Ä. ermittelt (21).

Alle eindeutig lesbaren und (im Rahmen der barocken deutschen und lateinischen Sprache) verständlichen Textteile, auch Namen, Begebenheiten usw. werden in der Edition nur sparsam

---

19 Siehe dazu Carsten Fecker: Das "Zwischenmanuskript" zum Altpreußischen evangelischen Pfarrerbuch und sein Verhältnis zum geplanten "endgültigen" Pfarrerbuch. In: Das "Zwischenmanuskript" zum Altpreußischen evangelischen Pfarrerbuch. Auf der Grundlage der Sammlungen von Friedwald Moeller bearbeitet von Walther Müller-Dultz, Reinhold Heling und Wilhelm Kranz. Band 1: Abegg bis Czypulowski. (Verein für Familienforschung in Ost- und Westpreußen. Quellen, Materialien und Sammlungen zur altpreußischen Familienforschung [QMS]. 19/1.) Hamburg 2012, S. VII – IX.

20 Kaum eine Hilfe konnte dabei gewonnen werden aus: Frank Ausbüttel (Bearb.): Abkürzungen aus Personalschriften des XVI. bis XVIII. Jahrhunderts. 2., völlig überarbeitete und stark erweiterte Auflage. Bearb. von Rudolf Lenz, Uwe Bredenborn, Marek Winiarczyk. (Marburger Personalschriften-Forschungen. 18). Sigmaringen 1993. Diese umfangreiche Arbeit umfasst fast ausschließlich lateinische und keine der hier überwiegend vorkommenden deutschen Abkürzungen.

21 Siehe dazu vor allem: Kurt von Staßewski und Robert Stein: Was waren unsere Vorfahren? Amts- Berufs- und Standesbezeichnungen aus Altpreußen. Königsberg (Pr) 1938. (Sonderschriften des Vereins für Familienforschung in Ost- und Westpreußen. 18.) 3. unveränderte Aufl. Hamburg 1991.
Nützlich ist auch die umfangreiche Sammlung von Berufsbezeichnungen im Genwiki: < http://wiki-de.genealogy.net/Kategorie:Berufsbezeichnung > (Abfragen 2012–2014).

kommentiert. Erklärungen und Anmerkungen finden sich in Fußnoten dort, wo erst eine kritische Analyse des Textes ihn verständlich macht.

:	Der Doppelpunkt steht als Abkürzung eines nicht voll ausgeschriebenen Wortes.
AW	Achtwürden
Bechler	Hersteller von kleinen Gefäßen aus Holz (Becher, Eimer u. dgl.)
Bereiter	siehe ‚Wildnisbereiter'
Bericht	Beichte
berichtet	„ich habe ihn berichtet …" = ich habe ihm die Beichte abgenommen
bettreisig	bettlägerig
Beutler / Täschner	Hersteller von Lederwaren aus feinem Leder
Bracker	"Bracke … bedeutet eine Anstalt zur Prüfung von Waren und Ausscheidung des Untauglichen." (22) Hier kommen Heringsbracker und Flachsbracker = Sachverständige für den Herings- und Flachshandel vor.
Churfl. Dhtt / Frl DHtt / Ch. D.	(Kur)Fürstliche Durchlaucht
commendation	eigentlich: „Empfehlung". Hier verwendet im Sinne von „Darstellung des Lebensweges / Lebenslauf" Das gleiche Wort findet sich im COMMENDATIO ANIMAE genannten Gebet der katholischen Kirche beim Tod eines Menschen, mit dem die Seele der betreffenden Person in Gottes Hand befohlen wird.
communiciret	am Abendmahl teilgenommen
concio funebris, conc. funeb. o. ä.	Leichenpredigt
D.	Doktor, akademischer Titel
Dampf	Krankheitsbezeichnung: Atemnot, Asthma - trockener Dampf: ohne Husten und Schleimrasseln feuchter Dampf: mit lockerem Husten, Auswurf Nach: < http://wiki-de.genealogy.net/Dampf >
Darre	Krankheitsbezeichnung: Schwindsucht, Auszehrung. „Unscharfe Bezeichnung für eine Vielzahl erkannter oder nur symptomatisch über den Gewichtsverlust erkannte Erkrankungen. Vorrangig treten Tuberkulose, Diabetes mellitus und Krebs als wahre Ursache dahinter." Nach: < http://wiki-de.genealogy.net/Darrsucht > (Abfrage 20. 10. 2013).
Dom., Dominica	Sonntag
E. E. / Erb.	je nach Sinnzusammenhang: Eines oder Ehrsamen / Ehrbaren

22 Richard Armstedt und Richard Fischer: Heimatkunde von Königsberg i. Pr. Königsberg 1895, S. 22.

Ehel.	Ehelich
Epta	epistula = Brief, hier meist die entsprechende Lesung im Gottesdienst
etc.	et cetera = und so weiter
Fastbäcker (Festbäcker)	In Norddeutschland bekannte Bezeichnung für Bäcker, die grobes (Roggen-)Brot backten, im Gegensatz zu den Los- oder Weißbäckern, die Brötchen, weißes Brot und Kuchen backen durften.
feria / feri	= Wochentag. Teil der Datumsangaben: die Wochentage (feriae) werden hierbei laufend mit Ordinalzahlen durchgezählt (prima, secunda, tertia feria etc.), wobei entweder die Woche entsprechend christlicher Tradition mit dem Sonntag beginnt und der Montag der zweite Tag (feria secunda) ist, oder auf einen Feiertag bezogen gezählt wird, z. B. feria Nativitatis Domini = (erster Tag der) Geburt des Herrn, 25. 12.
fl.	florenus = Gulden (allgemein gebräuchliche Abkürzung)
fr. / F.	Frau
Frl DHtt	Fürstliche Durchlaucht
Gildefischer	Fischer, der zur Gilde gehört, der verbundenen Körperschaft (Zunft) der Fischer in den drei Städten Königsberg.
Heringsbracker	siehe Bracker
H.M.	Herr Magister hier die Bezeichnung für den amtierenden Geistlichen. Bis auf wenige Ausnahmen wurden die Leichenpredigten von den Pfarrern gehalten, die in den Jahren 1626 bis 1637 an der Altstädtischen Kirche tätig waren. Das sind vor allem: ➢ Urban **Lepner**, 1620 – 1645 Diakon / 2. Pfarrer (23) ➢ Isaac **Halbach** von der Pforte, 1624 – 1648 Diakon / 2. Pfarrer (24) ➢ Martin **Wolder**, 1625 – 1639 3. Diakon (25) In wenigen Fällen gibt es auch Predigten von: ➢ Bernhard v. **Derschau**, 1621 – 1639 1. Pfarrer (26). Die Namen der Geistlichen erscheinen in den Texten häufig in unterschiedlichen Formen abgekürzt, z. T. nur mit dem Anfangsbuchstaben: **ML** [Magister Lepner] / **MH** [Magister Halbach] / **MW** [Magister Wolder]
I. U. D. / I.V.D.	iuris utriusque doctor (Doktor beider Rechte), juristischer Abschluss im weltlichen und im Kirchenrecht

23 Urban **Lepner** d. J., 1620 bis zu seinem Tod 1640 Diakon an der Altstädtischen Kirche (QMS 19/4, S. 1079).

24 Isaac **Halbach von der Pforte**, 1624 bis zu seinem Tod 1648 Diakon an der Altstädtischen Kirche (QMS 19/3, S. 703).

25 Martin **Wolder**, 1625–1639 Diakon, dann bis zu seinem Tod 1657 Pfarrer an der Altstädtischen Kirche (QMS 19/7, S. 2010).

26 Bernhard **v. Derschau** (1591–1639), Pfarrer an der Altstädtischen Kirche zu Königsberg 1621–1639 und Assessor des Samländischen Konsistoriums (QMS 19/2, S. 367).

J.	Jungfer
Kannengießer,	auch Zinngießer: Hersteller von Haushaltsgeräten wie Kannen, Tellern, Schüsseln usw.
Kranmeister:	Erhebt in Königsberg das Krangeld, führt die Aufsicht über die Lagerräume, verwahrt die zugehörigen Gerätschaften. Vorgesetzter der Weinschröter (Nach v. Staßewski u. Stein, wie Anm. 21).
Kr	meistens: Krankheit, krank
M.	Magister. Der zweithöchste akademische Grad.
Mälzenbräuer	Bierbrauer; Besitzer eines Hauses mit Braurecht. Diese hier durch gängig gebrauchte Bezeichnung für diesen Berufsstand war offenbar nur in Ostpreußen üblich, ist sonst jedoch unbekannt. Man vergleiche allerdings den Beruf des "Brauer und Mälzer" nach der deutschen Handwerksordnung.
menniglich	manche, viele [Leute, Menschen] Jedermänniglich = jedermann
Ministerium	Selbstverwaltungskörperschaft der Gesamtheit der Geistlichen in einer Stadt oder Region nach der Reformation. In dieser Quelle ist damit die Altstädtische Gemeinde Königsberg gemeint (mehrfach als „Unser Ministerium" genannt). Zu erscheiden davon ist der Ausdruck 'minister verbi [divini]' Diener des [göttlichen] Worts Bezeichnung für ‚Pfarrer' - (z. B. in lfd. Nr. 282 Barbara von **Paerssen**).
N.	Nachgelassen – bezeichnet eine lebende Person in ihrer Beziehung zu einem gestorbenen Verwandten z. B. ‚des XY nachgelassene Witwe'.
nrae	nostrae = unser, unserer
NW	Nachgelassene Witwe, mit Erwähnung ihres verstorbenen Ehemannes
p.	je nach Sinnzusammenhang: per oder Synonym für etc. = und so weiter
pauperes, Pauperschüler	ärmere Schüler der Stadtschulen, die in speziellen Häusern internatsmässig untergebracht und als Gegenleistung für ihren Freiplatz zu vielerlei Diensten verpflichtet waren. Ihr Unterhalt stützte sich auf Legate und Zuwendungen der Bürger (27).
ψ (psi)	das Psi des griechischen Alphabets steht für „Psalm"
quienen, hat gequient	soviel wie „hat sich gequält" – es steht immer im Zusammenhang mit langer Krankheit.
Rthl.	Reichstaler
S.	Selig – bezeichnet eine verstorbene Person
sepult.	= sepultus: begraben (meist mit Datumsangabe)

---

27 Gause (wie Anm. 59), S. 473. Anschauliche Beispiele für das beschwerte Leben in den Pauperhäusern bei: Kurt Tiesler und Carl Schulz: Die Pauperschüler des Kneiphofs zu Königsberg i. Pr. von 1631 bis 1659. In: Archiv für Sippenforschung, 10. (1933), S. 41-44; 79-83; 163-166.

St.V. / styl: vetor:	und ähnliche Formen = stylo vetero *alter Stil* = Datumsangabe nach dem alten julianischen Kalender. Im Herzogtum Preußen erfolgte die Kalenderumstellung am 22. August / 2. September 1612, deshalb gehen praktisch alle Geburtsdaten nach dem alten Kalender. Von einigen Schriftführern wurde das zusätzlich angegeben.
συναξι (synaxi)	In der Quelle meist in Griechisch geschrieben, hier mit der Bedeutung „im Gottesdienst“
sacra συναξι usus / usa	er (sie) hat am Abendmahl teilgenommen / hat das Abendmahl empfangen.
Schmackenschiffer	Flussschiffer auf dem Pregel oberhalb von Königsberg und seinen Nebenflüssen.
Schirrmacher:	Hersteller von Wagen, Geräten, Pflügen und dgl.
Schöffenmeister	(Schöppenmeister): Der Erste des aus zwölf Personen bestehenden Gerichts, das neben dem Rat eine eigene Körperschaft bildete. Die Schöffen wurden vom Rat auf Lebenszeit gewählt und bestimmten aus ihrer Mitte den Schöffenmeister.
Schopenbrauer,	auch Schuffenbrauer: Brauarbeiter, die nur bei Bedarf von den Brauern verpflichtet wurden.
T.	Tochter
templum suburbium templ. Suburb:	Steindammer Kirche in der Steindammer Vorstadt
templ: opp. / Templum parochiale / templ: Nicolait / templum Nicolaitanum /	Templum oppidum) Pfarrkirche) = Altstädtische (Pfarr-)Kirche Nikolaikirche))
Testimonium	Zeugnis, Beweis – hier auch im Sinne „öffentlich abgekündigter Lebenslauf“
Tischer	= Tischler
unerzogene Kinder	= kleine (unmündige) Kinder
unverwieslich, unverweislich	untadelig
v	sehr häufig: Schreibung für u
v. St. / A. St.	vffm (= auf dem) Steinthamm – Königsberg (Steindamm)
v. / V.	häufig: und. Sonst: konsonantisches v.
W.	je nach Sinnzusammenhang: wohlweisen oder weiland
Wildnisbereiter,	auch Bereiter, Waldbereiter: Forstbeamter des Landesherren mit Aufsicht über ein größeres Waldrevier (heute: Oberförster).

Zitate von Bibelstellen in den Fußnoten sind nach dem Wortlaut der Revidierten Luther-Übersetzung (1984) bzw. der Vulgata gegeben.

Die Abkürzungen biblischer Bücher

	werden nicht erläutert, wenn sie sich unmittelbar erschließen lassen aus der Bibel in der Übersetzung Martin Luthers. Sonstige Benennungen sind:
Apoc.	Offenbarung des Johannes
Deut	Deuteronomium, das 5. Buch Mose.
Esa.	Der Prophet Jesaja
Eccl.	Ecclesiastes: Das Buch Kohelet (Prediger Salomo) des Alten Testamentes oder Ecclesiasticus: das Buch Jesus Sirach, das in evangelischen Bibelausgaben zu den 'Apokryphen' des Alten Testamentes zählt.
Job(o)	Das Buch Hiob
Syr. / Syrach / Syracid	das Buch Jesus Sirach das in evangelischen Bibelausgaben zu den 'Apokryphen' des Alten Testamentes zählt.
Sap., Sapientia	Die Weisheit (Salomos), ebenfalls aus den Apokryphen des Alten Testamentes
Proverb[ium]	Die Sprüche Salomos

Die folgenden Zeichen werden in der Edition verwendet:

✶	geboren	
✝	gestorben	
□	begraben	
₰	Zeichen für "Pfennig"	
	Die ‚Planetenzeichen' für die einzelnen Tage der Woche finden sich häufig in den Lebensläufen:	
☽	Montag	(Symbol für den Mond)
♂	Dienstag	(Symbol für den Planeten Mars)
☿	Mittwoch	(Symbol für den Planeten Merkur)
♃	Donnerstag	(Symbol für den Planeten Jupiter)
♀	Freitag	(Symbol für den Planeten Venus)
♄	Sonnabend	(Symbol für den Planeten Saturn)
☉	Sonntag	(Symbol für die Sonne)

3. Die Zuverlässigkeit der Angaben im Kirchenbuch

Die Eintragungen im Kirchenbuch sind von verschiedenen Buchführern geschrieben, die nicht identisch sind mit den Pastoren, die die Leichenpredigten gehalten haben. Es sind mit ganz wenigen Ausnahmen drei Pastoren, die die Leichenpredigten in dem von diesem Kirchenbuch erfassten Zeitraum für die Verstorbenen gehalten und in den Lebensläufen erwähnt werden: die an der Altstädtischen Kirche in Königsberg wirkenden Pastoren:

Urban **Lepner**: 1620–1645 Diakon / 2. Pfarrer,
Isaac **Halbach** von der Pforte: 1624–1648 Diakon / 2. Pfarrer
Martin **Wolder**: 1625–1639 3. Diakon. (28)

Auch Ernst **Witt** hatte den Eindruck, dass die Texte von Buchführern geschrieben worden sind. An einer Stelle schreibt er "der neue Schreiber" (vgl. Anm. 1209 bei Daniel **Dörffer**, lfd. Nr. 781). Auch dann, wenn die Texte oder Teile davon in "Ich-Form" aus der Sicht der Pastoren gehalten sind, sind sie nicht von den Pfarren selbst eingetragen, wie z. B. bei

Christoff **Reesse** (lfd. Nr. 63 – Trauergottesdienst mit Urban **Lepner**) "... am Donnerstag Abendt schickt er zu Mir ließ mich bitten, Ich solle ihn den freytag morgens Vmb 8 oder 9 Vhr berichten, welches Ich auch thun wollen, bekahm aber einen Zedell auff die Cantzell, er were Abends Vmb 10 Vhr Verschieden."

Oder bei Isaac **Model** (lfd. Nr. 671 – Trauergottesdienst Martin **Wolder**) "ist mir alß sein beichtvater ... bewust, das er ein gottfürchtiger Ehrliebender Man ... gewesen".

Im Lebenslauf von Maria **Haßke** (lfd. Nr. 770) heißt es "Alß bin ich den negst verwichenen 13. Septembr. Zu ihr kommen, sie mit Gotts wordt getröstet, vnd nach gethaner ihrer bußfertigen Beichte, sie von Gottes wegen von ihren allen Sünden absolviret vnd loßgesProchen".

Alle diese Zeilen sind von der gleichen Hand wie die vorausgehenden und nachfolgenden geschrieben. Oft sind mehrere Eintragungen hintereinander von gleicher Hand geschrieben, zuweilen wechselt die Hand nach jeder einzelnen Eintragung, an mehreren Stellen auch mitten auf einer Seite oder im gleichen Lebenslauf wie bei Peter **Hoffmann** (lfd. Nr. 736; vgl. Abbildung 5 Seite 454). Die Einträge vom Januar bis 7. Juli 1634 (lfd. Nrn. 629–656) sind von der gleichen Hand in gleichmäßiger ganz kleiner Schrift und guter Trennung der einzelnen Texte voneinander geschrieben. Nur in diesem Zeitraum wird der Textfluss in den Lebensläufen gegliedert durch Schrägstriche / , die hier als Satzzeichen wie Punkte als Abschluss eines Satzes eingesetzt sind. Es folgen in sich gleichartige Eintragungen von einer anderen Hand bis zum 9. November 1634 und ähnliche auch im Frühjar 1636 (Abbildung 6, S. 465). diese Seiten vermitteln den Eindruck, als seien sie in einem Zug nachträglich niedergeschrieben. In diesen Monaten haben, wie sonst auch, alle drei beteiligten Pfarrer die Leichenpredigten gehalten. Ob jedoch die Buchführer die von ihnen niedergeschriebenen Lebensläufe auch – ganz oder teilweise – selbstständig formuliert haben, ob sie die Vorlagen von den Pastoren erhalten haben und wenn ja, in welcher Form - schriftlich oder als mündliche Angaben? – das bleibt zunächst offen, ebenso wie der Einfluss der Schreiber auf die Richtigkeit und möglicherweise auch auf die Auswahl der Angaben in den Lebensläufen.

Es gibt jedoch verschiedene Indizien, die bei der Klärung dieser Frage weiterhelfen können. Die Lebensläufe haben sehr unterschiedlichen Umfang. Die Länge hängt nicht nur von der Person der Verstorbenen ab, was angesichts ungleichen Alters, mehrerer Wohnorte im Lebenslauf, verschiedener beruflicher Stellung usw. zu erwarten ist, sondern es gibt Zeitabschnitte mit überdurchschnittlich langen Lebensläufen und solche mit sehr kurzen. Im Durchschnitt aller Jahre zwischen 1626 und 1637 umfasst jeder Lebenslauf etwa 245 Wörter. Die längsten Niederschriften finden sich im 2. Halbjahr 1634 mit bis zu 1.023 Worten (lfd. Nummer 659 – jetzt fast zwei Druckseiten). Im anschließenden Jahr 1635 finden wir auffallend kurze Texte mit einer durchschnittlichen Länge von nur 170 Wörtern (lfd. Nummern 677–725), während im Jahre 1636 wieder recht lange Texte die Regel sind mit durchschnittlich 380 Worten (lfd. Nr. 726–780). Die Pastoren können diese auffallenden Unterschiede kaum verantwortet haben, denn es fand sich kein Zusammenhang von kurzen oder langen Texten mit einzelnen von ihnen, und es gab, wie erwähnt, bei ihnen auch keinen Wechsel in den zwölf Jahren. Die in einzelnen Zeitspannen verschieden langen Lebensläufe können deshalb nur auf die verschiedenen Buchführer zurückgehen. Deren Einfluss lässt sich für die beiden im vorausgehenden Absatz erwähnten Zeitspannen vom Januar bis 7. Juli 1634

28 Siehe dazu die Anmerkungen 23, 24 und 25.

und anschließend bis zum 9. November 1634 nachweisen: in beiden Zeiträumen hat jeweils ein und derselbe Buchführer alle Einträge geschrieben, im ersten Zeitraum haben die Lebensläufe eine durchschnittliche Anzahl von 150 Wörtern, im zweiten haben wir es mit einem „Vielschreiber" zu tun, der im Mittel auf 470 Wörter kommt.

Die von den beiden Buchführern geschriebenen Lebensläufe unterscheiden sich nicht nur in der Länge, sondern ebenso deutlich im Inhalt. Im ersten Zeitraum (Januar bis Juli 1634) wird nur einmal, im ersten Text dieses Schreibers (lfd. Nr. 629), die Taufe des Verstorbenen erwähnt, im Übrigen folgen auf die Nennung der Eltern sogleich Aussagen zur Schulbildung, zum Beruf, zu Ehepartnern und Kindern. Dabei sind die Lebensläufe dieses Buchführers die einzigen im ganzen Kirchenbuch, in denen nur die geborenen Kinder nach Geschlecht und Anzahl verzeichnet sind ohne die beim Tode der verzeichneten Person bereits gestorbenen. Der andere Buchführer ergeht sich in weitschweifigen Formulierungen sowohl zu den Eltern als auch zur christlichen Taufe der Neugeborenen, ohne dabei Persönliches zu den Verstorbenen wie etwa das Taufdatum mitzuteilen. Dafür finden wir bei diesem Buchführer längere Schilderungen von Krankheiten, die bei dem ersten meist nur kurz berührt werden. Ausführliche und inhaltsreiche Berichte zu den Berufswegen (siehe insbesondere den schon erwähnten Lebenslauf von Hans **Schomberg**, lfd. Nr. 659) oder Darlegungen über das christliche Leben und die Vorbereitung auf das Sterben beim zweiten Buchführer passen ins Bild, während die Texte des ersten Schreibers kaum mehr als das erlernte Handwerk und das selige Hinscheiden vermelden.

Und schließlich unterscheiden sich die Lebensläufe im ganzen Kirchenbuch auch hinsichtlich der Wortwahl. Bei Anna **Senft** (lfd. Nr. 182) heißt es, sie habe in ihrem Leben " viel Creutz v. Wiedwertigkeit außgestanden". Das Wort 'Wiederwertigkeit' kommt nur noch an zwei weiteren Stellen vor, einmal im unmittelbar nachfolgenden Lebenslauf der Dorothea **Kromteich** (lfd. Nr. 184) und dann nur neun Einträge bzw. zwei Monate später bei Anna **Lasterpage** (lfd. Nr. 192). Vergleichbares findet sich mit der plastischen Wortwahl, wonach die Sterbenden spürten "daß der Herr Feierabend machen würde" mit ihnen – diese Sequenz finden wir insgesamt etwa zwölfmal, und sie häuft sich zwischen September und Dezember des Jahres 1634 und ebenso im Jahre 1636 (lfd. Nrr. 660, 669, 675 und Nrr. 771, 773, 775, 787). Es scheint, dass hier jeweils der gleiche Schreiber tätig war, der diesen Ausdruck bevorzugte.

Wurden oben Textstellen zitiert, die auf die beteiligten Pastoren zurückgehen, so finden sich häufiger auch solche Passagen, die umgekehrt an die Pastoren gerichtet und für diese zur Vorbereitung auf die einzelne Trauerfeier gedacht waren. So macht der Magister Joachim **Babatius**, Diakon am Dom in Königsberg, persönliche Angaben zu seiner Dienerin Catharina **Eswarens** (lfd. Nr. 383) und unterschreibt persönlich im Kirchenbuch, desgleichen Friedrich **Balck**, Bürger in der Steindammer Vorstadt, für Hans **Engelbrecht** (lfd. Nr. 384), der wohl sein Zunftgenosse war. Zu beiden Vorgängen finden sich die Entsprechungen im Bestattungsbuch der Altstädtischen Gemeinde – vgl. dazu die Anmerkungen 642 und 643. Von Paul **Brewer** (lfd. Nr. 94) heißt es, er sei gestorben „postquam pridiè suae vitae cursum mihi dictitaverat" – nachdem er dem Pfarrer, der ihn am Sterbebett besuchte, vor seinem Tod seinen Lebenslauf diktiert hatte. Und im Lebenslauf von Valtin **Wichmannsdorff** (lfd. Nr. 14) wird der Pfarrer mit den Worten zitiert wird, der Verstorbene habe:

> im Sonderlichen Buch dicta insigniora *besondere Worte* auffgezeichnet cum explicatione nostratium *mit unserer Auslegung* Sd qu[od] ipseme vidi. *Was ich selbst gesehen habe.*

Andere Texte lassen offen erkennen, daß sie noch zu Lebzeiten von den Verstorbenen selbst verfasst worden waren. Bei Hans **Getzke** (lfd. Nr. 461) heißt es:

> Ao 1587 bin ih Hanß getzke geboren auß Denmarck mein Vatter hatt geheüßen Thomas getzke meine M. Anna, mein Vatter ist gewesen seines handwerckß ein schneider daselbst, ...

Und Zacharias **Schütz** (lfd. Nr. 466) aus Chemnitz, der zunächst in Sachsen, dann in Preußen und Königsberg Karriere machte, hatte für den Fall seines Ablebens einen längeren Lebenslauf selbst verfasst und nicht versäumt, darin auch auf seinen „bei mir habenden geburtbrieff" zu verwiesen. Diese vita finden wir wörtlich im Kirchenbuch wieder.

Ein inhaltlich anderes Beispiel für die Kommunikation zwischen dem Umfeld der/des Verstorbenen, dem Pfarrer und dem Buchführer findet sich im Schlusssatz aus dem Lebenslauf für Estehr **Selig** (lfd. Nr. 289):

> Mehr ist hie nicht von ihrem leben verzeichnet gewesen, sondern ihres Christenthums gedechtnus H M. **Lepnero** Zugestellet der ihr in templ: opp: die Leichpr: gethan

Dieser Buchführer schrieb nicht etwa die Angaben des Pfarrers auf, sondern umgekehrt lagen ihm schriftliche Aufzeichnungen über das Leben der Verstorbenen als Vorlage für seine Niederschrift im Kirchenbuch vor, die auch dem Pfarrer für einen biographischen Teil in seiner Leichenpredigt zugestellt wurden - vielleicht von dem Buchführer selbst? Ähnlich auch der knappe Text bei Christoph **Schmidt** (lfd. Nr. 468), wo der Buchführer selbstständig eine offenbar anderslautende (längere?) Vorlage in wenigen Worten zusammenfasst:

> M**Halbach** Ihm die Leichpredig gethan, ist aber in seinem curriculum vitae weder seines Vatern oder Mutter gedacht, nur das Er hin Vndt wieder gedienett, Vndt sich hie befreyett.

Bei Hanß **Wechbrodt** (lfd. Nr. 652) schließlich kann man den Eindruck gewinnen, der Buchführer habe aus eigenem Antrieb das ‚schändliche' Treiben dieses Verstorbenen aufzeichnen wollen, was unterstrichen wird durch eine längere Schilderung, wie Hans Wechbrodt mit mehreren anderen jungen Menschen am 29. Mai 1634 aus Übermut im Oberteich ertrunken ist:

> Von seinem Christenthumb ist wenig Zu sagen, denn Er Hn M. **Halbach** Vnbekand gewesen, weil er eine kurZe Zeit alhier gewohnet. Sonsten aber wird Ihm das beste nicht nachgeredet, denn er ein Zimlicher durchbringer soll sein gewesen, der des seinen nicht viel abgewartet &. darüber Er denn auch so iämmerlich Zum Tode kommen ...

Aus dem Dreiecksverhältnis zwischen Aussagen des/der Verstorbenen (bzw. ihrem persönlichen Umfeld), dem Pfarrer und dem Buchführer ergeben sich im Wortlaut der Texte zuweilen verschlungene Konstellationen mit einem ständigen Wechsel des Autors, in denen es auch unklar bleiben kann, wer was mitgeteilt und geschrieben hat. So bei Maria **Rollman** (Nr. 223), in deren Lebenslauf es am Ende heißt:

> "Der [unleserlich, wohl: Pfarrer] wird freundlich gebeten die wortt des 25 ψ zu ihrem Leichtext Zu nehmen (Die angst meines Hertzens ist gros) weil dies sonderlich ihr stetts seufftzen gewesen. Doch wirds dem H. in seinem Willen Vnd Wolgefallen gestellet. Petito[Petitioni] huius satisfeci. *Ich habe diese Bitte erfüllt.* M. Mart: Wolderus "

Da wird zunächst eine Bitte der Verstorbenen mitgeteilt, die sie vor ihrem Tod geäußert hatte, Worte des 25. Psalms zum Text für die Leichenpredigt zu nehmen. Dann steht ein Zusatz dabei – "Doch wirds dem H[errn] in seinem Willen und Wohlgefallen gestellet" –, der offenbar von einer anderen Person formuliert worden ist, denn dieser Zusatz richtet sich zwar wiederum an den Pfarrer, geht aber nicht von der Verstorbenen als Urheberin aus, sondern wird unpersönlich wiedergegeben: vielleicht von einem Buchführer, der den Wunsch der Verstorbenen als weniger drängend hinstellen wollte? Abschließend kommt dann der Pfarrer selbst zu Wort mit "Petito huius satisfeci" im Nachsatz.

Die zeitgenössischen Umstände bei der Anlage des Kirchenbuches in der Gemeinde werden ebenfalls deutlich in Aussagen wie bei Anna **Rabe** (lfd. Nr. 780), bei der es mitten im Text nach der Aufzählung vieler positiver Eigenschaften ihres Lebens heißt: „Solches ist menniglich wißend, vnd auch in der predigt albereit in etwas erwehnet worden, vnd also nicht nötig allhie, weitleüfftig zu wiederholen." Dieser Lebenslauf ist nach der Bestattung niedergeschrieben von jemand, der über die Inhalte der Trauerfeier Bescheid wusste und selbständig darüber berichten konnte.

Überwiegend fußen die Lebensläufe auf Konzepten, Vorlagen oder anderen Angaben, die Verwandte oder Nachbarn der Verstorbenen, dem Prediger für die Beerdigungsfeier oder dem Buchführer übermittelt haben; selten gingen diese Vorlagen sogar auf die Verstorbenen selbst zurück. In vielen Texten finden sich die Vorlagen in wörtlicher Wiedergabe. Bis heute ist solche Bereitstellung von Informationen über das Leben der/des Verstorbenen bei Beerdigungen häufiger Brauch, wozu meist das vorausgehende Trauergespräch dient; und auch für das 17. Jahrhundert stellt Winkler dazu fest: "Weithin war es üblich, dass die Angehörigen dem Prediger die Personalia zur Verlesung übergaben und ihn damit von der Verantwortung für das Gesagte entlasteten" (29). Trotz der erwähnten und noch einiger weiterer Fälle wissen wir allerdings bei den allermeisten Lebensläufen nicht genau, wer sie im Einzelnen verfasst hat und welche anderen Quellen außer mündlichen Angaben dafür zur Verfügung gestanden haben.

Fast durchgehend verzeichnet finden wir im Kirchenbuch die Namen der Pfarrer, überwiegend auch die Bibelstellen für die Predigt und die Kirche, in der die Trauerfeier stattfand. Diese eher unpersönlichen, fast geschäftsmäßigen Mitteilungen beschließen häufig die Texte, in einigen Zeiträumen stehen sie im ‚Vorspann‘ vor dem eigentlichen Lebenslauf, ohne persönlichen Bezug zu einem konkreten Verfasser der Texte.

Die Buchführer haben für die Abfassung der Lebensläufe eine gewisse Selbständigkeit gehabt. Sie haben auf ihre Formulierung und die Auswahl der mitgeteilten Inhalte selbst Einfluss nehmen können. Und das führt zu einer weiteren Erkenntnis: Die in diesem Kirchenbuch handschriftlich überlieferten Lebensläufe waren eigenständige Teile des damaligen Bestattungsrituals der Altstädtischen Gemeinde. Sie sind nicht identisch mit der Fassung, die in der Trauerfeier vor den Angehörigen und Nachbarn über das Leben der/des Verstorbenen vorgetragen worden war. Nicht identisch bereits im Umfang: Der mündlich in der Trauerfeier abgekündigte Lebenslauf wird in den meisten Fällen länger gewesen sein als seine oft leider nur knappe verschriftlichte Fassung im Kirchenbuch. Und auch nicht identisch hinsichtlich des Inhalts: In der Trauerfeier konnten sowohl die mitgeteilten Einzelheiten des Lebenslaufes als auch ihre Bewertung durch den Pfarrer von den Zuhörern aus eigener Kenntnis heraus beurteilt werden. Der nachträglich schriftlich niedergelegte Abriss des Lebensweges war für die Nachwelt bestimmt, losgelöst von dem "untergründigen Dialog" des Predigers mit seinem Publikum während der Trauerfeier und frei auch für andere Gewichtungen (30). In dieser Eigenständigkeit der schriftlich fixierten Lebensläufe liegt neben dem Einfluss der Buchführer eine weitere Quelle für mögliche Veränderungen oder Verkürzungen der mitgeteilten Einzelheiten ohne dass wir wüssten, ob solches mit Vorbedacht zur Erzielung einer bestimmten Wirkung geschah oder z. B. dem Zwang zur Beschränkung auf den immer begrenzten Platz in einem Kirchenbuch geschuldet war.

An mehreren Stellen der Quelle stehen die Eintragungen nicht immer streng in der Reihenfolge der Begräbnisse. So z. B. gleich im Januar bis März 1626, wenn u. a. Thomas Vieberg ✞ 25. 2. (lfd. Nr. 12) erst im März erscheint - so auch bei den laufenden Nr. 145/146/147 oder bei Elisabeth **Klein** – ✞ Ende März 1635, eingetragen Anfang Mai 1635 (lfd. Nr. 692). Für Bestattungen im September und November 1632 wurden drei Lebensläufe (lfd. Nummern 572/573/574) erst am Jahresende nachgetragen und darauf durch besondere Zeichen bei den Lebensläufen an der zeitlich richtigen Stelle hingewiesen (bei lfd. Nummer 555 bzw. 565).

---

29 Eberhard Winkler: Zur Motivation und Situationsbezogenheit der klassischen Leichenpredigt. In: Leichenpredigten als Quelle historischer Wissenschaften. Band 1. Herausgegeben von Rudolf Lenz, Köln und Wien 1975, S. 52-65, hier S. 57.

30 Siehe dazu Ralf Georg Bogner (wie Anm. 7). S. 116 ff. behandelt der Verfasser die Spannung zwischen gesprochenem und geschriebenem Lebenslauf in der Abfolge der einzelnen Teile des Bestattungsrituals.

Auch der Eintrag für Peter **Mauritius** (lfd. Nr. 589) lässt auf eine nachträgliche Niederschrift schließen. Hier heißt es mit Bezug auf die von „unserem ... Herrn Doktor" gehaltene Leichenpredigt „ejus typis excusa" – er habe sie „in den Druck gegeben." Die Vergangenheitsform legt den Schluss nahe, dass zwischen dem Todestag, der bei diesem Verstorbenen zugleich der Beerdigungstag war, und dem Eintrag im Kirchenbuch eine Zeit verstrichen sein musste, die für die Druckvorbereitung der Leichenpredigt erforderlich war. Und während einer kurzen Pestepidemie zwischen Sommer 1629 und Frühjahr 1630 mit vielen Gestorbenen häufen sich Eintragungen, deren Reihenfolge nicht mit den Sterbedaten übereinstimmt, die also zu späteren Zeitpunkten eingetragen worden waren: im Lebenslauf von Jonas **Zornicht** (Lfd. Nr. 277) wird der Tod seiner Ehefrau Dorothea (lfd. Nr. 306) erwähnt, obwohl sie erst vier Wochen nach ihm gestorben ist. Es verstrich also bisweilen eine Frist von einigen Tagen oder Wochen, bis der Buchführer den Lebenslauf niederschrieb.

In einigen Texten sind nur die Namen der Pfarrer mit anderer Hand geschrieben; bei den laufenden Nummern 743 bis 746 (Michael **Trotzner** bis Christoff **Feyerabend**, im April 1636) vermittelt diese Art der Aufzeichnungen den Eindruck, als hätten die Pfarrer den von anderer Hand geschriebenen Text abgezeichnet.

Unstimmigkeiten finden sich verschiedentlich bei den Angaben zum erreichten Lebensalter, das häufig im Zusammenhang mit den Umständen des Todes und der Bestattung genannt wird („er / sie starb im Alter von ... Jahren") im Vergleich zum Geburtsjahr, das, wenn es mitgeteilt wird, meist in den ersten Zeilen der Lebensläufe steht. Das aus einem angegebenen Geburtsjahr und dem Todesdatum sich errechnende Lebensalter ist nicht immer gleich dieser Altersangabe im Lebenslauf. Bei Anna **Hayse** (lfd. Nr. 778) zum Beispiel wird das Geburtsjahr mit 1598 angegeben, gestorben ist sie am 1. Dezember 1636. Das ergibt ein Lebensalter von etwa 38 Jahren. Im Zusammenhang mit ihrem Tod heißt es „eingeschlaffen, im 35. Jahr ihres Alters". In ihrem Lebenslauf wird mitgeteilt, dass sie mit 22 Jahren geheiratet und 15 Jahre, 47 Wochen verheiratet war. Das ergibt 38 Jahre. Die Altersangabe „im 35. Jahr ihres Alters" muss man also als falsch ansehen. Auch an anderer Stelle findet sich fehlerhaftes Rechnen: Helena **Richau** (lfd. Nr. 608) hat nach ihrer Heirat „anfangs 2 1/2 iahr Zu Lubeck gewohnet, nachmals allhie 35 1/2 sind in allem 37 iahr ihres ehestands". Richtig wären 38 Jahre ihrer Ehe. Die Frau des Hans **Bogdan** (lfd. Nr. 256) soll 1555 geboren sein, gestorben ist sie im August 1629. Mit 18 ging sie die erste Ehe ein, die 15 Jahre dauerte, danach war sie 3 Jahre im Witwenstand, dann die zweite Ehe mit 30 Jahren Dauer und anschließend 9 Witwenjahre. Es ergeben sich 75 Lebensjahre; das entspricht der Spanne zwischen Geburts- und Todesjahr. Abschließend heißt es jedoch bei ihr: „Das also ihr gantzes alter 85 Jahr". Noch einige weitere Fälle dieser Art (siehe auch im folgenden Absatz) legen die Frage nahe, ob die Verfasser der Lebensläufe nicht genug rechnen konnten? Eher waren sie in diesem Punkt wohl etwas flüchtig beim Verfassen der Texte. Wichtig wird dieses Nachrechnen der Angaben zu Kalenderdaten und Jahren bei der Frage, was als richtig angesehen werden kann für die Bestimmung der biographischen Daten: die Angabe zum Geburtsdatum oder die Altersangabe in Jahren? Der Herausgeber hat sich in solchen Fällen immer auf die explizite Angabe zur Geburt gestützt und das Geburtsjahr nur beim Fehlen einer solchen direkten Angabe aus anderen Einzelheiten der Lebensläufe zu ermitteln versucht. So war seinerzeit auch Ernst **Witt** verfahren.

Auch sonst hält nicht jede einzelne Angabe einer Nachprüfung stand, sofern eine solche einmal möglich ist. In seltenen Fällen lassen sich Unstimmigkeiten direkt aus den mitgeteilten Lebensläufen entnehmen. Margarete **Viehberg** (lfd. Nummer 225) war zweimal verheiratet, der Lebenslauf ihres zweiten Mannes Thomas **Vieberg** ist ebenfalls in der Quelle enthalten (lfd. Nr. 12). Der Vergleich beider Lebensläufe führt zur Aufdeckung von fehlerhaften Angaben über die Dauer der Ehe- und / oder der Witwenzeit im Lebenslauf der Margareta (vgl. Fußnote 390 bei ihr). Petrus **Farscheboterus** (lfd. Nummer 196) ist wohl nicht in Stettin, wie in seinem Lebenslauf angegeben, sondern in oder bei Stolp geboren, wie die ausführlichen Angaben zu seinem Vater und Schwiegervater im Pommerschen Pfarrerbuch (siehe unten im Teil 5 der Einführung und die Anmerkungen 343 und 344 bei Nr. 196) nahelegen. Die häufigen wertenden Angaben zur Lebensführung der Gestorbenen geben, wie immer in Kirchenbüchern, stets nur die subjektive Ansicht oder den Erwartungshorizont derjenigen wieder, die die Lebensläufe verfasst haben und müssen entsprechend kritisch gelesen werden. So soll Isaac **Bock** (lfd. Nr. 146) "etwas wüst vnd vnordentlich, sondlich in Beliebung des truncks gelebet" haben, während Thomas **Schreiber** (lfd. Nr. 502) "wie Altt Vndt schwach Er auch war keine predigt mitt willen Verseumett" haben soll. Adrian **Bartsch** (Nr. 605) war in 3. Ehe mit Ursula geb. **Schlegge** bis zu seinem Tod verheiratet. In seinem Lebenslauf heißt es „Mit derselben hatt er eilff jahr ehelich offt in grosser Vneinigkeit gelebt.“ Im Lebenslauf dieser wieder verheirateten und vier Jahre später verstorbenen Frau Ursula **Köhler** (Nr. 837) heißt es genau gegenteilig über ihre Ehe mit Adrian Bartsch: „Mit welchem sie eilff jahr Vnd etliche wochen im gutten friede gelebet“. Bei den regelmäßig erscheinenden Angaben zum Verlauf der letzten, zum Tode führenden Krankheit sind dagegen gerade ihre Detailliertheit und Unterschiedlichkeit ein Beleg dafür, dass wir hier individuelle Aussagen vorfinden, während bei den – seltener – beschriebenen Sterbeszenen jeweils von Fall zu Fall zu entschieden ist, ob es sich um eine Beschreibung des Idealtyps vom "sanften und seligen Tod" (31) handelt oder ob innerhalb dieser Schablone Persönliches berichtet wird wie aus der Sterbestunde der Anna **Movius** (lfd. Nr. 732), die

> "das Kleineste Kind Zu sich bringen lassen dasselbige geküßet, vnd dabey ex Cantione: herzlich thutt mich Verlangen & die wort gesprochen: Ob Ich gleich hinterlaße &. Welchen gesang sie sich auch hernach in Polnischer sprach hatt vorsingen laßen".

Recht oft sind Angaben in den Lebensläufen nachträglich eingefügt oder geändert worden – in der Edition regelmäßig in den Fußnoten angemerkt. Solche Korrekturen beziehen sich manches Mal auf unbedeutend erscheinende Kleinigkeiten. Bei Elisabeth **Halbach** (der mit 19 Jahren verstorbenen Frau des Pfarrers Isaac Halbach – lfd. Nr. 78) hieß es in ihrem Lebenslauf mit Bezug auf ihr Hochzeitsalter ursprünglich „als sie fast ihr *[Altersangabe überschrieben]* erreichet ...“ – das wurde geändert in „Als sie nunmehr ihr 17 erreichet“. Bei Johann **Wilhelms** (lfd. Nr. 451) betrifft dieser nachträgliche, in der Randspalte geschriebene Zusatz den Namen der Mutter und das Geburtsjahr, also zentrale und zum festen Bestandteil der Lebensläufe gehörende Angaben. Oder bei Christoff **Leimgräber** (lfd. Nr. 440) wird der Nachname ausdrücklich in diese Form von ursprünglich **Ehrengreber** geändert. Zuweilen wurde schon bei der Niederschrift im 17. Jahrhundert eine nachträgliche Ergänzung oder Berichtigung erwartet und dafür Platz frei gelassen. So geschehen öfter bei gänzlich fehlendem Lebenslauf (neben mehreren anderen so z. B. lfd. Nummer 261 Frau Bartel **Fändisch** oder Nr. 829 Anna **Folckman**). Oder man ließ Platz frei zum Nachtragen einzelner Angaben, so für den Wochentag des Sterbedatums bei Hedwig von **Kuhnheim** (lfd. Nr. 305). In anderen Lebensläufen wurde z. B. innerhalb der Zeile etwas Platz gelassen, die vorgesehene nachträgliche Eintragung dann aber nicht durchgeführt. So wurde bei Melcher **Mehl** (Nr. 690) der Geburtsname seiner Frau, bei Hanß **Schmied** (Nr. 740) die Anzahl der Jahre, die er nach Polen „verschickt“ wurde oder bei Elias **Gennert** (Nr. 745) der Name seiner Mutter nicht angegeben, obwohl jeweils eine halbe Zeile Platz dafür frei gelassen worden war. Alle mitgeteilten biographischen Daten können immer nur so genau sein, wie sie von den Angehörigen, Nachbarn oder anderen Bekannten der Verstorbenen übermittelt wurden, und man muss mit zunehmendem zeitlichen Abstand größere Ungenauigkeiten annehmen. Die Stellen mit nachträglichen Änderungen an den Lebensläufen kommen allerdings in so großer

---

31 So der Titel des Aufsatzes von Werner Friedrich Kümmel: Der Sanfte und selige Tod – Verklärung und Wirklichkeit des Sterbens im Spiegel lutherischer Leichenpredigten des 16. bis 18. Jahrhunderts. In: Rudolf Lenz (Hrsg.): Drittes Marburger Personalschriftensymposion, Forschungsgegenstand Leichenpredigten. (Leichenpredigten als Quelle Historischer Wissenschaften. Band 3.). Marburg 1984, S. 199–226. Darin eine ausführliche Diskussion des vielschichtigen Verhältnisses zwischen dem Ideal vom christlichen Sterben und der tatsächlichen Wirklichkeit sowie ihrer Widerspiegelung in gedruckten Leichenpredigten der Frühen Neuzeit.

Zahl vor, dass sie insgesamt den hohen Wert erkennen lassen, den die zeitgenössischen Buchführer oder Pfarrer auf Genauigkeit und Detailtreue der Angaben gelegt haben.

Für die biographischen Angaben in den Lebensläufen gibt es auch noch den Abgleich mit anderen, vorzugsweise gedruckten, Quellen zur Abschätzung ihrer Verlässlichkeit. Das ist am ehesten möglich bei solchen Familien, die den Gerichten oder Räten der drei Städte Königsberg angehörten, und hierbei in erster Linie hinsichtlich der Funktionen in diesen Gremien sowie der Vor- und Nachfahren, weniger hinsichtlich der einzelnen Stationen des Lebenslaufes und der Berufe. An einzelnen Beispielen wird darüber unten in Kap. 4.2 (Seite 36 ff.) berichtet. Im Ergebnis lässt sich für die Angaben zu den Funktionen und Verwandtschaften/Verschwägerungen eine gute Übereinstimmung mit anderen Quellen feststellen, die ebenfalls ein Nachweis ist für die eben erwähnte Genauigkeit und Detailtreue der Angaben. Die Fakten, die wir aus den Lebensläufen erfahren, können deshalb trotz gelegentlicher Fehler in Details insgesamt als recht gesichert gelten.

4. Zum Inhalt der Lebensläufe

4.1 Die biographischen Angaben über die Verstorbenen

Die Lebensläufe in der Quelle handeln von Menschen, die zwischen 13 Jahre (Dorothea Hintze, lfd. Nr. 98) und 94 Jahre alt geworden sind (Apollonia Montanes, lfd. Nr. 98 und Paul Lübasch, lfd. Nr. 479). Die Geburtsjahre liegen in der Spanne zwischen 1533 und 1616 – der übergroße Teil davon zwischen etwa 1560 und 1605.

Weiter oben wurde schon auf den unterschiedlichen Umfang der Lebensläufe und ihren teilweisen Zusammenhang mit verschiedenen Buchführern eingegangen. Unabhängig davon hängt der Umfang oft, aber nicht in jedem Fall mit der sozialen Stellung der verstorbenen Person zusammen. Verstorbene mit öffentlichen Ämtern haben oft einen abwechslungsreicheren Lebenslauf als die früh verheiratete Frau eines Handwerkers. Doch ist es auffällig, dass kein enger Zusammenhangmit der gesellschaftlichen Stellung eines/r Verstorbenen und der Länge der Eintragung im Kirchenbuch besteht. Für Clemens **Thamm**, einen Fischer, (lfd. Nr. 421) wurden über drei Seiten mit fast 1.200 Wörtern geschrieben (von pag. 330 unten bis pag. 333 unten). Für Michael **Stürmer**, Notar der Universität, der am gleichen Tag wie seine Frau starb und mit dieser zusammen beerdigt wurde (lfd. Nr. 458A und B), umfasst der – lateinische - Lebenslauf nur 221 Wörter. Und bei Conrad von **Noss** [v. **Nass und Grabau**], "Nobilis Silesius" (lfd. Nr. 834), findet sich für seinen Lebenslauf nur der Hinweis auf die Akademische Trauerfeier der Albertina.

Bei aller Unterschiedlichkeit im Einzelnen umfassen die Lebensläufe eine Reihe von Angaben, die nach einheitlichem Muster in gleicher Abfolge gegeben werden. Zunächst werden die Lebensdaten genannt, die in den zeitgenössischen Kasualienbüchern so nicht enthalten sind: Name und Geburtsjahr, nur vereinzelt auch der genaue Geburtstag, Namen von Vater und Mutter, deren Stand und Wohnort zum Zeitpunkt der Geburt, soweit diese bekannt waren. In wenigen Fällen reichen diese Angaben bis in die Großelterngeneration zurück. Die Aufzeichnungen enden mit dem Todesdatum und Angaben zum Begräbnis, oft auch mit Hinzufügung der Todesstunde. Auch wenn – leider – nicht alle Lebensläufe diese Fakten in gleicher Vollständigkeit enthalten, verleihen sie den Texten dennoch eine gewisse äußere Gleichartigkeit. Zwischen diesen Eckdaten finden sich in der Mehrzahl der Lebensläufe Nachrichten über die Taufe und den Erwerb schulischer und sprachlicher Kenntnisse, Lehrberufe bzw. Studien mit Zeit- und Ortsangaben, Arbeitsstellen, ausgeübte Berufe, andere wirtschaftliche Betätigungen, Eheschließungen, Zahl und Geschlecht der geborenen und der beim Tode des/der Gestorbenen noch lebenden Kinder. Die Ehren- und sonstigen Ämter werden genannt. Auffallend ist die Tatsache, dass die Kinder zwar fast ohne Ausnahme nach Geschlecht und Anzahl angegeben, ihre Namen aber – im genauen Gegensatz zu denen der Vorfahren – praktisch nie erwähnt werden.

So ausführlich diese den Lebensablauf beschreibenden Angaben auch sind, sie machen insgesamt nur etwa eine Hälfte der Eintragungen aus. Die andere Hälfte betrifft die christliche Seite des Lebens: die Geburt von christlichen Eltern, die christliche Taufe und Erziehung, das religiöse Verhalten im Leben und besonders in der letzten Zeit vor dem Tod die Erwähnung von Krankheiten mit besonderer Betonung der letzten, zum Tod führenden Erkrankung. Erwähnt wird ferner der Zeitpunkt für den letztmaligen Empfang des Abendmahls und die Schilderung der Umstände, unter denen der Tod eingetreten ist. Wenn darüber keine Angaben zu erlangen waren, wird es in mehreren Texten besonders vermerkt, was die Wichtigkeit dieses Teiles der Lebensläufe für die Zeitgenossen unterstreicht. Fast durchgängig wird die Kirche genannt, in der die Begräbnisfeier stattfand – die Altstädtische Kirche oder deren filia, die Steindammer Kirche (auch Nikolai- oder Polnische Kirche genannt) – und zuweilen der Begräbnisort – im Inneren der Kirche oder auf dem diese umgebenden Friedhof. In Verbindung mit dem Stand/Beruf der/des Verstorbenen erweitern diese Angaben die Kenntnis der Königsberger Lokalgeschichte.

Auch die Nennung der Bibeltexte, die der eigentlichen Leichenpredigt zu Grunde lagen, gehört in diesen Kontext. Sie wurde zwar nicht durchgehend aufgeschrieben, aber doch so häufig, dass die Angabe der Bibelstelle zum festen Bestandteil am Schluss der Lebensläufe zählt, oftmals mit Erwähnung desjenigen, der sie vorgeschlagen hat. Das kann die/der Verstorbene sein oder ein Nahestehender. Die Herausgeber haben Sorgfalt darauf verwandt, diese Angaben zu entschlüsseln, wenn sie nur bruchstück- und fehlerhaft geschrieben sind. Diese Angaben sind nicht kommentiert, wenn ihr Wortlaut zwar heutigen Bibelübersetzungen nicht entspricht, sie jedoch verständlich und mithilfe einer Konkordanz zu erkennen sind. Die häufige Verzeichnung drückt ihre Wichtigkeit für die Zeitgenossen aus und sie geben Einblick, wie der Prediger den konkreten Todesfall und seine Bewältigung durch die Angehörigen mit der lutherischen Heilserwartung verband. So können diese Angaben auch einen Blick auf die kirchliche Innenperspektive der Zeit ermöglichen.

Aus heutiger Sicht scheinen uns diese das Leben der Verstorbenen in christlicher Hinsicht berührenden Teile weniger wichtig, lesen wir doch häufig die inhaltlich scheinbar gleichen, meist weitschweifigen Sentenzen wie z. B. bei Susanna **Godemann** (lfd. Nr. 37), die sich nahezu wortgleich auch in zeitgenössischen gedruckten Leichenpredigten finden (32).

---

32 Als ein Beispiel dafür seien hier Auszüge aus der gedruckten Leichenpredigt für Johann Ernst **Adersbach** wiedergegeben. – Bei dessen Vater Michael Adersbach war offenbar Georg **Pfahl** (lfd. Nr. 368) einige Jahre in Diensten. - Auf die eigentliche Predigt folgt der "Bericht von Person / Leben und Wandel des Verstorbenen".
"... Welcher im Jahr 1613 den 2. Februar. Von Christlichen / Vornehmen Eltern zur Welt geboren ist. Sein Vater ist der Ehrenfeste / GroßAchtbare / und Hochgelahrte Herr Michael Adersbach / Churfürstl. Brandenb. in Preussen vornehmer Rath vnd geheimster Secretarius, auch Königl. Mayst. in Pohlen vnd Schweden Factor etc. Seine Fraw Mutter / die Ehrbare / Ehr- vnd Tugendreiche Fraw URSULA Pärßin. Von denen er in seiner zarten Jugend nicht allein durch das Bad der Wiedergeburt dem Herrn Christo und seiner Christlichen Kirchen ist einverleibet / sondern auch zu allen Christlichen Tugenden wol gezogen worden.
....
vnd diweil der fromme GOtt mit ihm zum ende gereiset / ist auch der Todeskampff mit ihme Augenscheinlich ausgegangen. .... vnnd mit gefalteten, außgestreckten erhabenen Händen hell und vernemhlich gerufen: JESU / du Sohn David / erbarm dich mein / Dir und in deine Hände befehl ich meinen Geist /du hast mich erlöset du getrewer GOTT. Vnd abermahls: HERR nimb

Ernst **Witt** blendet in seinen Regesten diesen ganzen Bereich bewusst aus mit der Bemerkung, dass die "Darstellungen der Todesursachen und religiösen Einstellungen der Verstorbenen .... wegen ihrer Ausführlichkeit fortgelassen wurden" (33). Auch **Müller-Dultz** findet die Wiedergabe seiner Marienburger Lebensläufe unter "Verzicht auf die bekanntlich damals üblichen weitschweifigen Ausführungen" offenbar vorteilhaft – jedenfalls im Hinblick auf deren Nutzen für den Familienforscher (34). In der Tat mag die Ausführlichkeit für uns umständlich klingen, sie drückt aber neben aller Konvention ein zeitgenössisches Lebensgefühl aus, für das die christliche Heilszusage und das Bestreben, sie zu erlangen, ein tragendes Lebensfundament war angesichts des allgegenwärtigen Todes. Die Versöhnung mit Gott am Ende des Lebens war unabdingbar für die Sterbenden, für ihre Angehörigen und die sie in diesen Stunden begleitenden Prediger, für einen Tod in Würde und sie war die Voraussetzung für die Erlösung von ewiger Verdammnis nach dem Tod. So können gerade diese Textstellen Einblick gewähren in Empfindungen und Gefühle der Menschen in der ersten Hälfte des 17. Jahrhunderts.

Hier treten die spezifischen Formen des religiösen Lebens nach der neuen lutherischen Lehre deutlich zutage. Nicht durch Bußübungen, Ablass oder sonstige eigene Werke, sondern allein durch den Glauben und die Bereitschaft, sich auf Gottes Gnade einzulassen, wird der Mensch von Sünde befreit und zum Leben nach dem Tode fähig.

Diese Beschreibung der einzelnen "Bausteine" , aus denen die hier edierten Texte bestehen, macht auch deutlich, dass wir es nicht mit Leichenpredigten im eigentlichen Sinne zu tun haben, sondern mit den Lebensläufen einer bestimmten Gruppe von Verstorbenen. Nach Rudolf Lenz besteht das "literarische Produkt" der (gedruckten) Leichenpredigt aus mehreren Teilen, und zwar "aus der 'christlichen Leichenpredigt', der Predigt, die der Pfarrer oder Prediger am Grabe oder in der Kirche auf den Verstorbenen hielt, ... sodann aus dem 'Ehrengedächtnis' oder dem Lebenslauf; der 'Abdankungsrede', häufig im Trauerhaus gehalten; und schließlich aus den Epicedien, Trauergedichten der 'Freundschaft', Personen, mit denen der Verstorbene in näherer Verbindung stand" (35). Von den genannten vier Teilen umfasst das Kirchenbuch mit den Angaben zum Lebensweg und z. T. zur Bedeutung der Verstorbenen vor allem den zweiten und in Ansätzen den dritten dieser Teile. Es betont damit die besondere Würde der Verstorbenen als Glieder der christlichen Gemeinde. Die Bezeichnung "Leichenpredigten" auf dem Rücken des Kirchenbuches und darauf fussend im Titel der

---

meinen Geist auff. Welches dann seine letzte Rede gewesen / sich hierauf ins Bett nieder geworffen / und ganz still gelegen / da dann die arbeit mit dem Tode vber einer viertel Stunden gewehret / biß er seine Seele in aller Stille vmb 10. Vhr gegen Mittag von sich gegeben (welche sonder allen zweiffel auf sein Hertzliches Seufftzen vnd begehren / Gott zu sich in die ewige Ruhe vnd Frewde genommen hat."

Aus: "Christlicher Leichsermon .... Des Weyland Ehrenfesten und Wolgelarten Herrn JOHANN ERNESTI ADERSBACHS Welcher ... am tag Aller Heiligen den 1. Novembris lauffenden Jahres in christo seeliglich entschlaffen und folgends den 4. Novembr. ... in sein Ruhebettlein ist beygesetzet worden. Gehalten zu Königsberg in der Thumb-Kirchen Kneiphoff von M. LEVIN POUCHENIO .... Gedruckt zu Königsberg bey Lorentz Segebade / Im Iahr 1632.
Permalink: < http://gateway-bayern.de/VD17+7%3A659440Y > mit Volltext zum Download. (Abfrage am 10. 6. 2013).

33 Ernst Witt (wie Anm. 2), S. 8.

34 Walther Müller-Dultz: Aus der Leichenpredigtsammlung in Marienburg/Westpr. In: Altpreußische Geschlechterkunde NF 6. (1958), Bd. 2, S. 88–91, hier S. 89.

35 Rudolf Lenz: Leichenpredigten – eine Quellengattung. In: Blätter für deutsche Landesgeschichte 111. (1975), S. 15–30, hier S. 15.

Regesten-Veröffentlichung durch Ernst **Witt** (36) entspricht im heutigen Sinne nicht ganz dem Inhalt, der dadurch nicht an Wert verliert.

Die vorliegende Edition erschließt tiefe Einblicke in das Leben des zeitgenössischen Königsberg. Die Lebensläufe enthalten rund 1.800 Familiennamen, die meisten davon mit Bezug zu Königsberg. Für diese Personen finden sich im Register der Sachbegriffe über 250 unterschiedliche Berufe, Ämter oder Funktionen - vom Advokaten bis zur Wäscherin, vom Kaufmann bis zum Aufwärter. Darunter etwa 100 verschiedene Bezeichnungen für Handwerkerberufe mit den zeitgenössischen Ausdifferenzierungen: z. B. Ankerschmiede, Nagelschmiede, Messerschmiede, Klempner, Nadler, Flickschneider, Hutstaffierer, Bortenwirker oder ein Zobelfärber. Man findet die ganze Breite des Königsberger höfischen Lebens mit dem archiater *Leibarzt*, dem kurfürstlichen Sekretär, dem Hofglaser oder dem Hoffederschmücker. Die Texte geben Auskunft z. B. zur Kindersterblichkeit, zum Heiratsalter, über die Zeiten der Verwitwung zwischen zwei Heiraten oder nach dem Tod des Partners, über die Dauer der Lehrzeiten und Wanderjahre in handwerklichen Berufen und für viele weitere biographische Einzelheiten.

Die Texte ermöglichen weiterhin differenzierte Aussagen zur Schulbildung: Hans **Gudel** (lfd. Nr. 401), der später "Kauffgesell" wurde, ist von seinen Eltern "fleissig zur schulen gehalten biß er fertig lesen schreiben vndt rechnen gelernet". Bei Kaufleuten wird auffallend häufiger als bei anderen Berufen auch das "Rechnen" als Teil der Schulbildung erwähnt. Bei Frauen kommt das zwar auch hin und wieder vor, aber insgesamt beschränkt sich deren Schulbildung – wenn davon überhaupt die Rede ist – vor allem auf das Lesen: für Margarete **Kupzaw** aus dem Kreis Fischhausen (lfd. Nr. 448) wurde von den Eltern immerhin "ein Schulmeister gehalten, der sie im lesen Vnterihtet, V. den h. Catechismum gelernet" – Schulbildung als eine der Bedingungen für ein Leben im Einklang mit dem Verhaltenskodex der Kirche. Auffallend auch der Fremdsprachenerwerb. In 97 Lebensläufen ist vom Erlernen des Polnischen die Rede, 46-mal wird Litauisch genannt (meist ging es um den gleichzeitigen Erwerb beider Sprachen), 12 mal wird eine andere Sprache erwähnt oder diese nicht explizit genannt. Das steht in Verbindung mit den kaufmännischen Berufen: das Polnische sei „alhie Zum Handell hochnötig" heißt es bei dem aus Antwerpen stammenden Antonius **Berends**, lfd. Nr. 100).

Das Register der Orts- und Ländernamen vermittelt einen Überblick über das räumliche Netzwerk dieses Personenkreises. Die in den Texten genannten Orte erstrecken sich über ganz Europa von Antwerpen bis Moskau, von Sizilien bis Reval. Die Lebenswege schlossen alle großen Länder Westeuropas (England, Frankreich, Spanien mit jeweils acht bis elf Nennungen) ein; in einzelnen Lebensläufen erfahren wir von Reisen bis zum Mittelmeer oder gar bis nach Ostindien. Dazu der erwähnte Fremdsprachenerwerb, der durchgängig vor Ort in Polen bzw. Litauen erfolgte: 13 Prozent aller Verstorbenen (mindestens! – denn bei so vielen lesen wir das, aber es werden mehr sein, bei denen es nicht so aufgeschrieben worden ist) gewannen allein auf diesem Wege in ihren jungen Jahren Lebens- und kulturelle Erfahrungen im Ausland. Dazu kommen noch die Handwerker mit ihren Gesellenwanderungen, die sich oft über viele Jahre und Länder erstreckten. Und schließlich sind da noch die vielen außerhalb der Stadt Geborenen, die mit der Übersiedlung in die Stadt hinein ebenfalls eine mobile Phase in ihrem Leben haben. Selten erfahren wir allerdings von Menschen, die erst kurz vor ihrem Tod nach Königsberg gekommen sind. Die „Wanderzeit" war mit der Heirat und Familiengründung beendet. Wir haben es in diesen Lebensläufen mit einer städtischen, hochmobilen, in weiträumigen Bindungen vernetzten Bevölkerung zu tun, die eine Ortsgebundenheit erst in einer zweiten Phase ihres Lebens erkennen lässt.

Wie weiter unten (Kapitel 4.3, S. 37) noch näher ausgeführt wird, entstammt eine große Zahl der im Kirchenbuch Verzeichneten den Familien, die den Räten der drei Städte Königsberg angehörten. Durch die oft genaue Erwähnung der Eltern- und z. T. der Großelterngeneration ergeben sich für die Lokalforschung vielfältige Ergänzungen des Geflechtes der verwandt-

---

36 Siehe oben S. 8 und Anm. 2.

schaftlichen Beziehungen innerhalb der städtischen Funktionseliten, zumal dieses Kirchenbuch zeitlich in die Lücke fällt zwischen den von Krollmann edierten Ratslisten (bis zum Jahre 1525) (37) und dem Bürgerbuch der Stadt Königsberg (1746 – 1809) (38). Nimmt man alle einschlägigen Angaben zusammen, bilden diese Lebensläufe fast ein „Who is who" für die oberen Bevölkerungsgruppen Königsbergs, zumindest die der Altstadt, von der Mitte des 16. bis zur Mitte des 17. Jahrhunderts.

In auffälligem Kontrast zu dem, was wir über das familiäre Umfeld oder die Berufe der Verstorbenen erfahren, stehen die wenigen Aussagen zu den wirtschaftlichen Verhältnissen. Niemals ist hier die Rede von Besitztümern oder anderem Vermögen, auch ihre herrschaftlichen Rechtstitel an Gütern, Immobilien und dergleichen werden – selten genug – höchstens dann genannt, wenn es sich um den Wohnsitz handelt wie bei Clara **Werdermann** (lfd. Nr. 450), von der es heißt

> „Die Ehr Vnndt tugendtsame Fraw Clara, des Erbahren V. wollgeachten Egidij **Werdermans** Vff Galhöwen Erbgeseßen gewesene Ehefraw"

In Bezug auf Rechtstitel an Immobilien steht das durchaus im Gegensatz zu den Personalia in gedruckten Leichenpredigten, wo zumindest diese Angaben normalerweise nicht fehlen (39). Lediglich indirekt schimmern zuweilen die finanziellen Verhältnisse durch, wenn wir z. B. von testamentarischen Verfügungen zugunsten der Geistlichen oder gemeinnütziger Einrichtungen lesen. So hat Bernhardt **Thege** (lfd. Nr. 119) "einem jeden unter uns 10 Reichsthaler vermacht" – jedem Geistlichen? – oder Catharina **Langerfeldt** (lfd. Nr. 712) bedenkt in ihrem Testament die Kirche, die Geistlichen, das Hospital und die Pauperschüler. Schließlich lassen sich wirtschaftliche Bezüge manchmal erkennen bei einer Eheschließung, wenn z. B. Maria **Haßke** (lfd. Nr. 770) sich zum dritten Mal verheiratet, weil sie "mit ihren kleinen vnerzogenen Kindern in so einer beschwerlichen Haußhaltung Zuleben beschwerlich befunden".

4.2 Verwandtschaftliche Verflechtungen und öffentliche Ämter

Da die Verstorbenen oder ihre Verwandten alle in Königsberg-Altstadt wohnten bzw. einen Bezug dorthin hatten, sind sie vielfach untereinander verwandt. Dieser Tatsache geht die Edition in besonderem Maße nach. Wo Partnerschaften, Eltern-Kind-Beziehungen oder Verschwägerungen zwischen den Verstorbenen erkannt wurden, sind sie in Fußnoten kenntlich gemacht. In einzelnen Fällen werden auch berufliche Verbindungen zwischen einzelnen Personen oder deren Eltern oder Verwandten sichtbar. So hat Catharina **Greger** aus Schippenbeil (lfd. Nr. 738) bis zu ihrer Heirat im Jahre 1604 "beym H. D. Jacob [**Montanus**] in deß jetzigen H. Caspari [**Pantzer**] Apotecken gedienet". Mit Michael **Mack** (lfd. Nr. 213) und Arend **Aderman** (lfd. Nr. 481) können wir zwei junge Männer fassen, die zu dem gleichen Crispin (von) **Kerstenstein**, der allerdings nicht selbst unter den Verstorbenen erscheint, geschickt worden sind, um "die Polnische Vnd Littawsche sprache Zu lernen" (Michael Mack), "bey welchem Er 2 Jahr Viel erlitten Vndt außgestanden" (Arend Aderman).

---

37 Christian Krollman: Die Ratslisten der drei Städte Königsberg im Mittelalter. Königsberg Pr. 1935. (Sonderschriften des Vereins für Familienforschung in Ost- und Westpreußen. 52.) Nachdruck Hamburg 1983.

38 Carl Schulz und Kurt Tiesler (Hrsgg.): Das älteste Bürgerbuch der Stadt Königsberg (Pr.) (1746–1809). Königsberg 1939. (Sonderschriften des Vereins für Familienforschung in Ost- und Westpreußen. 36.) Nachdruck Hamburg 1978.

39 Auf das Fehlen von Angaben zur wirtschaftlichen Situation in Leichenpredigten von Handelsherren hat auch R. Lenz schon früh, wenn auch nur sporadisch hingewiesen: Rudolf Lenz (wie Anm. 35), hier S. 29.

Johannes **Leder** (lfd. Nr. 262) hat bei dem gleichen C. Kerstenstein "gantzer sieben jahr Vor einen organisten rühmlich gedienet". Die Vielfalt solcher Aussagen, die auf Grund dieser Lebensläufe möglich sind, kann hier nur angedeutet werden.

Weitaus häufiger trifft man auf verwandtschaftliche Bindungen unter den verzeichneten Personen, und solche Beziehungen ziehen seit jeher ein besonderes Interesse auf sich. Wie ausgeprägt der familiäre Zusammenhalt war, wird deutlich in der Auflistung von 127 Einträgen im Register der Sachbegrifffe für „Verwandte", ohne die direkten Linien zwischen Mutter/Vater und Sohn/Tochter. Für die Familien, die in Königsberg die Ämter als Bürgermeister, Ratsmitglieder oder Schöffen bekleideten, sind die Grundzüge der familiären Versippung und Verschwägerung seit der Arbeit von Johannes Gallandi (40) bekannt. Viele der dort aufgeführten Personen finden sich auch hier in den Lebensläufen. Am Beispiel der Apothekerfamilie **Pantzer** (Abbildung 1) soll gezeigt werden, ob und wie die bisher bekannten Kenntnisse zur Genealogie dieser und den mit ihr verschwägerten Familien aus den Lebensläufen zu erweitern sind.

Sieben Lebensläufe betreffen Mitglieder dieser Familie. Darin werden insgesamt 16 Personen mit Namen genannt und weitere zehn ohne Namensnennung (= Kinder), von denen fünf bereits vor Abfassung der Lebensläufe verstorben waren (siehe Abbildung 1 – die Zahlen in Klammern sind die laufenden Nummern der Verstorbenen, wobei Nummern in <spitzen> Klammern einen Lebenslauf zu dieser Person bezeichnen und solche in (runden) Klammern auf den Lebenslauf einer anderen Person verweisen). Die 16 Personen umfassen fünf Generationen: von den Großeltern des Caspar **Pantzer** sen. (1554–1627, lfd. Nr. 106) bis zu einigen seiner Enkel. Von diesem Caspar Pantzer (1554–1627) erfahren wir am meisten Neues, denn Gallandi (S. 75) nennt ihn nur als ersten dieser Familie ohne Vorfahren, auch ohne Geburts- und Sterbedatum. Jendreyczyk gibt das Jahr seines Todes falsch mit 1616 an (41). Von Caspar Pantzers Frau kennt Gallandi ebenfalls nur den Namen sowie Namen und Beruf von deren Vater D. Jacob **Montanus**, über den Jendreyczyk mehr biographische Details nennt (42). Aus den Lebensläufen erfahren wir weiter, dass Caspar Pantzer sen. (Nr. 106) aus Mitteldeutschland stammte und nach Wanderjahren in mehreren Ländern nach Königsberg gekommen war. Der Vater stand in sächsischen Diensten als Oberst, dessen Vater war Bürgermeister in Naumburg an der Saale. Wir erfahren die wichtigen Daten zur Biographie des Caspar Pantzer, die Hofapotheke wird er zwischen 1579 (dem Jahr seiner Ankunft in Königsberg) und 1583 (dem Jahr seiner Heirat) übernommen haben. Jendreyczyk (S. 11) gibt für die Übernahme der Apotheke das Jahr 1578 und für die Heirat das Jahr 1585 an (43). Wir erfahren weiter die wichtigen biographischen Daten seiner Ehefrau Sophia geb. **Montanus** (lfd. Nr. 801), die aus einer Königsberger Familie stammte, die mindestens das ganze 16. Jahrhundert hier ansässig war. Ihre Mutter Appolonia geb. **Engelbrecht** erscheint mit eigenem Lebenslauf (Nr. 98), ist hochbetagt mit 94 Jahren gestorben und soll nicht weniger als 99

40 Johannes Gallandi: Königsberger Stadtgeschlechter. (Sonderschriften des Vereins für Familienforschung in Ost- und Westpreußen. 1.) Hamburg 1961. (Nachdruck aus: Altpreußische Monatsschrift 19. (1882) und 20. (1883).) [Zitiert und Seitenangaben nach der Ausgabe 1961].

41 E[rnst] Jendreyczyk: Zur Geschichte der privilegierten Apotheken in Königsberg im 16., 17., 18. Jahrhundert. Sonderdruck aus: Apotheker-Zeitung 69/78 (1928), S. 1–37, hier S. 12.

42 S. 11: Er soll 1551 nach Königsberg … gekommen sein. Nach einem Studium in Bologna mit herzoglichem Stipendium war er anschließend Leibarzt des Herzogs mit eigener Officin [Apotheke], 1600 gestorben.

43 Für eine Gesamtübersicht über die Apotheken und die Apotheker siehe:
Hansheinrich Trunz: Apotheken und Apotheker in Ost- und Westpreußen 1397–1945. Ein Namen-, Orts- und Literaturverzeichnis. Band 1. Hamburg 1992, Band 2. Hamburg 1996. (Verein für Familienforschung in Ost- und Westpreußen. Quellen, Materialien und Sammlungen zur altpreußischen Familienforschung [QMS] 5/1 und 5/2.).

Abbildung 1
Stammbaum der Apothekerfamilie Pantzer

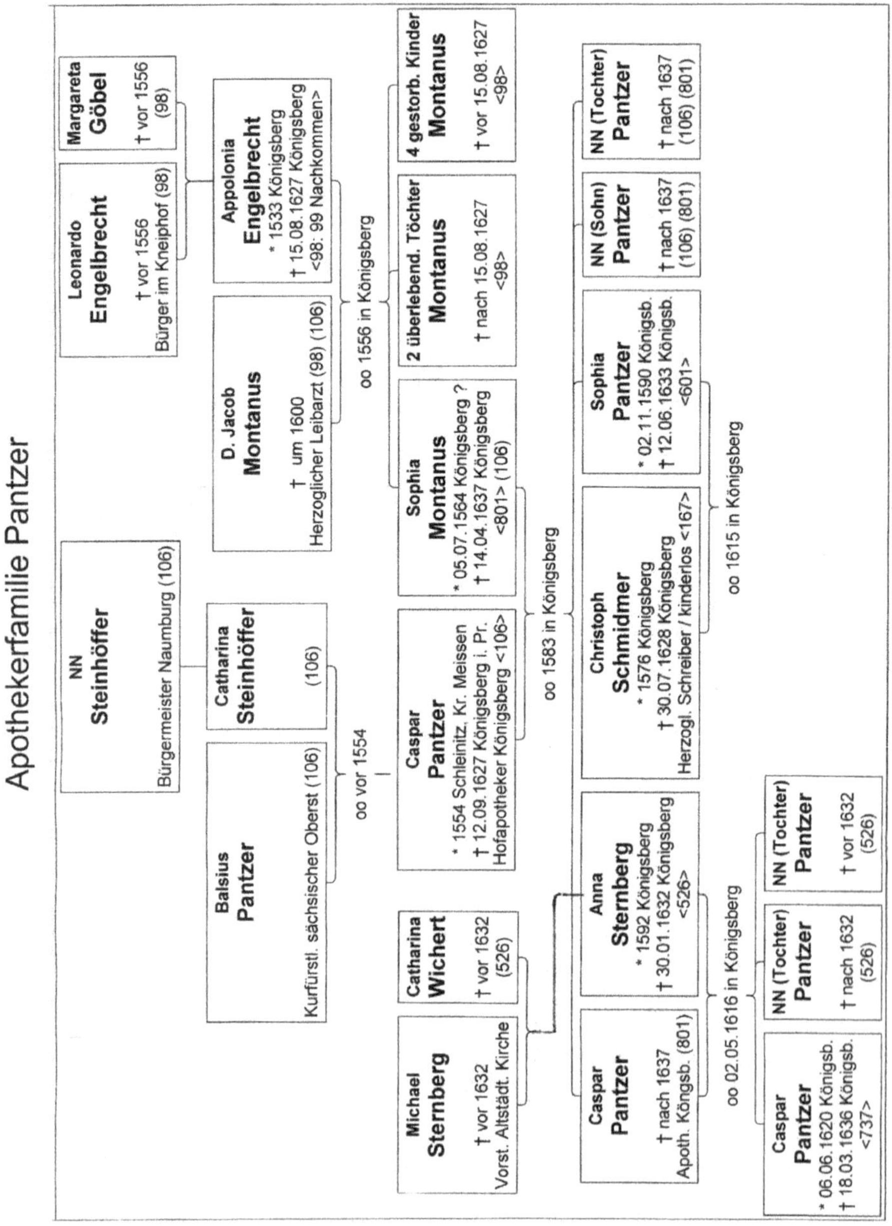

Nachkommen bis in die vierte Generation hinein gehabt haben. In diese Zahl eingeschlossen sind wohl auch solche Nachkommen, die bei ihrem Tod ebenfalls bereits verstorben waren – die Erwähnung von 99 Nachkommen in ihrem Lebenslauf ist ein eindrucksvoller Beleg für die Bedeutung jedes einzelnen Kindes im familiären Gedächtnis, gleichviel ob früh verstorben oder seinerseits mit weiteren Nachkommen (44). Die Familie Montanus findet sich mit eigener Darstellung nicht bei Gallandi, von der Familie **Engelbrecht** wohl nur Leonhard (S. 20) – ohne Nachkommen und als wahrscheinlicher Vorfahre (S. 65) der Familie **Lubenau (von Lilienklau)**. Dieser Leonhard erscheint als Leonardo in diesem Kirchenbuch mit drei nachfolgenden Generationen, die sich bei Gallandi so nicht finden.Caspar **Pantzer** jun. (45) ist nach dem Zeitraum gestorben, den unsere Quelle umfasst und erscheint deshalb hier nur indirekt als Ehemann seiner (ersten) Frau Anna **Sternberg**. In deren Lebenslauf wird abweichend von Krollmann das Datum der Hochzeit mit 2. Mai 1616 und eine der beiden Töchter beim Tod der Mutter als verstorben angegeben. Über den Schwiegersohn des Caspar Pantzer sen., Christoph **Schmidmer** (lfd. Nummer 167), erfahren wir erstmals Details seines Lebensweges im Dienst des Herzogs: nach einem ersten, wohl kürzeren Dienst beim Oberburggraf Rauter kam er zu einem Herren Friedrich aus dem Hause Waldburg (wohl Friedrich I. von Waldburg-Trauchburg – zum Haus Waldburg gehörte seit 1525 das Reichserbtruchsessenamt) und reiste mit diesem durch Deutschland. Wieder zurück in Königsberg, wurde der herzogliche Hof auf ihn aufmerksam und machte ihn zum Kornschreiber in Oletzko. Auch von dort aus hielt er weiter die Verbindung mit Königsberg, denn 1615 heiratete er hier die Sophia geb. **Pantzer**. Bei einem Besuch mit seiner Frau in Königsberg traf ihn der Schlag und er verstarb hier nach wenigen Tagen, ohne Nachkommen zu hinterlassen. Die Familie seiner Frau hatte ein Erbbegräbnis in der Altstädtischen Kirche – im Vergleich mit den Angaben dazu (46) enthält unsere Quelle keine Abweichungen.

Reizvoll für den Familienforscher kann es sein, den Nachkommen der in dieser Quelle genannten Verstorbenen nachzugehen. Zuweilen führen solche Versuche nicht sehr weit: die im Kirchenbuch genannte Dorothea **Kromteich** ebenso wie ihre Schwester Elisabeth (47) finden sich in der ausführlichen Ahnenliste der Familie Kenckel (48). Die Quelle enthält aber keine weiterführenden direkten Hinweise auf die Familie; lediglich Geschwister des Ehemannes der Dorothea sind nachgewiesen (49). In anderen Fällen lassen sich Nachfahren von Verstorbenen bis in die Gegenwart verfolgen. So bei Michael **Goldschmid** ✞ 13. 5. 1633 (lfd. Nr. 597) aus Kamstigall, der in 11. Generation einer der direkten Vorfahren von Reinhold Heling (s. oben Anm. 6) ist (50). In dessen Ahnenliste ist mit Nr. 4525 (S. 114) auch der Vater des Michael Goldschmid aufgeführt als Jacob **Goldschmid**, der so auch im Kirchenbuch

---

44 Gleiches kommt auch bei Ursula **Hoffmeister** ✞ 20. 4. 1633 (lfd. Nr. 593) zum Ausdruck, bei der es heißt: „Vnd hatt gesehen Kinder vnd Kindes Kindes Kinder Vier Vnfünfftzigk Von ihr entsprossen".

45 Über ihn ausführlicher [Christian] Krollmann: Artikel „Pantzer, Kaspar". In: Altpreußische Biographie 2. (1969), S. 488.

46 W[ilhelm] Schlemm: Ein Verzeichnis der in der ehemaligen Altstädtischen Kirche zu Königsberg i. Pr. vorhandenen Erbbegräbnisse. In: Altpreußische Geschlechterkunde 9. (1935), S. 1-13; hier S. 10.

47 Dorothea **Kromteich** ✞ 8. 10. 1628 (lfd. Nr. 184) -
Elisabeth oo 1618 Hiob **Lepner** ✞ 6. 5. 1635 (lfd. Nr. 691)

48 Wilhelm Albers und Horst Kenkel: Stammfolge der Familie Kenckel aus Verden – Bremen – Königsberg. In: Altpreußische Geschlechterkunde. Familienarchiv. Bd. 1 (1961), S. 53-80.

49 Siehe dazu bei Mihel **Kromteich** ✞ 21. 7. 1630 (lfd. Nr. 430).

50 Nachweis bei Wilhelm Kranz: Die Ahnenliste des Reinhold Alfred Heling. In: Altpreußische Geschlechterkunde. Familienarchiv. Band 34 (2012), S. 71-126. Michael Goldschmidt ist in dieser Ahnenreihe die Nr. 2126 (S. 112).

genannt wird. Im Türkensteuerregister von 1540 (51) werden im Dorf Kamstigall genannt ein Mychel und ein Nyckel **Goltsmyth** – Ersterer vielleicht der Großvater des Michael Goldschmid aus dem Kirchenbuch?

Wie schon erwähnt und unten noch näher ausgeführt wird (Kapitel 4.3, S. 37), finden sich Lebensläufe oder Namensnennungen sehr zahlreich von solchen Verstorbenen, die einem Rat oder Schöffengericht, vornehmlich dem der Altstadt Königsberg bzw. der Steindammer Vorstadt, angehörten. Mitglieder der Familien **Heilsberger** und **Langerfeldt** finden sich in jeweils 13 Lebensläufen, die Familie **(von) Weinbeer** treffen wir zehnmal an, die **Lölhöfel** sogar 17 mal. Die Ämter und Funktionen in diesen Familien werden regelmäßig genannt, verschiedentlich bis in die zweite oder gar dritte Vorfahrengeneration hinein. Bei Dorothea **Hintzin** (lfd. Nr. 141) heißt es von Ihrer Mutter

> "Dorothea, Hn Bernhard **Büttners**, gewesenen Burgermeisters zu Kawen Ehel Tochter, des Alten Hn Bernhard **Büttners** wolverdienten Burgermeisters dieser Altenstad Enckel."

Bernhard **Büttner** sen., Bürgermeister der Altstadt, hatte also einen gleichnamigen Sohn, der Bürgermeister in Kaunas wurde und dieser eine Tochter Dorothea, die die Mutter war von Dorothea geb. **Hintz**, der ersten Ehefrau des bekannten altstädtischen Bürgermeisters Henning (von) **Wegner**. Bei diesem (lfd. Nr. 774) wird das Jahr seiner ersten Wahl zum Bürgermeister mit "Anno 1626 … auff Reminiscere" angegeben. Falcke (52) nennt für das Jahr 1626 Hiob **Lepner** als Bürgermeister – in dessen längerem Lebenslauf (Nr. 691) wird dieser jedoch ausdrücklich als "Proconsul" *Stellvertretender Bürgermeister* bezeichnet.

In einigen Fällen findet sich in den Lebensläufen die Angabe „Bürgermeister“ bei Personen, die bei Falcke als solche nicht erscheinen. Es könnte sich hier z. B. um Stellvertretende Bürgermeister handeln, über die wir anderweitig aus dieser Zeit keine Kunde haben. So wird ein Peter **Rösenkirch** als „Bürgermeister im Kneiphof“ genannt, der als solcher bei seinem Schwiegersohn Reinholdt **Langerfeldt** (lfd. Nr. 127) und bei dessen Tochter Anna **Poll** (lfd. Nr. 432) 1602 erscheint. Oder ein Valtin **Klenaw** als Bürgermeister der Altstadt, Großvater des Friedrich **von Kohlen** (lfd. Nr. 553). Diese beiden kommen in den Listen bei Falcke nicht vor; Gallandi nennt Valtin Klenau gar nicht und Peter Rösenkirch als Bürgermeister im Kneiphof nicht bei dessen Familie (S. 91), allerdings an einigen anderen Stellen, so bei dem eben erwähnten Reinhold Langerfeldt (S. 57). Gallandi nennt Friedrich von Kohlen (53), jedoch ohne Lebensdaten, und bei diesem richtig dessen erste Ehefrau Barbara **von Gehren**, jedoch ohne Vornamen und ohne das Heiratsdatum (1598), und dessen zweite Gemahlin Ursula **Kersten** sowie deren fünf Kinder mit Namen und Taufdaten. Im Vorwort zu seiner Sammlung schreibt Gallandi (S. 3), dass er neben anderen Quellen die Kirchenbücher der Altstadt nur „teilweise“ durchgesehen habe.

Diese Beispiele mögen genügen, um den Informationsgehalt dieses Kirchenbuches für die Erforschung einzelner Familien anzudeuten, die dem Rat oder seinen Gliederungen angehörten: Personen können gänzlich neu erscheinen oder als weitere Vor- oder Nachfahren in bereits bekannten Familien hinzutreten, biographische Daten oder einzelne Umstände ihres Lebens und Sterbens können neu gewonnen oder präzisiert werden. Das kann das Diktum von

---

51 Hans Heinz Diehlmann: Die Türkensteuer im Herzogtum Preußen 1540. Bd. 1: Hauptämter Fischhausen, Schaaken, Neuhausen, Labiau. (Sonderschriften des Vereins für Familienforschung in Ost- und Westpreußen. Nr. 88/1.) Hamburg 1998, S. 80.

52 Kurt Falcke: Die Bürgermeister von Königsberg. In: Preußenland. Mitteilungen der Historischen Kommission für ost- und westpreußische Landesforschung 1. (1963), S. 49–68. Darin: Behrend Büther [sen.], Altstädtischer Bürgermeister im Jahre 1543 (S. 52) und: Dr. Henning von Wegner, desgl. 1627–1636 (S. 54). Bernhard Büttner jun. fehlt im Stammbaum der Familie Büttner bei Gallandi (wie Anm. 40), S. 12.

53 Gallandi (wie Anm. 40), S. 52

Hubatsch wenigstens etwas relativieren, der 1983 im Geleitwort zum Nachdruck der Krollmann'schen Ratslisten, auch mit Bezug auf die Zusammenstellung der Bürgermeister von Falcke, glaubte feststellen zu müssen: "Dieses ist nun der Stand an Wissen um die Königsberger Ratsfamilien, der von jetzt an festgeschrieben bleibt und nicht mehr verändert werden wird" (54).

4.3 Wer fand Aufnahme in das Buch mit den Lebensläufen?

Für Aussagen zur geschichtlichen Situation der Zeit, in der dieses Kirchenbuch angelegt wurde, ist von Wichtigkeit auch die Frage, ob die hier mit Lebensläufen Erwähnten aus der Gesamtzahl der Verstorbenen dieser Jahre eine Auswahl sind und wenn ja, ob ein System hinter dieser Auswahl steht und gegebenenfalls welcher Art dieses System ist. Den entscheidenden Hinweis gibt bereits die Überschrift zum Kirchenbuch: "Verzeichnuß der Verstorbenen aus der christlichen Gemeine der Altenstadt Königsberg, bey derer begrabnüße Leichpredigten angestellet vnd was Ihnen Vor Zeugnüß ertheilet worden." (siehe unten Abbildung 2, Seite 46). Nur solche Verstorbenen sind in diesem Buch mit ihrem Lebenslauf verzeichnet, für die in der Trauerfeier oder am Grab eine Leichenpredigt gehalten wurde. Kleine Kinder finden sich nicht darunter; die jüngste Verstorbene ist 13 Jahre alt (lfd. Nummer 311) und bleibt mit diesem Alter eine Ausnahme; sie starb am gleichen Tag wie ihr Vater an der Pest und erhielt mit ihm zusammen die Leichenpredigt. Dass die Lebensläufe auch nur einen Teil der erwachsenen Verstorbenen betreffen, zeigt ein Vergleich mit dem Bestattungsbuch, also dem zeitgenössisch so bezeichneten Totenregister, das wie alle Kasualienverzeichnisse der Altstädtischen Gemeinde aus dieser Zeit erhalten und im Evangelischen Zentralarchiv in Berlin verwahrt wird (55). Daraus lässt sich die folgende Tabelle 2 ermitteln. Sie ist zusammengestellt aus den Angaben in diesem Totenregister. In ausgewählten Jahren (in der Tabelle in Fettdruck wiedergegeben) wurden alle Einträge durchgesehen und die Verstorbenen in "Kinder" und "Erwachsene" eingeteilt, in den anderen Jahren wurde die Gesamtzahl der Gestorbenen anhand der laufenden Zählung im Totenregister ermittelt. Als 'Kinder' sollen dabei die Toten bis einschl. ca. 14 Jahre gelten entsprechend der zeitgenössischen Festlegung der Mündigkeit bei Knaben (56). Bei Frauen kommen in unseren Texten ab 15 Jahren, also ab etwa dem gleichen Lebensalter, Verheiratungen vor. Diese Einteilung ist wegen z. T. unklarer Einträge in den Totenregistern nicht immer eindeutig, gibt aber die Größenordnung wider. Von 1626 bis 1637 hat es insgesamt 5.046 Sterbefälle in Königsberg Altstadt gegeben. 839 davon sind im Kirchenbuch mit den Lebensläufen verzeichnet. Mit Ausnahme des Jahres 1629, in dem eine Pestepidemie im Sommer aufkam und im Herbst ihren Höhepunkt hatte mit abnormen Verhältnissen, als allein 363 Pesttote ohne Namen aus den Pesthäusern kamen oder in den Straßen aufgelesen

---

54 In: Krollmann (wie Anm. 37), vor S. 1.

55 Königsberg in Preußen, Altstadt – Bestattungen 1626–1678, Signatur EZA 2075.

56 "Die Rechtsquellen orientieren sich hinsichtlich der Mündigkeit am Eintritt der Geschlechtsreife; dementsprechend wird für Mädchen das zwölfte und für Knaben das vierzehnte Lebensjahr genannt. Auch im städtischen Lebensbereich ist damit die Schulzeit zu Ende; es schließt sich für Knaben die Zeit der Ausbildung für einen Beruf, die Lehrlings- und Gesellenzeit zumeist außerhalb der Familie, und für Mädchen im Haus oder im Gesindedienst die Vorbereitung auf die spätere Funktion der Hausfrau und Mutter an." Notker Hammerstein: Die historische und bildungsgeschichtliche Physiognomie des konfessionellen Zeitalters. In: Notker Hammerstein (Hrsg.), Von der Renaissance und der Reformation bis zum Ende der Glaubenskämpfe. 15. bis 17. Jahrhundert. (Handbuch der deutschen Bildungsgeschichte. 1.) München 1996, S. 57–152, hier S. 145.

wurden (57), ist in den ausgezählten Jahren jeweils zwischen 37 und 66 Prozent, im Durchschnitt von rund 47 Prozent der Erwachsenen der Lebenslauf aufgeschrieben worden oder das war vorgesehen.

Tabelle 2
Gestorbene in der Altstädtischen Gemeinde Königsberg

	Anzahl Gestorbener im 'Todtenregister'			**Anzahl Lebens-läufe im 'Todten-buch'**	**Anteil der Lebensläufe unter den Erwachsenen**
Jahr	**Insge-samt**	**davon 'Kinder'**	**davon Erwach-sene**		
1626	**279**	**140**	**139**	**51**	**37 %**
1627	**367**	**212**	**155**	**75**	**48 %**
1628	406			71	
1629	***1.654***	***599***	***1.055***	***185***	***18 %***
1630	529			84	
1631	**240**	**118**	**122**	**57**	**47 %**
1632	192			51	
1633	**207**	**125**	**82**	**54**	**66 %**
1634	425			48	
1635	**228**	**105**	**123**	**49**	**40 %**
1636	230			55	
1637	**290**	**150**	**140**	**59**	**42 %**
Summe 1626 - 1637	**5.046**			**839**	
Summe ausgezählte Jahre (ohne Pestjahr 1629)	**1.611**	**850**	**761**	**345**	**47%**

Im Toten**register** findet sich bis auf wenige Ausnahmen bei solchen Verstorbenen, deren Lebenslauf im Toten**buch** verzeichnet ist, der – überwiegend nachträglich hinzugefügte – Hinweis: "vid. 2. todtenbuch pag. *xxx*" oder ähnlich mit Angabe des Pfarrers, der die Leichenpredigt gehalten hatte, wobei *xxx* stets die richtige Seitennummer im hier edierten Totenbuch ist. Dieses zeitgenössische Totenregister wurde im Laufe der elf Jahre von 1626 bis 1637 von verschiedenen Händen in recht unterschiedlicher Form und Ausführlichkeit geführt, auf die an dieser Stelle nicht näher eingegangen werden kann. In wenigen Fällen finden sich

57 Zahl ermittelt aus den monatlichen Angaben im Totenregister.

darin ergänzende Details zu den edierten Lebensläufen. Solche Angaben sind in einer Fußnote bei den einzelnen Verstorbenen vermerkt.

Die Verwendung des Wortes "ander" sowohl am Anfang des Buches mit den Lebensläufen als auch im Kasualien-Buch macht aufmerksam und lässt sich nicht als zufällig deuten: Beim Lebenslauf von Anna **Mey** (lfd. Nr. 323) heißt es in einer nachträglich hinzugefügten Anmerkung ausdrücklich „In unserem todtenregister wird diese frau genannt Catharina". Und bei Hans **Peucker** (lfd. Nr. 48) findet sich mit Bezug auf seine Witwe, die offenbar erst nach dem Ende der Einträge in diesem Totenbuch, also nach 1637 gestorben ist, der Randvermerk "Dieser Witwe parentation siehe im dritten Todtenbuch pag. ", wobei die Seitenzahl nicht angegeben ist – hier ist also von einem dritten derartigen Kirchenbuch die Rede!

Daraus folgen zwei Erkenntnisse. Erstens sind im Kirchenbuch mit den Lebensläufen nur solche Verstorbenen vermerkt, die bei ihrer Bestattung mit einer Leichenpredigt geehrt wurden. Es liegen also gleiche Verhältnisse vor wie bei dem oben (Kap. 1 S. 12) erwähnten, jüngeren Kirchenbuch aus Hinterpommern. Zweitens muss es zeitgenössisch außer dem einen erhaltenen derartigen Kirchenbuch mit Lebensläufen noch weitere dieser Art – wohl eines zeitlich davor und mindestens eines danach – gegeben haben, die uns heute nicht bekannt sind (58).

Nach Tabelle 2 hat nur ein Teil der Verstorbenen bei der Bestattung eine Leichenpredigt erhalten – von den Kindern keines und von den Erwachsenen die knappe Hälfte. Die meisten Menschen wurden also ohne eine mehr oder weniger ausführliche Auslegung eines Bibelwortes in einer Predigt beigesetzt. Das entsprach offenbar zeitgenössischem Brauch und jedenfalls der Regelung in der Kirchenordnung von 1567/1568, die von einer Synode und den Ständen genehmigt und am 9. Juli 1567 als "repetitio corporis doctrinae prutenicae" verkündet (59) und ein Jahr später noch einmal ergänzt worden war (60). Darin heißt es im Teil "Von dem begrebnis":

> "Zum vierten stehet es ja ubel und unchristlich, wenn man sonderlichen ausser gemeinen sterbensleuften auch die christen also ohne gesang und erinnerung mit dem läuten, wie ein unvernünftig thier dahin schleppt. … "
>
> "Zum sechsten: will jemand eine predig haben, der kann sie bestellen bei dem pfarrherrn oder caplan, doch dass dieselbe über eine halbe stunde nicht were." (61)

Zu einem christlichen Begräbnis sollen demnach gehören: "gesang" – der im fünften Teil der erwähnten Kirchenordnung näher erläutert wird – und "erinnerung mit dem läuten". Eine Predigt als notwendiger Bestandteil der Begräbniszeremonie wird ausdrücklich nicht genannt. Predigten waren nur erlaubt, sie mussten gesondert "bestellt" werden und die Sorge der

---

58 Auf eine entsprechende Anfrage teilte Elisabeth Pabst vom EZA mit: „Ich habe die hier vorliegenden Bestattungsbücher der evangelischen Kirchengemeinde Altstadt in Königsberg i. Pr. überprüft. Es sind jeweils „Totenregister“ und sie enthalten mehr oder weniger ausführliche Bestattungseintragungen, aber keine Leichenpredigten. Im Verzeichnis der Deutschen Zentralstelle für Genealogie in Leipzig ist auch nur eine Verfilmung (Leichenpredigten 1626–1637) aufgeführt, die das Originalkirchenbuch betrifft, das sich in unserem Archiv befindet. Vielleicht hat es also schon in den 30er Jahren des letzten Jahrhunderts keine weiteren Bände Leichenpredigten gegeben.“ (Mail vom 3. April 2013).

59 Hierzu Fritz Gause: Geschichte der Stadt Königsberg in Preußen. Band 1. Von der Gründung der Stadt bis zum letzten Kurfürsten. 3. erg. Aufl. Köln u. a. 1996, S. 329.

60 Ausführlich dazu: Emil Sehling (Hrsg.): Die evangelischen Kirchenordnungen des XVI. Jahrhunderts. Band 4. Das Herzogtum Preußen, Polen, die ehemals polnischen Landesteile des Königreichs Preußen, das Herzogtum Pommern. Leipzig 1911. Abdruck der "Kirchenordnung und ceremonien, wie es in der ubung gottes worts und reichung des hochwirdigen sacraments in den kirchen des herzoglichen Preussen sol gehalten werden" S. 72–106.

61 Zitiert nach: Die evangelischen Kirchenordnungen des XVI. Jahrhunderts …, S. 100.

Obrigkeit war darauf gerichtet, dass für diesen individuell gewünschten Teil nicht zu viel Zeit verwendet werde. Wie aus anderen Stellen dieser und vieler anderer Kirchenordnungen hervorgeht, verfolgt diese zeitliche Begrenzung die Absicht, die im Chor mitwirkenden Schüler nicht länger als nötig vom Unterricht fernzuhalten – man muss sich klarmachen, dass fast jeden Tag eine oder auch mehrere Bestattungen stattfanden. Entgegen der immer wieder geäußerten Ansicht, nach der die Leichenpredigt "von Martin Luther in die Begräbnisliturgie eingeführt worden [war] und ... sich rasch als obligatorischer Bestandteil einer jeden Beisetzungsfeier auf Verstorbene als allen Ständen in den protestantischen Kirchen etabliert" hatte (62), umfasste also die Trauerfeier auch bei erwachsenen Toten nur bei einem Teil von ihnen eine vollständige Predigt mit Auslegung einer Bibelstelle (63). Warum das so war, wird durch die zitierte Vorschrift nicht restlos geklärt und muss offen bleiben, ebenso die Frage, ob Kosten dafür anfielen und wenn ja, in welcher Höhe. In der 1585 für Königsberg-Altstadt erlassenen Begräbnis-Verordnung (64) mit sehr detaillierten Angaben zu den vielfältigen Gebühren, die bei einem Begräbnis fällig wurden, werden Leichenpredigten gar nicht erwähnt. Im Bestattungsbuch der Gemeinde (s. o. S. 37) gibt es zwei Eintragungen, die darauf hindeuten könnten, dass Leichenpredigten damals im Herzogtum Preußen nicht besonders honoriert und also eine freiwillige Aufgabe für die Pfarrer waren, wie es die Bestimmung aus der zitierten Kirchenordnung nahelegt. Als letzte der Eintragungen des Jahres 1626 steht:

> "Summe aller, so dieß 1626 iahr gestorben, sindt 386 personen. Vnter denen sindt 57 denen leichpredigt gethan worden, wiewohl nicht mehr denn 5 gefunden, die in Ihrem letzten das predigtampt dieses orts bedacht." (65)

Am Ende des Jahres 1630 heißt es:

> "Summe aller Verstorbenen in diesem 1630 jahr sindt 529. Vnter denen sindt 88 mit leichpredigten begraben. Nur 6 Vnter solchen haben vnser Ministerium in Ihrem letzten bedacht, die besonders notiret."

Das Bedauern wie wenige Verstorbene die Pfarrer testamentarisch bedacht haben und die Klage über ihre geringe Zahl ("nicht mehr denn 5" - "Nur 6 unter solchen") mag genährt worden sein durch die Erwartung, aus den Nachlässen zumindest indirekt ein Honorar für die Predigten am Grabe zu erhalten, wenn denn kein geregelter Anspruch auf eine Bezahlung bestand. Auch in den Lebensläufen finden sich hin und wieder Hinweise auf testamentarische Verfügungen zugunsten der Geistlichen.

---

62 Bogner (wie Anm. 7), S. 58.

63 Wie unterschiedlich die Bestattungsrituale der neuen reformatorischen Bewegungen seit der Mitte des 16. Jahrhunderts hinsichtlich der Städte und des dörflichen Landes fernab der Städte, der ständischen Gliederungen und auch im zeitlichen Verlauf waren, hat für Schlesien ausführlich dargestellt Manfred Bunzel: Die geschichtliche Entwicklung des evangelischen Begräbniswesens in Schlesien während des 16., 17. und 18. Jahrhunderts. (Beibuch zum Jahrbuch für schlesische Kirchengeschichte 1981.) Lübeck 1981. Zusammenfassend urteilt er für das Schlesien des 17. Jahrhunderts:

> „In den meisten Städten, das gilt besonders von den größeren, ist die Leichenpredigt nie zu der Beerdigungsform schlechthin geworden. Von Liegnitz, Oels, Schweidnitz, Jauer .... hören wir ausdrücklich, dass die Leichenpredigt nur in den vornehmsten Kreisen oder bei einem funus generale [Begräbnis mit der ‚ganzen Schule', also einer großen Zahl von Schülern und Geistlichen] gehalten wurde; also immer nur ein geringer Bruchteil aller Begräbnisse fand in der feierlichsten Form statt." (S. 106).

64 Abgedruckt in: Die evangelischen Kirchenordnungen des XVI. Jahrhunderts (wie Anm. 60), S. 145–147.

65 In den Summen finden sich wiederholt meist kleinere Fehler – im Jahre 1626 wurden in der fortlaufenden Zählung der Einträge auch einmal 100 Nummern überschlagen.

Eine Antwort auf die Frage, aus welchen Gründen, mit welchen Absichten und durch wen für eine/n Verstorbene/n eine Leichenpredigt "bestellt" wurde, geben die Texte nicht. Oben (S. 38) wurde darauf hingewiesen, dass nur solche Verstorbenen mit ihrem Lebenslauf verzeichnet wurden, für die in der Trauerfeier oder am Grab eine Leichenpredigt gehalten wurde. Der Umkehrschluss – wer mit Predigt bestattet wurde, dessen Lebenslauf wurde seinerzeit aufgeschrieben – wäre allerdings nicht richtig. Im Totenregister (s. o. S. 37) finden sich auch Eintragungen über Beisetzungen mit einer Leichenpredigt, die nicht in der Quelle erscheinen – vor allem im Jahr 1626, in dem das Register besonders ausführliche Eintragungen enthält.

> Am "andern Osterfeiertag" (13. April 1626) wird bestattet "Christina, Jochim Kleinfelts eines Bechlers vom Steinthamb ehefraw, der M. Halbach die Leichpredigt gethan" –
>
> am 15. April 1626 "Urban Schorre ein [unleserlich] dem H. M. Halbach Leichp. gethan. Sein Curriculum siehe im andern Todtenbuch" – dort erscheint er jedoch nicht, ebenso wie
>
> am 20. April 1626 "Barbara, Matthiae Helwichs eheweib von den Huben, In 6 wochen gestorben. H.M. Wolder hat Ihr Leichp. gethan"

Insgesamt finden sich etwa zehn solcher Einträge im Jahr 1626. Einen besonderen Hinweis gibt es am 26. Februar:

> "Jochen Schirrmacher ein 63iähriger Mann und alter bürger, der in grosser armut gestorben. Die freunde haben Ihn zwar dennoch statlich zur erden bestatten, Vnd eine leichpredigt Ihm halten lassen wollen, wie sie deswegen bey mir, sowol bey H. M. Lepnero ansuchung gethan. Weil er aber bey lebzeitt nicht ganz christlich sich erzeiget, die predigt v[er]achtet, vnd das trauer Jahr ..., als hat mans Ihm, ob er schon in .... Sich basiehret, somit abgeschlagen, damit and. .... sich auff sein exempel nicht zu beruffen hetten. Doch ist er mit der gemeinde geläut, vnd mit der general schul auff dem Altstädtischen Kirchhoff begraben worden" [Die ....-Stellen sind leider unleserlich].

Oder am 4. Januar 1630 der Eintrag:

> "Petrus Bartsch ein scholaris und H Lolhöfels sein paedagogus, ein frommer Knab. Sein curriculum vita ist im andn todtenbuch zu finden. Leichpred hat gethan MW." Dieser Petrus Bartsch ist nicht in der Quelle enthalten. Derartige Einträge finden sich im Totenregister auch an anderen Stellen.

Ein Eintrag vom 12. Januar 1634 verweist auf einen anderen Umstand:

> "Michael Jan, stadtdiener vom Löbnichtschen thor. Ist leichpredigt begehrt, aber verweigert worden."

Wie andere kirchliche Amtshandlungen auch, konnten Leichenpredigten verweigert werden. Umgekehrt wird man das Verzeichnen der Lebensläufe bei den weitaus meisten der mit einer Predigt Bestatteten wohl als Teil einer besonderen Heraushebung dieser Verstorbenen ansehen können.

Dabei ist auffällig, dass auch Menschen mit niedrigem Sozialstatus in den Texten zu finden sind – z. B. Merten **Polcken**, Fischer (lfd. Nr. 1) / Emerentia **Fischer** (lfd. Nr. 66), "Von Armen Leuten ... gebohren", zuerst mit einem "Arbeitsmann", danach mit einem "Sattelknecht" verheiratet / Jacob **Mundler** (lfd. Nr. 348), "eines Fuhrmanns Sohn". Sie sind zwar in der Minderzahl gegenüber den Handwerkern, Kaufleuten, akademisch Gebildeten oder Angehörigen der in den Räten der drei Städte Königsberg vertretenen Familien, gehören aber zu einem Teil der Bevölkerung, für den nach den Erkenntnissen von Bunzel (66) eine Beisetzungsfeier mit Leichenpredigt sonst kaum gehalten wurde und für den jedenfalls gedruckte Leichenpredigten praktisch nicht existieren.

---

66 Wie Anmerkung 63.

Kurt **Tiesler** rechnete in seinen Auszügen aus 507 handschriftlichen Leichenpredigten 282 Stücke immerhin zum "Handwerkerstand", 140 zum "Kaufmannsstand", 12 zum "Landadel und Militärstand", 15 zur "Geistlichkeit", 34 zu "akademischen Lehrpersonen und Richtern", 49 zu den "Beamten der Stadtverwaltung" und 11 zu "ländlichen Besitzern" und betont: "Ein Druck dieser Leichenpredigten nebst Lebensläufen war nicht erfolgt" (67). Angehörige der städtischen Unterschichten, die sich im hier edierten Kirchenbuch durchaus finden, erwähnt er nicht, weil sie in der von ihm ausgewerteten Sammlung gänzlich fehlen. Die Sozialstruktur der mit gedruckten Leichenpredigten Geehrten ist noch viel einseitiger. Darauf weist Rudolf Lenz bei der Auswertung von 1.208 solcher Drucke aus Bibliotheken in Mittel- und Oberdeutschland hin mit der Feststellung: "dass die [nota bene: gedruckte!] Leichenpredigt, wie immer wieder vermutet wurde, ein Oberschichtenphänomen ist, das nur geringe Ausuferungen in die Mittelschichten und keine in die Unterschichten hat" (68). Bei dieser Einschätzung ist es geblieben. Ribbe/Henning im Taschenbuch für Familiengeschichtsforschung sprechen von Leichenpredigten als einer "Quelle der bürgerlichen und adligen Selbstdarstellung", wobei sie, wenn auch unausgesprochen, ebenfalls nur gedruckte Leichenpredigten im Blick haben (69). Diesen Verhältnissen kann hier nicht weiter nachgegangen werden; sie geben einen Hinweis darauf, welche vielfältigen Aussagen aus den Texten möglich sind.

5. Im Editionsteil abgekürzt zitierte Literatur

Erler — Erler, Georg (Hrsg.): Die Matrikel der Albertus-Universität zu Königsberg i. Pr. Band 1. Die Immatrikulationen von 1544–1656. Leipzig 1910.

Gallandi — Gallandi, Johannes: Königsberger Stadtgeschlechter. (Sonderschriften des Vereins für Familienforschung in Ost- und Westpreußen. 1.) Hamburg 1961. Nachdruck aus: Altpreußische Monatsschrift 19. (1882) und 20. (1883). [Zitiert und Seitenangaben nach der Ausgabe 1961].

Gemeindelexikon — Gemeindelexikon für das Königreich Preußen. Auf Grund der Materialien der Volkszählung vom 1. Dezember 1905 und anderer amtlicher Quellen bearbeitet vom Königlich Preußischen Statistischen Landesamt. Heft 1 Gemeindelexikon für die Provinz Ostpreußen. Berlin 1907. Heft 2 Gemeindelexikon für die Provinz Westpreußen. Berlin 1908. (Sonderschriften des Vereins für Familienforschung in Ost- und Westpreußen. 102.) Hamburg 2003. (Nachdruck beider Hefte in einem Band).

Goldbeck — Goldbeck, Johann Friedrich (Hrsg.): Vollständige Topographie des Königreichs Preußen. Erster Teil: Topographie von Ostpreußen. Königsberg und Leipzig 1785. Zweiter Teil: Topographie von Westpreußen. Marienwerder

---

67 Tiesler (wie Anm. 12), S. IX. Die Summe seiner oben wiedergegebenen Einzelangaben (= 543) ist größer ist als die Anzahl der ausgewerteten Stücke (= 507).

68 Rudolf Lenz: Vorkommen, Aufkommen und Verteilung der Leichenpredigten. Untersuchungen zu ihrer regionalen Häufigkeit und zu Geschlecht, Stand und Beruf der Verstorbenen. In: Marburger Personalschriften-Forschungen. Herausgegeben von Rudolf Lenz. Band 4. Marburg 1981, S. 223–248, hier S. 247 f.

69 Wolfgang Ribbe und Eckart Henning: Taschenbuch für Familiengeschichtsforschung. 12. Aufl. Neustadt a. d. Aisch 2001, S. 137.

	1789. (Sonderschriften des Vereins für Familienforschung in Ost- und Westpreußen. 7/1 und 7/2.) Faksimile-Nachdruck Hamburg 1991 und 1992.
Lange	Lange, Dietrich: Geographisches Ortsregister Ostpreußen einschließlich des Memelgebiets, des Soldauer Gebiets und des Regierungsbezirks Westpreußen (1919–1939). Königslutter 2005.
Moderow	Die Evangelischen Geistlichen Pommerns von der Reformation bis zur Gegenwart. Auf Grund des Steinbrück-Berg'schen Manuskriptes bearbeitet von Hans Moderow. Teil 1: Der Regierungsbezirk Stettin. Stettin 1903.
Moeller	Moeller, Friedwald: Altpreußisches Evangelisches Pfarrerbuch von der Reformation bis zur Vertreibung im Jahre 1945. Band 1. Die Kirchen und ihre Stellenbesetzungen. (Sonderschriften des Vereins für Familienforschung in Ost- und Westpreußen. 11.) Hamburg 1968.
Müller	Die Evangelischen Geistlichen Pommerns von der Reformation bis zur Gegenwart. Auf Grund des Steinbrück'schen Manuskriptes bearbeitet von Ernst Müller. Teil 2. Der Regierungsbezirk Köslin. Die reformierten Gemeinden Pommerns. Die Generalsuperintendenten. Stettin 1912.
QMS 19/1	Das "Zwischenmanuskript" zum Altpreußischen evangelischen Pfarrerbuch. Band 1. Abegg bis Czypulowski. Auf der Grundlage der Sammlungen von Friedwald Moeller bearbeitet von Walther Müller-Dultz, Reinhold Heling und Wilhelm Kranz. (Quellen, Materialien und Sammlungen zur altpreußischen Familienforschung [QMS]. 19/1.) Hamburg 2012.
QMS 19/2	desgl. Band 2: Daase - Gyzicki. QMS 19/2. Hamburg 2013.
QMS 19/3	desgl. Band 3: Haack - Kytickowski. QMS 19/3. Hamburg 2013.
QMS 19/4	desgl. Band 4: Laasch - Nutzelius. QMS 19/4. Hamburg 2013.
QMS 19/5	desgl. Band 5: Obereigner - Rzadki. QMS 19/5. Hamburg 2014.
QMS 19/6	desgl. Band 6: Saalfeld - Szypulowski. QMS 19/6. Hamburg 2014.
QMS 19/7	desgl. Band 7: Tabor - Zywietz. QMS 19/7. Hamburg 2014.
Schulz	Schulz, Carl: Namens- und Ortsregister zum Kirchenbuch. Unge-drucktes Manuskript, Königsberg vor 1945.
Willgeroth	Willgeroth, Gustav: Die Mecklenburg-Schwerinschen Pfarren seit dem dreißigjährigen Kriege. Mit Anmerkungen über die früheren Pastoren seit der Reformation. Wismar 1924. (Band 1–3 mit durchgehender Seitenzählung.)

Edition

Abbildung 2
Pagina 1 des Kirchenbuches
Titel des Buches und Vita des Merten Polcken

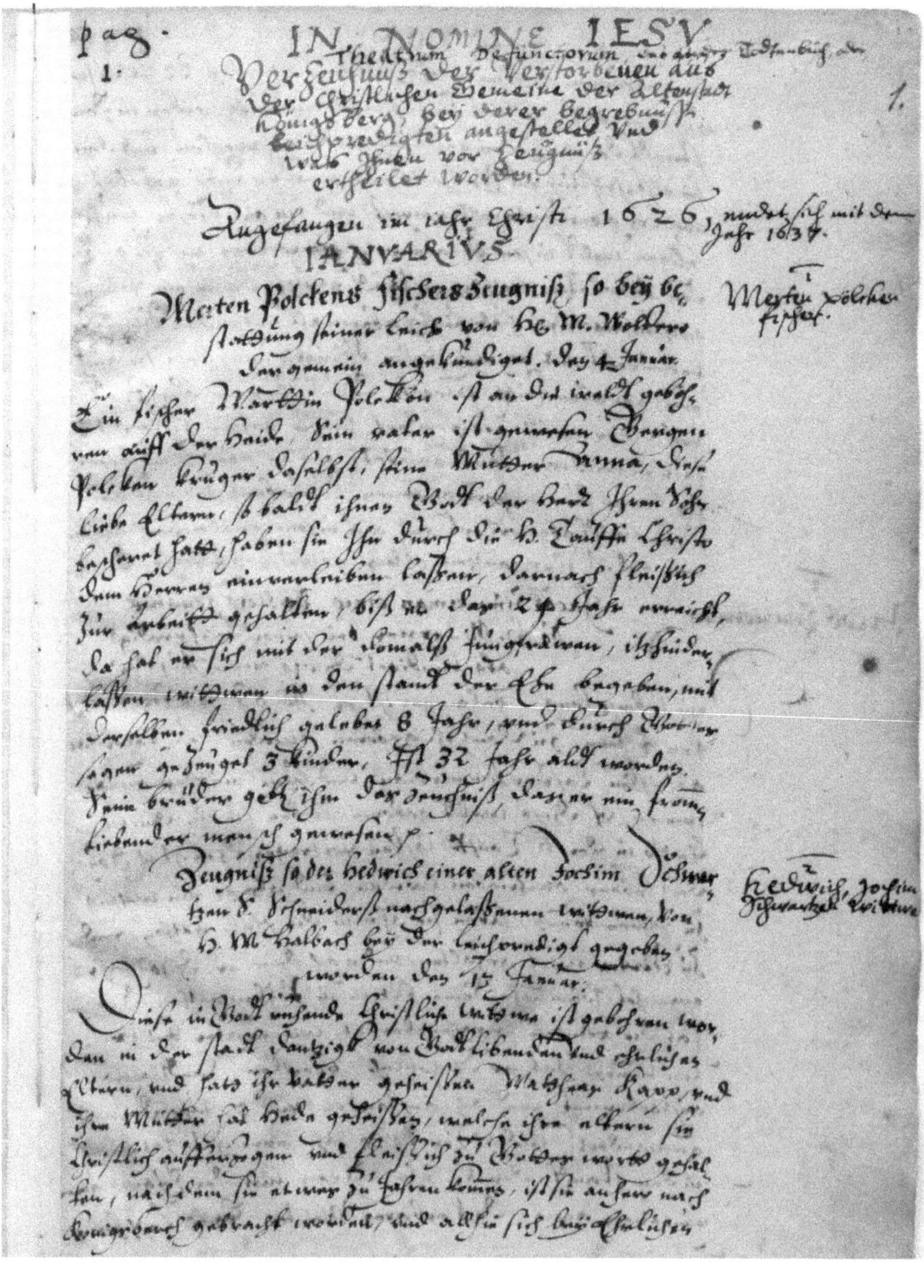
pag. 1. IN NOMINE IESV 1.

Theatrum Defunctorum oder anderes Todtenbuch, oder Verzeichnuß der Verstorbenen aus der Christlichen Gemeine der Altenstadt Königsberg, bey dero Begräbnuß Leichpredigten angestellet und was ihnen vor Zeugnüß ertheilet worden.

Angefangen im Jahr Christi 1626, endet sich mit dem Jahr 1637.

IANVARIVS

Merten Polckens Fischers Zeugniß so bey bestattung seiner Leich von H. M. Walthers der gemein angekündiget. den 4. Januar. — Merten Polcken Fischer

Zeugniß so der Hedwig einer alten Jochim Schwartzen Schneiders nachgelassenen Wittwen, von H. M. Walthers bey der Leichpredigt gegeben worden den 17. Januar. — Hedwig, Jochim Schwartzen Wittwe

IN NOMINE IESV
Theatrum Defunctorum, das ander Todtenbuch, oder,
Verzeichnuß der Verstorbenen aus
der christlichen Gemeine der Altenstadt
Königsberg, bey derer begrabnüße
Leichpredigten angestellet vnd
was Ihnen Vor Zeugnüß
ertheilet worden. (71)

endet sich mit dem Jahr 1637. (70)

Angefangen im iahr christi 1626,

IANUARIUS

1 MERTEN POLCKEN, ✶ AUF DER HEIDE, STADT TILSIT? UM 1594, □ 4. 1. 1626

1

Merten pölcken fischer

Merten Polckens Fischers Zeugniß, so bey be
stattung seiner Leiche von H M. **Woldero**
der gemein angekündiget. den 4 Januar.

Ein Fischer Marttin **Polckön** ist an die weldt gebohren auff der Heide (72), Sein Vatter ist gewesen Gergen **Polcken** Kruger daselbst, seine Mutter Anna, diese liebe Eltern, so baldt ihnen Godt der Herr Ihren Sohn bescheret hatt, haben sie Ihn durch die H. Tauffe Christo dem Herren einverleiben lassen, darnach fleißich zur Arbeitt gehalten, biß er das 24 Jahr erreicht, da hat er sich mit der damalß Jungfrawen (73), itz hinderlaßen wittwen in den standt der Ehe begeben, mit derselben friedlich gelebet 8 Jahr, vnd durch Gottes segen gezeuget 3 kinder, Ist 32 Jahr aldt worden. Seine brüder geben ihm das Zeuchniß, das er ein frommer liebender mensch gewesen p [Witt 530]

2 HEDWICH SCHWARTZ, ✶ DANZIG UM 1538, ✞ 10. 1. 1626

2

Hedwich, Jochim Schwartzen wittwe

Zeugniß so der Hedwich einer alten Jochim Schwar
tzen S. Schneiderß nachgelaßenen wittwen, von
H. M: **Halbach** bey der leichpredigt gegeben
worden den 13 Januar.

Diese in Godt ruhende Christliche Wittwe ist gebohren worden in der stadt Dantzigkvon Godt libenden vnd ehrlichen Eltern, vnd hatt ihr Vatter geheißen Matthias **Kapp**, vnd ihre Mutter hat Hede geheißen, welche ihre eltern sie Christlich auff erzogen vnd fleißich zu Gottes wortt gehalten, nachdem sie etwas zu Jahren kommen, ist sie anhero nach Konigsberg gebracht worden, vnd allhie sich bey Ehrlichen vnd frommen leutten auffgehalten, biß sie das 22 Jahr ihres Alters erreicht, da hatt sie sich mit

---

70 Dieser Eintrag von anderer Hand hinzugefügt.

71 Siehe nebenstehende Abbildung 2. Die Zeile "Theatrum Defunctorum, das ander Todtenbuch, oder," nachträglich eingefügt.

72 Lange (S. 48) nennt 'Auf der Heide' als "alten Siedlungsort" innerhalb der Stadt Tilsit.

73 Seine Witwe oo anschließend Urban **Hoffmann** ✞ 20. 6. 1627 (lfd. Nr. 87).

einem Schneider in den standt der H. Ehe eingelaßen vnd versprochen, mit dem sie also Christlich vnd Godtselig eine geraume Zeitt gelebet, weil es aber Gottes will gewest, vnd ihn aus dieser muheseligen weldt in sein Gnadenreich abgefordert, vnd sie also in den betrübten wittwenstandt gesetzt, da sie ein Jahr eingeseßen, nachdem hatt sie sich abermahl mit einem Schneider verheuratet mit nahmen Jochim **Schwartz**, mit dem sie auch nur geraume Zeitt gelebet. Weil ihn aber auch Godt von dieser weldt abgefordert, hat sie anhero biß ins 12. Jahr in wittwenstandt gelebet, da es aber Godt gefellig, hat er sie den vergangenen Sonnabent Zu nacht von dieser weldt abgefordert, vnd also in sein gnadenreich genommen vnd ist ihres gantzen Alters gewesen 88 Jahr p. (74) [Witt 686]

3 Jacob Zimmermann, ✶ Danzig 1569, ✝ 16. 1. 1626

3

Jacob Zimmermann

Jacob Zimmermann eines Böchlers Zeugniß
So H. M. **Lepner** bey seiner Leichpredigt
abgekundiget den 19 Januar Ao 1626.

Sein lebensleng belanget ist er Ao 69 von Godtseligen Eltern, zu Dantsch geboren worden, sein vater hat geheißen Casper **Zimmermann**, vnd seine mutter Anna. wie er auf diese weldt geboren, haben sie ihn dem H. Christo in der H. Tauffe lassen vortragen, das er ist in das buch deß lebens geschrieben worden, vnd als er ein weinig zu Jahren kommen, haben sie ihn in die schule gethan, vnd zu Gottes wort gehalten, vnd nach dem er das 16 Jahr erreichet, haben ihn Seine Eltern in Pohlen gethan, das er hat die polnische sprache gelernet, wie er aber Auß pohlen kommen. hat er das lobliche börchler (75) Handtwerck außgelernet vnd außgestanden vnd 7 Jahr darauff gewandert. Vnd als er das 25 Jahr erreichet, hat er sich in den standt der H. ehe begeben mit der Tugentsamen Jungfraw Anna, deß erbaren Meister Hans **Leschhorn** eheliche Tochter, mit welcher er in friedlicher ehe gelebet 26 Jahr vnd hatt 5 Kinder gezeuget 2 Tochter 3 Sohne, welche Vier Kinder dem lieben Godt voraußgeschicket, ein Sohn noch bey dem Leben, darnach alß er ein Jahr in betrübten wittwenstande gesessen, hat er sich abermahl in den standt der Ehe begeben mit der Andreß **Sommerfelds** Bechlers V. wittwers [sic] mit welcher er bißhero in friedlicher Ehe gelebet 5 Jahr ohne leibes erben. Weil ihn aber Godt der Allmechtige mit leibes Kranckheit angegriffen, das er fast in das 7 Jahr auf dem Sichbette gelegen, hat er sich gleichfal zu Hause mit seinem Catechismo vnd psalter getrostet in maßen er auch den 22 psalm oft vnd vielmahl wiederholet, auch in seiner letzten todtes stunde, Mein Godt mein Godt warumb hastu mich verlaßen, vnd wie die wordt weiter lautten. Zu Hause hat er sich oft mit dem wahren leib vnd blutt Jesu Christi gespeisen und trencken laßen. Auch allermeist für etliche wochen das Hochwürdige abendmal empfangen, vnd alle Zeitt fleißich gebetten, vnd dabey still und fromm gewest, das er nicht gerne ein Kindt erzornet. Alß

---

74 Im Totenregister (EZA Sign. 2075, siehe S. 37) heißt es u. a.: "hedwich, jochim Schwartzen schneiders Vnd schöppen vom Steinthamb nachgelassenen Witwen, auff der laken wohnhafft, eine alte person von 88 iahr, So in Ihrem stübchen todt gefunden worden ... hat in Ihrem testament einen jeden vnter vns mit 5 ℊ bedacht, den wir den 25. Febr. empfangen."

75 Im Totenregister (EZA Sign. 2075, siehe S. 37): "Ein Bechler vnd zugleich Höker aus der Langgasse ... ". Bechler auch unten im Lebenslauf bei der zweiten Ehe mit der Witwe des Bechlers Andreas Sommerfeld.

hat in Godt der Allmechtige am verschienenen Freytage den 16 Jan: vmb 3 Uhr auf den Abendt auß diesem Jamerthal abgefordert seines Alters in 57 Jahr.
So oft ich ihn communicieret hat er sich gar Christlich erkleret. [Witt 833]

4 Andreß Mahn, ✶ Königsberg (Steindamm) 1579, ✞ 16. 1. 1626

4 Andreas Mahn

Zeugniß so bey der Begrebniß Andreß Mahn
eines Schmackenführers, Ihm gegeben
worden Vom H. M. **Woldero**

Anlangende vnsern in Godt ruhenden mit bruder, den Ersamen Andreß **Muhn** [sic] ist derselbe Anno 1579 vor 47 Jahren von Godtseligen vnd frommen eltern, auf diese welt allhier vfm Steinthamb gebohren, Sein Vater S. hatt geheißen Georg **Mahn**, bürger vnd leinweber allhier, Seine Mutter aber Anna, Diese S. Eltern (76) haben gedachten Ihren Sohn, so bald sie denselben von den Allmechtigen Godt empfangen v Ihm wiederumb durch die H. Tauffe vortragen laßen, Nnachmalen ihn, alß er ein wenig erwachsen, in die Schule gehen laßen, da er dan fein lesen vnd schreiben, alß auch den Catechismum gelernet, Nachmals hat er sich die Zeitt seines lebens sein brodt schwer vnd sawer nicht ohne große leibes vnd lebens gefahr, Zu waßer suchen müßen, vns sich gegen iedermannigliche also verhalten, das, wo er hinkommen, allenthalben gerne gelitten vnd geduldet worden. Auch wen Er allhier Zur stelle, oder sonsten in stedten gewesen, hat er sich fleißich zur Kirche vnd den H. Sacramenten gehalten. In vergangenen Herbst hat der liebe Godt ihn mit einem fieber angegriffen, daran er dan immer Zu gekrancket, Jedoch noch dabey gegangen, biß vngefehr vor drey wochen, Er sich so sehr von dem Fieber abgemattet befunden, das er sich hatt müßen zu bette legen, da sie dan seine Seele Godt dem H. befohlen, vnd gebeten, wo es ihm Seelig vnd Godt gefellig, wolte er ihm wieder zu seiner gesundheit kommen lassen, vnd also er von tage zu tage schwecher worden. Hat er sich im vergangenen Montage mit dem Hoch vnd theuren worden leib vnd blutt Jesu Christi Speisen laßen vnd seinen willen Gottes deß allmechtigen vnterworffen, der auch sein gebett erhoret, vnd ihnen am vergangenen freytage den 16 nach Mittage vmb 2 Uhr, wie gedachtt In 47 Jahr seines alterß fein sanfft vnd still abgefordert. [Witt 426]

5 Anna Köritzer, ✶Frankfurt (Oder)? 1553, ✞ 13. 1. 1626

5 Anna Koritzersche

Zeugnuß einer alten Wittwen Anna
Köritzerin eines Gürtlers, ertheilet worden,
von H. M. **Lepnero**, auß Steinthamb. 28 Janu:

Vnsere itzo in Godt ruhende mit Schwester ist gebohren worden Zu Franckfurth im Jahr 1553 ihr vater ist gewesen der Erbahr Peter **Lebel** ein Tuchmacher vnd ihre Mutter Christina genandt, diese ihre eltern haben sie baldt sie auff diese weldt gebohren dem H. Christo durch die H. Tauffe fürtragen laßen, vnd sie in aller Zucht vnd erbarkeit auferzogen, als sie nu 12 Jahr alt worden, haben sie sie nach Konigsberg geschicket, da sie den ihrer Herrschafft trewlich vnd fleißich gedienet, biß sie 22 Jahr alt worden, hat sie sich mit bewilligung ihrer Herrschaft zum ersten mahl in die ehe eingelaßen mit dem Erbahren vnd wollgeachten Jacob

---

76 Sein Bruder ist Görg **Mahn** ✞ 28. 4. 1627 (lfd. Nr.73).

Landtman Bürgern vnd Gürtlern, mit welchem sie in friedlicher ehe gelebet 10 Jahr ohne leibes erben. Anno 1585 ist ihr erster man im H entschlaffen, vnd sie also nach ihres mannes Tode 1 Jahr in Witwen Stande geseßen Anno 1586 hat sie sich zum andern mahl ein gelaßen mit dem Erbahren Tewes **Köritzer**, mit welchem sie in friedlicher Ehe gelebet 35 Jahr vnd durch Gottes segen gezeuget 6 Tochter vnd einen Sohn, welche schon alle im H entschlaffen 1620 in der Vorigen Pest ist ihr anderman gestorben, vnd hat sie abermahl in Wittwen stande geseßen 6 Jahr, den 26 Decemb. im Mittelsten Feiertag hat sie solch reisen in Ihren leiben .rm [sic] bekommen, das sie nicht tag noch nacht ruhen konnen, biß sie sich den 29 Decemb. legen müßen, vnd die Kranckheit immer mehr zugenommen, sie auch oft vnd vielmahls Godt den H angeruffen, er wolte mit gnaden kommen, vnd ihre qual verkürtzen, Godt der Allmechtige hat ihr gebett erhoret, vnd sie den 13 Januar: von dieser welt abgefordert in 74 Jahr ihres Alters zwischen 6 vnd 7 zu Abendt, Ihren Catechismumb anlangend, wirts dem H wol bewust sein , Godt verleyhe ihr am Jüngsten tage eine froliche aufferstehung zum ewigen Leben Amen.

[Witt 359]

6 ANNA WALTHER, ✶ KÖNIGSBERG (KNEIPHOF) 6. 6. 1586, ✞ 25. 1. 1626

6

Anna Walther-sche

Zeugnüß so Christian Walthers
ehefrawen bey gehaltener Leichpredigt
von Mag: **Halbachen** ertheilet worden
den 28 Jan: Anno 1626

Anno 1586 den 6 Junius Ist diese Vnsere mitschwester mit nahmen Anna **Nosin** auff diese welt von Christlichen Eltern geboren, Ihr S. vatter hat geheißen Wilhelm **Rose** (77), Bürger vnd Kauffmann in Königsberg Kneiphoff. Ihre Mutter S. hatt geheißen Margareta **Hüsings**, diese Eltern S. haben ihre liebe Tochter von Jugendt auff zu aller Gottesfurcht aufferzogen, biß sie endtlichen ihre mündige Jahr erreichet, ist sie durch schickung Gottes Anno 1606 den 25 Februarius mit dem Ehrvesten vnd wolgeachten Christian **Walthern** in die ehe geschritten mit welchem sie fast in die zwanzig Jahren ganz friedlich gelebet vnd einander von herzen geliebet, auch durch Gottes Segen Sieben Kinder alß 4 Söhne vnd 3 töchter gezeuget von welchen noch im leben seindt 4 alß 2 Sohne vnd 2 Töchter, Vorgangen Sonnabendt zu nacht, ist ihr ein vnverhoffter Zuefahl begegnet das sie dadurch in die große mattigkeit gefallen, vnd ob man schon alle menschliche mittell versucht vnd angewandt ist doch solches alles vergeblich gewesen, das sie auch endlichen vorgangenen Sontag Vffm Abendt vmb 3 Uhr ganß Selig von dieser welt geschieden vnd entschlaffen hat also ihres Alters in die 44 Jahr in dieser welt zubracht. (78)

[Witt 766]

7 SIMON HASE, ✶ KÖNIGSBERG? 26. 10. 1589, ✞ 31. 1. 1626

7

Simon Hase

Vrsprung, leben vnd Abschied H. Simonis
Hasen Doctoris medicinae bey seiner Leich
predigt abgekundiget den 2 Febr:

---

77 Ernst Witt: auch Lesung R<u>e</u>se möglich.

78 Im Totenregister (EZA Sign. 2075, siehe S. 37) heißt es u. a.: "Christian Walthers Weinschencks haushfrau Anna, hat eine unzeitige frucht gehabt, ist daran schleunig gestorben."

Anno 1589 ist er geboren am Tage Simonis Judae, vom Vater Jacob **Hasen** (79) Balbier, Mutter Ursula, Alhir ist er in die Altstetische schull gangen vnter H. Rector M. Valentino **Raschio** biß er das 17 Jahr erreichet hatt, da hatt er sich auff die Auslendischen Vniversiteten begeben – 1606 sein studium medicum fleißich fortgesetzet, auch zu Leipzig, Braunschweig, Greipswalde, Stetin mit großem lob vnd Mühe medicinam practicirt, vnd alda so lange verharet, biß er im Jahr 1619 den 7 Aprillis zu Basell in Doctorem promovirt cum laude wie seine testimonia außweisen Anno 1621 ist er wieder ins landt anhero kommen zu seinen lieben Eltern, bey den er sich so lange auffgehalten vnd sich gebrauchen laßen. Den 24 Januarius ist er kranck worden vnd den 31 Januarius vmb Segens vhr 4 zu Morgens Selig in dem H. entschlaffen seines alters 37 Jahr [Witt 245]

8 Regina Brandt ✶ Königsberg (Altstadt) um 1590, ✞ 31. 1. 1626

8 Regina Brandtsche

Vrsprungk leben vndt Abscheidt S. Fr. Reginen Brandtin des H. Vrbani Schorren verstorbenen ehelichen frawen so von H. M. **Lepnero** abgekündiget den 2 Februarius:

Frau Regina Brandtin (80), ist geboren worden von Gottsfürchtigen auffrichtigen ehelichen Eltern: Ihr Vater ist gewesen der ehren veste wolweise vnd vornehm geachte H Jacob **Brandt** Rahtsverwanter vnd Cämmerer der Altenstadt, die Mutter Dorothea **Stengelein**. Diese Eltern haben gedachte ihre Tochter Reginam anfangs dem H. Christo in der h. Tauffe einverleiben laßen, Nachmalß vnd alßbald sie ihre Jahr erreichet, fleißig zur schule, zum gehör götliches wordts, vnd gebrauch der h. hochwürdigen Sacramenten gehalten, vnd in aller Zucht vnd erbarkeit zu allen Christlichen tugenden aufferzogen, also das sie nach absterben ihrer lieben, in Gott ruhenden Eltern Ihrer selbst warnehmen, vnd ihr leben also zu richten wißen, das sie von der ganzen Nachbarschafft dadurch lob erworben danenhero Gott sie auch mit seiner Hülff zu finden wissen das sie Ao 24 mit dem Erbahren vnd wolgelahrten H. Vrban **Schorren** Bürgern alhier nunmehr hochbetrübten Witbern verehlicht worden, mit dem sie in so friedlicher Ehe in wahrer lieb vnd trewe gelebett, das ihr lieber Man nun betrübter Witber von Herzen gewünschet vnd wünschet, was es Gottes gnediger wille sein möge, das er biß an sein ende seinen Ehestandt mitt S. .... ehegatten volziehen mögen, vnd haben in solcher ihrer Ehe gezeuget ein töchterlein so auch im leben. Ihr Hinfahrt vnd abscheiden anlangende, so ist zwar derselbe vnverhofft, den nachdem vngefehr vor vier wochen der liebe Gott sie ihren schwer tragenden Mütterlichen Bürden in gnaden entbunden, vnd sie mit vorhin gedachtem ihrem töchterlein erlöset gehabt, vnd sie wiedervmb zum ziemlichen Hoffen gelangen laßen, so ist sie doch darnach mit allerley Kranckheit vberfallen biß darauf schleunichst der todt erfolget, dennoch hatt sie Gott bey solchem Verstandt vnd stärcke erhalten, das sie sich mit allerley Christlichen gebetlein, außerlesenen Sprüchen der H. Schrift zu trösten insonderheit Jesum Christum mit inbrünstiger anrufung in ihr Herz zu schließen

79 Jacob **Hase** ✞ 29. 3. 1626 (lfd. Nr. 19).

80 Im Namensregister am Ende der Quelle wird sie „Regina, Vrban **Schorren** hausfr." genannt. Zu diesem Register siehe die Einführung, S. 8.) Im Totenregister (EZA Sign. 2075, siehe S. 37) heißt es über sie: "eine Sechswöchnerin".

wißen, damit sie auch in wahrem glauben vnd Christlichem Bekändtnuß ihr leben beschlossen vnd dieser welt gesegnet, am vergangenen Sonnab: vmb 6 Vhr des Morgens in 36 Jahr ihres alters. etc. [Witt 71]

9 CASPER LÖLHÖFEL, ✶ KÖNIGSBERG (ALTSTADT) UM 1590, ✞ 2. 2. 1626

9 Caspar Lölhefel

Casper Lölhöfels Bürgers der
Altenstadt verhalten bey seiner Leichpredigt
vom H. M. **Lepnero** abgekündiget den
5 Februarius Anno1626.

Was anbelanget des Erbahren vnd vornehm geachten See. Caspar Lölhoffells seine geburt, Ist derselbe von Christlichen Eltern vngefehr (81) Anno 1590 geboren worden, sein Vater ist gewesen der Erbahre vnd vornehm geachte Michel **lölhofell** mitbürger vnd melzenbrewer dieser Altenstadt, vorsteher des grssen [sic] Hospitals im Löbenicht, Seine Mutter Elisabet **Nöffelin** (82), diese seine lieben Eltern sobalt sie diesen ihren Sohn zur welt geboren, haben sie denselbigen durch die heilige tauffe Christo Jesu einverleuben lassen, hernacher alß er erwachsen haben sie denselben zur schulen gehalten, damit er in aller furcht vnd vermahnung zum Herren möchte aufferzogen werden, biß er sein Fundament darinnen geleget, ihn hernacher nach der wilde Land (83) in Pohlen geschickt, damit er die Sprache lernen, vnd dem Vater in seiner nahrung behülfflich sein möchte Anno 1614 hat er sich mit tugendsamen Fraw Ursula See. Michel **Kromteichs** hinterlassenen Wittwen (84) ehelich versprochen mit welcher er in friedlicher ehe 12 Jahr doch ohne leibes Erben gelebet nunmehr auch seine hinterlassene betrübte wittwe Anno 1625 im sommer ist er mit schleimiger Kranckheit vberfallen, darinnen so oft sehr kranck gewesen, biß er Anno 1626 den 2 Februarius auffm Abendt vmb 9 vhr sanfft vnd seelig im Herren entschlaffen im 38 Jahr seines alters, welcher seelen Gott gnedig sein wolle Sein Verhalten ist erbar vnd Christlich hat ohn ergernuß gelebet vnd ein redlich gemuht gehabt, Gottes wort gans insbesonders in seiner Kranckheit gehöret. [Witt 407]

10 BALTZER FUNCK, ✶ KÖNIGSBERG (LÖBENICHT) CA. 1588, ✞ 8. 3. 1626

10 Baltzer Funck

Abkündigung bey dem begrebniß des
Baltzers Funckens, Steinhawers,
vom H M. **Lepnerus** die leichpredigt
gethan 10 Martii 1626.

Nach dem Godt der Allmechtige, nach seinem vnwandelbahren Rath vnd willen meinen hertzgeliebten Eheman von dieser weldt durch den zeidtlichen todt hat abgefordert, vnd der Seelen nach zu sich in sein ewiges Reich versetzet, so ist derselbe vff dieser weldt vnd erden von Christlichen vnd Godtseligen eltern alhier in Lobenicht Konigsbergk gebohren, Sein Vater hat geheißen, Baltzer **Funck**, ein Meurer, vnd seine Mutter Ursula, diese seine liebe eltern, alß sie nun ihren Sohn von Godt vberkommen, haben sie ihn alsobalde dem H Christo durch das Sehlige Badt

81 Das Wort "ungefähr" nachträglich über der Zeile eingefügt.

82 Ernst Witt: auch Lesung **Höffelin** möglich.

83 nach Wilna (Litauen).

84 Ursula **Lölhöfel** ✞ 19. 10. 1629 (lfd. Nr. 318).

der H Tauffe vorgetragen, vnd einverleiben laßen, vnd ihn auch Balzer nach seines Vatern nahmen nennen laßen, hernacher zu aller Gottesfurcht vferzogen zur Schulen fleißich gehalten, das er seinen Catechismum lesen, Schreiben vnd nottürftig rechnung gelernet, als er aber ferner zu iahren kommen, hat er lust vnd liebe gewonnen, das Steinhawer handtwerck zu lernen, welches er auch bey dem Erneuesten vnd Kunstreichen H Nicolas **Stambaß** gewesenen Chf. Pr: [Kurfürstlich Preußischen] bawmeister, solch erwent steinhawer Handtwerck gantzen 6 Jahr lang mit gantzem fleiß vnd trew hat ausgelernet, sich in solchen seinen Lehrjahren auch still vnd fromblich verhalten, das er mit ihm gantz wol zufrieden ist gewesen. Nach auß gestandener Lehrzeitt aber hat er sich in frombde Landen begeben, wie er sich den sonderlich in Niederlandt, Sehe Landt (85), Hollandt vnd Welschlandt eine geraume Zeitt namblichen in das 13 Jahr versuchet, vnd einem iedern von solchen Lendern der es begehret, hat Rede vnd Antwordt zu geben wißen, wie er aber von seiner Wanderschafft wiederumb anhero in sein Vaterlandt gekommen hat er sich vermittelst Godtlicher hülfe In standt der Heil: Ehe begeben, mitt gegenwertigen Frawen Catharina des Seel Michel **Haffin** gewesenen Mewrers, nachgelaßenen vnd nunmehr auch ....ttes hochbetrübten Wittib, in welcher friedliebender Ehe er gelebet vnd geseßen 4 1/2 Jahr (doch ohne leibes erben) Sein Christenthumb anlangent ist er ein frommer stiller Gottsfürchtiger Mensch gewesen, Gottes wordt fleißich gehöret, nicht leichtlichen eine predigt versäumet, die Hochwirdigen Sacramenten offt vnd vielmahls gebrauchet mit seinen Nehesten vnd nachtbahren gar wol vertragen, Es hat in aber der Allmechtige vngefehr vor 15 wochen mit Leibes schwacheit angegriffen, das er stets ist bethreißig gewesen, vnd alß die Kranckheit von Tagk zu Tagk sich geheuffet, Er auch vermercket, das der Liebe Godt Feierabent mit Ihm machen wollen, hat er sich nicht allein mit Gotteswordt stettes getröstet, Sondern auch vngefehr vor 8 Tagen, sich mit dem wahren Leib vnd Blutt Christi, in dem er solches zu sich genommen, vorsehen laßen, vnd seinen willen Gottes willen vntergeben, der Herr wolle es machen wie es ihm gefellig, Er war wol zufrieden, vnd also vf seinen erlöser vnd Seligmacher Blutt und Todt von dießer weldt vergangenen Sontag vmb 8 Vhr vor Mittags sanfft vnd Selig im Herren ist entschlafen, Im 38 Jahr seines alterß [Witt 164]

11 Elisabeth Behm, ✶ Königsberg (Altstadt) 10. 12. 1547, ✝ 6. 3. 1626

Elisabeth Behmische

Ankunfft vnd Lebenslauff der Frawen
Elisabeth Behmischen, so bey ihrer Leichpredigt
abgekündiget worden von H. M. **Woldero**
den 9 Martii Anno 1626.

Die Ehrbar vnd Ehrentugentreiche nunmehr in Godt selige Fraw Elisabeth Behmsche ist alhir zu Konigsberch von Christlichen fürnehmen eltern gezeuget vnd gebohren worden, Anno 1547 den 10 decembr. Der Vater S. ist gewesen der Weilandt Ehrenveste Nahmhaffte vnd wolweise Herr Peter **Langerfeldt,** gewesener Rathsverwandter dieser Altenstadt. Die Mutter ist gewesen die Ehrbahre vnd Ehrentugentreiche Fraw Elisabeth eine gebrne **Maß.in** (87) auß dem alten wolbekandten geschlecht

---

85 Ernst Witt: Seeland ?

87 Ernst Witt: Lesung unsicher. Auch möglich, aber unwahrscheinlich: **W**ass.in .

„Inseruntur hic inserenta [inserta?]“ (88)

In ihrem Jungfrawen Stande ist sie von ihren Christlichen eltern zu allerley Gottesfurcht Zucht tugent vnd erbarkeit auff erzogen worden. Wie sie dan eine Zeitlang der Sprachen halben nach Kawen (89) geschickt zu einem fürnehmen Christlichen Bürgern Matthias **Hein** genandt.
Anno 1567 ist sie vermählet worden mit dem weilandt ehrenwerten vnd wollgeachten nunmehr in Godt seligen Georg Behmen gewesenen wolbekandten Bürgern in dieser Stadt, mit welchem sie durch Gottes Segen 4 Sohne gezeuget von welchen noch zweie im Leben sein / (90) Sie hat mit Georg **Behmen** im Ehestandt gelebet 19 Jahr: Sintemahl Georg Georg Behm Anno 1586 von 40 Jahren im Herren entschlaffen. Nach absterben Georg Behmen ist sie 3 Jahr Witwe geblieben, vnd nach Gottes willen Anno 1589 sich anderweit in den Ehestandt begeben mit dem dahmaligen nunmehr in Godt ruhenden Caspar **Eisern** mit welchen sie durch Gottes Segen einen Sohn gezeuget, welcher vor wenig Jahren im Bohmischen Kriege (in welchem er vor einen Büchsenmeister gedienet) nebenst andern vielen geblieben ist. Hans **Eiser** ist Anno 1608 des Jahres gestorben. Von der selbigen Zeit an (18 Jahr) ist sie ihrem Widwenstande geblieben, biß an ihrem todte. Ihr Christenthumb anlangende ist sie gewesen Godtfürchtig, sich fleißlich zum Gehor Godtliches worts gehalten, sich der Hochwirdigen Sacramenten ofters vnd vielmahls gebraucht. Vor wenig wochen etiam usa sacra synaxi publicè (91) *hat sie auch am Heiligen Abendmahl öffentlich [im Gottesdienst] teilgenommen*, einemstag für ihrem ende privatim in aedibus *privat zu Hause.* Ihr eußerliches Leben ist menniglich bekandt, nemini fuit molesta pluribus benefica *sie fiel niemandem zur Last, war vielen gegenüber wohltätig* Sie hat die Zeit ihres Lebens manchen Menschen gedienet, sonderlich mit anrichtung auff Hochzeiten, Palaeopolitano Senatui vffm Rathhauß in conviviis Qc: *dem Altstädtischen Rat vffm Rathhaus bei Gastmählern* vnd hat solches gethan biß in ihr hohes alter, noch 10 tage vor ihrem ende hat sie auff einer Hochzeitt helffen anrichten Qc: Zwischen dem 1. vnd 2 Martii in der nacht (nachdem sie bey ihren beiden Sohnen das Mittag vnd Abendmahl gehalten) ist ihr ein febrilis horror *fiebriger Schauer* zu Handen gestoßen cum vomitu *mit Erbrechen* welcher ihr gewaltig schwer ankommen, also das sich die gantze natur erschüttert, vnd die galle vbergangen, Nach solchem horrore ist der Catharrus darzu geschlagen, welcher alten lewten ein gewisser vorbott ist des todtes Godt der Herr hat sie abgefodert zwischen dem 6 vnd 7 Martii in der nacht zwischen 11 vnd 12 bey vnverrückter vernunft vnd Sinnen in vera devotione *in wahrer Verehrung* im 79 Jahr ihres alters, Beati mortui qui in Domino moriuntur *Selig sind die Toten, die in dem Herrn sterben.* [Witt 35]

/ Alß nemlich, H. Johannes **Behm** (86) Dr. Th. D. & Profeß. vnd, H Christoph **Behm**, Scabinus Paläopolitanus

Schöffe der Altstadt

---

86 Bei Johannes Behm wohnte als Student vielleicht Johannes **Cramerus** ✝ 24. 10. 1629 (lfd. Nr. 327).

88 Der Ausdruck ist unklar. Die Übersetzung könnte lauten:
Eingefügt werden hier [noch] die eingelegten [Notizen]. Solche finden sich nicht, es wurde auch kein Platz frei gelassen.

89 Kaunas (Litauen).

90 Einfügung am Rand von anderer Hand.

91 Synaxi [συναξι] in Lateinisch geschrieben, vgl. die Worterklärungen in der Einführung.

12 THOMAS VIEBERG, ✶ KÖNIGSBERG ? UM 1567, ✝ 15. 2. 1626

Thomas Vieberg

Curriculum vitae Thomae
Viebergs von H M. Martinus **Wolderus**
die leichpredigt gethan vnd nachfolgende
nachricht abgekündiget den 17 Febr: Ao 1626.

Thomas Vieberg ist sein nahme, er ist nach seines vatern Todt des Blöden H[errn].S[elig]. (92) sein Hoffschuster geworden, sein Vater ist auch Thomas **Vieberg** geheißen, seine Mutter Hedewich, wie er von 13 Jahren gewesen, hatt ihm sein Vater das Handwerck gelehret, ist 2 Jahr in der Lehr gewesen, nach diesen 2 Lehr iahren, hatt er sich auff die wanderschafft begeben, ist 15 Jahr darauff gewandert, nach des Vatern Todt ist er im Dienst getreten, wie er nun 30 Jahr alt worden, hat er sich im Hl Ehestandt begeben, mit seiner Haußfraw (93) darin gelebet 28 Jahr gezeuget 4 Kinder 2 Sohn vnd 2 Tochter, davon noch eine Tochter im Leben. Was sein Christenthumb anlanget, hat er sich mit seinem Nachbaren wol vertragen, vnd einem Jedern nach seinem vermogen gerne gedienet, auch sich fleißich zu Gottes wordt vnd die H. Sacramenta oft genützet vnd gebrauchet ist durch einem Swerem fal vmb sein leben kommen, worauff er auch vorgestriges tages vmb 4 Vhr auffm abendt Christlich vnd sanfft im H entschlaffen, Sein gantzes Alter ist 59 Jahr

[Witt 755]

13 BALTZER PETZ, ✶ KÖNIGSBERG 1597, ✝ 14. 3. 1626

Baltzer Petzen

Baltzer Petzen Kremers von der Mummel
Zeugniß, so bey seiner Leichpredigt abge
kundiget worden von Herrn M. **Woldero**
den 17 Martii

Diese S. verstorbene Leiche Baltzer Petze ist auff diese welt geboren Anno 1597 Sein Vater S. hat geheißen Caspar **Petzs** ein Beutler vnd mit bürger alhier, seine Mutter heißt Barbara, welche diese ihren Sohn erstlichen den H. Christo zu der H tauffe bringen vnd einverleiben ließen, Hernacher von Jugent auff zu Gottesfurcht vnd gebrauch des H. Hochwirdigen Abendmalß fleißich gehalten, darzu auch in aller Ehrbarkeit, guter Sitten gehalten vnd aufferZogen, wie er nun das 24 Jahr erreichet hat, ist er durch schickung Gottes mit wißen vnd willen obgedachten seinen eltern vnd der gantzen freundschafft, der Ehrsamen, vnd tugentsamen Frawen Maria Conradt **Meyers** S. hinterlaßene Wittib zur Mummel (94) verehliget worden. 5 Jahr im Ehestande mit ihr gelebet, in solchen werenden Ehestande zusamen gezeuget 3 Kinder, 2 Söhne vnd eine tochter, daruon noch ein Sohn im Leben, die andern beide im H entschlaffen vnd unser gewesener mitbruder in dieser betrübten weldt viel Kranckheit erlitten, darneben 3 Jahr an der Dar Krankheit gelegen, darbey viele ander vnglück außgestanden, das er auch von Hertzen begierig gewesen aufgelöst vnd bey Christo zu sein, Ist am vergangenen Sonnabent zwischen 9 vnd 10 Vhr auf den abent in rechter erkentniß vnd bekentniß vnsers einigen erlosers vnd Seeligmachers Jesu Christi von

---

92 Herzog **Albrecht Friedrich von Preußen**, seit 1568 regierender Fürst des Herzogtums Preußen, starb 1618 in Fischhausen in geistiger Verwirrtheit.

93 Margareta **Viehberg** ✝ 3. 6. 1629 (lfd. Nr. 225).

94 Memel.

dieser Sündhafftigen weldt, Sanfft ohne einige qual im H S. vnd fein entschlaffen, der Seelen wolle Godt gnedig vnd Barmhertzig sein, Ihm vnd uns nebenst allen Christgleubigen an einem großen tage eine froliche auferstehung zum Ewigen Leben geben vnd verleihen, vmb Jesu Christi vnsers lieben H vnd Heilands willen. Vnd ist sein gantzes alter 29 Jahr, Er hat fleißich gebeten, das man seine Leichpredigt auß diesem Spruch nehmen Sol: Wie ein Hirsch dürstet nach frischem Waßer etc: [Witt 510]

14 VALTIN WICHMANNSDORFF, ✶ KÖNIGSB. (ALTSTADT) 22. 9. 1596, ✞ 21. 3. 1626

Valtin Wichmannsdorff

Valtin Wichmannsdorff Lebenslauff
von H M. **Lepnero** abgekündiget den 23 Marti

Itzt in Godt ruhender Valentinus von Wichmannsdorff ist in diese welt geboren Anno 1596 den 22 Septemb. alten Calenderß, Sein vater ist gewesen der auch nunmehr in Godt ruhende Ehrenveste vnd weyse H Christoff **von Wichmannsdorff**, Gerichtsverwandter dieser alten statt: seine Mutter die ehrbare vnd Tugentsame Fraw Catharina **Wendin**. Anno 1619 den 15 Julii hat er sich durch Gottes sonderbare schickung ehelich eingelaßen mit der damahlß Erbaren vnd viel tugentreichen Jungfrawen Maria **Lasmannin** vnd in wärender ruhiger Ehe mit ihr gezeuget 3 Kinder, zwey Magdlein vnd ein Knäblein, dauon ein Mägdlein todtes verblichen, die andern beiden aber noch Jung vnd verzogen sind noch im Leben. Etwa 3 Wochen für Michaelis fürm Jahr hat ihm Godt nach seinem Willen mit einem Fieber beleget dazu den andern Kranckheiten geschlagen, die ihm die gantze Zeit anhero dermaßen abgemattet, das er endtlich vergangenen Sonnabend vmb 7 Vhr vor mittag sanfft abge drücket vnd im Herren S. etnschlaffen im 30 Jahr seines Alterß.
Ist ein stiller frommer Mensch gewesen, die Bibel hat er so fleißich gelesen, das er im Sonderlichen Buch dicta insigniora *besondere Worte* auffgezeichnet cum explicatione nostratium *mit unserer Auslegung* Sd qu[od] ipseme vidi. *Was ich selbst gesehen habe.*
Initio morbi *Zu Beginn seiner Krankheit* hat er mich gebeten Jacobi suspikuum [suspirium] *Jakobs Seufzer* Herr Ich warte auf Dein Heil (95) zu seiner Leichpredigt zu tractiren. [Witt 797]

15 JACOB MELTZER, ✶ KÖNIGSBERG (ALTSTADT) 17. 2. 1578, □ 23. 3. 1626

Jacob Meltzer

Jacob Meltzers Riemers Lebenslauff
von H M. **Halbach** abgekündiget den 23 Mart.

Sein Herkommen kürtzlich zur Welden ist sein vater gewesen der Ehrbahre vnd wol geachte Jacob **Meltzer** (96) Mittbürger vnd Riemer in der Altstedtischen Langgaße, seine Mutter ist gewesen die Ehrbahre vnd viel tugentsame Fraw Elisabeth diese Godtselige Eltern haben diesen ihren Sohn im Jahr 1578 den 17 Febr: auf diese welt gebohren, Ihn auch durch das badt der Wiedergeburdt in der Christlichen Kirchen den H Christo einverleibet, Hernacher in aller Godtseligkeit vnd Gottesfurcht auferzogen, vnd fleißich zur schule erhalten, das er seinen Catechismum, schreiben vnd lesen gelernet, worauff er auch eine geraume Zeitt hin vnd

---

95 Die Worte entstammen 1. Mose 49, 18, als Jacob seine Söhne segnet. Im Totenregister (EZA Sign. 2075, siehe S. 37) heißt es zu ihm: "ein Meltzenbrawer".

96 Jacob **Meltzer** ist der Bruder von Israel **Meltzer** ✞ 19. 11. 1629 (lfd. Nr. 359).

wider sich in die frembde versuchet vnd in die 8 Jahren sich manchen sawren vnd vngestümen windt vnter die Nase gehen laßen, wie er Anno 1608 wider in das landt kommen, ist er der Wanderschafft sadt gewesen vnd baldt meister geworden, volgends 1609 zu der Christlichen Ehe geschritten mit der Ehr: vnd tugendtsamen Jungfraw Catharina des S. Herrn **Rüngers** Bürgern im Kneiphoff vnd Lob: bestaldter Landtmeßer, mit welcher er in die 17 Jahr in friedlicher Ehe gelebet, in denen 17 Jahr mit ein ander 7 Sohne vnd eine tochter gezeuget woruon noch 5 Sohn Vnd eine tochter am leben, zwey Sohn schon im H entschlaffen, ist also sein gantzes alter gewesen 48 Jahr Godt verleihe dem Korper ein sanft Ruhe vnd am Jüngsten tage ein froliche Aufferstehung. Amen [Witt 445]

16 JOCHIM NEIDAL,
✶ GREIFENBERG / REG.-BEZIRK STETTIN 1588, ✞ 23. ODER 25. 3. 1626

Jochim Neidal

Lebenslauff Jochim Neidals
Sneiders auß der Langgaßen, wie es
vom H. M. **Woldero** bey gehaltener Leich
predigt abgekündiget den 26 Mart:

Meister Jochim Neidal S. ist von Christlichen eltern gebohren zu Greiffenbergk in Pommern Ao 1588 sein vater ist gewesen der Ehrenveste Wolweise H Peter **Neidal** rathsverwandter daselbst, seine Mutter Fraw Gertrud H Christoff **Tammen** Bürgermeister zu Colbergk eheliche Tochter, das Handtwerck gelernet zu Dantzigk Ao 1599 in 10 Jahren seines alters, darnach sich in frembde orter begeben, biß er entlich hie nach Konigsbergk kommen Ao 1613 den 4 Maii vnd sich alhie in arbeit bestellen laßen, biß er durch Gottes sonderbahre schickung sich ehlich eingelaßen mit der itzigen nachgelaßenen Wittwen (97) Ao 1614 am vergangenen Mittwoch gestern 8 tage ist er zur nacht plotzlich kranck worden, darauf am Donnerstage früe das abendtmahl empfahen. Den 25 Novemb. am verschienenen Montagk (98) früe vmb 4 Vhr im 38 Jahr seines alterß eingeschlaffen Ich muß ihm aber das Zeugniß geben, das er ein fleißich Zuhorer Godtliches wordts, wie ich ihn den fast in allen predigten in seinem stuel gesehen habe, ob er aber wißen vnd thun neben ein ander gesetzet vnd wie er auß Gotteswordt gehoeret, also sich auch in seinem leben verhalten, das weiß ich nicht es gehen allerley rede, ich aber weiß im keine offenbahr Laster nachzusagen, so iemandt was anders redet der wirts wißen, vnd sol doch der Christlichen Liebe da bey nicht vergeßen. [Witt 476]

17 PETER SCHEFFER,
✶ WULCKOW, KR. SAATZIG / REG.-BEZIRK STETTIN 1564, □ 27. 3. 1626

Peter Scheffer

Peter Scheffers Sneiders gezeugniß bey
seiner leichpredigt abgekündigt von H
M. **Woldero** Ao 1626

Dieser vnser Mittbruder Peter Scheffer ist gezeuget vnd geboren Ao 1564 von Christlichen vnd ehrlichen Eltern zu Wulckow in Pommern sein vater hat geheißen Pawl **Scheffer** seine Mutter Ursula, diese eltern da sie diesen ihren Sohn durch Gottes Segen bekommen haben sie Ihn erstlichen in

97 Dorothea **Neydhall** ✞ 14. 4. 1634 (lfd. Nr. 645).

98 Der 25. November 1626 war ein Mittwoch.

der H. Christlichen tauffe einverleiben laßen, da er so weit erzogen, das er hat können zur Schule gehalten werden, so hat er seinen Catechismum gelernet vnd schreiben, das er den nahmen deß almechtigen hat erkandt, vnd auch tüchtig zu einem Handtwerck, so haben sie ihn zu dem loblichen Sneiderhandtwerck gethan, das hat er ehrlich gelernet vnd außgestanden, darauff eine geraume Zeit gewandert biß er hie her nach Konigsberch gekommen vnd hie eine weile gearbeitet, biß er im Lobenicht Meister worden, hat er sich mit itzo hoch betrübten witwen des Erbaren vnd Wolgeachten Merten **Banchen** mit bürgern im Lobenicht seine ehliche Tochter Katrina in den ehestandt begeben, vnd hat in friedlicher vnd einsamener Ehe gelebet 34 Jahr vnd durch Gottes segen gezeuget 11 Kinder 5 Sone vnd 6 Tochter douon nur ein Sohn im Leben, die andern 10 vorhin zu dem lieben Godt geschicket, vorgangenen Johanni hat Ihn Godt der Almechtige auff sein Siegbett geleget, darinnen viel schmertzen vnd Wiederwillen in der Langwierigen Kranckheitt außgestanden aber mit gedult ertragen, aber Godt den Almechtigen oft fleißich gebeten, er wolte Ihm seine Pein verkürtzen vnd eine selige Stunde bescheren. Was sein Christenthumb anlanget, ist er ein fleißiger Zuhorer Godtliches wortes gewesen, zu Hause fleißich gebeten, das Hochwirdige Sacrament des Abentmahls gebrauchet sich auch mit seinen Nachparen vnd Werckbrüdern stil vnd friedlich verhalten, wie das ein ieder der Ihn gekandt hat ein gutt Zeuchniß geben werden, vnd ist von Dingstag auff die Mitwoche in der nacht vmb 12 Vhr stil vnd sanfft eingeschlaffen Im 63 Jahr seines alterß der almechtige getrewe Godt wolte dem Korper an ienem Jüngsten Tage eine froliche auferstehung verleyhen Amen, vnd vns auch lernen bedencken lernen das wir sterben müßen. (99) [Witt 626]

18 BARBARA MUNTER, ✶ WEINSDORF, KR. MOHRUNGEN? 1570, ✝ 27. 3. 1626

Barbara Müntersch

Barbara Munterschen Schusterin commen
dation bey ihrer Leichpredigt abgekündiget
von H M. **Wold:** den 29 Martii

Anlangende vnd betreffende diese vnsere in Godt ruhende mit Schwester die Weilandt Erbahre vnd Tugentsahme Fraw Barbaram, welche wir itzund das geleidt zu ihrem Ruhe betlein gegeben, dieselbe ist Anno 1570 von frommen Christlichen vnd Godtseligen Eltern zu Werensdorff alhier in Preußen geboren, ihr Vater ist gewesen der weilandt Ersame Lorenz **Felmeßer**, vnd ihre Mutter Margaretha: Solche Ihre Lieben eltern, nachdem diese ihre Tochter in die welt geboren, haben ihre hochste vnd großeste vorsorge sein laßen, damit solche ihre Liebe Tochter die H. Tauffe empfangen, vnd in dass buch deß Lebens eingeschrieben worden: Nachmals haben sie ihre eltern in aller furcht vnd vermahnung zum Herren auferzogen, vnd nachdem sie etwas erwachsen fleißich zum gehör Godtliches wortes gehalten vnd zu allen Jungfrewlichen Tugenden, biß das sie ihr 23 Jahr erreichet, do sie dan auff einrathen gutter leutte dem Weilandt Erbaren Matthis **Gerdten** Burgern vnd Schustern alhier in der Alten Stadt ehlich versprochen vnd vermehlet worden: Mit welchem sie auch in Christlicher vnd friedtlicher Ehe gelebet 21 Jahr vnd durch Gottes segen mit einander gezeuget 5 Sohne vnd 5 Tochtern, dauon noch ein Sohn vnd 3 Töchter im Leben, die andern aber vorlengst in den Herren entschlaffen. Weil aber nach außgang.seitlicher 21 Jahren Godt der

99 Sein genaues Begräbnisdatum aus dem Totenregister (EZA Sign. 2075, siehe S. 37).

Almechtige nach seinem vnerforschlichen Rath vnd willen ihren lieben Ehegatten, durch den zeidtlichen Todt ihr von der Seiten genommen, vnd sie in den betrübten Wittibenstandt versetzet hat sie darin verharret vber ein Jahr biß Ao 1616. den 21 Novemb. do sie dan zur andern Ehe geschritten, vnd sich mit dem Erbaren vnd Wolgeachten Greger **Munter**, ihrem itzigen hinterlaßenvnd hochbetrübten Wittiber ehlichen eingelaßen vnd ebenfalls in Christlicher vnd friedlicher ehe gelebet ins Zehende Jahr, vnd zusammen durch Gottes segen gezeuget 2 Tochter, welche sie auch bereit vorlengst vorauß zu dem Lieben Godt geschicket. Ihr Christenthumb belangende ist sie zwar ein Mensch der auß Swacheit leicht straucheln kan, gewesen, dennoch hat sie sich mit menniglich insonderheit ihren Nachbaren welche ihr das Zeugniß geben müßen wolbegangen, sie auch fleißich zum gehör Godtliches worts vnd ofters zum gebrauch des hochwirdigen Abentmalß gehalten; wie sie dan auch nachdem sie Godt der Almechtige am verschienenen Donnerstag vor 8 tagen in der nacht, mit harter leibes Swacheit angegriffen, vnd solche ihre Kranckheit von tage zu tage zugenommen, an verschienenen Sontag vnd heut 8 Tage das tewr vnd werde pfandt deß leibes vnd bluts Jesu Christi zu sich genommen, vnd sich also mit dem lieben Godt versohnet. Vnd ob sie zwar gewünschet, dafern es ihr selig vnd dem lieben Godt gefellig das sie den ihrigen zu Trost noch ein Zeitlang leben wolte, so hat sie doch ihren willen in Gottes willen gestellet, sie wehre nunmehr bereit, wie es solcher unser lieber Godt mit ihr schicken würde, also wolte sie es ihr auch gefallen laßen. Welcher unser lieber Godt dan auch seinen Väterlichen willen an Ihr geschicket, vnd sie an vergangenen Freytag zwischen 6 vnd 7 Vhr vor Mittage, in wahrer erkendt= vnd bekendtniß ihres einigen erlosers Vnd Seligmachers Jesu Christi, auß diesem Jammerthal zu sich in sein reich genommen, vnd von dieser Muheseligen welt, durch den Zeitlichen todt abgefodert im 56 Jahr ihres alters. (100) [Witt 471]

19 JACOB HASE, ✶ KÖNIGSBERG 1549, ✞ 29. 3. 1626

Jacob Hasse

Lebenslauff Jacob Haßen eines alten Balbierers
der H. M. **Lepnerus** die leichpredigt gethan
den 31 Martii ex ψ 91.

Anno 1549 ist unser Selger mitbruder der Erbar vnd kunstreiche Meister Jacob Haße Balbierer vnd wundartzt zu Konigsperg von Christlichen vnd Godt seligen eltern alhie auff diese welt geboren, sein lieber vater ist gewesen der Erbar Simon **Haß** Fischer vnd Lachsfenger seine liebe Mutter Dorothea, diese Christliche eltern haben diesen lieben Sohn, sobald ihn ihnen Godt bescheret dem H. Christo in der H. Tauffe einverleibet vnd vortragen laßen, vnd wie er etwas erwachsen ihn fleißich zur Schulen gehalten, das er seinen Catechismum fleißich gelernet, da er nun sein 14 Jahr erreichet, vnd ihm sein lieber vater bald mit tote abgegangen, hat ihn sein Mutter 1567 nach Brausberg (101) zu dem H Leonhart **Salfeldt** geschicket, alda er das lobliche Balbierer Handtwerck gelernet, da er dan sein Lehr Jahr, trewlich außgestanden, das er von seinem Lehr H. ein ehrlich gezeugniß erlanget, wie er dan alda 6 gantze Jahr verharret, von dannen ist er nach Konigsberch gekommen alda bey M. Peter **Steinhorst**

---

100 Im Totenregister (EZA Signatur 2075, s. S. 37) heißt es von ihr: "Barbara Greger Munter eines schusters eheweib aus dem Keller unter dem Schöppenmeister **Frentzel** in der langgasse ..."

101 Wohl Braunsberg.

gedienet, von dannen ist er in Deutschland Mähren Böhmen Ostreich Sachsen Schlesien vnd dan in die Seestädte als Lubeck Hamburg begeben, von dannen in Niederlant, darinnen er dan etzliche Zeitt verharret, vnd wider zurück nach Dantzigk kommen, vnd alda 4 Jahre gedienet, vnd also seine Zeitt bis in das 19 Jahr in die Wanderschafft zugebracht, von dannen sich wieder zurück nach Konigsberch in sein Vaterlandt begeben Anno 88 hat er sich in den Stand der H. Ehe eingelaßen mit der Ehren Tugentreichen Jungfrawen Ursulam, des Erbaren vnd Wolgeachten Christoff **Fleischmannes** mitbürger dieser Alten Stadt Eheleibliche tochter, seine itzt hinderlaßene hochbetrübte witwe, mit welcher er in friedtlicher Ehe gelebet 38 Jahr, vnd durch Gottes Segen in werender Ehe gezeuget, 10 Kinder 6 Sohn vnd 4 Tochter, dauon 5 Sohn vnd eine Tochter im H entschlaffen, vnd ein Sohn vnd drei tochter noch im Leben sindt. Ob nun wohl der S. Meister Jacob **Haße** in seinem hohen alter verhoffet an seinem einen Sohn H Doct: Simonis **Haße** (102) Trost vnd Frewde zu haben, auff welchem er sich benebenst seiner itzt hinderlaßenen betrübten Witwen sie beide negst Godt verlaßen, vnd wie ein Stab in sein alter sein sollen, So hat es doch Godt dem H Anders gefallen, vnd denselbigen Sohn durch den Zeitlichen Todt, vor weiniger Zeit weg genommen, darüber der Alten vater, also auch die Mutter nicht weinig betrübet, vnd darvber ihr Hertz sehr verwundet, das auch nach des H Sohns absterben, der S. Jacob **Haße** wenige gesunde tage gehabt, sondern an leibes Kranckheiten tag teglich zugenommen, das er auch nicht zu leben begeret, sondern den getruwen Godt stündtlich vmb ein Seeliges ende angeruffen. Welches gebett auch der Liebe Godt ihm auch erhoeret vnd den 29 Martii des Morgens früe vmb 4 Vhr seligen entschlaffen laßenseines Alterß 77 Jahr.

Alias piè vixit, se procibus [precibus?] divinae voluntati commendans. Dominica sexagesimae domi communicavit viribus foci destitutus.

Sonst lebte er fromm und hat sich in seinen Gebeten dem göttlichen Willen ergeben. Am Sonntag Sexagesimae hat er zu Hause das Heilige Abendmahl empfangen, als er von den Kräften der Familie verlassen war (103). [Witt 247]

20 Georg Lölhöfel, ✶ Königsberg (Altstadt) 22. 3. 1556, ✞ 7. 4. 1626

Georg Löl höffel

Georg Lolhöfels curriculum vitae von H M. **Woldero** (104) bey dessen Leichpredigt abgekündiget den 11. April.

Der Ehrenveste vnd Wolgeachte Georg Lölhoffel, weilandt mit Bürger der Altenstadt ist von Ehrlichen vnd Christlichen eltern alhie in dieser Stadt an die welt geboren, im Jahr als man geschrieben 1556 14 tage vor Ostern. Sein Vater S. ist gewesen der auch weilandt Ehrenveste vnd wolgeachte Georg **Lolhoffel** der alter, auch mitbürger dieser Stadt, sonsten der Gebürde von Elbing eines Vhralten geschlechts. Sein Mutter ist

---

102 Dr. Simon **Hase** ✞ 31. 1. 1626 (lfd. Nr. 7).

103 Der Sinn ist nicht ganz klar. Liegt ein Schreibfehler vor? Oder soll "von den Kräften der Familie verlassen" noch einmal auf den kürzlichen Tod des einzigen, noch am Leben gewesenen Sohnes hindeuten?

104 Ursprünglich stand "Lepnero", durchgestrichen und darübergeschrieben: "Woldero".

gewesen die weilandt Tugentreiche Fraw Apollonia ebenfals eines Alten geschlechts von Samblandt. Diese seine liebe eltern haben ihn anfenglich alßbladt durch die H. Tauffe den Herren Christo einverleiben laßenetc: nachmals zu aller Gottesfurcht erzogen, vnd alß er ein Jahr etliche erreichet, in die Pfarrschulen gethan, vnd alda sein Catechismum vnd Fundamenta pietatis vnd religionis *die Grundlagen der Frömmigkeit und der Religion* zu faßen, wie er sein 16 Jahr erreichet, haben Ihn seine liebe Eltern in Polen vnd Littawen vmb die Sprachen zu lernen, verschicket, alß er nun dieselben gefaßet, Ihn ferner bey vornehmen Leutten zu Dantzigk in Dienst verthan, bey welchen er biß Ao 1579 trewlich gedienet, da Ihn dan seine liebe Eltern widerumb abgefordert, vnd zu sich nach Hause genommen vnd zu Fortsetzung Ihrer nahrung gebrauchet. Ao 1581 hat er sich mit dahmaliger Ehr: vnd Tugendsamen Jungfrawen Anna **Rudloffinn,** des Weilandt Erbaren Hinricus **Rudloffs** Mittbürgers dieser Stadt Eheleiblichen Tochter in eheverbündtniß eingelaßen, vnd auch in friedtlicher Ehe mit derselben biß ins 1610 Jahr gelebet, vnd durch den Segen Gottes 5 Kinder erzeuget, welche alle in Godt vorhero entschlaffen. Anno 1591 ist er von domahliger Landt fürstlicher Herschafft nach Caporn (105) beruffen vnd verordnet, vnd hat das selbe ambt zwar nicht ohn verfolgung, dennoch dergestalt verwaltet, das er deßen bey der Hohen Herschafft lob vnd rum gehabt, inmaßen solches seine ehrliche Kundtschafften außwiesen.

Wie er daselbst abgedancket vnd resigniret, hat er sich auff sein gutt nach Tranzsau (106) begeben, in meinung die vbrige Zeitt seines Lebens in ruhe daselbst zuzubringen. Weil aber seine meinung gefehlet, vnd etzliche seine Mißgonner ihm allerley vngefügtes beygebracht, hat er endtlich selbtiges sein gutt verkaufft, sich wieder in die Stadt anhero, vnd zu der Braunahrung begeben, bey der selben Nahrung biß an seiner Haußfrawen todt vnd was lenger geblieben. Vnd in deßen etzliche Jahr sonderlich 1605 vnd Ao 1606 in der Schweren Landtage der Eltermanschafft / mit großen Trewen verwaltet, vnd viel vnruhe auch nicht wenig verfolgung außgestanden. Von Ao 1601 (107). da ihm seine S. Haußfraw abgangen, hat er biß an sein Sel. ende seinen Wittibenstandt vnverrückt behalten, darin er dan nicht allein ins gemein vielen gutten Leuten mit guten Rath vnd in der that bey gewohnet, also sich erlich dadurch vffenthalten, sonderlich weil in der Zeitt einer Erbaren Zunft der Kauffleutte gefallen das sie ihn zu ihren elterman erkorn, hat er dieselbe eltermanschafft an sich genommen, vnd derselben mit allen Trewen abgewartet, auch ein Erb. Zunfft zum besten verschiedentliche Reysen nach Warsau gethan, wiewoll mit vnwiederbringlichen Schaden vnd schlechten Danck. Anno 1625 im April ist er mit einem beschwerlichen Fieber vberfallen vnd hat daran eine ziemliche Zeitt gekrencket, ehe er dauon genesen, hat ihn Godt mit der Pest angegriffen vnd etzliche wochen darnieder gehalten, wiewoll er nun endtlich durch Gottes gnaden errettet worden, ist er doch daher vnd des lieben Alters halben schwach geblieben, vnd an Leibes Krefften ie Lenger ie mehr abgenommen, biß er endlich wieder gar bethlagerig geworden, vnd den 7 April: vngefehr vmb eilff vhr Abendts sanfft vnd selig in Godt entschlaffen, nach dem er vor wenigen tagen sein 70 Jahr vberlebet vnd das 71 erreichet gehabt. Sein

/ E. Erb. Zunfft der Meltzen-brawer

105 Domänenamt Caporn im Landräthlichen Kreis Schaken (in Kaporn, Kr. Fischhausen).

106 Wohl Tranßau (Kr. Fischhausen).

107 Sic. Verschrieben für 1610? Oben ist das Ende seiner Ehe auf 1610 datiert.

Christenthumb betreffende ist er ein fleißiger Zuhorer Gottes wordts vnd rechter eifferer in der Religion gewesen, hat offters das H Nachtmal gebrauchet, vnd sonderlich auch in seiner Swacheit zu vnterschiedlichen mahlen etc Godt verleyhe ihm eine S. auferstehung Amen. [Witt 409]

21 JACOB STOLZ, ✶ KÖNIGSBERG (ALTSTADT) 31. 8. 1572, □ 21. 4. 1626

Jacob Stol.... Curriculum vitae Jacob Stoltzen bey seiner Leichpredigt abgekundigett von H. M. **Lepn.** Den 24 April Anno 1626 text der Leichpredigt ist gewesen Esai. 26 gehe hin mein Volck etc.

Anlagende Vnsern Seligen in Gott ruhenden mitbruder den weilandt Ehrenvesten vornehmgeachten H Jacob Stolz ist derselbe alhie zu Königsbergk Anno 1572 den 31 Augusti von frommen Gotseligen Eltern gebohren sein Seliger Vater ist gewesen der auch weilandt Erbare vnd wolerfahrne M. Lorenz **Stolz** Bürger vnd Barbierer dieser Altenstadt, seine Mutter Catharina diese seine selige Eltern, haben ihn den lieben Gott in der heiligen tauffe laßen in das buch des lebens einverleiben laßen hernacher fleißig zur schule gehalten, nachdem sie aber an ihm vermercket das er nicht lust zum Studieren gehabt, haben sie ihn in Pohlen geschicket alda die Sprache zu lernen, nachdem er wieder zu Hause gekommen haben sie ihn das nützliche Handtwerck der barbierer lernen laßen, darauff er auch etzliche Jahr gewandertt, vnd sich in der welt vmbgesehen. Nach diesem ist er zu seinem lieben Vater anhero kommen, vnd bey seinem vater vor einen gesellen eine Zeit lang gedienet hernach zur meisterschafft getreten, vnd 12 Jahr vnverheiradtet mit dem Vater haußgeahlten, ist auch zur selben Zeit nachdem er meister geworden, von einem Erbaren Werck der barbierer vor einen curirex (108) vnd abwarter der Krancken in großem Hospitall verordnet worden, welches ampt er auch 24 Jahr mit großem fleiß vnd trewen vorgestanden, Neben diesem hatt er sich auch in denen gefehrlichen Pestzeiten alß Anno 1602 Anno 1620 Anno 1625 gebrauchen vnd bestellen lassen, mit waß ruhm vnd fleiß er solches verrichtet werden die ihm Zeugnuß geben so noch theils im leben, Ao 1610 den 30 April hatt er sich nach Gottes schickung in den heiligen ehestandt eingelaßen mit seiner itzo hinter laßenen betrübten Wittwen der Erbaren vnd tugendtreichen Jungfrawen Barbara des S. Fabian **Helwichs** Bürger dieser altenstadt nachgelaßener tochter, mit welcher er in Christlicher friedlicher Ehe gelebet in die 15 Jahr vnd durch Gottes segen 6 Kinder gezeuget von welchen noch 2 Söhne vnd eine tochter im Leben die andern im Herrn entschlaffen Anno 1616 ist er von einem hochweisen Rahtt alhie in der Altenstadt in eines Erbaren Gerichts .... aufm Steinthamb erkohrn worden, welches ampt er auch nach höchsten vermögen also verwaltet das er dessen von seinen Herren Collegis ein gutt gezeuchnuß hatt Vor wenig wochen hatt ihn Gott der Herr mit Kranckheit angegriffen. Ist also selig von dieser welt sanfft vnd stille vergangnen Dienstag auffm Abendt zwischen 5 vnd 6 Vhr im Herrn entschlaffen Im 54 Jahr seines alters, Seines Christenthumbs werde ehrwürden Zeugniß wißen zu geben. [Witt 705]

---

108 „curirex“ ist unklar. Vielleicht eine Art Krankenwärter / Krankenbetreuer im Löbenicht' schen Hospital [von lateinisch cura = Pflege, Sorge und rex = König, Aufseher]?

22 Martin Lüdke, ✶ Königsberg 4. 8. 1595, □ 26. 4. 1626

Martin Lü....

Zeugnuß Martin Lütcke einem gesellen
ertheilet bey seiner leichpredigt von H M.
Lepner: den 26 April. Dominica misericordias
Anno 1626.

Was anlanget vnsern Verstorbenen mittbruder Martin Lütcken, ist derselbige von Christlichen Eltern So an itzo noch am leben Anno 1595 nunmehr für 31 Jahren den 4 Augusti alhier zu Königsbergk gebohren sein Vater hatt geheißen Martin **Lütcke** die Mutter Anna (109) diese eltern haben ihren Sohn baldt dem H Christo in der Heiligen tauffe vortragen laßen vnd ihn fleißig zur schule gehalten vnd wie er sein 16 Jahr erreichet ihn in Pohlen vnd Littawen verschicket die Sprache zu lernen vnd ihn weiter in ihrer nahrung gebraucht vnd verschicket wie ihm iederman sonderlich die ihn gekandt haben das gezeugnuß muß geben das er seinen eltern trew vnd gehorsam ist gewesen, waß anlanget sein Christenthumb wirdt ihm der H. solches wißen Zeugnuß zu geben. [Witt 419]

23 Melcher Acksnicht, ✶ Kleinenfeld, Kr. Heilsberg 1566, ✝ 1. 5. 1626

Melcher Acksnicht.

Zeugniß Melker Acksnichten eines Beckers vffm St.
welcher begraben worden, den 3. Maii Dominica Jubilate 1626.
M. **Halbach** hatt Ihm die Leichpredigt gelesen ex Johan. 16
vers 20 warlich ich sage euch, Ihr werdet wunder etc.

Euer Ehrwürden ist solches von nöhten zu wissen Vber diesen verstorbenen vnsern mitbruder so ist anno 1566 von Christlichen Eltern in diese Welt gebohren sein Vater hatt geheißen Vrban **Acksnicht** seine Mutter Regina vnd haben gewont in dem Bistumb (110) im Dorff zu Kleinenbergk, in dem sie aber ihren Sohn in diese Welt gebohren haben sie ihn durch Sacrament der heiligen tauffe in das buch der lebendigen einverleiben laßen vnd alß er nun zu seinem Verstande ist gekommen haben sie fleißig zum Christlichen gebeht gehalten vnd ist seinen Eltern trewlich gehorsam gewesen biß er vngefehr in 24 Jahren kommen so hatt er sich mit wissen seiner Eltern zu dem Erbaren Festbeckers Handtwerck gegeben nach Königsbergk zu einem Meister Augstin (111) **Pardell** vnd hatt sein Handtwerck ehrlich außgelehrett, das ihm sein Lehrmeister nicht anders weiß als ehr vnd Danck zu sagen, welcher sich auch von seinem meister vnd Frawen zu der Christlichen Kirchen gehalten vnd sich auff vnsern Christlichen glauben begeben hatt auch balt das Hochwürdige Abendtmahl empfangen vnd sich der Christlichen lehre befleißiget vnd sein leben darnach angestellt vnd hatt sich in seinem gesellenstandt vnd wanderschafft fleißig gehalten; ist seinem Meister gehorsam gewesen vnd trewlich gedienet biß das er in 12 Jahr in seiner wanderschafft gewesen, so hatt er sich nach Gottes Ordnung in den Standt der H. ehe mit wissen seiner Eltern eingelaßen mit der Erb. vnd tugendtsamen Jungfrawen weiland des Erb. vnd wolgeachten H Mertin **Kaschin** ein schuster seines Handtwercks vnd ein mitbürger alhier in Königsbergk seiner tochter welcher mit ihr 14 Jahr in friedlicher ehe gelebet vnd haben durch Gottes Segen 4 Kinder 2 Sohne vnd 2 Töchter gezeuget welche alle 4 in dem H.

---

109 Anna **Lüdke** ✝ 14. oder 21. 6. 1635 (lfd. Nr. 704).

110 Orte im Bistum Ermland werden häufig mit "im Bisthumb" bezeichnet.

111 Ernst Witt: Auch Lesung **Angstin** möglich.

entschlaffen was unsers in Gott .... mitbruders Kranckheit anlanget ist er am nechst vergangenen Johannistag in die Kranckheit eingefallen vnd ie lenger ie schwacher wordenwelcher sich balt bey seinem gutten Verstande sich mit dem lieben Gott versöhnet vnd das Hochwürdige Abendtmahl empfangen nachdem ist er schwacher geworden also das ihn sein gehör vnd Verstandes entgangen das er ein halb Jahr nichts reden hören oder Verstehen können, so hatt ihn doch seine Fraw in seiner Schwachheit fleißig vorgebehtet vnd auch in der Christlichen gemeine für ihn bitten laßen, so lang biß das der liebe Gott vnser gebet erhöret vnd ihn am vergangenen freytag vmb 9 Vhr Vormittag von dieser welt in 50 Jahren seines alters abgefordert der liebe Gott verleihe ihm ein fröliche aufferstehung. [Witt 1]

24 ELISABETH FLEISCHER, ✶ „ZUM BOLBERGK IN SCHLESIEN" 1550, ✞ 3. 5. 1626

Elisabeth Fleischers

Zeugnus Fr. Elisabeth Jacob Fleischers Tuchmachers Nachgel. Wittwen, nach der Leichenpredig von M. Vrbano **Lepnero** abgelesen 5 Maii.

Was nunmehr vnsere in Gott ruhende mitschwester Elisabett anlanget, ist sie Anno 1550 zum Bolbergk in schlesien nunmehr vor 76 Jahren von Got seligen Christlichen Eltern gezeuget vnd gebohren, ihr vater ist gewesen, der Erb. Lorenz **Circkler** mitbürger vnd Kuchenbecker daselbst ihre Mutter Anna, welche diese ihre tochter wie sie auff die welt gebohren dem H. Christo durch die Heilige tauffe (weil sie in sünden empfangen vnd gebohren) einverleiben laßen, wie sie aber kaum 3 Jahr alt worden ist ihr Vater vnd Mutter alle beide an der grimmigen Seuche der Pest gestorben, da sie den balt in ihrer zarten Kindheit hin vnd wieder herimmer bey freunden vnd frembden terminiren müßen, es haben sie demnach dieselben bey denen sie gewesen, zu gottes worst gehalten, das sie auch ihren Catechismum fertig gelernet, biß sie auch endtlich zum Vstand kommen, hatt sie sich auch von Jugendt auff fleißig zu tisch des Herrn gehalten, vnd zu Gott dem Herrn fleißig gebeten, Gott wolle doch nun alle wege ihr vater vnd Vormundt sein, weil sie der eltern trost in dieser welt mußte so müßig gehen, welches Gott der Vater auch erhöret vnd allewege ein Väterliches auge auff sie gehabt, dafür sie Gott offters gedancket, wie sie aber das 15 Jahr ihres alters erreichet, ist sie durch schickungk Gottes des Almechtigen auff einrathen ihrer Vormünder, dem weilandt vnd vorsichtigen Jacob **Fleischer** ehelichen zugesaget, vnd versprochen in welcher sie den ehe bey sammen 52 Jahr vnd 6 Wochen mit ein ander 14 Kinder gezeuget 7 Söhne vnd 7 Töchter, davon nur ein Sohn vnd 3 Töchter im Leben. Sie ist aber Ao 1569 mit ihrem lieben Man von wegen großer tewrung anhero kommen vnd sich hier gehoffet, da sie den offt manch trawerLiedlein gesungen weil sie nunmehr von allen ihren freunden kommen, Es ist aber nechst Gott Ihr höchster trost alhier gewesen, das man alhier auch Gottes allein selig machendes wort rein vnd lauter geprediget, zu welchem sie sich fleißig gehalten. Das hochwürdige Sacrament offters genossen zur Vergebung ihrer Sünden vnd Sterckung ihres schwachen glaubens, da sie das noch auch zuletzt den vergangenen grinen Donnerstag communiciret in der Kirchen, vnd zum Tisch des Herrn gewesen, da sie sich den auff ihre letzte Hinfahrt bereitet, den wen sie zu Hause gekommen hatt sie Gott allewegeanfang gedancket, das sie Gott noch so lieb gehabt das sie habe können darzu gehen, vnd offters mit trenen geseuffzet vnd zu Gott dem Herrn gebetet, Gott wolle sie doch auch einmahl nun auflösen vnd sie were willig vnd bereit zu sterben Anno

1618 den 7 Julii ist ihr Sohn thomas gestorben, da sie den auch hatt müßen wieder den Herrn stilhalten vnd ist fast gantze 8 Jahr eine Witbe gewesen, in welchem Witbenstandt sie sich zu ihrem Sohn begeben, der sie auch als seine herzliebe Mutter in ihrem hohen alter geliebet vnd bey ihr guthes was es möglich hatt sein können, der sie biß an ihr end mit aller notturfft fleißig versehen (wie sich solches auch gebühren will) Vnd ist entlich den vergangenen Sontag 8 tage auß der Kirche kommen, da sie sich den erklaget als were es ein fieber, ist woll biß an den mittwoch hiermit gangen aber die Zeit ist vorhanden gewesenabzuscheidenauß dieser welt ist folgendt noch schwer kranck worden, da sie aber vermercket das Gott mit ihr ein feierabendt machen wolte, ist sie geduldig gewesen vnd ferner zu Gott gebeten Er wolle sie doch dermahleins auß dieser welt erlösen vnd zu sich nehmen hatt in der Kranckheit fleißig tag vnd nachtt mit den Vmbstehenden gebetet; Herr Jesu dir lebe ich dir sterbe ich dein bin ich tot vnd lebendig, da dan Gott auch ihr gebet erhöret vnd sie vergangenen Sontag zwischen 2 v 3 Vhr im Herrn gar sanfft vnd selig eingesschlaffen im 76 Jahr ihres Alters hatt den auch kindes Kindt erlebet.

[Witt 148]

25 Jost Albrecht, ✶ Plauen / Vogtland um 1600, ✞ 14. 5. 1626

Albrecht Jost

Testimonium Jost Albrechts ertheilet
vom H. M. Isaac **Halbachen** den freytag
vor vocem Jucunditatis

Was nun anlanget vnsern lieben mitbruder den Jost Albrecht (112) ist derselbige von frommen Christlichen eltern auß Plauen von fettlandt zur welt geboren, sein Vater hatt geheißen Hanß **Albrecht**, seine Mutter Maria **Hoffmannsche**, diese seine eltern haben ihren Sohn durch die tauffe Gott einverleiben laßen vnd darnach fleißig zur Schule gehalten, das er seinen Catechismum vnd etliche Psalmen fertig gekandt, als er nu ungefehr 18 Jahr erreichet hatter sich zum Weißgerber Handtwerck begeben dasselbige 3 Jahr gelernet, da er den seine Lehr Jahr ehrlich vnd redlich außgestanden hatt er sich auff die Wanderschafft begeben vnd hatt auff dasselbe 5 Jahr gewandert vnd in seiner wanderschafft wie es sich einem ehrlichen gesellen gebührett wol verhalten, nach Vmgang solcher Jahren ist er wieder mit gesundheit anhero nach Königsbergk gekommen vnd mit wissen vnd willen seiner Eltern in den Standt der H. ehe begebem, mit der damalß tugendtsamen Jungfrawen Anna des Erbaren Hanß **Straubel** seliger gewesener Gerichts verwanter der Churfürstlichen freyheit tragheimb, eheliche tochter, der itzo hinterlaßenen hochbetrübten witwen (die Gott der Herr in ihrem schweren Hauß Creuz trösten wolle) mit derselben in friedlicher ehe 1 Jahr vnd 4 wochen gelebet. Was sein Christenthumb ankanget ist er liebhaber des worts Gottes vnd der H. Sacramenten gewesen, wie er den vor 8 tagen das Sacrament Christi Jesu Unsers erlösers Empfangen, wie er den baldt darauff nach Empfahung des hochwürdigen Abendtmahls gestern zu nacht zwischen 1 vnd 2 Vhr sanfft vnd selig verstorben im 26 Jahr seines alters [Witt 8]

112 Vgl. Gertrud **Albrecht** □ 30. 3. 1632 – seine Stiefmutter (lfd. Nr. 539)?

26 ELISABETH SCHADENHAUS,
✶ DIETRICHSWALDE, KR. FRIEDLAND? UM 1603, ✝ 14. 5. 1626

Elisabeth Schadenhausen

Testimonium Elisabeth Paul Schadenhausens ehefrawen ertheilet
von H. M. **Lepnero** den Sonnabendt vor
vocem jucunditatis.

Was diese seliege leiche anlanget, ist sie der Geburt von Dietrichswalde (113) von frommen Eltern geboren, Ihr Vatter heißet Bendict **Niemandt**, die Mutter Anna Antoniuß **Hoppen** seligen tochter beide noch im Leben alte betagte leuten, welche sie den auch in Gottesfurcht bey sich erzogen vnd gehalten biß das sie 13 Jahr alt gewesen, darnach hatt sie sich nach Königsbergk gemacht vnd alhie gutten ehelichen leuten gedienet, die dan noch alles guttes vnd gehorsamkeit von ihr wissen zu sagen, lezlichen hatt sie auch den ehrenvesten Achtbarn vnd hochgelarten H. Michael **Adersburg** Kon. May. in pohlen vnd schweden factorn vnd Churfl. in Preußen geheimen Secretario 3 1/2 Jahr gedienet, da sie dan auch der Erb. vnd ehrenv. **Schadenhauß** gefreyet, vnd mit ihm in Friede vnd einigkeit 5 Jahr gelebet darinnen auch 2 Kinderchen gezeugett, davon ein Knablein noch im leben, alß sie nun der liebe Gott mit dem dritten gesegnet, hatt sie große beschwerliche anstöße erlitten, biß auch lezlichen der liebe Gott ihr schwer tragenden bürden sie gnedigst entbunden, vnd ihr einen todten Sohn gegeben, davon sie dan kranck vnd schwach geworden, v. also 14 Tage in ihrer schweren Kranckheit, die immer teglichen zugenommen, sich ihres Heilandes Jesu Christi getröstet, biß entliche v gangenen Donnerstag des Morgens vmb Segens 5 da ihr den der gnedige Gott ihre Schmerzen verkürzet, vnd sie in sein reich zu sich genommen, deren seelen Gott gnedig sein vnd ihr am Jungsten tage eine fröliche aufferstehung verleihen wolle.
Ist fleißig zum tisch des H. gangen wie auch für 3 wochen gewesen teste *Zeuge dafür ist* M. **Halbach**.

I Timoth. 2

Adam ist zum ersten gemacht, hernach Eva, Vnd Adam
wardt nicht verführe vnd hatt die Vbertrettung eingeführet.
Sie wird aber selig werden durch Kinder Zeugen, so sie
bleibt im glauben, vnd in der liebe, vnd in der heiligung,
sambt der Zucht. [Witt 623]

27 ADRIAN LANGERFELDT, ✶ LÜBECK 24. 3. 1593, ✝ 16. 5. 1626

Adrian Langerfe...

Zeugnuß dem Adrian Langerfelt burgern der
Altenstadt bestattung seiner leiche ertheilet
von H. M. **Lepnero** den 19 May Ao 1626

Anno 1593 den 24 Martii ist der Erbare vnd wolgeachte Adrian Langerfeldt von ehrlichen Christlichen Eltern auff diese welt gebohren, sein lieber H. Vater ist der Ehrenveste vnd vornehmgeachte Henrich **Langerfeldt** Kauff vnd Handelsman in der Kayserlichen Stadt Lübeck vnd seine liebe fraw mutter die ehr vnd tugendtreiche Fraw Gertrudt **Wulffin**, welche seine lieben Eltern noch beiderseits am leben sein, diese seine Eltern, so balt ihnen der liebe Gott diesen ihren Sohn bescherett, haben sie ihn Christo dem Herrn, durch die heilige tauffe einverleuben lassen, vnd da er

---

113 Es gab in Ostpreußen drei Orte dieses Namens: im Kreis Friedland, im Kreis Allenstein und im Kreis Sensburg.

etwas erwachsen, haben sie ihn fleißig zur schule gehalten vnd zu allen Christlichen tugenden aufferzogen, hernacher ihn auff die polnische Sprach verschicket das er derselben auch kundig geworden vnd ferner zu vornehmer handelsleuten zu Dienste gethan alß zu dem Weiland Ehrvesten Namhafften vnd weisen Herren Henrich **Grötzschen** Gerichtsverwandter der Stadt Kneiphoff, alda er sich in 6 Jahren trewlich vnd redlich verhalten.
Anno 1622 den 10 Octobris hat er sich durch schickung Gottes auch mit bewilligung seiner lieben Eltern sowol beiderseits nechst an verwandten freundtschafft in den stand der heiligen ehe begeben mit der damahl viel Ehren vnd tugendreichen Jungfrawen Sophia des weilandt S. Ehrenvesten Namhafften v wolweisen H. Berendt **Fahrenheits** Rahtsverwandten der Stadt Kneiphoff nachgelassene eheleib tochter, dieser seiner itzt hochbetrübten witwen (114), mit der er in friedlicher ehe 3 1/2 Jahr gelebet doch ohne leibes Erben. Sein Christenthumb anlangende werden ewer Achtbar würden wol wißendt sein wie er sich darinnen bey gesunden tagen vnd lebzeiten verhalten: den 12 May hatt er sich durch das Hochwürdige Abendtmahl Mit Gott versöhnen laßen: den 16 May ist er durch einen S. Todt von dieser welt abgeschieden seines alters 33 Jahr 2 Monat weinig 6 tage
Lucae 21 fasset ewre Seele mit gedult. [Witt 385]

28 Christina Ulrich, ✶ Stockholm 1596, ✞ 19. 5. 1626

Christina Vlrichs Hausfraw

Zeugnuß Fr. Christinen Hans Vlrichs haußfrawen ertheilet den 21 May Anno 1626. von Herren M. **Lepnero**

Was nun anlanget diese vnsere nunmehro in Gott ruhende Mittschwester die Weilandt Erbare vnd tugendsame fraw Christinam, welcher wir anizo das geleit zu ihrem ruhebett gegeben dieselbe ist Anno 1596 von frommen Christlichen vnd Gott seligen Eltern zu Stockholm in Schweden in diese welt geboren, Ihr Vater ist gewesen der weilandt Erbare Henrich **von Stralen** vnd ihre Mutter Maria: Solche ihre liebe Eltern (nachdeme diese ihre Tochter zur welt geboren worden) haben ihr höchste vnd gröseste vorsorge sein laßen, damit solche ihre tochter die heilige tauffe empfangen vnd in das buch des lebens eingeschrieben worden. Nach empfangener tauffe aber haben sie ihre Eltern in aller furcht vnd Vermahnung zum herren aufferzogen vnd nachdem alß sie etwas erwachsen fleißig zum gehör götliches worts vnd allen Jungfrawlichen tugenden gehalten. Alß aber ihre Eltern todes verblichen, hatt sie sich Anno 1619 anhero nach Königsbergk zu ihrer schwester, welche alhier gewohnet sie zu besuchen begeben auch bey derselben verharret, biß Anno 1620 da ihre schwester an der Pest gestorben. Nach solchem ihrer schwester todlichen abgang ist sie Anno 1621 auff einrahten guter leute dem Erbaren vnd wolgeachten Hans **Vlrich** (115) gegenwertigen ihren hinterlaßenen vnd hochbetrübten witber ehelichen Vermählet worden; Mit welchem sie dan auch in Christlicher vnd friedlicher ehe gelebet 5 Jahr vnd durch Gottes segen zusammen gezeuget 4 Kinder welche alle verstorben. Weil sie dann Gott der Almechtige am Nechst verschienenen Montag ihrer schwer tragenden mütterlichen bürden in gnaden entbunden, da sie den ihr

---

114 Diese war anschließend verheiratet mit Georg **Waldhäuer** □ 9. 3. 1629 (lfd. Nr. 204).

115 Hans **Ölrich** ✞ 22. 9. 1629 (lfd. Nr. 280).

vierdtes Kindt zur Welt geboren vnd von dem lieben Gott so wol in als nach der geburtt mit großen schwechen vnd harter leibes schwacheit angegriffen worden solche ihre schmerzen sich stündlichen gemehrett, hatt sie zwar anfangs gewünschet, wens dem lieben Gott gefellig vnd ihr selig were, wolte sie noch gerne eine zeit lang mit ihrem lieben ehegatten leben, hatte es aber der liebe Gott anders beschloßen, wolte sie ihren willen in Gottes willen gestellt vnd sich demselben vntergeben haben, wie ers nun mit ihr schicken würde also wolte sichs auch gefallen laßen. Welcher vnser lieber Gott auch seinen willen an ihr geschickett Vnd am Verschienenen Dienstagk zwischen 6 vnd 7 Vhr zu Abendts auß diesem Jammerthal, der seelen nach, zu sich genommen im 30 Jahr ihres Alters Gen 35 Historiam Rahel partus *Die Geschichte von Rahels Kind*

Hatt in Ihrem Letzten Testament auch Vnser Ministerium bedacht. Ein jedlicher empfang 1 fl Vgl: (116) [Witt 746]

29 Michel Seidelman, ✶ Freystadt / Reg.-Bezirk Liegnitz um 1576, ✞ 31. 5. 1626

Michael Seidelman

Michel Seidelmans eines Höckers vom Marckt commendation, so H. M. **Wolderus** den 2 Juny feria 3 Pentec[ostes]. Anno 1626 bey seiner Leichpredigt abgekundiget.

Anlangende Vnsern in Gott ruhenden mitbruder den Erbaren Michel Seidelman, ist derselbe von Gott seligen vnd ehrlichen Eltern zur Frawstadt in schlesien gezeuget, Sein lieber Vater ist gewesen der Erbare Georg **Seidelman** mitbürger derselben Stadt, seine Mutter die tugendtsame Fraw Dorothea diese christlichen Eltern haben diesen ihren Sohn baldt nach seiner geburt, Christo dem Herren durch das Sacrament der H. tauffe einverleiben lassen, hernacher in aller Zucht vnd Vermahnung zum Herren aufferzogen, wie er seine Jahren erreichet, hatt er lust gehabt sich in frömbde örter zu versuchen endtlich auch alhier in Preußen begeben vnd bey vornehmen leuten in Dienst auffgehalten, wie er nun zum ziemlichen alter kommen vnd das 40 Jahr erreichet hatt er Anno 1616 sich in den H. ehestandt begeben mit seiner izo hochbetrübten hinterlaßenen witiben, vnd mit derselben ins zehende Jahr doch ohne leibes erben gelebet, sein Christenthumb belangende, ist er ein frommer mensch gewesen, der Gottes wortt vnd seine lieben Seelsorger herzlich geliebet, vnd geehrett, seinen beruff hatt er trew vnd fleißig abgewartet vnd vergangen Donnerstagk zu nacht ist er plözlich kranck worden die auch also hefftig zugenommen das sie ihm balt das leben nicht zu traweten, da er dan mit dem trewen Schatz des waren leibes vnd blutes Jesu Christi am Sonnabendt ist versichert worden, darauff ist er am Heiligen Pfingstag zwischen 10 vnd 11 Vhr zu mitternacht sanfft vnd selig verstorben im 49 Jahr seines alters: Gott v leihe dem Cörper eine sanffte ruhe vnd am Jüngsten tage eine fröliche aufferstehung zum Ewigen Leben. [Witt 605]

30 Fabian Marun, ✶ Königsberg (Altstadt) um 1. 9. 1606, ✞ 14. 6. 1626

Fabian Marun

Fabian Marunen Korckmachers commendation von H. M **Lepnero** abgekündiget den 16 Juni Anno 1626.

Was nun anbelanget diesen Vnsern in Gott ruhenden mitbruder den

116 Die Worte " Hatt in ihrem … empfang 1 fl. Vgl:" nachträglich von anderer Hand angefügt.

Weilandt Ersamen gesellen Fabian Marunen welchem wir itzo das geleidt zu seinem ruhbetlein gegeben derselbe ist Anno 1606 vier wochen Vor Michaelis von frommen Vnd Christlichen Eltern in diese Welt gebohren, sein Vater ist der Erbare vnd wolgeachte Hans **Marun** Bürger vnd Korckmacher dieser löblichen Altenstadt freyheit Steinthamb vnd seine Mutter die Erbare vnd tugendsame Fraw Anna (117) so beide noch im leben vnd Alhie zu Kegen [sic] sein, welche seine lieben Eltern nach deme solcher ihr nunmehr in Gott ruhender Sohn in diese Welt geboren, ihre höchste vorsorge sein laßen, damit solcher ihr Sohn dem Herren Christo durch die heilige tauffe einverleibet worden. Nachmals aber in aller Furcht vnd Vermahnung zum Herren aufferzogen, vnd als er etwas zu Jahren kommen fleißig zum gehör götliches worts wie auch zur schule, da er fertig Lesen schreiben vnd rechnen gelehrnet gehalten; Weil er aber nicht lust zum Studieren gehabt haben ihn seine Eltern in Pohlen vnd littawen der Sprachen zu lernen gethan; Wie er nun solcher Sprachen kundig gewesen, vnd auff begeren seiner Eltern (denen er im geringsten nicht zu wider gelebet sondern ein gehorsamer vnd wolgerahtener Sohn gewesen) nach Hauße kommen, hatt er sich baltt zu dem Erb. vnd vornehmgeachten H. Hanß **Vlrich** Burgern vnd Hutstaffierern der Altenstadt in die Lehre begeben, bey deme er ins funffte Jahr gewesen vnd beynahe seine Jahr außgestanden, welches sein brott Herr nicht gerne gemisset sondern wen es Gottes wil wer gewesen noch lenger hett behalten wollen. Weil aber dem lieben Gott anders gefallen ist er nachdem er den Verschienen Himmelfahrts tag zum Hochwürdigen Abendtmahl gewesen die folgende woche darauff mit schwerer vnd harter Kranckheit angegriffen so täglich zugenommen, hatt er zwar gewünschet wen es dem lieben Gott gefellig vnd ihm selig wer, wolte er noch seinen lieben Eltern (welche von seiner Kranckheit vnd nunmehr tödlichem abgang betrübt) eine Zeitlang zu trost leben; jedoch hatt er seinen willen in Gottes willen gestellet wie er es mit ihm würde machen, er sich gefallen wolte laßen der auch nach seinem Väterlichen vnd gnedigen willen geschicket vnd ihn am Verschienenen Sontag zwischen 5 Vnd 6 Vhr vffm Abendt in wahrer erkendt vnd bekendtniß seines seligmachers vnd erlösers zu sich genommen im 20 Jahr seines Alters: Was sein Christenthumb betrifft werden Ewer Würden besser wissen alß man es derselben vor schreiben kan.

Hanß **Marun** (118) [Witt 437]

31 CATHARINA GÖBEL, ✶ KÖNIGSBERG (ALTSTADT) 15. 11. 1575, ✝ 20. 6. 1626

Catharina Göbel…

Curriculum vitae der Frawen Catharina Gobelschen bey ihrer Leichbestattung abgekündiget den 22 Junii Anno 1626 vom H. M. **Halbach**.

Ehrwürdiger Achtbar wolgelarter H. M. **Bock** der Almechtige hatt seinem willen nach, meiner liebsten haußfrawen ihre Qual verkürzet, vnd zwischen eins vnd zwo Vhren nach Mittage, auß diesem Mühseligen Jammerthahl, zu sich in sein reich abgefordert, Gott wolle ihr eine sanffte ruhe vnd am Jungsten tage eine fröliche aufferstehung verleihen. Weil ich denn meinem liebsten ehegatten nach ihrem abscheiden, keinen größeren willen beweisen kann, alß ihr ein ehrlich begrebniß bestellen vnd zur erden bestattigen zu lassen, Vnd werden E. AW noch ein frisches gedecht-

---

117 Anna **Marun**, ✝ 14. 3. 1629 (lfd. Nr. 205).

118 Hans Marun ist der Vater des Verstorbenen.

nuß haben, daß sie selbsten Vor 8 tagen, alß E. AW. ihr das hochwürdige Abendtmahl gereichet, angesprochen ihr die leichpredigt zu thun, vnd in dero eigenen gefallen gestellet einen Spruch zu solcher leichpredigt zu nehmen, Alldieweil aber E. AW. noch wirdt eingedenck sein, das sie E. AW. mit diesen worten angeredet vnd zu allererst den Spruch zum ph Kpp. 1 (119) begegnet, Ich hab lust abzuscheiden Vnd bey Christo zu sein. Alß bedüncket mich, doch auf E. AW. verbesserung, diesen Spruch oder worte vor sich zu nehmen, Vnd in der leichpredigt nach zu drucken vnd dieß inliegende vor einen gutten willen zur Danckbarkeit anzunehmen. (120)
Anlagende Ihren geburtstag, ist derselbe gewesen den 15 Novemb Ao 1575. Ihr S. Vater hatt geheißen Thomas **paschke** Vorsteher des großen Hospitals. Ihr S. Mutter Regina **Börtnerin**, des E. U. WW. H. Berendt **Butnerß**, Rahts Verwanten dieser Altenstadt Eheleibliche tochter, Vnd also ihr alter gebracht auff 51 Jahr 7 Monat Vnd 5 tage. Von welchen ihren Gottseligen Eltern sie in aller Gottesfurcht aufferzogen worden vnd nach derselben tode Ao 1598 den 15 April: dem Erb. Vnd Vornehmen Andreas **Körsen** verehliget worden im 16 Jahr Ihres Alters (121), in welcher ehe sie 9 Jahre gelebet vnd 4 Kinder gezeuget, 2 Sohne vnd 2 töchter, Im leben davon noch ein Sohn 2 töchter im leben (122), Anno 1602 den 15 Octob. Ist ihr Gottseliger Eheman Andreas **Korse** todes verblichen, Vnd hat sie nach seinem abschiede ein Jahr im Witwenstande Verharret, Ao 1603 den 26. Septemb. ist sie wiederumb anderweit in den ehestandt getretten, Vnd den damal Erbarn Heinrich **gebeln** Ihrem itzo hochbetrübten Witwern, mit welchem sie auch in friedlicher ehe gelebet biß inß 23 Jahr vnd durch gottes segen 4 töchter gezeuget Wovon noch 2 im leben. Ihr leben vnd Christenthumb ist E. AW. bewust also hier nicht nötig witleufftig zu gedencken, hiermit einen S. Abendt wünschende E.AW. (123)

Vixit Annos 51 M. 7 t. 5
Sie lebte 51 Jahre, 7 Monate und 5 Tage
dW Heinrich **Gebel**

[Witt 193]

---

119 Phil 1, 23: "Ich habe Lust, aus der Welt zu scheiden und bei Christus zu sein"

120 Dieser Text gibt offenbar ein Schreiben des Wittwers an einen Pfarrer wieder. Der Wittwer erwähnt den Druck der Leichenpredigt und legt eine Gabe bei an den H[errn] M[agister] **Bock** bei. Um welche Person es sich dabei handelt, bleibt unklar. In QMS 19/1 (S. 154) findet sich in dieser Zeit ein Reinhold **Bock**, der seit 1624 an der Albertina in Königsberg studierte, jedoch erst 1638 die Magisterwürde erlangte und ordiniert wurde. Die Bestattung erfolgte nicht durch den erwähnten ‚Magister Bock', sondern durch Isaac Halbach von der Altstädtischen Kirche. Eine gedruckte Leichenpredigt für Catharina Göbel konnte bisher nicht gefunden werden.

121 Die angegebenen Daten für ihre erste Ehe können nicht ganz stimmen - am 15. 4. 1598 wäre sie 28 Jahre alt gewesen.

122 Ist eine Tochter die Frau des Christoff **Kersten** ✞ 25. 10. 1626 (lfd. Nr. 45) ?

123 Die Reihenfolge der Worte am Schluss des zweiten Teiles, dem eigentlichen Lebenslauf, ist offenbar durcheinander geraten; es muss wohl richtig heißen:
" … hiermit E[uer]. AW[Achtwürden] einen S. Abendt wünschend(e) .... d[er] W[ohlweise?] Heinrich Gebel." Das Lebensalter der Verstorbenen wird noch einmal wiederholt.

32 CATHARINA HOFFMEISTER,
✶ KÖNIGSBERG (ALTSTADT) 29. 8. 1585, □ 25. 6. 1626

Catharina Hoff-meistern

Zeugnuß So der Fraw Catharinen Hoff
meistern ertheilet worden bey bestattung ihrer
leiche vom H.M. **Halbachio** den 25 Junii Anno 1626.

Meine Selige in Gott ruhende Haußfraw Ist Anno 1585 den 29 Augusto von vornehmen Eltern gebohren, Ihr Seliger Vater ist gewesen der Erbare wolgeachte Georgius **Rabe** Mitbürger dieser Altenstadt Königsbergk, Ihre liebe Fraw Mutter die Erb. tugendtsame Fraw Catharina **Meybohmen** (124) die noch im leben, welche ihre nunmehr Verstorbene Tochter erstlich dem Herrn Christo in der h. tauffe haben Vortragen lassen Vnd sie zu aller Gottesfurcht aufferzogen, wie sie aber ihre 19 Jahr erreichet ist dieselbe mit consens ihren lieben Eltern vnd freunde Ao 1604 den 1 Febr. dem Seligen Ehrenvesten Wolgeachten Philip **Platon** (125) dieser Altenstadt mitbürger ehelichen verlobet vnd versprochen, mit welchem sie in gutter ruhe vnd freundlicher ehe gelebet in die 10 Jahr Mit ihm gezeuget einen Sohn der noch im leben in Ihrem Witwenstandt hat sie 2 1/2 Jahr geseßen hernacher hatt sie sich weiter in andere ehe eingelassen Mit beliebung ihrer lieben Fraw Mutter vnd an Verwandten Ao 1616 den 3 octobr. mit dem Erb. Vornehmgeachten Jacob **Hoffmeister** itzigen hochbetrübten Wittber, mit dem sie auch in die 10 in gutter Friedt Vnd einigkeit in der ehe gesessen Vnd durch Gottes segen auch einen Sohn gezeuget, welcher auch im leben Der liebe Gott wolle deroselben Vater Vnd vormundt sein, Ihr Christenthumb anlangende, werden E. Acht. zumbesten gezeugnuß geben ist dieselbe den N. [sic] Junii zu nacht zwischen 12 vnd 1 Vhr im Herren Seliglichen entschlaffen ihres Alters 40 Jahr vnd 47 Wochen, E! Acht werden in die ordnung zu sezen wissen so edwas ge .... etc. (126) [Witt 304]

33 ENGELBRECHT DORN, ✶ "ZU BONERSCHEIDT BEY CÖLN" 1546, ✞ 26. 6. 1626

Engel-brecht Dorn

Zeugnuß Engelbrechts Dorns Hollindischen
Beckers. Von M. **Lepnero** abgekündiget
den 28 Junii Anno 1626.

Anlangende Vnsern in Gott ruhenden Mitbruder den Erb. Engelbrecht Dorn mitbürgern Vnd freybekern dieser Altenstadt Ist derselbe 1546 zu bonerscheidt bey Cöln (127) am Rein gelegen Von Christlichen Eltern gezeuget, Sein Vater ist gewesen Hans **Dorn** becker daselbst, seine Mutter Nelle (128), diese seine Eltern, alsobalt sie den Sohn empfangen, haben sie ihn dem H. Christo durch die h. tauffe vortragen lassen, welchen sie hernacher in allen Christlichen tugenden aufferzogen, vnd als er ein wenig erwachsen zur fleißiger Arbeit angehalten, wie er den im 12 Jahr bey seinem Vater albereit das Handt werck außgelehrnet, vnd noch

---

124 Catharina **Rabe** ✞ 3. 3. 1629 (lfd. Nr. 203).

125 Ernst Witt: auch Lesung **Platen** möglich.

126 Im Totenregister (EZA Sign. 2075, siehe S. 37) heißt es zu ihr u. a.: "Jacob **Hoffmeisters** eines Kauffmans auf der langgasse ehefrau, Catharina genandt, die vnser Ministerium in ihrem letzen Willen wol bedacht, mir 50, einem ieden meiner H Collegen 40 fl gedeputiret ...".

127 Burscheid?, Kr. Solingen, Regierungs-Bezirk Düsseldorf.

128 Ernst Witt: Lesung unsicher.

dasselbe Jahr Vnter frembde leute zur diensten sich begeben, da er das 20 Jahr continuie bey einem Von Adel wie auch 4 Jahr bey andern zweyen nicht weit von Colben (129) im gleichen 9 Jahr in der Stadt Cöln bey einem Melz- vnd brawer laut dem gezeugniß ehrlich vnd löblich gedienet (130), Alß er aber ferner lust gehabt in der Frembde sich etwas zu erkunden ist er Ao 1587. naher Elbingk kommen Vnd alda 4 Jahr bey den freybeckern gearbeitet Ao 1591 hat er sich durch schickung Gottes im 44 Jahr seines damahls alters mit der tugendtsamen Jungfrawen Margarethen daselbst in den h. Ehestandt begeben, mit welcher er in 3 Jahr alda haußgehalten, Ao 1594 hatt er nebenst seinem ehe Weibe alhier begeben, da ihn den in damahls großen tewrung vnd wegen anderen Vngelegenheit Vom E. Erb. Raht dieser Stadt vor die armen Brodt zu backen freygegeben vnd vergünstiget worden Anno 1601 hatt der liebe Gott ihm seine haußfraw von der seite gerissen, mit welcher iedoch ohne leibes erben in friedlicher ehe 10 Jahr gelebett, Vnd weil er wegen schwerer haußhaltung in seinem Witwenstande sich nicht ohne getrewen gehülffen behelffen konnen, derowegen nach außgang eines halben Jahres mit der itzo betrübten Witwen durch götliche hülffe anderweit in ein ander Christliches ehe gelübnuß eingelassen in wehrender wie gutter ruhe vnd stille gelebet 25 Jahr, vnd mit ihr gezeuget 5 Kind 4 Sohn vnd 1 tochter davon noch 2 Sohne am leben die andern 3 in dem H eingeschlaffen, sein Christenthumb vnf wandell anlangendt ist er ein sund gewesen hatt sich aber darneben fleißig zum gehör götliches Worts vnd zum gebrauch der hochwürdigen Sacraments gehalten, sich still vnd from gegen seine nechsten Vhalten, auch seinem Vermögen nach den armen gern guts gethan vnd in seiner anbefohlenen haußarbeit vnd nahrung sein lebenlang sawr vnd schwerr sich werden lassen, wie ihm solches die ihn gekandt Zeugniß geben werden. Seine Kranckheit betreffendt ist er vor weinig wochen betreisig vnd von der gehlensucht gar hart angegriffen worden, also das keine eusserliche mittell helffen wollen Vnd von tag zu tag an Krefften abgenommen Vnd schwecher worden, in seiner wehrender Kranckheit hatt er fleißig Gott gebeten Vmb Verzeihung der sünden, Vmb Christliche gedult, Vnd ein seliges sterbstündlein angeruffen, wessen ihn Gott gewehret, Vnd ihm Vorgestern Zwischen 3 Vnd 4 Vhr nachmittage, durch einen sanfften todt in sein reich zu sich im 80 Jahr seines alters abgefordert. [Witt 110]

34 ANNA FEHRMANN, ✶ KÖNIGSBERG (ALTSTADT) 19. 11. 1582, ✞ 26. 7. 1626

Anna Feirmansche

Zeugnuß Annen **Fermanschen** ertheilet
vom Herren M. **Lepnero** 26 Jul.
Anno 1626.

Fraw Anna (131) ist gebohren Anno 1582. Den 19 Novembr In der Altenstadt, Ihr Vater ist gewesen Jochim **Witte** Mitbürger der Altenstadt, Ihre Mutter ist gewesen Fraw Ursula **Kerstens** etc.

---

129 Ist Köln gemeint?

130 Angaben zur Dauer seiner Tätigkeiten nicht ganz stimmig: mit 12 ausgelernt, dann 20 Jahre „bey einem von Adel", 4 Jahre „nicht weit von Colben", schließlich 9 Jahre in Köln = 45 Jahre; er soll aber 1587 nach Elbing gekommen sein, da war er 40 oder 41 Jahre alt.

131 Im Namensregister am Ende der Quelle: Anna, Christoph **Fiermans** Ehefraw. Zu diesem Register siehe die Einführung, S. 8.)

Anno 1603 aetatis ins 21 Jahr ist sie dem Erbaren Asman **Puschen** (132) sehligen Verehliget worden mit dem sie in geruhiger ehe 8 Jahr gelebet, 4 Kinder 1 Sohn V. 3 tochter gezeuget davon der Sohn zugegen vnd im leben, die töchter aber Jungk gestorben sind. Nach ihres S. Mannes tode hat sie 6 Jahr im Witwenstande gelebet, Anno 1617 hat sie sich zum andern mahl ehelichen eingelassen mit Christoff **Feirman**, der sie als ein böser Vntrewer ehegatte, nach dem er ihr das ihrige Verzehren helffen, bößlich Vlaßen, Vnd davon gezogen, daurch sie in eussersten Verterb gerahten. Ihr Christenthumb hat sie mit Kirchengehen gar nicht bewiesen, Laata [sic] ein Schwindel im haupt. Hatt aber etlichemahl zu Hause communiciret p me et M. **Funecium** (133) p.m. .... juxta testimonium *nach dem Zeugnis des* Dn. **Hartungi**. Feri nocte obiit *Sie verstarb nachts am ersten Tag der Woche* M.L.

i. Timot. L

Das ist ein gewißlich war Vnd ein trew Werthes wort das Christus Jesus etc. usque sey ehre vnd Preiß in ewigkeit Amen. [Witt 142]

35 HANS JACOB, ✶ WO ? 1584, ✞ 7. 8. 1626

Vitae curriculum Hansen Jacobs vom H. M. **Halbach**
die leichpredigt gethan Dominica 9 post Trinitatis
am 9. Sonntag nach Trinitatis

Belangende des E. Weiland Hans Jacobs Her vnd Ankunfft ist er Anno 1584 Von Christlichen Eltern in diese Welt gebohren Sein Vater ist gewesen, der weiland E. V. Wolgeachte Hans **Jacob** Ch. D. [Kurfürstliche Durchlaucht] in Preussen wolbestalter factor. Seine Mutter ist gewesen auch Weilandt E. Vnd tugendtsame fraw Elisabeth Ehrlicher geburt vnd herkommens wie menniglichen bewußt, diese seine liebe Eltern Nachdem er in diese Welt gezeuget vnd gebohren worden haben sie ihn dem H. Christo in der h. Tauffe ein verleuben lassen vnd nachmahls ihn zur schule fleißig gehalten, das er schreiben vnd lesen gelehrnet, Vnd was sein ganzes leben betrifft werden diejenigen wissen die mit ihm vmbgangen haben. Vergangenen Montag hatt ihn d liebe Gott mit einem schlack heimgesuchet, wie er Vernohmen das es mit ihm nicht besser werden wollen, hat er sich dieses seine höchste Vornehmung sein lassen, das er sich den vergangenen Dienstagk mit Gott versöhnet, vnd seinen in Gottes willen ergeben, darauff ist er den vergangenen freytag des Morgens vmb 3 Vhr Selig Verstorben, Gott verleihe ihm eine fröliche aufferstehung am Jungstentag.

Aetatis 42 *im Alter von 42 Jahren.* [Witt 313]

36 DOROTHEA KALAU, ✶ KÖNIGSBERG (ALTSTADT) 1553, ✞ 2. 8. 1626

Dorothea Kallawsche

Zeugnuß der Alten Fraw Kalawschen
auß der Cauengaß (134) ertheilet vom H. M.
Lepnero 3 Aug. Anno 1626.

Meine liebe mutter Dorothea Kallawsche ist geboren 1553 Ihr Vater ist

---

132 Sophia **Drösin** ✞ 14. 10. 1633 (lfd. Nr. 619) ist wahrscheinlich dessen Tochter aus einer vorausgegangenen Ehe..

133 Friedrich **Funck (Funccius)**, der nach QMS 19/2 (S. 541) seit 1617 Diakon an der Altstädtischen Kirche war, jedoch am 5. 6. 1624 (!) gestorben sein soll.

134 Wohl die Koggenstraße in Königsberg-Altstadt.

gewesen der Erbare vnd wolgeachte H. Valten **Klenaw** Burger der Altenstadt Königsbergk. Ihre liebe mutter ist aus dem geschlecht Einer **von Hallen** haben ihre tochter zu Gottesfurchten aufferzogen hernachmahls hatt sie sich verheirahtet mitt dem Erbaren vnd wolgeachten Merten **Kallaw** Burger der Altenstadt Königsbergk, haben mitt ein ander in der ehe 40 Jahr gelebet, vnd durch Gottes segen 5 Kinder gezeiget eine tochter 4 Sohne von welchem noch zwene im leben sindt (135), in ihrem Witwen Stande hatt sie gelebet 11 Jahr mit großer Kranckheit vnd mühseligkeit am Alten schaden vnd bein. Daher es kommen, weil sie Gottes wort nicht viel gehört, das die liebe zum Zeitlichen bey ihr sehr zugenommen, Vnd sie sich lieber tragen vnd führen lassen wo was vom Zeitlichen zu hohlen, denn das sie sich in die Kirche führen vnd tragen lassen, welches sie für eine schande geachtet, Dom. Te scepe (136) usa est sacra synaxi (137) et in morbi observavit istud *Am Sonntag Suscepimus nahm sie am Heiligen Abendmahl teil und in ihrer Krankheit beherzigte sie jenes [ergänze: Wort des Propheten]* Esaiae 38 bestelle dein hauß, das sie möchte richtigkeit hinter sich lassen, welches doch nicht allerding geschehen dennoch hatt der Kirchen auch nicht Vergessen Neben den H. Caplenen auch H. Doctor wie auch des Alten H. **Cigleri**: Obiit hora 1 pomerid *Sie verstarb um 1 Uhr nachmittags*. Gott wolle die Betrübten trösten.

[Witt 327]

37 SUSANNA GODEMANN,
✶ WITTENBERG / REG.-BEZIRK MERSEBURG 1558,
✞ PLUTWINDEN, KR. FISCHHAUSEN 5. 8. 1626

Susanna Godelmansche

Ankunfft. Leben vnd Sterbenslauff der Gott
seligen frawen Susannae, H. Doctoris Jacobi Godemanni
haußehren, welche Domn: 10 post Trint. 16 Aug: Ao 1626 in
der altstetischen Kirchen begraben worden, die Leichpredigt ist
auff begehren durch d. H. Pastorem D. **Derschow** (138)
Berichtet worden
der text ist gewesen auß Philip. 1 v. 23. Ich habe lust abzu
scheiden etc.

Es ist die Viel ehren tugendtsamen fraw Susanna **Milichin** geboren zu wittenbergk, alda auch dem H. Christo durch die heilige tauffe ein verleubet worden Ao 1558. Ihr Vatter war der hochberümte Philosophus vnd Medicus D. Jacobus **Milichius** Fürstlicher Anhaltischer Rath vnd Profesor bey der Academien zu wittenbergk dessen ankunfft von freyburgk in Breißgaw auß einem alten vnd vornehmen geschlechte der Milichen. Seine Voreltern vnd Brüder sind gewesen daselbst Annmeister oder wie man alhier saget Burgermeister, Er selbst ein vortrefflicher Man,

---

135 Einer davon ist Martin **Kalaw** ✞ 25. 8. 1629 (lfd. Nr. 257).

136 "Dom. Te scepe": offenbar falsche Schreibweise für Dominica Suscepimus - 8. Sonntag nach Trinitatis, hier 2. 8. 1626.

137 synaxi [συναξι] in Latein geschrieben, vgl. die Erläuterung dazu in der Einführung Kap. 2.2.

138 Das Todesdatum geht aus ihrer gedruckten Leichenpredigt hervor: "Sanctum Moriendi Desiderium, Das ist/ christliche Leichpredigt von der seeligen Sterbenslust heiliger Leute... : Bey ansehnlicher bestattung/ Der ... Frawen Susannae Milichin, deß ... Herren Doctoris Jacobi Godemanni, ehelichen Haußfrawen, Welche den 5. Augusti des jetzlauffenden 1626. Jahres ... verstorben/ und den folgenden 16. Aug. ... beygesetzet worden / Gehalten durch Bernhardum Derschow/ der H. Schrifft Doctorem, und der Pfarrkirchen daselbst Pastorem ... Königsbergk 1626 [Bibliogr. Nachweis: VD 17 23:313043D].

wie seine Schriften außweisen, bevorab der Commentarius in rerum Plinii *Kommentar zu den Schriften des Plinius* außweiset, welches buch die welschen, franzosen Vnd deutschen hoch halten vnd rühmen, hatt mit H. Phi. **Melanchtone** große amicitiam *Freundschaft* gehabt, der ihn auch endtlich die augen zugedrück mit diesen worten: Er ist hin, wir wollen ihm balt nachfolgen so denn auch in wenig wochen solches erfüllet worden, Wie denn auch die vornehmsten Historici **Thuanus**, **Bucholcerus, Chytraeus** vnd andere seine ganz rühmlich gedencken Vorab **Thuanus,** Elias **Reusnerus** hatt sein biltnuß gesetzet vnter die brümtesten Männer, so in den nechsten 200 Jahren gelebet; Ihre Mutter ist gewesen Susanna **Schursin** eine tochter D. Hieronymi **Scurfii** des fürtrefflichen Vnd hochberümten Juris D Churfürstlichen Sachsischen Raths vnd Professoris zu wittenberg welcher D. **Luthero** Anno 1521 zu Wormbs auff den reichstage vor **Kayser Karln** an der seite gestanden, Vnd als Lutherus zur recognition *Überprüfung* seiner bücher angehalten worden, mitt lauter stimme der andtwordt zuvorkommen: In titile libri Man solle die bücher zuvor nennen, welche[r] auch Viel Consilia *Ratschläge* auff Lutheri seiten geschrieben, vnd in den druck verfertiget, wie den gelarten bekandt ist.

Dessen haußfraw der Verstorbenen Großmutter eine von geschlechte der **Muschevitzennen** mitt nahmen Susanna. Ihr Elter Vater Hanß **Moschewitz**, dessen haußfraw Agnes **von tommiz** der Verstorbenen Eltermutter. Diese drey sind adeliche wolbekante geschlechter, im Land zu Meissen der Chur Sachsen.

Ihren Ehestandt betreffend erstlichen hatt sie zur ehe gehabt den Ehrenvesten Bartholdt **Pfreunden** Rathman der Churstadt Wittenbergk, mit dem sie gezeuget zwene söhne, Johannem beyder rechten Doctorem, itziger zeit Fürstlichem Braunschweigischem vnd Lüneburgischen Canzler zu Tannenbergk, vnd Jacobum Erbgesessenen zu Mosel (139) bey dem Schneeberge in Meißen Darnach hatt sie geheurahtet gegenwertigen den Ehrenvesten Großachtbaren hoch vnd wolgelarten Herren Jacobum **Godemannum** beyder rechten Doctorem Vnd Ihr Koniliche Mayestadt in Pohlen vnd Schweden Secretarium itzo hochbetrubten Witwer, mit dem sie gezeuget Christian Kriegesfendrichen, vnd Caspar, des Durchlauchtigen vnd hochgeborenen Herr Jacobi, **Grafen zu Carolin**, der vorigen und itzigen Königlichen May in Engellandt geheimsten Rath vnd Großlegaten, Hoffmeistern; vnd zwo töchter Jungfrawen Elisabeth vnd Susannam, welche der trewe Gott, sambt ihren H. Vatern vber dieser betrübniß krefftiglilch trösten wolle. Ihr Leben belangendt, ist vielen leuten wolbekandt, das sie dasselbe in ihren [= Ehren?] vnd aller gottesfurcht zugebracht, in der bibel vnd andern Gottsfürchtigen Scribentes, *Schriftstellern* also in den Büchern des S. vnd tewern Mannes Herren Joh. **Arendt** die er von dem wahren Christenthumb vnd rechtschaffener gotseligkeit geschrieben, die 12 Andachten vnd dergleichen täglich gelesen, ihre Kinder vnd haußgesinde zu der frommigkeit gehalten, alle tage Morgens vnd Abendts mit ihnen auff ihren Knien gesungen Vnd gebetet, die Kirche, was sie ihrer schwachheit halben davon nicht gehindert fleissig besuchet, daheim Vbertisch die Predigten wiederholt, vnd damit sich belustiget, auch in vielen hohen grossen betrübnissen vnd engsten alle ihre Zuflucht bey Gott dem Herren gesuchet alleine, mit gedult ihre feinde vberwunden, vnd

139 Mosel, Amt Zwickau / Königreich Sachsen

endtlich Gott instendiglich gebeten, das sie nebenst den ihrigen der liebe Gott auß dieser argen, bösen vnd vndanckbaren Welt baldt abfordern, vnd ihr zu einem besseren Vaterlandt verhelfen wolle.
Ist vielen Vornehmen, hohes vnd niedrigen Standes frawen Personen angenehm gewesen, geliebet geehret, auch vor eine Mutter geürdiget worden, wie vielen schreiben außweisen. Hatt den armen nach ihrem vermögen gutes gethan, vieler krancken gepfleget vnd mit menniglichen auffrichtig vnd redlich vmbgangen. Ihren herren vnd Kinder herzlich geliebet, Vnd alles wie es der liebe Gott geschicket Vorlieb genommen.
Endlich von ihrem Christlichen Abscheidt etwas zu gedencken hat der Almechtige sie ihres Wunsches wie droben gedacht gewehret denn alß sie die wolgeborene vnd Edle Fraw Catharina geborne **Freyherrin von Kitliz** S. H. Caspar **von Oelsen** hinterlassene Witwe, nebenst ihren töchtern, in abwesen Ihres Herren, zu sich nach Plutwinden (140) den 4 dieses eingeladen, Ist sie dahin mitt Ihren beyden töchtern gefahren, vnd wie es der augeschein gegeben in gutter leibes gesundheitt vnd kreften denselben tag sich mit guttem gsprech ergötzet, denfolgenden aber, alß sie Zu tische geseßen, ist ihr ein schwerer husten, wie sie denn offt gewohnet ankommen, der sich nicht stillen wollen, sondern ie länger ie härter angehalten, das sie zu bette begehrett, da denn ihre töchter auch vorgemehte Frwa **Von Olsen** sie begeleitet, vnd hat sehr geeilet ihr Kleider abzunehmen. Wie sie nun zu bette kommen, hatt der husten sich gestillet, sie hatt aber alsbalt ihnen angezeuget, das der Herr itzo kommen vnd mit ihr einen fewerabendt machen wollte, derhalben fleißig zu behten sie sämbtlich angemahnet, auch selbst die hände empor gehoben, vnd das schöne lied: Wenn mein stündtlein vorhanden ist, ganz hindurch gebehtet mit angehengtem Spruchlein: Ich begehr auff gelöset zu sein. Vnd bey Christo zu oeben p. Herr Jesu ich lebe oder sterbe so bin ich dein Herr Jesu zu dir ruffe ich o Herr Gott, auß meiner tieffen angst vnd noth. Du wlst erhören gnädiglich, vnd nimmermehr verlassen mich. Ferner das Blutt meines Heylandes Jesu Christi hatt mich gewaschen vnd gereiniget von allen meinen sünden. Endlich hatt sie gesagt, wie ihr das gesicht anfanget zu vergehen darauff der gantze Vmbstandt mit ihr gebehtett: Herr Jesu Christ wahrer mensch vnd Gott da sie bey guttem Verstandt mit gebehtet, vnd klärlich außgesprochen: das gehör hatt auch angefangen abzunehmen, vnd ist etwas stiller geworden, darauff die **Fraw von Ölsen** sie gefraget, ob sie auch den Herren Christum in Ihrem Herzen hette! hatt sie geandwortet Ja, auch das hauptt empor gehoben, vnd hatt nicht viel lenger diß alles alß ein Viertelstunde gewehret, das sie das Haupt zur lincken geneiget, vnd ist in einem geringen seuffzen mit voller behaltener Vernufft vnd Sprache seliglichen verschieden, Im Jahr Ihres alters 67 alß sie 32 Jahr mit Ihrem Herren im ehe stande gelebet,
Ist also Ihre ankunfft in diese Welt ehrlich, ihr leben rühmlich vnd ihr abschidt darauss seliglich erfolgett. Der Almechtige Gott wolle Ihr eine selige ruhe vnd an jennem grossen tage eine fröliche aufferstehung verleihen vnd sie mit den Ihrigen in frewden wiederumb zusammen verhelffen, auch Vns allen seinen werthen heiligen Geist mittheilen, Christlich zu leben vnd selig zu sterben, das wir iederzeit sehnliche lust vnd begierde haben, konnen nach Gottes willen von hinnen abzuscheiden Vnd bey Christo Jesu wissen erhörung also mit einander behten wollen: Vater Vnser etc. [Witt 191]

---

140 Pluttwinnen, Kr. Fischhausen

38 Reinhold Bodenn, ✶ Königsberg (Altstadt) 17. 8. 1595, ✝ 28. 8. 1626

Reinhold Bodenn

Curriculum vitae Reinholds Bodenns eines Jungen gesellen, bey seiner Leichpredigt abgekündiget vom H. M. **Halbach** den 30 Augusti Ao 1626

Der Erbare Nunmehr selige Junge gesell Reinhold Bodenn, Ist Anno 1595 den 17 Augusti vor 31 Alhier in dieser Altenstadt Königsbergk von Christlichen Eltern, alß dem weilandt erbaren wolgeachten Philip **Boden** mitbürgern vnd handelsman dieser Stadt seinem lieben Vatern, welcher vor zweyen Jahren diese betrübte mühselige Welt durch einen seligen abscheidt gesegnet: Vnd der Erbaren Vnd tugendtreichen frawen Dorothea **Belertin** seiner itzo hinderlassenen hochbetrübten mutter auff diese welt geboren (141), welche denselben nach erlangter heiliger tauffe in der furch Gottes erzogen nachmahls alß er beim Studieren nicht bleiben wollen, ihn auff die Sprachen geschicket vnd fortstellung ihrer Nahrung, handels vnd wandels gebrauchet, welchen er auch alß ein gehorsamer sohn fleißig zur hand gegangen vnd sonderlich dem seligen Vater in seinem Alter ein rechter Stab gewesen, weil es aber dem lieben Gott also gefallen, das er ferner in dieser mühsamen welt nicht leben vnd von derselben vnd ihren Werckzeugen Verführet werden solte, hatt er ihn mit leibes schwacheit beleget, in dem er 14 tage vor Pfingsten betreisig geworden, welche seine Kranckheit sich biß an hero verzogen Vnd dabey eine grosse geschwulst zugeschlagen, in wehrender solcher schwacheit er seine ganze hoffnung Vnd Vertrawen auff Gottes gnade vnd des Herren Christi seines vnd Unseres seligmachers trewes Verdienst gesetzt, sich auch die Zeit vber mit dem heiligen Vnd hochwürdigen Abendtmahl versehen lassen, vnd alß die schwacheit immer angehalten, vnd kurz vor seinem tode eine geschwinde grosse mattigkeit sich bey ihm mercken lassen, ist das schöne gebetlein Herr Jesu Christ wahrer mensch vnd Gott mit ihm gebetet, vnd er hernacher gefraget worden ob er auch den Herren Christum in seinem herzen habe, Ja Ja, ich schliesse mich hiermit in seine heiligen wunden welches sein leztes wort gewesen. Vnd hatt also am Verschienenen freytage den 28 Augusti des Morgens vmb 7 Vhr do er mit guttem Verstande biß an sein ende geredt dieser elenden vnd betrübten Welt gutte nacht gegeben, sein Christenthumb betreffende, werden Ewer würden selbst wol wissen. Ist also seines Alters 31 Jahr vnd etzliche tage wie droben gedacht worden. [Witt 66]

39 Abraham Vorß, ✶ Breberen?, Kr. Heinsberg / Reg.-Bezirk Aachen 1552, ✝ 18. 9. 1626

Abraham Vorß

Bericht von Vnserm in Gott ruhenden mitbruder des weilandt Erbaren vnd wolgeachten Abraham Vorß, fischer vnd mitbürger der Alten stadt Gedult leben vnd wandell vom H. M. **Halbach** bey geschehener leichpredigt 21 Septemb. abgekündiget.

Ist derselbe Anno 1552 zu Brebernn im Herzogthumb Gülich vonn Christlichen Eltern in diese welt gebohren, sein Vater ist gewesen der weilandt Erbare Paul **Vorß** ein ÖellMüller daselbsten orths, Seine Mutter hatt geheissen Gertrudt, welche vor langen Jahren nach dem willen Gottes

141 Siehe auch den Lebenslauf eines zweiten Sohnes Hans **Bodem** ✝ 15. 6. 1627 (lfd. Nr. 86).

todes verblichen: Diese Christliche Eltern habenn diesen ihren lieben Sohn, anfengklichen nach dem er in diese Welt gezeuget vnd gebohren, Christo dem Herren durch die h. tauffe einverleiben lassen, hernacher da er etwas erwachsen, zum Verstandt vnd Jahren kommen fleißig zur schulen vnd der furcht Gottes gehalten, biß das er fertig schreiben vnd lesen gekondt hernacher da sie gesehen das er lust zu einem handtwerck gehabt, haben sie ihme das schneider hendtwerck ehrlich außlernen lassen, worauff er auch eine Zeitlang gewandert vnd alß er naher Königsbergk gekommen, hatt er das handtwerck verlassen, vnd sich auff die fischerey begeben, Nachmahlen nach dem er sich eine Zeitlang darauff hatt gebrauchen lassen, hatt er sich durch schickung Gottes mit der Weilandt Erbahren Domnick **bollen** nach gelassenen Witwen vor 38 Jahren in den Standt der H. ehe begeben, mit derselben in Christlicher vnd friedlicher ehe gelebet 12 Jahr, mit einander durch Gottes Segen 6 Kinders 5 Sohne vnd 1 tochter gezeuget, welche alle nach dem willen Gottes todes verblichen Nach absterben seiner ersten frawen, ist er ein halbes Jahr im betrübten witwen stande verblieben, hernacher durch Gottes schickungk, wiederumb mit der Seeligen Melcher **Bartusch**, gewesenen Hülffers nachgelassenen Witwen zur andern ehe geschritten, mit derselben auch mit friedliebender ehe 4 Jahr gelebet, vnd durch Gottes segen mit einander 3 Kinder Ein Sohn 2 töchter gezeuget, welche auch todes verblichen Nach absterben seiner andern frawen, ist er abermahlen ein halbes Jahr (weil es seine gelegenheit wegen der schweren fischerey vnd haußnahrunge nicht anders hatt leiden wollen) in dem betrübten witwer stande, hernacher abermahls zur dritten ehe mit der tugentsamen Jungfrawen Barbara, des weilandt Erb. Matheus **Witten** ein gewesener fischer zur Kamstigall (142), durch Gottes schickungk geschritten mit derselben auch in friedlicher ehe wiewol in beschwerlichem Kreuz wegen ihrer langwührigen Kranckheit in die 11 Jahre gelebet, mit einander durch Gottes Segen 2 Sohne Vnd 2 töchter gezeuget, davon der eine Sohn im Herren entschlaffen, der andere vnd die beiden töchter noch beim leben, wie woll ein theil noch klein vnd vnerzogen. Der liebe Gott wolle sich alß ein Vatter der Weisen in gnaden erbarmen, ihr bester vnd gnedigster schuz vnd Pfleg Vatter sein, vnd gnade verleihen, das sie in allen Christlichen tugendten aufferzogen werden. Nach absterben dieser seiner dritten frawen ist er ein Jahr im betrübten witwerstande geblieben, hernacher abermahl mit der tugendtsamen Jungfrawen Anna des Erb. Jacob **Engels** im balgischen zum Vollendorff (143) wonende eheliche tochter itzo aber hochbetrübten Wittwe, zur 4 ehe geschritten mit derselben ins 9 Jahr in friedlicher ehe gelebet, mit einander durch Gottes segen 3 Kinder gezeuget, 1 Sohn vnd 2 töchter, welche beide töchter auch nach dem willen Gottes todes verblichen, das Sohnlein aber, wiewol klein vnd vnerzogen noch beym leben.

Sein Christenthumb anlangende, hatt er sich fleißig zum gehör Gottes worts vnd offtern gebrauch des Hochwürdigen Abendtmahls gehalten, vnd ob ihme gleich nicht vernehmliche wordt sindt zu verstehen gewesen, htt man doch sein Christenthumb vnd bestendigen glauben daran vermerckett wie er dann noch newlichen nicht allein in der Kirchen, sondern auch zu Hause da er sich schon allzuschwach befunden mit dem hochwürdigen Abendtmahl des whren leibes vnd bluttes vnseres Herrn

142 Kamstigall, Kr. Fischhausen.

143 Follendorf, Kr. Heiligenbeil

Christi Jesu hatt speisen vnd trecncken lassen, Vnd sich darauff mit stetigem seuffzen dem lieben Got ergeben, das Gebetbuch kurz vor seinem absterben gefasset vnd mit innerlichen herzen gelesen vnd geseuffzet. Welches sein schweres seuffzen, wie auch vnser gebet vnd Verbitte in Vnser Christlichen Gemeine der liebe Gott auch in gnaden erhöret, Vnd ihn am Vergangenen freytage nachmittage vmb 1 Vhr im 74 Jahre seines alters im wahren bestendigen glauben sanfft vnd selig einschlaffen lassen. Dem lieben Gott gedenckt etc.
Die hinterlassene Witwe wolle er trösten .... etc. [Witt 761]

40 LORENZ MEINICKE, ✶ ÜHRDE, KR. WOLFENBÜTTEL 1559, ✝ 28. 9. 1626

Lorenz Meinicke Begraben.

Testimonium des Lorentz Menicken mitbürgern dieser Altenstadt so bey seiner leichpredigt von H. M. **Woldero** ihm mitgetheilet.

1. Oct

Was nun anlanget vnsern in Gott ruhenden Mitbruder den weylandt Erbaren Vnd Kunstreichen Lorenz Menicken mitbürger dieser Altenstadt ist derselbe Ao 1559 Von frommen Christlichen Vnd Gottseligen Eltern zur Vhrtt nahe bey braunschweig gelegen gebohren, der Vater hatt geheißen Pnius **Menicke** vnd seine Mutter Sophia **Schwiegers**. Diese Seine Eltern haben ihn so balde er in die Welt geboren Christo durch die Heilige tauffe einverleiben lassen. Nachmahlß haben sie ihn in der furcht Gottes aufferzogen biß er das 17 Jahr erreichet, vnd auff sein Begehren das Steinhawers handtwerck lernen lassen welche Kunst er nicht allein ehrlich außgelehrnet, sondern auch derselben eine geraume Zeit nachgezogen Vnd für einen gesellen darauff gearbeitet. Nach dem er aber 1583 Alhier ins Landt kommen, Vnd gesehen das er alhier sein Stücklein brodt haben konnte, hat er auß schickung Gottes des Allmechtigen mit der damahls Erbaren tugendtsamen Jungfrawen Sybilla des weilandt Erb. vnd Kunstreichen franz **wilmsen** auß hollandt nachgelassenen ehelichen tochter, seiner itzigen hinterlassenen hochbetrübten Wittiben sich ehelich eingelassen, Vnd mit derselben in Christlicher ehe 43 Jahr gelebet vnd zusammen miteinander gezeug 11 Kinder 6 Sohne Vnd 5 töchter, davon 1 Sohn vnd 1 tochter im leben vnd alhier zugegen die andern alle im Herrn verstorben.
Sein Christenthumb anlangende ist er ein mensch der aus schwacheit leichelich straucheln konnen, gewesen, dennoch so hatt er sich mit seinen nachbarn vnd menniglichen (Vngeachtet er viel Neider vnd mißgönner gehabt, die ihm nach seinem ehrlichen nahmen getrachtet, aber vber sie selbst außgangen, vnd der Teuffel offt sein heil an ihm versuchen wollen) wolbegangen, sich fleißig zum gehor gottes worts vnd gebrauch des hochwürdigen Sacraments gehalten, wie er auch am V schienenen freytag des leibes vnd blutes Jesu Christi genossen vnd sich also mit Gott versöhnet, ist am verschienenen Montag seines alters im 67sten Jahr. Gott wolle seine seele etc. [Witt 447]

41 HANS BARTEL, ✶ KÖNIGSBERG (KNEIPHOF) 1593, ✝ 10. 9. 1626

Hans Bartell begraben den 13 Sept.

Zeugniß Bey des Erb. Hansen Bartels leichbegengniß Von H.M. **Halbach** abgelesen.

Was nun betrifft vnsern in Gott ruhenden Mitbruder des Weil. Erb. Hansen Barteln, derselbe ist Anno 1593 von Christlichen Eltern geboren Vnd gezeuget, Sein Vater ist gewesen der Weil Erb. Daniel **Bartell** Bürger vnd Bortenwürker im Kneiphoff, Vnd seine Mutter die Erb.V, tugendtsame Fraw Catharina: Welche seine Eltern, nach er in diese Welt gebohren worden, Ihre hochste vnd größte vorsorge sein lassen, denselben Gott durch die tauffe aufftragen vnd einverleiben lassen: Hernacher in der furcht Gottes vnd ermahnung zum Herren aufferzogen ihn zur schule fleißig gehalten, weil er aber zum Studieren keine lust gehabtt, das Bortenwerker Handtwerck gelernet, welcher seiner erlerhnten Kunst eine gerawme Zeit nachgezogen. Weil er aber gesehen vnd vermerckett im gesellen Standt zu verharren vnd einsam zu bleiben ihm nicht zuträglich sein wollte, hatt er sich durch Gottes schickung vnd einrahten gutter leute mit der damahls Erb. vnd Tugendtreichen Jungfrawen Anna des Erb. Albrecht **grünefelts** ehelichen tochter vnd seiner itzigen hochbetrübten wittiben in die ehe eingelassen mit der er in friedlicher ehe nahe bey acht Jahr gelebet vnd durch Gottes segen mit einander gezeuget drey töchter davon eine im leben die andern aber im Herren entschlaffen.
Sein Christenthumb belangende, ist er ein friedlicher frommer Mensch gewesen wie ihm dessen seine nachbarn Zeugniß geben müssen. Er habe sich fleißig zur Kirche gehalten das Wort Gottes mit andacht gehört das Heilige Hochwürdige Sacrament offters gebrauchet, wie er dan auch in seiner Kranckheit in der er fast ein gantzes Jahr gequienet Vor acht tagen des leibes vnd blutes Jesu Christi genossen vnd dadurch mit Got sich versohnete Vnd ob er wol gewünschet wenn es Gottes wille wehre gewesen, den seinigen zu troste in dieser Welt zu bleiben, so hat er dennoch seinen willen Gottes willen ergeben, der liebe Gott möchte mit ihm schicken wie er wollees ihm auch würde gefallen lassen So hatt mit ihm der getrewe Gott nach seinem Willen v. wolgefallen geschicket Vnd ihn am V schienenen Donnerstag in wahrer erkenntniß vnd bekanntnuß seines einigen erlösers vnd Seligmachers Jesu Christi zu sich im 33sten Jahr seines in sein reich genommen etc.

> Der Spruch Apocalp. 20 v. 5. (144) ist gehandeltt bey seiner leichbestattung Selig ist der V. heilig der theil hat an der Ersten aufferstehung. Vber soche hat der todt keine macht. Sondern sie werden Priestern Gottes sein vnd Christi vnd mit ihm regieren tausendt Jahr. [Witt 18]

42 NICOLAUS SCHARFF, ✶ „AUß DENMARCK" 1568, ✝ 3. 10. 1626

Nicolaus Scharff Begraben den 5 Oct. Ao 1626

> Testimonium So bey der Nicolas Scharffen Leichbestattung Von H.M. **Lepnero** abgelesen vnd ihm ertheilet

Was nun anlanget vnsern in Gott ruhenden mitbrudern den Erb. Nicolauß Scharffen, so ist derselbe da man geschrieben nach Christi geburtt 1568 auß Denmarck von Gotseligen Eltern auff diese Welt geboren worden, Sein Vater ist gewesen der Erb. Jacob **Sarff** ein Krämer in Denmarck seine Mutter hatt geheißen Maria, nach deme diese Eltern ihren Sohn zur Welt gebohren, haben sie vornehmlich dahin getrachtt, das sie denselben

144 Richtig: Vers 6.

dem H. Christo im Sacrament der H. tauffe ein Verleiben lassen, da sein nahme im Buch des lebens verzeichnet worden, alß er nu etwas zu Jahren kommen ist er zu aller Gottesfurcht vfferzogen worden, wie er nun etzliche Jahr erreichet ist er zum Knopffmacher Handtwerck gethan worden, dasselbe ehrlich Vnd redlich außgelehrnet vnd nach seinen lehr Jahren sich hin vnd wieder in frembden landen seinem Handwerck nach gebreuchlich, trewlich nachgezogen, wie er aber nach Elbing gelanget, alda eine weile gearbeitet, hat er sich durch schickung Gottes in den heiligen Ehestandt mit damahls der Erb. Ehrvesten Barbara eingelassen vnd mit ihr friedlich 10 Jahr gelebet in Elbingk durch Gottes segen 4 Kinder gezeuget davon noch 1 Sohn im leben vnd 3 im Herrn entschlaffen Hernachmahlß hat er eine geraume Zeit im Witwer Standt gelebet hat er durch schickungk Gottes in die ander Ehe geschritten Vnd damalß sich mit der Erb. Frawen Elisabeth auch in den H. Ehestandt begeben V. mit ihr friedlich in 9 Jahren 2 tochter gezeuget, welche noch beide im leben, wie ihm nu wieder seine 2 haußfraw mit todes verblichen, hat er wiederumb eine Zeit lang im Witwer Stande gesessen, sein tägliches brodt sawer lassen werden Ist ihm wieder durch frommer Christen vortragen diese hoch betrübte Witwe Elisabeth auch von Elbingen in den H. Ehestandt vermehlet worden, mitt welcher er in Christlicher ehe gelebet 13 Jahr Vnd durch Gottes segen 7 Kinder nemlich 4 töchter V. 3 Sohne welche alle zuvor gestorben. Anlangende vitam civilem norunt q evius ipso conversati sunt *sein bürgerliches Leben kennen die, die Umgang mit ihm gepflegt haben* das er ein Zuhörer götliches Worts gewesen wie auch von seinen nachbahrn das er sey alle Sontage zur Kirche gegangen Ad Sacram Synaξιν (145) rarissime *Zum Heiligen Abendmahl sehr selten* für 1 1/2 Jahr. Vnd weil ihn Gott der Almechtige kurz vor wenig tagen zu endung seines lebens heimgesuchet, hatt er sich erstlich vorhin gedacht wie er möge mit dem wahren leib vnd blut Vnsres Herrn Jesu Christi versorget werden, wie ihms auch von Vnserm H. Diacono solches bey gutten Verstandt vor wenigen tagen gereichet worden. Darauff er seinen Willen in Gottes willen ergeben, er wolle es ferner machen wie es ihm gefellig Vnd seiner seelen nüzlich sein möge, darauff ist er Vorgestriges tages Vmb 12 Vhr sanfft vnd seelig entschlaffen seines alters 58 Jahr. [Witt 625]

43 THOMAS WECKLER, ✶ WO ? UM 1585, ✝ 10. 10. 1626

Thomas Weckler Begraben

Zeugnuß Thomas Wecklers So ihm vom H. M. **Woldero** mitgetheilet

den 11. Oct. E. EW. sollen wissen das heutigen tages zwischen 7 Vnd 8 vhr ist entschlaffenVnd von dieser welt abgeschieden Thomas **Weckler** gewesener Bader in der Altenstadt Königsbergk vnd soll Christlichem gebrauch nach, Morgen nachmittag mit einer leichpredigt Zur erden bestattet werden. Seines alters 41 Jahr hatt ihn ehestand 12 Jahr gelebet, in wehrender ehe haben sie 6 Kinder gezeuget Von welchen noch 4 im leben 2 aber im Herren entschlaffen: Gott wolle sich der hinterlassenen annehmen Ihr Vatter vndt Vormundt selber sein etc. Text Nr 4 Ich liege vnd schlaffe ganz mit frieden dass allein Du herr hülffst mir das ich sicher wohne. [Witt 770]

---

145 Das Wort synaxin / συναξιν halb in Latein, halb in Griechisch geschrieben. Siehe dazu die Erklärung in der Einführung Kap. 2.2, S. 20.

44 ANNA SCHLÖSSER, ✶ WO ? UM 1559, □ 21. 10. 1626

Anna Schlösserin Begraben den 21. Oct.

Zeugnus Von H. M. **Lepnero** bey ihrer (146) leichpredigt Annen Schlößerin abgelesen.

Ihr Vater hatt geheißen Jochen **Möller** seiner gebuhrtt Aus der March Von Beß Kehr [sic] die Mutter aber Von Hamrizen [sic] im 24 Jahr sich in den H. ehestandt begeben mit Hans **Haudreis** mit demselben 3 sohn Vnd 2 töchter gezeiget, nach absterben aber dieses hatt sie sich wieder in den ehestandt begeben Anno 1603 mit Bartel **Boßman**, mit Ihm gelebet 8 Jahr aber ohne leibes erben, Nach absterben des andern Mans hat sie sich Ao 1613 in den ehestandt begeben mit Hieronimus **Bencke**, mit dem 6 Jahr gelebet Ihr ganzes alter ist 67 Jahr. (147) [Witt 638]

45 CHRISTOFF KERSTEN, ✶ KÖNGSB. (KNEIPHOF) IM AUGUST 1591, ✞ 25. 10. 1626

Christoff Kersten

Testimonium So Vom H. M. **Lepnero** dem Christoff Kersten, den 28. Octobr, 1627 [sic].

Ewer Acht. habe ich dieses schreiben zur nachrichtung zugeschicket, damit sie seine ankunfft wissen möge, Ist er Ao 1591 im Augusto von Christlichen Vnd Gottseligen Eltern gezeuget vnd geboren, Sein Vater seliger ist gewesen, der Erb. vnd Vornehme Christoff **Kersten** mitburger dieser Stadt Kneiphoff, Seine fraw Mutter ist die Erb. Vnd Viel tugendtsame Fraw Anna S. H. Hanß **von Lohen** Weilandt Bürgermeisters (148) Eheleiblichen tochter; Ob er zwar allererst 5 wochen nach S. H. Vaters Abscheide in diese welt geboren, So ist er dennoch, Alß er erwachsen Von seiner lieben Mutter zur schule gehalten vnd in aller gottesfurcht erzogen worden, Nachmahls von seinen nechst anverwandten Vnd Vormündern in Pohlen vnd littawen verschickt worden, Allda alhie die hochnötigen Sprachen zu lernen, Vnd von dannen hernach wiederumb anhero zu dem Ehrenvesten Nahmhafften Vnd Wolweisen H. Heinrich Von Mühlen in Dienste begeben, vnd 10 nacheinander volgende Jahr sich trew vnd woll verhalten, das auch hernacher sein damahliger Herr zu mehrem gezeugnuß seines wolverhaltens Ihn mit wahren vnd guttern in Niederlandt vnd Spanien Verschicket alda er alles seinem Herrn zur genüge außgerichtet Vnd wiederumb anheimb gelanget, derweil er auch seine Manbahre Jahr erreichet, hatt er sich Ao 1619 den 16 Novemb. mit der damahls Erb. Vnd tugendtsamen Jungfrawen Anna (149) S. H. Andreas **Körsen** Eheleiblichen Nachgelassenen tochter, seiner itzt hochbetrübten witben, in die Ehe begeben, Vnd also 7 Jahr in gutter Vnd friedlicher ehe gelebet, vnd in solchem wehrenden ehestande 2 Sohne mit einander gezeiget, welche noch beide im leben, vnd also sein alter gebracht auff 35 jahr gebracht 2 Monat vnd ezliche tage. sein

---

146 Das Wort "ihrer" schräg durchstrichen.

147 Im Totenregister (EZA Sign. 2075, siehe S. 37) heißt es: "Anna, Hanßen Haudriens eines Kleinschmieds nachgelassene, alte wittib ... ".

148 Bei Hans von Lohe war Catharina **Wetzker** ✞ 31. 8. 1628 (lfd. Nr. 170) ca. von 1580–1586 in Dienst.

149 Vielleicht eine Tochter der Catharina **Göbel** ✞ 20. 6. 1626 Lfd. Nr. 31) ?

Christenthumb anlangende Ist E. Acht. W. vnd Menniglichen wol bewußt, das er sich zum gehör götliches worts vnd dem Hochwürdigen Abendtmahl ie vnd allewege gehalten. Ist im Sontag kurz Vor seinem abscheidt nach gehaltenem gebeht, Ich armer mensch gar nichtes bin etc vnd leicht absolvirt aber wegen best... des blutbrechens mise[re?] communiciret *elendiglich [als Kranker] am Abendmahl teilgenommen.* Gott wolle die hochbetrübte witbe nebenst ihren vnerzogenen Kindern trösten. Somit E. A. seligen Morgen wünschende. (150) [Witt 333]

46 MARIA PHILIPP, ✶ KÖNIGSBERG 8. 9. 1601, ✝ 6. 12. 1626

Maria Davidis Phlippis Fr.

Zeugnuß So der Frawen Maria Philippi Kannengießers bey Ihrer leichbegengnuß vom H. **Lepner** den 8 Decembr. abgelesen.

Was belanget Vnsere Seelige in Gott ruhende mitschwester der Erb. vnd tugendtsamen fraw Maria des Erb. vnd wolgeachten David **Philippi** haußfraw ist dieselbe Anno 1601 den 8 Septemb. von Ehrlichen Christlichen Eltern an diese welt geboren, Ihr Vater ist gewesen der weilandt Erbare vnd wolgeachte, Meister Christoff **Halm** Bürger vnd Kannengießer alhier, Ihre liebe Mutter fraw Anna so noch im leben. Diese ihre liebe Eltern, nach deme sie ihre tochter von dem lieben Gott empfangen, haben sie dieselbe balt dem Herren Christo durch die heilige tauffe einverleiben lassen da sie etwas erwachsen, haben sie, sie auch fleißig zur schulen gehalten, da sie nicht allein noturftiglich lesen, schreiben vnd rechnen gelernet, sondern auch in der Lehre, des Heiligen Catechismi vnd was sonsten zu ihrem Christenthumb nötig fleißig unterwiesen worden; da sie nun Ihre Manbahre Jahr erreichet ist sie Anno 1619 den 14 Januarii durch schickung Gottes dem obgedachten Erbar, Vnd wolgeachten David **Phlip** Bürger vnd Kannengießer alhier (151), ihres nunmehro hinterlassen witiwer ehelich Versprochen vnd zugesaget worden, in welcher ehe sie 8 Jahr Christlich vnd friedlich gelebet, vnd mit einander durch Gottes Segen 4 Kinder gezeuget, davon noch ein Sohn vnd ein tochter im leben, die andern hat der liebe Gott wieder zu sich genommen. Ihr Christenthumb belangendt, hat sie sich fleißig zum gehör götliches worts vnd zum gebrauch des heiligen Abendtmahls gehalten. Ihr eußerlich leben betreffende, ist sie ein friedliebende fraw gewesen, die sich mit ihren nachbarn auch sonst mit iederman wolbegangen, wie wol sie kein Engel sondern Evae tochter gewesen, der liebe Gott hat ihr ein hartes erzeiget, den nach dem er sie mit leibes früchten gesegnet, hat er sie Vergangen Donnerstag Abendts vmb 7 Vhr nach Vieler Vberstandener angst Vnd schmerzen, da sie zuvor etliche stunden den tewren schaz ihrer Seelen, den wahren leib vnd blut ihres vnd vnsers Erlösers Jesu Christi in wahrer andacht vnd herzlicher begierde empfangen; Ihrer Schweren bürde gnediglich entbunden, doch mit wenig frewden. Vnd weil die schwacheit bey ihr nicht allein groß gewesen, sondern auch immer zugenommen, das sie vermercket der liebe Got würde es mit ihr zu ende spielen (wie wol sie ihren kleinen Kinderlein zu trost gerne lenger gelebet) hat sie doch ihren willen, dem willen Gottes vnterworffen ihn herzlich angeruffen er wolle sie in ganden auß diesem iammerthal erlösen vnd sie zu sich in sein ewi-

---

150 Im Totenregister (EZA Sign. 2075, siehe S. 37) heißt es von ihm: "Christoff **Kersten** ein bürger vnd Weinschenck aus der Schmiedgassen, der fast plötzlich gestorben. ...".

151 Dessen zweite Frau ab 1627 ist Anna **Philipp** ✝ 7. oder 14. 11. 1635 (lfd. Nr. 721).

ges reich nehmen. Gott hat ihr gebet erhöret vnd sie Vergangen Sontag des Morgens zwischen 8 vnd 9 Vhr in herzlicher anruffung Gottes vnd in wahren glauben an Christum Jessum auß diesem Jammerthal abgefordert vnd der seelen nach in sein ewiges reich versetzet im 26 Jahr ihres Alters.

Textus Concionis ψ 68

Text der (Leichen-)Predigt aus Psalm 68.

Gelobet sey der Herr täglich, Gott leget vns eine last auff aber er hülfft vns auchsela Wir haben einen Gott der da hülfft, vnd den Hern Herren der Vom todt errettet. [Witt 515]

47 MICHAEL SCHMIDT, ✶ BURGSALACH, BEZIRKSAMT WEISSENBURG / BAYERN 1. 1. 1568, ✞ 8. 12. 1626

Michael Schmidt

Zeugnuß So H. M. **Halbach** Michael Smit bey seiner leich Predigt mitgetheilet den 10 Decembr Anno 1626

Was anlanget vnsern in Gott ruhenden mitbruder Michael Schmidt, ist derselbe Anno 1568 am Newen Jahrstag zu Burcksalach vnter der Stadt Neissenburg am Norgaw gehorig von Christlichen Eltern an diese welt geboren, sein Vater hat geheissen Michael **Schmidt** seine Mutter Ursula, welche ihren Sohn alß balter geboren Christo balt durch die h. tauffe ein Verleiben lassen, vnd weil seine Eltern ihm zeitlich mit tode abgangen, also das er weder Vatter noch mutter erkandt, hatt ihn seine großmutter zu sich genommen vnd zu allen Christlichen tugenden aufferzogen. Alß er nun erwachsen hatt sie ihn n das schlösser handtwerck zu lehren gethan, welches er redlich außgelehrnet vnd nach außgestandenen lehr jahren hat er sich an frembde örter zu versuchen begeben, da er den fast 10 Jahre hin Vndt her versucht biß er auch endtlich nach Königsbergk kommen. Wie er nun eine ziemliche weile hier gearbeitet, hatt er sich Ao 1596 durch Gottes schickung in die ehe eingelassen mit des W. E. vnd Vorsichtigen Mathiae **Reichelmß** hinterlassenen wittiben mit welcher er in geruhiger ehe gelebet 4 Jahr vnd durch Gottes segen gezeuget 3 Kinderlein, einen Sohn vnd 2 töchter, davon der Sohn im leben die töchter in Gott vorhin verstorben. Alß er nun ein Jahr in dem Witwenstandt gelebet, hatt er sich zum andern mahl mit d. Erb. Marcks **Geholts** S. nachgelassenen witwe in die eingelassen, in welcher ehe er den 25 Jahr geruhig gelebet vnd durch Gottes segen 8 Kinderlein gezeuget 5 Sohne 3 töchter davon noch ein Sohn vnd 3 töchter im leben, Antreffendt sein Christenthumb ist er ein fleissiger zuhorer gottes worts gewesen, der heiligen vnd hochwürdigen Sacramenten sich offt gebrauchet mit seinen nachbarn Vnd werckbrüdern sich wol vertragen. Ohngefehr für 3 wochen hat ihn der liebe Gott mit harter leibes Schwacheit angegriffen, also das er sich zu bette legen müssen, da den seine höchste sorge gewesen, das er möchte mit Gott versohnet werden, wie er auch am Vergang Dienstag 8 tage mit Christi leib vnd blut versehet worden da er sich den Gott ergeben er wolle machen wie ers mit ihm wolle. Darauu er auch am Vergang Dienstag Vmb 8 Vhr in wahrer bekandtnuß Christi seines alters 58 Jahr verschieden. (152)

[Witt 643]

---

152 Im Totenregister (EZA Sign. 2075, siehe S. 37) heißt es über ihn u. a.: "Michel **Schmid** E.E. Raths und der Kirchen Kleinschmidt beim Lastadienthor wohnhafft ...".

48 HANß PEUCKER, ✶ SCHLABEN, KR. GUBEN / PROV. BRANDENBURG 1583, ✞ 8. 12. 1626

Hans Peucker

Testimonium so bey dem Begräbnis
Hans Peucker Von H. M. **Halbach** den
10. Decembr. Abgehalten Ao 1626.

Der Erbahre wolgeachte Vnd Manhaffte Meister Hanß Pewker Kurschner Vnd fechter, vnser S. mitbruder ist Ao 1583 zu Schlawen in der Marggraffschafft Niederlausiz bey fürstenberg (154) Von Christlichen Elterm geboren, sein Vater hat auch Hanß **Peneker** geheissen seine Mutter Anna **Durchrings**, welche seine Eltern denselben Ihren Sohn nach dem er dem H. Christo durch h. tauffe seiner geburt nach ein verleubet, in der Zucht vnd vermahnung zum H. aufferzogen vnd etwa zum Verstand kommen das Kürschner handtwerck zu Guben lernen lassen darauff er ein Zeitlang gewandret vnd mit der Zeit die löbliche Kunst des fechtenß gelernet auch derselben manhafften Kunst wie auch seinem handtwerck etliche Jahr nachgezogen Vnd sich vnterdessen, seinen bruder M. Andreß **Peucker** einen bürger Bütcher S. gedechtnuß so hier auffm Steinthamb gewohnet, zu besuchen sich Anno 1612 anhero naher Königsbergk begeben vnd darnach von hier weiter verreiset vnd nachdem er wieder hieher gelanget, sich Anno 1616 nach der schickung Gottes mit der fraw Regina des auch S. Michel **Fischern** / nachgelassene witwe in den h. Ehestandt begeben, mit welcher er nunmehr in die 10 Jahr in Christlicher liebe vnd einigkeit iedoch ohn leibes erben gelebet, vnd in wehrenden ehestande wie auch sonsten sich gegen iedermanniglich (ohn ruhm zu melden) erbarlich vnd wol verhalten, Vnd ihm vmb seine nahrung sawer werden lassen, auch sich sein lebtage zum gehör götliches worts vnd gebrauch der hochwürdigen Sacrament gehalten, vnd Vngefehr vor 14 tagen, nachdem er in dieser hochbetrübten Zeit Einm Ehrenvesten Hochw. Rath in bestalten Dienste gestanden, mit schweren stichen in der lincken seite behafftet vnd immer schwecher worden, derowegen alß er vermercket, das es sich mit ihm zu keiner besserung lenken wolle, seinen Seelsorger zu sich fordern, vnd sich mit dem lieben Gott versichern lassen, Vnd nachdem er stetes zu Gott geseuffzet vnd gebetet den Vergangenen Dienstag Vmb 2 Vhr nachmittag sanfft entschlaffen, das also sein ganzes leben, 43 Jahr ist. Gott verleihe ihme . pp. (155) [Witt 511]

/ Dieser Wittwe parentation siehe im dritten Todtenbuch pag. (153)

49 MERTEN WULFF, ✶ KÖNIGSBERG (ALTSTADT) UM 1553, □ 16. 12. 1626

Merten Wulff

Testimonium So H. **Lepner** Merten Wulffen
bey bestattung seines Corpers in der
leichpredigt abgelesen den 16 Decembr.

Was belanget vnsern gegenwehrtigen in Gott ruhenden Mitbruder Martin Wulff einen Hocker, so ist derselbe alhier in Königsberg in der Altenstadt von Christlichen Eltern gezeuget, Sein Vatter hatt geheißen Hans **Wulff**

---

153 Seitennummer nicht angegeben. Zu dem erwähnten „Todtenbuch" siehe die Einleitung Kapitel 4.3, hier S. 38.

154 Fürstenberg (Oder), Kr. Guben (Brandenburg).

155 Im Totenregister (EZA Sign. 2075, siehe S. 37) heißt es über ihn u. a.: "Hanß peucker ein Kürschner Vnd fechter vomSteinthamb ... ficht nicht, allerdings löblich Haus gehalten."

(156) burger alhier in der Altenstadt Seine Mutter Anna welche Eltern für ihren Sohn gesorget, das er balt nach der geburt H. tauffe empfangen. Hernacher als er erwachsen hatt er sich zu einem Polschen Herren in die Dienste begeben, hernacher auch zu wasser auff schiffen sich brauchen lassen biß er anhero wieder kommen vnd durch schickung Gottes sich mit der tugendtsamen Jungfrawen Esther Petri **Otten** toch ehelich eingelassen im 1583 Jahr, in dem ehestandt hat er durch Gottes gnade vnd segen 6 Kinder gezeuget 4 tochter 2 sohn welche nunmehr alle bey Gott sein nach dem ihm aber sein ehegatte abgestorben ist er zur andern ehe geschritten vnd die damahls tugendtsame Jungfraw Annam Laurens **Ewerts** Anckerschmidts tochter zu seinem gemahl genommen mit der er 18 Jahr gelebet. Da nun die ander auch gestorben hat er sich mit der 3 Jungfrawen Bartholomae **Reindecks** tochter verlobet mit der er in gutter ehe doch ohne leibes erben gebet. im Jahr seines alters 73 Verschieden. [Witt 823]

50 URSULA WINGERBOTH, ✶ BEI FISCHHAUSEN? 1561, ✞ 21. 12. 1626

Ursula Wingerbotsche Begraben den 23 Dec.

Testimonium bey bestattung Vrsula Wingerboth
Vom Herren M. **Lepner** den Mitwoch
Vor Christnacht abgelesen.

Ihre Ankunfft betreffendt ist dieselbe Anno 1561 von Ehrlichen Eltern geboren, Ihr Vater hatt geheissen Florian **Friz** ein Krüger im Kaupeschen Ambt (157) gelegen, Ihre Mutter hatt geheissen Gertrudt vnd nachdem sie Ihre tochter in gottes furcht aufferzogen, hatt sie sich Anno 1584 mit dem Weilandt Erb. vnd wolgeachten Georg **Jordan**, gewesenen Bader alhier in der Altenstadt in den ehestandt begeben, vnd 1 Jahr 12 wochen darinnen gelebet vnd einen Sohn welcher noch im leben (158) darinnen gezeuget. Alß sie aber 1 Jahr witwe gesesen, hatt sie sich abermahl mit dem W. Erb vnd wolg. Hanß **Baumgart**, Krügern zur gelben bluem (159) Verehliget, mit dem sie 9 Jahr im ehstandt gelebet vnd 3 töchter mit einander gezeuget, davon 1 todt 2 im leben, vnd da ihr S. Man todes Verblichen, hatt sie wiederumb ein Jahr im Witwenstande gesessen, hatt sie sich abermahl mit dem auch W. Erb. vnd wolg. Jacob **Wingerboth** mitburgern alhier in den ehestandt begeben, vnd 26 Jahr darin gelebet vnd einen Sohn vnd eine tochter gezeuget, der Sohn ist todt, die tochter aber noch im leben, vnd wie dieser Ihr S. Man auch gestorben, hat sie vber neundehalb Jahr im witwenstande gesessen, vnd weil Gott sie fast vor einem halben Jahr mit Kranckheit angegriffen, ist sie von Zeit zu Zeit schwacher worden, biß das sie Gott am Vergangenen Montag Vmb 6 Vhr vff den Abendt in wahrer erkentnuß Christi auß diesem Jammerthal abgefordert, Ihr ganzes alter ist 66 Jahr Ihr leben vnd wandel betreffend p.

Ihr stetes gebet ist gewesen

---

156 Siehe auch den Lebenslauf der Barbara **Balck** (lfd. Nr. 92) ✞ 29. 6. 1627, in dem Merten Wulff erwähnt wird – wohl ein Halbbruder von ihr. Beider Vater war Hans Wulff.

157 Kaporn, vormals Sitz eines Domänenamtes, Kreis Fischhausen.

158 Georg **Jordan** ✞ 23. 10. 1633 (lfd. Nr. 621).

159 Gehlblum, Hof und Krug 17 Kilometer östlich Königsberg an der Straße nach Tapiau? Oder identisch mit dem 'Gelben Krug' an der Hufenallee (seit Ende 18. Jahrhundert Karlsruh genannt)?

O Herre Gott in meiner noth
Ante dies 14 usa sacra συναξι (160)
Textus Concionis 1 Cor. 1.
Vor 14 Tagen nahm sie das Heilige Abendmahl
Text der [Leichen-]Predigt 1. Kor. 1.

Jesus Christus ist vns von Gott etc usque *usw. bis* der ruhen sich des Herren. (161) [Witt 807]

51 CASPER FELLNER, ✶ NEIßE / REG.-BEZIRK OPPELN 1594, ✝ 24. 12. 1626

Casper Fellner

Zeugnuß bey der leichpredigt
des Casper Fellners Vom H. M.
Lepner abgelesen. 27 Dec. Ao 1626.

Was anlanget diese kegenwertige leiche der Ehrbare Vnd wolgeachte Casper fellner Bürger vnd Kuchenbecker in der Altenstadt so ist er geboren zur Neise von frommen vnd Gottfürchtigen Eltern Anno 1594. Sein Vater ist gewesen der Erbahre vnd wolg: Balzer **fellner** Bürger vnd Kuchenbecker zur Niese [sic] Seine Mutter hat geheissen Anna. Diese seine liebe Eltern haben Ihren Sohn in aller furcht Gottes aufferzogen vnd ihn fleissig zur schule gehalten, alda schreiben vnd lesen lernen lassen, da er zu seinen Jahren kommen ist, hatt er das löbliche Kuchenbecker handtwerck bey seinem Vater gelehrnet vnd etliche Jahre darauf gewandert vnd alhir nach Königsberg kommen vnd bey einem Meister 3 Jahr hernacher bey seinem Vorfahren Bartell **Grunwalt** 8 1/2 Jahr gearbeitet, Nach dessen tode hatt er sich durch schickung Gottes in den standt der ehe da er 27 Jahr alt gewesen, mit der izo hochbetrübten witwen eingelassen, mit derselben in gutter ruhe 5 Jahr doch ohne leibes erben gelebet. Was sein Christenthumb anlanget, so ist er ein frommer gotfürchtiger Man gewesen, gerne Gottes wort gehoret zur Kirche fleissig gegangen auch in seiner lezten Kranckheit fleissig gebetet Herr wen ich Dich nur habe so frage ich nichts nach Himmel vnd Erden wen mir gleich leib vnd Seel Verschmacht so bistu doch meines hertzens trost vnd mein theil vnd zwischen 11 vnd 12 Vhr in der Christnacht selig im Herren entschlaffen da er 35 Jahr alt gewesen an Vergangenen Dienstag 4 wochen hatt er das Hochwürdige Abendtmahl empfangen. Gott wolle ihn am Jungsten tage etc. Textus ψ. v. 25 et 26 (162) Herr wen ich Dich nur habe usque mein theil (163) [Witt 143]

---

160 Das Wort συναξι in Griechisch; siehe die Erklärung in der Einführung Kap. 2.2, S. 20.

161 Im Totenregister (EZA Sign. 2075, siehe S. 37) heißt es zu ihr u. a.: "Vrsula, Jacob **Wingerboth** nachgelassene Witwe, eine alte Meltzenbrewersche hinter dem Dantzkerkeller ...".
Dantzkerkeller: Wohl der Rest des ehemaligen Danzkers, der, eigentlich zur herzoglichen Burg gehörig, seit 1375 Teil der altstädtischen Stadtbefestigung war und 1631 abgerissen wurde, vgl. Gause (wie Anm. 59), S. 41 und S. 410.

162 Die Worte "ψ. v. 25 et 26" sind nachträglich über der Zeile eingefügt.
Der Text steht in Ps. 73, V. 25, 26: "Wenn ich nur dich habe, so frage ich nichts nach Himmel und Erde. Wenn mir gleich Leib und Seele verschmachtet, so bist du doch, Gott, allezeit meines Herzens Trost und mein Teil."

163 Im Totenregister (EZA Sign. 2075, siehe S. 37) heißt es u. a.: "Hat vns auch in seinem testament einen ieden mit 10 ℔ bedacht, die aber noch nicht gefallen.
[Zusatz von anderer Hand:] NB. Sindt erlegt.

Incipit annus á nato christo
1627 IANUARIUS

52 DAVID LIELAUTT, ✶ GERMAU, KR. FISCHHAUSEN 1570, ✝ 2. 1. 1627

David Lielautt — Lebenslauff David Lielauten Zimmermanns, auffm Steintham begraben 4 Januarii.

David Lielautt ist Anno 1570 Zu Girmaw im Fischhäusischen gebohren, sein Vater hatt geheissen Bartholomaeus **Lielautt** seine Mutter Dorothea, als Er erwachsen, hatt er das Zimmerhandtwerck gelernett. Ao aetatis 33 hatt er sich befreyett mit seiner hinderlassenen Wittwen Anna S. Niclas **Kulkawen** N. W.

Vixit in Conjugio in annum 24 gantz friedlich, Pater factus liberorum 4: 2 filiorum, filiarum totidem, quarum una in vivis, altera cum fratribus obierunt. Christianismum quod attinet, testantur er sey ein VnVerdrieß-licher fleissiger Zuhörer Göttlichen Worts gewesen, saepius quoque usus sacra συναξι (164) cum vicinis pacifice vixit: Vigilia Natalitiorum morbo correptus praeterita die Sabbathi, quod erat 2 Januariui, intra horam 8 & 9 vespertinam, postquam mane intra 6 & 7 sacra coena counicaverat, Deo animam reddidit Aetatis 57 ....

Textus á me M. Vrbano **Lepnero** pro concione funebri tractatus fuit ex 2 Petri 3 v. 13 De novo Coelo &
de nova Terra.

Er lebte 24 Jahre lang ganz friedlich verheiratet, wurde Vater von 4 Kindern: 2 Söhne, ebenso viele Töchter, von denen eine noch lebt, die andere ist verstorben wie ihre Brüder. Was seinen Glauben betrifft, so wird bezeugt, dass er sey ein VnVerdrießlicher fleissiger Zuhörer Göttlichen Worts gewesen, öfter auch nahm er am Abendmahl teil, mit den Nachbarn lebte er in Frieden. Am Abend vor Weihnachten wurde er krank, am vergangenen Sonnabend, dem 2. Januar, zwischen 8 und 9 Uhr abends gab er Gott seine Seele im Alter von 57 Jahren zurück, nachdem er in der Frühe zwischen 6 und 7 Uhr am Abendmahl teilgenommen hatte.

Der von mir, M. Urban Lepner, bei der Leichenpredigt behandelte Text stammte aus dem 2. Petrusbrief Kapitel 3, Vers 13 Über den neuen Himmel und die neue Erde. [Witt 402]

53 REGINA STRAMM, ✶ KÖNIGSBERG 1602, ✝ 7. 1. 1627

Regina Stramsche — Lebenslauff fr. Reginae Gregor Strammen Schwerdtfegers Auffm Steinthamb Ehl. Hauß frawen, welche den 7 Jan. nach dem Sie den tag zuvor einen Sohn gebohren plötz lich gestorben, Vndt den 10 Jan. begraben worden.

Regina Stramsche ist hier zu Königsberg gebohren Anno 1602. Der Vater ist gewesen Pancratius **Winckler** ein Kürscner, die Mutter Regina

---

164 Das Wort συναξι in Griechisch, vgl. die Erläuterung dazu in der Einführung Kap. 2.2, S. 20.

/ Schwerdt-feger

Gütritzni (165). Weil Ihre Eltern ihr bald abgestorben, hatt sie sich Vnter frembden leuten still Vndt from Verhalten, biß sie Ao 1621 mitt ihrem hinderlassenen Wittwer Gregor **Strammen** / (166) sich ehelich eingelassen mitt dem Sie 5 Jahr im Ehestandt gelebett, durch Gottes Segen 3 Kinder gezeugett V. gebohren 1 Tochter v. 2 Söhne, welche alle im leben. Nach dem sie Gott d. Herr die 3 Regum mané h. 4 *am Dreikönigstag um 4 Uhr in der Frühe* ihrer mütterlichen bürden entbunden Vnd mitt ihrem 3 Kinder einen Sohn erfrewett, ist sie den folgenden tag in Plötzliche schwachheitt gerahten, dazu eine schwere noht kommen, in welcher sie blieben im 25 Jahr ihres Alters. Ihres Christenthumbs halber, wirdt ihr das gezeugnis gegeben, das sie sich stille v. from Verhalten, Gottes wort in Ehren gehalten, vndt sich dem Hochwürdigen Abendtmahl gehalten, welches auch für drey wochen geschehen.

Concionem funebrem habuit M. **Halbach** ex vbis Esaiae 9.
Die Leichenpredigt hielt M. Halbach nach den Worten von Jesaja 9 Vnß ist ein Kindt gebohren. [Witt 711]

54 Regina Dackau, ✶ Königsberg 1564, ✝ 16. 1. 1627

Regina Dackau-sche

Lebenslauff Fr. Reginae Dackauschen, welche den 16 Jan. Abendts gestorben Vndt den 19 in der Altstädtischen Kirche begraben worden.

Regina Dackausche ist Ao 1564 alhie zu Königsberg geboren, Pater fuit Christoph **Lüdke**, Mater Vrsula (167).
Ao 1583 Aetatis 19 hatt sie gefreyett Georgius **Jeckell**, Cum illo vixit in Conjugio biennium, hatt mitt ihm gezeugett einen Sohn, qu ad huc in vivis. Mortuo hoc marito vidua vixit p biennium; nupsit 2do, Bartholomaeo **Dackawen**, cum hoc in Conjugio vixit annos 21, liberorum 6 ex hoc mater facta, filiores 5, unius filiae, q sola defunctis fratribus germanis, cum uterino matri justa soleunt [sic]. Post hujus mariti obitum Vidua permansit per annos 19. Per aliquot septimanas graviter decumbens die 16 huius mensis Deo animam reddidit Ao Aetatis 63. Ist ein fromme Christin gewesen. Concionem funebrem Ego M. Vrbanus **Lepner** habui ex Luc. 2 cap. de Hannae Prophetissar á v. 36 ad 39 excl.

Regina Dackau ist im Jahre 1564 allhie in Königsberg geboren, Vater war Christoph Lüdke, die Mutter hieß Ursula.
Im Jahr 1583 im Alter von 19 Jahren hat sie Georg Jeckell geheiratet, mit ihm war sie 2 Jahre verheiratet, hat mit ihm gezeuget einen Sohn, der jetzt noch lebt. Nach dem Tod ihres Ehemannes lebte sie 2 Jahre als Witwe; heiratete zum zweiten mal Bartholomäus Dackaw, mit dem sie 21 Jahre verheiratet war und 6 Kinder hatte, 5 Söhne, eine Tochter, die allein nach dem Tod ihrer eigenen Brüder mit der leiblichen Mutter gerecht [??]. Nach dem Tod dieses Ehemannes blieb sie 19 Jahre lang Witwe. Für einige Wochen schwer erkrankt starb sie am 16. dieses Monats im 63. Lebensjahr. Ist eine frome Christin gewesen. Die Leichenpredigt hielt ich, M. Urban Lepner, nach Lukas Kapitel 2 über die Prophetin Hanna von Vers 36 bis zu Vers 38. [Witt 93]

---

165 Ernst Witt vermutet: verschrieben für **Gütritzin.**

166 Das Wort „Schwerdtfeger“ nachträglich am Rand eingefügt.
Er war anschließend verheiratet mit Dorothea **Stramm** ✝ 30. 10. 1629 (lfd. Nr. 342).

167 Ein Bruder von ihr ist Christian **Lüdke** ✝ 6. 9. 1629 (lfd. Nr. 268).

55 WILHELM MICHS, ✶ TILSIT 1600, ✝ 24. 1. 1627

Wilhelm Michs

Leben Vndt Wandell Wilhelm Michsen

Ist gebohren Ao 1600 Zur Tilsitt, Patre ejusdem nominis, Matre Regina, Ipso Senatore, hac Consulis Jacobi **Gericksen** filia. Mortuis Parentibus Ao 1602 ab Avia educatus est. Post Dno a Skumin Woywodae Trockensi (168) per triennium servivit. Anno 1624 Conjugem duxit Margaretam filiam Caspari **Gehlhaarn** Secretarii Electoralis. vixit cum ea per triennium in sterili conjugio & ferè perpetuis rixis. Baccho deditus vix semel in Sesquanno sacra coena usus. Die ♀ coepit male habere, die solis mané hora 7 sacra συναξι (169) usus, hora 3 pomeridiana absolutis aliquot precibus obiit anno aetatis 27. Concionem funebrem Ego M. Vrbanus **Lepner** habui ex v. 9 cap. 7 Miachaeae:

Ist geboren im Jahr 1600 in Tilsit, sein Vater trug denselben Namen, seine Mutter hieß Regina, er war Ratsherr (Ratsverwandter), sie die Tochter des Bürgermeisters Jacob Gericksen. Nach dem Tod der Eltern im Jahr 1602 ist er von der Großmutter erzogen worden. Später diente er drei Jahre lang dem Herrn von Skumin, dem Woiwoden von Trakai. 1624 heiratete er Margarete, die Tochter des kurfürstlichen Sekretärs Caspar Gehlhaar. Er lebte mit ihr drei Jahre in kinderloser Ehe und fast ständigen Streitereien. Dem Trunk ergeben nahm er kaum einmal in anderthalb Jahren am Abendmahl teil. Am ♀ begann es ihm schlecht zu gehen, am Sonntag früh um 7 Uhr nahm er das Abendmahl, nachmittags um 3 Uhr verstarb er nach einigen Gebeten im 27. Lebensjahr. Die Leichenpredigt habe ich, M. Urban Lepner, nach Vers 9 des 7. Kapitels aus Micha gehalten.

Ich will des Herrn Zorn tragen, den Ich habe für ihm gesündigett, biß er meine sache außführe, Vndt mir zu recht helffe. Er wird mich wieder ans licht bringen, das ich meine lust an seiner gnaden sehe.

Sepultus die 27 Januarii ☿
Begraben am 27. Januar [Witt 456]

56 ANNA SCHULTZ, ✶ PUTZIG 1572, ✝ 27. 1. 1627

Anna Schultzsche

Lebenslauff Annae Schultzen haußmutter, welche den 27 Januarius gestorben Vndt den 29 begraben worden.

Anna Jacob Schultzen (170) Eheliche Haußmutter, ist Anno 1572 zu Putzke von Christlichen Eltern gezeugett Vndt gebohren, Ihr Vater hatt geheissen Lorentz **Bitzke** Evangelischer Prediger daselbst (171), Ihr Mutter Catharina. Als aber der Vater pp [propter] Religionem *wegen der Religion* von dannen vertrieben, haben sie sich zu Dantzig auffgehalten. Anno 1592 aetatis 20 hatt sie sich ehelich eingelassen mitt ihrem ietzt hinderlassenen Wittwer Jacob **Schultzen**. Vixit cum eo in conjugio annos 35, mater facta 3 liberorum quorum unicus restat filius, alter cum sorore fatis functi.

---

168 - Janusz **Skumin Tyszkiewicz** (1570–1642), polnischer Adliger, 1626–1640 Woiwode der Woiwodschaft Trakai in Litauen (< www.wikipedia.org >, Abfrage am 17. 9. 2013).

169 Das Wort συναξι in Griechisch, vgl. die Erklärung in der Einführung Kap. 2.2, S. 20.

170 Jacob **Schultz** ✝ 19. 4. 1627 (lfd. Nr. 69).

171 QMS 19/1 kennt keinen Prediger Bitzke o. ä. Bei Moeller beginnt die Reihe der Evangelischen Pfarrer in Putzig erst 1735.

Sie lebte 35 Jahre lang mit ihm in der Ehe, wurde Mutter von drei Kindern, von denen nur ein Sohn überlebt hat, der andere ist, wie die Schwester, schon gestorben.

Ihrer nahrung halben haben sie sich eine Zeittlang zu Rudaw (172) auffgehalten, aber dieser gefehrlichen Kriegslufft halben, sich anhero begeben da sie vor wenig tagen gleichsam in einen lethargum gerahten Vndt im schlaff geblieben, da sie kurtz zuvor erwacht v. geruffen: Ach mein Gott erbarm Dich mein, O Jesu, qbus vbis obdormivit Anno aetatis 55. Concionem funebrem habuit M. **Halbac** ex v. 1 & 2 Psalmi 121. Viduus ferè p 8 annos decubuit viribus O[mni]bus destitutus.

„O Jesus", mit diesen Worten entschlief sie im 55. Lebensjahr. Die Leichenpredigt hielt M. Halbac nach Vers 1 und 2 des Psalms 121. Fast 8 Jahre lang war sie Witwe, wurde krank und von allen Kräften verlassen.

[Witt 667]

57 GEORG KUNTER, ✶ FRIEDLAND 1572, ✞ 18. 2. 1627

Lebenslauff Görg Kunters, Häckers vndt gewesenen Altstädtischen Wachtmeisters.

Görge Kunters ist Anno 1572 zu Friedlandt gebohren, Sein Vater hatt geheissen Thomas **Kunters** seine Mutter Dorothea.

Anno aetatis 41 hatt er sich in den Ehestandt begeben, mit Clara Melcher **Brandten** Ehl. T. mitt ihr durch Gottes segen 3 Kinder gezeugett, so alle gestorben. Ist 9 Jahr in E. E. Rahts Diensten gewesen, für 14 tag kranck worden ante Dominicam Estomihi communicierett, 18. Febr. fein gestorben, 21 ejusdem *am 21. dieses [ergänze: Monats]* begraben worden, M. **Lepner** die Leichpredigt gethan, ex verbis historiae passionis: *aus den Worten der Leidensgeschichte* Vndt da sie den Lobgesang gesprochen hatten, ging Jesus hinauß nach seiner gewonheitt an den Öleberg Vber den bach Kidron Vndt seine Jünger folgeten ihm nach. Aetat. 55.

[Witt 381]

58 VALTIN FOCK, ✶ EMDEN 24. 5. 1568, ✞ 22. 2. 1627

Valtin Fock

Lebenslauff Valtin Focken gewesenen Messerschmieds, Meltzenbrewers Vndt Schmagkenschiffers, d Altenstadt Mitt bürgers

Valtin Fock ist Anno 1568 den 24 Maij 28 wochen nach seines Vaters todt zu Embden in Frieslandt gebohren, Patre Valentino Fock ein Seeschipper die Mutter Thetke.

Anno aetatis 13 a matre missus e Marienburgum hic in Borussia *Im Alter von 13. Jahren ist er von seiner Mutter von Marienburg hier nach Preussen geschickt worden* zu einem Messerschmiedt, bey dem Er 5 Jahr das handtwerck gelernett. Hernach hat er sich 8 Jahr in Pohlen Vndt sonst zu wasser vndt landt woll versucht. Anno aetatis 26 ist er anhero nach Königsbergk kommen V. Meister worden Ao 1594 hatt er sich befreyett mitt Jungfr. Dorothea Hans **Fresen** Messerschmiedts Ehl. T. mitt Ihr gelebett 17 Jahr, durch Gottes segen gezeugett 8 Kinder, 5 Söhne v. 3 Töchter, welche alle bald nach der Tauffe gestorben. Nach absterben seiner ersten frawen ist er ein halb Jahr im Wittwenstand blieben vndt

172 Lokalisierung unklar.

Anno 1612 zur andern Ehe geschritten mit fr. Anna Valtin **Eichlers** Meltzenbrewers N.W. cum illa vixit ins 15 Jahr factus pater liberorum 8. 4 Filiores, filiares totidem, quarum una patrem p cessit [praecessit], illam cum 9 Pgnantem [praegnantem] relixit *Mit ihr lebte er ins 15. Jahr und wurde Vater von 8 Kindern, 4 Söhne und ebensoviele Töchter, von denen eine dem Vater vorausging, er hinterließ seine Frau, die mit dem 9. Kind schwanger war.*

Ante annos 4 *Vor 4 Jahren* hatt er schaden Vndt schmerzen im gesicht bekommen, darüber ihm ein auge vergangen mit dem andern noch wie woll beschwerlich so viel sehen können, das er dennoch fleissig zur Kirchen gangen v. zum Hochwürdigen Abendtmahl. 3 wochen für Weihnachten ist er hefftig kranck worden Vndt bißher gelegen, da er Montags morgens, war der 22 Febr, zwischen 4 V. 5 Vhr verschieden, nach dem er alt worden 59 Jahr. Ist sonst ein stiller frommer man gewesen.

Zur Leichpredigt hab Ich M. Vrbanus **Lepner** die ersten 2 Verß des 42 ψalms abgehandelt. Wie der hirsch schmachtet nach frischem wasser etc. (173) [Witt 153]

59 ANNA DÖPNER, ✶ ALT PASSARGE, KR. HEILIGENBEIL 1570, ✞ 8. 3. 1627

Bros Döpners fr. — Lebenslauff Fr. Annae Ambrosii Döpners al. **Sandthoffen** Ehlichen Haußmutter.

Anna Ambrossii Döpners Fischers Haußmutter ist Anno 1570 Zur Passarge im Balgischen gebohren, Ihr Vater hatt geheissen Christoff **Möller** Schultz Vndt Fischer daselbst, Ihre Mutter Hedewich.

Ao aetatis 30 nupsit dicto Ambrosio **Döpner**, cum eo in conjugio vixit annos 27, mater facta liberorum undecimi, filiores 6 5 v. filiarum, de qbus unica filia superstes. Ante dies 8 malè coepit habere die .... planè decubuit, die ☉ mané sacra συναξι (174) usa, die Lunae intra 5 & 6 matutinam obiit Aetatis 57 annorum piam & humilitati deditam fuisse commendant; sepulta die ♃ fuit 11 Martii. Concionem funebrem Ego M. Vrbanus **Lepner** habui ex 2 Thimoth. 4 Ich werde schon geopfert etc ipsis parentibus. (175)

Als sie 30 Jahre alt war, heiratete sie den erwähnten Ambrosius Döpner, war 27 Jahre lang mit ihm verheiratet und wurde Mutter von elf Kindern, 6 Söhnen und 5 Töchtern, von denen eine einzige Tochter am Leben blieb. Vor 8 Tagen verschlechterte sich ihr Zustand, am [welchem?] Tag wurde sie krank, am Sonntag nahm sie am Heiligen Abendmahl teil, am Montagmorgen zwischen 5 und 6 Uhr starb sie im Alter von 57 Jahren; man hebt hervor, dass sie fromm und demütig war. Beerdigt wude sie am Donnerstag, dem 11. März. Die Leichenpredigt hielt ich, M. Urban Lepner, nach 2. Timotheus 4 ... [Witt 107]

60 ELISABETH STÜRMER, ✶ KÖNIGSBERG 1586, ✞ 10. 3. 1627

Benedict Stermers fr. — Lebenslauff Bendict Stürmers Fr Elisabeth quae post partum obiit 10 Martii *die im Wochenbett am 10. März starb.*

---

173 Die Worte "Zur Leichpredigt ... nach frischem Wasser etc." sind von anderer Hand geschrieben – vom Prediger Lepner persönlich?

174 Das Wort συναξι in Griechisch, siehe dazu die Erklärung in der Einführung Kap. 2.2, S.20.

175 Die Worte "Denn ich werde schon geopfert ..." stehen in 2. Tim. 4, Vers 6. ipsis parentibus *den Eltern selbst* gehört nicht zum Bibeltext und ist hier unklar.

Nata 1586 hic Regiomonti Patre Andrea **Wulf** einem Schirrmacher, matre Elisabetha. Anno aetatis 16 nupsit Matthaeo **Jäger** Sartori, cum illo in conjugio vixit ad annum 19 mater facta filiorum 2, 7 v. alterius sexus. Post obitum prioris mariti nupsit Benedicto **Stürmer** (176) itidem Sartori, cum quo vixit in matrimonio in annum 7, mater facta filiarum 3, unius v. flioli. qui defunctus in partu matri vitam cripuit [eripuit] Anno aetatis 41. M. Vrbanus **Lepner** concionem funebrem habuit ex v. 16.17.18 ψ 25. 12. Martii.

Geboren wurde sie 1586 hier in Königsberg, der Vater war Andreas Wulff, ein Schirrmacher, die Mutter hieß Elisabeth. Im Alter von 16 Jahren heiratete sie den Flickschneider Matthäus Jäger, lebte mit ihm 14 Jahre lang in der Ehe zusammen und wurde Mutter von 2 Söhnen und 7 Töchtern. Nach dem Tod ihres früheren Gatten heiratete sie Benedict Stürmer, ebenfalls Flickschneider, mit dem sie 7 Jahre lang verheiratet war und wurde Mutter von 3 Töchtern und einem Sohn. Dieser starb bei der Geburt und entriss der Mutter das Leben im Alter von 41 Jahren.

M. Urban Lepner hielt am 12. März die Leichenpredigt aus den Versen 16, 17 und 18 des 25. Psalms. [Witt 716]

61 CATHARINA GREGER, ✶ KÖNIGSBERG (STEINDAMM) 1593, ✝ 16. 3. 1627

Lebenslauff Catharinae Paul Gregers
Meltzers fr. (177)

Ist Ao 1593 alhie Zu Königsberg Auffm Steintham gebohren. Ihr Vater hatt geheissen Jacob **Feldtbinger**, Kirchenvater, Ihre Mutter Else **Franckin** Welche 15 wochen darnach gestorben. Anno aetatis 21 ist sie Verehligett worden dem Erb. Paul **Greger** einem Meltzer mitt welchem sie 13 Jahr friedlich gelebett, durch Gottes segen 2 Söhne gezeugett, die noch im leben.

Ihre Kranckheitt anlangende ist sie fast ein gantz Jahr lang an der Darm [sic (178)] bettreisig gewesen, sich Vnterschiedliche mahl Im Hause berichten lassen, sich sonst auch still Vndt from Verhalten. Hatt am Sontag Laetare in grosser schwachheitt cummunicierett, Vndt ist im Dienstag, war der 16 Martii hora 11 merid. *um 11 Uhr vormittag*
/ aetatis 34 gestorben, / den Donnerstag hernach begraben M. **Lepner** zur Leichpredig den 13 ψ. gehandeltt. [Witt 203]

62 ELISABETH RIETZKE, ✶ KÖNIGSBERG (KNEIPHOF) 1562, ✝ 21. 3. 1627

Lebenslauff Elsabeth Rietzken (179).

Ist gebohrn zu Königsbergk im Kneiphoff Ao 1562. Patre Hanß **Rietzke** Korckmacher, Matre Catharina. als sie erwachsen ist sie nach der Tilse (180) zu ihrer Meddern (181) gethan, da sie im 22 Jahr Ihres Alter Ver-

---

176 Bendict **Stürmer** ✝ 15. 1. 1636 (lfd. Nr. 727).

177 Siehe auch Catharina **Greger** geb. **Achtsnicht**, ✝ 23. 3. 1636 (lfd. Nr. 738), mit der Paul **Greger** nach ihr verheiratet war.

178 Verschrieben für 'Darre ' ?

179 Wohl die Schwester von Hans **Rietzke** ✝ 26. 5. 1635 (lfd. Nr. 696).

180 Tilsit.

181 Altertümlich für Tante von Seiten der Mutter (Schwester der Mutter), siehe: < www.wiki-genealogy.net > (Abfrage am 15. 12. 2012).

ehligt worden Valtin **Schönen** einem Nagellschmiedt, Vixit cum eo annos 24, mater facta filiorum 4, todidem foemellares, Vidua post p[er] mansit biennium: dde nupsit Johanni N. ein Tuchmacher cum quo vixit 4 ad annos: illo mortuo Vidua p[er] mansit annos 13. Ante festum Pentecostes Tilsâhuc se contutit ad fratres, piè juxta cor.... testimonium vixit, soll zur Tilse eine Krohn in die Kirch Verehrett haben Obiit Dominica Judica 21 Martii hora 5 pomer. Ao aetatis 65.

Sie lebte 24 Jahre lang mit ihm und wurde Mutter von 4 Söhnen und ebensovielen Töchtern, später blieb sie 2 Jahre lang Witwe, dann heiratete sie Johannes N., einen Tuchmacher, mit dem sie 4 Jahre lang lebte; nach dessen Tod blieb sie 13 Jahre lang Witwe. Vor dem Pfingstfest begab sie sich nach Tilsit zu ihren Brüdern, lebte fromm im Herzen nach dem Zeugnis ....(?) Sie soll zu Tilsit eine Krone an die Kirche verehrt haben. Sie starb am Sonntag Judica, dem 21. März, um 5 Uhr nachmittags im 65. Lebensjahr.

Concionem funebrem M. Vrbanus **Lepner** habuit ex 1. ad Corinth. 1 v. 30 Christus nobis à Deo factus etc. sepulta est 23 Martii.

Die Leichenpredigt hielt M. Urban Lepner nach 1. Korintherbrief Kap. 1, Vers 30 Christus ist uns von Gott gemacht usw. Am 23. März wurde sie beerdigt. [Witt 575]

63 CHRISTOFF REESSE, ✶ KÖNIGSBERG ? 1593, ✞ 25. 3. 1627

Lebenslauff Christoff Reesen Schmag
kenfahrers auffm Steintham.

Christoff **Reesse** ist von Christlichen Eltern Ao 1593 gebohren, sein Vater hatt geheissen Matthes **Reesse** seine Mutter Anna. Diese haben ihren Sohn nach empfangener Tauffe fleissig zur schulen gehalten, da er seinen Catechismum, schreiben Vndt lesen gelernett. Weil er aber zu Keinem Handtwerck dienlich gewesen, denn Er von Jugendt auff einen schaden am schenckell gehabtt, hatt Er sich auffs schmagkenfahren begeben. Vnd als er sein 23 Jahr erreichett, hatt er sich in den Ehestandt begeben mit S. Matthes **Tassen** Nachg. Wittwen, mitt welcher Er 11 Jahr in geruhiger Ehe gesessen, durch Gottes segen 3 Kinder gezeugett 1 Sohn vndt 2 Töchter, davon noch eine Tochter im leben. Für 8 Tagen ist er kranck worden, am Donnerstag Abendt 25 Martii schickt er zu Mir ließ mich bitten, Ich sollte ihn den freytag morgens Vmb 8 od 9 Vhr berichten, welches Ich auch thun wollen, bekahm aber einen Zedell auff die Cantzell, er were Abends Vmb 10 Vhr Verschieden. Anno aetatis 34. Wardt Dom. Palmarum begraben, Ich M. Vrban **Lepner** that die Leichpredig ex Phil. 1 Christus ist mein leben, sterben ist mein gewin. [Witt 554]

64 HANS DIEKMAN, ✶ KÖNIGSBERG 1584, ✞ 1. 4. 1627

Lebenslauff Hans Diekmans Hopfenmessers
welcher den 5. Aprilis A.St. begraben.

Hans Diekman ist alhie zu Königsbergk gebohren Anno 1584, Sein Vater hatt geheissen Lorentz **Dieckman** Anckerschmiedt, seine Mutter Christina. Als er erwachsen, hatt er das festbecker handtwerck gelernett, demselben eine Zeittlang gefolgett, Vndt also frembde Örter besucht, Weil aber sein Vermögen nicht gewesen, das Meisterrecht zu erlangen, als ist er auff sein Anhalten von E.E. Raht zu einem hopfenmesser bestellett worden, in welchem dienst er sich trewlich verhalten, Vndt nach Gottes

willen sich ehlich Versprochen mitt seiner ersten frawen J. Catharina mitt welcher er 3 Kinder gezeugett 2 Sohne v. 1 Tochter die alle nach Gottes willen verstorben. Nach dem Ihm seine erste fraw mitt tode abgangen, Vndt er 1 1/2 Jahr im Wittwerstandt geblieben, hatter sich anderweitt wiederumb befreyett mit dieser seiner hinderlassenen Wittwen Catharina, mitt welcher Er in die 12 Jahr zusammen gelebett, durch Gottes segen ein Tochter gezeugett, so noch am leben. Hatt sich sonst still Vndt from Verhalten, in seiner langwierigen Kranckheitt sich mitt Gott Versöhnett, Vndt ist am Grünen Donnerstag zu nacht gestorben im 48 Jahr seines Alters.
Zur Leichpredig, so am andern Osterfeyertag gehalten worden, hab Ich M. Vrbanus **Lepner** die gewönliche Cpt. ex Act. 10 gehalten: Nun erfahre Ich in der warheitt. (182) [Witt 104]

65 Anna Schultz, ✶ Königsberg (Altstadt) 1552, ✝ 6. 4. 1627

Lebenslauff Fr. Anna Adam **Schultzen**
Fleischhawers Nachgel. Wittwen.

Gedachte fr. Anna ist Anno 1552 alhie zu Königsbergk in der Altenstadt gebohren, Ihr Vater hatt geheissen Thomas **Kuttnick** ein Fleischer, Ihre Mutter Magdalena. Im 19 Jahr ihres Alters ist sie Verehligett worden Greger **Christoffen**, mit dem sie 24 Jahr zusammen glebett, durch Gottes segen 13 Kinder gezeugett, davon noch 3 im leben. Nach absterbung ihres ersten Ehemans ist sie 4 Jahr im Wittwenstand Verharrett, nachmahlen sich wieder Ehelich eingelassen mitt Adam **Schultzen** einem Fleischer, mit dem sie 3 1/2 Jahr gelebett, Vndt einen Sohn gezeugett, welcher schon gestorben, nach absterben ihres andern Ehemans ist sie 24 Jahr im Vnverrücktem Wittwenstandt geblieben, darin viel Jammer V. Wiederwillen außgestanden, sich dennoch fleissig zur Kirchen Vndt zum Hochwürdigen Abendtmahl gehalten, auch mit ihren Werckschwestern Vndt Nachbarn sich woll Vertragen, testibus ipsi[s]dem *was sie selbst bezeugen.* Vmb Weihnachten hatt sie Gott mitt einem hefftigen fieber heimgesucht, davon sie zwar ein wenig genesen, aber sie ist wieder eingefallen, dazu die gelbe sucht Vndt die Gicht geschlagen, daran sie auch am Osterdienstag Nachmittag im 75 Jahr ihres Alters gestorben, nachdem sie sich in ihrer Krankheitt zuVor mitt Gott Versohnett, ist den 8. April. begraben. M. **Wolderus** hatt die Leichpredig gethan, ex Ps. 90 Vnser leben wehrett 70 Jahr etc. [Witt 668]

66 Emerentia Fischer, ✶ Petersdorf, Kr. Wehlau? 23. 1. 1544, ✝ 7. 4. 1627

Emerentiae einer Alten Wittwen Lebenslauff.

Ist Von Armen Leuten Anno 1544 23 Jan St. V. Petersdorff (183) gebohren, Ihr Vater hatt geheissen Görg **Drinbach** Ihre Mutter Lehn, ist nach dem Sie erwachsen, nach Welaw geschickt, da sie gutten Leuten gedienett, biß sie das 20 Jahr ihres Alters erreichett, hatt sie sich Vereh-

182 Apg. 10, 34: "Petrus aber tat seinen Mund auf und sprach: Nun erfahre ich in Wahrheit, dass Gott die Person nicht ansieht".

183 In Ostpreußen gibt es außer der Gemeinde Petersdorf und einem gleichnamigen Wohnplatz in der Domäne Taplacken im Kr. Wehlau noch
Petersdorf, Gemeinde im Kr. Heilsberg
Petersdorf, Gutsbezirk im Kr. Preußisch Holland.

ligett mitt Hans **Breden** einem Arbeitsman, mitt welchem sie sich Von Welaw anhero nach Königsbergk begeben, mitt ihm ins 12 Jahr im Ehestandt gelebt, mitt einander 4 Kinder gezeugett, 3 Töchter vndt einen Sohn, welche alle Vorausgeschickt. Als ihr Ehman gestorben, ist sie ins ander Jahr im Wittwenstand blieben, nachmahlen sich wieder Verehligett mit Hans **Fischer** Churfl. Dhtt Sattelknecht, mitt dem sie in friedlicher Ehe gelebt hatt in das 37 Jahr, mitt ihm 3 Kinder gezeugett 2 Sohn vndt eine Tochter davon noch ein Sohn im leben, welcher ihr stab in ihrem Alter, sonderlich in ihrem Wittwenstandt, darin sie Gott der Herr Ao 1617 wieder Versetzt, gewesen, der sie nach Vermöhen Verehrett Vndt gepflegett biß sie Gott der Herr den 7 Aprilis morgens zwischen 3 V. 4 Vhr im 83 Jahr ihres Alters durch den Zeittlichen todt abgefordertt. Ist den 9 Aprilis begraben, M. **Wolderus** hatt die Leichpredig gehalten ex ψ 103 Der Mensch ist in seinem Leben wie graß etc. [Witt 146]

67 Barbara Jordan, ✶ Königsberg (Altstadt) 1570, ✞ 10. 4. 1627

Lebenslauff der Alten Organistschen fr. Barbarae
Johan **Jordans** S. Nachgelassenen Wittwen p.

Anno 1570 ist sie gebohren, Ihr Vater S. hatt geheissen Philipp **Gehring** ein Kürschner Vndt Mittbürger der Altenstadt Königsbergk, Ihre Mutter Catharina, so noch im leben, ist zur schuhlen gehalten, das sie Ihren Catechismum fleissig gelernet, Anno 1594 ist sie Verehligett worden M. Hans **Stamm** einem Kürschner, mitt dem sie im Ehestandt gelebett 3 1/2 Jahr, mitt ihm gezeugett 3 Töchter, davon noch 2 im leben (184). Nachdem Ihr erster Man gestorben, ist sie 2 1/2 Jahr im Wittwenstand blieben, nachmahls sich Ao 1602 wieder Ehelich Versprochen mitt S. H. Johanne **Jordan** Altstädtischer Kirchen Organisten, mitt welchem sie 9 Jahr in friedlicher Ehe gelebett, durch Gottes segen mitt ihm 2 Kinder Einen Sohn (185) Vndt eine Tochter (186) gezeugett, welche beyde im leben. Von Ao 1611, da Gott der Herr ihr den andern Man genommen, ist sie 16 Jahr im Wittwenstand Verblieben, darin viel Creutz Vndt schwere Kranckheiten außgestanden, biß sie Gott vor 1/2 Jahr gantz niedergelegett, in welcher Kranckheitt sie 2 mahl communicierett Vndt Vergangenen Sonnabendt zwischen 2 Vndt 3 Vhr nachmittag selig Verschieden, Im 57 Jahr ihres Alters. Ist den 12 Aprilis begraben M **Wolderus** hatt die Leichpr. gethan ex c. 7 Apocal. Wer sindt die, mitt weissen Kleidern angethan. [Witt 321]

68 Severinus Göbel, ✶ Königsberg (Altstadt) 1. 1. 1569, ✞ 9. 4. 1627

Dr. Severinus Gobel

Cursus Vitae D. Severini **Göbelii** Medici
q. obiit 9 April 13 v. sepultus est.

Lebenslauf des Arztes Dr. Severin Göbel,
der am 9. April starb und am 13. beerdigt wurde.

Ortus e ex antiquá Göbeliorum familia, quae per annos 130 continua serie

---

184 Eine Tochter ist Anna **Tidemann** □ 20. 3. 1629 (lfd. Nr. 207), die jedoch erst 14. 9. 1600 geboren ist. Das angegebene Datum der Hochzeit der Barbara Jordan (1594) oder der Dauer ihrer Ehe (3 1/2 Jahre) können nicht ganz stimmen.

185 Hans **Jordan** ✞ 2. 9. 1630 (lfd. Nr. 438).

186 Barbara **Metius** ✞ 9. 6. 1635 (lfd. Nr. 701).

Domui Brandenburgica fideliter inservivit. Pater ejusdem fuit nominus Severinus **Göbel** Med. D. Excell. Illustriss. + Principum Boruss. Archiater, qui Anno 1557 cum Paulo **Luthero**, Martini **Lutheri** filio summa cum laude Honores Doctorales adeptus est. Mater v. Vrsula, Bernhardi **Böttneri** Consulis quondam Palaeopotani filia, hujae [his?] Parentibus Anno 1569, 1. Jan. hora 10 natus est hic Regiomonti, vnde in vera pietate & studiis humanioribus institutus à Parentibus ad Academiam Lipsoensem missus p biennium apud dictum Paulum **Lutherum** Archiatrum Elect. Sax. commoratus, post biennium in Polonia commoratus e apud Exc. D. Nicol. **Bucellam** S.R. Mtis Polon & Sveciae Archiatrum. Inde Ao 1592 in Italiam se contulit, ubi ita se gessit, ut Consuliarius nationis germanicae publicè proclamatus sit. Ao 1596. 18 Sept. Patavii (187) in D. Med. promotus. Ao 1597 in Patriam reversus Principis **Alberti Friderici** Archiater factus. Ao 1598 matrimonium contraxit cum Virgine Catharina Maria, Viri qundam Nob. Ampl. Georgii **à Weibeer** Consulis Palaeopotani filia (188), quacum vixit in Conjugio ad annos 28, Pater ex ea factus libores 14. filiores 6 v. 8 foemellares (189), ex qbus 3 filiis cum dolore fatis functi (190). Anno 1603 professio Medica ipsi demandata. Anno 1610 ist Er in grosse schwachheitt des hauptes gerahten, post aliquot annos de..ium convaluit. Ante quadriennium morbo haemorrhodiali coepit laborare, quo tandem hoc anno, 9 April hora 10 vespetina viribus planè exhaustis obiit. Ist gar ein dienstlicher Man gewesen V, ein glücklicher practicus nicht allein in dieser Stadt sondern im gantzen lande bekandt sondlich er in die schwachheit des hauptes gerahten, auch nachmahls gutten raht mittgetheilett, sich offtmahl seiner schwachheit erinnert, fleissig zur Kirche V. zum Hochwürdigen Abendtmahl gehalten, imprimis in morbo diutino desid[er]avit solvi & ee Christo in ultimo ferèagore, se in agnita. itate . bi divini, uti in Ecclesiis verè Lutheranis postponitus, se Dei gra[tia] adjutum constanter permansurum, hatt auch mitt auffgehobenen henden, aber mit gar liegender Zungen, das sterbegebeht Eben Herr Jesu Christi wahr Mensch Vndt Gott außgebeht V. sich darauff Gott befohlen Obiit anno aetatis 58. Concionen funebrem M. Vrb. **Lepner** habuit ex Philipp. 3 πολιτευμα ημων in coelis (191), uti ipse met, dum in vivis erat, hunc textum ad suam concionen funeb. propria manu consignarat.

Er stammte aus der alten Familie Göbel, die 130 Jahre hindurch in ununterbrochener Folge dem Haus Brandenburg treu gedient hat. Dessen Vater hieß Severin Göbel, Doktor der Medizin, Leibarzt der erhabensten und berühmtesten preußischen Herrscher, der 1557 mit Paul Luther, dem Sohn Martin Luthers, mit der Bestnote den Doktortitel erlangte. Die Mutter hieß Ursula, Tochter des früheren Altstädtischen Bürgermeisters Bernhard Böttner, von diesen Eltern ist er am 1. Januar 1569 um 10 Uhr hier in Königsberg geboren worden, dann in wahrer Gottesfurcht und in den klassischen Fächern unterrichtet und von seinen Eltern zur Universität Leipzig geschickt und hielt sich 2 Jahre lang bei dem genannten Paul Luther auf, dem Leibarzt der sächsischen Kurfürsten, danach hielt er sich für 2 Jahre in

---

187 Padua.

188 Maria **Göbel** ✞ 27. 1. 1637 (lfd. Nr. 784)

189 Eine Tochter ist Dorothea **Schumann** □ 29. 2. 1632 (lfd. Nr. 532).

190 Bei ihm diente Elisabeth **Klein** ✞ Ende März 1635 (lfd. Nr. 692).

191 Phil 3,20. Die Worte πολιτευμα ημων *Unsere Heimat* in Griechisch.

Polen auf bei dem vortrefflichen Dr. Nicol. Bucella, dem Leibarzt Seiner Königlichen Majestät von Polen und Schweden. Dann begab er sich 1592 nach Italien, wo er sich so verhielt, dass er öffentlich zum Rat der deutschen Nation ernannt wurde. Am 18. September 1596 wurde er in Padua zum Doktor der Medizin promoviert. Nachdem er 1597 in seine Heimat zurückgekehrt war, wurde er Leibarzt des Herzogs Albert Friedrich. 1598 heiratete er die Jungfrau Catharina Maria, die Tochter des einst edlen und angesehenen Georg von Weinbeer, des Altstädtischen Bürgermeisters, mit der er 28 Jahre lang ehelich zusammenlebte. Sie bekamen 14 Kinder, 6 Söhne und 8 Töchter, von denen 3 Söhne leider gestorben sind. 1603 wurde ihm eine medizinische Professur übertragen. 1610 ist er in grosse Schwachheit des Hauptes gerahten. Nach einigen Jahren ... wurde er wieder gesund. Vor 4 Jahren begann er an, an Hämorrhoiden zu leiden, an denen er schließlich in diesem Jahr, am 9. April um 10 Uhr abends vollkommen erschöpft verstarb. Ist gar ein dienstlicher Mann gewesen und ein glücklicher Practicus nicht allein in dieser Stadt sondern im ganzen Lande bekannt sonderlich er in die schwachheit des hauptes gerahten, auch nachmahls guten Raht mitgetheilet, sich oftmahl seiner schwachheit erinnert, fleissig zur Kirche und zum Hochwürdigen Abendmahl gehalten, besonders bei der langwierigen Krankheit wünschte er sich, davon frei zu sein und ... [unklare Stelle], wie in wahrhaft lutherischen Kirchen hintangesetzt, [ergänze: und wünschte sich,] dass er unterstützt durch Gottes Gnade beständig ausharren wird. Hat auch mit aufgehobenen Händen, aber mit gar liegender Zunge, das Sterbegebet Eben Herr Jesu Christi wahr Mensch und Gott ausgebetet und sich darauf Gott befohlen. Er starb im 58. Lebensjahr. Die Leichenpredigt hielt M. Urban Lepner nach Philipper 3. Unser Bürgerrecht aber ist im Himmel, so wie er selbst zu seinen Lebzeiten sich diesen Text für seine Leichenpredigt mit eigener Hand bestimmt hatte.

[Witt 196]

69 Jacob Schultz, ✶ Stargard in Pommern / Reg.-Bezirk Stettiin 1566, □ 19. 4. 1627

Lebenslauff Jacob Schultzen, dessen fraw den 29 Januarij diese Jahres begraben.

Jacob Schultz ist zu Stargart in Pommern Ao 1566 gebohren, sein Vater hatt geheissen Jacob **Schultz** Wildnisbereuter, seineMutter Anna, Welche seine Eltern ihm in der Jugendt abgangen, daher er Vnter frembde leute gerahten Vndt zu Dantzig gedienett. Als er 26 Jahr alt worden hatt er sich befreyett, mitt J. Anna PfarrH. Von Putzke (192) Tochter, de qua vide *über sie siehe [am]* 29 Jan. (193) vixit cum ea in matrimonio annos 35 *er war mit ihr 35 Jahre lang verheiratet,* hatt einen Sohn hinderlassen, hatt lange am stein gekranckett Daran er auch im 61 seines Alters gestorben, ist am ☽ 19 Aprilis begraben. M. **Wolderus** hatt ihm Die Leichpredig gethan ex 2 Reg. *aus dem 2. Buch der Könige* 13 v. 20 & 21. [Witt 674]

70 Niclas Kuntz, ✶ Lüben / Reg.-Bezirk Liegnitz 1557, ✞ 19. 4. 1627

Niclas Kuntz

Lebenslauff Niclas Kuntzen Schneiders.

Ist Anno 1557 gebohren zur Lübe in der Schlesigen. sein Vater hatt Görg

192 Putzig.

193 Anna **Schultz** ✞ 27. 1. 1627 (lfd. Nr. 56).

Kuntz geheissen, seine Mutter Anna. hatt vom Vater das Schneiderhandtwerck gelernett, biß er anhero kommen, da er sich befreyett mit J. Anna Meister Peter **Warnicks** Ehl. T. mitt Ihr durch Gottes Segen 12 Kinder gezeugett, 7 Söhne 5 Töchter, davon noch 2 Töchter Vndt 1 Sohn im leben. hatt sich still V. from Verhalten, In seiner Kranckheitt Von M. Woldero berichtett, ist am Montag zwischen 11 V. 12 Zu Mittag den 19 hujus *dieses Monats* gestorben, den Mittwoch begraben, Ich M. **Lepner** die Leichpredig gehalten, ex Ezechiel *Hesekiel* c. 34. Ich wil ihnen meinen einigen hirten erwecken. Ao aetatis 70. [Witt 382]

71 ANNA PUDICH, ✶ KÖNIGSBERG (LÖBENICHT) 1569, ✞ 23. 4. 1627

Anna Pudichsche

Fr. Annae Pudichschen Lebenslauff

Ist Anno 1569 alhie gebohren, Ihr Vater hatt geheissen Bartholomaeus **Krumteich** Bürger V. Spitahlherr im grossen Hospitahl Ihre Mutter Anna **Streubin**. Anno 1591 ist sie Verehligett worden Hans **Pudichen** Amptschreibern auff Waldaw (194), mitt welchem sie 30 Jahr im Ehestand gelebett, 1 Sohn Vndt 3 Töchter gezeugett, daVon nur eine Tochter im leben. Nach absterben ihres Mannes ist sie 6 Jahr im Wittwenstand geblieben, Ist für ettlichen wochen an der Darr .... hast V. Dampff dazu der Schwulst kommen, bettreisig worden Vndt Vergangenen Freytag 23 hujus *dieses Monats* Vmb 8 Vhr morgens gestorben, wardt Dominica Jubilate begraben. M. **Lepner** die Leichpr. gehalten ex 1 ad Corinth. c *aus dem 1. Korintherbrief Kap.* 25 v. 20 21. 22. Aetatis 58. [Witt 538]

72 PAUL KRAUSE, ✶ WARTENBURG, KR. ALLENSTEIN 1565, ✞ 24. 4. 1627

Paul Krause

Lebenslauff Paul Krausen Fleischhawer

Ist Anno 1565 Zu Wartenburg im Bischthumb gebohren sein Vater hatt geheissen Bartel **Krause** Fleischhawer daselbst, seine Mutter Margareta, diese seine Eltern haben ihn das Fleischhawer handtwerck zu Wormbditt (195) lernen lassen, darauff Er 7 Jahr gewandert, V. als Er anhero kommen, hatt Er sich Ao 1591 im 26 Jahr seines Alters ehelich Versprochen mitt Fr. Lucia S. Görg **Thomsen** Fleischhawers Nachgel. Wittib, mitt welcher er 15 Jahr gelebett, durch Gottes segen gezeugett 3 Töchter, die alle todes Verblichen. Nach absterbung seiner ersten Frawen ist Er 1 Jahr im Wittwenstand blieben, Vndt sich darauff befreyett, mitt J. Gerdrutt S. Simon **Gericken** Meltzenbrewers der Altenstadt Ehl. Tochter, mitt welcher er 8 Jahr gelebet Vndt 5 Kinder mitt Ihr gezeugett, 1 Sohn V. 4 Töchter, welche auch alle todes Verblichen. Nach absterben dieser seiner andern Frawen ist Er 8 Jahr im Wittwenstand verblieben, aber Anno 1622 sich ehelich eingelassen mit J. Catharina S. Valtin **Eichlers** Meltzen brewers der Altenstadt N. Ehl. Tochter, mitt welcher Er 4 1/2 Jahr ohne leibes Erben gelebet. Für 14 tagen ist er krank worden, sich mit dem Hochwürdigen Abendtmahl versehen, sein Testament gemacht, darin Er Vnser Kirch, deren Diener, die Paupes [pauperes] *Pauperschüler* Vndt Armutt Versorgett, Vndt am Sonnabendt Vmb 3 Vhr nachmittag im Herrn entschlaffen. Ist ein stiller frommer Man gewesen, M. **Lepner** hatt die Leichpredig gehalten ex 1. ad Corinth. 15 v. 23 Obiit Ao Aetatis 63.

---

194 Waldau: Gemeinde und Gutsbezirk (Domäne) im Landkreis Königsberg. Ferner gibt es noch kleine Wohnplätze dieses Namens in den Kreisen Gerdauen, Osterode i. Ostpr. und Rössel.

195 Wormditt, Stadt im Kr. Braunsberg.

Sepultus die ☽. post Jubilate 26 hujus. . *Er starb im 63. Lebensjahr. Er wurde beerdigt ☽ nach dem Sonntag Jubilate am 26. dieses Monats.* [Witt 364]

73 GÖRG MAHN, ✶ KÖNIGSBERG (STEINDAMM) 1575, ✞ 28. 4. 1627

Lebenslauff Görg Mahnen Leinwebers auffm Steintham den 30 April begraben.

Görg Mahn Ist Anno 1575 alhie zu Königsbergk auffm Steinthamb von Christlichen Eltern gezeugett Vndt gebohren, sein Vater S. ist gewesen Görg **Mahn** auch ein Leinweber, seine Mutter hatt Anna geheissen (196). Diese seine Eltern haben ihn nach der Tauffe Christlich aufferzogen Vnd zur schule gehalten, nachmahls das Leinweber handtwerck gelehrett, darauff er nach außgestandenen lehr Jahren eine Zeittlang gewandert, Vndt als Er wieder zu Hause kommen Vndt sein 25 Jahr erreichett, hatt Er sich Ao 1602 Ehelich eingelassen, mitt Jungfr. Barbara S. Meister Hans **Arendts** Schneiders auff der Churfl. Freyheitt (197) Ehlichen Tochter, mitt welcher Er ins 25 Jahr wiewoll ohne leibes Erben friedlich gelebett. In seinem Christenthumb mitt Kirchengehen, gehör Göttliches wortts V. gebrauch des hochwürdigen Abendtmahls sich woll Verhalten, mitt andern sich nachbarlich Vertragen. Seine Kranckheitt hatt sich von Anno 1620 im hauptt Von tag zu tag gemehrett, das er fast in die Kindheitt gerahten, hatt sich aber offt zu Hause berichten lassen, wie solches auch für 14 tagen geschehen bey guttem Verstand hatt er Von dem Vermögen, so ihm Gott bescherett Kirchen Vndt Armen legierett, ist darauff den Mittwoch war der 28 Aprilis Vmb 5 Vhr des Morgens im 52 Jahr seines Alters todes Verblichen. M. **Wolderus** hatt ihm die Leichpr. gethan ex Apocal. 14. Beati, q[ui] in Dno moriuntur. *Selig sind, die in dem Herrn sterben.* [Witt 427]

74 MATTHES EYSENWAGEN, ✶ IGLAU / MÄHREN 1557, ✞ 30. 4. 1627

Matthes Eysen wagen Lebenslauff Matthes Eysenwagens Tuchmachers.

ist Ao 1577 [sic] Vor 70 Jahren Zu Iglaw in Mähren gebohren, sein Vater hatt geheissen Adrian **Eysenwagen** Tuchmacher, seine Mutter Margareta, welche ihn nach empfangener Tauffe aufferzogen vnd das Tuchmacher handtwerck gelehrett, welchem Er nachgezogen, biß Er sein 34 Jahr erreichett, da Er alhie sich Ehelich eingelassen mitt J. Gerdrutt, S. Jacob **Fleischers** N. Ehl. T mitt welcher Er 36 Jahr gelebett Vndt 7 Kinder gezeugett, als 5 Söhne Vndt 2 Töchter, davon 6 Verstorben, Noch ein Sohn ist am leben. hatt sich sonst from Vndt friedlich Verhalten, für 5 wochen hatt er Communicierett ist am freytag / in der Nacht Vmb 11 Vhr im schweren husten geblieben im 70 Jahr seines Alters. M. **Halbach** hatt die Leichpredig gethan ex 1 ad Corinth 15 v. 22. Wie sie in Adam alle sterben, also werden sie in Christo etc. [Witt 135]

/ war der 30 April

---

196 Sein Bruder ist Andreß **Mahn** ✞ 16. 1. 1626 (lfd. Nr. 4).

197 Kurfürstliche Freiheit(en): dem Landesherrn unmittelbar unterstehende Teile des Stadtgebietes. Neben der Burgfreiheit (herzogliches Gebiet nördlich des Schlosses) als der wichtigsten gab es noch Tragheim, Vorder- und Hinter-Roßgarten, Neue Sorge und Sackheim als herzogliche Freiheiten.

75 ANNA SEDLER, ✶ WO ? 1555, □ 3. 5. 1627

/ Anna Veit Z... Denselben tag ist in einer Leichpredig mittbegraben / **Zördlers** Nachgel. Wittwe, welche Ao 1555 auff diese Weltt gebohren. Parentes non s[un]t consignati. *Die Eltern sind nicht angegeben.* Ao 1579 im 24 Jahr ihres Alters hatt sie sich Verehligett mit Veit **Sedler**, mitt welchem sie im Ehestandt gelebett 38 Jahr, durch Gottes Segen 10 Kinder gezeugett, daVon noch 3 im leben sindt. Nach ihres Mannes todt ist sie 11 Jahr im Wittwenstand geblieben, 10 Jahr beym Hn Hans **Schönen** im Kneiphoff gedienett, Vndt als sie fürm Jahr durch Vnfall Ihr bein gebrochen, hatt sie sich auff den Steinthamb gegeben, Vndt das 11 Jahr ihres Wittwenstands in grossem Jammer zugebracht biß sie Gott der Herr, als sie M. **Wolderus** 5 tage zuvor berichtett, im 72 Jahr ihres Alters abgefordert. (198) [Witt 604]

76 ANNA NAPS, ✶ KÖNIGSBERG (KNEIPHOF) 7. 3. 1599, ✝ 1. 5. 1627

Anna

Lebenslauff Annae Napsin
H Christophori Napsen Hoffgerichts
Secretarii Ehl. haußfr.

Napsin ist Ao 1599 den 7 Martii alhie Zu Königsbergk gebohren, Ihr H. Vater S. ist gewesen H. Christoph **Naps** GerichtsVerwandter im Kneiphoff, Ihre liebe Mutter Regina **Löllhöffelin,** welche Ihr doch gar zeitig in ihren kindtlichen Jahren abgangen: Als sie nach empfangener Tauffe etwas zu Jahren kommen, hatt sie Ihrem Vater seine haußhaltung fleissig fortgestellett, Ihn auch in seiner langwierigen Krankheitt gewartett, biß Er Verstorben. Nach welchem tödtlichen abgang sie Anno 1620 den 25 Maij gedachten H Christoph **Napsen** (199) Secretario (p dispensationem Electoralem Weil sie im 3tio gradu in aequalis liniae im geblüt Verwandt) *(mit kurfürstlicher Erlaubnis, weil sie im 3. Grade in gerader Linie verwandt ist)* Verehligett worden, mit welchem sie 7 Jahr gelebett durch Gottes segen 3 Söhne Vndt 3 Tochter gezeugett, davon 1 Sohn gestorben. Für zwei Jahren hatt sie mitt schwerer Arbeit eine todte frucht zur Weldt gebracht, da sie gantz Von allen Kräfften kommen, das man Ihr das Leben nicht getrawett, ist damahls zwar durch Gottes gnade erhalten aber diese 2 Jahr vber gar nicht Zur gesundheit recht kommen können, biß sie Gott am Vergangenen Donnerstag mitt Plötzlicher ohnmacht besucht, dazu eine schwere Krankheitt geschlagen, darin sie Sonnabends Vmb 7 Vespt. geblieben im 28 Jahr ihres Alters Ist eine schöne fromme demütige Christliche fraw gewesen wardt am Dienstag 4 Maij begraben M. **Lepner** Leichprd. gethan ex ψ. 71 v. 17 ad finem usus *wobei er Psalm 71, Vers 17 bis zum Ende, verwendete.* [Witt 472]

77 VALENTIN SCHUFERT, ✶ BARTENSTEIN, KR. FRIEDLAND 1548, ✝ 16. 5. 1627

Valentin Cursus Vitae Valentini Schuferts Schusters.

Schufertt ist Anno 1548 zu Bartenstein gebohren, sein Vater hatt geheissen Valtin **Schufert** ein Tuchmacher daselbst, seine Mutter Dorothea. Nach empfangener Tauffe als Er etwaz erwachsen hatt Er fertig lesen schreiben gelernett Vndt darauff das Schusterhandtwerck auff welches Er 14 Jahr gewandert. Im 30 Jahr seines Alters hatt Er sich in den Ehestandt begeben mitt

---

198 Ihr Begräbniseintrag im Totenregister (siehe dazu die Einführung, S. 38) am 3. 5. 1627: "Vincentz Zordl leinwebers Fr. Anna".

199 Er war anschließend oo mit Maria **Naps** ✝ 6. 10. 1628 (lfd. Nr. 186).

Fr. Wolprecht Berendt **Schnellwalds** NW. mitt derselben 26 Jahr gelebett, mitt Ihr eine Tochter gezeugett, welche schon Verstorben. Nach dem Er 1 Jahr im Wittwenstand blieben, hatt er sich 2: Verehligett mitt fr. Barbara Simon **Friedrichs** N.W. mitt welcher Er 15 Jahr gelebt ohne Leibes Erben. Vber 1 Jahr hatt Er sich wieder Verehligett mitt fr. Anna, Görg **Nagels** Schneiders NW. Mitt welcher Er 3 1/2 Jahr ohne leibes Erben. Nach welcher tödtlichem abgang Er ins ander Jahr biß ans Ende Wittwer geblieben, da Er Alters halben immer schwächer worden Vndt fast gentzer 5 wochen lang gelegen, als er die woch zuvor in der Kirch communicierett, hatt sich sonst from Verhalten ist Dom. Exaudi 16 hujus h. 2 pomer. *ist am Sonntag Exaudi am 16. Des Monats um 2 Uhr nachmittags* im 79 Jahr seines Alters gestorben.

Vndt den 18 die ♂ begraben. M. **Wolderus** hatt ihm die Leichpr. gethan ex ψ. 126 v. 5 & 6 Qui seminant in lacrymis etc. *Die mit Tränen säen usw.*

[Witt 665]

78 Elisabeth Halbach, ∗ Königsberg (Altstadt) 20. 8. 1607, ✝ 17. 5. 1627

Lebenslauff fr. Elisabeth H. M. Isaac **Halbachs**
Ehlichen Haußfrawen.

Elisabeth Halbachin ist Anno 1607 den 20 Augusti St.V. alhie in der Altenstadt gebohren, Ihr Vater ist gewesen H Christoph **Winter** Schöppenmeister Ihre Gottselige fr. Mutter Elisabeth **Jetschin.** Welche sie nach derTauffe in wahrer Gottseligkeit wollen aufferziehen, ist ihr aber gar fein zeitig nach dem Willen Gottes abgestorben. Nach welchem tödtlichen Abgang, der Vater nicht allein für seine Persohn von Unß zum Bapstumb gefallen, auch nicht allein die Söhne dazu gehalten, V. sie zu den Jesuitern geschickt, davon d Elteste noch drin steckett, der Jüngste, d kaum auß ihrem Rachen gerissen für wenig tagen wird heimlich entführett, die and 2 wied zu Vnß gekehrett, Gott erhalte sie bestendig im glauben, sondern hatt auch die Töchter zur Bäpstischen religion zu bringen sich sehr bemühett: Derowegen er Vnsere S. Mittschwester Ao 1620 gleichsam der Pest halben ins
/ von d Bisthumb verschickt, aber durch Gottes Gnade Vndt ihrer Anverwandten /
Mutterseit müh v. fleiß ist sie darauß errettett, dafür sie Gott dem Herren hertzlich gedanckett. Als sie nunmehr ihr 17 (200) erreichett, ist sie mitt bewilligung ihrer Anverwandten, H M. Isaaco **Halbachen** Vnsern Kirchen Diacono Verehligett worden, welchen sie hertzlich geliebett, als ihren Herrn geehrett, Vndt was ihm angenehm gewesen gerne gethan, wiewoll sie nur 2 Jahr 3 Mohnatt V. 6 tage mitt ihm gelebett, Vndt durch Gottes segen 2 Söhne zur Weltt gebohren, davon einer Verstorben, der ander aber Von der Mutter ietzt hinderlassen, welchen sie Dominica Vocem Jucunditatis morgens Vmb 6 Vhr zur Weltt gebohren, Ist folgende 5 tage ziemlich bei Krefften gewesen, aber am Freytag von Vnversehenem harten Musqueten schoß hefftig erschrocken, darüber eine große Hitze zugeschlagen, das sie auff dem schlaff kommen; in d Sontags nacht hatt sie ihrem Hn angezeigett, sie hatte eine Wolke Vber sich gesehen Vndt eine stimme darauß gehörett, sie solte sich bereit machen, ihre seele solte von ihr genommen werden, derowegen sie ihren Psalter gefordertt, mit eigener handt in 27 den 17 V. folgende Verß biß zum ende auß Vnter-

---

200 Korrekturen im Kirchenbuch:
ursprünglich „fast“ in nunmehr, die Altersangabe nachträglich in 17 geändert.

strichen ihrem Herrn valedicierett *sich verabschiedet*, Zur gedult Vermahnett Vndt gebehten Vnterstrichene worte zu ihrer Leichpredig zu
/ Dom. behalten; Damitt sich Gott befohlen / Vndt ob gleich den Sontag Vber des
Exaudi Hauptes schwachheitt etwaz nachgelassen, das man gutter hoffnung geschöpfett, hatt doch Gott der H seinen Willen geschaffett Vndt Vmb 1
/17. Maii Vhr in der Montags nacht / sie Vber alles Verhoffen gar sanfft abgefordert. nachdem sie 19 jahr 8 mohnatt 17 tage alt worden. ist den folgenden Mittwoch 19 hujus begraben worden. H. **Lepner** hatt die Leichpredig gehalten auß Verzeichnetem Textt. [Witt 237]

79 ANNA STEG, ✶ ZINTEN, KR. HEILIGENBEIL 1567, ✝ 15. 5. 1627

Anna Lebenslauff Annae Bartell Stegen frawen.

Bartel Stegen Ehl. fr. ist Ao 1567 Zu Zinten gebohren, Ihr Vater ist gwesen Ambrosius **Jekell** Rahtsverwandter daselbst, ihre Mutter Anna, welche sie nach empfangener Tauffe Christlich aufferzogen. Ao 1584. aetatis ist sie Verheligett worden H Jacobo **Planken** handelsman in Dantzig, mitt welchem sie nur 3/4 Jahr ohne erben gelebett. In ihrem Wittwenstand hatt sie zu Elbing bey H. Zacharias **Rieden** 10 Jahr lang Verharrett, daselbst sie sich nach Gottes schickung Ao 1604 ehlich eingelassen mitt Bartell **Stegen** Bortenwürker Vndt Handelsman, mitt welchem sie wiewoll ohne Leibes Erben 23 Jahr gelebett. Für 8 tagen ist sie geschwinde kranck worden, da sie sich mit dem Hochwürdigen Abendtmahl Versorgett, Vndt mitt gebeht sich Gott befohlen, der sie am Sonnabendt Vmb 10 Vhr Zu Abendt sanfft einschlaffen lassen, im 60 Jahr ihres Alters, ist bey einer Leichpredig mitt M. **Halbachin** begraben worden. [Witt 693]

80 ANNA HALTER, ✶ KÖNIGSBERG (ALTSTADT) 1576, ✝ 18. 5. 1627

Lebenslauff Fr. Anna Hanß Halters Baw schreibers Haußfrawen.

Anna Hanß Halters (201) gewesene Hausfraw ist Anno 1576 in Vnser Altenstadt gebohren, Ihr Vater ist gewesen Lorentz **Wigandt** Meltzenbrewer, ihre Mutter Gerdrut **Langnicksche**, welche sie in der H Tauffe Christo Vorgetragen, nachmahls sie zur schulen lesen Vndt schreiben gehalten. Nach beyder Eltern todt hatt sie im 27 Jahr ihres Alters sich mit Johan **Haltern** Ehlich Versprochen, mitt welchem sie ins 24 Jahr friedlich gelebt durch Gottes segen 8 Kinder gezeugett 4 Söhne Vndt 4 Töchter, davon nur 1 Sohn im leben. Ist Dom. Rogationum kranck worden Vndt 18 Maii morgens Vmb 3 Vhr im 51 Jahr Aetatis gestorben 20 Maii begraben worden. Die Leichpredig hatt M. **Wolderus** gethan ex Gen. 32 de lucta Jacobi. *Nach Genesis 32 über den Kampf Jakobs.* Ist still V. from gewesen [Witt 238]

81 AGNES SAHM, ✶ KÖNIGSBERG 25. 9. 1604, ✝ 22. 5. 1627

Lebenslauff Agnetis H Jacobi Sahmen
Agnes Ehlichen Haußfrawen.

Sahmin ist alhie zu Königsbergk Ao 1604. 25 Sept. gebohren, Ihr Vater ist gewesen Christophorus **Altthausen** CantzeleyVerwandter, Ihre Mutter fr. Catharina **Radawin** itzt H Heinrich **Schultzen** Rahtsverwandten im

---

201 Hans **Halter** ✝ 15. 7. 1637 (lfd. Nr. 815).

Löbenicht Haußfraw. Diese Eltern haben sie nach empfangener Tauffe in der Zucht Vndt Vermahnung zum Herrn aufferzogen, Vndt als sie im 17 Jahr gewesen, ist sie ehelich H Jacobo **Sahmen** Gerichtsverwandten in der Altenstadt Versprochen, mitt welchem sie ins sechste Jahr friedlich gelebett, durch Gottes segen 5 Kinder gezeugett 3 Söhne Vndt 2 Töchter davon nur 1 Sohn im leben, die andern bald in od nach d geburt Verstorben. Als sie Vmb Weihnachten einer Todten frucht genesen, ist sie nimmer zun Krefften kommen, sondern immer schwächer worden, derowegen sie am Vergangenen Freytag sich mitt Gott versöhnett, vndt darauff im Pfingstabendt zwischen 10 Vndt 11 Vhr Vormittag im 23 Jahr ihres Alters entschlaffen. M. **Lepner** hatt die Leichpredig gethan ex 1 Joh. 1 Sanguis Jesu Christi etc. *Das Blut Jesu, seines Sohnes usw.* [Witt 598]

82 Regina Görgen, ✶ Königsberg 1572, ✝ 24. 5. 1627

Regina — Lebenslauff Reginae Christoph Görgens fr.

Christoph — Görgens Cramers fraw ist Anno 1572 alhie gebohren, Ihr Vater ist gewesen Andres **Bornmann** Beutler, Ihre Mutter Dorothea, diese ihre Eltern haben sie nach der Tauffe aufferzogen: als sie ihr 25 Jahr erreichett, ist sie Peter **Mahrholtzen** Cramern ehelich Versprochen, mitt welchem sie 13 Jahr gelebt Vndt 10 Kinder gezeugett, 3 Söhne Vndt 7 Töchter, daVon noch 4 Töchter im leben (202), die andern alle Verstorben. Als ihr erster Man gestorben ist sie 1 Jahr im Wittwenstand Verharrett, Nach Vmbgang desselben hatt sie sich wieder ehelich eingelassen mitt Christoph **Görgen** Krehmer V. Bürger alhie, mitt welchem sie 16 Jahr ohne leibes Erben gelebt. Sie hatt fast 6 Jahr her gequienen Vndt beynahe ein Jahr bettreisig gewesen, Ihn welcher Kranckheitt sie sich offt berichten lassen, wie auch für 14 tagen geschehen, darauff sie Gott gebehten er wolle ihr langwierig Elendt Zum S. ende bringen, quod factum *was geschehen ist* im Pfingstmontag zwischen 4 V. 5 Vhr des morgens im 55 Jahr ihres Alters. M **Lepner** hatt die Leichpredig gethan ex primis duobus versiculis ψ 42 *nach den ersten beiden Versen aus Psalm 42* Wie der hirsch schreyettt begr. ☿ post Pentecostes *nach Pfingsten* [Witt 197]

83 Christoph Belert, ✶ Königsberg (Altstadt) 2. 10. 1568, ✝ Pillau 19. 5. 1627

Lebenslauff H Christopf Belerts Gerichtsverwandten welchen in d Pillaw (203) gestorben vndt am Pfingstabendt bey Vns begraben worden.

H Christoph Belertt — ist Anno 1568 den 2 Octobris alhie gebohren worden, SeinVater ist gewesen H Christoph **Belert** GerichtsVerwandter Vnser Altenstadt, Vndt Königl. Maytt in Pohlen Factor, Seine Mutter Anna **Krahmerin**: Welche Eltern Ihn nach der Tauffe aufferzogen V. fleißig zur schuhlen gehalten, das er ein gutt fundament gelegett, als ihm aber sein H. Vater abgestorben, ist er in Pohlen Vnd Littawen der sprachen halben geschickt, nachmahl hatt er auch Deutschlandt, Italien Vndt Niederlandt durchzogen, Vndt Nach seiner Wiederkunfft der Mutter, so lange sie gelebt in d Haußhaltung Vorgestanden. Anno 1601 hatt er sich in Ehestandt begeben

---

202 Eine Tochter davon ist Elisabeth **Knapp(en)** ✝ 16. 11. 1631 (lfd. Nr. 514).

203 Pillau, Landkreis Königsberg.

mitt fr. Barbara S. H Theodori **Riscii** Frl DHtt Marggraff Georg Friedrich Herzogen in Preussen gewesenen Capellmeisters Nachg. Wittwen (204) mitt welcher Er ins 10 Jahr gelebett V. 3 Kind gezeugett, welche doch bald in V. nach der geburt gestorben.
Anno 1611 hatt er sich wieder Verehligett mitt J. Dorothea H. Johannis **Georgii** W. Bürgermeisters Ehl. T. mitt welcher Er ins 17 Jahr gelebett durch Gottes segen 4 Kinder 3 Töchter Vndt 1 Sohn gezeugett, davon eine Tochter Verstorben.
Anno 1615 ist er ins Gerichtsmittell gekohren, in welchem er ins 12 Jahr fleißig sein Ampt verrichtet. Sein Christenthumb anlangett ist er fleissig zur Kirchen Vndt Hochwürdigem Abendtmahl gewesen, wen er nur zu Hause gewesen, den er seiner nahrung des Stöerfangs halber offt in die Pillaw reisen müssen, welches auch für 8 tagen geschehen: am vergangenen Mittwoch hatt er Vber weh Vmbs Hertz geklagett, welches wieder alle mittel so Vberhandt genommen, das er nach dem er ihm Vorbehten lassen, Vndt sein leib Vndt Seele, Weib V. Kinder in Gottes Handt befohlen innerhalb 3 Stunden gesundt Vndt kranck lebendig Vndt todt gewesen, Vndt sanfft V. stille im 59 Jahr seines Alters im Hn entschlaffen; sein Leichnam ist hergebracht Vndt am Pfingstabendt fürm Altar Vnter seines Vaters Stein (205) begraben M. **Wolderus** hatt die Leichpr. gethan ex Syr. 7 v. ult. Was Du thust bedenck das endte etc Ist sonst ein redlicher Auffrichtiger Man gewesen. [Witt 37]

84 HINRICH KLEINPFENNIG, ✶ KÖNIGSBERG 19. 2. 1602, ✞ 28. 5. 1627

Hinrich Kleinpfenning

Lebenslauff Hinrich Kleinpfennings (206) Alten Krahnmeisters Sohn.

ist Anno 1602 den 19 Februarius freytags zu Morgens alhie gebohren, sein Vater ist Ditrich **Kleinpfenning** Bürger Vndt Alter Krahnmeister, seine Mutter Anna **Biddermannsche**, welche ihren Sohn nach empfangener tauffe aufferzogen, zur schulen Vndt studieren gehalten, das er Zu Thorn im Gymnasio 3 Jahr gewesen Vndt daselbst auch die Polnische Sprache gelernett, nachmahls hatt er sich eine geraume Zeitt in Pohlen Vndt Samayten bey Vornehmen Herren auffgehalten, biß er wieder zu Hause kommen da er den kräncklich worden Vndt die Darre an den Halß bekommen. Dennoch aber nicht lagerhafftig gewesen, sondern Vmbher gangen, das ihm essen Vndt Trincken noch woll geschmeckt, am Vergangenen Donnerstags abendt hatt er eine Pille eingenommen, in der nacht ist ihm weh worden, ist darauff in ohnmacht gefallen Vndt Vmb 6 Vhr morgens verschieden. Die Eltern rühmen ihn einen gehorsamen Sohn, ist aber, gleich wie die Eltern gar selten selten zum Tisch des Herrn kommen. Ist am Sontag Trinitatis begraben worden. M. **Halbach** hatt die Leichpredig gehalten ex c. 8 ad Rom. à v.35 ad finem. [Witt 340]

---

204 Ihr Sohn aus der früheren Ehe ist Hieronymus Chr. **Riccius** ✞ 27. 6. 1629 (lfd. Nr. 231).

205 Wohl das im Chorraum der Kirche liegende Erbbegräbnis Beler, für das nur Johann Beler ✞ 18. 1. 1539 und seine Frau Anna bekannt sind. Siehe Schlemm (wie Anm. 46), S. 4.
Das Begräbnis hat die Zähl-Nummer 18; alle Begräbnisse bis zur Zähl-Nummer 43 liegen im Chorraum der Kirche (S. 2).

206 Sohn des Theodoricus **Kleinpfennig** ✞ 24. 4. 1637 (lfd. Nr. 803). Möglicherweise ist Caspar **Kleinpfenning** ✞ 12. 2. 1629 (lfd. Nr. 373) ein Bruder von ihm.

85 Anna Helt, ✶ Mewe, Kr. Marienwerder 28. 7. 1609, ✞ 5. 6. 1627

J. Anna Heltin — Lebenslauff Jungfr. Annae Heltin.

ist Anno 1609 den 28 Julii Von Christlichen Eltern gebohren zu Mewa im Königlichen theill Preussen auff Pomerellen, Ihr Vater heisset H. Jonas **Heltt** Burgemeister daselbst, ihre Mutter fr. Anna **Hänischen**; Von denen ist sie nach empfangener tauff Christlich Vndt in Jungfräwlichen tugenden aufferzogen, wie sie dan gar still Vndt züchtig sich Verhalten, Vndt daher den Eltern Eine liebe Tochter gewesen. Sie hatt aber Gott dem Herrn auch wollgefallen, der ihr zwar ein hartes erzeigett, das sie gesehen, wie ihr Vaterlandt in diesem traurigen Kriegswesen Vom Feinde eingenommen, Vndt sie sampt den Eltern nach Verlust aller ihrer Haab Vndt gutterchen anhero als frembdling kommen, aber hinweieder hatt Gott der Herr sie für künfftigem Vnglück hingerissen, das sie am schweren hitzigen fieber krank worden, Vndt nachdem sie in Dienstag sich mitt dem Hochwürdigen Abendtmahl Versehen, Vndt fast ohne Vnterlaß gebehtett, ist sie im 18 Jahr Ihres Alters den 5. Junii, war Sonnabendt Vmb 5 Vhr nachmittag sanfft im Herrn entschlaffen. Ist in der Altstadt begraben den 8 Junii M. **Lepner** hatt die Leichpredig gethan ex c. 56 Esaiae, Justus perit & nemo obsiderat etc. (207) *Der Gerechte ist umgekommen, und niemand ist da, der es zu Herzen nimmt usw.* [Witt 261]

86 Hans Bodem, ✶ Königsberg (Altstadt) 6. 3. 1598, ✞ 15. 6. 1627

Hans Bodem — Ist Anno 1598 den 6 Martii gebohren, Sein Vater S. ist gewesen Philip **Bodem** Kauffmann Vndt Mittbürger Vnser Altenstadt, Seine Mutter Dorothea **Belertin**. Welche seine Eltern ihn Christlich erzogen. Als der Vater Vndt der Eine Bruder (208) Verstorben, hatt er der Mutter in ihrer Haußhaltung beygesprungen. Ist zwar was gesellig Vndt dem Spiel zugethan gewesen, doch sich fleißig zur Communion gehalten, wie solches auch geschehen als ihn Gott den 14 Martii mit schwerer langwieriger Krankheitt heimgesucht / , da keine medicamenta helffen wollen, derowegen er mitt fleissigem seuffzen Vndt gebeht sich Gott befohlen, Vndt als er am Sontag nachmittag die Behtklock hören schlagen, hatt er sein mützlein abgenommen sehnlich geseuffzett V. gebehtett: Gott sey mir Armen Sünder gnedig, darauff bald stille worden, Vnd sanfft verschieden im 29 Jahr seines Alters. Ist am Dienstag den 15 dieses in d Altstadt begraben M. **Wolderus** hatt die Leichpredig gethan ex Luc. 7 à v. 12 ad 16. [Witt 65]

(Margin: / der Wassersucht)

87 Urban Hoffmann, ✶ Wangitt, Landkr. Königsberg 1604, ✞ 20. 6. 1627

Urban Hoffmann — ein Fischer ist Anno 1604 in d Wangitte im Brandenburgischen gebohren, sein Vater Vrban **Hoffman** seine Mutter Margaretha sindt noch beyde am leben, Fischer daselbst, welche ihn nach empfangener Tauffe aufferzogen Vndt zur fischerey gehalten. Als er 23 Jahr alt worden hatt er sich Verehligett mit seiner ietzt hinderlassenen Wittwen die zuvor S. Martin **Polken** (209) gehabt, welcher er nur 33 wochen im Ehestandt gelebett. Ist

---

207 Diese Worte stehen in Jesaja, Kap. 57, Vers 1.

208 Das ist Reinhold **Boden** ✞ 28. 8. 1626 (lfd. Nr. 38).

209 Merten **Polcken** □ 4. 1. 1626 (lfd. Nr. 1).

sonst ein friedliebender stiller Man gewesen, Für 3 wochen hatt ihn Gott mitt grosser hitz Vndt Hauptweh heimgesucht, in welcher Krankheitt er von M. **Woldero** berichtett worden, welcher ihm auch da er am Sontag zwischen 11 V. 12 Zu Mittag Verschieden im Dienstag die Leichpredig gethan ex Sap. 3, Animae Justores sunt in nomine etc.(210) [Witt 303]

88 URSULA WIMMER, ✶ ZINTEN, KR. HEILIGENBEIL 26. 11. 1563, ✞ 22. 6. 1627

Vrsula Wimmersche ist Anno 1563 den 26 Novembris zu Zinten gebohren, ihr Vater hatt Hanß **Satt**, ihre Mutter Barbara **Plöckin** geheissen, welche diese ihre Tochter nach empfangener Tauffe biß ins 10 Jahr erzogen, Vndt sie nachmahls anhero nach Königsbergk geschickt S, Bartell **Herman** in der Schmiedgaß (211) zu Dienst, bey welchem sie 20 Jahr im Dienst verblieben Vndt da sie ihr 30 Jahr erreichett, ist sie ihrem ietzt hinderlassenen betrübten Wittwer Görg **Wimmern** Verehligt mitt welchem sie 34 Jahr friedlich gelebett, mitt ihm durch Gottes segen 4 Kinder gezeugett, 2 Söhn V. 2 Töchter, davon 2 Verstorben, 1 Sohn Vndt eine Tochter Verstorben. Ihres lebens Vndt Christenthumbs halben, wirdt ihr das Zeugnus gegeben, das sie eine stille fromme Gottfürchtige fraw gewesen. Für 7 wochen ist sie kranck worden in welcher Kranckheitt sie sich mitt Gott Versöhnen lassen, ist am Dienstag morgens, war der 22 Junii zwischen 12. V. 1 Vhr selig im Herrn entschlaffen im 64 Jahr Ihres Alters, M. **Wolderus** hatt die Leichpredigt gethan ex Syr. 38. Denck an den Verstorbenen etc. usque hodie mihi, cras tibi *bis zu der Textstelle heute mir, morgen Dir.* 24 Junii. [Witt 806]

89 THOMAS REIMER, ✶ SCHELLEN, KR. RÖSSEL 1571, ✞ 24. 6. 1627

Thomas Reimer Festbecker ist Ao 1571 Zu Schelen im Bischthumb gebohren sein Vater hatt Lorentz **Reimer** Schultz Vndt geschworner Landt Schöpff daselbst, seine Mutter Barbara geheissen. Diese seine Eltern haben ihn nach empfangener Tauffe im Bäpstischen glauben erzogen. Als aber sein Vater gestorben, hatt er sich von der Mutter nach Bartenstein begeben, alda das festbecker handtwerck gelernett Vndt weil er fleissig zur Kirchen Vndt Zum gehör Göttliches worts sich gehalten, hatt ihn Gott der heylige Geist erleuchtett Vndt zur erkendtnüs der rechten heylsamen lehre gebracht, das er vom Bapsthumb, für dem er hernach biß ans ende ein hertzlich abschewen getragen, ab Vndt zu Vnser Lutherischen Confession getreten. Nach außgestandenen LehrJahren ist er biß ins 30 Jahr seinem Handtwerck hin Vndt wieder nachgezogen, biß er zuletzt anhero nach Königsbergk kommen, Vndt als ihm gutte gelegenheitt Vorgefallen, hatt er sich durch schickung Gottes ehelich eingelassen mit J. Elisabeth S. Nickell **Thielen** Fleischers im Kneiphoff ehelichen Tochter, mitt welcher Er 10 Jahr friedlich gelebett, durch Gottes segen 5 Kinder gezeugett 4 Söhn Vndt 1 Tochter, davon nur 1 Sohn im leben. Nach seiner ersten frawen absterben, hatt er sich anderweitt verheurahtet mitt J. Catharina S. Lorentz **Düsters** Lachsfängers Ehl. T. mitt welcher Er 8 Jahr friedlich gelebt, durch Gottes segen 3 Kinder gezeugett 2 Söhne Vndt 1 Tochter, davon 1 Sohn Todt ist, der and, sampt der schwester im leben.
Nach absterben seiner andern frawen ist er zur dritten ehe geschritten mitt

---

210 Aus der "Weisheit Salomos" Kap. 3 Vers 1: Iustorum animae in manu Dei sunt *Die Seelen der Gerechten sind in Gottes Hand.*

211 Wohl die Schmiedestraße in der Altstadt.

J. Regina Friedrich **Matzen** Festbeckers Ehl. T. mitt welcher er ins 5 Jahr doch ohne leibes Erben gelebettt.
Vergangenen Herbst am Michaelis Tag hatt er hefftig anfangen zu blutten, Vndt ist Von der Zeitt an gar ins quiehnen gerahten, biß er für 3 wochen gar lagerhafftig worden, derowegen er sich mitt Gott Versöhnett durch den gebrauch des Hochwürdigen Abendtmahls, Vndt sich in Gottes willen ergeben, der ihn am Donnerstag, war S. Johannis Baptistae fest Vnter der Vesper im 56 Jahr seines Alters durch den Zeittlichen todt abgefordertt. Ist ein stiller friedliebender Man gewesen wardt am Sontag begraben Dom. 4 post Trinitatis begraben, M. **Halbach** hatt die Leichpredigt gethan ex ordinaria Eptica [sic] lectione. *nach der regelmäßgen Epistel dieses Sonntags* [Witt 560]

90 MARGARETA GRIESEWANDT, ✶ MEDENAU, KR. FISCHHAUSEN 1578, □ 29. 6. 1627

Margareta Griesewandtsche ist Ao 1578 Zu Mednaw im Fischhausischen gebohren, ihr Vater hatt Domnic **Gruhnaw**, ihre Mutter Margareta geheissen, ist nach absterben ihrer Eltern bey Hinrich **Synknecht** im Kneiphoff zu Dienst kommen, welchem sie 7 1/2 Jahr gedienett, als sie 23 Jahr alt worden, hatt sie sich mit Adam **Wilman** Verehligett, mit dem sie 10 Jahr ohne leibes erben gelebett. Nach welches absterben sie 1 Jahr im Wittwenstand gelebett, Vndt sich nachmahls mitt ihrem hinderlassenen Wittwer Lucas **Griesewandt** befreyett mitt dem sie 16 Jahr im Ehestand ohne leibes Erben gelebett. Hatt sich friedlich V. from Verhalten. Ist in ihrer Krankheitt Von M. **Woldero** bericht, der ihr auch den 29 dieses die Leichpredig gethan ex Joh. 11 Ego sum resurrectio et vita etc. *Ich bin die Auferstehung und das Leben usw.* [Witt 209]

91 BARBARA LANGNICK, ✶ KÖNIGSBERG 17. 11. 1595, ✞ 28. 6. 1627

Barbara Langnickin ist Ao 1595 den 17 Novembris alhie gebohren Ihr Vater ist gewesen H. Lorentz **Napß** Churfl. Rentschreiber, Ihre Mutter fr. Anna **Lauterbachin**. A qbus post baptismum educata matri in viduitate fideles .peras [sic] perstitit. *Von ihnen nach der Taufe erzogen, blieb sie der [ergänze: später] verwitweten Mutter treu.* Ao 1618 hatt sie sich mitt Christiano **Langnicken** Vereheligett, mitt welchem sie ins 10 Jahr ehelich gelebet durch Gottes segen 2 Söhne 1 Tochter gezeugett, davon noch 1 Sohn im leben. Für 23 Wochen hatt sie Gott mitt der schwindtsucht belegett, daran sie immer gekrankett, ihn ihrer Krankheitt Zu Vnterschiedenen mahlen communicierett ist am Montag, war der 28 Junii Vmb 8 Vhr abends Verschieden Vndt den 1 dieses wahr Donnerstag begraben. M. **Lepner** hat die Leichpredig gethan ex Lucae 1 cap. v. 39 & 40 allegoriae explic. *Wobei die sinnbildliche Bedeutung erklärt wurde.* [Witt 388]

92 BARBARA BALCK, ✶ KÖNIGSBERG (ALTSTADT) 1567, ✞ 29. 6. 1627

Barbara Paul Balcken fr. ist Ao 1567 alhie gebohren. Ihr Vater ist gewesen Hanß **Wolff,** Mittbürger dieser Altenstadt,
vide retrò de Martino **Wolffio** 16 Decembr. (212) Mater Lucia **Rosenhagensche**. Aetatis Ao 15 ist sie Verheurahtett Andres **Herman** einem

212 Merten **Wulff** (lfd. Nr. 49), □ 16. 12. 1626, ist wohl ein Halbbruder von ihr; beider Vater ist Hans Wulff.

Instrumentisten cum quo pacificè vixit sterilis 20 annos. Post Ao 1604 nupsit Paulo **Balcken** einen Materialisten, einen Haubenmacher, impio homine, vixit cum eo 24 annos in sterili conjugio. Obiit 29 Junii hora 4 vespt. Ao Aetatis 60. M. **Halbach** concionem habuit funebrem ex (213).

siehe vorher über Martin Wolff am 16. Dezember. Die Mutter war Lucia Rosenhagen. Im Alter von 15 Jahren wurde sie verheiratet dem Andres Hermann, einem Musiker, mit dem sie 20 Jahre lang friedlich und kinderlos lebte. Im Jahr 1604 heiratete sie Paul Balcken, einen Materialisten, einen Haubenmacher, einen gottlosen Menschen, und lebte 24 Jahre lang mit ihm in kinderloser Ehe. Sie starb am 29. Juni um 4 Uhr nachmittags im Alter von 60 Jahren. M. Halbach hielt die Leichenpredigt nach [Witt 16]

93 MARTIN FAUDE, ✶ LINDENAU, KR. MARIENBURG 1565, ✝ 11. 7. 1627

Martin Faude

Eysenkrahmer ist Anno 1565 Vor 62 Jahren Zur Lindenaw im Margenburgischen (214) gebohren, sein Vater hatt Kilian **Faude**, seine Mutter Elisabeth geheissen welche ihn nach der Tauffe erzogen, Vndt nachmahls Zu Margenburg das Schusterhandtwerck lernen lassen darauff er eine geraume Zeitt gewandert, Vndt als Er anhero kommen, hatt er sich mit Matthes **Starken** NW.ehelich Versprochen, mitt welcher er ins 32 Jahr gelebett Vndt 2 Kinder gezeugett, davon 1 Sohn am leben. Nach absterben seiner ersten frawen, ist er 3 Jahr im Wittwenstand blieben, nachmahls sich befreyett mitt J. Maria Jacob **Grüters** Ehl. Tochter seiner ietzt nachgelassenen Wittwen, mit welcher Er ins dritte Jahr ohne leibes Erben gelebett. Hatt sich sonst friedlich Verhalten, ist vor 3 wochen am Stein, daran Er offt gekranckett, gar lagerhafftig worden, Vndt da der ihm hartt zugesetzt, hatt er am Vergangenen freytag, war der 9 Julii Communicierett, ist am Sontag nachmittag zwischen 5 Vndt 6 Vhr entschlaffen, Vndt am Dienstag 13 hujus begraben worden M. **Lepner** hatt die Leichpredig gethan ex Apocal. c. 2 Sey getrew biß in den Todt, so will Ich Dir die Krohn des lebens geben. [Witt 140]

94 PAUL BREWER, ✶ KÖNIGSBERG 1580, ✝ 11. 7. 1627

Paul Brewer

Schuster natus hic Regiomonti Ao 1580 patre Paulo **Brewer** Matre Helena; Anno 1606 uxorem duxit Annam Stephani **Nitschen** filiam virginem, vixit cum ea annos 16 sterili in Conjugio, Ea defuncta Anno 1622 duxit Virginem Mariam Bartell **Felgenhawers** Fleischers NT. cum ea 5 annos itidem in sterili conjugio vixit. Nimium potando morbum diuturnum sibi contraxit, decumbens Serio ad Deum confugit permittens vitae emendationem, si convaluerit, at obiit 11 Julii hora 3 pomeridiana Aetatis 48, postquam pridiè suae vitae cursum mihi dictitaverat. textus concionis funebris erat 6 ψ. M. Vrbanus **Lepner**.

*Paul **Brewer** ein Schuster ist hier in Königsberg im Jahr 1580 geboren, sein Vater war Paul Brewer, die Mutter hieß Helena. 1606 heiratete er die Jungfrau Anna, die Tochter von Stephan **Nitsch** und lebte mit ihr 16 Jahre lang in kinderloser Ehe; nach ihrem Tod im Jahr 1622 heiratete er die Jungfrau Maria, die nachgelassene Tochter von Bartell **Felgenhawer**, einem Fleischer. Mit ihr lebte er gleichfalls 5 Jahre lang in kinderloser Ehe.*

---

213 Angabe fehlt.

214 Margenburg, Margaburg: ältere Namensformen für das westpreußische Marienburg.

Durch zu viel Alkohol zog er sich eine langwierige Krankheit zu, lag schwer krank danieder, floh zu Gott und gelobte Besserung seines Lebens, wenn er genesen sollte, verstarb aber am 11. Juli um 3 Uhr nachmittags im Alter von 48 Jahren, nachdem er mir vorher seinen Lebenslauf diktiert hatte. Der Text der Leichenpredigt war Psalm 6. M. Urban Lepner

[Witt 79]

95 HANS STOPPAR, ✶ FISCHHAUSEN 1593, ✝ 9. 8. 1627

Hans Stoppar ein Festbecker ist Ao 1593 zu Fischhausen gebohren, Sein Vater hatt auch Hanß **Stoppar** geheissen ein Müller daselbst, seine Mutter Barbara, Welche ihn nach der Tauffe erzogen Vndt das Festbecker Handtwerck lernen lassen darauff er 11 Jahr gewandert. Im 30 Jahr seines Alters hatt er sich befreyett mitt J. Regina S. Friedrich **Wittichen** Nachg. Ehl. Tochter seiner ietzt nachg. Wittwen, mitt welcher Er ins 4 Jahrfriedlich gelebett, durch Gottes segen 2 Kind gezeugett 1 Sohn V. 1 Tochter davon der Sohn schon Verstorben mitt dem 3 Kind gehett die Mutter ietzt auff schwerem Fuß gott tröste Vndt sterke sie. Seine Krankheitt anlangend hat er fast 2 Jahr gequiehnen, biß er nun 18 wochen her gar lagerhafftig gewesen, darumb zu Gott Vmb gnedige aufflösung gebehtett, welche gefolgett ist den Montag 9 Aug Vmb 4 Vhr nachmittag im 34 Jahr Aetatis, nach dem er Vor 4 wochen sich mitt dem gebrauch des Hochw. Abendtmahls zum S. abschied bereitett; ist den 11 begraben worden. M. **Wolderus** hatt die Leichpredig gethan ex Matth. 23 v. 37 & sequ.

[Witt 709]

96 ANDREAS STEHNKOPFF, ✶ BARTENSTEIN, KR. FRIEDLAND 1566, ✝ 10. 8. 1627

Andreas Stehnkopff Festbecker ist Ao 1566 Vor 61 Jahren zu Bartenstein gebohren, sein Vater hatt geheissen Leonhart **Stehnkopff** seine Mutter Anna die ihn nach d Tauffe als er erwachsen das Festbeckerhandtwerck lernen lassen, darauff er biß ins 30 Jahr seines Alters gewandt, nachmahls sich alhie befreyett mitt Erdtman **Guttfelds** Schmagkenschippers Ehl. Tochter, mitt welcher er 5 Jahr gelebett, mitt Ihr 2 Kinder gezeuget, die schon Verstorben. Nach dieser Todt hatt er sich mitt dieser seiner Nachgel. Wittwen Verehligett, mitt welcher Er in das 25 Jahr gelebett V. 8 Kinder gezeugett, die alle todt sindt. Hatt sich still V from Verhalten auch fleißig zur Kirchen Vndt Abendtmahl gangen. Vor 16 wochen ist er bettreisig worden für 3 tagen mitt plötzlicher schwachheitt Vberfallen V. weil für 3 wochen cummunicieret hatt er sich Gott befohlen V. ist im Dienstag morgens gestorben, Aetatis 61. M**Lepner** hat die Leichpr. gethan ex Esa. 26 Gehe hin mein Volck etc.

[Witt 695]

In seinem letzten Testament hatt er auch Vnser Ministerium bedacht, V. einem jeden Vnter Vns 1 Rthal Vermacht, welcher Vns eingelieffert worden den 3. Jan 1628

97 ANNA PITZAW, ✶ KÖNIGSBERG 27. 1. 1602, ✝ 11. 8. 1627

Anna Pitzawin ist Ao 1602 den 27 Januarii alhie zu Königsbergk gebohren, Ihr Vater heisset Adrian **Bock** (215), Ihre Mutter Anna, Welche Ihre Eltern sie nach empfengener Tauffe in der Zucht Vndt Vermahnung zum Herren aufferzogen. Ao 1621 Ist sie Michael **Pitzawen** Verehligett worden, welcher Ihr nur ein halb Jahr beygewohnett Vndt darauff sie Verlassen,

---

215 Ihr Vater könnte Adrian **Bock** ✝ 6. 12. 1633 (lfd. Nr. 624) sein.

Vndt biß auff diese Zeitt außblieben. 16 wochen nach ihres Ehemans abzuge ist sie eines todten Mägdleins genesen. Diese 6 Jahr Vber hatt ihr Vater das beste bey ihr thun müssen. Hatt sich sonst Christlich Vndt woll Verhalten mitt dem gehör göttliches wordtes Vndt dem gebrauch des Hochwürdigen Abendtmahls welches in ihrer langwierigen Krankheitt, da sie fast ein gantzes Jahr gequiehnen, etliche mahl wie auch an Vergangenen Freytag geschehen, darauff sie am Mittwoch zwischen 2 Vndt 3 Vhr nach Mittag selig entschlaffen im 26 Jahr ihres Alters. M. **Halbach** hatt die Leichpredigt gethan ex Nahum c. 1 v. 8 Wen die flutt Vberher leufft, so macht ers mit derselben ein andres. [Witt 517]

98 APOLLONIA MONTANUS, ✶ KÖNIGSBERG (KNEIPHOF) 1533, ✝ 15. 8. 1627

Apollonia Engelbrechtin (216) D. Jacobi **Montani** Med. D. & Archiatri Ducis Borussiae *des Herrn Dr. med. Jacob Montanus, Leibarzt des Herzogs von Preußen,* Nachg. Wittwe, ist Ao 1533 für 94 Jahren gebohren Patre Leonhardo **Engelbrecht** Cive Cniphoviano, Matre Margareta **Göbelin**, *ihr Vater war Leonhard Engelbrecht, Bürger im Kneiphof, die Mutter hieß Margareta Göbelin* welche sie nach empfangener tauffe Christlich aufferzogen. Post obitum parentum *nach dem Tod der Eltern* hatt sie Ihrer Mutter gefreundter S. Hans **Göbel** zu sich genommen.

Ao 1556 nupsit Jacobo **Montano** Medicinae D. & Archiatro Ducis Borussiae. Vixit cum eo annos 44, facta mater liberorum 7 Vnius filii, 6 faemellares, de qbus 3 filiae supstites s[un]t. Defuncto marito 1600 usque huc vidua p mansit, in quo statu hanc Dei benedictionem experta e, ut ex se ceu vitae abundanti in 4tam usque generationem liberos vidavit, numero 99 & supra cum haeredes ipsimit de numero incerti fuit supiore, tot v. certes numerarunt.

> *1556 heiratete sie Dr. med. Jacob Montanus, den Leibarzt des Herzogs von Preußen. Sie lebte 44 Jahre lang mit ihm und wurde Mutter von 7 Kindern, einem Sohn und 6 Töchtern, von denen 3 Töchter noch leben. Nachdem ihr Ehemann im Jahr 1600 starb, blieb sie bis jetzt Witwe; in diesem Stand erfuhr sie den Segen Gottes so, dass sie aus sich oder dem Heil des Lebens 99 Nachkommen bis in die 4. Generation sah. ... [unklare Textstelle]*

Ist also nicht allein Elter Mutter, sondern auch 2 Kinder GroßEltermutter worden. Rarissimo sane *Sehr selten, in der Tat* .... avi expto [sic]. Weil sie aber Alters halben nun 8 Jahr hero nicht außgehen, sondern mehren theils lagerhafftig sein müssen, Ist sie offtmahls betrübt worden, hatt sich aber mit Gottes wortt wieder getröstett. Gott würde die rechte Zeitt wissen, wen Er sie auß diesem betrübten leben abfordern solte; derowegen, wen sie gefragett worden, wie es Ihr ginge, hatt sie allewege zur Andtwort gegeben: wie Gott will. Welcher seinen willen geschafft Vndt sie am Sontag 15 hujus Vmb 7 Vhr sanfft Von dieser Weltt abgefordert Im 94 Jahr Ihres Alters. M. **Lepner** hatt die leichpredigt gethan ex prioribus 16 vs. *aus den ersten 16 Versen* ψ. 71. [Witt 127]

---

216 Ernst Witt nennt sie nach ihrem Geburtsnamen Appolonia **Engelbrecht**, wie sie auch genannt wird im Lebenslauf ihrer Tochter Sophia **Pantzer** ✝ 14. 4. 1637 (lfd. Nr. 801).
Im Namensregister am Ende der Quelle jedoch: Appolonia, D. Jacobi **Montani** Witwe. (Zu diesem Register siehe die Einführung, S. 8.)

99 Abraham Schultz, ✶ Schaaksvitte, Landkr. Königsb. 1551, ✞ 25. 8. 1627

Abraham Schulz Schmagkenschipper Ist Ao 1551 Vor 76 Jahren in der Schakschen Fitte auff diese Weltt gebohren Sein Vater hatt geheissen Bartholomaeus **Schultz**, seine Mutter Anna. Welche Ihn nach der Tauffe als er erwachsen Zur schulen gehalten, da Er aber zum Studieren nicht lust gehabt, Zur Fischerey Vndt Schmagkenfahrt gehalten, Als Er das 31 Jahr erreichett hatt Er sich Ehlich eingelassen mitt einer Wittwen Catharina, mit welcher Er ins dritte Jahr in friedlicher Ehe gelebett. Nach dero absterben ist er ein halb Jahr im Wittwenstand geblieben, nachmahls sich wieder befreyett mitt J. Anna (217) / Lorentz **Hesen** Von Elbing N. Tochter, mitt welcher Er 42 Jahr gelebett, 7 Kind, 4 Söhne V. 3 Töchter gezeuget, davon noch 1 Sohn Vndt 1 Tochter beym leben. Sein leben ist etwas seltzam Vndt wundlich gewesen V. hatt seine gebrechen gehabt, doch sich friedlich mitt den Nachbarn Verhalten. Gottes Züchtigung ist auch nicht außblieben, sonde Gott hatt ihn mitt schwerem gehör V. der Gicht heimgesucht V. gestrafft, doch wirdt ihm das zeugnus gegeben, das wen er Von der gicht frey gewesen, Er zur Kirchen V. Zum Hochwürdigen Abendtmahl gehalten welches auch für 5 od 6 wochen geschehen. In dieser Krankheit daran er am Mittwoch abendt Zwischen 4 V. 5 gestorben, hatt er sich mit seufftzen V. gebeht Gott befohlen, Vndt also im 76 Jahr seines Alters Verschieden. M. **Halbach** hatt die Leichpredig gethan ex ψ 121 vs. 3.4.5. 27 huius. [Witt 676]

Vid. infra pag. 134

100 Antonius Berends, ✶ Antwerpen 16. 11. 1588, ✞ 29. 8. 1627

Antonius Berends ist Anno 1588 den 16 November zu Antorff in Brabandt (218) geboren, sein Vater hatt geheissen Leonhard **Berends** Mittbürger daselbst, seine Mutter Cornelia **Von Falckenstein**, Welche seine Eltern ihn nach empfangener Tauffe woll erzogen, Vndt Ao 1599 anhero Zum Cornelio **Berends** Gewürtzhändler im Kneiphof seines Vaters Brudern Sohn geschickt, welcher ihn die Polnische sprach lernen lassen, als welche alhie Zum Handell hochnötig. Anno 1618 hatt Er sich Verehligett mitt Fraw Antonia **Tiessen** S. Frantz **Cornelii** Mittbürger der Altenstadt nachgelassenen Wittwen, mitt welcher Er ins 9 Jahr friedlich, wiewoll ohne leibes Erben gelebett. Hatt sich still Vndt friedlich, auch fleissig Zum gehör Gottlichen wortes Vndt Zum gebrauch des H Abendtmahles gehalten: ist an schweren steines schmertzen am Sontag Abendt war der 29 Augusti zwischen 9 Vndt 10 Vhr im 39 Jahr seines Alters todes Verblichen. M. **Lepner** im Mittwoch die Leichpr. Gethan [Witt 40]

101 Hans Lölhffel, ✶ Königsberg 25. 5. 1600, ✞ 31. 8. 1627

Hans Löll hoffel Ist Ao 1600 den 25 Maij St.V. alhie gebohren, sein H Vater ist gewesen Hanß **Löllhöffel** Gerichts Verwanter alhie (219), seine Mutter noch im Leben Fr. Anna **Glagawin**. Welche seine Eltern ihn nach empfangener tauffe in der Zucht Vndt Vermahnung Zum Herrn aufferzogen, welchen Er auch trewlich gefolgett, da ihm aber sein H Vater gar zu früh-

---

217 Anna **Schultz** ✞ 27. 3. 1628 (lfd. Nr. 142). Bei ihr heißt der Vater Lorentz **Hahn** (nicht Hesen). Die Zusammengehörigkeit der beiden Eheleute Anna und Abraham Schultz war auch den zeitgenössischen Buchführern bekannt, wie der nachträgliche Vermerk am Rand mit Hinweis auf pagina 134 zeigt, wo der Lebenslauf des Ehemannes steht.

218 Nach Zedler's Universallexicon (< www.zedler-lexikon.de >) ist Antorf = Antwerpen.

219 Bei ihm ist Elisabeth **Hennenberger** ✞ 30. 10. 1630 (lfd. Nr. 452) in Dienst gewesen.

zeitig mitt tode abgangen, ist er Vnter böse gesellschafft gerahten Vndt Von ihnen Verleitett worden, aber Gott der Herr hatt ihn bald durch mancherley anstoß V. Züchtigung zurück geZogen, in dem er fast drey Jahr an beschwerlicher leibes schwachheitt bettreisig gewesen, da er den die Weltt mitt ihrem wesen erkandt, sein sündtliches leben hertzlich berewett Vndt sich in seiner werenden Krankheitt offters mit Gott dem herrn versöhnett, Vndt mitt dem hochwürdigen Abendtmahl seinen glauben gesterkett, hertzlich seuffzende Gott wolle ihn gnedig aufflösen quod factum die ♂ die ♃ sepultus e[st]. Concionem funeb. habuit M. **Halbach** ex ψ. 73 *was geschehen ist am ♂. Am ♃ ist er beerdigt worden. Die Leichenpredigt hielt Magister Halbach nach Psalm 73.* H wen Ich nur dich habe &. [Witt 410]

102 Anna Derpitz, ✶ Brandenburg, Kr. Heiligenbeil 1554, ✝ 1. 9. 1627

Anna Thomae Derpitzen fr. Ist Ao 1554 Zu Brandenburg gebohren. Ihr Vater hatt geheissen Hans **Knoblauch** ein Schipper, Ihre Mutter Elisabeth. Diese haben ihre Tochter nach der Tauffe aufferziehen wollen, als sie aber durch den Zeitlichen todt abgangen, ist ihre Tochter anhero Zu ihren Freunden auff dem Haberberg kommen, bey welchen sie gewesen biß sie ihr 26 Jahr ereichett, da hatt sie sich 1 Verehligett mitt Görg **Kandelberg** einem huttmacher, mitt welchem sie 3 Jahr gelebett Vndt 1 Sohn gezeugett, welcher schon mitt dem Vater verstorben. Nach Vmbgang ihres Wittwen Jahrs, hatt sie sich 2 befreyett mitt Blasio **Speter**, mitt dem sie gelebett ins 11 Jahr mitt ihm gezeugett 1 Tochter Vndt 3 Söhn, die alle Verstorben. Nach dieses Mans tod ist sie 3 Jahr im Wittwenstand Verharrett, nachmahl sich 3: befreyett mit Görg **Brüller**, mit welchem sie nur 2 Jahr ohne leibes erben gelebett, Vndt da sie 1 Jahr Wittwe gewesen, hatt sie 4: befreyett Thomas **Schultzen** mit welchem sie 12 Jahr ohne leibes erben gelebt. Nach dessen absterben als sie 1 Jahr Wittwe gewest hatt sie 5: sich Verehligett mitt Andreß **Richwartt** mitt welchem sie 3 jahr ohne leibes erben gelebett; Vndt nach seinem tode 2 Jahr Wittwe geblieben. Weil ihr aber ihre haußhaltung Alter halben zu schwer worden, hatt sie sich 6: Verehligett mitt Thomas **Derpitzer** mit welchem sie 4 Jahr gelebett. Weill sie hatt gehen können ist sie fleissig zur Kirch gangen, nachmahlen in ihrer schwachheitt zwey mahl Zu Hause Communicieret, ist am Mittwoch morgens 1 huius, hora 3 *am 1. dieses [Monats] um 3 Uhr* gestorben im 73 Jahr ihres Alters M. **Wolderus** hatt die Leichpredig gethan 3 Sept. ex c 5 ad Rom. v. 12 p unum hominem &.
Aus Kap. 5 des Römerbriefes Vers 12, Durch einen Menschen usw. [Witt 98]

103 Elisabeth Hochweyde, ✶ Gadebusch / Mecklenburg-Schwerin 6. 1. 1551, ✝ 3. 9. 1627

Fr. Elisabeth Hochweydin Hn Georgii **Ciegleri** (220) haußfraw ist Ao 1551 den 6 Januarii Zu Gadebusch im Meckelnburgischen Fürstenthumb gebohren, Ihr Vater ist gewesen Christoff **Hochweyde** Müntzmeister daselbst, Ihre Mutter Anna, Hanß **Kedinges** (221) Von Güstrow (222) Ehl. Tochter.

---

220 Georg **Cieglerus** ✝ 22. 2. 1633 (lfd. Nr. 585).

221 Ernst Witt: auch Lesung **Kedniges** möglich.

222 Güstrow (Mecklenburg).

Gedachte ihre Eltern haben Ihre Tochter nach empfangener Tauffe in der Zucht Vndt Vermahnung Zum Herrn aufferzogen; da aber ihre Mutter Ao 1559, da sie kaum 8 Jahr altt gewesen, gestorben, ist sie gen Rostock Zum Hn Laurentio **Panclovio** J.U.D. gethan, bey welchem sie biß ans 28 Jahr ihres Alters Verblieben. An gedachten D. Panclovium ist Vnser H. M. Georgius Cieglerus ietzt hochbetrübter Wittwer, Von seiner Mutter Vndt Freunden seine studia zu continuieren Verschrieben, als er aber gen Darschaw (223) im Fürstenthumb Mekelnburg Zum Pfarrherrn vocierett *berufen*, da er Zu Vor an Vnterschiedlichen Schulen gedienett, hatt Er durch schickung Gottes Ao 1579 den 3 Aprilis mitt Vnser in Gott ruhenden Mittschwester sich Ehelich Versprochen, Vndt am 30 Junii selbigen Jahrs hochZeitt gehalten Vndt mitt gen Darschaw genommen. Als Er aber von **Hertzog Christoff** (224) gen Schonenbergk (225) Zum Diaconat, von wannen Er Ao 1587 da eben ihr S. Vater gestorben gen Riga in Liefflandt vocierett, Von dannen Er Ao 1600 anhero kommen, hatt Sie mitt ihrem Hn als ein trewer Ehegatt in seiner Pilgrimschafft mancherley müh, sorg Vndt bekümmernüs außgestanden. In Ihrem Ehestand hatt sie Gott gesegnett, das sie 7 Wollgerahtene Kinder gebohren 3 Söhne Vndt 4 Töchter, davon 2 hoch V. Wollgelarte Söhne, so zu hohen Amptern erhoben, als **Nicolaus** d Stadt Kneiphoff Secretarius V. Christophorus Med. Doctor dselben Stadt Physicus Ordinarius, wie auch 2 Töchter todes verblichen, 1 Sohn V. 2 Töchter noch im leben. Ihr Christenthumb anlangend, ist sie ipsisima pietas probitasque *die Frömmigkeit in Person* gewesen, In ihrer schmertzlichen Krankheitt ipsissima patientia *die Geduld in Person*, Vndt ob schon dieselbe an Stein, Gicht Vndt schweren hauptfliessen die letzten 8 Jahr sich sehr geheuffett, dennoch hatt sie dieselben Vielmehr Verbeissen, als durch ihr wehklagen ihren herrn, dessen fast dreyjahriger Kindischer Zustandt sie sehr gekränkett, betrüben wollen. In wehrender Krankheitt hatt sie fleissig gebehtett, auch offtmahls durch den gebrauch des hochwürdigen Abendtmahls sich mitt Gott Versöhnett, Vndt um gnedige aufflösung geseufftzett, welches ihr seuftzen Gott der herr erhörett, Vndt sie am Verschienen Freytag Vmb Mittag, als sie im Montag communicierett, im 76 Jahr ihres Alters sanfft Vndt selig einschlaffen lassen. Gott der Herr wolle nicht allein die, so dieses täglich für augen schwebenden Vndt offt Vermutteten tödtlichen abgangs halben betrübt sein trösten. Sondn insonderheitt ihm Ihren Alten hinderlassenen Kindischen Herrn, so seiner lieben haußehr tödtlichen abgang kaum empfindett, in Gnaden lassen befohlen sein, Vndt nach seinem Väterlichen willen Vndt wollgefallen, da es ihm selig, bald nachhohlen, auff das sie, weil sie in einem Jahr gebohren, Vndt sie ihn nur 4 wochen an Alter superiorett *übertrifft* Vndt geruhig 48 Jahr im Ehestand gelebett, gleiche frewde Vndt wonne in d ewigen herrlichkeitt haben mögen. Wardt im Montag den 6 Sept. begraben. M. **Lepner** hatt die Leichpredigt gethan ex C. 7 Jobi toto. *Aus dem ganzen 7. Kapitel des Buches Hiob* [Witt 293]

104 Ursula Diekau, ∗ Königsberg 1566, ✝ 5. 9. 1627

Vrsula
Diekausche ist Ao 1566 alhie in d Altstadt gebohren. Ihr Vater hatt geheissen Hans

---

223 Dassow, Amt Grevesmühlen (Mecklenburg).

224 **Christoph**, Herzog zu Mecklenburg (1537-1592), Administrator zu Ratzeburg.

225 Schönberg, im Fürstentum Ratzeburg (Mecklenburg).

Bergaw Schuster, Ihre Mutter Clara: Welche Ihre Eltern sie nach der Tauffe Christlich erzogen, Vndt als sie ihr 20 Jahr erreichettt, ist sie Hans **Diekawen** Schustern Verehligett mitt welchem sie dreissig Jahr gelebett, durch Gottes Segen 9 Kinder gezeugett 5 Sohn, 4 Tochter, davon nur 1 Sohn Vndt 2 Töchter im leben, nach Ihres Mannes absterben ist sie 11 Jahr im Wittwenstand blieben. Hatt sich Christlich Verhalten. Vndt friedlich mitt ihren nachbarn gelebett. Fast den gantzen Sommer Vber hatt sie gequiehnen Vndt nun 9 wochen nacherein ander schwer Zu bette gelegen, in der Krankheitt sich mitt Gott am Dienstag für 8 tagen Versöhnett, ist am Sontag in d nacht 5 Sept Zwischen 11 V. 12 Vhr Verschieden Ao Aetatis 61. M**Wolderus** hat den 8 die Leichp. gethan ex ψ 31 v. 6. In manus tuas &. *Aus Psalm 31 Vers 6 In Deine Hände usw.* [Witt 103]

105 Valentinus Hempel, ✶ Königsberg (Altstadt) 9. 12. 1613, ✝ 7. 9. 1627

Valentinus Hempel Studiosus ist Ao 1613 den 9 December alhie in der Altstadt gebohren, sein Vater ist gewesen Baltzer **Hempell** Kuchenbecker, seine Mutter Vrsula. Welche seine Eltern ihn nach empfangener tauffe Christlich aufferzogen Vndt fleissig zur Schulen gehalten: Als sie aber Ao 1620 in der Pest beyde Verstorben, hatt ihn seine Großmutter itzo Hans **Friedrichs** Chrfl Bawmeisters Ehl haußfraw Zu sich genommen Vndt ihn zum studieren gehalten, dem er auch fleissig obgelegen seinen Pceptoribus *Lehrern* gehorsam gewesen Vndt sich still V. from Verhalten. Für 14 tagen ist Er an grossen brechen krank worden, dazu der durchlauff kommen, als das brechen etwas nachgelassen, hatt er das hochwürdig Abendtmahl mitt andacht empfangen, darauf sich in den willen Gottes mitt fleissigem gebeht befohlen, welcher ihn den 7 durch den Zeitlichen todt Von dieser Weltt abgefordert wardt den 10 begraben. M. **Lepner** hatt die Leichpredigt gethan ex ψ 119 Wie wird ein Jüngling & v. 9. [Witt 266]

106 Caspar Pantzer, ✶ Schleinitz, Amt Meissen / Sachsen 1554, ✝ 12. 9. 1627

Casparus Pantzer Senior Ist Anno 1554 Zu Schleinitz in Meissen unweit Von Naumburg (226) gebohren, Sein Vater hatt geheissen Balsius **Pantzer**, Churfl. Augusti Zu Sachsen Kriegs Oberster, seine Mutter Catharina D. **Steinhöffer** Burgemeister zur Naumburg Ehl T. (227) Diese seine Eltern haben ihn nach der Tauffe Christlich aufferzogen Vndt fleissig zur Schulen gehalten. Nachmahls haben sie ihn nach Zeitz (228) geschickt Vndt daselbst in die Apotek in Dienst gethan, darin Er sich fleissig Vndt from Verhalten. Nach Vollendeten LehrJahren, ist er der Apoteker Kunst weiter nachgezogen, sich zu Wien, Preßburg Vndt andern Örtern exercierett, auch ein Gutt theil Italiae durchgereisett, biß er endtlich Ao 1579 anhero nach Königsbergk kommen, V. sich in des S. H D. Jacobi **Montani** Fürstl. Dhtt in Preußen Leibmedici officinam V. Dienst eingelassen, darin er sich so woll verhalten das er 4 Jahr hernach desselben H D Tochter sophiam geehligett, mitt welcher er 44 Jahr im Ehestand gelebett, (229) durch Gottes Segen 4 Kinder gezeugett, 2 Söhne Vndt 2

---

226 Naumburg an der Saale (Reg.-Bez. Merseburg / Provinz Sachsen).

227 Zu den Verwandtschaftsverhältnissen der Familie Pantzer siehe Abbildung 1 auf S. 34.

228 Zeitz (Reg.-Bez. Merseburg / Provinz Sachsen).

229 Sophia **Pantzer** ✝ 14. 4. 1637 (lfd. Nr. 801).

Töchter (230), die noch alle im Leben, Gott tröste sie. Casparus **Pantzer**, Weill Er eine gutte wissenschafft in der Apoteker Kunst gehabt, ist er Zeitig für einen Fhl Preußischen Hoff Apoteker angenommen Vndt bestellet worden. Darin Er sich trewlich Vndt diensthafftig Verhalten, das er in grossen beruff kommen Vndt allen lieb Vndt angenehm gewesen. Es hatt ihn Gott mitt vielen herrlichen gaben gezeichnett ist ein beredter, erfahrner, Welttweyser, frommer, sanfftmüttiger, auffrichtiger, freygebiger Man, der hoffart Von hertzen feindt gewesen, seine mildigkeitt gegen Arme, wie auch gegen das Ministerium mitt freyer Apotek in Krankheiten bewiesen. Dennoch kein Engell sondn ein Mensch der auch seine gebrechen gehabt, Welche Er erkandt Vndt Gott dem Hn abgebehten Vndt sich fleissig Zum Hochwürdigen Abendtmahl gehalten welches auch für 6 wochen geschehen. Ist in seinem leben wenig Kranck gewesen, daher die Vermuttung kommen, das der erste anstoß desto herter sein würde, welches die erfahrung bezeugett, den er ohngefehr für 4 wochen sich Vbell befunden das ihn Gott mitt einem gefehrlichen geschwür heimgesuchett, welches Ihn Zwar sehr abgemattett, doch aller Vermutung Vndt menschlichen guttbedüncken nach hatt sichs zur besserung angelassen, aber Gott dem Herrn hatts anders gefallen, Der hatt ihn nach seinem wunsch Vndt begehren, damit er diese 2 Jahr Vber mitt Vmbgangen, durch eine Vnversehene plötzliche ohnmacht ohn alle schmertzen sanfft Vndt still Von dieser weltt abgefordertt, in Vergangener Sontags nacht 12 huius Vmb 12 Vhr, im 73 Jahr seines Alters. Wardt im Mittwoch 15 huius begraben M. **Lepner** hatt die Leichpredig gethan Ex Epta [Epistula] ad Hebraeos c 10 Werffett ewer Vertrawen nicht weg usque finem. Exordinum dictum erat ex c 38 Syrach p 4.5.6.7. *bis zum Ende. Das Eingangswort stammte aus Sirach Kapitel 38, Vers 4–7.* [Witt 498]

107 Görg Grohne, ∗ Danzig 1559, ✝ 13. 9. 1627

Görg Grohne Krahmer ist Anno 1559 zu Dantzig gebohren. Sein Vater hatt geheissen Peter **Grohne** handelsman in Dantzig. Seine Mutter Anna Hans **Haferkamps** Tochter, Welche ihn nach der Tauffe erzogen. Ao 1574 ist er anhero an Jost **Reichwein** Seyden Krahmer Verschickt welchem Er 13 Jahr gedienett. Ao 1588 hatt er sich Verehligett mitt fr. Gerdrut **Roloffs** S. Hinrich **Hartwichs** NW. mitt welcher er 24 Jahr gelebett Vndt 2 Töchter gezeugett welche beyde sampt d Mutter gestorben Als Er 1 Jahr im Wittwenstand gewesen, hatt er sich Ao 1613 den 21 Augusti wieder Verehligett mit Christina S. Görg **Horchen** Nachg. Tochter mitt welcher Er ohne leibes Erben in 14 Jahr gelebett. Ao 1600 ist er Zum Hospitahl herrn in Löbnicht erkohren worden, weil er aber schwach auff den füssen gewesen, den er 3 mahl sein bein gebrochen, hatt Er Ao 1609 wieder abgedanckt. Am Donnerstag 9 huius *am 9. dieses [Monats]* ist er kranck worden am bösen halse, daran er am Montag zwischen 7 V. 8 gestorben. Ist den 16 begraben worden, Hatt sonst einen gutten nahmen gehabt Vndt sich Christlich Verhalten, ohne das er in d handlung sehr zurück kommen. M. **Halbach** hatt die Leichpredig gethan ex ψ. 31 v. 6 Dne in manus tuas &. *Herr, in Deine Hände usw.* [Witt 211]

---

230 Ein Sohn heißt ebenfalls Caspar und ist der Ehemann von Anna **Pantzer** ✝ 30. 1. 1632 (lfd. Nr. 526) und der Vater von Caspar **Pantzer** ✝ 18. 3. 1636 (lfd. Nr. 737).
Eine dieser Töchter ist Sophia **Schmidmer** ✝ 12. 6. 1633 (lfd. Nr. 601), deren Ehemann Christoph **Schmidmer** ✝ 30. 7. 1628 (lfd. Nr. 167).

108 JACOB SAHLFELDT, ✶ KÖNIGSBERG 1567, ✝ 24. 9. 1627

Jacob Sahlfeldt ist Ao 1567 alhie zu Königsbergk gebohren. Sein Vater hatt geheissen Andres **Sahlfeldt** Festbecker, seine Mutter Margareta. Welche Ihn nach empfangener tauffe als er ettwas erwachsen das Festbecker Handtwerck lernen lassen, darauff Er nach außgestandenen lehr Jahren gewandert, nachmahl sich Zur Seewarts Versuchett, biß er sein 30 Jahr erreichett, Vndt wieder anhero kommen, hatt er sich Verehligett mitt fr. Anna S. Peter **Röseken** N.W. mitt welcher Er 22 Jahr gelebett Vndt 4 Kind gezeugett, 2 Söhne Vndt 2 Tochter, davon noch 1 Sohn V. 1 Tochter im leben. Nach absterben seiner frawen ist er Wittwer geblieben ins 8 Jahr, da ihn Gott d Herr mitt schweren leibes schmertzen der gicht heimgesucht, daran er im 60 Jahr seines Alters am Freytag des Morgens 24 huius *am 24. dieses [Monats]* zwischen 6 V. 7 gestorben. Ist ein fleissiger Zuhörer des Gottlichen Wortts gewesen, das wen er gesundt gewesen keine Metten Verseumett, auch das hochw. Abendtmahl offters gebraucht. M. **Wolderus** hat am Sontag die Leichpr. gethan ex 1 Thess. 4 v. 13 & 14. [Witt 597]

109 CATHARINA LEMBKE, ✶ KÖNIGSBERG (ALTSTADT) 1577, ✝ 26. 9. 1627

Catharina Lembsche Ist Ao 1577 alhie in d Altstadt gebohren Ihr Vater ist gewesen Jacob **Jordahn** Meltzenbrewer, Ihre Mutter Dorothea. Ao 1593 im 16 Jahr Ihres Alters ist sie Christoff **Wehkern** Kauffman Vndt Mittburger im Löbnicht ehelich Versprochen Vndt Vermählett mitt welchem sie 9 Vmbgehender Jahr im Ehestand gelebett, mitt ihm gezeugett 3 Kinder, 1 Sohn Vndt 2 Töchter, Welche alle nach dem willen Gottes todes Verblichen Nach absterben ihhres ersten Mannes ist sie 3 Jahr im Wittwen stand geblieben. Nachmahlen Ao 1605 hatt sie sich abermahl Verehligett mit Görg **Lembken** (231) ietzo heringbracker Vndt Mittbürger Vnser Altenstadt, mitt welchem sie 22 Jahr im Ehestand gelebett, durch Gottes segen mitt ihm gezeugett 8 Kinder, 2 Söhne Vndt 6 Töchter, davon nur 2 Töchter im leben, die ander alle sindt todes Verblichen. Ihr leben anlangend ist sie ein Mensch gewesen die ihre gebrechen gehabt, hatt sich aber auch Vnterschiedliche mahl des Jahr zum Tisch des Herrn gehalten. Wie solches auch in ihrer hefftigen Krankheitt am Vergangenen Montag geschehen, darauff sie ihren willen in Gottes willen ergeben, welcher sie am Vergangenen Sontag, war der 26 Septemb. Vmb 3 Vhr nachmittag durch den Zeittlichen todt abgefordert im 50 Jahr ihres Alters. wardt wardt den 28 in d Altstadt begraben M. **Lepner** hatt die Leichpredigt gethan ex Syrach 18 O wie ist die Barmhertzigkeitt des herrn so groß & denen die sich zu ihm bekehren. [Witt 394]

110 DOROTHEA ADERMAN, ✶ BARTENSTEIN, KR. FRIEDLAND 1592, ✝ 30. 9. 1627

Dorothea Adermansche ist Ao 1592 Zu Bartenstein gebohren, Ihr Vater hatt geheissen Mattes **Kluge**, ihre Mutter welche noch am leben, Anna. Diese ihre Eltern haben sie nach der H. Tauffe woll erzogen, biß sie ihr 22 Jahr erreichett, ist sie Arendt **Aderman** (232) Kauffmann, d nun Verreisett, ehlich Versprochen worden, mitt welchem sie 13 Jahr gelebett durch Gottes segen 7 Kinder gezeugett, davon 5 gestorben, 2 noch am leben.

---

231 Georg **Lemcke** ✝ 5. 7. 1634 (lfd. Nr. 656).

232 Arend **Aderman** ✝ 16. oder 17 .4. 1631 (lfd. Nr. 481).

Hatt lange gequiehnen, das sie nicht können außgehen dennoch fleissig Zu Hause gebehtett V. sich mitt Gott Versöhnen lassen Am Michaelistag ist sie plötzlich schwach worden, das ihr die sprach ia alle sinnen benommen, das sie vermutlich der Schlag gerühret, daran sie folgenden Donnerstag 30 Sept gestorben, Zwischen 1 V. 2 Vhr nachmittag, wardt im Sontag 3 Octob begraben M. **Halbach** hatt die Leichpredig gethan ex ψ 42 Wie der Hirsch schreyett &. [Witt 3]

111 SUSANNA SCHULTZE, ✶ BRESLAU 1589, ✞ 2. 10. 1627

Friedrich **Hahnen** Schwester, H. Michell **Schultze** fr. (233) ist Ao 1589 zu Breßlaw gebohren Ihr Vater hatt geheissen Görg **Hahn** Handelsman daselbst Ihre Mutter Maria **Preussin**. Als sie ihr 16 Jahr erreichett, ist sie Hans **Oßleben** Burgern zu Breßlaw Verheligett, mit welchem sie friedlich 14 Jahr gelebett Vndt zween Kinder 1 Sohn Vndt 1 Tochter gezeugett V. gebohren, davon die Tochter Verstorben. Nach absterben ihres ersten Ehemannes ist sie 2 Jahr im Wittwenstand gesessen nachmahls sich wieder verheurathett mitt H Michael **Schultzen** Licentiato Juris & cive Breßlaw, *juristischer Lizentiat und Bürger in Breslau* mitt welchem sie 8 Jahr gelebett ohne leibes Erben. Ao 1625 ist sie in Ihrem geschefften mitt dem Vater gen Dantzig Verreisett, von dannen sie sich anhero gegeben ihrem Bruder Vndt gefreundte Zu besuchen, Vnter dessen ist das Kriegswesen in d Schlesien eingefallen, das sie nicht sicher nach hause kommen können, darüber sie in bekümmernüs Vndt Krankheitt gerahten, welche immer mehr Vndt mehr zugenommen, das, wiewoll sie ihrem Man Vndt Kinde gern Zu trost noch lenger gelebett, sie nach Gottes willen mitt welchem sie sich durch den gebrauch des hochwürdigen Abendtmahls Versohnet den 2 Octob. morgens Zwischen 4 V. 5 Vhr Verschieden, 38 Jahr ihres Alters wardt den 5 Oct. begraben, M. **Halbach** hatt Leichpredigt gethan ex ψ 68 Gott legett Vnß eine last auff &. [Witt 675]

112 CHRISTOPHORUS RODEMAN, ✶ KÖNIGSBERG (ALTSTADT) 31. 1. 1577, ✞ 6. 10. 1627

H Christophorus Rodeman ist Ao 1577 den 31 Januarii alhie in d Altstadt gebohren Sein Vater ist gewesen Michell **Rodman** Meltzenbrewer Seine Mutter Benigna **Dackawin** welche 5 Jahr nach dem sie den Sohn zur Weltt gebohren todes Verblichen. Diese seine Eltern haben ihn nach empfangener Tauffe Christlich erzogen Vndt fleissig zur schulen gehalten darin er biß Ao 1593 hernacher hatt er in Academia Patria Theologiae V. Medicinae Professores *an der heimatlichen Universität die Professoren der Theologie und der Medizin* fleissig gehörett (234), biß er Ao 1600 ad Exteras Academias *an auswärtige Universitäten* sich begeben, 2 Monatt Zu Leiptzig Verharrett Von dannen Nach Straßburg Vndt weiter in Hessen nach Marpurg sich begeben. Nachdem Er fast alle berümte Städte Deutschlandes besehen, ist er auff erfordern seines Vaters Ao 1604 wieder anhero nach Königsbergk kommen Vndt sich selben Jahres den 18. Octobr. mitt J. Catharina S Andres **Lüdken** Meltzenbrewers d Altenstadt N Ehl. einigen Tochter Verehliget Vndt Ao 1605 den 29

233 Ihr Vorname Susanna findet sich im Namensregister des Kirchenbuches. Zu diesem Register siehe die Einführung, S. 8.

234 Immatrikuliert 23. 6. 1591 als Christophorus Rodemannus Regiomontanus. (Erler, S. 110).

Aprilis hochtzeitt gehalten mitt Ihr 23 Jahr ohne leibes Erben gelebett. Ao 1607 ist er ins Gerichs Mittell erkohren Ao 1611 ins Rahts Mittell. Ao 1621 Zum Richter erwehlett Ao 1624 Zum Vogt der Freyheitt Steinthamb. Den 9 Augusti ist er schwerlich kranck worden, daran er den 6 Octobr. nach 12 Vhr gestorben im 51 Jahr seines Alters. Ist ein frommer Gottseliger friedliebender Man gewesen, der sich sehr fleissig Zum gehör Göttlichen Wortes gehalten, V. selten eine wochenpredigt Verseumett; Hatt sich auch fleissig Zum hochwürdigen Abendtmahl gehalten, wie auch in seiner Kranckheitt sich durch dessen gebrauch zum Seligen abscheidt bereit gemacht, wardt den 8 Octobr. begraben. M. **Wolderus** hatt die Leichpredig gethan ex Apocal. 14 Beati mortui, qui in Dno moriunt[ur] &. *aus der Offenbarung des Johannes Kap. 14 Selig sind die Toten, die in dem Herren sterben* [Witt 580]

113 Maria Köster, ✶ Marienwerder 1574, ✞ 18. 10. 1627

Maria Köstersche

Rohtgisserin ist Ao 1574 Zu Marienwerder gebohren, Ihr Vater hatt geheissen Andres **Gollenhawer** Organist daselbst, Ihre Mutter Maria. Welche Ihre Eltern ihr frützeitig mitt tod abgangen, derowegen sie, als nur 2 Jahr altt gewesen, Von ihrer Medder (235) fr. Hedwig **Zwergi** ein Fstl Frawenzimmer auffgenommen Vndt hernach Zu Königsberck Zum Andres **Giesell** gebracht worden, bey welchem sie 8 Jahr gewesen, nachmahls ist sie Zu ihrem Vormundt Andres **Ambach** im Kneiphoff kommen bey welchem sie 7 Jahr gewesen. Als sie ihr 17 Jahr erreichett, hatt sie sich Ao 1591 Verehligett mitt Balthasar **Seidler** Rohtgiesser Vndt Gerichts Verwandter Auffm Steinthamb, mitt welchem sie 10 Jahr im Ehestandt gelebett durch Gottes Segen gezeugett 5 Kinder, 2 Söhne V. 3 Töchter, welche alle sampt dem Vater Ao 1602 in d Pest gestorben. als Sie 1 Jahr im Wittwenstand gesessen hatt sie sich Ao 1603 abermahl Verehligett mitt ihrem ietzt hinderlassenen betrübten Wittwer Hinrich **Köster** Rohtgiesser mitt welchem sie 24 Jahr im Ehestand gelebett, mitt ihm 6 Kinder gezeugett 4 Söhne Vndt 2 Töchter, Von welchen noch 3 Söhne Vndt 1 Tochter (236) im leben. Hatt sich in ihrem Christenthumb woll Verhalten Gottes Wortt geliebett auch fleissig zu Hause gelesen Vndt gebehtett, sondlich in ihrer langwierigen Kranckheitt der Darmgicht Vndt schwindtsucht, darin sie wie sonst offt, sich Vnterschiedliche mahl berichten lassen, welches auch am Sontag zuvor geschehen, als sie den Montag abendt zwischen 10 Vndt 11 Vhr sanfft Vndt selig im 52 Jahr ihres Alters im Herrn entschlaffen. Wardt den Donnerstag 21 huius begraben M. **Lepner** hatt die Leichpredigt gethan ex Ps 77 vs prioribus 11 incl. *aus Psalm 77, den ersten Versen bis Vers 11 einschl.* [Witt 355]

114 Hanß Kiehnast, ✶ Namslau / Reg.-Bezirk Breslau 1581, ✞ 23. 10. 1627

Hanß Kiehnast

Fleischhawer ist Ao 1581 Zu Namschell in der Schlesig gebohren Sein Vater hatt geheissen Valentin **Kiehnast** Rahtsverwandter daselbst, seine Mutter Elisabeth, welche ihn in der Tauffe dem H vortragen lassen. Als ihm aber die Eltern zeitlich abgestorben, hatt ihn sein Vormundt Bartell

235 Altertümlich für Tante von Seiten der Mutter (Schwester der Mutter), siehe: < www.wiki-genealogy.net > (Abfrage am 15. 12. 2012).

236 Das ist Maria **Artzt** ✞ 21. 10. 1629 (lfd. Nr. 328).

Friedrich Zu sich genommen, Zur schulen gehalten, das er neben dem Catechismo lesen Vndt schreiben, nachmahls auch das Fleischhawer Handtwerck gelernett, da er den nach außgestandenen LehrJahren fast 6 Jahr bey seinem Vorgedachten Vormundt Vndt Lehrmeister geblieben Ao 1603 hatt er sich auff die Wanderschafft begeben Vndt Ao 1604 alhero nach Königsberg sich begeben, Vndt hie biß ins siebende Jahr gedienet. Ao 1610 auff Martini hatt er sich in Ehestandt begeben mitt J. Sophia Martin **Schimmelpfennings** T. mitt welcher er 17 Jahr im ehestand gelebett, mitt ihr 11 Kinder, 5 Sohne V. 6 Töchter geZeugett, Von welchen noch 2 Söhne V. 4 Töchter am Leben. Ao 1621 ist er Vom Erb. Rahtt ins Steinthambsche Gericht gekohren worden, darin Er sich mitt seinen Collegen woll verhalten. Für 1 1/2 Jahren ist er in eine gefehrliche Krankheitt gerahten daran er fast ein gantz Jahr gelegen. Ob Er schon ein wenig zurecht kommen, hatt er doch offter harte anstöß gehabt das man sich seines lebens Verwegen, wie solches auch für 4 wochen geschehen. Im Freytag abendts, da seine haußfraw ihren Kirchgang außm Kindbett gehalten, hatt Er mitt Ihr Vndt seinen Kindern fleissig gesungen Vnterschiedliche Psalmen V. sterblieder, darauff sich zu bette geleget Vmb 1 Vhr hatt ihn wieder eine schwere ohnmacht befallen, in welcher Er den Nachbarn, Welche Ihn soViel möglich erquicken willen, Vntern henden geblieben. V. Gott dem Hn seinen Geist auffgeben, im 46 Jahr seines Alters ist ein frommer Man gewesen, d sich fleissig zur Kirchen Vndt dem hochwürdigen Abendtmahl gehalten, wardt im Montag war der 25 huius *25. dieses [Monats]* begraben, M. **Wolderus** hatt die Leichpdig gethan ex Marci 13 Cap. v. 33 & 34. [Witt 335]

115 Magdalena Albrecht, ✶ Königsb. (Altstadt) 25. 1. 1601, □ 28. 10. 1627

Magdalena Martin Albrechts (237) Steinhawers fr. ist Ao 1601 den 25 Januarii allhie zu Königsbergk in der Junckergaß (238) gebohren, Ihr Vater heissett Jochim **Krantz** Lackey, Ihre Mutter Catharina, welche sie nach d H Tauffe zu allem gutten aufferzogen. Ao aetatis 24 hatt sie sich Verehligett mitt Jacob **Ottinger** Steinhawer, mitt welchem sie gar wenig wochen gelebett ohne leibeserben. Nach dessen absterben, hatt sie sich wieder verehliget mitt Martin **Albrecht** Bild V. Steinhawer, mit welchem sie 2 Jahr 15 wochen gelebett, mit ihm gezeuget, mit ihm 3 Kinder gezeugett, davon eins todt, die andern 2 Söhne welches Gemelli *Zwillinge* sein leben. Die Mutter aber hatt Vber sie bald nach d geburt ihr leben gelassen im 27 Jahr Aetatis ist für 14 tag Zum tisch des Hn gewesen M. **Lepner** hatt den 28 huius die leichpredig gethan Ex Esa 26 v. 16.17.18.19.

[Witt 9]

116 Ursula Richter, ✶ Königsberg (Altstadt) 26. 2. 1600, ✞ 27. 10. 1627

Vrsula
Baltzer Richters Fleischhawers fr. Ist Ao 1600 den 26 Febr. alhie Zu Königsbergk in d Altstadt gebohren, Ihr Vater hatt Adam **From** geheissen ein Fleischhawer, Ihre Mutter Anna, so noch am leben aber in langwieriger Krankheitt liegett (239). Diese haben sie nach der Tauffe erZogen Vndt im 19

---

237 Martin **Albrecht** ✞ 11. 10. 1629 (lfd. Nr. 303).

238 Junkerstraße nördl. des Schlosses in Königsberg.

239 Ihre Mutter Anna **Wagner** ✞ 9. 11. 1627 (lfd. Nr. 118) starb nur zwei Wochen später.

Jahr ihres Alters Ludwig **Hoffmannen** Von Domnaw (240) Fleischhawern alhie Verehligett, mit welchem sie 2 Jahr ohne erben gelebett. Als sie nach absterbung dessen ein Jahr Wittwe geblieben, hatt sie sich zum ander mahl Verehligett mitt Baltzer **Richtern** auch Fleischhawer alhie mitt welchem sie fast ins 6 Jahr auch ohne leibes Erben gelebett. Ist für 8 wochen krank worden Vndt am Vergangenen Mittwoch den 27 huius *27. dieses [Monats]* gestorben im 28 Jahr ihres Alters. Ihr Christenthumb ist sehr schlecht gewesen, wenig Zur Kirchen Viel weniger Zum hochwürdigen Abendtmahl sich gehalten, sondern dem fluchen Vndt sauffen Zu gethan gewesen, das auch Ihre Mutter Vber sie geklagett. Derowegen M. **Halbach** drey Vnterschiedliche mahl bey ihr gewesen, ehe sie zur rechten erkendtnüs Vndt wahrer rew derselben kommen, V. als sie die hertzlich beweinett, ist sie absolvierett V. communicierett worden. Wardt den 22 Sontag post Trinit, 31 huius begraben, M. **Halbach** hatt die Leichpdigt gethan ex 1 Thimoth. 1 Certus & indubitatus Sermo p *aus dem 1. Timotheuusbrief Kap. 1 [Vers 15] Das ist gewisslich wahr und ein teuer wertes Wort usw.* [Witt 572]

117 CLARA EBERT, ✶ FLENSBURG 1590, ✞ 5. 11. 1627

Clara Ebertsche ist Ao 1590 Zu Flenßburg in Hollstein gebohren, Ihr Vater ist Görg **Preuß** ein Reiffschläger Vndt Seefahrender Man gewesen, Ihre Mutter Anna S. Lorentz **Winters** T. Welche Ihre Eltern ein halb Jahr nach Ihrer geburt Vndt empfangener tauffe sich anhero in Preussen begeben Vndt gesechssett [sic], Im 15 Jahr ihres Alters hatt sie sich Verehligett mitt Ambrosio **Pflüger** einem Zimmergesellen mitt welchem sie 19 Jahr im Ehestand gesessen, mit demselben durch Gottes Segen 8 Kinder geZeugett, davon 2 todt auff die Weltt kommen, sind aber alle vor d Mutter gestorben. Nach absterben ihres Ehmans hatt sie sich wied verehligett mit Christian **Ebert** ietzt hindlassenen Wittwer mitt welchem sie nur 1 Jahr weniger 3 wochen gelebett mitt ihm ein Kind gezeugett, Vber welchem Sie, nach dem Sie es vorher gesandt, 4 wochen hernach ihr leben eingebüssett, ist am Vergangenen Freytag Zu nacht zwischen 8 V. 9 Vhr im 36 Jahr ihres Alters Verschieden. M. **Wolderus**, bey welchem sie offt zur beicht gewesen, d sie auch in ihren 6 wochen berichtet nach dem sie den tag Vor ihrer erlösung in d Kirch die Absolution empfangen, hatt die Leichpredig gethan ex Philip. 3 Vnser Wandell ist im Himmel &. [Witt 122]

118 ANNA WAGNER, ✶ KÖNIGSBERG (ALTSTADT) 1572, ✞ 9. 11. 1627

Anna Hinrich Wagners Fleischhawers fr. ist Ao 1572 alhie gebohren, Ihr Vatter hatt geheissen Wilhelm **Ranck** Altstädtischer Stadt=Zimmermann, Ihre Mutter, Elisabeth. Diese Etlern haben sie nach empfangener tauffe als sie erwachsen Zur Schulen gehalten, das sie fertig hatt lesen können, Als sie ins 18 Jahr kommen, hatt sie sich Ao 1590 Verehligett mitt Adam **Frommen** Fleischhawer alhie, mitt welchem Sie 23 im Ehestand gelebett, mitt ihm 7 Kinder gezeugett 3 Söhne V. 4 Töchter, welche alle todes

240 Domnau, Kr. Friedland.

Verblichen (241). Nach absterben ihres Mannes ist sie ein Jahr im Wittwenstand Verharrett, nachmahls zur andn Ehe geschritten mitt Hinrich **Wagner** Fleischawer alhie mitt welchem sie ins 13 Jahr ohne leibes Erben in friedlicher Ehegelebett. Für 2 Jahren ist sie gantz lagerhafftig worden, biß sie Gott der Herr am Vergangenen Dienstag nachmittag Zwischen 3 Vndt 4 Vhr durch den Zeittlichen todt abgefordertt, Ist sonst from Vndt Gottfürchtig gewesen, sich fleissig zum gehör Göttliches Worts Vndt zum gebrauch des hochwürdigen Abendtmahls gehalten. Ist den 11 Novemb. begraben M. **Halbach** hatt die leichpredigt gehalten ex ψ 121 v. 1 & 2. [Witt 764]

119 BERNHARDT THEGE D. Ä., ✶ KÖNIGSBERG 1562, ✝ 17. 11. 1627

Bernhardt

Thege der Elter ist Anno 1562 alhie gebohren sein Vater ist gewesen H Frantz **Thege** beyder Rechten Doctor, dreyer Fürsten Vndt Herzogen in Preussen Hoff=Raht, Seine Mutter Fr. Christina H. Bernhardt **Büttners** W[weiland]. Altstädtischen Burgemeisters Ehl. T. Diese seine Eltern haben ihn nach empfangener tauffe fleissig zur Schulen V. Studieren gehalten. Im 9 Jahr seines Alters hatt ihn sein H Vater nach der Freystadt in die Schlesie (242) Zu seinem Bruder H Hans **Thegen** Burgemeistern daselbst geschickt, alda er eine Ziemliche Zeitt frequentierett Vndt sich auffgehalten. Als ihm sein H Vater abgestorben Vndt seine fr. Mutter sich anderweit Verheyrahtett mitt Hn Christophoro **Winter**, Burgemeister dieser Altenstadt, ist Er auß d Schlesien abgefordert Vndt in Pohlen nach Warschaw Vndt Lomse (243) die sprach zu lernen Verschickt, darauff er den Studiis valedicierett *den Studien Lebewohl gesagt* Vndt seinem StieffVater im Kauffhandell trew Vndt fleissig biß an dessen todt gedienett. Ao 1586 den 16 Decembris hatt Er sich Ehlich Versprochen mitt J. Anna S. Hans **Körsen** Ehl T. mitt welcher er in 14 Jahr im Ehestand gelebett durch Gottes Segen mitt Ihr 8 Kinder gezeugett, 4 Söhne Vndt 4 Töchter, davon noch 2 Söhn Vndt 2 Töchter (244) im leben.

Bernhardt Thege

In seinem Testament hatt er einem jeden Vnter Vns 10 Rthal. Vermacht, welche seine Nachgel. Wittwe den 15. Jan. 1628 eingelieffertt

Senior hatt nach absterben seiner Vorigen Frawen Ao 1601 den 7 Septemb. sich anderweit Verehligett mitt J. Regina H Bernhardt **Fahrenheids** RahtsVerwandten im Kneiphoff Ehl. T. seiner ietzt hinderlassenen Wittwen, mit welcher er 27 Jahr gelebett, mitt Ihr durch Gottes segen gezeugett 5 Kinder, 4 Töchter Vndt 1 Sohn, davon 1 Sohn Vndt 2 Töchter im leben. Ist seines Christenthumbs halben ein liebhaber Gottes Worts gewesen Vndt fleissig zum hochwürdigen Abendtmahl sich gehalten. Vnum extra Confessionem in AX fuit in Tenax. [sic - *unklar*] hatt sehr offt Vndt schwer an der Gicht gelegen, aber gar geduldig, daran er gestorben, den Mitwoch zu Mittag, Im 68 Jahr seines Alters. M **Lepner** hatt die Leichpredigt gethan Dom. 25 post Trinitatis ex ψ. 71 v. 17 & 18. Gott du hast mich Von Jugendt auff gelehrt &.

[Witt 730]

---

241 Die Tochter Ursula **Richter** ✝ 27. 10. 1627 (lfd. Nr. 116) war nur zwei Wochen vorher gestorben.

242 Freystadt, Reg.-Bezirk Liegnitz (Schlesien).

243 Łomża, Woiwodschaft Podlachien (Polen).

244 Anna **Thege** ✝ 4. 4. 1636 (lfd. Nr. 742) ist eine Enkelin von ihm.

120 Hanß Rabe, ✶ Dresden 1591, ✝ 22. 11. 1627

Hanß Rabe Eysenkrahmer ist Ao 1591 Zu Dreßden in Meissen gebohren. Sein Vater hatt auch Hans **Rabe** geheissen, Seine Mutter Barbara, Welche seine Eltern ihren Sohn nach empfangener Tauffe aufferZogen, Ihn alhie, daher sich sein Vater als ein Fürstlicher Diener begeben Zur schulen gehalten, Vndt als Er seinen Catechismum auch fertig lesen Vndt schreiben gelernett hatt ihn d Vater in Pohlen, Vndt als er d sprach kundig worden, in Meissen nach Annenberg (245) Verschickett, da Er das Formschneiden Vndt conficieren (246) gelernett. Ao 1608 ist er wieder anhero zu seinem Vater kommen, Vndt sich Von seiner Kunst genehrett. Ao 1613 hatt Er sein Bürgerrecht auff Cramerey gewonnen (247). Ao 1616 den 5 September hatt Er Hochzeitt gehalten, mitt J. Dorothea Peter **Mahrholtzen** Cramers N. Ehl T. mitt welcher er ins angehende 12 Jahr gelebet, durch Gottes segen gezeugett 5 Kinder, 4 Töchter Vndt einen Sohn, davon noch 2 Töchter im leben. Ist bald das and Jahr nach d hochzeitt an der Gicht krank worden Vndt offter lagerhafftig gewesen, biß er nun zuletzt 38 wochen lang immer Zu bette gelegen, in welcher seiner Kranckheitt er für 4 wochen communicierett Vndt auff ein seliges abscheiden, wiewoll er gern lenger leben wollen, sich dennoch gefast gemacht, wie den Gott d Herr seinen willen an ihm erfüllett, Vndt ihn am Vergangenen Montag Zwischen 4 V. 5 Vhr des morgens durch den Zeittlichen todt Von dieser Weltt abgefordert im 36 Jahr seines Alters, wardt den 24 auffm Steinthamb begraben. M. **Wolderus** hatt die Leichpredigt gethan ex Tobiae 12 c Dieweill Du Gott lieb wahrest &. (248) [Witt 546]

121 Catharina Wollse, ✶ Thorn 1559, ✝ 22. 11. 1627

Catharina Thomas Wollsen Anckerschmieds fr. ist Ao 1559 Zu Thorn gebohren, Ihr Vater hatt geheissen Hans **Paschke** ein Kuchenbecker, Ihre Mutter Anna, Welche todes Verblichen als sie nach empfangener tauffe nur 2 Jahr alt gewesen, d Vater Vnterwegens als Er in die Schlesie nach seinem Patrimonio *väterlichen Erbgut* gereisett ermordett worden, die mutter sich zu tod gemühett. dwegen sie Von ihren Freunden nach Dantzig genommen, daselbst zur schulen gehalten Vndt aufferzogen worden. Im 15 Jahr ihres Alters ist sie Vereheligett worden Simon **Eisenhoff** Ankerschmiedgesellen, mitt welchem sie nur 1 Jahr Vndt 15 wochen gelebett V. 1 Tochter gezeugett, welche Vnlengst gestorben. Nach dem Ihr erster Man im Dantzger Kriege erschossen worden, ist sie ein halb Jahr hernach Zur andn Ehe geschritten, mitt Lorentz **Ewert** auch Ankerschmiedgesellen, mitt welchem sie 33 1/2 Jahr gelebett, mitt ihm gezeugett 10 Kind, 8 Söhne V. 2 Töchter welche auff einen Sohne nahe, von dem man doch nicht weyß ob Er noch im leben od schon todt sey, alle todes Verblichen. Nach dem ihr and Man alhie zu Königsbergk verstorben, V. Sie eine Zeitt lang im Wittwenstand geblieben, hatt sie sich zum 3 Mahl Verehligett, mitt ihrem ietzt nachgelassenen Wittwer Thomas **Wollsen** (249) Altstädtischem Ankerschmied, mitt welchem Sie fast 15 Jahr ohne Leibes

---

245 Annaberg (Königreich Sachsen).

246 Bedeutung unklar. Von lateinisch conficere = beenden, fertigstellen, ausfertigen ?

247 Christoph **Bodden** ✝ 14. 9. 1629 (lfd. Nr. 2173) und Daniel **Kabovius** ✝ 9. 10. 1629 (lfd. Nr. 300) sind bei (diesem?) Hans Rabe in Dienst gewesen.

248 Gemeinsame Trauerfeier mit der nachfolgenden Catharina Wollse.

249 Thomas **Wolsen** ✝ 24. 9. 1630 (lfd. Nr. 443).

[ergänze: Erben] gelebett. Hatt einen schweren schwindell im haupt gehabt, das sie nun 8 Jahr hero nicht können außgehen, hatt sich zu hausse offters berichten lassen, welches auch 3 mahl in ihrer Kranckheitt geschehen, da sie 1 Jahr Vndt 15 wochen immer bettreisig gesesen. Hatt sehnlich Vmb aufflösung gebehtet, welches ihr gebeht Gott erhörett vndt sie am Montag zwischen 9 Vndt 10 Vhr durch den Zeittlichen todt abgefordertt im 69 Jahr ihres Alters. Wardt mit Hans **Raben** in einer Leichpredigt begraben. Hatt ein Testament gemacht, darinnen sie auch Vnser Ministerium bedacht, V. einem jeden Vnter Vns 1 fl Vngl Zu Leputiret. [Deputieret *zugewendet*] (250) [Witt 813]

122 Elisabeth Möller, ✶ Memel 1574, ✞ 25. 11. 1627

Elisabeth Möllerin ist Ao 1574 Vor 53 Jahren Zur Mümmell gebohren Ihr Vater hatt geheissen Hans **Talck**, ihre Mutter Gerdrutt, Welche sie nach der Tauffe woll aufferzogen, Vndt als sie ihre 18 Jahr erreichett, ist sie M. Paul **Glaß** einem Bader Vereheligett, mitt welchem sie 10 Jahr gelebett, Vndt mitt ihm 3 Kinder gezeugett, welche schon todt. Nach ihres ersten Mannes todt ist sie 4 Jahr im Wittwenstand geblieben, nachmahl sich wieder befreyett mitt Hinrich **Möller**, mitt welchem sie 17 Jahr gelebett, mit ihm 7 Kind gezeugett, davon noch 2 Söhne am leben. Nach ihres andn Ehemans todt, ist sie 4 Jahr im Wittwenstand geblieben. Vndt weil sie Gott mitt einem gefehrlichen schaden heimgesucht, hatt sie sich alhier Vnter die handt des Artztes begeben Verhoffende der besserung. Gott dem Hn aber hatt es anders gefallen, der sie den 25 huius Vmb 2 Nachmittag Von dieser Weltt abgefordertt im 53 Jahr Ihres Alters. Wardt im Sonnabendt begraben, M. **Wolderus** der sie berichtett, hatt die Leichpredigt gethan, ex Thren. 3 Es ist ein köstlich ding geduldig sein &. [Witt 463]

123 Hedwich Schwed(en), ✶ Kamstigall, Kr. Fischhausen 1560, ✞ 3. 12. 1627

Hedwich Martin Schweden Nachgelassene Wittwe, ist Ao 1560 Vor 67 Jahren Zu Kamstigall im Fischhausischen gebohren. Ihr Vater hatt geheissen Jacob **Mentzkahl** gewesener Fischer desselben orts, ihre Mutter Anna: Welche diese ihre Tochter nach d Tauffe zu allem gutten aufferzogen Ao 1578 im 18 Jahr ihres Alters ist sie Verehligett worden Hanß **Fischer** Gildefischer dieser Altenstadt, mitt welchem sie 13 Jahr gelebett, mitt ihm 6 Kinder gezeugett, 3 Söhne Vndt 3 Töchter, davon noch 1 Sohn im leben. Nach dem tode ihres ersten Mannes ist sie ein gantz Jahr im Witwenstand geblieben, nachmahl sich wieder Verehligett mitt Casper **Hoffmann** auß d Wangitte (251), auch ein Gildefischer alhie, mitt welchem sie 4 Jahr gelebett V. 2 Kinder gezeugett, 1 Sohn V. 1 Tochter, davon der Sohn noch am leben. Nach des andn Mannes absterben, als sie abermahl 1 Jahr im Wittwenstand blieben, hatt sie sich fürs 3 Verehligett mitt Marten **Schweden** auß der Passerge (252), auch ein Gildefischer alhie, mitt welchem sie 16 Jahr gelebett Vndt 1 Tochter gezeugett, so noch am leben,

---

250 Die Worte "Hatt ein Testament gemacht ….. Leputieret" sind in kleiner Schrift von anderer Hand unter den Text hinzugefügt.

251 Wangitt, Landkreis Königsberg i. Pr.

252 Wohl nicht Neu Passarge, Kr. Braunsberg, das im katholischen Bistum Ermland liegt und nach Lange (S. 552) erst 1830–1845 gegründet wurde.

nach dessen absterben ist sie 14 Jahr Vndt also biß an Ihr ende im Wittwenstand geblieben. Hatt sich still V. from Verhalten, Gottes wort gerne gehörett, Vndt fleissig Zum Hochwürdigen Abendtmahl gehalten, welches auch am Sontag für 8 tagen in der Kirchen geschehen. Am Freytag Vmb 6 Vhr auff den Abendt ist sie plötzlich kranck worden, Vndt ob man schon aller handt gewöhnliche mittell gebraucht, hatts doch nicht helffen wollen, sondn Gott hatt sie Vmb 8 Vhr, da rumb sie gebehten auffgelösett Vndt Zu sich genommen im 67 Jahr ihres Alters. Wardt am Montag den 6 dieses begraben M. **Lepner** hatt die Leichpredigt gethan ex Esaiae cap 35 v. 10. Die Erlöseten des Herrn werden wied kommen. [Witt 687]

124 Gerdrutt Garlosberger, ✶ Zinten, Kr. Heiligenbeil 1585, ✞ 9. 12. 1627

Gerdrutt Adam Garlosbergers fraw ist Ao 1585 für 43 Jahren Von Christlichen Eltern Zu Zinten gebohren, Ihr Vater hatt geheissen Hanß **Satt** ein Rademacher, Ihre Mutter Barbara **Plöckin**, Diese ihre Eltern haben sie nach der tauffe erZogen, Vndt als sie 12 Jahr altt worden anhero nach Königsbergk Zu ihrer Schwester Vrsula geschickett, bey welcher sie drey Jahr gewesen, nachmahls ist sie in den Kneiphoff zur fr. **Porschen** kommen, welcher sie 9 Jahr gedienett. Als sie ihr 25 Jahr erreichett, ist sie Hans **Lingnern** einem huttmacher Vndt Mittbürger dieser Altenstadt Verehligett worden, mitt welchem Sie 6 Jahr gelebett, mit ihm 3 Kinder, 2 Söhne Vndt 1 Tochter gezeugett, davon noch 1 Sohn im leben. Nach absterben ihres ersten Mannes, nachdem sie ein Jahr im Wittwenstand geblieben, hatt sie sich Verehligett mit ihrem ietzt hinderlassenen Wittwer Adam **Garloßberger** (253) auch huttmacher, mitt welchem sie ins 12 Jahr gelebett, Vndt Vndt 2 Töchter mit ihm gezeugett, welche schon Verstorben. Für 12 wochen hatt sie Gott mitt d Gelben sucht heimgesucht, dazu auch andre Symptomata zugeschlagen, das sie immer schwecher worden, in welcher schwachheitt sie das hochwürdige Abendtmahl, Zu welchem sie auch bey gesunden tagen sich fleissig gefunden, empfangen, Vndt sich Gott befohlen, welcher sie am Vergangenen
/ 9 Decemb. Donnerstag abendt / Vmb 4 Vhr durch den Zeitlichen todt, im 43 Jahr ihres Alters, abgefordt. Hatt sich sonst still V. from Verhalten, Wardt Dom. 3 Adventus 12 Decemb begraben, M. **Lepner** hatt die Leichpdigt gethan ex c. 35 Esaiae v. 3 & 4. Sterckett die müden Hände &. [Witt 170]

125 Christoph Weydner, ✶ Ottmachau, Kr. Grottkau / Reg.-Bezirk Oppeln 1561, □ 26. 12. 1627

Christoph Weydner Kürschner ist Ao 1561 Zu Ottemachaw in der Schlesien gebohren. Sein Vater hatt geheissen Lucas **Weydner**, seine Mutter Margareta **Kurtzersche** Vnterm Bischoff Von der Neuß (254). Diese haben ihn nach empfangener tauffe erZogen, Vndt als Er erwachsen, gern bey der Catholischen Religion behalten, Er hatt sich aber im 10 Jahr seines Alters, als man ihn Vnter die Jesuiten thun wollen nach der Neuß (255) zu einem Kürschner gegeben, bey welchem Er 7 Jahr gewesen, nach außgestandenen LehrJahren, hatt er 19 Jahr Vmbher gewandert Vndt

---

253 Adam **Garlosberger** ✞ 18. 7. 1631 (lfd. Nr. 490).

254 Territorium der Bischöfe von Breslau. Nach: www.wikipedia.de / Fürstentum Neisse. (Abfrage am 15. 12. 2013).

255 Neisse / Reg.-Bezirk Oppeln.

sich Wollversucht, endtlich hatt Er sich zu Friedlandt niedergelassen Vndt das Werck gewonnen. Ao 1597 hatt er sich Verehligett mitt Elisabeth S. Hn Hanß **Löllhöffels** (256) GerichtsVerwandten Dienerin (257), mitt welcher er ins 31 Jahr gelebett, durch Gottes Segen 7 Kinder mitt Ihr gezeugett, 2 Söhne Vndt 5 Töchter, davon nur 1 Sohn, von welchem man doch nicht weiß wo Er ist,Vndt 1 Tochter im leben; hatt sich sonst still Vndt Christlich Verhalten, hatt ziemlich lang gekrenckett M. **Wolderus** der ihn berichtett V. in der Krankheitt besuchett hatt ihm 26 huius *am 26. dieses [Monats]* die Leichpdigt gethan

Textus fuit ψ 42 Aetat 66 *Der Text war aus Psalm 42. Sein Alter 66 Jahre*

[Witt 791]

126 Matthaeus Erdtman,
✶ Döhlen, Kr. Dresden-Altstadt? 1590, ✞ 25. 12. 1627

Matthaeus Erdtman, Schneider ist Ao 1590 Zu Dehlen (258) in Meissen gebohren Sein Vater ist gleichen nahmens bürger daselbst gewesen, seine Mutter Christina, Welche ihren Sohn nach empfangener Tauffe, als Er erwachsen, das Schneiderhandtwerck haben lernen lassen, auff welches Er hernach etliche Jahr gewandert, Vndt als er anhero kommen, hatt er sich Verehligett, mitt fr. Elisabeth S. Peter **Wachschen** N.W. mitt welcher Er 11 1/2 Jahr ehlich gelebett, durch Gottes Segen 7 Kinder mitt Ihr gezeugett, 6 Söhne Vndt 1 Tochter, davon noch 2 Söhne Vndt 1 Tochter im leben. Für 8 tagen hatt ihn Gott der herr mitt plötzlicher leibes schwachheitt Vndt Mattigkeitt heimgesuchtt, welche also Zugenommen, das Er im ersten Weihnachtstag Zwischen 12 V. 1 Vhr Zu Mittag Verschieden. Wardt den letzten Feyertag begraben M **Halbach** als sein beichtVater hatt die Leichpredigt gethan ex vbis [sic] Jacobi Gen. 49. Herr ich warte auff Dein heyll.

[Witt 132]

256 Der Vater des Hans **Lölhöfel** ✞ 31. 8. 1627 (lfd. Nr. 101).

257 Sie war nach dieser Ehe ein zweites Mal verheiratet: Elisabeth **Hennenberger** ✞ 30. 10. 1630 (lfd. Nr. 452).

258 Ernst Witt: Lesung unsicher.

ANNUS
M D C XXIIX
á nato christo.
IANUARIUS

127 REINHOLDT LANGERFELDT, ✶ KÖNIGSBERG 28. 6. 1576, ✞ 16. 1. 1628

18. Jan. ♂ Herr Reinholdt Langerfeldt Senator
n[ost]rae Reipublicae *Ratsherr in unserer Stadt*

Ist Ao 1576, den 28. Junii Von Christlichen Eltern alhie Zu Königsbergk gebohren worden. Sein H Vater ist gewesen der EhrenVeste Vnd Vornehmgeachte Peter **Langerfeldt**, Mittbürger Vnd vornehmer handelsman dieser Altenstadt (259). Seine fr. Mutter Ursula **Schützin** (260), welche noch am Leben.

Diese seine Eltern haben Ihn von Jugent auff Zu aller Gottesfurcht aufferZogen. Nach dem Ihm aber sein Vater Zeitig mit Tod abgangen, hatt Ihn nachmahls sein H Stiefvater, d Ehrenveste v. wolweise H Hans **Hoffmeister**, Rahtsverwandter dieser Altenstadt zum Handel gebraucht, bieß er Zu seinen Mänlich Jahren kommen, da er sich denn Anno 1603. den 7. Febr. in den Stand der H. Ehe begeben, mit der damahls Ehr- v. Tugentreichen Jungfrawen Anna S. Lorentz **Wittpohlen** Tochter, mit welcher er ins 9. Jahr gelebet, v. durch Gottes Segen 2. Söhne vnd 3. Töchter gezeiget, von welchen noch nur 1. Tochter am Leben, welche Arent **Bredlowen**, Handelsman im Kneiphoff vmählet. Ao 1613, den 19. Augusti, ist er zur andern Ehe geschritten mit der Ehr- v. Tugentreichen Jungfr. Judiht, des weyland Ehrenvesten H Peter **Rösenkirchs** Burgermeisters im Kneiphoff Nachgelaßenen Ehel. Tochter (261), Mit welcher er in Reiner Holdseliger Ehe, ins 15. Jahr, gelebet, Vndt durch Gottes Segen 6. Kinder, Nemlich, 3. Söhne v. 3. Töchter gezeiget davon noch 2. Söhne vnd 1. Tochter am Leben.

Sein Leben, Handel vnd Wandel belangende, ist er ein rechter Auffrichter, vnd Ehrlicher Mensch gewesen, nicht hoffertig, nicht hochmühtig, sed cuivis affabilis: *sondern freundlich zu allen.* Nicht Geitzig, sondern Mild v. Gutthätig, sonderlichen gegen Kirchen vnd Schuldiener, die seiner woll genoßen. Drumb Ihn denn auch Gott der Herr wied[erum] gesegnet an Ehr v. Wollstandt, an Haab v. Güttern p. In dem er Ao 1608. in E. E. Gerichts- vndt Ao 1621, in E.E. Rahts mittel gekohren worden. Er hatt sich auch fleißig zum Gehör Göttliches Words, vnd Zum gebrauch des H. Abendmahls gehalten. Welches er auch ein partag vor seinem S. abscheid daheim Zu hauß empfangen, vnd sich also Zum S. Sterbestündlein praepariret *vorbereitet*, V. gefast gemacht. Ohngefehr vor 2. Jahren, hatt er ein hartes Lager gelegen, also das fast männiglich Ihm damahls

---

259 Bei ihm sind sicher Dorothea **Stramm** ✞ 30. 10. 1629 (lfd. Nr. 342) und wahrscheinlich ♀ **Matz(en)** □ 12. 9. 1629 (lfd. Nr. 271) beschäftigt gewesen.

260 Ursula **Hoffmeister** ✞ 20. 4. 1633 (lfd. Nr. 593).

261 Siehe auch die Lebensläufe von Judiths Schwester Anna **Poll** ✞ 18. 7. 1630 (lfd. Nr. 432) und von Anna **Rabe** ✞ 11. 4. 1635 (lfd. Nr. 744), einer Tochter ihrer Schwester Sophia.

das Leben abgesprochen. Es hatt ihn aber Gott der Herr darauß geholfen, wiewoll er von derselben Zeit an, nimmer Zu seinen rechten Leibes-Kräfften kommen können. Am Vergangenen ersten Weihnachtsfeyertage ist er noch in der Kirchen gewesen, den andern tag aber hatt er sich nicht allerdings woll auffbefunden, drumb er Zu hauß sich einhalten müßen da denn bald darauff die Kranckheit dermaßen vberhandt genommen, das er den 16. januarii, war der 2. Sontag p. Epiph. des Morgens kurtz vor 2. Vhr sein Leben enden v. schlüßen müßen, nach dem der 51 1/2. alt worden. H M. Urbanus **Lepner** hatt ihm die Leichpredigt gethan (:weil er sein Beichtvater gewesen:) den 18. Januarii. ex Luc. 18 v. 38. Jesu, du Sohn David, erbarm Dich mein! [Witt 387]

128 ANNA BERGEN, ✶ FRIEDLAND 1578, ✞ 23. 1. 1628

25. Jan. ♂

Anna, Jochim **Bergen,** eines Beuttlers haußfraw,

Ist von Ehrlichen vnd Christlichen Eltern zu Friedland gebohren Ao 1578. Ihr Vater hatt geheißen Martin **Möller**, Tuchmacher daselbst, Ihre Mutter Anna. Von welchen Ihren Eltern sie in aller Gottesfurcht aufferzogen worden. Nach Ihres Vaters Tode ist sie eine Zeitlang bey Ihrer Mutter geblieben, hernachmals aber ist sie hierher nach Königspergk Zu Ihrer Schwester kommen, da sie sich etzliche Zeit aufgehalten, bieß sie sich zu frembden Leuten begeben, denen sie woll vnd trewlich gedienet. Ao 1603 hatt sie sich, mit Vorkentnuß Ihrer Freunde, ehelichen Verlobet mit Paul **Teichman** einem Beutler, mit welchem sie 12. Jahr in friedlicher Ehe gelebet Vnd 3. Kind mit Ihm gezeuget, Zwo Töchter V. 1 Sohn, Von welchen noch 1 Tochter im Leben. Alß Ao 1615. dieser Ihr Eheman mit Tod abgangen hatt sie ins 3. Jahr im Wittwenstand gelebet. Da sie sich denn Ao 1618 mit gegenwertigem Wittwer Jochim **Bergen** anderweit ehelich eingelaßen, Vnd mit demselben gleichfals 3. Kind 2. Söhne Vnd 1. Tochter gezeiget, Von denen 1. Sohn gestorben. Sonst ist sie eine fromme Christin gewesen, die gern Gottes word gehöret, das H. Abendmahl fleißig gebrauchet, sich auch mit Ihren Nachbarn freundlich begangen, also das Ihr diesesfals nichts Vngebührliches kan nach gesaget werden. Hatt wenig Tage sambt Ihrem Mann krank gelegen, der Ihr auch das geleidt Zu Ihrem Ruhebedtlein nicht geben könnte. H M. **Wolderus** hatt sie beyde, in wehrender Kranckheit fleißig besucht, Ihnen auch das H. Abendmahl gereichet. Am Verschienenen Sontag, war der 23. Jan. ist sie nach d Vesper gestorben, cum vixisset A[nnos] ferè 50 *nachdem sie fast 50 Jahre gelebt hatte.* Die Leichpredigt hatt Ihr ermelter H M. **Wolderus** gethan ex Esa. 26. Gehe hin mein Volck in eine Kammer p. [Witt 44]

129 SYBILLA STOLTZKE, ✶ KAMSTIGALL, KR. FISCHHAUSEN 1571, ✞ 23. 1. 1628

26. Jan. ♀

Sybilla, Jacob Stoltzcke Fieschers v. St.
Eheliche Haußfraw

Ist Ao. 1571. Zu Kamstigall, im Lochstedtschen Ambt, Von Christlichen Eltern gezeiget V. gebohren worden. Patre Jacobo **Mentzkohl** Piscatore ibidem loci. Matre Anna. *Der Vater hieß Jacob Mentzkohl, ein Fischer ebendort. Die Mutter hieß Anna.* Diese Ihre Eltern haben sie fleißig Zur Schulen gehalten, bieß sie fertig [ergänze: lesen] v. schreiben können. Annum agens 18. *Als sie 18 Jahre alt war* hatt sich ehelich eingelaßen mit dem damahls Erbarn Gesellen Albrecht **Fincken**, einem Fischer, mit dem sie in stiller, friedlicher Ehe 13. Jahr Zusammen gelebet, v. durch

Gotes segen 5. Kind, als 3. Söhne v. Zwo Töchter gezeiget, welche aber schon vorlengst alle mit Tod abgangen. Nach absterben dieses Ihres ersten Mannes, ist sie ein Jahr im Wittwenstand blieben, hernachmals sich abermahl ehelich versprochen mit gegenwertigem betrübten Wittwer, dem Ehrbahren Jacob **Stoltzen** (262), Fieschern V. Mittbürgern d Freyheit Steintham, mit dem sie ebenmeßig in friedlicher Ehe 25. Jahr gelebet, Vnd 5. Kind 3. Söhne v. 2. Töchter gezeiget. Welche gleichfals in wehrender pest Ao 1620. alle Todes Verblichen.
Ihr Christenthumb belangende, so hatt sie sich fleißig Zum Gehör Göttliches words, wie auch Zum offtern gebrauch des H. Abendmahls gehalten, Auch Zu hause Gottes Word gerne gelesen, V. mit Ihrem haußgesinde dasselbe getrieben. Vor 16. wochen, ohngefehr, hatt sie der Liebe Gott mit harter beschwerlicher Leibes Kranckheit der Mütter Vnd dem Stein, beleget v. heimgesuchet, welche Kranckheit von Tag Zu Tag sehr Vberhand genommen, also das sie sich auch balt darauff Zum S. Sterbestündlein p[rä]pariret, v. mit vorhergehendem Gebrauch des Hochw. Abendmahls gefast gemacht. In wehrender Kranckheit hatt sie ein Testament gemacht, darinnen Vnser Ministerium, Kirchen, Schulen vnd beyde Hospithal S. Marien Vnd S. Georgen, fleissig Versorget. Id p Deus juxta ψ. 41 retribus [sic - *unklar*] Am Verschienen Sontag, den 23. Januarij, Zu abends vmb 7. Vhr, hatt sie d liebe Gott durch einen Sanfften Tod Seliglich abgefordert, Im 57. Jahr Ihres Alters. H M. Urbanus **Lepnerus** hatt Ihr die Leichpredigt gethan ex Apoc. 14. 13. Vnd hörte eine Stimme vom Himmel &. [Witt 706]

130 GERTRUDT RUSCH,
✶ LUDWIGSWALDE, LANDKR. KÖNIGSBERG 1562, ✞ 29. 1. 1628

2. Febr. ☿

Gertrudt, S. Hans **Ruschen**, Höckers vffm
Steintham, Nachgel, Wittwe,

Ist Anno 1562 Zu Ludwigswalde, von Christl. Eltern auf diese Welt gebohren worden. Ihr Vater ist gewesen Fabian **Marquart**. Ihre Mutter Barbara p. Welche Eltern diese Ihre Tochter Zu aller Gottesfurcht aufferzogen, Nachmals, da sie etwas erwachsen, Zu vornehmen Leuten hieher nach Königspergk Zu Dienst begeben, in welchem Dienst sie sich Ehrlich v. redlich soll verhalten haben. Also das auch dannenhero der weyland Ehrbare v. weise Hans **Rusch** Mittbürger vnd Gerichts Verwandter d Altenstädschen Freyheit Steintham, sich mit Ihr Zu verehelichen kein bedencken getragen, sondern Ehrlicher weise vmb sie geworben v. geheyrahtet. Mitt welchem Vnsre S. Mittschwester ins 27. Jahr friedlich Zusammen gelebet, v. durch Gottes Segen 1. Sohn vnd Zwo Töchter gezeiget, davon noch eine Tochter jetzo am Leben. Nach absterben Ihres Haußwirts, hatt sie die vbrige Zeit Ihres Lebens ins 9. Jahr im wittwenstand zugebracht.

/ [Hier eine kurze, nicht lesbare Eintragung]

Ihr Christenthumb belangende, ist sie ein frommes v. gutthätiges Mensch gewesen die Gott v. seine Diener geehret, geliebet, vndt / nach Ihrer gelegenheit guttes bewiesen. Cum vicinis pacificè vixit. p. *Mit den Nachbarn lebte sie in Frieden.* Am Vergangenen Neujahrs Tage, hatt sie von H M. **Woldero** das H. Abendmahl empfangen v. sich also darauff Zum S. Sterbestündlein bereitet. Welches Ihr auch am verschienenen Sonabend den 29. Jan. Zu abends Zwischen 10. vnd 11 Vhr wiedfahren, da sie der

262 Jacob **Stoltzke** ✞ 4. 3. 1630 (lfd. Nr. 402).

Liebe Gott durch einen sanfften Todt von dieser welt abgefordert. Im 68. Jahr Ihres Alters. .... H. M. Martinus **Wolderus** hatt Ihr die Leichpredigt gethan, in ipso festo Purificaris [Purificationis] Mariae. ex Psal. 25. *Am Fest der Reinigung Marias. Aus Psalm 25.* Die Angst meines Hertzens ist groß p. Vergieb mir alle meine Sünde. [Witt 593]

131 ELIAS STENCKE, ✶ KÖNIGSBERG 1578, □ 3. 2. 1628

3. Febr ♃.

Elias Stencke, Bürger v. Kauffman
dieser Altenstadt,

Ist Ao 1578. gebohren worden. Sein Vater ist gewesen, Elias **Stencke**, Fürstl. Dhlt Oberster Setzschipper (263), Seine Mutter hatt geheißen Elisabeth **Brieckin**, eines Rahtsverwandten Tochter von d Tilsit. In seiner Jugend ist er fleißig Zur Schulen gehalten bieß er schreiben v. lesen gelernet, da haben ihn seine Eltern, in pohlen v. Littawen verschicket, damit er derselben Sprachen kundig werden, v. künfftig Zum Kauffhandel dienen möchte. Wie er denn auch nach dem er wied Zu hauß ankommen, dem S. Barthel **Selgitten** Kauffman dieser Altenstad 10. Jahr threwlich gedienet. Ao 1612 im 34. Jahr seines Alters, hatt er sich Ehelich eingelassen mit d damahls Erbaren v. Tugentreichen J. Catharina, des Ehrenvesten v. wolweisen H Andres **Möllers**, Rahtsverwandten Zu Creutzburg (264) Ehel. Tochter. Qua cum vixit An. XII. Filios genuit 2. Filias 4. Ex quibus filij ambo jam vitam cum morte commutarunt. Mortua hax Uxore, Viduus mansit ferè biennium. Ubi Ao. 1626. ad 2da Votam transijt, in Matrimonium ducens Virg. Barbaram, Honesti Viri Jacobi **Konditten**, Civis Cniphoviani, filiam. Pacificam cum ea vitam egit Ann. 1 1/2. De.... Benedicanta [?], filiolam unicam genuit, q[uae] ad huc, Parentibus orbata, superstes remansit. Vc.

Mit ihr lebte er 12 Jahre lang und zeugte 2 Söhne und 4 Töchter, von denen die beiden Söhne schon gestorben sind. Nach dem Tod seiner Ehefrau blieb er ungefähr 2 Jahre lang Witwer. 1626 heiratete er zum 2. Mal, die Jungfrau Barbara, die Tochter des ehrbaren Herrn Jacob Konditten, eines Bürgers des Kneiphofs. Anderthalb Jahre lang führte er ein friedliches Leben mit ihr [...], zeugte eine einzige Tochter, die heute noch lebt und ohne Eltern zurückblieb.

Sein Christenthum belangende, hatt er sich Still v. from verhalten, also das man mit Ihm woll zufrieden sein können &. H M. Urbanus **Lepnerus**, hatt Ihm die Leichpredigt, in d Altenstädschen Kirchen gethan, den 3. Febr. ex Lucae 2. capitl. Herr, nu lest du deine Diener. p. [Witt 698]

132 ANNA KLUGMICHEL, ✶ KÖNIGSBERG? 27. 5. 1581, ✞ 6. 2. 1628

9. Febr. ☿

Fr. Anna, H M. Crispini Klugmichelij,
Profess. Philos. Practicae, *Professor der Praktischen Philosophie*
Eheliche Haußfr.

Ist Ao 1581, den 27. Maij von Christl. Eltern auf diese Welt gebohren worden. Ihr Vater hatt geheissen Valtin **Creutzberger**, Ihre Mutter Ursula **Krumteichin**. Diese Ihre Liebe Eltern haben sie Zu allen Christlichen Tugenden aufferzogen. Nach Ihres S. Vaters tödlichem abgang, hatt sie Ihre Mutter, Ao 1603. den 9. Octobr. Zur Ehe gegeben, dem

263 Wohl Schiffsführer, Kapitän.

264 Kreuzburg, Kr. Preußisch Eylau.

damahls Erb. v. wolgeachten Abraham **Vogten** Bürgern v. Mältzenbrewern dieser Altenstadt. Mit welchem sie noch nicht ein Jahr Zusammen gelebet, v. Zwar ohne Leibes Erben. Ao 1605. den 14. Januarij, hatt sie sich abermahl ehelich eingelaßen mit dem Ehrenv. v. wolweisen H Hans **Nießwandten,** Rahtsverwandten alhie in d Altenstad, Nunmehr in Gott ruhenden. Mit welchem sie in friedlicher Ehe gelebet. v. durch Gottes Segen 2. Söhne gezeiget, daVon einer noch beym Leben.
Ao 1616, den 18. Octobr. ist sie Zur dritten Ehe geschritten, mit dem Ehrenvesten, Achtbahren v. wolgelahrten H M. Crispino **Klugmichelio**, bey hiesiger Universitet Profess. Publico, *öffentlicher Professor* Ihrem jetzo gegenwertigem hochbetrübten Wittwer, mit welchem sie ebenmeßig in friedlicher Ehe, ins 12. Jahr gelebet, V. 6. Kind gezeiget, 5. Söhne v. 1 Tochter, Von welchen allen nur noch 2. Söhne am Leben. Am Vergangenen 13. Januarij, hatt sie Ihren Letzten Sohn Zur Welt gebohren, welcher Ihr ein rechter Benoni (265), ein Schmertzen Sohn gewesen. Denn ob gleich der Liebe Gott eine Ziemliche glückliche Gebuhrt verliehen, also das man sich keines solchen Todesfals vermuhtet, sie auch die ersten acht Tage vber gar woll aufgewesen, so hatt sie doch die folgenden tage ein Vberauß groß reißen ins haupt bekommen, also das sie auch alle andere schmertzen dafür fast nicht gefühlet. welches alles sie doch mit großer Gedult ertragen&. Den 5. Febr hatt die Schwachheit dermaßen vberhand genommen, das sie auch fast beschwerlich reden können. In solcher Schwachheit hatt sie gelegen bieß auf den folgenden Tag, war der 6. Febr. am Sontag, da sie endlich vffn Abend nach 5. Vhr sanfft v. seliglich im Hn entschlaffen. Ihres Alters 47. Jahr. Ihr Christenthumb belangende, so ist sie zwar kein Engel, sondern eine arme Sünderin gewesen, die auch Ihre Menschliche Schwachheiten, fehl v. gebrechen an Ihr gehabt, wie wir alle haben. Jedoch aber, so ist sie daneben gewesen eine Bußfertige Sünderin, die sich einig v. allein auff den Herrn verlaßen müssen, d Ihr von Gott gemacht ist Zur Weißheit, Zur Gerechtigkeidt, Zur Heiligung Vnd Zur Erlösung, ds ist, Auf Ihrem Erlöser V. Seligmacher C.J. deßen Bludt sie auch gereiniget von allen Ihren Sünden. Sie hatt hertzlich geliebet das word Gottes, daher dasselbe gerne gehöret, sich auch daneben fleissig zum gebrauch des H. Abendmahls gehalten &. Sonsten in Ihrem Leben hatt sie sich Stil v. eingezogen Vhalten; Mit Ihren Nachbarn in gutter einigkeit gelebett, v. so viel an Ihr gewesen, mit jedmänniglich gern fried gehalten. Welches Ihr doch der Hellische Störenfried, der Geist der Vneinigkeit, nicht gegönnet, sondern verbitterte hertzen wied sie erwecket, die Ihr das Leben nich wenig sawer gemacht, v. auf ein gutt theil verkürtzet. Wie sie manchmahl darüber Zu seufftzen pflegen. Nu, sie ist nunmehr auß solchem Vnfried hinweg genommen, v. hergegen in den ewigen Frieden Versetzet worden &. Am 9. Febr. ist sie in d Altenstädschen Kirchen begraben worden, Die Leichpredigt hatt Ihr gethan M. Isaac **Halbach** ex Job. 19. Ich weiß das mein Erlöser lebt. [Witt 344]

133 Hans Tauchel, ✶ Marienburg 1561, ✝ 12. 2. 1628

15. Febr. ♂

Hans Tauchel, Grützmacher
vffm Steintham,

265 Ben-Oni: nach 1. Mos. 35, 18 biblischer Beiname des Benjamin, des jüngsten Sohnes des Patriarchen Jakob.

Ist Ao 1561. Zu Margenburgk (266) von Christl. Eltern gebohren worden, Sein Vater hatt geheissen Andres **Tauchel**, seine Mutter Gerthrudt! Welche seine Eltern Ihn anfangs fleißig Zur Schule gehalten, nachmals aber das Reiffschläger handtwerck lernen laßen, welches er auch alhie zu Königsbergk bey S. Henrich **Helwigen** ehrlich außgelernet, darauff er auch hernachmals vber 20. Jahr vor einen Gesellen gearbeitet. Weil er aber mit diesem seinem Handwerck wenig für sich bringen können, hatt er daVon abgelaßen, V. sich des Grützmachens gebrauchet. Nach diesem hatt er sich in den H. Ehestand begeben, mit d Tugentsamen Jungfrawen Salome, seiner jetzig betrübten Wittwen, mit welcher er friedlich 28. Jahr Zusammen gelebet, v. durch Gottes segen 8 Kinder gezeiget. N. [Nämlich] 5. Söhne v. 3. Töchter. Welche alle mit Tod abgangen. Sein Christenthumb belangende, soll er ein fleißiger Zuhörer Göttliches words gewesen sein, auch das hochwürdige Abendmahl offt gebrauchet haben. Wie er es denn auch noch vor 3. wochen empfangen. Es hatt Ihn der Liebe Gott kurtz Verwichener mit leibes kranckheit heimgesucht, welche von tag Zu tag sehr Zugenommen, also das er auch daran am Vschienen Sonabend vmb 12. Vhr, nach Mittag sterben müssen. Ao aetatis 67. *Im 67.Lebensjahr* H M. **Wolderus** hatt Ihm die Leichpredigt gethan ex Rom. 14. Leben wir, so leben wir dem Herrn, Sterben wir so sterben wir dem Herrn. [Witt 721]

134 Tobias Derschow, ✶ Tapiau, Kr. Wehlau um 1580, □ 18. 2. 1628

18. Febr. ♀ H Tobias Derschow, Richter Zu Tapiaw,

Ist daselbst von Ehrlichen Christlichen Eltern gebohren worden. Patre Friderico **Derschowio**, Judice ibidem loci, Matre Catharina, Urbani **Quednawen** filia. *Sein Vater war Friedrich Derschow, Richter am selben Ort, seine Mutter war Catharina, die Tochter von Urban Quednau.* Seine Eltern haben Ihn Christlich aufferzogen, fleißig zum Studiren gehalten. Nachmahls alß er einen ziemlichen pfectum *Fortschritt* erlangt gehabt, ist er in pohlen die Sprach Zu lernen Verschicket worden. Er ist auch mit Königl. polnischen Abgesandten in die Moßkaw (267) gereiset, daselbst etwas zu sehen v. Zu erfahren. In seinem abwesen ist sein vater mit Tod abgangen. Nach deßen tödlichem abgang ist er wied nach hause kommen v. der Mutter die Haußhaltung vorstellen helffen. Ao 1620 hatt er sich ehelich eingelaßen mit Jungfr. Anna S. Jacob **Braunen** Bürgers v. Handelßmans dieser Stad Ehel. T. mit der er 3. Söhne v. 4. Töchter gezeiget, davon noch 1. Sohn v. 3. Töchter am leben. Ist wegen seiner Geschicklichkeit Zum Richter daselbst Zu Tapiaw erkohren worden. Welchem Ambt er 18. Jahr threwlich v. fleißig vorgestanden. Nach dem er vor 3. Wochen kranck worden, hatt er sich hieher in die Chur begeben. Es sint aber alle Menschliche Mittel gebens gewesen, darumb er an solcher Kranckheit sterben müßen. Ist alt worden 48. Jahr. H. M. **Wolderus**, der Ihn in seiner Kranckheit berichtet, hatt Ihm in d. Altenstädschen Kirchen die Leichpredigt gethan ex 2. Cor. 5. Wir wießen, so Vnser Irdisch Hauß dieser hütten p. das ewig ist im Himmel. [Witt 100]

266 Margenburg, Margaburg: ältere Namensformen für das westpreußische Marienburg.

267 Nach Moskau.

135 CATHARINA HAYN, ✶ KÖNIGSBERG? 1567, ✞ 15. 2. 1628

20. Febr. ⊙ Septuagesima

Catharina, Martin Haynen, Vulgo Churländersch,
Fleischers Haußfraw,

Nata est Ao 1567. Patre Andrea **Greinreiß** Cive Regiomontano, Matre Dorothea, Pia in Juventute educata. annum agens 16. nupsit Christophoro **Schultzen** Canoni. [sic] Qua cum in conjugio vixit pacifice an. 17. Mata facta filiorum 4. alterius sexus verò 3.

Sie wurde 1567 geboren, ihr Vater war der Königsberger Bürger Andreas Greinreiß, die Mutter hieß Dorothea; sie wurde in ihrer Jugend fromm erzogen. Als sie 16 Jahre alt war, heiratete sie den Kanonier [?] Christophorus Schultz, mit dem sie 17 Jahre lang in friedlicher Ehe lebte. Sie wurde Mutter von 4 Söhnen und 3 Töchtern.

Nach dem sie 3 1/2 Jahr im betrübten Wittwenstand, nach dieses Ihres Mannes Tödlichem abgang, geseßen, ist sie zur andern ehe geschritten mit gegenwertigem betrübten Wittwer Martinen **Haynen** (268), auch Fleischhawern alhie in d Altenstad. Mit welchem sie ins 25. Jahr ehelich gelebet, vnd durch Gottes Segen einen Sohn gezeiget, der noch am Leben, die andern Kind auß der ersten Ehe, sint alle gestorben. Ohngefehr vor 2. Jahren hatt sie Gott mit Kranckheit heimgesucht, welche Ihr immerdar angehangen, also das sie nimmer recht gesundt worden v. Zu Kräfften kommen können. Sie hatt sich aber bey solcher Ihrer Leibes beschwerlichkeit, wie auch sonsten in Ihrem Leben, gar Christlich verhalten, gern mit Gottes word Vmbgangen, dasselbe Ihren Trost vnd besten Schatz sein laßen. Das h. Abendmahl hatt sie auch fleißig gebraucht. Wie sie es denn auch noch vor wenig wochen in der Kirchen empfangen, darauf aber bald bettreißig v. Lagerhafft worden, v. mit einem schweren hust v. Dampff geplaget worden. Daran sie auch am Verschienen Dienstag Zu abends den 25. Febr. (269) Sanfft v. Selig gestorben. Aet. 61. H M. **Lepner** hatt Ihr die Leichpredigt gethan Dom. Septuagesima. ex Epta ordinaria, *aus der regelmäßigen Epistel* in der Altenstädschen Kirchen. [Witt 250]

136 BARBARA SAMLAND, ✶ KÖNIGSBERG (ALTSTADT) 1578, ✞ 28. 2. 1628

1. Martii. ♀ p. Dom Sexages

Barbara, S. Bendict Samlands, Fieschers Nachge
laßene wittwe.

Ist alhie Zu Königspergk Ao 1578 gebohren. Patre Petro **Gehrken** Sartore & Cive Palaeopolitano. Matre Agnete. *Ihr Vater war der Flickschneider und altstädtische Bürger Peter Gehrken, ihre Mutter hieß Agnete.* Nach zeitigem absterben dieser Ihrer Lieben Eltern hatt sie sich bey Ehrlichen Leuten in Diensten aufgehalten. Ao aetatis 25. hatt sie sich Ehelichen eingelaßen mit Hans **von Hahnen**, Bürgern v. Schneiders dieser Altenstad. Mit welchem sie 18. Jahr friedlich Zusammen gelebet, Vnd durch Gottes segen 9. Kinder, alß nemlich 4. Söhne v. 5 Töchter gezeiget, welche alle in ihrer Jugent gestorben. Mari[t]o hoc mortuo, Vidua mansit annum 1. Postea ad secunda vota transiit, nupsitque Viro honesto Benedicto **Samland** Piscatori huius loci. *Nach dem Tod ihres Gatten blieb sie ein Jahr lang Witwe. Später schritt sie zu einer zweiten Ehe und heiratete den*

---

268 Martin **Hein** □ 24. 5. 1632 (lfd. Nr. 543).

269 Offenbar verschrieben für <u>1</u>5. Februar – ein Dienstag. Gemäß Eintrag in der Randspalte war die Beerdigung am 20. 2.

ehrbaren Benedikt Samland, einen Fischer dieses Ortes. Mit diesem Ihrem Mann hatt sie ins 6. Jahr, jedoch ohne Leibes Erben gelebet. In Ihrem Leben vnd Wandel hatt sie sich fein friedlich v. still verhalten. Ist eine fromme Christin gewesen, die Gottes word geliebet. Sonderlich in ihrer Jährigen Kranckheit, damit sie Gott beleget, dasselbe fleißig sich Zu nutz gemacht. &. Vergangen Sontags nacht Vmb 1. Vhr hatt sie Got auß diesem Jammerthal erlöset. Aetat 50. H M. Urbanus **Lepner** hatt Ihr die Leichpredigt gethan ex. 2. Thim. 4. Der Herr wirt mich erlösen von allem Vbell vnd außhelffen Zu seinem himmlischen Reich: Welchem sey ehr Von ewigkeit Zu ewigkeit, Amen. [Witt 602]

137 EVA WULFF, ✶ BEI ANGERBURG 1582, ✝ 29. 2. 1628

2. Martij
♃ p. Dom.
Sexages.

Eva, Andres **Wulffen**, eines Leinwebers
Nachgelaßene wittwe,

Ist im Angerburgschen Ambt Ao 1582. Von Christlichen Eltern gebohren. Patre Christophoro **Krößß**. Matre Catharina. Alß sie etwas erwachsen ist sie hieher nach Königspergk kommen v. sich Zu gutten Leuten in Dienst begeben. Ao 1603. M. Octob. hatt sie sich ehelich eingelaßen mit Ihrem S. Man Andres **Wulffen** Bürgern v. Leinwebern alhie, mit welchem sie 2. Söhne gezeiget, So beyde noch am Leben. Von welchen der eine sich auf die Wandschafft begeben; der andere aber mit einer beschwerlichen Kranckheit Von Gott beleget ist, also das keiner Von Ihnen der Mutter das geleit Zu Ihrem Ruhebettlein geben können. p. Ao 1625. in wehrender pest, hatt d Liebe Gott Ihren Man durch den Zeitlichen Tod Von Ihrer seiten hinweg genommen. Von welcher Zeit an sie ins 3te Jahr im Wittwenstand geseßen. Sie hatt sich sonst Still v. from Verhalten, Christlich gelebet, drumb sie auch Selig sterben können. Drey wochen hatt sie kranck gelegen, Vnd am Verschienenen Dienstag Vmb 3. Vhr nach Mittage ist sie im Herrn eingeschlaffen, Im 46. Jahr Ihres Alters. M. Isaac **Halbach** hatt Ihr die Leichpredigt gethan ex Vers. 7. V. 8. ψ. 121. Der Herr behütte Dich für allem Vbel: Der Herr behütte deine Seele p. [Witt 822]

138 GERTRUDT WEßEL, ✶ KÖNIGSBERG (LÖBENICHT) 25. 10. 1596, ✝ 11. 3. 1628

14. Martij.
♂ p. Dom.
Inocavidt

Fr. Getrudt, Constantini Weßels, Gewandhändlers
Eheliche Haußfraw,

Ist im Löbenicht gebohren von Christl. Eltern Ao 1596. 25. Octobr. Ihr Vater ist gewesen H Gerge **Krüger** Churfl Brand. Preuscher Cammer verwandter, Rendt- vnd pfundschreiber, welcher vor 16. Jahren gestorben. Ihre Mutter, so jetzo noch am Leben, ist Fr. Ursula p. Diese Ihre Liebe Eltern haben Ihre Tochter von Jugent auf fleißig Zu aller Gottesfurcht aufferzogen. Ao 1616, alß sie ins 20. Jahr ihres alters gangen, ist sie gegenwertigem betrübten Wittwer Constantino **Weßeln** p. ehelich vertrawet worden, mit dem sie ins 12. Jahr in fried v. einigkeit gelebet vnd durch Gottes Segen 3. Söhne v. Zwo Töchter gezeuget. Davon 1. Sohn gestorben. Ist sonst eine Erbahre fromme Fraw gewesen, die sich still v. eingezogen verhalten; auch daneben eine fleißige Zuhörerin Göttliches words, die auch die Hochwürdigen Sacramenta offt gebrauchet. Wie sie denn auch noch Dom. Estomihi weil die Zeit Ihrer Gebuhrd heran kommen, sich zum H. Abendmahl gehalten. Den 10. Martij hora 5. matut. *Den 10. März um 5 Uhr morgens* hatt sie derliebe Gott ihrer Mütterlichen bürden entbunden, v. mit einem Sohn erfrewet, Als sie aber bald darrauf allerley beschwerlichkeiten zugeschlagen, die so sehr vberhand genommen, das sie die folgende nacht Zwischen 11 Vnd 12. Vhr sanfft v. Selig im Herrn entschlaffen. Im 32. Jahr Ihres Alters. H M. **Lepnerus** hatt Ihr die Leichpredigt in d Altstädschen Kirchen gethan, ex ψ. 31. In Deine Hände Befehl Ich meinen Geist p. [Witt 789]

139 Salomon Schibbe, ✶ wo? 1593, ✝ 16. 3. 1628

19. Martij. ☉ Reminiscere

Salomon Schibbe, ein Instrumentist v. Steintham,

Ist Ao 1593. gebohren worden. Patre Marco **Schibben**. Matre Catharina. Welche seine Eltern Ihn Zu aller Gottesfurcht aufferzogen, fleißig zur Schulen gehalten, v. sondlich artem Musicam *die Musik* lernen laßen. Alß er 14. Jahr alt worden, ist er Zu dem Kunstreichen Meister Henrich **Gildhausen**, bestalten Stad Instrumentisten im Kneiphoffe auff 6. Jahr gethan worden, welche seine Lehrjahr er threwlich außgestanden, v. die edle Music Kunst fleißig gelernet. Ao 1613. ist er in Churland an Fürstlichen Hoff nach Goldingen (270) gezogen, alda 3. Jhar lang für einen Instrumentisten auffgewartet. Ao 1617. den 14. Septembr. hatt er sich in den H. Ehestand begeben mit der Tugentsamen Jungfr. Gerthrudt (271), Abraham **Schultzen** Bürgers V. Schippers Ehel. T. mit der Er ins 11. Jahr friedlich gelebet, v. 3. Söhne v. 1. Tochter gezeuget, davon noch 2. Söhne am Leben. Den 7. Martij Zu abends ist er kranck worden, v. weil dieselbe Kranckheit sich von tag Zu tag gemehret, hatt er den 15. Martij sich mit dem Hochwürdigen Abendmahl Versorgen laßen. Darauf er bald den 16. Martij des Morgens vmb 6. Vhr Selig im Hn entschlaffen. Seines Alters ins 35. Jahr. Ist ein frommer Stiller Mensch, v. gottseliger Christ gewesen &. H M. **Lepnerus** hatt Ihm vffm Steintham die Leichpredigt gethan, ex Historia Paßionis: *aus der Leidensgeschichte Jesu* Vnd da sie den Lobgesang gesprochen Vber den Bach Kydron an den Öleberg, es folgeten Ihm aber seine Jünger nach. [Witt 629]

140 Elisabeth Heilsberger, ✶ Königsberg (Kneiphof) im Februar 1589, ✝ 19. 3. 1628

22. Martij. ☿ p. Dom. Reminisc.

Fr. Elisabeth, Cyriaci Heilßbergers Eheliche Haußfraw,

Ist Anno 1589. M. Febr. von Christlichen Eltern alhie zu Königspergk gebohren worden. Ihr S. Vater ist gewesen Andres **Grube**, Bürger vnd Mältzenbräwer im Kneiphoff. Ihre Mutter Dorothea **Libaßin**. Diese Ihre Liebe Eltern haben sie alsobald Chro ihrem Erlöser durch die H. Tauffe vortragen v. ins buch des Lebens zeichnen laßen. Wie sie etwas erwachsen, haben sie dieselbe Zur Schul gehalten, v. in allen Christlichen Tugenden aufferzogen. Es sint Ihr aber ihre lieben Eltern frühZeitig mit Tode abgangen, deßwegen sie ihre Neheste Bludtsfreunde auffgenommen, v. Zu allem gutten gehalten. Alß Sie Ihr 18. Jahr erreichet, ist sie Verheyrathet worden an den jetzo gegenwertigen Wittwer, den Ehren-

270 Goldingen (lettisch Kuldiga), Residenz des Herzogs von Kurland und Semgallen.

271 Gertrud **Schibbe** ✝ 29. 3. 1630 (lfd. Nr. 407).

vesten v. Wollgeachten H Cyriacum **Heilßbergern** (272), Materialisten v. Bürgern dieser Altenstad. Mit welchem sie in das 21. Jahr in friedlicher Ehe gelebet, v. durch Gottes Segen 11. Kinder, alß 6. Söhne v. 5. Töchter gezeuget. 2. Söhne hatt der Liebe Gott Zu sich genommen. Die anderen Kinder alle, sint noch am Leben.
Ohngefehr vor 7. wochen hatt der Gerechte Gott ihr ein großes schrecken ins Hauß geschickett, in dem durch Vnachtsamkeit böses Gesindes ein Fewer außkommen, darüber sie so hefftig sehr erschrocken das sie in eine Kranckheit gefallen, daVon sie auch nicht genesen können. Verschienenen 25. Februarij hatt sie eine Junge Tochter Zur Welt gebohren, Von welcher Zeit an sich ihre Kranckheit v. Leibes schmertzen jemehr v. mehr geheuffet vndt Vermehret, v. ist tag täglich mit Ihr ärger worden.
In wehrender Kranckheit hatt sie sich rechter Christlicher gedult befließen, fleißig gebedtet, v. sich Gott dem Herrn gäntzlich befohlen, auch Zu trost ihres blöden Gewießens, Zur Stärckung ihres Glaubens, v. Zu Gnädiger Vergebung d Sünden das H. Abendmahl empfangen, v. darauff hertzlich gewünschat mit Paulo, auffgelöset v. bey Chro. Zu sein. Welches Wunsches sie auch gewehret worden, In dem sie d liebe Gott vergangenen Sontag Zu Mittag vmb 11. Vhr fein sanfft v. still einschlaffen laßen. Nach dem sie in dieser Welt gelebet 39. Jahr. H M. **Wolderus** hatt Ihr die Leichpredigt gethan ex 1. Thim. 2. 14 & 15. Adam ward nicht verführet p. [Witt 254]

141 DOROTHEA HINTZ, ✶ WO? 12. 11. 1590, ✞ 21. 3. 1628

23. Martij.
21 p. Dom.
Reminisc.

Fr. Dorothea Hintzin, H Henningi Wegneri,
J.U.D. Juridicae facultatis Senioris, & Nrae Reipubl. Consulis
des Doktors beider Rechte und Ersten Professors (Seniors)
der Juristischen Fakultät, und des Bürgermeisters unserer Stadt
Eheliche Haußfraw,

Ist Ao 1590. den 12. Novembr. Von Vornehmen Eltern auff diese welt gebohren worden. Ihr H Vater ist gewesen der Edle, Ehrenveste H Heinrich **Hintz**, Königl Mstt in pohlen v. Schweden Vice admiral v. Schieffs Capitain. Ihre Fr. Mutter Dorothea, Hn Bernhard **Büttners**, gewesenen Burgermeisters zu Kawen (273) Ehel Tochter (274), des Alten Hn Bernhard **Büttners** wolverdienten Burgermeisters dieser Altenstad Enckel. Nach tödlichem Abgang Ihres S. Hn Vaters, so Ao 1598. in Königl. Mstt Diensten vnd Verrichtung fast gar Zu Zeitig abgangen; hatt Ihre S. Mutter diese Ihre einige Tochter Zu wahrer Gottesfurcht, Zucht v. Erbarkeit v. allen Christl. Tugenden so Löblich v. woll aufferzogen, das jedermänniglich Vnser S. Fr. Mittschwester solcher Erbarkeit v. Tugent halben hochgehalten v. sehr geliebet. Aller Hoffart v. pracht in Kleidung ist sie Feind gewesen, v. sich Schlecht v. Recht gehalten, da doch Ihr Stand woll einanders einbracht hette.
Ao 1611. hatt d Liebe Gott sie höchlich betrübet, in dem er Ihre Liebe

---

272 Cyriacus **Heilsberger** war anschließend verheiratet mit einer Tochter des Wilhelm **Kelch** ✞ 23. 3. 1636 (lfd. Nr. 739).

273 Kaunas (Litauen).

274 Catharina **Henckel** ✞ 20. oder 27. 12. 1635 (lfd. Nr. 725) gehört wohl zu dieser Familie; ihre Mutter Regina geb. Büttner war die Tochter eines Friedrich Büttner, Bürgermeister zu Kaunas. Ist der hier genannte Bürgermeister zu Kaunas Bernhard Büttner personengleich mit dem bei Catharina Henckel genannten Friedrich Büttner, ebenfalls Bürgermeister zu Kaunas?

Mutter, ihren einigen Trost in dieser Welt, durch den Zeitlichen Tod Von Ihr hinweg genommen, v. sie also Zur Waysin gemacht. Ob nun aber gleich Vater V. Mutter sie laßen gehabt, so hatt sie doch Gott der Herr, alß ein Vater d Waysen auffgenommen, v. recht väterlich für sie gesorget. In dem er Ihr Zur Ehe gegeben obgedachten v. wollermelten H. D. Henning **Wegnern** (275) p. jetzo Hochbetrübten Wittwer, mit dem sie, alß ein threwer Ehegatt, in Lieb v. Leidt ins 17. Jahr gantz friedlich, Ruhelich v. Christlich Zusammen gelebet, vndt mit Ihm geZeuget 9. Söhne vnd 2. Töchter, davon 3. Söhne im Herrn entschlaffen, die Vbrigen 8 Kind aber noch alle am Leben sint, welche Gott d H allergnädigst erhalten v. väterlich v / sorgen wolle.

Am 9. Martij hatt sie Ihr Letztes Söhnlein Zur Welt gebohren, da sich denn bald nach der Gebuhrd allerley Zufäll bey Ihr ereignet, die Ihr viel beschwer gemacht. Wiewoll man sich gleichwoll des Todes so bald nicht vermuhtet gehabt. Am Verschienenen Montag aber den 20. Martij, Zu abends, ist eine vnverhoffte Mattigkeit Zu geschlagen, da sie dann alßbalt an Ihrem Leben gezweiffelt, sich dannenhero alßbald Zum Seligen abschied bereitet, v. das H. Abendmahl begehret, welches sie auch von mir empfangen. Darauff sie mit großem Verlangen auf ein S. Stündlein gewartet, Ihren lieben Herrn Valediciret, *Lebewohl gesagt* Ihre Kindlein Ihm threwlich anbefohlen, v. sich also dem Willen Gottes gantz v. gar ergeben. Da sie denn auch der Liebe Gott den folgenden Morgen darauf den 21. Martij, nach 3. Vhr, in wahrer anruffung Ihres Erlösers, fein Sanfft vnd Still, von dieser Mühseligen Welt abgefordert, v. Zu sich d Seelen nach in sein ewiges Reich versetzet hatt. Annum agens aet. 37 1/2. *Im Alter von 37,5 Jahren.* Ist eine Gewünschte Fraw v. ein Exempel einer Erbarn Matron v. frommen Christin gewesen, wie jederman wießen, v. nicht nöhtig weit außZuführen.pp. M. **Halbach** hatt Ihr in d Altenstädschen Kirchen die Leichpredigt gethan, ex Esa. cap. 26. Gehe hin mein Volck in eine Kammer p. bieß das der Zorn fürvber gehe.

[Witt 288]

142 ANNA SCHULTZ, ✶ GRÜNHAGEN, KR. STUHM 1568, ✞ 27. 3. 1628

27. Martij. ☽ p. Dom. Oculi

Anna, S. Abraham Schultzen, Schippers
v. Bürgers vffm Steintham, Nachgel. Wittwe,

Ist Ao 1568. Zu Grubenhagen im Elbingschen (276) gebohren worden. Ihr Vater ist gewesen Lorentz **Hahn**, Ihre Mutter Anna. Welche schon Lengst gestorben. Im 5ten Jahr ihres Alters ist sie hieher nach Königspergk Zu frembden Leuten gebracht worden, die sie Zu allen Christl. v. Haußlichen Tugenden fleißig aufferzogen. Alß sie fast ihr 29. Jahr erreichet ist sie ehelich vertrawet worden dem Erbarn Abraham **Schültzen** (277) / Schmacken Schippern v. Mitbürgern d Altenstädschen Freyheit Steintham, nunmehr auch in Gott ruhenden. Mit dem sie 30. Jahr

/ Vid. Supr. pag. 100

275 Henning **Wegner** ✞ 6. 11. 1636 (lfd. Nr. 774).

276 In Westpreußen nur das genannte Grünhagen. Kein Ortsname Grubenhagen in Ost- und in Westpreußen.

277 Abraham **Schulz** ✞ 25. 8. 1627 (lfd. Nr. 99).
Die Zusammengehörigkeit dieser Eheleute war bereits dem zeitgenössischen Buchführer aufgefallen wie der Vermerk in der Randspalte mit Bezug auf die Seite 100 zeigt, wo der Lebenslauf des Abraham Schulz steht. Der Lebenslauf der Anna Schultz steht auf Seite 134 des Kirchenbuches.

in d Ehe gelebet, vnd 3. Söhne wie auch 3. Töchter gezeuget davon noch 1. Sohn vnd 1. Tochter am Leben. Sie hatt offters anstoß an d Gicht gehabt, die sie doch mit gedult ertragen. Am Verschienenen Donnerstag den 23. Martij ist sie mit großem Dampff befallen, v. hatt Ihr der hust hefftig Zu gesetzet, also das sie auch den Sonnabend darauff, Vorgestern, des Morgens nach 7. Vhr, das Leben darüber einbüßen müssen. Ob nun Zwar dieses woll ein plötzlicher Tod ist, so wird er Ihr doch nicht schaden können, weil sie sich sonst From v. Christlich still halten haben, wie sie denn auch noch vor 4. wochen im Vnser Altenstädschen Kirchen das Hochwürdige Abendmahl empfangen, v. also dadurch gebung Ihrer Sünden erlanget &. Sie hatt ein wenig vber ein halbes Jahr im Wittwenstand gelebet, denn Ihr S. Mann den 27. Augusti vergangenen 1627. Jahres begraben worden. Ihr Alter hatt sie gebracht vff 60. Jahr. H M. **Lepner** hatt Ihr Vffm Steintham die Leichpredigt gethan ex Matth. 26. Mein Vater ists möglich, so gehe dieser Kelch von mir p Wie du wilt. [Witt 669]

143 Ursula Pergrin, ✶ Bartenstein, Kr. Friedland 1570, □ 28. 3. 1628

28. Martij
♂ p. Dom. Oculi

Albrecht Pergrinen, Schneiders v. Steintham
Eheliche Haußfraw Ursula.

Ist Ao 1570. Zu Bartenstein gebohren. Ihr Vater hatt geheißen Bartel **Dantzer,** ein Schneid. Ihre Mutter Gerthrudt. Nach absterben Ihres Vaters hatt sie sich bey frembden Leuten aufgehalten, v. vber 30. Jahr threwlich gedienet. Nachmahls hatt sie sich ehelich eingelaßen mit gedachtem Albrecht **pergrinen,** mit dem sie vber 20. Jahr Zu sammen gelebet, v. 9. Kind, alß 7. Söhne v. 2. Töchter gezeiget, von welchen noch 1. Sohn v. 1. Tochter am Leben. Hatt sich sonst from v. Christlich verhalten. Ist alt worden 58. Jahr. Herr M. **Lepner** hatt die Leichpredigt gethan ex Matth. 26. Wachet v. betet das Ihr nicht p. [Witt 505]

144 Elisabeth Trewiger, ✶ Königsberg (Altstadt) 5. 5. 1602, ✞ 28. 3. 1628

30. Martij
♃ p. Dom. Oculi.

Fr. Elisabeth, H. Christophori Trewigers, Academiae
Depositoris *Archivars der Universität* Ehliche Haußfraw,

Ist Ao 1602. den 5. Maij, von Christl. Eltern gebohren worden. Ihr Vater ist gewesen d Erbahre Hieronymus **Brandt**, Bürgervnd Handelsman dieser Altenstad, nunmehr in Gott ruhend. Ihre Mutter heißet Barbara (278). So noch am Leben, v. jetzo Ihrer Tochter das geleit Zu Ihrem Ruhebettlein gegeben. Sie ist Ehrlich vnd Christlich aufferZogen, Vnd Ao 1624, den 8. Januarij, eheleich außgestattet worden, dem Ehrenvesten vnd Wolgelahrten H. Christophoro **Trewigern** Academiae Depositori, mit dem sie 4. Jahr in friedlicher Ehe geseßen, vnd zwey Kind, 1. Söhnlein v. 1. Töchterlein gezeuget. Davon das Knäblein albereits gestorben. Sie ist ein from v. Still Mensch gewesen, Ihren Ehegatten hertzlich geliebet, mit Ihren Nachbarn sich friedlich begangen. Sie ist aber selten gesundt gewesen, sondern sich mit d Darr eine geraume Zeit schleppen müßen, die auch endlich so sehr vberhand genommen, das sie den 28. Martij am gangenen Dienstag daran sterben v. ihren Geist auffgeben müßen. Ihn

278 Barbara **Pintzfeldt** ✞ 22. 5. 1636 (lfd. Nr. 751). Siehe auch den Lebenslauf einer Schwester der Elisabeth: Ursula **Brandt** ✞ 29. 10. 1629 (lfd. Nr. 338).

wehrender Kranckheit hatt sie H. M. **Lepner** Ihr Beichtvater Dominica Estomihi berichtet, der Ihr auch in der Altstädschen Kirchen die Leichpredigt gethan ex Rom. 14. Vnser Keiner Lebet Ihm selber p. So sint wir des Herrn. [Witt 742]

145 PETER WURM, ✶ KÖNIGSBERG 9. 10. 1571, ✞ 30. 3. 1628

2. Aprilis.
☉ Laetare

Peter Wurm Bürger v. Schuster
dieser Altenstadtt,

Ist Ao 1571. den 9. Octobr. von Christl. Eltern alhie Zu Königsperg auf diese welt gebohren, sein Vater S. hatt geheißen Peter **Wurm**, seine Mutter Anna. Diese seine Eltern haben Ihn Zu aller Gottesfurcht auff-erZogen, hernachmals das Schusterhandwerck Lernen laßen, darauff er auch etzliche Jahr gewandert.
Ao 1597. den 23. Octobr. im 26. Jahr seines alters, hatt er sich mit gegenwertigen betrübten hinterlaßenen Wittwen ehelich eingelaßen, vnd mit derselben in friedlicher Ehe gelebet bieß ins 31. Jahr, doch ohne leibes Erben. Am Verschienenen Dienstag 28. Martij gegen Abend ist er kranck worden, v. darauff balt den Donnerstag hernach, war der 30. Martij, des Morgens vmb 3. Vhr gestorben, nach dem er alt worden 57. Jahr. Ist sonst ein frommer Christ, v. fleißiger Zuhörer Göttliches words gewesen. Hatt sich auch mit seinen Nachbarn v. Zunfftbrüdern friedlich v. woll begangen. H M. **Wolderus** hatt Ihm in d Altenstädschen Kirchen die Leichpredigt gethan ex Johan. 3. Gleich wie Moses in d Wüsten p. [Witt 825]

146 ISAAC BOCK, ✶ KÖNIGSBERG (ALTSTADT) 11. 7. 1574, ✞ 31. 3. 1628

3. Aprilis
☽ p. Dom.
Laetare

Isaac Bock, Bürger V. Handelsmann
dieser Altenstadt,

Ist Ao 1574. den 11. Julij gebohren. Sein Vater ist gewesen der Ehrenveste v. wollweise H Isaac **Bock** Gerichtsverwandter dieser Altenstadt. Seine Mutter Anna **Vollertin**, des Edlen vndt gestrengen Juckern Henrich **Vollerten**, vff Regitten (279) Erbsaßen, Fürstl. Dhtt. in preußen Rittmeisters, v. Hauptmanns vff Newhaußen (280) Ehel. Tochter. Diese seine Eltern haben ihren Sohn Chro. dem H in der Tauffe fürtragen laßen, Ihn hernachmals Zur Schulen gehalten, v. da er erwachsen, in Niedland, Engelandt, Franckreich v. Spanien Zu Verschiedlichen mahlen geschicket p. Ao 1598. hatt er sich in den H. Ehestand begeben, mit des Edlen Ehrenvesten v. wolweisen H Antonij **von Kohlen**, Gerichtsverwandten dieser Altenstad, Ehel. Tochter, d Erbahren vnd Tugentsamen Jungfr. Elisabeth (281), mit welcher er ins 31. Jahr ehelich Zusammen gelebet, v. durch Gottes Segen 7. Söhne v. 2. Töchter gezeuget, davon noch 2. Söhne v. 1. Töchter am Leben.

---

279 Gut Adlig Regitten, Kr. Braunsberg.

280 Gut Neuhausen, Landkr. Königsberg?

281 Ein Bruder der Elisabeth und also Schwager des Isaac Bock war Friedrich **von Kohl** ✞ 4. 9. 1632 (lfd. Nr. 553); Barbara **Reinicke** ✞ 3. 9. 1633 (lfd. Nr. 613) war Tochter eines möglichen weiteren Bruders Antonius von Kohl d. J.
Bei Antonius von Kohl d. Ä. war Wilhelm **Kelch** ✞ 23. 3. 1636 (lfd. Nr. 739) um 1590 für sechs Jahre im Dienst.

Sein Christenthumb v. eußerliches Leben anlangende, so hatt er zwar etwas wüst vnd vnordentlich, sondlich in Beliebung des truncks gelebet, jedoch aber, weil er solches erkand, v. Gott dem H abgebeten, darauff auch das H. Abendmahl, in seinem Letzten, mit hertzlicher Andacht empfangen, Zweiffeln wir nicht, Gott werde seiner Zusag nach, Ihm seine Sünde vergeben, v. in Chro seinem geliebten Sohn Zu Gnaden auffgenommen haben p. Er ist den 31. Martij am Verschienen Freytag Zwischen 6 Vnd 7. Vhr Zu abends sanfft eingeschlaffen, im 54. Jahr seines Alters. H M. **Wolderus** hatt Ihm in d Altenstädschen Kirchen die Leichpredigt gethan. ex ψ. 103. Der Mensch ist in seinem Leben wie Graß. [Witt 62]

147 BARBARA HÄNNEL, ✶ KÖNIGSBERG 1568, ✝ 31. 3. 1628

2. Aprilis.
⊙ Laetare

Barbara, David Hännels Nachg. Wittwe,

Ist Ao 1568. alhie Zu Königspergk von Christl. v. Gottseligen Eltern vff diese Welt gebohren. Ihr Vater ist gewesen Peter **Warnick**, Bürger v. Schneider alhie. Ihre Mutter hatt geheißen Anna. Diese Ihre Liebe Eltern haben ihre Tochter, bald nach der gebuhrt, durch die H. Tauffe Chro dem H Vortragen laßen, nachmals Zu aller Gottesfurcht aufferzogen, sie fleißig Zur Schulen gehalten, vnd den Catechismum lernen laßen. Nach dem Ihr aber Ihre Liebe Eltern was Zeitig mit Tod abgangen, hatt sie balt von Jugent auff bey frembden Leuten sich auffhalten müßen. Wie sie denn bey Zehen Jahren dem S. H **Baumgart**, Gerichtsverwandten dieser Altenstad, thräwlich v. fleißig gedienet. Alß Sie Ihr 20. Jahr erreichet, hatt sie sich Ao 1588, ehelich eingelaßen, mit dem Erbarn Paul **Hoffmann**, Schneidern v. Bürgern dieser Altenstad, mitt dem sie ins 11. Jahr friedlich gelebet, vnd durch Gottes Segen eine Tochter gezeiget, welche aber gestorben. Nach tödlichem abgang dieses Ihres ersten Mannes, ist sie 2. Jahr im Wittwenstand blieben. Ao 1601. hatt sie sich anderweit in den H. Ehestand begeben, mit dem Erbarn David **Hännel**, auch Schneidern v. p., v. durch Gottes Segen 4. Kind. Zween Söhne v. Zwo Töchter gezeiget, von denen allen nur noch eine Tochter am Leben. Alß Ao 1620, in wehrender pest, auch Ihr and Mann gestorben, ist sie bießdahero ins 8. Jahr Wittwe geblieben, v. sich from, Still v. eingezogen verhalten. Gottes word hatt sie gern gehöret, daneben das H. Abendmahl fleißig gebraucht, v. also recht Christlich gelebet. Ist am Vergangenen Freytag Vmb 11. Vhr nach Mittag Selig im Herrn entschlaffen. Ihres Alters 60. Jahr. H M. **Lepnerus** hatt die Leichpredigt gethan ex Luc. 24. Aber d Vbelthäter einer, die gehencket waren, sprach zu Jesu: Herr gedenck an mich, wenn du im paradies sein p. [Witt 235]

148 ELISABETH BAUMGART, ✶ KÖNIGSBERG (KNEIPHOF) 1575, ✝ 30. 3. 1628

9. April.
⊙ Judica.

Elisabeth, paul Baumgarts, Nagelschmids
Eheliche Hausfraw,

Ist Ao 1575. Vor 53. Jahren alhie Zu Königspergk gebohren worden. Ihr Vater ist gewesen der Erbahre vnd wolgeachte Bastian **Kohlbergk** Bürger v. Mältzenbräwer im Kneiphoffe, Ihre Mutter Elisabeth. Sie ist Christlich v. woll nicht allein von Ihren Eltern, sondern auch nach deroselben Zeitigem Absterben, von Ihren Freunden, erZogen worden. Alß sie Ihr 17. Jahr erreichet, ist sie gegenwertigem betrübten Wittwer (282) ehelich

---

282 Paul **Baumgart** ✝ 3. 9. 1632 (lfd. Nr. 552).

vertrawet worden, mit dem sie ins 37. Jahr friedlich gelebet, v. durch Gottes Segen 6. Kinder gezeiget, 3. Söhne v. 3. Töchter. Davon nur noch 2. Söhne am leben. Pia & honesta fuit matrona. *Sie war eine fromme und ehrbare Frau.* Ist den 30. Martij gestorben. H.M. **Lepner** hatt die Leichpredigt gehalten, ex Evangelio Domin. Joh. 8. Warlich Ich sage euch, so jemand meine word wirt halten, der wirt den Tod nicht sehen ewiglich. [Witt 30]

149 JOHANNES GESNER, ✶ BRESLAU UM 1598, ✝ 10. 4. 1628

12. April. ☿ p. Dom. Judica

Johannes Gesner, Kriegsofficirer vnd
Siersiant dieser Altenstad,

Ist Zu Breßlaw in Schlesien gebohren, Sein Vater ist gewesen Egidius **Gesner** Bürger v. Handelsmann daselbst. Wie seine Mutter geheißen v. wer sie gewesen ist Vnwießent. Ist fast von Jugent auff ein Soldat gewesen. Alß das Böhmische Kriegswesen angangen, hatt er Zum ersten gedienet Friderico erwhltem Könige in Böhmen, vnter dem **Graffen Colatto** (283) 30. Monat. Nach der Böhmen Niedlag hatt er sich in Kayserl. Mstt bestallung gegeben, v. gedienet vnter dem Obersten Christoph **von Hubrick** vnter deßen Leib Kornet mit 3. pferden. Nachmals vnter Sigmundt **von Gelhorn** Capitain, 40. Monat nach einand für einen Gefreyten. Alß er daselbst abgedancket, hatt er sich alhie Zu Königspergk in eines E. Rahts dieser Altenstad Kriegsbestallung eingelaßen, vnd dieser Stad nunmehr zwey Jahr vor einen Kriegs Officirer vnd Siersianten gedienet, sich darin Still, friedlich, eingezogen v. fromb verhalten, kein Fluch v. Sacramentieren (:wie Leider der soldaten brauch ist:) hatt man von ihm gehöret, sondern alles hatt er mit großer bescheidenheit wießen Zu moderiren, das jedman ein wolgefallen an Ihm gehabt. Er hatt nicht allein an Sontagen, sondern auch, wenn er nur der wach halben abkommen können, An Wercktagen Gottes word gern gehöret, das Hochwürdige Abendmahl auch fleißig mit Andacht gebraucht, v. sich also recht Christlich halten.

Mit seinem Tode ist es also daher gangen. Alß er am Verschienenen Sontag Judica, gegen die Nacht vmb 10. Vhr friesch v. gesundt, Ambts halber die bestelte wach bey der Newen Schantz an den Kohlspeichern (284) besehen v. aufsicht haben wollen, hatt Ihn das Gatterthor daselbst vnversehener v. vnverhoffter weise plötzlich befallen, welches ihm Arm v. bein, v. etzliche Rieben im leibe dmaßen zerschmettert, das er den volgenden tag drauff gegen abent zwischen 5. vnd 6. Vhr des Todes sein müßen, v. Ihm keine Menschliche Hülffe v. Rettung hatt wiederfahren mögen. Etzliche Stunden vor seinem S. abschied hatt er begehret, das Ihm das H. Abendmahl gereichet würde, v. hatt sich also gar Christlich zum Tod v. Sterben bereitet. Ist ohngefehr ein 30. Jähriger gewesen. M. **Halbach** hatt Ihm die Leichpredigt vffm Steintham, in Volckreicher Versammlung, gehalten, ex Eccl[esi]ast[es]. c.9 *nach Prediger Salomo Kap. 9 [Vers 12]* Der Mensch weiß seine Zeit nicht p. plötzlich vber sie fellet. [Witt 183]

---

283 Rambold XIII **Graf von Collalto** (1575–1630), kaiserlicher General.

284 Kohl(en)speicher in der Lomse, des zur Altstadt gehörenden damaligen Speicherviertels am Pregelufer östlich des Kneiphofs. Seit 1811 "Lindenstraße". "Neue Schanze" wohl Teil einer dortigen Befestigung seit Mitte des 15. Jahrhunderts.

150 MICHEL STEIN, ✶ KÖNIGSBERG (ALTSTADT) UM 1592, ✞ 13. 4. 1628

15. April.
♄ p. Dom.
Judica.

Michel Stein, Schneider v. Bürger dieser
Altenstadt,

Ist alhie Zu Königspergk von Ehrlichen Eltern gebohren. Sein Vater S. hatt geheißen Hans **Stein**, seine Mutter Anna (285), welche noch am leben, v. jetzo Fabian **Senfften** mählet ist, die Zur Zeit sehr schwach danieder lieget, v. ihrem Sohn das geleit Zu seinem Ruhebettlein nicht geben kan. Ist Christlich aufferzogen fleißig zur Schulen gehalten v. im h. Catechismo woll vnterrichtet worden. Nachmahls ist er von seinen Eltern in polen verschicket, da er denn dieselbe Sprach gelernet, v. alß er wied nach hauß kommen, hatt er sich vffs Löbliche Scheider Handwerck begeben, darauff er auch etzliche Jahr gewandert. Nach diesem ist er in den Stand der H. Ehe getreten, v. sich eingelaßen mit des S. Michel **Nurand** (286) Nachg. Wittwen, mit der er 9. Jahr vnd 30. wochen, jedoch ohne Leibes Erben, gelebet. Ist selten gesundt, sondern immerdar bettreisig gewesen. Sonderlich die letzten 12. wochen, da sine Kranckheit von tag Zu tag sich gemehret, bies er entlich am Vergangenen Donnerstag abends vmb 7. Vhr sanfft v. Selig eingeschlaffen, im 36. Jahr seines alters. H. M. **Lepner** hatt in d Altenstädschen Kirchen die Leichpredigt gethan.

[Witt 696]

151 ELISABETH SCHÖNMANN, ✶ KÖNIGSBERG (ALTSTADT) 1585, ✞ 23. 4. 1628

25. April.
Fer. 3.
Paschatos.

Fr. Elisabeth, Jochim Schönmanns, Börnstein
Drehers Eheliche Haußfraw,

Ist Ao 1585. von Vornehmen Christlichen Eltern gebohren worden. Ihr H Vater ist gewesen, der weyland Ehrenveste, Namhaffte v. wolweise Herr Hans **Niesewandt** Rahtsverwandter dieser Altenstadt, Ihre Mutter Anna **Dobernackin**. Diese Christl. Eltern haben Ihre Liebe Tochter von Kindheit auff Zu allen Christlichen v. Jungfräwlichen Tugenden fleißig aufferzogen, bieß sie Ihr 19. Jahr erreichet, ist sie durch schickung Gottes verheyrahtet worden an den Erbarn v. wollgeachten Jochim **Schönmann**, gegenwertigen ihrem Nachgelaßenen Wittwer, mit dem sie ins 24. Jahr ehelich gelebet, v. durch Gottes Segen 12. Kinder, 7. Söhne v. 4. Töchter, gezeiget, von welchen allen nur noch 2. Söhne v. eine Tochter am Leben.

Ihr Christenthumb belangende, so hatt sie fleißig Gottes word gehöret, v. das h. Abendmahl gebrauchet, welches sie auch in wehrender Kranckheit, auff vorhergethanen Bericht v. tröstliche Absolution empfangen. Ihre Kranckheit hatt vber 9. wochen angehalten, v. so sehr vberhand genommen, das durchauß keine Menschliche Mittel helffen wollen. Drumb sie sich denn auch gantz v. gar Zum S. Sterbstündlein bereitet v. embsig vmb gnädige aufflösung den lieben Gott angeruffen. Welchen Ihren wunsch v. Gebed der Liebe Gott auch erhöret, vnd sie am ersten h. OsterTage früh Zwischen 5. vnd 6. Vhr durch einen Sanfften v. Stillen Todt von dieser welt abgefordert ihres alters im 43. Jahr. H M. **Lepner** hatt in d Altenstädschen Kirchen die Leichpredigt gethan ex Philip. 1. Ich habe lust abzuscheiden, vnd bey Chro Zu sein.

[Witt 650]

---

285 Anna **Senft** ✞ 5. 10. 1628 (lfd. Nr. 182).

286 Ernst Witt: Name schwer lesbar. Kann auch **Niemand**, **Numand**, o. ä. heißen.

152 Simon Gelhar, ✶ wo? 1590, □ 26. 4. 1628

26. April.
☿ p.Pasch.

Simon Gelhar, ein Helffer vnd Schopen-
breuwer,

Ist Ao 1590. gebohren worden, sein Vater hatt geheißen Peter **Gelhar**, seine Mutter Margaretha. Ist von Jugent auff Christl. aufferzogen, bieß er etwas Zu Jahren kommen, hatt er sich bey frembden Leiten in Dienst eingelaßen, da er sich denn Ehrlich v. woll verhalten, also das er auch in die Zunfft der Helffer v. Schopenbrewer gekommen. Er hatt sich auch in den h. Ehestand begeben, mit seiner jetzo Nachg. Wittwen Catharina, des Erbarn v. Wollgeachten Ignatij **Möllers** Dienerin, mit der er ins 6. Jahr friedlich gelebet, vnd 3. Söhne gezeiget, davon 1. Sohn am Leben. Ist sonst ein frommer sietzamer Mensch gewesen, d mit jedman friedlich gelebet, Gottes word fleißig gehöret, das h. Abendmahl offt gebrauchet, v. sich also recht Christlich in seinem Leben verhalten. Ist alt worden 38. Jahr. H M. **Lepner** hatt die Leichpredigt v. St. gethan, ex Syr. 17, 15 ad 20. Alle Ihre Werck sint für ihm so offenbahr, wie die Sonne p. v. die da müde werden tröstet er, das sie nicht verzagen. [Witt 173]

153 Barthel Dowe, ✶ Königsberg (Tragheim) 1562, □ 27. 4. 1628

27. April
♃ p. Pasch.

Barthel Dowe, Instrumentist v. Vmbbitter,

Ist Ao 1562. alhie vff Churfl Freyheit Tragheim gebohren. Sein Vater ist gewesen Thewes **Dowe**, gewesener Schloßdiener, seine Mutter hatt geheißen Barbara. Ist fleißig aufferzogen v. anfenglich Zur Schulen gehalten worden, weil er aber nicht große lust dazu gehabt, haben Ihn seine Eltern Zu dem Kunstreichen Valtin **Ahmen**, bestaltem Instrumentisten dieser Altenstad gethan, Vnd Ihn die Löbliche Music Kunst lernen laßen, die er denn auch innerhalb 6. Jahr ehrlich außgelernet. Alß er nun etzliche darauff gewandert, v. wied anhero nach Königspergk kommen, hatt er sich durch schickung Gottes ehelich eingelaßen mit der Tugendsahmen Jungfr. Anna, der Fr. **Hilbrandschen** Dienerin, mit der er nur 3/4 Jahr, ohne Leibes Erben, gelebet. Nach absterben dieser seiner ersten Frawen, ist er ein Jahr im Wittwenstand geblieben, darauff er Zur andern Ehe geschritten mit der Tugendsahmen Jungfr. Anna, des Erbarn Caspar **Möllers**, Heringsbrackers Ehel. Tochter, mit der er 8. Jahr zusammen gelebet, v. durch Gottes Segen 4. Kind gezeuget, 2. Söhne v. Zwo Töchter, welche alle gestorben. Nach tödlichem abgang dieser seiner andren frawen, hatt er 3. Jahr im Wittwenstand gelebet, Hernachmals Ao 1611. hatt er sich abermahl verheyrahtet mit der jetzo gegenwertigen Wittwen Maria. Mit der er 17. Jahr gelebet, v. 9. Kinder, 3. Söhne v. 6 Töchter gezeiget, von welchen noch 1. Sohn v. 2. Töchter am leben. Ist ein frommer, Gottesfürchtiger v. Diensthafter Mensch gewesen. Hatt vor wenig Tagen einen anstoß bekommen, alß ob es ein fieber gewesen, darauff er etwas eingenommen, welches aber vbell gerahten, v. hatt er also plötzlich sein Leben enden müßen. Im 66. Jahr seines Alters. H M. **Wolderus** hatt ihm v. St. die Leichpredigt gethan ex Joh. 14. Ich lebe v. Ihr solt auch leben. [Witt 111]

154 DAVID KREUSCHNER, ✶ KÖNIGSBERG (ALTSTADT) 1576, □ 2. 5. 1628

2. Maij. ♂. p. Quasimod.

David Kreuschner, Bürger V. Mältzenbräwer
dieser Altenstad,

Ist Ao 1576. gebohren, Sein Vater ist gewesen Christoph **Kreuschner**, Bürger v. Mältzenbrewer dieser Altenstad, seine Mutter Esther **Krügerin**. Diese seine Eltern sint Ihm gar Zeitig mit Tod abgangen, drumb Ihn sein Eltester Bruder Zu sich nehmen müßen, der Ihn Zu aller Gottesfurcht aufferzogen v. fleißig zur Schulen gehalten, bieß er etwas Zu Verstand kommen, da hatt er ihn in polen verschickt die Sprach zu lernen, alß er dieselbe woll gefaßet, ist er nach hauß gefordert worden, V. Zu der fr. **Gruterin** in Dienst gethan, bey der er ins 12. Jahr threwlich v. fleißig gedienet. Alß er sein 33. Jahr erreichet, hatt er sich mit d Tugentsahmen Jungfr. Regina, des S. Eustachij **Libaßen**, Nachg. Ehel. Tochter (287), verlobet v. ehelich eingelaßen, mit welcher er in friedlicher Ehe gelebet 19. Jahr, vnd durch Gottes Segen 10. Kinder, 7. Söhne v. 3. Töchter gezeiget, davon nur noch 2. Söhne vnd 1. Tochter am Leben. Sein Christenthumb belangende, ist er ein frommer, friedliebender Mann gewesen, der gern Gottes word gehöret auch das h. Abendmahl gebrauchet. Ist offt von dem Lieben Gott mit Creütz v. wiedersinnen beleget v. heimgesucht worden. In welchem allem er dennoch gedultig gewesen v. fleißig gebet, drumb es auch Gott der H jedZeit also geschaffet, das ers hatt ertragen können. In werender Kranckheit hatt er sich mit allerley schönen Sprüchen herrlich getröstet, v. eines S. Stündleins mit Verlangen erwartet, welches Ihm auch Gott der Herr wiedfahren laßen. Ist alt worden 52. Jahr. M. **Halbach** hatt in d Altstädschen Kirchen ihm die Leichpredigt gethan ex Esa. 26. Herr, Deine Todten werden leben, v. mit dem Leichnam aufferstehen vnter d Erden. [Witt 367]

155 DANIEL BRUNST, ✶ WARLIN, AMT STARGARD / MECKLENBURG 1596, □ 12. 5. 1628

12. Maij ♀ p. Miser. Dom.

Daniel Brunst, Schlößer v. Kleinschmid,

Ist Ao 1596. Zu Warlin in Meckelburgk von Ehrlichen vndt Christl. Eltern gezeuget v, gebohren worden. Sein Vater S. ist gewesen des weyland Ehrwürdige v. wolgelahrte H. David **Brunst**, Pfarherr deßßelben orts. (288) v. seine Liebe Mutter Anna **Dedellowen**. Welche seine Liebe Eltern ihn bald nach der gebuhrt dem Herrn durch die H. Tauffe fürtragen laßen. Nach tödlichem abgang seines S. Vaters, hatt sich seine Mutter anderweit ehelich eingelaßen, Mit dem Erbarn Jochim **Debbelt** einem Schlößer Zu Friedland in Meckelburgk (289), der diesen vnsern S. Mittbrud, weil er Zum Studiren nicht tüchtig gewesen, Zum selben Schlößer Handwerck gehalten, welches er den fleißig außgelernet, v. nach außgestandenen seinen Lehrjahren, eine ziemliche Zeit darauff gewandert, bieß er entlich anhero nach Königspergk, da er bei M. Christoph **Krügern** 7. gantze Jahr threwlich v. fleißig gearbeitet, also das er deßen ein gutt

---

287 Ein Bruder von ihr ist Eustachius **Liebaß** ✝ 23. 10. 1633 (lfd. Nr. 620).

288 Erwähnt bei Willgeroth (S. 476) in der Pfarre Reinshagen, Präpositur Teterow, Superintendentur Güstrow: "… in den 1620 Jahren … (aus Friedland, imm. Frankfurt a. Oder 1609) (oo Anna Sehnsen, Tochter des Pastors Johann v. Woosten) … ".

289 Stadt Friedland [bei Neubrandenburg] (Mecklenburg).

Zeigniß hatt. Vor 13. Wochen hatt er sich durch schickung Gottes mit gegenwertiger hochbetrübten Wittwen ehelich eingelaßen, v. die kurtze zeit vber gar friedlich mit Ihr gelebet, Es hatt sie aber d höchste bald getrennet, in dem er vor 11. Tagen Kranck worden, welche Kranckheit so sehr vberhand genommen, das er auch darüber sein Leben einbüßen müßen. Ist sonst ein frommer Christlicher Mensch gewesen. H M. **Wolderus** hatt Ihm die Leichpredigt v. St. gethan, ex ψ. 146. Der H behüttet die frembdlinge & [Witt 84]

156 Barbara Schlicht, ✶ Schippenbeil, Kr. Friedland 1605, □ 14. 5. 1628

14. Maij.
⊙ Jubilate.

Barbara, Martin Schlichten eheliche Haußfraw,

Ist dieselbe Ao 1605. Von Christl. Eltern Zu Schippenbeil gebohren, Ihr S. Vater ist gewesen Stephan **Deutzschkau**, Ihre Mutter Catharina, welche noch am Leben. Sie ist zu allem gutten erzogen v. fleißig Zur Schulen gehalten. Alß sie Zu ihren Manbahren Jahren kommen, hatt sie sich alhie mit Ihrem jetzo nachgelaßenen Wittwer, dem Erbaren Martin **Schlichten** (290), ehelich eingelaßen, mit dem sie ein Jahr Zusammen gelebet, vnd 1. Töchterlein gezeiget, so noch am Leben. Vor 14 Tagen hatt sie der Liebe Gott mit Leibes Kranckheit beleget v. heimgesucht welche so sehr von tag Zu tag Zu vnd vberhand genommen, das keine Menschliche Mittel helffen wollen, sondern sie Ihr Leben darüber einbüßen müßen. Ihr Christenthumb belangende, hatt man nichts Vngebührliches von Ihr gehöret, sie hatt sich fleißig Zum gehör göttliches words, v. Zum gebrauch des h. Abendmahls gehalten. Ist alt worden 23. Jahr. H M. **Wolderus** hatt Ihr vffm Steintham die Leichpredigt gethan ex Evglio Dom. Joh. 16. *nach dem Evangelium dieses Sonntags aus Joh. Kap. 16* warlich, warlich, Ich sage euch, Ihr werdet weinen pp kehret werden. [Witt 633]

157 Martin Fußknecht d. Ä., ✶ Saalfeld, Kr. Mohrungen 1539, ✞ 13. 5. 1628

16. Maij.
♂. p.
Jubilate.

Martin Fußknecht, der Eltere.

Ist Ao. 1539. Zu Salfeld in Preußen von Christlichen Eltern gebohren, Sein Vater hatt geheißen Georg **Fußknecht**, ein Kleinschmid daselbst. Seine Mutter Hedwig. Diese seine Eltern haben Ihn von jugend auff fleißig erzogen v. Zur Schulen gehalten, da er denn Ziemlich vortkommen v. Lust Zum Studiren gewonnen. Weil aber seine Eltern des Vermögens nicht gewesen, viel Vnkosten auff die Studia Zu wenden, haben sie Ihn Zum Handwerck gebrauchen wollen. Er aber hatt hierinnen seinen Eltern nicht folgen, sondern viel lieber bey den Studijs bleiben wollen. Wie er sich denn damahls bald von Jugend auff, im 16. Jahr seines Alters, Vnter den H **von Dohna** bey Ihrer Kirchen (291) bestellen vnd vor einen Schulmeister gebrauchen laßen. Alda er ins 3. Jahr gedienet v. auffgewartet. Nach dem hatt er sich hierher Nach Königspergk begeben, v. weil er nicht viel zu verzehren gehabt, hat er sich den winter vber bey einem Kauffman than. Alß aber das Vorjahr angangen, hatt er sich vff ein Schieff begeben, ist in Spanien v. andern ort gesiegelt, v. hatt sich also in d welt vmbgesehen. Alß er wied ins land kommen, hatt er sich bey H Reinhold **Boyen**

---

290 Martin **Schlicht** ✞ 7. oder 14. 8. 1629 (lfd. Nr. 250).

291 Wohl auf dem Gut Schlobitten, Kr. Preußisch Holland, der Familie v. Dohna.

ins Budwerck (292) Zu Dienst begeben, alda er viel Jahr verharret. Bieß er endlich durch schickung Gottes sich Ao 1576. im 37. Jahr seines Alters, Ehelich eingelaßen mit Jungfr. Catharina **Korckmacherin**, mit der er 12. Jahr friedlich Zusammen gelebet, vndt durch Gottes segen gezeiget 3. Söhne, v. 3 Töchter, von welchen nur noch 1. Tochter am leben. Nach absterben dieser seiner haußfrawen, hatt er 2. Jahr im wittwerstand gelebet, da er den Zur andern ehe geschritten, v. sich abermahl mit gegenwertiger hinterlaßenen Wittwen, in den Ehestand begeben, mit welcher er ins 38. Jahr ruhelich v. friedlich gelebet, v. 5. Söhne v. 1. Tochter gezeiget, Von welchen die Tochter jung gestorben, die Söhne aber noch am leben sint, vnter denen Zween Zugegen, die andern 3. Aber in d frembden sich auffhalten. Ob sie noch am leben ist Vnwießent. Es hatt vnser S. Mittbrud aber 4. Jahr hero großen schmertzen am Stein gelitten, v. dannenhero wenig außgehen können, ohne wenn er das H. Abendmahl in d Kirchen gebrauchen wollen. Vnterdeßen aber hatt er seine muße Zeit mit leßen vnd Beten Zu Hauß Zu gebracht, v. sich in seinem hohen Alter, welches er vff 89. Jahr gebracht, rechte still v. Christlich verhalten. Am Verschienenen Sonabend des Morgens Zwischen 6. Vnd 7. Vhr, hatt Ihn d liebe Gott ein sanfftes Simeonsstündlein Verliehen, v. durch den Zeitlichen Todt von dieser mühseligen welt abgefordert. H M. **Wolderus** hatt in d Steinthamschen Kirchen ihm die Leichpredigt gehalten ex Verbis Syrac. Mein Sohn ehre den Vater in seinem Alter. [Witt 165]

158 Elisabeth Naps,
✶ Landsberg i. Ostpr., Kr. Preußisch Eylau 1598, ✝ 13. 5. 1628

17. Maij. ☿. p. Jubilate.

Fr. Elisabeth, Lorentz Napsen Haußfr.

Ist Ao 1598. Zu Lanßberg gebohren. Ihr Vater, so noch am leben, ist der Erbahre Valtin **Kelmer**, Bürger Zu Zinten (293). Ihre Mutter Anna **Wilmannin**. Diese Ihre Eltern haben sie Christlich erzogen. Ao 1621. ist sie, mit Vorbewust Ihrer Eltern, dem gegenwertigen Ihrem Wittwer Lorentz **Napsen**, ehelich versprochen v. Zugesaget, mit dem sie ins 8. Jahr friedlich v. ruhlig gelebet, v. durch Gottes segen 2. Söhne v. Zwo Töchterlein gezeiget von denen noch 1. Sohn v. 1. Tochter am leben. Es hatt sie der liebe Gott mit vieler Leibes beschwerlichkeit offt hart heimgesuchet. Welche endlich so sehr vberhand genommen, das sie auch darüber ihr leben einbüßen müßen, In dem sie am Vergangenen Sonnabend Zu nacht vmb 1. Vhr, durch einen sanfften Tod abgefordert worden. Ihres Alters im 30. Jahr. H. M. **Lepner** hatt in d Steinthamschen Kirchen Ihr die Leichpredigt gethan ex ψ. 31. In deine Hände befehl pp. [Witt 473]

292 Bedeutung unklar. – Bei Reinhold Boye hat auch Fabian **Lembke** □ 12. 8. 1631 (lfd. Nr. 495) ungefähr in der gleichen Zeit gedient.

293 Zinten, Kr. Heiligenbeil.

159 JACOB THÜBEL, ✶ RADEBURG, AMT GROSSENHAIN / SACHSEN 27. 5. 1576, ✝ 20. 5. 1628

21. Maij ☉ Cantare.

Jacob Tübell (294), Fleischer dieser Altenstad,

Ist Anno 1576. am Sontag Vocem Jucunditatis Zu Radeburgk in Meißen von frommen vnd Gottseligen Eltern auf diese Welt gebohren worden. Sein Vater ist gewesen Frantz **Tübell**, Bürger vnd Fleischer daselbst. Seine Mutter Ursula **Hoffmannin**. Diese seine Eltern haben Ihren Lieben Sohn, so balt ihnen Gott denselben bescheret, Chro dem Herrn durch die H. Tauffe einverleiben laßen. Nachmals in aller Gottesfurcht Christlich aufferzogen. Vnd alß er Zu seinen Jahren kommen, v. lust Zu seines Vaters Handwerck gehabt, hatt Ihn sein Vater dasselbe lernen laßen, hernachmals vff die wanderschafft geschickt, da er denn anhero in Preußen kommen vnd Zu marienburgk gantzer 11. Jahr, nachmals alhie Zu Königsbergk 8. Jahr vff demselben handwerck gedienet, v. sich in seinen diensten ehrlich vnd from verhalten, also das er deßen ruhm vndt lob gehabt.

Ao 1609. hatt er sich mit gegenwertigen hochbetrübten Wittwen des S. Martin **Schultzen** Nachg. Wittwen, ehelichen eingelaßen, vnd mit derselben, 19. Jahr in friedlicher ehe, jedoch ohne Leibes Erben, gelebet.

Sein Christenthumb belangende, hatt er sich je v. allewege fleißig Zur Kirchen v. Zum gehör Göttlichen words gehalten, auch offt Zum gebrauch des H. Abendmahls funden. Wie er denn solches auch noch ohngefehr vor 3. od 4. wochen alhie in d Kirchen gebraucht v. empfangen. Sonsten hatt er auch mit seinen Nachbarn vnd wercksbrüdern sich nachbarlich v. woll vertragen, also das jederman Ihn gern vmb sich dulden v. leiden mögen. Weil er sich denn jed Zeit Christlich verhalten, v. dennenhero Gott lieb gewesen, so hatt es anders auch nicht sein können, er hatt Creutz v. Anfechtung leiden müssen, in dem d liebe Gott, etzliche Jahr nach einander, Ihn mit Leibes Schwachheit angegriffen, also das er offt bettreisig worden. Am Vergangenen Donnerstag aber ist er plötzlich kranck worden, das er auch bald die Sprach verlohren, vnd darauff selben Abends vmb halb 10. Vhr fein sanfft v. Selig im Herrn eingeschlaffen. Im 52. Jahr seines Alters. M. Isaac **Halbach** hatt Ihm in d Altenstädschen Kirchen die Leichpredigt gethan ex epistola Domin. (295) 1. Cor. 15. 35. usque ad 45. *Nach der Epistel dieses Sonntags 1. Kor. 15, Vers 35 bis 45* [Witt 745]

---

294 Siehe auch den Lebenslauf seines Bruders Frantz **Thübel** ✝ 10. 8. 1630 (lfd. Nr. 453).

295 Die Worte " ex epistola Domin." sind nachträglich über der Zeile eingefügt.

160 CATHARINA WEIß, ✶ KÖNIGSBERG 1578, ✞ 20. 5. 1628

22. Maij.
☽. p.
Cantate.

Fr. Catharina, Martini Weißen, Kürschners
haußfraw,

Ist Ao 1578. alhie Zu Königspergk gebohren. Ihr S. Vater ist gewesen Michel **Rochell**, ein Schieffs Zimmermann. Ihre Mutter hatt geheißen Catharina. Welche schon lengst im Hn entschlaffen. Diese ihre Eltern haben sie bald von Jugend auff Christlich aufferZogen v. zur Schulen gehalten, bieß sie schreiben v. lesen lernen. Alß sie Ihr 22. Jahr erreichet, haben sie Ihre Eltern Ao 1600. gegenwertigem Wittwer, dem Erbarn Martin **Weißen** (296), Bürgern v. Kürschnern dieser Altenstad, ehelich sprochen v. verlobet. Mit welchem sie in ruhsamer Ehe gelebet 28. Jahr, v. durch Gottes segen 2. Söhne gezeiget, die aber allbereit verstorben. Ist eine friedliebende person gewesen, hatt sich mit männiglich woll vertragen, sich auch bey gesunden tagen, fleißig Zum gehör Göttlichen words, v. offterm gebrauch des h. Abendmahls gehalten. Es hatt sie der liebe Gott in die 4. Jahr bettreisig sein laßen, welche Zeit vber sie fleißig gelesen, gebedtet, auch offt vmb ein seliges stündlein Zu Gott geseufftzet. Welch ihr Gebed v. Seufftzen Gott endlich gnädiglich erhöret, v. sie am Vergangenen Sonnabend des Morgens vmb 6. Vhr, fein sanfft v. still, in wahrer anruffung Ihres Erlösers, einschlaffen laßen. Ihres alters im 50. Jahr. H M. **Lepner** hatt in der Altstädschen Kirchen die Leichpredigt gethan ex Job. 19. Ich weiß das p. [Witt 781]

161 GERTRUDT SEMLER, ✶ RASTENBURG 1562, ✞ 25. 5. 1628

28. Maij.
⊙ Rogationum.

Fr. Gertrudt, Hn Georg Semlers, Eheliche
Haußfraw,

Ist Ao. 1562 Zu Rastenburgk gebohren worden. Ihr Vater hatt heißen Gerge **Klein**, Ziegler daselbst. Ihre Mutter Euphemia. Welche Ihre Eltern sie Christlich v. woll aufferzogen, v. zu allen Tugenden von Jugent auf gewehnet. Weil aber dieselben d liebe Gott Ziemlich geschwind von dieser welt abgefordert, hatt sie sich hieher nach Königspergk begeben, v. bey frembden leuten aufhalten müßen. Wie sie denn eine gutte geraume Zeit gedienet bey dem weylandt Ehrwürdigen H Lucae **Bilango** (297) Diacono dieser Altenstad, bieß sie Ihr 28. Jahr erreichet, hatt sie sich ehelich eingelaßen mit gegenwertigem Altem hochbetrübten Wittwer, H Georg **Semlern** (298), Gerichts Verwandten der Altenstädschen Freyheit Steintham. Mit dem sie in die 38. Jahr friedlich gelebet, v. 3. Söhne auch 1. Tochter gezeiget, welche noch jetzo, sambt 1. Sohnen am leben. Pia fuit & honesta Matrona. Pacifice cum vibus [omnibus] vixit. Mortua est diepterito [die praeterito] Jovis hora 5. mat. piè & placidè. Concionem funebr. habuit Dn. M. Uranus **Lepnerus** in Templo Nicolaitano.

Sie war eine fromme und ehrbare Frau und lebte friedlich mit allen. Sie starb am Donnerstag um 5 Uhr morgens, fromm und friedlich. Die Leichenpredigt hielt Herr Magister Urban Lepner in der Nikolaikirche.

[Witt 609]

---

296 Martin **Weiß** ✞ 19. 9. 1637 (lfd. Nr. 820).
Er war anschließend verheiratet mit Regina **Weiß** ✞ 12. 9. 1636 (lfd. Nr. 766).

297 Lucas **Bilang** sen. 1584–1599 Diakon an der Altstädtischen Kirche (QMS 19/1, S. 126).

298 Georg **Semler** ✞ 10. 3. 1630 (lfd. Nr. 403).

Abbildung 3
Pagina 146 des Kirchenbuches
Vita der Catharina Weiß und der Gertrudt Semmler (Beginn)

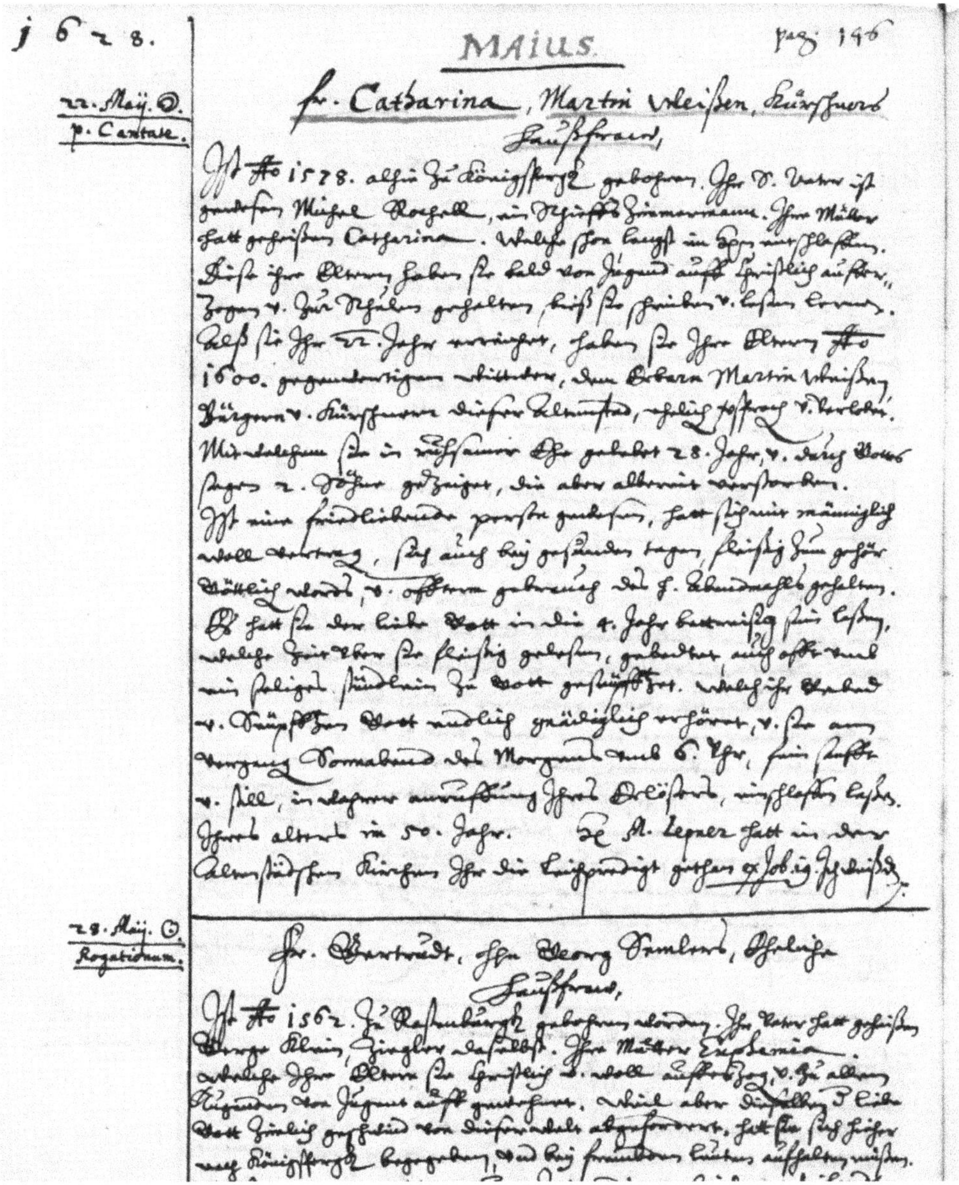

1628. MAIUS. pag. 146

22. Maij. ☉. p. Cantate.

Fr. Catharina, Martin Weißen, Kürschners Haußfraw,

Ist Ao 1578. alhie zu Königsbergk geboren. Ihr S. Vater ist gewesen Michel Roegall, ein Schiffs Zimmermann. Ihre Mutter hatt geheißen Catharina. welche schon lengst im Herrn entschlafen. Diese ihre Eltern haben sie bald von Jugend auff christlich aufferzogen v. zur Schulen gehalten, ließ sie schreiben v. lesen lernen. Als sie ihr 22. Jahr erreichet, haben sie ihre Eltern Ao 1600. gegenwertigem Wittiber, dem Erbarn Martin Weißen Bürgern v. Kürschnern dieser Altenstadt, ehelich versprochen v. verlobt. Mit welchem sie in nehrsamer Ehe gelebet 28. Jahr, v. durch Gottes Segen 2. Söhne gezeuget, die aber albereit verstorben. Ist eine friedliebende person gewesen, hatt sich mit männiglich wolle vertragen, sich auch bey gesunden tagen, fleißig zum gehör Göttlichs worts, v. offtern gebrauch des h. Abendmahls gehalten. Es hatt sie der liebe Gott in die 4. Jahr bettlägrig sein lassen, welche Zeit über sie fleißig gelesen, gebetet, auch offt umb ein seliges stündlein zu Gott geseufftzet. Welch ihr Gebet v. Seufftzen Gott endlich gnädiglich erhöret, v. sie am vergang. Sonnabend des Morgens umb 6. Uhr, fein sanfft v. still, in wahrer erkentnüß Jesu Christi, entschlafen lassen. Ihres alters im 50. Jahr. Hr M. Lepner hatt in der Altenstädtschen Kirchen Ihr die Leichpredigt gethan ex Job. 19. Ich weiß,

28. Maij. ☉. Rogationum.

Fr. Gertrudt, Hn Georg Semlers, eheliche Haußfraw,

Ist Ao 1562. zu Rastenburgk geboren worden. Ihr Vater hatt geheißen Jörge Klein, Ziegler daselbst. Ihre Mutter Euphemia. welche Ihre Eltern sie christlich v. wohl aufferzog, v. zu allen Tugenden von Jugend auff gewehnet. Weil aber derselben S. Liebe Gott zeitlich geschieden von diesem Elende abgefordert, hatt sie sich hieher nach Königsbergk begeben, v. bey frembden Leuten auffhalten müssen.

162 HANS NEUBAWER, ✶ ROSENBERG I. WESTPR.? 23. 1. 1574, ✝ 26. 5. 1628

29. Maij. ☽ p. Rogationum

Hans Neubawr, Bürgerv. Kauffman
dieser Altenstadt,

Ist Ao 1574. den 23. Januarij in der Stad Roßeburgk (299) von frommen Eltern gebohren worden. Sein Vater ist gewesen Hans **Neubawr**, Bürger v. handelsman daselbst. Seine Mutter hatt geheißen Geseke. Welche seine Eltern Ihn Christlich aufferzogen v. anfänglich fleißig Zur Schulen gehalten, bies er seinen Catechismum, auch daneben schreiben v. lesen gelernet. Ao 1593. haben Ihn seine Eltern gen Lübeck gethan Zum H David **Lodingk**, Kauffman daselbst, bey dem er 18 [sic] Jahr trewlich v. fleißig gedienet. Ao 1600. ist er seiner handlung halben anhero nach Königspergk kommen, welche er denn fleißig getrieben v. vorgestellet, bieß er Ao 1609. den 2. Maij. mit gegenwertiger Wittwen, fr. Margaretha **Brandes**, (300) des S. Henrich **Polemans** Nachg. Wittwen, sich ehelichen eingelaßen, mit der er 19. Jahr friedlich gelebet, v. mit Ihr 6. Söhne v. 1. Tochter gezeiget, davon noch 4. Söhne am leben. Sein Christenthumb belangende, so hatt er sich Zwar Zu Zeiten Zum gehör Göttlichen wors, selten aber Zum gebrauch des H. Abendmahls gehalten, Was Ihn daran gehindert, weiß Gott. Am Verschienenen Freytag gegen Abend vmb 4. Vhr, soll Ihm ein Schwindel ankommen sein, da er denn mit sambt dem Stuel, darauff er geseßen, nied gefallen. Vnd alß er wied auffgerichtet v. ermindert worden, ist er also sietzen blieben, innerhalb einer stund aber, gegen die mahlzeit, alß er dazu von seiner haußfrawen hatt wollen auffgefordert werden, ist der sietzend Tod auff dem Stuel funden worden. H. M. **Lepner** hatt in d Altenstädschen Kirchen ihm die Leichpredigt gethan.

[Witt 477]

163 HANS GÖBEL, ✶ KÖNIGSBERG 1573, ✝ 27. 5. 1628

30. Maij ♂ p. Rogationum.

Hans Göbel, Leinweber vffm St.

Ist Ao 1573. alhie Zu Königspergk gebohren worden. Patre Valentino **Göbeln**. Matre Anna. Annum agens 26. nuptias celebravit cum honesta matrona Dorothea, Martini **Benerts** p.m. relictus vidua. Qua cum vixit pacificè annos 29. filios genuit duos: quorum unus e vivis jam discessit. Pius fuit ac modestus. Verbum divinum sedulo auscultavit, idemque domi cum domesticis diligenter repetiit. Ante dies 14. febrili morbo correptus. Praeterito die Saturni intra 6 & 7. hor. Vesp naae debitu psolvit. Aetat. 55. M. Isaac **Halbach** concionem funebr. habuit in Templo D. Nicolai, ex Joh. 16.

Sein Vater hieß Valentin Göbel, seine Mutter Anna. Als er 26 Jahre alt war heiratete er die ehrbare Frau Dorothea, die Witwe des verstorbenen Martin Benert. Mit ihr lebte er 29 Jahre lang fiedlich zusammen. Er zeugte 2 Söhne, von denen einer schon gestorben ist. Er war fromm und bescheiden. Das göttliche Wort hörte er fleißig und auch zu Hause wiederholt er es sorgfältig mit seinen Hausgenossen. Vor 14 Tagen wurde er von einer fiebrigen Krankheit ergriffen. Am vergangenen Samstag zwi-

---

299 Rosen**burg** in Ost- und in Westpreußen unbekannt.
Rosen**berg** – neben der Kreisstadt in Westpreußen gibt es noch vier Landgemeinden in Ostpreußen und fünf Gemeinden / Wohnplätze in Westpreußen mit diesem Namen.

300 Margaretha **Neubawer**, ✝ 2. 9. 1636 (lfd. Nr. 763).

schen 6 und 7 Uhr abends starb er im Alter von 55 Jahren. Magister Isaac Halbach hielt die Leichenpredigt in der Nikolaikirche nach Johannes 16.

Warlich, Ich sage euch, Ihr werdet weinen v. heulen pp. in frewde kehret werden. [Witt 194]

164 Hans Weger,

✶ Altdamm, Kr. Randow / Reg.-Bezirk Stettin? 1548, ✝ 29. 5. 1628

1. Junij. ipso die Ascensionis Dominicae.

Hans Weger Churfl. Hhtt. Balbierer,

Ist Ao 1548, im Junio in d Fürstlichen Stad Dam in pommern gebohren. Sein Vater S. ist gewesen der weyland Ehrwürdige vnd wollgelahrte H Matthaeus **Weger** (301), Wolverdienter pfarherr daselbst. Seine Mutter Fr. Margaretha **Springemannin**. Welche seine liebe Eltern ihn nicht allein Chro dem Herrn durch die H. Tauffe einverleiben laßen, sondern Ihn auch ferner in seiner jugend Zu allen Christlichen Tugenden aufferzogen, Ihn Zur Schule gehalten, darin er auch seine fundamenta pietatis & artium *Grundlagen der Frömmigkeit und der Künste* Ziemlich geleget. Alß er aber etwas Zu Jahren kommen, vnd seine S. Eltern eine besondere inclination *Neigung* Zu d Wundartzney an Ihm vermercket, haben sie Ihn dieselbige kunst bey einem erfahrnen Mann lernen laßen, da er nicht allein still v. fleißig sich verhalten, sondern auch hernacher was mehrers in solcher kunst Zu erfahren, sich hin vnd wied etzliche Jahr in Deutzschland, Spanien, Engeland, endlich auch in Reußen v. in der Mußkaw (302), in Fried v. Krieg, Zu Waßer v. Zu Land sucht. Bieß er endlich Ao 1575. auch alhie in preußen ankommen, von welcher Zeit an Er mehrertheils am Fürstl. preußischen Hoff auffgewartet, v. fürnehmlich nach dem er von Ihrer Fürstl. Dhtt. Hn Albrecht **Friedrichen** Hochlöblichster gedechtniß in bestallung genommen, seiner Hohen v. Gnädigen Herrschafft, nach dem pfundt, so ihm Gott anVertrawet, so lang er Leibes Kräfften halben hatt vortkommen können, bieß in sein hohes Alter threwlich gedienet.

Ao 1577. den 29. Decembris hatt er sich Verheyrathet mit d Ehr- v. Tugendreichen Frawen Ursula **Hermannin**, des S. Antonij **Möllers**, Fürstl. Dhtt. Alberti des Eltern, Ersten Hertzogs in preußen, Christmilder gedechtniß, wolbestalten Hoffbalbierers v. Wundartztes, Nachg. Wittwen. Mit welcher er in gerusamer Ehe gelebet 17. Jahr, v. durch Gottes segen gezeiget zween Söhne v. 3. Töchter. Welche alle nach dem willen Gottes Verstorben.

Nach dem er Ao 1594. durch absterbung seiner Lieben Haußfr. in den betrübten Wittwenstand gesetzet worden, hatt er folgendes Jahr darauff Ao 1595. sich anderweit ehelichen eingelaßen, mit der damahls Erbarn v. Tugendreichen Jungfrawen Barbara, des S. Martin **Damheüsers** Mitbürgers dieser Altenstad Nachgelaßenen Ehel. Tochter, jetzo hochbetrübten Wittwen, mit der er in gutter einigkeit 33. Jahr gelebet, v. durch Gottes Segen gezeuget 7. Kinder, 5. Söhne v. Zwo Töchter. Davon noch drey Söhne am Leben, an welchen der S. Mittbruder nicht wenig Trost v. frewde erlebet. In dem der Elteste vnter Ihnen, H M. Laurentius **Weger,** bey hiesiger Löblichen Universitet Logicae Professor Publ. ist: Der

---

301 Moderow nennt keinen Pfarrer oder Diakon **Weger** o. ä. in der Pfarre Altdamm (in der Altstettinischen Synode) und auch keinen dieses Namens in einem anderen Ort.

302 In Russland und Moskau.

Mittelste H Petrus **Weger** Candidatus Juris *juristischer Kandidat*, v. sich Zur Zeit auff der berümbten Universitet Franecker (303) in Frießland, auffhelt. Der Jüngste Johannes **Weger**, sich auch woll anlest, vnd auff hiesiger Universitet den Studijs oblieget. Welche Söhne sämbtlich, der liebe Gott, d hochbetrübten Mutter Lange Zeit Zu sonderbahrem Trost allergnädigst erhalten wolle.

Das Christenthumb Vnsers S. Alten, Hans **Wegers** belangende, hatt er selbst höchlich gebeten, nicht viel word daVon Zu machen, ohn angesehen er es woll wirdig were, das man ihn deßwegen hochrühmete, Sinetemahl er nicht ein gemeiner v. schlechter Maul Christ (:derer es heut Zu tag, bey dieser letzten Zeit der welt, vnzehlig viel giebet:) sondern ein rechter wahrer Christ, ein frommer Gottseliger Mensch gewesen der sonderlich Gottesword hertzlich geliebet, gern gehöret v. davon geredet, auch das Hochwürdige Abendmahl, nicht nur auß bloßer vndt schlechter gewohnheit, sondern mit hertzlicher Andacht, v. Zwar offt, in der Kirchen empfangen v. gebrauchet, so lang er nur Leibes schwachheit halber außkriechen können, hernachmals Zu hauß auf seinem Bettlein dasselbe H. Abendmahl auch vielfältig gebrauchet. Da er denn stets Zugleich nichts mehrers v. Liebers gewünschet v. von Gott gebeten, denn das er Ihn nur auß diesem betrübten thränenthal so bald aufflösen, vnd mit einem S. Sterbestündlein begnadigen wolle. Welches endlich der Gnädige Gott erhöret, vnd Ihn Altt v. des Lebens gantz satt, durch einen sanfften v. stillen Tod, in wahrer anruffung seines Erlösers, von dieser Welt abgefordert, am Verschienenen Montag den 29. Maij, Zwischen 8. v. 9. Vhr vff den Abend. Alß er in dieser welt gelebet 80. Jahr. H M. Martinus **Wolderus** hatt Ihm in d Altenstädschen pfarKirchen die Leichpredigt gethan, ex ψ. 90. Vnser Leben weret 70. Jahr p. [Witt 774]

165 Jochim Ließ, ✶ Koppenbrügge, Kr. Hameln 1573, ✝ 12. 6. 1628

15. Junij. 2♃ p. Pentecost.

Jochim Ließ, Büchsmacher vffm Rolberge (304),

Ist Ao 1573. Zu Copenburgk im Lande Braunschweig von Christlichen Eltern gebohren. Sein Vater ist gewesen Moritz **Ließ**, ein Kleinschmidt, Seine Mutter Elisabeth. Ist von jugend auff Christlich aufferzogen vndt fleißig Zur Schulen gehalten worden, bieß er etwas Zu jahren kommen, hatt er Zu Hildeßheim bey seines Vatern Brud Hans **Ließen** das Schloß- vnd Büchsenmacher Handwerck gelernet. Auff welch handwergk er eine geraume Zeit gewandert, bieß er endlich anhero in preußen kommen, da er denn Zu Friedland v. alhie Zu Königspergk sich 4. Jahr Lang auffgehalten.

Ao 1608. hatt er sich alhie Zu Königspergk, mit Jungfr. Elisabeth, des S. peter **Heßen** eines Kleinschmieds ehelichen Tochter, in den h. Ehestand begeben, mit der er ins 20. Jahr friedlich gelebet, v. durch Gottes segen 8. Kind gezeiget, Nemlich 3. Söhne v. 5. Töchter. Von welchen allen nur noch ein Töchterlein am Leben.

Homo fuit pius, deque [sic] simplici & plano. Diligens auditor Verbi divini. pacificè cum aequalibus vixit. *Er war ein frommer Mann, einfach und klar. Ein sorgfältiger Hörer des Wortes Gottes. Er lebte mit seinen Zeitgenossen friedlich.* Am h. pfingst abend hatt er sich nicht allerdings woll befunden, jedoch aber hatt er sich nicht alßbalt begeben wollen, weil

303 Franeker, Stadt in der Provinz Friesland (Niederlande).

304 Straße Oberrollberg in der Altstadt

aber die Kranckheit sich gemehret, hatt er den Letzten pfingsttag des Morgens früh (305) sich mitt Gott söhnen laßen, vnd sich dem willen Gottes gäntzlich ergeben. Darauff er auch balt denselben Tag, Vmb 7. Vhr vff den abend sanfft v. selig im Herrn entschlaffen. Im 55. Jahr seines Alters. M. Isaac **Halbach** hatt Ihm vffm Steintham die Leichpredigt gethan, ex Johan. 15. Wenn aber d Tröster kommen wirt, welchen Ich euch senden werde p. [Witt 403]

166 ANNA ZIMMERMAN, ✶ WO? WANN?, □ 30. 6. 1628

30. Juni. ♀. p. Domin. 1. p. Trinit.

Anna, Christoph **Zimmermans**, Leinwebers N. Wittwe. (306) [Witt 832]

167 CHRISTOPH SCHMIDMER, ✶ KÖNIGSBERG 1576, ✞ 30. 7. 1628

1. Augusti. ♂. p. Dom. 6. Trin.

H Christoph Schmidmer,

Ist Ao 1576. alhie Zu Königspergk gebohren. Patre **Christophoro**, Mercatore. Matre Ursula **Brandin**. Hic Parentes filium hunc suum in pietate ac timore Dni educarunt. *Sein Vater Christoph war Kaufmann. Seine Mutter hieß Ursula Brand. Hier haben die Eltern diesen ihren Sohn in Frömmigkeit und Gottesfurcht erzogen.* Alß er etwas erwachsen, vnd an Ihm nichts alß aufrichtigkeit, Threw v. fleiß erfunden v. gespüret worden, hatt Ihn der S. H Hans **Rauter**, Oberburggraff, in seinen Dienst auffgenommen, in welchem er sich viel Jahr rühmlich v. woll verhalten. Endlich ist er mit dem wolgebohrnen Hn **Friedrich,** des H. Römischen Reichs Erbtruchses, v. Frey Hn Zu Waldpurg (307), Seliger gedechtniß, in Deutzschland gezogen. Alß er aber wied inß Land kommen, ist er von d Hohen Herrschafft Zu einem Kornschreiber Zu Oletzky bestellet worden. In welchem seinem Dienst er sich dermaßen verhalten, das die Herrschafft ein besonder gefallen daran gehabt, v. Ihn deßwegen auch gern Zu höhern Ambtern befordern wollen. Es hatt aber solches seine gelegenheit nicht gegeben, sondern ist Ao 1615. mit der Tugendsahmen Jungfr. Sophia (308), des S. H Caspari **pantzers** , preußischen HoffApotekers Ehelichen Tochter, jetziger betrübten Wittwen, Zur Ehe geschritten, mit der er ins 13. Jahr gar friedlich, jedoch ohne leibes Erben gelebet. Vor 10. (309) Tag ist er, nebenst seiner lieben haußfrawen, die seinigen Zu besuchen, anhero gelanget, V. ein par tage frisch v. gesund gewesen, balt aber den dritten Tag, ist er plötzlich vom Schlag gerühret, das er auch am Verschienenen Sontag Zwischen 6. vnd 7. Vhr Zu abends, den 30. Julij. Todes verblichen. Aetat. 52. ann. H **M. Lepne** hatt ihm in der Altenstädschen Kirchen die Leichpredigt gethan ex Apoc. 3. 19 ad finem cap. [Witt 639]

---

305 Die Worte "des Morgens früh" nachträglich über der Zeile eingefügt.

306 Text fehlt. Eine halbe Seite Platz für späteren Eintrag freigelassen. Im Totenregister (EZA Sign. 2075, siehe S. 37) nur angegeben: „Lp. [Leichenpredigt] MW.“

307 Wohl **Friedrich I.** von Waldburg-Trauchburg aus dem schwäbischen Adelsgeschlecht, zu dem seit 1525 das Reichserbtruchsessenamt gehörte. Auch Zacharias **Schütz** □ 18. 12. 1630 (lfd. Nr. 466) war möglicherweise bei ihm in Diensten.

308 Sophia **Schmidmer** ✞ 12. 6. 1633 (lfd. Nr. 601).

309 Die Zahl "10" nachträglich anstelle einer Streichung über der Zeile eingefügt.

168 CATHARINA POHL, ✶ KÖNIGSBERG 1566, ✝ 11. 8. 1628

13. Augusti ⊙ IIX. p. Trinit.

Catharina, Matthes pohlen Fleischers haußfraw,

Ist Ao 1566. alhie Zu Königspergk gebohren. Ihr Vater ist gewesen Matthias **Wemmer**, Fleischer. Ihre Mutter Gertrudt. Ihre Eltern hatt sie Zeitig [ver]lohren, deswegen sie sich bey frembden leuten, mehrer theils sich auffhalten müßen, da sie denn threwlich v. fleißig gedienet. Annum agens 26. hatt sie sich Ao 1591. ehelich eingelaßen mit jetzigem ihrem hinderlaßenen Wittwer, Matthes **pohlen,** mit dem sie ins 37 Jahr friedlich gelebet, v. durch Gottes segen 7. Kind gezeiget, Nemlich 6. Söhne v. eine Tochter. davon 2. Söhne gestorben. Sie hatt fast vber ein gantzes Jahr gekrancket. Am Vergangenen Freytag (310) ist sie gestorben geg abend vmb 4. Vhr. Hatt ein gutt gezeigniß Ihres wollverhaltens halben. Ist alt worden 62. Jahr. H M. **Lepner** hatt v. Steintham die Leichpredigt gethan ex Epta Dominicali ordinaria *aus der regelmäßigen Epistel des Sonntags*.

[Witt 526]

169 CHRISTIAN WOLLUHN, ✶ KÖNIGSBERG (HUFEN) 1601, ✝ 17. 8. 1628

20. Augusti. ⊙ IX. p. Trinit.

Christian Wolluhn, Von den Huben,

Ist Ao 1601. daselbst gebohren. Sein Vater heist Daniel **Wolluhn**. Seine Mutter Anna (311), so beyde noch am Leben. Im 22. Jahr seines alters hatt er sich in den H. Ehestand begeben, Mit fr. Gertrudt, Gerge **Tingen**, nachgel. Wittwen, Mit der er 5. Jahr in friedlicher Ehe gelebet, v. mit Ihr 3. Söhne gezeiget, Von denen einer gestorben. Ist sonst ein stiller, frommer v. eingezogener Mensch gewesen, wie er deßwegen von jedmann gutt Zeigniß hatt. Ist gestorben am Donnerstag abend den 17. Augusti. Aetat 27. (312) H M. **Lepner** hatt Ihm die Leichpredigt v. St. gethan ex Epta Dominicali ordinaria *aus der regelmäßigen Epistel des Sonntags*

[Witt 817]

170 CATHARINA WETZKER, ✶ „ZU NEUENDORF" 1567, ✝ 31. 8. 1628

3. Septembr. ⊙. XI. p. Trinit.

Catharina, paul Wetzkers, Meßerschmids haußfr.

Ist Ao 1567. Zu Neuendorf (313) von Christlichen Eltern geborn, Ihr S. Vater hatt geheißen Nickel **Hirschberger** ein Kirchen Vater daselbst, Ihre Mutter Barbara, weil die eltern zeitig gestorben, hatt sie sich von iugent auf bey frembden leuten aufhalten müßen, vndt erstlich bey der fraw **Napschen** gedienett bey elf Jahr, da sie den fast von Kind auferzogen, hernach bey H Hans **von lohe** Burgmeister im Kneiphof sich vermietet V. 6. Jahr alda gewesen, hatt sich im 18 Jahr ihrs alters Ao 1586 in d standt d h. ehe begeben mit Hanß **Weyman**, einem Messerschmiede, mit dem sie in friedlicher ehe geseßen 5 Jahr wenig 10. wochen, vndt mit ihm 3 Söhne v. 1. Tochter gezeuget, davon die tochter noch am leben, Nach absterben Ihres ersten Mannes hatt sie 3 Jahr im Wittwenstandt geseßen hernach Ao 1593 sich wiederumb eingelaßen mit Hieronymo **von Bohnen,** mit sie 8 Jahr gelebet vnd 2. Söhne v. 2. töchter

---

310 Das Wort "Freitag" an Stelle einer Streichung über der Zeile eingefügt.

311 Anna **Wolluhn** □ 28. 10. 1629 (lfd. Nr. 331).

312 Die Worte "Aetat 27." sind über der Zeile eingefügt.

313 Ortsname Neuendorf kommt vielfach in Ost- und in Westpreußen vor.

gezeiget, welche alle gstorben, Ist aber nach absterben ihres andern Mannes 2. Jahr Witwe gewesen v. sich Ao 1603 abermal befreiet mit Pauel **Metzkern** (314) Ihrem hindlaßenen Witwer, mit dem sie 25. Jahr friedlich gelebet V. 1. Sohn v. 1. Tochter gezeiget, die schon todes verblichen, Ist fast 3. Jahr vor Ihrem ende betreisig gewesen, bis sie endlich der liebe Gott den 31. Augusti Zwischen 11. V.12. Vhr Zu Mittag von dieser Welt abgefordert, im 62. Jahr ihres alters.
H M. Wolderus hatt Ihr die Leichpredigt v. St. gethan am 11. Sontag nach Trinit. den 3. Septembr. [Witt 790]

171 Catharina Polckwitzer, ✶ Königsberg (Sackheim) 1548, ✞ 31. 8. 1628

4. Septembr.
☽ 11. Dom.
p. Trin.

Catharina Hans Polckwitzers Wittwe,

Ist Ao 1548 vfm Sackheim gebohren, Ihr Vater hat geheißen Bartolomaus **pfeiffer** ein reifschläger Vfm Sackheim, Ihre Mutter Eva, da die eltern versorben hatt sie sich im 20. Jahr ihres alters in d h! ehestandt begeben, mit Philip **Gering** Kürschnern dieser Altenstadt, mit dem sie 20. Jahr gelebet V. 2. Söhne v. 5. töchter mit Ihm gezeiget, davon noch 1. Sohn am leben, Nach absterben Ihres ersten Mannes, da sie 3. Jahr im Witwenstandt geseßen, hat sie sich wieder in den Ehestandt eingelaßen mit hans **gletzer**(315) Kürschnern dieser Altenstadt mit welchem sie 35 Jahr ohne leibes erben gelebet, Ist nach absterben ihres Mannes 2. Jahr Witwe gewesen, In welcher Zeit weil sie alt gewesen, sie nicht viel gesundt gewesen, bis sie der liebe Gott auß dieser Welt den 31. Augusti abgefordert im 80. Jahr ihres Alters. H M. Lepner hat Ihr die leichpredigt gethan (316) Vffm Steintham ex Syrac. 41. v. 1.2.3.4. [Witt 531]

172 Friedrich Fystell, ✶ Heinrichsdorf, Kr. Friedland 1573, □ 15. 9. 1628

15. 7bris.
♀ p. Dom
12. Trin.

Friedrich Fystell,

Ist Ao 1573 Zu Heinersdorf bey friedlandt gebohren, sein Vater hatt geheißen Orban **fistel**, seine Mutter Gerdrutt, Im 19. Jahr seines alters haben Ihn seine Eltern Zum festbecker handtwerck Zum Philip **worm** gethan, im 27. Jahr hatt er sich in d Ehestandt eingelaßen mit Elisabeth S. Valten **Bremers** festbeckers vfm Steintam Nachgelaßenen Witwen, mit welcher er gelebet 14. Jahr ohne leibes erben, Nach absterben seiner haußfrawen ist er im Witwenstandt gewesen 1/2 Jahr. V. sich hernach mit Jungfr. Anna des S. Andreß **Neubaurs** fleischers von heiligenbeil nachgelaßßenen tochter, H Martin **Bierwolfs** Dienerin eingelaßen, 15. Jahr ohne leibeserben mit Ihr gelebet, Seines Christenthumbs halben hatt er ein gutt Zeugnüß. Ist alt worden 56. Jahr. H M. **Halbach** hatt Ihm die Leichpredigt gethan vfm Steintham. Textus fuit: *Der Text war* Hertzlich thutt mich Verlangen nach einem Seligen ende &. [Witt 166]

---

314 Im alphabetischen Namensregister am Ende des Kirchenbuches einwandfrei Wetzker – Paul Wetzker ist der Schwager von Martin **Baumgart**, ✶ Memel 1591, ✞ 31. 10. 1631 (lfd. Nr. 508). Zu diesem Register siehe die Einführung, S. 8.

315 Im alphabetischen Namensregister: "Catharina, Hans **polckwitzers** wittwe".

316 Das Wort "gethan" über der Zeile eingefügt.

173 MARIA DIEBITZ, ✶ KÖNIGSBERG (STEINDAMM) 1610, □ 25. 9. 1628.

25. 7br. ☽. p. Dom 14. Trinit.

Jungfraw Maria, Sebastian Diebitzs
Windtmüllers Vfm Steintham tochter,

Ist Ao 1610. alhier Zu Königsbergk gebohren, Ihr Vater heist Sebastian **Diebitz** E. E. Rahts dieser Altenstadt Windtmüller, die Mutter Catharina. Ist ein from still Mensch gewesen, ihren eltern in allem gehorchett an einer hitzigen Krankheit gestorben im 18. Jahr ihres alters. H. M. **Lepner** hatt Ihr die leichpredigt gehalten Vfm Steintham, ex Lucae 17. Jesu lieber Meister, erbarme Dich Vnser. [Witt 102]

174 JOHANNES CROCKER, ✶ BRIEG / REG.-BEZ. BRESLAU 1570, □ 26. 9. 1628

26. 7br. ♂. p. Dom. 14.Trinit.

H Johannes Crocker, Churfl. Brandenb.
Preußß. Capelmeister,

Ist Ao 1570. in der Schlesige Zu Brieg gebohren, sein Vater ist gewesen Andreas **Crocker** bürger V. Meltzenbrewer daselbst, seine Mutter Vrsula, ist fleißig Zum studiren gehalten, v. weil er lust Zur Music gehabt hatt er anfenglich Ihrer fürstl. Gn. Zu Brieg für einen musicanten aufgewartet, Alß er 17. Jahr alt worden, hatt er sich 1. Jahr Zu Breßlaw im Gymnasio aufgehalten, von dannen sich nach Dantzig begeben, v. alda im Gymnasio 3. Jahr seinen studijs obgelegen, bey einem Königlichen Burggrafen 2. Jahr pädagogus *Hauslehrer* gewesen, Nachmals nach Königsbergk begeben V. des Hn D. **Fabricij** Kind 2. Jahr instituiret *unterrichtet*, V. weil er ein gutter Musicus gewesen, ist er anfenglich in fürstl. Dhtt. Capell alhie vor einen Tenoristen V. dan dem damahligen Capelmeister Johanni **Eccardo** Zum Vice Capelmeister adiungiret, V. alß Ihre Churfl. Dhtt. **Johann Sigismundt**, hochlöblichster gedechtnüß, Johannem **Eccardum** in die Marck vociret, Ist er Ao 1602. Zum Preußischen Capelmeister bestellet worden, das er also 9. Jahr vor einen Tenoristen v. 26. Jahr vor einen Capelmeister v. in die 35. Jahr für fürsten V. Hn aufgewartett, V. also im 58 Jahr seines alters verschieden, H M. **Wolderus** hatt Ihm die leichpredigt gethan in der Altstädtischen Kirchen, [Witt 90]

175 JOCHIM GRUNENBERGK, ✶ STETTIN 1583, ✞ 24. 9. 1628

26. 7br. ♂. p. Dom. 14.Trin.

Jochim Grunenbergk, Fischer,

Ist Ao 1583. Zu Alten Stetin in Pommern gebohren, sein Vater hatt geheißen Hanß **Grunenbergk** ein huttmacher, seine Mutter Catharina, Ao 1621 hatt er sich in d standt der h. Ehe begeben mir Dorothea S. Christoph **Kihren** Witwen, mit welcher er 7. Jahr gelebet, ohne leibes erben, hatt in seinem letzsten fleißig gebetet, v. im gangenen Sontag vmb 2. Vhr gestorben im 45. Jahr seines alters, H M. **Lepner** hatt Ihm die Leichpredigt gethan vfm Steintham, Textus erat ex *Der Text war aus* Ecclesias.a. 9.c.v.12. [Witt 221]

176 ELISABETH SCHULBORG, ✶ ALLENBURG, KR. WEHLAU 1603, □ 28. 9. 1628

28. 7br. ♃. p. Dom. 14. Trin.

Jungfraw Elisabeth Michel Schulborgen
Tochter,

Ist Ao 1603. Zu Allenburgk gebohren, Ihr Vater heist Michel **Schulborg** Meltzenbrewer daselbst die Mutter Erdmut, Weil die Eltern Zeitig gestorben hatt sie sich bey frembden leuten müssen aufhalten, v. 6. Jahr Zu

Welaw bey d Pfarschen, 9. Jahr bey d Bürgermeisterin daselbst gedienet, hernach isz sie nach Königsbergk Zu ihrer Schwester gezogen hans **Ewerts** Kuchenbeckers in d schmidgaßen (317) haußfrawen, da sie sieben Jahr trewlich gedienet, hatt ein gutt lob, ist gestorben im 25 Jahr ihres alters, H M. **Halbach** hatt ihr die Leichpredigt gethan vfm St. Textus ex Matt. 22. v. 30. [Witt 666]

177 ALBRECHT WICHERT, ✶ KÖNIGSBERG (ALSTADT) 1566, ✝ 27. 9. 1628

29. 7br. die Michael

Albrecht Wichert, Mältzenbräwer,

Ist Ao 1566. alhie in d Altenstadt gebohren, sein Vater ist gewesen H Hanß **Wichert** GerichtsVerwanter dieser Altenstadt, seine Mutter Brigitta **Stoltzenbergerin**, seine Eltern haben Ihn etzliche Jahr in Pohlen v. Littawen die sprachen Zu lernen anfangs geschicket, V. hernach Zum Kaufhandel gethan, Nach absterben seiner Eltern hatt er sich Ao 1591. mit Jungfraw Maria Weilandt Zodoci **Caßmans** Mittbürgers dieser Altenstadt nachgelaßenen Tochter in den Ehestandt eingelaßen, mit derselben in friedlicher Ehe geseßen 27. Jahr, V. 3. Söhne v. 2. töchter gezeigett, Davon noch ein Sohn v. 2. töchter am leben. Ao 1618. ist seine haußfraw gestorben V. ins ander Jahr Witwer gewesen, hernacher Ao 1620 mit Jungfraw Maria Michel **Elerts** nachgelaßenen tochter sich befreyett, 9. Jahr mit derselben in friedliebend Ehe geseßen, V. durch Gottes Segen 1. Sohn v. 1. tochter gezeigett, welche noch am leben, Ist Vergangenen Mittwoch Vmb 1. Vhr in d nacht gestorben in wahrer anruffung seines Erlösers J.C. Im 63. Jahr seines alters, H M. **Lepner** hatt Ihm die leichpredigt gethan in d Altenstadt. [Witt 793]

178 GEORG MODERAW, ✶ STETTIN 1597, ✝ 29. 9. 1628

1. 8tbr. ☉. p. Dom. 15. Trin.

Georg Moderaw, Kauffmann,

Ist Ao 1697. [sic] Zu Alten Stetin in Pommern gebohren, sein Vater hatt geheißen Georg **Moderaw**, seine Mutter Elisabeth **Beverdorfs**, da er erwachsen ist er anhero nach Königsbergk von seinen Eltern geschickett, V. erstlich bey Hn Georg **V. Weinbernen** (318) Rahtsvwanten dieser Altenstadt 8. Jahr gedienett, hernach bey Hieronymo **heilsbergern** (319) Gerichtsvwanten dieser Altenstadt 4. Jahr gedienett, Ao 1624 hatt er sich befreyett mit Jungfr. Anna S. Hanß **Scheflers** handelsmans dieser Altenstadt nachgelaßenen tochter, mit welcher er in friedlicher Ehe, doch ohne erben, 4. Jahr 16. wochen geseßen doch mit wenig gesundtheit, Vor 15. wochen ist er kranck worden, auß welchem lager er nicht kommen bis endlich am vgangenen freytag des Morgens Zwischen 7. v. 8. er gestorben im 31. Jahr seines alters, H. M. **Halbach** hatt Ihm die leichpredigt gethan in d Altenstadt, Textus fuit ex 2. Cor. *Der Text war aus dem 2. Korintherbrief* 12. v. 7.8.9. [Witt 460]

---

317 Schmiedestraße in der Altstadt

318 Georg **von Weinbeer** ✝ 30. 11. 1637 (lfd. Nr. 832).

319 Hieronymus **Heilsberger** ist der Schwiegervater des Georg v. Weinbeer. Bei ihm hat auch Michel **Holwehl** ✝ 26. 8. 1629 (lfd. Nr. 260) gedient.

179 ZACHARIAS SCHWED,
✶ SACHSWITZ, AMT PLAUEN / VOGTLAND 1599, ✝ 1. 10. 1628

1. Octobr. ⊙ XV. p. Trinit.

Zacharias Schwed, Schneider,

Ist Ao 1590. Zu Sackwitz (320) in der Chur Sachsen gebohren, sein Vater hatt geheißen Zacharias **Schwed**, seine Mutter Clara, alß er erwachsen haben ihn seine eltern Zum schneiderhandtwerck gethan auf welches er auch gewandert, V. auch hiehero kommen, Ao 1620. hatt er sich in d Ehestandt eingelaßen, in welcher 8. Jahr gelebett, V. 1. Sohn v. 1. tochter gezeiget, welche auch schon gestorben, Ist Vergangenen Mittwoch kranck worden, am freytag abends nach 11. Vhr gestorben, im 38. Jahr seines Alters, Ist ein frommer Man gewesen. H M. **Wolderus** hatt Ihm die leichpredigt gethan vfm Steintam, Textus ex Matt.6. Ewer Vater im Himmel weiß das ihr solches alles bedurffett. [Witt 688]

180 MARIA THOMS, ✶ KÖNIGSBERG (ALTSTADT) 1599, ✝ 2. 10. 1628

5. 8br. ♃. p. Dom. 15. Trinit.

Fr. Maria, Paul Thomsen haußfraw,

Ist Ao 1599. alhie Zu Königsbergk gebohren, Ihr Vater ist gewesen Elias **Klein** Mittbürg dieser Altenstadt, Ihre Mutter Gertrudt **Möllerin**, nach Zeitigem absterben Ihrer Eltern, hatt sie sich Ao 1624. mit dem Erbarn Paul **Thomsen** eingelaßen, ins 5. Jahr wol V. friedlich gelebett, v. 2. Söhne v. 1. tochter gezeigett, welche alle im Hn entschlaffen, Ist eine fromme fraw gewesen, sich wol v. friedlich mit Ihren Nachtbarn begangen, Vor 3. Wochen ist sie kranck worden, v. Verschienen Montags nacht gestorben, im 29. Jahr ihres alters, H M. **Lepner** hatt Ihr die leichpredigt gethan in d Altenstadt Textus fuit ex *Der Text war aus* ψ. 91. v. 14.15.& 16. [Witt 737]

181 GEORG HORCH, ✶ 27. 5. 1564 KÖNIGSBERG, ☐ 6. 10. 1628

6. 8br. ♀. p. Dom 15. Trin.

Georg Horch

Ist Ao 1564. den 27. Maij alhie Zu Königsbergk gebohren, sein Vater ist gewesen Georg **Horch**, Mittbürg V. Weinhendler dieser Altenstadt, die Mutter Vrsula **Bierwolfin** Hn hanß **Bierwolfs** Burger Meisters Zum heiligenbeil eheliche tochter, Ist von seinen Eltern die sprach Zu lernen nach Colln am Rhein geschickett, Ao 1587. den 4. Sept. hatt er sich mit Barbara S. hanß **Cornelij** Witwen befreyett, mit Ihr einen Sohn gezeigett welcher ob er noch am leben, weiß man nicht, Wie aber erregte (321) Barbara bey Ihm in wehrender Ehe gelebett ist menniglich bekandt, das sie auch das Christliche Consistorium Ao 1600. den 12. Junij von Ihm auß erheblicher Vrsache geschieden, Ao 1598. Ist er von Kays. Maijtt. **Rudolpho** seines Verhaltens v. geschicklichkeit wegen geadelt worden, Ao 1604. hatt er sich wied befreyett mit Dorothea Christoph **Kupeltz**, tochter, 16. Jahr mit ihr gelebett, v. gezeigett 5. Sohne v. 1. tochter davon 2. noch am leben, nemlich 2. Söhne (322), Ist 64. Jahr alt worden, H M. **Wolderus** hatt Ihn die leichpredigt gethan in d Altenstadt, Textus ex. Gal. 6. v. 1. [Witt 311]

---

320 Sachswitz, Einzelgut zur Gemeinde Elsterberg.

321 Ernst Witt: Wohl verschrieben für "erwehnte" .

322 Einer davon ist Reinhold **Horch** ✝ 28. 12. 1628 (lfd. Nr. 197).

182 ANNA SENFT, ✶ DAMERAU, KR. LABIAU 1558, ✞ 5. 10. 1628

8. 8br. ☉.
p. Dom.
16. Trinit.

Anna, Fabian Senften Schneiders fr.

Ist Ao 1558. gebohren, Ihr Vater ist gewesen hanß **liebetantz**, Schultz Zur Dameraw im Schckschen (323), Ihre Mutter Anna, Ihre Eltern sind Zeitig gestorben, derwegen sie sich bey d freundtschafft v. frembden leuten aufgehalten biß sie das 30. Jahr erreichett hatt sie sich befreyett mit hanß **Steinen**, 8. Jahr mit Ihm gelebett v. 2. Söhne (324) v. 1 tochter gezeigett, welche schon gestorben, Nach absterben Ihres Mannes ist sie ins vierde Jahr Witwe gewesen, hernachmals mit Fabian **Senften** Mittbürgers dieser Altenstadt sich befreyett, mitt welchem sie gelebett 28. Jahr, ohne Erben, Ist eine fromm fraw gewesen, hatt viel Creutz v. Wiedwertigkeit außgestanden, fast ins 3te Jahr gekranckett, das Sie wolgemerckett es werde Gott der H mit Ihr Zum ende schicken, darumb sie Ihr hauß bestellett v. sich Zur Seligen heimfahrt geschickett mit dem gebrauch des h. Nachtmals v. weil der liebe Gott sie mit Ihrem Mann reichlich gesegnett, also hatt sie der Kirchen 400. ꝭ Zu einer silbernen Kanne aufs Altar verehrett, So wol den Princibus *Kirchenvorstehern [?]* 50 ꝭ Zur Kleidung macht, Wie auch Ihre Seelsorger bedacht im Testament, Ist am Vergangenen Donnerstag vmb 8 Vhr des Morgens gestorben, im 70. Jahr ihres Alters H M. **Lepner** hatt Ihr die Leichpredigt gethan in d Altenstadt. Textus Epistola Dominicalis *Der Text war die Epistel des Sonntags*, Eph. 3.
Hatt einem jeglichen prediger 10. fl. poln. vermacht. (325) [Witt 610]

183 CATHARINA BERGMAN, ✶ KÖNIGSB. (ALTSTADT) 16. 2. 1601, ✞ 9. 10. 1628

9. 8br. ☽.
p. Dom.
16. Trinit.

Fr. Catharina, Jacob **Bergmans** Nachg. Witwe,

Ist Ao 1601. den 16. Febr. gebohren, Ihr Vater ist gewesen Heinrich **Klee** SeidenKramer dieser Altenstadt, Ihre Mutter Dorothea **Kotlopfin**, Ao 1620. d 17. Febr. hatt sie sich befreyett mit Jacob **Bergman**, mit welchem sie 5. Jahr gelebett ohne erben, Ao 1624. den 29. l0br. ist Ihr man gestorben, das sie also 4. Jahr Witwe gewesen mit Vieler mühe v. WiedWertigkeitt, Vorgangenen freytag 8. tage ist ihr mit Kälte eine Kranckheit ankommen, an welcher Kranckheit sie auch gestern Zwischen 7. V. 8. Vhr des morgens gestorben im 27. Jahr ihres alters, H M. **Wolderus** hatt Ihr die leichpredigt gethan in d Altenstadt, Textus fuit Exod. 22. v. 22.23. et 24. [Witt 48]

184 DOROTHEA KROMTEICH, ✶ KÖNIGSBERG (ALTSTADT) 7. 9. 1602, ✞ 8. 10. 1628

10. 8br. ♂.
p. Dom. 16.
Trin.

Fr. Dorothea, Michel Krumteichs
Haußfraw,

Ist Ao 1602. d 7. Sept. Von Vornehmen Eltern gebohren, Ihr H Vater S Ist gewesen der weilandt Ehrenveste, Namhafte v. wolweise H Heinrich **Kenckel** Rahtswanter dieser Altenstadt, Ihre Mutter Catharina **Wittin**

---

323 Von den zahlreichen Orten Damerau in Ostpreußen kommt offenbar wegen der – wenngleich verstümmelten – Zusatzangabe nur Damerau, Wohnplatz zum Gutsbezirk Schakaulack im Kreis Labiau in Betracht.

324 Einer der Söhne ist Michel **Stein**, ✞ 13. 4. 1628 (lfd. Nr. 150).

325 Die Worte "Hat einem jeglichen … vermacht." mit anderer Feder unter dem Text eingefügt.

(326). Piè educata *Religiös erzogen*, Ao 1624. d 29. Julij hatt sie sich befreyett mit dem Ehrenvesten V. wolgeachten Michel **Krumteich** (327) Meltzenbrewer dieser Altenstadt, mit dem sie 4. Jahr v. etzliche wochen gelebett, v. durch Gottes segen 2. Söhne v. 1. tochter gezeigett, davon noch 1. Sohn am leben, Ist eine fromme fraw gewesen, hatt lang kranck gelegen, V. am gangenen Sontag circa 12. pomerid. *etwa um 12 Uhr mittags* gestorben, im 27. Jahr ihres alters, H M. **Wolderus** hatt Ihr die leichpredigt gethan in d Altenstadt Textus ex Luc. 7. v. 12. te parte Civitatis Nein (328) *nach Lukas 7,12 über den Jüngling zu Nain*

[Witt 374]

185 Sybilla Zimmermann, ✶ Königsberg (Steindamm) 1573, ✞ 18. 10. 1628

20. 8br. ♀
p. Dom.
17. Trinit.

Sybilla, Jacob Zimmermannsche,

Ist Ao 1573. alhie gebohren, Ihr Vater hatt geheißen Melcher **Brewer** Gerichtswant aufm Steintham, Ihre Mutter Martha, Alß sie das 25. Jahr erreichett hatt sie sich befreyett mit Jacob **Zimmerman** nunmehr Witwern, mit Ihm fast 30. Jahr in friedlicher Ehe gelebett, V. 3. Söhne V. 8 töchter gezeigett, davon noch 2. Söhne v. 2. töchter am leben, Ist eine fromme gottesfürchtige fraw gewesen, ist lang kranck gewesen, das sie oft vmb ein seliges ende gebeten, vor 8. tagen im Donnerstag hatt sie Ihre vorige Kranckheit wied heftig angegriffen, v. am gangenen Mittwoch Zwischen eins v. Zwey des morgens sanft v. selig gestorben, im 55. Jahr ihres alters, H M. **Halbach** hatt Ihr die leichpredigt gethan vfm Steintham, Textus fuit ex *Der Texte war aus* ψ. 61. v. 2.3.4.5.& 6.

[Witt 834]

186 Maria Naps, ✶ Königsberg (Altstadt) 10. 2. 1608, ✞ 26. 10. 1628

29. 8br. ☉.
19 p Trin

Fr. Maria, Hn Christophori Napsij
Secretarij Aulici Haußfr.,

Ist Ao 1608. d 10. Febr. alhie gebohren (329), Ihr Vater ist gewesen der weiland Ehrenveste V. Vornehmgeachte Christoph **Lindhorst** Burg dieser Altenstadt, Ihre Mutter Dorothea **Schultzin**, Ist in aller gottesfurcht, Zucht V. erbarkeit erZogen, Ao 1628. den 7. Martij hatt sie sich befreyett mit Hn Christoph **Napsen** (330) Hoffgerichts Secretarij itzo hochbetrübten Witwer, mit welchem Sie eine gar kurtze Zeit in friedlicher Ehe geseßen wiewol mit wenig gesundtheit, biß sie endlich Vor 6. Wochen gar bettreisig worden, da sie den vleißig gebetett, am gangenen Donnerstag ist sie vmb 11. Vhr Zu Mittage gestorben, im 20. Jahr ihres alters, H M. **Lepner** hatt Ihr die leichpredigt gethan in d Altenstadt, Textus ex Thess. *Der Text war aus dem Thessalonicherbrief Kap.* 3.à v. 24. ad 35.

[Witt 474]

---

326 Eine andere Tochter oo 1618 Hiob **Lepner** ✞ 6. 5. 1635 (lfd. Nr. 691). – Bei Heinrich Kenckel war 1611–1620 in Diensten: Mihel **Holwehl** ✞ 26. 8. 1629 (lfd. Nr. 260).

327 Mihel **Kromteich** ✞ 21. 7. 1630 (lfd. Nr. 430).

328 Die Worte "de parte Civitatis Nein" sind von anderer Hand angefügt.

329 Eine Schwester von ihr ist Dorothea **Helwig** ✞ 18. 11. 1637 (lfd. Nr. 831).

330 Er war vor vorher verheiratet mit Anna **Naps** ✞ 1. 5. 1627 (lfd. Nr. 76).

187 MICHEL KOEPKE, ✶ GUBEN / PROVINZ BRANDENBURG 1570, ✞ 27. 10. 1628

30. 8br. ☽
19. p. Trin.

H Michel Koepke Scabinus *Schöffe*
Berolinensis,

Ist Ao 1570. Zu Gubben bey Cüstrin auß der Neuen Marck gebohren, seine Eltern sind gutte erhliche leute gewesen, welche Ihn anfangs Zur Schulen gehalten, hernacher haben sie Ihn nach Berlin Zu den **Weilern**, Welche eine große handlung geführett, in Dienst gethan, da er sich den still V. from halten, Nach außgestandenen Diensten hatt er sich befreyet, V. etzliche Jahr in demselben ehestandt (331) geseßen, da Ihm aber seine erste fraw gestorben, hatt er sich Ao 1627. abermal befreyett mit Jungfr. Anna, damahligen Churfl. Brandenb. bestelten Küchen Meisters tochter, mit welcher er ein Jahr v. etzliche Wochen gelebett V. eine tochter gezeigett, Wegen seiner geschicklichkeit ist er auch in die Schöppenbank gekohren, Sein Christenthum anlangend so geben Ihm alle seine landsleut das gezeugnuß, das er ein gottsfürchtiger Man gewesen, Weil Ihn aber sein SchwiegVater anhero Verschrieben ist er eine geraume Zeitt Zu allem Vngelück alhie aufgehalten worden, also das Er an seinem Schwieg Vater ein groß hertzleidt erlebett, worüber Er sich fast Zu tode gegremett, Alhie Zu Königsberk hatt er sich fleißig Zum gehör gottliches worts gehalten, auch im Lebenicht communiciret *am Abendmahl teilgenommen*, weil er Willens nach hause Zu reisen, ist auch deswegen in die Pillaw (332) gezogen in meinung alda ein Schiff zu bekommen, daselbst aber großen Kummer außgestanden das er krank worden, v. gangenen Donnerstag Zum Hn Christoph **Knappen** in seine alte Herberge gebracht worden, v. am freytag vmb 10. Vhr Zu nacht gestorben, im 58. Jahr seines alters, H M. **Lepner** hatt Ihm die leichpredigt gethan in d Altenstadt, Textus fuit ex *Der Text war aus* ψ. 73. v. 25 et 26. [Witt 350]

188 URSULA RANSCH, ✶ KÖNIGSBERG (ALTSTADT) 1609, ✞ 8. 11. 1628

12. IXbr.
☉ XXI. p. Trin.

Jungfraw Ursula Ranschin,

Ist Ao 1609. gebohren, Ihr Vater ist gewesen der Erbahre vndt Wollgeachte Thomas **Rahnisch** Bürger V. Meltzenbrewer in dieser Altenstadt, Ihre Mutter Maria **Bergmannin**, Ist Zu aller Gottesfurcht von Ihren Eltern gehalten, Weil aber die Mutter Zeitig verstorben, ist sie Zu ihrer Schwester (333) gezogen, den 25. 8br. ist sie kranck worden, v. den 8. Novembr. vmb 10. Vhr vor Mittage gestorben, im 19. Jahr Ihres alters, H M. **Lepner** hatt Ihr die Leichpredigt gethan in d Altenstadt Ex Epta Dominicali *aus der Epistel des Sonntags*. [Witt 552]

189 MECHEL KOCH, ✶ BRAUNSBERG 27. 9. 1584, ✞ 30. 11. 1628

3. Xbr.
☉ 1.
Adventus.

Mechel Koch, Kauffmann,

Ist Ao 1584. d 27. Sept. Zu Braußbergk gebohren, sein Vater ist gewesen der Erbahre Peter **Koch** Kürschner daselbst, seine Mutter Anna, ist anfangs Zur schulen, hernach Zum Kaufhandel gethan v. hieher nach

---

331 Das Wort "ehestandt" über der Zeile eingefügt.

332 Nach Pillau.

333 Wohl Elisabeth **Geling** ✞ 26. 10. 1629 (lfd. Nr. 330) – bei dieser heißt die Mutter Maria **Dackmannin**; ein Bruder dazu ist wahrscheinlich Henricus **Ransch** ✞ 12. 2. 1637 (lfd. Nr. 787).

Königsbergk geschickett, da er den bey Nickel **Cramern** bürgern v. handelsman dieser Altenstadt gedienett, Von ihm in Pohlen v. Littawen die sprachen Zu lernen verschickett, biß ins Zwantzigste Jahr auch bey Ihm gewesen, hernachmals sich befreyett mit Jungfr. Elisabeth S. Peter **Marholtzen** bürgers v. Cramers dieser Altenstadt tochter, itz hindlaßenen Witwen, 8. Jahr mit Ihr gelebett v. eine tochter gezeigett so noch am leben, Ist fast ein gantz Jahr kranck gewesen, also das sich endlich die Kranckheit gemehrett, V. am schienenen Donnerstag Zwischen 2. V. 3. Vhr nach mittage gestorben, im 44. Jahr seines alters, H M. **Wolderus** hatt Ihm die Leichpredigt gethan in d Altenstadt, Textus ψ. 31. In deine Hände befehl ich meinen Geist. [Witt 347]

190 Henrich Lasterpage, ✶ Bremen 22. 9. 1576, □ 5. 12. 1628

5. Xbr. ♂.
p. Dom.
1. Adv.

Henrich Lasterpage, Seydenfärber Vnd Triepmacher,

Ist Anno 1576. den 22. Septembris Zu Bremen geboren, sein Vater ist gewesen der Ehrenveste Vnd Wolgelahrte H M. Hermannus **Lasterpage**, seine Mutter Elisabeth **Nettelstickers** altes geschlechts Zu Bremen, Ist in aller gottesfurcht erzogen, Zur schulen vleißig gehalten, Vndt hernacher Zum seidenferber, Sammettmacher v. Triepmacher (334) handtwerck gethan, Ao 1607. Dom. Misericordias Dni. hatt er sich befreyett in Herfordt (335) mit Jungfrawen Anna **Rödeckers** (336), des Ehrenvesten Nahmhaften v. wolweisen Hn Johanniß **Rödeckers** Rahtsverwanten der Altenstadt Herfordt nachgelaßenen tochter, seiner hinterbliebenen Schwachen V. Krancken Wittwen, welche Gott d H eben itzo kaum für 2 od 3 stunden durch d todt abgefordert, mit welchem seiner haußMutter er in friedlicher Ehe geseßen 21 1/2 Jahr v. durch Gottes Segen gezeigett 5. Söhne v. 5. töchter, davon noch 4. im leben, Sein Christenthumb anlangende, so ist er ein from V. Gottsfürchtig Man gewesen, der seine Kinder Zu allem Christlichen tugenden, V. sonderlich Zum lieben gebett fleißig gehalten da sie den sonderlich den Psalter vleißig gelernett, Ohne gefehr vor 3 1/2 Jahren hatt Er sich Von herfordt auß westphalen hieher begeben, weil dort beides das Keisersche V. Spanische Kriegs Volck sehr vbel hausirett V. gar Vnsicher worden, V. weil das reine Wortt Gottes in Vnserm lande noch rein V. lauter gelehrett v. gepredigett wirdt, alß hatt er sich für allen hieher begeben wollen, Wie er sich dan auch fleißig Zum gehör Göttliches Worts, V. Zum oftern gebrauch des h. Abentmahls gehalten weil er hie bey Vns gewesen, v. ist also ein wahrer Christ gewesen, Ist gestorben Zwischen 9 v. 10. Vhr des abends, seines alters im 52 Jahr, H M. **Halbach** hatt Ihm die leichpredigt gethan vfm Steintham, ex Matt. 4. Folge mihr nach, baldt verließen sie Ihre netze, V. folgeten Ihm nach. [Witt 391]

191 Caspar Berendt, ✶ Glogau / Reg.-Bezirk Liegnitz 1592, ✞ 3. 12. 1628

6. 10 br.
☿ p. Dom.
1. Adv.

Caspar Berendt Weißgerber,

Ist Ao 1592 Zu Groß Glogaw auß der Schlesien gebohren, sein Vater ist gewesen der Ersame Christoph **Berendt** bürg daselbst, seine Mutter

334 Triep: einfacher Stoff für Kleidungsstücke.

335 Herford (Westfalen).

336 Anna **Lasterpage** ✞ 5. 12. 1628 (lfd. Nr. 192).

Barbara, Ist anfangs Zur schule gehalten, Da er ab erwachsen Zum Weißgerberhandtwerck gethan, welchem er 10. Jahr nachgezogen, ist endlich auch anhero kommen, v. sich befreyett, auch durch gottes Segen gezeugett 3. Sohne v. 1. Tochter, davon ein Sohn gestorben, hatt sich fleißig Zum gehöhr G.W. V. gebrauch des H. Abentmals gehalten, Ist vor 8. Tagen kranck worden, v. am gangenen Sontag vff den Abendt zwischen 8. v. 9. Vhr gestorben, seines alters im 36. Jahr, H M. **Wolderus** hatt Ihm die leichpredigt gethan v. St. Textus ex Ps. 9. Der H hatt seinen Stuel Zu bereitett Zum gericht, V. wirdt den Erdboden recht richten.

[Witt 42]

192 ANNA LASTERPAGE, ✶ HERFORD / WESTFALEN 1. 3. 1584, ✝ 5. 12. 1628

7. 10br. ♃.
p. Dom.
1. Adv.

Fr. Anna, des S. Henrichs Lasterpagen
Nachgelaßene Witwe,

Ist Ao 1584. Den Sontag Esto mihi Zu Herfordt in Westphalen von Ehrlichen, Christlichen v. vornehmen Eltern gebohren, Ihr Vater ist gewesen der weilandt Ehrenveste, Nahmhafte v. wolweise H Johannes **Rödecker** Rahtswanter daselbsten, Ihre Mutter Anna **Krögers**, Cämmers v. Rahtswanten der Neustadt Zu herfort ehliche tochter, Ist Zu aller gottesfurcht v. tugendt auferzogen, Alß sie das 23. Jahr erreichett hatt sie sich befreyett mit dem Erbarn Heinrich **Lasterpage** (337) der Vorgestern auch begraben, mit welchem sie gelebett 21 1/2 Jahr, v. durch Gottes Segen 10. Kind gezeigett, nemlich 5. Söhne v. 5. töchter, davon noch 1. tochter v. 3. Sohne im leben, Ist eine fromme fraw gewesen, sich fleißig Zum gehör Gottliches worts v. gebrauch des H. Abendtmals gehalten, Ohn gefehr vor 3 1/2 Jahren ist Sie mit Ihrem Manne alhie Zu vnß kommen, auß Vrsach die vorgestern erwehnettt, Sondlich hatt Ihr nicht weinig lust gemacht an diesen ort sich Zu begeben, Weil Sie Ihren lieben Bruder alhie gehabt, den Erbarn vndt vornehmen Mattheß **Röddecker**, Bürgern V, handelsman alhie, Ist oft von dem lieben Gott mit Creutz v. Wiedwertigkeit belegett, sondlich aber hatt sie Gott d H mit einer hitzigen Kranckheit vor kurtzer Zeit hart heimgesuchett, also das der Verstandt ihr auch vergangen, welches ab baldt nachgelaßen, V. es hierinnen mit Ihr Zur besserung sich angelaßen, darauff Ihr S. Eheman eingefallen, der es auch nicht lang gemachett, sondern baldt gestorben, Welches Zweiffels ohne ihr wirdt d todt vhrsacht haben, Ist Zwischen 11. Vhr Vor Mittage gestorben (338), im 45. Jahr ihres alters, H M. **Halbach** hatt Ihr die Leichpredigt gethan v. St. ex Gen. 49. H Ich warte auf Dein Heil. [Witt 390]

193 MARGARETHA KRAUSE, ✶ LEWITTEN, KR. PREUSS. EYLAU 1561, ✝ 4. 12. 1628

Margaretha, Jacob Krusen
Eheliche haußfraw,

Ist Ao 1561. Im Cammer Vderwang Zu Lewitten gebohren, Ihr Vater ist gewesen Martin **Sayn**, Ihre Mutter Perpett [sic], Ist in aller Gottesfurcht erzogen, alß sie das 23. Jahr erreichett hatt sie sich befreyett mit dem Erbarn Greger **Nebbe** Krügern Zu Lewitten, V. nur 2 1/2 Jahr Zusammen gelebett, einen Sohn gezeigett, welcher noch am leben, Nach absterben

337 Heinrich **Lasterpage** □ 5. 12. 1628 (lfd. Nr. 190).

338 Das Todesdatum ergibt sich aus dem Lebenslauf ihres Ehemannes Heinrich **Lasterpage**.

ihres ersten Mannes ist sie 2. Jahr Witwe gewesen, sich aber anderweit befreyett mit dem Erbarn Jacob **Kraußen** Ao 1588. mit welchem sie 40. Jahr gelebett, auch 3. Söhne v. 4. töchter gezeigett, davon noch 1. Sohn v. 3. töchter am leben, hatt sich fleißig Zur Kirchen gehalten, wie aber der liebe Gott Vngefehr vor 7. Jahren sie heimgesuchet mit großem reißen in ihren füßen hatt sie nich viel außgehen können, vor 15. Wochen ist sie sehr kranck worden, das sie auch Gott vmb ein seliges ende embsig gebeten, welches gebett Gott d H auch erhörett v. sie vergangenen Montag Zu abendt Zwischen 9. v. 10. Vhr Zu sich abgefordert, im 67. Jahr ihres alters, Ist Zugleich in einer Leichpredigt mit der **Lasterpagschen** (339) begraben vfm Steintham. [Witt 377]

194 Barbara Klein, ✶ Königsberg 1560, ✝ 7. 12. 1628

10. 10br. ☉ 2. Adventus

Barbara, Paul Kleinen E. E.
Rahts Dieners Eheweib,

Ist Ao 1560. alhie Zu Königsbergk gebohren, Ihr Vater ist gewesen Martin **Reuß**, die Mutter Else, alß sie etwas erwachsen, hatt sie an Vnterschiedenen orten gedienett, auch endlich von der fraw **Scharfschen** außgestattett im 33. [sic] Jahr dem Erbarn Friedrich **Korn** Kaufgesellen, mit dem sie gelebett ins 8. Jahr v. 2. Söhne v. 3. töchter gezeigett, welche alle gestorben, Ao 1593. [sic!] ist sie Witwe Worden, in welchem standt sie drey Jahr gelebett, v. sich hernach wied befreyett mit Paul **Kleinen** E.E. Rahts Stadt Dieners mit welchem sie gelebett 8. Jahr doch ohne erben, Ist zuletz immer kranck gewesen das sie fast oft geseuftzett vmb ein seliges ende, welches dan auch Gott erhörett, v. sie gangenen Donnerstags zwischen 6. V. 7. des Morgens abgefordert im 68. Jahr ihres alters, H. M. **Wolderus** hatt Ihr die Leichpredigt gethan vfm Steintham [Witt 336]

195 Elisabeth Heinke, ✶ Königsberg (Altstadt) 1548, ✝ 23. 12. 1628

27. Xbris fer. 3. Natalituris ☿.

Elisabeth, Nickel Heinken, Nachg. Wittwe,

Ist Ao 1548. alhier Zu Königsbergk auf der Lastadie (340) von frommen Eltern gebohren, Ihr Vater ist gewesen Peter **Hintz** ein Schiffs Zimmerman, Ihre Mutter Hedwig, ist Zu aller tugendt v. Erbarkeit gehalten, Alß sie das 28. Jahr erreichett, nach absterben ihrer eltern hatt sie sich befreyett mit dem Erbarn Ambrosio **Biber** einem tischer (341), mit welchem sie 3. Jahr gelebett, Vndt 2. Kind gezeigett, welche auch schon gestorben, Alß sie ein Jahr Witwe gewesen hatt Sie sich abermals befreyett mit Georg **Peßerich** einem fleischhawer, mit welchem sie 16. Jahr in friedlicher Ehe geseßen, auch eine tochter gezeigett, welche auch schon im Hn entschlaffen, Nach absterben ihres andn Mannes alß sie 6. Jahr Witwe gewesen, hatt sie sich Zum dritten mahl befreyett mit dem Erbarn Nickel **Heinken** einem fleischhaurn mit welchem sie 14. Jahr gelebett doch ohne leibes erben, Alß auch dieser dritte Man von Gott durch den zeitlichen todt abgefordert hatt sie 12. Jahr in ihrem Witwenstand noch gelebett, das handtwerck auch vbergeben, sich vleißig

---

339 Anna **Lasterparge** □ 7. 12. 1628 (lfd. Nr. 192).

340 Straße im Speicherviertel der Altstadt

341 Verschrieben für: Fischer? Wohl ein Tischler, vgl. auch den „Rahtstischer" bei Anna **Schmidt** (lfd. Nr. 538). So auch in der umfangreichen Liste alter deutscher Berufsbezeichnungen auf < https://script.byu.edu/Documents/German_Occupations.pdf > (Abfrage am 23. 9. 2013).

zur Kirchen gehalten wie auch zum gebrauch des h. Abendtmals, Ist zuletz fast 2. Jahr bettreisig worden, biß sie endlich der liebe Gott am gangenen Sonnabendt vmb 8. Vhr abgefordert im 80. Jahr Ihres Alters, H M. **Lepner** hatt Ihr die Leichpredigt gethan vfm St. Textus ex Hebr. 2. v. 14.15.16.17. & 18. Hatt jeglichem auß vnserm Ministerio 10 ∦ vermacht, die wir auch empfangen. (342) [Witt 259]

196 Petrus Farscheboterus, ✶ Stettin? 1591, □ 31. 12. 1628

31. 10br. ☉. p. Natal. Dni. Petrus Farscheboterus Studiosus,

Ist Ao 1591. Zu Stetin in Pommern gebohren, sein Vater ist gewesen der Ehrwürdige v. wolgelahrte H David **Farscheboterus** PfarrH daselbst (343), seine Mutter Anna **Hechts** des auch Ehrwürdigen v. wollgelahrten Hn Nathanaell **Hechts** PfarrHerr zu Glovitz in Pommern (344) tochter, diese seine Eltern haben Ihn fleißig Zur schulen gehalten, hernach Zu frembden leuten gethan, biß er auch endlich anhero kommen, v. bey Vns zwey Jahr frequentiret, hernachmals ist er Zur Goldap Cantor gewesen, wie aber durch d brandt ihm all das seinige brandt, ist er wiederumb nach Königsbergk kommen, vndt sich bey Georg **Schnelwaldt** in die dritte halb Jahr aufgehalten, in meinung beforderung Zu haben, hatt sich still v. fromm verhalten gegen iederman, ist gestorben im 38. Jahr seines alters H M. **Lepner** hatt ihm die Leichpredigt gethan vfm St. [Witt 139]

197 Reinhold Horch, ✶ Königsberg 22. 10. 1605, ✝ 28. 12. 1628

31. Xbr. ☉. Reinhold Horch, Kauffgesell

Ist Ao 1605. den 22. Octobr. alhie Zu Königsbergk gebohren, sein Vater ist gewesen der Ehrenveste v. wollgeachte Georg **Horch** (345), seine Mutter Dorothea **Guppoltin**, ist in aller Gottesfurcht erzogen, fleißig Zur Schulen gehalten, weil er aber nicht lust Zum studiren gehabt, haben Ihn seine Eltern in die Rechenschuel gehen laßen hernach in Pohlen vndt Littawen die sprachen Zu lernen verschickett, alß er wieder kommen ist er in den Dienst gethan bey dem Ehrenvesten vndt wollweisen Hn Johann **Friedwaldt** Gerichtsverwanten der Stadt Kneiphoff bey welchem Er trew v. fleißig in die fünf Viertel Jahr gedienett, Ist vergangenen Dienstag 8. tage kranck worden v. von einem schwehren fluß befallen das er baldt gemerckett, es wehre das ende Vorhanden, hatt sich demnach auch gantz v. gar Gott ergeben, der es auch also mit Ihm geschaffett v. Ihn am gangenen Donnerstag abends vmb 10. Vhr auß dieser Welt abgefordert, im 24. Jahr seines Alters, H M. **Wolderus** hatt Ihm die Leichpredigt gethan in d Altenstadt Textus erat ex Luc. 24. v. 29. [Witt 312]

---

342 Die Worte "Hat jeglichem ... empfangen" sind mit anderer Feder unter dem Text eingefügt.

343 Müller (S. 515) für die Parochie Stojenthin, Synode Stolp-Altstadt: "David **Farschbotter**, von Sebastian und Gerson, Gebrüdern von Stojenthin, 1589 berufen und 27. Juni ordiniert und eingeführt." Der oben genannte Petrus Farscheboterus ist demnach zwei Jahre nach der Berufung seines Vaters und dann wohl in / bei Stolp geboren – nicht in Stettin. Denn auch seine Mutter stammte aus dem Kreis Stolp, wie aus den Daten zu deren Vater hervorgeht:

344 Nathaniel **Hecht**, Pfarrer in Budow [Kr. Stolp / Hinterpommern] 1565 (Müller, S. 67) und "noch 1590 im Amt" (daselbst, Nachträge, S. 574). Im Kreis Stolp auch Gemeinde und Gut Glowitz, wo Thomas Hecht seit 1620 Pfarrer war (Müller, S. 499).

345 Georg **Horch** □ 6. 10. 1628 (lfd. Nr. 181).

ANNUS
M D C XXIX
IANUARIUS

198 DOROTHEA GLANDIN, ✶ KÖNIGSBERG (STEINDAMM) 1598, ✞ 29. 12. 1628

1. Jan: Dorothea, Daniel Glandins hausfr.

Ist Ao 1698. [sic] Vor 30. Jahren alhier Vffm St. Von Christlichen eltern geboren, Ihr Vater ist gewesen Albrecht **Schinckenberg**, ein Mältzer, Ihre Mutter hat geheissen Anna, beide schon Verstorben. Diese eltern haben sie nach ihrer geburt, dem h. Christo einVerleiben lassen, nachmahls, wie sie zu Jahren Vnd verstand kommen Zur schulen Vnd heuslichen tugenden gehalten, nach derselben absterben aber ist sie in dem heuselein, das ihr gedachte ihre eltern verlassen, geblieben, Vnd sich darin from Vnd still verhalten, wie ihre nachbarn Zeugen. Im 26 Jahr Ihres alters hatt sie sich nach Gottes schickung mit jetzen wittbern, Daniel **Glandinen** ehelig eingelassen, Vnd mit dem im ehestand 4 Jahr friedlich gelebet, auch 2 Sohne, davon schon einer gestorben, gezeuget. Von ihren Christenthumb wird ihr dies gezeugnus geben, das sie sich Zum gehör gottliches wortts, Vnd gebrauch des hochwürdigen Abendmahls offentlich, so lange sie gekont, offt gehalten, auch mit ihren nachbarn Vnd männiglich wollbegangen. Schon für Zween Jahren hatt sie Gott mit der Darr also hartt angegriffen, das ob sie woll noch Zu Zeiten ausgehen können (346) doch vor 12 od 13 wochen gantz bettreisig worden Vnd nicht ausgehen können. In welcher Zeit sie Zuheim das hochwürdige Abendmahl gebraucht, Vnd darauff am vergangenen freytage, im 30 Jahr Ihres alters, ihr leben S. geendet. M. **Wolderus** hatt ihr die Leichpredigt gethan. [Witt 189]

199 MATTHEUS LEDER, ✶ TRAUTENAU / BÖHMEN 1593, ✞ 16. 1. 1629

19. Jan. h. Mattheus Leder Organist.

Ist Zu Trautenaw in Behmen Von Christlichen eltern, als Von Mattheo **Ledern**, einem Tuchmacher, Von Von [sic] seiner Mutter, so Barbara geheissen, Ao 1593. an diese welt geboren (347), welche ihn auch nach empfangung der h. Tauffe, Vnd erreichung seiner Jahren in aller Gottesfurcht erzogen, Vleissig Zur schulen gehalten, Vnd, weil man sonderlich qualiteten Zu Music bei ihm gespüret, mit besondren vleis, nebst seinen praeceptoren *Lehrern*, darzu gehalten. Welchen er auch derowegen Zeitig ist entnommen, da er bei Ihrer Kaiserl. Mstt. **Rudolpho II.** für einen Discantisten aufwartten müssen. Vnd weil sich bald in seiner Jugend eine sonderliche lust Vff instrumenten Zu spielen eräuget, ist er Zeitig Zu einem Kunstreichen Meister Zu Breslaw in Schlesien gebracht, bei welchem er etliche Jahr also verblieben, das er ein rühmlich testimonium *Zeugnis* seiner lehr Vnd profectuum *Fortschritte* Von

---

346 Die Worte "noch Zu Zeiten ausgehen können" an Stelle einer Streichung über der Zeile eingefügt.

347 Ein weiterer Sohn ist Johannes **Leder** ✞ 27. 11. 1629 (lfd. Nr. 362).

ihm erlanget, das noch vorhanden. Für allen aber hatt er sonderliche lust Zur orgelkunst gehabt, darin ers auch in Kurtzen Jahren so weit gebracht, das er in seinem 26 Jahre seinen organisten Titel hat defendiren, sich auch an Vnterschiedlichen örttern in organisten diensten brauchen lassen können. Nachdem ist er, bei Ihr. Churfr: Dhtt. h. Johann Sigismund: Zeitten, in Churfr: Capell eine Zeittlang für einen Altisten gewesen, Vnd wie er mit Churfr: Cappelmeister neher Dantzig kommen, daselbst sich für einen organisten bestellen lassen. Weil er aber in seiner Kunst ein mehrers Zu erfahren lust gehabt, haben ihn etliche herren Von Da auff Ihre Vnkosten nach Amsterdam in Holland Zu Jan **Petersen** verschicket, Von welchen Er auch andren Künstlern nachgezogen, Vnd nach verrichter reise wiedrumb nach Dantzig Zu seinem Vorigen Dienst gekommen.

Ao 1621. ist er von E.E. Raht dieser Altenstadt Zu einem Organisten anhero vociret *berufen*, Welchem Dienst er in seinem gesellen stand bies ins andre Jahr trewlich Vorgestanden, da er sich in den standt der h. Ehe begeben mit J. Dorothea, des weiland, Erbaren vnd Wolgeachten peter **Bartschen**, mitbürgers bein Vns hinterlassene Eheliche Tochter, mit welcher Er in gutte ehe 6 Jahr auch etliche wochen gelebet Vnd 3. Tochter aus Gottes segen gezeuget davon noch eine im leben. Sonst hatt er sich in seinem leben also gegen seine nechsten Verhalten, das ihn jederman gern Vmb sich leiden, Vnd mit ihm woll zufrieden sein können. Wiewoll Er daneben auch seine grosse gebrechen gehabt. Seinen Dienst alhie hat er ins achte Jahr mit guten ruhm Verwaltet. Sein Christenthum zwar mit offtern gebrauch des hochwürdigen abendmahl bezeuget, im anhören Gottliches wortts ist was mangel verfallen. Seine Kranckheit, Die Wassersucht, hatt sich schon Vorm halben Jahr mercklich bei ihm angezeiget, die er anfenglich nicht in acht genommen, letzlich aber dadurch also geschwechet, das auch keine vleissige leie d Medicorum *Ärzte* verfangen wollen, sondern er im vergangenen Diengstag Vmb halb achte Zumorgens (nach welcher stunde ihm sehr verlanget). Wie Er das hochwürdige abendmahl des h. J. Zehn tage zuvor (348) empfangen, in warer anruffung Gottes, Vnd hertzlichem verlangen nach einem seligen stündlein Verschieden im 36 Jahr seines alters. Leichpredigt hatt M. **Halbach** gehalten ex ψ. 25 v. 1.2.3. [Witt 393]

200 ANNA ROSE, ✶ KÖNIGSBERG (HUFEN) 1555, ✞ 24. 1. 1629

26. Jan: <u>Anna, Vrban Rosen wittib.</u>

Ist im Jahr 1555. Vor 74. Jahren Vff den huben Von Christlichen eltern an diese welt geboren; als Vom Matthes **Bartsch**, Dem Vater, Vnd von Dorothea, Der Mutter (349), Von welchen sie auch dem h. Christo in der h. Tauffe Vorgetragen, Christlich aufferzogen, Vnd in 21 Jahr ihres alters Gerge **Kohlborn** ehelig gegeben, Nach dessen Tode sie sich mit Peter **Marqvarten** in den Stand der h Ehe eingelassen, Vnd 2. Kinder gezeuget, die auch schon gestorben. Wie dieser todes verblichen hatt sie weitter im Ehestand gelebet, Vnd 4 Kinder gezeuget, die auch albereit gestorben, mit orban **Rodeman**. Nach deren ehe aber mit Anders **Rodeman**, Vnd endlich mit orban **Resen**, nach welches absterben sie im wittbenstand gelebet 15 Jahr, Vnd sich in dieser wie auch in voriger Zeitt ihres leben,

---

348 Die Worte " Zehn tage zuvor" an Stelle einer Streichung über der Zeile eingefügt.

349 Eine weitere Tochter ist Elisabeth **Oldenborg** ✞ 20. 2. 1629 (lfd. Nr. 202).

fleissig Zur Kirchen gehalten from Vnd still gelebet, mitt ihren nachbarn Vnd männiglich auch friedlich begangen. Vngefehr Vor 14 tagen hatt sie Gott mit Kranckheit heimgesuchet, darin sie auf ihrem siechbettlein Gott Vmb ein seliges stündlein hertzlich gebeten, welcher sie auch vorgestriger tages Vmb eins nach mittag, sanfft vnd still in 74 Jahr ihres alters Von dieser Welt abgefordert. Die Leichpredigt hatt M. **Wolderus** in d St: Kirchen gehalten aus dem 202 ψ. v. 25. (350) Ich sage mein Gott nimm mich nicht weg in d helffte meiner Tage. [Witt 586]

201 Barbara Höltzke, ✶ Königsberg (Kneiphof) 1556, ✞ 14. oder 15. 2. 1629

16. Febr: Barbara Skoffin, M. holtzkin od Feldmans witwe.

Ist im Jahr 1556. alhie im Kneiphofe von Christlichen Vnd Vornehmen eltern an die Welt geboren, der Vatter hatt geheissen Baltzer **Schloff**, burger Vnd Meltzenbrewer in ernanter stadt, die Mutter fr. Regina **Mondfurtin**, ist dem h. Christo durch die h. Tauffe einverleibet, vnd nachmahls Zu allem gutten aufferzogen, Ist Ao 1692 (351) ehelig Vertrawet Jost **Feldmann**, gewesenen gartenschreiber in Vnser Altenstadt, mit dem sie 18 Jahr ehelig gelebet vnd 6 Kinder gezeuget, von welchen noch 1 sohn Vnd 1 tochter im leben. Nach absterben dieses Mannes hatt sie sich anderweit mit Martin **Höltzken**, einem fleischer Zu Mümmel (352) ehelig eingelassen, mit welchem sie auch eine Zeitlang ohne leibes erben im Ehestand gelebet. Nach seinem Tode ist sie wiederumb anhero kommen, Vnd die übrige Zeit im Wittbenstande zugebracht. Der liebe Gott hatt sie etwan 8 oder mehr tage mit leibes Kranckheit angegriffen, in welcher sie auch das hochwürdige Abendmahl am Vergangenen Mittwoch nach mittage begehret Vnd Vberkommen, Zu welches gebrauch, wie auch Zum gehör gottliches wortts sie sich bei gesunden tagen, nach gezeuchnüs H M. **Lepneri** fleissig gehalten, ist also die nach vom gedachten vergangenen mitwoch bies auff den Donnerstag, ist gestrige nacht, sanfft vnd selig im 73. Jahr ihres alters von dieser welt abgefordert.

Diese fr. ist nach absterben ihres andren Mannes, etwan auch durch desselben Voriges Vbel leben in grosse armuht gerathen, das sie nebenst dem öffentlichen Dienstäglichen Almosen, Ihre vornehme freunde auß dem Kneiphofe wiessen begeben lassen, die leichpredigt hatt M **Wolderus** gehalten ex 22. cap. Proverb: v. 2. Reich vnd arm müssen Vnter ander sein, der Herr hat sie alle gemachet. [Witt 295]

202 Elisabeth Oldenborg, ✶ Königsberg (Hufen) 1566, ✞ 20. 2. 1629

Elisabeth, Albrecht Oldenborgs hausfr.

22 Febr: Ist Ao 1566. vff den huben Von Matthes **Bartschen**, Vnd Dorothea, ihren Christlichen Eltern, an diese welt geboren (353), Vnd darauff Zur h. tauffe befordert, Nachmahls auch Zu allen gutten aufferZogen, bies sie im 26. ihres alters, nach Gottes schickung, Vnd gepflogenem Raht ihrer Mutter die damals Wittib, sich mit gegenwertigen jetzo betrübten

350 Verschrieben für 102. Psalm, Vers 25.

351 Sic. Offenbar verschrieben für 1592.

352 In Memel.

353 Eine weitere Tochter ist Anna **Rose** ✞ 24. 1. 1629 (lfd. Nr. 200).

Wittbern, Albrecht **Oldenborg** ehelig eingelassen, mit welchem sie 37. Jahr in friedlicher ehe durch Gottes segen zween söhne gezeuget die schon im herrn entschlaffen. Sonst hatt sie sich zum vleissigen gehör gottliches wortts, Vnd offtern gebrauch des h. Abendmahls gehalten, Vnd mit ihren nachbarn woll begangen. Vergangenen Montag 8. tage hatt sie Gott mit harter leibes Kranckheit angegriffen, darin sie am vergangenen Sonnabend das hochwürdige Abendmahl empfangen vnd am Vergangenen Dienstag Vmb 3 Vhr nach mittage im 63 Jahr ihres alters ihr leben Selig geendet. Die Leichpredigt hatt in d. Steind: Kirch h M. **Lepnerus** gehalten ex ψ. 116 Der tod seiner heiligen ist werth gehalten. [Witt 493]

203 CATHARINA RABE, ✶ KÖNIGSBERG? 1565, ✞ 3. 3. 1629

Catharina Hr. Georg **Raben** hinterlassene Wittib

6. Martij ist im Jahr 1565. Von Vornehmen eltern an diese welt geboren, ihr Hr. Vater ist gewesen der Ehrenveste Vnd wolgeachte h. Matteus **Meybaum**, die Mutter die Erbar vnd tugendsame fr. Barbara, eine geborene **Belerin**, Von diesen ist sie auch nach ihrer geburt Zur h. tauffe befordert, Vnd weitter in allen Christlichen Jungfrewlichen tugenden aufferZogen, auch im 17 Jahr ihres alters, war Ao 1582. dem weiland Ehrenvesten Vnd Vornehmgeachten h. Georg **Raben** S. Zur ehe gegeben worden. Mit selbigem hatt 35. Jahr in friedlicher Vnd ruhelicher ehe gelebet Vnd durch Gottes segen 9 Kinder 5 söhne Vnd 4 Töchter geZeuget (354), davon noch 4 sohne, 2. tochter am leben. Nach absterben ihres gedachten S. herren hatt sie 14 Jahr im Wittbenstand Christlich Vnd gottselig gelebet, bies sie im selben Vor 4 wochen Gott der allerhöchste mit einem schweren Dampff hart beleget, Vnd schwacheit des leibes heimgesuchet, die also Zugenommen, das sie am Vergangenen sonnabend Vmb 6 Vhr Zu abend nach dem sie sich vor 8 tagen auff ihrem bette das hochwürdige Abendmahl des H. reichen lassen, Vnd im gebet sich gottlichem Willen gantz ergeben hatte, im herrn sanfft Vnd selig verschieden im 64. Jahre ihres alter. Die leichpr: hatt h. M. **Halbach** gehalten ex 5 cap: Sep [Sapientia?]: v. 26. [Witt 545]

204 GEORG WALDHÄUER, ✶ KÖNIGSBERG (ALTSTADT) 19. 5. 1591, □ 9. 3. 1629

Georg Walthawer.

9. Martij Ist Ao 1591. den 19 Mai Von dem Ehrenvesten, erbahren Vnd wolgeachten **Erasmo Walthäwern**, seinem Vater, mitbürgern der Altenstadt Vnd der tugendsamen fr. Catharina **Schützin**, seiner Mutter, an diese welt gebohren, darauff Zur h: Tauffe befordert, Zur schulen gehalten, in pohlen v. Littawen, die sprachen Zu lehrnen verschicket Worden. Vnd hat sich im Jahre 1614. mit des Ehrenvesten, Vnd wolgeachten Orban **Nadrian**, eheleiblichen Tochter, der Ehr- Vnd tugendsamen Jungfr: Catharina, ehelichen eingelassen, mit welcher er 11 Jahr friedlich im ehestand lebend 4 söhne gezeuget, Von welchen noch zween im leben. Nach tödlichem abgang dieser seiner ehefrawen Ao 1625. hatt im betrübten Witbenstand über 1 1/2 Jahr gesessen Vnd Ao 1627 anderweit Zur ehe genommen Des Ehrenv: Vnd wolgeachten Adrian **Langerfelds** (355) nachgelassene Wittib, Die Tugendsame fr. Sophia **Fahrenheitin**,

354 Eine der früher gestorbenen Töchter: Catharina **Hoffmeister** □ 25. 6. 1626 (lfd. Nr. 32).

355 Adrian **Langerfelt** ✞ 16. 5. 1626 (lfd. Nr. 27).

mit welcher er in anderthalb Jahren einen sohn gezeuget, welchen Gott bald Von dieser welt Wiederumb abgefordert. Sonst ist er im eusserlichen WandelVnsers wissens, ein Erbahrer mann gewesen. Sein Christenthum mit vleissigen anhören gottliches wortts, offtern gebrauch des h. abendmahles, Vnd Christlichem wandel bezeuget. Am ersten sontag des Advents Ao 1628. hat ihn gott mit harter leibes Kranckheit angegriffen, welche dan also Zugenommen das fast Zu mercken gewesen, das er schwerlich genesen würde. Darumb er sich ohngefehr jetz für 4 wochen in seiner Kranckheit mit dem hochwürdigen Nachmahl J.C. Versorget, darauff seinen Willen Gott Vnter Worffen, demselben seine seele befohlen, Welcher sie auch fein sanfft Vnd still von ihm abgefordert. Im 37. Jahr seines alters. Lp. hatt H. **Lepner** gehalten, als sein beichtvater.

[Witt 765]

205 ANNA MARUN, ✶ KÖNIGSBERG (STEINDAMM) 1564, ✞ 14. 3. 1629

Anna, Hans Marunen, Korckenmachers hausfr

16 Martij Ist Ao 1564. Von Christlichen eltern alhie an diese welt geboren ist [sic] Vater hatt geheissen Kersten **Zimmerman**, weiland mitbürger Vnd Korckenmacher alhie Vffm St. Die Mutter Hedewig, diese eltern haben sie Zur tauffe befordert in Gottesfurcht aufferZogen, Vnd, nach dem sie ihre jahr erreichet gehabt, Zu henrich **Wolffen**, weiland burgern Vnd balbierern der Altenstadt Zu Dienst gebracht, bei welchem sie so lange treulich gedienet, bies sie ihre eltern dem greger **Steffen** Zur ehe gegeben, mit welchem sie im Christlicher Vnd friedlicher ehe 12 Jahr gelebet, Vnd durch Gottes segen fünff Kinder 2 Söhne. 3. Töchter gezeuget, Welche alle schon lengst im Herrn entschlaffen. Nach absterben dieses ihres Mannes hatt sie ein Jahr im Wittbenstande gelebet, Vnd darauff Wiedrumb zur ehe genommen Hans **Mahrunen**, Korckenmacher. Mit dem sie in gutter ehe 27. Jahr gelebet, Vnd durch Gottes segen 4 Kinder gezeuget, die auch alle schon todes Verblichen. Von ihrem Christenthum wird berichtet, das sie sich vleissig Zum gehör göttliches Wortts, Vnd offt Zum gebrauch des hochw: abendmahls gehalten, auch so viel in dieser schwacheit möglich gewesen, eines erbaren Wandels sich beflissen. Ihre Kranckheit ist theils wegen alters, theils wegen grimnus [grumus?] *Gram - Schmerz ?* vber ihres Zu letz verstorbenen wolgeZogenen sohnes (356), langwierig gewesen, in selbiger hatt sie vor 14 tagen das hochw. abendm: Zu sich genommen. Vnd ist am verschienen mitwoch morgen Zwischen 5. Vnd 6. im 65. Jahr ihres alters selig entschlaffen. Concionem funebrem Dnus M**Lepnerus** habuit ex *Die Leichenpredigt hielt Herr M. Lepner aus* ψ. 23.

[Witt 436]

206 ELISABETH REINICKE, ✶ KÖNIGSBERG (KNEIPHOF) 2. 5. 1588, ✞ 17. 3. 1629

Elisabeth David Reinicken Hausfraw

20 Martij Ist im Jahr 1588 den 2. Maij an diese welt geboren, Ihr Vater ist gewesen der weiland Ehenv. Vnd Vornehmgeacht H. Valtin **Schlein**, mitbürger Vnd Handelsman im Kneiphoffe. Ihre Mutter, Die Erbare Vnd tugendsame Fr. Elisabeth **Zimmermannin**. Von diesen ist sie, nach empfangung der H. Tauffe in der furcht des Herren aufferzogen. Bis Ao 1603. da sie dem EhrenV. Namhafften Vnd Wolweisen H. Georgio **Langerfeldten**,

356 Das ist Fabian **Marun** ✞ 14. 6. 1626 (lfd. Nr. 30).

damahls Rahtsverwanten Vnd Richtern dieser Stadt ist Zur ehe gegeben. Welche ehe 16 Jahr gewehret, Vnd mit 2 Kindern, einem sohn Vnd einer Tochter, davon noch der sohn im Leben, ist begabet worden. Ao 1621. den 20 Febr; nachdem sie 2. Jahr im Wittbenstand gelebet hatt sie sich anderweit auf sonderbare schickung Gottes ehelig eingelassen mit H. David **Reinicken** (357) mit welchem sie in friedlicher ehe gelebet ins 8 Jahr, Vnd aus Gottes segen drey Kinder, zwo töchter, Vnd einen sohn, der noch allein im leben, gezeuget. Ihr Christenthum anlangend hatt sie dasselbige Die Zeit, weil ich hir im meinem ampt gewesen, Vnd also wie Viel mihr wissent gebürlich gefuhret &. Vergangen Jahr im Herbst hatt sie mit Leibes Kranckheit angegriffen, die also zugenommen das ohngefehr für 18 wochen gantz bettreisig worden, in welcher zeit sie 2mahl das Hochwürdige Abendmahl empfangen, Vnd am Vergangen sonnabend Zur nacht Vmb 11. Vhr ihr lebend im Herrn geendiget. Die Leichpr. habe ich M. **Wolderus** gehalten von auffgegebenen text aus dem 12 cap: Danielis v. (358) [Witt 566]

207 Anna Tidemann, ✶ Königsberg? 14. 9. 1600, □ 20. 3. 1629

Anna, Alberti Tidemanns Hausfr.

20. Martij Ist Ao. 1600 den 14 Septembr: geboren ihr Vatter hatt geheissen Hans **Stam**, ein Kürschner, Die Mutter Barbara, S. Hans **Gerings** Kürschners Tochter (359), Von diesen ist sie Zur H. Tauffe befordert, Vnd ferner in aller gottesfurcht mit Vleis erzogen. Ao 1620. hatt sie H. Albertus **Tideman** (360) geehliget, Vnd also 9 Jahr. 4 Wochen in gutter friedlicher ehe mit ihr gelebet, Vnd durch gottes segen Vier Kinder, drey töchter Vnd einen sohn, davon noch zwo töchter im Leben, gezeuget. Weitter ist Von ihrer Kranckheit Vnd tode hir nichts gesetzet gewesen. Ihr Begrebnus ist den 20. Martij gehalten. Concionem funebr: M. **Halbach** habuit, textus fuit, *Die Leichenpredigt hielt M. Halbach, der Text war* Das ist ia gewislich wahr & ex 1. ad Timoth. 1. [Witt 739]

208 Barbara Hempel, ✶ Mülsen, Kr. Fischhausen 1576, ✝ 21. 3. 1629

Barbara, H. Johannis Hempelij gewesenen Pastoris in Laptaw N.W.

23. Martij Nata Ao. 1576. Zu Mulssen im Laptawschen (361), Patre Friderico **Hoffman** Freyen, matre Anna. Ao. 1600. Aetatis 24. Reverendo Dn: Johanni **Hempelio** & nupsit (362), cum quo in sterili conjugio 26 annos vixit. Ao 1.6.2.6. dominica prima adventus maritus obijt. Hinc in 3tium annum vidua huji= lep [?] vixit. Anno präterito .... (363) coepit laborare,

---

357 David **Reinicke** ✝ zwischen 9. und 26. 6. 1635 (lfd. Nr. 702).

358 Versnummer nicht angegeben.

359 Barbara **Jordan** ✝ 10. 4. 1627 (lfd. Nr. 67).

360 Dieser war Altstädtischer Organist und bei ihm ist Hans **Jordan** ✝ 2. 9. 1630 (lfd. Nr. 438) „sein Schwager“ in das Musizieren eingeführt worden.

361 Mülsen, Kr. Fischhausen, zum evangelischen Kirchspiel Laptau.

362 Johann **Hempel**, seit 1602 und wohl bis zu seinem Tod am 29. 11. 1626 Pfarrer in Laptau, Kr. Fischhausen (QMS 19/3, S. 766).

363 Der Text enthält hier ein unverständliches Wort in falschem Griechisch.

sacra coena Dni hoepinis usa. ☿ obijt 1. pomerid: Aetatis im 53. Dn: M. **Lepn:** Concionem funebr: habuit, textus

Ihr Vater war Friedrich Hoffmann, ein Freier, die Mutter hieß Anna. Im Jahr 1600, in ihrem 24. Lebensjahr, heiratete sie den verehrten Herrn Johannes Hempel, mit dem sie 26 Jahre lang in kinderloser Ehe lebte. Am 1. Adventssonntag 1626 starb der Ehemann. Seitdem lebt sie seit 3 Jahren als Witwe. Im vergangenen Jahr ... begann sie zu leiden. Sie empfing das Abendmahl des Herrn. Am Mittwoch starb sie um 1 Uhr nachmittags im 53. Lebensjahr. Herr M. Lepner hielt die Leichenpredigt nach dem Text

Joh: 3 Also hatt Gott die welt geliebet & [Witt 265]

209 Dorothea Brodoch, ✶ Breslau 1554, ✞ 22. 3. 1629

Dorothea Daniel Brodochs N. Wittib

25. Martij Ist Zu Breslaw in der Schlesigen im Jahr 1.5.5.4. Von Christlichen eltern geboren, Ihr S. Vater ist gewesen der weiland EhrenVeste Vnd weyse H. Johannes **Krause** Verordneter Richter selbigen Stadt, die Mutter hatt geheissen Fr: Anna. Welche eltern ihn zwar die H. tauffe. aber darauf bald in ihrer jugend abgestorben, darumb sie bald in ihrer jugend Zu ihren Verwanten näher Thorn geschickett, da selbsten sie nach Gottes schickung, auff ihrer anVerwanten einrahten dem H. Simoni **Hübenern**, Welcher nachmahls vor einen Stadtschreiber anhero nach Königsberg ist gefordert worden, im 16. Jahr ihres alters Verehliget, mit dem hat sie, 8. Jar in friedliebender ehe gelebet, Vnd, durch Gottes segen gezeuget 4 Kinder, die nunmehr alle im H. entschlaffen. Nach absterben dieses hatt sie 1. Jahr im Wittbenstand gelebet, Vnd darauff durch Gottes schickung sich anderweit ehelich eingelassen mit H. Daniel **Brodochen**, WolVerdienten Schreib- Vnd rechen Meister dieser Altenstadt, mit selbigen hatt in ruhiger ehe, ohne Leibes erben, gessen 24. Jahr. Nach seinem absterben aber ist sie Von Ao 1.6.0.2. im Wittbenstand geblieben. auch darinnen als eine einsame friedliebende ehrliche Wittbe, Vnd sonderliche Liebhaberin göttliches Wortts, Vnd der H. Sacramenten, ihr Leben bies auff den 22sten tag Martij dieses jetz lauffenden Jahres Zugebracht, an welchen sie Gott der Herr, inter 10 & 11. vesp, in ihrer, Vom Newen Jahr hero gewereten Kranckh: sanfft Vnd still Von dieser Welt abgefordert, im 75. Jahr. ihres alters. Die Leichpr: hatt M **Lepnerus** gehalten Von dem spruch. Sei nun Wieder Zu frieden meine Seele. (364) [Witt 82]

210 Anna Frawlob, ✶ Königsberg (Altstadt) 1552, □ 30. 3. 1629

Casp. Frawlobs (365) Fr.

30. Martij Ist Ao 1.5.52. Von Christlichen eltern an diese Welt geboren, ihr Vater hatt geheissen Stanislaus **Jünglingk**, Bürger Vnd Kürschner in d. Altenstadt. Die Mutter ist gewesen des S. Meister Hansen Vhralten schloß Balbierers Tochter, mit nahmen Anna Die Weil ihre eltern ihr in der jugend abgestorben hatt sie sich müssen Vnter frembden Leuthen auffhalten. Vnd ist beim H. Matthes **Wittpohlen** 12. Jahr gewesen, der sie auch ausgesteuert. Ao 1.578. Aetat: 26. ist sie Greger **Stormen**, Kürschner, gesellen verheiratet mit dem sie 24. Jahr friedlich gelebet Vnd

364 Ps. 116, V. 7: "Sei nun wieder zufrieden, meine Seele; denn der Herr tut dir Gutes".

365 Caspar **Frawlob** ✞ 1. 8. 1631 (lfd. Nr. 492).

10. Kinder 7 sohne. 3 Töchter gezeuget. Ao 1603. hatt sie sich mit jetzigen Wittbern eingelassen ehelig, Vnd in fried ehe (366) Leibes erben gelebet 26. Jahr. In ihrem Christenthum ist sie from Vnd gar fein ehlig gewesen. mit ihren nachbaren sich woll begangen. H. M. **Lepnerus** hatt die Leichpredigt gehalten ex 23. cap: ad .... v. [Witt 157]

211 Hans Wolluhn, ✶ Königsberg (Hufen) 1592, ✝ 30. 3. 1629

Hans Wolluhn, Korckenmacher.

2. April: Ist Von Daniel **Wolluhn**. seinem Vater, Vnd Euphemia, seiner Mutter für 37. Jahre, vff den Vorder Huben an diese Welt geboren, Zur Tauffe befordert, in die schule gesand, Vnd ferner Zur Gottesfurcht gehalten, bies sie ihm im 15. Jahr seines alters, das Korckmacher Handw: lernen lassen, auff welches er nach fleissig ausgestandenen LehrJahren gewandert, bies er das 30. Jahr erreichet da er sich in den Heiligen stand der ehe eingelassen mit Hans **Boden** Hinterlassene Wittib, mit welcher er 7 1/2 Jahr in friedlicher ehe ohne Leibes erben gelebet. Was sein Christenthum anlanget ist er ein friedsamer mensch gewesen, der auch sich Vleissig Zum gehör gottliches Wortts, Vnd offtern gebrauch des H. Abendmahls gefunden. Es hatt ihn aber der Liebe Gott mit harter Kranckheit die Zeit angegriffen, das er über Jahres Zeit Bettreisig gewesen, bies ihn an vergangenen freitage Zu abend zwischen 6. Vnd 7. uhr im 38. Jahr seines alters der Liebe Gott Von dieser Welt selig abgefordert. Die Leichpr. hatt M. **Wolderus** gehalten ex 1. cap. ad Philip: Capio tissolvi [Cupio dissolvi] &. *aus dem 1. Kapitel des Philipperbriefes [sinngemäß:] Ich wünsche zu sterben* (367) [Witt 818]

212 Barbara Benicius, ✶ Öbisfelde, Kr. Gardelegen, Reg.-Bez. Magdeburg 1556, ✝ 31. 3. 1629

Barbara, H. Christophori Benicij Wittib

4. April. Ist Ao 1.556. Zu Öhsfelt im Stifft Magdeburgk Von ehrlichen Vnd Christlichen eltern geboren, der Vater hat geheissen Dittrich **Werner**, ein schneider, die Mutter Catharina p.p.p.

Als sie aber mit ihrem S. Vatter in das Land gekommen, hat sie sich durch sonderbare schickung Gottes Ao. 1.581. im 25. Jahre ihres alters mit obgedachtem ihrem S. H. **Benicio**, welcher der Zeit Diaconus der Löbenichtschen Kirchen (368) gewesen, in den H. ehestandt begeben. Mit welchem sie 20 Jahr friedlich gelebet Vnd 9 [sic] Kinder 6. tochter Vnd 2 Söhne durch Gottes segen gezeuget davon noch 2 töchter am Leben.

Nach dem ihr S. Herr Ao. 1.601. pastor dieser Kirchen, im Herbst Verstorben hatt sie bieshieher 28. Jahr im Wittbenstand Christlich gelebet. Bei ihrem hohen alter haben auch die Leibes Kräffte immer abgenommen das sie fast 4 Jahr bettreisig gewesen. Wie sie aber am Vergangnen Mitwoch Durch Zugestossene schwacheit, also hart angegriffen, das ihr

---

366 Offenbar fehlt "ohne" – sie war zu Beginn dieser Ehe bereits 51 Jahre alt.

367 Phil 1, 23 "coartor autem e duobus desiderium habens dissolvi et cum Christo esse..." *Denn es setzt mir beides hart zu: Ich habe Lust, aus der Welt zu scheiden und bei Christus zu sein* (Siehe die Angabe der gleichen Textstelle in den lfd. Nr. 338 und 581).

368 Christoph **Benicius**, 1579–1585 Diakon an der Löbenicht'schen Kirche, 1585–1589 desgl. am Dom, 1589 bis zu seinem Tod 1601 Pfarrer an der Altstädtischen Kirche (QMS 19/1, S. 95).

die sprache Vergangen, ist sie darauff am Verschienenen Sonnabendt Zu abendts Vmb 6. Vhr sanfft Vnd seelig im H. entschlaffen im 73. Jahre ihres alters p.p. Lp. hatt M. **Lepner** gehalten ex 8. Cap. Joh: Warlich ich sage euch so jemand mein Wortt wird halten (369) [Witt 39]

213 Michel Mack, ✶ Mahnsfeld, Landkr. Königsberg 1549, ✝ 7. 4. 1629

Michel Mack, der elter.

11. April Ist Ao. 1.5.49 Zu Mansfeld in Preussen Von Christlichen eltern. als Thomas **Mack**, dem Vater, Vnd Lucia der Mutter an diese welt geboren, zur Tauff, Vnd ferner Zur schulen gesand, das er seinen Catechismum auch fertig, schreiben, lesen, Vnd rechnen gelernet, darauff, wie er etwas erwachsen ist er von ihnen Zu frembden leutten, Vnd sonderlich Zu H. Crispin **Von Kerstenstein** (370) gethan, bei welchem er die Polnische Vnd Littawsche sprache gelernet, Vnd nach dem er derselbigen kundig 14. Jahr verblieben, Vnd ihm trew Vnd Vleissig gedienet. Nachmahlen ist er anhero kommen, Vnd bei der Fr: Sigismund **Schurtsschen** eine geraume Zeit gewesen. Als er sein 41ste Jahr erreichet hatt er sich durch schickung Gottes in den standt der H. ehe eingelassen mit J. Barbara, des weiland wolgeachten Hieronymi **Hintzen** eheleiblichen tochter, mit der er 33 Jahr in friedlicher ehe gelebet Vnd durch Gottes segen, 4. Kinde. 2 Sohne. 2. Töchter, gezeuget, davon noch ein sohn am Leben. Vor 6 Jahren hatt ihn Gott durch abforderung dieses seines ehegattens in den betrübten Wittbenstand gesetzet, darin er bisher geblieben. Sein Christenthum anlangend, hatt er sich vleissig Zum gehör gttliches Wortts, Vnd H. Abendmahl gefunden, auch im Leben, Vnsres wissens, für groben öffentlichen sünden sich gehütet, mit männiglich wolbegangen. Vor etlichen Wochen hatt ihn Gott mit Leibes Kranckheit angegriffen, darin hatt er sich mit Gott versöhnet. Vor 3. wochen. Vnd Darauff in Gottes willen begeben. Der ihn auch am Vergangnen sonnabend Zwischen 7. Vnd 8. Zu abends, im 80 Jahre seines alters sanfft Vnd still von dieser Welt abgefordert. Textus concionis funebris, qvam Dn. M **Lepner** habuit fuerunt ex Ps 90 haec verba: *Der Text für die Leichenpredigt, die Herr M. Lebner hielt, waren folgende Worte aus Psalm 90* Vnser Leben wehret 70 Jahr & usq ad hac *bis zur Stelle*, als flöhen wir davon. p. [Witt 423]

214 Elisabeth Dehne, ✶ wo? 28. 10. 1593, □ 20. 4. 1629

Elisabeth, Hans Dehnen. Fr.

20. April. Ist Ao 1.593. den 28 octobr: geboren, ist Vater ist [sic] Benedict **Störmer**. ein Schneider, die Mutter hatt geheissen Rosina, dieselben haben sie auch Christo dem H. in der H. Tauffe Vortragen lassen, Ao 1.6.20 den 8. octob: (371) hatt sie Christoph **Keiser**, ein gesell, Burger Vnd Fastbecker Zur ehe genommen. Mitt dem hatt sie in gutter ehe 5. Kinder gezeuget, davon noch 2. Töchter Vnd ein sohn im Leben.

---

369 Die Worte "Warlich ich sage euch … wird halten" nachträglich unter den Text eingefügt.

370 Bei Crispin (Christian von) **Kerstenstein** ist auch Arendt **Aderman** ✝ 16. oder 17. 4. 1631 (lfd. Nr. 481) gewesen um die litauische Sprache zu lernen, und Johannes **Leder** ✝ 27. 11. 1629 (lfd. Nr. 362) hat dort als Organist gearbeitet.

371 Wenn das Geburtsdatum stimmt, muss die erste Heirat eher als 16<u>20</u> erfolgt sein, weil für die 2. und 3. Ehe 2 + 7 Ehejahre plus 2 Witwenjahre angegeben sind plus die Zeit der ersten Ehe mit fünf Kindern; vielleicht heiratete sie in ihrem <u>20.</u> Lebensjahr (also 1613).

Nachdem dieser ihr abgestorben hatt sie ein Jahr im Wittbenstand gesessen, Vnd darauff sich anderweit ehlich eingelassen, mit Peter **Munaber** auch Festbecker, mit selbigen hatt sie nur 2. Jahr im ehestand gelebet Vnd durch Gottes segen ein Kind gezeuget, das auch schon gestorben. Nach absterben dieses Mannes hatt sie, nach jährigem Wittbenstand in die ehe sich begeben mit Hans **Denen**, jetz betrübten Wittbern, Vnd in solcher ehe mit ihm 7 Jahr gelebet, Vnd 3. Kinder gezeuget, davon noch eins im Leben. Ihr Christenthum ist das sie fleissig sich Zum gehör gottlichen Wortts gehalten, Vnd das H. Abendmahl Zum offtern gebrauchet. Ihr alter ist 36. Jahr.

[Witt 96]

215 ANNA REINICKE, ✶ ROSTOCK 1602, □ 20. 4. 1629

Anna, Hans Reinicken Hausfraw.

20. April. Ist Ao 1.6.02 Zu Rostock Von Christlichen eltern geboren, Ihr Vater hatt geheissen Matthes **Gladaw**, ein Bürger Vnd Senckler (372) daselbst Diese eltern haben sie bald nach ihrer geburt Chro durch die Tauffe ein Verleibden lassen. Weil aber die Mutter ihr im 5 Jahr ihres alters Von der seitten gerissen hat Henrich **Dederman** ihrer Mutter Bruder ein Bürger Vnd Kleinschmidt dieser Altenstadt sie Zu sich genommen Zur schulen, Vnd allen Christlichen Tugenden gehalten, bies Ao 1.6.27, da sie sich im 25 Jahre Ihres alters mit gegenwertigem betrübten Wittbern, Dem E. Hans **Reinicken**, Dc. mit welchem sie in geruhiger ehe 1 1/2 Jahr gesessen Vnd ein Kind gezeuget, das noch am Leben. ohngefehr Vor 14 Tagen hat sie sich was Vnpaß befunden, Vnd ob sie anfangs Vermeinet es Würde übergehen, hatt doch solche schwacheit also überhand genommen, das sie selbst Vermercket ihr ende nahete sich, darumb sie auch am Vergangnen mittwoch das Hochwürdige Abendmahl Zu sich genommen, Vnd darauff ihren Willen in gottes gestellet. Der sie auch im 27 Jahr ihres alters Von dieser Welt durch den Zeitlichen Tode abgefordert. Ihr Christenthum stellen wir in E. Ehrw. Bescheidenheit. Hatt Von H. M **Lepner** das gezeuchnüß das sie from vnd Christlich sich Verhalten. Der ihr auch die Leichpr: gehalten Von dem spruch, Herr G. redemptrimus Vives, [redemptor meus vivat] *mein Erlöser lebt* Hiob: 19. [Witt 564]

216 CHRISTOPH GUTERMUHT, ✶ FALKENHAIN; KR. GLATZ / REG.-BEZIRK BRESLAU 1579, ✞ 25. 4. 1629

Christoph Gutermuht, gerichtsVerwanter Vffm Steinth.

29. April. ist Ao 1.5.79 Zu Polkenhayn (373) in der Schlesigen Von Christlichen eltern geboren, sein Vater hat geheissen **Jacob Gutermuht**, seine Mutter Anna. Von Welchen er, nach empfangung der H. Tauffe in aller Gottesfurcht aufferzogen, bies er nach erreicheten Jahren, das Leinweber Handwerck gelernet, worauff er auch etliche Jahr gewandert Vnd also auch Zun Vns gekommen, da er sich Ao 1.605. ehelich eingelassen mit Fr. Anna (374) S. Hans **Dessels**, Leinwebers Witbe, mit welcher er in friedliebender ehe 24. Jahr gelebet, Vnd durch Gottes segen 7 Kinder 4

---

372 Senkler fertigten Lederriemchen zum Binden von Schuhen, Hosen und dergl., auch Schnallen (Staßewski u. Stein, wie Anm. 21, S. 95).

373 Ernst Witt: Lesung des Anfangsbuchstabes unsicher.

374 Anna **Gudermut** ✞ 26. 8. 1631 (lfd. Nr. 498).

söhne Vnd 3 Töchter davon noch drey sohne Vnd zwei Töchter im Leben, gezeuget. Ao. 16.24 ist er nach Gottes Willen Von Vnser Stadtobrigkeit in eines Erbaren Gerichts Mittel Vffm St. gekohren, darin er nach besten Vermögen, bies an sein ende, getrew gewesen. Seines Christenthums hatt er bei männiglichen ein gutt gezeuchnuß. Gott hatt ihn fast in die 2 Jahr mit schwerer Leibes Kranckheit, Vnd sonderlich am Vergangenen ostertage, sehr hartt, angegriffen, in derselben auch nach empfahung des H. abendmahls in vleissigem gebeth am Vergangnen Mittwoch zwischen 11. Vnd 12. Zu mittage Von dieser welt abgefordert im 50. Jahr seines alters. Hatt sich Zum Leichtext erwehlet aus der 1. Thess. 4. V. 13 & seqq. Davon auch H M. **Halbach** ihm die Leichpr: gehalten.(375) [Witt 230]

217 DOROTHEA MITTELPFORTT, ✶ BISCHOFSBURG, KR. RÖSSEL 1589, ✞ 26. 4. 1629

Dorothea, Matthes Mittelphortts Hausfraw.

29 April. Ist Ao. 1.5.89 von Christlichen eltern an diese welt geboren, ihr Vater hatt geheissen Matthes **Wlotzensky** ein grobschmidt, in d stadt Bischoffsburgk, ihre Mutter Anna. Diese ihre eltern haben sie Zur H. Tauffe befordert, & Vnd wie sie von 12 Jahren gewesen nach Königsbergk in den Dienst bei Friedrich **Müller** gebracht, bei welchem sie 8 Jahr trewlich gedienet, Wie sie von 20 Jahren gewesen hatt sie gedachter ihr brodherr Meister Crispin **Ehmken**, Kürschnern verehliget, mit welchem sie in Christlicher ehe 13 Jahr gelebet, Vnd aus Gottes segen 6 söhne gezeuget, die schon alle im Herrn selig entschlaffen. Nach dem ihr Gott diesen ehegatten genommen, hatt sie ein Jahr im Wittbenstand gesessen, Vnd darauff sich anderweit im H. ehestand eingelassen, mit jetzigem betrübten Wittbern Matthes **Mittelpfortten** mit dem sie 5 1/2 Jahr, auch in gutter ehe, gelebet, Vnd aus Gottes segen 2 Kinder, einen sohn, Vnd eine tochter gezeuget, die beide noch am Leben. Ihres Christenthums hatt sie ein guttes Lob. Vor etlichen wochen hatt sie gott mit Leibes Kranckh: angegriffen, die sonderlich am Vergangnen sontag sehr hart gewesen, Vnd darauff von tage Zu tage zugenommen, Darumb sie am Vergangnen Donnerstag Zu nacht Vmb 2 Vhr das hochwürdige abendmahl hertzlich begehret Vnd empfangen, ihren willen auch darauff in Gottes gestellet, vleissig betet. Vnd also den Donnerstag nach mittage Vmb 3 Vhr sanfft Vnd stille im Herrn selig entschlaffen im 40. Jahre ihres alters. ist mit **Gutermuthen** (376) in eine Leichpr: kommen. [Witt 457]

218 MARGARETA QUANDT, ✶ WO? 1556, ✞ 6. 5. 1629

Margareta, Hans Qvanten Wittib.

8 Maji ist Ao. 1.5.56. Von Caspar **Meden**, ihrem Vater, Vnd Margareta, ihrer Mutter an diese Welt geboren, nach empfangung der H. Tauffe in allen Christlichen Vnd häuslichen Tugenden aufferzogen auch Ao 1.5.84 dem p.p. Greger **Voglen**, Burgern Vndt Mältzenbräwern dieser Altenst: Zur ehe gegeben worden, mit welchem sie 9. Jahr in friedliebender ehe gelebet, Vnd, aus Gottes segen einen Sohn gezeuget, der schon Verstorben. Nach dieses ihres seeligen ehemans absterben ist sie ins dritte Jahr im wittbenstande gesessen.

---

375 Für ihn und die nachfolgende Frau eine gemeinsame Trauerfeier.

376 Der Vorherstehende: Christoph **Gutermuht**.

Ao. 1.596. d 25 octobr: hatt sie nach Gottes schickung anderweit sich mit dem EhrenVesten Vnd Wolgeachten Hans **QVanten** (377), weiland Burgern Vnd Mältzenbräwern dieser Altenst: S.g. in ehe eingelassen. mit demselben in friedliebender ehe 24 Jahre, wiewol nicht mit geringem Hauskreutz gelebet Vnd, durch Gottes segen 4. Kinder gezeuget 3. söhne Vnd 1. Tochter, davon die Tochter schon Todes verblichen. Ao 1.6.20 d 8. Septemb. hat sie Gott der Herr abermahlen im betrübten Wittbenstand gesetz darin 9. Jahr fast zugebracht. Weil sie aber aus abnehmung der Kräffte allerley Leibes Beschwerlichkeit gehabt Vnd eine woche etliche bettreisig gewesen ist sie Vorgestern Vmb 8. Vhr Zu abend, nach deme sie in Vorhergehenden tagen das H. Abendmahl empfangen, im 72. Jahr ihres alters Selig entschlaffen. Textus Concionis funebris à M. **Halbach** habitae fuis d. dum *Der Text der von M. Halbach gehaltenen Leichenpredigt war [vom Sonntag?]* Joh. 16 V. 20. [Witt 542]

219 Hans Himmelreich, ✶ Königsberg (Altstadt) 1. 12. 1561, ✝ 14. 5. 1629

H Hans Himmelreich

16. Maji Ist Ao. 1.5.61 den 1. December an diese welt gebohren sein Vater hat geheissen Hans **Himmelreich** Meltzenbräwer in d Altenstadt, Seine Mutter Catharina, des S. Nickol **Panen** Burgers im Löbenicht, tochter. Sein Vater ist Ao. 1.564. den 4. Decemb: gestorben Vnd ihn so jungk hinter sich Verlassen. Ao. 1.5.73. ist er H. M. Petro **Himmelreichen,** Rectori Scholae Elbing: *dem Rektor der Schule in Elbing* seinem Vetter Zugesand, bei welchem er bies ins 5te Jahr Verblieben, Vnd alda in die schul gegangen. Ao 1.5.79 Ist er in Sameiten (378) Vff die sprache geschicket. Ao, 1.5.81 ist er Zu einem Edelman H. Christoph **Konarsken** Hauptman Zur Littawschen Gurgenburgk (379) & Zu Dienst kommen, Vnd ihm bies ins 4te Jahr gedienet. Ao 1.5.96 den 19 Julij hatt er mit Der Ehr, Vnd tugendsamen J. Regina, S. H. Georg **Ranschen** Vornehmen RathsVerwanten dieser Altenstadt Ehl. T. Hochzeit gehalten, Vnd mit ihr 23. Jahr im ehestand gelebet, auch 8 Kinder, 6 söhne Vnd zwo töchter geZeuget, davon Zur Zeit seines Todes noch 4 sohne (380) Vnd eine Tochter im Leben gewesen, Ao. 1.6.03. ist er in E.E. Gerichts mittel erkohren.

Ao. 1.6.08 in E.Erbaren Rahts mittel. Ist sonst ein frommer Erbarer Man. im Leben Vnd Christenthum gewesen. In Vergangn. Donnerstag nacht ist er mit großer Kr: Vberfallen. Die coena usus, obijt die Lunae mane h.4. Aetat: 68. Concionem funebrem. Dnus. M. **Lepnerus** habuit. *An [diesem] Tag empfing er das Abendmahl, er starb am Dienstag früh um 4 Uhr im Alter von 68 Jahren. Die Leichenpredigt hielt Herr M. Lepner.* [Witt 283]

---

377 Dessen (Halb-?)Bruder ist vielleicht Christoph **Schütz** ✝ 25. 12. 1629 (lfd. Nr. 378).

378 Samaiten (Schamaitien), litauisch Zemaitija: historische Landschaft des nordwestlichen Litauens.

379 Georgenburg, Stadt an der Memel / heute Jurbarkas (Litauen).

380 Der Sohn Hans **Himmelreich** ✝ 9. 10. 1629 (lfd. Nr. 299) starb nur ein halbes Jahr später.

220 URSULA BELERT, ✶ KÖNIGSBERG (ALTSTADT) 1578, ✝ 14. 5. 1629

17. Maij Baltzer Belerts Hausfr. (381)

ist Ao 1.5.78. Von Christlichen eltern, als Von Stephen **Scher**, Burgern Vnd Handelsman dieser Altenstadt, Dem Vater, Vnd von Elisabet **Stendelsche**, der Mutter, an diese welt gebohren, darauff Zur Tauffe befordert Vnd ferner in allen Christlichen tugenden aufferZogen bies sie Ao 98. War das zwantzigste Jahr ihres alters aus Gottes schickung Vnd dieser ihrer eltern raht mit dem Weiland EhrenVesten Vnd Wollgelarten H. Henrich **Hintzen**, dieser dreyer Städte Gerichts Secretario, mit welchem sie in friedlicher ehe 22 Jahr, ohn Leibes erben, gelebet. Nach deme aber dieser ihr ehemann Ao 1.6.20 durch den Zeitlichen Tod Von ihr gerissen, hat sie 6. Jahr in wittbenstand, Vnsers wissens, Christlich gelebet, Vnd den 27. Aprill Ao 1.626 (382) aus Gottes schickung sich anderweit ehelich eingelassen, mit gegenwertigem betrübten Wittbern, dem p.p. Baltzer **Belert** mit dem sie 3. Jahr Vnd 2. wochen im ehestand gelebet, auch ohn Leibes erben. In ihrem Christenthum ist sie ohn offentlichen tadel gewesen. Ihre Kranckheit hatt von Ao 1.6.27 gewehret in Welcher sie offt Communiciret, wie auch noch heut 8 tage, Vnd ist am Vergangnen Montage Zwischen 8 Vnd 9. Zu morgens im 51. Jahr ihres alters, sanfft Vnd selig in anruffung Gottes entschlaffen. Die Leichpr. hatt M. **Wolderus** gehalten. [Witt 36]

221 MARTIN RINGHAND, ✶ SCHIPPENBEIL, KR. FRIEDLAND 1587, ✝ 17. 5. 1629

20. Maij Martin Ringhand, Kleinschmidt.

Ist Ao. 1.5.87. Vor 42. Jahren in Schippenbeil an diese welt geboren, sein Vater hatt geheissen Casper **Ringhand**, Kleinschmid. Die Mutter Regina. Von diesen ist er nach empfangung der H. Tauffe in aller gottesfurcht aufferzogen. Nach ihrem absterben hat er sich Ao 1.6.03. Zu Schippenbeil in die Lehre auff seines Vatters Handwerck begeben, auff welches er nach ausgestandenen Lehrjahren eine geraume Zeit gewandert, bies er letzlich nach Königsberg kommen da er sich durch sonderliche schickung Gottes mit gegenwertiger hochbetrübter Wittwen der tugendsamen Fr. Rosina, des S. Meister Wulff **Birckners** Vhrmachers, Nachgel. Wittib Ao 1.6.21. in den stand der H. ehe eingelassen, in welchem er friedlich mit ihr gelebet 8. Jahr Vnd 2 Kinder gezeuget als einen sohn, der schon Verstorben, Vnd eine tochter die noch am Leben. Von seinem Christenthumb Vnd eusserlichen Wandel geben ihm seine seelsorger Vnd werckbrüder, ein rühmlich geZeuchniß. Heut 14 Tage hat ihn Gott in der Kirchen mit Leibes Kr: angegriffen das er sich auch bald Zu bette legen müssen, in solcher Kr. habe ich ihm als sein Beichtvatter, ihm das H. abendmahl auff seine Bitte Vnd Beicht gereichet. Gott aber hatt ihn in derselben am vergangnen Donnerstage Zu abend Vmb 8. Vhr fein sanfft Vnd stille durch den Zeitlichen Tod Von dieser welt abgefordert, im 42. Jahre seines alters, die Leichpr hatt H. M. **Lepnerus** Vffm St gehalten ex Epta ord: Dom: vocem jucunditatis *aus der regelmäßigen Epistel des Sonntags Vocem Jucunditatis* [Witt 578]

---

381 Der Vorname der Verstorbenen wird in diesem Kirchenbuch nicht genannt, auch nicht im Namensregister an dessen Ende. Er steht jedoch bei ihrem Begräbniseintrag im Totenregister (EZA Signatur 2075 – siehe hierzu in der Einführung S. 38).

382 Die Worte "Ao 1.626" über der Zeile eingefügt.

222 VINCENTZ REIMER, ✶ ALT PASSARGE, KR. HEILIGENBEIL 1590, ✝ 23. 5. 1629

25. Maij Vincentz Reimer.

Ist Ao 1.590. Zur Posarga im Balgischen Ampt Von Christlichen eltern geboren, sein Vater hatt geheissen Augustin **Reimer**, Schultz Vnd Fischer alda, seine Mutter Hedewig. Diese eltern haben ihn nach empfangener Tauffe, Vleissig Zur Gottesfurcht, Vnd schulen gehalten, das er fertig schreiben Vnd lesen können, auch seinen Catechismum wolgefasset. Nachdeme ihm aber der Vater Zeitig mit tode abgangen, hatt er ein Jahr etlich mit der Mutter alda Haus gehalten, bies er in 22 Jahre seines alters sich durch schickung Gottes Vnd mit Vorbewust Vnd raht seiner Mutter Ao 1.6.12. ehelich eingelassen mit J. Anna, des weiland Erbaren Hans **Rohden** Zur Leysuhne (383) T. jetzo seine hinterlassne betrübte Wittbe. mit welcher er 17. Jahr in Christliche friedlicher ehe Zugebracht, Vnd aus Gottes segen 8. Kinder 4 sohne Vnd 4 tochter gezeuget, davon eine tochter schon verstorben. Wegen Kriegsgefahr hatt er sich vor 1 1/2 Jahren Von gedachten ortt Zu Vns begeben, in welcher Zeit wir nichts Vnchristliches Von ihm gehoret. Seine Kranckheit hatt sich am Vergangnen Donnerstage acht tage mit Frost Vnd Hauptwehe bei ihm angefangen, darauff das Blutten gefolget, welches etliche tage gewehret. Vnd sehr ohnmächtig vnd schwach gemachet, also das er selbst Vermercket d Herr würde bald Feyrabend mit ihm machen. Darumb er sich den zum seligen stündlein bereittet, mit ....iessung des Hochwürdigen abendmahls, Vnd vleissigem gebet, darin er sich mit Leib Vnd seel Gott Zum Leben Vnd sterben befohlen. Welches Gebet den auch der Liebe Gott in allen gnaden erhöret, Vnd ihn am Vergangnen Mittwoch, abendens Zwischen 10 Vnd 11. Vhr im 39. Jahr seines alters sanfft Vnd still einschlaffen lassen. Die Leichpr. hatt M. **Wolderus** gehalten aus dem 68 ψ V. 19. [Witt 561]

223 MARIA ROLLMAN, ✶ KÖNIGSBERG? 1605, ✝ 28. 5. 1629

Maria. Jan Rolmans. Ferbers. Fr.

31. Maij ist Ao 1605. Von ehrlichen eltern an diese welt geboren, ihr Vater S. hatt geheissen Andreas **Hoffman**, gewesener Fürstlicher Brattenmeister (384) Die Mutter, Vrsula, welche sie in der Tauffe Chro einverleibden lassen, nachmahlsZu allen Christlichen Tugenden aufferzogen sie auch auff sonderliche schickung Gottes gegenwertigen betrübten Wittbern Jan **Rollman** Zur ehe gegeben mit welchem sie ein Jahr Vnd 6 wochen in friedlicher ehe gelebet, Vnd durch Gottes segen eine Tochter gezeuget, die schon Todes Verblichen. Von ihrem Christenthum wird ihr dies gezeuchnus gegeben, das sie Zum gehör gottliches Wortts, Vnd gebrauch des H. abendmahls sich vleissig Vnd offt gehalten. Ihre Kranckheit rühret von ihrer Entbindung her, Von welcher an bies zu ihren ende ist 4 wochen, sie immer Zu gekrencket. in welcher Zeit ihr auch Von Gott Vnd mihr das Hochw. abendmahl gereichet, darauff sie sich gottlichem willen ergeben, nach welchem sie auch am Vergangnen Montag Vmb zwo Vhr nach mittage, im 24. Jahr ihres alters, von dieser welt selig abgeschieden.

---

383 Leysuhnen, Kr. Heiligenbeil.

384 Johann Georg Krünitz, Oekonomische Encyklopädie (1773-1858) < www.kruenitz1.uni-trier.de > (Abfrage am 10. 1. 2013): " *Braten=Meister* wird, in großen Küchen, derjenige genennt, der einzig und allein zur Aufsicht über das Gebratene bestellt ist, und sich sonst um keine Zurichtung, noch um das gekochte Essen, bekümmern darf."

Der .... wird freundlich gebeten die wortt des 25 ψ zu ihrem Leichtext Zu nehmen (Die angst meines Hertzens ist gros) weil dies sonderlich ihr stetts seufftzen gewesen. Doch wirds dem H. in seinem Willen Vnd Wolgefallen gestellet. Petito[Petitioni] huius satisfeci. *Ich habe diese Bitte erfüllt.* M. Mart: **Wolderus** [Witt 585]

224 Dorothea Mörcke, ✶ Königsberg (Altstadt) 1577, □ 10. 6. 1629

Dorothea Michel Mörecken Hausfr.

10 Julij [sic] Ist Ao 77. gebohren ihr Vater hat geheissen Paul **Brewer** ein schuster der Altenstadt, die Mutter Leonora. Diese eltern haben sie Von Jugend auff Zur schulen gehalten bies sie ihren Catechismum Vnd andre Christliche Tugenden gelernet. Vnd als sie das 22 Jahr erreichet ist sie Michel **Moricken** (385) einem Festbecker ehelig gegeben mit welchem sie 30 (386) Jahr in friedsamer ehe gelebet Vnd 3 Kinder 2 söhne Vnd eine tochter gezeuget, davon 1 sohn Vnd 1. tochter noch im Leben. Ihr Christenthum anlangend, hatt sie sich allewege wie einem Christen Ziemet finden lassen &, welches ihr gutte leuthe zeugen müssen, Ihr gantzes alter ist 52 Jahr. Die Leichpr. hatt M. **Wolderus** gehalten. [Witt 465]

225 Margareta Viehberg, ✶ Lichtenhagen, Ldkr. Königsb. 1560, ✞ 3. 6. 1629

Margareta Thomae Viehbergs Fr.

4. Julij [sic] Ist ao 1.560. Vor 69 Jahren Von Christlichen eltern Zu Lichtenhagen 2 meilen Von hir an diese welt geboren. ihr Vater ist gewesen der Ehrw. Vnd wolgel: H. Georg **Korner**, Pfarher daselbst, ihre Mutter hatt geheissen D. lila [sic] (387). Diese eltern haben sie nicht allein Chro in d tauffe Vortragen Vnd ein Verleibden lassen, sondern weil der Vatter ihr bald in ihrer jugend mit tode abgangen, hatt sie die Mutter auch in allen Christlichen tugenden aufferzogen. Sie auch im 17 Jahr ihres alters dem Erbaren Andre **Funckelthauß** einem Schulmeister im Dantzger Werder Im grossen Zieger (388) Zur ehe gegeben, mit welchem sie 10 Jahr friedlich, jedoch in vielen Hauscreutz. Vnd verfolgung gelebet, Vnd 5. Kinder gezeuget, Welche alle im H. entschlaffen. Nach absterben dieses ist sie zwey Jahr im wittbenstand geblieben, nachmals sich aber durch Gottes schickung anderweit ehelig eingelassen, mit dem weiland Erbaren Thoma **Viehberg** (389) S. Ihr. Fr Dhtt. Hoffschuster mit welchem sie gantzer 36. Jahr (390) auch friedlich gelebet Vnd 4 Kinder gezeuget,

---

385 Michel **Mörcke** ✞ 9. 7. 1637 (lfd. Nr. 811).

386 Bei ihrem Ehemann heißt es 32 Jahre.

387 Johann **Körner**, Pfarrer in Lichtenhagen 1567, seine Ehefrau mit Vornamen Dalila (QMS 19/3, S. 969).

388 Groß Zünder, Kr. Danziger Niederung

389 Thomas **Vieberg** ✞ 15. 2. 1626 (lfd. Nr. 12).

390 Die angegebene Zeiten für die beiden Ehen und die Witwenzeiten können nicht stimmen. Bei ihrem (zweiten) Ehemann Thomas Vieberg wird die Dauer dieser Ehe mit 28 Jahren angegeben, sie endete mit seinem Tod. Diese Angabe ist stimmig in seinem Lebenslauf, auch die Zahl von vier geborenen Kindern und einer überlebenden Tochter stimmt bei beiden überein. Danach hat diese Heirat um 1597 stattgefunden. In QMS 19/3 (S. 969) wird dafür, wohl fälschlich, das Jahr 1589 angegeben. 1597 war Margareta etwa 37 Jahre alt, plus 28 Jahre für die zweite Ehe mit Thomas Vieberg und gut 3 Jahre anschließende Witwenzeit führen zu

davon noch eine tochter im Leben Vnd Hier Zugegen. Nach absterben dieses ihres ehemannes hatt sie 3 Jahr Vnd 1/4. im Wittbenstand Christlich gelebet, wie sie den sonst auch ihres Christenthums Vnd eusserlichen wandels gutt gezeuchnus hatt. Vor 9 tagen hatt sie Gott mit leibes Kr: angegriffen, (doch also das sie nicht allzeit Zu Bette gelegen) Vnd in solcher Kr: sie feria pentecost: *am Pfingstsonntag* nach der predigt pletzlich Vnd vnversehens vff dem stuel sitzend im 69 Jahr ihres alters Von DieserWelt abgefordert. Die Leichpr: hatt H. M. **Halbach** gehalten Von dem spruch Zach: 12. Vber das Haus David p. des gebets. [Witt 754]

226 ANNA NEUMAN, ✶ KÖNIGSBERG (STEINDAMM) 1601, ✞ 17. 6. 1629

Anna, Paul Neumans Fr.

20. Junij Ist Ao 1.6.10. (391) Von Christlichen eltern, als von Clement **Hintzen**, Beckern Vffm St. ihrem Vater, Vnd Fr. Anna, ihrer Mutter, an diese welt geboren, Vnd Zur tauffe befordert worden Weil aber solche eltern zeittig, nemlich wie sie 4 Jahr alt gewesen, ihr abgestorben, hatt sie ihr Vormund Jochim **Klein** Zu sich genommen bey welchem sie 10 Jahr geblieben Vnd nachmahls sich Zu Georg **Schultzen** im Dienst begeben in welchem Dienst sie ihr eheman, jetz betrübter Wittber, Paul **Neuman** (392), im 16des Jahr ihres alters geehliget, Vnd mit ihr ins Zwelffte Jahr gantz friedsam gelebet, auch 7 Kinder 5 söhne Vnd 2 Töchter gezeuget davon albereit drey söhne Vnd 2 Töchter im H entschlaffen. In ihrem Christenthum weis man sie keiner offentlichen Vnthat Zu Zeigen. Nach dem eine geraume Zeit übern bösen Hals geklaget hatt sie sich Vergangnen Dienstagk 8 tage legen müssen. in welcher Zeit sie das Hochwürdige abendmahl gebraucht, ihre seel im gebet Gott befohlen, Vnd darauff am Vergangenen sontag Zu abend Zwischen 5. Vnd 6. Vhr im 28. Jahr ihres alters die Welt gesegnet. H. M. **Lepner** hat ihr die Leichpr: gethan Von diesen Wortten Luc. 16. Hnt Mosen & pphetas audiant illos. (393) [Witt 479]

227 VALTIN RODEMANN, ✶ KÖNIGSBERG? 1. 5. 1614, ✞ 20. 6. 1629

Valtin Rodemann

22. Junij Natus Ao 1614. 1.Maij. Pater Valtin **Rodeman**. Mater Dorothea. Educatus in timore DEj, *Geboren am 1. Mai 1614, der Vater hieß Valtin Rodemann, die Mutter Dorothea. Erzogen in der Furcht des Herrn,* lessen Vnd schreiben gelernet. Zum Tisch des Herren gewesen. Deo placuit is morbo cum corripuit [sic - unklar] praeterita Septimana, die Sabbathi Domum venit. Die martis συναξι (394) usus, Mercurij merid obijt annorus im 16. *Das gefiel Gott. In der vergangenen Woche ergriff dieser ihn*

---

einer Lebensdauer bei ihr von 68–69 Jahren wie angegeben. Ihre zweite Ehe dauerte nur 28 und nicht, wie hier angegeben 36 Jahre, und Beginn/Dauer ihrer ersten Ehe und/oder ihre erste Witwenzeit müssen länger als angegeben gewesen sein.

391 Verschrieben für 160<u>1</u>.

392 Paul **Neuman** ✞ 6. 9. 1636 (lfd. Nr. 764).

393 Lukas 16, Vers 29: Habent Mosen et prophetas audiant illos. *Sie haben Moses und die Propheten, die sollen sie hören.*

394 Das Wort συναξι in Griechisch; siehe die Erklärung in der Einführung Kap. 2.2, S. 20.

mit einer Krankheit. Am Samstag kam er nach Hause. Am Dienstag empfing er das Abendmahl, am Mittwoch mittags starb er im Alter von 16 Jahren. Herr M **Lepner**, der mit diesen wortten s .... Zum memorial des Verstorbenen ihm auffgeZeichnet, hatt die Leichpr: gehalten ex 1. Hiob: cap. v. 18 usq ad fin. *bis zum Ende* [Witt 581]

228 Benedict Sahm, ✶ Königsberg? 1. 12. 1587, ✞ 23. 6. 1629

Benedict Sahm

25. Junij Ist Ao 1.5.87 Von Christlichen Vnd gottseligen eltern an diese Welt geboren Dominica 1. advent: War 1. Decembr. (395) sein Vater hat geheissen Abraham **Sahm**, die Mutter Dorothea **Grietzmacherin**. Von diesen ist er nach empfangung der H. Tauff, Vnd ferner erreichung seiner Jahre in allen Christlichen Tugenden erZogen, Zur schulen vnd sprachen gehalten. Ao 1.6.10 den 19 Aprill. hatt er Zur ehe genommen, die Ehr Vnd Tugendreiche Jungfr. Reginam, H. Baltz **Lölhöffels** eheliche Tochter mit welcher er 19 Jahr Vnd 5. wochen friedlich vnd freundlich gelebet, auch 7. Kinder gezeuget 5 söhne Vnd 2 Töchter, davon noch 2 söhne im Leben. Seines Christenthums wie auch burgerlichen Lebens hatt er bei männiglich ein guttes ruhmlich gezeuchnus, Sein tod ist fast pletzlich, denn, nach deme er eine geraume Zeit mit dem schwindel Vnd Hauptwehe behafftet gewesen, doch das er ausgehen Vnd seine Gescheffte Verrichten können, ist er am Vergangenen sonnabend Zu abend, da er den Tag ausgangen, Vnd Zu Hause den 90 ψ gelesen hatte, mit grosser Kr Vberfallen Vnd in einer stunde p. lebendig Vnd tod gewesen. Sein gantzes alter ist 41 Jahr. 6. Monat. 18. tage. Die Leichpr. hatt H. M. **Lepner** gehalten ex ψ 90. v. 13. [Witt 599]

229 Maria Wegner, ✶ Königsberg (Altstadt) 18. 6. 1594, ✞ 23. 6. 1629

26. Junij Fr. Maria, H. Christophori Wegeneri. J.V.D.etc. Hausfr.

ist Ao 1.594. Den 18. Junij alten Calenders jetzo eben vor 35. Jahren gebohren, Ihr H. Vater ist gewesen Der Ehrenveste Nahmhaffte Vnd wollweise H. Hans **Menicke**, Vornehmer RahtsVerwanter dieser Altenstadt, Ihre Fr. Mutter, so noch am Leben ist Fr. Anna, des Weiland Edlen, EhrenVesten Wolweisen H. Georg **Von Weinbeers**, Wolverdienten Burgermeisters dieser Altenstadt nachgelassene Tochter (396). Diese Vornehmen eltern haben gedachte ihre liebe Tochter Fr. Mariam durch das Badt der wiedergebrtt dem H. Christo einverleiben lassen Vnd von jugend auff Zu aller Gotteefurcht Vnd Christlichen tugenden aufferzogen. Auch ferner als sie ihre jahr erreichet durch sonderliche schickung Gottes des Almächtigen Ao 1.616. den 8. Augusti diesem jetzigen nachgelassenen Hochbetrübten Wittwern dem Ehrenvesten, Achtbaren Vnd hochgelarten H. D. Christophoro **Wegenero**, Churfl. Rahte ehelich Vermählet mit dem sie in friedlicher ruhiger ehe fast bey 13 Jahr gelebet Vnd mit einander gezeuget 9. Kinder als 5. Töchter (397) Vnd 4. Söhne davon drey Söhne Vnd eine Tochter dem lieben Gott Vorausgesandt. Ihr Christenthum, so wol ihr eusserlich wie eheliches leben belangend, hatt

395 Seine Altersangabe am Ende des Textes mit 41 Jahren / 6 Monaten / 18 Tagen ließe auf seinen Geburtstag am 5. 12 1587 schließen – der 1. Advent war der 3. 12. 1587.

396 Anna **Meinicke** ✞ 10. 10. 1630 (lfd. Nr. 449).

397 Eine Tochter ist Anna **Wegner** ✞ 26. 10. 1634 (lfd. Nr. 664).

sie sich in diesen allerseitts Verhalten, wie einer Christlicher, gottfürchtiger Vornehmer Matron gebühret. Was ihre Kr. betrieffet so hatt sie sich Verschienen Dienstag Vnd Mittwoch Vor 8 tagen etwas Vnpässlich befunden, dadan die schwacheit eylends Vberhand genommen. Es hatt Zwar an der H. Artzte fleiß nichts gemangelt, allein weil nach Gottes willen ihr vorgesetztes Ziel gekommen, hatt sie sich gegen ein seeliges ende Vnd absterben gerne geschicket, Vnd sich auch darauff vor 8 tagen mit dem H. Abendmahl des Herren Zum Viatico *als Wegzehrung* Versehn lassen. Darauff sie am Verschienen Sonnabend abends gegen die nacht Vmb 10 Vhr, bey gutter vernunfft Vnd mit hertzlichem seuffZen Vnd anruffung ihres einigen erlösers Jesu Christi sanfft Vnd sehlig in Gott ihrem Schöpffer verschieden vnd eingeschlaffen. Die Leichpr: hatt H. M. **Halbach** gehalten ex 12 & 13 vers: ψ 5. [Witt 777]

230 ALBRECHT SIEWERT, ✶ KÖNIGSBERG (ALTSTADT) 31. 1. 1581, ✞ 30. 6. 1629

Albrecht Siewert

2. Julij

Ist Ao 1.5.81. Den 31. Januarij Von Christlichen eltern geboren, sein Vater ist gewesen Dionysius **Siewert**, Meltzenbrewer in d Altenstadt, seine Mutter Barbara **Bögnerin**. etc. Ao 1.6.05. den 15 Aprilis im 24 Jahre seines alters hatt er sich Verehliget mit der jetz betrübten Witwe die damahls Ehr Vnd tugendreiche Jungfr. Sybilla, des Edlen, Ehrenvesten Valtin **Fidlers** Nachgelassene Tochter, Vnd hatt mit ihr in friedlicher ehe gelebet ins 25 Jahr doch ohne leibes erben. Am Vergangnen Donnerstag Zu nacht hatt ihn der liebe Gott mit Leibes schwacheit besucht Vnd am sonnabend Vmb 5. Vhr nach Mittage in 49 Jahr. seines alters Von Dieser müheseligen Welt abgefordert, In seiner Kr hatt er sich bald dem lieben Gott ergeben, Vnd sich mit schönen Trostsprüchen getröstet etc.
H.M. **Lepner** hatt ihm in der Altenstadt die Leichpr: gethan. [Witt 612]

231 HIERONYMUS CHRISTOPHORUS RICCIUS, ✶ ANSBACH / BAYERN IM AUGUST 1593, ✞ 27. 6. 1629

Hieronymus Christophorus Riccius

gehöret im Junio 29. Junij

Natus è[st] Ao 1.5.93. Mense Augusto Zu Onoltzbach (398) in Francken. Patre Theodoro **Riccio**, Ill[ustrissi]mi Principis Marchionis **GeorgiJ Friderici** p.m. Ducis prussiae Capellae Magistro, Matre Barbara **Schultzin**. etc. Post obitum parentis, cum vix qvinqvennis fuit, cum matre huc Regiomontanum venit etc. Ao 1.6.15. Cum m n[ost]ra Academia in Studio medico fundamenta jecisset (399), Witebergam se ....tulit, ibidem seqennium Cooratus. Ao 1.6.21. reversus aliqvand. apud Vitiscum (400), Ampl: Dnm Christophorum **Belert** (401), Scabinum V.o.p.m. Commoratus e[st]. Inde p[er] sexennium D. M. **Lep[nero]**: 9mens: fuit. In praxi medica felix fuit, attestuntibus illis. ejui Confilis etc. ape usi Fl.; alius candidi pectoris. Dei cum trissi conflictatus tande ....

398 < www.wikipedia.de > (Abfrage am 10. 12. 2012): "Ansbach, bis ins 18. Jahrhundert als *Onolzbach* bezeichnet …".

399 Am 28. 12. 1607 immatrikuliert (Erler, S. 179).

400 Ernst Witt: Lesung unsicher.

401 Christoph **Belert** ✞ 19. 5. 1627 (lfd. Nr. 83), den seine Mutter 1601 geheiratet hatte.

(402) correptus decubuit. Conciones sacras diligentissime audivit etc. 9. Jun: Sacra συναξι (403) usus, 27 hujus circa 3tiam pomeridianum placidéinter preces expiravit, Ao. aetatis 36 etc. Textus concionis funebris in Sepultura à M. **Woldero** habitu fuit dictum Joh. 10.

Geboren wurde er im August 1593 zu Ansbach in Franken. Sein Vater hieß Theodor Riccius, Kapellmeister des hochberühmten, verstorbenen Markgrafen Georg Friedrich, Herzog von Preussen, die Mutter hieß Barbara Schultz usw. Nach dem Tod des Vaters kam er mit fast fünf Jahren mit der Mutter hierher nach Königsberg usw. Nachdem er 1615 an unserer Universität die Grundlagen im Medizinstudium gelegt hatte, begab er sich nach Wittenberg und war dort eineinhalb Jahre eingeschrieben. 1621 zurückgekehrt hielt er sich bei dem angesehenen Vitiscus Christophorus Belert auf, einem Schöffen. Dann war er für sechs Jahre bei Herrn M. Lepner. 9 Monate. [unklar] In der medizinischen Praxis bewies er eine glückliche Hand, wie jene bezeugen [ejui bis tande = unklar] dahingerafft lag er darnieder. Die Predigten hörte er sehr sorgfältig usw. Am 9. Juni empfing er das Heilige Abendmahl, am 27. dieses Monats ungefähr um drei Uhr nachmittags starb er still mit Gebeten im Alter von 36 Jahren usw. Der Text der Leichenpredigt in der Trauerfeier, die von M. Wolder gehalten wurde, war das Wort aus Johannes 10. [Witt 569]

232 Barthel Kohlstädt, ✶ Höxter / Westfalen 1585, ✞ 5. 7. 1629

Barthel Kohlstädt

8. Julij Ist geboren Ao 1.5.85. in der Stadt Hoyer im Stift CorVig (404) gelegen. sein Vater ist gewesen der Erbare Vnd geachte Hans **Kohlstadt** Fürstlicher Braunschweigscher Fürstenbererscher (405) Fischmeister, die Mutter die Ehr Vnd tugendsame Fr. Margareta **Engerling**. Von diesen eltern ist er in aller Gottesfurcht Vnd erbarkeit erzogen, Vnd nach dem er Zu Jahren kommen anher an dem H Valentin **Schrötern** Verschicket, dessen geschefft er drey Jahr trewlich Verrichtet, darnach ist er in Pohlen Vnd Littawen der sprach halber geschicket worden. Von dannen ist er Zu Vns kommen, Vnd H Peter **Stadien** seine Dienst trewlich Verrichtet eilff Jahr. Darauff hat er sich im 28 Jahr seines alters im ehestand eingelassen mit der, Ehr Vnd tugendsamen Jungfr Catharina des Erbaren Vnd wolgeachten Hieronymi **Kugken** Ehelichen Tochter. mit der er in 16 Jahriger friedlicher ehe 12. Kinder gezeuget 6. söhne, 6. tochter. Davon noch zween söhne, eine tochter im Leben. Seines Christenthums Vnd eusserlichen Wandels wird ihm ein zimliches Zeuchnus geben. Seine Kr hatt sich den 20 Junij angefangen. in wehrender Zeitt hatt er seine sünde Gott ernstlich abgebeten, die absolution Zu wahrer sterckung des glaubens Von seinem Diener, wie auch das Hochw Abendmahl empfangen. Darauff ihn Gott den 5. Julij abends h.8. im 44. Jahr aetatis abgefordert. Textus conc: funebr: à **ML** habitae fuit dictum 1 Johan 4 *Der Text der von M. Lepner gehaltenen Leichenpredigt war das Wort aus 1. Johannes 4.*

[Witt 358]

---

402 Im Text hier in griechischer Schrift ein unverständliches Wort.

403 Das Wort συναξι in Griechisch, siehe dazu die Erklärung in der Einführung Kap. 2.2, S. 20.

404 Höxter / Prov.Westfalen – Stift Corvey, reichsunmittelbare Benediktinerabtei.

405 Fürstenberg, Kr. Holzminden (Herzogtum Braunschweig).

233 ANNA HÖNEMAN, ✶ KÖNIGSBERG (ALTSTADT)? 12. 8. 1612 , ✝ 11. 7. 1629

J. Anna Martin Hönemans Tochter.

13. Julij Ist Ao. 1.6.12. den 12 Augusti Von Christlichen Vnd Gottseligen eltern an diese Welt geboren, Ihr Vater ist der Erbare Vnd Wolgeachte Martin **Höneman** (406), Bürger Vnd Kürschner dieser Altenstadt, die Mutter heist Anna. Von diesen eltern ist sie nach empfangung der H. tauffe Vnd erreichung ihrer Jahre Vleissig Zur schulen, darin sie schreiben, lesen, Vnd ihren Catechismum gelernet, gehalten, Vnd ferner in aller Gottesfurcht erzogen. Am Vergangnen Sontag nach Verrichter Vesper Predigt hatt sie Gott mit grosser Kr: angegriffen, also das sie sprachlos worden, Vnd ob sie schon Was geredet niemand solches Verstehen können, Welches bies Zur Mittwoch gewehret, da sie Gott der H. Zwischen 6 Vnd 7 Vhr morgens durch den Zeittlichen Tod Von dieser welt abgefordert. ihres alters 17 Jahr weiniger 5. wochen. Die Leichpr: hatt Vffm St: H M. **Lepner** gehalten aus dem 103 ψ. v. 15.16.17.18. [Witt 296]

234 BARBARA PÖTTKER, ✶ KÖNIGSBERG (ALTSTADT) 1572, ✝ 20. 7. 1629

Barbara, Hans Pottkers Fr.

22. Julij Ist Ao 1.5.72. geboren, ihr S. Vatter ist gewesen, der Weiland EhrenV. Vnd wolgel. H. Andreas **Selig**, gewesener Cantor Vnser Altenstadt die Mutter hatt geheissen Elisabeth. Von diesen eltern ist anfangs Zur tauffe befordert, nachmahls Christlich erZogen, Vnd ferner dem Weiland EhrenV. Vnd wolgelarten Andreas **Goltaw** Ihrer Fürstlichen Gnaden in Preussen, Medico, in 27 Jahr ihres alters Zur ehe gegeben, mit welchem sie sieben Jahr friedlich gelebet, ohn Leibes erben. Nach absterben dieses Vnd dreyjahrigem Wittbenstand hatt sie sich anderweit Verehliget mit Hans **Pöttkern**, gegenwertigen wittbern. Ao 1.6.22. mit dem sie auch 7. Jahr ohn erben gelebet. Unlengst hatt sie Gott mit jetziger Kranckheit angriffen, darin sie das Hochw: abendmahl begehret auch empfangen, Vnd darauff Vorgestern abend Zwischen 10 Vnd 11 Vhr im H selig entschlaffen im 57. Jahr ihres alters. M **Wolderus** hatt die leichpredigt gehalten in templ: Nicol: ex eccl: 9. *in der Steindammer Kirche aus Prediger Salomo 9* Wie der baum fellet etc. (407) [Witt 524]

235 MARTIN HÖNEMAN, ✶ WEHLAU 1578, ✝ 21. 7. 1629

Martin Höneman

23. Julij Ist Ao 1.5.78. Von Christlichen eltern Zu Welaw an diese welt geboren sein Vater hat geheissen Caspar **Höneman**, burger Vnd Kürschner daselbsten, seine S. Mutter Anna. Diese haben ihn bald Christo dem Herrn durch die Tauffe einVerleibden lassen, auch ferner in aller Christlicher Zucht aufferZogen. Vnd anhero Zu Leonhard **Heutzer** Kürschnern das Handwerck Zu lernen geschicket. Auff solches ist er nach aussgestandenen lehrjahren eine gutte zeitt im Reich gewandert, Vnd hatt wie er wiederumb anhero kommen etliche jahr bei ehrlichen Leutten gearbeittet bies Ao 1.606. da hatt er sich durch schickung Gottes in den stand der H. ehe begeben mit des Weilandt Erbahren Vnd Wolgeachten Paul

406 Martin **Hönemann** ✝ 21. 7. 1629 (lfd. Nr. 235).

407 Richtig: Prediger 11, Vers 3: "Wenn der Baum fällt – er falle nach Süden oder Norden zu –, wohin er fällt, da bleibt er liegen".

Lausmund, bürgers Vnd Kürschners dieser Altenstadt Ehelichen Tochter jetzo betrübten Wittwen, mit welcher er 23 Jahr friedlich gelebet, Vnd aus Gottes segen 9 Kinder, 5 sohn, 4 töchter geZeuget (408), daVon noch, in seinem Ende, 2 söhne, eine tochter am Leben. Sein Christenthum anlangend hatt er sich vleissig so woll Zum gehör göttliches wortts, alß auch Zum gebrauch des H. abendmahls gehalten. Am Vergangnen Mittwoch hatt ihn Gott mit Leibes Kr: angegriffen, dieselbe hatt Von tage Zu tage Zugenommen, Darumb er nicht allein sich nochmahls des H. abendmahls gebrauchet, sondern auch mit Leib Vnd seel im gebet Gott trewlich befohlen. Der ihn in wahrer erkentnus seines erlösers J. Chri: am Vergangnen sonnabend Zu abend intra 6. etc 7. *zwischen 6 und 7 Uhr usw.* durch einen sanfften tod Von dieser welt abgefordert. im 51 Jahr seines alters, Concionem funebr in templ: Nicolaitano Dnus M. **Lepn**: habuit ex ψ 91. v. *Die Leichenpredigt in der Steindammer Kirche hielt Herr M. Lepner nach Psalm 91 Vers* [Witt 297]

236 Ester Wegener, ✶ Königsberg (Altstadt) 1609, ✝ 24. 7. 1629

Ester Christian Wegeners Fr.

26. Julij Ist alhir Ao 1.6.09 an diese welt geboren ihre Vatter hatt geheissen Antonius **Franckenbergk**, mitbürger Vnd Crämer der Altenstadt , die Mutter Esther, S. Jacob **Gripholtzen** Wittib Von diesen nach deme sie Zut tauffe befordert, Vnd nach gelegenheit ihres alters erZogen, ist sie nach Insterburgk Zu ihren freunden gesandt im 7 Jahr ihres alters, daselbst hatt sie sich fast Zu ihren mündigen Jahren auffgehalten weil ihre eltern todes Verblichen, Wie sie aber Von ihren Vormündern Wiedrumb anhero gebracht, hatt sie Vnter andren beim Christian **Wegener** (409) sich über 6 Jahr od sieben aufgehalten. Ihr Christenthum anlangend, wie woll dasselbe eusserlich gutt gescheinet, hatt man doch befürchtet das es Vnter diesen persohnen die gantze zeitt über, wieder geheime Vnd offentliche Warnung übel Zugangen, Welches sich den auch kurtz Vor Vnd nach ihrer HochZeitt gefunden, da sie drey wochen hernach eine tochter die schon vor 4 tagen begraben (410) genesen. Doch will nicht so sehr ihr als ihm schult geben, der sie mit der verheissene ehe die 7ben Jahr wieder ihren willen auffgehalten, Sie hatt auch dies ihr leben ernstlich berewet, sonderlich in ihrer Kranckheit darin sie das Hochwürdige abendmahl gebrauchet, Vnd am Vergangnen Dienstag Zur nacht Vmb 12 Vhr Von Gott Durch den Zeitlichen Tod aus dieser Welt abgefordert Ao 20. Aetatis suae. Conc: funebr: Dnus M **Lepnerus** habuit ex 4. prior: Vers: ψ 6. *im 20. Jahre seines Alters. Die Leichenpredigt hielt Herr M. Lepner nach den ersten Versen von Psalm 6.* [Witt 772]

237 Bernhard Spuer, ✶ Amboten, Kr. Hasenpoth (Embute, Kr. Aizpute) (Lettland) um 1607, ✝ 24. 7. 1629

Berhardus Spuer Stud.

26. Julij Ist Vor 22 Jahren in Churland auff dem Ampt Ambolen geboren sein Vater ist der Ehrwürdige, Andechtige Vnd Wolgelarte H Salomon **Spuer**,

---

408 Eine Tochter war Anna **Hönemann** ✝ 11. 7. 1629 (lfd. Nr. 233).

409 Dessen spätere Ehefrau vielleicht Barbara **Wegener** ✝ 19. 11. 1633 (lfd. Nr. 623)?

410 Die Worte "die schon vor 4 tagen begraben" über der Zeile eingefügt.

Wolverordneter pastor auff selbigem ampt (411). Die Mutter die Edle Vnd tugendsame Fr. Margareta **Frengelin**, Ernst **Frengelins** Tochter. Von diesen eltern ist er auch Zur H. Tauff gesand, in Gottesfurcht ferner aufferZogen, Vnd in seiner Zartten Jugend H. M. Petro **Krügern** neher Dantzig, studirens halben, Zugeschicket. Darnach ist er hir bein Vns Zu guten Leuthen gethan Vnd 10 Jahr in Vnser Altstädschen schulen Vleissig gelernet, bies er sich vor kurtzer zeit auff die Vniversitet publ: lectiones *öffentliche Vorlesungen* Zu hören begeben (412). Was sein Christenthum anlanget wird ihm Von seinen H. praeceptoribus wie Commilitonibus *Lehrern und Kommilitonen* das Zeuchnus der gottesfurcht Vnd eines stillen Lebens der geschicklichkeit, mit welcher er, ferner fortfahrend, ein Nutzlich Man sein können. Seine Kr: rühret, seinem bericht nach, her von einem fall im nechsten Weihenacht fest auff ebener erden geschehen, darin er sich etwan ein Knie aus dem gelenck gefallen Welchen schaden er Zwar anfencklich nicht geachtet, hin Vnd her gereiset bies er so gros geworden, das ihm kein artz abhelffen können, darZu den andre Kranckheitten mehr geschlagen, also das er selber gemercket wie er schwer genesen würde. Vnd darumb das Hochwürdige abendmahl nicht allein hertzlich begehret, sondern auch ernstlich Zu Gott Vmb schaffung seines Willens, Vnd Verleigung der gedult gebeten, Welches gebet dan auch d liebe Gott aus gnaden erhöret Vnd ihm am Vergangnen Dingstag hora 2. pom: *um 2 Uhr nachmittags* sanfft Vnd selig entschlaffen lassen. seines alters 22. Jahr. Die Leichpr hatt M. **Wolderus** gehalten aus dem Buch d weisheit cap: 3 (413). Der gerecht ob er schon zeittlich stirbet etc. [Witt 619]

238 Hans Wegener, ✶ Königsberg (Altstadt) 28. 8. 1572, ✝ 29. 7. 1629

Hans Wegener, Kauffmann

31. Julij Ist Ao 1.5.72. den 28. Augusti alhie Zur Welt geboren, sein Vater ist gewesen Hans **Wegener**, burger Vnd Meltzenbrewer in Vnser Altenstadt, die Mutter Catharina Hieronymi **Krügers**, bürgers Vnd Meltzenbrewers alhie eheliche T. Von diesen ist er auch Zur H. Tauffe befordert, Vnd Weil ihm d Vatter in der Jugend bald abgestorben ist er Von seiner Mutter Vnd stieffVatern David **Pinsfeld** (414) Churfl. Brandenbr: Rentmeistern, doch erst in frembden orthern, Zu allem guten auffer. Im 30 Jahr seiner alters hatt er sich in den standt der H ehe eingelassen mit der Erbaren Vnd tugendsamen Fr. Vrsula, S. Fabian **Muntes** nachgelassener Wittben, mit der er in 11. Jahren 3 Kinder, einen sohn Vnd Zwo töchter, die allerseits noch am leben, gezeuget. Nach absterben derselben hatt er 2 1/2 Jahr im Wittbenstand gelebet, Vnd darauff sich anderweit befreiget J. Dorothea, des S. H. Johan **Woseginen**, Bürgers Vnd Meltzenbreüwers im Lobenicht ehelichen Tochter, mit welcher er ins 16 Jahr friedlich gelebet

---

411 Salomon **Spier**, 1598 stud. in Rostock, 24. 7. 1606 in Königsberg (Erler, S. 174), 1622 Pfarrer in Amboten, ✝ dort 1640. (Theodor Kallmeyer: Die evangelischen Kirchen und Prediger Kurlands. Bearbeitet, ergänzt und bis zur Gegenwart fortgesetzt von G. Otto. Zweite Ausgabe. Riga 1910, S. 670).

412 Am 24. 2. 1625 als Bernhardus **Spier** Curlandus immatrikuliert (Erler, S. 286).

413 "Buch der Weisheit (Salomo)": gehört in lutherischen Bibelausgaben zu den Apokryphen des Alten Testamentes.

414 Dieser war offenbar in späterer Ehe oo Barbara **Pintzfeldt** ✝ 22. 5. 1636 (lfd. Nr. 751).

Vnd 5 Kinder 3 söhne, 2. tochter die noch alle beim leben, aus Gottes segen gezeuget. Seinen Christenthum hatt er mit vleissiger anhörung Göttliches Wortts, Vnd gebrauch des Hochw abendmahls beZeuget. Von seinem eusserlichen Wandel Vnd Handel, werden die so mit ihm Vmbgangen besser wissenschafft tragen als wir, doch ist Vns dies bewust das er ein friedsamer Vnd stiller Mann gewesen. In seinem leben ist er fast nie mit Kr: von Gott beleget worden bies kurtz vor Pfingsten dieses Jahres, da er mit harter leibes Kranckheit angegriffen, in welcher er doch geduldig gewesen, sich gott im gebet ergeben, das Hochw abendmahl empfangen, Vnd endlich am Vergangnen sontag abends Vmb 6 Vhr aus dieser Welt von Gott abgefordert im 57. Jahr seines alters. (415) [Witt 773]

239 Friedrich Lölhöfel, ✶ Königsberg? 1605, ✝ 29. 7. 1629

Friedrich Lolhofel

31. Julij Ist Ao 1.605. Von Christlichen, Gottseligen eltern an diese Welt geboren; sein Vatter ist der EhrenVeste Vnd Vornehmgeachte Baltzer **Lolhofel** (416), seine Fr. Mutter die Ehr- Vnd tugend same Fr. Elisabeth **Schultzin**, Dieselbe haben ihn anfencklich durch die H. tauffe Chro. dem H. einVerleibden lassen, nachmahls zur schulen auch Zu allen Christlichen tugenden gehalten, auch die sprachen lernen lassen, Vnd ferner im Handel gebrauchet, Welchen er als ein gehorsamer lieber sohn auch vleissig abgewarttet. Sein Christensthum anlangend hatt er sich nebenst seinen lieben frommen eltern vleissig Zum gehör gottliches Wortts Vnd offt Zum H. abendmahl gehalten. im eusserlichen leben ist er auch sittsam Vnd erbar gewesen. ohn gefehr vor etlichen tagen hatt ihn Gott mit harter leibes Kr: angegriffen, in derselben hatt er am Vergangnen Mittwoch das H. abendmahl begehret, Vnd empfangen, darauff sich allezeit in dem willen Gottes ergeben. Der ihn am Vergangnen sontag h. 1. pom: im 24. Jahr seines alters durch den Zeittlichen tod sanfft Vnd still Von dieser Welt abgefordert. Ist mit Hans **Wegenern** (417) in eine Leichpr: kommen die M. **Wolderus** gehalten. [Witt 408]

240 Jacob Hoffman, ✶ Königsberg (Kneiphof) 1599, ✝ 30. 7. 1629

H.Jacobus Hoffman, Churfl. Fiscalis

2. Aug. Ist Anno 1.5.99. Von Christlichen eltern an diese Welt geboren Vnd Zur tauffe befordert, sein Vater ist gewesen Peter **Hoffman**, Bürger Vnd Kauffman im Kneiphoff, die Mutter heist Barbara etc. Von denen er auch nach erreichung seiner Jahr, Zur schulen gehalten, Von wegen anmutigkeit seiner stimmen Vnd lust Zur Music H. Johanni **Crokero**, gewesenem Cappelmeistern p.m. überandworttet, da er in die 4 Jahren im fürstlichen Cappel gelebet. Nach deme er in dieser zeit Vnter H. M. Petro **Hagio**, Vnd M. **Petraeo** S. seine gutte fundamenta pietatis & artium *Grundlagen der Frömmigkeit und der Künste* geleget gehabt, haben ihn diese seine eltern Ao. 16.19 nach der Wilda (418) Verschicket nicht allein die

---

415 Zusammen mit dem nachfolgenden Friedrich **Lölhöfel** in der gleichen Trauerfeier.

416 Eine Tochter des Baltzer Lölhöfel und also Schwester des Friedrich Lölhöfel könnte Maria, die Ehefrau des Jacob **Hoffman** ✝ 30. 7. 1629 (lfd. Nr. 240) sein.

417 Hans **Wegener** ✝ 29. 7. 1629 (lfd. Nr. 238).

418 Wilna (Litauen).

Polnische sprache Zu lernen sondern auch das Collegium Jesuiticum Zu ersuchen, in welchem er ohngefehr ein Jahr verharret Vnd dannen hatt er sich nach Thorn begeben Vnd dem H. D. **Thurnovio** Professori Theologiae & Pastori daselbst (419) Vom H. Rectore Vilnensi commendiret *dem Thorner Professor der Theologie und Pastor daselbst vom Herrn Rektor von Wilna empfohlen* worden, der ihn nicht allein in seine Behausung aufgenommen sondern auch in seiner institution ihm anbefohlen vnd vbergeben einem Polnischen Freyherren mit welchem er sich nicht allein eine geraume Zeit im gedachten gymnasio auffgehalten, sondern auch nachmahlen 3. Jahr Zu Franckfurtt an d Oder, daselbsten er auch gutte fundamenta in seinem studio juris *Gurndlagen in seinem Jurastudium* geleget, Nach der Zeit hatt er sich Zu seinen lieben eltern anhero wiedrumb gemachet, (Weil er mit diesem Freyherren aus Kriegsgefahr in Teutschland nicht wollte ziehen, noch an des Freyherren ortter, dahin er mit ihm zogen war, wegen grassirender Pest lenger Verharren) Vnd ist ihm alhie durch promotion *Empfehlung* der H Regentte Von Ihr Churfl. Durchl. Zu einem Fiscal angenommen worden. Ao 1.6.27. hatt er sich in die ehe gelassen mit d Ehr- Vnd tugendsamen Jungfr: Maria, des H. Baltzer **Lölhofels** (420) Tochter, nunmehr hochbetrübten Wittben, mit der er 2 Jahr in fried Vnd einigkeit gelebet, doch ohn leibes erben. Vergangnen Mittwoch achttage hatt ihm gott mit jetz grassirend seuch angegriffen, in welcher zeit er das Hochwürdige abendmahl zu sich genommen Vnd darauff sich in den willen Gottes ergeben, der ihn auch am Vergangnen Montagk Vmb 10 Vhr Zu abends durch einen seligen tod Von dieser Welt abgefordert, im 31. Jahr seines alters. Er hatt sonst seines Christenthums wie auch bürgerlichen lebens, Vnd amptverrichtung ein gutt gezeuchnus gehabt. Herr M **Lepnerus** hatt ihm die Leichpr: gethan in templo opp: *in der Altstädtsichen Kirche* ex ψ 6. [Witt 301]

241 Georg Blockman, ✶ Königsberg (Altstadt) 1584, ✞ 31. 7. 1629

Georg Blockman

Ist Ao 1.5.84 alhie in Vnser Altenstadt Von Christlichen eltern an diese welt geboren sein Vatter hatt geheissen Caspar **Blockman** Burger Vnd Kürschner alhie, die Mutter Anna. Diese eltern haben ihn durch die H. tauffe Christo einVerleibden lassen, Vleissig Zur schulen gehalten, Vnd in aller Gottesfurcht erZogen; bies er etwas Zu Jahren kommen, da hatt er nach tödlichem abgange seines Vatters, das löbliche Handtwerck der Kürschner bei seinem StieffVater gelernet, auff welches es nach ausgestandenen lehrjahren sich in die Frembde eine geraume Zeit versuchet, Vnd endlich wieder Zu Vns kommen, Vor einen gesellen eine Zeittlang auff dem Handwerck gearbeittet bies er im 25 Jahr seines alters mit der damahls Ehr Vnd tugendsamen Jungfr: Elisabeth jetzo seiner hinterlassenen betrübten Wittiben ehelich eingelassen, mit welcher er 22 Jahr friedlich lebend 13 Kinder 6 sohne, 7. töchter aus Gottes segen gezeuget davon noch 4. töchter allein am leben. In seinem Christenthum hatt er ein guttes gezeuchnus, als der sich vleissig zum gehor gottlichs worttes, Vnd offtern gebrauch des H. abendmahls gefunden.Diese Jünst abgewichene Zeitt hatt ihn Gott mit Harter leibes Kranckheit angegriffen, in welcher er

---

419 Johann **Turnovius**, seit 1610 polnischer Prediger an St. Georg und St. Marien in Thorn, 1623 Professor am Gymnasium Thorn (QMS 19/7, S. 1862).

420 Diese könnte eine Schwester des Friedrich **Lölhöfel** ✞ 29. 7. 1629 (lfd. Nr. 239) sein.

das H abendmahl begehret Vnd bekommen, Vnd darauff sich Gott ergeben. Der ihn am Vergangnen Diengstag (421) Vmb 8 Vhr sanfft Vnd selig aus dieser welt abgefordert, im 47. Jahr seines alters. Die Leichpr hatt H M. **Lepner** in templ: Nicolait: gehalten ex 1. cap: Syr. v. 13.
[Witt 57]

242 DOROTHEA EHRENTRAWT, ✶ KÖNIGSB. (ALTSTADT) 1550, ✝ 3. 8. 1629

Dorothea S. Bartholomaei Ehrentrawts Nachgelassene Wittib

Ist Ao 1.5.50 Von Christlichen eltern alhie Zu Königsberg an diese Welt gebohren, Ihr S. Vater ist gewesen der Erb: Georg **Klebock** bürger dieser Altenstadt, ihre Mutter hatt geheissen Lucia, Von diesen eltern ist sie nach empfahung der H. Tauffe, Vnd erreichung ihrer Jahren Vleissig Zur schulen gehalten, Christlich aufferzogen, Vnd Ao 1.5.69 im 19 Jahre ihres alters Adamo **Falcknero**, Fr. Dhtt. in Preussen Wolbestaltem Amptschreibern Zu Fischhausen Verehliget worden, mit welchem sie in 2 1/2 Jährigem ehestandt Zwene söhne gezeuget, davon der eine alsbald im H. entschlaffen, der andre Zu Grubrin in Churlandt (422) amptschreiber worden. Ao 1.5.74 ist sie nach dritthalbjährigem Wittbenstand Zu andern ehe geschritten, die sie mit dem Erb. Vnd wolg: Bartholomeo **Ehrentrawt**, weiland bürgern Vnd Meltzenbrewern dieser Altenstadt volZogen, mit dem sie 28 Jahr friedlich gelebet, Vnd 9. Kinder, 7 söhne Vnd Zwo töchter gezeuget, davon noch 2 tochter im leben. Da Ao 1.6.02 gemelter ihr ander eheman gestorben, ist sie im Wittbenstand seither hero 27. Jahr geduldig gesessen, Vnd weil in Vergangner Pest auf schwere Kranckheit Von allen ihren Krefften kommen, das sie das haus des Herren nicht allermassen ersuchen können, hatt sie Zu Hause Vleissig gebeten, Vnd sich offt berichten lassen. Am Vergangnen Sontage achtage ist sie wegen des Durchflusses bettreisig worden, da den die Kreffte Von tage Zu tage als bey einer betagten Fr. abzunehmen beguntt, Deretwegen sie sich am Vergangnen sontage das H. Abendmahls gebrauchet, Vnd darauff Von Hertzen gewünschet aussgeloset Zu werden, Vnd bei Christo dem H. Zu sein, welcher bitte sie auch Gott gewehret indem er sie am Vergangnen Freitage (423) morgens Vmb 8. Vhr in warer anruffung Jesu Christi von dieser welt abgefordert im 79. Jahr ihres Alters. Ihres Christenthums hatt sie ein guttes gezeuchnus gehabt. H. M. **Halbach** hat ihr die Leichp: gethan. Textus fuit ordinaria Epistola Dom: 8. p Trinit:
der Text war die regelmäßige Epistel des 8. Sonntags nach Trinitatis
[Witt 125]

243 VALTIN HEINE, ✶ KÖNIGSBERG (ALTSTADT) 1546, ✝ 2. 8. 1629

Valtin Heine

Ist Ao. 15.46. Von Christlichen eltern alhie an diese Welt geboren, sein Vater ist gewesen der Erb. Vnd Wolgeachte Valtin **Heine**, weiland Bürger Vnd Kuchenbecker dieser Altenstadt, seine Mutter hatt geheissen

---

421 Sein Begräbnis ist eingetragen im Totenregister (EZA Signatur 2075 – siehe hierzu in der Einführung S. 38) am Freitag, 3. 8. 1629.

422 Grobin (Grobiņa) (Lettland).

423 Laut Totenregister (EZA Signatur 2075 – siehe hierzu in der Einführung S. 38) begraben am Sonntag, 5. 8. 1629.

Anna. Dieselben haben ihn Chro dem H. durch die H. tauffe einverleibden lassen, Zur schulen gehalten, Vnd zu allem gutten aufferzogen, Weil er aber nicht allerseitts lust Zum Studiren gehabt, als hatt er, ohngefehr Von 20 Jahren seines Vatters Handwerck gelernet, darauff er in Teutschland eine geraume Zeit gewandert, bies Ao 1.5.85. den 14 Febr. nach deme der wiedrrumb anhero kommen, hatt er sich auff einrathen gutter leutte mit der damahls Erbr: Vnd tugends: Jangfrawen Elisabeth, eines schneiders Vnd mitburgers im Lobenicht ehelichen tochter ehelich eingelassen, Vnd mit ihr ins sieben Vnd Zwantzigste Jahr friedlich gelebet, auch durch Gottes segen geZeuget dreyzehen Kinder 9. Söhne Vnd 4 Töchter, davon noch ein sohn Vnd eine Tochter (so beide alhier Zugegen) am leben. Nachdeme nun Gott der Almechtige ihm diese seine ehefr: Ao 1.6.21 (424) den 12 octobr: durch den Zeittlichen todt Von Der seitten genommen, ist er im wittbenstand bies an sein ende verblieben. Im Christenthum ist er ein sonderlicher liebhaber des gottlichen wortt Vnd d Hochwürdigen Sacramenten gewesen, die Predigten nicht allein Vleissig gehöret, sondern auch auffgeZeichnet, Zu Hause wiederholt, Vnd den seinigen Vorgehalten. Im bürgerlichen leben ist er Vmb seiner Freundlichkeit Jedermann lieb Vnd werth gewesen. Nach deme er nun mehr eine lange Zeit gekrencket, Vnd solche seine Kr. Von tage Zu tage Zugenommen, hatt er vor weinig wochen, wie vorhin offt geschehen, das H. Abendmahl Zu sich genommen, darauff mit vleissigem gebet Vmb ein S. stündelein bei Gott angehalten, welches ihm auch Gott am Verschienenen Donnerstag (425) zwischen 4. Vnd 5 nach mittage bescheret, im drey Vnd achtzigsten Jahr seines alters. Die Leichpr. hatt M. **Wolderus** gehalten aus dem gesange. Hertzlich thut mich Verlangen nach einem seligen ende. Welcher text, weil er gehoret hatte das er in Lobenicht beim leichbegängnus des gewesenen Stadtschreibers seines gutten freunder erkleret worden, er von M. **Woldero** ernstlich gebeten hatte Zu erkleren.

[Witt 258]

244 Gertrud Ventur, ✶ Memel 1608, ✝ 6. 8. 1629

Gertrud, Michel **Argus**, sonst Venturen Fr.

Ist Ao 1608 Zur Mümmel Von Christlichen eltern an diese welt geboren, Ihr Vatter S. ist gewesen der Erb. Vnd Wolw. Simon **Wichman**, RahtsVerw: Vnd Richter daselbst. Die Mutter hatt Dorothea geheissen. Diese eltern haben sie bald nach ihrer geburt Zur tauffe nachmahls wie es ihr alter Zugelassen Zur schulen gesand, Vnd ferner Christlich erzogen. Wie sie ihr aber fast Zeittig abgegangen hatt sie sich eine zeittlang zur Mümmel, darnach Zur Lebiaw (426), bei ihren schwestern from Vnd still auffgehalten. Bies Ao 1.6.28, da sie Von 20 Jahren hatt sie sich mit gegenwertigem wittbern Michel **Venturen** ehelich eingelassen, Vnd mit ihm Zwar Kurtze Zeitt, doch woll Vnd friedlich gelebet. Am Vergangnen Mittwoch achttage ist sie Kranck worden. in selbiger Kr: hatt sie am Vergangnen mittwoch das H. abendmahl gebrauchet. Vnd darauff am

---

424 Offenbar verschrieben für 1611, wie sich aus der Dauer der Ehe ergibt.

425 Laut Totenregister begraben am Sonntag, 5. 8. 1629.

426 Labiau.

Vergangnen Montag (427) gleich mit erhobenen Händen Vnd betendem munde im 21 Jahr ihres alters ihren Leben beschlossen. Ihres Christenthums hatt man sie nicht tadlen Können. [Witt 13]

245 EVA WILHELMS, ✶FOLLENDORF, KR. HEILIGENBEIL 1563, □ 8. 8. 1629

Greger Wilhelms Fr. alias Die Mutter Eva

Ist Zu Vollendorff (428) im Jahr 1.5.63. Vor 66. Jahren, denn so alt ist sie, geboren Ihr Vatter hatt geheissen Michel **Denau**, die Mutter Anna, im 19 Jahr ihres alters hatt sie sich mit Peter **Teschner** in den ehestand eingelassen Vnd 24 Jahr mit ihm gelebet, auch aus Gottes segen 8 Kinder 4 söhne Vnd 4 töchter geZeuget, davon noch 2 söhne Vnd zwo töchter im leben. Nach absterben dieses hatt sie im wittbenstand drey Jahr gesessen, Vnd darauff sich anderweit eingelassen mit jetzigem wittbern Greger **Wilhemsen** mit dem sie 20 Jahr im ehestand lebend zwene Kinder ein sohn Vnd eine tochter todt gehabt. Mit jetzigem Wittbern hatt sie 14 Jahr hie gewohnet: Vnd bei den Frawen auffgewarttet 8. Jahr, die andren oben gemeldte Jahr hatt sie mit ihren Männern Zu Vollendorff gelebet, da sie auch erZogen. Sonst hatt sie kein widriges gezeuchnus im Christenthum, Vnd eusserlichem leben. Von ihrem absterben ist hie nichts gesetzt gewesen. (429) [Witt 803]

246 ANNA JORDAN, ✶ PASSENHEIM, KR. ORTELSBURG 1566, ✞ 6. 8. 1629

Anna Hans Jordans Hausfr.

Ist Zu Passenheim Von Christlichen eltern geboren ihre Vatter hatt geheissen Lucas **Schepp** (430), ihre Mutter Anna, Die sie durch die Tauffe dem H. Christo Vortragen Vnd einverleibden, nachmahlen Zur schulen gehen, Vnd Zu allen Christlichen Tugenden gehalten. Bies das in 12 Jahr ihres alters ihre eltern ihr abgestorben, da sie sich Zu ihren bruder näher Elbing begeben, der sie im Dienst Zu gutten leutten gebracht denen sie 3 Jahr trew gedienet. Von da hatt sie sich anhero begeben Vnd bies an ihr 25 Jahr gutten leutten gedienet, da sie sich durch Gottes schickung mit dem Erb. gesellen Matthes **Lomman** (431) einem Bortenwercker ehelichen eingelassen mit welchem sie im ehestande gelebet 11 Jahr Vnd 6 sohne gezeuget, die bereit alle entschlaffen. Wie Gott durch todliche abforderung dieses mannes sie in den betrübten wittbenstand gesetzet, ist sie ein Jahr darin gesessen Vnd sich Wollverhalten. nachdeme aber sich anderweit ehelich eingelassen mit dem Erb: gesellen Hans **Jordan**; auch einem BortenWercker. mit welchem sie friedlich 26 Jahr gelebet Vnd Zwene sohne auch eine Tochter geZeuget. die auch alle im H entschlaffen. Ihres Christenthums Vnd gemeinen lebens, hatt sie ein gutt geZeuchnus. Diese tage hatt sie gott mit hitziger leibes Kr: angegriffen, darin sie am Vergangnen freitage noch das Hochw: Abendmahl empfangen. Vnd darauff sich Gott mit gebet trewlich ergeben, da sie auch

427 Laut Totenregister begraben am Mittwoch, 8. 8. 1629.

428 Follendorf, Kr. Heiligenbeil.

429 Ihr Begräbnis ist eingetragen im Totenregister am 8. 8. 1629.

430 Ernst Witt: auch Lesung **Schopp** möglich.

431 Ernst Witt: Lesung unsicher.

Vergangnen Montag (432) Morgens glocke 6. im 63. Jahr ihres Alters sanfft Vnd selig von dieser welt abgefordert. Diese Fr. sind alle drey in einer Leichpr: kommen die M. **Lepner** gehalten ex 10. cap. Luc: de Kaemorrkonsa. [sic] (433) [Witt 320]

247 Clement Brewer, ✶ „im Dorff Schween" 1573, ✞ im August 1629

Clement Brewer. Von den Huben

Ist Ao 1.5.73. Vor 56 Jahren. Von Christlichen eltern im Dorff Schween (434) an diese Welt geboren, als Vom Vaten Paull **Brewer**, nd seine Mutter Anna Von denen er auch Zur tauffe befordert, Vnd ferner Zum gutten gehalten, darauff er sich Zu gutten leutten im Dienst begeben, bies er an 29 Aetatis sich mit jetzo hinterlassenen Wittib, damahl Jungfr. Esther (435) ehelich eingelassen, mit der erfriedlich gelebet 27. Jahr. Vnd 2 sohne 5. Tochter gezeuget, davon ein sohn Vnd eine tochter schon im Herren entschlaffen. Sein Christenthum Vnd eusserlicher Wandel ist löblich gewesen, darumb ihm auch Von Vnser obrigkeit das Schultzen ampt auff den Vordern Huben angetragen. Vergangnen Donnerstag 14 tage hatt ihn Gott angegriffen mit leibes Kr. darin er Vleissig gebeten, Vnd aus Gottes wortt getröstet, bies er am abend vergangnen Donnerstages abends Vmb 5 Vhr todes Verblichen in 56 Jahr seines alters. H. M **Lepner** hatt ihm in templ Nicolait: die leichpr: gehalten.

[Witt 77]

248 Henning Böckel, ✶ Braunschweig 16. 3. 1601, ✞ im August 1629

Henning Böckel, goldschmiedgesell.

Ist Ao 1601. den 16 Martij ohngefehr Vor 28 1/2 Jahren in Braunschweig an diese Welt geboren sein Vater ist gewesen der Erb. Vnd Kunstr: Moritz **Böckel**, Goldschmidt, die Mutter hatt gheissen Anna **Ebbrechts**, die ihn dannicht allein Zur H tauffe gesand, Vnd ferner Zur schulen, sondern auch nachmahls in Gottesfurcht erZogen. Wie sie ihm aber bald absterben, hatt er sich Ao 1.6.14 in die lehr gegeben Zu H Henrich **Bindern**, goldschmied in Braunschweig, bey welchem er, nach laut seines lehr brieffes in seinen 5 lehrjahren from, still Vnd Gottfürchtig Verhalten. Nach dieser Zeit hatt er auff seine Kunst in Teutschland sich wolVersuchet, bies er auch anhero zu Vns kommen, da er anfangs beim H **Lyloff** im Lobenicht ein jahr gearbeittet, darauff beim H Christoph **Selig** Zwey Jahr, der ihm auch sambt seiner Hausfr, wegen seines wolverhalten, auff sein begeren seine stieffTochter ehelich versprochen. Vor drey Wochen etwan hatt ihn Gott mit dem Durchfluß angegriffen, der in also abgemattet, mit selben anhalten, das er nicht allein sich am Vergangnen 6. Augusti legen müssen, sondern auch selbst vermercket das es fast hartt mit ihm halten wolte, darumb er dan aus Christl. andacht am Vergangnen Sonnabendt das H Abendmahl begehret, auch empfangen, Vnd bald darauff am selbigen tage sein lebend im gebet geendet im 29sten Jahre

---

432 LautTotenregister begraben am Mittwoch, 8. 8. 1629.

433 Kaemorrkonsa = vielmehr kaloumene (griechisch: genannt / mit Namen) in Luk 10, 39: "Und sie hatte eine Schwester, die hieß Maria".

434 Gut Schweden, Kr. Heilsberg?

435 Esther **Brewer** ✞ 10. 3. 1631 (lfd. Nr. 475).

seines alters. Die Leichpr: hatt in templ: opp: M **Wolderus** gehalten Von dem text den ihm der verstorbene selbst gegeben, Joh: 11.v. Ich bin die aufferstehung Vnd das leben &. [Witt 67]

249 Christoph Helwig, ✶ Königsberg? 1585, ✝ 15. 8. 1629

Christoph Helwig, Reiffschlegergesell.

Ist Ao 1.5.85. an diese welt geboren. Vom Vater Fabian **Helwig**, burgern Vnd reiffschlegern bein Vns, Vnd die Mutter Barbara **Branttin**, Von denen er auch Zur tauffe befordert (436) schulen gehalten, Vnd ferner in aller gottesfurcht erZogen. Auch hatt ihm sein Vatter, nach anmerckung das er nicht lust zum studiren gehabt, sein Handwerck gelehret, darauff er auch alhie meister worden, Vnd also bei seiner mutter in ihrem Wittbenstand bieß ans ende Verblieben Vnd ihr in ihrem wittbenstande Von hohen alter ein stab Vnd gutte trost gewesen. Es hatt ihn Gott mit einem schaden an seinem leibe belegte gehabt, der ihm auch seine Kr: gwesen, Vnd ihm also Zugesetzet das er selber vermercket wie das ende seines lebens sich heran nahete; darumb er dan auch das H abendmahl am Vergangnen Dingstag aus Christl andacht ihm reichen lassen, Vnd darauff in folgender nacht Zwischen 12 Vnd 1. Diese welt gesegnet. (437) M. **Wolderus** hatt ihm die Leichpr: gethan in templ. opp: ex 7 cap: Luc. V. [Witt 262]

250 Martin Schlicht, ✶ Bönkeim, Kr. Preuss. Eylau? um 1593, ✝ 14. 8. 1629

Martin Schlicht.

Ist Zu Benkaw im Brandenburgischen (438) geboren, sein Vater hat geheissen Jacob **Schlicht,** seine Mutter, Anna, durch dessen Vleis Vnd Vorsorge er auch die H Tauffe empfangen, Zur schulen gehalten, bies sie ihn Zum Handwerck gethan, darauff er etliche Jahr in Teutschland gewandert, Vnd auch in dies land wiederumb angelanget da er sich durch schickung Gottes ehelich eingelassen, mit seligen Stephan **Deutzkawen,** bürgers in Schippenbeil. (439) S. N.T. Barbara (440), mit der er ein Jahr in friedlicher ehe gelebet, Vnd eine tochter gezeuget, die schon vorher mit der Mutter Todes abgefordert. Nach dem ihn Gott d H im Wittbenstande versetzet, hatt er sich Zur Zeitt im H ehestand wiederbegeben mit jetziger wittben (441), mit der er 3/4 Jahr in frieden gelebet. Am Vergangnen Montage hatt ihn gott mit leibes Kr: angegriffen, die also Zugenommen, das er am Vergangnen Dienstag Vmb 3 Vhr nach mittage sein leben auffgeben ann 36 Aetatis (442). Sein Christenthums hatt er Dies gezeuchnus das er sich Zum gehor gottliches

---

436 Die Worte "tauffe befordert" über der Zeile eingefügt.

437 Im Totenregister (EZA Signatur 2075 – siehe hierzu in der Einführung S. 38) ist sein Begräbnis am Donnerstag, 16. 8. 1629 eingetragen.

438 Bönkeim, Kr. Preußisch Eylau vermutet auch Schulz. Wohl nicht Birkenau, Kr. Heiligenbeil, das zwar dichter an Brandenburg, Kr. Heiligenbeil liegt, aber zum Amt Balga gehörte.

439 Schippenbeil, Kr. Friedland.

440 Barbara **Schlicht** □ 14. 5. 1628 (lfd. Nr. 156).

441 Dorothea **Schlicht** ✝ 3. 12. 1629 (lfd. Nr. 365).

442 Sein Begräbnis ist eingetragen im Totenregister am Donnerstag, 16. 8. 1629. Die Worte "ann 36 Aetatis" über der Zeile eingefügt.

Wortts Vleissig gehalten, wie auch Zum Hochw. abendmahl, das er noch am vergangnen sontag hie in Vnser Altestedschen Kirchen gebrauchet. Die Leichpr. hatt H M. **Halbach** gehalten. ex 8. cap. Rom: Wer will Vns scheiden Von der Liebe Gottes. [Witt 635]

251 PAUL DIEBEL, ✶ PYRITZ / REG.-BEZIRK STETTIN 1593, ✝ 16. 8. 1629

Paul Diebel ist Zu Piritz in Pommern Ao 1.593 Von Christlichen eltern an diese welt geboren, sein Vatter hat geheissen Thomas **Diebel**, die Mutter Gertrud **Helmschlägerin**, Von diesen ist er nach empfahung der H. Tauffe Vnd erreichung etlicher Jahr Zur schulen gehalten etc. nachmahls weil er sonderliche lust Zur Kauffmanschafft gehabt hatt er sich nach Lübeck begeben Vnd daselbst bei H. David **Wichers** 8 Jahr trewlich gedienet, Vnd nachdeme er sich in seinem gesellenstande 5. Jahr sich der Handlung Zu Lubeck Vnd Königsberg beflissen, hatt er sich, durch sonderliche schickung Gottes, ehelich eingelassen, mit der, damahls, Ehr. Vnd Tugends: Jungfr: Susanna, des EhrenV. Vnd wolgeachten Lorentz **Heilsbergers** N. Ehl. t. mit welcher er 5 1/2 Jahr friedlich gelebet Vnd, aus Gottes segen, einen sohn Vnd Zwo töchter geZeuget, davon d (443) schon Voraus Zu Gott gesand. Seines Christenthums Vnd eusserlichen Wandels hatt er kein wiederliches geZeuchnus gehabt Seine Kr: ist der Durchflus gewesen Vnd blattgang daran er heutt 8 tage sich legen müssen. Am sontage bin ich Zu ihm gefordert, wie ich ihn auch darauff die folgende tage ersuchet habe. Am Donnerstage Vmb 4. Zu mittage bin ich wieder Zu ihm gefordert, da ich ihm Vmb 5., auff sein ernstes begeren das hochw: Abendmahl. J. C. gereichet. Worauff er Vmb 8 Vhr, me p [me presente? *in meiner Gegewart*] state [statim? *sofort*] todes Verblichen. Aetat: anno 36. Die Leichpr. hatt M. **Wolderus** in templ. opp: gehalten ex Jerem. (444) [Witt 101]

252 GERTRUD HEIDE, ✶ KÖNIGSBERG? UM 1579, ✝ 16. 8. 1629

Gertrud, Jacob Heiden Fr.

19 August. Ist Von Christlichen eltern an diese welt gebohren, Ihr Vater ist gewesen Hans **Rausch**, ein Saltzpacker, Ihre Mutter hatt geheissen Euphemia, welche sie auch Zur Tauffe gesand, Vnd nach erreichung ihrer Jahre hatt sie sich Zu d F. Bonifacische **Hertleischen** im Löbenicht Zu dienst begeben, daselbst ein Jahr trewlich gedienet, Vnd mit bewust dieser ihrer Fr. in den ehestandt begeben mit Jacob **Heiden**, mit welchem sie 23 Jahr friedlich gelebet Vnd 5. Kinder geZeuget 3 söhne Vnd zwo töchter welche noch im leben. Am Vergangnen Donnerstage, nach deme sie etliche wochen Kr: gelegen ist sie gestorben. im 50sten Jahr ihres alters. Ihres Christenthums Vnd eusserlichen lebens hatt sie ein guttes Lob gehabt. (445) [Witt 253]

---

443 Offenbar fehlt das Wort 'Sohn'.

444 Weitere Angabe fehlt.

445 Sein Begräbnis ist eingetragen im Totenregister am Sonnabend, 18. 8. 1629. Die Trauerfeier zusammen mit der nachfolgenden Regina **Bardemeister**.

253 REGINA BARDENMEISTER, ✶ KÖNIGSBERG (ALTSTADT) 1563, ✝ 17. 8. 1629

Regina, Martin Bardenmeisters Fr.

19. August. Ist Ao 1.5.63 in Vnser Altenstadt Von Christlichen eltern geboren. als vom Vater, dem Erbr: Vnd wolg: Erhard **Wegenern**, burgern Vnd Handelsman alhie, Vnd von Anna ihrer Mutter, einer **Langerfeldts** T. Von welchen eltern sie auch Zur Tauffe befordert. Weil ihr aber ihre lieben eltern bald in der Jugend mit tode abgangen. hatt sie ihr S. Vetter, Marcus **Langerfeld** Vnd sie fein bies in 28 Jahr Christlich erzogen. Da er sie, nach Gottes schickung, Zu ehe gegeben dem Erb: gesellen Tobia **Strasburg**, Burger Vnd Festbecker alhie, mit welchem sie friedlich gelebet 26 Jahr. Vnd 5. Töchter davon noch eine im leben, geZeuget. Wie dieser ihr eheman verstorben, hatt sie nach Zweyjährigem wittbenstand sich anderweit eingelassen mit dem ErbgesellenMartin **Bardenmeister**, jetzt betrübten wittbern, mit dem sie auch friedlich gelebet 10 Jahr, ohne leibes erben. Sie hatt sonst das wortt gottes Vleissig gehöret, das abendmahl J.C. offt gebrauchet, mit männiglich friedlich gelebet. Am Vergangnen Mittwoch 14. hatt sie Gott mit dem blutgang hartt angegriffen, in welcher zeit sie Vleissig gebetet, auch am Vergangnen Mittwoch das H. Abendm: empfangen. Vnd ist darauff am Vergangnen Freytage Zwischen 11 Vnd 12 Vhr des nachtes im 66 Jahr ihres alters im H. S. entschlaffen. ist mit vorhergehender Fr.(446) in eine Leichpr: kommen, die H M. **Halbach** gehalten in templ: Nicolait. ex ψ. 68. V. [Witt 17]

254 REGINA DRÄHER, ✶ STETTIN 1605, ✝ 21. 8. 1629

Regina, David Dräjers Fr.

23 August. Ist Ao 1.6.05. In Alten Stettin an diese welt geboren. Ihre H. Vatter ist gewesen etc: Samuel **Schwallich,** J.V.D. Vnd daselbsten Syndicus. Ihre Fr. Mutter p.p. Anna Maria **Friederichs** H. Christophori **Friderici** I.V.D. & quondam (447) Syndici Stettinensis E. Tochter. *Herrn Christoph Friderich, Doktor beider Rechte und früher Syndicus zu Stettin, eheliche Tochter.* Von welchen lieben eltern sie nach empfahung der H. tauffe sie von Jugend auff in aller Gottesfurcht. Christlichen Tugenden, Zucht Vnd erbarkeit erZogen, bies endlich ihre liebe H Vater Ao 1.6.15. den 10 Junij mit tode abgangen. Ao 1.6.21 den 16 8bris ist sie H David **Drähern** Verehliget, mit welchem sie gezeuget drey Kinder einen sohn, Zwo tochter, die allerseits noch am leben. Ist kranck worden den 29. Julij mit welcher Kr. es so weit kommen, das es sich Zur besserung angelassen, ist aber wiederumb eingefallen also das ob man woll an Vleissiger warttung Vnd medicamentis nichts erwinden lassen, doch nichts helffen wollen, sonders sie hatt ihr leben am 21 Augusti mittags Vmb 2 Vhr in wahrer anruffung ihres erlösers enden müssen. Ihres Christenthums hatt sie löbliches gezeuchnus, Vnd ist Vmb ihrer Frömmigkeit, wie auch Erbarkeit von männiglichen hir in der frembde geliebet. Im ehestand hatt sie gelebet friedlich 8. Jahr. weinig 8. wochen. Ist alt worden 24. Jahr weiniger 4. wochen 2. tage. Die Leichpr. hatt M. **Wolderus** in templ: opp: gehalten der text war ex cap: 8 ad Romanos, Wer will Vns scheiden etc welchen die die [sic] hinterlassene begehret. [Witt 112]

---

446 Die davor stehende Gertrud **Heide**.

447 Das Wort "quondam" über der Zeile eingefügt.

255 SALOMON PÖPPING, ✶ KÖNIGSBERG (ALTSTADT) 1599, ✞ 22. 8. 1629

Salomon Popping, der Jünger.

24 August. begraben — Ist Ao 1.5.99. in Vnser Altenstadt Von Christlichen eltern geboren (448), sein Vater ist gewesen der EhrenV. Vnd wolgeachte Salomon **Popping** der alte, die Mutter die Ehr- Vnd Tugends: Fr. Anna **Wittin** Von diesen eltern ist er nach empfahung der H. Tauffe Zur schulen gehalten, nachmahls in Pohlen Vnd Littawen beiderley sprachen Zulernen gesand, auch wie er wiedrumb Zu Hause kommen auff die Vniversität Zum studiren gehalten. Weil aber vermercket das seine nathur mehr Zum Handel als studiren ihn taugen, hatt seine Fr. Mutter Vom Collegio ihn wiederumb Zu sich genommen, bey sich behalten. Vnd Zum Kauffhandel gebrauchet. Ao 1.6.23 hatt er sich, durch sonderliche schickung Gottes Vnd raht der seinigen mit d damahls Ehr Vnd tugendsamen J. Anna, des Ehrenv. wollw.H. Christoph **Rauschen** Ehl. Tochter jetzo seiner betrübten wittben, ehelig eingelassen, Vnd mit ihr in 6 jähriger friedlicher ehestande aus Gottes segen drey sohne gezeuget, davon einer albereit todes Verblichen.

Seines Christenthums sowoll seines burgerlichen Wandels hatt er ein ruhmlich gezeuchnus. Seine Kranckheit hat schon im VorJahr sich bei ihm mercken lassen, doch hatt er noch bies vor etzlichen wochen gehen können; da er sich legen müssen Vnd in solchen lager Vorgestrigen tages Vmb 2 Vhr Zu mittage im 30 Jahr seines alters sein leben selig beschlossen. Die Leichpr. hatt M **Wolderus** gehalten, auff ihr (449) begehren Von dem spruch Rom 14. leben wir so leben wir dem Herren etc. [Witt 523]

256 BOGDAN ♀, ✶ KÖNIGSBERG (HUFEN) 1555, □ 26. 8. 1629

Hans Bogdanen Von den Huben Fr. (450)

26. Aug. — Ist Ao 1555. Von Christlichen eltern auf den Huben geboren, als von Paul **Schnichtenberg**, dem Vater, Vnd Dorothea, ihrer Mutter. Von welchen sie auch Zur Tauffe befordert, Vnd ferner Christlich erZogen. Im 18. Jahr ihres alters hatt sie sich in dem ehestand begeben mit Greger **Hoffmann** mit dem sie friedlich 15. Jahr ohn erben gelebet. Nach seinem absterben Vnd dreyjährigem ehestand (451) hatt sie Zur andren ehe genommen Weiland Hans **Bogdan** mit welchem sie, auch ohn leibes erben 30 Jahr ehelig gelebet, nach seinem absterben ist sie 9. Jahr wittib gewesen. Das also ihr gantzes alter 85 [sic] Jahr. Von ihrem ende ist nichts gesetz gewesen. Die Leichpr hatt M **Lepner** gehalten in tem: Nicolait: [Witt 68]

---

448 Eine Schwester von ihm ist Ursula **Scholle** ✞ 21. 6. 1631 (lfd. Nr. 485).

449 Sic. Schreibfehler? Oder "auff ihr begehren" = Plural, und der Predigttext wurde von den Hinterbliebenen ausgesucht?

450 Der Vorname wird nicht im Text, nicht im Namensregister am Ende des Kirchenbuches (siehe dazu die Erklärung in der Einführung, S. 8) und nicht im Totenregister (EZA Signatur 2075 – siehe hierzu in der Einführung S. 38).

451 Vielmehr: Witwenstand.

257 MARTIN KALAW, ✶ KÖNIGSBERG (ALTSTADT) 1584, ✝ 25. 8. 1629

Martin Kalaw.

26. Aug. sepult. Ist Ao 1.5.84 Von Christlichen eltern in Vnser Altenstadt an diese Welt geboren, sein Vater ist gewesen p.p. Martin **Kalaw**, burger vnd Meltzenbrewer alhier, seine Fr. Dorothea (452) ihres geschlechts eine **Klänawin**. Von diesen eltern ist sie [sic] Zur H. Tauff, schulen, auch in Littawen Vnd Pohlen der sprach halben gesand. Vnd nachdeme er aus diesen orttern wiederkommen ist er seinen eltern, so Vnvermögend, sonderlich d S. Fr. Mutter Vleissig Zur Hand gangen, bies er Ao. 1.6.26 sich mit der damahl Ehr- Vnd tugendsamen J. Dorothea, des weiland EhrenV. Nahmh: Vnd wolw. Herrn Hans **Menicken**, dieser Altenstadt wollverdienten RahtsVerwandten hinterlassenen tochter, jetzo betrübten wittiben sich ehelich eingelassen. mit der er drittehalb Jahr friedlich Vnd loblich gelebet, auch in solcher Zeit einen sohn gezeuget, welcher auch noch am leben. Seinen Christenthums Vnd burgerlichen lebens hatt er ein guttes lob. Seine Kr anlangend ist er eine geraume Zeit fast fort Vnd fort Kr: gewesen, da er dan über den magen sehr geklaget, Vnd ihn sonderlich das beschweimen [sic] hartt angefangen, bies er endlich heut 8 tage sich geleget,Vnd gestern Zu nacht gegen drey Vhr durch einen sanfften seligen tode von dieser welt abgeschieden an Aetat: 45. Die Leichpr. hatt H M. **Halbach** gehalten ex ψ 62. Meine seele ist stille Zu Gott p wie groß er ist. [Witt 326]

258 BARBARA DÖRFFER, ✶ KÖNIGSBERG 9. 2. 1611, ✝ 25. 8. 1629

Barbara, H. Christiani **Dörffers**. J.V.D. T. (453)

27. Aug. Ist Ao 1.6.11. 9 Febr: alhie in Kön: geboren Vnd getauffet, parentes nobi[li]ssimi, *hoch angesehene Eltern* ist in aller gottesfurcht erZogen. Vorgestern im 19 Jahr ihres alters gestorben. [Witt 108]

259 ISAAC NEUMANN, ✶ STOBINGEN, KR. WEHLAU 1576, ✝ 26. 8. 1629

Isaac Neuman.

Sepult. 28 Aug. Ist Ao 1.5.76 Von gutten ehrlichen eltern an diese welt geboren, sein Vater ist gewesen der weiland Erb: Georg **Neuman**, ein freige Vnd schultz im tapiawschen Zu Stobingen bei Welaw, seine Mutter, Barbara **Lingenowin** auff derer Vorsorg, er auch durch das bad der H. tauffe wieder geboren. Weil ihm aber sein Vatter fast zeittig abgestorben, als hatt ihn seines Vattern bruder. Christoph **Neuman**, weiland Rahtsverwanter in Insterburgk Zu sich genommen. Zu polnischen Vnd Littawschen sprach gehalten, nachmahls in seinem Handel gebrauchet, bies er Ao 1.6.04 im 28 Jahr seines alters Zur ehe genommen die Erb: Vnd tugendsame Fr. Gertrud, des p.p. H Moritz **Puchowen** (454), Schöpmeisters Zu Tilsit N.W. mit der er in 5 jährigem ehestand 4. Kinder 2. sohne 2 töchter gezeuget, davon noch eine tochter im leben. hernach hatt er im wittben-

---

452 Dorothea **Kalaw** ✝ 2. 8. 1626 (lfd. Nr. 36).

453 Wohl eine Schwester des Daniel **Dörffer** ✝ 6. 1. 1637 (lfd. Nr. 781). Laurentius **Wigandus** ✝ 9. 11. 1630 (lfd. Nr. 457) war mit einer weiteren Schwester Elisabeth verheiratet.

454 Ernst Witt: Der erste Buchstabe ist sehr undeutlich, könnte höchstens noch Je, also dann Jeuchowen sein.

stand gesessen 5. Jahr, Vnd darauff wiederumb Zur ehe genommen die Erb. Vnd tugends: Fr. Christina, des weiland EhrenV. Vnd vornehmgeachten H. Hans **Wessels** N.W. mit der er in das 11. Jahr in geruhiger ehe gesessen ohn leibes erben. Ao. 1.6.18. ist er Zum Vorsteher Zum S. Gurgen Hospithals (455) gekoren worden. Welchem er mit hohem fleis Vnd grossen ruhm vorgestanden. Ao 1.6.29. den 19. Augusti, war sontag nach der Vesper ist er mit grosser leibes Mattigkeit angegriffen, darauff er sich bald mit Gott versohnet am vergangnen Donnerstage Vnd nachmahls sich mit Vleissigem gebet Gott ergeben, der ihn am vergangnen sontage nach mittage gegen drey Von dieser Welt durch den zeitlichen todt sanfft Vnd stille abgefordert. im 53. Jahr seines alters. Hatt seines Christenthums Vnd eusserlichen Wandels ein herrliches gezeuchnus gehabt. (456)

[Witt 483]

260 MICHEL HOLWEHL, ✶ CIECHANÓW, WIOWODSCHAFT MASOWIEN (POLEN) 1586, ✞ 26. 8. 1629

Michel Holwehl.

Sepult. 28. Aug.

Ist Ao 1.5.86. Zu Czechonowa in der Masaw (457) Von Christen eltern an diese welt geboren sein lieber Vatter ist gewesen der Erb: Michel **Holwehl**, der Zeit mitbürger Zu Czechonowa, die Mutter Sybilla **Bochsinen**, die ihn auch alsbald durch die H tauffe Christo einVerleibden lassen. Vnd nach deme sie Ao 1.6.87. nach Stuhm in Preussen mit der Wohnung geZogen haben sie ihn Ao 1.5.93. daselbst in die schule gethan. Weil aber sein Vater ihm zeittig mit tode abgangen, nemlich 1.5.93. im siebenden Jahr seines alters hatt er sich näher Königsberg Zu seiner schwester, die damahl Zur ehe gehabt Stephan **Schütz** bürgern Vnd Kaufm. im Kneiph: begeben, Von welcher er Zur schulen gehalten, Vnd darin seine principia *Grundlagen* wolgefasset. Wie aber diser sein Freund Ao 1.6.02. mit tode abgangen hatt er sich Zum S. Christoph **Nauwercken**. damahls gerichtsadvocaten bei diesen dreyen Stadten begeben (458), erstlich mit ihm in Teutschland gereisset, nachmahlen wie derselbe sich befreyen Vnd bürgerliche nahrung getrieben, so woll im Handel, als vor einen Copisten ihm gedienet 6. Jahr.

Ao 1.6.08. hatt er sich Zum S. Hieronymo **Heilsberger**. (459) W. gerichtsverwanten alhie begeben vnd ihm 2. Jahr trewlich gedienet. Ao 1.6.11. Zum H. Henrich **Kenckeln** (460) W. Vornehmen Rahtsverwanten dieser Altenstadt, Vnd ihm im Handel auffgewarttet 9. Jahr. Ao 1.6.19. hatt er sich Zur ehe genommen die, damahls, Erbr: Vnd tugendsame J. Vrsulam p.p. Friedrich **Thomsen** Ehl. Tochter, jetzo betrübte wittib, Vnd

---

455 St.-Georgen-Hospital in Königsberg-Altstadt.

456 Eine Trauerfeier zusammen mit dem nachfolgenden Michel **Holwehl**, wie in dessen Lebenslauf verzeichnet ist.

457 Ernst Witt vermutete falsch: Masuren.

458 Nachfolger des Christoph Nauwerck in dieser Funktion war sein Vetter David **Nauwerck** ✞ 23. 7. 1633 (lfd. Nr. 612).

459 Das ist der Vater des Heinrich **Heilsberger** ✞ 26. 9. 1636 (lfd. Nr. 771). Bei Hieronymus Heilsberger hat auch Georg **Moderaw** ✞ 29. 9. 1628 (lfd. Nr. 178) gedient.

460 Dessen Töchter sind Dorothea **Krumteich** ✞ 8. 10. 1628 (lfd. Nr. 184) und Elisabeth oo 1618 Hiob **Lepner** ✞ 6. 5. 1635 (lfd. Nr. 691).

mit ihr in 10 jährigem friedlichem ehestande 5. Kinder 2 söhne 3. Töchter, so noch alle leben geZeuget (461).
Von E.E. Raht ist er fast vor 5. Jahren Zu einem Vorsteher der Hausarmen .... St:[eindamm] Vnd Kr: Vnd Newen pesthäuser dereussen verordnet, welchem beschwerlichen ampt er mit so grossen trewen vorgestanden, das ihn E.E. Raht Vngern verlohren. Auch hatt die E. Zunfft der Kauffleutte ihn Zum Elter Man erkohren, Heutt 8 tage hatt ihn Gott mit der Pest angegriffen, darauff hatt er mich (462) am sonnabend Zu sich fordern lassen, Vnd allerhand Reden mit mir gepflogen, Vnter andren das ich ihn doch in seiner noth nicht verlassen, sondern ersuchen, Vnd da ers begeren würde, das abendmahl reichen wolte. Es hatt ihn aber folgenden Sontag Vmb 9 morgens im 43 Jahre seines alters durch den zeittlichen tod abgefordert: Die Leichpr: habe ich diesen Männern (463) auff ihr begehr, sonderlich Isaac **Neumans** der besonders am sonnabend war zum andren mahl mich Zu sich beruffen, Vnd dies als seine letzte bitte ernstlich von mihr begehret. Textus f: ex cap. 23. Lucae Meinet ihr das diese Galilaer sein alles sünder gewesen p. [Witt 309]

261 Fändisch ♀, wo? wann?, □ 29. 8. 1629

Bartel Fändische (464) [Witt 136]

262 Hans Schwartz, ✶ Klein Stürlack, Kr. Lötzen 1591, ✞ 27. 8. 1629

Hans Schwartz.

Sepult. 30 August.

Ist Ao 1.5.91. Von Christlichen eltern an diese Welt geboren, als Vom Vater dem Erb: Georg **Schwartzen**, Vnd Catharina, der Mutter in Klein Storlacken hie in Preussen wonend, Von denen er auch Zur tauffe Vnd schulen gesand, auch wie er etwas erwachsen Zum H Albrecht **Roden** Gerichtsverwanten alhie gethan, dem er 12 Jahr trewlich gedienet. bies er sein 32 Jahr erreichet, da er sich auf einrathen gutter Leutte mit der damahls Erb. Vnd tugends: Jungfr. Elisabeth, Georg **Melcheners** Ehl. T. jetz seiner betrübten Wittben ehelig eingelassen, Vnd 6. Jahr friedlich mit ihr lebend 2 Kinder einen sohn Vnd tochter gezeuget davon der sohn noch am leben. Seines Christenthums Vnd eusserlichen Wandels wird ihm ein gutt geZeuchnus gegeben. Am Verschienen Donnerstag (465) hat er sich übel befunden, am Sontag mich Zu sich fordern lassen seine beicht fertig teutsch gethan, Vnd darauff absolution Vnd H abendmahl empfangen, Vnd nachmahls am Montage Vmb 10 Vhr Zu abends sein leben im 38 Jahr seines alters geendet. Die Leichpr: hatt M. **Wolderus** in templ: opp: gehalten ex 2. Apocal cap: *in der Altstädtischen Kirche aus dem 2. Kapitel der Offenbarung des Johannes* Bleib getrew. [Witt 685]

---

461 Die Witwe war ab 1633 wieder verheiratet mit Daniel **Bathor** ✞ 8. 1. 1634 (lfd. Nr. 629).

462 Um welchen Pfarrer es sich handelt, wird nicht genannt.

463 Diesem Michel **Holwehl** und dem vorausgehenden Isaac **Neumann**.

464 Witwe eines Barthel **Fändisch**, was auch Witt vermutet. Keine Angaben eingetragen, eine halbe Seite freigelassen. Auch im Totenregister (Signatur EZA 2075, siehe S. 37) findet sich nur der gleiche Eintrag mit dem Hinweis Lp. ML. [Leichenpredigt M. Lepner].

465 Die Worte "am Verschienen Donnerstag" an Stelle einer Streichung über der Zeile eingefügt.

263 HANS SEY, ✶ LÜBECK 1566, ✞ 1. 9. 1629

Hans Seye.

Seput. 3 Septemb. Ist Ao 1.5.66. in Lübeck geboren, sein Vatter hatt geheissen Jochim **Sey**, ein Schiffbawer, die Mutter Margareta, diese seine eltern haben ihn Zur tauff gesand, Vnd ferner in allen Christlichen tugenden erZogen. Nach ihrer absterben aber ist er von seinem Paten H Peter **Martten**, Anno 86. anhero gesandt, Zu einem Krämer gethan bei welchem er 2. Jahr gedienet. Wie er aber Ao 88 mit diesem Kramer wieder anhero kommen, hatt ihn sein gedachter Pathe, in Reussen, Pohlen, Littawen, auff die sprache gesand, da er dan seine Zeitt bei Vornehmen Woywoden mit Dienen Vnd auffwartten Zugebracht. Wie er wiedrumb anhero kommen, hatt er sich beim H. Adrian **Langerfeld** (466), Kirchenvattern S. im Dienst begeben, Vnd ihm 13. Jahr also gedienet, das ihm H Langerfeld seine trewe Dienerin Ao 1.6.02 Zur ehe gegeben, mit welcher er nur 13 Jahre [sic] im ehestande gelebet. Nach dreyen Virteljahren hatt er sich anderweit Ehelich eingelassen mit jetziger hinterlassener Wittib, S. Matthes **Jordans** N. Wittib, Ao 1.6.03. den 31. Jan: Vnd mit ihr friedlich gelebet 26. Jahr, ohn leibes erben. Sey Christenthum Vnd eusserliches leben belangend, muß ihm darin männiglich dies geZeuchnus geben, das er ein Ehrlicher, auffrichtiger, gottfürchtiger Mensch gewesen, des gleichen man wol wünschen möchte. Ao 16.29 den 24. Augusti ist er am Durchfluß bethreissig worden, den 5. [sic] hatt er das Hochwürdige abendmahl Zu sich genommen. Vnd den 1 Sept: in warer anruffung Gottes, abends Vmb 4. Vhr sein leben geendiget im 63 Jahr seines Alters. [Witt 611]

264 PAUL HASE, ✶ NÜRNBERG 1564, □ 5. 9. 1629

Paul Hase.

Sepult. 5. Sept. Ist Ao 1.5.64 zu Nührenberg Von Christlichen eltern geboren, sein Vatter ist gewesen der Erbr. Vnd Vornehm: Hans **Hase**, ein Kauffman daselbst, die Mutter eines Rahtsherrn Tochter da, Maria. Dieselben haben ihn Zur tauff befordert, Von Klein auff Zur schulen gehalten, in aller gottesfurcht erzogen, Vnd in Pohlen Vnd Littawen die sprache Zu lernen verschicket, nachmahls Zum Handel gebrauchet. Vnd in die Frembde gesand, da er dan entlich auch Zun Vns kommen Vnd im 30 Jahr seines alters Zur ehe genommen die Erb. Vnd tugends. Jungfr. Sophian des Erb: Vnd Vornehm: Henrich **Von Esse** tochter, mit der 8 Jahr ohn leibes erben gelebet. Nach Zweijährigem Wittbenstand hatt er sich anderweit ehelich eingelassen, mit der, damahls Erbr: Vnd tugends: Jungfr. Vrsula, des EhrenV. Vnd wolweisen H. Albrecht **Roden** Gerichtsverwanten Zu Welaw tochter, mit derselben 25 Jahr gelebet, Vnd einen sohn, eine tochter geZeuget, davon der sohn noch am leben. Sein gantzes alter ist 65 Jahr. Seines Christenthums hatt er ein gutt geZeuchnus. Von seinem absterben ist hie nicht Vermeldet gewesen, Die Leichpr hatt M **Lepner** gehalten ex 7. cap: Marci, Er hatt alles wollgemacht. [Witt 244]

---

466 Adrian **Langerfeldt** ✞ 16. 5. 1626 (lfd. Nr. 27).

265 MARIA VIERECKER, ✶ WO? WANN?, ✞ 3. 9. / □ 5. 9. 1629

Paul Viereckers Fr. Maria (467) [Witt 758]

266 BARBARA FRIESE, ✶ KÖNIGSBERG (LÖBENICHT) 1549, □ 5. 9. 1629

Magni Friesen Wittib, Barbara.

Sepult. 5 Sept. Ist ao 1.5.49. im Lobenicht, ihr Vatter ist gewesen Andres **Gericke**, Meltzenbr. daselbst, die Mutter Elisabeth. in ihrem 22. Jahr ist sie Magno **Friesen** Burgern Vnd schneidern der Altenstadt, mit deme sie in 22 Jahren einen sohn Vnd Zwo töchter gezeuget, davon noch eine tochter am leben. Nach absterben dieses Vnd 6. järigem Wittbenstand hatt sie **Nickel Pantzern** (468), Meltzenbr: im Löbenicht geehliget, Vnd ohn erben 10 Jahr gelebet. Nach seinem tode ist sie 20. Jahr Wittib blieben, das ihr gantzes alter worden 80. Jahr. [Witt 161]

267 GERTRUDIS GELSCH, ✶ KÖNIGSB. (ALTSTADT) 1572, □ ZW. 5. UND 8. 9. 1629

Gertrudis Caspar Gelschen Fr.

Ist Ao. 1.5.72. Von Christlichen eltern an diese Welt geboren, als Von dem EhrenV. Vnd Vornehmg: Stephan **Wolff**, Bürger Vnd Meltzenbr: in dieser Altenstadt, Vnd Vrsula. N. Von denen sie Zur tauff Vnd schulen gesandt, auch ferner in aller Gottesfurcht erZogen. Ao 1.599. hatt sie sich auff schickung Gottes Vnd der ihrigen raht in den ehestand eingelassen mit dem Erb. Vnd Wolgeachten Erhart **Erckeler**, Fr. Dcht. **Margr. Georg Friedrichs** p.m. Bereittern, mit welchem sie in 3 1/2 Jahren einen sohn geZeuget, der in der Jugend gestorben. Ao 1.6.07. hatt sie sich anderweit Ehl: eingelassen, mit jetzigem wittbern, dem p.p. Caspar **Gelschen** (469), Vnd mit ihm 22 Jahr gelebet, einen sohn Vnd eine tochter geZeuget, davon die tochter noch am Leben. Ihres Christenthums hatt sie ein gutt geZeuchnus. Ihr Kranckheit anlangend ist sie eine geraume Zeit bettreisig gewesen, das sie eine ganz geraume Zeit Gotts haus nicht ersuchen können, sondern sich allerwege zu haus berichten lassen; wie auch noch kurtz vor ihrem tode geschehn. mit welchem sie vorgestern Zwischen 8 Vnd 9 Vhr Zu abend Gott der Herr im 57 Jahr ihres alters abgefordert. Die Leichpr hatt H. M. **Halbach** in templ. opp: gehalten text ψ 28 V. 7. [Witt 177]

268 CHRISTIAN LÜDKE, ✶ KÖNIGSBERG (ALTSTADT) 1573, ✞ 6. 9. 1629

Christian Ludke.

Sepult. 8 Septmb. Ist Ao 15.73. Von Christlichen eltern an diese welt geboren, sein Vatter ist gewesen der weiland Erbr: Vnd wolgeachte Christoph **Lüdke** mitbürger dieser Altenstadt, die Mutter Vrsula (470), Diese eltern haben ihn

---

467 Keine weiteren Angaben, eine halbe Seite im Kirchenbuch ist frei gelassen.
Aus dem Lebenslauf ihres Mannes Paul **Vierecker** ✞ 7. 12. 1634 (lfd. Nr. 674) ergibt sich ihr Todesdatum und der Name ihres Vaters: Nicolai **Harder**.
Paul und Maria **Viereckers** Tochter ist Barbara **Sachs** ✞ 28. 6. 1636 (lfd. Nr. 755).

468 Ernst Witt: auch Lesung Pantz<u>en</u> möglich.

469 Caspar **Gelsch** □ 28. 3. 1632 (lfd. Nr. 537).

470 Eine Schwester von ihm ist Regina **Dackau** ✞ 16. 1. 1627 (lfd. Nr. 54).

nach seiner geburt Christo dem H durch die tauffe einverleibden lassen, Vnd Zur schulen gehalten, es hatt ihn aber Gott bald in seiner Jugend mit schwacheit an seinen gliedern ersuchet, das er nicht viel ausgehen können, darumb als ihm seine eltern mit tode abgangen hatt er sich im 43. Jahr seines alters in den ehestandt eingelassen mit des weiland Ehrenv. Vnd wolgeachten Stephan **Schretern** (471) Dienerin, Anna, mit welcher er ins 8. Jahr friedlich gelebet, Vnd aus Gottes segen zwo töchter gezeuget davon noch eine im leben. Ao 1.6.23. hatt ihn Gott im betrübten Wittbenstand gesetzet in welchem er Zum andernmahl Zur ehe genommen Mariam Jochim **Falckenberg** N.W. (472) mit der er friedlich gelebet ins 6. Jahr. bies ihn nun der liebe Gott mit leibes Kr: angegriffen, in welcher ihn auch Gott am Vergangnen Donnerstag Vmb 1 Vhr nach mittage Von dieser Welt abgefordert im 56. Jahre seines Alters. Seines Christenthums hatt er ein gutt gezeuchnus. Die Leichpr hatt M. **Lepner** gehalten in templ: opp: ex 7. cap: Marci Er hatt alles wolgemachet.

[Witt 416]

269 Christoph Presig, ✶ Passenheim, Kr. Ortelsburg 1583, ✝ 7. 9. 1629

Christoph Presig

Sepult. 9 Sept.

Ist Ao 1.5.83. Zu Passenheim an diese welt Von Christlichen eltern gebohren, als Von Alexandro **Presig**, einem Tischler, Vnd Vrsula N. Von diesen ist er Zur tauff Vnd nachmahls Zur schulen geschicket, Vnd weil er lust Zum ehrlichen Handwerck gehabt haben sie ihn Zum Bortenwercker in Elbing gethan, auff welches Handwerck er nach ausgestandenen 6 lehrjahren 14 Jahr in Teutschland gewandert Vnd endlich auch wieder Zu Vns kommen da er sich im 34. Jahr seines alters mit dieser seiner jetzigen Wittbe, Fr. Sophia, damahls Hans **Grefen** auch eines Bortenwerckers N.W. ehelich eingelassen, mit welcher er nun ins 9de Jahr friedlich gelebet, Vnd nur eine tochter geZeuget, die schon Verstorben. Seines Christenthums hatt er ein fast guttes geZeuchnus in allen stücken. Verschienen Montag hatt er sich Vnpaslich funden, da den die Kr. eilens Vberhand genommen. Am Vergangnen Donnerstage hatt er das Hochwürdige Abendmahl J.C. begehret Vnd empfangen. Darauff ein Testament gemacht. Vnd darin das Ministerium Hospitalen, Pauperes, *das Hospital, die Pauperschüler* auch bedacht, Vnd ist darauff am Freytage des Morgens Vmb 8 Vhr bei gutter Vernunfft im 43 [sic] Jahr seines Alters verschieden. Die Leichpr. hatt H M. **Lepner** gehalten in templ: opp:

[Witt 534]

270 Adrian Bock, ✶ Königsberg (Altstadt) 24. 12. 1605, ✝ 8. 9. 1629

Adrian Bocken sohn Adrian.

Sepult. 10 Sept.

Ist Ao 1605. den 24. Decembr: Von Christl: eltern alhier Zu Königsberg geboren, sein Vater ist der Erbar. Vnd Vornehmg: Adrian **Bock** (473), Bürger dieser Altenstadt, seine S. Mutter hatt geheissen Anna, Von diesen ist er nach empfahung der H. tauffe Vnd erreichung seiner Jahr Vleissig Zur schulen gehalten, da ers lesen, schreiben, Vnd rechnen

471 Ernst Witt: Lesung des Namens "Schreter" unsicher.

472 Maria **Lüdcke** ✝ 2. 5. 1630 (lfd. Nr. 415).

473 Adrian **Bock** ✝ 6. 12. 1633 (lfd. Nr. 624).

gelernet, nachmahl in Pohlen Vnd Littawen die sprache Zu lernen verschicket. Wie er wiedrumb Zu Hause kommen hatt ihn sein Vatter Zum H **Ciglero,** Chr. Dhtt, Zentmeistern gethan, dem er ein Jahr trewlich gedienet; Von dem hatt er sich mit Vorbewust seines Vatter Zum H Georg **Grunow** in Tilsit begeben Vnd drey Jahr ihm also trewlich gedienet, das er ihn gerne lenger behalten wollen. Weil es ihm aber da nicht lenger gefallen, hatt er sich nach der Zeitt from Vnd eingezogen bei seinem Vatter hier auffgehalten, Vnd desselben geschefft Vleissig Verrichtet. in Seinem Christenthum weis man nicht wiedriges. Am Vergangnen Donnerstage ist er mit Kr. befallen, darauff am vergangnen Sonnabend Vmb 8. berichtet, Vnd Zwischen 10 Vnd 11 Vhr desselbigen tages Zu mittage verschieden. im 24 Jahr seines alters. Die Leichpr hatt M. **Wolderus** in templ opp: gehalten ex 11 Joh: Lazarus Vnser Freund schlefft. [Witt 60]

271 MATZ(EN) ♀, ✶ BARTENSTEIN, KR. FRIEDLAND 1588, □ 12. 9. 1629

Greger Matzen Fr. (474)

12 Sept. Ist Ao 1.588. geboren, Ihr Vatter hatt geheissen Peter **Sahm**, Festbecker in Bartenstein, ihre Mutter Anna. Wie sie ihre Jahr erreichet hatt sie alhie bei Vornehmen Leutten gedienet, bies sie endlich beim H. Reinhold **Langerfeld** (475), im 26. Jahr ihres alters sich mit Ernst **Brewer** gesell, Korckenmacher, ehelig eingelassen, mit dem sie 7 Jahr gelebet ohn Leibes erben. Wie sie nach dieses absterben ein Jahr im Wittbenstande gesessen hatt sie sich anderweit in den ehestand begeben mit Greger **Matzen**, jetzigem Wittbern, mit dem sie 8 Jahr friedlich gelebet Vnd 5 Kinder gezeuget, davon ein sohn Vnd das kleine töchterlein Vor 3. Wochen noch am leben. In ihren wochen od Kr habe ich sie berichtet (476), ist im 41 Jahr ihres alters gestorben. Mehr ist hie nicht vermeldet worden. [Witt 438]

272 ELISABETH SCHULTZ, ✶ ALLENBURG, KR. WEHLAU 1574, ✞ 14. 9. 1629

Elisabeth Fridrich Schultzen Fr.

Sepult. 16 Sept. Ist Ao 1.5.74 Vor 55 Jahren Zu Allenburg in Preussen Von Christlichen eltern geboren, ihr Vatter hatt geheissen Valtin **Salomon**, die [ergänze: Mutter] Catharina **Weissels,** die sich allermassen nach ihrer geburt mit ihr Christlich gelehret, bies sie Erdman **Neuman** einem Tuchmacher in Welaw Verheyrathet worden mit deme sie 7. Jahr friedlich gelebet Vnd 3 Kinder, davon noch eins am leben. Wie ihr Gott diesen Mann genommen ist sie gantze 3 Jahr im Wittbenstande gesessen. Vnd nachmahls anderweit sich in die ehe eingelassen mit einem Schmackenschipper Von hie mitt nahmen Andres **Buder**; mit deme sie ohne leibes erben 6 Jahr gelebet in ehestand. Nach absterben dieses ist sie abermahl im wittbenstande geblieben drey Jahr, Vnd darauff Zur dritten ehe genommen jetzigen Wittbern (477) mit welchem sie 5 1/2 Jahr ohn erben friedlich gelebet.

---

474 Vorname nicht genannt, auch nicht im Namensregister am Ende des Kirchenbuches und nicht im Totenregister (EZA Sign. 2075). Zu den Registern siehe die Einführung S. 8 und S. 37.

475 Wohl Reinholdt **Langerfeldt** ✞ 16. 1. 1628 (lfd. Nr. 127).

476 Welcher Pfarrer ihr die Beichte abgenommen und wer ihre Leichenpredigt gehalten hat, ist nicht vermerkt.

477 Fridrich **Schultz** ✞ 22. 9. 1629 (lfd. Nr. 281).

In ihrem Christenthum ist Vnd kein übels Von ihr Wissend. Am vergangnen Sontage hatt sie Gott mit leibes Kr angegriffen, in welcher sie am vergangnen Donnerstag das H abendmahl empfangen vnd darauff in folgender nacht ihr leben beschlossen im 55. Jahr ihres alters. Die Leichpr hatt H M. **Lepnerus** gehalten in templ: Nicolait: ex 17 cap Luc: Jesu lieber Meister erbarm Dich Vnser. [Witt 670]

273 Christoph Bodden, ✶ Königsberg (Altstadt) 1596, ✝ 14. 9. 1629

Christopf Bodden.

Sepult 16 Sept. Ist Ao 1.596. in Vnser Altenstadt Von Christlichen eltern geboren, sein Vater hatt geheissen Valtin **Bodden**, Schmackenschipper Vnd Bürger dieser Altenstadt, seine Mutter Elisabeth, Von welchen er auch nach empfangner tauff Vnd erreichung seiner Jahr Zur schulen Vnd ferner Zun sprachen gehalten worden. Nachmahlen hatter sich auff die Handlung begeben Vnd beim H Hans **Raben** (478), Vnd Jacob **Hoffmeistern** etliche Jahr gedienet, Von welchen er auch ein gutt geZeuchnus hatt Ao 1.6.26. den 21 Septembr: hatt er sich mit der p.p. Fr. Anna **Meden,** S. Hans **Fridrichs** Apothekers im Lobenicht N. Wittib ehelich eingelassen, Vnd mit ihr 3 Jahr weinig 8 tage ohn leibes erben gelebet, Seines Christenthum hatt er nicht allerseitts Köstlich gezeuchnus gehabt. insonderheit seines burgerlichen vnd eusserlichen Wandels Vergangen sontage als er aus d Kirchen kommen hatt er das Heupt geclaget vnd sich geleget, da denn die Kr: je mehr Vnd mehr Zugenommen, also das er am Vergangnen Freytage früe todes Verblichen im 33 Jahr seines Alters Seine Fr hatt in seinem begrebnus ihm die schlüssel an die bahre gehangen H. M. **Halbach** hatt ihm in templ oppid: die leichpr. gehalten Textus fuit Epta dominicalis *Der Text war die Epistel des Sonntags* [Witt 64]

274 Jacob Körner, ✶ Münsterberg / Reg.-Bezirk Breslau um 1574, □ 17. 9. 1629

Jacob Körner, Leinweber.

Sepult. 17 Sept. Ist Zu Münsterberg in Schlesigen Von Christlichen eltern geboren, als von Martten **Körner**, Schultz alda, Vnd Margareta, Von welchen er auch nach andren Christlichen wercken im 15 Jahr seines alters auffs leinweber Handwerck in die lehre gegeben, auff welches handwerck er nach ausgestandenen drey lehr jahren Vleissig gewandert bies er Zu Graudentz sich mit Elisabeth, einer Wittfrawen ihres Handwercks ehelich eingelassen, mit der er in diesem stande 2 Jahr gelebet, Vnd eine tochter gezeuget Nach abgange dieses seines Ehegattens hatt er mit einem gutten testimonio *Zeugnis* Von gantzen gewerck Zu Graudentz hie her begeben. Vnd durch Gottes schickung anderweit Zur ehe genommen Estehr Jacob **Werbers** Wittib, mit welcher er 23 Jahr friedlich gelebet, Vnd Zwene sohne gezeuget, die schon verstorben. Seines Christenthums hatt er ein gutt gezeuchnus. Seine Kr hatt fast eine geraume zeit gewehret, in welcher er das Hochwürdig: abendmahl auff embsiges begehren empfangen. Vnd darauff sein leben im 55 Jahr seines alters geendiget. Die Leichpr hatt M. **Wolderus** in templ Nicolajti gethan ex 7. cap. Hiobi v. 1. [Witt 351]

---

478 Bei Hans **Rabe** ✝ 22. 11. 1627 (lfd. Nr. 120), ebenso wie Daniel **Kabovius** ✝ 9. 10. 1629 (lfd. Nr. 300)?

275 ANNA STANGE, ✶ KÖNIGSBERG (STEINDAMM) 1584, ✝ 15. 9. 1629

Anna, Hans Stangen Fr.

Ist Ao 1.584. Von Christlichen eltern geboren, ihr Vatter hatt geheissen Hans **Fiedler**, Bürger Vnd Gerichtsverwanter vffm St: die Mutter Anna, welche ihre Tochter Zur tauffe vnd schulen gesand, Vnd nachmahlen Sebastian **Käseler** Zur ehe gegeben, mit welchem sie in 5. Jahren zwene Kinder einen sohn Vnd tochter geZeuget, davon die tochter noch am leben. Wie sie Gott durch dieses Mannes tödliche abforderung in den Wittbenstand gesetzet, ist sie ein Jahr darin Verblieben, Vnd da sich anderweit in den ehestand begeben mit Daniel **Wieben** schuster Vnd mitbürgern, mit welchem sie 12 Jahr zusammen gelebet Vnd 5. söhne geZeuget davon noch zwene am leben. Nach dieses Mannes tödlichem abgang ist sie abermahl ein Jahr Wittbe geblieben Vnd darauff Zur dritten ehe genommen Hans **Stangen** mit dem sie 2 1/2 Jahr friedlich ohn leibes erben geleget. Ihr Christenthum ist ohn tadel Vnsres Wissens. Vor wenig tagen hatt sie Gott mit leibes Kr: angegriffen, in welcher sie am Vergangnen sonnabend Zwischen 3 Vnd 4 Vhr ihr leben geendet im 45 Jahr ihres Alters. Die Leichpr. hatt H M. **Halbach** gehalten ex ψ. 121. v. 3.4.5.6. (479) [Witt 690]

276 GABRIEL ECKHORST, ✶ LÜBECK 1593, ✝ 17. 9. 1629

Gabriel Eckhorst, Hutstafierer. etc.

Sepult. 18 Sept.

Ist Ao 1.5.93. In Lubeck geboren, sein Vatter hatt geheissen Otto **Eckhorsst** bürger daselbst, seine Mutter aber die noch am leben Vnd Zugegen Elisabeth. Diese eltern haben ihn nach empfangung d H. tauff., Vnd ferner gepflogener Christlicher Zucht, im 18 Jahr seines alters nach Rostock Zu einem Huttstafierer Verthan, bei welchem er 7 Jahr in d lehr sich trewlich verhalten, laut seines ertheileten gezeuchnusses, nachmahls auff diese arbeitt in die Frembde versuchet bies er auch Zu Vns kommen da er durch sonderliche schickung Gottes sich mit des w. Erbr: Vnd wolgeachten Hans **Vetters** Fleischawers Vnd Bürgers dieser Altenstad Freiheit St.[eindamm] nunmehr seine betrübte Wittib Ao 1.6.24. ehelich eingelassen, mit welcher er 5 jahr Vnd 8 wochen friedlich gelebet, Vnd 2 Kinder 1. sohn Vnd tochter die schon Verstorben gezeuget. Seines Christenthums hatt er kein wiedriges geZeuchnus. Heutt 8 tage hatt er sich etwas übel befunden also das er sich auch bald mittwochs darnach Zu bette legen müssen. Darauff er ferner folgenden tag das Hochw. abendmahl empfangen. Vnd gestern morgen Zwischen 5 Vnd 6 Vhr. Von Gott durch den zeittlichen tod aus dieser welt abgefordert im 36 Jahr seines alters. Ist mit der **Stangischen** in eine Leichpr. kommen.
[*Siehe den vorstehenden Lebenslauf*] [Witt 123]

277 JONAS ZORNICHT, ✶ HOHENSTEIN I. OSTPR., KR. OSTERODE I. OSTPR. 1595, ✝ 17. 9. 1629

Jonas Zornich Cantor Scholae N[ost]rae.

Sepult. 19 Sept.,

Ist Anno 1595 Zu Hohenstein gebohren. Sein H Vater hatt geheissen Jacobus **Zornicht** Polnischer Pfarr (480) daselbst Seine Mutter Sara

---

479 Ist mit dem nachfolgenden Gabriel **Eckhorst** gemeinsam bestattet.

480 Jacob **Zornicht**, seit 1608 Diakon zu Hohenstein (QMS19/7, S. 2058).

Heldin. Welche seine Eltern Ihn nach empfangener tauff, haben sie Ihn in d Zucht Vndt Vermahnung Zum Herren aufferZogen, Vndt als er ettwas erwachsen Ihn nach Bartenstein (481) in die Schule geschickt. Nachmahls hatt Ihn sein Ohm Samuel **Meyer** nach Posen genommen, Von dannen in Italien Vnd Hollandt Verschickt, Von dannen er wieder kommen, Vnd seinen tisch gehabt bey Hieronymo **Jering** im löbenicht, welchem Er seine Kinder nebenst ann instituiret *unterrichtet* daneben aber sich auffs Studium Medicum gegebenVnd grosse lust Zur Wissenschafft der Kreuter getragen. Weill Er aber Von natur Zur Musica inclieniert *geneigt* gewesen, als hatt Ihn E.E. Raht der Altenstadt Ao 1612 Zum Johan **Petersen** Verschickt, von welchem Er πραξιν Musicam (482) *die Ausübung der Musik* herrlich gefast Ao 1614 hatt Ihn E.E. Raht Zum Cantore angenommen. was für eine herrliche Musicam wir Zu seiner Zeitt in der Kirchen gehabt, wirdt die gantze Gemeine dieser Stadt Zeugen, Vndt mag Vnsere Kirche woll sagen: Sie habe so einen trefflichen Cantorem nicht gehabt, werde auch woll seines gleichen so balde nicht bekommen. Ao 1619 hatt er sich Verehligett mit Fr. Dorothea (483) S. Heinrich **Waldthewers** NW, mitt welcher Er 10 Jahr gelebt mit Ihr 6 Kinder geZeugett 3 Söhne Vndt 3 Töchter davon 1 tochter v. 2 Sohne Vbrig (welche aber balde nach der Mutter tod, die 4 wochen nach ihm gestorben auch todes Verblichen) den 15 wardt Er peste Kranck, Communiciret den Sontag V. starb zwischen 12 V. 1 in d nacht Aetat. 36 [sic]. **ML** hatt die Leichpred. gethan. War ein recht lustiger Man, wardt geliebt, auch von etlichen gehasset, ob Er wol seine naevos *Eigenarten* gehabt: so mag man Von Ihm woll sagen: Tum demum homines nra intelligimus bona, cum q in potestate habuimus ea amissimus. *Erst dann erkennen wir Menschen, was wir Gutes haben, wenn wir verloren haben, was wir in unserer Macht hatten.* Schlimm sagt man da Er lebt, nun hett man Ihn gern wieder. [Witt 837]

278 HANS SASSE, ✶ KÖNIGSBERG (STEINDAMM) 27. 8. 1593, ✝ 19. 9. 1629

Hans Sasse, Böttcher.

Sepult. 21 Sept.

Ist Ao 1.593. den 27. Augusti alhie vffm St: gebohren, sein Vatter hatt geheissen Bartholomeus **Saß**, bürger Vnd Böttcher alhie, die Mutter, so noch am leben, heist Elisabeth, selbige eltern haben diesen ihren sohn Chro dem H. durch die tauffe einverleibden lassen, Zur schulen gehalten, Vnd in aller gottesfurcht erZogen, wie ihn den auch sein Vatter das Böttcher Handwerck gelehret, auff welches er nachmahls in frembde örther gewandert, bies Ao 1.6.29 da hie Meister worden Vnd in seinem 30sten Jahr sich mit der damahls Ehr Vnd tugends. Jungfr. Benigna, seiner jetzigen Wittben, des Erbaren Vnd wolgeachten Georg **Rosenbawms,** Preusch Freigen Vnd landgeschwornen Zu Pinneckow im Medenawschen (484) eheliche T. sich in den standt der H. ehe begeben. Vnd mit ihr drey sohne Vnd 1 tochter, so noch alle am leben, geZeuget. Vor Viertzehn tagen ist er abends Vmb 7 Vhr Kr. worden, in solcher Kr: Vleissig gebetet, Vnd den 19 Sept: Vmb 12 Vhr Zu mittage sanfft Vnd selig im H

---

481 Bartenstein, Kr. Friedland.

482 Das Wort πραξιν in griechischer Schrift.

483 Dorothea **Zornicht** ✝ 12. 10. 1629 (lfd. Nr. 306).

484 wohl Pillkoppen, Kr. Fischhausen.

entschlaffen im 36. Jahr seines alters. Seines Christenthums ist hir nicht gedacht, so kenne ich auch allermassen diesen Mann nicht. Die Leichpr: hat H M. **Halbach** gehalten ex 1. Cap Nahum v. 7.8. [Witt 603]

279 Christoph Baumgartten, ✶ Königsberg 1593, ✞ 20. 9. 1629

Christoph Baumgartten.

Sepult. 23 Sept

Ist Ao 1.5.93. Von Paul **Baumgartten** seinen Vatter d noch am leben, Vnd Elisabeth seiner Mutter, die noch am leben, alhie geboren, Zur tauff befordert, Zur schulen geschicket, bies er etwas erwachsen da ihn sein Vatter das nagelschmied Handwerck gelehret, worauff er in die Frembde etliche Zeitt gewandert, Vnd da er wiedrumb anhero kommen, beim Vatter gearbeittet, mit dessen rath er sich auch weitter ehelich eingelassen mit Georg **Wolfs** N.W. mit der er in 8 Jahren Weiniger 9 Wochen 1. Tochter geZeuget. die schon verstorben. Seines Christenthums Vnd eusserlichen Wandels hatt er allerseitts ein guttes lob. Ohn gefehr vor 4 Wochen hatt ihn Gott mit leibes Kr. vnd sonderlich mit schwacheit des Hauptes angegriffen, in welcher Zeitt er das hochw. abendmahl begehret Vnd empfangen. Vnd am Vergangenen Donnerstage des Morgens Zwischen 9. Vnd 10. fein sanfft entschlaffen. im 36. Jahr seines alters. Die Leichpr. hatt H. M. **Halbach** gehalten ex ψ. 116. V. 15. (485) [Witt 29]

280 Hans Ölrich, ✶ Bergedorf / Hamburg 1595, ✞ 22. 9. 1629

Hans Ölrich.

Sepult. 23 Sept.

Ist Ao 1.5.95. Zu Barckdorff. Zwo meilen Von Hamburg Von Christl. eltern an diese welt geboren, sein Vatter S. hatt geheissen Niclas **Ölrich**, seine Mutter Margareta, Von denen ist er Zur tauffe befordert Zur schulen gehalten, Vnd ferner in aller Gottesfurcht erZogen. Weil sie ihm aber Zeittig mit tode abgangen ist er von seiner Freundschafft anhero gesandt da er bei Wolfrat **Münkenbeck** 7 Jahr trewlich gedienet, Vnd das Huttstafieren gelernet, worauff er sich auch in die Frembde versuchet, bies er wiedrumb Zu Vns kommen Vnd Ao 1.6.21. den 14 Apr: sich ehelig eingelassen mitt der, damahls, Ehr- Vnd tugendsamen Jungfr. Christina (486) mit welcher er 5. Jahr in stiller ehe gelebet, Vnd 2 sohne 2 töchter geZeuget, die schon gestorben. Nach tödlichen abgang dieser Fr hatt er ein Jahr im Wittbenstand gesessen, Vnd darauff anderweit Zur ehe genommen die Ehr Vnd tugends: Fr. Saram, S. Lenert **Junckers**, mitbürgers Vnd Handelsmans in Dantzig. N.W. mit welcher er drey Jahr gelebet Vnd aus Gottes segen, einen sohn gezeuget, der schon Verstorben, auch hatt er seine Fr mit leibes Früchten gesegnet, ietzo Verlassen. Seines Christenthums hatt er ein löblich geZeuchnus. Am Vergangnen Donnerstag 8 tage Zur nacht hatt ihn Gott mit jetz grassirender Pestseuche angegriffen, die doch, ob man woll der besserung gehoffet, merer Zugenommen, also das er am vergangnen Sonnabend Zwischen 11 vnd 12 Vhr in d nacht im 34 Jahr seines alters Todes Verblichen, Ist mit Christoph **Baumgartten** in eine Leichpr. Vffm St: Kommen.
[*Siehe den vorstehenden Lebenslauf*] [Witt 747]

---

485 Zusammen mit dem nachfolgenden Hans Ölrich in der gleichen Trauerfeier.

486 Christina **Ulrich** ✞ 19. 5. 1626 (lfd. Nr. 28).

281 FRIDRICH SCHULTZ, ✶ KÖNIGS WUSTERHAUSEN, KR. TELTOW / PROV. BRANDENBURG 1587, ✞ 22. 9. 1629

Friedrich Schultz

Sepult. 24 Sept.

Ist Ao 1.5.87. Vor 42 Jahren Zu Westerhausen in d Chur Brandenburgk Von Christlichen eltern geboren, als Vom Vatter Fridrich **Schultzen**, Vnd Anna **Behmen**, seiner Mutter, Von denen auch Zur tauffe gesand, Vnd ferner Zu allem gutten gehalten. Weil ihm aber seine eltern fast zeittig mit tode abgangen hatt er sich in der Jugend bei frembden leutten Vmbstossen müssen, bies er im 20sten Jahr seines Alters im Städlein Witstock in d Marck (487), bey dem Kunstreichen Nicolao **Michel** Goldschmied (488) sich in die lehr Vff 5. Jahr gegeben, Welche er auch, laut seines geZeuchnus, richtig Vnd ehrlich ausgestanden, Vnd hierauff ferner gewandert, also das er auch Zu Vns kommen, Vnd eine Ziemliche Zeit Vffm Handwerck gearbeittet, Weil er aber Vnvermöglichet halber die Brüderschafft Vnter den Goldschmieden nicht gewinnen können, sondern ihm eine Heyrath Vnter den Höckern Zu Handen stossen, in deme er des S. Andres **Buders** Wittib (489) gefreyget, Vnd also in d nahrung des Hackelwercks (490), die 6 Jahr vber die er mit ihr ohn leibes erben gelebet, sich gebrauchet. Seines Christenthums Vnd eusserlichen Wandels hatt er ein gutt geZeuchnus gehabt. Wie er gestern 8 tage seine Fr. begraben lassen, ist er Kr Zu Hause kommen, das er sich legen müssen, in solcher Zeitt hatt er am Vergangnen Mittwoch das H Abendmahl empfangen, Vnd darauff am Verschienen Sonnabend Zu mittage Vmb 12 Vhr im 43 Jahr seines alters Von Gott durch den Zeittlichen tode aus dieser Welt abgefordert. Die Leichpr hatt M. **Wolderus** in templ Nicol: gehalten ex ψ. 116. v. 7.8.9. [Witt 671]

282 BARBARA VON PAERSEN, ✶ KÖNIGSBERG (ALTSTADT) 1561, ✞ 22. 9. 1629

Fr. Barbara S. Wilhelm Perschen N.W.

Sepult. 24 Sept.

Ist Ao 1.5.61. alhier Zu Konigsberg geboren Ihr S. H Vater ist gewesen der p.p.p. Christoph **Hoffmeister** Wolverdienter RahtsVerwander dieser Altenstadt die Mutter Fr. Catharina **Belertin**. Diese eltern haben sie Chro dem H. durch die tauffe einverleibden lassen, nachmahls Zur schulen gehalten, Vnd ferner in aller Gottesfurcht erZogen. Ao. 18 Aetat: Haben sie dieselbe Zur ehe gegeben Dem EhrenV. Vnd Vornehmgeachten H. Wilhelm **Von Pärsen** etc: Mit welchem sie 34 Jahr gelebet Vnd 7 Kinder Zwey söhn Vnd 5. Töchter gezeuget, davon noch 1 sohn 2 töchter am leben. Von Ao 1.6.15 an, da sie Gott in den betrübten Wittbenstand gesetzet, ist sie darin bies hieher Verblieben, Vnd hatt sich Christlich Vnd woll darin verhalten. Ihres Christenthums Vnd eusserlichen lebens ist ihr ein guttes Zeuchnus gegeben worden. Vor etzlichen wochen hatt sie Gott mit leibes Kr angegriffen, in welcher sie am Vergangnen Mitt-

---

487 Wittstock, Kr. Ostprignitz (Brandenburg).

488 Das Wort "Goldschmied" über der Zeile eingefügt.

489 Elisabeth **Schultz** ✞ 14. 9. 1629 (lfd. Nr. 272).

490 Hakelwerk: eine hölzerne, aus Pfählen und Buschwerk errichtete Umzäunung oder Befestigung um ein Haus oder Grundstück. Dazu auch Fritz Gause: "Auf dem Sackheim gab es das einzige 'Hakelwerk' der Königsberger Geschichte …. Da dieses aber im Handel mit Salz, Brot …. bestand, war es keine Umzäunung oder Befestigung, sondern eine Hökerei". In: Gause (wie Anm. 59), S. 395, Fußnote 47.

woch das H. abendmahl empfangen. Vnd wie vor geschen, also auch nachmahls ihren willen Gott ergeben, der sie am Vergangnen Sonnabend Zwischen 6 Vnd 7. Vhr sanfft Von dieser welt abgefordert Vnd der seelen nach in sein reich versetzet. Sie hatt verordnet (491) nach ihrem abschied jedem ministro verbi *Diener des Wortes (Pfarrer)* dieses ortts 10 Rcht Zugeben, Vnd den Schulgesellen jedem 2. Welches auch richtig einbehendiget. H. M. **Halbach** hatt die Leichpr: gehalten in templ: opp: ex Philip: 1. v. 23. [Witt 506]

283 Martin Herrendorff, ✶ Allenau, Kr. Friedland 1595, ✝ 23. 9. 1629

Martin Herrendorff.

Sepult. 25 Sept.

Ist geboren Zur Allenaw Ao 1.5.95. sein Vatter hatt geheissen Fridrich **Herrendorff**, die Mutter Erdmuth, welche ihn Zur tauff gesand, Vnd ferner Zu allen tugenden gehalten, auch da er ein weinig Zu Jahren kommen, das schuster Handwerck lehren lassen. Darauff er 9. Jahr gewandert, Vnd Ao 1.6.22 Vor 7. Jahren alhie darauff Meister worden, sich auch in den ehestand begeben mit der, damahls tugendsamen Jungf Elisabeth (492) des S. Matthes **Matzcken** schusters Vnd mitbürgers dieser Altenstadt N. Tochter, mit der er 7 Jahr stille Vnd friedlich gelebet drey Kinder 1 sohn Zwo töchter gezeuget, davon noch beide töchter am leben. (493) seines Christenthums Vnd eusserlichen Wandels hatt er ein gutt geZeuchnus denn er vor seiner Frommigkeit der fromme Martin genennet. Heut 8 tage ist er plötzlich Kr: geworden, in solcher Kr: hatt er Vleissig gebetet, Vnd sich Gott befohlen, der ihn am vergangenen Sontage Zu Mittage im 34 Jahr seines alters von dieser Welt abgefordert. Die Leichpr. hatt M. **Lepner** gehalten. Textus fuit. Rom 8. Si Deus pro nobis etc *Text war Römer 8 Wenn Gott für uns usw.* [Witt 276]

284 Paul Meyer, ✶ wo? wann?, □ 25. 9. 1629

Paul Meyer. (494) [Witt 453]

285 Salomon Braun, ✶ Elbing um 1611, ✝ 24. 9. 1629

Salomon Braun.

Sepult. 25 Sept.

Ist vor 18 Jahren in Elbing geboren, sein Vatter hatt geheissen Michel **Braun**, Meltzenbrewer daselbst, die Mutter Dorothea, Von welchen er auch nach empfangung der H tauffe Christlich erZogen Ao 1.6.28 haben sie ihn H Christian **Roden** , Goldschmied bein Vns Zu gesand den 29. Sept in 4. Jahren die Kunst Zu lernen. Bey demselben hatt er sich diese Verflossene Zeit still, from, gottfürchtig verhalten, Vnd sich in wehrender Zeit offters Zum H. Abendmahl gefunden. Weil aber in jetziger Zeit leider die exercirung im Kriegswesen bein Vns auch mus getrieben werden, Vnd E.E. Raht Vnser Altenstadt ihn darzu tüchtig erkand wie er den

491 Das Wort "verordnet" über der Zeile eingefügt.

492 Elisabeth **Herrendorff** ✝ 22. 2. 1630 (lfd. Nr. 398).

493 Im Totenregister (EZA Signatur 2075 – siehe hierzu in der Einführung S. 38) heißt es bei seinem Begräbniseintrag jedoch: "samt seinem Kinde Anna von 4. Jahren".

494 Eintrag zwischen zwei Beerdigungen am 25. 09. 1629, alle Angaben fehlen, eine halbe Seite ist im Kirchenbuch freigelassen. Im Totenregister heißt es bei seinem Eintrag: "Ist mit Herndörfer in eine Leichpredigt kommen".

berichtet das er sich in Elbing schon solches wesens bevlissen, sein lehrherr auch gestrigen tages Zu diesen werck, das er wie vorhin geschehen, sich selbst darZu gefunden hatte, nicht allerseits wol auff gewesen, Vnd derowegen ihn hingesand, Ist er in der musterung da man das Salve geschossen Von einem Vngeubten menschen am Haupt also todlich verwundet, das er alsbald sein leben aufgegeben im 18. jahr seines Alters. Die Leichpr hatt M **Wolderus** in templ: opp. gehalten ex 1. cap: Eccl. Es weis d mensch seine Zeit nich. [Witt 74]

286 Hans Biefeldt, ✶ Pobeten, Kr. Fischhausen 1592, ✝ 24. 9. 1629

Hans Biefeldt.

Sepult. 26 Sept. Ist Ao 1.5.92. Vor 37. Jahren Zu Pobeten im Grunhofischen Von frommen eltern an diese welt geboren, sein Vatter heisset Peter **Biefeld,** ein schuster jetzo Zu Germow (495) wohnend, die Mutter so vor 2 1/2 Jahren verstorben hatt geheissen Gertrud. Diese eltern haben ihn anfencklich zur tauffe, ferner Zur schulen gesandt, Vnd wie er nachmahls etwas Zu Krefften kommen hat ihn sein Vatter das schusterhandwerck gelehret, worauff er etliche zeitt gewandert. Als er aber wieder Zum Vns gelanget, Vnd eine geraume zeit alhier gearbeittet hatt er sich, durch schickung Gottes ehelich eingelassen mit der, damahls, tugends. Jungfr: Catharina, des Erbar Vnd wolg: Meister Georg **Schnelwalts** T. jetzo seiner betrübten Wittib, Ao 1.6.22. den 16. Aprill: mit derselben er 7 1/2 Jahr friedlich gelebet Vnd 4 Kinder geZeuget, als 3 töchter Vnd einen sohn davon noch der sohn Vnd eine tochter am leben. Ao 1.6.27 vff Reminiscere ist er ins gericht vffm St gekohren. Darin er sich, wie auch in seinem Christenthum, Vnd burgerlichen leben, loblich Vnd woll verhalten. Am Vergangnen Freytage hatt er sich fast Vnpaß befunden, also das er folgenden Sonnaben nicht aus dem auffstehen können. Welche Kr: den ferner also Zugenommen das er Vergangnen Montag Zu Abend Zwischen 8 Vnd 9. Vhr im 38 Jahr seines alters sein leben geendiget. Die Leichpr hatt H M. **Halbach** in templ: Nicolai gehalten ex ψ 42. [Witt 51]

287 Regina Hipp, ✶ Zinten, Kr. Heiligenbeil um 1579, ✝ 26. 9. 1629

Regina, Paul Hippen Fr.

Sepult. 28. Sept. Ist Vor 50 Jahren Zu Zintten geboren, ihr Vatter hatt geheissen, Hans **Satt**, ein rademach, die Mutter Dorothea, Von denen ist sie nach der tauff ferner Christl. ErZogen, Wie ihre Vatter ihr abgestorben, hatt sie im 9. Jahre Ihres Alters sich Zu andren leutten in Zinten bald im Dienst begeben müssen, bies sie im 15. Jahr anhero neher Königsberg kommen, Vnd erstlich, beim H. Sebastiano **Artemonede** 2 Jahr, nachmahls bei der Fr. Christoph **Winterschen** Burgermeisterin, 9. Jahr, Vnd nach derselben tode bei ihrer Schwester Vrsula gedienet, bei welcher sie Meister Paul **Hipp** Ao 1.6.06. den 13 Sontag nach Trinit: geehliget, Vnd also ins 23. Jahr mit ihr friedlich gelebet, auch ein Tochterlein geZeuget, das schon todes verblichen. Ihres Christenthums Vnd eusserlichen lebens hatt sie ein gutt geZeuchnus. Newliche Zeit hatt sie sich auffgemachet nach der Tilsit, ist aber Vnterwegens Kr. das man sie Von der Tilsit alsbald, auf ihr begehren, anhero bringen müssen. Da ich den Zu ihr geholet, aber nichts mit ihr handlen können, ohn das sie wenn ihres erlösers J.C. ge-

495 Germau, Kr. Fischhausen.

dacht, sie abmerckung gegeben das sie es Verstünden: Vnd darauff hatt sie Gott desselbentages, war vergangen Mittwoch Zu abend Zwischen 5. Vnd 6. Von dieser welt abgefordert. Die Leichpr. hatt M. **Wolderus** gethan am Michaelis abend in templ. opp: aus dem fest Evangelio Matt 18. Es sey denn das ihr Vmbkehret Vnd werdet etc. [Witt 292]

288 Sophia Greis, ✶ Königsberg (Altstadt) 1599, ✞ 28. 9. 1629

Sophia Mullersche Hans Greissen Fr.

Sepult. 29. Sept.

Ist Ao 1.5.99. Von Hans **Mullern**, Burgern dieser Altenstadt Vnd Sophia H. Michel **Lölhofels** Ehl. T. ihrer Mutter, geboren, Zur tauffe befordert, Vnd ferner Christlich erZogen, Ao 1.6.21 hatt sie sich ehelich eingelassen, mit dem EhrenV. Vnd wolg: Hans **Greisen**, mit welchem sie ins 9. Jahr friedlich gelebet Vnd 3 Kinder, die diese Zeit abgestorben, geZeuget. Ihres Christenthum, eusserlichen leben, Vnd erZihung der stiefkinder, hat sie ein ruhmlich geZeuchnus. Ihr Kr: anrührend, kommt die selbst anfangs aus mühe Vber der ihrigen absterben, darZu nachmahls die seuche der pest sie selbst auch getroffen. In werender Kr hab ich ihr das Hochw. Abendmahl gereichet. Darauff ist sie in dieser Kr: 28. Sept: Vmb 4 Vhr des Morgens im H. selig entschlafen im 30 Jahr ihres alter. Die Leichpr hatt M. **Wolderus** in temp: opp: gehalten ex 19 Hiobi cap: Srio q red: (496) welchen text ihr Eheman schrifftl. begehrete Zu erkleren. [Witt 207]

289 Estehr Selig, ✶ Königsberg (Altstadt) um 1571, ✞ 30. 9. 1629

Christoph Seligs Fr Estehr.

Sepult. 2 Oct.

Ist Von Christlichen eltern geboren, ihr Vatter hatt geheissen Simon **Saltzberg** burger Vnser Altenstadt, auff der Krämer Brugken (497) wohnhafftig, ihre Mutter Vrsula. Ao 1.5.93. im 22 Jahr ihres Alters, ist sie Thomae **Hoppen**, einem Goldschmiede gesellen ehelich versprochen, mit selbigem hatt sie 16 Jahr friedlich gelebet, Vnd 4 sohne 4 töchter geZeuget, davon noch Zwo töchter im leben. Ao 1.6.10. ist dieser eheman verstorben, da sie Wittib blieben 2 Jahr. Ao 1.6.12. hatt sie anderweit Zur ehe genommen Matthes **Jeckeln**, Goldschmidt, mit dem sie 14 Jahr gelebet, Vnd 2 töchter gezeuget davon noch eine am leben. Nach absterben dieses hatt sie ein Jahr im Wittbenstand Zugebracht, Vnd darauff mit H Christoph **Selig** in den ehestandt eingelassen, mit welchem sie, Zwar nicht allerseits friedlich, 3 Jahr gelebet. Bies sie den 20 Sept: Kranck worden. 26 Comm: am Sontage vfm abend Vmb 8 Vhr im H. Selig entschlaffen, das ihr gantzes alter worden 58 Jahr, Mehr ist hie nicht von ihrem leben verzeichnet gewesen, sondern ihres Christenthums gedechtnus H M. **Lepnero** Zugestellet der ihr in templ: opp: die Leichpr: gethan. [Witt 607]

---

496 Wohl Hiob 19, 25: scio enim quod redemptor meus vivat. *Aber ich weiß, dass mein Erlöser lebt.*

497 Brücke über den Pregel zwischen Altstadt und Kneiphof.

290 ALBRECHT GRÜNFELD, ✶ KÖNIGSBERG (ALTSTADT) 1546, ✞ 30. 9. 1629

Albrecht Grünfeld, Gürteler

Sepult. 2 Oct. Ist Ao 1.5.46. geboren, sein Vatter hatt geheissen Albrecht **Grünfeld** Burger Vnd gurtteler dieser Altenstadt, die Mutter Anna. Von denen ist er nach Christlicher gebühr erzogen. Vnd wie er etwas Zu Jahren kommen, hatt ihn sein Vatter das gurteler Handwerck gelehret, darauff er gewandert. Als er aber wieder anhero kommen hatt er sich Ao 1.5.83. in den Stand der H. Ehe eingelassen, mit der damahls, Erbr: Vnd tugends: J. Helena, mit welcher er in 18 Jähriger ehe zwene sohne Vnd Zwo töchter geZeuget, davon noch eine töchter am leben. Nach absterben dieser Fr. Vnd jährigen Wittbenstandt hatt er sich anderweitt ehelich eingelassen mit der p.p. Fr. Margareta, S. Georg **Mayen** burgers Vnd Gurtelers Alhier N. Wittib mit welcher 27 Jahr friedlich gelebet, Vnd 2 sohne. 2 töchter (498) geZeuget, davon 1 sohn schon Verstorben. Seines Christenthums Vnd eusserlichen lebens hatt er ein gutt geZeuchnus allerseitts gehabt. Heutt 14 tage hatt ihn Gott mit hartter leibes Kr angegriffen, darin er Vergangen Freytag das H. Abendmahl empfangen. Vnd am Vergangnen Sontag sein leben selig beschlossen, im 83 Jahre seines alters, Die Leichpr. hatt M **Lepner** gethan in templ opp: ex 26. cap: Esajae. Gehe hin mein Volck. etc. [Witt 217]

291 JACOB BERENDS, ✶ LÜBECK 1606, ✞ 3. 10. 1629

Jacob Berends, Huttstafirer, gesell.

Sepult. 5 Oct. Ist Ao 1.6.06. in Lübeck geboren, sein Vatter ist gewesen, Hinrich **Berens**, bürger Vnd becker daselbst, seine Mutter, die noch am leben, heist Anna. Von diesen ist er Zur tauffe Vnd schulen schicket, Christlich erZogen, Vnd im 14. Jahr seines alters Zu H. Abraham **Feldman**, bürgern Vnd Hutstafierern daselbst, gethan, bei welchem er 6 Jahr in der lehr, laut seiner testimonij, sich wollverhalten. Nach ausgestandenen lehrjahren, hatt er draussen etliche Städte ersuchet, Vnd endlich auch Zu Vns kommen, da er sich eine Zeitt bei d Fr Claus **Krämerschen** auffgehalten, nachmahl Zu S Gabriel **Eckhorst** sich begeben, Vnd bei ihm 2 Jahr gearbeittet. Seines Christenthums hatt er bei Vns die Zeit hero gutt geZeuchnus behalten. Am Vergangnen Michaelis tage, da er in Vnser Kirchen Zur Comm: *zum Abendmahl* gewesen, ist der Kr: Zu Hause kommen, hatt sich stracks legen müssen, bies er am Vergangnen Mittwoch in 23. Jahre seines alters, Von Gott durch den Zeittlichen tod aus dieser Welt abgefordert. Die Leichpr hatt M. **Wolderus** in templ Nicolait: gehalten ex 7. Cap: Lucae: Jünglich ich sage dir stehe auff etc. [Witt 41]

292 BARBARA ALBRECHT, ✶ BISCHOFSTEIN, KR. RÖSSEL 1608, ✞ 5. 10. 1629

Barbara, Martin Albrechts, Steinhawers Fr.

Sepult. 7. Oct. Ist Ao 1.6.08. Zu Bischoffstein an diese Welt geboren ihr Vatter hatt geheissen Ambrosius **Hupler**, burger Vnd einwohner da, die Mutter, Hedewig, Von welchen eltern sie Zur tauffe befordert. Vnd Zur schulen gehalten Vnd in aller Gottesfurcht erZogen, bies Ao 1.6.24. da sie sich anhero Zu ihrer schwester begeben, Vnd bey ihr bies Ao 1.6.28. trewlich

---

498 Diese beiden Töchter sind Elisabeth **Grünfeld** ✞ 28. 11. 1629 (lfd. Nr. 363) und Gertrud **Grünfeld** ✞ 3. 11. 1629 (lfd. Nr. 350).

Vnd stille sich verhalten. Da ist sie dem Erbr: Vnd Kunstr: Martin **Albrechten** Steinhawern Zur ehe gegeben, Vnd mit ihm 52 wochen weinig 1. tagk friedlich gelebet. Am Vergangnen Dingstag Zu nacht ist von Gott mit schwerer leibes Kr: angegriffen. Am Donnerstage hatt sie Gott mit einer Jungen Tochter entbunden, Vnd darauff Vber Verhoffen, weil sie sich nach entbindung woll befunden, durch den zeittlichen tod Vnd 1. Vhr Zur nacht Von dieser welt abgefordert. Ihres Alters 21. Jahr Im ministerio ist Vns Kein Vbel von ihr wissend. [Witt 6]

293 Hans Fleischer ✶ Königsberg (Steindamm) 1586, ✝ 4. 10. 1629

H. Hans Fleischer.

Sepult. 7 Octob.

Ist Ao 1.5.86. alhie vffm St. geboren, sein Vatter ist gewesen der auch Erbar Vnd Wolg: Jacob **Fleischer**, bürger Vnd tuchmacher, seine Mutter S. Elisabeth, Von welchen er Zur tauffe befordert, Zur schulen gegeben, Vnd ferner Zu allem gutten erZogen, Vnd weil er lust Zu seines Vatters Handwerck gehabt hatt er ihm dasselbige gelehret, worauff er in Teutschl. hin Vnd wieder gearbeittet, Nach deme er wiedrumb ins land kommen, Vnd eine Zeitlang wiedrumb gearbeittet, hatt er sich in die ehe eingelassen mit Johan **Rollmans** eines Ferbers Tochter J. Catharina, mit welcher er in 5 Jähriger ehe 4 Kinder geZeuget, die schon alle Verstorben. Nach ihrem absterben Vnd 1 1/2 Jährigen Wittbenstandt, hatt er anderweit sich ehelich eingelassen mit des Erbr: Andres **Klerpken** Tochter. J Catharina, jetzo seiner betrübten Wittben. mit welcher er ins 11 Jahr friedlich gelebet, Vnd aus Gottes segen, 3 söhne Vnd 3. töchter geZeuget, die auch alle vorausgesandt. Ao 1.6.22. ist er in eines Erbaren Gericht vffm St. Mittel gekohren, in welchem ampt er sich also verhalten, das ihn seine H collegen gantz Vngern verlohren. Seines Christenthums Vnd eusserlichen lebens hatt er auch bei männiglichen ein fast rühmlich gezeuchnus. Im Vergangnen Freytage 8 tage hatt ihn Gott mit jetz grassirender seuch angegriffen, in welcher Zeit er am sontage hernach das Hochw: Abendmahl begehret, Vnd empfangen, auch ferner allerley Christliche Vnterredung mit mihr gehalten. Darauff hatt ihn Gott am Vergangnen Donnerstage Zu abend Vmb 8. Vhr. im 44 Jahr seines Alters Von dieser welt abgefordert. Die Leichp. in welche auch Martin **Albrechts** Fr Zugleich gekommen, hatt M. **Wolderus** in templ: Nicolait: gehalten ex. (499) [Witt 149]

294 Anna Bartsch, ✶ Königsberg (Kneiphof) 1603, ✝ 7. 10. 1629

Augustini Bartschen Fr. (500)

Sepult. 8 Oct.

Ist Ao 1.6.03. den 3. Novemb: im Kneiphoffe an die welt geboren, ihr Vatter heist Bartel **Henelein,** Flachsbinder (501) da, die Mutter Anna, Von welchen eltern sich auch in allen stücken Christlich mit ihr gebühret, Vnd im 23 Jahr ihres alters Augustin **Bartschen**, burgern Vnd Kurschnern bein Vns, jetz gegenwertigen betrübten Wittbern Zur ehe gegeben, mit deme sie in friedlicher ehe gelebet 3 Jahr, Vnd durch gottes segen geZeuget eine tochter die noch im leben. Die Mutter aber hatt Gott

---

499 Angabe fehlt.

500 Der Vorname Anna erschließt sich aus dem Lebenslauf ihres Ehemannes Augustin **Bartsch** □ 24. 10. 1629 (lfd. Nr. 325).

501 Untergebener des Flachsbrakers (eines Sachverständigen für den Flachshandel).

mit schwerem leibe am vergangnen Sontage Morgens Zwischen 3. Vnd 4. Vhr von dieser Welt abgefordert. Im 26 Jahr ihres Alters. Von ihren Christenthum ist hier nicht vermeldet gewesen, doch wissen wir darin keinen Mangel, die Leichp hatt M **Wolderus** im templ. Nicolait: gethan. [Witt 21]

295 Michel Pawr, ✶ Helmstedt 1603, ✞ 7. 10. 1629

Michel Pawr, Communiter Agricola, genandt.
gewöhnlich Bauer genannt.

Sepult. 9 Oct. Ist Ao 1.6.03. Zu Helmstedt gebohren, sein Vattter ist gewesen Hans **Pawr**, burger Vnd schneider da, die Mutter hatt geheissen Anna, Von denen ist er nach empfangung der H. Tauffe, Vnd erreichung seiner Jahr in allem gutten erZogen, Vnd sonderlich Zum studiren gehalten, auch nachdeme er in der schulen daselbsten gutte fundamenta geleget gehabt, haben sie ihn auff sein begeren anhero auf Vnsre Vniversitet gesand (502), in welch er drey Jahr gelebet. Nachmahls hatt er sich mit Jacob **Meltzers** Riemers Vffm St. Wittib ehelig eingelassen, Vnd ein tochterlein gezeuget welches noch am leben. Sein Christenthum ist fast schlecht, den ob er woll vorhin mochte woll gelebet haben, scheinet doch das er von diesem weibe Wo nicht bei ihres vorigen Mannes leben, das allein gott bekand, doch gewis nach seinem tode Zue allen sünden gezogen (503), davon er Zwar ernstlich Vnd sonderlich auch sie abgemahnet, aber es hatt nichts helffen wollen. Am Vergangnen Donnerstag ist er bettreisig worden, Vnd am sontage auf den abend, nach deme er ohngefehr vor 3 wochen Zur Commu *zum Abendmahl* in Vnser Kirchen (504) gewesen, mit H M. **Halbach** seinem beichtvatter in seiner Kr: auch allerley Christliche Vnd busfertige Vnterredung gehalten, selig verschieden. im 26. Jahr seines alters, Die Leichpr. hatt H. M **Halbach** in templ. Suburb: gehalten text: ψ 31. v.6. [Witt 504]

296 Dorothea Preus, ✶ Königsberg? 1601, ✞ 8. 10. 1629

Dorothea, Simon Preussen, schusters Fr.

Sepult. 10 Oct. Ist Ao. 1.6.01. gebohren, ihr Vatter ist Meister Hans **Schröter**, schuster, die Mutter heist Anna. Von diesen Christlichen eltern ist sie nach empfangner H. tauffe, Vnd Zulaß ihrer Jahre Vleissig Zur schulen gehalten, wie auch Zu allen Christlichen tugenden, Vnd endlich Simon **Preus** damahl einem Jungen gesellen, vnd schustern, jetz ihrem betrübten Wittbern Zur ehe gegeben, mit welchem sie 3. Jahr friedlich gelebet, Vnd einen sohn gezeuget, der schon verstorben. Vor 14 tagen hatt sie Gott mit hartter leibes Kr: angegriffen, darin sie sonderlich grosse Hertzen angst gehabt, doch sich aus Gottes wortt, auß erinnerung ihrer Seelsorger dawieder trösten können. Am vergangnen Montag hatt sie Gott Vmb 3 Vhr nachmittage in dieser Kr: durch den zeittlichen tod aus dieser Welt abgefordert, im 28 Jahr ihres alters. Ihren Christenthum hatt sie mit eusserlichen loblichen wesen Vnd wandel Christl. geZehret. Die Leichpr: hatt H M. **Lepner** in temp: Nicolai: gethan ex 5 cap Epta ad Eph: Schicket euch in die Zeit etc. [Witt 535]

---

502 Am 9. 7. 1625 an der Albertina immatrikuliert (Erler S. 289).

503 Die Worte " Zue allen sünden gezogen" an Stelle einer Streichung eingefügt.

504 Das Wort "Kirchen" über der Zeile eingefügt.

297 BERNHARD HAUPT, ✶ WEHLAU 1598, ✝ 8. 10. 1629

Bernhard Haupt, Kauffman.

Sepult. 11 Oct.

Ist Ao 1.5.98. 4 Sept: Zur Welauw gebohren, sein Vatter hatt geheissen H. Valtin **Haupt,** burgermeister daselbst, die Mutter Gertrud **Baumgarttin**. Welche Christliche eltern diesen ihren sohn in aller Gottesfurcht erZogen Vnd weil sie gesehen das er lust Zur Kauffmanschafft gehabt haben sie ihn Zu dem wol Edl: Vnd gestrengen Michel **Von Damrow** in 13 Jahr seines alters, so wol der sprach als Kauffmanschafft halber, gethan, bei welchem er drey Jahr verblieben. Nachmahls hatt er sich anhero Zum H Bartel **Büttner**, Rahtsverw. im Kneiphoff begeben Vnd nach desselben tod beim Alten H. Bernhard **Thegen** (505), welchem er fast in die 13. Jahr trewlich gedienet. Ao 16.27 hatt er sich mit der damahls Ehr- Vnd tugends. Jungfr: Maria, H. Cyriaci **Heilsbergs** Tochter, jetzo hinterl: betrübten Wittben im Stand der H. ehe eingelassen, Vnd mit ihr 2 Jahr Vnd 2. wochen gantz friedlich, ohn erben, gelebet. Seines Christenthums hatt er ein gutt geZeuchnus. Am Michaelis tage Vergangen ist er mit leibes Kr befallen die also Zugenommen das die leichliche Artzeney weinig bei ihm außrichten können, darumb er sich dan auch Zum seligen sterbstündlein geschicket, das Hochw. Abendmahl gebrauchet, Vleissig Zu Gott gebetet, der ihn den 8. Oct: Zu abend Zwischen 11 Vnd 12 Vhr durch den zeittlichen tod aus dieser welt abgefordert, im 34 Jahr seines alters. [Witt 249]

298 HANS SCHUMAN,
✶„VON PODLASCHEN AUSM DORF SIMANOWA" 1587, □ 11. 10. 1629

Hans Schuman.

Sepult. 11 Oct.

Ist Vor 42 Jahr geboren, sein Vatter hatt geheissen Greger **Schuman** Von Podlaschen (506) ausm Dorf Simanowa, seine Mutter Anna, Diese eltern haben ihn Vleissig Zur schulen gehalten, darnach Zu ihren Freunden nach Plotteln (507) gethan, daselbsten er auch fleissig Zur schulen Vnd allen gutten gehalten worden. Von da hatt ihn der weiland Ehrenv. Vnd Vornehmg: jetz Seelige Jacob **Kreuschner** mitbürger alhie, nach Königsberg gebracht, bei welchem er 1 1/2 Jahr Vleissig Vnd trewlich gedienet, Vnd als er seine Jahr erreichet hatt er sich in den H ehestandt begeben, mit des weiland EhrenV. Vnd weisen H. Georgij **Pontani**, gerichtsVerw. im Löbenicht hinterlassenen Tochter Dorothea, mit welcher er in friedlicher ehe gelebet Vnd eine tochter geZeuget, die noch am leben. Nach absterben dieser hatt er sich anderweit im ehestand begeben, mit der Erbr: V. tugends: Elisabeth (508), des S. Stephan **Mixsen** nachgelassene Wittib, mit welcher er drey Jahr ohn leibes erben gelebet, sein Alter ist 42 Jahr. Mehr ist hier nicht Verzeichnet gewesen. (509) [Witt 682]

---

505 Bernhardt **Thege** ✝ 17. 11. 1627 (lfd. Nr. 119).

506 Podlachien, polnisch Podlasie: historische polnisch-litauisch-weißrussische Landschaft südöstlich des Herzogtums Preußen.

507 Lokalisierung unklar.

508 Elisabeth **Mix** ✝ 7. 10. 1635 (lfd. Nr. 716).

509 Zusammen mit den drei nachfolgenden Personen in einer Trauerfeier, siehe Daniel **Kabovius** ✝ 9. 10. 1629 (lfd. Nr. 300).

299 HANS HIMMELREICH D. J., ✶ KÖNIGSB. (ALTSTADT) 11. 5. 1612, ✝ 9. 10. 1629

Hans Himmelreich, der Jünger.

Sepult. 11 Oct. Ist Ao. 1.6.12. den 11. Maij alhie geboren, Von dem p.p. Hans Himmelreichen (510) dem eltern, seinem H Vattern weiland Wolverdienter RahtsV. dieser Altst. Vnd Regina **Ranischen** seiner Fr. Mutter. Zur tauff, Vnd schulen geschicket Vnd also ferner Christl: erZogen. Ao 1.6.27. hatt ihn sein gedachter H. Vatter die Littawsche Vnd Polnische sprach Zu lernen Zu dem Woledlen gestrengen H. Andres **Gieblowsky** in Sameytten (511) Verschicket, bei dem er sich 2 Jahr rühmlich auffgehalten, ohngefehr Vor 3. Wochen ist er mit seinem Cammeraden freywillig ohn jenigen befehl Zu seinen brüdern (512), nach seines S. H Vatters tode herab gekommen, Vnd nach deme er Vorhin alZeit geklaget, auch Vermeldet das es ihm das Hertze sagte, ob er nicht lange leben würde. Den 7. oct: spättes abends mit harter leibes Kr: angegriffen, in welcher er folgendes Dingstags, das H. Abendmahl begeret Vnd empfangen, Vnd den 9 oct: Vmb 6 Vhr Zu morgens todes Verblichen, da er gelebt hatte 17 Jahr: 4 Monat 28tage. [Witt 284]

300 DANIEL KABOVIUS, ✶ TREPTOW AN DER REGA, KR. GREIFENBERG / REG.-BEZIRK STETTIN 1607, ✝ 9. 10. 1629

Daniel Kabovius s. s. Theol stud:

Sepult. 11 Oct. Ist Ao 1.6.07. 13 oct: Zu Treptow an d Rehe in Pommern geboren, sein Vatter hatt gheissen Jochim. Die Mutter Anna **Westphalen**. ist nach empfangung der H. Tauffe Von diesen eltern in aller gottesfurcht erZogen, Vleissig Zur schulen gehalten, darin er bies ins 16. Jahr seines alters verblieben, Vnd die nötigen fund: Graecae et Lat: Ling: *Grundlagen der griechischen und lateinishcen Sprache* Wolgeleget. Nach deme ist er gegen Kolberg gezogen, daselbst 3 1/2 Jahr seine gedachten Wolangefangenen studia continuieret *Studien fortgesetzt,* Von dannen hatt er sich auff Vnsre Vniversitet begeben Vor 1 1/2 Jahren (513). Vnd die tect: publ. [lectiones publicas ?] *öffentlichen Vorlesungen* Vleissig gehöret, hatt erstlich bei d Alten Fr. **Rabischen** sein hospitium *Zimmer* gehabt, Vnd ihre Tochter Kinder informiret. Nach deme beim H. Hans **Raben**.(514) Ist Vergangne wochen Kranck worden, am sonnabend berichtet, am Dingstag jetz Vergangen Zwischen 8 Vnd 9 Zu abend im 23 Jahr seines alters gestorben. Ist sonst ein vleissiger Zuhörer gottliches wortts gewesen d sich zum offern gebrauch des H abendmahls gefunden (515) Vnd sich in seinem eusserlichen leben bei menniglich rühmlich verhalten. Diese sind alle 4. in eine Leichpr: kommen (516) die h M. **Halbach** in templ: opp: gehalten ex ψ. 116 v. 7. [Witt 325]

---

510 Hans **Himmelreich** ✝ 14. 5. 1629 (lfd. Nr. 219).

511 Samogitien, Samaiten: historische litauische Provinz nördlich der Memel.

512 Ein Bruder Christoph **Himmelreich** verstarb nur zwei Wochen später am 24. 10. 1629 (lfd. Nr. 329).

513 An der Albertina immatrikuliert am 9. 6. 1628 als Daniel Capobius (Erler, S. 308).

514 Bei Hans **Rabe** ✝ 22. 11. 1627 (lfd. Nr. 120). Ebenso vermutlich Christoph **Bodden** ✝ 14. 9. 1629 (lfd. Nr. 273).

515 Die Worte "sich zum offern gebrauch ... gefunden" über der Zeile eingefügt.

516 Das sind Berhard **Haupt**, Hans **Schumann**, Hans **Himmelreich d. J.** und Daniel **Kabovius**.

301 Elisabeth Wentzel, ✶ Königsberg (Altstadt) 1557, ✝ 9. 10. 1629

Elisabeth Hans Wentzels Fr.

Sepult. 11 Octob. Ist Ao 1.5.57. alhie gebohren, ihr Vatter hatt geheissen Gallus **Schmidt** Leinweber Vnd bürger dieser Altenstadt. Die Mutter Fr. Margareta, welche eltern sie Zur tauffe befordert, Vnd ferner Christlich aufferZogen. Weil sie ihr aber Zeittig mit tode abgangen ist sie bei Casper **Felbingern** bies in ihr 23ste Jahr verblieben, da sie sich ehelig eingelassen mit Valtin **Standfesten**, bürgern Vnd Leinwebern der Altenstadt, mit welchem sie 14 Jahr friedlich gelebet, Vnd einen sohn, Zwo töchter geZeuget, davon der sohn Vnd eine tochter noch am leben. Nach absterben dieses Mannes ist sie drey Jahr Wittwe gewesen, Vnd hatt darauff Zur andern ehe genommen den Erbr: Vnd wolg: gegen werttigen betrübten Wittbern Hans **Wentzeln**, mit welchem sie 32 Jahr ohn leibes erben gelebet. Ihres Christenthums Vnd eusserlichen lebens hatt sie gutt geZeuchnus. Am Vergangnen sontage 8 tag da sie in Vnser Kirchen Zur Comm: gewesen war, hatt sie Zu abends sich Kr: befunden, welche Kr: also Zugenommen das sie am vergangnen Dingstag nach mittag Vmb 4 Vhr selig verschieden im 72 Jahr ihres alters. Die Leichpr. hatt M: **Wolderus** in templ: Suburb: gethan. [Witt 785]

302 Sophia Henckel, ✶ Königsberg? 18. 8. 1562, ✝ 9. 10. 1629

Sophia, Henrich Henckels Fr.

Sepult. 12 Oct. Ist Ao. 1.5.62. den 18 Augusti gebohren, Von Peter **Moerlin**, Dhtt. Alberti p. m. ducis Prussiae laudatissimi in die 37 Jahr wolverdienten Cammerdiener, Vnd Elisabeth **Berthin**, Von welchen eltern sie Zur tauffe befordert, Vnd ferner Zu allen Christlichen tugenden gehalten. Ao 20. Aetatis ist sie H. Sebastiano **Braunen**, gedachter Fl Gn: [Fürstliche Gnaden] S.g. gewesenen Secretario Verehliget, mit dem sie 3 1/2 Jahr gelebet, Vnd einen sohn Zwo töchter geZeuget, davon noch eine tochter am leben. Nach absterben dieses hatt sie 5 Jahr im Wittbenstand gesessen, Vnd darauff Ao 1.5.91 anderweit sich ehelich eingelassen mit Wilhelm **Stenderich**, mit dem sie in eilffjähriger ehe drey sohne Vnd Zwo tochter geZeuget, die nebst dem Vatter Ao 1.6.02. durch die Pestilentz dahin gerafft Wodurch sie Zum andern Mahl in den betrübten Wittbenstandt gesetzet, darin sie ein Jahr Verblieben, Ao 1.6.03. den 3. Maij ist sie Zur dritten ehe geschritten mit Henrich **Henckeln**, mit welchem sie 27. Jahr, ohn leibes erben friedlich gelebet. Ihres Christenthums Vnd eusserlichen Wandels hatt sie, meines wissen, mit bestand der warheit kein widriges geZeuchnus. Ihre Kr: hatt sich etliche Jahr hero schon ereignet, doch mit abwexselung, in sondheit hatt dieselbe vor 3. wochen also Zugenommen, das sie am vergangnen Dingstag Zu nacht Zwischen 11 Vnd 12. ihr leben geendiget, wie sie 66 [sic] Jahr Vnd 2 Monath vff dieser welt gelebt hatte. Die Leichpr. hatt M. **Lepner** in templ. opp: gehalten. [Witt 268]

303 Martin Albrecht, ✶ Hildesheim 1599, ✝ 11. 10. 1629

Martin Albrecht

Sepult. 12 Octob. Ist Ao 1.5.99 zu Hildesheim geboren, sein Vatter hatt geheissen Georg **Albrecht**, Bürger daselbst, Vnd seine Mutter Anna **Nienburgs** Die ihn .... nach empfangung der Tauffe, Vnd erreichung seiner Jahren Zu allen gutten gehalten, Vnd wie er etwas erwachsen nach Braunschweig an einem vornehmen Kunstler des Bild Vnd steinhawens Verschrieben, Von welchem er in 7. Jahren die Kunst gelernet, darauff er ferner in Viel Länder gewandert, Vnd Ao 1.624 auch Zun Vns kommen, eine Zeittlang gearbeittet bies er sich durch schickung Gottes in den H stand der ehe eingelassen, mit des auch Erbaren Vnd Kunstr: Jacob **Ottingers** hinterlassene Wittib, Fr. Magdalena **Krantzin** (517), mit der er ins 3 Jahr friedlich gelebet Vnd 3 Kinderlein, davon eins schon gestorben geZeuget. Nach dieses Fr: tödlichem abgang ist er eine Zeittlang Wittber geblieben, endlich Zur andern ehe genommen Ambrosij **Hiplers,** Burgers in Bischoffstein (518) N.T. Jungfr. Barbaram, mit welcher er 53 Wochen gelebet, Vnd, aus Gottes segen, ein töchterlein geZeuget, welches anjetzo mit dem Vater Zugleich in die erden gesetzet worden. Seines Christenthums Vnd eusserlichen Wandels hatt er ein guttes geZeuchnus. Ohngefehr vor 11 tagen hatt ihn Gott mit einem hauptwehe Vnd andrer Kr: angegriffen, daZu nicht weinig geholffen die mühe Vber seiner Fr. todlichen abgang, solche Kr: hatt also ferner Zugenommen das er gestriges tages Zwischen 11 Vnd 12 Vhr im 31 Jahr seines alters seinen geist aufgegeben. Die Leichpr hatt H M. **Halbach** in templ: Nicolait: gehalten.

[Witt 10]

304 Esther Littaw(en), ✶ Königsberg (Kneiphof) 1589, ✝ 12. 10. 1629

Estehr Matthes Littawen Fr.

Sepult. 14 Oct. Ist Ao 1.5.89 im Kneiphoffe geboren, ihr Vater hat geheissen Peter **Kleinfeldt**, mitbürger Vnd schneider da, die Mutter Esther. Selbige eltern haben sie Christo dem H. durch die H. Tauffe einverleibden lassen Vnd ferner in aller Gottesfurcht erZogen. Anno Aetat: 16. nach absterben ihrer eltern hatt sie sich mit Lorentz **Tolksdorffen** in den stand der H Ehe eingelassen, Vnd mit ihm darin gelebet 10 Jahr. Ao 1.6.15. ist sie durch tödlichen abgang dieses Mannes im Wittben stand gesetzet darin sie ein Jahr Zugebracht. Ao 1.6.16. hatt sie Hans **Hesse**, ein tuchmacher Zur ehe genommen Vnd drei Jahr mit ihr ohn leibes erben gelebet. Ao 1.6.20. nach jährigem andren Wittbenstand hatt sie sich zum dritten mahl ehelig eingelassen mit Matthes **Littawen**, Burgern Vnd schustern bein Vns, jetz betrübten Wittbern, mit welchem sie friedlich gelebet 8 Jahr 5 wochen, ohn leibes erben. Vor drittehalb wochen hatt sie Gott mit leibes Kr: angegriffen, welche also Zugenommen, das sie am vergangnen freitage, Morgens Zwischen 3 Vnd 4. sanfft Vnd selig ihr leben geendet, Ihres alters im 40. Jahre. Ihres Christenthums hatt sie ein gutt geZeuchnus gehabt. Die Leichpr. hatt H M **Halbach** gehalten in templ: Suburb.

[Witt 404]

305 Hedwig von Kuhnheim, ✶ wo? um 1550, □ 14. 10. 1629

Hedewig, Ehrharts Von Kuhnheimen Fr.

Sepult. 14 Oct. Ist Von Vornehmen Adelichen eltern an diese welt geboren, Ihre S. Vatter ist gewesen der Edle, Veste, Vnd Nanhaffte **N. Glaubitz**, aus dem Hause **Brüege**. Ihre Mutter eine geborene **Hauwitzin** aus dem Hause **Krantz** && Von diesen Adelichen eltern ist sie bald nach ihrer geburt Zur H. Tauffe befordert Vnd ferner Zu allen Jungfr: adelichen Tugenden

---

517 Magdalena **Albrecht** □ 28. 10. 1627 (lfd. Nr. 115).

518 Bischofstein, Kr. Rössel.

gehalten. Ao 16 aetatis ist sie dem p.p. Ehrhard Kuhnheim Verehliget mit welchem sie 23. Jahr in eheVerbündnus gewesen ohn leibes erben, 14 Jahr bein ihm, 9. Jahr Zu letzt Von ihm, Was die vrsach dieses ist Gott bewust. Was ihr Christenthum Vnd eusserliches wesen anlangend, ist dasselbe so lange sie bein Vns gelebet, Vnser wissens, geburlich gewesen. Morgen 14 tage hatt sie Gott mit schwerer leibes Kr: heimgesuchet, in welcher sie mich Zu sich fordern lassen, wie auch nach der Zeit offter, da sie allerhand Christlich Vnterredung mit mihr gepflogen. In solcher Kr hatt sie gott am Vergangnen (519) Von dieser welt im 79 Jahr ihres alters abgefordert. Sie hatt ein Stadtliches Testament gemachet, darin sie der Kirche 1000 den Haus Vnd schul armen 1000 etc. Vnd insgesambt den ministris Ecclesiae *Dienern der Kirche* dieses ortts oder Kirchen 100 Rthl. Die Leichpr: hatt M. **Wolderus** in templ: opp: gealt: ex prioribus versic[ulis ?] ψ 42 *aus den ersten Verslein von Psalm 42* auff der Verstorbenen im leben geschener bitte Vnd Anordnung. (520)

[Witt 378]

306 Dorothea Zornicht, ✶ Königsberg (Altstadt) 1585, ✞ 12. 10. 1629

Dorothea, S. Jonae Zornigs N. Wittib.

Sepult. 14 Oct.

Ist Ao 1.5.85. geboren, Ihr Vatter ist gewesen der w. EhrenV: Vornehmg: H. Simon **Haman** (521), mitbürger Vnd Mältzenbrawer dieser Altenstadt, Die Mutter hatt geheissen Dorothea. Von diesen eltern ist sie Zur H tauffe befordert Weil aber Gott in ihrer jugend die mutter durch den Zeittlichen tod hinweggerissen, hatt sie ihre Mutter schwester, die nunmehr auch in Gott ruhende S. Catharina **Kugksche**. Zu sich genommen, Vnd in allen Christlichen tugenden Vleissig erZogen. Nach deme sie aber erwachsen, hatt sie sich aus schickung Gottes Ao 1.6.05. mit dem EhrenV. Vnd Vornehmg: H Henrich **Waldhawer** in den Stand der H ehe eingelassen Vnd mit demselben in eilffjähriger ehe sieben Kinder gezeuget 2 söhne 5. Töchter, davon ein sohn Zwo töchter noch am leben sein. Nach absterben dieses hatt sie Zwey Jahr im Wittben stand gelebet, Vnd darnach Ao 1.6.18. sich mit dem w. EhrenV Vnd Wolgel. H. Jona **Zornich** (522) Musico Vnd Cant: Vnser schulen Vnd Kirchen S. anderweit eingelassen Vnd mit ihm auch 11 Jahr gelebet, 6. Kinder geZeuget 3 söhne Vnd drey töchter, davon noch Zwene söhne Vnd eine tochter am leben.

Am Vergangnen Mittwoch abend hatt sie Gott mit der pestilentz angegriffen von welcher Zeit sie Kurtz in Vnser Kirchen Zur Comm: mit den ihrigen gewesen war. In vergangner Freytags nacht Vmb 1. Vhr hatt sie Gott durch den zeitlichen tod aus dieser welt abgefordert, im 44 Jahr ihres alters.

Ist mit der Vorhergehenden Fr. in eine Leichpr. kommen.

[Witt 838]

---

519 Angabe des Wochentages fehlt; Platz in der Zeile gelassen für einen späteren Eintrag.

520 Zusammen mit der nachfolgenden Dorothea Zornicht in der gleichen Trauerfeier.

521 Nach Gallandi (S. 114): Simon **Hofmann**.

522 Jonas **Zornicht** ✞ 17. 9. 1629 (lfd. Nr. 277).

307 GEORG HACKER, ✶ KÖNIGSBERG (LÖBENICHT) 1579, □ 15. 10. 1629

Georg Hacker, Kannengiesser.

Sepult. 15 Oct.

Ist Von Christlichen eltern geboren, sein Vatter ist der Erbr: Matthias **Hacker** im Lobenicht, Ihre Churfl Dhtt bestalter Kornmesser, der ietzo im 85 Jahr, darumb ihm dieser sein sohn noch gerne lenger Zum trost leben wollen, die Mutter hatt geheissen Dorothea. Von diesen eltern ist er nach empfangner tauffe ferner Christlich erZogen Vnd wie er Zu Jahren kommen, Zu dem EhrenV. Vnd Wolgeachten Bartell **Sawerkawen** gethan, bei deme er eine geraume Zeit gewesen. Wie er aber gesehen das er Zum Handel nicht gedienet, hatt er sich im 19 Jahr seines alters Zum Werck der Kannegiesser begeben, dasselbe in 4 Jahren gelernet auch darauff gewandert. Wie er aber wieder anhero kommen Vnd auff sein Handwerck eine Zeitlang gearbeittet, hatt er sich mit der damahl tugendsamen Jungfr: Barbara, David **Gabriels** N.E.T. ehelich eingelassen, Vnd mit ihr in 12 Jähriger ehe 7 Kinder, Zwene sohne, Vnd 5. Töchter geZeuget, da Von noch drey Töchter am leben. Nach absterben dieser seine ehefr: hatt er ein Jahr im Wittbenstand gesessen Vnd darauff Zur andern ehe genommen die, damahls Erbr: Vnd tugendsame J. Justinam des Erbr. Vnd Wolgeachten Peter **Stegens** S. N. Tochter, mit welcher er in 15Jähriger ehe 5. Kinder, einen sohn, Vier tochter geZeuget, davon noch eine am leben, die andren im H entschlaffen. Seines Christenthums hatt er ein gutt geZeuchnus. Ist im 50 Jahr seines alters gestorben. Mehr ist von seinem tode nicht auff geZeichnet gewesen. H. M. **Halb:** hatt ihm in templ: Nicolait: die Leichpr. gehalten ex Thim: 3. V. 40.41.42. [Witt 233]

308 ANNA KELCH, ✶ LÖCKNICK, KR. GERDAUEN? 26. 1. 1559. ✞ 13. 10. 1629

Anna Kelchin, Schultzin von Assajnen. (523)

Sepult. 15 Oct.

Ist Ao 1.5.59. den 26. Jan: geboren, Ihr Vatter ist gewesen der Erb: Gotthartt **Kelch**, Ihre Mutter Magdalena **Postelin**, alhier in Preussen im Cammer ampt Gerdawen (524) wohnhafftig. Von denen ist sie anfangs Zur tauffe befordert, nachmahls in allen Christlichen tugenden erZogen. Ao 1.5.76 im 17. Jahre ihres alters, ist sie Michel **Newmannen** schultzen Zu Assaunen auch im Cammerampt Gerdawen gelegen, Zur ehe gegeben, mit welchem sie 37. Jahr friedlich gelebet, Vnd neun Kinder, 4 söhne, 5. Töchter geZeuget, davon 3. sohne vnd 3. töchter noch am leben.

Ao 1.6.11. hat sie Gott in den betrübten Wittbenstand gesetzet, darin sie bies ins 19. Jahr Verblieben. Vor drey Jahren hatt sie ihre Haushaltung, die ihr wegen ihres alters Zu schwer worden, ihrem sohn übergeben, Vnd sich näher Königsberg Zu ihrem Bruder Wilhelm **Kelch** (525) begeben, bei welchem sie sich die Zeit, wie es einer Wittbe rühmlich verhalten. Vor 4 Wochen ist sie ihres alters halben in mattigkeit Vnd schwacheit gerathen, die also Zugenommen, das, wie woll es an leiblich artzeney Vnd Vleissiger wartung nicht gemangelt, sie am Vergangnen Sonnabend Vmb 10 Vhr im 71. Jahr ihres alters ihr leben geendiget. Die Leichp: Hatt M **Wolderus** in temp: opp: gehalten. [Witt 331]

---

523 Assaunen, Kr. Gerdauen.

524 Der Geburtsort könnte der gleiche sein wie bei ihrem 1570 geborenen Bruder Wilhelm **Kelch** ✞ 23. 3. 1636 (lfd. Nr. 739).

525 Wie vorstehend.

309 ELISABETH GANß, ✶ GUTTENFELD, KR. PREUßISCH EYLAU? UM 1599, ✝ 14. ODER 15. 10. 1629

Elisabeth, Henrich Gansen Fr.

Sepult. 16 Oct. Ist Zum Guttenfeld (526) geboren, Ihr Vatter hatt geheissen Jacob **Borchard** freyschultze daselbst, ihre Mutter Vrsula, Von denen ist sie nach empfangener tauffe in allen Christlichen tugenden erZogen, Vnd im 18. Jahr ihres alters ihrem jetz hinterlassenen Wittbern, dem Erbr: Henrich **Gansen** (527) Zur ehe gegeben mit welchem sie 12 Jahr friedlich gelebet Vnd 6 Kinder drey sohne Vnd 3. töchter geZeuget, davon noch 2 töchter Vnd ein sohn im leben. Ihr Christenthum hatt sie mitt eusserlichen erbaren Wandel bezeuget. Im vergangnen Donnerstage ist sie Zu des H Tisch in Vnser Kirch gewesen, darauff hatt sie sich bald vbel befunden, Vnd 4 tage gar schwerlich Kr. danieder gelegen. da sie Gott durch den zeittlichen tod sanfft Vnd stille aus dieser welt abgefordert im 30 Jahr ihres alters. Die Leichpr hatt H M. **Halbach** gehalten in templ. Suburb: ex 3 cap. Thren: *aus den Klageliedern Jeremias 3* v. 40.41.42 . [Witt 167]

310 MICHAEL HINTZE, ✶ DOMNAU, KR. FRIEDLAND 1582, ✝ 15. 10. 1629

Michel Hintze, Becker.

Sepult 17 Octob. Ist Ao 1.5.82. Zu Domnow geboren, sein Vatter ist gewesen Michel **Hintze**, ein böttcher daselbst, seine Mutter hatt geheissen Barbara. Von diesen ist er Zur Tauffe befordert, Vnd ferner Christlichen ErZogen, auch Ao 18 aetat: bei seiner jetz hinterlassenen Wittben Vorigen Man in die lehr gethan, das festbecker Handwerck Zu lernen, auff welches er nach seinen wollausgestandenen lehrjahren drey jahr, in spanien, Engeland, Vnd andren Örthern sich versuchet. Nachdeme er aber in Preussen wiedrumb angelanget, hatt er sich Zu Dantzig eine zeittlang auffgehalten. Nachmahls ist er wiedrumb anhero kommen, Vnd da er seine Vorgewesene Lehrmeisterin Wittib gefundiget mit ihr sich ehelig eingelassen, Vnd in gutter ehe drey Tochter Vnd einen sohn geZeuget, die schon alle verstorben, deme die letzte tochter jetzo mit ihm Zu gleich in die erden gesetzet wird (528). Seines Christenthums Vnd eusserlichen Wandels hatt er ein gutt geZeuchnus. Vergangnen Montag 8 tage hatt ihn Gott mit jetz grassirend seuch angegriffen. Vergangnen Donnerstag d Hochw: abendmahl empfangen. Vnd darauff am Vergangnen Montag in 47 Jahr seines alters sein lebend geendiget. Er hatt seiner Wittben ein Testament gemacht, darin er auch Kirchen, schulen, Vnd Hosptthal bedacht. Wir haben Vnser legat: richtig empfangen jeder. [Witt 291]

311 DOROTHEA HINTZE, ✶ KÖNIGSBERG 1616, ✝ 14. 10. 1629

J. Dorothea, Michel Hintzen T. (529)

Sepult. 17 Oct. Ist Ao 1.6.16. Von jetz gedachten eltern geboren, Zu Tauff vnd ferner Zur schulen gesand, Vnd weitter in allen Christl: tugenden erZogen. Ist ver-

---

526 Wohl Guttenfeld, Kr. Preußisch Eylau, weil der Ehemann aus Saalfeld, Kr. Mohrungen stammt. Unwahrscheinlich: Gutenfeld, Landkr. Königsberg.

527 Henrich **Ganß** ✝ 9. 2. 1633 (lfd. Nr. 583).

528 Das ist die nachfolgende Dorothea **Hintze**.

529 Der davor stehende Michael **Hintze**. Die Geburt der Dorothea in Königsberg ergibt sich aus dem Lebenslauf ihres Vaters, der hier die Witwe seines Vorgängers als Fastbäcker heiratete.

gangnen Sontag an der pest liegend, durch den zeittlichen tod Von Gott aus dieser welt abgefordert. Im 13. Jahr Ihres alters. H M. **Lepner** hatt ihnen beiden auff einmahl die Leichpr: gethan in templ: opp: ex 48. cap: Gen: v. 21. [Witt 287]

312 TIEL BURINGK, ✶ BRAUNSCHWEIG 1. 10. 1561, ✞ 16. 10. 1629

Tiel Brungk.

Sepult. 18 Oct. Ist Ao. 1.5.61 den 1 oct: Von Vornehmen eltern in Braunschweig geboren. Sein Vatter ist gewesen, der W. EhrenV. Altb: Vnd wollw: H Tiel **Buringk**, Bürgermeister daselbst, die Mutter Anna **Mahners**. Diese Vornehmen eltern haben ihn nach empfangener tauffe Zur schulen gehalten, Vnd von jugend auff in allen Christl: tugenden erZogen. Auch anhero Zu ihrem Ohm Tiel **Lampen** S. Verschicken. Der ihn bald in pohlen die sprach Zu lernen gesand, Vnd nachmahls Zu seinen Diensten auffgenommen, darin er trew gewesen, bies er von ihm in Holland vnd an andre Seeortter gereisset. Ao 1.6.03. Nach deme er Von Braunschweig wiedrumb Zu Vns kommen, hatt er sich mit der damahls Ehren- tugends: J. Judith **Kreisnerin**, des w. EhrenV. Vnd wollgeacht: Christoph **Kreisners**, Mittbürgers Vnd Meltzenbr: alhie Ehl. T. jetz seine hinterlassene Wittib ehelig eingelassen, Vnd mit ihr in 26 Jähriger ehe zwene Söhne, Vnd Zwo töchter geZeuget. Davon eine tochter verstorben. Sein Christenthum hatt er ihm ein ernst sein lassen. Vor 14 tagen hatt ihn Gott mit hartter Leibes Kr: angegriffen, in werender Zeit hatt er das H. Abendmahl empfangen, Vnd darauff sich dem willen Gottes ergeben, der ihn Vorgestern Zur nacht im 63 [sic] Jahr seines alters Von dieser welt, Durch den Zeitlichen tod abgefordert. [Witt 86]

313 JACOB JÜNGINGER, ✶ HOHENALTHEIM, AMT NÖRDLINGEN / BAYERN 1572, □ 18. 10. 1629

Jacob Jünginger.

Sepult. 18 Oct. Ist Ao 1.5.72. Von Hans **Jüngingern**, dem Vatter, Vnd Anna **Demingerin**, der Mutter Zu Altheim, drey Meilen Von Vlm, geboren, Vnd nach empfangener tauffe bei seinen eltern etwa 8 od 9. Jahr im Kindlichen gehorsam erzogen. Da haben sie ihn nach Vlm Zur schulen gehalten, Von da haben ihn seine eltern Zu seinem grosvatter nach Anspach gethan, Von da ist er nach FrauenAurach (530) Zum verwalter kommen, deme er etzliche zeit vor einen Jungen mit schreiben gedienet, Ao 1.5.95. Ist er in Preussen nach Königsberg kommen, Vnd ins angerburgische nachmahls verschicket worden, drey (531) Zum Sperling im Churfl. Dhtt. Hoffe (532) beim Cämmer gewesen. Von da ist er Von den H Oberrähten Ao 1.5.98. Nachm Thierenberg im Fischäusischen ampt (533) Vor einen Wilnusbereitter bestellet worden, welchem Dienst er in das 20. Jahr woll Vorgestanden. Nach diesem hatt er sich anhero Zun Vns,begeben Vnd nach erlangtem burgern recht bies hierher gewohnet, Vnd das Mältzenbräwen getrieben. Zur ehe hatt er Ao 1.6.04.

---

530 Frauenaurach, Amt Erlangen (Bayern).

531 Ernst Witt: zu ergänzen wohl Jahre.

532 Gut Sperling, Kr. Angerburg.

533 Thierenberg, Kr. Fischhausen.

genommen H. Georgij **Galli** pfarhern Zur Medenaw (534) S. eheliche Tochter Mariam, mit der er 1 1/2 gelebet Vnd eine Tochter geZeuget, die auch schon Verstorben, wie die Mutter. Ao 1.6.06. hatt er anderweit Zur ehe genommen Hans **Rabges** Zu Ludewigs Walde (535) eheliche Tochter mit welcher er bies hierher ehelig Vnd friedlich gelebet, Vnd jetzo Wittib gelassen, auch mit ihr Zwene söhne drey Töchter geZeuget, Davon nur noch eine tochter am leben. Ist sonst ein Vleissiger Zuhörer gottliches Wortts gewesen, Vnd in seinem leben sich still Verhalten. Obij[t] Ao 57. Aetat: *Er starb mit 57 Jahren* nach deme er eine Zeittlang gelegen, Vnd in werender Kr. das H. abendmahl empfangen. Ist mit Tiel **Brung** (536) in eine leichpr: kommen, die M. **Wolderus** in templ. opp: gehalten, Von dem spruch, welchen Tiel **Brungsche** Zu nehmen bitten lassen. 1 Timoth. 4. [Witt 324]

314 Henrich Gräber, ✶ Rastenburg 1590, ✞ 17. 10. 1629

Sepult.

Henrich Gräber, schuster.

18 Oct. Ist Ao 1.5.90 Zu Rastenburg Von Christl. eltern, die männiglichen bekand, geboren (derer nahm doch die hinterlassene betagte Wittbe, Vergessen) Von welchen er nach empfangener tauffe, so lange sie gelebet, in aller Gottesfurcht erZogen. Weil ihm aber dieselbe etwas Zeittig abgangen, ist er Zu dem damahligen Pfarrherren nach Judenkirch (537) gethan der ihn Zur schulen Vnd allen Christl: tugenden gehalten, auch nach anmerckung seiner nathur Wiedrumb nach Rstanburg das schuster Handwerck Zu lernen gesand, auff welches er nach trewlich ausgestandenen lehrjahren gewander bies Ao 1.6.15. da er sich alhie mit der Erb: Vnd tugends Fr. Barbara, S. **Georg Polzienen** nachgelassener, jetzo auch seiner betrübten Wittbe ehelig eingelassen, mit welcher er friedlich ohn leibes erben gelebet ins VierZehende Jahr. Seines Christenthums Vnd bürgerlichen lebens hatt er ein gutt geZeuchnus behalten. Vor 14 tagen hatt ihn Gott mit jetz grassirender seuche angegriffen. Vor 8 tagen habe ich ihn Vnd seine noch jetz schwerlich Kranck liegende Fr. berichtet. Gestriges tages Vmb 3 Vhr hatt Gott seine seel von ihm abgefordert im 39 Jahr seines Alters [Witt 200]

315 Andreas Lorentz, ✶ Bartenstein, Kr. Friedland 1602, ✞ 16. 10. 1629

Andreas Lorentz.

Sepult. Ist Ao 1.6.02 Zu Bartenstein Von Christlichen eltern geboren, sein Vater
18 Oct. hatt geheisen Christoph **Lorentz**, seine Mutter Elisabeth, Von denen ist er Zur tauffe befordertt, weil sie ihm aber fast Zeittig abgestorben, das er sie nicht erkandt, Von andren den seinigen näher Königsberg in die Pauperschule gesand, darin er lesen Vnd schreiben gelernet, nach Diesem auch Zum Weisgerber Handwerck gebracht, darauff er, nach ausgestandenen lehrjahren gewandert, v. sich Zun Zeitten Vor einen Soldaten brauchen lassen. Wie er nach seiner Wanderschafft alhie wieder ankommen

---

534 Nicolaus **Gallus**, Pfarrer in Medenau, Kr. Fischhausen 1578 (QMS 19/2, S. 551).

535 Ludwigswalde, Landkreis Königsberg ?

536 Tiel **Buringk** ✞ 16. 10. 1629 (lfd. Nr. 312).

537 Juditten, Landkr. Königsberg. Die Angabe des Schulbesuches spricht für dieses Juditten (Pfarrdorf westlich am Stadtrand Königsberg). Sonst Juditten, Gut Kr. Friedland.

Vnd eine Zeittlang gearbeittet hatt er sich mit Fr. Brigitta, Meister Casp **Berends** N.W. ehelig eingelassen, mit welcher er nur 22 wochen in stiller Vnd friedlicher ehe gelebet. In seinem Christenthum ist mihr kein Vngebürlichs bewust. Am Vergangnen Freytag ist vber den Pregel Fische Zu Kauffen gegangen, Vnd Vnversehens ins wasser gefallen, darin er auch hatte bleiben müssen wenn ihn nicht die Fischerknecht heraus geholffen, worüber er sich so sehr entsetzet, das er kranck zu Hause kommen, Vnd sich alsbald legen müssen, ist also Vorgestern Morgens Vmb 4 Vhr in Christl: andacht im H entschlaffen im 27. Jahr seines alters. Die Leichpr: hatt H M. **Lepner** in templ: Suburb: gehalten ex 49. cap: Gen: v. 29. Seqq. [Witt 412]

316 ALBRECHT ADLOFF, ✶ KÖNIGSBERG (LÖBENICHT) 1591, ✞ 18. 10. 1629

Sepult. Albrecht Adloff, Festbecker

19 Oct. Ist Ao 1.5.91 im Lobenicht geboren, Von Lorentz **Adloff**, bottchern daselbst, Vnd **Gertrud** N. seinen eltern, Von denen er Zur tauff Vnd schulen gehalten, Vnd Zum Festbecker Handwerck gethan, auff welches er nach ausgestandenen Lehrjahren gewandert, wie auch hie gearbeittet. Ao 1.6.25. Meister Reinhold **Gossen**, Altstädschen StadtZimmermans Tochter, Maria, jetzo seiner hinterlassene tochter [richtig: Witwe] ehelig eingelassen. Mit welcher er 4 Jahr weinit 4 wochen friedlich gelebet ohn leibes erben. Seines Christenthums Vnd eusserlichen wandels hatt er ein ruhmlich geZeuchnus. Am Vergangnen Donnerstage 8 tage hatt ihn Gott mit leibes Kr: angegriffen, in derselben hatt er folgenden sonnabend das H abendmahl empfangen, Vnd am Vergangnen Donnerstage, nachts Zwischen 11 Vnd 12 Vhr sein leben geendiget im 38 Jahr seines alters. Die Lpr. hatt M. **Wolderus** in templ: Nicolait: gehalten. [Witt 4]

317 HANS HASSE, ✶ GÜSTROW / MECKLENBURG 1596, ✞ 20. 10. 1629

Sepult Hans Hasse, Kauffgesell Von Lübeck.

21 Oct. Ist Zu Güstrow in Mecklenburg Von Christl: eltern geboren, Ao 1596 sein Vatter hatt geheissen Jochim **Hass**, Bürger daselbst, die Mutter Catharina. Diese eltern haben sich aller massen in seiner jugend Christlich mit ihm geburet. Ao 1.6.15. ist er mit ihrer bewilligung im Dienst gethan bei dem EhrenV. Vornehmg: H. Hans **Steinman**, Vornemen Bürgern Vnd Handelsman in Lübeck, bei welchem er sich sieben Jahr trew Vnd Vleissig vergalten, da er sich anhero begeben, seiner Handlung Weitter obZliegen. Ao 1.6.29. hatt er sich mit der EhrenV. Vnd Vornehmg: H. Heinrich **Meins**, Burgers Vnd Kauffmans in Lubeck tochter, ehelich Versprochen, meinend diesen Herbst sein ehewerck durch die copulation Vollig ins Werck Zu richten. Seines Christenthums Vnd eusserlichen Lebens wird ihm von seinen bekandten ein gutt geZeuchnus gegeben. Vergangen Mittwoch Zu abend hatt ihn Gott mit leibes Kr: angegriffen darin er am vergangnen freitage frue das H. abendmahl begehret Vnd empfangen. Gestriges tages bin ich fru Zu ihm geholet da ich allerhand sprüch ihm vorgehalten, derer er sich doch meist selbst erinnert, habe auch mit ihm gebetet darauff hatt ihn Gott bald nach meinem abtritt durch den zeittlichen todt aus dieser Welt abgefordert im 33. Jahr seines alters. [Witt 246]

318 URSULA LÖLHÖFEL, ✶ KÖNIGSBGERG? 14. 12. 1569, ✞ 19. 10. 1629

Sepult. Fr. Caspar Krumteichsche.

21 Oct. Ist Ao 1.5.69. den 14. Decembr: geboren, ihr S. H V. ist gewesen der weiland EhrenV. Vnd Vornehmg: Caspar **Dackaw**, Ihre Mutter **Barbara Foxin**. Ao 1.5.90. d 3. Sept: ist sie verheyratet worden, dem EhrenV. Vnd Vornehmg: Michel **Kromteichen**, mit dem sie friedlich gelebet 19 Jahr, Vnd aus Gottes segen geZeuget 6 Kinder, 3. söhne 3. Töchter, Von welchen ein sohn (538), Vnd eine töchter noch am leben. Nach deme Gott der H Durch todliche abforderung dieses ihres ehegatten sie in den betrübten Wittbenstand gesetz, ist sie 5. Jahr im selben Christl. geblieben, nachmahls aber anderweit sich ehelich eingelassen mit dem auch EhrenV. Vnd Vornehmg. Casper **Lolhoffeln** (539) mit welchem sie in friedlicher ehe, ohn leibes erben, ins 12 Jahr gelebet, da der liebe Gott auch diesen ihren ehegatten Ao 1.6.26. d 2 Febr: ihr von der seitten hinweg gerissen, Von derZeit an sie bishero Wittib geblieben. Ihr Christenthum Vnd eusserliches leben ist loblich gewesen. Den 3 oct: hatt sie Gott mit leibes Kr: angegriffen, darin sie am Volgenden sontag mit Gott Vereiniget. Den 19 oct: am freytage Zwischen 11 Vnd 12 Zu mittage hatt sie Got in warer anruffung ihres erlösers im 60 Jahr ihres alters von dieser welt abgefordert. [Witt 411]

319 ABRAHAM KOCH, ✶ BIEHLA, KR. KAMENZ / LAUSITZ 1594, ✞ 19. 10. 1629

Sepult. Abraham Koch Fleischawer.

21 Oct. Ist Ao 1.5.94. Zu Belen in den Sechsstetten (540) Von Christlichen eltern, als von Abraham **Koch**, Tischler daselbst, dem Vatter, Vnd Barbara, d Mutter geboren, Zur Tauff v schulen gehalten, Vnd nach vleissiger Christl. aufferZiehung Zum fleischawer Handwerck gethan, das er nicht allein aussgelernet, sondern auch darauff gewandert, Vnd sich woll Versuchet. Vnter andren hatt er sich Zu preussen, Vnd sonderlich hie Zu Königsbergk eine geraume Zeit aufgehalten, auch mit jetzo seiner hinterlassenen betrübten Wittben, Fr: Catharina, des S. Meister **Paul Crause** gewesenen Fleichawers Vnd Bürgers dieser Altenstadt. N. Wittib Ao 1.6.28 sich ehelich eingelassen, Vnd mit ihr ein Jahr Vnd etliche Wochen friedlich gelebet ohn leibes erben. Ist sonst Seiner gottes furcht Vnd frommigkeit halber Von manniglichen gelobet. Am Vergangenen Montag (541) ist er mit hartter leibes Kr. eilends angegriffen darin er sich am Vergangnen mittwoch mit Gott versehnet, Von welchem er in Vergangner Donnerstags nach Zwischen 12 Vnd 1. in waren bestendigen glauben an Christum, aus dieser welt abgefordert im 35 Jahr seines Alters. Diesen dreyen personen hatt M. **Wolderus** die leichpr: gehalten in templ: opp: Vom letzten Jesu Christi am Creutz, welches der Fr. Lölhofelschen Nachg: Kinder Bittlich Zu erkleren begehreten. [Witt 346]

---

538 Das ist Mihel **Kromteich** ✞ 21. 7. 1630 (lfd. Nr. 430).

539 Casper **Löhlhöfel** ✞ 2. 2. 1626 (lfd. Nr. 9).

540 Im Oberlausitzer Sechsstädtebund hatten sich die Städte Bautzen, Görlitz, Kamenz, Lauban, Löbau und Zittau zum Schutz des Landfriedens zusammengeschlossen. Er existierte in dieser Form von 1346 bis 1815.

541 Das Wort "Montag" über der Zeile berichtigt aus ursprünglich 'Mittwoch'.

320 DOROTHEA VON WEINBEER, ✶ KÖNIGSBERG (ALTSTADT) 1587, ✞ 20. 10. 1629

Sepult. Dorothea, H. Georg **Von Weinbern** gewesene Hausfr.

22 Oct. Ist Ao 1.5.87. alhie Von Vornehmen Vnd Christl. eltern geboren, Ihre Vatter ist gewesen der W. EhrenV: Nahmhaffte Vnd Wolweise H. Hieronymus **Heilsberger** (542) GerichtsVerwanter dieser Altenstadt, Ihre Fr Mutter die Erbare Vnd tugends: Fr Anna, des W: EhrenV: Nahmh: Vnd wollw: H. **Hans Neffels**, Bürgermeisters dieser Altenstadt eheliche Tochter, welche sie anfangs Christo dem H durch die H tauffe einverleibden lassen, nachmahls in allen Christl: jungfr: tugenden erZogen auch Ao 1.6.05 sie dem EhrenV: Nahmh. Vnd Wolweisen H. Georg **Von Weinbern** (543), Rahtsverwanten dieser Altenstadt, jetzo ihren betrübten H. Wittbern zur ehe gegeben mit welchem sie 24 Jahr friedlich gelebet 24 Jahr, Vnd, aus Gottes segen, 7 Kinder, 3 sohne Vnd 4. Töchter gezeuget, davon noch 1 sohn Vnd 2 Töchter im leben. Ihr Christenthum Vnd eusserliches leben ist gebürlich Vnd löblich gewesen. Vor Viertzehen tagen hatt sie ihre alte Kr: wieder bekommen Haffoentionem [sic] matricis *mütterliche ??* mit welcher es sich Zwar anfangs wollangelassen, weil sie am Vergangnen Freytage am Tisch sitzen können, doch hatt dieselbige nicht allein sie wiedrumb befallen, sondern auch also Zugenommen, das sie im schlaff am Vergangnen sonnabend Zu nacht, wie sie die tage Zuvor in ihrer Kr. das H abendmahl J. C. empfangen, Von dieser welt abgefordert in 42 Jahr ihres alters. H. M **Lepner** hatt ihr in der Pfarrkirchen die Leichpr: gehalten ex 8 cap: Epist: ad Rom: Ich bin gewis das weder tod etc. [Witt 778]

321 GERTRUD SCHUMANN, ✶ KÖNIGSB. (ALTSTADT) 10. 11. 1602, ✞ 21. 10. 1629

Sepult. Gerrud Hans Schumans Fr.

23 Oct. Ist Ao 1.6.02. den 10 Novemb: gebohren Von Vornehmen Vnd Christl. eltern alhie. Ihr Vatter ist gewesen der W. EhrenV: Nahmhaffte Vnd Wollw: Johan **Menicke**, dieser Altenstadt Wollverdienter Rahtsverwanter. Ihre Mutter Fr Anna (544), des Weiland Edlen, Nahmh: Vnd wollweisen H. Georg **Von Weinbern sen**: Wolverdienten Bürgermeisters dieser Altenstadt Ehl: T. Von diesen ihren eltern ist sie nach empfangener tauffe Christl. erZogen. Auch von ihrer lieben Fr. Mutter Ao 1.6.24. d 9 Sept: dem EhrenV: Vnd Vornehmg: Johan **Schumann**, jetzo ihrem betrübten Wittbern Zur ehe gegeben mit welchem sie 5 Jahr 6. Wochen friedlich gelebet Vnd 4 Kinder, drey Töchter Vnd einen sohn aus Gottes segen geZeuget, welche alle noch am leben. Ihres Christenthums Vnd Wandels hatt sie bei jedermann ein rühmliches geZeuchnus. Am Vergangnen Sontage 8 tage da sie Vmb 10 aus der Kirchen Zu Hause kommen ist sie mit der Kr angegriffen, das sie sich nach der mahlzeit bald legen müssen. Volgenden tag hatt sie mich Zu sich fordern lassen, das H abendmahl begehret, auch empfangen Vnd darauff mit andechtigen gebetten sich Gott befohlen der sie am Vergangnen sontag Vmb 10 Vhr Vor mittage aus diesem jammerthal durch den zeittlichen todt sanfft Vnd selig abge-

542 Hieronymus **Heilsberger** hatte (aus einer späteren Ehe mit Gerdrutt **Weinber**) noch den Sohn Henrich **Heilsberger** ✞ 26. 9. 1636 (lfd. Nr. 764).

543 Georg **von Weinbeer** ✞ 30. 11. 1637 (lfd. Nr. 832).

544 Anna **Meinicke** ✞ 10. 10. 1630 (lfd. Nr. 449). Sie ist eine Schwester des Georg **von Weinbeer jun.** ✞ 30. 11. 1637 (lfd. Nr. 832).

fordert im 27 Jahr ihres alters. Die Leichpr: hatt M. **Wolderus** in templ: opp: gehalten ex cap: Gen: Herr ich lasse dich nicht, Du segnest mich dan. [Witt 681]

322 CHRISTINA SCHUMACHER, ✶ TAPIAU, KR. WEHLAU 1577, □ 23. 10. 1629

/ In Vnserm todtenregister wird diese Fr. genannt Justina (545)

Sepult. 23 Oct.

<u>Christina Baltzers Schumachers Fr.</u>

/ Ist Ao 1.5.77. Zu Tapiaw geboren, ihre Vatter hatt geheissen Hans **Nicolaij**, Ziegler Zu Tapiaw, die Mutter hatt Gertrud geheissen. Von diesen ist sie nach empfangener tauffe in aller gottesfurcht erZogen, Vnd Ao 1.5.90 Zum H. Philip **Deweln** im Lobenicht gethan, dem sie 7 Jahr trewlich gedienet. Ao 1.5.97. hatt sie sich ordentlich weise [sic] im ehestand eingelassen mit dem Erbaren Stentzel **Wiedehoppen**, burgern Vnd Meurern im Lobenicht, mit dem sie friedlich gelebet 1 1/2 Jahr Vnd eine Tochter geZeuget die schon Verstorben. Nach absterben dieses ihres ehemannes Vnd jährigem Wittbenstandt hatt sie sich aus schickung Gottes anderweit ehelich eingelassen Ao 1600 mit dem Erbaren Baltzern **Schumachern**, jetzo betrübten Wittbern mit deme sie im ehestand gelebet 30 Jahr Vnd durch Gotes segen geZeuget neun Kinder, 5 sohne Vnd 4 Töchter, davon noch Zwene sohne im leben. Ihres Christenthums Vnd eusserlichen Lebens hatt sie ein ruhmlich geZeuchnus, Ihr gantzes alter ist 52. Jahr Sonst ist von ihrem tode hie nichts gemeldet gewesen. H M. **Lepner** hatt ihr die Leichpr gehalten in templ: opp: ex 7. cap: Michae irum Dni [iram Domini] *Micha 7, 9: Ich will des Herrn Zorn tragen*

[Witt 679]

323 ANNA MEY, ✶ KOßWALD, FÖRSTERHAUS IM KR. BRAUNSBERG? 1563, ✝ 21. 10. 1629

Hans Meyen Fr. Anna. In unserem todtenregister wird diese frau genannt Catharina (546)

Sepult. 23 Oct.

Ist geboren Zu Koswalcken Ao 1.5.63. Von Vrban **Matern** Vnd Anna N. Ihren leiblichen eltern, Von welchen sie nach empfangner tauffe bies in ihre 36ste Jahr in aller gottesfurcht erZogen, Vnd da dem Erbaren Hans **Leidellen** Pulvermachern alhie Zu Königsberg Zur ehe gegeben, mit welchem sie 10 Jahr, ohn leibes erben, friedl: glebet. Nach absterben dieses hatt sie im andren Jahre Ihres wittbenstandes sich anderweit ehelich eingelassen, mit gegenwerttigem Wittbern dem Erbr: Vnd Wolgeachten Hans **Meyen** (547), Pulverhändlern Vnd Mittbürgern Dieser Altenstadt, mit welchem sie in 17 Jahr Christl: gelebet ohn leibes erben, Ihres Christenthums Vnd eusserl: Lebens hatt sie ein gutt geZeuchnus. Am Vergangnen freitage hatt sie Gott mit einem bösen Halse heimgesuchet, darin sie doch nicht gar Zu bette gelegen, Am sontage morgen ist sie aufgestanden sich angeZogen Vnd gesaget das sie Zum springwasser im Ross-

---

545 So der Eintrag für ihr Begräbnis am 23. 10. 1629 im Totenregister (EZA Signatur 2075 – siehe hierzu in der Einführung S. 38).

546 Die Worte "In unserem … Catharina" nachträglich im Vorspann hinzugefügt. Im Totenregister (EZA Signatur 2075 – siehe hierzu in der Einführung S. 38) heißt der Eintrag: "Hans Meyen Fr. Catharina". – Beim Ehemann heißt dessen Mutter Catharina. Liegt hier evtl. eine Verwechslung der Vornamen vor?

547 Hans **Mey** ✝ 2. 11. 1629 (lfd. Nr. 351).

gartten (548) gehen, ihren mund daraus waschen wolle, damit es besser würde, welches sie in gleicher Kranckheit vorhin gethan, Vnd daran schon in der nacht gedacht, der mann lesset sie auff ihr anhalten gehen, wie sie aber bei einer halben stunden aus blieben schicket ihre mann eine Nachbarin, den sie sonst keinen Dienstbotten gehalten haben, nach sie Zu suchen, Diese selbe kan sie erstes mahl nicht finden, wie sie aber Zum andren mahl ausgeschicket wird hatt ihr ein Mann, so geritten kommen Vnd Vmb diese Fr gefraget worden, geandworttet, wie er eine fr gesehen, die sich beim wasser gewaschen, nachmahls bei dem graben hingegangen, Vnd wie er gesehen habe sie sich wollen niedersetzen, ihre Hände gefalten auffgehoben, aber gantz eilend Wieder Vor sich niedergefallen. Darüber das ihr Mann, wie ers gehoret, hart erschrocken, hingelauffen Vnd es also befunden das sie in dieser Kr: war pestis ihr leben an diesem ortt im 67 Jahr ihres alters geendet. Die Leichpr hatt H M. **Lepner** in templ: D. Nicol: gehalten. [Witt 450]

324 ANNA TETSCH, ✶ KÖNIGSBERG (ALTSTADT) 1611, ✝ 22. 10. 1629

Sepult. J. Anna Tetschin.

24 Oct. Ist Ao 1.6.11. Von bekandten Vornehmen Christl: eltern an diese Welt geboren, als Von dem EhrenV. Nahmh: Vnd Wollweisen H Fridrich **Tetzschen**, getrewem (549) RahtsVerw: dieser Altenstadt Vnd Von der Ehr- Vnd tugendsamen Fr: Dorothea **Ehrentrauttin**. Von diesen ist sie auch Zur H Tauffe befordert Vnd in allen Christlichen tugenden erZogen, Sie hatt ihres Christenthums, erbaren lebens, gehorsams gegen ihre lieben eltern ein guttes lob gehabt, darumb dann auch die eltern Vber ihren tod höchlich betrübt gewesen. Am Vergangnen freytage hatt sie sich was vbel befunden, aber sich doch nicht bald legen wollen, am sontage bin ich zu ihr gefordert, habe aber nichts mit ihr handlen können (550) am Montage Zu Mittage hatt sie Gott im 18. Jahre ihres alters aus dieser Welt abgefordert. Die Leichpr hatt M. **Wolderus** gehalten in templ: opp: Von dem spruch welchen die eltern begerten aus dem 73. ψ. Herr wenn ich nur dich habe. [Witt 724]

325 AUGUSTIN BARTSCH, ✶ SCHWEINITZ, KR. GRÜNBERG / REG.-BEZIRK LIEGNITZ 1599, □ 24. 10. 1629

Sepult. Augustin **Bartzsch**, Kürschner

24 Oct. Ist Ao 1.5.99. Zur Schweinitz in der Schlesigen geboren, sein Vatter hatt geheissen Hans **Bartsch,** Vnd seine Mutter Helena, die noch am leben ist. Wie er Zu seinen Jahren kommen hatt seine Mutter ihn anhero Zu seinem bruder Hans **Bartschen** Kürschnern geschicket, Vnd das Handwerck lernen lassen, auff welches er eine Zeitt gewandert, nachmahls wieder anhero gekommen, eine Zeitt gearbeittet, Vnd sich endlich, mit der damahl

548 Rossgarten: herzogliche Freiheit, Stadtteil von Königsberg östlich des Schlossteiches. Springwasser: möglicherweise ein kleines, in den Schlossteich fließendes Gerinne zwischen dem südlichen ‚Vorderen' und dem nördlichen ‚Hinteren' Rossgarten.

549 Das Wort "getrewem" zweimal schräg durchstrichen, jedoch gut zu lesen.

550 Die Worte "bin ich zu ihr gefordert, habe aber nichts mit ihr handeln können" an Stelle einer Streichung über der Zeile eingefügt.

tugends Jungfr: Anna (551), S. Bartel **Heneleins** im Kneipphoff Tochter, die er Vor 14 tagen Zur erden bestattigen lassen, ehelig eingelassen, mit ihr gelebet 3 Jahr Vnd eine Tochter geZeuget, die noch am leben. Ist peste gestorben im 30. Jahr seines alters. H. M. **Halbach** hat ihm die Leichpr: gehalten in templ. Nicolait. ex 3. Cap: Thren[i]: *aus den Klageliedern des Jeremias, Kap. 3* v. 40.41.42. [Witt 22]

326 HANS SCHRÖTTER, ✶ BUNTZLAU / REG.-BEZIRK LIEGNITZ 1555, ✞ 23. 10. 1629

Sepult. Hans Schrötter.

25 Oct. Ist Ao 1.5.55. in der Schlesigen Zu Bientzlau geboren, sein Vatter hatt geheissen Georg **Schrötter**, seine Mutter Elisabeth, die ihn Zur tauffe Vnd schulen, wie auch im 20 Jahr seines alters anhero gesand Zu seinem Vettern George **Zickell** der ihm das schuster Handwerck gelehret, auff welches er 17 [sic] Jahr gewandert. Im Jahr 1.5.82. ist er wieder anhero kommen Vnd sich mit der damahls tugends: J. Anna **Lentzken**, nun seiner hinterlassenen Wittben ehelich eingelassen, mit der er 47. Jahr friedlich gelebet Vnd 8 Kinder drey söhne Vnd fünff Töchter gezeuget, davon jetzo noch ein sohn Vnd drey Töchter am leben. Ist ein ehrlicher, frommer, gottfürchtiger alter Bürger gewesen. Hatt Wegen alters Zwar das Haus des H nicht ersuchen können. doch Zu Hause vleissig gelesen, gesungen, vnd betet, auch das Hochw: abendmahl offters empfangen, Vor 3. Wochen hatt ihn Gott sonderlich mit leibes schwcheit [sic] angegriffen, also das er am Dingstage nach mittage Zwischen 3 Vnd 4 Vhr Von dieser welt abgeschieden im 84 [sic] Jahr seines alters. (552)

[Witt 660]

327 JOHANNES CRAMERUS, ✶ BREDSTEDT, KR. HUSUM 1602, ✞ 24. 10. 1629

Sepult. Johannes Cramerus, Theol: stud:

25 Oct. Ist Ao 1.6.02. Vmb Weihnachten Zu Bredstede in Holstein gelegen geboren, sein Vatter ist der Erbare Vnd Wollg: Hans **Cramer**, Burger Vnd Handelsman alda, die Mutter Margareta. Von diesen ist er nach empfangner tauffe in aller gottesfurcht erZogen, Vleissig Zur schulen gehalten in welcher nachdeme er seine fundamenta *Grundlagen* Ziemlich geleget, haben sie ihn in das Gymnasium trilingve *das dreisprachige Gymnasium* (553) Zu Flensburg gesand, alda er 8 Jahr Verblieben, Vnd seine studia in aller Gottesfurcht Vnd gehorsam also continuiret *fortgesetzt*, das ihm auch sein H präceptores *Lehrer* sollen gerathen sich auf Academien Zu begeben. Darauff Ao 1.6.24. den 9. Maij Zun Vns kommen (554), Vnd bei H Doctore **Behmen** (555) seine Wohnung genommen, welche er auch bies an sein ende Vnverendert behalten. Seiner Gottesfurcht, Erbarkeit, Vleis im studiren, wie auch seiner geschicklichkeit, hatt er ein rühmlich geZeuchnus gehabt. Am Vergangnen sontage ist ihm kegenwerttige seuch mit frost Zugekommen, darauff er sich am Dingstage weil er nicht gerne gewolt das jemand von ihm solte angesteckt werden, aus H. D. **Behmen**

---

551 Anna **Bartsch** ✞ 7. 10. 1629 (lfd. Nr. 294).

552 Gemeinsame Trauerfeier mit dem nachfolgenden Johannes **Cramerus**.

553 Gymnasium mit Unterricht in der lateinischen, griechischen und hebräischen Sprache.

554 An der Albertina immatrikuliert am 10. 5. 1624 (Erler, S. 279).

555 Möglicherweise der Sohn Johannes Behm der Elisabeth **Behm** ✞ 6. 3. 1626 (lfd. Nr. 11).

behauseung in desselben gartten hie Vffm St: bringen lassen, Vnd weil er gesehen das er je länger je schwächer worden, hatt er das Hochw: abendmahl Von Henrico **Stormero** (556) empfangen, darauff, so viel die schwacheit Zugelassen, vleissig Vnd andechtig gebeten, bies ihn Gott gestern Zu morgen Vmb 6 Vhr in 28. Jahre seines alters durch den zeittlichen todt aus dieser welt abgefordert. Ist mit dem alten **Schrötter** (557) in eine Leichpr: gekommen, die H M **Lepner** in templ: Nicol: gehalten ex Deut: 32. Sehet ihr nun das ichs allein bin etc. [Witt 89]

328 MARIA ARTZT, ✶ KÖNIGSBERG (STEINDAMM) 1605, ✞ 24.10. 1629

Sepult. Lorentz Artzten Hausfr. (558)

26 Oct. Ist Ao 1.6.05 Vffm St: geboren, ihr Vatter ist Hinrich **Köster**, Rottgiesser alhie, die Mutter hatt geheissen Maria (559), Von diesen eltern sie nach empfangner tauffe, Zur schulen Vnd allen Christl. tugenden gehalten, auch in ihren siebenzehenden Jahre, dem Erbaren Lorentz **Artzten** jetz ihren hinterlassenen Wittbern Zur ehe gegeeben, mit welchem sie in achtehalb jahren drey Kinder, einen sohn Vnd 2 Töchter gezeuget, davon noch eine Tochter, 15 wochen alt, am leben. Ihr Christenthum Vnd eusserliches Wesen ist ohn offentlichen tadel gewesen. In ihrer Kr: hatt sie sich mit Gott versohnet, Vleissig gebeten. Vnd ist darin am Mittwoch selig entschlaffen, da sie 24 Jahr gelebet. M. **Wolderus** hatt ihr die Leichpr. gethan in templ: Nicolait: ex 14. cap: Joh: Ego sum vita, Veritas etc. *Ich bin das Leben, die Wahrheit* (560) [Witt 14]

329 CHRISTOPH HIMMELREICH, ✶ KÖNIGSBERG (ALTSTADT) 1601, ✞ 24. 10. 1629

Sepult. Christoph Himmelreich. Juv:

26 Oct. Ist Ao 1.6.01. alhie Von Vornehmen Vnd Christl: eltern geboren, sein Vatter ist gewesen, der W. EhrenV. Nahmh. Vnd Wolw: H Hans **Himelreich** (561) Wolverdienter RahtsVerw. dieser Altenstadt, die Mutter die W: Ehr- Vnd tugendsame Fr. Regina **Ranschin**. Von selben eltern ist er Zur tauffe, Zur schulen, Vnd auff die sprachen gesand. Als er wiedrum aus Engeland Vnd Niederland, darin er 4 Jahr sich auffgehalten, anhero gelanget, hatt er seinem H Vattern den Wittbenstand mit seinen Diensten leichtern helffen. Er hatt sich auch bey jetzigem Vorgestandenen (562) Kriegswesen dieser stadt Zum besten für einen Fenrich eine Zeittlang bestellen lassen. Seines Christenthums Vnd eusserlichen Wandels hatt er ein gutt geZeuchnus. Am Vergangnen Freytage hatt er sich

---

556 Heinrich Störmer (Sturm), seit 1600 Pastor in Thierenberg, Kr. Fischhausen. Siehe Henricus **Sturmius** □ 9. 1. 1630 (lfd. Nr. 385). Er hat vor seinem Tod einige Jahre in Königsberg gelebt.

557 Dessen Lebenslauf davor.

558 Der Vorname ergibt sich aus dem Namensregister am Ende des Kirchenbuches (vgl dazu die Einführung, S. 8).

559 Maria **Köster** ✞ 18. 10. 1627 (lfd. Nr. 113).

560 Joh. 14, Vers 6 "Jesus spricht zu ihm: Ich bin der Weg und die Wahrheit und das Leben ..."

561 Hans **Himmelreich** d. Ä. ✞ 14. 5. 1629 (lfd. Nr. 219). Siehe auch den Lebenslauf seines Bruders Hans **Himmelreich** d. J. ✞ 9. 10. 1629 (lfd. Nr. 299)

562 Das Wort "Vorgestandenen" über der Zeile eingefügt.

übel befunden, darauff er sich am Sontage geleget. Vnd das H. abendmahl empfangen, ferner Vleissig gebeten bies er am Vergangnen Mittwoch nach mittage im H selig entschlaffen, im 28. Jahre seines Alters. Die Leichpr. hatt in templ: opp: H. M. **Halbach** gehalten. ex 41. Syr: V. 5.6.7. [Witt 282]

330 Elisabeth Geling, ✶ Königsberg 6. 2. 1605, ✞ 26. 10. 1629

Sepult. Elisabeth, Stephen Gelings Hausfr.

27 Oct. Ist Ao 1.6.05. d 6 Febr: alhie geboren, ist Vatter ist gewesen Der W. Erbare Vnd wolgeachte Thomas **Ranisch**, ihre Mutter S. Fr Maria **Dackmannin** (563), Von diesen ist sie nach empfangner tauffe in allen Christl. Jungfr. Tugenden erZogen auch Ao 19 Aetati Von ihrer S. Mutter, dem Erbaren Vnd Wolgeachten Stephen **Gelinge** (564), ihren jetz hinterlassenen betrübten Wittbern Zur ehe gegeben, Vnd mit ihm friedlich gelebet 5. Jahr. 11. Wochen. 5 tage. Vnd 2 Kinder einen sohn Vnd eine Tochter geZeuget, daVon die Tochter jetzo noch am leben. Ist Vnsres Wissens, ein Christl: Erbare fr. gewesen. Ihre Kr: ist ihr am Dingstag Morgen mit Hitze ankommen, das sie sich bald legen müssen. Am Vergangnen Mittwoch Vmb 4. Zu morgen hatt sie Gott ihrer mutterlichen Bürden entbunden, Vnd am freytage Morgen Zwischen 2 Vnd 3 Vhr durch den zeittlichen todt von dieser Welt abgefordert, im 24 Jahre ihres alters. Die Leichpr: hatt H M. **Halbach** gehalten in templ: opp: ex 26. cap: Esajae v. 20. [Witt 174]

331 Anna Wolluhn, ✶ Zinten, Kr. Heiligenbeil 1576, □ 28. 10. 1629

Sepult. Anna, Daniel Wolluhnen Fr.

28 Oct. Ist Zu Zinten Ao 1.5.76. jetzo Vor 53 Jahren geboren, Ihr S. Vatter ist gewesen der Erbar Araham **Jeckel**, ein Tuchmacher, die Mutter hatt geheissen Sibylla. Diese eltern haben sie Chro dem H durch die Tauffe einverleibden lassen. Weil sie ihr aber im 6 sten Jahre ihres alters abgestorben, hatt sie sich bei ehrlichen leuten mussen im Dienst begeben, Vnd ist endlich auch bein Vns im Dienst kommen Bei dem Ehrw. Vnd Wollgel: H. M. Johan **Beneken** 565) etc bei dem sie achtehalb trewlich gedienet. Im Jahr 1600 hatt sie sich mit dem Erbaren Daniel **Wolluhnen** ehelich eingelassen, mit dem sie gelebet 29 Jahr in fried, Vnd 8 Kinder, 6 sohne Vnd 2 Töchter aus Gottes segen geZeuget, davon noch 1 sohn (566) Vnd tochter am leben. Mehr ist hie nicht Vermeldet gewesen. (567) [Witt 814]

---

563 Weitere Kinder dieses Ehepaares sind wahrscheinlich: Ursula **Ranisch** ✞ 8. 11. 1628 (lfd. Nr. 188) und Henricus **Ransch** ✞ 12. 2. 1637 (lfd. Nr. 787) - bei diesen heißt die Mutter **Bergmannin** (Ursula Ranisch) bzw. **Beckmannin** (Henricus Ranisch).

564 Stephan **Gelingk** ✞ 1. 11. 1629 (lfd. Nr. 345).

565 Wohl Johann **Benichius**, der 1591 - 1592 in Königsberg als ‚Inspektor der Alumnorum' tätig war (QMS 19/1, S. 95).

566 Christian **Wolluhn** ✞ 17. 8. 1628 (lfd. Nr. 169).

567 Mit Dorothea **Stoltzke** und Ursula **Bock** zusammen in einer Trauerfeier.

332 DOROTHEA STOLTZKE, ✶ FRIEDLAND UM 1603, ✝ 25. 10. 1629

Sepult. Simon Stolzken Töpffers Fr. (568)

28 Oct. Ist der geburtt Von Friedland, Ihr Vatter hatt Melchior **Stendel** geheissen, ein grobschmidt Vnd bürger daselbst, die Mutter Estehr, des W. EhrV. Vnd wollgel. H. Georgij **Scheplen** Pfarherren Zu Holland S. (569) Ehl. Tochter. Von solchen ist sie Zur tauffe befordert, Vnd sie mit tode ihr Zeittig abgangen anhero Zu ihren freunden, Vnd sonderlich Zu ihrer Mutter schwester, Peter **Feijrabends** Fr: gebracht, die sie mehrenteils erZogen, Vnd Zu aller Gottesfurcht gehalten. Als sie ihr 21. Jahr erreichet ist sie Von ihren freunden, gegenwerttigem Simon **Stoltzken** Zur ehe gegeben, mit dem sie 5/4 Jahr friedl: ohn leibes erben gelebet. Am Vergangnen Donnerstag hatt sie Gott durch den zeittlichen tod Von dieser welt abgefordert im 23. Jahr Ihres alters. Hatt ein guttes geZeuchnus bekommen. [Witt 707]

333 URSULA BOCK, ✶ THIERENBERG, KR. FISCHHAUSEN UM 1576, ✝ 27. 10. 1629

Sepult. Vrsula Georg **Bocken** Fr.

28 Oct. Ist Zum Thierenberg geboren, ihr Vatter hatt geheissen Paul **Babst**, Von Hamburg börtig, Schulmeister Vnd Organist daselbst, die mutter hatt geheissen Clara, Von denen ist sie nach empfangner tauffe Zur schulen, Vnd allem gutten gehalten. Im 28 Jahr ihres alters, hatt sie sich ehelig eingelassen mit Lorentz **Pusch**, ein Schopenbrewer Vnd mit demselben in 21. Jahren vier söhne Vnd Zwo töchter geZeuget, davon nur ein sohn noch am leben. Nach absterben dieses, Vnd jährigen Wittbenstand hatt sie gegenwertigen genanten Wittbern Zur ehe genommen, Vor 3. Jahren. Sie ist Vber 2 Jahr mit Kr. behafftet gewesen, Vnd ob sie woll wieder ein woche etliche gegangen, ist sie doch auffs newe mit dieser Kr. am vergangnen sontage angegriffen, Vnd gestern morgen Vmb 6. Vhr im 53 Jahr ihres alters Von dieser welt abgefordert. Die fr. sind alle drey (570) in eine Leichpr: kommen, die H M. **Halbach** Vffm St: gehalten, textus fuit *der Text war* alles was aus der erden kommet. Syr: 41. v. 10. [Witt 63]

334 ALBRECHT HACKE, ✶ KÖNIGSBERG 28. 12. 1550, ✝ 26. 10. 1629

Sepult. H. Albrecht Hacke, Oberster (571) Kirchen Vatter.

28 Oct. Ist Ao 1.5.50. den sontage nach dem fest der Weihenachten war der 28. Decembr. geboren, sein S. H Vatter ist gewesen der EhrenV. Achtb: Vnd Wollgel: H. Albrecht **Hack** Margraff Albrechts Christm: gedechtnus, Canceley Verwantter Vnd secretarius, die Fr. Mutter hatt geheissen Anna, des Erb. Vnd Vornehmg: Hans **Biebernicks** bürgers Vnd Vornehmen Kauffmans dieser Altenstadt Ehl: T. Von diesen ist er Zur H. Tauffe befordert, Zur schulen gehalten, Vnd in alle gutten erZogen. Nach dem sein

568 Der Vorname erschließt sich aus dem Namensregister am Ende des Kirchenbuches (vgl. dazu die Einführung, S. 8).

569 George **Schepler,** 1567–1570 Diakon an der deutschen Kirche in Tilsit, 1570–1579 Diakon in der Löbenicht'schen Kirche in Königsberg, 1579–1584 Pfarrer in Pr. Holland (QMS 19/6, S. 1579).

570 Anna **Wolluhn**, Dorothea **Stoltzke** und Ursula **Bock.**

571 Das Wort "Oberster" über der Zeile eingefügt.

S H Vatter Ao 1.5.61. den 26. Augusti im H entschlaffen, ist er von seinen Vormündern nachmahls auf die Littawsche Vnd Polnische sprache verschicket darauff hatt er sich Zu seinem H Ohm H. Christoph **Preissen** im Dienst begeben, Vnd bei ihm etliche Jahr gedienet, Ao 1572. hatt er sich mit der, damahls, tugendsamen Jungfr: Catharina, des Erbaren Vnd Vornehmg: Jacob **Manten**, dieser Stadt Bürgers Vnd Kauffmans T. ehelich Versprochen, Vnd mit derselben 39 Jahr friedlich gelebet, in solcher Zeit 8. Kinder 4. sohn Vnd 4 töchter, aus Gottes segen, geZeuget, davon noch drey töchter am leben.
Ao 1.5.90 ist er aus Gottes schickung in die schöppenbanck gekoren. Ao 1.5.92. In eines E. Rahts mittel. Ao 1600 Richter gekoren Vnd hernacher alle ämpter in E.E. RahtsMittel bedienet. Ao 1.6.11 hatt ihn Gott im Wittbenstande gesetzet, darin er bies an sein ende Verblieben. In welcher Zeit mit Vielen Kr. beschwer gewesen, Vor 4 wochen hatt er, wie vor auch offt geschehen, das hochw: abendmahl Zu Hause empfangen. Vnd ist am Vergangnen Freitage mittags Zwischen 1 Vnd 2. durch den zeittlichen tod Von Gott aus dieser welt abgefordert im 80. Jahr seines Alters. Ist sonst ein gutter redlicher Vnd Christl: man gewesen. H M. **Lepner** hatt ihm aus dem von ihm H. **Hacken** selbst auffgezeichneten spruch Joh 3. Deus dilexit mundum *So hat Gott die Welt geliebt*, die Leichpr: gehalten in templ: opp: [Witt 231]

335 Andreas Wagener, ✶ Klagenfurt / Steiermark 1589, ✝ 29. 10. 1629

Sepult. <u>Andreas Wagener, stud:</u>

29 Oct. Ist Ao 1.5.89. Zu Klagenfuhrtt in der Steyrmarckt Von Chirstl. Vnd Gottseligen eltern geboren Vnd in d ersten Verfolgung so von Ferdinando geschehen neher Presburg in Vngarn sich begeben müssen, Von dannen ist er neher Wien Verschicket, Vnd seine studia daselbst continuiret; also das ihn ein Freiherr mit nahmen Moltzan Zum Hoffmeister angenommen, hernach hatt ihn ein Herr Von Czrotin vor einen secretarium gebrauchet, bies er endlich durch dieses H. recommendation Ao 1.6.18. der sämptlichen Mährischen directoren geheimer Secretarius geworden. Nach der pragischen Niederlage aber hatt er mit Vielen andren HH. hin Vnd wieder im exilio gelebet, bald in Niederland, bald in Engeland sich auffgehalten, also das er auch Ao 1.6.24. sich anhero nach Königsberg begeben, Von dannen ist er näher dem niedersechsischen Kreis gerücket, Vnd in der expedition Ihr: Dhtt der Hertzogen Von Weimar neher Schlesigen Vnd mähren eine Companij Zu fuß geführet, nach deme auch solche expedition in Siebenbürgen m lech bekommen hatt er sich eine Zeittlang in Siebenbürgen beim Bethlem Gabor auffgehalten, der ihn dan im vergangnen herbst mit gnugsamer recommendation *Empfehlung* an Ihr. Kon. Majtt. in Schweden geschicket, daselbst er sich den winter vber auffgehalten, Vnd im ersten Vorjahr wieder anhero näher Königsberg kommen, da ihn den ein Hochw. Raht dieser Altenstadt in Vielen geheimen sachen Zu der stadt beste nutzlich gebrauchet, ihn auch noch ferner gebrauchen können, wenn ihn Gott nicht durch die Pestilentz vorgestern etwan im 40. Jahr seines alters Von dieser Welt abgefordert hette. Wird sonst Von seiner Gottesfurcht, aufrichtigkeit vnd frommigkeit gelobet.
H. M. **Lepner** hat ihn die Leichpr: gehalten in templ: opp: ex 2. Cap: Apoc: bleib getrew.

[Witt 762]

336 MICHEL PERSCHKE, ✶ STARKENBERG, KR. WEHLAU 1600, ✞ 29. 10. 1629

Sepult. Michel Perschke, Schuster

31 Oct. Ist Ao 1600 Zu starckenberg im Tapiawschen geboren, sein Vatter ist gewesen Simon **Persche** ein Pawersman, die Mutter hatt geheissen Elisabeth, Von denen ist er Zur Tauffe befordert, Vnd wie er etwas Zu jahren kommen hatt ihn die Mutter anhero gesand, das schuster Handwerck Zu lernen, darauff er in frembde Lande sich Versuchet. Nachmahls wie er wieder anhero gekommen, Vnd hie eine Zeittlang gearbeittet, hatt er sich mit der, damahls, tugendsamen J. Maria (572), des Erbaren Vnd wolg: Johan **Erhartts** schusters Vnd bürgers alhie, Ehl. T. in den stand der H ehe begeben Vnd mit ihr drey viertel Jahr Vnd etliche wochen gelebet, Vnd sie mit schwerem leibe gelassen. Ist sonst ein frommer Christlicher man gewesen. Am Vergangnen sontage hatt ihn Gott mit jetzigen Kr: angegriffen Vnd alsobald so schwach geworden, das er amMontage gegen abend im 30sten Jehre seines alters Verschieden. (573) [Witt 508]

337 GEORG MANT,
✶ LANDSBERG I. OSTPR., KR. PREUßISCH EYLAU 1604, ✞ 29. 10. 1629

Sepult. Georg Mant, Fleischawergesell.

31. Oct. Ist Ao 1.6.04. Zu Landsburg in Preussen geboren, sein Vatter ist der EhrenV. Vnd wolw: Georg **Mann,** Fleischer, den Bürger Vnd Gerichts Verwanter alda, die Mutter heist Anna. Von denen ist er nach empfangner tauff Zur schulen gehalten, Vnd in aller Gottesfurcht erZogen. Wie er seine Jahr erreichet hatt ihn sein Vatter das Fleischerhandwerck lernen lassen, darauff er sich nach ausgestandenen Lehrjahren anhero begeben Vnd 5. Jahr vor einen gesellen gearbeittet, sich aber die Zeitt allewege gegen seinen meister Wolverhalten. Verschienen Sonnabends nacht hatt ihn Gott mit jetz grassirender seuche angegriffen, darin er vleissig gebeten Vnd Gott geduldig ausgehalten, bies ihn derselbe am montag Zwischen 4 Vnd 5. aus diesem Jammerthal abgefordert im 25 Jahr seines alters. ist sonsst vleissig Zur Kirchen Vnd hochw. Abendmahl gegangen.
Mit Michel **Perschken** in eine Leichpredigt kommen. [Witt 429]

338 URSULA BRANDT, ✶ KÖNIGSBERG 1605, ✞ 29. 10. 1629

Sepult. J. Vrsula, Fr. **Pretzfeldschen** Tochter.

31 Oct. Ist Ao 1.6.05. alhie Von Christlichen eltern geboren, ihre Vatter ist gewesen der Weiland EhrenV. Vnd Vornhemgeachte Hieronymus **Brandt**, Ihre Mutter ist die Erbar Vnd tugendsame Fr. Barbara (574). Diese eltern haben sie nach ihrer geburt bald Christo dem H einverleibden lassen durch die H. tauffe, ferner in aller Gottesfurcht Vnd Jungfr: Tugenden erzogen. Sie ist auch ein Christliches mensch gewesen, die sich Zum Gehör Gottliches Wortts Vnd gebrauch des H. Abendmahls Vleissig gehalten, auch sonst aller Christlichen tugenden beflissen, Vnd ist ihrer Mutter in ihrem Wittbenstand sehr tröstlich gewesen. Am Verschienen Montag, nach deme sie etlich tage Zuvor die Kranckheit gefühlt, Vnd darum etwas nie-

---

572 Maria **Perschke** ✞ 13. 11. 1629 (lfd. Nr. 356).

573 Zusammen mit dem nachfolgenden Georg Mant in einer Trauerfeier.

574 Barbara **Pintzfeldt** ✞ 22. 5. 1636 (lfd. Nr. 751). Siehe auch den Lebenslauf einer anderen Tochter der Barbara Pintzfeldt: Elisabeth **Trewiger** ✞ 28. 3. 1628 (lfd. Nr. 144).

dergelegen, hatt sie Gott morgens Vmb 5 Vhr, da sie den Vorigen sonnabend J. Christi leib Vnd blutt im H. abendmahl Zu sich genommen hatte, Von dieser welt abgefordert . Ao 24 aetat: Die Leichpredigt hatt im temp: opp: H M **Lepner** gehalten ex l cap: ad Philip:

Cöpio [Cupio] dissolvi etc.

[sinngemäß:] Ich wünsche zu sterben (575)

[Witt 72]

339 CHRISTOPH BREWER, ✶ KÖNIGSBERG (ALTSTADT) 19. 9. 1609, ✞ 17. 9. 1629

Sepult. Christoph Brewer, Kürschnergesell.

31 Oct. Ist Ao 1.6.09. den 19 Septemb: alhie in dieser Altenstadt geboren Von Christlichen eltern, als Von Christoph **Brewer** (576), Burger Vnd Kürschnern alhie Vnd Von Catharina N, welche eltern noch beide jetzo am leben, Von denen ist er nach empfangner tauffe, Zur schulen, Gottesfurcht polnische Vnd Littawsche sprach (577) nachmahls auch zum Handwerck gehalten, darauff er doch wegen Kriegsgefahr nicht wandern können, wie er wol gewolt, hatt sich in seinem Christenthum Vnd eusserlichen leben allerseitts Christlich, woll, Vnd löblich verhalten. Die vergangne Woche hatt ihn Gott mit harter leibes Kr: angegriffen darin hatt er das Hochw. abendmahl begehret Vnd empfangen, Vnd ist Vorgestern Von Gott dem allmechtigen Vmb drey Vhr nach mittage im 20 Jahr seines alters mit schmertzlich bekümmernus seiner eltern die nur das eintzige Kind noch gehabt aus dieser welt abgefordert. Die Leichpr hatt M. **Wolderus** in templ: opp: gehalten. [Witt 75]

340 CATHARINA HINTZ(EN), ✶ WO 1605, □ 1. 11. 1629

Sepult. 1 Novemb. Catharina Simon Hintzen, schneiders Fr.

Ist Von Niclaß **Scharffen**, Knopfmacher, Vnd von Elisabeth N. im Jahr 1.6.05. geboren, ferner nach empfangner tauff, Zu allem gutten erZogen. Ao 17 aetatis ist sie gegenwerttigen Wittbern, den Erbr: Simon **Hintzen** Zur ehe geworden mit deme sie im ehestand gelebet sieben Jahr Vnd Zwene söhne geZeuget. Mit dem dritten ist sie im Herren entschlaffen im 24. Jahre ihres alters. Mehr ist hie nicht verzeichnet gewesen. Wieder ihre Christenthum Vnd erbares leben ist Vns nichts wissend. [Witt 286]

341 CATHARINA SKOLM, ✶ KLINGENBERG, KR. FRIEDLAND? 1585, ✞ 30. 10. 1629

Sepult. Hans Skolmen Hausfr. (578)

1 Novem. Ist Ao 1.5.85. geboren, ihr Vatter ist der Erb: Andres **Borchers** gewesen, Freyschultz in Klingenbergk (579), die Mutter so noch am leben heist

575 Phil 1, 23 "Coartor autem e duobus desiderium habens dissolvi et cum Christo esse ..." *Denn es setzt mir beides hart zu: Ich habe Lust, aus der Welt zu scheiden und bei Christus zu sein* (Siehe die Angabe der gleichen Textstelle in den lfd. Nr. 211 und 581).

576 Christoph **Brewer** ✞ 8. 12. 1631 (lfd. Nr. 522).

577 Die Worte "polnische Vnd Littawsche sprach" über der Zeile eingefügt.

578 Der Vorname der Verstorbenen findet sich im Namensverzeichnis am Ende des Kirchenbuches (siehe dazu die Einführung, S. 8).

579 Es gibt in Ostpreußen ein weiteres Klingenberg im Kreis Braunsberg im Ermland. Dortige Geburtsorte werden oftmals mit "aus dem Bistum" o. ä. bezeichnet, was hier nicht der Fall ist.

Vrsula. Von denen ist sie nach ihrer tauff Vnd Christl. aufferzihung Zur ehe gegeben, Valtin **Krausen**, mit dem sie ohn leibes erben 1 1/2 Jahr gelebet. Nach Verflossenem Jahr von seinem tödlichen abgang, ist sie dem Erbaren Vrban **Reimern** Von Lüneburgk, gewesenen Holtzmesser alhie anderweit Verheyrahthet mit deme sie in 22 jähriger friedlicher ehe aus Gottes segen 10 Kinder, 7. söhne Vnd 3 töchter gezeuget, Davon noch eine tochter im leben. Wie Gott ihr auch diesen eheman genommen hatt sie 3 Jahr im Wittbenstande Zugebracht. Vnd darauff Zur dritten ehe genommen, gegen Werttigen Wittbern Hans **Skolm**, mit dem sie 4 Jahr gelebet, Vnd einen sohn geZeuget, der noch am leben. Ihr leben Vnd Wandel ist Christl. gewesen. Den 11 oct: hatt sie Gott mit leibes Kr: angegriffen darin hatt sie sich den 15 oct: mit Gott vereinigen lassen Vnd ist am Vergangnen Dingstage Zwischen 11 Vnd 12. Zur nacht im 44 Jahr ihres alters selig verschieden. Die Leichpr hatt H M. **Lepner** in templ: Nicolait: beiden Zugleich gehalten ex ψ 91 V. 11.12.13. [Witt 614]

342 DOROTHEA STRAMM, ✶ SUßNICK, KR. RASTENBURG 1601, ✝ 30. 10. 1629

Sepult. Dorothea Greger Strammen Fr.

2 Nov. Ist Zu sußnick im Rastenburgischen ao 1.6.01. geboren, ihr Vatter hatt geheissen Jacob **Gland**, die Mutter Anna. Dieselbige haben sie durch die H. Tauffe Chro einverleiben lassen, Zur schulen gehalten, bies sie ihre freunde, nach zeittigem absterben ihre eltern, näher Königsberg geschicket, da sie anfangs beim H. Reinhold **Langerfelden** (580) S. gewesenen RahtsVerwanten dieser Altenstadt, nachmahl Zum Georg **Waldhewer**, Vnd beiderseitts trewlich vnd woll gedienet, bies sie sich in den H. ehestand eingelassen, mit dem Erb. Greger **Strammen** (581) mit welchem sie 2 Jahr Vnd etliche wochen in löblicher ehe gelebet, Vnd eine Tochter gezeuget, die jetz mit der Mutter Zugleich in die erde versetzet. Vergangen Donnerstag ist sie mit jetziger Kr befallen, in werender Zeitt hatt sie das H abendmahl gebraucht. Vnd ist am vergangen Dingstag (582) früe Vmb 5 Vhr im 29 Jahr ihres alters im H. Selig entschlaffen. Die Leichpr. hatt H M. Lepner gehalten in temp: Suburb: [Witt 710]

343 PETER SUCKEY, ✶ RIGA? 1568, ✝ 31. 10. 1629

Sepult. Peter Suckey, Huttstafirer.

2 Nov. Ist Ao 1.6.68. [sic] geboren, sein Vatter hatt auch Peter **Suckey**, Vnd die Mutter Maria geheissen, Von selbigen ist er nach empfangner tauffe Christl. erZogen, bies ihn sein Vatter das Huttstaffirer gelehret, darauff er ettliche jahr gewandert; Ao 1591 hatt er sich mit seiner hinterlassenen, jetzo Kr: Wittben (583) in stand der H ehe begeben, Vnd mit ihr 7. Kin-

---

Deshalb und wegen der größeren Nähe zu Königsberg dürfte Klingenberg im Kr. Friedland wahrscheinlich sein.

580 Reinholdt **Langerfeldt** ✝ 16. 1. 1628 (lfd. Nr. 127).

581 Dessen erste Frau war Regina **Stramm** ✝ 7. 1. 1627 (lfd. Nr. 53).

582 Das Wort "Dingstag" anstelle einer Streichung über der Zeile eingefügt.

583 Wendelina **Suckey** ✝ 6. 11. 1629 (lfd. Nr. 353). Sie ist geboren in Riga. Bei ihr wird die Zahl der geborenen Kinder mit 4 angegeben.

der, 5. söhne 2. Töchter gezeuget, davon noch eine tochter (584), Vnd ein sohn am leben. In werendem ehestand hatt ihn Got mit macherley Cretz heimgesucht, sonderlich auch mit der gicht, 15 Jahr hero, also das er gantze 8. Jahr nicht ausgehen können. Vier Zehen tage Vor Pfingsten ist er daran wiedrumb bettreisig worden, das ihm sein leib sehr geschwollen hände Vnd füsse gar verlähmet, in solcher Zeitt hatt er etliche mahl das H. abdnmahl empfangen, ernstlich Vmb ein seliges stündlein gebeten, Vnd ihm seine sünde hertzlich leid sein lassen, bies er am Vergangnen Mittwoch Vmb 10 Vhr sanfft entschlaffen im 61. Jahre seines alters. M **Wolderus** hatt ihm die Leichpr: gethan ex ψ 39 Herr ich bin beide Dein Pilgrim Vnd Bürger. [Witt 620]

344 Susanna Krause, ✶ wo? 1560, ✝ 31. 10. 1629

Sepult. Süsanna S. H Georg Krausen Nachgel: W:

2 Nov. Ist ao 1560 Von Christl eltern geboren, ihr Vatter ist gewesen der EhrenV. Vnd wolg: Hans **de Willert**, Die Mutter, die ehr- Vnd tugends: Fr Dorothea, des Weiland EhrenV: Vnd wolweisen H Antonij **Bögeners**, eheleibl: Tochter. Von diesen ist sie nach empfahung der H. Tauffe, Vnd Christlicher aufferziehung dem Weiland EhrenV, Herrn Georg **Krausen** ehelichen Versprochen, Vnd in Christl: ehe 14. Kinder 9. söhne Vnd 5. Töchter geZeuget, davon noch 5 söhne Vnd drey Töchter im leben. Ao 1.6.18. hatt sie Gott in den betrübten Wittbenstand gesetzet, darin sie bies an ihr S. ende Verblieben. Vor 40 Jahren hatt ihr Gott grosse leibes beschwerliches Zugesand, die sie doch mit gedult bies an ihr ende ertragen, welche auch ihre Kranckheit gewesen, darüber sie am vergangnen Mittwoch Zwischen 7 Vnd 8 Vhr abends ihr leben auffgeben müssen im 69 Jahr ihres alters. Hatt sonst ihres Christlichen Vnd eusserlichen lebens ein gutt geZeuchnus behalten; Vnd bei ihrem leben bies ins dritte glied erlebet 35. Kinder Kindes Kinder. H M. **Halbach** hatt ihr die Leichpr: in templ: opp: gehalten aus dem 98 ψ. v. 21. [Witt 365]

345 Stephan Gelingk, ✶ Allenburg, Kr. Wehlau 31. 10. 1596, ✝ 1. 11. 1629

Sepult. Stephan Gelingk.

3 Nov. Ist ao 1.5.96. d 31 oct: Zu Allenburgk geboren, sein Vatter hatt geheisse Stephan **Gelingk,** die Mutter Dorothea **Conradin**. Von diesen eltern ist er Zur tauffe befordert, Zur schulen gehalten Vnd in aller Gottesfurcht erZogen. Ao 1.6.11. ist er anhero geschicket Vnd bei Meister Jacob **Schadewinckel** (585) das festbecker Handwerck in Zween Jahren gelernet. Darnach hatt er sich in Pohlen 2 Jahr auffgehalten Vnd sprache gelernet. Ao 1.6.15. wie er aus Pohlen kommen hatt er sich in Dienst begeben Zu dem EhrenV: Vnd Wollw. H. Christoph **Gruben**, Rahtsverwandten dieser Altenstadt, bei welchem er 9 Jahr trewlich gedienet (586).

Ao 1.6.24. hatt er sich in den standt der H. ehe begeben, mit d damahls

584 Susanna **Zuckey** (lfd. Nr. 367), ✝ 5. 12. 1629 an der Pest. Bei ihr wird der Vater Paul Zuckey genannt.

585 Bei Jacob Schadewinkel war auch Margareta **Weissel** ✝ November 1635 (lfd. Nr. 722) in Dienst.

586 Christoph **Grube** ✝ 9. 11. 1629 (lfd. Nr. 354).

tugendsamen J: Elisabeth (587) numehr S. des S. Thomas **Ranischen** hinterlassene Tochter, mit welcher er friedlich bies ins 5 Jahr gelebet, Vnd 2 Kinder 1. sohn Vnd eine Tochter geZeuget davon der sohn schon verstorben, gleich wie auch die Mutter vor 8 tagen Seines Christenthums hatt er ein gutt geZeuchnus, ist vorgestern peste im 33 Jahr seines alters gestorben. H. M. **Lepner** hatt ihm die Leichpr: gethan in templ: opp: ex 2. Thimoth 4. Der Herr wird mich erlösen von allem Vbel etc.

[Witt 175]

346 HANS BARTEL, ✶ LIEGNITZ 1588, ✞ 1. 11. 1629

Sepult. Hans Bartel, Vhrmacher

4 Nov. Ist Ao 1.5.88 Zur Ligenitz in Schlesigen Von Christl: eltern geboren, sein Vatter S. hatt geheissen Hans **Bartel**, ein schlösser, Die Mutter Maria **Fuhrmannin**, Von selbigen ist er nach empfangner Tauffe in aller Gottesfurcht erZogen, auch, nach deme er erstlich das schlösser Handwerck gelernet gehabt Zu Augusto **Majo** in Breslaw gethan das Vhrmacher Handwerck Zu lernen, worauff er 18 Jahr in die Frembde gewandret, bies er auch anhero kommen da er ao 1.6.27. aus sonderbarer schickung Gottes sich ehelich eingelassen mit Seel Hans **Rollen** auch Vhrmachers Wittib Elisabeth, mit welcher er in zweyjähriger friedlicher ehe einen sohn geZeuget, der noch am leben. Ist sonst ein Christl: erbarer Man gewesen. Vergangnen sontag jetzo denn 8 tage, hatt ihn Gott mit leibes Kr: angegriffen. Darin hatt er das Hochwürdige abendmahl empfangen, Vnd ferner Vleissig gebeten bies er Donnerstags Zwischen 11 Vnd 12 Vhr Zu nacht im 42 Jahr sein leben geendet. (588)

[Witt 19]

347 GEORG HÖCKERICH, ✶ STOLLBERG, KR. CHEMNITZ 1584, ✞ 2. 11. 1629

Georg Höckerich Fleischer

5. Nov. Ist ao 1.5.84. Vor 44 Jahren Zu Stolberg in Meissen geboren, sein Vater hatt geheissen Greger **Stolberg** (589) Fleischer daselbst, seine Mutter, Maria, welche ihn Zur tauffe befordert, Vnd ferner, so lang sie gelebet, in aller Gottesfurcht erZogen. Wie er Zu Jahren kommen Hatt er seines Vatter Handwerck gelernet, darauf er etliche jahr gewandert ao 1.6.17. ist er anhero kommen, Vmb bei S. Jacob **Hancken** 11 Jahr gearbeittet, nach des absterben er auch seine Wittib genommen, Vnd mit ihr friedlich ein Jahr 2 Wochen gelebet. Sonst hatt er seines Christenthums Vnd Bürgerliches lebens auch ein guttes lob. Vergangen Diengstage ist ihm jetz grassirende Kr: mit Frost ankommen, in welcher er am Vergangnen Freytage Zu morgens Zwischen 2. Vnd 3 Vhr im 45 Jahr seines alters Von Gott aus dieser Welt durch den zeitlichen tod abgefordert.

[Witt 294]

587 Elisabeth **Geling** ✞ 26. 10. 1629 (lfd. Nr. 330).
Eine Schwester ist wahrscheinlich Ursula **Ranisch** ✞ 8. 11. 1628 (lfd. Nr. 188), ein Bruder ist Henricus **Ransch** ✞ 12. 2. 1637 (lfd. Nr. 787).

588 Mit den nachfolgenden Georg **Höckerich** und Jacob **Mundler** in der gleichen Trauerfeier.

589 Sic! Wohl **'Höckerich'** und mit dem Geburtsort verwechselt?

348 JACOB MUNDLER, ✶ BRESLAU UM 1593, ✞ 3. 11. 1629

Jacob Mundler

5. Nov. Jacob Mundlers, eines Fuhrmans sohn Von Breslaw hatt 5. Jahr bei der Fr: **Boddemschen** trewlich gedienet ist am mittwoch den 31 oct: Kranck worden, den 3 Novembr: gestorben ann: 36.
Diese drey (590) sind in eine Leichpr kommen die H.M. **Halbach** Vffm St: gethan ex ψ. 25. [Witt 470]

349 ELISABETH HARTTER, ✶ KÖNIGSBERG (KNEIPHOF) 1593, ✞ 3. 11. 1629

5. Nov: Elisabeth, Melcher Hartters Fr.

Ist ao 1.5.93. geboren ist S. Vatter ist gewesen, der EhrV. Achtb. Vnd Wolgel: H M. Christophorus **Benicius** (591), W. dieser Altstädschen Kirchen getrewer Pfarher, damahls Diaconus im Kneiphoffe. Ihre Mutter hatt geheissen Barbara. Welche eltern sich Christlichen mit ihr gebüret. Ao 1.6.09. ist sie von ihrer lieben Mutter. den ihr H. Vatter im 8. ihres alters ihr mit tode abgangen Melcher **Harttern** Zur ehe gegeben, mit welchem sie in gantz friedlicher ehe 20 Jahr gelebet Vnd elff Kinder, als 7 sohne Vnd 4. töchter geZeuget, davon 2 sohne Vnd 2 töchter schon im H entschlaffen. Vergangen Freytag 8 tage hatt sie sich etwas Vnpaßlich befunden, folgendes tages gantz Zu bette gelegen Vnd ist am Jüngst abgewichenen Sonnabend Zwischen 10 Vnd 11 Vhr im H Selig entschlaffen, ihres alters 36 Jahr 33. Wochen. Ist eine fromme Gottfurchte Fraw gewesen, H. M **Lepner** hatt ihr in temp: opp: die leichpr: gethan ex Ps. 23. ob ich schon wandre P. [Witt 243]

350 GERTRUD GRÜNFELD, ✶ KÖNIGSBERG (ALTSTADT 1610, ✞ 3. 11. 1629

5. Nov: J. Gertrud, Albrecht **Grünfelds** T. (592)

Ist von ernannten ihrem Vatter, Vnd Margareta, ihrer Mutter ao 1610 geboren, Zur tauffe befordert, Vnd ferner in allen Christl: tugenden erZogen. Am Vergangen Freytage 8 tage hatt sie Gott mit jetziger Kr: angegriffen, da sie sich bald mit ihrem lieben Gott ausgesöhnet, Vnd Vleissig gebetet, bies sie Gott am Vergangnen Sonnabend fein sanfft Vnd stille abgefordert, Ihr alter ist 19. Jahr. Ist sonst wegen ihres gehorsam, gottesfurcht, Vnd guttem leben ihrer Mutter lieb gewesen. Die Leichpr hatt M. **Wolderus** in temp: Nicolait: gehalten. [Witt 219]

351 HANS MEY, ✶ GROSSDREBNITZ, KR. BAUTZEN 1578, ✞ 2. 11. 1629

5. Nov. Hans Mey, Pulverhändler.

Ist ao 1.5.78. Zu Grosdrebnitz in Meissen geboren, sein Vatter hatt geheisse Georg **Mey**, die Mutter Catharina, Von selbigen ist er, nach empfangner Tauffe in aller Gottesfurcht erZogen, auch im 17 Jahre seines

---

590 Hans **Bartel**, Georg **Höckerich** und Jacob **Mundler**.

591 Christoph **Benicius,** 1579–1585 Diakon an der Löbenicht'schen Kirche, 1585 – 1589 Diakon am Dom, 1598–1601 Pfarrer an der Altstädtischen Kirche (QMS 19/1, S. 95).
Nach der Angabe im Lebenslauf seiner Tochter "damals" – zum Zeitpunkt ihrer Geburt – könnte er bereits zwei Jahre eher als in QMS 19/1 angegeben Diakon am Dom gewesen sein.

592 Albrecht **Grünfeld** ✞ 30. 9. 1629 (lfd. Nr. 290); siehe auch den Lebenslauf seiner zweiten Tochter Elisabeth **Grünfeld** ✞ 28. 11. 1629 (lfd. Nr. 363).

alters nach Bautzen, das Leinweber Handwerck Zu lernen, gethan auff welches er nach woll ausgestandenen lehrjahren gewandert. Ao 1.6.09. ist er anhero kommen, Vnd mit Eva, Georg **Donawen** hinterlassene Wittib sich ehelig eingelassen, mit welcher er ein Jahr Vnd 20 Wochen ehelich Vnd friedl: gelebet ohn leibes erben. Nach ihrem absterben hatt er sich anderweit ehelig eingelassen mit Fr. Anna (593) S. Hans **Leydels** Pulvermachers Wittib, die vor 14 tagen begraben mit welcher er ins 17. Jahr ohn leibes erben gelebet. Vor 14 tagen, wie seine Fr begraben, hatt er sich was vbel befunden, am Vergangnen Donnerstage in seiner Kr: das Hochw. abendmahl Zu sich genommen. Am Vergangnen Freitage des abends nach 8 Vhr hatt ihn Gott durch den zeitlichen tod, Von dieser Welt abgefordert im 51 Jahre seines alters ist mit **Grünfelds** Tochter in eine Leichpr kommen. [Witt 451

352 CONRAD LÜDKE, ✶ PEIßNICK, KR. GERDAUEN UM 1584, ✝ 4. 11. 1629

Conrad Lüdke, Becker.

6. Nov: Ist Zu Prisnicken bey Gerdawen geboren, sein Vatter hatt geheissen Adam **Lüdke**, seine Mutter Anna, Welche ihn Zur Tauffe gesand, Vnd ferner Christl. erZogenauch im 16 Jahre seines alters Zu Meister Casper **Bremer**, Becker Vffm Sackheim gesand, das Handwerck Zu lernen, auff welches er nach trewlich ausgestandenen lehrjahren darauff in vielen landern Versuchet, wie er auch, nach laut seiner Pässe, dem Kriegswesen sich woll versucht 12 Jahr, dadurch auch Zu wasser an Viele örtter gelanget, Vnter auch in Ostindien. Wie er bein Vns Wieder ankommen hatt er Simon **Lachemuntts**, gewesenen Beckers Vffm St: Nachgel: Wittib Zur ehe genommen, Vnd mit ihr Zwene Kinder geZeuget, einen sohn Vnd eine tochter, die noch beide am leben. Seines Christenthums Vnd eusserlichen Wandels hatt er ein fast löbliches gezeuchnus. Am Vergangnen sontag 8 tage ist er aus der Kirchen kranck Zuhause kommen, welche Kranckheit also Zugenommen, das er am Vergangnen Sontag früe Vmv 8 Vhr im 45 Jahr seines alters, sein leben mit Vleissigen beten geendet. Die Leichpr hatt in templ: Nicoleit: M. **Wolderus** ex priorib. Versic. ψ. 13 *aus den ersten Versen von Psalm 13* auff sein blutt Vnd geschehne einordnung. [Witt 417]

353 WENDELINA SUCKEY, ✶ RIGA 6. 5. 1566, ✝ 6. 11. 1629

Wendelina, Peter Suckeyen Fr.

8. Nov: Ist Zu Riga Ao 1.5.66 geboren den 6. Maij ihr Vatter hatt geheissen Philippus **Kohsatt**, Meltzenbrewer Vnd Burg da, die Mutter Margareta, Von diesen ist sie Christl. erZogen, Vnd Ao 11. Vom H. Wentceslao **Lemken**, pfarherren daselbst (594), weil ihre eltern zeittig gestorben, Peter **Suckeyen** (595) Zur ehe gegeben worden. Mit dem hatt sie 28 Jahr

593 Anna **Mey** ✝ 21. 10. 1629 (lfd. Nr. 323).

594 Wentzeslaus **Lemken**, 1602–1618 Pastor im Kirchspiel Pinkenhof (Superintendentur Riga-Stadt). Siehe: Die evangelischen Prediger Livlands bis 1918. Begonnen von Paul Baerent. Im Auftr. d. Balt. Histor. Komm. unter Mitarbeit von Erik Amburger und Helmut Speer hrsg. v. Martin Otto u. Wilhelm Lenz. Köln u. a. 1977.

595 Peter **Suckey** ✝ 31. 10. 1629 (lfd. Nr. 343). Bei ihm ist die Heirat für 1591, die Ehedauer mit 37 Jahren und die Zahl geborener Kinder mit 7 angegeben.

gelebet Vnd 4 Kinder, Zwene söhne, Zwo tochter geZeuget, davon noch ein sohn Vnd eine tochter (596) am leben. Wegen Kriegs Bedrencknus die König Carl Carlsen aus schweden da ihnen Zugefüget, haben sie sich mit der Wohnung hieher gegeben. Ist sonst eine fromme Christliche fraw gewesen, die auch in wehrenden ehestand viel Creutz, doch geduldig, ausgestanden. Den 6 Novembr: hatt sie Gott abgefordert Vmb 4 Vhr Zu abend im 64 Jahr ihres alters, wie sie Zuvor wie ihre man noch vber erden todt stund, berichtet worden. M. **Wolderu** hatt ihr in templ: Nicolait: die leichpr. gethan ex 49 cap: Gen: Herr ich wartte auff dein Heil. [Witt 621]

354 CHRISTOPH GRUBE, ✶ KÖNIGSBERG 13. 7. 1579, ✞ 9. 11. 1629

H Christoph Grube, RahtsVerwanter

13. Nov. Ist ao 1.5.79. d 13 Julij alhie Von Christl eltern geboren, sein Vater ist gewesen der EhrenV. Vnd Vornehmg: Lorentz **Grube**, mitbürger Vnd Meltzenbrewer alhie, Die Mutter Dorothea **Jordanin**. Von diesen ist er Zur H tauffe, schulen, Vnd negst der sprachen gesand. Ao 1.6.06. hatt er sich in den standt der H ehe eingelassen mit der Erbaren Vnd tugends Fr. Gertrud **Heilsbergerin**, des EhrenV. Vnd vornehmg. Sebastian **Krügers** mitbürgers Vnd Meltzenbrewers dieser Altenstadt N. Wittib mit welcher er 24 Jahr in friedlicher ehe gelebet Vnd 6 söhne 5 töchter geZeuget, Von welchen 4 söhne Vnd 3 Töchter noch am leben (597). Ao 1.6.18 ist er durch ordentliche Wahl in eines Erbr. Gerichts, 5 Jahre hernach Ao 1.6.23. in E. Erbaren Raths Mittel gekohren, in welchen seinen emptern er sich trew Vnd Vleissig erwiesen, wie männiglich bewust Sein Christenthum Vnd bürgerliches leben ist loblich gewesen. Vor 14 tagen hatt ihn Gott mit leibes Kr: angegriffen darin er sich mit Gott Versöhnen lassen, Vnd am Vergangnen Freytag gegen abend Vmb 5 Vhr im H Selig entschlaffen. H. M. **Halbach** hatt ihm in templ opp: die Leichpr: gehalten ex ψ 116. V. 9. [Witt 216]

355 HANS DREYHAUPT, ✶ HALLE AN DER SAALE 1578, ✞ 12. 11. 1629

Hans Dreyhaupt, Rottgerber

14. Nov. ist Ao 1.578. Zu Hall in Sachsen geboren, sein Vatter hatt geheissen Valtin **Dreyhaupt** die Mutter Margareta, Von diesen ist er Zur tauffe befordert, Christlich erZogen Vnd Zum Rottgerber Handw. (598) gethan, darauff er nach ausgestandenen lehrjahren gewandert. Ao 1608 da er Vorhin eine Zeittlang gearbeittet, hatt er sich ehlichen eingelassen mit seiner jetz hinterlassenen Wittib, mit welcher er 21 Jahr ohne leibes erben gelebet. Ist sonst ein gutter Man gewesen. Vor 6 Wochen hatt ihn Gott mit hartter leibes Kr: angegriffen die Von tage Zu tage Zugenommen, am Vergangnen sontag hatt er das H abendmahl empfangen, Vnd ist darauff in folgender nacht Zwischen 1 Vnd 2. Vhr Von Gott durch einen seligen tod im 51 Jahr seines alters aus dieser Welt abgefordert. H. M. **Lepner** hatt die Leichpr in templ: Nicolait: gehalten ex Deut: 33 Woll Dir israel etc. [Witt 116]

---

596 Die noch lebende Tochter ist Susanna **Zuckey** (lfd. Nr. 367), ✞ 5. 12 1629 an der Pest. Bei ihr wird der Vater Paul Zuckey genannt.

597 Bei Christoph Grube diente von 1615–1624 Stephan **Gelingk** ✞ 1. 11. 1629 (lfd. Nr. 345).

598 Rotgerber stellten aus Rinderhäuten das härtere Leder für Schuhe, Schuhsohlen, Ranzen usw. her (< http://wiki-de.genealogy.net/Rotgerber > Abfrage am 8. 10. 2013).

356 MARIA PERSCHKE, ✶ KÖNIGSBERG (ALTSTADT) 1609, ✝ 13. 11. 1629

Michel Perschken Schusters Nachgelassene Wittib (599)

15. Nov: Ist Ao 1.6.09 geboren, Von Hans **Erhard**, schustern alhie bein Vns, in der Altenstadt, Vnd Euphemia ihren eltern; Von selbigen ist sie auch nach empfangung der H tauffe Christlich erZogen, Vnd Verschienen H. Dreykönig dem S. Michel **Perschken**, schustern Vffm St: Zur ehe gegeben, mit welchem sie 42 Wochen Vnd etliche tage gelebet, Vnd eine Tochter Vor 8 tagen geZeuget die noch im leben. Ihr Christenthum Vnd eusserliches leben ist Vnsträfflich gewesen. Vor etlichen tagen ist sie mit harter leibes Kr: angegriffen, darin sie sich gottlichem willen ergeben. Vnd vorgestern Vmb 12 Vhr in der nacht selig im H entschlaffen im 20 Jahr ihres alters. Die Leichpr hatt M. **Wolderus** gehalten ex 3 cap Matth: Zu der Zeit kam der teuffer Johannes Vnd etc.

[Witt 507]

357 JOHAN PFENNING, ✶ ELBING 1606, ✝ 14. 11. 1629

Johan Pfenning, Kaufgesell Von Elbing

16. Nov: Ist ao 1.6.06. Von Vornehmen eltern in Elbing geboren, sein Vatter ist gewesen der EhrenV. Vnd Vornehmg. H. Jacob **Pfenning**, Bürger Vnd Kauffman alda, Die Mutter die Ehr Vnd tugends Fr. Catharina **Henselin**. Welche ihn Christlich erZogen. Diese abgewichene Zeit hatt er sich 6. Jahr in Pohlen auffgehalten, Vnd ist vor 6 Wochen ohn gefehr, Zu Vns kommen, da er den auch Vor 4 wochen in Vnser Schlos Kirchen Zur Kommunion gewesen. In dieser Zeit hatt ihn Gott vor 14 tagen, mit Kranckheit des bösen magens angegriffen, darZu vieleicht andre Kr: mehr geschlagen, Am Vergangnen Dingstag hatt er mich Zu sich beruffen lassen, Vnd das Hochw. abendmahl begehret Vnd auch empfangen. Michwoch hora 10. pomerid. *um 10 Uhr abends* darauff selig im H entschlaffen Ao 23 aetatis. M. **Wolderus** hatt ihm in temp: opp: die leichpr gehalten, ex Ps 91. Ich bin bei ihm in d nacht, welchen text sein hie Zugegener Halbrud ernennet.

[Witt 513]

358 LORENTZ WAGENER, ✶ RÖSSEL 1604, ✝ 19. 11. 1629

21. Nov: Lorentz Wagener, Höcker.

Ist Ao 1.6.04. Vor 25. Jahren im Bischthumb Ermland, in d Stadt Rösseln geboren, sein Vatter ist gewesen Simon **Wagener**, Fischer daselbst, die mutter hatt geheissen Magdalena. Diese eltern haben ihn nach empfangner tauffe, Vleissig aufferZogen, bies sie ihn Zum Ludwig **Kaisern**, S. weiland Kauffman dieser Altenstadt im Dienst gethan, bei welchem er 6 Jahr trewlich gedienet, Nachmahl ist er 3. Jahr dem polnischen Kriege in Liffland nachgeZogen, wie er aber wiedrumb anhero kommen hatt er bei meister Hans **Krausen**, schustern in Vnser Altenstadt, das schusterhandwerck ehrlich ausgelernet, Vnd darauff ein halb jahr ferner gearbeittet. Darauff aber mit des Erb: Hans **Schwartzen**, Hockers Wittib sich ehelich eingelassen, mit welch er auch ein gantzes jahr gelebet ohn leibes erben. Sonst weis man kein boses Von ihm. Vergangen Donnerstag hatt ihn Gott

---

599 Ihr Vorname wird im Lebenslauf ihres Mannes Michel **Perschke** ✝ 29. 10. 1629 (lfd. Nr. 336) genannt.

mit leibes Kr: angegriffen, Vnd am Vergangen Montag darin ihn sanfft Vnd selig abgefordert Vmb 12 Vhr Zu mittage im 25 Jahre seines alters, die Leichpr: gehalten in templ. Nicolait: ex 10 cap: Hiobi v. 9. [Witt 763]

359 ISRAEL MELTZER, ✶ KÖNIGSBERG (ALTSTADT) 1584, ✝ 19. 11. 1629

Israel Meltzer.

22. Nov: Ist Ao 1.5.84 in Vnser Altenstadt geboren (600), sein Vatter hatt geheissen Meister Jacob **Meltzer,** Weiland Bürger Vnd Riemer dieser Altenst: die Mutter Elisabeth, Welche ihn nicht allein zur Tauffe befordert, sondern auch ferner in aller Gottesfurcht erZogen, wie er seine jahre erreichet hatt er seines Vatters Handwerck gelernet, darauff eine geraume Zeit gewandert, Vnd wie er wieder anhero gelanget eine Zeitlang gearbeitet, bies er sich, durch schickung Gottes, ehelig eingelassen mit Jungfr. regina, Georg **Wimmers**, Höckers, Tochter mit welcher er in 3 Jahren einen sohn gezeuget, Vnd einen sohn geZeuget der noch am leben. Nach ihrem absterben hatt ein Jahr im Wittbenstand gesessen, Vnd nachmahlen mit des Erb: Michel **Rodemans**, Krüger Zu Bladiaw (601) tochter Gertrud sich Verehliget, mit welcher er im offtern widerwillen gelebet 8 Jahr, Vnd 4 töchter, die schon alle Verstorben, geZeuget. Sein Christenthum Vnd eusserliches leben, wie ruhmlich es Vorhin gewesen, also schlecht ist es bei dieser ehe geworden. Heut 8 tage hatt ihn Gott mit Kr: angegriffen, darauff habe ich ihn am Vergangnen Sontage berichtet, am Montage Zu abend Zwischen 10 Vnd 11. hatt er sein leben geendet in 45 Jahr seines Alters. M. **Wolderus** hatt ihm die Leichpr. gethan in templ: Nicolait: ex 12. Cap. Eccl: Last Vns hören die hauptsumme &. [Witt 444]

360 DOROTHEA RUNDSTADT, ✶ BLÖCKEN, KR. LABIAU 1582, ✝ 20. 11. 1629

Dorothea, Salomon Rundstads Fr

23. Nov. Ist Ao 15.82 Zu Blecken im Käumschen (602) geboren, ihr Vatter ist gewesen Martin **Thörin**, ein Preusch Freyg, ihre Mutter hatt geheissen Vrsula, dieselben haben sie Zur Tauffe geschicket, Vnd ferner Zu allen Christl Tugenden gehalten. Im 22. Jahr ihres alters hatt sie der Erbar Salomon **Ronstadt**, (603) Schmackenschipper Vnd Burger Vnser Altenstadt geehliget, mit dem hatt sie in 25 Jahren 4 sohne Vnd 4 Töchter geZeuget davon noch ein sohn Vnd eine Tochter im Leben. Hatt sonst ihres Christenthums Vnd eusserlichen Wandels gutt geZeuchnus. Ist auch fast sieben Jahr hero mit leibes Kr: Von Gott beleget gewesen, das sie das Haus des H. nicht ersuchen können, welche sonderlich diese Zeit also Vberhand genommen das sie gantzer 12 wochen bettreisig worden Vnd endlich am Vergangnen Dingstage Vmb 6 uhr Zu abend ihr leben beschlossen im 47 Jahr ihres alters. Herr M. **Lepnerus** hatt ihr die Leichpr: gehalten (604) im temp: opp: ex 2. ad Timoth. 4. Ich werde schon geopffert. [Witt 592]

---

600 Israel **Meltzer** ist der Bruder von Jacob **Meltzer** □ 23. 3. 1626 (lfd. Nr. 15).

601 Bladiau, Kr. Heiligenbeil.

602 Kaymen, Kr. Labiau.

603 Im Namensregister des Kirchenbuches (vgl. dazu die Einführung, S. 8) ist **Rundstedt** geschrieben.

604 Hier wurden gestrichen die Worte "Vffm St.".

361 Maria Gunther, ✶ Königsberg 9. 7. 1614, ✝ 24. 11. 1629

26 Nov. J. Maria, Martin Gunthers Tochter.

Ist Ao 1.6.14. den 9. Julij Von ernanten ihren Vater (605), Vnd Catharina **Grunawin**, ihrer Mutter geboren, Zur Tauffe Vnd schulen gesand, auch ferner in allen Christlichen tugenden erZogen, mit welchen sie auch Vleissig Vnd gern Zu gehör gottliches wortts, Vnd Zu den Hochw. sacramenten sich gehalten. Am Vergangnen Donnerstag hatt sie sich übel befunden Vnd legen müssen. Am Vergangen Sonnabend frue das H. Abendmahl empfangen, Vnd darauff gegen abend ihr leben geendet, da sie gelebet hatte 15. Jahr Vnd 20 wochen. H M. **Lepnerus** hatt ihr die Leichpr: gethan in temp: Nicol: ex 5. cap: Hiob: Siehe, selig ist der mensch den Gott straffet etc. seine Hand heilet. [Witt 224]

362 Johannes Leder, ✶ Trautenau / Böhmen 1602, ✝ 27. 11. 1629

29 Nov: Johannes Leder, Elbingscher Organiste.

Ist Zu Trautenow in Böhmen ao. 1.6.02. Von Matthes **Ledern**, Tuchmachern Vnd Barbara, seinen eltern geboren, Zur Tauffe befordert, Zur schulen, Vnd allen Christlichen tugenden gehalten. Weil er sonderliche lust Zur Music gehabt, hatt sein bruder S. H. Matteheus **Leder** (606), gewesener Altstädtischer organist ihn in selbiger Kunst Vnterrichtet, er aber darin also Zugenommen das d Bruder seine lust daran gesehen. Ao 1.6.18 ist er Zu dem Edlen pp. Hn Ludwich Christian **Kerstenstein** (607) in den Dienst gekommen, Vnd bei ihm gantzer sieben jahr Vor einen organisten rühmlich gedienet. Ao 1.6.27. ist von E.E. Raht Zu Elbing für einen organisten vociret *berufen worden*, den 16 Novemb: dieses ist er Zun Vns kommen in seiner Kunst etwa verfertigen Zu lassen, ist aber mit der jetzigen Kr. der pest am Vergangnen Freytage Vberfallen, Vnd durch dieselbe Vorgestern, morgens Vmb 6 Vhr Von Gott aus dieser welt abgefordert im 27. Jahre seines Alters. M. **Wolderus** hatt ihm die Leichpr: gehalten ey ψ. 119 V. 9. [Witt 392]

363 Elisabeth Grünfeld, ✶ Königsberg (Altstadt) 1609, ✝ 28. 11. 1629

J. Elisabeth, Albrecht Grünfelds, gürttelers, Tochter

30 Nov: Ist ao 1.6.09. Vor 20 Jahren Von diesem ihren Vatter (608) Vnd Margareta ihrer Mutter in Vnser Altenstadt geboren, Von ihnen nach empfangener Tauffe Zur schule Vnd Christlichen tugenden gehalten. Vor 5 Wochen hatt sie Gott mit jetz grassirender seuche angegriffen darin sie sich den ihrer sünden erinnert, hertzlich Vergebung derselben von Gott gebeten, Vnd das H abendmahl begeret auch bekommen. Nachmahl die übrige Zeit ernstlich gebeten bies sie Gott am Vergangnen Mittwoch im 20 Jahr ihres alters durch den Zeitlichen tod Von dieser welt abgefordert.

---

605 Martin **Gunter** ✝ 25. 12. 1629 (lfd. Nr. 377). Der Geburtsort Königsberg erschließt sich aus der zwei Jahre vorher hier erfolgten Heirat der Eltern.

606 Mattheus **Leder** ✝ 16. 1. 1629 (lfd. Nr. 199).

607 Bei Christian (Crispin) **Kerstenstein** sind auch Arendt **Aderman** ✝ 16. oder 17. 4. 1631 (lfd. Nr. 481) und Michael **Mack** ✝ 7. 4. 1629 (lfd. Nr. 213) gewesen, um die polnische und/oder die litauische Sprache zu lernen.

608 Albrecht **Grünfeld** ✝ 30. 9. 1629 (lfd. Nr. 290); siehe auch den Lebenslauf seiner zweiten Tochter Gertrud **Grünfeld** ✶ 3. 11. 1629 (lfd. Nr. 350).

Man hat sonst sagen wollen das sie etwatz wild gewesen, Vnd ihren eltern allerseitts nicht gehorchen wollen, obs so sey weis ich nicht eigendlich. M. **Wolderus** hatt ihr die leichpr. gehalten in templ: D Nicolaj, ex 16. Matt. Cap. V. 24 [Witt 218]

364 BARBARA BILANG, ✶ BARTENSTEIN, KR. FRIEDLAND 1585, ✝ 2. 12. 1629

Barbara H Lucae Bilangi Fr.

4. Decemb: Ist ao 1.5.85 Zu Bartenstein geboren, der Vatter hatt geheissen Johannes **Schmit**, Richter daselbst, die Mutter Margareta, Hans **Gericken** burgers Tochter. Ist im 18 Jahre aetat: in den ehestandt getretten mit H Luca **Bilango**, Diacono daselbst (609), Vnd mit ihm eilff Kinder, 7 sohne Vnd 4 töchter geZeuget, davon nur der elteste Vnd jüngste sohn im leben. Hatt in der ehe trewlich gelebet 29 [sic] Jahr. Conjugij virtutes pietas sapientia muliebris, patiencia in cruce n.... communi, pudicitia, ... & obedientia, pulare certè exemplar pie conjugis. *Eheliche Tugenden: Frömmigkeit weibliche Weisheit, Geduld im Leiden .... Keuschheit .... und Gehrosam, sicherlich ein Muster einer frommen Ehefrau.* Vor 4 wochen ist sie mit dieser pest seuch befallen, Vnd daran in der nacht nach dem ersten advents sontag h: 12. selig verschieden im 45 sten Jahr aetat Conc: funebr Dnus M. **Lepnerus** habuit in templ Nicolait: ex 5 Jud: cap v. 11. *Richter 5, 11.* [Witt 53]

365 DOROTHEA SCHLICHT, ✶ "ZUM KALTENHOFFE" 1608, ✝ 3. 12. 1629

Dorothea, Martin Schlichten, schusters Wittib.

5. Dec: Ist ao 1.6.08 Zum Kaltenhoffe (610) geboren, Von Jacob **Schützen**, schneidern alda, Vnd Agneten, ihren eltern, Von denen sie auch Zur Tauffe befordert Vnd ferner in aller Gottesfurcht erZogen bies sie das 20 ste Jahr ihres alters erreichet, da sie d Erbaren Marttin **Schlichten** (611), w. schustern Vnd burgern alhie Zur ehegegeben, Ao 1.6.28. Mit selbigen hatt sie nur drey Virtel Jahr ohne erben (612) gelebet, da er Vor 15 Wochen todes Verblichen. Ihres Christenthums Vnd eusserlichen Lebens ist kein wiedriges Vns bewust. Am Vergangnen Montage Zwischen 2 Vnd 3, da sie Vorhin in ihrer Kranckheit sich mit dem lieben Gott versöhnet hatte, hatt sie Gott durch den Zeittlichen tod abgefordert, in 21. Jahre ihres alters. M. **Wolderus** hatt ihr die Leichpr: gehalten in templ: Nicolait: [Witt 634]

366 PETER REIMER, ✶ KÖNIGSBERG 28. 2. 1562, ✝ 5. 12. 1629

Peter Reimer, Schmackenschipper.

7. Dec: Ist ao 1.5.62. d 28. Febr: alhie Von Christl: eltern gebohren, sein Vatter hatt geheissen Bartholomeus **Reimer**, Bürger Vnd Schmackensch: dieser

---

609 Lucas **Bilang** jun., 1603–1622 Pfarrer an der Deutschen Stadtkirche in Bartenstein, anschließend 1622–1631 in Borchersdorf, Kr. Königsberg-Land (QMS 19/1, S. 127).

610 Lokalisierung nicht eindeutig. Gut Kalthof, in der Stadt Königsberg oder Gut Kalthof, Kr. Fischhausen ?

611 Martin **Schlicht** ✝ 7. oder 14. 8. 1629 (lfd. Nr. 250).

612 Die Worte "ohne erben" über der Zeile eingefügt.

Altenstadt, die Mutter, Barbara. Von diesen ist er nach empfangner tauffe Zur schulen gehalten, sonderlich das er schreiben, lesen Vnd rechnen lernte, auch ist er Von ihnen auff die sprache geschicket, Vnd wie er wiederkommen Zu H Jochim **Werderman**, Kauffhändlern in Dantzig gethan, dem er 4 Jahr Vnd 2 monath trewlich gedienet. Nachmahls hatt er sich alhie Zum Vrban **Langen** gethan, Vnd drey jahr Vor einen Schirweyen (613) nach Lübeck gebrauchen lassen, Im gleichen auch bei Valtin **Wilcken** etliche jahr.
Ao 1.5.92. d 17 Februarij hatt er Zu ehe genommen jetz hinterlasse wittib, Vnd mit ihr 37. Jahr friedlich lebend geZeuget 4. Kind einen sohn, drey töchter, davon noch eine tochter im leben. Sein leben Vnd wandel ist männiglichen bekand. Vor 16 wochen hatt ihn Gott mit Kr. angegriffen darin hat er sich berichten lassen, Vnd ist am Vergang Mitwoch h. 10 Zu Mittage im 67 Jahre seines alters S: entschl: M. **Wolderus** hat ihm in templ: opp: die leichpr: gehalten ex 19 cap: Jobi Scio p. *aus dem Buch Hiob Kap. 19 [Vers 25] Ich weiß usw.* den text hatt er in seiner Kr: genennet, Vnd bei seiner leich Zu erkleren begeret. [Witt 559]

367 Susanna Zuckey, ✶ Riga? 12. 3. 1606, ✝ 5. 12. 1629

7 Dec: J. Susanna, Paul [sic] Zuckeyen Tochter

ist Von ernanten ihrem Vatter, Vnd Wendelina ihrer Mutter, beide S. Ao 1.6.06. den 12 Martij geboren (614), Zur tauffe geschicket, Zur schulen gehalten, Vnd ferner in allen Christl: tugenden erZogen. Hatt sich sonst in ihrem leben Christlich Verhalten. Wie Gott ihre eltern beiderseitts Vnlengst dahin gerissen (615) hat sie solches sehr Zu hertzen genommen, als die solche ihre eltern hertzlich liebten, Vnd ihnen also Zur Hand gingk das sie sonst kein gesinde halten dorften. Insonderheit wie ihr bruder Vor 8 tagen auch mit der schädl. Seuch der pest angegriffen, hatt sie sich darüber also entsetzet, das sie am Vergangnen Freytage bettreisig worden. Kr: an der pest. am Vergangnen sontag habe ich sie berichtet. Am mittwoch des morgens Zwischen 9 Vnd 10 ist sie im Herren selig entschlaffen im 23 Jahr ihres alters. (616) [Witt 839]

368 Georg Pfahl, ✶ Dresden 13. 7. 1597, ✝ 4. 12. 1629

Georg Pfahl, gewesener GerichtsVerw Vffm St,
Vnd Chf. Dhtt.in Preussen Bawschr:[eiber]

7. Decemb: Ist Ao 1.5.97 den 13 Julij Zu Dresen in Meissen geboren sein Vatter hatt geheissen Valtin **Pfahl**, Viertelmeister (617) Vnd Kürschner alda, die Mutter Fr. Barbara. Von denen ist er Zur Tauffe befordert Vnd wie Gott seinen Vatter 3 Jahr hernach abgefordert, hatt seine liebe Mutter ihn Zur

---

613 Ernst Witt: Die Buchstaben ir sind etwas fraglich, die Bedeutung von 'Schirweyen' bisher nicht bekannt. – Ist ‚Schirrmeister' (Aufseher über einen Fuhrpark) gemeint?

614 Als Geburtsort kommen der frühere Wohnort ihrer Eltern (Riga) oder Königsberg in Frage.

615 Peter **Suckey** ✝ 31. 10. 1629 (lfd. Nr. 343) und Wendelina **Suckey** ✝ 6. 11. 1629 (lfd. Nr. 353).

616 Mit den beiden nachfolgenden Georg **Pfahl** und Christian **Giebner** in der gleichen Trauerfeier.

617 Vielleicht der für ein Stadtquartier (Viertel) innerhalb der Zunft Zuständige?

schulen gehalten, Vnd ferner in aller Gottesfurcht erZogen. Wie er Von 10 Jahren gewesen hatt Gott auch seine Mutter abgefordert, da er sich bei seinen Freunden auffhalten müssen. Wie er fertig lesen schreiben Vnd rechnen können hatt er sich Zum ersten in Dienst begeben Zu dem pp. H. Martino **Eichman** J.V.D. dem er drey Jahr lang Vor einen schreiber gedienet Nach absterben dieses, hatt er am Chfl. Hoffe Hans **Lewen** Küchschreiber drey jahr Vor einen schreiber gedienet. Ao 1.6.18. ist er alhie Zu Königsberg angelanget, Vnd erstlich bei H. Baltzer **Fuchsen**, Hauptmann Vff Oletzkey (618) Vor einen schreiber sich Vffgehalten ein 1/2 Jahr. Darnach hatt er ein Jahr H. Dietrich **von Dönhoffen** Starossen Vnd Obersten gedienet. Ao 1.6.20 ist er Zum H. Michel **Adersbach** gekommen, Vnd bei ihm 3 Jahr trewlich gedienet. Ao 1.6.22. ist er wieder in sein Vatterland geZogen Vnd hatt die seinigen ersuchet. Den 8 Decemb: nach dem er (619) wieder herin gekommen sich mit Henrich **Papellen** Wittib ehelig eingelassen, mit der er nun 7. Jahr gelebet ohn leibes erben. Ao 1.6.27. ist er in eines E. gerichts mittel Vffm St gekoren, welche stelle er nur 40 wochen besessen. da er darauff bald, Churfl.Dhrchl. Bawschreiber geworden. Er ist sonst ein Christlicher erbarer Man gewesen, das ihm alle so ihn gekand Zeugen. Am Vergangnen Dienstage 8 tage ist er wiederumb Kranck worden, weil er sich sehr Verkältet, Vnd Vbel gegessen hatte. Vnd tag Vnd nach im agen Vnd Vngewitter gelegen, wie die Schwedische Soldaten bei Langerfelds Kruge (620) übergesetzet worden, am Diengstage Vffm abend Vmb 6 Vhr ist er im H Selig entschlaffen da er 32 Jahr Vnd 21 Wochen Vff diese welt gelebet hatte. [Witt 512]

369 Christian Giebner,
✶ Starkstadt, Bezirk Nachod / Böhmen 1601, ✝ 4. 12. 1629

Christian Giebner.

7 Dec Ist Ao 1.6.01. Zu Starckstadt in Böhmen geboren, sein Vatter hatt geheissen Christian **Giepner**, die Fr. Mutter, Catharina. Dieselben haben ihn Zur tauffe Vnd schulen gesand, nachmahls das schneiderhandwerck lernen lassen, darauff er sich nach ausgestandenen Lehrjahren, in die Frembde Versuchet. Erstlich hat er den Fürstl: Ständen in Böhmen 29 Monath gedienet. Nach deme 27 monaht Königl. Maij in Pohlen, wieder dem erbfeind in Padollen (621). Ao 1.6.22. hatt er Vnter Churfl. Dht. Zu Brandenburg 5 Monaht Nach abdanckung dessen, hatt er sich alhie Vnter einem Hochw. Raht der Altenstadt in Dienst begeben, Vor eines officirer Vnd scharsanten 43 Monaht da er sich den loblich Verhalten. Nach diesem hatt er sein glück weitter versuchen wollen, Vnd sich Vnter König: May in Schweden, Vnter dem Edlen Gestrengen H Christoph **Von Perbisdorff**, Rittern Vnd obersten der Leib Compagnia Vor einen Fänrich Vnterhalten lassen. Diese Zeit ist er geschafft halben anhero kommen, Vnd am Vergangnen Montage Zu abend kranck worden in welcher Kr: er bies an sein ende Vleissig gebetet, Vnd also am Vergangnen Dingstag selig entschlaffen. Die Zeit er hie gewesen hatt er sich Christl Vnd im leben erbarlich verhalten, wie ihm sonderlich ein gutt geZeuch-

---

618 Oletzko.

619 Die Worte "nach dem er" über der Zeile eingefügt.

620 = am rechten Ufer der Pregelmündung beim Ort Groß Holstein (älterer Name: Kasebalg).

621 Wohl Podolien als Kampfgebiet im Osmanisch-Polnischen Krieg 1620/21.

nus giebt der man bei welchem er sein qvartier gehabt.
H. M. **Lepner** hatt diesen dreyen (622) die Leichpr: gehalten in templ: Nicolait: ex 2. cap. Apocal: Bleib getrew &. [Witt 186]

370 Valtin Seidler, ✶ Königsberg (Steindamm) 1611, ✝ 9. 12. 1629

Valtin Seidler, Georg **Seidlers** S. Nachg: Sohn

11. Decem: Ist Von jetz genanten seinen Vatter, Fleischern Vnd GerichtsVerW: vffm St: Vnd Catharina, seiner Mutter ao. 1.6.11. geboren, Vnd nach empfangner Tauffe, Christlich erZogen, Zur schulen Vnd redlich Zum Fleischer Handwerck gehalten, gegen solche seine eltern hatt er sich gehorsamlich gegen männiglich. Christlich Vnd erbarlich verhalten, sich auch Vleissig Zum gehör gottliches worttes Vnd gebrauch des H. Abendmahls gefunden. Gestern 8 tage hatt ihn Gott mit jetziger seuche angegriffen, die also Zugenommen das er Vmb verkürtzung seiner qvall vleissig zu Gott gebeten. welches sein gebet den auch Gott in allen gnaden erhöret, Vnd ihn am Vergangnen sontage, nach mittage Vmb 2. Vhr, im 19 Jahre seines alters Von dieser welt abgefordert. Die Leichpr. hatt M. **Wolderus** vffm St. gehalten ex 14 Cap: Hiobi. Du hast ihm ein Ziel [Witt 606]

371 Christina Zobel, ✶ Elbing 1594, ✝ 8. 12. 1629

Christina H. Christophori Zobels & Hausfr.

11. Decemb: Ist ao 1.5.94 Zu Elbing geboren, Ihre Vatter hatt geheissen Julius **Helm** die Mutter, Anna, eine geborne **Grubin**. Von denen ist sie Zur Tauffe befordert, Zu schulen Vnd allen Christl. Tugenden ferner gehalten. Ao 1.6.20. ist sie dem EhrenV. Vnd wolgeachten H. Christoph **Zobeln**, des Salfeldischen Consistorij (623) damahligen assessori Zur ehe gegeben, mit welchem sie 9. Jahr gelebet, Vnd einen sohn Vnd eine tochter gezeuget, die schon beide Verstorben. Ihr leben Vnd Wandel ist Vns hie nicht bekand, denn sie sich nur Vnlengst wegen des Kayserlichen KrigsVolck, so der örther gewesen da sie sich auffgehalten, anhero begeben. Ist aber mit plotzlich Kr: bald befallen, in selbiger Von mihr berichtet, Vnd verschienen Sonnabend Vmb 6. Vhr im 35. Jahr ihres Alters im H selig entschlaffen. Die Leichpr: hatt in templ: opp: H. M. **Halbach** gehalten ex 9. cap Zach Ecce veni Rex tuus *nach Sach. 9 [Vers 9] Siehe, dein König kommt* [Witt 836]

372 Anna Strasberg, ✶ Teterow / Mecklenburg 1589, ✝ 12. 12. 1629

Anna, Christoph Strasbergs Fr.

13. Decemb: ist ao 1.5.89 Zu Tetteraw in Mecklenburg geboren, ihre Vatter hatt geheissen Josua **Hünerjäger**, die Mutter Elisabeth. Von denen ist sie Christlich erZogen, Vnd Vleissig Zum nehen gehalten. Wie sie ihr 25 Jahr erreichet, hatt sie sich absterben ihrer eltern, nach Dantzig begeben, Vnd nach 3. Jahren von da hieher. da sie bey S. Hans **Schmiden**, Burgern Vnd Meltzenbr: 5. Jahr gedienet. Ao 1.6.22. hatt sie sich mit jetzigen Wittbern ehelig eingelassen, Vnd 7. Jahr ohn leibes erben gelebet. Hatt in wehrender Zeit Gottes Wortt Vleissig gehöret, das abendmahl offt ge-

---

622 Susanna **Zukey**, Georg **Pfahl**, Christian **Giebner**.

623 Pomesanisches Konsistorium mit Sitz in Saalfeld i. Ostpr., Kr. Mohrungen. Christophorus **Zobio**, 1587 Pfarrer in Neidenburg (QMS 19/7, S. 2056).

brauchet, Vnd erbar gelebet Vnsers wissens. Am vergangnen Sontage 8 tage ist sie bettreisig worden, Vnd gestriges morgens im 40 Jahre ihres alters Von Gott durch den zeitlichen tod, aus dieser welt abgefordert. Die Leichpr hatt M **Lepner** vffm St: gehalten. Diese Fraw hatt nach ihrem Vermögen Kirchen Vnd schulen auch die armen bedacht, wie auch einem jeden Vnsers Mittels mit einem Fl. Vng: der Vns richtig einbehendet. (624)

[Witt 712]

373 Caspar Kleinpfenning, ✶ Königsberg? 8. 4. 1603, ✞ 12. 12. 1629

Caspar Kleinpfenning

14. Dec: Ist ao 1.6.03. den 8. April: Von seinen bekanten eltern (625) geboren den ll. Christo dem H durch die tauffe einverleibet. Wie er Zu jahren kommen Von seinen eltern Vleissig Zur schulen gehalten Ao. 18. ist er studirens halber, Vnd die sprache zu lernen nach Poltoffsky (626) geschicket da er zwey jahr geblieben. Ao 21. haben ihn Ihr Fürstl. Gnaden Hertzog Rasszewiell Vor ihren siebber (627) Vnd Kalten Kuchmeister angenommen. Von dem ist er nach 2 Jahren Kranck Zu Hause gebracht. Ao 16.23 ist er wiedrumb von seinen eltern in die frembde Verschicket, Vnd durch gereiset gantz Holland, Engeland, Franckreich Vnd einen ziemlichen ortt Teutsches Landes. Wie er wieder an hero gelanget hatt er sich bei seinen eltern auffgehalten, offt das H abendmahl gebrauchet. ist diese Zeit mit jetz grassirender seuche angegriffen, am Sontage habe ich ihn berichtet, darauff ist er vorgestern S. verschieden, seines alters 26. Jahr Vnd drey Virtel. M **Wolderus** hatt die leichpr: gehalten in temp: opp: ex 12. Luc: Lasset ewre lenden & [Witt 339]

374 Margareta Grett(e), ✶ Königsberg (Altstadt) 1613, ✞ 12. 12. 1629

Margareta Matthes **Gretten**, schusters T.

14. Dec. ist ao 1.6.13. Von diesem ihren Vatter, Vnd Barbara ihrer Mutter, in Vnser Altenstadt geboren, Zur Tauffe gehalten, Vnd ferner auch nach ihres Vatters tod, Von ihrer Mutter Vnd stieffvatter Zur schulen Vnd Zu allen Tugenden gehalten. Denen sie auch in aller Gottesfurcht gehorsam gewesen Am Vergangnen sontage 8 tage ist sie in Vnser Kirch Zur Communion gewesen, Am Vergangnen sonnabend Zu abend hatt sie Gott mit Kr. des leibes angegriffen. Vnd damit Vorgestern Von dieser Welt abgefordert im 16 Jahre ihres alters. [Witt 208]

375 Anna Saltz, ✶ Bartenstein, Kr. Friedland 1599, ✞ 12. 12. 1629

Anna, Hans **Saltzen** Fr.

14. Decemb: Ist Zu Bartenstein geboren, ihr Vatter hatt geheissen Martin **Merredig**, Burger Vnd Meltzenbrewer da, die Mutter Dorothea, ihr geburtts jahr ist

---

624 Die unterstrichenen Worte sind in der Quelle in kleiner Schrift unten am Rand des Lebenslaufes angefügt.

625 Sein Vater Theodoricus **Kleinpfennig** □ 26. 4. 1637 (lfd. Nr. 803)? Dann ist Hinrich **Kleinpfennig** ✞ 28. 5. 1627 (lfd. Nr. 84) sein Bruder.

626 Pułtusk, Woiwodschaft Masowien (Polen).

627 In Küchen für das Reinhalten von pulverigen Nahrungsmitteln mit Hilfe von Sieben zuständig.

99. Im 26. jahr ihres alters, ist sie jetzigem ihrem Wittbern (628) Zu ehe geworden mit deme sie Zwo tochter geZeuget, die beide gestorben. Vergangen Sontag abend ist sie Kr: worden Vnd mitwoch Vmb 2 nach mittag gestorben im 30 sten Jahre ihres alters. [Witt 600]

376 Agneta Schneider, ✶ Płock / Woiewodschaft Masowien? um 1571, ✞ 11. 12. 1629

Agneta, Zacharias Schneiders Fr.

14. Dec: ist Zu Plotzkow in Pohlen Vor 58 Jahren geboren, ihre Vatter hatt geheissen Stanislaus **Meyer**, Burger Vnd Fleischawer da, die Mutter Agneta. Von diesen ihren eltern ist sie nach empfangner tauffe in aller Gottesfurch erZogen, weil ihr dieselben frueZeittig abgestorben, ist sie Zu einer Vornehmen Von Adel gebracht, die sie Zu allen Tugenden gehalten, Vnd, auff begehren, sie nach etlichen jahren der alten Fürstin Vnd Landesmutter S.g. zugesand. Ao 1.5.93. hatt sie sich mit Zacharia **Schneidern** (629), Perlhäfftern ehelig eingelassen Vnd mit ihm aus Gottes segen 5 Kinder zweene sohne Vnd drey töchter geZeuget, davon noch Zwo töchter im leben (630). ist sonst eine Christl: Fr. gewesen, die allerhand schweres Creutz ausgestanden, Vnter andren auch wie Davis an Absalon gehabt, setzet H M. **Halbach**. Am Vergangnen Donnerstage ist sie Kr: worden, in ihrer Kranckheit hatt man keinen prediger Zu ihr fordern lassen, doch hatt sie vleissig gebet Zu Gott, der sie am Vergangen Dingstag morgen Vmb 2 Vhr Von dieser welt abgefordert, ao aetat: 58. H. M. **Halbach** hatt die Leichpr. vffm St gehalten ex .... 10. [Witt 646]

377 Martin Gunter, ✶ Waitzdorf, Kr. Pirna / Sachsen 1582, ✞ 25. 12. 1629

Martin Gunter, Schneider

26. Dec: Ist Ao 15.82 Zu Weixsdorff eine Meil von Dresen geboren sein Vatter hatt geheissen Georg **Gunter**, Gerichts Schoppe daselbst die mutter, welche noch am leben, heist Catharina **Jentzschin**. Diese eltern haben nach empfangner tauffe Vnd erreichung seiner Jahren, ihn Zur schulen gehalten, Vnd in 15. Jahr seines alters Zu Radeberg (631) das schneiderhandwerck lehrnen lassen, darauff in Behmen, Mähren, osterreich gewandert, Vnd durch schlesigen Vnd pohlen in Preussen kommen, Vnd hie nicht allein eine geraume Zeit gearbeittet, sondern auch ao 1.6.12. sich ehelich eingelassen mit der, damahls tugendsamen J Catharina S. Bartel **Grunawen** auch Burgers Vnd schneiders Vnser Altenstadt ehelige tochter, jetzo des Verstorbenen hinterlassene Wittib, mit solch hatt er 17 Jahr gelebet, Vnd aus Gottes segen 12 Kinder 7 söhne Vnd 5 Töchter (632) geZeuget, davon jetzo noch 3 söhne am leben sind. Gott hatt ihn dise Zeit mit Haus creutz heimgesuchet Vnd ihm 5. Kinder auffeinander weggenommen, darüber er sich sehr gegrämet. Am Vergangnen Dingstag 8

---

628 Hans **Saltz** ✞ 15. 1. 1630 (lfd. Nr. 387).

629 Zacharias **Schneider** ✞ 4. 9. 1630 (lfd. Nr. 439).
Bei ihrem Ehemann wird ihre berufliche Stellung angegeben als Kammerdienerin der Gemahlin des preußischen Herzogs.

630 Eine Tochter starb im Jahr darauf: Magdalena **Schneider** ✞ 30. 8. 1630 (lfd. Nr. 436).

631 Radeberg, Kr. Dresden-Neustadt.

632 Eine Tochter ist Maria **Gunther** ✞ 24. 11. 1629 (lfd. Nr. 361).

tage hatt er sich was übel befunden, Vnd den folgenden mittwoch, das Hochw. Abendmahl, darZu er sich bei Lebens Zeit, wie auch Zum gehör gottliches Wortts Vleissig gehalten, begeret Vnd empfangen. Vnd also am H. Weihnachten abend Vmb 12 Vhr Zu mittage sein leben selig geendet, im 48. Jahre seines alters. H. M. **Halbach** hatt ihm vffm St: die leichpr: gehalten ex 49. cap. Gen: Expecto Dn: Salutare dum [tuum] *nach 1. Mose 49 [Vers 18] Herr, ich warte auf dein Heil* [Witt 226]

378 CHRISTOPH SCHÜTZ, ✶ KÖNIGSBERG (ALTSTADT?) 1560, ✝ 25. 12. 1629

Christoph Schütz, Fleischäuwer.

27. Dec: ist ao 1.5.60. alhie in dieser Stadt geboren, sein Vatter ist gewesen der Ehrenv. Vnd wolgeacht: Hans **Schütz**, Burger Vnd Meltzenbrewer alhie, die Mutter hatt geheissen Elisabeth. Diese eltern haben ihn Zur tauffe befordert, Zur schulen gehalten, Vnd da er schreiben Vnd lesen können, in Pohlen Vnd Littawen auff die sprachen gesendet. Wie er wieder kommen hatt er 5 Jahr beim H. Christoph **Baumgartten** (633) trewlich gedienet. Wie aber seine eltern Vermercket, das er auch nicht allerding lust Zum handel gehabt haben sie ihn das Fleischer Handwerck bei Meister Casper **Enckelln** lernen lassen, darauff er nach ausgestandenen lehrjahren drey Jahr bei Christoph **Wagenern** vor gesellen gedienet, hernacher sich auff Johan **Fetten** schiff begeben Vnd mit ihm etliche reisen in Hispanien gethan. Als er sich wieder anhero begeben hatt er auff sein Handwerck 3 1/2 Jahr bei Nickel **Schützen** gedienet, nachmahls bei seinem bruder S. Hans **Qvanten** (634) 2 Jahr verblieben. In der Zeit weil ihm seine liebe eltern mit tode abgangen, hatt er sich mit gegenwerttiger seiner Wittben Dorothea (635), damahls S. Peter **Teschenbergs** Wittib ehelig eingelassen Vnd in 33 Jahren mit ihr drey Kinder, Zwo töchter Vnd einen sohn geZeuget, die noch am leben. doch liegt die jungste tochter jetz tödlich Kr: Von sohn aber der in Teutschland hatt man keine eigendliche bottschafft. Ist sonst ein gutter Erbarer Man gewesen. Diese Zeit hatt ihn Gott mit der schädlichen seuche der pestilentz angegriffen, Vnd damit Vorgestern in 69 Jahre seines alters aus dieser welt abgefordert. Die leichpr. hatt H. M. **Lepner** in d pfarrKirchen gehalten Text: El. 2. v. 14 &. (636) [Witt 662]

379 HIERONYMUS BERGER, ✶ KÖNIGSBERG 6. 1. 1603, ✝ 25. 12. 1629

Hieronymus Berger, Schneider.

27. Decem: Ist ao 1.6.03. den 6 Januarij alhie geboren, Von Hieronymo **Bergern**, bürgern Vnd schneidern alhie, Vnd Anna N. seinen eltern, Von welchen er nach empfangner tauffe, Zur schulen gehalten, Vnd ferner Zu allen Christtugenden. Weil er lust Zum Handwerck gehabt, hatt ihn solches sein stiefvater gelehret, darauff er sich in die frembde versuchet. Wie er gehoret das sein stiefvater tod, ist er herein gekommen, in meinung seiner mutter VorZustehen, Vnd das Handwerck Zu treiben. Wie er aber hie befunden, das sich seine Mutter mit Valtin **Schuwert** befrigen, hatt er

---

633 Vermutlich ist Anna **Baumgart** □ 2. 12. 1632 (lfd. Nr. 566) die Ehefrau seines Dienstherrn gewesen.

634 Dessen Ehefrau ist vielleicht Margareta **Quandt** ✝ 6. 5. 1629 (lfd. Nr. 218).

635 Dorothea **Schütz** ✝ 15. 3. 1635 (lfd. Nr. 687).

636 Die Worte "Text: El. 2. v. 14 &." in kleiner Schrift hinzugefügt. 'El. 2' = Joel Kap. 2 ?

wieder wegk gewolt, davon ihn doch die Mutter nebest den andren freunden abgehalten darob er hie bei ehrlichen Meistern gearbeittet, die so woll wegen seiner arbeit also auch Gottesfurcht ein gefallen an ihm getragen. Wie Gott seine Mutter abgefordert hatt er sich in den ehestand begeben mit Thewes **Gerten**, Schusters, Tochter, jetz seiner betrübten Wittben, mit der ins 4 Jahr friedlich gelebet, Vnd aus Gottes segen einen sohn Vnd eine tochter geZeuget, davon die tochter noch am leben. Ist sonst ein erbarer Man, Vnd liebhaber gottliches Wortts gewesen. Gott hatt ihn durch die pest, damit er Vnlengst angegriffen, Vorgestern im 26. Jahre seines alters abgefordert. (637) [Witt 47]

380 Peter Körner, ✶ Berlin 1596, ✝ 25. 12. 1629

Peter Körner.

27 Dec. Ist Zu Berlin 1.5.96. (638) geboren, sein Vatter heist **Nicolaus Korner**, Hofffederschmücker daselbst, die Mutter, Catharina, diese eltern haben ihn nach empfangner tauffe, Zur schulen, Vnd andren tugenden gehalten Vnd das Federschmückerhandwerck gelehret, darauff er 10 Jahr gewandert. 7. Jahr hatt er sich im Kriege aufgehalten. Endlich ist er alhier in eines hochw. Rahts bestallung gekommen, Vnd sich, aus schickung Gottes, mit seiner jetz hinterlassenen Wittib in den ehestand eingelassen, mit der er sich die kurtze Zeit 1. Jahr 5. wochen (639) woll begangen. Ist ein Vleissiger Zuhörer Gottliches Wortts gewesen. Am Vergangnen Dingstag 8 tage hatt ihn Gott mit Kr: angegriffen, darin er Vleissig gebeten, Vnd am Vergangnen Dingstag nach Mittage, sein leben beschlossen im 33sten Jahre seines alters. Ist mit **Bergern** (640) in eine Leichpr: kommen vffm St die M. **Wolderus** gehalten. [Witt 352]

381 Catharina Unruh, ✶ Elbing 1596, ✝ 27. 12. 1629

Martin **Vnruhen**, Gildefischers Fr. (641)

30. Dec: Ist Zu Elbing ao 1.5.96. Vor 33. Jahren geboren, ihre Vatter hatt geheissen Andres **Tiede**, die Mutter, welche noch am leben, heist Regina. Von denen ist sie nach empfangner tauffe, Christl erZogen. Wie sie 14. Jahr erreichet ist sie anhero kommen Vnd 4. Jahr gutten leutten gedienet. In ihrem 18. Jahre hatt sie Vrias **Witte**, auch gewesener Gildfischer geehliget, mit dem sie in 7. Jahren 2 töchter geZeuget die schon Verstorben. Nach absterben dieses Vnd fast jährigen Wittbenstand hatt sie mit gegenwertigen Wittbern sich ehelich eingelassen, Vnd in 8. Jahren Zwo töchter geZeuget, die sie auch schon Vorhingesand. Die dritte leibesfurcht ist mit ihr geblieben. Ihres Christenthums Vnd eusserlichen lebens hatt sie ein gutt gezeuchnus. Gestern 3 tage ist ihr die Kr: mit Frost angekommen, darin sie sich Gott trewlich im gebet befohlen, Vnd am Vergangnen Donnerstag Vmb 3 Vhr Zur nacht im 33 Jahr ihre alters ihr leben geendet. [Witt 751]

---

637 Mit dem nachfolgenden Peter Körner gemeinsam in einer Trauerfeier.

638 Die Jahreszahl "1596" über der Zeile eingefügt.

639 Die Angabe "1. Jahr 5. Wochen" über der Zeile eingefügt.

640 Der vorhergehende Eintrag Hieronymus Berger.

641 Ihr Vorname ergibt sich aus dem Lebenslauf ihres Ehemannes Merten **Unruh** ✝ 6. 4. 1630 (lfd. Nr. 410).

382 PAUL MEYER, ✶ KÖNIGSBERG (STEINDAMM) 1606, ✞ 28. 12. 1629

30. Decemb: Paul Meyer, Tuchscherer.

ist ao 1.6.06. Vffm St: gebohren, sein Vatter hatt geheissen Gurge **Meyer** Tischler Vnd bürger Vffm St. die Mutter, Lucia Selbige eltern haben ihn durch die Tauffe Christo einverleiben lassen. Weil aber der Vatter ihm zeittig abgestorben, hatt die Mutter S. sambt dem gegenwerttigen Stiefvater ihn erZogen, Vnd Zum tuchschererhandwerck gethan, weil er lust dar Zu gehabt: auff welchen er auch gewandert, wiewol nur ein jahr, den er mit einer sonderlichen leibes Kr: Von Gott beleget. Wie er wiedrumb herkommen hatt er eine Zeit lang hie gearbeittet, bis er sich mit seiner jetzigen Wittben eingelassen damahl auch N.N. Tuchscherers Wittib mit der er nur 26 wochen ehelich Vnd friedlich gelebet. Vergangner tage hatt ihn Gott mit jetziger Kr: auch angegriffen, darin er das Hochw: abendmahl empfangen Vnd ist Vorgestern im 24. Jahr seines alters aus dieser welt abgefordert. [Witt 454]

ANNUS CHRISTI
1630
IANUARIUS

383 CATHARINA ESWARENS, ✶ SCHIPPENBEIL, KR. FRIEDLAND WANN?, □ 5. 1. 1630

M. Joach: **Babatij** Zeugnuß wegen seiner Verstorbenen Dienerin.

Catharina Eswarens eines Bürgers tochter Von Schoppenbeil hatt Von Ostern an des 1625. biß vff dieß gegenwertige itzt lauffende Jahr mir trewlich vnd fleißig gedienet, vnd sonsten auch in anhörung des götlichen worts vnd gebrauch des Hochwürdigen Abendtmahls wie eine Christin sich erZeuget. Welches Ich mit dieser meiner eigen handt bezeuge.

M. Joach Babatius
diac. Cneiph. (642) [Witt 134]

384 HANS ENGELBRECHT, ✶ WO? WANN?, □ 9. 1. 1630

Friedrich Balcken Nagelschmiedts
Zeugnuß wegen Hanß Engelbrechts

Hanß Engelbrecht: Ich Friedrich **Balck**, Burger vffm Steinthamb wohnhafftig, bekenne krafft dieser Schriefft, das mir gar wol vndt eigentlich wissend, das der S. Meister Hanß Engelbrecht ein Bohrerschmiedt nicht allein ein Bürger dieser Altenstadt, sondern auch ein fleissiger Zuhörer Gottes Worts gewesen, der gerne in die Kirchen gangen, Vrsach meiner Wissenschafft ist

---

642 Eigenhändige Unterschrift des Magister Babatius. Im Totenregister (EZA Sign. 2075, siehe S. 37) steht bei ihrer Bestattung: "Catharina Eßwurens [sic] eines bürgers Von Schippenbeil tochter Vnd H. **Babatij** im Kneiphoff dienerin, die von Ihm Ihres wohlverhaltens ein gutt gezeuchniß, welches im Andn todtenbuch mit einverleibet."
Joachim **Babatius,** 1620–1656 Diakon am Dom (QMS 19/1, S. 53).

diese, das Ich Ihn Zu erlangung des Bürgerrechts vffm raht wohne selber eingeworben, wie auch vielfeltig in der Kirche gesehen. Dessen Zur glaubwürdigkeit, habe Ich diese schrifft schreiben lassen vndt auch mit eigener handt Vnterschrieben. Actum *Verhandelt* Steinthamb d 8 Januarij Ao 1630 p. Friedrich Balck. (643) [Witt 128]

385 Henricus Sturmius, ✶ Laptau, Kr. Fischhausen? 1574, □ 9. 1. 1630

Henrici Sturmij Consignatio Curriculi vitae

Beglaubigung des Lebenslaufes des Heinrich Sturm

Leichpr. **MW**. 9. Jan. Ao 1630.

Henricus Sturmius

Anno 1574 natus sum: Pater meus erat M. Casparus **Sturmiu** Pastor Ecclae Rastenburgensis (644). Mater Catharina. Anno 1602. ad Ministerium vocatus sum Thirembergae (645) quo sum functus ferè 16 annos Anno 1603 celebravi nuptias cum uxore mea.

Im Jahre 1574 wurde ich geboren, mein Vater war Magister Caspar Sturm, Pastor der Kirche in Rastenburg, meine Mutter hieß Catharina. 1602 wurde ich zum Pfarrer in Thierenberg berufen und war dort fast 16 Jahre tätig. 1603 habe ich geheiratet.

8 Kinder 6 Sohne. 2 tochter alle gestorben (646) [Witt 719]

386 Hans Badaw, ✶ Mühlhausen, Kr. Preußisch Eylau? 1591, ✞ 13. 1. 1630

Hans Badaw begraben den 17 Jan.

Leichpr **MH**.

Ist geboren Anno 1591. Von Christlichen vndt Ehrlichen Eltern Zu Muhlhausen (647) sein Vater hat Michel **Badaw** ein Höcker vnd Mitbürger Zu Muhlhausen vnd die Mutter Dritte geheissen, diese Eltern haben Ihren Sohn durch die tauffe Gott ein Verleiben lassen, nach dem er ein wenig Zu Jahren kommen haben sie Ihn Zu der Schulen da er schreiben vndt lesen

---

643 Unterschrift von anderer Hand, offenbar eigenhändig von Friedrich **Balck**.
Im Totenregister (EZA Signatur 2075 – siehe hierzu in der Einführung S. 38) heißt es beim Eintrag für Hans Engelbrecht: "Hans **Engelbrecht** ein bohrschmied, dem Balck ein nagelschmid seines wolverhaltens ein gutt Zeuchniß gegeben."

644 QMS 19 / 6 S. 1791 nennt Caspar **Stürmer** 1571 Pfarrer in Laptau, Kr. Fischhausen. Dort ist offenbar der Sohn Henricus geboren. Anschließend 1581–1597 Pfarrer in Rastenburg.

645 QMS 19/6, S. 1777: Heinrich **Störmer,** geb. 1574 in Rastenburg, Pastor in Thierenberg, Kr. Fischhausen seit 1600, 1619 renoviert, „starb in Königsberg/Pr., wo er sich einige Jahre aufgehalten hatte". Möglicherweise hat dieser Heinrich Stürmer dem Johannes **Cramerus**

✞ 24. 10. 1629 (lfd. Nr. 327) in Königsberg vor dessen Tod das Abendmahl gereicht.

646 Im Totenregister (EZA Sign. 2075, siehe die Einführung S. 37) heißt es bei ihm: "Henricus Stürmius, olim Tyrenbergensis Pastor, nunc Pestilentialis, Von seinem leben vnd bestallung ist zu finden in Vnserem Diario Ecclesiastico. Leichpr. MW.
[Ein Diarium Ecclesiasticum ist bisher nicht bekannt. Es wird erwähnt auch in Emil Hollack, Fiedrich Tromnau: Geschichte des Schulwesens der Königlichen Haupt- und Residenzstadt Königsberg i. Pr. mit besonderer Berücksichtigung der niederen Schulen. Ein Beitrag zur Kulturgeschichte Altpreußens. Königsberg 1899, S. 79, Fußnote 7. Dort wird berichtet über eine "Eintragung des altstädt. Pfarrers Derschau im Diarium Ecclesisaticum primum, S. 259 – Staatsarchiv Königsberg, Depositum der Altstädtischen Kirche".]

647 Die größere Nähe spricht für Mühlhausen, Kr. Preußisch Eylau – sonst Mühlhausen in Thüringen?

gelernet gehalten, dar nach haben sie Ihn das löbliche Schuster handtwerck lernen lassen, darauff er ezliche Jahr gewandert biß er anhero kommen vndt ein Meister worden, vndt nach Schickung Gottes in den h. Ehestant mit der itzt betrübten Witwen eingelassen mit Ihr ins 9 Jahr gelebet, darin durch Gottes segen 4 töchter geZeuget, daVon eine Verstorben die 3 Vbrigen noch im leben. Was sein Christenthumb anbelanget hat er sich fleissig zum gehör götliches worts vndt Zum H. Abendtmahl gehalten. Mit seinen Nachbarn vndt werckbrüdern sich garwol begangen, wie es ein Jeder der mit Ihm sey vmbgangen das Zeugnuß geben wirdt das er ein friedliebender man gewesen, was seine Kranckheitt belanget, hat er etzliche tage geklaget biß die Kranckheit immer zugenommen, das er sich den Vergangenen Sontag Zu bet legen müssen vndt immer schwecher worden, so hat er den H. **Lepner** begehret der auch balt Zu Ihm kommen vndt mit Ihm gebehtet, alß er ein wenig gangen war, ist er balt hernacher Zwischen 10 Vndt 11 Vhr Vormittag eingeschlaffen im 38 Jahr seines Alter. [Witt 15]

387 HANS SALTZ, ✶ KÖNIGSBERG 1573, ✟ 15. 1. 1630

Hans Saltz begraben den 18
Jan. Leichpr. ex 2. Sam. 14

Anno 1573 Ist er geboren Alhier Zu Königsberg Von ehrlichen vnd frommen Eltern, Sein Vater hat geheissen Hans **Saltz** Seine Mutter Catharina, welche Eltern diesen Ihren Sohn Gott durch die H. tauffe in das buch des lebens einVerleiben lassen, nachmals in aller Furcht Gottes auferZogen biß er sein 19 Jahr (648) erreichet, da er dan durch Schickung Gottes mit der tugendtsamen Jungfrawen Hedwig (649) sich Ehelich Verlobet vndt Verehliget, mit welcher er 3 töchter vndt 1 Sohn in 29 Jahren gezeuget vnd nun im Herrn entschlaffen. Nachmalß alß er ein Jahr im Wittibenstande gesessen, hat er sich anderweit mit der Jungfrawen Annam des Erb. **Marettichs** tochter (650) Von Bartenstein in die ehe eingelassen, mit derselben auch durch Gottes segen in fünff Jahren 2 töchter gezeuget, so gleichfalls im H entschlaffen. Sein Christenthumb anlangend, so wirdt Ihm das geZeuchnus gegeben, das er ein frommer Man gewesen, der gerne in die Kirchen gangen, die hochwürdigen Sacramenta offters gebrauchet, sich auch sonsten im eusserlichen bürgerlichen leben, mit Jederman gerne Vertragen Vor 8 tagen hat Ihn Gott mit Krankheit angegriffen da Er sich nicht stracks wollen begeben, weil aber die Kranckheit ie mehr vndt mehr zugenommen, hat er letzlich seine Seele in gedult gefasset, sich dem lieben Gott ergeben, vndt dessen sich getröstet, das er Vngefehr Vor 4 wochen mit Gott sich ausgesöhnet gehabt, derohalben fleissig gebehtet, das der liebe Gott mit Ihm machen wolle, wie es ihm nützlich vndt seelig sein möchte, der allmechtige Got hat auch sein gebeht erhöret Vnd Ihn am Vergangenen Dienstage fein sanfft vndt still wie gedacht Im 57 Jahr seines Alters abgefordert. [Witt 601]

---

648 Das angegebene Alter bei der ersten Eheschließung ist unstimmig.
Die erste Ehe dauerte 29 Jahre, dann ein Jahr Witwerzeit, dann die zweite Ehe mit fünf Jahren: zusammen 35 Jahre. Bei einem Lebensalter von etwa 56 Jahren muss er bei der ersten Eheschließung etwa 21 Jahre alt gewesen sein.

649 Der Vorname "Hedwig" über der Zeile eingefügt.

650 Anna **Saltz** ✟ 12. 12. 1629 (lfd. Nr. 375).

388 VALENTIN DÜRCK, ✶ PATERSORT, KR. HEILIGENBEIL 1598, ✝ 17. 1. 1630

Valentin Dürcken. LP. **MW**. 21 Jan.

Anno 1598 Vor 22 Jahren Zu Pedders Ohrtt im Brandenburgischen Von Christlichen Eltern gebohren pater ejusdem nominis, mater Catharina, jam defuncti. *Der Vater trug denselben [Vor]Namen, die Mutter hieß Catharina, beide sind schon gestorben.* Diese Eltern haben diesen Ihren Sohn balt nach der geburt dem H Christo durch die H Tauffe ein Verleiben lassen, Nachmalß alß er Zur Jahren vndt leibes Krefften gekommen, Ihn Zu fleissigen heußlichen Arbeit Vndt weil er sonderliche lust Zur fischerey gehabt darzu gehalten, Wie er nun sein 25 Jahr erreichet, hat er sich mit seiner izo hochbetrübten hinterlassenen Witben in den H. Standt der Ehe eingelassen mit welcher er 7 Jahr friedlich gelebet, vndt mit einander eine tochter gezeuget, so noch am leben wiewol Klein vndt vnerzogen.
Was sein Christenthum leben vndt Wandel anlanget, ist er ein stiller vndt friedliebender Mann gewesen, welcher, wen er wegen fortstellung seiner nahrung hat zu hause seyn können fleissig Zur Kirchen vndt gebrauch hochwürdig Sacraments sich gehalten, wie solches noch gar kürzlich Vor seiner Kranckheit geschehen, mit nachbarn Zunfftbrüdern vnd auch Menniglich hat er sich wol Vertragen, wie Ihm die Jenigen so mit Ihm Vmbgangen das geZeugnus geben werden. Seine Krankheit betreffend ist er am Verschienenen letzten Heiligen weihnachts tage, mit frost krank worden, Vndt ist einen tag balt gut balt schlim mit Ihme worden, das man Verhoffete weil es so lange gewehret die Kranckheit würde sich Von Ihm Verlieren. Gott dem Allmechtigen hat es anders gefallen Vndt ihn Vmb 12 Vhr Zur Mittage am Verschienen Donnerstage im wahren glauben im 32 Jahr seines Alters sanfft im H hat einschlaffen lassen.

[Witt 106]

389 BARBARA KRUSCHE, ✶ KÖNIGSBERG 1561, ✝ 3. 2. 1630

Barbara Krusche Begraben 6. Februarij.
Leichp. **ML** ex Sir Spare deine busse

Ist Anno 1561 Vor 69 Jahren alhier Zu Königsberg Von Christlichen Eltern in diese Welt geboren, Ihr Vater hat geheissen Simon **N.** gewesener Salzpacker zu Schlosse Ihre Mutter hat geheissen Barbara Welche Vor langen Jahren todes Verblichen, Nach der absterben ist sie nach Elbing zu Gutten leuten gethan, bey welchen sie sich trew Verhalten biß sie ihr 16 Jahr erreichet, Nachmahlß ist sie wiederumb nach Königsberg Zur Stiffmutter gelanget biß ins 21 Jahr in welchem Jahr durch schickung Gottes mit dem Weilandt Erbarn Vnd geachten Valtin **Dusinck** gewesenen Seefahrenden Man sie sich in den ehestandt eingelassen mit welchem sie 20 Jahr in friedlicher Ehe gelebet Vndt in wehrender ehe 6 Söhne Vndt eine tochter geZeuget, welche alle nach dem Willen Gottes Todes Verblichen.
Nach absterben Ihres Mannes ist sie 1 1/2 Jahr im betrübten Witwenstande Verblieben, nachmalß hat sie sich anderweit mit dem weiland Peter **Hardern** Von lauffske (651) in den Standt der ehe eingelassen, mit welchem sie nur eine kleine Zeit alß 17 Wochen gelebet. Nach absterben des andern Mannes ist sie 2 Jahr im betrübten Witwenstande Verblieben hernacher sich mit gegenwertig Peter **Krussen**, ihrem hinterlassenen Wittiben in den Standt der H. Ehe begeben, mit welchem sie in friedlicher ehe

---

651 Lawsken: Wohnplatz in Königsberg (Amalienau) oder Gemeinde im Landkr. Königsberg.

geleben 24 Jahr, mit einander durch Gottes segen geZeuget 3 Sohne welche auch Verstorben.
Was ihr eusserlich leben Vndt Wandel betrifft ist sie eine heußliche friedliebende fraw gewesen, die ihre nahrung vleissig fortgestellet hat, mit Ihren Nachbarn Vndt auch Zunfftbrüdern ia Menniglich wol Vertragen, dessen sie Zeugnuß Von den Jennigen so sie gekandt haben wirdt.
Von Ihrem Christenthumb haben E. Ehrw. gutten bericht: Ihr Kranckheit anlangendt ist sie Plözlich am Vergangenen Montag 8 tage Mitt Dampff angefallen, da sie sich dan Vor 3 Wochen Vor ihrer Krankheit in Vnser Altstetischen Kirchen das hochWürdige Abendmahl gabrauchet, in ihrer Kranckheit hat sie sich dessen getrostet vndt sich got mit fleissigem seuffzen Vndt gebet befohlen der auch ihr gebet erhoret Vndt sie am Vergangenen Sontage Zu nacht Zwischen 10 Vndt 11 Vhr durch den Zeutlichen todt in sein Reich Versezet wie gedacht im 69 Jahr ihres alters

[Witt 376]

390 CHRISTOPH BEYER, ✶ KÖNIGSBERG (STEINDAMM) 1583, ✝ 6. 2. 1630

Christoff Beyer
Leichp. ex Gen. 9. **ML**. 8. Febr.

Ist anno 1583 Vor 47 Jahren Alhier Zu Königsberg vffm Steinthamb von Ehrlichen Eltern, Alß seinem Vater S. Hansen **Beyer**, einem Schmackenschipper vndt Mutter Anna (Welche an itzo noch im leben vndt Iher wegen Alters halben das geleit nicht geben können.) vff diese Welt geboren, Welche Eltern Ihn balt dem H. Christo in der h. tauffe vortragen lassen Nachmahls haben sie Ihn Zu allen gutten vfferzogen, vndt wie er ein weinig erwachssen Ihme das tuchmacher handtwerck lehren lassen, darauff er auch hin vndt wieder gewandert, weil er aber gesehen das er sich seines handtwercks nicht nehren können alß hat er sich Ao 1603. weil F. Dhtt. Christmilder gedechtnuß damalß Volck geworben, mit vffs hauß Tapiaw (652) Vor einen Soldaten Vnter stellen lassen, da er eine geraume Zeit gewesen wie sein paßbort ausweiset, Von Tapiaw ist er vffs hauß Mümmel (653) kommen da er auch 7 Monat Vor einen Musquetierer gedienet. Ao 1606. hat er in Vngern Wieder den Erbfeindt Vor einen reuter 6. Monat sich brauchen lassen, vndt alß er im selben jahr sambt andern abgedancket worden, wie sein paßbort es ausweiset wiederumb anhero gelanget. Hat er sich durch schickung Gottes des Allmechtigen, mit des Erb. Michel **Boltzen** tochter Jungfrawen damahls anitzo hochbetrübten Witwen in den Standt der H. ehe eingelassen, vndt mit derselben in 24 Jahren 9 Kinder geZeuget, davon 7 im Hn entschlaffen, 2 Söhne aber noch am leben. Im wehrenden seinem Ehestande hat er wiederumb Anno 1609. Ihr Churfr. Dhtt. milder gedechtnuß H. H. Johan Sigismund 7. Monat Vor einen leib Musquetierer gedienet Vndt hernach Von 1612 biß 14 Vor einen Einspenniger (654) gedienet, wie sein Paßbort solches ausweisen, Weil aber Ihr. Churfr. Dhtt. damahls aussm lande geZogen, hat er Nebst andern anheimischen abgedancket, vndt die zeit bey Vornehmen H in Diensten sich brauchen lassen,. Bey Regierung itzigen vnsers aller gnedigsten Churfürsten Vndt herren Zeiten, sonderlich aber die 4 Jahr hero Alß Ihre Königl. Mayttt auß Schweden im lande gewesen, Ist er Von Ermelter

---

652 Tapiau, Kr. Wehlau.

653 Memel.

654 Reiter mit (nur) einem Pferd im Sold eines Fürsten.

Churfr. Dhtt, imgleichen den H H Ober Vndt Regiements Herren, wie auch hernacher E.E. Hochwürdigen Raht der Altenstadt in geheimen sachen balt hie balt da verschicket worden, wie es seine Zeugnüsse ausweisen.
Sein Christenthumb anlangendt hat er sich Zur Kirchen vndt gehör götliches worts gehalten, sich offters des Hochwürdigen Abendtmahls gebrauchet, wie es die Kirchen register beZeugen, wie er auch vor weinig wochen sich dessen gebrauchet. Im burgerlichen Wesen Sich auch kegen seine Nachbarn Vndt Jedermenniglich erzeuget wie einem Christen Menschen gebühret.
Am Vergangenen Dienstage wie er seiner freunde einem, das geleit biß an den Steinthammischen Kirchhoff gegeben, vnd wiederumb zu hause gehen wollen, Ist er Morderischer Weise Von einem Schwedischen Soldaten Vff freyer Strassen, ohne einige gebene Vrsach todtlich Verwundet worden, Also das er auch folgenden tag hernach als an Verwichener Mitwoch Zu Abents zwischen 5 V 6 Vhr Vhristlich Verschieden im 47 Jahr seines Alters. [Witt 50]

391 HANß CRUß, ✶ WICKBOLD, LANDKR. KÖNIGSBERG 1592, 8. 2. 1630

Hanß Cruß Schuster
LeichP. **ML**. 8. Februar

Ist Anno 1592. Von Christlichen Eltern Zu Wickbolt auff dem lande geboren, Sein Vater ist der Ehrenveste Achtb. Georg **Cruß**, seine Mutter die Ehr V. tugendsame Fraw Anna. Welche eltern diesen Ihren Sohn Christo alßbalt ein Verleiben lassen durch die h tauffe, nachmals Ihn auch fleissig Zur schul gehalten, Vndt sonsten in aller gottesfurcht vndt tugenden aufferZogen, wie er nu das 18 Jahr seines alters erreichet, haben Ihn seine eltern Zum Erb. V. geachten Petro **Worm** schuster vndt mitbürger dieser löblichen Altenstadt gethan. Vndt Ihn alda das löbliche handtwerck lernen lassen, wie ers auch trewlich Vndt fleissig außgestanden, nach außgestandenen lehr Jahren habe er darauff etzliche Jahr gewandert, biß er auch alhie nach Königsbergk wiederkommen da er in die 12 Jahr gearbeitet. Ao 1624 hat er sich mit der Ehr. V. tugendts. Frawen Maria des Erb. V. geacht. Christoff **Niemand** damahls wie auch itzo nachgelassene Wittiben in den Standt der H. Ehe eingelassen, mit welcher er 6 Jahr friedlich in der ehe gelebet, doch ohne leibes erben, Nechst Verschienen Sontag ist er kranck Von der Wacht nach hause kommen, Vndt balt darauff in groß haupt wehe gerahten, weil er gesehen das Got ein ende mit Ihm machen wollen, hatt er seinen trewen seelsorger Zu sich fordern lassen, Vndt von Ihm das Hochw. Abendtmahl empfangen, Vndt darauff Vorgestern abends Zwischen 9 V 10 Vhr im 38 Jahr seines alters im Herrn entschlaffen. Sein Christenthumb werden E. Ehrw. Besser daVon wissen alß Ich Ihm Zeugen kann. [Witt 375]

392 CHRISTOPH PUTZ, ✶ KÖNIGSBERG 1574, ✝ 13. 2. 1630

Christoff Putz
LeichP. **MH**. 15. Febr.

So ist derselbe Anno 1574 alhie Zu Königsberg Von Christlichen Eltern geboren, sein Vater ist gewesen der Ehrenveste v. Geachte Hanß **Putz** weilandt mitbürger dieser Altenstadt, die Mutter die ehr Vndt tugendtsame Fraw Catharina **Bullerin**, diese Eltern haben diesen Ihren Sohn, so balt sie Ihn empfangen sindt bedacht gewesen Gott dem H. Zu Zuführen, alß haben sie Ihn, den nicht anders wegen seiner sündigen empfengnuß vndt Zorne Gottes konte geholfen werden, alß durch das mittel, durch die H. tauffe Gott aufftragen lassen, Nachmaln alß er an alter Zunahm Ihn Zu hause Zu aller gotseligkeit wie auch fleissig Zur schule gehalten, alda fertig schreiben Vndt lesen gelernet, auch seinen Catechismum Vndt grundt der lehre geleget., demnach er nu etwas erwachsen habe er sich in seiner lieben Eltern beruff fleissig brauchen lassen, Alß aber der liebe Gott Ihm seine Eltern durch den Zeitlichen todt entnommen, alß hab er sich Zu ander leut verthan müssen biß er bey Nahe Zu seinen mündigen Jahren gekommen vndt das 24 Jahr seines alters erreichet, da hat er sich auff beliebung Vndt einrahtung seiner an Verwanten, mit der damahls ehr Vndt tugendtsamen Jungfrawen Anna des gleich in Gott ruhenden Ehrbah. Vndt wolg. Clement **Thamen** (655) eheleiblichen tochter seiner itzigen hochbetrübten hinterlassenen Wittiben, derer Gott in gnaden mit trost in Ihrer trubseligkeit beywohnen wolle, ehelich eingelassen, mit welcher er gantz Christlich V. gotselig 32 Jahr in friedlicher ehe gelebet, Vndt mit einander 12 Kinder gezeuget 8 Sohne Vndt 4 tochter, Von welchen noch 3 Sohne Vndt 2 töchter im leben vndt anitzo ihrem lieben Vater Zu seinem ruhebetlein das geleit gegeben. In seiner heußlichen Nahrung Vndt gewerbe, ist er sorgfeltig vndt fleissig gewesen, sich Vndt der seinigen mit Gott Vndt ehren Zu ernehren, Vndt weil er Gott in seinem stande für augen gehabet, Vndt Ihn geehret, also hat Ihn Gott wieder ehren wollen vndt Zur beZeugung dessen, Ihn anno 1608 in Eines Erbahren Gerichts Mittel dieser Vnserer Freyheit Steinthamb erhoben, in welchem werenden ampte Vndt dienste er nicht minder als andere seinen beruff fleissig gewesen, mit raht Vndt that so viel got gnad verliehen demselben beygewohnet,. Mitlerweile hat er bey seinem Christenthumb Vnd sonderlich in seiner haußhaltung nicht eittel gutte tage gehabt sondern wie andre fromme Christen Viel Creutz Wiederwillen Vndt trübseligkeit erfahren müssen, welches alles er geduldig außgestanden Vndt ertragen hoffende Gott wirdt nach außgestandenem leiden einen frölichen fewerabendt bescheren, welches Ihm auch nicht mißlungen. Denn nach dem er durch Viel Mühe vndt arbeit abgemattet, Vndt Gott Ihn Zur ruhe hat bringen wollen; Alß hat er Ihme anfangs die fürboten Zu geschicket, Vndt Ihn für etlichen wochen mit leibes mattigkeit begundt anZugreiffen, das er darauff gantz bettreisig worden, da nun die Kranckheit ie lenger grosser Vndt schwerer worden wollen, habe er sich Zu einer seligen reise gefast machen wollen, Vndt gestern 8 tage mit Gott sich versohnen lassen, nach empfahung des hochwürdigen Abendmahls des Herren, habe er seinen willen in Gottes willen geduldig gestellet, wie es Gott mit Ihm schaffen Vndt machen würde er sich solches gefallen lassen wollen, an deme Gott seinen willen gevbet Vndt Ihn Vorgestriges tages Vmb 2 Vhr nach Mittage aus dieser Welt im 56 Jahr seines alters abgefordert. [Witt 539]

393 Ludwig Flottwell, ✶ Königsberg 29. 9. 1616, ✞ 15. 2. 1630

Parentatio Ludwich Flotwehls
Junioris
Totenfeier für Ludwig Flotwehl den Jüngeren
Leichpr. **MW** 17 Febr.

Es ist derselbe anno 1616. Am tage Michaelis Von Christlichen Eltern

---

655 Dessen Sohn: Clemens **Thamm** ✞ 20. 5. 1630 (lfd. Nr. 421).

gebohren Sein Vater ist der Ehr Achtb. Vndt wolgelahrte H. Ludwich **Flotwehl**, bestalter Advocatus bey den Erb. Gerichten dieser dreyen Städte, Königsberg, wie auch Notarius Publicus. Seine Mutter Frau Dorothea (656) diese Eltern haben Ihren Sohn, so balt sie Ihn von Gott bekommen, dem Herrn Jesu Christo durch die H. tauffe zugeführet, da er durch Wasser Vndt Geist Newgeboren, Vndt krafft des blutes Jesu Christi Von sünden gereiniget, Vndt in das buch des lebens Verzeichnet worden. Nachmahls haben diese Eltern ihren Sohn in aller Gottesfurcht aufferzogen Vndt weil sie ein feines ingenium *Begabung* an ihme Vermercket, fleissig Zur schule gehalten, Vndt Ihn H. Catechismo Vndt andere glaubens artickeln fleissig Vnterrichtet, das er seinen H. Vndt heilandt Jesum Christum recht erkandt, Vndt auch seine fundamenta artium *Grundlagen der Künste* wolgeleget, so, das wen ihn Got leben lassen, ein feiner Man aus ihm geworden were, Vndt künfftig dem Vaterlande hette dienen Vndt nützlich sein können, gegen seine Eltern hat er sich auch also Verhalten, das er ihnen ein frommer Vnd gehorsamer Sohn gewesen, Vndt sie Ihn hertzliche gerne behalten wen der liebe Gott den selben ihnen lenger gönnen wollen.
Seine Kranckheit betreffende ist er fast immerdar Von Jugendt auff mit mancherley gebrechen alß mit haupt Augen Vndt leib wehe Vndt anderen schweren flüssen beladen gewesen, das er offters auch in der schulen anstoß bekommen; Nunmehr Vor drey wochen hat er abermahl einen schweren Hauptfluß gehabt, das ihm die Mandeln sehr geschwollen gewesen, Vndt ob er wol fleissig curiret worden, hats sichs doch Zu keiner bestendigen gesundtheit mit ihm anlassen Wollen, da er den am allermeisten beklaget dieses, das er sich in seinen Studijs Versteinern würde, Vndt derowegen, was er gekundt, auch mit seinem schaden die schul besuchet, Zumassen er Verschienenen Mittwoch ob es gleich den Eltern nicht mit gewesen, abermahl sich in der schul Verfüget, aber kranck Zu hauß kommen, Vndt hitz Vndt haupt wehe empfunden, deswegen sich alßbalt Wieder geleget, Vndt ob wol alle mögliche mittel gebrauchet worden, haben doch keine Verschlagen wollen, In solcher Kranckheit aber, hat er nicht allein fleissig gebehtet, Vndt sehr geduldig sich erZeuget, sondern auch immer mit todes gedancken Vmbgangen Vndt mit empfahung des Hochw. Abendtmahls Vndt mit den tröstlichen Sprüchen aus der götlichen Bibel Zu einen S. Sterbstündlein sich bereitet, Vndt immer gesagt wie er mit Jesu Christo hochzeit halten Vndt in ewigem leben triumphiren würde, hat danebenst auch diese Spruch Ich weiß das mein Erlöser lebt sich selbst Zu einem text der leichPredigt erwehlet, Vndt den lieben Gott fleissig gebehten, er wolle ihn doch balt aufflösen, welch sein gebeht der liebe Gott auch erhöret, Vndt ihn am Verschienen freytag, Zwischen Zwey Vndt drey Vhr Selig Vndt Sanfft aus diesem Jammerthal im 14 Jahr seines Alters in sein ewiges reich abgefordert hat, der liebe Got etc.

[Witt 152]

394 Michel Bierfreundt, ∗ Schippenbeil, Kr. Friedland 1560, ✝ 14. 2. 1630

Michel Bierfreundts
Leichp. **ML** 17. Feb.

Ist Anno 1560 Vor 70 Jahren Zu Schoppenbeil Von Gotseligen Eltern geboren, Sein Vater hat geheissen Nicolaus **Bierfreundt** alda ein Schul-

---

656 Dorothea **Flottwell** ✝ 4. 6. 1636 (lfd. Nr. 753).

meister, Seine Mutter Fraw Anna welche Schon Vor Vielen Jahren todes Verblichen, diese Eltern haben diesen Ihren Sohn alß er in diese welt gebohren Christo durch das badt der Wiedergeburt ein Verleiben lassen Nachmals als er etwas erwachsen, hats der Vater so Weit mit Ihme gebracht das er hat fertig lesen können Wie sie nu Vermercket das er keine lust Zu Studiren gehabt, haben sie Ihn alhier nach Königsberg Zu Meister **Wolffen** Von der lignitz (657) einem kirschnerVerthan, bey Welchem er das löbliche Kirschner Handtwerck außgelernet, nach außgestandenen lehrjahren, habe er sich in die frembde begeben sein Handtwerck desto baß abzulehren Vnd darauff weit Vnd breit gewandert, insonderheit hat er in Vngern vndt Welschlandt Vor einen Soldaten gedienet, vnd dem Kriegswesen nachgeZogen, als er entlich nach Königsbergk wieder kommen, habe er eine gute Zeit gearbeitet biß er Zum Meister worden, Vndt alß er sein 39 Jahr erreichet, habe er sich in den Standt der Ehe mit der tugentsamen Jungfrawen Anna eingelassen vndt mit einander durch Gottes segen 7 Kinder 2 Sohne vnd 5 tochter geZeuget, davon ein Sohn im leben (Caeteri demortui *die übrigen sind schon gestorben*) Nach absterben [ergänze: seiner Frau] hat er sich weiter nach dem er and halb Jahr im Witwen standt Verblieben mit der tugendtsamen Jungfrawen Christinam ehelich VersProchen mit der er 6 Jahr gelebet vndt benedictione Dei *durch Gottes Segen* 3 Kinder geZeuget, welche todes Verblichen, Nach der andern Frawen absterben ist er 2 Jahr im Witwenstande Verblieben, Nachmalß hat er sich in die 3 ehe mit des S. Greger **Grünewaldts** hinterlassenen Wittiben begeben, mit welcher er in Christlicher ehe 8 Jahr gelebet vndt in wehrenden ehestande 1 tochter geZeuget, welche noch beim leben wiewol sehr klein vndt verzogen.

Waß sein Christenthumb anlangen thut, hatt er wen er Kranckheit Vndt schwachheit halben können, Zum gehör götlichen worts sich finden, wie auch Zum offtern gebrauch des hochw Abendtmahls gehalten, in Seinem euserlichen leben Vndt Wandel stil Vndt friedsam gewesen, Mit seinen Werckbrüdern Nachbarn Vndt allen andern leuten gar wolvertragen, welches geZeugnuß Von den Jenigen ihme gegeben wirdt so mit Ihm sein Vmbgangen. Waß seine Kranckheit betrifft, hat er eine gerawme Zeit am hust Vndt Dampff sehr gelegen, vnd da die Kranckheit zugenommen hat er sich Vor 14 tagen vff Vorgethaner busse Vndt empfangener Absolution mit Gott sich Versöhnen lassen. Vndt darauff seinen Willen Gottes Willen ergeben, mit behten Vndt seuffzen Gott vmb ein Seliges Stündlein gebehten, welches Got erhoret, Vndt Ihn am Vergangenen Donnerstag Zwischen 8 Vndt 9 des Morgens im 70 Jahr seines alters Von dieser welt abgefordert. [Witt 52]

395 MICHEL PARWICH,

✶ ALLSTEDT, BEZIRK APOLDA / THÜRINGEN 1585, ✞ 14. 2. 1630

Michel Parwich, Maurer

leichp. **ML.** 17 Feb. text 2 Corinth. 5

Ist derselbe Anno 1585 Vor 45 Jahren Zur AlleStadt in Dühringen von Christlichen Eltern gebohren, Sein S. Vater hatt geheissen Salomon **Perwich** die Mutter SuSanna, vndt nunmehr beide todes Verblichen, diese Ch. E. haben Ihren Sohn balt nach der geburt Christo durch die tauffe einVerleiben lassen, hernacher Zur schulen gehalten, das er fertig lesen können, wie er sein 17 Jahr erreichet, vndt seine Eltern Vermercket, das er

657 Liegnitz (Niederschlesien).

lust Zum Meurer handtwerck gehabt, haben sie Ihn solches alda ehrlich außlernen lassen, Ist demselben 9 Jahr nachgewandert, biß er entlich anhero kommen vndt eine zeitlang gearbeitet, hat er sich mit der tugendtsamen Jungfrawen Elisabeth itzo hochbetrübten Witwen in den Standt der Ehe eingelassen, mit welcher er ins 16 Jahr Christlich gelebet vndt mit einander 8 Kinder geZeuget, davon noch 1 Söhne vndt zwene töchter leben. Waß sein Christenthumb anlanget werden ewer Ehr w. bwissen [sic]. Sein leben betrffend ist er ein frommer vndt friedliebender Mann gewesen, wiewol auch Menschliche schwacheit vntergelauffen, seine Kranckheit anlangend ists ihme gestern Vor 3 Wochen auff den abendt mit Frost ankommen vndt darauff groß hauptwehe empfunden, alß die Kranckheit aber Zugenommen hat er sich Vor 14 tagen mit Got außsohnen lassen, darauff am Verschienen Donnerstag morgens Zwischen 3 vndt 4 Vhr im Herren entschlaffen im 45 Jahr seines alters. [Witt 502]

396 Matthaeus Quadrowsky, ✶ im Amt Oletzko wann?, □ 23. 1. 1630

Matthaeus Quadrowsky
begraben den 23 Jan.
leichp. **MW** ex ψ. 143 v. ult.
nach dem / den letzten Versen des Psalm 143

Anno 1618 ist vnser Selige Mittbruder Matthias Quadrowskij der geburt außm Ampt Oletzko, anhero nach Königsbergk kommen vnd sich balt in Dienst begeben, Zu dem Ehrenvesten vnd Vornehmen H Martin **Lüdecken**, bey welchem er zwey Jahr trewlich gedienet, nach außgang der beiden Jahr hat er sich anderweit in Dienst begeben zu dem Weilandt EhrenVesten Nahmhafften vndt Wolweisen H Christoff **Rhodemann** bey welchem er nicht allein, so lang er gelebet, geblieben vnd trewlich gedienet, sondn auch nach seinem absterben, bey seiner nachgelassenen Wittiben Vblieben biß itzo inß 10 Jahr, wie er sich in seinem dienst Vhalten, beZeuget das Ehrliche begrebnuß vndt der letzte ehrendienst so Ihm von Frawen vndt den ihrigen beZeuget. [Witt 540]

397 Heinrich Rigemann, ✶ Riga 10. 9. 1604, ✝ 20. 1. 1630

Henricus Rigemannus
ist begraben d 26 Jan.
leichp. **MW**.

Natus est demortuus D. Henricus Rigemannus parentibus gnre claris et perepicuit ex familia nempe Rigemanniana praeclara et patricia apud Rigenses. Patre D. Conrado **Rigemanno** Seniore et cive primario. Anno paterno. [Unklar!] D. Henrico **Rigemanno** quondam Proconsule Regiae Civitatis Rigensis laudatissimo. Matre Hedwiga D. Johannis **Friderici** Burgrabij Regij et Consulis olim civitatis Regiae civitatis Rigensis, Filia. A quibus parentibus in hanc lucem editus ao 1604, die 10 septembri, Cui parentes hanc suam prolem masculam postquam undâ Baptismatis suscepêre, eundem Scholae et studijs consecravêre, disciplinae et institutioni Viri admodum Reverendi Excellentissimi D. M. Hermanni **Samsonij** Livoniae lisdonensis superintendentis commendavêre. Cujus sub disciplina ea qua decet reverentia vixit fundamentaque suorum studiorum jecit. Quibus jactis parentum et amiorum consensu ac approbatione ad altiora lijcea profectus. Tandersiva [sic] ad hanc quoque appulsus Rempublicam Literariam, in qua p quadriennium circiter, eo vitae gnre ac studiosorum exemplo vixit ut Se orbus [rebus?] bonis et doctis faciliter probare potuerit. Quique ob morum elegantiam animigus dexter ita sem [se] vitam longaevam optare far [fas] erat Hunc ille in cujus manus vita n[ost]ra Febrili morbo 2 Januarij hujus anni corripit qui morbus pertinacia sua solertissimorum medicorum includens operam omnem penitus appetitum alimentorum retentionem et connoctionem impedivit. Unde viribus paulatim collapsus et exhausto [corpor]ali calore sine ulla morbi violentia placide die 20 Jan inter decimam et undecimam vespertinam exspiravit.

Der verstorbene Herr Heinrich Rigemann wurde als Kind berühmter und angesehener Eltern aus der hochberühmten und patrizischen Familie Rigemann in Riga geboren. Sein Vater D. Conrad Rigemann war Senior [des Rates] und Bürgermeister [Unklare Stelle] D. Heinrich Rigemann einstmals hochwohllöblicher Stellvertreter des Bürgermeisters der königlichen Stadt Riga. Seine Mutter Hedwig war die Tochter des Herrn Johann Friederich, des königlichen Burggrafen und früheren Konsuls der *königlichen Stadt Riga. Von diesen Eltern stammend kam er am 10. September 1604 zur Welt. Nachdem die Eltern ihr Kind taufen ließen, überantworteten sie ihn der Schule und den Studien und übergaben ihn zur Lehre und Ausbildung an den sehr verehrten und ausgezeichneten Herrn, den livländischen Magister und Superintendenten Hermann Samson. Unter dessen Lehre lebte er in der schuldigen Ehrerbietung und legte die Gundlagen seiner Studien. Nachdem sie gelegt waren, schritt er mit Zustimmung und Billigung der Eltern und Freunde durch sein Lizentiat zu tieferen Themen. Schließlich kam er auch zu dieser Gelehrtenrepublik [der Universität Königsberg (658)], in der er ungefähr vier Jahre lang nach Lebensart und Beispiel der Studenten lebte, so dass er sich in guten und gelehrten Angelegenheiten leicht beweisen konnte. Wegen der Eleganz seiner Sitten war es recht, dass er sich ein langes Leben wünschte. Der, in dessen Händen unser Leben liegt, ergriff ihn am 2. Januar dieses Jahres mit einer fiebrigen Krankheit, die mit ihrer Hartnäckigkeit jede Mühe der geschicktesten Ärzte, den Appetit auf Speisen, das Zurückhalten und die connoctio [= unklar] zunichte machte. Dann verließen ihn allmählich die Kräfte, er brach zusammen und als die körperliche Wärme erschöpft war, starb er ohne irgendeine Gewalt der Krankheit friedlich am 20. Januar abends zwischen 10 und 11 Uhr.* [Witt 577]

398 Elisabeth Herrendorff, ✶ Königsberg (Altstadt) 9. 2. 1603, ✝ 22. 2. 1630

Elisabeht Morten Herrendorffs Wittwe
begraben 24. Febr.
leichp. **MW**.

Sie ist geboren anno 163 [sic] den 9 Februarij alhie Zu Königsberg Von Christlichen Eltern Ihr Vater hat geheissen Mathias **Matzke** Seines Handtwercks ein schuster Vndt mitbürger alhie in der Altenstadt Ihre Mutter Regina, diese Sehliche Eltern susceptare filiam Deo in baptismo obtulerunt post c .. na.ta sit annum 21. nupsit cum consensu amicorum, Juveni martino **Herrendorff** (659) sutori,

Diese seeligen Eltern bekamen eine Tochter, brachten sie zur Taufe

658 Im Wintersemester 1626 wurden gemeinsam am 5. Januar 1627 immatrikuliert: Christophorus **Rigeman**, Henricus **Rigeman**, Riga-Livoni. (Erler, S. 299).

659 Martin **Herrendorf** ✝ 23. 9. 1629 (lfd. Nr. 283).

...[unklar]. als sie 21 Jahre alt war heiratete sie mit Zustimmung der Freunde den jungen Schuster Martin Herrendorff,
mit welchem sie 8 Jahr im ehestande gelebet vndt 4 Kinder 1 Sohn vndt (660) tochter deren 2 (661) wie auch der Vater vordem gestorben, Ihr Christenthumb leben vndt Wandel betreffend, werden die so sie gekennet zeugnuß geben, das sie still vndt from sich Verhalten mit Nachbarn vndt Jederman Wol Vertragen. Sie hat gerne vndt willig wie sie nur wegen schwerer haußhaltung gekont, gottes Wort gehöret, Sie ist auch eine Creutzträgerin in Christo gewesen, an dem er nicht gemangelt vnter vnten [sic] auch diß harte hat Ihr der liebe Gott erzeiget, da er Ihren eheman Vor 18 (662) wochen aus dieser welt genommen, da sie den mit schweren bürden hinterlassen, es hat sie aber der liebe Got Verschienen Donnerstag Vor 14 Tagen gnedig erlöset, vnd mit einer Jungen tochter begabet welche arme Weiselein sie auch im elendt hinterlassen. Ist also am Vergangenen freytag hora 9 vespertina aetate 27. *um 9 Uhr abends im Ater von 27.* gestorben. [Witt 275]

399 ELISABETH ENGERKE, ✶ WO? UM 1601, □ 26. 2. 1630

Elisabeht lorentz Engerken ehefraw
begraben den 26 Febr.
leichp. **ML** ex Deut. 32 v. 11.

Ihre eltern sindt gewesen Valten **Krüger**, Ihre Mutter Dorothea, welche auch noch am leben, der Vater aber ist auch todes Vblichen welche tochter sie in aller Zucht aufferZogen biß in das 19 Jahr, alß dan sie sich durch reiffen raht beiderseits mit dem Erb. Georg **Müller** Schulz Zu Zannersdorff im Camischen (663), ehelichen Versprochen mit dem sie in der ehe ein Jahr gelebet doch ohne leibes erben, Nach absterben Ihres Mannes hat sie 3 Jahr im Wittibenstande gesessen, alß dan hat sie sich wiedrumb mit dem Kirschner lorentz **Engercke** burg alhier in d Stadt ehelich eingelassen mit dem sie 6 Jahr gelebet vndt 2 Kinder geZeuget, davon das eine schon Vstorben. Was ihr Christenthumb belanget, ist sie eine fleissige Zuhorerin götliches worts gewesen, Zum gebrauch der Hochw. Sacramenten sich gehalten, wie sie auch kurtz Vor Ihrer Kranckheit Zu tisch des Herrn gewesen, den andern tag aber alßbalt betreisig geworden, auch nicht wiederumb auffgestanden, biß das sie Got Von dieser welt abgefordert in sein reich nach dem sie gelebet 29 Jahr. [Witt 131]

400 ELISABETH HILLEBRANDT, ✶ LEYSUHNEN, KR. HEILIGENBEIL 1604, ✞ 22. 2. 1630

Elisabeht Hanß Hillebrandts Fischers
Ehefraw begraben 27Febr.
leichpr. **ML**. ex 1. Sam. 2

Ist dieselbe Anno 1604 Vor 26 Jahren Zur Leysune im Balgischen Ampte Von Christlichen Vndt gotseligen eltern geboren, Ihr Vater ist der Erbahre

---

660 Hier ist die Zahl der Töchter nicht eingetragen – auch der Lebenslauf ihres Ehemannes nennt 3 geborene Töchter.

661 Es waren ein Sohn und ein Tochter verstorben, vgl. den Lebenslauf ihres Ehemannes.

662 Richtig: 23 Wochen, wie sich aus dem Todesdatum ihres Ehemannes ergibt.

663 Gut Zandersdorf, Kr. Labiau.

Christoff **Möller** ein Fischer des orts welcher alhier Zugegen, Ihre Mutter heisset Fraw Elisabeht, diese Christliche Eltern haben diese Ihre gewesene tochter balt nach der geburt Christo dem H. durch die H. Tauffe Vortragen und ins buch des lebens einschreiben lassen, hernacher da sie Zu Jahren kommen, haben sie auch Zur schulen gehalten, biß sie fertig lesen gelernet, Nach dem sie 20 Jahr erreichet, hat sie sich mit Ihrem Zugegen betrubten Wittwern damalß gewesener geselle, durch Gottes schickung mit wissen Vndt willen ihrer lieben eltern in den Standt der H. Ehe eingelassen mit welchem sie 6 Jahr alhier zu Königsberg in stiller ehe gelebet, mit einander durch Gottes segen gezeuget 3 Kinder 2 Sohne V. 1. tochter davon noch 1 Sohn wiewoll sehr klein vndt vnerZogen im leben.
Was Ihr Christenthumb anlanget ist sie eine demütige Fraw gewesen, welche sowol die Sontags Predigten alß auch die Metten Predigten gerne vndt fleißig gehöret Auch wen sie Zu hause kommen davon geredet sich auch gantz friedlich mit Ihren Nachbarn Vndt Zunfftschwestern Vertragen, sich auch Zum Hochwürdig Abendtmahl zum offtern gehalten. Ihre Kranckheit betreffende hat sie Vor 17 wochen anfenglichen groß haupt wehe wie auch groß reissen in Ihren Armen bekommen vndt Man wol Vermeinet das es hett besser werden sollen. Aber der liebe Gott hat Ihr ein herters erZeuget, vndt sie mit der gefehrlichen Vnheilbahren Kranckheit heimgesuchet, da sie dan den lieben Gott gedultig ausgehalten in wehrender Kranckheit fleissig gelesen vndt gebehtet. vndt zweymahl sich mit Gott Vsohnen lassen, vndt wiewol mittel vndt arzeney gebrauchet dennoch solches nicht helffen wollen Ist also am Vergangen Freytag Vmb 8 Vhr wie gedacht im 26. Jahr ihres alters eingeschlaffen.

[Witt 281]

401 HANS GUDEL, ✶ MOLTHAINEN, KR. GERDAUEN 1585, ✝ 4. 3. 1630

Hanß Gudel
begraben den 6. Martij
leichp **MW**.

(664) Ist Anno 1585 Zu Molteinen im Rastenburgischen Ampte (665) Vnter dem Edlen vndt Ehrenvesten Hansen **Hundertmarcken** gebohren sein Vater hat geheissen Hanß **Gödell** seine Mutter Dorothea, dies seine beide Eltern haben Ihren Sohn anfenglich so balt er vff diese welt kommen, dem Herren Christo in der Heiligen tauffe Vortragen lassen. Alß er aber ein wenig Zu verstande kommen Ihn in aller gottesfurcht aufferzogen fleissig zur schulen gehalten biß er fertig lesen schreiben vndt rechnen gelernet, hernachmalß auch Polnische vndt litawische sPrache lernen lassen auff das er mit mehrerm nutzen seinen Herren denen er dienete Ihre handtlung fortstellen vndt befordern wissen, welches er auch garwol gethan Sintemahl er alhier zu Königsbergk bey Vornehmen leuten für einen Kauffgesellen gedienet vndt in seinem Dienste trew vndt fleissig gewesen dessen zeugnuß ihm ertheilet ist. Anno 1625 hat er sich aus sonderbahrer schickung Gottes mit des Ehr. vndt wolgeach H. Thomaß **Buchholtz** gewesenen Mitbürgers vnd Kauffmans in der Altenstadt eheleiblichen tochter Elisabethen ehelichen eingelassen mit welcher er in geruhsamer friedlicher ehe gesessen hat 14 tage Nach bevorstehenden ostern 5 Jahr

664 Ernst Witt: Der Buchführer, der die Lebensläufe von März bis Mai 1630 niedergeschrieben hat, ist in der Rechtschreibung wesentlich schlechter als die anderen gewesen.

665 Bei Goldbeck: Moltehnen im Landräthlichen Kreis Rastenburg, Amtsbezirk Gerdauen.

vndt durch Gottes segen mit einander eine tochter gezeuget, so albereit im H seliglich gestorben.
Vor 8 Wochen hat ihn der liebe Gott mit plötzlicher leibes schwacheit heimgesuchet, welche Krankheit Von tage zu tage sich bey Ihm Vermehret, die er Von vielem reisen bekommen, wie auch von etlichen bösen leuten die Ihn so weit bracht, das er vmb alle seine Wolfahrt gesundheit kommen, zu klagen gehabet, das er auch darvber Verschienen Montag zwischen 8 V. 9 Vhr Vormittage im herren seeliglich entschlaffen im 45 Jahr seines alters [Witt 222]

402 JACOB STOLTZKE, ✶ NEPLECKEN, KR. FISCHHAUSEN 1572, ✝ 4. 3. 1630

Jacob Stoltzcke fischer
begraben den 6 Martij
leichp. **MH**.

Ist Anno 1572 Vor 58 Jahren zu Nepolechken im Fischhausischen Von Christlichen vndt gotseligen Eltern gebohren, sein Vater ist gewesen der Weilandt Erb. Michel **Stoltzcke** ein Fischer des Orts, seine Mutter hat geheissen APolonia Welche Vor Vielen Jahren wie er noch klein vnd vnerzogen gewesen todes Vblichen nach absterben seiner Eltern ist er von frembden leuten aufferzogen, vnd da er dan erstlich nachdem er in diese welt gezeuget Christo dem Herren durch die Heilige tauffe einVerleibet worden, wie er nun etlicher massen erwachsen, vnd sonderlich zum schiffs Zimmerhandtwerck gehabt, hat er dasselbe auch ehrlich ausgelernet, Nachmalß hat er sich wol Zur sehwerts alß in SPanigen, Franckreich, Hollandt vnd Engellandt versucht, Alß er aber wiederumb nach Königsbergk gekommen vndt sein 30 Jahr erreichet, hat er mit der Weilandt Erb. vndt Tugendts. Frawen Sybilla (666), des Weilandt Erb. Albrecht **Funcken**, gewesenen gildefischer V. mitbürger der Altenstadt hinterlassener Wittiben, durch gottes schickung in den Standt der Ehe eingelassen, mit welcher er in Christlicher vndt friedlicher ehe gelebet 27 Jahr mit einander durch Gottes segen gezeuget 5 Kinder 3 Sohne vndt 2 töchter, welche anno 20 in der Peste alle sambt nebst der Frawen des todes Verblichen, Weil er aber in seinem alter offters anstosse gehabt vndt keine wartung noch pflegung gesehen, hat er sich abermahls Anno 1628. mit der ehrentugendtsamen Jungfrawen Anna (667), des weil. Erb. v. geach. Matthes **Gottschen**, gewesenen Fursten Reise Schneiders nachgelassenen tochter, itzo betrübten Witwen ehelich eingelassen Vndt 1 1/2 Jahr mit einander gelebet, Was sein Christenthumb anlanget ist er ein stiller vndt frommer Man gewesen, mit allen leuten sich gar wol begangen dessen Zeugnuß ihm gegeben wirdt. Er ist am Vergangenen Sonnabendt sehr kranck worden, vndt grosse stich in der lincken seite empfunden, wie er Vmercket das die Kranckheit fefftiger geworden, hat er sich am Vergangenen Sonnabendt Vff seine Vorhero gethanene beichte vndt empfangene Absolution mit dem wahren leibe vndt blute Vnsers H. J. Ch sich sPeisen vndt Vsöhnen lassen mit dem lieben Got. Darauff am Vergangenen Montag im 58 Jahr seines alters Verschieden.

[Witt 708]

---

666 Sybilla **Stoltzke** 23. 1. 1628 (lfd. Nr. 129).

667 Anna **Neuman** ✝ 11. 10. 1633 (lfd. Nr. 618).

403 George Semler,
✶ Schweidnitz / Reg.-Bezirk Breslau 1545, ✝ 10. 3. 1630

George Semler
begraben den 10 Martij
Leichp. **ML** ex Gen. 5.

Anno 1545 Zu Schweidnitz in Schlesien Von Christlichen Eltern geboren, sein Vater ist gewesen der erb. George **semler** seine Mutter Vrsula; qui parentes naturi filium p baptisma Deo marporarunt postmodum in pietate educarunt in tenera juventute demortuis parentibus susceptus e a cognato quidam suo in cujus cura usque ad 15 annum commoratus est,

Diese Eltern haben ihren Sohn durch die Taufe zu Gott gebracht, ihn danach christlich erzogen; nach dem Tod seiner Eltern in seiner Jugendzeit ist er von seinem Verwandten aufgenommen, in dessen Obhut er bis zu seinem 15. Lebensjahr war,

hernacher sich zum leinweber Handtwerck gegeben, auff welches er nach der lehr 7 Jahr gewandert biß er nach Königsberg kommen vndt 3 Jahr gearbeitet hat er sich eingelassen mit der tugendtsamen Frawen Christina S. Bartel **Behmen** hinterlassenen Witwen, mit welcher er in friedliebender ehe 18 Jahr gelebet, wiewol ohne leibes erben, Im Jahr 1589. ist er Von Einem Erb. Hochweisen Raht der Altenstadt in Erb. Gerichts Mittel auffm Steinthamb gekoren worden, in welchem schweren ampt er auch Got V. d Obrigkeit trewlich gedienet, in die 41 Jahr Ao 1621 ist er von einem Erb. Gericht Zum Schoppenmeisterampt beruffen, welches er auch ein Jahr Verwaltet, weil Ihm aber seines hohen alters halben solch ampt Zu schwer gefallen, ist ihm auff seine bitte solches erlassen, alß ihm aber der Almechtige seine erste Fraw weggenommen hat er sich in die andre ehe eingelassen mit der damahls Erb. V. tugendts. Jungfrawen Gertruden (668) mit welcher 38 Jahr gelebet, vndt durch Gottes segen 4 Kinder 3 Sohne v. 1 tochter geZeuget davon 2 Sohne im H. entschlaffen sein, Anno 1628 hat Ihm der liebe Gott seine andere Fraw weggenommen vndt ihn in den Witwenstandt gesetzet. sein Christenthumb betreffend ist er ein stiller Vndt friedliebender Mensch gewesen, welches er Zeugnuß genug hat, Er hatt Gottes Wort hertzlich geliebet, damit er sich in seinem Vielfeltigen Creutz getröstet, den er auch ein rechter Creutzträger gewesen, hat sich offt zum Hochw. Abendtm. gehalten, welches er den auch am Vergangenen Donnerstag von mir auff gethane beichte v. absolution empfangen. vndt vmb ein seliges Stündlein gebehtet vndt offters diese wort gebrauchet, Es ist nun Zeit. oHerr nimb doch meine Seele Zu dir Ich begehre auffgelöset zu seyn vndt bey Christo zu seyn: O Herr Gott in Meiner etc Wie ihn auch Got erhöret vndt am Vergangenen Freytag des Morgens zwischen 6 Vndt 7 einschlafen lassen, da er gelebet 85 Jahr. [Witt 608]

404 Jacob Daberkaw, ✶ Wohnplatz Saggehnen im Gutsbezirk Trenk, Kr. Fischhausen 1597, ✝ 9. 3. 1630

Jacob Dabekaw
begraben den 12 Martij
Leichp. **MW**. ex 1. Joh. 1

Ist derselbe Anno 1597 Zu Saggawden im Wargischen gelegen von ehrlichen eltern geboren, sein Vater ist gewesen, der erbahre Hanß **Daberkaw**

668 Gertrud **Semler** ✝ 25. 5. 1628 (lfd. Nr. 161).

Kirchenvater vndt landsgeschworner in dem selbigen orte (669), seine Mutter hat geheissen Euphemia diese seine liebe Eltern so balt Ihnen Gott diesen Sohn bescheret haben Ihn Gott dem H. in der H. tauffe aufftragen lassen, da er durch Krafft ds blutes Jesu Christi von seinen sünden abgewaschen vndt gereiniget worden, Hernacher in der furcht Gottes aufferzogen weil Ihn aber sein Vater balt in der Jugendt abgangen hat er mit seiner mutter hauß gehalten vndt Ihr Zur Handt gangen, biß er Zu seinen menlichen iaren kommen, hat er sich durch schickung Gottes mit der damahls züchtigen Jungfrawen des w. Erb. Valentin **Dunckers** Von Alkeinen, (670) eheleiblichen tochter Catarihnna genandt itzo seiner hochbetrübten Witwen ehelich eingelassen, mit welcher er ins dreizehende Jahr friedlich gelebet vndt 4 Kinder gezeuget 2 Sohne V. 2 töchter welche alle am leben vndt vnerzogen. sein leben vndt Wandel anlangend ist er ein Adams Kind gewesen, wie alle, doch kan Ihme das mit Warheit nachgesaget werden, das er ein frommer vndt friedliebender Mann gewesen der gottes Wort gerne gehöret, die Hochw. Sacramenten offters gebrauchet; Wie dan auch noch für etzlichen Wochen in der Kirchen geschehen Zu hause fleissig gelesen vndt sich in gottes Wort gevbet, Seine Kranckheit anlangende ist er Vngefehr Vor 5 Wochen betreisig worden, da dan aller handt mittel für die handt genommen, aber wenig Verschlagen wollen vndt also am Vergangenen sonnabendt zu nacht zwischen 11 Vndt 12 Vhr im drey Vndt Vierzigsten Jahr seines alters sein leben geendet. [Witt 92]

405 Hanß Schultz, ✶ Wehlau 21. 7. 1579, ✞ 22. 3. 1630

Hanß Schultz
Begraben Domin: Palmarum. den 24 Martij
Leichp. **ML.**

Ist Anno 1579. den 21 Julij zu Welaw von Christlichen Eltern geboren. Sein Vater hat geheissen der Weilandt Ehrenveste Nahmhaffte vnd wolweise H. Sebalt **Schultz** bürgereister daselbsten. Seine Mutter sie auch Erb. V. tugendtsame Fraw Dorothea **Schulzen**, diese seine liebe Eltern haben diesen ihren Sohn balt nach der geburt Christo durch die H. tauffe einVerleiben lassen, nachmalß alß er ein wenig erwachsen Zur schulen fleissig gehalten, weil er aber Zum Studieren nicht geneiget gewesen, Ihm auch balt in seiner Kindtheit sein H. Vater abgangen, hat Ihn seine Fraw Mutter zur rechen Schulen gehalten, hernacher in Pohlen vndt littawen Verschicket die sPrachen zu lernen; Alß er nu etwas zu Jahren kommen, hat er auch andere frembde lender alß Hispanien vndt andere örter ersuchet, vndt da er wieder Zu den seinen kommen, vndt zu freyen nicht lust gehabt, hat er sich bey seiner lieben Fraw Schwester, so ihren bruder anitzo das geleit zu seinem ruhe betlein gegeben, auffgehalten, vndt alda biß an sein ende Verblieben vndt in der haußhaltung fleissig helffen Zusehen, Sein Christenthumb belangend, hat er Gottes Wort fleissig gehöret, sich auch zum H. Abendtmahl offters gehalten Sein leben vndt Wandel betreffende ist er ein stiller friedliebender Mensch gewesen, solches ihm die Jenigen Zeugnuß geben werden, so mit Ihm Vmbgangen. Doch ist er ein Adams Kindt gewesen. Vergangenen Mitwoch ist er etwas

669 Wohl in Wargen, Kr. Fischhausen.

670 Wohl Gut Ober Alkehnen oder Wohnplatz Unter Alkehnen im Gutsbezirk Goldschmiede, beide im Kr. Fischhausen.

Vnpäßlich worden hat sich aber nicht legen wollen, am Donnerstage V. Freitage ist er gleichfalß herumbgangen biß er entlich Freytags des Abendt Zwischen 3 V. 4 Vhr plötzlich in eine ohnmacht gefallen, vndt alß man ihn mit labung zu hülffe kommen wollen, hat es doch dem lieben Gott anders gefallen, der mit Ihm aus diesem bösen leben geeilet vndt ist ihnen vnter den henden Vnversehens todt Verblieben im 51 Jahr seines alters.

[Witt 673]

406 HANS SCHÖNSEE, ✶ KÖNIGSBERG (ALTSTADT) 1590, ✝ 24. 3. 1630

Hanß Schönsee Höcker.
begraben den 26. Martij
leichp. **ML** ex deut 2. 32.

Anlangende vnsern gestorbenen bruder Hanß **Schönsee** burger der Altenstadt. Ist der selbe Anno 1590. alhier in der altenstadt im ehrlichen bette geboren, Sein Vater hat geheissen Hanß **Schönsee** ein bürger vndt schmackenschipper Seine Mutter Anna, diese Eltern haben gemelten Ihren Sohn balt nach der geburt Christo durch die Tauffe vfftragen lassen Nachmalß alß er etwas erwachsen Zur schulen wie auch in pöhlen gehalten, vndt zu allen gutten aufferzogen Inmassen er dan nach tödlichen abgang seines seligen Vaters handtierung Zu Wasser gesuchet, Alß er in Pohlen gewesen ist er mit einem wagen vberfahren worden welches er zu der selben Zeit nicht groß geachtet, aber hernacher ist der schade je lenger je grosser worden, das er letzlichen fast nicht gehen können Anno 1613 im 23 Jahr seines alters hat er sich in die ehe mit des S. Michel **Schweden** nachgelassenen Tochter Jungfrawen Christina eingelassen, vndt mit derselben in Neun Jahren 1 Tochter vndt einen Sohn gezeuget, davon der sohn noch am leben, Nach derer tode hat er ein halb Jahr im Witwenstandt gesessen, nachmalß zur andern ehe geschritten vndt sich mit der tugendtsamen Frawen Catharina des Erb. vndt Weisen H. Merten **Gröbers** weilandt Richters vffm Steinthamb nachgelassenen vndt nunmehr seiner betrübten Wittiben, ehrlich eingelassen vndt durch Gottes segen 3 Sohne vndt eine Tochter in 8 Jahren gezeuget, davon die drey sohne im H entschlaffen, die Tochter noch am leben.
Sonsten sein Christenthumb anlangendt, weil er wie gemeldet leibes gebrechlichkeit halben nicht ausgehen vndt die Kirche nicht ersuchen können, so hat er dennoch alle Tage die H. Schrifft zu Hause gelesen, wie auch offters das nachtmahl des H. empfangen, welches noch am Vergangenen Donnerstag geschehen Sonsten hat er sich mit seinen nachbarn wol begehen können dessen Zeugnuß sie ihme werden wissen zu geben Vngefehr Vor 10 Tagen ist ihme eine Krankheit angestossen, vndt also von Tag Zu Tag schwecher worden ist darauff zwischen 11 vndt 12 Vhr des Sontags im 40 Jahr seines alters entschlaffen. [Witt 652]

407 GERTRUD SCHIBBE, ✶ KÖNIGSBERG (STEINDAMM) 1596, ✝ 29. 3. 1630

Gertrud Salomon Schibben Wittib
begraben den 1 April
leichp. **ML.**

Anno 1596 ist sie Von Christlichen Eltern an diese Welt geboren Ihr Vater ist gewesen Abraham **Schultz** schmackenschipper vndt Mitbürger der Altenstadt Steinthamb. Ihre Mutter Anna. Diese Eltern haben Ihre Tochter Christo in der H. Tauffe einverleiben lassen, darnach sie in allen

Christlichen Tugenden aufferzogen, sie fleissig Zur schulen gehalten so lange biß sie fertig lesen können, Nachmalß sie auch fleissig Zur haußhaltung angewiesen vndt weil sie sonderliche lust zum Nehen gehabt wardt sie auch darinnen fleissig vnterwiesen, damit sie sich vndt die Ihrigen nach Ihres Mannes Tode nottürfftiglich erhalten hat können Alß sie nun Ihr 21 Jahr erreichet ist sie dem Weilandt Erb. Salomon **Schibben** (671) VersProchen mit welchem sie 11 Jahr gelebet vndt durch Gottes segen 3 Sohne vndt 1 Tochter geZeuget, davon noch Zwey Sohne am leben (Gott wolle sich Ihrer alß Vater vndt Mutterlose Weiselein trewlich annehmen.). Nach absterben Ihres Mannes ist sie 2 Jahr im Wittwenstande gesessen darin sie sich alß einerChristiche Wittiben geZiemet erZeiget. Was Ihr Christenthumb anlanget, ist sie eine fleissige Zuhörerin götliches worts gewesen, Auch das hochw. Abendtmahl offters gebrauchet, vndt noch newlich auff gethane beichte Zu sich genommen vndt empfangen. Heit drey Wochen ist sie in der Kirchen gewesen, da es ihr mit einem Frost ankommen, hat sich alßbalt drauff legen müssen, die Kranckheit aber Von tag Zu tag sehr zugenommen, vndt entlich so schwere, das sie am Verschienen freitag den 29 Martij im 34 Jahr Ihres alters entschlaffen.

[Witt 627]

408 ANNA SCHLIECKER, ✶ WO? 29. 9. 1550, ✝ 31. 3. 1630

Anna Arendt Schlückers
Witwe begraben, 2 Aprill. fer. 3. paschat.
am 3. Osterfeiertag
leichp. **ML**. ex ψ. 3.v.6.

Ist dieselbe Anno 1550. an Michaelis tage Von Ehrlichen Eltern an diese welt geboren, Ihr Vater hat geheissen Hieronymus **Mentzell**, Ihre Mutter Anna, welche Eltern diese ihre tochter alßbalt dem H Christo durch die H. tauffe Vortragen lassen vndt nach dem sie von 2 Jahren gewesen, hatt sie Ihrer Mutter schwester zu sich genommen bey welcher sie in aller gottesfurcht gewesen vndt zur schul gehalten worden, das sie fertig lesen vndt schreiben gelernet, Alß sie nun ins 21 Jahr bey Ihr gewesen, hat sie durch schickung Gottes Anno 1573. mit dem Erbahren vndt wolgeachten Arendt **Schlieckern** Nagelschmiedt gewesenen Gerichts Verwandten vffm Steinthamb ehelich eingelassen, mit welchem sie in 20 Jahren 7 töchter vndt 3 Söhne gezeuget, davon noch ein Sohn vndt eine tochter im leben, Alß nun Gott der Allm Ihren Ehegatte Anno 1593 Von Ihrer seite gerissen, vndt sie in den betrübten Witwenstandt gesetzet hat sie darinnen gelebet 6 Jahr, da sie folgendts Anno 1599 zur andern ehe geschritten vndt den Erb. Vndt wolg Hinrich **Backmeistern** ein Nagelschmiedt, Zur ehe genommen vndt mit Ihm 2 1/2 Jahr friedlich ohne leibes erben gelebet, Nach dessen absterben sie 28 Jahr im Wittwenstandt gelebet vndt Ihr leben darin zugebracht. Anbelangende Ihr Christenthumb hat sie sich fleissig zum götlichen wort gehalten wie auch zum Hochw. Abendtmahlm mit Ihren Nachbarn vndt Jederman friedlich gelebet den armen mildiglich ausgetheilet, biß sie Vngefehr vor 3 Wochen in leibes schwacheit gerahten da sie dan auch newlicher Zeit in wehrender Kranckheit sich des H. Hochw. gebrauchet, vndt mit dem lieben Got sich ausgesohnet, auch in anwesenheit ihres H. Beicht Vaters mit allerhandt sPrüchen sich getröstet

---

671 Salomon **Schibbe** ✝ 16. 3. 1628 (lfd. Nr. 139).

ist am Vergangenen Sontag Ostertags Zwischen 12 vnd Ein Vhr im Herrn Seliglich entschlaffen im 79 Jahr ihres alters. vndt ein halb Jahr. [Witt 636]

409 DOROTHEA PÖPPING, ✶ KÖNIGSBERG (ALTSTADT) 8. 10. 1600, ✝ 3. 3. 1630

Dorothea Fridr. Pöpings, Ehefraw,
begraben denn 5 Martij dieseß 1630sten iahres
Leichpr: **MH**.

Die in gott verstorbene Seelige Fraw, Dorothea **Lubnawin**, des Ehrbaren Vnndt Vornehm geachten Friedrich **Pepings** gewesene liebe Ehefraw (672), ist an diese welt gebohren, alß man geschrieben hatt, 1600 den 8 Monats tagk Octobris, zwischen 11 Vnndt 12 Vhren, in der Nacht, von gott seeligen Christlichen V. vornehmen eltern, Ihr lieber H Vatter ist d Ehrenveste Nahmhaffte V. Wolweyse H Reinholdt **Lubnaw** d Elter (673) wollverdinter Rahtsverwanter dieser Altenstadt, welcher Zwar noch am leben, aber wegen beschwerlicgkeitt, itzo seiner hertzlieben tochter, den letzten liebendienst nicht erzeigen können, Gott wolle ihn vber diesen tödtlichen abgang trösten, In zu seiner voriegen gesundtheitt, gelangen lassen, V. dieser gutten Stadt zum besten lange Zeit noch beim leben erhalten. Ihre Seelige Fraw Mutter aber ist gewesen, die Ehr V. tugendtreiche Fraw Anna **Schönwaldin**, welche dan gemelte Ihre liebe tochter Dorotheam so baldtsie ihnen d liebe gott bescherett, dem Herrn Christo zu geschücket, V, durch die H. tauff dem selben, V. seiner Christlichen Kirchen einverleiben lassen, wie sie ein wenig erwachsen zur Schulen geschickett, V. nicht allein lesen V. schreiben lernen, sondern auch in dem Catechismo fleissig Vnterrichten lassen, nachmahlß auch zu hause in d Furcht gottes V. allen Jungfrewlichen Tugenden aufferzogen, biß das sie Anno 1619 den 12 Martij an d abgemelten Fridrich **Peping** außgesteuret V. begeben, Mitt welchen sie nun 11 ihar in gewunschter friedlicher Ehe gelebett, V. mitt dem selben durch gottes segen 6 Kind gezeugett, davon 3 todt, die andern 3 aber zwar lebendig an diese welt gebohren, aber doch auch alsobaldt, V. wenig tage nach ihrer gebuhrtt, wiederumb abgefordertt, das also an itzo keins mehr im leben, wie sie dan auch mitt dem letzten nunmehr Ihr leben einbüßen müßen. Den noch dem sie ohn gefehr vor 9 wochen, d liebe gott, mitt grossem reissen in allen gliedern angegriffen, V. ihn die drey wochen damitt hefftig heimgesuchett, hatt er sie entlich vorgestriges tages vor 6 wochen Ihrer mutterlichen bürden entbunden, V. ihr eine todte Frucht bescherett. Davon sie den heftig abgemattet V. sehr schwach worden V. wie woll eß sich nach dem eine zeitt lang ziemlich zur besserung angelassen, hatt sich doch balt wierumb geendertt, also das sie nicht allein, das grosse wehe V. reissen in allen ihren gliedern heftig wiederumb empfunden, sondern da nehben auch mitt schwehren V. traurigen gedancken V. mitt ziemlicher angst etzliche tage (674) geplaget, Welche abzuwenden, Sie zu gott dem Allmechtigen hertzlich gebetet, auch in d gemeine gottes vor sich beten lassen. d liebe gott hatt sie auch zwar so weitt erhoret, das er solche angst V. traurigkeitt in gnaden von ihr genommen, Nichts desto mind aber, Sie grosse leibeß Schmertzen fort V. fort empfinden lassen. V. weil sie dan auch auß allen

---

672 Friedrich Pöpping anschließend oo Regina **Pöpping** ✝ 20. 1. 1633 (lfd. Nr. 578).

673 Reinholdt **Lubenau** ✝ 17. 3. 1631 (lfd. Nr. 476).

674 Die Worte "etzliche tage" über der Zeile eingefügt.

Vmbstenden woll abnehmen können, das Ihres lebenß ziel vielleicht heran kommen, hatt sie sich zu Einem Christlichen Abscheidt zubereitet, sich zurforderst mitt gott außgesöhnet, deß hohwürdigen H. Nachtmahlß fast für 3 wochen sich gebrauchet, Nachmalß auch ihr hauß beschücket, mitt ihrem lieben H Vatter welcher in seiner grossen leibeß beschwerligkeitt sich zu ihr bringen lassen, desgleichen mitt ihrem lieben haußwirtt V. Ehegatten, V. allen gutten freunden sich hertzlich gesegnet, darauf sich dem willen gottes ergeben, Allwege aber zu dem lieben gott geruffen, das er ihr doch ia nicht zu viel auflegen sondern eß also machen wolte, das sie eß ertragen mögen. Am nechst Vergangenen Sonabent gegen die nacht hatt sie bey ihren lieben Ehman angehalten, das er doch mitt ihr fleisich betten wolte de. sie so viel, bey sich befunden, das sie die selbe nacht einen harten Kampff werden zu kempffen haben; welche bitt denn ihr von ihrem lieben haußwirtt gewehret V. fleisig mitt ihr gebetet worden; da sie dan zugleich hertzlich mitt gebetet V. einer Seeligen auflesung erwartet; biß sie entlich nach mitter nacht vmb 1 Vhr gantz still worden V. da ich, auf begehren, zu ihr kommen hatt sie zwar kein (675) wordt mehr geredet, doch aber mit inniglichem seüpfftzen so viel angedeitet, das sie alles woll verstehe, was Ihr von mihr von allerhandt tröstlichen gebetten vorgesprochen worden. vnter welchem gehbet sie den auch gar sanfft v. still ihren geist aufgegeben. vmb 2 Vhr schieden ist aeta: 29 5 monat
Ihr Christenthumb, ist sie zwar kein engel gewesen, sondern hatt auch naevos *Eigenarten* angsich gehabt, diswegen sie den auch cum Davide *mit David* betten müssen; die angst De [sic] vergib mihr alle meine sünde, Jedoch hatt sie sich vor groben sünden gehüttet gottes word geliebet, gern geheret, gelesen; Sondlich d Psalter Davids hoh gehalten. Mitt ihrem lieben Ehman, hatt sie fein Christ: friedlich V. ein trächtig gelebet, Ihn hertzlich geliebet, geehret, V. wie einem getrewen Ehegatten geziemet sich gegen ihn erweiset. Ihrem lieben Herrn Vatter ist sie eine frome gehorsame tochter gewesen, gegen ihre geschwester v. anderen Freunde hatt sie sich iedzeit also verhalten, das sie hinwiedrumb hertzlich ist geliebet worden. In ihrer werend Kranckheitt, V. bey ihrer angst des hertzens, hatt sie sich wie eine Xstliche standthaftiege Ritterien erzeiget, sie hatt einen guten Kampf gekempfet, Sie hatt ihrem lauff volendet; Sie hatt glauben gehalten, Also das Kein zweifel ist, Ihr werde numehr beygeleget sein die Krone d Ehren, welche ia an ienem tage d gerechte Richter Christus Ihr geben Vnndt auffsetzen wirtt, nicht aber ihr allein, sondern auch allen, die sein erscheinung lieb haben; dem lieben gott sey hierauf lob V. danck gesagt, das er ihre angst, Jammer V. Elendt, gebracht hatt zu einem Seeligen End. Er wolle nu auch ihrem Cörpper etc. [Witt 520]

410 Merten Unruh, ✶ Mahnsfeld, Landkr. Königsberg 1577, ✝ 6. 4. 1630

Merten Vnruh Gildefischer
begraben den 8 April. Leichpr. **ML** ex psalmo
56. Ich habe dir gott gelobet. &

Ist derselbe Anno 1577. Vor 53 Jahrenn im Dorff Mahnsfeldt Von Christlichen V. gottseligen Eltern in diese welt gezeigett, V. gebohren, sein Seelieger Vatter ist d Erbare V. wollgeachte Simon **Vnruh**, gewesener Schultz, im Selben Dorff, seine Mutter hatt geheisen Elisabeth, welche vor vielen Jharen nah dem willen gotteß, todeß Verbliehen; Diese Christliche

675 Das Wort "kein" über der Zeile an Stelle einer Streichung eingefügt.

eltern haben diesen ihren gewesenen Sohn, anfenglichen alß er in diese welt ist gezeigt V. gebohren, Christo dem Hn durh die H. Tauffe ein Verleiben lassen, Nachmahlß alß er etwan zu Jahren V. Verstandt gekommen, haben sie Ihn fleissig zur Schulen V. d furcht gottes gehalten, biß er ferttig lesen V. schreiben hatt können, V. alß er ferner zun leibeß Kreften gekommen V. lust zur Fischerey gehabt, haben sie Ihn auch darzu gehalten, biß er seine 27 Jhar erreichet, Da hatt er sich durch schickung gotteß deß allerhohesten Alhier zur Konigßbergk mitt d tugentsamen Jungfrawen Anna deß Seeligen Paull **Ruckellen** gewesenen Schultzen in Wogytten (676) (Welche ihre tochter damahln allhier Von Jugent auf Von dem Seel alten Greger **Thornen** V. seiner haußmutter in allenm gutten ist er zogen V. auß gesteuret worden.) hinterlassene tochter, mitt gutten weissen Raht, in d standt d H. Ehe begeben mitt welcher er in Christlicher V. friedliebender Ehe durch gotteß Segen in 18 Jharen gezeiget 1 Sohn V. 5 tochter, welche alle nach dem willen gottes todeß Verblichen. Nach absterben seiner ersten Frawen Anno 21 ist er ein Jhar im betrübten Wittwen Standt Verblieben nahmalß and weit durch gottes schickung mitt d tugentsamen Frawen Catharina des weilandt Erbahren V. wolgeachten Vrisas **Witten** gewesenen Gildefischers V. mittbürgers d Alten stadt hinterlassene Wittebe (677), Zur andern Ehe geschritten, mitt welcher er auch 7 Jhar in friedliebend Ehe durch gotteß Seegen gezeiget 3 töchter, welche nebenst d Mutter sambt d 4ten leibeßfrucht Vor newlichten Zeytt alle nah dem willen gotteß todeß Verblichen. Was sein eÜserlich leben V. wandel anlangett ist er ein stiller V. friedliebend V. sorghaftieger haußhalter gewesen, welcher nicht alleine seine nahrung fleisig fortgestellet, sondern auch mitt zunfftbrüdern, Nahtbahrn, wie auch mitt menniglichen sich woll V. friedlich Vertragen.

Sein Christenthumb betreffende, hatt er sich auch fleisig zum gehör gottliches worteß, wie auch zum offten gebrauch deß hohwirdigen Abentmahlß in Vnser Altstetischen Kirchen gehalten, V. wie er ein ehrbahres leben geführett, fleisig gebehtet, gotteß wort gelesen V. geliebet, V. seine nahrung Vort gesetzet, alß hatt gott d almechtiege sein gebeht in gnaden auh erhörett, V. Ihn gesegnett, das er auh vnserm Altstettischen ministerio
100 ℳ ein stadliecheß von seinem vberbliebenen / Vermögen hatt vermahen V. bescheiden kenen, wie er solheß auh in keiner Vergesenheitt in seiner Kranckheitt gehabtt. Seine Kranckheitt anlangende, ist es Ihme am vergangenen Sontag 8 tage mitt frost angekommen, worauf dan grose hitze erfolget, V. in grose schwacheitt gerahten, alß er aber vermercket das er von tage zu tage schwächer worden, hatt er diese seine vornembste sorge, V. bekummernüsse sein lassen, das er sich vorhero mit dem wahren leibe V. blutte Vnserß Hn Jesu Christi, Vf seine vorH gehaltene beichte V. empfangene Absolution hatt speisen V, trencken lassen, welches auch am Vergangenen mittwoch nach d feirtagen geschehen darauf er dan seinen willen in deß lieben gotteß mitt gedultt ergeben, alleß woll geordnet, wie eß nah seinem tode mitt seiner Verlassenschafft soll gebuhret werden, fleisig geseuftzet V. gebehttett, welches auch d liebe gott in gnaden erhöret, V. wiewoll er dan sich andweitt wiederumb, Vmb ehrheblicher Vrsachen, seiner nahrunge halber zu Verehelichen Vorhabenß gewesen, So hattes gott dem Allmechtiegen doh anders gefallen, V. ihn zu einem

---

676 Wogytten unbekannt in Ostpreußen. Am ähnlichsten ist: Woyditten, Wohnplatz im Gutsbezirk Jäcknitz, Kr. Heiligenbeil.

677 Catharina **Unruh** ✞ 27. 12. 1629 (lfd. Nr. 381).

himlischen Breutigam gemacht. in dem er am Vergangenen freitage Abent zwischen 9 V. 10 Vhr in wahrem bestendigen glauben, an d Hn Christum sanft Vnndt Seelig im Hn von diesem Jamerthall hatt abgefordertt, wie gedacht im 53 Jahre seines Alters. Dem lieben gott sey lob ehr V. Danck gesaget Vor den Seeligen abscheidt, Er wolle seinen leibe In d Erden eine sanfte ruhe, V. am Jüngsten tage eine fröliehe auferstehung verleihen. [Witt 752]

411 Gerge Maraun, ✶ Königsberg (Kneiphof) 1585, ✞ 14. 4. 1630

Gerge Maraun, begraben d 16 April.
Leichpr: **ML** ex Ezech. 33 a v. 10 ad 17.

Curriculo vitae in exordio haec habui. *Im Lebenslauf hatte ich dieses [Nachfolgende] am Anfang.* Gott d H erzeigett oftmahl seine barmhertzigkeit auh mitten im Zorn Habacuc 4. Wen er mit manhen das compelle mtrare [sic] *Drängen [?]* spielet, da er mitt gutt sich nicht will bekehren lassen, so muß er gotteß zorn straffen fühlen, das er dadurch zur buß gebracht werde. dessen wihr ein Exempel haben an Vnserm Verstorbenen mittbrud, H Gerge Maraun welcher (wie eß Vielen V. fast iedman bewust.) die zeitt seineß lebens gar ein wildt welt Kindt gewesen, V. selten, Ja gar nicht an busse vndt besserung seineß lebenß gedachtt, biß gott Ihn seinen zorn fühlen lassen, V. vber ihn Verhenget, daß er Vnversehener weise, mitt seinem einigen gewehr sich selbst geschossen Vnndt tödlich Verwundett. Solcher Vnversehener fall Vnndt die grosse dazu geschlagene schmertzen, haben ihn zur erkentnuß seiner sünden V. d gerechten zornstraffe gotteß gebracht &: 9 te conversione ..igplura [unklar], et in parentatione reposita. *und in der angesetzten Totenfeier.*

Anlagend im Vnserm in gott ruhenden mittbrud, den weilandt EhrenVesten Vndt Vornehm geachten H Georg Maraun, so müßen wihr seiner, Christlicher gebrauch nach, gedencken, nach ein fort V. außgang seineß lebenß. was nun seineß lebenß eingang betreffen thut, So ist d S. H Georg Maraun Von Christlichen eltern Anno 1585 gezeigett V. an diese weldt gebohren, Sein H Vatter ist gewesen, d weilandt EhrenVeste V. Vornehmgeachte H. Georg **Maraun**, Burger V. Kaufman dieser Stadt Königsbergk Kneiphoff. Seine S. Fraw Mutter, die weilandt Ehr= Vnndt tugentsame fraw Agneß Als diese seine liebe Eltern, nach dem sie gesehen, das er auh alß ein Adamß Kindt, in sinden entpfangen V. gebohren, haben sie zu d H. taufe mitt ihm geeylett V. dem Herrn Christo eynvorleiben lassen, da er den Von seinen sünden lassen abgewaschen, V. in das buch deß lebenß ist eingeschrieben worden, Alß er aber erwachsen, haben sie ihn nicht allein in gotteß Furcht auferzogen, sondern ihn auch fleissig zur Schulen gehalten, weil sie aber gemercket, daß er zum studieren kein lust gehabt, haben sie ihn d polnischen Sprache halben, an frembde Örter Verschückett, Vnddt nah dem er d polnische sprache kindig gewesen, ist er nachmalß nach Dantzigk zu einen Kaufman, mit namen Daniel **Siwertt** gethan, bey welchem er sich in die 6 Jahr aufgehalten, Vnndt in seinen Diensten Trew Vnddt fleisig sich erzeigett; Alß er aber zu mehren Jahren kommen, hatt er sich Anno 1606 nach gotteß schückung mitt d domaln Ehr V. tugentsamen Jungfrawen Barbara, mitt deß EhrenVesten V. geachten Hn Georg **Glagaw** gerichts Verwanten d Sadt Kneiphof, Ehelichen tochter, in den H Ehestandt eingelassen, mitt d selben er eine zimliche Ehe gehabtt, V. die 10 Jahr mitt ihr Ehelichen gelebett, V. mitt gotteß Segen 4 Kind, alß 2 Söhne V. 2 töchter gezeiget, welche alle Vorauß geschickett, V. bey gott d Seelen nach Versetzet. Nach dem aber, d liebe gott seinen Ehegatten Von d seiten durch d zeittlichen todt gerissen, ist er im Wittiben standte 9 Jahr Verblieben; weil eß ihm aber alleine zu bleiben nicht gedienet, hatt er abermahl nach gotteß willen V. wolgefallen zur andern Ehe geschritten, Vndt mit d itzo gegwertigen hochbetrübten Wittibin, d Ehr V. Viel tugentsamen Frawen Anna **Wollrabin**, des weilandt EhrenVesten V. Vornehm geachten Hn Andreae **Ehrsingers** Burgers V. Kaufmanß in Dantzigk, dessen hinterlassene Wittiben, Ehrlich in d heiligen Ehestant getreten, Mitt d selben er in friedlieher Ehe, doh ohne leibeß erben inß 5 Jahr gelebet, Eß hatt ihn aber d liebe gott Vor 21 wohen mitt einem Schweren Creutze heimgesuchett, in dem er sich selbst Vnversehenß Vnndt vnverhofter weise durch d rechten schenckel geschossen dadurch er hefftig grosse schmertzen erlitten, also das er auh gesehen, das nu gott d H feyerabent mitt ihm mahen würde, deswegen er auch Verursachett, das er niht allein zu Elbing, da er sich eine zeitt lang aufgehalten, zum Ehrwürdigen H **Schell** (678) Verordneten Prediger daselbst geschückett, V. sich mitt gott d Hn vereinigen lassen, sondern nach dem alhier nach Königsbergk gekomen, V. die schmertzen Vberhandt genommen, hatt er mich d vergangenen Donnerstag zu sich fordern lassen, V. mitt hetrzlichem Verlangen begehret sich mit gott zu Vereinigen V. mitt dem wahren leibe V. blutte Jesu Christi zu speisen V. zu trencken, welches ih im den auch nah seinem begehr gereichett, V. er mitt hertzlicher andachtt d leib Christi empfangen V. genossen, V. nach dem hatt er sich gott befohlen, seinen willen in gotteß willen gestellet, V. sich dessen getröstet, was Job 191 (679) stehet, Ich weiß das mein Erlöser lebt. Nebenst andern Schönen sprüchen geseufftzett, meine Seele an meinem letzten endt befehl ich dir in deine handt Du wirst sie mihr woll o Gott bewahren, Nu eß hatt auh Gott sein gebeht in gnad erhörett, in dem er ihn Von seinen grossen schmertzen errettet, V. am Vergangenen Sontag morgenß Vmb 6 Vhr Von dieser welt abgefordertt V. in sein reih d Seelen noh Versetzett, im 45 Jahr seineß alterß. [Witt 430]

412 AMBROSIUS BINEWALT, ✶ PILLAU, KR. FISCHHAUSEN 1574, □ 26. 4. 1630

Ambrosius Binewalt Schulmeister Von der Lacken (680), begraben 26 April. Leichpr: **ML** ex ψ 4. Ich liege V. schlaffe gantz mitt frieden &.

Anno 1574 Ist d S. Ambrosius **Binewalt**. Vonn Christlichen Eltern in d Pillaw geboren, Sein S. Vatter ist gewesen Ambrosius **Binewalt** Churfl. DH. Pfundschreiber in d pillau, Seine Fraw Mutter Margareta **Bogerin**, haben diesen ihren Sohn in aller gotteß Furcht aufferzogen V. fleisig zum studieren gehalten, nach dem haben ihn seine eltern nach Dantzigk geschickt, alda er bey einem Hn Secretario Vor einen Schreiber 10 Jahr gedienet, Von dannen hatt er sich zur Fraw **Wittemsdorfin** Einer Von Adel begeben, daselbst eine gerawme zeytt Vor einen preceptor *Lehrer* gedienet. 1607 Ist S. Ambrosius Binewalten Von einem E. Radt d Altenstadt das Schul halten Vergönnet, V. hatt das selbe durch gotteß gnade 23 Jahr Verwaltet, Ao 1623 hatt er sich in d standt der H Ehe begeben, mitt der damalß tugentsamen Jungfrawen Barbara, S. Bartel **Frentzelß** mitt

---

678 QMS 19/6, S. 1582: Johannes **Schiel** (Schilius) 1613 Prediger an der Heilige-Leichnam-Kirche und seit 1615 Pfarrer an St. Marien in Elbing.

679 Richtig: Hiob 19, 25.

680 Die Laak, eine der Altstädtischen Freiheiten.

Bürgerß V. meltzenbreyerß zu Allenburgk (681) nach gelassener tochter, in werendt Ehstandt 7 Jahr gelebet darin 3 Kind durch gotteß segen gezeuget 2 Söhne (682) V. 1 Tochter, welche nach alle drey im leben sein Seineß alters 56 Jahr. [Witt 54]

413 Barbara Beretz, ✶ Königsberg 1588, ✞ 30 4. 1630

Barbara Bartel **Berentzen**, tischlerß haußfraw, begraben d 2 Maj Leichp. **ML** ex Ps 6. v. 5.

Waß anlangett Vnsere in gott ruhende mittSchwester Barbara, ist dieselbiege gebohren, Von recht Christlichen Eltern, alhie zur Königsbergk, Im Jhar 1588. ihr S. H Vatter ist gewesen d weilandt Ehrbahre Philip **Sass** ein meltzer, ihr selige mutter hatt geheissen Anna (683). Diese ihre liebe Eltern, so balt sie ihnen, d liebe gott in ihren zuchtiegen Ehebette bescherett, haben sie dieselbe nach ihrer leiblichen geburtt also balt dem Hn Christo durch die H. tauff ein Verleiben lassen, hörnach haben sie weiter, alß sie etwas zum Verstande kommen, zur schule gehaltten, das fertig ihren Catechismum gelernet, darneben auch zur aller gottes furhtt V. heüßlicher arbeitt aufferzogen, da sie nun das 20 Jahr erreichett, haben sie dieselbe durch sonderbahre schückung gotteß in d Ehe standt Vermehlet, mitt dem Ehrbahren V. Kunstreihhen nunmehr in gott ruhend meister Sigmund **Löb.** seineß handwerckß ein tischler (684), mitt dem sie in gewünschter ehe gelebett, 10 Jahr, V. mitt ihm gezeugett 1 Sohn V. 3 töchter, da Von noch 2 töchter am leben, Nach deme hatt sie 2 Jhar in ihrem betrübten Wittwen Standt zuebracht, hernach hatt sie abermachl zur andn Ehe geschritten mitt dem Ehrbahren itzo gegen wertigen hohbetrübten Wittwer Meister Bartel **Beretz** auch tischlern, mit deme sie auh in gewünschter Ehe gelebet, inß 10 Jahr, durh gotteß segen mitt ihme gezeugett 5 töchter, da Von noch 1 am leben. Was sonsten ihr leben V. Christenthumb belangett, Ist sie zwar wie alle Adamß Kind, ein arme sünderin In sünden entpfangen V. gebohren, daneben auh vielerley Creutz V. trübsall vnterworffen, welcheß sie ihr lebenlang offt hatt erfahren müssen, hatt aber daneben, gotteß wortt immer ihren höhsten trost sein lassen, inbetrachtung das wir durh Viel trübsall müssen inß reih gotteß eingehen. sonsten hatt sie sih auh mitt ihren nachtbahrn Vnndt andn gutten freunden, sondlih mitt ihren wercks genossen gantz friedlich V. woll vertragen, auh alle die Jenigen so sie gekant, gar woll mitt ihr zue friede gewesen, auh hatt sie Vngern eine predigkt verseumett, wen sie nur woll zue fuß gewesen, dieselben auh zu hause offt repetiret, V. wiedhollett, d selben sich getröstet, dann ihre geistliche Lied zur handt genommen, dieselben nach ihren besten Vermögen gesunden, in wehrend Krangheitt, welche ohn gefehr in die 7 wochen gewehrett hatt, hatt sie sich offt getröstet, d Schönen V. geistreichen psalmen. wied hirsch, schreyet nach frieschen wasser, also schreiet meine Seele nach dem lebendiegen gott, wen werde ich dahin komen das ih gotteß angesiht schawe. Item *Ebenfalls* Ach H wielang wiltu mein Vergessen, wie lang verbürgstu dein Andtlitz für mihr, wie lang sol ich sorgen V. mih ängsten, in meinem hertzen, täg-

681 Allenburg, Kr. Wehlau.

682 Das Wort "Söhne" über der Zeile eingefügt anstelle des durchgestrichenen "Töchter".

683 Die Mutter Anna seit ca. 1593 oo mit Lorenz **Schibbe** ✞ 8. 5. 1630 (lfd. Nr. 417).

684 Ernst Witt: ursprünglich „täscher" in „tischler" verändert.

lich & Item wenn ih Dich nur habe d getrewer gott, so frage ich nits noch himel V. erden. Vor kurzer zeitt hatt sie sih auh mitt hohwürdiegen Abentmahl Versehen lassen, drauf sie ihre Seele mitt gedultt gefasset, V. ihren willen in d willen gotteß geben, welher auh nah seine göttlihen gefallen an ihr vollbracht,. V. vergangen Dinstag Vm 11 Vhr zur mittag sie durh einen Seligen v. sanften abscheidt von dieser mühseligen welt abgefordertt, V. d Seelen nah zu sih in sein ewigeß Reich Versetzett, im 42 Jahr ihreß alterß. d getrewe gott, wolle ihrem leibe im grabe eine sanffte ruhe, V. am Jüngsten tage eine fröliche aufferstehung, zur ewigen Freud V. herlichkeitt Verleihen, die hindlassenen wolle er durch seinen H. Geist trösten, das sie ihren willen in d willen gotteß ergeben, Vmß andere wolle d liebe gott, durh d gleihhen Exempel bedencken Lehren, das wihr sterblich seindt. [Witt 43]

414 Abraham Schulz, ∗ Dobberpuhl, Kr. Cammin / Reg.-Bezirk Stettin 25. 12. 1579, ✝ 18. 4. 1630

Abraham Schulz begraben Domi: Cantate, 21 April,
Leihp. **MW**. ex ψ 51.

Anlangent Vnsern In gott entschlaffenen V. zu seinem ruhebett begleiten mittbrud, den weilandt Ehrbahren V. wollgeachten M. Abraham **Schulz** nadlern, Vnndt mitt bürger d Alten Sadt, ist d selbe Ao 1579 d 25 Decembris Von Christliehen Eltern im Fürstenthumb Pomern zur Welt gebohren. Sein Vatter ist gewesen d weilandt Ehrwürdiege V. wollgelarte H Balthasar **Schulz** wollverordneter pfarherr zu Dobbenpul V. börke (685). Seine Mutter die Ehrbahre V. tugentsame Fraw Margareta **Pribben**, deß weilandt Ehrwürdigen V. wollgelahrten Hn Andreae **Pribben** (686) weilandt pfarherrn V: praepositi *Probst* zu Vsdom (687) Eheliehe tochter. Von diesen Xstliehen Eltern ist er ge bohren. welhe auh ihr liebeß söhnlein, dem Hn Christo, durh die tauffe baldt ein Verleiben lassen, V. hernaher in d furht gotteß aufferzogen, V. fleisig zur schulen gehalten, darin er niht allein Sein fundament, im lesen V. schreiben, wollgeleget, sondn auh so niht viel hindnuß durh mütterlicheß absterben, V. and zufälle vorgestossen zu grössern Dingen gelangen mögen, weill aber gedachter vngelegenheitt halben, Er d Schullen V Studiren nicht mehr zu folgen Vermöcht, ist er auff raht seineß herren Vatterß, Ao 1595 zu Alten Stetin (688) bey M. Baltzer **Krügern**, zum nadler handtwerck gehtan, da er nicht allein seine Lehr Jahr richtig abgewartet, sondn auh sih seineß beruffs also angenommen, das er damitt in seiner wandschafft V. andn Ländn rihtig bestehen können. Alß er nun in solhen seinen wand Jahren, auh alhie nach Königsbergk angelanget, V. eine zimliehe Zeitt, alda seineß handwerckß gepflogen hatt eß Ihm niht lenger füglih gedauchtt Vnehelih zu leben, V. ist also nah rihtig bestalter handwerckß gebühr, in gotteß nahmen zur Ehe geschritten, V. sih Ao 1604 die weilandt Ehrbahre V. tugentsame Fraw Margaretam **phalen**, deß Ehrbahren V. wollgeachten M. Michel **Zwirkern**.

---

685 Balthasar **Schultze**, als Pfarrer 1579 in Dopperpuhl eingeführt (Moderow, S. 76). Zum Kirchspiel Dobberpuhl gehörte als Filial auch Görke.

686 Andreas **Priebe**, 1541 (evtl. auch schon früher) – 1573 Pfarrer zu Usedom und Präpositus der Synode Usedom. (Moderow, S. 600).

687 Usedom, Kr. Usedom-Wollin (Reg.-Bezirk Stettin).

688 Stettin.

S. Nadlerß alhie zu Königsbergk hinterlassenen Wittwen Verehlihen v. vertrawen lassen, mitt welcher Er, auß geruhigen 3 Jährigen Ehebette gezeiget, 1 töchterlein, welcheß albereitt bey dem lieben gott ist. Nachdem aber d Liebe gott ihn dieseß Ehe gatten, Ao 1607 durh den zeittliehen todt benommen, v. ihn also in den betrübten Wittwerstandt gesetzet, haben ihn die vielfeltiege beschwerligkeiten, deß wittwerstandeß Vrsach gegeben, zur andn Ehe zu schreiten, darauff hatt er sich abermahl im namen gotteß den 14 Junij selbigeß Jahreß verloben lassen, die Ehrbahre V. tugentsame Jungfraw Gerdrutt **Silgittin**, deß Ehrbahren V. geachten Simonis **Silgitten** S. nachgelassene Eheliehe tochter, V. mitt d selben folgenden 13 Julij nach Christlieher Vertrawung ehrlih beylager gehalten, mitt welher er gleihfalß in fridlicher ehe gelebet 4 Jahr, V. durh gotteß segen gezeüget 2 Söhne V. 2 töchter, welhe alle im Hn seelig entschlaffen sindt, weil aber auh diesen seinen Ehegatten im von d seiten zu nehmen dem lieben gott gefellig gewesen, hatt er sie den 3 Novemb. Ao 1611 auß diesem welt abgefordertt, das er abermahl in den betrübten widwerstandt gesetzet darin gelebet hatt, biß auff d 15 Aprilis des 1612 Jareß. Da er sich wiedumb zur dritten Ehe vorsprehen lassen, V. folgig beylager gehalten, den 27 maj selbiegeß Jahreß, mitt d Ehrbaren V. vieltugentsamen Frawen Elisabeth, deß auh Ehrbahren, V. namhafften Lucae **Buhholtzen** S. hinterlassene Wittibe, welche an itzo seinen zeitigen V. traurigen abgang, abermahl alß eine trawrige Wittwe beweinett, mitt deroselben er in geruhiher achzehn Jähriger ehe durh gotteß segen gezeigett 4 Söne v. 4 töchter, von welhen 2 sohne V. 4 töchter, d liebe gott wiedumb zu sih genomen, 2 söhne aber sint noh beym leben, V. beweinen alß betrübte weißlein ihren zeittig abgestorbenen Vatter. In seinem Christenthumb, ist er, alß ein liebeß Kindt Vor gott dem Vatter nicht Vngesteupt blieben, sondn Viel wied willen erfahren müssen, V. Vnter andn eine böse alte Dampff Kranckheitt mitt sih schon geraume Jahr herumb tragen müssen, darin ihn d liebe gott noch genedig erhalten, biß eß ihm gefellig ihn gentzlih darauß zu erlerdiegen V. zur ruhe zu bringen. hatt ihn also Vergangen Donerstag nachmittag mitt einer geschwunden Kranckheitt beleget, darin er wie er gemerckett, das eß gott mitt ihm nach seinem willen schicken wollen, hatt er, wie woll niht mitt offenem munde Vnndt wortten, sintemahl er derohalben biß an sein ende Vnmechtig gewesen, dennoch mitt andechtiegen seufftzen, V. geberden sih dem selben zu trewen henden befohlen, V. ist also verschienen Donnerstag zwischen 9 V. 10 Vhr sanfft V selig im Hn entschlaffen V. verschieden seineß Alterß 50 Jahr 4 1/2 Monat 3 Tage.
[Witt 677]

415 Maria Lüdke, ✶ Königsberg um 1580, ✞ 2. 5. 1630

Maria, Christian **Lüdcken** fischerß Witwe, begraben 5 Maj.
Leihpredig **ML** ex 1 Cor. 15.

Waß nun anlangett Vnsre in gott ruhende mitt schwester, die weilandt Ehrbahre V. tugentsame fraw Maria deß weilandt Ehrbaren V. woll-geachten Christian **Lüdken** (689), gewesenen fischers V. mittburgers d Alten Sadt hinterlassenen Wittiben, ist dieselbe Ao 1585 (690) alhie zu

689 Ihr dritter Ehemann Christian **Lüdke** ✞ 6. 9. 1629 (lfd. Nr. 268).

690 Das hier angegebene Geburtsjahr passt nicht zu den sonstigen Angaben zu ihrem Leben: mit 20 die erste Ehe, nach 15 Jahren Witwe, 2 Jahre später die zweite Ehe, nach 4 Jahren wieder Witwe, 4 Jahre später die dritte Ehe, die „vor 6 Jahren“ geschlossen wurde (so auch bei ihrem

Königsbergk Von Christliehen V. gottseliegen Eltern in diese welt gezeuget V. geboren, Ihr S. Vatter ist gewesen d Ehrbahre V. wollgeachte Ohrban **Wegener** ein Schneider V. mittbürger d Altn Sadt, Ihre fraw mutter hatt geheissen Gerdrutt, welhe beide Vor etliehen Jahren nah dem willen gotteß todeß verblichen. Nah dem nun diese Vnsere obgedachte in gott ruhende mittschwester Von ihren S. Eltern durh gotteß Segen in diese weltt ist gezeugett, V. gebohren, haben sie anfenkliehen Christo dem Hn durh die H. tauffe ein Verleibden lassen, Nahmahlß alß sie zur ihren Vestande V. Jahren gekommen, fleisig zur Schullen v d furhtt gotteß gehalten, biß sie ihr fertiegeß lesen V. einen gutten grundt im Catechismo gesetzett. Nach dem sie ihre 20 Jahr erreichett, hatt sie sih mitt dem weilandt Ehrbahren V. wollgeachten Magnuß **Zielen** gewesenen Mittmeistern deß Erb: gewercks d Shneid V. mittbürger d Alten Sadt, durh gotteß schückung in den standt d H. Ehe eingelassen, mitt welhem sie in gutter V. friedliebend Ehe gelebett 15 Jahr V. mitt einand durh gotteß Segen gezeuget 3 Kind 1 Sohn V. 2 töchter, welhe alle nach dem willen gotteß todeß Verbliehen. Nach absterben ihreß 1 maneß ist sie 2 Jahr im betrübten wittwen Stande Verblieben, nachmahlß durh scückung gotteß mitt dem Ehrbahren V. wollgeachten Jochim **Fälckenbergen**, weilandt gewesen mitt meistern obgedachten gewerckß V. mitt bürgern d Altenstadt durh gotteß Schickung zur andernn Ehe geschritten, mitt welhem sie 4 Jahr in Christlieher V. friedliebend Ehe gelebett, V. mitt einand durh gOtteß Segen gezeugett 2 Kind 1 Sohn V. 1 töchter, welhe auh nach dem willen gottes todeß Verblichen. Wie eß nun Ihre gelegenheitt nichtt gegeben, nach absterben ihreß Andn Ehe manneß, V. nach dem sie inß 4 Jahr im betrübten wittwenstande gesessen, länger darine zu Verbleiben, hatt sie sih mitt dem 3 ten weilandt Ehrbahren V. wollgeachten obgedachten, Christian **Lüdken** Vor 6 Jahren in den Standt d H. Ehe begeben. mitt welhen sie dan auh in friedliebend Ehe ohne leibeß erben 5 1/2 Jahr gelebett. Waß ihre euserlicheß leben V. Wandel anlangett, ist sie eine stille fromme V. friedliebende Fraw gewesen, welhe niht alleine, friedliehen mitt ihren nochtbaren V. zunfftgenossen sih vertragen, sondn in Ihren Christenthumb sih auh mitt anhörung gotteß wortts, V. mittoffterm gebrauh deß hohwürdigen Abendmahlß erzeugett das E. W. Ihr dessentwegen selbst mitt mehren das gezeugnuße geben werden. Ihre Kranckheitt anlangende, ist eß Ihr am Vergangenen Donerstage 8 tage vfn Abent mitt frost angekommen, worauff sie den grosse hitze bekommen, V. alß sie vermerckt das die Kranckheitt Ihr heftieger zu gesetzett, hatt sie sih am Vergangen philippi Jacobi (691), Vf die Vorhero gethane beihte V. empfangene Absolution mitt dem wahren leibe V. blutte Vnserß herren V. heinadeß [sic] Jesu Xsti speisen V. trencken lassen, V. darauf ihren willen in den willen gotteß ergeben, fleisig gebethet, auh selbst gelesen V. sih mitt allerley trost sprüH auß gottes wortt getröstet, Insonderheitt diese wortt bis an ihr letzteß ende in ihrem munde geführet: sagende: Hertzlih thutt mih Verlangen nach einem seliegen ende. d Liebe gott hatt auch solch ihr seufftzen V. gebeht in gnaden erhöret, V. sie am Vergangen Donnerstage zu mittage zwischen 9 Vnndt 10 Vhr In wahrem bestendigen glauben an d herrn Christum sanft V. Seelig im Herren einschlaffen lassen, im 50 Jhar ihreß Alterß. [Witt 418]

Ehemann Christian Lüdke) – ergibt ca. 51 Lebensjahre. Am Ende ihres Lebenslaufes wird ihr Alter mit 50 Jahren angegeben. Ihre Geburt muss also um 1580 gewesen sein.

691 Der Tag Phillipi und Jacobi = zeitgenössisch am 1. Mai.

416 GERGE BREYER, ✶ GÖLLSCHAU, KR. GOLDBERG-HAYNAU / REG.-BEZIRK LIEGNITZ 1592, ✝ 4. 5. 1630

Gerge Breyer, ein Mewrer, begraben den 6 Maij. Leichp. **MW** ex Esa. 56. Ehe sie ruffen etc.

Anlangende den Ehrbahren Vnndt Kunst geachten M. Georgen Breyer bürger V. mewrer dieser Alten Stadt, Ist d Selbe Ao 1592 Vor 38 Jahren in d Schlesien im dorff Golscha, Vnter dem woll Edlen gestregen V. Vesten Wenzell **Von Borschnitz** (692), Auff diese weldt gebohren, Sein Vatter ist gewesen, d Erbeitsame V. Vorsichtige, Michell **breyer** ein paur V. einwohner selbeß dorffs, Seine Mutter hatt geheissen Hedewigk beyde Ehrliehe fromme V. aufrichtiege Leutte, welhe eltern, gemelten Ihren Sohn, Christo dem Hn in d H. tauffe einverleiben lassen, Nahmahlß auh, so viel ihnen möglih gewesen, zur schulen gehalten, das er etwas lesen vnndt schreiben gelehrnett, da sie ihn dann, alß er sein achzehendeß Jahr erreichett, In die hoch V. weittberumte Keyser = V. Königliehe Stadt Breßlau, zu dem Ehrbahren, V. Kunstreihen, M. Adam **Pusch** bürger V. mewrer daselbst Vff 3 Jhar in die lehre Verthan, welhe Lehr Jhar er auh treulih, Ehrlih V. fleisig außgestanden V. darauff eine geraume zeitt, hin V. wied gewandt. weill er dan Neben seinem handwerck auh lust V. lieb zu d Ritterliehen Kunst deß fechtens gehabtt, Alß hatt er selbe Kunst auh gelernett, wie auch alhier offentlih gebrauhett, wie solches seine Testimoniuma [sic] *Zeugnisse* außweißett. Anno 1620 Im Novemb, hatt er sih mitt d tugentsamen Jungfrawen Fronen, nun mehr Seiner betrübten hinterlassenen Wittiben, in d Standt d H. Ehe eingelassen, V. mitt d selben In zehende halb Jahren, durh gotteß Segen, einen Sohn V. ein tohter gezeugett, welhe noch am leben. Vor 4 Jharen Ist er, nach deme er vorhero 12 Jhar Vor einen gesellen alhier gearbeittet bey M. Melher **Mehll**, meister worden, Sih auh selbe 16 Jhar vber, So lange er Im lande gewesen, fleisig zur Kirchen Vnndt dem hochwürdiegen Sacrament gehalten, wie eß die Kurhen Register muß auß weißen.
Daneben sih mitt Seinen werckbrüdn V. nachbaren friedlih V. woll begangen, das er gerne gedultet V. gehauset worden, wie Jedman Ihm auch das zeugnuß muß geben. Vergangen Sonnabent wie er Seinem beruff nach, Vff d arbeitt gewesen, V. selber mitt gearbeittet, Ist d speicher eingefallen, V. ihn also zurqvetzschett, das er todt zu hause gebracht worden, Gott Verzeihe eß denen, die an Seinem plötzlih tode schuldt haben p. [Witt 81]

417 LORENTZ SCHIBBE, ✶ KÖNIGSBERG (ALTSTADT) 1568, ✝ 8. 5. 1630

Lorentz **Schibbe** Instrumentist begraben, den 10 maj Leichp. **MH**.

Waß Anlangett Vnsren Nunmehr in gott ruhenden mittbrud, den weilandt Ehrbaren, V. Kunstreichen M. Lorentz **Schibben**, gewesenen Instrumentisten V. bürgern dieser Vnser Alten Stadt, ist d selbe Ao 1568 Von ehrliehen V. Christliehen Eltern Alhier zu Königsbergk an diese weldt gezeugett, V. gebohren, sein Vatter hatt geheussen, Hanß **Schibbe**, gewesener zigler dieser Alten Stadt bey 40 Jhar Seine Mutter hatt geheissen Rosa. Diese seine liebe eltern, so baldt ihnen d Liebe gott ihren Sohn gegeben, haben sie ihn alß baldt Christo dem Hn durh die H Tauffe ein Verlieben lassen, da er den Krafft dieseß Sacraments Von allen seinen

---

692 Wenzel **von Borschnitz** auf Prauß (1540–1624), schlesischer Adliger, siehe: < www.dirkpeters.net/archives/743 > (Abfrage am: 15. 2. 2011).

sünden abgewaschen, V. in das buh deß lebenß geschrieben worden, seine mutter ist ihm baldt in ein halben Jhar seineß Alterß mitt todt abgangen, sein lieber Vatter aber in mitt mühe aufferzogen, da er nun ein wenig erwachsen, hatt er ihn fleisig zur Schulen gehalten, das er hatt lesen V. schreiben gelernet, hernach hatt er Ihn in Polen V. Littawen Verschückett, das er die sprachen gelernett, alß er nun wied anhero gekomen, hatt ihn sein Vatter zu seinem brud gethan, das er die Music Kunst bey ihm gelernet, so viel ihm d liebe gott Verliehen, das er sein brodt hatt können Verdienen, alß er nun ohn gefehr 25 Jhar altt geworden, hatt er sih durh sondliehe schickung, gotteß in den H. Ehe Standt eingelassen, mitt d damaln Ehrbahren V. tugentsamen Frawen Anna deß weilandt Ehrbaren Philip **Sassen** gewesenen meltzerß dieser Alten Stadt nachgelassene Witwe (693), mitt welher er in die 30 Jhar, in ziemliehen wollstandt, gelebet, Jedoch ohne leibeß Ehrben, alß er nun eine zeittlang in betribten Wittwenstadt gelebett, hatt eß seine gelegenheitt nicht lenger geben wollen, sondn durh gutten Leutte Rath abermahl zur andn Ehe geschritten, V. sih Vermehlet, mitt d damaln Ehrbaren V. tugentsamen, Jungfrawen Maria, jezo gegenwertiegen hinterlassenen V. hohbetrübten Wittwen, mitt welher er in gutter ruhe inß 7 Jhar gelebet, V. durh gotteß segen mitt ihr gezeugett 2 töhter V. 1 Sohn, welher albereitt bey dem lieben gott. die 2 tochter aber noch am leben, derer d getrewe gott sih in gnaden erbarmen V. annemen wolte damitt sie zu gotteß Ehren mögen aufferzogen werden. Sein leben V. Xstenthumb belangett, wissen sie eß täglih am allerbesten die ihn gekennt, V. teglih mitt ihm vmbgangen das er sih freundlich mitt Jedman Vertragen, V. niht leichtt iemanden mitt worten V. wercken Zur nahe kommen, ist auch ein liebhaber göttliehes worts gewesen, fleissig die predigkten, so woll wercktag alß Sontags angehorett, V. dieselben in acht genommen, sein leben auh darnach gestellet so Viel ihme nur möglih gewesen, auh des hohwürdiegen Sacraments sich offters gebrauhett, wie er den Vergangene Ostern auch zum tisch des herren gewesen. Sein schleüniger todt belangett, hatt er zwar offtern gegen seine zunfftbrüd sih beklagett, V. Vbel sih befunden Aber er hatt sih niht leiht begeben wollen, sondn weil er sih beschwerlich gehabt, hatt er woll gemerckett das gott Einmall würde Feyerabent mitt ihm mahen, d wegen er sih auh dazu geschickett, fleissig zu gott gebettett, welher es auh nicht lang mitt ihm gemahett, sondn wie der Vergangen Dinstag zur naht so sehr schwach geworden, hatt die ie mehr V. mehr vberhandt genommen Also das er auff folgenden mittwoch, alß ehe gestern Vmb mittag in wahrer anruffung gottes mit gefaltenen Henden, V. deutliehen worten O kom H Jesu due Sohne David, erbarm Dih mein, durch einen sanften V. Seeligen Abscheidt Von dieser Weldt im Hn entschlaffen, 62 Jahr seines alters. [Witt 628]

418 Albrecht German, ✶ Borowen, Kr. Sensburg? 1602, ✝ 15. 5. 1630

Albrecht German Kramer, begraben
den 17 May. Leichp. (694)

Waß Vnsern Sehl: in gott ruhenden mitt Bruds Albrecht **Germanß** anlan-

---

693 Eine Tochter aus der Ehe der Anna mit Phillipp **Sass** war Barbara **Beretz** ✝ 30 4. 1630 (lfd. Nr. 413).

694 Kürzel für den Prediger unleserlich.

get, so ist d selbe Ao 1602 Zu Borowen im Ampt Segesten (695) gelegen, Von gottseliegen V. Christliehen Eltern in diese weldt gebohren. sein Vatter ist gewesen d Erb. Baltzer **german**, die M. die tugentsame Fraw Euphemia. Diese seine liebe Eltern haben Ihn anfangs zu aller gottes furcht V. Christliehen tugenden im Hn Vfferzogen, Zur Schulen V. d Christliehen Kirchen gehalten V. wie er nun sein Vierzehendes Jahr erreihett, haben sie Vff einrahten gutter leutte, zu dem Ehr. V. Wollgeachten Dittrich **Witten** in Dienst begeben, darinnen er 10 Jahr mitt allen trewen V. Vleiß gedienet also das man Vrsach gehabett, Ihm allerley gunst V. freundschafft zubezeugen V. zu erweisen, wie dan auch deswegen des Sehl: Dittrich **Witten** Nach gelassene Wittib Vff eingerahten d anverwanten freundschafft, die Ehr. V. tugentsame Jungfraw Susanna, des EhrenVesten Antonij **Krausenn** Ambtschreibers zu Fischhausen, alß Ihres Bruds eheleibliche tochter dem S. **Gehrman** eheliehen Versprochen V. zugesaget, mitt welher er auch in wehrend ehe, sih gantz friedlich, gantz woll V. Christlich begangen V. durch gottes Seegen mitt Ihr 2 Sohne gezeugett, davon ein Sohn beim leben ist, dessen sih gott Vetterlih annehmen V. gnade Verleihen wolle, das er zu seinem H. Ehren, d Mutter aber zu trost Christl. möge aufferzogen werden. Wie er nun sein 28 Jahr erreihett, V. mitt manchem sawren schweiß zugebracht, hatt in gott d almechtiege Vngefehr Vor drey zehen tagen mitt leibeß schwachheitt V. einem hitziegen fiber heimgesuhett, in solher seiner werenden Kranckheit aber, hatt er sih gott dem Almechtiegen befohlen V. seine Seele, seinem getrewen erlöser Jesu Christo ergeben, V. in seinen willen gestellet, wie den auch d getrewe gott Vergangenen ☿ sein trübsall, zu einem S. ende gebracht V. morgens Vmb 6 Vhr sanft V. Seelig im Hn entschlaffen. seines alters 28. Gott d almechtiege wolle seine hinterlaßene Wittib trösten, V. ihr pfleg Vatter sein, V ihme am Jüngsten tage eine fröliehe aufferstehung Verleihen. [Witt 181]

419 Sara Radaw, ✶ Königsberg (Altstadt) um 1572, ✝ 15. 5. 1630

Sara **Bremers** od **Radawen** Witwe,
begraben den 17 May
Leihp: **MH**.

Waß belangend Vnsere in gott ruhende liebe mitt Schwester, Sara **Straßbergerin**, ist sie Von Ehrlichen Vnndt Christliehen Eltern, alhie zu Königsbergk gebohren worden, Ihr S. Vatter ist gewesen, d Ehrbahre V. Wollgeachte Hieronymus **Straßbergk**, mitt bürger V. festbecker, alhie in d altenstadt, Ihre liebe S. Mutter hatt geheissen Barbara. Von den gott-seliegen eltern ist sie vff diese Weldt gebohren worden, welhe sie auch so balde sie auff diese welt kommen, dem Hn Xsto, in d H. Tauffe Vortragen lassen. V. hernach mahlß in Christlieher Zucht V. erbarkeitt erzogen, biß sie 16 Jhar Ihres alters erreichett, ist sie durch schickung gottes, mitt vorbewust ihrer lieben eltern, V. Verwanten, dem Ehrbahren V. woll-geachten V. nunmehr in gott ruhenden V. S. pauel **Bremer** Vorehliget worden, mitt dem sie in Christlieher V. friedliebend Ehe gelebett 13 Jahr V. durch Gottes reihen V. milden Segen mit einand gezeuget 6 Kind 4 Söhne V. 2 Tochter, Von welhen noch ein Sohn / Vndt eine tochter am leben ist. Nach dem sie nun d almechtiege nach seinem gnediegen willen

/Amptschreiber zu

695 In Ostpreußen gibt es außer der Gemeinde Borowen im Kr. Sensburg noch die Gemeinde Neu Borowen und den Gutsbezirk Borowo im Kr. Neidenburg.

Ortelsburg, (696) in den hochbetrübten Witwen Standt gesetzett, V. ihren S. Man, den obbenanten pauel **Bremer** Von d seiten hinweg genomen ist sie ein Jhar im betrübten WittwenStande gesessen, V. Nach Verflossener trauerzeitt wied zur andn Ehe, mitt wißen V. willen Ihrer freunde geschritten, mitt dem Ehrbahren V. wollgeachten Steffen **Radawen**, mit dem sie auh in christlieher V. friedliebend Ehe gelebett 13 iahr V. durch gottes Segen gezeuget 3 Kind, 1 Sohn V. 2 Töchter, Von wehen d Sohn auch albereit im Hn entschlaffen, die tochter aber beyde noch am leben, V. itzo ihrer hertzlieben mutter, mit betrübten hertzen das geleit zu ihrem ruhebettlein gegeben. Nach dem es nun dem almehtiegen gott abermals gefallen, auch diesen Ihren lieben Ehegatten durch den zeittliehen Ttodt genomen, ist sie nach d zeytt im betrübten Wittwen Stande Vorblieben biß dato in die 15 Jahr in welher Zeitt, sie Viell Kranckheitten, viel wied wertigkeitt V. Creutz auß gestand, welhes alles sie doch, alß eine fromme Christin gern V. willig, auch mitt grosser gedult ertragen, Zu welhem allen ihr denn das liebe wordt gottes niht wenig gedienet welhes sie Jed zeitt, lieb V. wehrtt V. für ihren allerbesten Seelen Schatz gehalten, damitt sie sih auh gar herlich zu trösten V. auffzurihten wiessen. Ohn gefehr vor zehen wochen ist Sie gantz betreißig worden, da sie sich denn balde zu dem lieben gott gewendet, fleisig gebettet V. sih mitt dem wahren pfande, des leibes V. bluts ihres erlösers speißen V. trencken lassen, Sie.er Zeitt [sic] hatt sie in grosser mattigkeitt V. schmertzen danied gelegen, Sich sebest, gar nicht helfen können, den wo man sie hin gehoben V. getragen, biß sie letzlih den 15 Maj, Vorgestern, gantz schwach worden V. sih abermahls, durh meinen H Collegam den H. M. **Lepner** mitt dem lieben gott Versehen lassen, darauff sie dan den selben tag, nach mittage Vmb 3 Vhr sanfft V. Selig im Herrn entschlaffen, V. ihr leben beschloßen Ihm 58 Jhar ihres alters.

[Witt 547]

420 Jost Brabender, ✶ Unna, Kr. Hamm / Westfalen um 1580, □ 18. 5. 1630

Jost Brabender (697) Kauffman, begraben d 18 May
Leihpr **MW**.

Waß nun dießeß Vnßers ihn gott ruhenden mitt bruds Jost Brabander [sic] leben standt Und herkommen (698) anlangett, haben wir so viel beriht, das Er d geburt auß d Stadt Vnna Vnser hohen Herschafft gehörig, her ist, Sein Vatter hatt geheissen auch Jost **Brabander** alldar ein Rahts H. V. ein wandt schneid gewesen, Seine Mutter hatt geheissen Anna **Fresendorps** deren Vatter ein Vornehmer Vom Adell mitt nahmen Henrich **Fresendorpf** gewesen, V. dieweile da ein sehr geschickter gelarter man gewesen, hatt er das Richterliehe ampt vber 2 Städte alß Vnna V. Cahmen, 23 Jhar vorwaltet. Von diesen Xstlichen V. Vornehmen Eltern ist dieser Vnser S. mitt brud gezeugett, die ihm dan auch alsobaldt Xsto dem Hn durch die H. Tauffe haben zu tragen lassen, hernacher auch ihn in d Zucht V. Vermahnung Zum Hn aufferzogen, wie er nun ein Knabe von 14 Jharen geworden, sein Schreiben V. leßen V. rechnen gekont haben ihme seine eltern nach Lubeck sein brodt zu verdienen V. was redliches zu lernen, geschickt. Da er den beim Kauffman 5 Jahr gedienet V. viel Harteß

---

696 Von anderer Hand hinzugefügt.

697 Buchstabe e in Brabender von anderer Hand so geändert, auch im Namensregister (siehe dazu die Einführung, S. 8) am Ende des Kirchenbuches: **Brabender**.

698 Die Worte "leben standt Und herkommen" über der Zeile eingefügt.

außgestanden, darnach ist er von Lubeck nach d memmel (699) deweil er da einen brud wohnen gehabt, gekomen, daselbsten hatt er auch noch 5 Jahr bey einem Kauffman gedienett, Ihm 26 Jahr seines alters, hatt er sih durch gottes schickung In d memmel mitt d Ehr V. tugentsamen Frawen Annae, S. Mertins **Thiden**, Kaufmans aldar nachgelassener Wittwe In denn Ehe Standt begeben, mitt d selben Ihn ruhlieher Ehe gelebett, 19 Jahr, durch gottes segen gezeugett 2 töchter, darvon noch eine im leben die and beim Vnsern Hn gott ist, Wie ihm diese seine erste Frawe gestorben, V. ehr ein Jhar im wittwen Stande geßen, hatt er sih andweitt durch gottes vorhencknuß midt d Ehr V. Viel tugentsamen Jünckfrauwen Anna, des EhrenVesten Namhafften V. wollweisen Hn Wilhelm **Varenhorsten** Rats Verwanten Zur Libauw (700) Ehlichen töhter Elichen eingelaßen, mitt d selben aber nur kurtze zeytt, alß nur 13 wochen im Ehe standt gelebett, nach deme hatt er wiederumb ein Jahr im betrübten Wittwen Stande zugebracht, V. nach Vmbgang desselben sich abermahl mitt d Ehr V. tugentsamen Jungfrawen Elisabethen, des ErenVesten, Namhafften V. wollweißen Hn George **Prendels** geriht Verwanten, Zur mümmel (701) Eheliehen tochter eingelaßen, mitt d selben aber auch nicht lenger sondn 1 Jahr V. 17 wochen gelebet, mitt welcher er ein kindt gezeugett, bey welhem auch die mutter geblieben V. ihren Geist nebenst dem Kindt auffgeben müßen nach deme ehr nun abermahl ein Wittwer gewesen, hatt er sich wiederumb durch gottes schickung anhero nach Königsbergk, mitt d itzo hinterlassenen hohbetrübten Wittwen Ehliehen eingelaßen, mit dero-selben in friedlieher Ehe gelebet 1 Jahr mitt ihr durch gottes segen gezeuget

(702) (eine tochter) factus posthum. *Nach dem Tod nachgetragen.* Waß sein leben anlangett, ist er ein fleissiger zuhörer göttliehes Worts gewesen, sich zum hochwürdigenn Abendtmahl ofters gehalten, Kirchen Vndt schuelen Vndt sonsten der Armuth nach seinem Vermögen willig gegeben Vndt fortgeholffen, so hatt er auch das Lob in der Mümmel, Vnndt hier können wirs auch mit gutten gewißen woll geben, das er in seinen tagen ein guter prediger Freündt gewesen, Vndt denselben alleß guttes gethan. hatt sich auch befleißiget Vnndt Jederman in fried Vnndt einigekeit Zu leben wenn er aber Von bosen leutten nicht fried haben können, Vnndt bey den Herren Zu hader Vndt Zanck ist gereizet worden, insondheit was ehr Vnndt gutten Nahmen angetroffen, so hatt er auch Menschliche schwacheit an sich gehabt Vnndt sich V. die seinigen nicht gerne an ehr Verletzen laßen so hat er auch in Handell V. Wandell sich aller Vffrichtigkeit Vndt redlichkeit befließen Vnd sich also in der Mümmel da er meist sein leben zugebracht Verhaltenn, daß auch die Hohe Herschafft Vndt Ein Ehrbar Rahtt daselbsten Ihn zu Ehrlichen Amptern gezogen wie er dan den schöppenstuell zur Mümmell biß Ihme Gott anhero beruffen mit ehr Vndt ruhm beseßen die Zeit Vber die ehr alhier bey Vnß gewohnet, wißen wir auch ihm anderß nicht zu sagen, alß das er sich Vleißig Zur Kirchen Vndt den Hochwürdigen Sacramenten gehalten, mit seinen nachtbahrem friedlich gelebet, Zweifeln also nicht, daß er auch gottseelig gestorben

---

699 Memel.

700 Libau / Kurland (heute Liepaja / Lettland.

701 Memel.

702 Dieser neue Absatz von anderer Hand einschließlich des Nachtrags: „(eine tochter) factus posthum."

Vnndt nunmehr ein Kindt der ewigen seeligkeit sey, gott Verleihe der Verstorbenen leiche in der erden eine sanffte ruhe Vnndt dermahlen iß eine fröliche Vfferstehung Zum ewigen leben, die höchbetrübte Witwe Vnndt alle die Vber diesen todesfall bekümmert sein, wolle Gott d Allmechtige auch mit seinem Heiligen geiste Kunftiglich trösten Vnndt ihnen gedult Verleyhen, daß sie dem willen Gotteß nicht wiederstreben, sondern sich demselben geduldigk Vnterwerffen Vnß andern wolle er auch Gott erkennen lehren daß wir sterben müßen auff daß wir Klug werden, solches zu erlangen &. [Witt 70]

421 CLEMENS THAMM, ✶ KÖNIGSBERG 1. 4. 1599, ✞ 20. 5. 1630

Clement Tham Fischer.
begraben den 24 May leichp. **ML.**

Eß ist der Ehrbahre Vnndt Vornehmgeachte Clemens Tham, weilandt Mittbürger V. schipper alhie, Vnser nunmehr Vorbliechener Vndt in Gott ruhender lieber mitbruder am glauben, hie zu Königsbergk Von frommen V. gotseeligen eltern an diese Welt gebohren worden, im Jahr Xsti 1599 den 1 Aprilis. sein seliger Vater ist gewesen der auch weilandt Ehrbahre V. wollgeachte Clemens **Thamm** (703), seine Mutter die tugendtsahme Fr. Leonora **Müllerin**, welche Christliche Eltern diesen Ihren Sohn damahln so baldt sie Ihn Vonn gottes Henden empfangen, wieder demselben zu vberantwrorten, Vnddt durchs badtt der Heiligen Tauffe seiner Christlichen Kirchen ein zu Verleibenn. ihre höchste Mühe Vnndt sorg seyn lassenn. Nachmahlen wie er ein wenig erwachsen, habenn sie Ihn fleißig zur schuelen gehalten, anfenglich zwar in Vnser Altenstadt; allein weil daß Studium bey Ihm nicht fort wollen, alß haben sie ihn nachmahl in die deütsche schuele gethan, in welcher er fertig schreiben V. lesen gelernet, vber dieses auch seinen Catechismum Vnndt andere gottselige glaubens bücher, so der lieben Jugendt zustendig sich woll bekandt gemacht, Vndt also einen guten grundt gemacht zu seinem künftigen Christenthumb. Alß er ein wenig zu Jahren kommen V. am besten seiner lieben eltern Hilfe zu bedürfen begundt, da hatt ihm Gott seinen lieben Se. Vater durch den zeitlichen todt Von dieser welt abgefordert, dahero er Verursachet worden bey der Mutter zu Verbleiben Vnndt Ihr in ihrer schweren Nahrunge Vermögentliche Handtleistung zu thun biß sie sich anderweit verheiratet; da hatt er sich eine weile zur seewerts begeben, nach der wieder Kunfft aber anhero wiederumb seinen lieben Eltern, wie einem gottseligen Kinde woll anstehet, fleißig Vndt treulich in ihrem gewerb vfgewartet, wie nun nichts bestendiges vf dieser erden ist, also hat gemeldeter Vnser S. Mittbruder solches auch insonderheit an den seinigen erfahren müssen; Da Ihme denn Gott der Her nicht allein den Stieff Vater, sondern auch folgendts die Mutter Von dieser welt genommen, Vmb weßwegen er bewogenn worden, sein stücklein brodts zu suchen V. danhero sich anno 1621 ehelich Versprochen Vndt eingelaßen mit der dahmals Ehr V. Tugendtsahmen Jungfrauen Anna deß Erbahren Vndt wolgeAchten Michael **Merickens** Mittbürgers dieser Vnserer Altenstadt eheleiblichen Tochter seiner nunmehr hintergelaßenen hochbetrübten Witwen, mit welcher er in gottseliger Christlicher Vndt friedliebender ehe gelebet 9 Jahr, Vndt durch gottes reichen segen gezeuget 4 Kinder nemlich 2 Sohne V. 2 Töchter, Von welchen 1 Sohn Vndt 1 Tochter der nunmehr Verbliechene Vater

703 Dessen Schwager Christoph **Putz** ✞ 13. 2. 1630 (lfd. Nr. 392) 1598 oo seine Schwester Anna.

Voraußgesandt, der übrigen 2 Vnerzogen Weiselein wolle Gott der Herre zusambt der betrübten Mutter mit Hülffe, Rahtt Vndt trost in gegenwertigen ihren betrübnuß Vndt ins Künfftige gnediglich V. Veterlich bei wohnen. Sein bürgerlichs leben V. Wandell anbelangende, ists fast ohne Nohtt Viel Wort davon zu machen, dieweil iederman bewust, das er geg iedermenniglich freündtlich, bescheiden, friedsahm, vffrichtig V. ohne falsch gelebet, in seinem gewerb Vndt Nahrung ist er still Vndt fleißig gewesen, gegen seine haußgenoßen mildt Vndt gutthätig, alß Ihme deßen Zeugnuß geben werden müßen alle so mit ihme jemahlen Vmbgangen, welche hertzlich gerne wünschen theten seiner Conversation sich noch lange Zeit zu gebrauchen wennß Ihme alo seelig Vndt gotteßwillig also gefellig wehre gewesen. Wie er nun sein bürgerlicheß lebenn mit allerhandt tugenden so Von einem Ehrliebenden Biederman erfodert werden, geziehmet also ist er insonderheit in seinem geistlichen Wandell Vndt Christenthumb (ob er gleich wie wir alle, ein Sündiger Mensch V. nicht Engellein gewesen, jedoch soweit) lobwürdig Vndt rühmlich, dass er seines gotteß Dienstes treulich Vndt fleißig gewartet mit beten, singen, fleißiger anhörung göttliches worts mit öfterm Vndt würdigen gebrauch desß heiligen Vndt hochwürdigen Nachtmahls Vnndt andern stücken so Vonn einem rechtschaffenen Christen erheischet werden dadurch er in wahren selig machenden glauben teglich gewachsen Vnndt zugenommen, wie er solches in allerhandt gottseligen wercken vielfeltig erwiesen. Bevorab aber im lieben Creutz welches gleichsam der wahren Christen Vndt rechtgleübigen Antheil in dieser welt ist. V. auch Vnsern S. lieben Mittbruder in seiner wolfahrt ziemlich offt V. schwer betroffen, da hat er immer ein recht geduldiges stilleß Vndt frolichs Hiobs leben V. herz gehabt Vnndt alß einem frommen Kinde anstehet, Von den treuen Händen seines himlischen Vaters Vorlieb Vf V angenommen wie ers Ihm zugeschicket, dieweil er denn gehöretermaßen seinen Creutz Karren in bescheidener gedult gezogen, also hatt Ihn Gott auch nicht zu lange drin Verbleiben lassen wollen, sondern ins eheste gnediglich an ein seliges Vfflösen Vndt außpannen gedacht Vnndt mit S. Vnserm lieben gewesenen Mittbruder wiewoll für Menschlichen augen fast zu fruezeitig, iedoch zu seinem besten Vnndt vffs förderlichste, auß diesem müheseligen zuchthause zur ewigen ruhe geeilett Vnndt bey Ihme in der rehten V. besten bluet Menschlicheß lebenß durch Kranckheit, alß des todtes Vorbothen, am Heiligen abendt etwan Vmb 4 Vhr nach mittage anzuklopfen begundt; also das er drauf bald bettreisig geworden. Ob mihr zwar anfangeß es mit seiner Kranckheit nicht zum tode gereichlich zu sein gescheinet, so hat doch gewesener Vnser Mittbruder daß gewißeste spielen wollen Vndt sich deßwegen aufs beste mit allerhandt zubehörunge zur reiß Vndt wanderschafft auß dieser welt begundt gefast zu machen, sich mit gedult dem heiligen Gotteßwillen gentzlich ergeben, fleißig Vndt verharlich gebetet vnd sonderlich auch letzten feyertage mit dem Edlen Vnndt köstlichen Viatico *Wegzehrung [= Abendmahl]* deß wahren leibeß Vndt blutes Vnsers Herren V. heylandts Jesu Christi nach gethaner beicht Vndt drauf empfangener absolution Versehen. Auff welche Christliche Zubereitung auch der endtliche abzug nich lange darnach erfolget, denn Vnangesehen daß die Kranckheit eußerlichen anmercken noch Noch Viel mehr aber alß zugenommen also daß man sich keines sterbenß an ihme Vor dieses Vorsehen, jedoch so hat oft gedachter Vnser gewesener Mittbruder bey rechtmeßiger völliger Vernunfft, Vndt bey zimlichen leibes Krefften, nicht allein seinen todt sondern auch fast die stunde seines abscheides gewust Vndt forthin den Anwesenden bestendiglich Verkündiget,

mitlerweile Gott dem Herren für solchen Vernünftigen Vndt recht Christlichen abschied danckende V. mit stets wehrenden gebeth V. aufhebung seiner Hände Ihn vmb entliche entbindunge biß in sein letztes anruffende welches sein gebet der fromme Gott auch in allen gnaden erhöret V. es recht kurtz V. gutt mit ihm gemacht, in dem er ihn folgendeß tages Vmb 10 Vhr Morgendes ohne einzelempfindung der Kranckheit Vnndt schmertzen, ohne alle traurigkeit furcht Vnndt schrecken deß todeß sanfft V. stille auß dieser sterblichen hütten abgefordert. vndt der Seelen nach in daß himlische Jerusalem zu sich V. aller Heiligen Vndt Engeln Gottes gnädiglich Versetzet nach dem er in derselben hie vff erden gewaltet hatte laut obiger erwehung 31 Jahr 7 wochen 2 tage.
Gott dem Herren sey lob Vndt Danck gesaget für solchen seeligen Vnndt recht Christlichen abschied, er wolle seinem leibe in der erden eine sanffte ruhe V. künfftig am lieben Jüngsten tage eine fröliche auferstehung Verleyhen zum ewigen leben, wie wir denn daran keinen Zweifell tragen. Die hinterlaßene Witbe Kinder Verwandte V. andere fromme Christen, welche seines VnVerhoften fruezeitigen abganges wegen in traurigkeit gesetzt worden, wolle er als der Gott alles trosts sambt Vndt sondß trösten. Ihm sein Veterliches Vndt liebereiches hertz anderweit zu erkannen geben, Vndt sie sich seinem Heiligsten willen / der immer zu dem besten ist / zu Vnterwerffen helffen; schließlich Ihnen zusambt den andern allen erkennen lernen, daß sie auch gleichfalß sterblich sindt; auf daß sie klug werden. Solches Vmb J.C. Vnsers lieben Sohnes willen, welcher zusambt dem Vater V. dem Heiligen Geiste sey lob V. ehr Von nun an biß zu ewig wehrenden Zeiten. Amen. [Witt 728]

422 MARIA GROẞMAN, ✶ KÖNIGSBERG (LÖBENICHT) 4. 12. 1603, ✞ 23. 5. 1630

Maria Hans **Großmans** Beckers ehefrau
begraben denn 25 Maij Leichp. **MH** ex ψ 23.

Waß anlanget Vnsere In gott ruhende liebe Mittschwester die Ehrbahre Vndt tugentsahme Fraw Maria die Ist 1603 den 4 Decembris Von Ehrlichen V. Christlichen Eltern vf diese Welt gezeiget V. gebohren worden. Ihr seliger Vater Ist gewesen der Erbahre Vndt Vornehme Christoff **Rolcke** ein Meltzenbreuer Vndt Mittbürger im lobenicht. Ihre liebe Mutter Anna. Dieselbigen ihre lieben Eltern haben diese Ihre tochter Vorß erste wie sie vff diese welt gebohren, Vnserm Herrn Christo in der seligmachenden tauff vortragen laßen, V. wie sie etwas zu Verstandt gekommen fleißig zur schuele gehalten schreiben Vndt lesen lernen laßen Vndt zu Christlichen tugenden aufferzogen, biß sie ins 20 Jahr getreten, haben sie ihre tochter anno 1623 den 24 Januarij durch schickung Gottes des Allmechtigen Verheiratet mit dem damalhls Erbaren Vndt wollgeachten geselle Henrich **Zwincken** seines Ehrlichen Handtwercks ein Kuchenbecker im lobenicht, mit welchem sie in das dritte Jahr in friedliebender Ehe gelebet V. durch gottes segen eine tochter mit ihm gezeuget, welche aber der liebe gott wiederumb von dieser welt abgefordert nach todtlichen abgang Ihres ersten Mannes, hatt sie 1 Jahr im Witwenstand gelebet. Darnach aber ist sie durch schickung gottes wiederumb zur andern ehe geschritten ao 1626 den 14 7bris mit dem ietzt hochbetrübten Witwer Meister Hansen **Großman** Kuchenbecker Vndt Mittbürger Vnserer Altenstadt mit welchem sie auch gelebet in friedliebender ehe ins 4 Jahr V. durch gottes segen zusammen im ehestandt gezeuget zwey Kinder, 1 Sohn 1. Tochter Vndt noch beyde im leben sind, der Allmechtige Gott wolle Ihnen zufügen waß ihnen selig ist. Was anbelanget Ihr Christenthumb wir Ihr daß gezeugniß gegeben daß sie eine gutthertzige V. friedliebende Frau gewesen ist, mit Ihren nachtbahrn sich woll vertragen fleißig zur Kirche gegangen gottes wort gehöret, auch zum Tische des Herrn fleißig. Ihre Kranckheit, Vor 5 wochen hat sie der liebe Gott Ihrer schweren Mütterlichen bürden in gnaden entbunden, Vnndt weil sie Vorhin allbereit mit schweren husten Vnd Dampf beladen gewesen, hat sich solche beschwerligkeit in ihren 6 wochen je mehr V. mehr gefunden V. gar sehr Vberhandt genommen, also das Ihr alle leibes Kräffte entgangen Vndt sie Von tag Zu tag immer schwecher worden deßhalben sie sich denn auch also baldt zum S. abschied bereitet Vndt gefast gemacht in dem sie ohne gefehr Vor 14 tagen sich mit Gott Versöhnen Vndt mit dem theuren Zehrpfennig des leibes Vndt bluts ihres Herrn Jesu Christi sich speisen Vndt tränckenn laßen, drauf sie hernach Immer gekrennket Vndt Vorgestern Vmb 9 Vhr auff denn abendt Im Herren selig entschlaffen im 27 Jahr ihres Alters.

[Witt 215]

423 Susanna Körner, ✶ Königsberg (Steindamm) 1601, ✞ 24. 5. 1630

Susanna, Peter **Körners**
S. Wittwe begraben 26 May
leichp. **MW**. ex Gen. 35.

Anlangende Vnsre Im Gott ruhende mit Schwester die Ehr V. tugendtsahme Frau Susanna, deß weilandt Erbahren Manhafften Vnnd Kunstgeachten Peter **Korners** hinterlaßene Witwe, deren wir an Jezo daß geleit zu Ihrem Ruhe bettlein geben. So ist dieselbe ao 1601 Vor 29 Jahren alhier Zu Königßberg Vffm Steinthamb Von Erlichen Eltern auf diese welt geboren, Ihr Vater Ist gewesen der Ehrbahre Vnndt wollgeachte Davidt **Hahn** E.E. Hochw. Rahts dieser Altenstadt erster Windtmüller. Ihre liebe Mutter, welche an ietzo zugegegen, heist Catharina (704), diese ietzt gemeldte Eltern haben obgedachte ihre liebe Tochter, so balde d liebe Gott Ihnen dieselbe bescheret, Christo dem Herrn in der heiligen taufe Vortragen Vndt in daß buch deß ewigen lebenß ein Verleiben lassen Nachmalß zur schuelen gehalten Vnndt in aller gottesfurcht erzogen. wie auch zu andern Ehrliebenden tugenden auferzogen biß sie ihr 27 Jahr erreichet, da sie denn dieselbe, weil es Gottes des Herren schickung Vnndt Versöhnung gewesen, Oberwehnten Peter **Kornern** welcher alhier Vor einen Corporall Vnter den Soldaten sich mit Vnterstellen laßen, Ehelichen Vertrauet, mit welchem sie ein iahr V. 6 wochen, in friedliebender V. Gott woll gefelliger Ehe gelebett, An itzo 22 wochen nach seinem tode, hatt der liebe Gott ihr am Vergangenen freytage zu Nacht Zwischen 10 Vndt 11 Vhr einen Jungen Sohn bescheret, worauf sie folgenden Morgen Zwischen 5 V. 6 Vhr Ihres Alters im 29sten Jahr Ihm Herrn fein sanfft V. still entschlaffen. Sonsten Ihr Christenthumb wie auch heußlich leben V. wandell anbelanget, so ist sie fleißig zur Kirchen gangen V. der hochwürdigen Sacramentae sich zum öftern gebrauchett, wie solches die Kirchen Register auß weisen. Ob sie nu woll zwar in ihrem wehrenden Witwenstandt Viel Verdruß Vnd Verfolgung Von Ihren Nechsten Nachtbarn, der sie bey der lieben Obrigkeit stinckendt V. Verdechtig gemachet hatt, leiden müssen, so hatt Sie doch solches alleß Gott dem Herrn dem Ihre Vnschuldt am besten bekandt ist zu richten anheimb gestellet Vndt stets darüber geseufftzet, daß er es denselben Ihren Verfolgern, Verzeihen

---

704 Catharina **Friedrich** ✞ 13. 1. 1636 (lfd. Nr. 728).

Vnndt Vorgeben, wie auch auff eine andre bahn bringen wolle, damit Ihre Vnschuldt möge gesehen werden, welcheß sie auch noch kurtz vor Ihrem ende gethan Vnndt ist darauff frölich Im Herrn entschlaffen. [Witt 353]

424 Maria Hacke, ✶ Königsberg (Altstadt) 22. 5. 1600, ✝ 31. 5. 1630

Maria Albrecht **Hacken** Fraw
begraben 2 Junij
leichp. **MW**. ex 2 Tim 4.

Waß anlanget Vnsere nunmehr in Gott ruhende Mittschwester die Erbahre Vndt tugentsahme Frau Maria **Schartio**, Ist dieselbe alhie in der Altstadt Königßberg Von Ehrlichen Vnndt Christlichen Eltern gezeiget Vnndt gebohren worden. Ihr Vater S. ist gewesen der weilandt EhrenVeste Vnndt Wollgeachte Nickell **schartt** Bürger Vnndt Meltzenbreüer dieser stadt. Ihre Fraw Mutter die alhie entgegen. Diese Ihre liebe Eltern, nachdem sie in diese Welt gebohren, haben sie Vorerst dem Herren Christo in die Heilige Tauffe zu führen Vndt einverleiben lassen, nachmalß in aller gottesfurcht Vnnd Vermahnung zum Herren Vfferzogen, biß sie zun Ihren mündigen Jahren kommen Vndt sie daß 20 Jahr erreichet ist sie durch schickung gottes Vnndt der Eltern rahtt in den standt der heiligen ehe getreten mit dem ietzt zugegen hochbetrübten Nachgelaßenen Witwer, mit dem sie in gutter friedtliebender ehe gelebet ins Eilffte Jahr Vnnd durch gottes segen gezeiget 3 tochter Vnndt einen Sohn, welche alle im leben. Waß anbelanget Ihr Christenthumb Ist Jederman bekandt daß sie eine fleißige Zuhörerin gewesen die heiligen Sacramenta zum oftern gebraucht wie auch neulich Vor 8 tagen in dieser Ihrer Kranckheit sich hatt Versehen laßen zur Wegzehrung mit dem leibe Vnds blutt Jesu Christi. Ihre Kranckheit belanget hat sie der liebe Gott Vor 16 wochen ihre Mütterliche bürde entbunden V. sie mit dem Jungen Sohn erfreuet, die Freud aber bey Ihr nicht lange gewehret sondern immerfort gekrencket. Ob sie schon ihren Kirchen gang gehalten hatt sie doch alle Zeit geklaget, biß sie Vor 7 wochen sich gantz hatt müßen Zu bette legen V. die Kranckheit sich immer gemehret. Ob schon Viel mittell Vnndt arzney gebraucht, hatt doch Gott der getreue Vater seine handt nicht wollen mit anschlan, sondern ein anderß mit Ihr bedacht. V. sie am Vergangenen freytage Vmb 8 Vhr Vf den Abendt in wahrer anruffung deß lieben Gottes sannft Vnndt seelig Von dieser welt abgefodt im 30 Jahr ihres Alters weniger 9 Tage, Gott Verleyhe dem Cörper eine sanffte ruhe Vnndt eine fröliche Vfferstehung am Jüngsten tag. Amen. [Witt 232]

425 Ursula Wolgefart, ✶ Honigbaum, Kr. Heiligenbeil? 1608, ✝ 29. 6. 1630

Vrsula, Martin Wolgefarts schiffsZimmermans
ehefraw, begraben d 1 July: Leichp: **ML** ex ψ. 42.

Waß nun anlanget Vnsere nunmehr in Gott ruhende mitt Schwester, ist dieselbe Vor 22 Jahren, zum Honigbaum (705) Von Xstlichen eltern in diese welt gezeyget V. gebohren. Ihr S. Vatter hatt geheissen Thomas **Hintze**, welcher Vor Vielen Jharen nach dem willen gottes aldar todes Verblichen, Ihre M. heißet Vrsula, so noch am leben, V. an izo zugegen ihrer gewesenen lieben tochter in großer bekümmernuße V. traurigkeitt,

---

705 Es gibt außer der Landgemeinde Honigbaum, Kr. Heiligenbeil noch den Gutsbezirk Honigbaum, Kr. Friedland. Schulz hatte den Ort im Kr. Heiligenbeil angenommen.

das geleite Zu ihrem Ruhebetlein gegeben. Diese Xstliche V. gottselige eltern, haben diese ihre gewesene liebe tochter, wie baldt sie in diese welt ist gezeuget V. gebohren, Xsto dem Hn durch die H. Tauffe ein Verleibten lassen, hernacher in d Zucht V. Vermahnung im Hn auferzogen. V. zu aller heußlichen arbeitt gehalten. Alß sie nu ihre Zwanzigste halb Jahr V. etliche wohen erreichet, hatt sie sich durch gottes schückung, V. mitt guttem Rath V. Vorbewust ihrer lieben Mutter V. andn an Verwanten, mitt dem Ehrbahren gesellen Merten **Wollgefahrt** eine Schifs Zimmerman V. einwohner allhier zu Königsbergk, in d Standt d H. Ehe begeben, mitt welchem sie in gutter V. friedlicher Ehe, mitt zeugung durh gottes Seg eines techterlein so Vngefehr Von 6 wochen 2 Jhar V. etliche wohen gelebet. Was ihr sterbliehes leben V. wandel, wie auch ihre Kranckheit betreffen thutt ist sie eine stille V. friedtliebende person gewesen; welhes ihr ihre nahtbahren, V. so Viele mitt ihr Vmbgegangen, das Zeugnuß geben werden, Zum gehör götlichen Wortes wie auh Zum offtern gebrauh, des Hohwürdigen abentmahlß, hatt sie sich auh fleissig gehalten, Nach dem sie aber gott d almechtiege ihrer mütterlichen bürden Vor 6 Wochen in gnaden entbunden, V. sie mitt einer Jungen tohter erfrewet, welhes am freitage geschehen Vnndt den folgenden Sonnabendt Zu beicht Zu kommen, sih Vorgenommen, welhes den des wegen nothwendig hatt nah bleiben müßen, wie sie nun ihren Kirhgang wiederumb gehalten, ist sie Vor 14 tagen wiederumb in eine große beschwerliehe hitzige Kranckheit eingefallen, da sie den dieses ihr vornehmstes hatt sein lasßn, das sie sih Vff ihre Vorher gethane Beichte, V. empfangene Absolution, mitt dem wahren leibe V. blutte Vnsers Hn V. Heilandes Jesu Xsti speisen V. trencken laßen darauf sie ihren willen in des lieben gottes willen ergeben, fleisig geseufftzet V. gebetet, er wolle es mitt Ihr schaffen V. mahen, nach dem es ihr Seelig wehre (Wiewoll sie ihrem manne V. kleinen Vnmündiegen Weiselein noh gerne lenger zum trost hette leben wollen, was es also gott dem almechtigen wehre gefellig gewesen.) Es hatt aber gott dem almehtiegen anders gefallen V. sie am Vergangenen Sonnabent, zu abendt zwischen 8 V. 9 Vhr in wahrem bestendiegen glauben an den Hn Jesum Xstum sanft V. seelig im Hn einschlaffen lassen wie gedacht im 22 Jhr V. etzliehen wohen ihres alters etc. [Witt 811]

426 Elisabeth Depner,
✶ Königsberg (Kneiphöfische Vorstadt) 1583, ✞ 28. 6. 1630

Elisabets Michel **Depners** Kürschners
ehefraw, begraben den 1 Julij Leichpr **ML** ex ψ 42

Belangende Vnsere in gott ruhende mit Schwester die Ehrbahre Fraw Elisabeth, Mihel Depners Eheliehe haußfraw, so ist dieselbiege Ao 1583 an diese welt gebohren worden, ihr Vater hatt geheissen d Ehrbahre V. wollgeachte Caspar **Prutzker** ein bürger in d Kneiphöffschen Vorstadt wonende, ihre Mutter hatt geheissen Fraw Barbara **Barßsincke**. diese ihre lieben eltern, so baldt sie ihnen d liebe gott ihre tochter bescheret hatt, ist das ihre höchste sorge gewesen, das sie die liebe Tauffe entfangen hatt, V. in das buch des lebens eingeschrieben ist worden, nachmahlen sie erwachsen ist, haben sie zu aller gottesfurcht aufferzogen biß sie das 18 Jahr erreihet hatt, da sie den mit bewust ihrer eltern V. mit bewust ihrer freundschaft, sich in den heiliegen ehe Standt begeben, mitt dem Ehrbahren V. wollgeachten Paull **laußman** einem Kürschner V. mittbürger Vnser altenstadt, mit dem sie infriedlliebend ehe gelebet hatt 7 Jhar, V. mit ihm gezeiget 3 Kind, 1 tohter, V. 2 Sohne, welhe alle 3 bey dem lieben gott sein. Mehr hatt ihr d liebe gott ein hartes erzeiget, V. ihren lieben man Von d seiten gerißen, V. sie in den betrübten Witwen standt gesetzet, darein sie gelebet V. Verharret 3 Viertel Jhar, weil es den ihre gelegenheit nicht gewesen in dem Witwen Standt lenger zu bleiben, also hatt sie sih in den Stand de ehe abermahl begeben, mitt dem Ehrbahren V. wollgeachten Jacob **Tiehlen** einem Kürschner V. mittbürger Vnser Alten Stadt, mitt dem sie in stiller V. friedtliebend ehe gelebethatt 9 Jahr, V. mitt ihm gezeugett 3 Söhne, welhe alle 3 ihm Herren entschlafen sindt. Abermahls hatt sie d liebe gott in den betrübten wittwen Standt Versetzet Vnndt darein Verharet drey Viertel Jahr, weil Sie aber gesehen, das ihr thun nicht lenger ist gewesen also einsamb zu leben, alß hatt sie zur 3ten Ehe geschritten, mitt dem Ehrbahren V. wolgeachten gesellen, auch ein Kürschner ietz hochbetrübten Wittwen, mitt dem sie auh in stiller friedtliebend Ehe gelebet 9 Jahr, V. mitt ihn gezeuget eine tohter V. einen Sohn, die tohter aber gott, Vor hin dem lieben gott zugeschickt hatt, d Sohn aber noh am leben ist, d liebe gott wolle glück V. segen darzu geben V. seinem Vatter zu trost leben laßen, das er mohte zu aller gottesfurht V. ehren aufferzogen werden, belanget ihre kranckheitt, Vor einem Viertel Jahr, hatt sie sih geleget, aber doh noh etwas mit so herumb gegangen, biß ohn gefehr Vor sieben wochen sie sih gantz geleget, V. die Kranckheitt Jhe mehr zugenommen, biß sie enlich am Vergangenen freytag vff den Abendt zwischen 10 V. 11 Vhr im Hn S. entschlaffen in 46 Jhar ihres alters.

[Witt 97]

427 ELISABETH SOMMERICH, ✶ KÖNIGSBERG (STEINDAMM ?) 1593, ✞ 2. 7. 1630

Elisabeht, Andres **Sommerichs** tischers & Ehefraw begraben den 5 Juli Leichp. **MW**. Ex Ps. 73

Elisabeht, Andres **Sommerichs** (706) Seelige haußfraw, Ihr Vatter Bartholomaeus **Fronert** gewesener Rihter in d Vorstadt, Ihre Mutter Euphemia, welhe noh im leben. Sie ist gebohren Ao 1593. In Ehe Satndt getreten im 18 Jahre ihres alters, im demselben gelebet 19 Jahr, weniger 13 wohen, V. durh gottes segen gezeuget 4 Sohne V 9 töchter, davon d Jüngste Sohn allein noh am leben ist (707). Hatt vber ein Jhar gequinen V. Vergangene Ostern gar bettreisig worden, kurtz Vor pfingsten, hatt sie das hohwürdiege Abendtmahl empfangen, V. Von d Zeitt gantz von Krefften kommen, die naht Zwischen Dinstag V. mittwoh gegen 12 gestorben ihres alters 37 Jhar &. [Witt 616]

428 HENRICH RANISCH, ✶ KÖNIGSBERG (ALTSTADT) 9. 7. 1564, □ 7. 7. 1630

Henrich Ransch, Meltzenbrewer, begraben den 7 Juli Dom: 6 Post Trini: Leihp. **MH** ex ψ 25.

Ao 1564 den 9 Juliy ist er gebohren, Sei Vatter ist gewesen d Ehrbahre Vornehme V. wolgeachte H Thomas **Ransch** gerihts verwanter d Alten stadt, Seine M. ist gewesen bergitta **Drahnin**. Ao 1591 den 29 Novem: hatt er sih in den heiligen Ehe Standt begeben mitt d Ehrbahren V. tugentsamen Jungfrawen Barbara des Ehrbahren V. wollgeachten Merten **Borchert** Meltzen Breyers d Alten Stadt leibliehen tohter mit ihr 13 1/2 Jahe

---

706 Andres **Sommerien** ✞ 5. 1. 1632 (lfd. Nr. 524).

707 Name unbekannt, er lebte auch noch 1 1/2 Jahre später beim Tod des Vaters.

gelebet, 3 töhter V. einen Sohn mit ihr gezeuget, welhe Seelig in dem herrn entschlaffen, Ao 1605 hatt er sih wied in den heiligen Ehe Standt begeben, mit d Ehrbahren, V. tugentreihen, Jungfrawen, Elisabeth des ehrbahren vornehmen V. wollgeachten H Pawel **Radewalts** eheliehe tohter, mit ihr gelebet 25 Jahr, V. gezeiget 1 Sohn V. 2 töchter (708), d Sohn auh Seelig entschlafen in dem Hn. aet. 66 Jahr &. [Witt 550]

429 Lamprecht Hörninck, ✶ Tolkemit, Landkr. Elbing 1571, □ 13. 7. 1630

Lampreht Hörninck, bötcher, begraben den 13 Julij
Leihp. **MW**. ex ψ 23

Was belangen thut Lamprecht hörnincken, ist d selbe gebohren worden Ao 1571 Zu Tolckmitt hind Frawenburgk, Sein Vatter hatt geheißen Martin **horninck** ein botcher V. mittbürger d Stadt Tockemitt, welher auh all toht ist; wie er daselbst ist gebohren worden, haben sie ihn zu d tauffe tragen V. von allen sünden abwaschen laßen, hernaher ihn auh zu aller gottes furht auferzogen, V. fleisig zur schule gehalten, darnah wie er ist zu seinen Jharen komen, haben sie ihn nach d Stadt Elbingk geschicket, V. ihm das botcher handtwerck lernen laßen, weles er auch trewlich hatt außgelernet. Darnah hatt er sih auh anderß in d frembde versuchet biß er ist nach Königsbergk kommen V. sih in die arbeitt gethan, da hatt er sih durh schickung gottes zugetragen, das er sih mitt des Ehrbahren V. namhaften Gergen **Eckert** hindlaßenen Wittwen Ehliehen versprohen V. Verlobet, V. haben Ehliehen bey einand gelebet 27 Jahr V. gezeuget 1 Tohter welhe noh am leben ist. Obijt aet. *Er starb im Alter von* 59 Jahr. [Witt 299]

430 Mihel Kromteich, ✶ Königsberg 17. 1. 1599, ✞ 21. 7. 1630

Mihel Kromteich, Meltzenbrewer, begraben den
24 Jul. leihp. **MW**. ex 2 Tim. 4.

Ao 1599 d 17 Januarij ist Seeliger Mihel Kromteih an diese welt gebohren. Seiner Vatter ist gewesen d weiland EhrenVeste Vornehmgeachte H Mihel **Kromteih**, welher Ao 1609 den 21 April ihm Hn Seelig entschlaffen. Seine Fraw Mutter ist gewesen Vrsula (709), welhe auh Ao 1629 den 19 Octob. ihm Hn Seelig entschlaffen. Ao 1624 den 29 Juliy hatt er sih in den Ehestandt eingelassen, mit d tugentsamen Jungfrawen Dorothea (710) des E N. Vnd W. Hn Henrih **Kenckeln** eheliehen Tochter, mitt welher er gelebet 4 Jhar V. mitt ihr gezeyget 2 Sohne V 1 Tohter, von welhen noh 1 Sohn am leben ist. Ao 1630 Am himmelpharts Tage hatt er sih durh schickung gottes zur andn ehe eingelaßen, mitt d tugentsamen Jungfrawen Anna, des E. N Vndt W. Hn Christoff **Behmen** eheleiblichen Tohter (711), welhe Ihme das geleidt Itzo mitt weinend augen gibt, V. hette sollen Vff nehst Kunftiegen Montag die hohzeytt gehalten sein worden. den 13 July Am Sonnabend ist es Ihme mitt einem Frost ankommen, er hatt sih aber nicht begeben wollen, biß vff den Montag hatt er sih legen müßen, da dan

---

708 Eine Tochter ist Elisabeth **Thomas** ✞ 30. 6. 1636 (lfd. Nr. 756) deren Ehemann ist Jacob **Thomas** ✞ 22. 8. 1635 (lfd. Nr. 710).

709 Ursula **Lölhöfel** ✞ 19. 10. 1629 (lfd. Nr. 318). Nach ihrem Lebenslauf muss Michel Kromteich in Königsberg geboren sein.

710 Dorothea **Kromteich** ✞ 8. 10. 1628 (lfd. Nr. 184).

711 Anna **Behm** ✞ 6. 10. 1630 (lfd. Nr. 446) ist möglicherweise deren Mutter.

die erste sorge gewesen sih mitt gott Zun erseh welhes geschehn, V. ist Vergangenen Sontag, Vmb 2 Vhr des morgens sanfft V. Seelig entschlaffen. Im 32 Jhar seines Alters. [Witt 371]

431 GREGER MARQUART, ✶ ROSENBERG, KR. GERDAUEN? 1550, ✝ 24. 7. 1630

Greger Marqvart ein Böttcher, begraben den 25 Jul:
Leip. **ML** ex Job. 10 V. 9.

Waß nun anlanget Vnsers nun mehr in gotte ruhenden Mittbruders, des weilandt E. V. W. Meistern Greger Marqvarts geburt, Ist d selbe Ao 1550. Vor 80 Jharen zum Roßenbergk (712) von xstliehen V. gottseliegen eltern in diese welt gezeuget V. gebohren, sein S. Vatter hatt geheissen Merten **Marckqvart**, seine M. Gerdrutt, welhe vor Vielen jahren nach dem willen Gottes todes verbliehen: Diese Christliehe eltern, haben diesen ihren gewesenen lieben sohn, Nah dem er in diese welt ist gezeuget V. gebohren, Xsto dem Hn durch die H. Tauffe einverleiben laßen, hernacher in d zucht V. Vermahnung in Hn aufferzogen, V. alß er sein 21 Jhar erreihet, haben sie ihn das handtwerck zu friedlandt lernen laßen, welhe seine lehrJahr er auh trewlich außgestanden, hernaher hatt er, Vor einen gesellen 5 Jhar, darufhin V. her in d Frembde gewandt, V. entlih anhero nach Königsbergk gelanget, V. beim S. M. Thomas **Hahnen** 3 Jhar Vor einen gesellen auh gearbeitet, Nach schickung gottes hett er sih mitt deßselben Meisters Tochter, d Ehrbahren V. Tugentsamen Jungfrauwen Margareta in den Standt d H. Ehe eingelaßen, mitt welher er in friedliebend ehe gelebet 7 Jhar, durh gottes Segen gezeiget 4. Kind, welhe alle im Hn Seelig entschlaffen. Nah absterben seiner ersten Frawen ist er 1 Jhar in betrübten Witwer Standt Verblieben, Nahmahl ist er durh gottes schickung zur andn ehe, mit d tugentsamen Junckfrawen Vhrsula des weilands E. Vndt W. Hn Mathes **Bißginen**, RathsVerwanten im löbniht damahln seiner gewesenen dienerin, geschritten, mit d selben auh in friedlebend ehe gelebet 8 Jhar, mit einand gezeuget durch gottes seegen 2 Söhne, welhe auh nach dem willen gottes todes Verbliehen, Nach absterben seiner andn Frawen, ist er 2 Jhör in Wittibenstandt verbliehen, Nachmahls, zur 3ten ehe mit d tugentsamen Junckfrawèn Anna, des S. Fridrihs **Heppen**, damahls gewesenen Krügers zu pobethen (713) eheleibliehen tohter, geschritten, mit welher er in 9 Jharen 5 Kind, alß 4 Söhne V. 1 Tochter durh gottes Segen in friedlebend ehe gezeiget, davon 3 thodt V. noh ein Sohn, V. eine Tohter am leben. Nach absterben seiner 3ten Frawen ist er zur Vierden Ehe mit seiner ietzt hohbetrübten Wittiben damahl gewesenen Jungfraw, S. Mihel **Rauttenbergs** Eheleibliehen Tohter geschritten, mit welher er ohne leibes erben 17 Jhar auh in friedlebend ehe zugebraht. Waß sonsten sein Euserlich leben V. Wesen, wie auch sein Christenthumb anlanget, ist er ein stiller V. demütiger man gewesen, welher sih mit seinen Nahtbahren, werckbrüdn gantz woll V. friedlich Vertragen, sein handtwerck V. nahrung, so Viel es ihme müglih ist gewesen, Vort gesetzet, In seinem Christenthumb, hatt er sih wie ein Christ erzeiget, V. wen er nur wegen seines hohen alters V. zufelligen schwachheit gekunt, die predigten göttlihes wots in d Kirhen fleisig angehöret. Alß er aber am Vergangenen Dinstage 8 tage sich Vbel befunden, wie es ihme dan mit dem Frost wahr

---

712 Rosenberg im Kreis Gerdauen liegt von den mehreren Gemeinden dieses Namens in Ostpreußen räumlich am nächsten zur Stadt Friedland, in der er zur Lehre war.

713 Pobethen, Kr. Fischhausen.

angekommen, hatt er sih zu bette legen müßen, wie er aber vernommen, das sich die schwachheitt bey ihme heuffete, ist dieses seine sorge gewesenm das er noh ein mahl alß zu gutter letzt auf dieser weldt, sih mitt dem wahren leibe V. blutte Vnsers Hn Jesu xsti, auf Vorhero seine gethane beihte V. empfangene Absolution, speißen V. trencken laßen, welhes am Vergangenen Montag geschehen, worauf er sih mitt fleisigem seuftzen V. behten gott dem Hn befohlen. V. Vmb ein S. Stündlein gebehten, d liebe gott hat auh sein seuftzen erhöret, V. am Vergangenen Mitwoch des morgens Vmb 7 Vhr sanft V. stille einschlaffen lassen im 80 Jhar seines alters. [Witt 433]

432 ANNA POLL, ✶ KÖNIGSBERG (KNEIPHOF) 13. 10. 1585, ✝ 18. 7. 1630

Anna **Rösenkirchin**, Paul Henrich **pollen** hausfr:
begraben. den 20 Jul. Leihp. **MW**. ex Esa. 40.

Die Ehrbahre Tugentsame Fraw Anna **Rösenkirchin** (714) ist gebohren Ao 1585 d 13 Octobris Vmb 2 Vhr des morgens Ihr S. H Vat. ist gewesen der ErenVeste V. W. H Peter **Rösenkirch**. RahttsVerwanter V. Bürgermeister d Chufl. Stadt Königsbergk Kneiphoff, Ihre S. fraw Mut., ist gewesen die E. Tugendtsame Fraw Sophia **Schultsche**, Diese ihre Christliehen eltern haben ihre liebe Tohter, da sie auff diese welt gebohren, dem Hn Christo, durh die Heilige Tauffe ein Verleiben laßen, V. hernah in aller gottes furht zu allen Christliehen Tugenden aufferzogen. Ao 1602 den 25 Januar: hatt sie sih verheyrahtet durh sonbahre schickung gottes, mitt Raht V. bewilligung ihrer lieben eltern, mit dem E. E. W. Hn Fridrih **Von Weinbeer**, mit welhem sie in geruhesamer ehe ohne leibes erben gelebt 23 Jahr.
Nah absterbung ihres S. Hn, hatt sie in ihrem betrübten Wittwen Stand gesessen 1 Jahr V. 3 Monat. Ao 1626 hat sie sih durh gottes Schickung andweit ehliehen eingelaßen, mit dem Ehr Wolg Hn Paul Henrich **pool**, nun mehro hindlaßenen hohbetrübten Wittwer, mitt welhem sie eine friedtsame ehe, doch eine kurtze zeytt gelebet ins vierde Jhar, auch ohne leibes Erben, Vngefehr Vor 6 wochen hatt sie d liebe gott, mitt ein hefftigen fieber beleget, welhes sih baldt geendertt, darauff groß seiten wehe alß ande tödliehe Kranckheitt zugeschlagen. Wiewoll d H Medicus an seinen fleiß nihts hatt mangeln laßen, allein dem lieben gott hatt es ands gefallen, V. am Vergangenen Donerstag des morgens zwischen 1 V. 2 Vhr sanfft V. Still abgefordert. aet. 45. etc. [Witt 532]

433 GERGE TEWES, ✶ TREPTOW AN DER REGA, KR. GREIFENBNERG / REG.-BEZIRK STETTIN 1586, ✝ 29. 7. 1630

Gerge Tewes ein Nadler begraben den 31 Jul.
Leihp. **MH**.

Gerge Tewes ist gebohren zu Treptaw in Pommern Ao 1586, Sein Vatter ist gewesen Hans **Tewes** Burger Vnndt Nädler, Seine Mutter Catharina **Dausen**. Von dselben ist er durh die heilige Tauffe dem Hn xsto einVerleibet Vnndt zum Christenthumb erzogen, Alß er zu Jharen ist gekommen

714 Siehe auch die Lebensläufe ihres Schwagers Reinhold **Langerfeldt** ✝ 16. 1. 1628 (lfd. Nr. 127), der in zweiter Ehe mit ihrer Schwester Judith verheiratet war, und von Anna **Rabe** ✝ 11. 4. 1635 (lfd. Nr. 744), einer Tochter ihrer Schwester Sophia.

hatt er bey seinem Vatter das handtwerck gelernet, Nah vollendeten lehr iharen, ist er Von seinen eltern weg gezogen, Vff sein handtwerck gewandertt, V, anhero gegen Königsbergk kommen, da er 1 ihar lang bey d alten **Lischken** für einen gesellen gearbeitet; Ao 1612 hatt er sih mit itzieger seiner hinterlaßenen Wittwen ehelih eingelaßen, mitt dselben 18 Jhar im ehestande gelebet, V. gezeuget 4 Kind, davon 2 gestorben V. 2 amleben sein. Ist er am Vergangenen freytag Kranck worden, Am Montag Vmb 6 Vhr abendts Verschieden. aet. 44 Jhar. &. [Witt 727]

434 Barbara Zachaw, ✶ Königsberg (Roßgarten) 1600, ✝ 3. 8. 1630

Barbara, Christoff **Zachawn** beckers ehefr.
begraben den 5 Augu. Leihp. **ML**. ex Syr 1. Wer den Herrn fürchtet &.

Die weilandt Ehr= V. tugendtsame Fraw Barbara, des Erb. V. Weisen Christof **Zachawen**, gerihts Verwantens dieser altenstadt freyheitt Steinthamb, gewesene ehefraw, derer wihr das geleit zu ihrem ruhebetlein geben, ist dieselbe Ao 1600, nemlih vor 30 Jharen, alhier zu Königsberck Vffm Roßgarten Vff diese welt gebohren, Ihr S. Vatter ist gewesen, d E. V. W. Jacob **Tolcksdorff**, gerihtsverwanter Vff Churfl. Dhtt. Freyheitt Roßgarten, Ihre S. M. hatt geheißen Margareta. Diese gedachte eltern haben ihre liebe tohter xsto dem Hnin d Heiligen taufe Vortragen, V. in das buch des lebens einerleiben laßen. V. nach deme d liebe gott Ihr balden in ihrer zarten Jugent, ihren hertzlieben Vatter durh den zeitliehen todt hinwegk genommen, hatt die mutter Sie hernacher, alß sie ein wenig erwachsen, zur schulen gehalten, V. in aller gottes furht, wie auh Jungfrewlihen tugenten aufferzogen, biß sie ins 13 Jhar gekommen, da d liebe gott Ihr auch die Mutter hinweck genommen, V. ein armes Weiselein gelaßen. Nah tödliehen abgange ihrer lieben Mutter, ist sie bey ihren freunden V. Vormündern 3 Jhar gewesen, da sie sih dan gantz still, Vnndt fromb verhalten, biß Ao 1616, Sie durh schickung gottes des Almehtiegen, wie auh auf anrahten Ihrer freunde, d Ehrbahren, V. wolgeachten M. Nickel **Koßman**, bürger V. fastbecker alhier Vffm Steintham ehelihen Verheyratet worden, mit ihm sie 3 Jhar in friedtlieher ehe gelebet, V. durh gottes segen mit einand 1 Tohter V. 1 Sohn gezeyget, davon die tohter noh am leben, d Sohn aber im Hn entschlaffen. Alß nun d liebe gott Sie Ao 1619 Vmb pfingsten aus in den betrübten Wittiben standt Versetzet, V. sie ein halb Jhar darinnen ihr leben zu brachtt, Ist sie Vmb Martini auß, auf ein rahten ihrer freunde zur andn ehe geschritten, V. sih mit itzigem hohbetrübten Wittiber eheliehen eingalaßen, mit demselben in friedlicher V. gott wolgefällieger ehe, im 11 Jharen, 5 Sohne V. eine tohter gezeuget, Da von 3 Sohne V. eine tohter im Hn entschlafen. waß sonsten ihr Christenthumb anlanget, so ist sie eine gotsfühtiege V. fromme fraw gewesen, die fleisig zur Kirchen gangen d H. hohwürdiegen Sacramenta offters gebrauhet zu hause auh fleisig gelesen, V. mitt ihren Kindn gebethet, Sonsten auh mitt ihren nahtbahren, sich friedlich vertragen, V. eine gutte haußwirtin gewesen, wie ihr deswegen Jedman zeugnuß geben muß. Vor 15 wohen, hatt sie d liebe gott, weil sie mit schweren bürden gangen, mitt leybes schwachheytt angegriffen, das sie den meisten theill in 5 wohen zu bette liegen müßen. Heute 10 wohen, hatt sie d liebe gott, ihrer Mütterlichen bürden in gnaden entbunden, V. ihr einen Jungen Sohn bescheret, welher balt den andn tagk, nah empfangener tauffe, gestorben, welhes d S, Mutter so sehr zu hertzen gangen, das sie auh auß ihrem Kinds bett die Zeitt hero niht kommen, V. wie sie gesehen, das die Krankheit

Vom tage zu tage, zu genommen, hatt sie sich gestern 5 wohen mitt ihrem lieben gott außgesöhnett, V. den selben teglih angeruffen, da es sein götlieher wille, V. es ihr auh Seelig, wehre, er sie wiederumb ihren lieben manne V. Kindn zu trost, zu Voriger gesundheitt kommen laßen wolle, hatte er auh ein anders über sie beschloßen, wehre sie bereytt, Seinem gettliehen Vetreliehen willen, zu leiden, d almehtiege gott hatt auh ihr gebett in gnaden erhorett, V. sie am Sonabent Vmb 4 Vhr nah mittage In 30 Jhar ihres alters sanft V. stille abgefordertt. etc. [Witt 826]

435 URSULA KREUSCHNER, ✶ KÖNIGSBERG (KNEIPHOF) 6. 11. 1606, ✞ 11. 8. 1630

Vrsula Jacob **Kreuschnerß** hauß Fraw, begraben
den 13 August. Leihp. **MW**. ex ψ. 68 V. 4.

Ao 1606 den 6 Novemris, Ist die Ehr V. tugendsame Fraw Vrsula Jacob Kreußhners eheliehe hauß Fraw, gebohren worden, Von xstliehen V. gottseliegen eltern, ihr H Vatter ist gewesen d weilandt ErenVeste, Namh. Vndt woll weise H. Christoff **Friese** Gerihtsverwandter, d Stadt Kneiphoff, Ihre Fraw M. die Ehr V. tugendreihe fraw Anna **Keuterin** (715), welhe Eltern ihre liebe tohter dem Hn Christo durh das badt d heiliegen Tauffe einVerleiben laßen? Ihr aber baldt im 2 Jhar ihres alters, mit tode abgangen, V. sie in den betrübten Weisen Standt versetzet, das sie sich also von d zeytt an bey ihren freunden aufhalten müßen, welhe sie in solher zeytt zu aller gottesfurht V. Christliehen Tugenden aufferzogen, bieß Ao 1628 den 5 Junij, da sie Verheyratet worden, dem E. Vndt Vornemgeachten Jacob **Kreuschner**, nunmehr Ihrem hohbetrübten Witwer, mit welhem sie in friedlieher ehe gelebet 2 Jhar 2 Monat, V. durh gottes segen gezeuget 2 tohter, welhe noh beide am leben, d almechtiege gott, wolle sie zu seinen götliehen ehren auferziehen laßen, den betrübten Witwer trösten, Seinen vnerzogenen Kinde zu trost erhalten, V. ferner zu füegen was ihm Seelig ist. Ihre Kranckheit belangende, ist sie Vergangenen 5 Augusti in ihren wehrenden 6 wohen, mit einem hitzigen fieber plötzlih vberfallen worden welhes sie dmaßen angegriffen; das die Kraffte taglih wied alles Verhoffen mercklih abgenommen dagegen die Kranckheit, sich fort V. fort gemehrett. Vngeachtet man in gebrauhung d Medicamenten keinen Fleiß gespahret, welhe dennoh wenigk Verschlagen wollen, bieß sie d liebe gott Verschienenen Sontag d 11 Augusti, zwischen 10 V. 11 Vhr des nachts, nach vorhergehenden gebrauh des heiliehen Abentmalß, in wahrer anruffung V. bekentnüß ihres Erlöserß Jesu Christi, auß diesem müheseliegen Jammerthal Seelig abgefordert ihm 24 Jhar ihres alters. [Witt 368]

436 MAGDALENA SCHNEIDER, ✶ KÖNIGSBERG 15. 2. 1604, ✞ 30. 8. 1630

Magdalena, Zach. **Schneiders** Perlenhefters Tochter,
begraben, den 1 Septemb. Leichp. **MH** ex Luc. 16.

Waß nun anlanget Vnsere in gott ruhende, mit schwester, die Erbare, V, tugentsame Jungkfraw Magdalena ihr geburtt V. herkunft, ist dieselbe Ao 1604 den 15 Februarij Von erliehen, V. gottseliegen eltern, gezeuget V. gebohren worden, ihr lieber Vatter ist der E V. Kunstreihe Zaharias **schneider** (716), ihre S. Mutter hatt geheißen Agneta (717) welhe vorm

---

715 Jacob **Friese** ✞ 5. 3. 1632 (lfd. Nr. 533) könnte ein Bruder der Ursula Kreuschner sein.

716 Zacharias **Schneider** ✞ 4. 9. 1630 (lfd. Nr. 439). Aus seinem Lebenslauf ergibt sich Königsberg als Geburtsstadt seiner Tochter Magdalena.

Jahre ihm Hn entschlaffen, V. alhier begraben worden, so balt diese ihre liebe Tohter Vom Hn in ihrem zuhtiegen ehe beht entfangen so, haben sie dießelbiege alßbaldt den Hn Christo durh die H. Tauffe ein Verleiben laßen, da sie dan Krafft des bluts Jesu Christi, Von ihren sünden ist gereiniget, V. abgewaßchen worden, V. gott in seinen gnaden bundt auf V. angenomen worden, darnach haben sie dieselbiege in aller gottes furHtt V. Jungfrewliehen tugenden im Hn aufferzogen, fleisig zur schule gehalten, V. den lieben Catechissmum sampt andn schönen gebetten lehren laßen, V. da sie etwas zu iharen gekommen, hatt ihr lieber Vatter sie Vntterihtet, das sie ihme allerley schöne arbeytt hatt helffen machen können. Auh fleisig zur Kirhen gegangen, V. sih der hohwürdigen Sacramenten Zum offtern gebrauht, das es gottes wille gewesen er wol hertzlih gewunschet d liebe gott hette sie lenger leben laßen. Es hatt aber dem lieben Gott anders gefallen, da er sie denn für 10 tagen mit harter leibes schwacheit beleget, die denn plötzlich zugenommen, hatt sie sich alsbald zu Ihrem herren Jesu Christo gewendet, Ihre sünde hertzlich bereuet Vnddt dieselben dem lieben Gott abgebeten, die heilige Absolution Vnndt das hochwürdige Abendtmahl entpfangen, darauf ihren willen in Gottes willen ergeben, denselbigen gebeten Vnddt angeruffen er wolle es mit Ihr schaffen nach seinem Vätterlichen willen fleißig gebetet. Da denn der liebe Gott Ihr gebeth erhöret Vnndt sie Vergangen freytag nach Mittag durch einen sanften Todt Von dieser müheseeligen Welt abgefordert im 27 Jahr Ihres Alters. [Witt 648]

437 MATTHEUS HILBRANDT, ✶ KÖNIGSB. (ALTSTADT) 26. 9. 1594, ✝ 31. 8. 1630

Mattheus Hillbrandt, Kaufgesell begraben
den 1 Sept: Leichp. **ML**.

Der Seelige Verstorbene Mattheus **Hilbrandt** ist Ao 1594 den 26 Sept: Vonn Christlichen Vnndt gottseeligen Eltern an diese Welt gebohren, sein seeliger Vater ist der weylandt E: Vnd wollgeachter Friedrich **Hilbrandt** Mittbürger dieser Altenstadt, seine Seel. Mutter hatt geheißen Elisabeth **Krumteichen** (718). Demnach diese seine Eltern diesen Ihren Sohn Von dem lieben Gott empfangen Vndt er an diese welt gekommen, haben sie Ihn in anmerckung daß er eben wie alle andere Menschen in sünden empfangen Vnndt gebohren worden, dem Herren Christo durch die Heilige Tauffe Vorgetragen Vndt in das buch des Ewigen lebens einVerleiben laßen, Ihn alß auch er etwas erwachsen fleißig zur schuelen V. anderen Christlichen tugenden gehalten, Vnd Ihn in der Gottesfurcht auffertzogen biß er endlich zu Jahren kommen V. seine sel. Eltern Vermercket daß er Zum Studiren Vntüchtig Vndt also lust zum handell gehabt, haben sie Ihn in Pohlen Vndt Littauen die sprachen daselbsten zu lernen Verschicket, wie er wieder anhero nach hause kommen, hatt er seinem handell fleißig nachgegangen Vndt fleißig denselben abgewartet. Hatt auch vor allen Dingen in seinem gantzen leben V. handell den lieben Gott Vor Augen gehabt, V. dieses auch seine Vornembste sorge sein laßen, daß er an dem lieben Gott einen gnädigen V. barmhertzigen Gott Vnd Vater haben Vndt biß an sein ende behalten möchte, deßwegen er sich auch fleißig zur Kirchen gehalten, des heiligen Abendtmahls sich ofters in gesunden tagen

---

717 Agneta **Schneider** ✝ 11. 12. 1629 (lfd. Nr. 376).

718 Ein weiterer Sohn dieser Eltern ist zwei Wochen später gestorben:
Steffen **Hilbrandt** ✝ 14. 9. 1630 (lfd. Nr. 441).

gebrauchet, fast keine Mettenpredigt V. behtstunden Verseumet, gegen seine freunde Vndt neben Christen hat er sich iederzeit friedfertig Vndt diensthafft erwiesen, Vndt keinem beschwerlich gewesen, am vergangenen Montag ist er von dem lieben Gott mitn leibes Vnpaßligkeit beleget worden, es anfenlich nicht groß geachtet, Vndt verhoffet es würde sich woll wieder zur beßerungk anlaßen, wie er aber vermercket, daß solche seine Kranckheit Von tag zu tag zugenommen, hat er sich dem lieben Gott mit Leib Vndt Seel befohlen Vndt Ihn Vmb ein seelig stündtlein hertzlich angeruffen, biß auch der liebe Gott solch sein gebeth Vndt seuftzen erhöret, Vndt Ihn den 31 Augusti Vmb 4 Vhr des morgens auß dieser bösen Vndt argen Welt abgefordert V. der Seelen nach in sein Ewiges reich, dafür der Göttlichen Allmacht Lob Vndt Danck gesaget sey, Versetzet, seines Alters im 36 Jahre, Gott gebe dem Cörper eine sanfte ruhe Vndt am Jüngstentag eine froliche Vfferstehung Zum Ewigen Leben. [Witt 280]

438 Hans Jordan, * Königsberg (Altstadt) 10. 1. 1611, ✝ 2. 9. 1630

Hans Jordan Organist gesell begraben den 2 Sept.
Leichp. **ML**.

Verstorbener Hans Jordan ist Ao 1611 den 10 Januarij Von Christlichen Vnndt Gott seeligen Eltern an die Welt gebohren, sein Vater ist gewesen der Weylandt Erbahre Vnndt Kunstreiche Johann **Jordan** dieser Altstadtischen Kirchen Verordneter Organist Vnndt seine Frau Mutter die auch Weylandt Erbahre Vnndt tugentreiche Frau Barbara **Geringsche** (719). Diese seine Eltern haben ihn bald nach dem er an die Welt gebohren, durch die Christliche Tauffe dem Herren Christo ein Verleiben laßen Vndt darnach fleißig zur schulen gehalten, da er denn, nach dem in Catechismo V. lateinischer sprache zimlichen grundt geleget, in Pohlen ist Verschicket worden, die sprache alda zu lernen Von dannen alhie wieder zur schuele ist gehalten worden; Weil aber seine Herren Vormünder Vndt freunde an Ihm woll vermercket, das er mehr zum Organisten Kunst denn zum studiren ist geneigt gewesen, haben sie Ihn zum Erbahren V. Kunstreichen Alberto **Tideman** (720) seinem schwager dieser Altenstadt Verordneten Organisten in die lehre gethan, da er den biß ins dritte Jahr gelernet Vndt die Kunst dermaßen gefaßet das er so woll alhie in dieser Kirchen als Vfm Steintham Vielmahl Vfgewartet V. sich hören laßen. Seine Kranckheit anlangende hatt er ohngefehr heute 8 tag geklaget sich aber Anfangs nicht begeben wollen biß Vergangnen Donnerstag, da er sich Vbell befunden, hatt er sich zu bette legen müßen. Vnd ob es woll an allerhandt Artzeney Vndt wartung nicht gemangelt, hatts doch dem lieben Gott anders gefallen Vndt als Vergangen Sontags Nacht die Kranckheit plötzlich Vberhandt genommen Vndt man woll gesehen daß Gott mit Ihm feüerabendt habe machen wollen, hatt man nach seinem begehren, Den Achtt, Ehrw. Vnd L Wollgelahrten Herren Magistrum Vrbanum **Lepnerum** zu Ihm gefodert. da er denn nach gethaner beicht die Absolution nebenst dem hochwürdigen Abendtmahl empfangen, V. nach dem er sich mit Gott Versöhnet ist er baldt hernach Zwischen 4 V. 5 des Morgens sanft V. seelig in dem Herren entschlaffen im 19 Jahr seines Alters. [Witt 323]

719 Barbara **Jordan** ✝ 10. 4. 1627 (lfd. Nr. 67).

720 Dieser oo 1620 Anna **Tidemann** □ 20. 3. 1629 (lfd. Nr. 207).

439 ZACHARIAS SCHNEIDER, ✶ FREIBERG / SACHSEN 1568, ✞ 4. 9. 1630

Zacharias Schneid perlenheffter begraben den 6 Spp.
Leih. **ML** ex ψ. 3.

Was nun Vnsers in gott ruhenden mit bruds des weilandt ehrabahren V. Kunstreihen Zahariae **schneidern** welhem wir das geleit zu seinem ruhe bette geben, seine geburt V. herkunfft anbelanget, so ist d selbe Von xstliehen eltern Ao 1568 zu Freibergk in Meissen Vff diese Welt gebohren, sein S. Vatter ist gewesen d E. V. W. Sebastian **Schneider**, bürger V. huttmacher daselbst, seine S. M. hatt Margareta geheißen, diese seine S. eltern , so balt ihnen gott diesen ihren Sohn in ihren zühtiegen ehebette bescheret, so haben sie das ihre große sorge laßen sein, das sie ihn dem Hn xsto durch die H. tauffe ein Verleiben laßen, da er den Kraft des blutes Jesu xsti Von seinen sünden abgewaßchen V. gereiniget V. von gott in seinem gnaden bundt auf V. angenomen ist. hernaher in aller gottesfurcht Vfferzogen, Ihn fleißig Zur schulen gehalten das er den lieben Catechismum nebenst schreiben V. lernen gelernet [sic], hernahmahl da er etwas erwachsen V. zu iharen komen, haben sie ihn die liebliehe Kunst der seiden sticken lernen laßen, die er den nicht allein 5 Jhar gelernet, sondn hernaher seine außgestandene lehr ihare eine geraume Zeitt darauff gewandertt, V. in der frembde herumb gezogen, biß er entlich zu Vns in preußen gekommen, da er den ebenmeßigk seine Kunst gebrauchet V. bey fürstliehen hoffplehnheffter eine zeitlang gearbeitet, biß er entlich durch schickunk gottes, des almehtiegen sin den h. ehe Standt begeben, mit der damahl tugendtsamen Jungfrawen Anna (721) Ihre Fürstlichen gnaden hochlobliches gemahlelin, Cammerdienerin, mit welcher er in ehestandt gelebet 32 Jahr, V. durch Gottes segen gezeiget 6 Kinder, 3 Söhne Vndt 3 Töchter, woVon noch eine Tochter im leben, die andern alle im herren entschlaffen (722). Es hatt auch Vnser seeliger Mitbruder nach gehaltener seiner hochzeit der damahlen hohen lieben Obrigkeit seeliger Herr Albrecht Friedrichen seiner hochloblichen fürstlichen gemählin für einen lackeyen nebenst seiner Kunst gedienet Vnd gebrauchen lassen, welchen Dienst er denn auch bis an Voranmeldeten Vnsern Gott ruhenden S. fürstinnin hochmilder gedechtnüß ihr seeliges ende treulich abgewartet, Vnd mit allen treu Verwaltet also das er deßen ein gutt gezeichnuß hatt, noch seeligem absterben der hohen obrigkeit (723) hat er sich seiner gelehrten Kunst gebrauchet V. sicherlichen biß an sein ende damit ernehret. Sein Christenthumb anlanget, so ist er ein Adams Sohn gewesen dennoch fleißig zur Kirchen gehalten, am meisten Zu schloße, weil er alda seinen stand gehabt, der hochwürdigen Sacramenten gebrauchet, sich mit seinem woll V. friedlich Vertragen Seine Kranckheit anlanget ist bewust, das er denn alsbald am Vergangenen Sontag seine tochter zur erde bestetigen laßen, folgen den Montags Von Gott dem Herrn mit harter leibes schwacheit durch die schedliche seüche der Pestilentz angegrieffen Vndt beleget worden, des Mittwochs sich mit dem hochwürdigen Abendtmahl des wahren Leibes Vnd bluts Jesu Christi durch seinen treuen Seelsorger Vorsehen laßen, darauf seinen willen in den gnädigen willen Gottes erge-

---

721 Seine Frau wird in ihrem Lebenslauf und in dem der Tochter Margareta (lfd. Nr. 436) mit anderem Vornamen genannt: Agneta **Schneider** ✞ 11. 12. 1629 (lfd. Nr. 376).

722 Eine Tochter war eine Woche vorher gestorben: Magdalena **Schneider** ✞ 30. 8. 1630 (lfd. Nr. 436).

723 Marie Eleonore von Jülich-Kleve-Berg, 1550–1608.

ben fleißig gebetet V. dem lieben Gotte befohlen, der denn ohne zweifell sein gebeth erhöret Vnd in denselbigen tagen an Mittwocher Zwischen 2 Vndt 3 Vhr nach Mittag seelig Von dieser Welt abgefodert V. ohne Zweifell der Seelen nach in sein ewiges Reich Versetzet im 62 Jahr seines Alters. [Witt 649]

440 Christoff Leimgräber, ✶ Freiburg in Schlesien, Kr. Schweidnitz / Reg.-Bezirk Breslau 1577, ✝ 8. 9. 1630

Christoff Leimgräber Schneider,
begraben 10 Sept.
Leichp. **MW**.

Waß Anlanget Vnsern in Gott ruhenden Seeligen Mittbruder, den weylandt Erbahren Christof **Ehrengreber** (724), ist er 1577 In der Schlesien Zu freyburg Von Christlichen Eltern gezeuget V. geboren worden, Sein S. Vater ist gewesen der Erbahre V. Wollgeachte Her Georg **Ehrengreber** ein gerichts Verwandter daselbst, seine Mutter Vrsula. Dieselbe liebe Eltern haben Ihren Sohn anfenglich Vnserm Herren Christo in der heiligen Taufe laßen Vortragen, V. hernach in seinen Jungen Jahren Zur schuelen gehalten, den heiligen Catechismum fleißig lernen laßen V. zu aller Gottesfurcht vfferzogen, biß das er zu seinem Verstandt gekommen, haben sie Ihn zum loblichen V. Ehrlichen Schneider Handtwerck gethan, welches er auch ehrlich V. fleißig außgelernet V. darauf etzliche Jahr in frembde länder V. Städten gewandert, Von dannen wiederumb in Preußen Nahe Konigsbergk gekommen V. alhie auch etzliche Jahr gearbeitet, biß er das 30 Jahr seines Alters erreichet, hatt er sich durch schickung Gottes des Allmechtigen in heiligen Ehestandt begeben, mit der damals Erbahren V. Tugendtsahmen Frauen Prießa [sic], des seeligen Vrban **Tidemans** hinterlaßener Wittbe, mit welcher er im heiligen Ehestandt gelebet 10 Jahr, ohn leibes erben, V. im Wittwenstandt gelebet fast ein Jahr, dar nach ist er wieder in Gottes Nahmen zur andren Ehe geschritten, mit der damals Erbahren Vnd Tugendtsahmen Jungfrauen Ester, des Erbaren Henrich **Schwartings** glasers V. Mittbürgers im Löbenicht gottseligen hinderlaßenen Ehelichen tochter, seiner ietzt hochbetrübten hinterlaßenen Wittwen, mit welcher er auch in friedlicher Ehe gelebet 13 Jahre, durch segen Gottes gezeuget 5 Kinder, 2 Söhne V. 3 Töchter, davon noch 2 töchter im leben sind. Waß sein Christenthumb angelanget, hat er sich auch als ein Christ Verhalten, fleißig zur Kirchen gegangen V. das hochwürdige Abendtmahl des Jahres oft V. vielmahl empfangen, wie es einem frommen Christen Zustehet, auch sich mit seinen Nachtbahren wie es immer möglich woll uerhalten, er ist auch den gantznen sommer vber nicht Viel gesundt gewesen, ein wochen oder drey nicht Viel auß dem hause gekommen, sondern immer schwacher geworden. Am Vergangenen Donnerstag hatt er sich auch mit Gott dem Herrn Versöhnet V. den hoch treuen Zerpfennig Jesu Christi Zu sich genommen Vnd Vorgestern Vmb 9 Vhr des Morgendts im Herren seelig entschlaffen im 54 Jahr seines Alters. [Witt 124]

---

724 Ernst Witt: Der im Lebenslauf [zweimal] deutlich geschriebene und gut lesbare Name **Ehrengreber** ist in der Überschrift [dem Vorspann] in **Leimgräber** verbessert, im Namensregister am Ende des Kirchenbuches (siehe dazu die Einführung, S. 8) ist er als Leimgräber aufgeführt.

441 **Steffen Hilbrandt**, ✶ Königsberg (Altstadt) 13. 11. 1596, ✞ 14. 9. 1630

Steffen Hilbrandt ein blinder Gesell.
begraben den 15 Sep. Leihp. **ML** ψ. 13.

Ao 96 den 13 Novembris ist Stefan Hilbrandt gebohren, den 15 Novembris die heiliege tauffe empfangen. Sein S. Vatter ist geweßen, der Er. wolg. Friedrich **Hilbrandt** mitbürger der Alten Stadt Königsbergk, Seine liebe Fr. Mut Elisabeth **Kromteich** (725), ist auch was Zur Schulen gehalten worden, weil aber der Almehtiege Gott ihn mit pocken heimgesucht, V. ihm dardurch sein gesiht Vergangen, hatt er die Schule nicht mehr besuchen können, doh hatt er gerne V. fleißig gottes wortt gehörtet, auch das hochwürdiege Abendtmahl offt empfangen. Ao 1630 den 14 Septembris ihm Hn Seligklih entschlaffen aet 38 [sic] Jhar. [Witt 279]

442 **Catharina Steffner**, ✶ Praßnicken, Landkr. Königsberg 1573, ✞ 22. 9. 1630

Merten **Steffners** bötchers haußfraw (726) begraben den
24 Sep. Leihp. **ML** ex Joh. 3.

Waß Anlanget Vnser lieben mit schwester ihres lebens, ist sie gewesen ein Stille fromme V. wolliebende fraw götlichen worts. ist sie auh Von Christliehen eltern zu Paßnicken Alhie in preußen Ao 1573 gebohren worden, V. ist ihr Vatter geweßen der Erbahre V. wolg. Jacob **Law** daselbsten, ihre Mutter hatt geheißen Hedwih, haben sieh auh ihre liebe Eltern, so baldt sie der liebe gott hatt vff diese Welt gebohren laßen werden, Ihn den bundt der heiliegen tauff ein Verleiben laßen, V. sie also in der forcht gottes Vfferzogen, welhe aber ihre liebe Mutter ihr auh baldt mit todt abgegangen dieweil sie noh vnerzogen ist sie hernach bey dem Vatter zu hauß geweßen, biß das sie das 18. Jhar ihres Alters erreichet, hatt sie ihr lieber Vatter alhie nach Königksbergk bey frembde leute gebracht, bey welchen sie dan solang gedienet, biß, sie das 26 Jahr erreichet, Also hatt sie sich durch schickungk gottes des Almehtiegen in den Standt d H. Ehe begeben, mit dem Erbahren, V. Wolg. Fridrich **Holander**, mit welhem sie dan in gut liebender ehe gelebet, 3 Jhar lang, Wor dan der liebe gott ihren lieben man durh den Zeiliehen Todt Von ihr abgefordert. Vnndt sie in den betrübten Witwen Standt gerahten, Wohrin sie 3 Jhar lang Verharret, also dieweil sie gesehen das ihre gelegenheit also lenger niht gewesen, hatt sie sih durh rath des allerhesten gottes mit dem ErenVesten, Manhafften Jacob **Mölle** Crfl. Büchßmeister in den heiliegen ehe Standt wied eingelaßen, mit ihm gelebet 4 Jhar, V. durh gottes segen gezeuget 2 Söhne, Vnter welhen den einen der liebe gott auh in sein reih genohmen, der and aber noh beim leben, also hatt gott auh ihren lieben man wied von ihr durh den zeitliehen todt abgefordert, V. sie also wied in den betrübten Witwenstandt gerahten, worin sie auh 3 Jahr gelebet. Hatt sie sich hernach wied mit dem Eren

---

725 Ein weiterer Sohn dieser Eltern war zwei Wochen vorher gestorben, ohne dass diese Verwandtschaft im Kirchenbuch erwähnt wurde: Mattheus **Hillbrandt** ✞ 31. 8. 1630 (lfd. Nr. 437).

726 Die Worte "bötchers haußfraw" über der Zeile eingefügt.
Der Vorname ist in diesem Kirchenbuch nicht genannt, auch nicht im Namensverzeichnis an dessen Ende. Er wird in ihrem Begräbniseintrag im Totenregister (EZA Signatur 2075 – siehe hierzu in der Einführung S. 38) genannt. Dort kein Hinweis auf eine Leichenpredigt und den hier verzeichneten Lebenslauf. Zu den Registern siehe die Einführung, Seiten 8 und 38.

Vesten V. Manhaften, Christopf **Beincken** Curfl. Buchßmeistern in den Standt der H. ehe eingelaßen, mit welhem sie eine kurtze Zeytt gelebet, das sie ihn nur 40 wohen gehabt, In dem ihn der liebe gott ihr wied ihren lieben Man, durh den zeitliehen todt abgefordertt, V. sie also immer in Vieler betrübnuß welhes ihr der liebe gott aufgeleget, hatt leben müßen, ist sie hernach wied ihn den Elenden Miseligen Witwen standt gewesen 6 Jhar langk, hatt sie sih abermahl, mit dem Ehrbahren V. wolgeachten Merten **Steffner** mit bürger alhie Vffm Steindtam in den Standt der h. Ehe eingelaßen, mit welhem sie dan nun gelebet 10 Jahr, V. 31 wohen, welher nimmer sie ihn betrübten witwenstandt Verlaßen, V. sie der liebe gott durh den zeitliehen toden den 22 Sept. zwischen 7 V. 8. Vhr abgefordert. aet. 58 Jahr. [Witt 692]

443 THOMAS WOLLSE, ✶ ABERDEEN? (SCHOTTLAND) 1575, ✞ 24. 9. 1630

Thomas. Wolsen anckerschmid, begraben den 26 Sept.
Leihp. **ML**. ex ψ. 33.

Waß nun anlanget diesen Vnsern in gott ruhenden mitt bruder den weilandt Erbahren Thomas **Wolsen** ist derselbe Ao 1575 Von Christliehen V. gottseliegen eltern zu Andreanae in Schotlandt in diese Welt gebohren, sein Vatter ist gewesen der Erbare Robert **Wolßen**, seine Mutter Euphemia. Solche seine liebe Eltern, nach deme dieser ihr Sohn Zur welt gebohren, haben sie ihre höhste V. gröste sorge sein laßen, damit solher ihr lieber Sohn, durh empfahung der heiligen tauffe, dem Hn Christo ein Verleibt V. in das buh des lebens eingeschrieben worden. Nach empfangener tauff haben ihn gedachte seine liebe Eltern, nah S. Pauli lehr, in aller furht V. Vermahnung zum Hn vfferzogen, Vnndt nah deme er etwas zu iharen kommen, d selben das anckerschmiede Handwerck zu lehren, in die lehre gethan, welhes handwerck er auh ehrliehen außgelernet V. etzliehe jhar darauff gewandert V. vor einen gesellen gearbeitet, biß er entliehen anhero kommen, da er den, durh schickung gottes des Almehiegen auch gepflognen rahts gutter freunde, sich mitt der Tugendtsamen Frauwen Catharina (727) Seeligen Lorentz **Ewerts** nachgelaßenen Wittieben, eheliehen eingelaßen V. mitt derselben in xstlieher V. friedlebender ehe gelebet, 15 Jhar, ohne liebeß erben, Weil Ihn den Gott der Almehtiege damahlß in den betrübten Wittiber standt gesetzet, hatt er darin bey nahe ein Jhar Verharret, da er sih anderweit mit der damahlß Erbahren V. tugentsamen Jungfrawen Anna Wilhelm **Radstockß** eheiehen tohter, seiner itziegen hinterlaßenen hohbetrübten Wittiben, in den heiliegen ehe Standt begeben, V. mit derselben gleihfalß in chrstlieher V. friedlieher ehe gelebet ins 3 Jhar, wie woll auh ohne leibes erben, an itzo aber gedachte Wittibe mit schwerem leibe hinterblieben. Sein xstenthumb belangende, ist er zwahr (wie wir alle.) ein sündieger Mensch gewesen, dennoh so hatt er sih mit menniglіehen, insonderheit mit seinen nahtbahren, so ihm das zeugnuß geben müßen, woll begangen, sich auh fleißig zum gehör gettliehes worts, V. offters zum gebrauh des hohwürdigen Abendtmahl gehalten, Seine Kranckheit anlanget, ist er nach Dantzigk seiner gescheft halben vereißet gewesen vffm waßer aber sich also verkeltet das er am Vergangenen montag 8 tag sich legen müssen Vndt hat solche seine Kranckheit von tag zu tage zugenommen, am Verschienen Dinstag, das tewre V. werte pfandt des leibes V. Bluts Jesu Christi empfangen V. sich

727 Catharina **Wollse** ✞ 22. 11. 1627 (lfd. Nr. 121).

also mitt dem lieben Gott Versöhnen laßen, sich nachmahlß des Leidens V. sterbensxsti, insonderheit mit diesem schpruch HERR WAN ICH DICH NUR HABE (728), so frage ich nichts nah himel V. erden, getröstet V. darauff seinen willen in den willen gottes gestellet, wie es derselbe hinführo mitt ihm schicken würde, also wolte ers ihm auch gefallen laßen, welher Vnser Lieber Gott dan auh seinen Veterliehen willen an ihn Vollenbracht, V. darauf an negst Verfloßenem Dinstage zwischen 11 V. 12 Vhr Zu Mittage Sanfft V. Seelig entschlaffen. aet. 55. Jhar . [Witt 819]

444 ABRAHAM REINCKE, ∗ KÖNIGSBERG (ALTSTADT) 24. 6. 1599, ✝ 29. 9. 1630

Abraham Reincke Meltzenbrewer
begraben den 1 Octob. Ao Leihp. **MW** ex ψ 42.

Anno 1599 ist Vnser V. nuhmer in Gott ruhender Mit Bruder, der weilandt ErenVeste V. wollgeachte Abraham Reincke den 24 Junij, am Tage S. Johann. gebohren worden, sein Selieger H Vatter ist gewesen der weiland Ehr. N. Vnndt Wolw. H Abraham **Reincke**, gewesener schepmeister dieser Vnser Alten Stadt, Seine Liebe Fraw Mutter Anna **Gelschin**, welche nunmehr mit betrübten hertzen ihrem Sohn das geleidt zu seinem ruhebettlein gibet. Diese xstliehe eltern, wie sie diesen ihren Sohn von gott dem Hn vberkomen, haben sie ihn erstlih dem Hn xsto in der heiliegen tauffe ein Vorleiben lassen, V. wie er etwaß erwahsen, haben sie ihn fleißig zur schule gehalten, V. in aller gottes furht erzogen. Wie seine liebe Eltern aber Vermercket, das er lust zum Studiren gehabt, haben sie ihn dabey gelaßen, indem er auh fleißig gewesen, V. so Viel ihm bey seiner schwacheit möglih gewesen dasselbe fort gesetz, das er auh einen feinen grund in gottes wortt geschepfet, damit er sih dann auh in seiner werender Kranckheitt, fleißig getröstet, da er aber etwas zu iahren kommen, V. das 24 Jhar erreicht, hatt er sih mitt reuffen rath, wißen V. willen seiner lieben eltern, V. anVerwandten freunde rath, in den Standt der H Ehe eingelaßen, mit der ehr V. tugendtreihen Jungfrawen Catharina des weilandt E. V. Vndt Kunstreihen Hn Michael **Henrichs** hinterlaßenen Eheleibliehen Tohter, mitt der ehr nu in Christlieher V. friedlebender Ehe gelebet 7 Jhar V. 13 wohen, wiewoll ohn leibes erben, V. weil sie der liebe gott ohne leibes erben, gelaßen, alß hatt er in seinem leben, Von dem, so in der almechtiege gott, durh seinen milden seegen bescheret nu zwey ihar hero ein ehrliehes den hauß armen außteilen laßen, wie solhes die Zeugen, so es ausgeteilet, V. da bey geseßen, gutte wißenschafft haben, V, nu auh entlih dem Ehrwürdiegen Ministerio, in der AltenStadt, Vermög seinem testament etwas Vermahet, Item Kirhen V. Schulen V. deroselben Diener, auh Hospitalen V. hauß armen nicht Vergeßen, V. dieselben bedacht Was sonsten, sein Christenthumb, betrift, hatt er sich fleißig zum gehör göttliehes worts, V. auh zum gebrauh des hohwürdiegen Sacraments gehalten, Seine Liebe eltern V. Verwandten hertzlich geliebet, wo er einem dienen können, hatt ers niht gelaßen, sondn eß ist im eine hertzliehe freudt gewesen, Zu der Nachbarschafft, hatt er sih auh Still V. from verhalten, V. niht gerne einem zu nahe gekomen. Nah dem er aber ein Mensch, V. auh menschliehe schwacheitt an sich gehabet, hatt er sih 2 mahl, in seiner werenden Kranckheitt mitt dem lieben gott Versöhnen laßen, seine sündt bekandt V darauf, er sih mitt dem wahren pfandt seines Erlesers V.

728 Diese Worte in Druckschrift hervorgehoben.

Seeligmahers, Jesu xsti leib V. bludt speisen V. trencken laßen, V. am vergangenen Michaels Abendt des morgens zwischen 5 V. 6 Vhr sanfft V. Seelig eingeschlaffen. aet. 31 Jhar V. 13 wohen, 5 tage. [Witt 562]

445 GERGE MÜLLER, ✶ SCHULPFORTA?, KR. NAUMBURG, REG.-BEZ. MERSEBURG / PROV. SACHSEN 1601, ✞ 5. 10. 1630

Gerge Müller Ladmaher begraben den 7 Oct. Leihp. **MH**

Waß nun Anlanget Vnsern in CHristo sseliegen [sic] mitt bruder Gergen **Müller** gewesenen Mittburgern V. Büchsenschaffters, ist derselbe Ao 1601 Von xstlichen Eltern zur Schula in Düring gezeuget V. gebohren worden, sein Vatter hatt geheißen Valten **Müller**, seine Mutter aber Anna **Fürstin**, von welchen seinen Eltern er ferner zur Schulen V. anderer gottseligkeitt ist gehalten worden, Alß er aber zimlih erwahsen V. das 13 Jhar erreihet, ist er von gedahten seinen lieben Eltern Zum Büchsenscheffter handtwerck Zu einem Meister Mitt nahmen Albrecht, gethan worden, welch handtwerck er 4 Jahr gelernet, V. sich in solhen ler iharen Erlih V. trewlih Verhalten, wie ihm den sein lehrmeister dessen in seinem Lehrbrieff das Zeugnuß giebt. Nah dem er aber seine lehriahr außgestanden, hatt er seinem handtwerck nah ziehen wollen, derowegen sih in die frembde begeben V. fünf ihar mit seiner wanderschaft Zugebraht, Alß er Aber endlihen anhero nach Königsbergk kommen, V. angelanget, hatt er Zwar vff sein handwerck bey Meistern gearbeitet, weil eß ihme aber zu bleiben ferner gefallen, hatt er sich niht alleine ge.asset, sondn auh 1624 durh schickung gottes in den Standt der H. Ehe, mit der dahmahlß Tugendtsamen Jungfrawen Anna, des Erbahren Merten **Baumbahs** Eheleibliehen Tohter begeben V. eingelaßen, Mitt Welher er diese 6 Jhar vber in einem friedliehen Ehe Standt gelebet, V. durh gottes seegen mit seiner lieben haußfrawen an itzo bertübten Wittiben 4 Kinder, alß 3 Töchter V. 1 Sohn gezeuget, davon das Söhnlein V. 1 Tohter todes verbliehen, die andn beyden töhter aber noh am leben. Sein xstenthumb betreffende, hatt er sich je V. alwege Zur Kirhen V. zum gehör gottes wottes, so woll auh zum hohwürdiegen Sacramenten sehr fleißig gehalten, was seine Kranckheit anlanget, ist er vergangenen freytag 8 tage Kranck V. bettreißig worden V. alß er gespüret V. Vermercket, das es sih zur beßerung nicht anlaßen wollen, sondn das es mit ihm immer schlimer worden, hatt er sih am vergangenen freytagk mit gott vereiniget, V. darauff am Sonabent morgens glock halbwege sieben im Hn seelig eingeschlaffen. aet. 30 Jahr

[Witt 469]

446 ANNA BEHM, ✶ KÖNIGSBERG (ALTSTADT) WANN?, ✞ 6. 10. 1630

Anna, Christoph **Behmen** Haußfraw begraben den 8 octo. Leihp. **MH**.

Anna meine Seeliege haußfraw, ist alhie zu Kenigsbergk von xstlichen V. gottseliegen altern gezeuget V. gebohren, Ihr S. H Vatter ist gewesen der Erb. Wolg. H Lorentz **Grube**, mittbürger V. meltzenbrewer, dieser Vnser Alten Stadt, ihre Fraw Mutter hatt geheußen Dorothea eine **Jordanin**. Ao 1609 den 21 Augusti mit ihr hohzeit gehalten, V. durh gottes segen gezeuget 7 Kind, vier Sohne V. 3 töhter (729), Von welhen zwey Sohne im Hn entschlaffen. Ihr xstenthumb belangende, wirdt ohn alle zweifel E.E.A. wol bekandt sein. Am Vergangenen Mittwoh gegen die nacht, hatt sie der

---

729 Eine Tochter Anna möglichweise oo Mihel **Kromteich** ✞ 21. 7. 1630 (lfd. Nr. 430).

liebe gott, mit der itzo grässerenden seuhe hart angegriffen, V. das Vbel bey ihr so starck angehalten, das sie am Vergangenen Sontag Vmb 9 Vhr Vormittage durch den zeittliehen todt abgefordert, V. der Seelen nah in die ewige freude versetzet worden. [Witt 34]

447 Mattheus Ratke, ✶ Tangermünde, Kr. Stendal 28.10. 1595, ✝ 6. 10. 1630

Mattheus Ratke ein Kleinschmid begraben den
9 Oct. Leihp. **MW**. ex Math. 11.

Waß nun Vnsern in Gott ruhenden mittbrudn anlangett ist der selbiege Anno 1595. 14 tage Vor Martini, zu Tangermünde (730) Von ehrliehen V. Christliehen Eltern an diese Weldt gebohren, Sein Vatter hatt geheißen Paul **Ratke** ein Schlößer seines Handtwercks, Seine M. Barbara, welhe diesen ihren Sohn, alßbaldt dem Hn xsto, durh die H. Tauffe ein Verleiben laßen, V. wie er etwas erwahsen, zur Schule V. zu allem gutte gehalten, folgends nah dem er lesen V. schreiben gelernet haben sie ihn Ao 1608, 14 tage nah Mihel, das schlößer handtwerck lernen lassen, welhes er auh standthafftig außgelernet V. sih darauff 15 1/2 Jhar in frembden landen Versuhtt biß er entlich, Ao 1627 4 Wohen Vor Michael alhie Zu Kenigsbergk angelanget, da er dan eine Zeytt lang gearbeitet, auh bey der Abermehliegen betrübten Wittwen, in die arbeitt eingetretten, bey welher er ein Jhar langk zu Vor trew V. fleißig gearbeittet, biß er auß sonderlieher schickung Gottes Ao 1629 den 11 Januarij, sich mit des S. Mihel **Schmieds** hinderlaßenen Wittiben nu mehr betrübten Wittwen ehelih Verlobet V. Versprohen, Solhe eheliehe zusagung auh nahmahlß, den 5 Februarij desselbiegen Jahres durh die xstliehe Copulation Volnzogen, mitt welher er ein Jahr V. 38 wohen in friedlieher ehe gelebet, sih auh mit seinen nahbaren Vertragen. Sein xstentumb anlangende, ist er ein fleißiger zuhorer gettliehes wots gewesen, sih auh des heiliegen Abendtmahls, zum offtern gebrauhett, biß er sih endlih am Vergangenen Donerstage niedergeleget, da er dan in seiner Kranckheit, sih im gebete dem lieben gott befohlen, auh nah befindung großer schwaheitt mih alß seinen Seelsorgern zu sich erfordert, V. das H. nahmahl begeret, so er auh auff Vorbeschehene beihte seiner sünden, mitt bußfertiegem hertzen empfangen, biß er endlich am Vergangenen Sontage des morgens vmb 9 Vhr sanfft V. Seelig entschlaffen, aet. 35 Jhar 3 Wohen. [Witt 553]

448 Margareta Kupzaw,
✶ Alt oder Neu Kupzau, Kr. Fischhausen 1612, ✝ 9. 10. 1630

Margareta Kupzawen S. Tohter begraben
10 Oct. Leihp. **MW** ex Hiob. 1.

Anlangende Vsere in gott ruhende mitt Schwester, die weilandt Ehr V. tugendsame Jungfraw Margareta Kupzawin, derer wir das geleit itzo, zu ihrem ruhebettlein geben, So ist dieselbe Ao 1612 Vor 18 Jahren, Von ehrliehen V. fromen eltern, Vff diese Welt gebohren. Ihr S. Vatter hatt geheißen Melchior **Kupzau**, Krüger V. einwohner zu Kupzawen im Grünhoffischen (731), Ihre liebe M., welhe am leben, V. hie zugegen ist, heist Benigna, diese gedahte eltern haben selbe ihre tohter, so baldt der liebe gott ihnen dieselbe bescheret, Ihme hinwiederumb in der H. Tauffe

---

730 Tangermünde, Kr. Stendal, Reg.-Bez. Magdeburg / Provinz Sachsen.

731 Alt Kupzau und Neu Kupzau, Wohnplätze im Gutsbezirk Grünhoff, Kr. Fischhausen.

vortragen, V. in das buh des lebens einVerleiben laßen, Nahmahlß ihr ein Schulmeister gehalten, der sie im lesen Vnterihtet, V. den h. Catechismum gelernet, nahmahlß zu allem gutten, V. Jungfreuliehen tugenden, biß an ihr ende erzogen Verhoffendt, sonderlih die liebe Mutter an itzo, trost V. freudt an ihr zu erleben, Es hatt aber der liebe gott mitt ihr ein anders gemaht V. sie am Vergangenen freytage mit leibes schwaheit angegriffen, V. ins bette geleget, darinen sie sih dan, weil sie Vor 6 wohen, sich mit dem lieben gott außgesöhnet, mit beten V. lesen also erzeiget das die betrübette Mutter V. stiff Vatter ein hertzliehes wollgefallen darob gehabt, Insonderheitt, hatt sie den lieben gott allezeitt gebeten, da eß ihr Seelig, wolte er sie ihren lieben eltern zu trost beim leben erhalten, V. zu voriger gesundtheit gelangen laßen, hette er auh ein anders mitt ihr zu thun entschloßen, so wehre sie bereytt der almechtiege gott hatt auh ihr gebett in gnaden erheret, V. sie gestrieges Morgenß Vmb 2 Vhr Von dieser Welt abgefordert aet 18 Jhar. [Witt 383]

449 Anna Meinicke, ✶ Königsberg (Altstadt) 19. 2. 1566, ✞ 10. 10. 1630

Anna H Hansen Menicken S. Witwe, be-
graben den 13 Octo. DoM. 20 Post Trinit. Leip.
P D. D[**Derschau**] ex Apoc. 14.

So Viel nun die S. Verstorbene Matron, Vnser in gott ruhende mittschwester anlanget, ist dieselbiege Von Vornehmen Christliehen Eltern an diese Welt gebohren, da man geschrieben hatt Ao 1566 den 19 Februarij. Ihr S. H. Vatter ist gewesen der Weilandt Edle, EhrenVeste V. Wolweiße H. George **Von Weinber** (732), dieser Alten Stadt Königsbergk, Woll Verdienter Bürgermeister V. bestendieger Liebhaber der trewen lehrer V. predieger; Ihre S. Fraw Mutter, die auh edle Vielehren tugendtreihe Fraw Gertrudis geborne **Kleinawin**. Diese christliehe eltern haben nun ihre liebe tohter alßbaldt dem Hn Christo, durh die Heyliege Tauffe einverleiben laßen, V wie sie nun etwas erwachsen, in aller gottesfurht aufferzogen, Zum gebeth, schulen V. allen christliehen tugenden, mit hohstem fleiß gehalten. Alß sie aber nunmehr zu iharen kommen, ist sie durh sonderbahre schickung gottes, V. reiffen rath der eltern auh Verwanten Ao 1587 an den weilandt Ehr. Namh. Vndt Wolw. Hansen **Menicken**, dieser Alten Stadt Raths Verwandten Verehlieget worden, mit welhem sie in geruhiger friedlieher ehe geseßen in die 31 Jahr V 8 Monat, V. durh gottes seegen gezeyget 14 Kind, 5 Söhne V. 9 töhter, davon 2 Sohne V. 2 tohter Vor hin im Hn entschlaffen, V. sie nunmehr Vor sich, der seelen nah in gottes handen gefunden, d übrigen wolle d allmechtiege gott trost V. geduldt verleiben, V. sonderlich der Vnmündiegen pfleger V. Vormundt seyn, V. sie nah seinem gnediegen willen V. wollgefallen Versorgen V. beschirmen. Nah dem aber der almechtiege nach seinem alweisen rath V. wollgefallen Ao 1618 nun für 12 Jahren sie in den betrübten Witwen Standt gesetzet, V. ihren Hn durch den zeyttliehen todt ihr von der seiten weg gerißen, hatt sie, niht allein, solhes, sondern auh andere Vielfeltieges Creutz mitt gedult bishero ertragen, V. wie woll ihr der liebe gott abgewihenen iahres ein hartes gezeiget, in dem er sie niht allein auff ein langwerieges Siechbett geworffen gehabt, davon sie schwerlih genesen,

---

732 Dessen Sohn und also der Bruder der Anna **Meinicke** ist Georg **von Weinbeer** jun. ✞ 30. 11. 1637 (lfd. Nr. 832).

sondern auh zwo ihrer wohlaußgestatteten töchter (733), an denen sie sih in ihrem Alter zu erfrewen haben sollen, V. nebenst den andern ihren Kindern ihr stecken V. Stab sein könen, wie auh einen tohterman, Von dieser Weldt abgeforderTt, V. zu sich genomen, denoh ihr hertz in geduldt gefaßet, V. sih dem willen gottes ergeben; Weill aber, wie es zu gehen fleget, ein Vnglück niht Vorbey, das ander schon new ist, alß haben ihr die Schwedischen Reuter in ihrem Hoffe, mit raub, nahmb pancketiret, V. allerhand muttwillen Viel beschwerligkeit eräuget V. Vieleiht auh woll zu der tödliehen Kranckheitt, mitt anlaß gegeben. Sonsten ihr Christenthumb Leben V. Wandel belangendt, ist meniglih bekandt, das sie sih, so Viel in dieser menschliehen schwachheit müglih, aller Christliehen tugenden befließen, sich gerne zum gehör göttliehes Worts gefunden, auch zum offtern gebrauh des heüliegen abendtmahlß gehalten, V. mitt willen keine predigt verabseümet, den ihren mitt guttem Exempel Vorgangen, auh dieselben zur gottesfurht aufferzogen sich mit denen Anverwandten, Nahbahren, V. menniglihen schiedlih V. friedlih gehalten, gern nah ihrem Vermögen iedman gedienet, V. beförderlih geweßen, Inmaßen solhes Vielen dieser gemeinde beßer kundigk, alß da von wortt zu mahen nöttigk. Weill sie aber gleihwoll eine Evae tochter V. arme sinderin, dafür sie sih auh selbsten erkandt, ihre sünden dem lieben gott demüttigst abgebeten, V. in die bludt fließenden wunden Jesu Christi geschloßen, so ist zwar kein zweifel der barmhertziege gott habe ihr dieselbe, auß gnaden Vmb Jesu Christi willen geschencket, werde sie ihr auh nicht zu rechnen, dennoh aber weil eß der Alte Bundt: Mensch du must sterben So hatt auh der liebe gott etttwan für 9 wohen, sie mit schmertzlieher leibes schwachheit angegriffen, davon sie gantz lagerhafftig worden V. in dem Kleinen geäder an beiden seiten, alß auh am Rückgrad großen schmertzen empfunden, davon sie von tage Zu tage matter Vnndt schwecher worden, Vnndt Vngeachtet am mügliehen fleiß der medicorum Vnddt gutter wartnuß nihts gesparet worden, so hatt sie dennoh befunden, das der Liebe gott mitt ihr feierabendt machen wollte, derowegen sie sich zu forderst mitt dem lieben gott außgesehnet, das H. hohwürdiege Abendt: zum pfandt ihrer seeligkeit empfangen, die ihren zu brüderlieher V. schwesterlieher liebe V. einigkeit vermahnet, sonderlich aber, für hoffart sich zu hütten, trewlih gewarnet, V, darauff nach Vielen behten V. seufftzen, das gott d H doh baldt komen V ihren schmertzen ein ende mahen wolte, das sie lust abzu scheiden hette, V. bey ihrem xstro zu sein, Vnter dem gebeth V. seufftzen, so sie mit ihren Vmb stehenden Kindern mit gefaltenen henden gethan, abgewichenen Donerstag Vmb 1 Vhr zu mittage, im 64 Jhar ihres alters sanft V. Seelig entschlaffen. [Witt 446]

450 Clara Werderman, ✶ Königsberg (Altstadt) 18. 4. 1608, ✞ 21. 10. 1630

Clara, Egidij **Werderman** Hausfraw, begraben den
24. Oct. Leihp. **ML** ex Job. 5.

Die Ehr Vnndt tugendtsame Fraw Clara, des Erbahren V. wollgeachten Egidij **Werdermans** Vff Galhöwen (735) Erbgeseßen gewesene Ehefraw, derer wir an itzo das geleidt zu ihrem ruhe bettlein geben, So ist derselbe alhier zu Königsbergk, Von ehrliehen, frommen V. Vornemen leuten Ao

733 Maria **Wegner** ✞ 23. 6. 1629 (lfd. Nr. 229) und Gertrud **Schumann** ✞ 21. 10. 1629 (lfd. Nr. 321).

735 Gut Gallhöfen, Kr. Fischhausen.

1608 den 18 April: vff diese Welt gebohren V. gezeiget, ihr S. H Vatter ist gewesen der Ehr. V. V. Wolg. Henrich **Klee**, weilandt Bürger V. seiden Cramer in der alten Stadt, ihre liebe Mutter, welhe am leben V. itzo mit zur stelle, ist die Ehr V. tugendsame Fraw Dorothea auß dem Alten gesleht der **Schaken**. Diese gedahte eltern, haben ermelte ihre tohter, so baldt der liebe gott ihnen dieselbe bescheret, Christo dem Hn hin wiederumb in der H. Tauffe Vortragen, V. in das buh des lebens ein Verleiben laßen, nahmahlß in der furht gottes vfferzogen V. zur Schulen gehalten. Ao 1628 den 15 Maij ist sie mit belibung ihrer Mutter, V. andern Vornehmen freundschafft Jetzigen, nunmehr ihrem hohbetrübten Witwer, gedachterm Egidio **Werderman** Eheliehen Vertrawet mitt welhem sie in dritte halb iharen, in friedlieher Ehe gelebet, V. durh gottes segen gezeyget 1 tohter, so noh am leben. Was sonsten ihr Christenthumb anbelanget, So ist sie eine fromme V. fleißige haußwirtin gewesen, die gottes wort lieb gehabt, V. der H. Sacramenta offters gebrauhet, wie ihr solhes ihr gewesener Seelsorger der pfarher zu Wargen (736) das zeugnuß geben muß. Vngefehr Vor 14 tagen, hatt sie sich neben ihrer itzt hohbetrübten Mutter, in ihr hauß Vffm Steindamb, wegen der großen Vnsicherheitt Vnndt schwebenden, Streiffenden Rotten, die allenthalben Vffm lande Schweben, begeben, alhier sie sich selbe zeitt vffgehalten, biß am Vergangener Mittwoh, sie einen bösen halß bekommen, welhes sie damahlß niht groß geachtet, sondern Vermeinet es würde keine noth haben, Es hatt aber ihre meinung gestellet, Zu dem die Breune zu geschlagen, daran sie nu Vergangenen Montage nach mittage, Vmb Vier Vhr sanfft V. Seelig entschlaffen, aet. 23 Jahr. / [Witt 786]

/ Michel **Stürmer** junior .... nach dem ersten Novemb. (734)

451 Johann Wilhelms, ✶ Lübeck 1598, ✝ 21. 10. 1630

Johann. Wilhelms Kauffman begraben den 24 Octob. Leihp. **ML** ex 2 Tim 1 v. 12.

Der Seliege Vnser Verstorbener Mittbruder der weilandt EhrenVeste V. Erbahre Johan: **Wilhelms** bürger V. handelßman allhier, ist von ehrlieher V. vornehmer herkunfft, sein groß Vatter mit Nahmen Ebertt **Wilhelmßen**, ist borgermeister gewesen zu Herfortt im westfalenn, sein Vatter aber Baltzer **Wilhelmsen** ein Bürger V. Kauffhändler in Lübeck, / ehliehen an diese Weldt gebohren, haben denselben anfangß dem Hn christo in der h. tauffe vortragen V. ein Verleiben laßen, ihn Von jugendt auff fleißig zur Schul gehalten, zur gottes furht V. allen Christliehen tugenden aufferzogen, biß er das 14 Jahr seineß alters erreichet, haben sie ihn Ao 1612 Anhero nah Königßbergk, an den weilandt auch E.E. Hanß **Nieburn** die handlung zu Continuiren Verschickt, welher sich dann Erbahr Verhalten, V. der handlung mit allem fleiß obgelegenn, V. sih also gantzer 10 Jahr lang in gesellen stande mehrnern, teilß allhier Vffgehalten, biß er sih nah des lieben gottes sonderbahrer schickung mit der Ehrbahren V. tugendtsamen Jungfer Elisabeth des weilandt auh ErenVesten V.

/ Vndt seine Mutter Catharina **Techenheinin**, welche Christliche eltern diesen Ihren sohn Ao 1598

---

734 Die hier am Rand eingefügte Notiz bezieht sich offenbar auf Michel **Stürmer** ✝ 14. 10. 1630 (lfd. Nr. 454) – der Grund für den Eintrag an dieser Stelle ist unklar.

736 Wargen, Kr. Fischhausen. Petrus **Mauritius** war Pfarrer in Wargen 1603–1636 (QMS 19/4, S. 1155).
(QMS 19/4, S. 1155).

Wollgeachten Mihael **Rosengarts** burgerß V. meltzenbrewers im Kneiphoffe eheleibliehen hinderlaßenen tohter, seiner itzigen hohbetrübten Wittben, in den h. Ehestandt eingelaßen, V. mit derselben den 18 Julij Ao 1622 hohzeittliehen ehrentag gehalten, hatt mit derselben seiner lieben haußfrawen 8 Jahr lang in friedlieher ehe gelebet, V. durh gottes segen gezeiget 5 Kind, 2 Söhne V. 3 Töchter, davon noh ein Sohn V. 2 töhter am leben, 1 Sohn V. 1 tohter sindt Vorhero geschickt. in wehrender ehe erzeugett, Er hatt sichß in seiner nahrung v. handlung Vermöge gottes gebotts bluttsaur werden laßen, schwere reiße vber sich genommen, wie er dann auh kurtz von der reiße kranck zu hauß gekommen, welhe seine Kranckheit zwar niht tödlih anzusehen gewesen, dennoh immer ie mehr V. mehr zugenommen, Inmaßen danne der liebe gott ihn den nehst Verschienen Montag zu naht zwischen 11 V. 12 Vhr durh einen sanften V. stillen todt inn 32 Jahr seines alters seligk von dieser welt abgefordertt. [Witt 804]

452 ELISABETH HENNENBERGER,

✶ SCHÖNBRUCH, KR. FRIEDLAND IM JUNI 1567, ✞ 30. 10. 1630

Elisabeth Christoff **Hennenbergers** hauß Mutter
begraben den 1 Novemb. Leihp. **MW**.

Erstlih ist diese Vnsere christliehe Mittschwester d Ehren Tugendtsame Frauw Elisabeth des Ehrbahren fürnehm V. Kunstreihen Christoff **Hennenbergers** Eheliehe Haußfraw Ao 1567 den Junij (737) für 63 Jahren Von Christliehen eltern zu Schonnenbruh bei Schippenpeil gebohren ihr S. Vatter hatt geheißen Nicolaus **Salomon** ihre S. Mutter Anna **Wilden**, eines ehrliehen geschlehtes diese christliehe eltern, haben sie durh gebeth V. das hohwurdiege H. Sacrament d H. Tauffe Vnserem lieben Hn Jesu Christi ein Vorleiben V. Vortragen laßen, hernach sie auh so viel an ihnen zu thun gewesen zu allem gutten gehalten, weil ihr aber ihre lieben eltern in ihrer iugendt gestorben, hatt sie sih erstlih Vff dem lende V, darnah hir zu Königsbergk bey gutten ehrliehen leuten in diensten Vffgehalten, Entlih ist sie zu dem Erbahren ErenVesten H Hanß **Lölheffel** (738) gerihtsverwandten dieser löbliehen Alten Stadt in den dienst gekommen alda hatt sie 7 Jahr treylih gedienet der ihr auh ihrer trauwen Dienste halben genißen lassen, V. da sie sih befrewet hatt, er ihr eine friye hohzeit gegeben, den sie sih Ao 1595 im 20 Jahr ihres Alters, mitt dem gottseligen Christoff **Weidener** (739) einem Kürschner gesellen Vff ein rath ihrer Herschafft eheliehen befrewet, V. mit ihm in ruhier ehe gelebet 32 Jahr V. mit ihm gezeiget 7 Kind 2 Sohne V. 5 tohter davon noh eine tohter am leben V 1 Sohn die ander aber sanft V. seelig entschlaffen. Ao 1627 Vff weinahten, hatt ihr der liebe gott ihren lieben ehe gatten Von der seiten genommen V. sie in den betrübten Witwenstandt versetzet, darinnen sie fast 2 gantze ihar Verharret, weil ihr aber ihre nahrung zu schwehr allein fahllen wollen hatt sie sih durh sonderliehe schickung gottes, mit dem Erbahren V. kunstreihen Christoff **Hennenburger** den itzigen hinderlaßenen Wittiber, Vff einrahten gutter leutte befreyet mit dem sie zwar kurtze zeyt alß nur ein Jahr V. ein tag in friedlieher ehe standt gelebet ohne leibes erben. Ihr Christenthumb anlangende, das stellen wihr in Ewer Ehrw. Christliehe

---

737 Tagesdatum nicht angegeben.

738 Das ist der Vater des Hans **Lölhöfel** ✞ 31. 8. 1627 (lfd. Nr. 101).

739 Christoph **Weidner** ✞ 26. 12. 1627 (lfd. Nr. 125).

bescheidenheit. Jedoh kennen ihr ihre nahbahren das zeugnuß geben, das sie eine liebhaberin gottes worts gewesen, die fleißig gottes wortt geheret auh nach ihrer art geleret, das sie sih in ihrer Kranckheit damit zu trösten gewust, mit ihren nahbahren hatt sie sih friedlih verhalten, das sie ihr alles guttes nhsagen Jedoh ist auh Adams tohter gewesen, die auh menschliehe gebrehen gehabt die mit erde zu decken wollen. Ihre Kranckheit anlangende, so ist sie für 4 wohen kranck worden, da sie den woll gemeinet, das es wieder beßer werden würde, es hat sih aber die Kranckheit Von tag zu tag gemehret, weil sie aber Vermercket, das sie imer schweher worden, hatt sie auh ihre vornemste sorge sein laßen, das sie mit dem gott mohte Versöhnet werden, wie sie dan auh im Vergangenem Montag mit dem leibe V. blutte Jesu Christi ist gespeiset V. getrencket worden, in ihrer Kranckheit ist sie geduldig gewesen V. hatt fleißig gebethet biß sie im Vergangenen mitwoh des morgens Vmb 5 Vhr in wahrer anruffung zu gott ihr leben beschloßen, im 63 Jahr ihres alters. [Witt 269]

453 Frantz Thübell, ✶ Radeburg, Amt Großenhain / Sachsen 5. 3. 1598, ✝ 10. 8. 1630

Frantz Tubel fleißchauwer begraben den 12
Augusti Leihpredig **MW**

D S. Vnndt numehr in Gott ruhende Meyster Frantz Thübell burger V. fleißchauwer dieser Alten Stadt Ist Ao 1598 Am Sontage Invocavit, Vnter Ih: Churfl. Duhtt: zu Sachsen im Städtelein Radeburck, welhes in Meißen gelegen, Von ehrliehen V. Christliehen Eltern Vff diese Welt gebohren Sein S. Vatter ist gewesen der Erbahre V. wolgeachte Frantz **Thübell** bürger V. fleißhauer daselbsten, Sein S. Mutter hatt geheißen Vrsula. Welhe gemelte Eltern, diesen ihren Sohn dem Hn Christo in der H. Tauffe Vortragen V. in das buh des lebens ein Verleiben laßen, Nachmahlß alß er ein wenig erwahsen haben sie ihn zur Schule gehalten, darinnen er etwas leßen gelernet, weil ihm aber sein lieber Vatter was zeitig abgangen, hatt sein lieber bruder der nunmehr auh S. Jacob **Thübell** (740), In Anno 1608 herein Verschriben, V. ihn zu allem gutten Vfferzogen, biß er etwaß zu Krefften kommen da er ihn das fleißhauer handwerck geleret, bey welhen er auh nach außgestandenen iharen im dinst Verblieben, Sich auh, niht wie ein leibliеher bruder, kegen ermelten Jacob **Thübell**, V. seine haußfraw, sondern wie ein gehorsames Kindt biß an ende Verhalten, Ao 1628 hatt sein S. bruder ihn zu einem Meister des fleißhawers handwercks gemahett, da er den Vff ein rahten gutter freunde, sih den 27 Augusti selbeß ihares, mit der tugentsamen Jungfrawen Anna, des weilandt Erbaren V. kunstgeachten Meister Joahim **Zimmermans** burgers in Kneiphoff nah gelaßenen tohter ehelih Versprohen, auh ernaher, den 16 Oct. alhier in der pfarkirhen Copuliren laßen, mit welher er in die 7/4 Jhar in der ehe gelebet, aber keine Kinder geZeuget. Sonsten sein Christenthumb, wie auh bürgerliehes leben anbelanget, muß ihm iedman das Zeugnuß geben, das er ein fromer Stiller V. gottsfürhtieger mensch gewesen, der gerne zur Kirchen gangen V der hohwürdiegen Sacramenta offters gebrauhet; Gestern 8 tage ist er in der Kirhe Vnter derVesper kranck worden, wie er sih nun in seiner Kranckheitt erzeiget V. Verhalten, werden E. Eren V. A.

740 Jacob **Thübel** ✝ 20. 5. 1628 (lfd. Nr. 159).

ihm das zeugnuß zu geben wißen, weil sie ihn etzliehe mahl ersuheten Am Sonabent frue in der naht zwischen 1 V.+2 Vhr ist er im Hn entschlaffen. aet 33 Jhar. [Witt 738]

454 Michel Stürmer, ✶ Königsberg (Altstadt) 27. 3. 1600, ✞ 14. 10. 1630

Michel Stürmer, Junior begraben den 16 Octo.
Leihp. **ML** ex Sap. 4

Michael **Sturmer** Junior ist Ao 1600 den 27 Martij von seinen Eltern Michael **Stürmern** Academiae nrae Notarius Publicus *öffentlicher Notar unserer Universität* V. Anna **Hintzen** (741) in diese welt gebohren, V. 29 Martij in der Altstetischen Kirhe dem Hn Christo durh die H Tauffe einVerleibet. Ao 1605 haben ihn seine Eltern in der Altstetischen Schulen zur gottes furht biß ins 5te ihar erziehen V. Vnterihten laßen, Alß sie aber Vernomen das er Zum Studiren kein genügen gehabt, haben sie ihn Ao 1610 die polnsche V. Litausche sprahe zu lernen Verschicket, V. hernah Zur heußliehen nahrungk ferner erzogen V. gehalten, drinen er dan seinen eltern in gehorsam gefolget, biß er zu iharen komen, V. sein eigen hantirung zu treiben angefangen, auh Zu Vortstellung derselben mit Consens seiner eltern Ao 25 Vff Schweden zur sehe gefahren, wen dan seine handlung ferner zur Seewarts zu treiben, Vmb der großen Vnsiherheit halten niht sein wollen: Ist er bey seinen Eltern geblieben, V. hatt denselben ihre haußhaltung Vortstellen helffen, biß er itzigen Verfloßenen Sommer, frembder Leutt Sitten V. handelung in etwaß zu sehen, noh ein reiße in hollandt gethan, dieselbe auh glücklih Verrichtet nach dem er nun nur etzlih wohen zu hauß gewesen, hatt ihn der liebe gott mit itzt schwebender pestilentz heimgesuhet, derwegen er sih Vergangenen Montag, zum Seeligen ende bereitet, mit gott versünet, V. sih ihm mit leib V. seele befohlen, der auh sein gebeth gnediglich erhoret, V. in deßelben abents V. 10 Vhr sanfft Von dieser welt abgefordert. Seiner Christenthumbs werden ihm seine Seelsorgers Zeugniß geben. Sonsten in seinem leben hatt er gottes wort gerne geheret, V. sein leben darnach angestellet ist seinen Eltern sonderlih gehorsam gewesen, Inn sein handel V. wandel sih auh aller auffrihtigkeit befließen. [Witt 718]

455 Catharina Bartsch, ✶ Königsberg 6. 9. 1613, ✞ 3. 11. 1630

Catharina Daniel **Bartschen** tohter, begraben den 5 Nov.
Leibp. **ML** ex ψ 73

Anno 1613 den 6 Sept. ist meine liebe Tochter Catharina alhier in Königsbergk von Christlichen eltern in diese welt gebohren, Ihr Vater ist der ErenVeste Vernehmgeachte Daniel **Bartsch**, ihre Fraw Mutter die Ehr: V. tugendreihe Fraw Vrsula **Boyin**, dise ihre tohter haben sie xsto dem Hn durh die H. Tauffe Vortragen V. einVorkleiben laßen, wie sie nun zum Verstande kommen, zur schulen gehalten, V. zu aller gottes furcht V. tugenden Vff erzogen, den Catechismum lernen laßen, V. auß denselben sich gegen ihre lieben Eltern, wie eine gehorsame tochter nach dem 4 geboth Verhalten, Nach dem sie nun in das 12 Jahr getreten, sih neben der Mutter aller haüßliehen arbeitt V. haußhalten angenommen, V. keine arbeit so ihr thunlihen Verdrißen laßen, Vleißig so lange sie nun alhier zu Konigsbergk mit ihren gewohnet, gottes wortt geliebet, V. die wohentliehe

---

741 Michael **Stürmer** und Anna **Stürmer** ✞ 15. 11. 1630 (lfd. Nr. 458 A und 458 B).

V. sontags predigten ersuhet V. bey gewohnet, wie sie nun Vergangen Donerstag zu nacht durh gottes verhengniß mit der hitz V. haubt Kranckkheit befallen, ist sie darin biß Vff an den sonabent frihe geduldigliehen gewesen, doh gantz kindliehen gebeten, weil sie noh Jungk V. in der weldt sih noh niht recht vmbgesehen, auch lenger zu leben begerete, man wolte doh allen Vaterliehen Vnndt Mutterlihen Vleiß ihr zu helffen nicht sparen, V. an etwas erwinden laßen, so wolte, wo sie eß bishero an kindliehem gehorsamb Versehen solhes ihrer jugendt zumeßen, wo gott Ihr aber auf helffen V. das leben lenger Verleihen würde, solhes vleißiger ersetzen, welhes ihrem bitten die Eltern auh nach gesetzet, aber alle menschliehe mittel bey ihr niht helffen wollen, wie sie nun Vergangen Sonnabendt des morgens vermercket, das die eyserliehen Mittell bey ihr nihts wircken wollen, V. die Kranckheit Je lenger Je mehr durh die große hietze ihr zugesetzet, hatt sie sih gott dem Hn durh die gebett in seiner Veterliehe hende befohlen V. an die Eltern begeret ihren beichtvatter zu ihr zu forderen, sie wehre willens sich mitt christo ihrem erlöser zu Versöhnen V. das hohwürdiege Abendtmahl zu einem zehrpfennige zu empfahen, welhes ihr dan auh Vff ihr begeren, V.Vff vorhero geschehene beihte, ist gereihett V. mit geteilet worden, sie auh dasselbe zum wahren Vaterpfandt ihrer seligkeit in großer andacht empfangen. Nach vollenziehung solhes Christliehen wercks, ist sie gantz still gelegen, doh die eyserliehen Mittel, so Viel derselben wegen der schwacheit genißen könen, gebrauhet, auch offters das schone trost sprihlein auß dem 73 Psalm gebetet, Hn wen ih nur dihr habe ect. solhes trost sprihlein auh entliehen begeret, das ihr das selbe zur leihpredigk möge genomen V. gehandelt werden: Wie nun der Abent heran komen, ist sie Je lenger Je schwächer worden, doh sehr vleißig gebetet, biß Vngefehr zwischen 12 V. 1 sanft V. Selig im Hn verschieden, aet. 17 Jahr. [Witt 23]

456 PETER RAKAW, ✶ KÖNIGSBERG (ALTSTADT) 8. 6. 1576, ✞ 6. 11. 1630

Peter Rakaw Flachsbracker (742) begraben
den 8 Novem. Leihp. **ML** ex ψ. 130

Waß anlanget Vnsern in gott ruhenden mit bruder der vornehme Wolgeachte Peter Rakaw bürger V. Handelßman alhir in der Alten Stadt Kenigsbergk Ao 1576 den 8 Junij Von vornehmen xstliehen, gotseligen eltern in diese welt gebohren, sein selieger H Vatter ist gewesen, der weilandt ErenVeste V. Wolweise H Bartholomaeus **Rakaw** gerihts Verwandter alhie dieser alten Stadt, seine seliege liebe Fraw M. hatt geheißen Petronella **Wickboltin** Diese Christliehe liebe eltern, haben diesen ihren lieben Sohn dem Hn in der H. Tauffe Vortragen, V. einverleyben laßen zu einem miterben des Ewiegen lebens. Nah dem er etwas erwahsen ist, haben ihn seine liebe Eltern zur pfarschulen fleißig gehalten, weil aber sein seeliger H Vatter gesehen hatt, das er zum Studiren nicht lust gehabt, haben sie ihn in die Deutsche schule gethan, Ihn laßen rehnen v. schreiben lernen, Nach dem haben sie ihn, in polen V. Littawen Verschickt, alda die sprahen zu lernen, demnah er wiederumb zu hauße ist gekomen, seine sprahe wollgekunt, er zur Kauffmanschafft keine lust gehabt, lieber Zum Handwerck, Also hatt ihn sein S. H Vatter nach bartenstein Zum Erbahren Vornehmen M. Andreas **Böncken** ein Barbier vff 3 Jahr das Handwerck zu lernen geschickt, welhes er auh redlih V. ehrlih außgelernet, ist demnah

742 Vgl. „Heringsbracker“ (Kapitel 2.2, S. 18): Bracker = öffentlicher Makler / Sachverständiger.

nach Deütschlandt gezogen, V. sih woll Versuchet, wie er von dar anhero gekomen, sih zum S. M. **Hansen** hoff= V. schloßbarbier ein stellen laßen vor einen gesellen, bey dem er vber 3 Jahr gewesen, sih demnah ferner begeben zu seinem Vättern in Littawen weil er auh ein Barbir gewesen, sich alda vff gehalten 6 Jahr, Nah dem ist er wiederumb an hero gekomen, hatt er sih mit willen V. rath seiner freunden in den H. Ehe Standt eingelaßen mit der damalß Erent tugentsamen Jungfraw, Dorothea **Brantin**, des weilandt ehren Vesten, V. wolweisen H Salomon **Brandten** gerihts Verwandten dieser Alten Stadt Eheliebeschen tohter, mit welher er in friedlieher ehe 22 Jahr V. etzliehe wochen gelebet, V. durch gottes segen gezeiget 2 Söhne V. 1 Tohter, davon noh ein Sohn V. eine tochter am leben. Was anlanget seine Kranckheitt, ist gewesen, das ihm das eine bein sehr geschwollen, V. balt vön sich Vffgebrohen, V. die Kranckheit sich von tag zu tage gemehret V. groß wehtag befunden, biß in die 14 wohen Vielfeltig artzeney gebrauhet, aber dazu wenig helffen wollen, biß letzlih er an sih befunden, das der liebe gott mit ihm Zum feierabendt eylen wolte, hatt er Vergangen Mittwoh vor gestern acht tage fry morgens gebeten, das sein seelsorger zu ihm komen möhte, wie auh alßbalt geschehen V. gekomen, darauff er in seine sünde also balt endet, V. vmb Absolution gebetet, wie auh geschehen, darauff das hohwürdiege Abendtmahl würdiglih empfangen, sih auh offt in seiner Kranckheit mitt dem 130 ψ. wie auch anderen schönen gebethen V. sprüchen getrestet, In gottes willen gegeben hatt, biß Zu Vergangen Mittwoh Vmb 9 Vhr in auß diesem iammertahll sanfft V. seelig abgefordert. aet. 54 Jahr V. 21 wohen. [Witt 548]

457 LAURENTIUS WIGANDUS, ✶ KÖNIGSBERG 1. 3. 1591, ✞ 9. 11. 1630

H Laurentius Wigandus Pastor von der Wildae, begraben den 24 Novem. Leihp. D.B.D[**Derschau**]. ex Apoc. 14 v. 12

Waß nun anlanget Vnsern Seligen Verstorbenen mit Bruder, den weilandt Erwürdiegen, Achtbahren V. wolgelarten H Laurentium **Wigandum**, ist derselbe Ao 1591 den 1 Martij zwischen 3 V 4 Vhr des Morgens gebohren, Sein S. H Vatter ist gewesen der weilandt Ehren Veste V. wolgeachte H Beniamin **Wigand** Kauf= V. handelßman alhie zu Kenigsbergk. Seine liebe F. M. Elisabeth (743), Abraham **Kerstens** bürgers alhie eheleibliehe tochter, itzo hohbetrübten Witwen, welhe ihren Sohn baldt nach der geburt in der H Tauffe gott vortragen laßen, V. folgig zu aller gottes furht, auch hie V. anderswo im lande fleißig zur schulen gehalten. V. ob Ihm wol sein S. Vatter zeitig mit todt abgegangen, hatt dennoch sein Mutter, weil ein scharffsinniges ingenium *Verstand* in ihrem sohn Vermercket worden, ihn bey Studiren, darzu er besondere lust getragen, bleiben lassen, auh ein Jhar 1614 zu fortsetzung seines christliehen vorhabenß gen Rostock Vff die Vniversitet Verschicket, alda er bey gelarten leuten 1 Jahr sih Vffgehalten, Von danen aber weiter Ao 1615, sih nach Witenberg begeben, V. daselbst Vff der Vniversitet 3 Jahr seinem Studiis ernstlih nachgesetzet, wie er auh bey hiesiger Academien die zeit vber, die er hie im lande, sich vffgehalten (744), trewlih gethan, V. nebenst den Disputationibus V.

---

743 Elisabeth **Wigand** ✞ 6. 2. 1633 (lfd. Nr. 581).

744 28. 10. 1621 "repetit ius scholasticum" (Erler, S. 205). Er sucht um die Wiedererlangung des akademischen Bürgerrechtes nach – die erstmalige Immatrikulation an der Königsberger Universität erfolgte am 21. 1. 1611 (Erler, S. 197).

Exercitijs Academicis, *Disputationen und akademischen Übungen* sih auh in predigten wol geübet V. offters hören laßen. Ao 1625, hatt Ihn der Allerhöchste gott, durh eine ordentliehe rechtmeßige Vocation nach der Wild (745) in die Königliehe Hauptstadt des großfürstenthums Littawen, zum Pastore V. Seelen hirten der Evangelschen Deutschen gemeine, Augspurgischer Confession gefordert, welhem brruff er auch willig gefolget, V. gott dem Hn darinnen, mit den reihen verliehenen gaben Embsig gedienet. Ao 1626 hatt er sih alhie in die Ehe eingelaßen, mit der damahlß tugendreihen Jungfrawen Elisabeth (746), ihr großachtbarkeyten deß Hn D. Xstiani **Dörferß** eheleibliehen tohter, mit welher er gezeuget 4 Kinder, 2 Söhne V. 2 tohter Von denen noh ein Sohn V. eine tohter am leben, welhe gott der H semblih trösten V. in seinem gnaden Schirm regiren V. erhalten wolle, Nach dem nun aber vmb Johanni auß die peste eingefallen, V. er wegen Vnsiherheit der zeitt von der gemeine Verschicket worden, hatt er shih eine zeit lang bey ihr gestrengigkeiten Hn Nicolao **Korff** bestalten Kriegs obersten ihr Königlih Mayt. Vffm Lande Vffgehalten, ist aber daselbst in eine schwere Kranckheit gerathen. (welhe er doh schon in die 5 Jahre am halße getragen.) nach dem sie aber vber handt genomen, V. er alda vffm lande zu keiner beßerung komen können, hatt er sich nach Riga in die Khur begeben, V. alda 2 woHen verharret, V. alß er auh alda wenig Linderung empfunden, hat er sih an hero nach Kenigsbergk gemacht, der H Medic V. ärtzte raht zu gebrauchen, wie dan auh an mügliehem fleiß V. trew dieses orts angewendet worden, aber es hatt gott dem almechtiegen anders gefallen, der ihn immer kräncker V. schwaher werden laßen V. entlih am 9 Novemb. zwischen 6 V. 7 Vhr des Abents im drey V. dreißigsten ihar seines alters sanfft V. Selig entschlaffen lassen. [Witt 799]

458A MICHAEL STÜRMER ✶ STARGARD IN POMMERN / REG.-BEZ. STETTIN 1563, ✝ 15. 11. 1630

458B ANNA STÜRMER, ✶ KÖNIGSBERG 1566, ✝ 15. 11. 1630

Michael **Stürmer** Notarius Academiae
Notar der Universität V. seine
Haußfraw Anna **Hintzin** zugleich begraben im begrebniß
des Collegij Leihp. **ML** den 18 Novemb.

Natus Ao 1563 zu Stargart in Pomern Pater Johannes **Stürmer** Civis [prae?]cipuus, Mater Anna **Moylicken**. Ao aet 5 in schola patria per 9 annos uno privato praeceptore usque Ao 1582 in Gymnasio Stetinensi 4 ann. Sumptu parentam Ao 1586 in hac Ac. Regi: accessit (747) Studio juris deditus, ut praxin addiscaret, annos 3 fuit apud D. Paulum **Crügerum** Juris D. et Profess. et Consiliae [sic] principis. Post propter quinquennium

---

745 Wilna (Litauen).

746 Wahrscheinlich sind Barbara **Dörffer** ✝ 25. 8. 1629 (lfd. Nr. 258) und Daniel **Dörffer** ✝ 6. 1. 1637 (lfd. Nr. 781) ebenfalls Kinder des Christian Dörffer und also (Halb?-) Geschwister dieser Elisabeth, obwohl die Geburten weit auseinanderliegen: Elisabeth heiratete 1626, ist also geboren ca. um 1600 / Barbara ✶ 9. 2. 1611 / Daniel ✶ Sept. 1623.

747 28. 5. 1587: Michael **Sturmer**, Stargardensis Pomeranus, ad intercessionem D. Pauli Crugeri, cuius scriba est, gratis inscriptus est, iurauit *Michael Stürmer aus Stargard in Pommern ist auf Vermittlung des D. Paul Crüger, dessen Schreiber er ist, ohne Entrichtung der Gebühr eingeschrieben und hat geschworen [= wurde immatrikuliert]* (Erler, S. 92).

vixit apud D. **Heilsbergum** Syndic. Palaeopolit. Ao 1593 in gerihts hendeln gedienet, V. den Notariats Titel V. ampt empfangen, Post ad officinum Notariatus Academici vocatus per annos 33 fuit sua diligentia. Ao 1594 Matrimonium [con?]traxit cum virgine Anna **Hintzin**, quae Nata hic Regiomon. Ao 1566 Patre Johanne **Hintz** Cive et librae praefecto, Matre Dorothea **Sahmin**.

Vixerunt in conjugio annos 37, Parentes 7 Liberoras, 3 filioras et 4 filiares, de q[ui]bus 2 filij et 2 filiae sup[er]stites reliq[ui] obierunt (748), et ex ijs filius nupé defunctus in primis locati [?] fuit, Cuius obitum luxerunt graviter, ante octiduum die ☉ mater decubuit mox communione usa die seqventi pater, die ♂ communicavit. die ☿ dispositionem testamentariam ante Conceptam Confirmavit. Uti... Se divinae voluntati Coendantes, Cpces exauditae [?]. Ipse die ♀ mane h. 4, illa v. die eadem h. 12 obierunt. Aetatis 77. ipsa 74. (749)

Er wurde im Jahre 1563 in Stargard in Pommern geboren, sein Vater war Johannes Stürmer, vorzüglicher [?] Bürger, seine Mutter hieß Anna Moylick. Mit 5 Jahren besuchte er die Schule seiner Vaterstadt, war für 9 Jahre ununterbrochen bei einem Privatlehrer und bis 1582 4 Jahre lang am Gymnasium Stettin. Auf Kosten der Eltern trat er in diese königliche Universität im Jahr 1586 ein und studierte Jura, um die Ausübung eines Berufes zu erlernen, blieb 3 Jahre bei D. Paul Crüger, Doktor und Professor der Jurisprudenz und herzoglicher Rat. Später lebte er ungefähr fünf Jahre lang bei D. Heilsberger, dem Syndicus der Altstadt. Im Jahr 1593 hat er in Gerichtshändeln gedienet und Notariatstitel und –amt empfangen. Später wurde er zum Amt des Notars der Universität berufen, das er 33 Jahre lang mit seiner Sorgfalt erfüllte. Im Jahre 1594 heiratete er die Jungfrau Anna Hintz, die 1566 hier in Königsberg geboren wurde – ihr Vater war der Bürger und Vorsteher der Stadtwaage Johannes Hintz, die Mutter Dorothea Sahm.

Sie lebten 37 Jahre lang ehelich zusammen, wurden Eltern von 7 Kindern, 3 Söhnen und 4 Töchtern, von denen 2 Söhne und 2 Töchter noch leben, die anderen gestorben sind, und von denen der kürzlich verstorbene Sohn besonders [locati = unklar] war, dessen Tod sie heftig beklagten. Vor acht Tagen am Sonntag wurde die Mutter krank, empfing bald das Abendmahl, am folgenden Tag der Vater, am Dienstag empfing er das Abendmahl, am Mittwoch bekräftigte er / sie eine testamentarische Verfügung, die sie vorher erhalten hatten. Um sich dem göttlichen Willen ... [drei Worte unklar]. Er starb am Freitag um 4 Uhr morgens, sie am selben Tag um 12 Uhr. Er im Alter von 77, sie im Alter von 74 Jahren.

[Witt 717]

459 Maria Rehm, ∗ Setterich?, Kr. Jülich / Reg.-Bez. Aachen 1595, □ 25. 11. 1630

Maria, Steffen **Rehm** Kramers ehe-
fraw. begraben den 25 Novem. Leip. **MH**.

Waß nun Vnsere in gott ruhende mit Schwester Mariam anlanget, ist dieselbe Ao 1595 Zu Zittert im lande Jülih Von Christliehen V. gottseligen Eltern geboren, ihr Vatter ist Jan **Drücksen** ein filtzmaher V. noch beim leben, ihre M. die tugentsame Fraw Drütt [sic]. Nach dem nun diesen

748 Ein Sohn war Michel **Stürmer** jun. ✝ 14. 10. 1630 (lfd. Nr. 454).

749 Ernst Witt: es folgen noch zwei oder drei kaum lesbare Sätze von anderer Hand.

gedachten eheleute der liebe gott diese tohter bescheret, haben sie dieselbe, baldt dem Hn Christo durh die H. Tauffe ein Vorleiben laßen in betrachtung, das keiner ins reih gottes komen könne, er werde den wieder gebohren durhs waßer V. H. geist. Nach dem aber zu der zeytt sich die grewlihe emporung V. Verfolgung der Päbstler wieder die Evangelischen erhoben, alß haben sih die eltern mit ihren Vnerzogenen Kindern, Vnter welhe Vnsere in gott ruhende mit schwester die Kleinste gewesen, Von danen gemacht V. sich nach Dantzig begeben, da sie dan fleißig zur schulen gehalten, damit in aller gottes furht möchte erzogen werden, da sie den niht allein ihren Catechismum gefaßet, sondern auh schreiben gelernet, dabey sie sih auch aller Jungfrewliehe tugenden befließen, den eltern in der haußhaltung bey gesprungen biß in das 14 Jahr, da sie Von dem ErenVesten V. wolgeachten Jacob **Putzken** (750) alhie zu Königsbergk ein huttstavirer, welher mit ihrem Vater gehandelt, ans Kinds statt angenommen. Da sie nun daß 22 Jahr ereihet, ist sie auß sonderlieher Vorsehung gottes durh ein rahten ihrer freunde ehelih Versprochen worden, dem E. V. Vornem geachten Steffen **Rehm** (751), mit welhem sie in das 12 ihar, eine friedliehe V. gerulihe ehe beseßen V. mit ihm gezeuget, 5 Kinder, einen Sohn V. 4 töchter, Vnter welhen schon 2, der Sohn V. 1 tohter Vorher inß ewige leben geschicket, 3 tohter welhe vnerzogene sint hinterblieben, derer sih gott alß ein Vatter der weisen trewlih annehmen wolle. Ihr Christenthumb anlangend, ist iedman bekandt mit welhen sie Vmbgangen, das sie eine gottfürhtiege frome Matron gewesen, sie ist eine fleißige zuhörerin götliehes worts gewesen, die H. Sacramenta offt besucht V. gebrauhet; Weil sie abermahl von gott mit leibes frucht gesegnet V. die zeit ihrer geburt herzu nahete hatt sie gott am Vergangenen Donerstag V. 4 Vhr des nahts mit einer Jungen tohter erfrewet, weil sie aber Vnzeitig ist es in der naht getauffet balt aber hernach mit tod verbliehen. Weil aber Vnsere in gott ruhende mit schwester gefület, das ihre schwacheit imer zu nehme sih vermerete V. wol gemercket, das gott mit ihr feierabendt mahen wolte, hatt sie sih aller weltliehen sahen entschlagen, sih zu dem lieben gott durh einbrünstiges gebeth gewandt, V. demselben ihre Seele in die hende befohlen, in welhem gebett V. seuffzen sie auh ihren geist sanfft V. still auffgegeben im 34 Jahr ihres alters. [Witt 556]

460 Vrsula Fleck, ✶ Kummerau, Landkr. Königsberg 1558, ✝ 25. 11. 1630

Vrsula, Merten **Fleckß** Freyschlachterß
ehefraw begraben den 27 Nov. Leihp. **MH**.

Anlangende Vnsere in gott ruhende mitschwester die Ehr= V. tugentsame Fraw, des Erbahren Merten **Flecken** bürgerß d Altenstadt Königsbergk gewesene Ehefraw, so ist dieselbe Ao 1558 Vor 72 Jahren Vngefer eine halbe meile Von Königsbergk, Im Dorff Cummerau (752) Von erliehen eltern Vff diese weldt geboren, ihr S. Vatter hatt geheißen Paul **Hollandt** einwohner daselbst, ihre M. hatt geheißen, Eva, Diese Eltern haben ihre tohter, Christo dem Hn, in der H. Tauffe Vortragen, V. in das buh des

750 Bei Jacob **Putzke** war in Dienst: Peter **Meyer** ✝ 1. 6. 1631 (lfd. Nr. 483).

751 Steffen **Rehm** ✝ 1. 12. 1630 (lfd. Nr. 462).

752 Außer dem Dorf Kummerau im Landkreis Königsberg gibt es noch einen Wohnplatz Kummerau im Gutsbezirk Gr. Wohnsdorf, Kr. Friedland. Schulz vermutete auch, wie hier angegeben, das Dorf im Landkreis.

ewigen lebens ein Vorleiben laßen, Nachmalß zu allem gutten Vfferzogen, biß sie ihr 20 ihar erreihet, da ist sie zu dem alten **Krumteich** in den Dienst gethan, bey welhen sie 5 Jahr gedienet, Nahmalß ist sie wiederumb zum Hn Albrecht **Krollen** n Dinst gekomen, V. 6 ihar gedienet; weil sie sih dann ehrlih v. redlih in ihren dinsten Verhalten, alß ist sie durh einratung ihrer Herschafft dem erbaren Meister Hans **Pusch**, fürstliehen hoffmeurer alhier Zu Königsbergk Verehelieget worden, mit welhem sie, in friedlieher ehe gantzer 5 Jahr gelebet, V. 3 töhter gezeuget, davon noh eine am leben. Wie sie nu gantzer zwo ihar ihr leben im witwenstande zubracht, hatt sie wieder zur andern ehe geschritten, V. dem Erbaren Ludvig **Waldaun** E.E. Raths der Altenstadt holtzmesser geehlieget, mit demselben auh durh gottes segen in 12 ihar, 3 töhter V. einen Sohn gezeuget, davon noh eine tohter am leben. Nach deme sie wiederumb 2 Jahr im Witwenstandt geseßen, hatt sie sih mit dem Erbaren Merten **Fleck** eheliehen eingelaßen, V. mit demselben ins 20 ihar in friedlieher ehe gelebet, Jedoh ohne leibes erben. Sonsten hatt sie sih die zeit ihres lebenß from V. gottsfüchtig Verhalten, wie auh gerne in die Kirh gegangen V. der hohwürdiegen Sacramenta offters gebrauhet, Vngefer Vor 12 wohen, hatt sie der liebe gott mit leibeß schwacheit heimgesuhett, V. ins bette geleget, Jedoh hatt sie niht alwege zu bette gelegen, sondern nun in die 6 wohen da sie niht ems darauß kommen, Vor 4 wohen ist sie dur den E. Vndt W. Hn M. **Wolderus** berihtet, V. die zeit hernaher der almehtiegen gott gebetten, das er ihre Kranckheit zu seines namens LobV ehre gereihen laßen wolle. Der Almehtiege gott hatt auh sein gebeth erhöret, V. sie in der montags naht zwischen 1 V. 2 Vhr fein sanfft abgefordert.

[Witt 147]

461 Hans Getzke, ✶ „Auß Denmarck" 1587, □ 2. 12. 1630

Hans Gezke Schneider begraben den 2 Decem.
Leihp. **ML** ex Job. 1.

Ao 1587 bin ih Hanß getzke geboren auß Denmarck mein Vatter hatt geheüßen Thomas **getzke** meine M. Anna, mein Vatter ist gewesen seines handwerckß ein schneider daselbst, diese meine liebe eltern so baldt ihnen mih der liebe gott bescheret, haben sie mih dem lieben gott dorh die H. Tauffe laßen Vortragen, V. in das buh des lebenß laßen einschreiben, darnach hatt mih mein Vatter zur schulen gehalten, V. mih etwas lesen V. schreiben laßen lernen ist mir aber im 11 Jahr meineß alterß abgestorben die Mutter, Darnach haben mih meine Vormünder weil sie gesehen haben, das ih habe lust zum schneider handtwerck gehabt, mih daselbst zu einem Meister in die lehre gegeben, bey demselben hab ih meine lehr ihar treülih V. fleißig außgelernet, wie mir mein lehrmeister Zeugnuß gibt, wie auh mein lehr brieff außweißet, V. nach meinen außgestandenen iahren hab ih mih auh etwas Versucht in Deutschlandt, weil ih aber auh hab lust in preußen gehabt, bin ih nach Danzig gezogen daselbst gearbeitet 5 Jahr; Im 31 Jahr da hab ih mih nach schickung gottes des almechtiegen in den H. Ehe Stand begeben. Ao 1618 Jahr den 28 Julij mit der tugendsamen Frawen Maria (753) des damahlß Baltzer **greiffen** nachgelaßenen Wittwe. Was mein Christenthumb anlanget, das werden mir meine nachbaren V. meine werckbrüder Zugnuß geben. Aet. 43. ihar. [Witt 184]

753 Deren Tochter aus der Ehe mit Baltzer Greiff ist Anna **Greiff** □ 10. 12. 1630 (lfd. Nr. 465).

462 Steffen Rehm, ✶ Kirchheilingen, Kr. Langensalza / Thüringen 1583 (?), ✝ 1. 12. 1630

Steffen Rehm Kramer begraben den 3 Decemb.
Leihp. **MH**.

Was nun anlanget Vnsern in gott ruhenden Mittbruder den Erbaren V. wollgeachten Steffen Rehm, ist derselbe gebohren in Düringen im Dorff / / Kirch- eiligen ein meil vom langensaltz, Ao 1583. (754) Sein Vatter ist gewesen Dieterih **Rehm** ein Schneider, Seine Mutter Catharina. Diese seine eltern, da ihnen Ihn gott bescheret, haben ihren lieben sohn baldt durh die H. Tauffe dem Hn xsto ein Vorleiben laßen, Nah dem er aber erwachsen, haben sie ihn fleißig zur schulen gehalten, da er seinen Catechismum V. den anfang seines Christenthumbß wollgefaßet, weil sie aber gesehen das er zum studieren nicht tühtig, auh wegen großen Vnkosten, mangel Ihn dazu nicht haben halten könen, alß hatt in sein Vatter schneid handwerck gelernet, darauff er auch gewandert V. sih baldt hie V. dortt herum gestoßen V. sih endlih in preußen begeben, Ao 1596 da er mit irer Cuhrfl. Dhtt. Sigismundo, der damahl bey lager gehalten, herin komen, da er dan seineß handtwerckß sich gebrauhet, biß in das 20 Jahr seineß alterß, da er die Kramerzunfft gewonnen, V. sih hernachmahlß ehelih eingelaßen, mit der damalß tugendtreihen Jungfrawen, Dorothea, mit welher er gelebet 9 Jahr V. durh gotteß segen gezeuget 7 Kinder 4 Söhne V. 3 töhter Von welhen noh eine tohter am leben ist. Welhe der hohste gott wieder zu rechtmeßigen Verstande bringen wolle. Nah dem sein liebes eheweib mit tode Verbliehen, hatt er sich, zum andern mahl eingelaßen, mit der Tugendreihen Jungfrawen Elisabeth, welhe die Fraw **Wittsche** von Jugendt Vfferzogen, mit welher er auh in werender ehe gezeuget in 12 Jahren 8 Kinder 4 Söhne V. 4 Töhter von welhen noch ein Sohn V. 1 Tohter am leben sein, weil er aber seiner nahrung weiter niht hatt Vorstehen kenen V. ihm nit gut gedeuht allein zu sein, hatt er sih zum 3ten mahl ehlih eingelaßen mit der tugendtreihen Jungfrawen Maria (755), welhe gestern 8 tage auch in die erde ist Verscharret worden; mit welher er in friedlieher ehe gelebet 12 Jahr V. gezeiget 5 Kinder einen Sohn V. 4 Töchter, Von welher noh 3 am leben. Was sein xstenthumb betrieft ist meniglih bekandt, Vornemlih seinen seelsorgern, das er ein fleißiger Zuhörer gottes worts gewesen, V. daran seine lust V. freudt gehabt. Daß H. hohwürdiege Abendmahl des Hn offtmahlß ersuhet, mit seiner ehegemahl, mit seinen nachtbaren, so Viel müglich, fried einigkeit gehalten. Nach dem in nun der trewe gott mit einer langweriger Kranckheit beleget, das im sein leib geschwollen, da er baldt kranck baldt gesundt gewesen, V. allezeit des artztes gebrauhen müßen, ist er auh von tag zu tag schwächer geworden, biß im gott ein großes V. hartes erzeiget, V. in dahin gerissen da eß im am wehesten that V. seine ehefraw durh den zeitliehen todt von der seiten gerißen. Da ist er in große schwermuth V. schwachheit geraten, die mühe V. greme Von tage zu Tage größer worden, V. sein hertz niht zu friede sprehen kene, Vor großem heilen V. weinen, V. ist den tag hernach, da seine selige haußmutter begraben gar betreisig worden, da sih die

---

754 Das Geburtsjahr kann in Verbindung mit den Angaben zu seinen drei Ehen nicht stimmen. Die erste Heirat mit mindestens 20 Jahren, dann 9 + 12 + 12 Ehejahre mit insgesamt 20 Kindern; die Angaben zur letzten Ehe stimmen mit denen bei seiner Frau Maria **Rehm** überein. Am wahrscheinlichsten ist eine Geburt um das Jahr 1575.

755 Maria **Rehm** ✝ 25. 11. 1630 (lfd. Nr. 459).

Kranckheit immer gemehret V. er Vermercket, das es das leben gelten solte, doh denoh hatt er sich schon darzu bereitet, alß wenn es doh einmahl geschehen solle, das er den wegk alles fleischeß gehen solte, hatt derwegen seinen Hn beihtVatter Hn **MH** zu sih fordern laßen V. das hohwürdiege Abendtmahl reihen laßen, Nach dem hatt er sih gott dem Hn befohlen V. Vmb ein seliges stündlein geseufftzet, welhes seufftzen gott auh in gnaden erheret, V. in am Vergangen Sonabent nacht zwischen 9 V. 10 Vhr sanfft V. selig von dieser weldt abgefordert. aet. 53 [sic] Jahr. [Witt 557]

463 ANNA STÖCKEL, ✶ KÖNIGSBERG (ALTSTADT) 1604, ✝ 3. 12. 1630

Anna, Nickel **Stöckels** Tischers haußfraw begraben den 6 Decem. Leihp. **ML** ex Gen. 3.

Anlangende Vnsere in gott ruhende mit schwester die Erbare tugendtsame Fraw Anna **Niesewandtin**, ist dieselbe alhie zu Königßberg von Vornehmen Eltern Ao 1604 gezeuget V. gebohren, ihr S. Vatter ist gewesen der weilandt ErenVeste, Namhaffte, Wolweise H. Hanß **Niesewandt**, Vornemer rathsVerwandter dieser Altenstadt Königsbergk, ihre Mutter ist gewesen Anna **Schimelpfenigen** Chuf Durtt. zu friedlandt Mülmeisters tochter. Diese ihre liebe eltern, so baldt sie diese ihre Tohter Vom Hn entpfangen, haben sie dem Hn christo in die H. Tauffe Vortragen laßen V. in das buh des lebens ein Vorleiben. V. obschon ihre S. Mutter V. auh ihr S. H Vatter zeitig abgangen, ist sie denoh zur schulen gehalten V. zu aller gottes furht Vferzogen worden, V. alß sie ihre 20 Jahre ereihet, ist sie Vff einrathung ihrer freunde Ao 1624 den 5 Augusti mit gegenwertiegen hohbetrübten Wittwer Nicolao **Stöckern** in H. Ehestandt eingetreten, mit welhem sie in friedlebender ehe 6 Jahr 4 Monat gelebet, V. mit einander gezeuget, 4 Söhne, davon 3 im leben, der liebe gott wolle dieser armen vnerzogenen mütterlosen Weiselein Vatter V. Versorger sein. Ohngefehr für 10 Tagen alß sie von ihrem bruder ausm Kneiphoff den sie besuhet nach Hause gehen wollte, ist ihr ein böser mensch mit einem bloßen Deegen begegnet, worüber sie hefftig erschrocken V. sich entsetzet, V. darüber in eine Kranckheit eingefallen V. weil sie von dem lieben gott mit leibes Früchten gesegnet gewesen, hatt sie der liebe gott in vnzeittieger geburtt am vergangen Dinstag entbunden, wie woll mit wenig freuden letzlih sie auh ihr leben am Vergangen Donerstag Vmb 2 Vhr in der naht Selig beschloßen im 26 Jahr ihres alters. [Witt 704]

464 GEORG KARGER, ✶ THORN 1592, ✝ 25. 12. 1630

Georg Karger, grobschmied begraben den 29 Decemb. Leihp. **ML** ex Jobo. 7.

Anlangende Vnsern in gott ruhenden mitt bruder den weilandt Erbahren Vnddt wolgeachten Meister Georg Karger, So ist derselbe Anno 1592 Vor 39 Jahren, Jn der Königliehen Stadt Thoren, Von ehrliehen Vnndt christliehen eltern Vff diese weldt gebohren, Sein S. Vatter ist gewesen, der auh Erbare Vnndt wolgeachte Meister Jacob **Karger**, Seineß löbliehen handwerckß ein Kuhenbecker, V. burger daselbst, Seine liebe Mutter hatt Anna geheißen, welhe diesen ihren Sohn, Christo dem Hn in der H. Tauffe Vortragen, Vnndt in das buh deß ewiegen lebens ein Vorleiben laßen, Nachmahlß in der furht deß Herren Vfferzogen, V. zur schullen gehalten, darinen er seinen Catechismum, wie auh schreiben V. rechnen gelernet Alß er nun sein 15 Jahr ereihet, V. kein lust zu seineß Vatterß handwerck gehabt, hatt ihn sein S. Vatter das grobschmied handwerck lehren laßen, darauf er nach außgestandenen seinen 3 lehr iharen gantzer 11 Jahr gewandert, biß er letzlih Ao 1621, Sich mit deß S. Hanß **Dornheimerß**, burgerß V. grobschmiedts hinterlaßenen Wittwen alhier in den Stand der H. Ehe eingelaßen, mit derselben er 3 Jahr in friedlieher ehe gelebet, V. durh gotteß Segen gezeiget 1 Sohn V. 1 Tohter, welhe nebenst der mutter im Hn entschlaffen, Nach geendeten trauwer tagen, hatt er sich mit des S. Thomas **buchholzen** hinterlaßenen tohter Marien, wiederumb eingelaßen, V. mit derselben in 3 iharen, auh einen Sohn V. Tohter gezeiget, welhe im Hn entschlaffen, weil sie aber ihrer Vntaten halben, Von im entgangen, V. ihme von einem Erwürdiegen Consistorio anderweit zu frewen Vergünstieget worden, alß hatt er sich mit dieser seiner hohbetrübten Witwen (756) eingelaßen, V. mit derselben in friedlieher ehe 3 Jahr weniger 4 wohen gelebet, Vnndt durh gottes segen 1 Sohn gezeiget, welher am leben, Seine Wittibe aber mit Schwerem leibe gelaßen. Sein bürgerliehes leben anlangendt, So ist er ein friedliebender man gewesen, der sich mit Jedman woll vertragen, wie auch fleißig zur Kirhen gangen, V. der hohwürdiegen Sacramenta offterß gebrauhet, was seine Kranckheit betriefft, So ist dieselbe ied meniglliehen bewust, das er fast gantzer Sieben Viertel Jahr geqvinet Jedoh woll niht allezeitt gelegen, biß nun Vngefehr Vor 14 Tagen da hatt in die Mattigkeit so hartt angegriffen, das er Sinter der zeyt wenig, oder gar nicht auß dem bette komen, derohalben er sich am Vergangen Donerstage 8 Tage mit dem wahren leib Vnndt blude Vnsers Hn Jesu Christi, Vesehen laßen, Vnndt seine Seele gott dem herren befohlen. In maßen er dan den 51 Psalm, gott sey mir gnedig &: Wie auch das Schöne gebetlein H Jesu Dir leb ih etc. sich biß an sein ende im munde sein laßen, V. mit selben Spruch In Vergangener Mittwoch Zwischen 8 Vndt 9 Vhr zu Abends im 39 Jahr seinen geist fein Sanfft Vnndt Still Vffgegeben. [Witt 330]

465 ANNA GREIFF, ✶ KÖNIGSBERG (ALTSTADT) 1615, □ 10. 12. 1630

Anna, S. Baltzer **Greiffen** schneiders Tohter
begraben den 10 Decemb.
Leichp. **ML** ex Marc. 5

Waß nun anlanget Vnsere in gott ruhende mit schwester Anna, ist sie im Jahr 1615 an die weldt geboren Von christliehen V. gottseliegen eltern, ihr Vater S. ist gewesen der Erb. Vnd wolg. Balzer **greiff** Schneider V. mit bürger dieser Altenstadt, ihre Mutter die Erbare, tugendsame Fraw Maria (757), welhe ihrer Tohter das geleid gibet, diese liebe Eltern alß sie ihre tohter an die weldt gebohren haben, sie in der H. Tauffe ein Vorleiben laßen, V. zu allen christliehen Tugenden aufferzogen, sie lesen v. schreiben lernen laßen, V. im Catechismo fleißig Vnterrichtet In maßen sie auh in allem ihren eltern gehorsam sich erzeuget. 3 Tage hatt sie gekrancket, V. ist darauff seelig Verschieden im 16 Jahr ihres Alterß. [Witt 205]

466 ZACHARIAS SCHÜTZ, ✶ CHEMNITZ 25. 1. 1579, □ 18. 12. 1630

Zacharias Schüz, stulschreiber
begraben den, 18 Decem. Leihp. **MW**.

---

756 Judith **John** ✞ 5. 11. 1636 (lfd. Nr. 773).

757 Maria **Greiff** war ab 1618 verheiratet mit Hans **Getzke** □ 2. 12. 1630 (lfd. Nr. 461).

Demnach Ich Zacharias Schöz auß Meißen, der geburt von Kempnitz durh gottes seegen, krafft meines bey mit habenden geburtbrieffs, Von Ehrliehen Vntadelhafftigen eltern, als Caspar **schütz** Kannengiesser (758) zu Kempnitz, meinem lieben Vatter, V. / meiner lieben Muter Ao 1579 den tag Pauli Bekerungk gebohren, mih itz gedachte meine liebe eltern dem Hn Christo durh die H. Tauffe ein Vorleiben, V. in das buh des lebens einschreiben laßen: V. nach dem ih ein wenig zu iharen kommen Sie mich auh zur schule gehalten, V. hernach, alß ih etwas mehr als 16 1/2 alt worden bin ih zu dem ehrenVesten, hohachtbaren Hn / Cuhrfl. Sächsischen Witben ampts verwaltern komen seiner Söhne Praeceptor *Lehrer* 3 Jahr V. sein amanuensis *Sekretär* gewesen, V. Schreiber, 5 ihar V. also continué 8. Jahr verblieben Laut meines Testimonij *Zeugnisses*: Von dar Ich den nach Dreßdenn an den Hn Secretario commendiret *empfohlen* worden, da ich, weil das hoffleben niht gefallen kurtze zeit gewesen, mih derowegen mit rath meines lieben Vatters in preußen begeben, da Ich dann baldt zu H **Fridrichen** Erbtruchessen (759) laut seines Testimonij kommen V. für seinen Schreiber gedienet, V. seine Kinder zu gleih instituiret: Von dannen ich zum Hn Johann **Pistorio** pp. Seel. Altstätieschen Secretario begeben, V. nach deßen todt zum Hn Hiobo **Lepnero** (760), welher ihme in solhenem Dienste Succediret *nachgefolgt*, V. bey denselben beiden Hn 6 Jahr gewesen, da ih mih dan, nach dem ih meine mänliehe 30 Jahr Vermeinet erreihet zu haben, durh gottes schickung mit der tugendsamen Jungfrawen Ester des Hn S. Salomon **Brandten** (761) gewesenen Schöpmeisters Eheleibliehen tohter, Verheyratet, ihn welher ehe Vns der liebe gott, mit einem Tohterlein, welhes er auh baldt nach seinem rath wieder zu sich genomen, beeseliget. V. wir nun 19 Jahr darin gott lob friedlich V. geruhiglich, doh nicht ohne wenig Creutz, V. größe Vielfeltiege Kranckheit geseßen, V. noh so lange es dem lieben gott gefellig, V. seelig sein wirtt, darauff ich dan nach Schippenbeill vnwirdigk zu ihrem Secretario V. Stadschreiber, Ao 1611 auch besage bekommener Vocation, welhen Dinst ich 12 iahr Inhaltes meineß Testimonij, treylich verwaltet, biß entlich E.E. Hohweiser Rath der Churfl. Alten Stadt mich wieder anhero zu ihrem Stulschreiber v. schulmeister Vffs Holtzthor (762) Lautt dero Vocation Sub Signo *Berufung unter dem Zeichen* (763) schriftliehen vociret V. beruffen alda ih nun albereit 8 1/2 Jahr geseßen, der Almehtiege gott wolle Vns ferner geben, was Vns an leib, V. Seele zu diesem V. jenem leben, nutz V. Seeligk sein möge. aet. 52 Jahr.

/ Margaretha eine geborene **Doppoltin**

/ Joh. Georg **Arnolden**

[Witt 664]

---

758 Die Worte "Caspar schütz Kannengiesser" über der Zeile eingefügt.

759 Die Worte "H Fridrichen Erbtruchessen" über der Zeile eingefügt. – Wohl nicht **Friedrich I von Waldburg-Trauchburg** wie oben bei Christoph **Schmidmer** ✝ 30. 7. 1628 (lfd. Nr. 167), sondern ein anderer Herr Friedrich aus der ostpreußischen Linie **Waldburg-Capustigall**, die seit Mitte 15. Jahrhundert westlich Königsberg ansässig war?

760 Hiob **Lepner** ✝ 6. 5. 1635 (lfd. Nr. 691).

761 Die Worte S. Salomon Brandten" über der Zeile eingefügt.

762 Das Holztor an der Südostecke der Altstadt schloss die Holzstraße zur Holzbrücke und zum Pregel ab.

763 Folgt ein unbekanntes Zeichen ähnlich diesem: X

ANNUS CHRISTI
1631
IANUARIUS

In diesem Monath ist eine Leich Predig gehalten worden (764)

467 PAUL STOBBE, ✶ WO? WANN?, □ 7. 1. 1631

Paul Stobben einem Zimmermann der Polnischen Gemeine Kirchen Vater, welchem der Polnische Pfarr Leichpredig gethan. (765) [Witt 702]

468 CHRISTOPH SCHMIDT, ✶ WO? WANN?, □ 5. 2. 1631

Christoph Schmidt peste gestorben den 5 Febr.
begraben worden.

M**Halbach** Ihm die Leichpredig gethan, ist aber in seinem curriculum vitae *Lebenslauf* weder seines Vatern oder Mutter gedacht, nur das Er hin Vndt wieder gedienett, Vndt sich hie befreyett. [Witt 642]

469 DANIEL GEWEHR, ✶ GREIFSWALD 1566, ✞ 24. 2. 1631

Daniel Gewehr den 26 Februarij begraben.

Ist Ao 1566 zu Grypswalde in Pommern gebohren, sein Vater hatt geheissen Hanß **Gewehr** seine Mutter Catharina. Ist bald in seiner Jugendt in Churlandt zu einem Edellman Wolff **Von Raden** Verschickt worden, nachmahl dem Kriegswesen in Liefflandt V. Schweden nachgezogen, darauff in Deenemarken Vndt Deutschlandt sich Versucht, Vndt entlich hierher kommen Vndt erst Hn Ludwig **Rautern** Landthoffmeistern, hernach FhDhtt in der Rüstkammer auffgewartet 30 Jahr. Ao 1608 hatt Er sich Verehligett mit seiner ietzt nachg. Wittwen Fr. Anna mitt welcher Er 23 Jahr gelebett Vndt 1 Sohn gezeugett, der noch am leben. In seinem hohen Alter ist schwer leibes Krankheit zugeschlagen mitt schwerem hei... Vndt Dampff, daran Er am Sontag zwischen 2 V. 3 Vhr pom. [postmeridiana] *nachmittags* Im 65 Jahr seines Alters gestorben, nach dem Er im Freytag Zuvor Communicieret. M**Halbach** hatt die Leichpredig. gehalten. [Witt 185]

470 ANNA STRAUSS, ✶ HEILSBERG 1591, ✞ 28. 2. 1631

Anna Christoph **Straussen** Bortenmachers Fraw
begraben den 2 Martij

Ist Anno 1591 Zu Heilsberg gebohren, Ihr Vater hatt geheissen Valentin **Eggert** ein Zimmermann, Ihre Mutter Catharina, Welche Ihr abgestorben,

---

764 Dies ist die einzige Bemerkung dieser Art in diesem Kirchenbuch. Gemeint ist die Leichenpredigt für Paul Stobbe.

765 Das Begräbnisdatum steht im Totenregister (EZA Signatur 2075 – siehe hierzu in der Einführung S. 38) mit folgendem Eintrag: "1631 7. 1. ♂ Paul Stobbe Zimmermann Kirchenvater A. St. Der Polnische Pfarrer die Leichpd. gethan ". Nach QMS 19/4 (S. 1086) war Christian **Liebruder** 1620–1659 Pfarrer an der Steindammer Kirche.

da sie nur 3 Jahr Altt gewesen, daher Sie anhero nach Königsbergk zu Ihrem Vätter Barthell **Sälgitten** Bürger der Altenstadt kommen, welcher Sie Zur Schulen gehalten Vndt zur Haußhaltung bieß sie Ihr 22 Jahr erreichett, ist sie Verehelicht worden Christoff **Straussen** Borttenmachern mitt welchem sie 18 Jahr gelebett, 6 Kinder gezeugett, 2 Söhne V. 4 töchter, davon noch 1 Sohn V. 2 töchter am leben. Sonst hatt sie sich still Vndt from verhalten, hatt lange gequiehnen biß die Kranckheitt vberhandt genommen. Derowegen sie am Montag das hochw: Abendtmahl empfangen, Vndt nach dem sie 10 wochen continué *ununterbrochen* bettreisig gewesen, ist sie am Freytag Vmb 10 Vhr Zu mittag im 40 Jahr ihres Alters Verschieden. M**Lepner** hatt die Leichpredigt gehalten ex Job. 5 v. 17 & 18. (766) [Witt 713]

471 Anna Liebke, ✶ Königsberg 1608, ✞ 28. 2. 1631

Anna Eccardt Liebken Gefreyten Fr. denselben
tag in einer Leichpredigt mitt Vorgedachter
Bortenmacherin begraben

Ist Ao 1608 alhie gebohren Ihr Vater hatt geheissen Wilhelm **Marquart**, Ihre Mutter noch am leben Elisabeth ist im 21 Jahr Ihres Alters gedachtem Eccardt **Liebken**, die sie Zuvor geschwengert privatim *privat* Zugetrawett worden, hatt mitt Ihm gelebett 2 Jahr Vndt 2 Töchter gezeugett; nach dem Sie die ander tochter mitt grossen schmertzen gebohren, hatt sie am Freytag ihren Geist auffgegeben. Aetat. 23 Jahr. [Witt 401]

472 Anna Wittkaw, ✶ Königsberg 1575, ✞ 2. 3. 1631

Anna Michell **Wittkawen** Schmagkenschippers Fraw
den 4 Martij begraben

Ist Ao 1575 alhie Zu Königsberg gebohren, ihr Vater hatt geheissen Hinrich **Jonas** Zimmermann, die Mutter Lucia, ist bald Vater- Vndt im 8 Jahr Mutterloß worden, da sie den S. Lorentz **Schlüter** gewesener Richter Affm Steintham Zu sich genommen sie erZogen Vndt im 19 Jahr ihres Alters Ao 1594 sie ihrem ietzt hinderlassenen Wittwer Michell **Wittkawen** Schmagkenschipper in der Altenstadt Verehligett, mitt welchem Sie in friedlicher Ehe gelebett ins 37 Jahr, mitt ihm geZeuget 6 Kinder, 4 Söhne Vndt 2 Töchter davon noch 3 Söhn im leben, die andern sindt Verstorben. Im Freytag für 8 tagen Ist sie plötzlich schwach worden, am folgenden Montag hatt sie communicierett, Vndt auff den Sontag hernach altt Vndt lebenssatt ihre Seele Gott dem Herrn auffgegeben, im 56 Jahr Ihres Alters. M**Halbach** hatt die Leichpredigt gehalten. [Witt 810]

473 Marquart ♀, ✶ Königsberg (Hufen) 1548, ✞ 3. 3. 1631

Vrban Marquarts Nachgelassene Wittwe (767) Von Huben
begraben den 6 Martij

Ist Ao 1548 Auff den Huben gebohren Ihr Vater hatt geheissen **Peter Grulak**, Ihre Mutter Anna. Im 18 Jahr ist sie Verehliget **Bastian**

766 Begraben gemeinsam mit der nachfolgenden Anna Liebke.

767 Vorname nicht angegeben und auch nicht im Namensregister am Ende des Kirchenbuches und nicht im Totenregister (EZA Signatur 2075) genannt. Zu den Registern siehe die Einführung, S. 8 und S. 38.

Theigen, hatt mit ihm gelebett 25 Jahr, mit Ihm 9 Kinder gezeugett 4 Söhne Vndt 5 Töchter, davon noch 2 töchter am leben, die andern alle Verstorben. Nach dieses Ihres Mannes Tod hatt sie 1 Jahr im Wittwenstand gesessen Vndt hernach sich wieder verehligett mit **Vrban Marquart**, mitt welchem sie gelebett 33 Jahr ohne leibes Erben. Ihres Christenthumbs Vndt Verhaltens hatt sie ein gutt Zeugnus gehabt. Ist gestorben am Montag Vmb 1 Vhr nachmittag im 83 Jahr ihres Alters M**Halbach** hatt die Leichpredig gethan, welcher sie am Sonabendt Zuvor berichtet. [Witt 432]

474 Jacob Krause, ✶ Mahnsfeld, Landkr. Königsberg 1563, ✞ 5. 3. 1631

Jacob Krause Fuhrman Auffm Steintham, begraben den 7 Martij.

Ist Ao 1563 Zu Mahnsfeldt in Preussen gebohren, Sein Vater hatt geheissen Paul **Krause**, seine Mutter Sophia. Ist nach empfangener Tauffe als er etwas erwachsen Zur Schulen gehalten worden, das er lesen Vndt schreiben gelernett. Hernach ist Er Zu Dienst gethan Zum H Henrich **Von Gersten** (768) Bürgermeister im Kneiphoff 2 Jahr, darauff 1 Jahr bey H Hinrich **Friesen**, welcher Ihn Zur Seewarts gebraucht; hernach im 26 Jahr seines Alters hatt Er sich Verehligett mit Margareta Greger **Nöbben** (769) Nachg. Wittwen mitt derselben 40 Jahr im Ehestandt gelebett, mitt Ihr 3 Söhne Vndt 4 Töchter geZeugett, davon noch 1 Sohn Vndt 3 töchter im Leben, die andern im Hn entschlaffen. Nach dieser Frawen absterben ist er fast 2 Jahr im Wittwenstandt geblieben, hernach sich mitt dieser seiner Nachgel. Wittwen Maria eingelassen, mitt welcher Er nur in die Siebende woche gelebett. Für 3 wochen hatt Er eine Fracht nach der Mümmell (770) bekommen, auff welcher reise im Zurück Zuge ihm die Füsse erfrohren, das er gar bettreisig worden daZu ein hefftiges Verschrecken kommen, das er darüber seinen Geist auffgegeben am Mittwoch, als Er am Sonnabendt Zuvor das hochwürdige Abendtmahl empfangen. Aetatis 68 M**Wolderus** hatt ihm die Leichpredig gethan ex Joh. 1 Ecce Agnus Die *Siehe, das Lamm Gottes*. [Witt 363]

475 Esther Brewer, ✶ Löwenstein, Kr. Gerdauen? 1576, ✞ 10. 3. 1631

Esther Clement **Brewers** Von Huben Nachg. Wittwe den 12 Begraben

Ist Ao 1576 Zu Lewenstein gebohren, Ihr Vater hatt Wilhelm **Stobbe** Vndt die Mutter Anna geheissen. Im 25 Jahr Aetatis hatt sie sich mitt Clement **Brewern** (771) Verehligett, mit Ihm ins 31 Jahr gelebett, mitt Ihm 3 Töchter Vndt 2 Söhne geZeuget davon 1 Sohn V. 1 Tochter Verstorben die andern noch im Leben. Für 19 wochen ist sie krank worden, für 3 wochen communicieret ist am Montag gestorben Aetatis im 57 Jahr. M**Wolderus** hatt die Leichpredigt gethan ex Joh. Ecce agnus Dei etc. hatt sich sonst still Vndt from Verhalten. [Witt 78]

---

768 Bei diesem war auch Wilhelm **Kelch** ✞ 23. 3. 1636 (lfd. Nr. 739) in Diensten.

769 Ernst Witt: auch Lesung **Nöllen** oder **Nölten** möglich.

770 Nach Memel.

771 Clement **Brewer** ✞ im August 1629 (lfd. Nr. 247).

476 REINHOLDT LUBENAU, ✶ KÖNIGSBERG (ALTSTADT) 5. 8. 1556, ✝ 17. 3. 1631

Herr Reinholdt Lübenaw der Elter, RahtsVerwandter Vndt oberster Kirchenvater begraben den 20 Martij.

Ist Ao 1556 den 5 Augusti alhie zu Königsbergk gebohren Patre Martino **Lubenaw** Meltzenbrewer in der Altenstadt, Matre Margareta **Engellbrechtin**, welche in nach empfangener Tauffe, als er ettwas erwachsen fleissig zur Schulen gehalten, Vndt als er darinnen die Fundamenta pietatis & latinae lingvae *Grundlagen der Frömmigkeit und der lateinishcen Sprache* gelegett, nach Krackaw an H Simon **Rahenberger** Apotheker daselbst die Polnische Sprach Vndt die Apotheker Kunst Zu lernen Verschickt, bey welchem Er drey Jahr Verharrett. Als Er wieder her kommen hatt Ihn Ihr Fr. Dhtt. Margraff Alberti S. Leibmedicus H D. Jacobus **Montanus** in seine Apotek auffgenommen darin Er biß Ao 1580 sich trewlich Verhalten V. servieret *gearbeitet* (772), Von H D. **Montano** ist Er Liefflandt, Deutschlandt, Böhmen, Vngern, DurchZogen Vndt für eine Apoteker Gesellen Vndt Provisoren gedienett, endtlich auß Wien Von **Rudolphi 2** Imperatoris Oratore Vndt Legaten D. Bartholomaeo **Petzen** für einen Leib Apoker mitt nach Constantinopell genommen bey welchem Er ein gantz Jahr auffgewartett, Vndt als Er gelegenheitt Zu reisen bekommen, ist Er mitt andern herrn von dannen durch Pontum Vndt Asiam, wie auch durch Mare Mediterraneum Vndt die darinnen liegende Insulen Vndt daran stossende Lender nicht ohne grosse gefahr durchreisett Vndt durchsehen, biß er auff Venedig Vndt durch gantz Italiam glücklich wieder anhero Zu Hause kommen Ao 1590 hatt er sich in den Ehestandt begeben mitt J. Anna S. Georgij **Schönewalds** Kirchen Vaters dieser Altenstadt Ehelichen Tochter, mitt welcher Er 30 Jahr gantz friedlich gelebett, durch Gottes Segen mitt Ihr 10 Kinder gezeugett, 6 Söhne Vndt 4 Töchter (773), Von welchen noch ein Sohn H Reinholdt **Lubenaw** Schöppenmeister Vnser Altenstadt, Vndt 1 Tochter Anna erst H Christophori **Gluckrahts** Med. & Phil. D. nun H Caspari **Perbands** J.V.D. & Professoris Publici Eheliche Haußfraw. Ao 1620 hatt ihm Gott der H neben 2 Söhnen seine liebe hausfraw durch den todt hinweggenommen, Vndt Ihn in den betrübten Wittwenstandt Versetzett, in welchem Er 1 Jahr Verharrett, nachmahls wegen seines schweren Amptes Vndt Haußhaltung sich anderweitt eingelassen mitt J. Catharina S. H Andres **Kesen** Kauffmans V. Kirchenvaters NEhl. T. H Hinrich **Göbels** stifftochter, mit welcher Er 9 Jahr gelebett Vndt ettliche mohnett, mit Ihr surch Gottes segen gezeugett 2 Kinder, 1 Sohn V. 1 Tochter davon der Sohn gestorben, die Tochter noch im leben. Wie er nun Gott von Jugendt auff geliebett, gefurchtett Vndt geehrett, also hatt Ihn auch Gott der Herr wiederumb mit gnedigen Augen angesehen, ihn wunderlich geführett, Ihn gesegnett Vndt geehrett, den Ao 1601 ist er ins Gerichts- Ao 1603 ins Rahts mittell gekohren, darinnen Er alle Ampter biß ans Bürgermeisterliche, wiewoll Er auch dasselbe in schwachheitt der alten herrn Vnterschiedliche mahl, Verwaltet mitt was fleiß Vndt trewen, werden Ihm seine H Collegae ganugsame Zeugnüß geben. In seinem KirchenVater Ampt ist das seine gröste sorge gewesen, das die Kirche an ihren einkünfften nicht geschmehlert, sondern Vermehrett würde, Vndt ehe Ihr

---

772 Catharina **Greger** ✝ 23. 3. 1636 (lfd. Nr. 738) hat ebenfalls in dieser Apotheke gearbeitet.

773 Eine der gestorbenen Töchter war Dorothea **Pöpping** ✝ 3. 3. 1630 (lfd. Nr. 409).

etwas abgehen sollte, hatt Er sie mitt seinem eigenen gelde gebawett Vndt geZiehrett.
In seinem Chistenthumb, hatt Er sich woll Verhalten, mitt anhörung Göttliches Worts Vndt offterm brauch des hochwürdigen Abendtmahls, / Seine Krankheitt anlangend ist Er Vbern Jahr fast wenig gesund gewesen, sondern mehrentheil bettreisig, aber gar geduldig, stets Zu Gott Vmb gnedige Aufflösung seufftzende, biß Er Ao 1631 den 17 Martij Vmb 7 Vhr des Abendts, nachdem Er in dieser weltt Vnter allerhand mühseligkeitt, Creutz Vndt Verfolgung 74 Jahr Vndt ettliche Mohnatt gelebett, Altt Vndt lebenssatt worden, sanfft Vndt Selig entschlaffen, Gott Verleihe Ihm eine fröliche Aufferstehung Zum Ewigen leben, Vndt tröste die Betrübten &.
MLepner hatt die Leichp. gethan. V den 91 ψ. gantz gehandelt.

/ auch mit seinen Neben Christen also gelebett, das sich niemandt Vber Ihn zu Beklagen

[Witt 413]

477 CHRISTOFF ZIER, ✶ "BORNSTEDT IM MECKELLBURGSCHEN" 1568, □ 31. 3. 1631

Christoff Zier ein Nagelschmidt auffm Steintham
begraben den 31 Martij

Ist gebohren Zu Bornstet im Meckellburgschen (774) Ao 1568 Patre Christophoro **Cyro** Pastore ibidem, Matre Elisabetha *im Jahre 1568, sein Vater Christophorus Cyrus war Pastor ebendort, seine Mutter hieß Elisabeth*; Als Er erwachsen V. Zum studieren keine lust gehabt, hatt Er das Nagelschmieden gelernett, Vndt darauff gewandertt biß Er Ao 1596 anhero kommen ein Zeitlang gearbeitett Vndt sich auch befreyett mitt J. Anna. N.N. Ehelichen T. mitt Ihr 4 Kinder geZeugett 2 Söhne Vndt 2 Töchter, davon nur eine Tochter noch im leben. Nachdem diese ein halb Jahr todt gewesen, hatt er sich wieder Vereheligett mitt dieser seiner hinderlassenen Wittwen mitt welcher Er 28 Jahr ohne Erben friedlich gelebett. Sein Christenthumb Vndt gemein leben belangende Hatt Er sich friedlich Vndt from Verhalten. Für 9 wochen ist Er gantz lagerhafftig worden, hatt sich in seiner Krankheitt mitt Gott versöhnett Vndt sich ihm befohlen, der Ihn auch abgefordertt im 63 Jahr seines Alters MHalbach hatt die Leichpredigt gethan. [Witt 831]

478 CATHARINA BEGGERAW,
✶ WILKENDORF, KR. RASTENBURG 1571, ✞ 31. 3. 1631

Catharina

Matthes **Beggerawen** Festbeckers Auffm Steintham
Fraw begraben den 2 dieses Monats

Ist Ao 1571 Zu Wilkendorff im Rastenburgischen Ampt gebohren, Ihr Vater hatt geheissen Görg **Leißner**, Ihre Mutter Catharina, diese Elten haben ihre Tochter nach empfangener Tauffe biß ins 10 Jahr erZogen, nachmahl anhero Zum H. Hinrich **Platon** S. Richtern im Kneiphoff (775) gebracht, bey welchem sie 12 Jahr trewlich gedienett, der Sie Aet. 23 *im Alter von 23 Jahren* Jahr außgegeben Sylvestro **Trosien** einem höker im

774 Kein Ort dieses Namens in Mecklenburg bekannt. Willgeroth nennt keinen Pfarrer dieses Namens. Auch in „Evangelisches Pfarrerbuch für die Mark Brandenburg seit der Reformation", hrsg. vom Brandenburgischen Provinzialsynodalverband, Band 1, Band 2/1, Band 2/2, Berlin 1941, findet sich zeitgenössisch kein Pfarrsprengel ‚Bornstedt' und kein Pfarrer namens Zier oder ähnlich.

775 Die Worte "Richtern im Kneiphof" über der Zeile eingefügt.

Kneiphoff, mitt welchem sie 4 1/2 Jahr gelebet, Vndt 2 Kinder gezeugett, welche schon verstorben. Nach dieses Mannes todt, als sie 1 Jahr Wittwe Verblieben, hatt sie sich aber Verheyrahtett mitt mit Jochim **Dering** Festbecker Gesellen, mitt welchem sie nur 1 Jahr gelebt, Vndt 1 Sohn geZeugett, welcher bald nach dem Vater gestorben. Nach 3/4 Jahr ist Sie Zur dritten Ehe geschritten mitt S. Andres **Steinkopff** Festbecker, mitt welchem Sie 24 Jahr gelebet, mitt Ihm 8 Kinder gezeugett, 3 Sohne Vndt 5 Töchter, welche alle Ao 1620 in der Pest gestorben. Zum 4 mahl hatt sie sich nach 3/4 Jahr ihres Wittwenstands wieder Verehligett mit ietzt hinderlassenem Wittwer Matthes **Beggerawen** Festbecker, mitt welchem Sie Ao 1628 14 tage nach Pfingsten HochZeitt gehabt, aber nur 3 Jahr weniger 12 wochen gelebett ohne leibes erben. Hatt sich in ihrem leben still Vndt woll Verhalten. 8 Tage vor Fastnacht ist Sie hefftig krank worden, derowegen sich bald mitt Gott Versöhnett Vndt sich seinem willen ergeben, welcher sie am vergangenen montag Vmb 6 Vhr des morgens im 60 Jahr ihres Alters: Hatt einem ieden Prediger der Altenstadt 1 Rthl Vermacht den wir auch bekommen. M**Lepner** hatt die Leichpredigt gehalten ex Joh. 30 v. 23&24 [Witt 33]

479 PAUL LÜBASCH, ✶ "ZU PEITSCH" 1537, □ 3. 4. 1631

Paul Lübasch ein Alter 40 Jahriger Diener E.E. Rahts
begraben den 3 Aprilis

Ist Anno 1537 Zu Peitsch (776) gebohren, sein Vater ist ein Prediger gewesen: Hatt 3 Frawen gehabt, mit der ersten hatt er gelebet 30 Jahr, als er 30 Jahr schon Alt gewesen, mit ihr geZeuget 5 Kinder. mitt der andern hatt er auch 30 Jahr gelebett Vndt 3 Kinder mit Ihr geZeugett. Mitt der 3 seine ietzt NW. Christina hatt er nur dritte halbe Jahr gelebett. Ist altt worden 94 Jahr. M**Wolderus** hatt die Leichpredigt gethan. [Witt 414]

480 BENEDICT HARNACK,
✶ ALT PASSARGE, KR. HEILIGENBEIL 30. 1. 1560, ✞ 2. 4. 1631

Benedict Harnack der Elter ein Gildefischer
begraben den 4 Aprilis.

Ist Ao 1560 Zur Passarge im Ampt Balge den 30 Januarij gebohren, Sein Vater hatt geheissen Lorentz **Harnack** Fischer daselbst seine Mutter Margaretha, Welche Ihn nach der Tauffe als er erwachsen Zur Fischerey gehalten. Als Er 30 Jahr Altt worden, hatt Er sich Ao 1590 mitt J. Barbara S. Jacob **Turogen** Schultzen Zu Fedderaw im Brandenburgischen (777) Ehl. T. Verehligett, mitt Ihr 17 Jahr friedlich gelebett, ein Zeittlang das Schultzen Ampt daselbst verwaltett, Vndt nachmahls sich anhero nach Königsbergk begeben Vndt seine nahrung forttgestellett Mitt gedachter seiner ersten Frawen hatt Er 9 Kinder geZeugett, 6 Söhne V. 3 Töchter, davon noch 2 Söhne am leben. Nach absterben seiner ersten Frawen hatt Er sich abermahl Verehligett mitt seiner ietzt NW. damahls J. Maria S. Baltzer **Drachen** Churfl. gewesenen Kellermeisters in Sachsen

---

776 Peitschendorf, Kr. Sensburg ? Oder Peißnick, Kr. Gerdauen? In QMS 19/4 kein Pfarrer **Lübasch** oder ähnlich. Oder Peitz, Stadt im Kr. Cottbus (Proz. Brandenburg) ? Hier beginnt die Reihe der Pfarrer im „Ev. Pfarrerbuch für die Mark Brandenburg seit der Reformation" (wie Anm. 774, Bd. 1, S. 208) erst im Jahr 1542 mit einem Pfarrer **Donath**.

777 Fedderau, Kr. Heiligenbeil.

Ehl. T. mitt welcher Er 24 Jahr gelebett mitt Ihr geZeugett 5 Kinder 2 Söhne Vndt 3 Töchter, davon noch 1 Sohn V. 1 Tochter im leben. Sein leben anlangend ist er ein stiller frommer Man gewesen, Gottes Wortt geliebett V. Zum hochwürdigen Abendtmahl sich fleissig gehalten. Seine Krankheitt anlangende ist Er fast 3 Jahr bettreisig gewesen, wiewoll Er bißweilen besser worden, das Er Vmbher gehen können aber numehr fast Vbern Jahr nicht außm hause kommen. den der grosses reissen in sein bein, bald ein kleinen schaden bekommen darauß der kalte brandt entstanden welcher Zwar etwas geleschett worden, darüber Ihm 4 Zen abgenommen, weil aber das hohe Alter da gewesen, Vndt die Natur gar schwach, ist er am Vergangenen Mittwoch Zu Mittag Zwischen 12 Vndt 1 Vhr, nach dem Er sich in wehrender Krankheitt Zum offtern mitt dem Hochwürdigen Abendtmahl Versehen, im 71 Jahr V. 9 wochen seines Alters, sanfft V. selig entschlaffen.
M **Lepne** hatt die Leichpred. gethan ex. v. 6 ψ 31. [Witt 242]

481 Arendt Aderman, ✶ Lübeck 6. 5. 1589, ✝ 17. 4. 1631

Arendt Aderman, begraben 18 huius

Ist Anno 1589 den 6. Maij st.V. Vor 42 Jahren weniger 4 wochen Zu Lübeck gebohren, Sein Vater hatt geheissen Gottfried **Aderman** ein Kauffman, Seine Mutter Brigitta auß **Schienckels** geschlecht: Welche seine Eltern Ihn nach der Tauffe als er erwachsen Zu Lübeck Vndt Rostock Zur Schulen gehalten: Als Ihm aber dieselben bald in der Jugendt mitt tode abgangen, hatt Er sich bey seinen freunden auffgehalten biß er 17 Jahr Alt worden, da ist Er Zum Hn Crispino **Kerstenstein** (778) geschickt die Littawische sprache Zu lernen, bey welchem Er 2 Jahr Viel erlitten Vndt außgestanden. hernach hatt Er sich in die Wilde (779) Zu H Georg **Pfeffer** begeben welcher in Reußland einen Aschhandel gehabt, Von dem ist Er anhero Zum Alten H Michell **Löllhöffell** kommen, demselben 2 Jahr gedienett, nachmahls seinen eigenen handell auff Lübeck, Coppenhagen Vndt Stockholm zur Seewarts geführett. Im 26 Jahr seines Alters hatt Er sich Verehligett mitt J. Dorothea (780) Matthes **Klugen** Bürgers in Bartstein Ehl. Tochter, mitt derselben Ao 1614 den 20 Octob. hochzeitt gehalten, in 13 Jahren 7 Kinder 4 Söhne Vndt 3 Töchter geZeugett, welche alle gestorben, sampt der Mutter die Ao 1627 den 30. Sept. todes verblichen. Ao 1628 den 9 Maij hatt Er sich wieder Verehligett mitt J. Justina S, H Francisci **Grätzen** (781) Weylandt Pfarrherrn auffm Haberstroh, mitt welcher Er 3 Jahr weniger 3 wochen gelebet, mitt ihr 2 töchter gezeugett, davon eine im leben. In seinem Christlichen leben hatt Er sich still friedlich, from Vndt Gottfürchtig Verhalten. Am Vergangenen Mittwoch hatt er nach Verrichtem Gottesdienst ettliche Techer (782) leder einem Frembden Verkauft Vndt geliefertt, bey welcher lieferung Er

---

778 Bei Crispin **Kerstenstein** ist auch Michel **Mack** ✝ 7. 4. 1629 (lfd. Nr. 213) gewesen, um die polnische und litauische Sprache zu lernen, und Johannes **Leder** ✝ 27. 11. 1629 (lfd. Nr. 362) hat dort als Organist gearbeitet.

779 Nach Wilna (Litauen).

780 Dorothea **Aderman** ✝ 30. 9. 1627 (lfd. Nr. 110).

781 Franziskus **Grätsch** "war 1600 und auch 1612 Pfarrer in Haffstrom, Landkr. Königsberg" (QMS 19/2, S. 633).

782 Ernst Witt: Lesung unsicher.

auffm Speicher in Ohnmacht gefallen Vndt darin geblieben, hatt die nach[t] Zuvor (783) sehre embsig gebehtett Vndt sich Gott dem Hn befohlen, M **Wolderus** hatt Ihm die Leichpredigt gethan ex Historia Passionis, qua sepulturam praecedunt [sic] *aus der Passionsgeschichte, die dem Begräbnis vorangeht.* [Witt 2]

482 CATHARINA ROSE, ✶ KÖNIGSBERG 1604, ✝ 28. 4. 1631

Catharina Harbardt **Rosen** N.W. begraben den 30 huius

Ist Ao 1604 alhie gebohren. D Vater Matthis **Schwartz** Bortenmacher die Mutter Dorothea, welche beyde noch im leben. Diese haben ihre Tochter nach der Tauffe fleissig aufferZogen das sie neben dem Catechismo lesen Vndt schreiben gelernett. Ao 1628 im 24 Jahr ihres Alters hatt sie sich Verehligett mitt Harbart **Rosen** einem Bortenwürcker, mitt welchem sie nur 5/4 Jahr gelebett Vndt 1 Tochter geZeugett, welche sampt dem Vater todes Verblichen: Hatt sich in ihrem Wittwenstandt still V. from Verhalten. Im Vergangenen Mittwoch ist sie kranck worden, hatt im Freytag communicierett, am Montag Vmb 11 Vhr Verschieden Aetatis im 27 Jahr *27 Jahre alt* M**Halbach** hatt die Leichpredigt gethan. [Witt 587]

483 PETER MEYER, ✶ STADE / PROV. HANNOVER 15. 9. 1591, ✝ 1. 6. 1631

Peter Meyer Huttstaffierer begraben den 3 huius

Ist Ao 1591 den 15 Septemb. Zu Stade im Stifft Bremen gebohren Sein Vater hatt geheissen Hanß **Meyer** Handelsman daselbst, seine Mutter Catharina, welche ihn nach empfangener tauffe als er etwas erwachsen fleissig Zur schulen gehalten das er lesen schreiben Vndt rechnen gelernett, Nachmahls Ihn Zu Dienst gethan Zu Hanß **Fölschen** bey, welchem Er 5 Jahr gedienett V. das huttstaffieren gelernett Ao 1613 ist Er anhero kommen, Vndt erstlich 1 1/2 Jahr bey S. Jacob **Putzken**, Vndt hernach 2 Jahr beym S. Hinrich **Harmen** gearbeitett. Ao 1617 den 18 Sept. hatt Er hochzeit gehalten mitt J. Maria itzt seiner hinderlassenen Wittwen, mitt welcher Er ins 14 Jahr gelebett, mitt Ihr 7 Kinder geZeugett, 4 Söhne V. 3 Töchter, davon noch 2 Söhne im leben. Am Sontag für 8 tagen, ist Er krank worden, am Dienstag für 8 tagen, hatt er das hochwürdige Abendtmahl empfangen, folgenden Sontag morgens Zwischen 6 V. 7 Vhr des Morgens selig entschlaffen im 40 Jahr seines Alters. M**Wolderus** hatt die Leichpred. gethan. [Witt 455]

484 FRIEDRICH SURKAW, ✶ KÖNIGSBERG 1601, ✝ 13. 6. 1631

Friedrich **Surkaw** ein Gesell begraben den 15 huius

Ist Ao 1601 alhie gebohren Patre Johanne **Surkaw**, Matre Anna **Scheperin**, ist Zur schuhlen gehalten worden, post praematurum obitum parentis *nach dem frühen Tod des Vaters* in Pohlen Vndt andere Ort verschickt die sprachen Zu lernen, post reditum *nach seiner Rückkehr* der Mutter als einer Wittwen in der Haußhaltung müssen beyspringen. Vita fuit Juvenilis, hinc .... correptus ante dies 14 decubuit, feria 3tia Pente-

783 Sein Eintrag im Totenregister (EZA Signatur 2075 – siehe hierzu in der Einführung S. 38) ist erst am 13. Mai 1631 erfolgt und lautet "gehörett in die Palmwoch ist den 18. Aprilis begraben".

costes usus sacra coena, die ♀ intra 3 & 4 maturnam [matutína] obijt Aetatis 30 anno & aliquot mensibus.
M**Wolderus** habuit concionem funebrem ex v. 16. ψ. 25.

Sein Leben war jugendlich, danach .... dahingerafft vor 14 Tagen krank geworden, am dritten Pfingstfeiertag empfing er das Abendmahl, am Freitag zwischen 3 und 4 Uhr morgens starb er im Alter von 30 Jahren und einigen Monaten.
M. Wolder hielt die Leichenpredigt nach Ps. 25, 16. [Witt 622]

485 Ursula Scholle, ✶ Königsberg um 9. 3. 1602, ✞ 21. 6. 1631

Fr. Vrsula Johannis **Schollen** Fr. begraben den 23 huius

Ist Ao 1602, 3 wochen nach Fastnacht alhie gebohren, Ihr S. Vater ist gewesen Salomon **Pöpping** Handelsman, Ihre Mutter so noch am leben Fr. Anna **Wittin** (784), welche, weil der Vater mitt tode abgangen, die tochter nur 3 wochen alt gewesen, ihre tochter Zu aller Gottseligkeitt aufferZogen, Zur Schulen gehalten, das sie lesen Vndt schreiben gelernett, nachmahls Vmb der Polnischen sprach willen sie Zu vornehmen leuten in Pohlen gethan, Vndt als sie die dieselbe gefasset, Vndt nach hause kommen, ist Sie Ihrer lieben Fr. Mutter fleissig Zur handt gangen, Biß sie Ao 1629 mitt der Fr Mutter Vndt AnVerwandten bewilligung H. Johan **Schollen** Verehligett worden mitt welchem sie durch Gottes Segen ein Sohnlein gezeugett, Vber welchem Sie am 21 Junij 8 vespertina, als sie dan mitt grosser Arbeit den 14 Junij 8 vespert. *um 8 Uhr abends* den Sohn Zur weltt gebohren, ihren Geist auffgegeben Aetat. 29, *im Alter von 29 Jahren* Ist still Gottselig Vndt from gewesen, M**Wolderus** hatt die Leichpred. gethan Ex Esa. 49 Zion spricht, der Herr &. [Witt 654]

486 Gerdrut Thoms, ✶ Königsberg 11. 6. 1580, ✞ 21. 6. 1631

Fr. Gerdrut Friedrich Thomsen Fraw begraben den 24 huius

Ist Ao 1580 den 11 Junij alhie gebohren, Ihr Vater hatt geheissen Elias **Klein**, Ihre Mutter Anna, H Christoff **Raben** Bürgermeisters T. (785) diese haben ihre Tochter nach empfangener Tauffe in der zucht Vndt Vermahnung zum H aufferZogen, ist als sie etwas erwachsen bey ihrem H GroßVater gewesen. Ao 1602 den 20 Januarij ist sie Verehligett H Johanni **Krausen** Apotekern im Löbenicht mitt welchem sie 10 Jahr ohne leibes erben gelebett. Nach ihrem Jährigen Wittwenstand, hatt sie sich Ao 1611 mitt Friedrich **Thomsen** ihrem NW. verehligett mit ihm ins 20 Jahr gelebett, 6 Kinder geZeugett, derer ettliche mitt wenig Freuden, sindt alle todt. In der Vergangenen Weihenachten ist sie Vnpaßlich worden, für 16 wochen gantz lagerhafftig, da die Krankheitt der Darr gar Vberhandt genommen, derowegen sie sich mitt Gott Versöhnett Vndt ist am Vergangenen Sonnabent Vmb 3 Vhr nachmittag im 51 Jahr Aetatis entschlaffen. M**Halbach** hatt die leichpredigt gethan ex ψ. 25. [Witt 736]

---

784 Ein Bruder von ihr ist Salomon **Pöpping** ✞ 22. 8. 1629 (lfd. Nr. 255).

785 Vermutlich aus der bei Gallandi (wieAnm. 40 hier auf S. 33), S. 83 aufgeführten Familie Rabe. Vermutlich gehört auch Anna **Rabe** ✞ 11. 4. 1635 (lfd. Nr. 744) als (angeheiratete) Nachfahrin ebenfalls zu dieser Familie. Diese Filiationen bei Gallandi jedoch nicht aufgeführt.

487 MARIA STEHNHORST, ✶ KÖNIGSBERG 1605, ✝ 30. 6. 1631

Niclas Stehnhorsten Fr. (786) Den 1 huius begraben

Ist Ao 1605 alhie gebohren, der Vater hatt geheissen Georg **Wimmer**, Ihre Mutter Vrsula, nach empfangener Tauffe als Sie etwas erwachsen, ist sie Zur schulen gehalten, das sie rechnen Vndt schreiben gelernett, darauff in Pohlen geschickt, als sie wieder kommen, ist sie Ao 1622 den 31 Octob. ihrem hinderlassenen Wittwer Niclas **Stehnhorsten** Vereheligett, mitt ihm 5 Kinder geZeugett, 4 Töchter Vndt 1 Sohn, davon 2 Töchter V. 1 Sohn im leben. Ihr Man gibt ihr das Zeugnus, das sie ihn in seiner 3Jahrigen Krankheitt fleissig gewartett. Im Sonnabendt ist sie eines Kindes genesen am Sontag Vmb 3 Vhr todes Verblichen, nach dem sie für 8 tagen Zum hochwürdigen Abendtmahl gewesen. Aetatis im 26 Jahr

M**Lepner** hatt die Leichpredigt gehalten ex ψ. 68 Gelobet sey Gott täglich &.

[Witt 694]

488 BARBARA GRÖBER, ✶ KÖNIGSBERG 1569, ✝ 29. 6. 1631

Barbara Gröbersche begraben den 1 huius

Ist Ao 1569 alhie gebohren, Ihr vater hatt geheissen Stentzell **Wentzell** Schuster alhie, Ihre Mutter Anna, welche Sie nach der Tauffe als sie erwachsen Zur Schulen gehalten. Ao Aetatis 20 hatt sie sich Verehligett mitt Görg **Schultzen** Schustern alhie in der Altstadt, mitt ihm gelebett 20 Jahr ohne leibes Erben; nach außgehaltenem trawerJahr hatt sie sich wieder eingelassen mit Görg **Polzienen** Schustern, mitt ihm gelebett 5 Jahr, auch ohne leibeserben. Nach außgang des WittwenJahres hatt sie sich Zum 3 mahl Verehligett mitt Hinrich **Gröber** Schuster mitt welchem sie 15 Jahr auch ohne leibes erben gelebett. Nach dessen tödtlichen abgang ist Sie im Wittwenstandt geblieben biß an Ihr end. Vergangenen Freytag für 8 tagen ist sie sehr schwach worden, an welcher Krankheitt sie am vergangenen Sontag Vmb 2 Vhr nachmittag im 62 Jahr ihres Alters Verschieden, nach dem Sie für 14 tagen noch gesundt das Abendtmahl empfangen, auch Ihr testament gemacht. M**Wolderus** hatt die leichpred. gethan ex Job. 19 Scio & *aus Hiob 19 Ich weiß usw.* [Witt 210]

489 ANNA WESSEL, ✶ TILSIT 8. 5. 1606, ✝ 9. 7. 1631

Anna Sigmundt **Wessels** Fr. den 11 huius begraben

Ist Ao 1606 den 8 Maij Zwischen 4 Vndt 5 Vhr nachmittag Zur Tilsitt (787) gebohren, Ihr Vater ist gewesen S. Isaac **Neuman**, die Mutter Gerdrut, welche sie zu aller Gottesfurcht aufferZogen. Ao 1609 Ist ihre Mutter gestorben, daher ihr S. Vater sich alher nach Königsbergk befreyett Vndt diese seine Tochter mittgebracht im 5 Jahr ihres Alters Ao 1621 23 Febr. Ist sie Sigmundt **Wesseln** Verehligett worden im 14 Jahr ihres Alters, mitt Ihm ins 11 Jahr gelebett, durch Gottes segen geZeugett 5 Kinder, 3 Söhne Vndt 2 Töchter Von welchen noch 1 Sohn Vndt 2 Töchter im leben. Ihre Krankheitt anlangend ist sie nach ihres Vaters

---

786 Der Vorname findet sich im Namensregister am Ende des Kirchenbuches (vgl. dazu die Einführung, S. 8).

787 Die Worte "Zur Tilsitt" über der Zeile eingefügt.

todt, welcher 1629 den 26 Augusti todes Verblichen, wenig gesundt gewesen, biß sie sich Ao 1631, 14 tag Vor Pfingsten in den garten führen lassen, Vermeinende in frischer lufft Zugenesen, es hatt aber die Krankheitt also Zugenommen Vnd mit grossem brechen hartt angehalten, das sie das hochwürdige Abendtmahl nicht können empfangen, biß etliche stunden vor ihrem Abschiedt da das brechen nachgelassen ist im Mittwoch Vmb 3 Vhr nach Mittag Verschieden im 25 Jahr Ihres Alters. M**Lepner** hatt die Leichpredigt gethan ex Syr. 18 O wie ist die Barmhertzigkeit des Hn & [Witt 788]

490 ADAM GARLOSBERGER, ✶ "IN OBER OSTERREICH ZWISCHEN LINZ UND GALLNEUKIRCHEN" 1586, ✞ 18. 7. 1631

Adam Garlosberger Huttmacher den 22 begraben.

Ist Ao 1586 in Ober Osterreich Zwischen Lintz Vndt Galneukirchen gebohren, sein Vater hatt geheissen Thomas **Garloßberger**, seine Mutter Margareta, welche Ihn nach empfangener tauffe erZogen biß Er das 10 Jar erreichett, da hatt Ihn seines Vatern bruder mitt sich anhero in Preussen nach Angerburgk genommen, bey welchem Er sich 7 Jahr auffgehalten; nachmahls hatt er das Huttmacher Handtwergk gelernett bey H Hinrich **Weissenhawer** bürgermeister Zur Angerburgk. Nach außgestandenen Lehr Jahren hatt er in Deutschlandt gewandert, biß Er wieder herkommen Vndt 3 Jahr hie gearbeitett. Ao 1616 hatt er sich Vereheligett mitt Fr. Gerdrutt (788) S. Hans **Lingeners** hinderlassenen Wittwen, mitt welcher Er 12 Jahr gelebett Vndt durch Gottes Gnad geZeugett 2 Töchter welche schon Verstorben. Nach 30 wochen trawerstandt hatt Er sich Verehligett Ao 1628, 8 tage Vor Pfingsten mitt J. Vrsula S. Wilhelm **Harands** Kürschners im Löbenicht Ehl T. cum qua vixit 3 Jahr 7 wochen obijt Aetatis 45 die ♀ communicavit alias .... vir M**Lepner** concionem habuit *mit der er 3 Jahr und 7 Wochen lebte er starb im Alter von 45 Jahren am Freitag empfing er das Abendmahl, sonst ... ... Mann. M. Lepner hielt die Predigt.* [Witt 169]

491 CHRISTOPH BERGMAN, ✶ KÖNIGSBERG 18. 4. 1573, □ 30. 7. 1631

Christoph Bergman ist Ao 1573 den 18 Aprilis alhie gebohren sein Vater ist gewesen Henning **Bergman** Kauffman, seine Mutter Clara **Boltzin**, diese seine Eltern haben Ihn Zur schulen gehalten, Weil ihm aber der Vater Zeitig abgangen, ist Er in Pohlen Vndt Littawen Verschickt die sprachen Zu lernen, da Er 4 Jahr Verharrett; nach seiner wiederkunfft hatt Er eine Zeittlang bey Caspar **Frohnert** im Kneiphoff gedienett. Ao 1598 hatt Er sich Verehliget mit Fr. Susanna **Hahnin** S. Bartell **Fincken** Kauffmans alhie NW mitt derselben 13 Jahr gelebt, durch Gottes Segen 4 Kinder gezeugett, 3 Sohne Vndt 1 Tochter davon noch 1 Sohn Vndt die Tochter im leben. Ao 1611 hatt Ihn Gott in Wittwenstandt Versetzt, darin Er biß an sein ende Verblieben Seine Krankheitt anlangend, ist Er an der Gicht nun 5 Jahr bettreisig gewesen, sich derowegen Zu Hause müssen Communicieren lassen. Es hatt ihn eine plötzliche Ohnmacht Vberfallen, darin

---

788 Gerdrutt **Garlosberger** ✞ 9. 12. 1627 (lfd. Nr. 124).

Er geblieben Im 58 Jahr seines Alters (789) **MWolderus** hatt die Leichpredigt gethan ex Ebr. 13 v. 14. *Aus dem Hebräerbrief Kap. 13 Vers 14* [Witt 49]

492 CASPAR FRAWLOB, ✶ DRESDEN UM 1576, ✝ 1. 8. 1631

Caspar Frawlob ein Kürschner ist gebohren Zu Dreßden, sein Vater hatt geheissen Peter **Frawlob** seine Mutter Anna, welche Ihn Zur Schul gehalten, nach welcher Zeittlichem absterben Er von seinem bruder nach Marienwerder genommen worden, nachmals zu Dantzig das Kürschner Handtwerck gelernett, darauff gewandert Vndt sich endtlich hie befreyett mitt Fr Anna (790) S. Greger **Störmers** NW mitt welcher Er ohne leibes Erben 25 Jahr gelebett. Nach absterben seiner ersten Frawen ist er 5/4 Jahr im Wittwenstand blieben, hernach sich wieder befreyett mitt Fr. Sophia (791) S. Christoph **Parsigs** Bortenwürckers NW. mitt welcher Er nur 1 Jahr Vndt 4 wochen ohne erben gelebett. Ist am Schörbock krank worden, daran 11 wochen gelegen, daZu endtlich der Schlag kommen, davon Er am Vergangenen Freytag (792) Zwischen 9 Vndt 10 Vhr im 55 Jahr seines Alters Verschieden M**Lepner** hatt die Leichpredigt gethan ex 1 Tim. 1 Vnde Jubila Sermo &. [sic] [Witt 158]

493 PAUL DIETZ, ✶ MARIENBERG / KREISHAUPTMANNSCHAFT CHEMNITZ 1601, ✝ ZWISCHEN 22. UND 30. 7. 1631

Paul Dietz Von Marienberg Auß Meissen ist 1601 gebohren, Sein Vater hatt geheissen Paul **Dietz** ein Schneider Vndt Meister daselbst, seine Mutter Sibylla **Meislerin**. Als er erwachsen hatt Ihn sein Vater das Schneiderhandtwerck lernen lassen. darauff Er gewandert Vndt nach 5 Jahren wieder Zu hause kommen, 1 Jahr da Verharrett Vndt wieder 9 Jahr Vmbher gewandert, biß er anhero kommen, da Er mitt leibes schwachheitt Von Gott heimgesucht, Vndt nach dem Er Communicierett, Durch den Zeittlichen todt abgefordertt im 30 Jahr. **MWolderus** hatt die Leichpred. gethan. (793) [Witt 105]

494 PAUL REHBERG,
✶ KÖNIGSBERG (STEINDAMM) 26. 9. 1581, ✝ 6. 8. 1631

Paul Rehberg Ist Ao 1581 den 26 Septemb alhie gebohren, sein Vater ist gewesen Fabian **Rehberg** Huff V. Waffenschmidt V. GerichtsVerwandter auffm St. 18 Jahr V. 10 Jahr Schöpmeister, seine Mutter Elisabeth **Löbbische**, Welche Ihn erZogen, fleissig Zur schuhl gehalten, Vndt hernach das Huff Vndt Waffenschmidt handtwerck gelernett, darauff Er eine geraume Zeitt gewandert, als Er wieder anhero kommen, hatt Er bey seinem Vater Vndt andern Meistern noch 6 Jahr gearbeitett, nach seines Vatern todt hatt Er Zu Dantzig 5/4 Jahr gearbeitett Vndt wieder anhero kommen. Ao 1618 den 18 Februarij hatt er sich befreyett mitt S. Görg **Spindlers** NW. mitt welcher Er in 6 Jahren 4 Kinder geZeugett 2 Söhne

789 Im Totenregister (EZA Signatur 2075 – siehe hierzu in der Einführung S. 38) ist sein Begräbnis am Donnerstag, 30. 7. 1631 eingetragen.

790 Anna **Frawlob** □ 30. 3. 1629 (lfd. Nr. 210).

791 Sophia **Frawlob** ✝ 28. 5. 1632 (lfd. Nr. 544).

792 Im Totenregister ist sein Begräbnis am Sonntag, 3. 8. 1631 eingetragen.

793 Im Totenregister findet er sich als "Paul Tiehtz Schneidergesell" am 7. 8. 1631.

V. 2 Töchter, davon nur 1 Sohn im leben. Nach der Frawen tod, als er ein halb Jahr Wittwer gewesen hatt Er sich wieder befreyett mitt J. Gerdrut S. Valtin **Hoffmanns** Festbeckers im Kneiphoff Ehl. T. mitt welcher er 7 Jahr im Ehestand gelebett, Vndt 2 Kinder geZeugett davon noch 1 im leben. Am Sontag für 14 Tagen ist Er am Durchlauff krank worden, daZu der Bluttgang kommen an welchem er am mittwoch (794) Vmb 9 Vhr, im 40 Jahr seines Alters, nach dem Er im Vergangenen Dingstag für 8 tagen das Hochwürdige Abendtmahl empfangen, selig eingeschlaffen, M**Wolderus** hatt die Leichpredigt gethan [Witt 555]

495 Fabian Lembke, ✶ Nordenburg, Kr. Gerdauen 1564, □ 12. 8. 1631

Fabian Lembke ein Schneider ist gebohren Zu Nordenburg in Preussen Ao 1564. Sein Vater hatt geheissen Mattheus **Lembke**, seine Mutter Prisca. Welche seine Eltern in woll erZogen Vndt lesen Vndt schreiben lernen lassen. Nachmahls hatt Er Bey H Reinholdt **Boyen** Burgemeister alhie 1 1/2 Jahr gedienett (795), darnach hatt Er das Schneider Handtwergk gelernett bey Paul **Hoffmann** zwey Jahr Vndt anderthalb Jahr darauff gearbeitett, baldt hernach 5 Jahr ohngefehr gewandert, Vndt als Er wieder her kommen V. 3 Jahr gearbeitett, ist Er Meister worden, Vndt im 25 Jahr seines Alters sich erstlich befreyett mitt Jungfraw Prisca S. Michell **Rockels** Ehl.T. mitt welcher Er 13 Jahr gelebett V. 6 töchter geZeugett, welche alle entschlaffen. Ao 1602 hatt ihn Gott in Wittwenstandt gesetzett, hierauff ist Er Zur andern Ehe geschritten mit J. Catharina S. Simon **Gericken** Ehl. T. mitt welcher Er 10 Jahr gelebett, 2 Söhne Vndt 4 Töchter geZeugett welche alle sampt der Mutter Ao 1620 entschlaffen. Im selben Jahr ist Er Zur dritten ehe geschritten mit Fr. Elisabeth S. Peter **Von Osterburg** nachg. Wittwen mit welcher Er 10 Jahr ohne leibes erben gelebett. Hatt am Stein gekrenckett, ist gestorben im 67 Jahr seines Alters, begraben den 12 Augusti M**Wolderus** hatt die Leichpredigt gethan ex ψ. 116 v. 15. [Witt 395]

496 Christian Scholle, ✶ Cottbus 1. 5. 1589, ✞ 19. 8. 1631

Christian Scholle den 22 Augusti begraben ist Ao 1589 1 Maij St:V. Zu Cottbuß in Nieder Lausitz gebohren Parente Luca **Scholle** Consule ibidem, *der Vater war Lucas Scholle, Bürgermeister ebendort, die Mutter war* Matre Vrsula **Haslerin**. Als Ao 1600 die gantze Stadt außgebrandt, ist Er Von seinem Vater nach Lübben in Nieder Lausitz (796) gebracht Ao 1601 nach Berlin. Von dar nach 2 Jahren weil er nicht Studieren wollen in die Rechenschule zu Hause gethan, da Er die Rechenkunst also gefast, das Er Ao 1605 nach Alten Ruppin in der Mark (797) Zu einem Seyden Krahmer gethan, bey welchem Er 5 Jahr trewlich gedienett wie seine Testimonia *Zeugnisse* außweisen. Darnach hatt Er bey seinen Eltern seinen Handell für sich selbst geführett, Weil aber die Pest in den grentzen Vmbher stark anfangen Vmbher Zugrasen, hatt Er das seine Zu gelde gemacht, Vndt sich alhero in Preussen begeben, Vndt weil damahls eine Visitation im

794 Im Totenregister ist sein Begräbnis am Freitag, 8.8. 1631 eingetragen.

795 Bei Reinhold Boye hat auch Martin **Fußknecht d. Ä.** ✞ 13. 5. 1628 (lfd. Nr. 157) bis zum Jahr 1576 gedient.

796 Lübben (Reg.-Bezirk Frankfurt / Provinz Brandenburg).

797 Ruppin (Reg.-Bezirk Potsdam / Provinz Brandenburg).

Lande gehalten worden, Hatt Er sich für einen Schreiber brauchen lassen Vndt mitt auff alle AEmpter Vmbher geZogen Ao 1616 hatt Er sich Vereheligett mitt S. Paul **Schönfeldten** RahtsVerwandten im Löbenicht Ehl. T. mitt welcher Er nur 1 Jahr gelebett, den Sie Ao 1617 in der Geburt geblieben sampt der frucht. Ao 1618 nach Vmbgang des Jahrs hatt Er sich wieder Verehligt mitt S. **Bremans** T. im Kneiphoff, seiner ietzt nachgelassenen Wittwen, mitt welcher Er 13 Jahr gelebett durch Gottes segen geZeugett 3 Töchter V. 2 Söhne, davon 2 Söhne V. 1 Tocher noch im leben. Seine Krankheitt anlangend ist die langwierig gewesen, bißweilen nachgelassen, wie Er den newlich in der Kirchen Communicierett: aber die Krankheit hatt immer Zugenommen biß Er den 19 dito morgens Vmb 4 Vhr Verschieden, nachdem Er im Freytag sich mitt Gott Vereinigett Aetatis 41 Ist sonst ein stiller frommer Vndt bewuehmer [sic] Man gewesen. M**Lepner** hatt Leichpredigt gethan ψ. 126 v. 5 & 6. [Witt 653]

497 Bernhard Derschau, ✶ Königsberg (Kneiphof) 1562, ✝ 23. 8. 1631

H

Bernhardus Derschow Sen.Ist Ao 1562 gebohren, Sein S. H Vater ist gewesen Bernhardt **Derschow** RahtsVerwandter im Kneiphoff seine Fr. Mutter Fr. Anna H. Bernhardt **Fahrenheiden** Scabini Cniph. *des Schöffen im Kneiphof* Ehl. T. Die Ihn Zu aller Gottesfurcht aufferZogen, Vndt allewegen einen privatim Praeceptorem *Privatlehrer* ihm gehalten, neben wessen privat Institution *Unterricht* Er auch publicos Professores *öffentliche Professoren* gehörett, als D. Ambrosium **Lobmesser** D. Hieronymum **Von Stein**, Vndt D. Christophorim **Heilsbergerum** alle D. Juris. beym D. **Heilsberger** ist Er eine geraume Zeit gewesen Vndt nebenst der privat Institution seinen tisch gehabt. Ao 1586 ist Er Von seinem S. H Vater nach Cracaw auff die Academiam geschickt Zugleich die Polnische sprach Zu lernen, alda Er ins 3 Jahr geblieben Nachmahls ist Er in Königl Mytt Cantzeley gefordertt worden Als aber diePest heftig grassierett, V. Ihr Königl. Mytt mitt sampt ihrem hofflager Verrückt, ist Er Von Ihr Gn. H. Stanislao **de Gorka** Posnanischen Woywoden (798) Zum Secretario angenommen. Ao 1590 als sein S. H Vater todes Verblichen hatt Er sich anhero gemacht das seinige richtig Zu machen. Als Er nun Von Ihr Fr. Dhtt pm. Marggraff Georg Fridrich Zum Hoff Gerichts Advocato bestellet worden, hatt Er sich Verehligett mit Fr. Vrsula H. Nicolai **Wegnern** Hoff Advocaten / NW. derer Kinder als H Henningum Vndt Christophorum **Wegneros** J.V.D. illum nunc Consulem, hunc Ser. Electoris Consiliorum *jener ist jetzt Bürgermeister, dieser einer der Räte des Durchlauchtigsten Kurfürsten* wie auch eine Tochter Claram H Andreae **Löllhofeln** Ehl. Haußfraw, nicht anders als seine Kinder geliebett Vndt befordert. Ao 1594 ist Er Von E.E. Landtschafft Zum Kastenmechtiger bestellet auch von den HH RegiementsRähten Zu einforderung der restierenden Cammerschulden, wie auch expedirung Vieler fiscalischen Sachen insonders in Commissionibus als ein Req[ui]situs Notarius *gesuchter Notar* gebraucht worden. Wie Er den Vorher nicht allein Zum Publico Notario creirett sondern auch nebenst seinen Brüdern H D. Johanne Vndt Reinholdo **Derschowen** Vndt allen ihren Leiblichen Erben Vndt Nachkommen Von der Röm. Kays. Mytt **Rudolpho II** geadelt Vndt mitt allen Adelichen Freyheiten begnadet worden. Ao 1616 ist Er Von Ihr

/ jetzo auch seiner

798 Graf Stanislaus **von Gorka**, 1538–1592, u. a. Woiwode der Woiwodschaft Posen. < http://de.wikipedia.org/wiki/Stanislaus_von_Gorka > (Abfrage am 20. 11. 2013).

Kön. Mytt in Pohlen Zum Advocato Regio *Königlichen Advokaten* angenommen. In welchem Dienste Er Viel wiederwertigkeitt außgestanden. In werender Ehe hatt Er mitt seiner ietzt hinterlassenen Wittwen 8 Kinder geZeugett, davon 6 im Hn entschlaffen 2 Söhne aber als D. Bernhardus **Derschow** Vnser Kirchen Pastor (799), Vndt Reinholdus **Derschow** I.V.D. noch am leben. Seine Krankheit anlangend hatt er nun ins 3 Jahr schmertzen am Stein empfunden, welche doch offt Vbergangen, biß Er für 14 tagen gantz lagerhafftig worden, derowegen Er sich mitt dem gebrauch des hochwürdigen Abendtmahls gefast gemacht Vndt mitt gebeht sich Gott befohlen, welcher seinen willen an ihm geschafft, Vndt am 23 Augusti gegen 10 Vhr Zu Abends im 70 Jahr seines Alters Ihn abgefordert, M**Wolderus** hatt die Leichpredigt gethan ex ψ. 71.

[Witt 99]

498 ANNA GUDERMUT, ✶ KÖNIGSBERG (ALTSTADT) 1576, ✞ 26. 8. 1631

Anna Gudermutsche begraben den 28 Augusti Ist Ao 1576 alhie Zu Königsberg gebohren Ihr S. Vater hatt geheissen Hans **Mollenhawer** Kuchenbecker in der Altenstadt. Ihre Mutter Anna. Welche Ihre Eltern ihre Tochter nach empfangener Tauffe Christlich erZogen. Ao 1597 im 21 Jahr Ihres Alters hatt sie sich nach Gottes willen Vereheligett mitt Hans **Dessel** einem Leinweber, mitt ihm gelebett ins siebende Jahr, auch 4 Kinder gezeugett 2 Söhne Vndt 2 töchter davon noch 1 Sohn Vndt 1 Tochter im leben. Nach dieses Mannes todt, hatt sie nach 1 1/2 Jährigen Wittwenstand sich wieder Verehligett mitt Christoff **Gudermutt** (800) Leinweber, mitt welchem Sie 24 Jahr gelebett Vndt 7 Kinder geZeugett 4 Sohne Vndt 3 Töchter Von welchen 2 Söhne Vndt 2 Töchter im leben. Nach dem Vor 2 1/2 Jahren ihr Eheman Verstorben ist sie im Wittwenstand blieben. Am Vergangenen Sontag ist sie in der Kirchen gewesen aber krank Zuhause kommen, da sie sich bald mitt Gott Versöhnet, der sie am Vergangenen Dienstag h. 6 vespertina *um 6 Uhr abends* abgefordert Aetatis 55 *im Alter von 55 Jahren.* M **Wolderus** hatt die Leichpred. gethan. [Witt 223]

499 MARTIN FOLCHMAN, ✶ DANZIG 1565, ✞ 8. 9. 1631

Martin Folchman der Elter den 10 Sept. begraben ist Ao 1565 Vor 66 Jahren Zu Dantzig gebohren, Sein Vater hat geheissen Jochim ein Böttcher, seine Mutter Barbara. Nach empfangener tauffe ist Er Zur schulen gehalten, als Ihm aber sein Vater gestorben, hatt Er beim StieffVater das Böttcherhandtwerck gelernett, darauff er in Lieff- V. Churlandt gewandert, Vndt entlich hieher kommen. Ao Aetatis 28 hatt Er sich befreyett mitt J. Brigitta, S. **Hans Mahlken** T. mitt welcher Er nur 20 Wochen gelebett. Nach Vmbgang des WittwenJahrs, hatt Er sich wieder Vereheligett mitt J. Barbara, **Michel Witten** häckers Tochter seiner ietzt NW. mitt welcher er 37 gelebett, mitt Ihr 4 Söhne Vndt 1 Tochter geZeugett, davon noch 2 Söhne im leben. Ist in Etlichen Jahren nicht außgehen können, hatt sich offter Zu hause berichten lassen, wie auch am Dienstag als Er am Sontag für 8 tagen krank worden Ist Vorgestern morgen Zwischen 9 V. 10. Vhr gestorben M**Wolderus** habuit conc. ex ψ. 25 *hielt die Predigt nach Psalm 25.*

[Witt 154]

---

799 Vgl. oben S. 18, Anm. 26.

800 Christoph **Gutermuht**, ✞ 25. 4. 1629 (lfd. Nr. 216).

500 FLORIAN WICHERT, ✶ LINDENAU, KR. FISCHHAUSEN 1571, ✝ 9. 9. 1631

Florian Wichertt Waldbereuter den 11 hujus begraben

Ist Ao 1571 Zu Lingenaw im Medenauschen (801) geboren, sein Vater hatt geheissen Peter **Wichert** ein Zimmerman, seine Mutter Dorothea. Als Er Zu Jahren kommen, hatt Er seinem Vater alhie helffen Fuhrwercken, biß Er sein 25 Jahr erreichett, hatt Er sich Verehligett mitt J. Sybilla S. Georg **Brewers** Papiermachers Tochter itzt Nachgelassenen Wittwen mitt welcher Er 35 Jahr gelebett, 6 Söhne Vndt 1 Tochter geZeugett, welche alle Verstorben. Ao 1601 ist Er Von E.E. Hw. Raht Zum Waldbereuter bestellet, in welchem Dienst Er sich die 30 Jahr Vber trew Vndt fleissig Verhalten. Für 14 tagen hatt Ihn Gott der herr mitt schwerer leibes schwachheitt angegriffen, derowegen Er heut 8 tage sich mitt Gott dem H durch den gebrauch des hochwürdigen Abendtmahls Versöhnett Vndt sich seinem willen ergeben, welcher Ihm am Vergangenen Dienstag Zu mittag um 11 Vhr im 60 Jahr seines Alters abgefordert. **ML** hatt die Leichpred. gethan ex Matth. 7 v. 21. [Witt 795]

501 JACOB KLEIPKE, ✶ KÖNIGSBERG (ALTSTADT) 1582, ✝ 13. 9. 1631

Jacob Kleipke Steinthamscher Kirchenvater den 15 hujus begraben,

Ist Anno 1582 alhie in der Altenstadt gebohren, Sein Vater hatt geheissen Caspar **Kleipke** SchiffsZimmerman, Seine Mutter Anna Ist nach empfangener tauffe als er etwas erwachsen Zur schulen gehalten worden; im 13 Jahr seines Alters hatt Er das Schneiderhandtwerck gelernett, auff welches Er nach außgestandenen lehrJahren eine Zeittlang gewandert.

Im 22 Jahr seines Alters hatt Er sich Verehligett mitt S. Hans **Ruen** Balbierers in der Altenstadt Nachg. Wittwen Fr. Maria, mitt welcher Er 7 Jahr gelebett, Vndt 2 Söhne geZeugett davon noch 1 im leben. Nach dieser tödlichen abgang als Er fast 1 Jahr im Wittwenstand gewesen, hatt Er sich wieder Verehligett mitt J. Anna, Michell **Zulehnen** (802) zur Tilsit Ehl. T. ietzt seiner Hochbetrübten Wittwen, mitt welcher Er 19 Jahr gelebett, Vndt durch Gottes Segen 2 Söhne V. 1 Tochter geZeugett, die noch alle im leben. Ao 1613 ist Er Von E.E. Raht Zum KirchenVater Verordnett. Hatt sich in seinem leben woll Verhalten. Am Sonnabendt für 8 tagen ist Er mitt einer Plötzlichen hitzigen Krankheitt Vberfallen das Er sich legen müssen Am Dienstag hatt Er sich mitt Gott Versöhnett, darauff Er sich Gottes willen ergeben, welcher Ihn am Sonnabendt Zu mittag Vmb 1 Vhr, im 50 Jahr seines Alters abgefordertt. M**Lepner** hatt die Leichpred. gethan ex Rom. 8 v. 1. [Witt 342]

502 THOMAS SCHREIBER, ✶ HEILSBERG 1548, ✝ 15. 9. 1631

Thomas Schreiber, den 17 hujus begraben,Ist Zu Heylsberg im Bischthumb geboren Ao 1548, sein Vater hatt geheissen Bendict **Schreiber** Seine Mutter Catharina. Nach empfangener tauffe ist er bald in der Kindtheitt Von seinen Anverwandten Von da weg genommen Vndt als er erwachsen, haben sie Ihn das Huffschmied handtwerck Zu Wormbditt (803) lernen lassen, darauff Er nach außgestandenen LehrJahren eine geraume Zeitt

---

801 Lindenau, Kirchengemeinde Medenau, Kr. Fischhausen.

802 Ernst Witt: Sehr unleserlich. In **C̲ulehnen** verbessert?

803 Wormditt, Stadt im Kr. Braunsberg.

gewandertt, Vndt endtlich sich anhero begeben; da Er im 28 Jahr seines Alters sich Vereheligett mitt J. Hedewig, Hanß **Galmers** Häckers A.St. Ehl. T. mitt welcher Er gelebett 38 Jahr, mitt Ihr geZeugett 7 Kinder, 4 Sohne Vndt 3 Töchter, welche alle Verstorben, sampt der Mutter. Nachdem Er eine geraume Zeitt im Wittwenstand gelebett, hatt Er sich wieder Verehligett mitt seiner ietzt Nachg. Wittwen Fr. Barbara S. Christoff **Esingkuß** NW. mitt welcher Er 11 1/2 Jahr friedlich wiewoll ohne leibes Erben gelebett. Sein leben anlangett, hatt Er sich mitt Jederman woll begangen, friedlich Vndt still gewesen, sonderlich aber Zum Wortt Gottes eine hertzliche freude gehabt Zuhören derowegen, wie Altt Vndt schwach Er auch war keine predigt mitt willen Verseumett, sich auch offter Zum hochwürdigen Abendtmahl gehalten. Vor 4 wochen ist Er krank worden welche bald Zugenommen, derowegen Er sich mitt Gott Versöhnett, sein Testament gemacht, darin Er nebenst den Pauperibus *den Pauperschülern* auch das Ministerium bedacht, Vndt also nach Gottes willen Am Montag Abends Vmb 4 Vhr, im 83 Jahr seines Alters sanfft Vndt Selig entschlaffen, MLepner hatt die Leichpredigt gethan ex Gen. 25 de aetate Abrahami Patriarchae *aus dem 1. Buch Mose Kap. 25 über das Alter des Patriarchen Abraham* [Witt 658]

503 Valtin Mey, ∗ Insterburg 1584, ✝ 20. 9. 1631

Valtin Mey Grobschmidt begraben den 22 hujus ist Ao 1584 Zur Insterburg gebohren, sein Vater hatt geheissen Barthell **Mey** Huffschmidt daselbst Auffm hause, seine Mutter **Wollprecht**. Nach empfangener tauffe als Er erwachsen, ist Er alhero geschickt worden Vndt hatt das Huffschmid handtwerck gelernett, darauff auch eine Zeitlang gewandert, biß Er sich alhie befreyett mitt S. Simon **Klusen** Huffschmieds, nun auch seiner nachg. Wittwen. mit welcher Er 19 Jahr gelebett, Vndt 10 Kinder geZeugett, 7 Söhne Vndt 3 Töchter, Von welchen 3 Söhne Vndt 1 Tochter noch am leben. Seine Krankheitt anlangend hatt dieselbe eine geraume Zeitt gewehrett, ist aber immer erger worden. biß Ihn Gott der herr am Vergangenen Sonnabendt Vmb4 Vhr NM. im 47 Jahr seines Alters abgefordertt. M**Halbach** hatt die Leichpre. gethan. [Witt 452]

504 Adrian Arendt, ∗ Königsberg (Rossgarten) 1586, ✝ 21. 9. 1631

Adrian Arendt Gildefischer den 23 hujus begraben ist Ao 1586 alhie Auffm Roßgarten gebohren, sein Vater hatt geheissen Hans **Arendt** Gildefischer, sein Mutter Catharina. Als Er nach empfangener tauffe erwachsen, hatt Er dem Vater die nahrung fortstellen helffen Im 26 Jahr seines Alters hatt Er sich befreyett mitt Fr. Sophia S. Hans **Platzens** fischers NW. itzt seiner NW. mitt welcher Er im Ehestand 19 Jahr gelebett Vndt 7 Kinder geZeugett, 3 Söhne V. 4 Töchter, davon noch 1 Tochter beym leben. Seine Krankheitt anlangend Hatt Ihn Gott der herr für 3 Jahren mitt schwerem hauptweh belegett, davon ihm sein gesicht Vergangen. In solchem seinem Creutz ist er geduldig gewesen, sich Zu hause offt berichten lassen, welches auch kurtz vor seinem ende geschehen, darauff Er am Sontag Vmb 2 Vhr NM. im 45 Jahr seines Alters Verschieden. Hatt sonst ein gutt lob gehabt. M**Lepner** hatt die Leichpred. gethan ex Luc. 17 v. 13.

[Witt 12]

505 HEDWIG KOHLBORN, ✶ KÖNIGSBERG (HUFEN) UM 1569, ✝ 18. 9. 1631

Hedwig Peter **Kohlborns** Fr. Von Huben begraben den 30 Sept.ist alhie Auff den huben gebohren Ihr Vater hatt geheissen Vrban **Rodman**, ihre Mutter Anna, Im 18 Jahr ihres Alters ist sie Verehligett Peter **Benicken**, mit dem Sie 13 Jahr gelebett, V. 6 Kinder geZeugett, 3 Söhne V. 3 Töchter, davon 2 Töchter im leben. Darnach hat sie sich befreyett mit Peter **Kohlborn** mitt dem Sie 31 Jahr gelebett, Vndt 4 Söhne V. 2 Töchter geZeugett, davon noch 2 Söhne V. 2 Töchter im leben. Hatt lange Zeitt am husten Dampff V. andern Zufällen gekrenckett, sich offt berichten lassen Ist am Sontag Vmb 4 Vhr NM. im 62 Jahr Ihres Alters entschlaffen M**Lepner** hatt die Leichpred. gehalten ex 1 Cor. 1 v. 30. [Witt 356]

506 ELISABETH BLOCKMAN, ✶ DANZIG 1586, ✝ 23. 10. 1631

Elisabeth Görg **Blockmans** Kürschners N.W.Ist Ao 1586 Zu Dantzig gebohren, Ihr Vater hatt geheissen Valerius **Treppenhawer**, Fest Becker, ihre Mutter Christina. Nach ihrer Eltern Zeittlichem Absterben, ist Sie zu Ihres Vatern brudern Ignatio **Treppenhawer** Kauffman im Kneiphoff kommen bey welchem Sie 5 Jahr gewesen Vndt als Sie ihr 20 Jahr erreichett, Hatt sie sich mitt Görg **Blockman** Kürschnern ehelich eingelassen, mitt welchem sie 22 Jahr gelebett, mitt Ihm 12 Kinder geZeugett, 5 Söhne Vndt 7 Töchter davon noch 2 Töchter im leben. Nach ihres Mans tod, ist sie 2 Jahr im Wittwenstand blieben Vndt ihr leben darin geendett als sie für 6 wochen krank worden, welche Krankheitt Von tag Zu tag Zugenommen, derowegen sie sich mitt Gott Versohnett Vndt am Donnerstag Vmb 4 Vhr nach mittag ihren Geist auffgegeben im 45 Jahr ihres Alters M. **Halbach** hatt die Leichpredigt gethan den 26 Octob. [Witt 56]

507 SAMUEL GERST, ✶ ULM 1591, ✝ 24. 10. 1631

Samuel Gerst den 27 Octob. begraben ist gebohren Zu Vlm in Schwaben, sein Vater Hatt Samuel **Gerst** geheissen, Seine Mutter Barbara **Schützin**, Welche Ihn nach empfangener tauffe als er erwachsen, Zur Schulen gehalten, Hernach das Kürschner Handtwerck gelehrett, darauff Er 16 Jahr gewandert biß Er endtlich anhero kommen, da Er sich den in den Ehestandt eingelassen mitt Friedrich **Gehlbern** S. N. Ehl. T. mitt welcher Er 9 Jahr im Ehestandt gelebett, Vndt 4 Kinder geZeugett 3 Söhne Vndt 1 Tochter, welche noch alle im leben. Für 9 wochen Hatt Ihn der Schlag gerührett; da Er bald in seiner schwachheitt communicieret, darauff es besser mitt Ihm worden. Am Vergangenen Donnerstag aber ist Er wieder gerührett worden, da er in der schwachheitt gelegen, biß auff den Freytags Abendt Zwischen 8 V. 9 Vhr biß Er Verschieden im 40 Jahr seines Alters hatt sich offt Zum tisch des H gehalten M**Halbach** hatt die Leichpred. gethan. [Witt 182]

508 MARTIN BAUMGART, ✶ MEMEL 1591, ✝ 31. 10. 1631

Martin Baumgart, Messerschmiedt ist Zur Mümell gebohren Ao 1591 im Octobri, sein Vater hatt geheissen Lorenz **Baumgart** ein Kuchenbecker, seine Mutter Sibylla: Welche seine Eltern ihm bald abgestorben das er sie nicht gekennett, daher ihn seine Großmutter anhero genommen Vndt aufferZogen. Nach 3 Jahren ist er Zu seiner Mutter Bruder kommen Vndt nach dessen tod bey seiner schwägerin (804) Verblieben biß sie sich mit Paul **Wetschkern** (805) befreyett bey welchem Er das Messerschmid handtwerck gelernett, Vndt nach dem Er 13 Jahr bey gedachtem Paul Wetschker in allem gewesen, hatt er sich auff die Wanderschafft begeben, darin 9 1/2 Jahr Zugebracht Ao 1622 als Er wieder her kommen, Hatt Er sich Verehligett mitt Fr. Maria S. Görge **Salmen** Nagellschmieds N.W. mitt welcher Er gelebett 9 Jahr V. 7 wochen, durch Gottes Segen geZeugett 6 Kinder 4 Töchter V. 2 Söhne Von welchen 2 Töchter Vndt 1 Sohn gestorben. Seine Krankheit hatt ihm lange angehangen biß Er für 8 tagen gantz lagerhafftig worden Vndt gar schwach geworden. Im Donnerstag ist Er mitt dem hochwürdigen Abendtmahl Versehen, Wie Er sich auch sonst fleissig daZu gehalten Vndt auch Zum gehör Gottliches Worts, Vergangenen Freytags Nacht Vmb 1 Vhr ist Er im 40 Jahr V. 1 Mohnatt seines Alters gestorben. Ist den 3 Novemb. begraben. M**Halbach** hatt die Leichpred. gethan [Witt 31]

509 Elisabeth Großmann, ✶ Königsberg (Sackheim) 25. 6. 1609, ✞ 1. 11. 1631

Elisabeth Hanß **Großmanns** Fr. den 4 Nov. begraben ist gebohren Ao 1609 den 25 Junij auff Churfl Freyheitt Sackheim Patre Hanß **Hartman** Holtz Cämmerer, Matre Regina: Ao 1626 Aetat. 17 nupsit Fridrico **Kalawen**, cum quo vixit annos 3 & hebd 26 *Im Alter von 17 Jahren heiratete sie Friedrich Kalaw, mit dem sie 3 Jahre und 26 Wochen zusammenlebte*, geZeuget 1 Tochterlein welches nach 5 wochen gestorben. Post obitum prioris mariti, q[ui] obijt Ao 1629 12 Augusti nupsit Johanni **Großman** Losebecker (806), cum quo vixit hebdomadas 44. post partum n. puellae *Nach dem Tod des ersten Gatten, der am 12. August 1629 starb, heiratete sie Johannes Großmann, Losbäcker, mit dem sie 44 Wochen zusammen lebte. Nach der Geburt der Tochter*, ist Sie sehr schwach worden, Communicierett Vndt im Sonnabendt halb 8 Zu Abends Selig verschieden Aetatis 22 Jahr 19 wochen. M**Wolderus** hatt die Leichpred. Gethan [Witt 213]

510 Anna Wollman, ✶ Heilsberg 1604, ✞ 5. 11. 1631

Anna Hanß **Wollmans** Hülffers Fr. den 7 huius begraben ist Ao 1604 Zu Heilsberck gebohren. Patre Greger **Möller** ein Schuster Mater Gerdrut: welche Ihr zeitig abgestorben, das sie ein Zeitlang bey Ihrer Meddern (807) A. Tragheim gewesen V. als sie erwachsen, beym Christoff **Hellwing** 2 1/2 Jahr trewlich gedienett Ao aetatis 25 *Im Alter von 25 Jahren* hatt sie sich mitt Hanß **Wollman** hülffern verehligett, mitt Ihm 2 Jahr V. 4 wochen gelebett, mitt ihm 2 töchter geZeugett, davon noch 1 im leben. Für 11 wochen ist sie krank worden, Vndt sehr geschwollen, derowegen Communicierett Vndt sich Gott befohlen, welcher Ihr seufftzen erhörett Vndt sie im Mittwoch Zwischen 6 V. 7 Vhr Zu Abendt Im 27 Jahr ihres Alters abgefordert, M**Wolderus** hatt die Leichpred. gethan. [Witt 812]

---

804 Tante?

805 Paul Wetzker oo Catharina **Wetzker** ✞ 31. 8. 1628 (lfd. Nr. 170).

806 Hans **Grosman** ✞ 7. 12. 1637 (lfd. Nr. 835).

807 Altertümlich für Tante von Seiten der Mutter (Schwester der Mutter), siehe: < www.wiki-geneaogy.net > (Abfrage am 15. 12. 2012).

511 GERDRUT KROHN(E), ✶ BRANDENBURG, KR. HEILIGENBEIL 1592, ✞ 5. 11. 1631

Gerdrut

Peter **Krohnen** Fr.ist Ao 1592 Zu Brandenburg (808) gebohren, der Vater hatt geheissen Hans **Potzier** die Mutter Anna. Als sie erwachsen, ist sie erst Vereheligett worden Abraham **Hoffman**, mitt welchem sie nur 13 wochen ohne leibes Erben gelebett. Nach dessen tödtlichem Abgang hatt sie sich Vereheligett mitt Peter **Krohnen** mitt welchem sie 13 Jahr friedlich doch ohne leibes erben gelebett. Hatt immer gequiehnen biß sie für 3 wochen gantz lagerhafftig Vndt Von tag Zu tag schwächer worden derowegen sie am Mittwoch communicierett Vndt darauff Vmb 7 Vhr Zu Abendt im 39 Jahr Aetat. Verschieden. 7 huius Sepulta *am 7. dieses Monats beerdigt.* M**Wolderus** hatt die Leichpred. gethan ex Esa. 66 v. 23. [Witt 370]

512 GERDRUT KRAHMER, ✶ KÖNIGSBERG 2. 8. 1562, ✞ 13. 11. 1631

Gerdrut Claus **Krahmers** Nachgelassene Wittwe ist alhie Ao 1562 den 2 Augusti gebohren Patre Görge **Klopper** Matre Gerdrut **Rehbergerin**, qua 8 hebd. post partum obijt *die 8 Wochen nach der Geburt starb.* Pater v. 2 1/2 Jahr darnach. Ao Aetatis 17 *Im Alter von 17 Jahren* hatt sie sich Verehligett mit Niclas **Krahmern** Kauffman, mitt welchem Sie 33 Jahr gelebett Vndt 6 Töchter geZeugett davon noch 2 im leben. Ao 1612 ist ihr Man gestorben V. sie Wittwe blieben (809). Ihre Krankheitt anlangende ist sie am schweren bruch offt gar schwach niedergelegen, offt wieder auß Vndt Vmbgangen Zur Kirchen Vndt Zum hochwürdigen Abendtmahl sich fleissig gehalten. Biß sie gantz lagerhafftig worden Vndt nach dem Sie communicierett, ist Sie am Vergangenen Donnerstag (810) Zwischen 1 Vndt 2 Vhr nach mittag Verschieden im 69 Jahr ihres Alters M**Wolderus** hat die Leichpred. gethan ex Luc. 18 v. 1 & [Witt 361]

513 REGINA BLUHMENBERG, ✶ KÖNIGSBERG (KNEIPHÖFISCHE VORSTADT) 1595, □ 17. 11. 1631

Christoph **Bluhmenbergs** Beckers Fr. Regina (811) ist alhie in der Kneiphoffschen Vorstadt für 36 Jahren gebohren. Ihr Vater hatt geheissen Franz **Gerwer**; Ihre Mutter, welche noch am leben, Gerdrut. Als Sie etwas erwachsen, ist Sie gutten leuten Zu Dienst gethan, sonderlich bey Bernhard **Thegen** (812) Sen. V. seiner Nachg. Wittwen 12 1/2 Jahr gedienett, welche Sie außgegeben Vndt befreyett an gedachten Christoff **Blumenberg,** mitt welchem sie nur ein Jahr Vndt 4 wochen gelebett, Vndt als sie eines todten Kindes genesen, hatt sie etliche tage darnach ihr leben auch eingebüssett: hatt sich sonst woll Verhalten M**Wolderus** hatt die Leichpredigt gethan. den 17 huius *dieses Monats.* [Witt 59]

---

808 Dass es sich um diesen Ort handelt, Sitz des Hauptamtes der herzoglichen Landesverwaltung, ergibt sich auch aus den Angaben zu anderen Geburtsorten, in denen mehrfach benachbarte Gemeinden mit "aus dem Brandenburgischen" bezeichnet werden.

809 Die Worte "Ao 1612 ist ihr Man gestorben V. sie Wittwe blieben" über der Zeile eingefügt.

810 Laut Totenregister (EZA Signatur 2075, siehe dazu die Einführung, S. 38) fand ihr Begräbnis am 16. 11. statt, ihr Sterbedatum ist also Donnerstag, der 13. 11. 1631.

811 Das Wort "Regina" über der Zeile eingefügt.

812 Bernhardt **Thege** ✞ 17. 11. 1627 (lfd. Nr. 119).

514 ELISABETH KNAPP(EN), ✶ KÖNIGSBERG 1602, ✞ 16. 11. 1631

Elisabeth

Christoph **Knappen** des Jüngeren Fr.ist Ao 1602 alhie gebohren Ihr Vater hatt geheissen Peter **Marholtz** Krahmer, ihre Mutter Regina (813); Welche Sie erZogen Vndt Zur schulen gehalten das sie fertig lesen Vndt schreiben gelernett. Ao 1602 (814) hatt sie sich Vereheligett mitt Michell **Koch**, mitt welchem Sie 8 Jahr gelebett Vndt 1 Tochter geZeugett, so noch am leben. Nach absterben ihres ersten Mannes hatt sie sich wieder Vereheligett mitt gedachtem Christoph **Knappen** Jun Handelsman mitt welchem Sie 2 1/2 gelebett, einen Sohn V. 1 Tochter geZeugett, welche beyde schon todt. Ist die Zeitt Vber wenig gesundt gewesen, sondern fast immer Zu gekränckett, biß Sie vorm 1/2 Jahr gar bettresig worden, weil Sie aber mitt leibesfrucht gesegnett, ist Sie deroselben für 8 tagen einer Tochter (815) genesen, welche 7 stunden nach der geburt gestorben, der Mutter schwachheitt hatt auch immer Zugenommen, biß Sie am Vergangenen Sontags Abendt Vmb 6 Vhr Verschieden, nachdem Sie zuvor sich mitt Gott Versöhnet

M**Halbach** hatt die Leichpredigt gethan den 18 huius *dieses Monats.*

[Witt 345]

515 DANIEL WATZSEN, ✶ DANZIG 2. 2. 1550, ✞ 17. 11. 1631

Daniel

Watzsen ist Ao 1550 den 2 Febr. Zu Dantzig gebohren Sein Vater hatt geheissen Röttcher **Watzsen** ein Kauffman da selbst von Lunden (816) in Engelland bürtig, Seine Mutter Margareta **Schwartzwaldin** von Dantzig. Diese Eltern haben ihn erZogen V. als er 12 Jahr Alt worden in Pohlen geschickt die sprach Zu lernen. Im 14 Jahr haben sie Ihn Zu einem Kauffman gethan Hans **Lanthon**, Welcher Ihn in Engellandt Verschickt Vndt hernach in seinem Handel nach Königsberck 7 Jahr gebraucht. Ao 1576 hatt Er sich Verehligett mitt J. Catharina H Balthasar **Wankawen** Scabini *Schöffe* der Altenstadt Ehl. T. mitt welcher Er 25 Jahr gelebett, mitt Ihr 11 Kinder geZeugett, 5 Söhne Vndt 6 Töchter, welche alle nebenst der Mutter Ao 1601 gestorben. Nach 2 Jährigen Wittwenstand ist er Ao 1603 Zur andern Ehe geschritten mitt J. Anna S. Gregorij **Treschenbergers** Ehl. T. (817) seiner itzt NW. mitt welcher Er 28 Jahr 10 mohnatt V. etliche tage gelebett, Mitt Ihr 1 Sohn geZeugett, welcher Ao 1620, im 16 Jahr seines Alters Zu Thorn gestorben. Sein leben anlagend ist Er ein stiller frommer Auffrichtiger Man gewesen. Für 9 Jahren hatt Ihn Gott mitt einer Tödtlichen Kranckheitt heimgesucht, ist Zwar wieder genesen, Hatt aber nicht wieder können außgehen: Hatt Zu Hause Gottes Wortt fleissig gelesen, Vndt das hochwürdige Abendtmahl offt gebraucht. Für 4 wochen hatt Ihn ein Catarrhus suffocativus (818) befallen daZu ein

---

813 Regina **Görgen** ✞ 24. 5. 1627 (lfd. Nr. 82).

814 Richtig wohl: 1620. Sie war 8 Jahre in erster Ehe, anschließend 2,5 Jahre in zweiter Ehe verheiratet, ergibt zusammen rund 11 Ehejahre vor ihrem Tod im Jahr 1631.

815 Die Worte "einer Tochter" über der Zeile eingefügt.

816 London.

817 Anna **Göbel** ✞ 31. 8. 1637 (lfd. Nr. 819)

818 < http://wiki-de.genealogy.net/Catarrhus_suffocativus > : Ein Lungenödem, eine Flüssigkeitsansammlung in der Lunge aufgrund eines Herzversagens (Abfrage am 29. 1. 2013).

schlucken kommen, welches Ihn gar abgemattet, biß Er am Montag 17 Novemb. morgens Zwischen 8 Vndt 9 Vhr im 82 Jahr ohne 10 wochen seines Alters Verschieden. M**Wolderus** hatt die Leichpred. gethan. den 19 huius [Witt 767]

516 Gertrut Kröllenstein, ✶ bei Preußisch Eylau 1605, ✝ 21. 11. 1631

Gerdrut
Martin **Kröllensteins** Fr.Ist Ao 1605 Vor 26 Jahren eine Viertheil meil Von der Eylaw gebohren, Ihr Vater Hatt geheissen Vrban **Kniepke** ein Pawersman, Ihre Mutter Barbara, welche Ihr bald in der Kindtheitt abgestorben, das sie von freunden aufferZogen Als sie 16 Jahr altt worden, hatt sie sich Zu Paul **Rehberg** in dienst begeben, bey welchem Sie 1 Jahr gewesen, Vnd darauff sich mitt Ihrem ietzt hinderlassenen Wittwer vereheligett, mitt demselben ins 10 Jahr gelebett, 6 Söhne geZeugett davon 2 Kleine noch im leben. Im Vergangenen Dienstag 8 tage hatt sie Gott der herr ihrer Mütterlichen bürden entbunden, wie woll mitt wenig freuden, darüber sie gantz schwach worden, am Donnerstag sich berichten lassen, Vndt am Freytag Zwischen 5 V. 6 Vhr selig Verschieden Im 27 Jahr ihres Alters Ist sonst ein still from Mensch gewesen. M**Wolderus** hatt die Leichpredigt gethan. den 23 huius. [Witt 369]

517 Anna Schneider, ✶ Groß Holstein, Landkr. Königsb. 1609, ✝ 22. 11. 1631

Anna **Schneiders** Büchsmachers Fr.ist Ao 1609 Vor 22 Jahren Zu Kosewalken
Casper (819) gebohren, Ihr Vater hatt geheissen Thomas **Sigmundt** Schultz daselbsten, Ihre Mutter Dorothea. Ao 1628 Haben Sie sie Vereheligett Casper **Schneidern** Büchsmachern mit welchem Sie nur 3 Jahr 5 wochen gelebett Vndt 2 Töchter geZeugett welche beyde am leben. Am Freytag für 14 tagen ist Sie kranck worden, Am Montag sich berichten lassen: am Vergangenen Sonnabendt Zwischen 9 V. 10 Vhr Abends ihr leben beschlossen im 22 Jahr ihres Alters. M**Halbach** hat die Leichpred. gethan. 24 huius. [Witt 647]

518 Catharina Falckenberg, ✶ Königsberg 1612, ✝ 26. 11. 1631

Catharina
Görg **Falckenbergs** Jun. Schirrmachers Fr. ist Ao 1612 alhie gebohren. Ihr Vater ist Martin **Thomas** Tuchmacher alhie, ihre Mutter heisset Catharina, Welche beyde Ihre Eltern mitt betrübtem hertzen Ihrer Tochter das geleitt gegeben, Welche sie nach empfangener tauff in der Zucht Vndt Vermahnung Zum herrn aufferZogen, biß sie ihr 17 Jahr erreichett, da ist Sie obgedachtem Meister Görg **Falckenberg** dem Jüngern Schirrmachern Vndt Mittbürgern alhie Vereheligett, mit welchem Sie nur 2 Jahr Vndt ettliche wochen gelebett Vndt 1 Sohn geZeugett, der noch am leben, die Mutter aber das leben Vber demselben einbüssen müssen, den als die Geburts=Zeit heran kommen, Hatt Sie sich dagegen gefast gemacht mitt dem gebrauch des Hochwürdigen Abendtmahls, welches Sie mitt Geburtsschmertzen Vbereilett Zu Hause am Sontag empfangen, darauff ih-

---

819 Goldbeck: Holstein oder Kasebalk, Adeliges Gut im Landräthlichen Kreis Schaken. Lange (S. 236) nennt als frühere Ortsnamen: Kostebalk, Kasebalck u. ä.

ren Sohn gegen Vesperzeit Zur Welt gebohren: Aber bald außer schlaff kommen, das Ihr das haupt gar wüste worden. Am Montag hatt Sie gar stille gelegen, Am Dienstag aber als Sie fleissig gebehtett Vmb 12 Vhr Selig entschlaffen im 19 Jahr ihres Alters. M**Wolderus** hatt die Leichpredigt gethan ex Cantico *nach dem Lied* Eberi (820) Herr Jesu Christ wahrer Mensch Vndt Gott. 26 huius *am 26. dieses Monats.* [Witt 137]

519 Jochim Blanckenhagen, ✶ Stettin 1566, ✝ 29. 11. 1631

Jochim Blanckenhagen ein Böttcher ist Ao 1566 Zu Alten Stettin in Pommern gebohren, Sein Vater hatt geheissen Valtin **Blankenhagen** Böttcher daselbst, seine Mutter Wollprecht, welche Ihn nach empfangener tauffe als er etwas erwachsen Zur schulen gehalten das Er schreiben Vndt lesen, Vndt darauff Vom Vater das Böttcherhandtwerck gelernett, darauff Er 12 Jahr gewandertt Vndt als Er her nach Königsberg kommen, Vndt eine Zeittlang gearbeitett, hatt Er sich befreyett mitt J. Catharina Martin **Thümmen** A. d. Huben NEhl.T. mitt welcher Er 20 Jahr gelebett, 8 Kinder geZeugett, 5 Söhne Vndt 3 Töchter, davon nur 1 Tochter im leben. Nach Absterben seiner haußfrawen, als Er in ander Jahr Wittwer gewesen hatt Er sich wieder befreyett mitt H Hans **Distlern** gesesenen Churfl Mundtschenken (821), auch ietzt seiner NW. mitt welcher Er ins 11 Jahr gelebt 4 Söhne geZeugett, davon noch 2 am leben. Vor 1/4 Jahr ist Er am hitzigen Fieber krank Vndt endtlich gar schwach worden, derowegen Er communicieret (wie es sonst offt von Ihm geschehen) Vndt sich also Gottes willen ergeben, der Ihn am Sonnabendt Vmb 12 Vhr in der nacht im 64 Jahr seines Alters abgefordertt. M**Halbach** hatt die Leichpredigt gethan. 2 huius. [Witt 55]

520 Anna Trölner, ✶ Königsberg (Tragheim) 1590, ✝ 1. 12. 1631

Anna Tobis Trölners NW.ist Ao 1590 alhie gebohren, Ihr Vater hatt geheissen Vrban **Brede** Schöpmeister Auffm Tragheim, Ihre Mutter Anna. Ao aetatis 22 hatt sie sich befreyett mitt einem Schneidergesellen Christoff **Süß** GerichtVerwandten Auffm Tragheim, mitt welchem Sie 10 Jahr gelebett, 5 Kinder geZeugett, 2 Söhne Vndt 3 Töchter, davon noch 1 Sohn Vndt 3 Töchter im leben. Nach absterben des ersten Ehemannes ist sie 2 Jahr im Wittwenstand blieben, darnach wieder mitt einem Schneidergesellen Tobis **Trölner** sich Verehligett, mitt demselben 5 Jahr gelebett, 3 Kinder geZeugett 2 Söhne Vndt 1 Tochter welche nebenst den andern, Vndt also 7 Arme Weyselein im leben, Gott nehme sich ihrer an. Für 2 Jahren ist ihr ander Man gestorben, Von welcher Zeitt Sie Wittwe Verblieben, Vndt wenig gesundt gewesen Biß Sie am Montag für 8 tagen gantz lagerhafftig worden, Vndt diesen Montag Vmb 11 Vhr Zu Mittag im 41 Jahr ihres Alters Verschieden. M**Halbach** hatt die Leichpred. gethan. 3 huius. [Witt 743]

---

820 Paul Eber (1511–1569), lutherischer Theologe. Hier dessen Lied: "Herr Jesu Christ wahr'r Mensch und Gott". Siehe auch die Erwähnung des Paul Eber im Lebenslauf von David **Nauwerck** ✝ 23. 7. 1633 (lfd. Nr. 612) mit Anm. 946.

821 Es fehlt eine Angabe, ob Tochter oder Witwe des Hans Distler.

521 SOPHIA UNGEFUG, ✶ KÖNIGSBERG 22. 1. 1611, ✝ 2. 12. 1631

Sophia Paul **Vngefugen** Balbierers Fr.ist Ao 1611 den 22 Januarij alhie gebohren, Ihr Vater heist Fridrich **Borst** (822) E.E. Rahts Zinßmahner, Ihre Mutter Catharina **Stoltzin**, Welche beyde mitt betrübtem hertzen Ihrer Tochter das geleitt Zu grabe gegeben, Welche Sie Zur Gottesfurcht aufferZogen. Ao 1628 im 17 Jahr ihres Alters ist Sie gedachtem Meistern Paul **Vngefugen** (823) Balbierern Vndt GerichtsVerwandten A. Steintham Vereheligett mitt welchem Sie nur 3 Jahr gelebett Vndt 2 Kinder geZeugett einen Sohn Vndt 1 Tochter, davon der Sohn gestorben. Vor etzlichen wochen ist Sie krank worden, da man zwar der besserung gehofft, Es hatt aber Gott dem Hn anders gefallen, welcher Sie am Vergangenen Dienstag morgens Vmb 7 Vhr durch den Zeittlichen todt im 21 Jahr Ihres Alters abgefordert, nachdem Sie sich 8 tage Zuvor mitt Gott Versöhnett, Ist sonst ein still from Mensch gewesen. M**Wolderus** hatt die Leichpredigt gethan ex ψ. 73 v. 25. 3 huius *am 3. dieses Monats.* [Witt 750]

522 CHRISTOPH BREWER, ✶ DIPPOLDISWALDE, KREISHAUPTMANNSCHAFT DRESDEN 16. 1. 1565, ✝ 18. 12. 1631

Christoph Brewer Kürschner Dominica 4ta Adventus begraben ist Ao 1565 den 16 Januarij Zu Diepswalde in Meissen gebohren Patre Wolfgango **Brewer** Matre Martha. Ist Zur schulen gehalten, das Er fleissig schreiben Vndt lesen gelernett. Ao 1579 hatt Er beym Vater das Kürschner Handtwerck gelernett. Nach 3 lehr Jahren ist er in der Weltt Vmbher gewandert, biß Er Ao 1587 anhero nach Königsbergk kommen. Ao 1597 ist Er hie Meister worden Vndt sich befreyett mitt J. Catharina, Gregorij **Wassergrabens** Kauffman NEhl T. mitt welcher Er 33 Jahr friedlich gelebett, 3 Kinder geZeugett 2 Töchter Vndt 1 Sohn (824), Welche alle 3 gestorben. Seine Kranckheitt anlangend Hatt Er sich fast 17 Jahr mitt der Gicht geplagt biß Er nun fast 2 Jahr gar nicht auß dem hause gehen können, derowegen Zu Hause mitt lesen behten Vndt Communicieren seinen Gottesdienst Verrichtett, biß Ihn Gott der herr am Donnerstag morgens im 66 Jahr seines Alters durch den Zeitlichen todt abgefordert, als Er schon Zuvor sein Testament gemacht, das Ministerium, Kirchen Schuhl V. Hospitahl darin bedacht. M**Wolderus** hatt die Leichpredigt gethan, weil eben der Sontag Thomae fest einfiell Zur Vesper de eius lapsu & confessione *über dessen [des Heil. Thomas] Sünde und Bekenntnis.* (825) [Witt 76]

523 DOROTHEA SCHIMMELPFENNIG, ✶ KÖNIGSBERG (ALTSTADT) 1583, ✝ BARSENICKEN, KR. FISCHHAUSEN 20. 12. 1631

Fr. Dorothea **Schakin** S.H Balthasar **Schimmelpfennigs** Nachgelassene Wittwe den 28 huius begraben,ist Ao 1583 Vor 48 Jahren alhie Zu Königsbergk in der Altenstadt gebohren. Ihr Vater ist gewesen Matthes **Schahk** Kauffman, Ihre Mutter Clara **Romlawin**, Welche Sie nach empfangener Tauffe als

---

822 Fridrich **Borst** ✝ 12. 2. 1632 (lfd. Nr. 528).

823 Paul **Ungefug** ✝ 6. 3. 1635 (lfd. Nr. 686).

824 Christoph **Brewer** ✝ 17. 9. 1629 (lfd. Nr. 339).

825 Fest des Heiligen Thomas = zeitgenössisch am 21. Dezember. Das war im Jahre 1631 auch der 4. Advent.

Sie etwas erwachsen Zur schulen gehalten, das sie nebenst dem Catechismo fertig lesen, schreiben Vndt rechnen gelernett, Vndt in allen Jungfrewlichen tugenden aufferZogen, biß sie Ao 1603 den 14 Martij H Hinrich **Kleen** Vornehmen Seiden Cramern Verehligett worden, mitt welchem Sie 13 1/2 Jahr gelebett, 2 Söhne V. 1 Tochter geZeugett welche alle Verstorben. Nach absterben ihres ersten Mannes hatt sie nach 1 1/2 Jährigen Wittwenstand sich wieder befreyett mitt S. H Balthasar **Schimmelpfennig**, mitt welchem Sie 8 Jahr ohne leibes Erben gelebett, nach welches tödtlichen Abgang Sie Von Ao 1626 im Wittwenstand Verblieben. Vndt Viel Creutz außgestanden, daher fast immer gekranckett, biß Sie den 11 Decemb. gar hefftige stich Zum hertzen bekommen, daZu ein Catarrhus suffocativus (826) kommen, derowegen sie den Pfarrherrn Von Wargen (827) Zu sich nach Brasnicken (828) (da sie gewohnett) hohlen lassen Vndt das hochwürdige Abendtmahl empfangen, darauff den 20 Zu Abendts Vmb 11 Vhr im eingang ihres 49 Jahres Zu Barsenicken 1 1/2 meil Von hie gestorben, Vndt alhie Auffm Steinthamb in ihrem Erbbegrebnus nebenst ihrer Tochter begraben (829). M**Halbach** hatt die Leichpredigt gethan, ex epta Dom. *aus der Epistel des Sonntags* Gal. 4 v. 4.5.6.7. [Witt 624]

---

826 Lungenödem. Siehe die Fußnote (818) bei Daniel **Watzsen** (lfd. Nr. 515).

827 Wargen, Kr. Fischhausen

828 Barsenicken, Kr. Fischhausen.

829 Das hier genannte Erbbegräbnis in der Steindammer Kirche ist nicht identisch mit dem bei Schlemm (wie Anm. 46), S. 8 gelisteten Erbbegräbnis der Familie Romlau in der Altstädtischen Kirche, u. a. mit Dorothea Romlau begr. 12. VI. 1665, Ehefrau des Christian Romlau, altstädtischer Kaufmann, das wohl zur Familie der Mutter der Verstorbenen gehört.

Annus Christi
1632
IANUARIUS

524 Andres Sommerien, ✶ Germau, Kr. Fischhausen 30. 11. 1571, ✞ 5. 1. 1632

Begraben den 7 Januarij. ☿

Andres Sommerien, Kirchen Tieschler, Vndt Gerichtsverwandter Vffm Steintham.

Ist Ao 1571, am Tage Andreae, Zu Girmau im Fischhausischen gebohren. Sein Vater ist gewesen Albrecht **Sommerien** damahlen Fürstl. Dhtt. bestalter Bauman des Ambts Fischhausen, Seine Mutter hatt geheißen Potentia. Alhie Zu Königsperg hatt Er sein Tieschler Handwerck gelernet. Nach außgestandenen Lehrjahren 12. Jhar im Römischen Reich hin V. wieder gewandert, In welcher Zeit Er Zugleich Zu Dreßden die löbliche Büchsmeister Kunst gelernet. Ao 1611. den 7. Octobr. Hatt er Hochzeit gehabtt Mit Jungfr. N. des S. Barthel **Fronerts,** Richters auß der Kneiphöfischen Vorstad Nachg. Ehel. Tochter (830), mit der er 19 Jahr friedlich gelebet, Vnd durch Gottes segen 4. Söhne v. 9. Töchter gezeiget, von welchen allen nur noch ein Söhnlein am Leben blieben.

Ao 1621 Ist er ins Erb. GerichtsMittel vfm St. gekohren worden. Ao 1630 ist Ihm seine liebe Haußfraw durch den Zeitlichen todt von der Seiten hinweg gerießen, von welcher Zeit an, Er im Wittwenstandt verblieben. Hatt 22. wochen mit einer beschwerlichen Kranckheit sich plagen müßen, daran Er auch endlich den 5. huius gestorben. Aet. 61. Seines Christenthumbs halber hatt Er ein guttes geZeichniß gehabt. H M. **Lepner** hatt Ihm die Leichpredigt gethan ex 2. Pet. 3. v. 13.

Hatt jedem in Vnserm Ministerio 2 fl Vngl. Vermacht gehabt, die wir auch empfangen. [Witt 617]

525 Barthel Röder, ✶ Friedenberg, Kr. Gerdauen 1565, □ 15. 1. 1632

Begraben den 15 Januarij ♃

Barthel Röder, Altenstädscher Kirchen 30. Jähriger Glöckner,

Ist Ao 1565 geboren, sein Vater ist gewesen der Ehrwürdige Vndt wolgelahrte H Abraham **Röder** PfarH Zum Friedenbergk (831), seine Mutter Hedewig S. Hn Johannis **Schönsporn** PfarH Zu Mommeyen (832) tochter, ist Zu allem gutten gehalten worden, nachmals zu seinem Bruder H Johanni **Rödern** Contori im Kneiphoff gethan, V, Zur schulen gangen, nach absterben seines bruders hat ihn sein Vater Zum Kaufhandel gethan zu Jacob **Keutern**, der ihn den in Pohlen v. Littawen verschicket die

---

830 Elisabeth **Sommerich** ✞ 2. 7. 1630 (lfd. Nr. 427).

831 Albrecht **Röder,** 1558 Pfarrer in Friedenberg, Kr. Gerdauen (QMS 19/5, S. 1491) oder Abraham **Röder,** 1555–1556 Pfarrer in Schippenbeil, Kr. Friedland und 1591 in Lamgarben, Kr. Rastenburg.

832 Offenbar Momehnen, Kr. Gerdauen. Bei Moeller beginnt die Reihe der Pfarrer dort im Jahre 1573, er nennt keinen Pfarrer dieses oder eines ähnlichen Namens.

Abbildung 4
Pagina 414 des Kirchenbuches
Vita des Andres Sommerien und des Barthel Röder (Beginn)

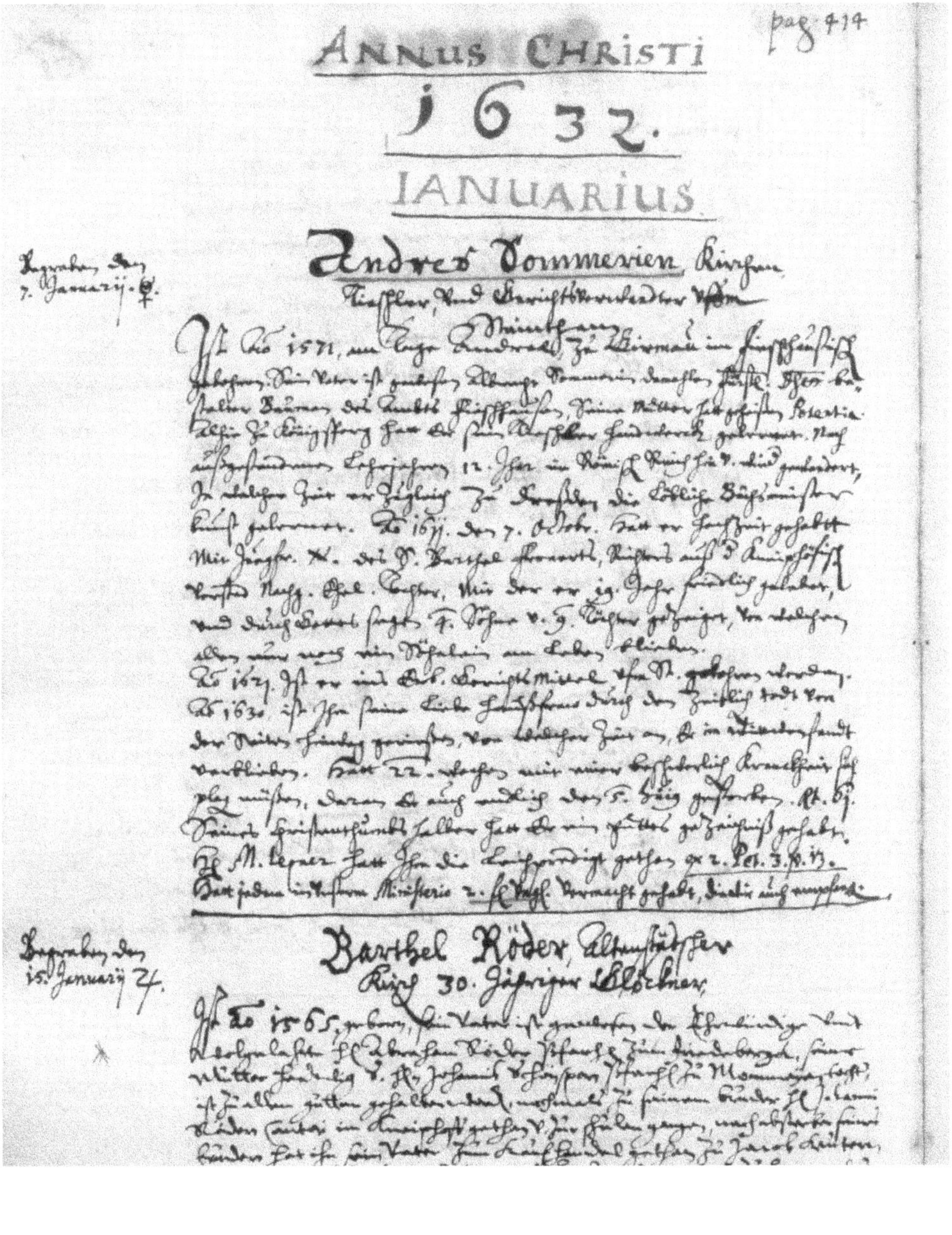
pag. 414

ANNUS CHRISTI

1632.

IANUARIUS

Andres Sommerien

Barthel Röder

sprache Zu lernen, als er seine Jahr erreichet hat er sich befreit mit Jungfr. Ana S. Hn Georgij **Papitzers** PfarHn im großen Hospital (833) alhie Tochter, 20 Jahr mit ihr gelebett 7. Söhne V. 4. töchter geZeuget, davon noch 2 Söhne im leben, davon einer itzo PfarH Zu Allenburgk (834), hernach zur andrn Ehe geschritten mit Jungfr. Catharina S. Heinrich **Schwartings** Glasers im Löbenicht Tochter ins 22 Jahr mit einander gelebet, 8 Kinder gezeuget, davon ein Sohn im leben, Ao 1602 nach der pest ist er alhier glöckner worden, sein ambt trewlich verwaltet, die Hn Prediger alhier in ehren gehalten v. das seinige mit fleiß verrichtet, hat endlich an Kreften sehr abgenommen biß er auchendtlich im 67 Jahr seines alters gestorben, H. D. **Derschau** hat leichpr. gethan ex Psal. 90. [Witt 583]

526 ANNA PANTZER, ✶ KÖNIGSBERG (ALTSTADT) 1592, ✝ 30. 1. 1632

Begraben den 1.Februarij ☉. 4. post Epiphan.

Fr. Anna **Sternbergin**, H Caspari
Pantzers Eheliche Haußfraw,

Ist Ao 1592 alhie Zu Königspergk von Christl. Eltern gebohren worden, Ihre Vater ist gewesen H. Michael **Sternberg**, Vorsteher der Altenstädschen Kirchen, Ihre Mutter Catharina **Wichertsche**. Ao 1616. den 2. Maij. hatt sie mit H Casparo **Pantzern** (835) Hochzeit gehalten, mit welchem sie in hertzlicher Liebe 16. Jahr gelebet v. in wehrender Ehe, durch Gottes Segen 3. Kinder gezeiget, Zwo Töchter vnd Einen Sohn, davon noch ein Sohn (836) v. eine Tochter am Leben. Ist sonsten eine fromme Gottselige, Ehrbahre v. Christliche Person gewesen, die ihre sonderbahre Lust v. Frewd Zu Gottes word gehabt, dannenhero daßelbe gerne v. fleißig gehöret, sich auch Zum offtern gebrauch des H. Abendmahls gehalten &. Vnd weil sie Ihrer Gottesfurcht halber Gott dem Herrn Lieb gewesen, hatt sie auch ohne Creutz v. Anfechtung nicht sein können, In dem sie der liebe Gott mit Leibes Schwachheit Zum offteren hart angegrieffen, In welchem Ihrem Creutz sie dennoch sehr geduldig gewesen, v. dem lieben Gott in der still außgehalten. Vor wenig wochen ist sie gantz Bedtreißig worden, da denn die Schwachheit von Tage Zu Tage sehr vberhand genommen, also das sie auch darüber Ihr Leben enden müßen, wornach sie denn in Ihrer großen Schwachheit hertzlich geseupffzet v. ein Verlangen getragen. Obijt Vero 30. Januarij, die ♀ intra 6 & 7 hor. matut. annum aet. agens 40. *Sie starb am 30. Januar, Freitag zwischen 6 und 7 Uhr früh, im Alter von 40 Jahren* Leichpredigt hatt gehalten H M. Urbanus **Lepner** ex ψ. 130. [Witt 497]

---

833 George **Popitzer** oder **Wollmesser,** 1570–1571 Pfarrer am Gr. Hospital in Löbenicht, 1586–1587 in Gr. Nebrau, Kr. Marienwerder, 1587–1588 erneut am Gr. Hospital im Löbenicht.

834 Johann **Röder**, Pfarrer 1618 in Tiefensee, 1625–1657 in Allenburg, Kr. Wehlau (QMS 19/5, S. 1491).

835 Offenbar ein Sohn des Caspar **Pantzer** ✝ 12. 9. 1627 (lfd. Nr. 106), der wie sein Vater Apotheker am Herzoglichen Hof war, wie aus dem Lebenslauf des Sohnes hervorgeht.

836 Caspar **Pantzer** ✝ 18. 3. 1636 (lfd. Nr. 737).

527 Henricus Holdtegel, ✶ Königsberg 22. 12. 1612, † 10. 2. 1632

Begraben den 12. Februarij ♃ p. Dom. Septuagesimae.

Henricus Holdtegel, Scholaris,

Ist Ao 1612. den 22 Xbris alhie Zu Königspergk von Christl. Eltern gebohren worden, Sein Vater ist noch am Leben, ist Henrich **Holdtegel**, Bürger dieser Altenstad. Seine Mutter heißet Elisabeth (837), des S. Clauß **Cramers** Nachg. Tochter. Dieße Christliche Eltern haben Ihren Sohn, von Jugend auf Zu aller Gottesfurcht fleißig aufferzogen, Ihn fleißig zur Schulen gehalten, da er dann die Lateinische Sprach Ziemlich gefaßet, Nachmahls ist er in Littawen nach Cawen v. der Wilda (838) verschicket worden, die Littawsche v. polnsche Sprach daselbst Zu Lernen. Alß wieder nach hauße kommen, ist er abermahls in die Schule gethan worden, da Er sich denn so woll angelaßen, das gutte Hoffnung von Ihm geschöpffet worden, Er ein nützlicher Mensch künftig worden wehre, so Ihm Gott sein Leben gefristet hette. Es hatt ihn aber der liebe Gott vor vielem Bösen bewahren wollen, drumb Er Ihn durch den Zeitlichen todt so geschwind abgefordert, nemlich den 10. Februarij, Zwischen 6. vnd 7. Vhr Zu Abends, Nach dem Er fast ein halbes Jhar mit einer beschwerlichen Kranckheit sich plagen müßen. aet. 20. Leichpredigt hatt gehalten H. M. **Lepner.** [Witt 307]

528 Fridrich Borst, ✶ Königsberg (Altstadt) 6. 10. 1581, † 12. 2. 1632

Begraben den 15. Febr. ☉ Sexagesimae.

Friderich Borst, Zinßmahner
der Altenstadt,

Ist ao 1581 den 6. Octobris in Königspergk gebohren worden. Sein Vater ist gewesen der Erbare Lucas **Borst** Bürger dieser Altenstadt seine Mutter Barbara, alß er dem Hn Chro durch das bad der h. Tauffe einverleiben laßen, ist er nachmals Zur schulen v. Zum rechnen gehalten worden, hernacher in Pohlen v. Littawen verschicket, das balbier handtwerck gelernet bey Meister Albrecht **Müllern** am holtzthor (839), Vnd nach dem Er sich in etwas in frembden Landen versuchet hat er sich zu Dienst begeben bey Meister Lorentz **Stoltzen** in die 5 Jahr, sich Ao 1610 den 23. Febr. in den Ehestandt eingelaßen mit der Tugentsamen Jungfr. Catharina **Stoltzin**, S. Meister Lorentz **Stoltzen** nachgelaßenen Tochter (840), V. mit ihr gelebet 22 Jahr, auch 4 Kinder gezeuget, 2. Söhne v. 2. Töchter davon noch ein Sohn V. eine Tochter am Leben. Ao 1618. Ist er Von E.E. hochw. Raht Zum Zinsmahner angenommen, selbigen auch biß an sein ende wol verwaltet. Sein Christenthumb betreffent, hat er Gottes Wort fleißig gehöret v. sich oft Zum gebrauch der hochw. Sacramenten gehatlen. Ist ein fromm still man gewesen, der sich mit seinen Nachbarn wol begangen, ist oft mit Creutz von dem lieben Gott beleget worden, in dem er nun nicht allein etzliche Jahr mit leibes Kranckheit belegt gewe-

---

837 Elisabeth **Holtegel** † 7. 12. 1634 (lfd. Nr. 673).

838 Kaunas und Wilna (Litauen).

839 Das Holztor schloss die Altstadt im Südosten gegen den Pregel und die Holzbrücke ab.

840 Ihre Schwester Gertrud war verheiratet mit Georg **Tetzel** † 31. 3. 1637 (lfd. Nr. 790).

sen, sondern auch neülicher Zeit seine liebe Tochter (841) weg genommen. Vergangen Mittwoch ist er in eine harte Kranckheit gefallen, die auch also zugenommen, das er seinen Beicht Vater Zu sich anerfordert, V. sich Zur hinfahrt geschicket, v. gegen 11. Vhr Donnerßtags Zu nacht verschieden Aetatis 52. Leichpredigt H M. **Halbach.** [Witt 69]

529 Gertrutt Thiel, ✶ Königsberg 1589, 12. 2. 1632

Begraben den 15. Febr.

Gertrutt Bartell **Thielen** Von den Huben HaußMutter.

Ist Ao 1589 daselbst gebohren, Ihr Vater hatt geheißen Hanß **Stoltzenbergk**, Ihre Mutter Regina, nach empfahung der h. Tauffe ist sie von Ihren eltern Zu allem gutten gehalten worden, im 17. Jahr hatt sie sich befreiet mit Barthel **Thielen**, 4 Söhne v. 7 Töchter gezeuget, davon 2 Söhne v. 3 Töchter todt. hatt im Ehestandt 26 Jahr gelebet, mit Ihren nachtbarn sich wol begangen, Vergangen Donnerstag ist sie sehr schwach worden auch selbigen tag Vmb 1 Vhr im Hn entschlaffen im 43 Jahr ihres alters. Die Leichpred. hatt H M. **Lepner** gethan. [Witt 732]

530 Andreß Heling, ✶ Friedland 1574, ✞ 16. 2. 1632

Begraben den 18. Febr.

Andreß Heling, Bancksteuber (842).

Ist Ao 1574 Zu Friedlandt Von Christlichen Eltern gebohren, sein Vater ist gewesen der Erbare Fromholt **Heling** bürger alda, seine Mutter Elisabeth, nach empfahung der h. tauffe hat ihn sein Vater selbst im schreiben V. lesen Vnterwiesen hernach zum schuster handtwerck gethan, auch auf dasselbige 13 Jahr gewandert, Ao 1609 den 12 Maij hat er sich befreiet mit der Erbaren Jungfr. Margarethen, im ehestandt gelebet 11 1/2 Jahr, 1 Sohn V. 2 Töchter, welche Ao 1620 an der pest gestorben, gezeuget, ist auch seine haußfr. im selbigen Jahr todes verfahren Ao 1621 den 5 Maij hat Er sich zum andern mahl befreiet mit der Erbaren Jungfr. Anna, des Erbaren Christopf **Roßen** Lautenmachers (843) hinterlaß. Tochter ins 12te Jahr mit ihr gelebet v. zusammen gezeuget 5 Töchter v. 2 Söhne davon noch 2 töchter V. ein Sohn am Leben, hat sich fleißig zur Kirchen gehalten, ist 26 wochen kranck gewesen, biß er vergangenen Montag verschieden aetat. 58. Jahr. Leichpredigt hat gehalten H. M. **Wolderus** vfm Steinth. [Witt 260]

531 Apollonia Rödtker, ✶ Postnicken, Landkr. Königsb. 1607, □ 24. 2. 1632

Begraben den 24 Febr.

Apollonia Andreß **Rödtkers** haußfr.

---

841 Die Tochter ist Sophia **Ungefug** ✞ 2. 12. 1631 (lfd. Nr. 521), deren Ehemann ist Paul **Ungefug** ✞ 6. 3. 1635 (lfd. Nr. 686).

842 Bankstofer, Banckenstöver: Nach Staßewski u. Stein (wie Anm. 21, hier S. 14) gehörten sie zum dienenden Personal in den Junkerhöfen und Gärten in Königsberg.

843 Andreas **Cubantz** ✞ 16. 2. 1632 (lfd. Nr. 779) war mit Dorothea, einer anderen Tochter dieses Christoph Roß, verheiratet.

Ist Ao 1607 Zu Postnicken Von Christlichen Eltern geboren, ihr Vater ist Baltzer **Grube** ein Fischer, ihre Mutter Barbara, ist baldt nach Königsbergk gethan v. in H D. **Derschauen** Dienst getreten, auch 7 1/2 Jahr alda gedienet, biß sie sich für 40 Wochen verheiratet mit itzigem Wittwer, ist in sechs wochen gestorben im 25 Jahr ihres Alters. Leichpr. HM **Wolderus** [Witt 584]

532 DOROTHEA SCHUMANN, ✶ KÖNIGSBERG 26. 1. 1614, □ 29. 2. 1632

Begraben den 29 Febr.

Fraw Dorothea, Hanß Schumans Haußfraw.

Ist geboren Ao 1614 den 26 Januarij, ihr H Vater ist gewesen der Ehrenveste, Achtbar v. hochgelahrte H. Severinus **Göbel** (844) Med. Doctor Acad. Reg. P.P. & Med. Elect. *Dr. der Medizin der Königlichen Universität [= Universität Königsberg] und herzoglicher Leibarzt* ihre Fraw Mutter Maria **von Weinberin**, ist in aller erbarkeit aufferZogen worden, Ao 1631 den 27 Jan. ist sie Hn Hanß **Schumanen** Bürgern V. Meltzenbrewern alhier ehlich versprochen worden, ist auch nochmals in den sechs wochen gestorben nach dem sie gantze 15 wochen schwerlich danieder gelegen, im 18 Jahr ihres alters, Leichpr. hatt gehalten H M. **Wolderus**. Textus 1. Tim. 1 [Witt 680]

533 JACOB FRIESE, ✶ KÖNIGSBERG (KNEIPHOF) 9. 8. 1592, ✝ 5. 3. 1632

Begraben den 8. Martij

H Jacobus Friese Med. Doctor

Ist Ao 1592 den 9 Aug. alhier gebohren, Sein H Vater ist gewesen der Ehrenveste V. Wolweise H Christoph **Friese** Gerichtsverwanter im Kneiphoff, seine Mutter die Ehr Vndt tugentsame Fraw Anna, S Hn Jacob **Keuters** tochter (845), ist alßbaldt Zu aller erbarkeit gehalten vndt sonderlich Zur Schulen, weil bei Ihm ein statliches ingenium *Begabung* verwercket, als das er auch seine studia dahin gebracht, das er auf hiesigen Universitet (846) seine studia Philosophica Zum theil absolviret, Zum theil seine Medicinam Ziemlich angefangen, auch Zu Continuierung derselben Ao 1616 nacher Wittenbergk gezogen, daselbst 4 Jahr bey Hn D. **Sennerto** Medico Celeberrimo *einem hochberühmten Arzt* Verharret, biß er Ao 1620 in Italica gezogen vndt Vnterschiedliche Universiteten besuchett, im rückweg hatt Er Basel besuchett v. den hochberümten H D. **Baubinum** Anatomia longe famosisiimum *in der Anatomie überaus berühmt* gehoret, auch es dahin gebracht, das er die Summen in Medicina honoris *den Doktortitel in der Medizin* erlanget, Ao 1622 ist er wieder ins lant kommen, Ao 1624 hatt er sich ehelich eingelassen mit der Erbaren v. tugentsamen Fr. Barbara des S. Hn Friedrich **Keuters** tochter, Hn Reinholt **Boyen** Gerichtsverwanten nachgelassenen Witwe, mit welcher er 8 Jahr gelebet V. 2 töchter gezeuget welche auch schon verstorben, hatt woll vndt Christlich gelebet, sich fleißig Zur Kirchen gehalten auch deswegen ein gutt Zeugnüß hatt von Hn M. **Lepnero** der Ihn fast Von

844 Severinus **Göbel** ✝ 9. 4. 1627 (lfd. Nr. 68).

845 Ursula **Kreuschner** ✝ 11. 8. 1630 (lfd. Nr. 435) könnte eine Schwester des Jacob Friese sein.

846 Am 29. 9. 1610 an der Albertina immatrikuliert (Erler, S. 195).

iugent auf gekandt, hat ofmals anstöß gehabt, am 27. Febr. ist er sehr kranck worden, daß er auch den Freitag drauf sanft entschlaffen im 39 Jahr seines alters. Leichpr. H M. **Lepner**. [Witt 162]

534 Valtin Reinhard Groß, ✶ Leipzig 26. 7. 1581, ✞ 7. 3. 1632

Begraben den 11. Martij.

Valtin Reinhard Groß, Schöppenknecht.

Ist Ao 1581 den 26 Julij Zu Leipsig gebohren, Patre Ulrico, Matre Juliana, Ao 1597 Zu Augspurgk das schneiderhandtwerck gelernett, Ao 1606 Zu Bartenstein meister worden, Ao 1607 sich befreiet mit Jungfr. Barbara Meister Tewes **Schmieds**, Schneiders zu Bartenstein tochter, cum qua genuit 2 töchter, utraque obijt Ao 1613 *mit der er 2 Tüchter zeugte, und nachdem sie beide 1613 gestorben sind* ist er nach Königsbergk kommen, Ao 1620 E. E. Gerichts alhier aufwerter worden, auch 12 Jahr denselben Dienst verwaltet, obijt ☽ mane h. 4. *er starb am Montag um 4 Uhr früh* Leichpr. H M. **Lepner** Textus Sap. 2. Hatt Got den menschen [Witt 212]

535 Justina Flottwell, ✶ Königsberg (Kneiphof) 1569, □ 20. 3. 1632

Begraben den 20 Martij.

Fr. Justina, des S. Ludwig **Flottwels**, bürgers im Kneiphoff nachgelassne Witwe.

Ist Ao 1569 geboren, ihr Vater ist gewesen H Baltzer **Sturm** Schöppenmeister im Kneiphoff, ihre mutter Regina, ist nach absterbung ihrer lieben mutter von ihrem S. Hn Vater Zu aller erbarkeit erZogen worden Ao 1587 den 9 Julij hat sie sich in den ehestandt begeben, auch in selbiger ehe gelebet 38 Jahr, auch durch Gottes segen 4 töchter Vndt 2 Söhne gezeiget von welchen noch die 2 Söhne V. 1 tochter am leben, Ao 1625 ist sie in den betrübten Witwenstandt gesetzet, für 2 Jahren hat sie sich alhero in die Altenstadt gemacht, hatt ein guttes lob wegen ihres Christenthumbs ist plötzlich krank worden auch dergestalt das sie an derselben gestorben bey ihren töchter, aetat. 63. Leichpr. H. M. **Halbach**. Textus Jobi 19. V. 25. [Witt 150]

536 Jacob Roß, ✶ Königsberg 1595, □ 27. 3. 1632

Begraben den 27. Martij.

Jacob Roß ein Kaufman.

Ist Ao 1595 alhier geboren, sein Vater ist gewesen der Erbare Christopf **Roß**, seine Mutter Elisabeth **Kleinische**, ist Von seinen Eltern fleißig Zur schulen gehalten, auch die sprach gelernet V. Zum Salomon **Hegwalt** Handelsman im Kneiphoff gethan auch14 Jahr alda gedienet. Ao 1630 hat er sich befreiet vndt 2 Jahr mit einander gelebett. Ist am hitzigen Fieber kranck worden daran er auch gestorben, aetat. 37. H M. **Halbach** hat Leichpr. gethan. Text Esa. 53. Fürwar er trug &. [Witt 589]

537 CASPAR GELSCH, ✶ KÖNIGSBERG 1575, □ 28. 3. 1632

Caspar Gelsch ein alter Bürger.

Begraben den 28. Martij.

Ist Ao 1575. alhier geboren, seiner Vater ist gewesen H Caspar **Gelsch** Meltzenbreuer alhier, die Mutter Gertrud, ist Von seinen eltern nachmals Zum Goldschmidt handtwerck gethan, auf welches er auch etzliche Jahr gewandert da er den in Italica, Vngern Vndt Deutschlandt sich Zimlich Versuchet, Ao 1599 hat er sich in den Ehestandt eingelassen mit der Erbaren Fr. Gertrudt (847), des S. Steffen **Wolfen** tochter, mit welcher er 1 Sohn v. 1 tochter gezeuget, davon die tochter noch am leben, Ao 1629 ist er in den Witwenstandt gesetzet, ist ein gotsfürchtiger Man gewesen, hat eine Zimliche Zeit gekranket vndt endlich sanft Vndt selig entschlaffen, aetat 57 Jahr. H. M. **Halbach** hat die Leichpr. gethan. Textus ex Joh. 12, 24.25. Es sei denn das das weitzenkorn p. viel früchte.

[Witt 176]

538 ANNA SCHMIDT, ✶ KÖNIGSBERG (STEINDAMM) 1576, □ 28. 3. 1632

Anna, S. Michel **Schmidts**, Kirchen Klein
schmieds nachgelaßene Witwe.

Begraben den 28. Martij.

Ist Ao 1576 alhie geboren, ihr Vater hat geheissen Arendt **Schliecker** Gerichtsverwanter aufm Steintham, ihre Mutter Elisabeth **Mentzelsche**, ist Zu allem gutten erzogen worden, im 23sten Jahr ihres alters hat sie sich Verheirathet mit Meister Marx **Gohalten** Rahtstischer, mit selbigem 2 Jahr gelebet V. einen Sohn gezeuget, der gestorben, ein Jahr nach ihres seligen mannes todt hat sie sich abermal eingelassen mit Michel **Schmiedt,** v. Zusammen gezeuget 5 Söhne V. 3 töchter, davon noch 1 Sohn V. 3 töchter am leben, 25. Jahr hat sie mit diesem manne gelebet, nachmals 2 Jahr Witwe gewesen v. Zum Drittenmal sich befreiet mit Mattheß **Ratken** Kleinschmiedt, v. 1 1/2 Jahr Zusammen gelebet, hatt ein gutt lob wegen ihres Christenthumbs, ist im 56 Jahr aetat. gestorben. Leichpr. H M. **Wolderus.** Textus ex Marc. 14. Abba, mein Vater.

[Witt 641]

539 GERTRUDT ALBRECHT, ✶ KÖNIGSBERG? 1568, □ 30. 3. 1632

Begraben den 30 Martij.

Fr. Getrudt, Hanß **Albrechts** haußFr.
oder alte Ransche

Ist Ao 1568 geboren, ihr Vater ist gewesen der Erbare Peter **Jäckel** Meltzenbrewer alhier, ihre Mutter Catharina **Dabernackin**, ist Zu allem gutten erzogen worden, nach absterben ihrer eltern haben sie ihre freunde zu sich genommen, im 18 Jahr hat sie sich Verheirathet mit dem Erbaren Reinholdt **Ransch** mit welchem sie 20 Jahr gelebet v. 4 Söhne V. 6 töchter gezeuget, davon noch 1. Sohn V. 3. töchter am leben (848),Ao 1606 ist sie Witwe worden, Ao 1608 hat sie sich wieder befreiet mit dem Erbaren Hanß **Albrechten** (849) mit welchem sie 24 Jahr ohne Leibes erben gelebet, wegen ihres Christenthumbs hat sie ein gut lob, ist im 64 Jahr ihres alters gestorben, Leichpredigt hat gehalten H M. **Wolderus**. Textus ex 1. Petr. 5. Alle ewre sorge werfet &

[Witt 7]

---

847 Gertrudis **Gelsch** □ zw. 5. und 8. 9. 1629 (lfd. Nr. 267.)

848 Eine Tochter ist Maria **Wrytt** ✞ 21. 12. 1637 (lfd. Nr. 838).

849 Vater des Jost **Albrecht** ✞ 14. 5. 1626 (lfd. Nr. 25)?

540 Jacob Zieman, ✶ Danzig 1580, □ 19. 4. 1632

Begraben den 19. Aprilis.

Jacob Zieman, ein bechler in der Langaße.

Ist Ao 1580 gebohren Zu Dantzig, sein Vater ist gewesen Jacob Zieman, seine Mutter Gerdrutt, seine eltern haben Ihn Zum bechlerhandtwerck gethan, auf welches er auch gewandert, hat sich alhie eingelaßen mit Jungfr. Anna, des S. Christopf **Wogrambs** tochter, mit welcher er 27 Jahr gelebet V. 8 Kinder, alß 6 Söhne V. 2 töchter geZeuget, ein Sohn ist noch am leben, hat sich fleißig Zum gehör Göttliches worts gehalten, V. ein gut lob, ist gestorben im 52 Jahr aet. Leichpr. H M. **Wolderus** Textus ex Hiob 19. [Witt 829]

541 Regina Greifenhagen, ✶ Königsb. (Altstadt) 11. 11. 1570, ✞ 23. 4. 1632

Begraben den 25. April

Fr. Regina, S. H Licentiati **Greiffenhagens** Nachgelaßene Witwe

Ist Ao 1570 den 11 9br geboren, ihr Vater ist gewesen H. Hanß **Hilbrant** Gerichtsverwanter dieser Altenstadt, ihre Mutter Fr. Regina Hn Lorentz **Mewsen** wolverdienten Bürgermeistern dieser Altenstadt eheliche tochter, ist Zu allen Christlichen tugenden Von ihren eltern gehalten worden, alß sie erwachsen hat sie sich Ao 1586 befreiet mit dem Ehrenvesten vndt hochgelahrten Hn Valentino **Krumteich** Med. Doctori et Medico aulico *Dr. der Medizin und Hofarzt*, 9 Jahr mit einander gelebet, 3 Söhne V. 1 tochter gezeuget, davon noch ein Sohn am leben (850), Ao 1595 hat ihr Gott ihren lieben Hn von der seiten gerissen, Ao 1597 hat sie sich abermahl befreiet mit dem Ehren Vesten v. hochgelahrten Hn Johanni **Greifenhagen** Med. Licentiato *Lizentiat der Medizin* hofmedico alhier, 21 Jahr mit einander gelebet, 3 Söhne v. 2 töchter gezeuget, davon noch 3 Söhne v. 1 töchter im leben, nach absterben ihres andern Hn V. Ehegaten, hat sie sich in ihrem Witwenstandt Christlich V. fromm verhalten, daß liebe Creutz, das ihr Gott Zugeschicket mit gedult ertragen auch Zu letzt oftmals Zu Gott geseuftzet vmb ein seliges sterbstündlein, welches ihr der liebe Gott auch bescheret v. sie vergangenen freitag auß dieser welt abgefordert aetat. 61. H M. **Lepner** hat die Leichpr. gethan. [Witt 206]

542 Dorothea Pöpping, ✶ Königsberg (Löbenicht) 1572, □ 25. 4. 1632

Begraben den 25. April.

Fr. Dorothea Fülhasin, Hn Bernhardt **Pöppings** haußfraw.

Ist Ao 1572 geboren, ihr Vater ist gewesen Herman **Fülhase** Bürger vndt Meltzenbrewer im Löbenicht, ihre Mutter Fr. Anna **Neumannin**, in der iugent ist sie Zur schulen gehalten, Ao 1595 den 28 Martij hat sie sich befreiet mit dem Erbaren Bernhardt **Pöpping** (851) damals Fürstl. Frewlein Praeceptor *Lehrer* itzigem Witwer, mit einander 37 iahr gelebet vndt 7 Söhne vndt 6 töchter gezeuget, welche alle im Hn entschlaffen, Ist eine fromme Gotsfürchtige fraw gewesen, die etzliche Jahr der Bürger töchter treulich vndt fleißig im lesen, schreiben Vndt rechnen Vnterwiesen, auch eine gutte Christin gewesen die ein gut lob gehabt, in

---

850 Christoph **Krumteich** ✞ 23. 11. 1632 (lfd. Nr. 564).

851 Berhard **Pöpping** □ 12. 11. 1636 (lfd. Nr. 776).

den Osterfeiertagen ist sie kranck worden vndt alß sie Vermercket das ihre stunde Vorhanden hat sie sich Zur heimfahrt geschicket Vndt das hochw. Abentmahl empfangen, auch darauf sanft eingeschlaffen im 60sten Jahr ihres alters. H M. **Lepner** hat die Leichpr. gethan [Witt 521]

543 MARTIN HEIN, ✶ WO? WANN?, □ 24. 5. 1632

Begraben den 24. Maij.

Martin Hein Jun. Fleischhauer. (852) [Witt 256]

544 SOPHIA FRAWLOB, ✶ "IM JOHANSBURGSCHEN" 1580, ✝ 28. 5. 1632

Begraben den 31. Maij.

Fr. Sophia, S. Caspar **Frawlobs** Witwe. (853)

Ist Ao 1580 im Johansburgschen (854) geboren, ihr Vater ist gewesen Albrecht **Dunckel**, ihre Mutter Dorothea, nach Zeitigem absterben ihrer eltern ist sie alhero kommen Zu einem Orgelbauer im Kneiphoff der nachmals nach der Wilde (855) gezogen V. sie mit genommen, alß sie ihre Jahr erreichet hat sie sich befreiet mit Sebastian **Rosenau** einem borten wercker gesellen, 18. Jahr mit ihm gelebet wiewoll mit weinig frewden, 3 Söhne V. 2 töchter geZeuget, welche alle verstorben, nach einem Jahr hat sie wieder gefreiet mit Johan **Greben** auch borten werker gesellen Vndt nur ein Viertheil Jahr Zusammen gelebet nachmals sich wieder befreiet mit Christopf **Persichen** borten werker gesellen, 9 Jahr zusammen gelebet, eine tochter Zusammen gezeuget die auch gestorben, nach absterben ihres 3ten mannes hat sie sich wieder verheirathet mit dem Erbaren Caspar **Frawlob** kürschnern alhier, ein Jahr miteinander gelebet iedoch ohne leibes erben, hat ein gut lob wegen ihres Christenthumbs vndt sich mild V. hülfreich gegen die armen Verhalten ist anfenglich am fieber kranck worden, nachmals heftig kranck worden den sie auch am vergangenen Freitag Zu nacht gestorben aetat. 52. [Witt 159]

545 GERTRUD RUß, ✶ KÖNIGSBERG UM 1572, □ 1. 6. 1632

Begraben den 1. Junij

Gertrudt, Michel **Rußen** eines Meurers Weib..

Getrudt S. Jacob **Folckmans** tochter, Michel **Rußen** Fr. ist alhie geboren, hat sich befreiet mit Peter **Meerganß** einem Leinweber aetat. 22. vixit cum illo 8 annos, *lebete mit ihm 8 Jahre lang* mit einander 4 Kinder geZeuget, davon noch eines im Leben, Ao 1603 hat sie sich abermal befreiet mit itzigem Michel **Rußen** v. 8 Kinder mit ihm gezeuget davon 2 Söhne am Leben v. 2 töchter, ist Vber 10 Jahr kranck gewesen, ist gestorben im 60sten Jahr aetat. Leichpr. hat gethan H M. **Lepner**. Textus ex Syr. 41. O todt wie bitter bistu etc. [Witt 594]

---

852 Seine Ehefrau war Catharina **Hayn** ✝ um 15. 2. 1628 (lfd. Nr. 135).
Eine halbe Seite bis zum unteren Rand frei gelassen, kein weiterer Eintrag.

853 Caspar **Frawlob** ✝ 1. 8. 1631 (lfd. Nr. 492).

854 Bei Johannisburg ?

855 Nach Wilna (Litauen).

546 ANNA LÖLHÖFEL, ✶ KÖNIGSBERG (KNEIPHOF) 1564, □ 15. 6. 1632

Begraben den 15. Junij.

Fr. Anna. S. Hanß **Lölhefels** nachgelaßene Witwe.

Ist Ao 1564 geboren, ihr Vater ist gewesen der Ehrenveste vndt Vornehme Wolweise H Peter **Glagaw** Burgermeister im Kneiphoff, ihre mutter Fr. Catharaina S. Hn Georg **Von Weinberr** Burgemeister im Kneiphoff Tochter, weil ihre liebe eltern ihr baldt abgangen ist sie bey ihren freunden gewesen V. von ihnen Zu allem guttem gehalten, Ao 1584. den 27 Jan. hat sie sich befreiet mit dem Ehrenvesten V. Wolweisen Hn Hanß **Lölhefel** Gerichtsverwanten alhie, Ao 1615 ist sie in den betrübten Witwenstandt gesetzet, haben 4 Söhne v. 4 töchter geZeuget, davon noch 2 töchter im Leben, hat ein gut lob wegen ihres Christenthumbs, ist Von Weinachten an kranck gewesen, ist im 68 Jahr aetat. gestorben, H M. **Lepner** hat Leichpr. gehalten Textus ex Joh. 1. v. 8. [Witt 405]

547 GEORG SCHULTZ, ✶ GLESIEN, KR. DELITZSCH / PROV. SACHSEN 1579, □ 27. 6. 1632

Begraben den 27 Junij.

Georg **Schultz**, Schneider alias Weißbart

Ist Ao 1579 in Meißen Zu Glesinen geboren, sein Vater ist gewesen Hanß **Schultz** seine Mutter Anna, nach Zeitigem absterben seiner eltern hat er sich Ao 1594 nach Halle in Sachsen begeben Vndt alda das schneider Handtwerck gelernet, 12 Jahr darauf gewandert, Ao 1606 ist er in Preußen kommen, Ao 1609 hat er sich befreiet mit Jungfr. Catharinen des S. Vrban **Wagners** Schneiders alhie Tochter, mit welcher er 5/4 Jahr im ehestandt gelebet v. einen Sohn geZeuget, welcher auch todtes verblichen Zum andernmahl hat er sich befreiet mit Catharinen des Erbaren Jacob **Küppels** Dienerin, mit welcher er 8 Jahr gelebet Vndt 1 Sohn V. 3 Töchter geZeuget, davon 1 Sohn am Leben, Zum dritten mal hat er gehabt Zur ehe Fr. Gertrudt S. Christopf **Dieckers** Witwe mit ihr 11 1/2 Jahr gelebet, v. eine Tochter geZeuget, so noch am Leben, hatt ein gutt Lob seines Christenthumbs halben, hat von Weinachten an an der der gicht gelegen Zu welcher auch andere Kranckheiten kommen V. im 53 Jahr aetat. gestorben,
Leichpr. hat gehalten H M. **Halbach**. Textus [Angabe fehlt] [Witt 672]

548 BALTZER SCHUMACHER, ✶ BRASDORF, LANDKR. KÖNIGSBERG 1565, □ 19. 7. 1632

Baltzer Schumacher ein Meltzer.

Begraben den 19. Julij.

Ist Ao 1565 Zu braßdorff geboren, sein Vater ist gewesen Jacob **Schumacher** die Mutter Elisabeth, ist nach Zeitigem absterben seiner eltern baldt in die Frembde kommen v. anhero sich gemacht, hie gedienet, im 23 sten Jahr hat er sich befreiet mit Jungfr. Elisabeth des ersamen Crispin **Wingerbots** Tochter, 12 Jahr miteinander gelebett, 1 Sohn vndt 4 töchter gezeuget, welche gestorben, Zum andern mahl hat er sich befreiet mit Fr. Christina S. Stentzel **Widehops** Stadtmeurers im Löbenicht Witwe, mit welcher 5 Sohne v. 4 Töchter geZeuget davon 2 Söhne am leben, Zum dritten mahl hat er sich befreiet mit Anna S. Hanß **Burdelhem** eines Bötchers Tochter, ist ein from man gewesen, ist von ostern an kranck gewesen Vndt im 67 Jahr aetat. gestorben. Leichpred. hat gehalten H M. **Wolderus.** Textus ex 1. Cor. 15. Der todt ist Verschl. [Witt 678]

549 GERTRUDT HOFFMANN, ✶ KÖNIGSBERG (STEINDAMM) UM 1608, □ 19. 8. 1632

Gertrudt, Michel **Hoffmans**, bötchers Weib.

Begraben den 19 Aug.

Ist alhie geboren, ihr Vater hat geheißen hanß **Dornheimer** grobschmidt aufm Steintham, ihre mutter Gertrudt, ist bey ihren Freunden gewesen Weil ihre eltern balt gestorben, hat sich im 23sten Jahr befreiet mit Michel **Hoffmannen** itzigem Witwer, 39 Wochen miteinander gelebett einen Sohn geZeugett der noch am Leben, hat ein gut Zeugnüß ihres Christenthumbs, ist im 24sten Jahr ihres alters gestorben. Leichpredigt hat gehalten H M. **Lepner**. Textus ex ψ. 68. Gelobet sey der H teglich &. [Witt 300]

550 DOROTHEA WITT(E), ✶ KÖNIGSBERG (KNEIPHOF) 1575, □ 20. 8. 1632

Dorothea, Engelbrecht **Witten** Haußfr.

Begraben den 20 Aug.

Ist Ao 1575 im Kneiphoff geboren, ihr Vater ist gewesen Jacob **von Gabern** Heringsbracker alda, ihre Mutter Helena, alß sie Zu ihren Jahren kommen hat sie sich befreiet mit Vrban **Paulitzen** Schmackenschipper, V. 27 Jahr miteinander gelebet, auch 3 Söhne V. drey Töchter geZeuget, davon eine tochter am Leben, Ao 1621 hatsie sich abermahl befreiet mit Engelbrecht **Witten** Schmackenschipper V. 11 Jahr miteinander gelebet, hat ein gutt Lob wegen ihres Christenthumbs, ist im 57sten Jahr gestorben, Leichpr. hat Gehalten H M. **Lepner**. Textus es ψ. 42. Wie der Hirsch. [Witt 809]

551 DOROTHEA HELWIG, ✶ KÖNIGSBERG? 23. 9. 1561, □ 30. 8. 1632

Fr. Dorothea, Fabian **Helwigs** Witwe.

Begraben den 30 Aug.

Ist Ao 1561 den 23 7br geboren, ihr Vater ist der Erbare Jacob **Löhle** Kaufman alhier, ihre Mutter Catharina S. Hieronymi **Bibernicks** Gerichtsverwandten alhier Tochter, Ao 1606 hat sie sich befreiet mit dem Erbarn Fabian **Helwig** Meltzenbrewer, mit welchem sie gelebet 6 Jahr Ao 1612 ist sie in den Witwenstandt versetzet auch in demselbigen gelebet 20 Jahr, hat ein gutt Lob wegen ihres Christenthumbs, ist im 71 sten Jahr aetat. gestorben, Leichpr. hat gehalten H. M. **Lepner**. Textus ex Rom. 14. Vnser Keiner lebet ihm selber &. [Witt 263]

552 PAUL BAUMGART, ✶ BRAUNSBERG 1558, ✞ 3. 9. 1632

Begraben den 5. 7br.

Paul **Baumgart** ein alter Nagelschmidt am Rolberge (856).

Ist Ao 1558 Zu Braunbergk geboren, sein Vater ist gewesen Paul **Baumgart** nagelschmidt daselbst, seine Mutter Euphemia, ist fleißig Zur schulen gehalten, nachmals das nagelschmidthandwerck gelernet, 12 Jahr darauf gewandert, Ao 1590 hat er sich befreiet mit Jungfr. Elisabeth (857), so schon für 4 1/2 Jahr gestorben, S. Bastian **Colbergs** Meltzenbrewers im Kneiphof ehelichen Tochter V. Zusammen gelebet 37 Jahr 33 wochen, 3 Söhne V. 3 töchter miteinander gezeuget, davon ein Sohn im Leben, ist ein frommer Christ gewesen, sich fleißig Zum gehör Gottlichen Worts gehalten, letzlich wegen hohen alters ist er betreisig worden, das ihm auch sein gesicht V. gehör Vergangen, aber fleißig Zu Gott gebetet,

---

856 Ober-, Unterrollberg: Straßen im Westen der Altstadt.

857 Elisabeth **Baumgart** ✞ 30. 3. 1628 (lfd. Nr. 148).

das er ihn auflösen wolle, so auch geschehen v. ihn am vergangenen freitag auß dieser Welt abgefordert im 74sten Jahr seines alters, H.M. **Lepner** hat die Leichp. gethan. [Witt 32]

553 FRIEDRICH VON KOHLEN, ✶ KÖNIGSBERG 17. 2. 1571, ✞ 4. 9. 1632

Begraben den 7. 7br. Friedrich **Von Kohlen**, Wäger

Ist Ao 1571. den 17 Febr. alhie geboren, sein Vater ist gewesen der Edle Vndt EhrenVeste Anthonius **Von Kohl**, Gerichtsverwanter alhier (858), seine Mutter Catharina, Hn Valtin **Klenawen** Bürgermeisters dieser Altenstandt eheleibliche tochter, ist anfangs in Pohlen die sprache Zu lernen verschicket, Ao 1598 hat er gefreiet Jungfr. Barbaram Hn Ehrhart **Von Gehren** RahtsVerwanten dieser Stadt Tochter, mit Welcher gelebet 22 Jahr v. gezeuget 7. töchter, V. Zwey Söhne, davon noch 2 töchter am leben, Ao 1605 ist er Von E.E. Raht alhier Zu einem Weger bestellet worden bey Welchem Er sich Wol verhalten, Ao 1621 den 30 8br. hat er sich abermahl befreiet mit Jungfr. Vrsula hanß **Kerstens** Tochter (859), mit Welcher er gezeuget 3 Söhne V. 2 töchter die noch am leben, ist in diesem Jahr Zimlich kranck gewesen V. den 4 huius gestorben aetatis 62. Seines Christenthumbs halben hat er ein gut Zeugnüß, H M. **Lepner** hat die Leichpr. gethan Textus ex Esa. 64. Bistu doch Vnser Vater &. [Witt 357]

554 IVARUS PREUß, ✶ TONDERN / PROV. SCHLESWIG-HOLSTEIN WANN?, □ 13. 9. 1632

Begraben den 13. 7br.

Ivarus Preuß Holsatus studiosus (860), Cuius Vitae cur riculum in expressa concione funebri habita à M. **Woldero** continctur. (861)

Ivarus Preuß, Student aus Holstein, dessen Lebens lauf in der anschaulichen Leichenpredigt steht, die von M. Wolder gehaltenen ist [Witt 536]

555 ANNA MANCKE, ✶ WO? 1596, □ 14. 9. 1632

Begraben den 14. 7br. Anna, Greger Mancken Fr. Von den Huben,

(862) Hierher ge

Ao 1596 geboren, ihr Vater ist Vrban **Ritz**, die Mutter Anna, im 24sten Jahr sich befreiet mit Andreß **Rodeman**, 2 Söhne geZeuget davon einer

---

858 Isaac **Bock** ✞ 31. 3. 1628 (lfd. Nr. 146) heiratete 1598 Elisabeth, eine Tochter dieses Anton von Kohl; ein möglicher weiterer Bruder Antonius d. J. war der Vater von Barbara **Reinicke** ✞ 3. 9. 1633 (lfd. Nr. 613). Bei Antonius von Kohl d. Ä. war Wilhelm **Kelch** ✞ 23. 3. 1636 (lfd. Nr. 739) um 1590 für sechs Jahre in Diensten.

859 Ursula **von Gehren** ✞ 27. 2. 1637 (lfd. Nr. 791).

860 Am 15. 10. 1631 an der Albertina immatrikuliert: „Ivarus Preuss Tundera-Holsatus iur[avit]" (Erler, S. 330).

861 Weiter keine Eintragungen, kein Platz für spätere Eintragungen gelassen.

862 Die Lebensläufe von Regina **Wergin** ✞ 19. 9. 1632 (lfd. Nr. 572) und Anna **Dam(e)** ✞ 18. 9. 1632 (lfd. Nr. 573) wurden im Kirchenbuch am Jahresende, vier Seiten weiter, nachgetragen.

hören: Hanß **Werginen** nachg. Witwe. Arend **Dahmen** Pred Welche am Ende zu finden — am Leben, 5 Jahr mit Ihm gelebet, nachmals sich wieder befreiet mit Greger **Mancken** v. 3. Sohne V. 2 töchter geZeuget davon zwey am leben, ist im 36sten Jahr gestorben Vndt eine gutte fromme Christin gewesen, H M. **Lepner** hat ihr die Leichpr. gethan Textus fuit ex Luc. 17. *Der Text war aus Lukas 17* Jesu lieber Meister erbarm Dich Vnser. [Witt 428]

556 Elisabeth Mahlke, ✶ Königsberg (Kneiphof) 1562, ✞ 21. 9. 1632

Elisabeth, Jochim **Mahlken** Höckers Fr. (863)

Begraben den 23 7br. — Ist Ao 1562 alhie geboren, ihr Vater ist gewesen Georg **Brach** bürger v. Täschner im Kneiphoff, ihre mutter Elisabeth, ist Zu allem gutten Von ihren Eltern gehalten v im Dienst gethan bey Hn **Zsingern** Schöppenmeistern alda, in selbigem auch 8 Jahr verharret, auch nachmals bey Hn hanß **Micheln** etzliche Jahr sich aufgehalten v. sie deßentwegen ein gut lob erlanget, Ao 1586 hat sie sich befreiet mit Joachim **Mahlken** itzigem Witwer, haben sich wol begangen doch ohne leibes erben verblieben, Ao 1629 hat sie in die Steinthamsche Kirchen aufs Altar eine Silberne Kanne auß guttem Hertzen Verehret, hat auch des Predigambts nicht vergeßen sondern dasselbige auch im Testament bedacht, wie auch das Hospital Zu S. Georg V. die armenschüler, ihres Christenthumbs hat sie ein gut lob, für 10 wochen ist sie recht betreisig worden V. vom schlag gerüeret das sie auch den 21 cuius *den 21. dieses [Monats]* todtes verfahren aetatis 70. Leichpr. hat H M. **Halbach** ex dicto Rom. 8. v. 38 et 39. *aus dem genannten Römerbrief Kap. 8 Vers 38 und 39* [Witt 425]

557 Georg Leutner, ✶ "Feldtspergien in Österreich" 1568, □ 29. 9. 1632

Begraben — Georg Leutner, Tuchscherer.

den 29 7br. am Michaelis Tage. — Ist Ao 1568 Zu Feldtspergien in Österreich geboren, sein Vater ist gewesen Thomaß **Leutner** bürger alda, die Mutter Anna, nach Zeitigem absterben seiner eltern hat er sich bey seiner großmutter aufgehalten, fleißig Zur schulen gangen, schreiben v. lesen gelernet, Ao 1587 ist er Zum tuchscherer handtwergk gethan, welches er auch gelernet v. 7. Jahr darauf gewandert, Ao 1597 ist er nach Könisbergk kommen, auch in selbigem Jahr sich befreiet mit der Erbarn Jungfr. Dorothea Casper **Holsteins** bürgers im Kneiphoff tochter, auch 3 Söhne V. 2 töchter gezeuget davon 2 töchter am Leben, Ao 1615 ist er Witwer worden, Ao 1619 hat er sich Zum andern mahl befreiet mit Frawen Anna S. Friedrich **Hintze** gerichts Verwanten Zu Fischhausen Witwen mit selbiger auch 2 Söhne v. 1 Tochter geZeuget, hat wegen seines Christenthumbs ein gut Lob, hat seine alte Kranckheit gehabt auch an der selbigen gestorben aetatis 64. Leichpr. hat H M. **Lepner** gethan ex dicto Rom. 8.v.1. *aus dem genannten Römerbrief Kap. 8 Vers 1* [Witt 398]

---

863 Diese Elisabeth Mahlke ist offenbar die erste Frau des Joachim **Mahlke**; dessen zweite Frau ist Barbara **Mahlke** ✞ 24. 10. 1637 (lfd. Nr. 825).

558 ANNA SCHUBERT, ✶ WO? WANN?, □ 11. 10. 1632

Begraben den 11.8br. Anna, Georg **Schuberts** Fleischers Fr. (864) [Witt 661]

559 FRIDRICH JENSCH, ✶ INSTERBURG? WANN?, □ 12. 10. 1632

Begraben den 12 8br. Fridrich Jensch, Bartel Lölhevels Kaufgesell.

Sein Vater ist gewesen H Friedrich **Jensch** Cantor Zur Insterburgk Vber 20 Jahr, nachmals für einen Cantorem Zu Welaw sich gebrauchen laßen, da er dan auch in E.E. gerichtsmittel gekommen, seine Mutter Hedwig, hat etzliche Jahr zu Insterburgk gedienet beim Hn **Bastbinder**, Von welchem er auch ein gut Zeugnuß hat, hat 2 1/2 Jahr bey Bartel **Lölhoveln** (865) gedienet, sich stil Vndt fromm Verhalten &. Leichpr. hat gehalten H M. **Wolderus** ex Eccl. 12. v. 13. [Witt 315]

560 ELISABETH LANTZ, ✶ GARZ, KR. USEDOM-WOLLIN? 1595, ✞ 14. 10. 1632

Elisabeth, Mechel **Lantzen** Töpfers Fr.

Begraben den 17. 8br. Ist Ao 1595 Zu Gartz in Pommern (866) geboren, ihr Vater ist gewesen Michel **Schreck** balbierer alda, ihre Mutter Anna, ist iung Von ihren eltern kommen Zu ihres Vatern Bruder nach Welaw, alß sie hieher kommen ist sie bey Vnterschiedlichen Leuten gedienet, sich auch wol Verhalten, biß sie sich endlich mit itzigem Witwer befreiet auch ins 12te Jahr Zusammen gelebet v. miteinander 3 Söhne v. 1 Tochter geZeuget welche alle gestorben, hat sich fleißig Zur Kirchen gehalten, endlich aber mit harter Kranckheit heimgesucht worden das sie auch Von Pfingsten an immer gekrancket auch Zu letz so sehr abgenommen das sie Donnerstags morgens Vmb 8 Vhr Verschieden aetatis 37 *im Alter von 37 Jahren.* Leichpr. hat gehalten H M. **Lepner** ex Esa. 64. Wir sindt alle verwelcket wie die blett etc. [Witt 389]

561 CATHARINA WULFF, ✶ BARTENSTEIN, KR. FRIEDLAND UM 1592, □ 28. 10. 1632

Begraben den 28. 8br. Catharina, Mechel **Wulfen** Fr. Kleinschmiedts

Ist für 40 Jahren Zu Bartenstein gebohren, ihr Vater ist gewesen Michel **Zimmermann** schloßer daselbst, ihre mutter Anna, im 26sten Jahr hat sie sich befreiet mit itzigem ihrem Witwern (867), haben miteinander geZeuget 4 Söhne V. 3 töchter, davon ein Sohn V. 2 töchter am Leben, hat ein

---

864 Keine weitere Eintragung. Auch im Totenregister (EZA Signatur 2075 – siehe hierzu in der Einführung S. 38) findet sich nur der gleiche Eintrag, jedoch mit dem Vermerk "LP MW" [Leichenpredigt: M. Wolder].

865 Bartell **Lölhöfel** ✞ 15. 6. 1636 (lfd. Nr. 754).

866 Oder Garz, Kr. Rügen?

867 Michel **Wulff** ✞ 12. 7. 1637 (lfd. Nr. 812). Nach dem Lebenslauf ihres Ehemannes haben sie 1616 geheiratet; wenn sie dabei – wie bei ihr angegeben – 26 Jahre alt war, errechnet sich für sie 1590 als Geburtsjahr.

gut Lob ihres Christenthumbs, ist in den 6 Wochen gestorben, aetatis 40. Leichpr. hat gehalten H M. **Lepner** ex dicto Jobi c.5 *aus dem genannten Buch Hiob Kap. 5.* Siehe selig ist der mensch etc. [Witt 821]

562 Catharina Liebruder, ✶ Wilna 1602, ✝ 29. 10. 1632

Begraben den 1. Novembr.

Fr. Catharina, Hn Christophori **Libruders** Pastoris Polonici Haußfr. *des Polnischen Pfarrers Hausfrau*

Ist Ao 1602 Zur Wilde (868) geboren, ihr Vater ist gewesen der Erbare Greger **Wolhan** Kaufman V. Zobelferber, ihre Mutter Maria, welche ihrer lieben Tochter das geleit anhero gegeben, ist Von ihren eltern in der gottes furcht erZogen, Ao 1620 10 Martij hat sie sich befreiet mit dem Ehrwürdigen V. wolgelahrten Hn Christophoro **Liebbruder** Polnischen PfarHn alhier (869), 5 Sohne V. 2 töchter geZeuget davon noch 2 Söhne v. 1 Tochter am leben, ist eine stille, fromme V. gottesfürchtige Fraw gewesen, die sich mit ihrem Hn. V. nachtbarn wol begangen, den 18. Aug. alß sie Gott erlöset, ist sie betreisig geworden, dazu dan auch die Darr gekommen, das sie gantz an Kreften abgenommen biß sie am Vergangenen freitag im 30 sten Jahr aetatis gestorben, H D. **Derschaw** hat die Leichpr. gethan ex Joh. Epist. 1.c.1. v. 8 *aus 1. Joh. 1,8.* [Witt 399]

563 Georg Elert, ✶ Allenau, Kr. Friedland 1575, □ 19. 11. 1632

Begraben den 19. 9br.

Georg Elert, Becker.

Ist geboren Ao 1575 im Dorf Allnau bey Friedlandt, sein Vater ist gewesen Valtin **Elert**, seine mutter Dorothea, im 20 sten Jahr hat er das becker handtwerck gelernet auch 10 Jahr drauf gewandert, nachmals sich befreiet mit Jungfr. Anna itzigen Witwen V. Zusammen gelebet ins 27 ste Jahr auch geZeuget 7 Söhne V. 4 töchter davon noch ein Sohn V. eine tochter am Leben, hat heftig am stein laborieret ist aber geduldig darin gewesen, biß er auch endtlich so abgenommen das er seinen geist hat müßen aufgeben aetat. 57. Leichpr. hat gehalten H M. **Halbach**. [Witt 126]

564 Christoph Krumteich, ✶ Königsberg 26. 1. 1594, ✝ 23. 11. 1632

Begraben den 26. 9br.

Christoph Krumteich, bürger Vndt Meltzenbrewer alhier.

Ist Ao 1594 den 26 Jan. alhie geboren, sein H Vater ist gewesen H Valtinus **Krumteich** Medicinae Doctor v. Hoffmedicus, seine Mutter Fr. Regina **Hilbrantin** (870), weil Ihm sein S. H Vater Zeitig gestorben, hat Ihn seine S. Fr. Mutter Zur schulen V. nachmals Zur Polnischen V. Littawschen sprachen gehalten, Ao 1613 hat er sich in Dienst den Handel Zu lernen begeben, auch nachmals in Hollandt V. Engellandt verreiset, Ao 1622 den 21. 7br. hat er sich befreiet mit Frawen Maria **Muntfortin** des S. Hn Martin **Wittenbergs** Churfl. Dhtt. in Preußen CammerVerwanten Witwen, auch 1. Sohn v. tochter geZeuget davon der Sohn noch am Leben, hatt ein gutt Lob seines Christenthumbs, ist eine

868 Wilna (Litauen).

869 Christoph **Liebruder**, ab 1618 Diakon und 1620–1959 Pfarrer an der Steindammer Kirche (QMS 19/4, S. 1086).

870 Regina **Greifenhagen** ✝ 23. 4. 1632 (lfd. Nr. 541).

geraume zeit vbel auf gewesen auch nachmals gar Zu bette liegen müßen, biß er endlich den 23 9br. auch selig entschlaffen aetatis 39. H. M. **Lepner** hat die Leichpr. gehalten ex ψ. 13 toto *aus dem ganzen Psalm 13* . [Witt 373]

565 AREND HEßING, ✶ RIGA 1577, □ 28. 11. 1632

Begraben den 28. 9br. ☉

Arend Heßing, Schneider

Hierher gehört Magdalena S. Valtin **Klenen** Witwe (871) vide signum ✶

Ist Ao 1577 Zu Riga in Liflandt geboren, sein Vater ist gewesen Klauß **Heßing** Schneider alda, seine mutter Anna **Puschmannin**, ist erstlich Zur schulen gehalten nachmals Zum schneider handtwerck gethan, Ao 1604 ist er anhero kommen V. sich befreiet mit Jungfr. Cathrina S. Marxs **Frölichs** Tochter aber keine erben mit einander gezeuget, ist eine zimliche Weile kranck gewesen auch so lang gelegen biß er letzlich auch gestorben aetat. 55. Leichpr. hat gehalten H M. **Lepner**. Textus Lieber Herr Gott Wecke Vns auf, das wir bereit sein etc. [Witt 277]

566 ANNA BAUMGART, ✶ KÖNIGSBERG 1564, □ 2. 12. 1632

Begraben den 2. 10br.

Anna, S. Hn Christoph **Baumgarts** Gerichtsverwandten alhier nachgel. Witwe.

Ist Ao 1564. alhie geboren, ihr Vater ist gewesen der Erbare Hanß **Von Buschen** (872), die Mutter Barbara S. Fabian **Romlauen** Tochter, Ao 1584 hat sie sich befreiet mit dem S. Hn **Baumgarten** (873), 20 Jahr miteinander gelebet V. geZeuget 4. Söhne V. 2 Töchter, davon 2 Söhne V. 1 Tochter am Leben (874), Ao 1604 ist sie in den Witwenstandt versetzet, hat sich fleißig Zum gehör götlichen Worts v. gebrauch des hochw. Abentmals gehalten, ist 4 Jahr kranck gewesen, V. im 68sten Jahr gestorben H M. **Lepner** hat die Leichpr. gethan ex dicto Joh. c. 1.Epist. 1.v.8. [Witt 27]

567 STENTZEL JONELL, ✶ BEI RIGA 1581, ✞ 2. 12. 1632

Begraben den 5. 10br.

Stentzel Jonell.

Ist Ao 1581 bey Riga in Liflandt auf dem Sietlandt geboren, sein Vater hat geheißen Hanß **Jonell,** seine mutter Sophia, hat anfangs Zu Riga beim Kaufman gedienet, hernach anhero kommen v. sich beim Schmackenschippern aufgehalten, im 23sten Jahr hat er sich befreiet mit Gertruttt Hn Hanß **Rosenbergs** Meltzenbrewers alhier Dienerin, auch 10 Jahr mit einander gelebet iedoch ohne leibes erben, nachmals sich wieder befreiet mit Hedwigen S. Marx **Vlmans** Churfl. Rotgießers Tochter, itzo Witwen, Zusammen gelebet 19 Jahr V. ein Töchterlein geZeuget welches todt, hat

---

871 Magdalena **Klein** □ 29. 11. 1632 (lfd. Nr. 574), deren Lebenslauf später auf p. 428 des Kirchenbuches nachgetragen wurde nach Anna **Dam(e)** ✞ 18. 9. 1632 (lfd. Nr. 573).

872 Bei ihrem Sohn Christian Baumgartt ✞ 1. 3. 1636 (lfd. Nr. 733) heißt es Hanß von Puschen.

873 Vermutlich ist Christoph **Schütz** ✞ 25. 12. 1629 (lfd. Nr. 378) bei diesem Christoph Baumgarten in Dienst gewesen.

874 Ein Sohn ist Christian **Baumgartt** ✞ 1. 3. 1636 (lfd. Nr. 733).

seines Christhenthumbs ein gutt Lob, wie Ihm den der Littawsche Pfarrher ein gutt Zeugnuß gegeben, ist für Fastnacht schon betreisig gewesen V. so lang gekrancket biß er Vergangenen Donnerstag selig entschlaffen, aetatis 52. H. M. **Halbach** hat Leichpr. gethan ex v. 1 & 2. ψ. 121. [Witt 319]

568 CATHARINA HEROLT, ✶ HOHENSTEIN, KR. OSTERODE? 1563, □ 5. 12. 1632

Begraben den 5. 10br.

Catharina, S. Christopf **Herolts**, Ambtschreibers Zu Riesenburgk nachg. Witwe.

Ist geboren Zu Hohenstein in Preußen (875) Ao 1563, Patre Matthaeo **Kießwetter**, matre Margareta, Ao 1581 28 9br. nupsit *heiratete sie* Christoph **Herolt** Ambtschreiber Zu Riesenburgk, vixit cum eo annos 37, mater facta liberorum 11. filiorum 7. filiarum 4. Ao 1618 vidua facta in quo statu ...... ad vitae finem permansit, A festo pentecostes decubuit ferè .... et tandem et ...., obijt aetatis anno 69.

Sie lebte mit ihm 37 Jahre lang zusammen, wurde Mutter von 11 Kindern, 7 Söhnen, 4 Töchtern. 1618 wurde sie Witwe, in diesem Stand bleib sie bis zu ihrem Lebensende, ungefähr von Pfingsten an wurde sie krank .... und schließlich und ...., sie starb im Alter von 69 Jahren.

Leichpr. hat gehalten H M. **Lepner** ex dicto Art. [Act.] 17. (876) Gott hat die Zeit der Vnwißenheit Vbersehen etc. finis *usw. bis zum Ende* Von den Todten aufferweckt. [Witt 274]

569 CASPAR WOLLUHN, ✶ KÖNIGSBERG (STEINDAMM) 1576, □ 19. 12. 1632

Begraben den 19. 10br.

Caspar Wollun, Ein Fuhrman.

Ist Ao 1576 aufm Steintham geborn, sein Vater ist gewesen Michel **Wolluhn** ein Fuhrman, seine Mutter Anna, hat das festbecker Handtwerck alß er etwas erwachsen gelernet, ist aber beim Handtwerck nicht geblieben sondern dem Fuhrwerck obgelegen, aetat. 36 hat er sich befreiet mit Jungfr. Elisabeth S. Hanß **Bugdohnen** Von den Huben Tochter itzo Witwen, auch ins 20ste Jahr Zusammen gelebet, 3 Söhne V. 5 Töchter geZeuget davon 1 Sohn v. 2 tochter schon gestorben, Ist ein fromm man gewesen, ist für 14 tagen kranck worden v. gestorben, aetat. 56. Leichpr. hat gehalten H M. **Lepner** ex 1. Cor. 1. v. 30&31 Ch[rist]us ist waß von Gott gemacht etc. finis, *usw. bis zum Ende* der rühme sich des Hn. [Witt 816]

570 HANß OLENBERGK, ✶ METGETHEN, GUTSBEZIRK IM LKR. KÖNIGSBERG 1569, □ 21. 12. 1632

Begraben den 21. 10br.

Hanß Olenbergk Von den Huben

Ist Ao 1569 Zu Mitgaiten geboren, sein Vater ist gewesen Fridrich **Altenbergk** seine mutter Catharina, ist Zur schulen gehalten worden, im 25sten Jahr hat er sich befreiet mit Anna S. Greger **Kohlborns** Tochter

---

875 Hohenstein im Kreis Friedland dürfte nicht gemeint sein, weil Orte in dieser Lage mehrfach mit "aus dem Friedländischen" o. ä. bezeichnet wurden und weil andererseits Hohenstein im Kreis Osterode näher an Riesenburg im Kreis Rosenberg (Westpreußen) liegt, wo ihr Ehemann tätig gewesen war.

876 Act. = Acta = Apostelgeschichte; hier: Apg 17, 30+31.

itzigen Witwen (877), haben Zusammen gelebet 38 Jahr, 5 Söhne v. 2 töchter geZeuget, ein sohn v. eine tochter ist noch am Leben, ist ein gut fromm gewesen, ist für 5 Jahren heftig kranck gewesen, ist für 8 tagen kranck worden auch nach außgang derselben todtes verfahren, aetat. 63. Leichpr. hat gehalten H. M. **Lepner** ex 2. Tim. 1. Ich weiß an welchen ich glaube, finis, biß an einen tag. [Witt 495]

571 Hanß Wichert, ✶ Königsberg 1615, □ 26. 12. 1632

Begraben — Hanß Wichert, Christopf **Schröders** Stifsohn.

den 26 10br. — Ist Ao 1615 alhier gebohren, sein Vater ist gewesen der Erbare Christopf **Wichert** Meltzenbrewer alhier, seine Mutter Fr. Elisabeth, nach absterbung seines S. Vaters hat Ihn seine mutter Zu allem gutten gehalten, auch in Pohlen v. Littawen die sprache Zu lernen Verschicket, nachmals bey Paul **Schadenhausen** bürgern alhier in den Dienst getreten V. sich Zum Budwerck gebrauchen laßen so droben im Laukischken Ambt (878) gewesen, ist auch fleißig V. getrew gewesen in seinem Dienst, ist für 6 Wochen kranck worden auch an selbiger Kranckheit todes verfahren, in wehrender Kranckheit hat Er sich laßen berichten Vom Hn Pfarrern Zu Laukischken der ihn etzlich mahl besuchet V. trost Zugesprochen ist im 17 Jahr gestorben, Leichpr. hat gehalten H M. **Wolderus** è concione Angelica *aus dem Wort des Engels* Luc. 2. [Witt 796]

572 Regina Wergin, ✶ Treptow an der Rega, Kr. Greifenberg? Reg.-Bezirk Stettin 1551, ✞ 19. 9. 1632

(879) Begraben — Fr. Regina, Hanß **Wer ginen** nachg. Witwe.

den 19. 7br. — Ist Ao 1551 Zu Newen Treptau in Pommern geboren, ihr Vater ist gewesen der Edle v. Wolweise H. Peter **Garvin** Bürgermeister in derselben Stadt, ihre Mutter die Edle V. tugentsame Fr. Apollonia des geschlechts eine **Rungin,** diese Adeliche Eltern haben ihre liebe Tochter Zu aller erbarkeit gehalten, Im 35sten Jahr ihres alters hat sie sich befreiet mit dem Ehrenvesten V. wolgeachten Hn Johan **Wergin**, Bürgern v. Meltzenbrewern an gedachtem ort, mit welchem sie 46 Jahr gelebet, 4 Söhne v. 4 Töchter geZeuget, davon noch 2 Söhne am Leben, welche sich trewlich ihrer alten Eltern angenommen, Alß sich aber die Keiserlichen für etzlichen Jahren in Pommern gefunden v. selbiger Stadt auch bemechtiget haben sie sich Zwar anfangs auch alda aufgehalten, wie sich aber die einquartierung nicht hat wollen enden, haben sie sich Von dannen gemacht V. insonderheit diese Verstorbene Zu ihrem Sohn alhier ihre Zu Flucht genommen, bey ihm sich auchaufgehalten, ist alhier fleißig Zum gehör Göttlichen Worts gewesen v. sich Christlich V. stil verhalten, für drey wochen ist sie etwa kranck worden, biß sie auch endlich diese Welt gesegnet aetat. 81. H. M. **Wolderus** hat Leichpr. gethan. [Witt 787]

---

877 Anna **Olenberg** ✞ 13. 4. 1633 (lfd. Nr. 590).

878 Laukehlischken (Ort und Forsteinrichtung Kr. Pillkallen)

879 Bei Anna **Mancke** □ 14. 9. 1632 (lfd. Nr. 555) verweist das Zeichen # auf die beiden hier nachgetragenen Lebensläufe von Regina **Wergin** und Anna **Dam**.

573 ANNA DAM(E), ✶ GROß KÖLLEN, KR. RÖSSEL 1586, ✝ 18. 9. 1632

Begraben den 20 7br.

Anna Arend **Damen** Steinhauers Fr.

Ist Ao 1586 Zu groß Cöln im bistumb Ermlandt geboren, ihre Vater ist Valtin **Freud**, ihre Mutter Barbara so noch am Leben, ist Zu allem gutten gehalten worden, nachmals anhero gethan da sie dan etzliche Jahr gedienet, alß sie Zu ihren Jahren kommen ins 35ste jahr, hat sie sich befreiet mit Arend **Damen** itzigem Witwer, 11 Jahr Zusammen gelebet, 1 Sohn V. 2 Töchter geZeuget, 1 Tochter noch am Leben, ist eine fromme Christin gewesen Vndt sich sonsten auch für eine Hebamme gebrauchen laßen v. deßwegen ein gut Lob erlanget, ist in partu *bei der Geburt* gestorben am Vergangenen Sonnabent Zu sambt der Frucht aetatis 46. Leichpr. hat H M. **Wolderus** gehalten. [Witt 94]

574 MAGDALENA KLEIN, ✶ KÖNIGSBERG 7. 2. 1562, □ 29. 11. 1632

* (880) Begraben den 29 9br.

Fr. Magdalena S. Valtin **Klenen** nachgelaßene Witwe.

Ist geboren Ao 1562 den 7 Febr. alhier, ihr Vater ist gewesen Heinrich **Kamp**, ihre Mutter Elisabeth, ist Zu allem gutten erZogen worden biß sie ihr 19 Jahr erreichet hat sie sich Ao 1581 befreiet mit dem Erbarn Martin **Krischschmidt** mit dem sie gelebet 20 Jahr, geZeuget 4 Söhne V. 1 Tochter, Die alle Verstorben, Ao 1601 ist sie in den Witwenstandt Versetzet darinnen auch ein Jahr Verharret, Ao 1602 hat sie sich anderweit befreiet mit dem Erbarn Valtin **Klenen** (881) mit selbigem gelebet 23 Jahr iedoch ohne erben, Ao 1625 ist sie abermahl Witwe worden V. in solchem stande biß an ihr end Verblieben, ist eine recht fromme Fraw gewesen, Thomaß **Ransch** ihres Brudern Tochter man hat sich ihrer in ihrem alter trewlich angenommen V. sie 4 Jahr bey sich im Hause gehabt ihr alles guts erzeiget auch bey ihm ihr Leben geendet im 71 Jahr ihres alters, Leichpr. hat gehalten H M. **Halbach** ex Luc. 14. v. 27.

[Witt 338]

---

880 Bei Arend **Heßing** □ 28. 11. 1632 (lfd. Nr. 565) verweist ein Zeichen wie dieses * auf den hier nachgetragenen Lebenslauf von Magdalena Klein.

881 Im Namensregister am Ende des Kirchenbuches (vgl. dazu die Einführung, S. 8) heißt es: **Klein**.

Annus á christo nato 1633 IANUARIUS

575 MICHEL OLENBERG, ✶ KÖNIGSBERG (HUFEN) 1592, ✞ 31. 12. 1632

Michel Oldenberg Von den Huben.

Begraben 2. Jan: ☉

Ist Ao 1592 auff den Huben an diese welt geboren, sein Vater hatt geheissen Hans **Olenberg**, ein pawrsman daselbst, die Mutter Anna, Von diesen eltern ist er nach seiner geburtt bald Zur H. Tauffe befordert Vnd nachmahls Zur aller Gottesfurcht gehalten. Im 35 Jhr seines alters hatt er sich ehelichen eingelassen mit J. Gertrud, Andres **Marqvarts** vff den Huben eheleibliche nachgelassene T. mit welcher er friedlich bies ins 7. Jahr gelebet, Vnd aus Gottes segen 3. Kinder, Zwene sohne vnd eine tochter geZeuget, davon die Tochter alberei im H entschlaffen. Seines Christenthums Vnd eusserlichen Wandels hatt er ein gutt geZeuchnuß, ist am Vergangnen Mittwoch achttage Kr. geworden, vnd allewege das Hertz, vnd die Brust gecklaget, doch geduldig in vleissigem gebett erwarttet, wie es Gott mit ihm schicken würde, der ihn den am vergangnen Freitag morgens Vmb 8 Vhr durch einen seligen Tod aus dieser welt der selen nach abgefordert Zu sich in sein reich im 41 Jahr seines alters. Leichpr. hatt H M. **Halbach** gehalten ex 1. Joh: 4. v. 9. [Witt 492]

576 EMERENTIA RITTICHER, ✶ "IM DORFF GOLDBERGK" 1542, ✞ 14. 1. 1633

Emerentia, Paul **Rittchers** N. Wittbe

Begraben 17. Jan: ☽

Ist Ao 1542 im Dorff Goldbergk (882) Von Christlichen eltern geboren, ihr Vater hatt geheissen Albinus **Mergenow**, die Mutter Vrsula, welche sie bald nach ihrer geburtt durch die H Tauffe Christo dem H einverleibden lassen, auch ferner Christlich erZogen. Im 22sten Jahre ihres alters hatt sie sich in den stand der H Ehe, aus Gottes schickung, begeben, mit Paull **Ritticher**, Ihrer Furstl Gnaden Hertzog Alberti p. record: *seligen Angedenkens* gewesenen Würtzgärttner, mit welchem sie 16 Jahr Christlich gelebet, Vnd 3 Tochter geZeuget welche alle im H entschlaffen; nach absterben ihres gedachten ehemans ist sie 52 Jahr im wittben stand Verblieben, Vnd sich darin, wie auch im ehe- Vnd Jungfr.stand, Christlich Vnd lobwürdig verhalten nach gezeuchnus E. Ehrw. Ministerij im Löbenicht: Wegen hohen Alter ist sie offt krancklich geworden, bieß sie vorm halben jahr gantz bettreisig worden, In ihrer Kr hatt sie noch am Donnerst. vorm Christ Fest sich von H M. **Halbach** communiciren lassen, Vnd ist am vergangnen Freitag Zwischen 10 vnd 11 Vhr Zu mittage selig Verschieden, nach dem sie ihr alter vff 90 Jahr gebracht Concionem funebr: habuit M. **Wolderus** ex (883) [Witt 579]

---

882 Lokalisierung unklar.
Goldsberg, Wohnplatz in der Stadt Liebemühl, Kr. Osterode i. Ostpr. ?
oder Goldberg, Wohnplatz in der Gemeinde Rosenort, Kr. Elbing ?
Goldbach kommt ebenfalls mehrfach in Ostpreußen vor.

883 Angabe fehlt.

577 BARBARA WEISS, ✶ BLANKENAU, KR. PREUßISCH EYLAU 1583, ✞ 4. 1. 1633

Simon **Weissen**, gewesenen RahtsZieglers Hausfraw Barbara

Begraben 6. Jan: ♃

Ist im iahr Chri 1583 im Dorff Blanckenaw im Brandenburgischen (884) ambt gelegen an diese welt geboren, Von Christlichen eltern, davon der Vater ein Pawrsman Benedict **Weinreich**, die Mutter Susanna geheissen, nach empfangner tauffe ist sie von diesen eltern in aller Gottesfurcht Vnd Zur arbeit erZogen. Im 25sten Jahr ihres alters hatt sie sich mit Simon **Weissen** in den ehestand begeben Vnd darin mit ihm auch bieß ins 25ste Jahr gelebet, durch Gottes segen 6 Kinder als 3 sohne Vnd 3 töchter geZeuget davon noch ein Sohn am Leben. Im wehrenden ehestand hatt sie allewege ihr Haus creutz gehabt, Vnd sonderlich zuletZte, da sie fast in die 8 Jahr nimmer recht gesund gewesen; Von pfingsten an hatt sie wegen Vieler Kr: insonderheit wegen geschwollnen schencklen, daran sie grosse schmertzen ausgestanden, Zu bette liegen müssen, In welcher Zeitt, wie auch Vorhin, sie sich des Hochw. Abendmahls offters gebrauchet, vnd in ihrem Christenthum wie auch eusserlichen Leben vnverwieslichen verhalten. Am vergangnen Dienstag Vmb 12 Vhr Zu mittage hatt sie Gott im 50sten Jahr ihres alters abgefordert. M. **Wolderus** hatt in der tragheimschen Kirchen die Leichpr gehalten ex 1. Corinth: cap: 1. Jesus Christus ist Vns Von Gott gemachet etc: [Witt 780]

578 REGINA PÖPPING, ✶ KÖNIGSBERG? 16. 11. 1613, ✞ 20. 1. 1633

H. Friderici **Pöppings** Hausfr. Regina.

Begraben den 22 Jan: ♄

Ist Ao 1613 den 16 Nov: Von H Laurentio **Witpohlen** (885), Gerichts-Verwanten Vnd Fr. Anna **Fahrenhedin**, ihren Vornehmen Christlichen eltern, an diese welt geboren (886), folgends Zur tauffe befordert, Vnd in allen Christelichen tugenden erZogen. Ao 1631 H. Friderico **Pöppingen** Zur ehe gegeben (887), mit welchem sie Christl: Vnd friedliebend gelebet 1 Jahr vnd 30 wochen. Am Vergangen sonabend hatt sie Gott der herr mit einer jungen tochter entbunden, nach welcher geburtt sie sich zimlich befunden, bies Donnerstags frue, da sie Gott der Herr Vber verhoffen mit plötzlicher Mattigkeit angegriffen, in welcher sie nach vleissigen andechtigen gebet, Vmb 6 Vhr, sölig [selig] verschieden. Hatt sonst Von ihrer Gottesfurcht, frömmigkeit, Vnd andern Christlichen tugenden ein herliches geZeuchnuß. Die Leichpr hatt H. **Lepnerus** gehalten ex 24. Cap: Apocal: Beati mortui qui Dni: *Selig sind die Toten die in dem Herrn: (888)* [Witt 522]

---

884 Einen Ort Blankenau gibt es in Ostpreußen nur im Kreis Pr. Eylau; mit Brandenburg ist das gleichnamige Hauptamt gemeint.

885 Bei diesem war wahrscheinlich Dorothea **Erhardt** ✞ 10. 3. 1634 (lfd. Nr. 637) in Dienst.

886 Für eine jüngere Schwester der Regina, Anna Witpohl geb. 27. 1. 1616, gest. Jan. 1642 gibt es eine gedruckte Leichenpredigt, siehe: urn:nbn:de:bvb:29-bv036506227-3

887 Dieser war vorher verheiratet mit Dorothea **Pöpping** ✞ 3. 3. 1630 (lfd. Nr. 409).

888 Richtig: Offb 14, 13: Selig sind die Toten, die in dem Herrn sterben.

579 ANDREAS MEIGER, ✶ KÖNIGSBERG (ALTSTADT) 24. 9. 1613, ✞ 29. 1. 1633

Andreas Meiger. Junior

Begraben den 1 Febr. ♂

Ist im Jahr 1613. den 24 Sept: Von Andrea **Meigern**, Bürger Vnd Goldschm: Vnser Altenstad, Vnd Fr. Anná **Drescherin** seinen Christlichen eltern an diese Welt geboren, Vnd nach empfangner H Tauffe Zur schulen gehalten, Christlich vnd woll erZogen. Im 13. Jahr seines alters ist er aus Gottes Verhencknus in eine wunderbare Kranckheit gefallen, die Vielen Vnnathürlich geschienet, denn er an Henden vnd füssen sehr auffgedünstet Vnd geschwollen, also das er 4 Jahr an einander gar Zu bette liegen müssen, nachmahlen ist er gantz elend Vnd Krumb in einander gewuchsen, vnd hatt in diese Kranckheit sich kein artzt richten können. Wie ihm Gott an Henden vnd füssen etwas die schmertzen gelindert, ist er die übrigen 3 Jahr im Hause herumbgangen vnd seinen lieben eltern nach vermügen Zugesprungen vnd geholffen, obgleich nicht ohn grosse beschwer. Ist sonst mit einem schönen ingenio *Begabung* Zur allerhand Künsten von Gott begabt gewesen. In seiner 7ben Jährigen Kr hatt er fleissig gebeten, gelesen vnd des Hochw: abendmahl offt gebrauchet wie auch noch etliche wenig wochen vor seinem abschied, welchen ihm der liebe Gott den 29 Januarij aus dieser welt Zwischen 2 vnd 3 vhr nachmittag der seelen nach hatt nehmen lassen, nach deme er in derselben 19 Jahr, 19 Wochen Christlich gelebet, die Leichpr hatt M. **Wolderus** in der Altstädschen Kirchen gehalten ex ψ 25. Die angst meines Hertzens etc. [Witt 441]

580 DOROTHEA WICHERT, ✶ KÖNIGSBERG (TRAGHEIM) 1552, ✞ 31. 1. 1633

Fridrich **Wicherts** Fr. Dorothea

Begraben den 2. Febr: ☿

Ist im Jahr 1552 alhie Zu Königsberg Vffm Tragheim geboren ihr Vater ist gewesen Adam **Sacher** ein Leinweber, ihre Mutter hatt geheissen Anna, diese ihre eltern haben sie Christo dem H Durch die H Tauffe einverleibden lassen, Vnd nachmahlen in aller Gottesfurcht erZogen weil sie ihr aber Zeittig mit tode abgangen, hatt sie sich bei gutten leutten im Dienst verthun müssen, Vnd ist Zu letzte Zu Martin **Bönert** Leinweber Vnd mittbürger der Altenstad Freiheit St: gekommen, bei dem sie gantze 7 Jahr also trewlich gedienet das er sie nach absterben seiner Frawen Zur ehe genommen im Dreissigsten Jahr ihres alters. Mitt diesen ihren Eheman hatt sie Christlich Zusammen gelebet 16 Jahr, Vnd durch Gottes segen 2 Söhne davon noch einer im Leben geZeuget, Nach seinem absterben aber ist sie 2 Jahr im Wittbenstande gesessen, Vnd, nach verfliessung derselben, hatt sie sich anderweit ehelich eingelassen mit einem Leinweber gesellen Hans **Göbel** mit deme sie in 28 jahrigen ehe einen sohn vnd eine tochter gezeuget, davon der sohn noch am Leben, aber jetzo abwesend. Es hatt ihr aber der liebe Gott auch diesen ehegatten genommen, Vnd sie Zum andern mahl in den Wittbenstand versetzet, darin sie 4 Jahr geblieben, nachmahlen aus wichtigen Vrsachen Zur dritten ehe geschritten, vnd dieselbe mitt gegenwerttigen ihren wittbern, Fridric **Wichert**, Leinweber VolZogen mit deme sie nur ein jahr 8. wochen 2 tage gelebet, da sie Gott der Herr am Vergangnen Montag Zu nacht, nach deme sie ein Vierteljahr Kranck gelegen, vnd in selbiger Kr das Hochwürdige abendmahl gebrauchet, sich mit ihrem andechtigen gebett Vnd seufftzen Gott befohlen, sanft vnd selig aus dieser welt abgefordert, Ihres Christenthums Vnd eusserlichen Lebens hatt sie sonst ein gutt geZeuchnus gehabt. Hatt in dieser welt gelebet 81 Jahr 7 wochen. Die Leichpr: hatt vffm St. H.M. **Lepner** gehalten ex 1 cap Lucae Nunc dimittis. *Nun lässest du [deinen Diener in Frieden] fahren* [Witt 794]

581 ELISABETH WIGAND, ✶ KÖNIGSBERG (LÖBENICHT) 1563, ✞ 6. 2. 1633

Benjamin **Wigands** Wittib Elisabeth.

Begraben den 9. Febr: ☿

Ist im Jahr 1563 geboren Von Abraham **Kersten**, Meltzenbrewer im Löbenicht, Vnd Anna **Hilbrandin** ihrer Mutter, Von welchen eltern (889) sie auch Zur H. tauffe befordert, Vnd ferner Zu allem gutten erZogen. Im Jahr 1589 hatt sie Henric **Buchner** Zur ehe genommen, mit dem sie 4 Jahr friedlich gelebet ohn leibes erben. Nach dessen absterben ist sie 2 Jahr in Wittbenstand gesessen, Vnd darauff sich anderweit ehelig eingelassen mit Benjamin **Wigand** mit welchem sie in Christlicher ehe gelebett 16 Jahr vnd durch Gottes segen 4 Kinder, 3 söhne, 1 tochter geZeuget, von welchen noch ein sohn am Leben (890). Diesen eheman hatt ihr Gott auch durch den zeittlichen tod genommen, Vnd also sie abermahl im Wittbenstand versetzet, in welchem sie auch bies an ihr ende Verblieben. Den 28. Januarij hatt sie Gott der Allm: mit Leibes Kr angegriffen, Vnd weil sie gemercket das Gott Vber sie gebieten mochte, hatt sie sich Zum S. sterbestündlein bereittet Vnd das Hochw. abendmahl Zu sich genommen, Darauff sie am Vergangnen sontag gegen 4 Zu abend bei gutter vernunfft in hertzlicher anruffung Gottes Vnd ihres Heilands Jesu Chr: selig verschieden. im 70 Jahr ihres Alters; Ihr Christenthum hatt sie mitt vleissiger anhorung / Vnd offtern gebrauch des H. abendmahls vleissig getrieben, Ihr eusserliches leben ist manniglichen bekund, kann woll so eben ohn gebrechen nicht gewesen sein, doch ist Vns, mitt bestand der warheit, Von groben eusserlichen sünden nicht waß wissend. Conc. funebr. habuit in Parochial. templ. Dnus M. **Lepnerus** ex 1 cap: ad Philip: Cupio dissolvi. *[sinngemäß:] Ich wünsche zu sterben* (891) [Witt 798]

(Randnotiz: / göttliches wortts)

582 MARIA KOHTZ, ✶ STEINBECK, LANDKR. KÖNIGSBERG 1601, ✞ 8. 2. 1633

Simon **Kohtzen** Fr. Maria

Begraben den 10 Febr. ♃

Ist im jahr 1601 Zur Steinbecke von Christlichen eltern geboren. Ihr Vater hatt geheissen Cornelius **Jacobsen**, die Mutter Helena, welche ihre Tochter, nach empfangung der H tauffe, Vnd erreichung ihrer jahre, in allen Christlichen tugenden erZogen, Vnd im 23sten Jahr ihres alters Simon **Kotzen** ihren jetz hinterlassnen wittbern (892) sie Zu ehe gegeben mit welchem sie ins 9 Jahr friedlich Zu sammen gelebet Vnd aus Gottes segen 5 Kinder, als drey söhne, Vnd zwo töchter geZeuget, davon noch 1 sohn, vnd 1. Tochter sehr klein Vnd VnerZogen im Leben. Ihres Chris-

889 Das Wort "eltern" über der Zeile eingefügt.

890 Einer der vor ihr gestorben Söhne ist Laurentius **Wigandus** ✞ 9. 11. 1630 (lfd. Nr. 457).

891 Phil 1, 23 "Coartor autem e duobus desiderium habens dissolvi et cum Christo esse ..." *Denn es setzt mir beides hart zu: Ich habe Lust, aus der Welt zu scheiden und bei Christus zu sein.* (Siehe die Angabe der gleichen Textstelle in den lfd. Nr. 211 und 338).

892 Im Namensregister am Ende des Kirchenbuches (vgl. dazu die Einführung, S. 8) wird sein Beruf mit Reifschläger angegeben.

tenthums, vnd eusserlichen Lebens hatt sie, Vnsres wissens, ein guttes geZeuchnus. Ihr Kranckheit Vnd absterben anreichend, hatt sie Gott der Herr vor 14 tagen ihrer mütterlichen burden entbunden, nach welchem sie mit so harter Leibes Kranckheit befallen, das sie am vergangnen Dingstage Zu Mittage Zwischen 10 vnd 11 ihr Leben selig geendet im 32 Jahr Ihres Alters Conc: funebr: in templo Nicolaitano habuit M **Lepn**: ex 1 cap. ad Philip: Christus mihi Vita etc. *Christus ist mein Leben usw.* [Witt 360]

583 Henrich Ganß, ✶ Saalfeld, Kr. Mohrungen 1579, ✝ 9. 2. 1633

Henrich Ganß Bürger Vnd Höcker vffm St:

Begraben den 11: Febr: ♀

Ist im Jahr 1579 geboren, sein H Vater ist gewesen der Ehrw: Achtb: vnd Wollg: H Melchior **Ganß**, weiland Diener am Wortt Gottes Zu Saalfeld im oberlande (893), seine Mutter hatt geheissen Ursula, Von diesen seinen eltern ist er Zur Tauffe befordert, nachmahlen Zu aller gottesfurcht gehalten, vnd Zum Schusterhandwerck endlich (894) gethan, in welchem er seine Lehrjahre ausgestanden, Vnd nach denselben in die 10 Jahr Vnterschiedlichen Herren im Kriegeswesen gedienet, bies er sich Ao 1610 den 1 Sept: bein Vns mit seiner ersten Fr. Anna ehelich eingelassen, mit derselben hatt er 4 Jahr Zusammen gelebet; Vnd nach ihrem absterben Ao 1615 den 5 Junij mit seiner andern Fr. Gertrud Hochzeit gehalten. Dieselbe aber hatt ihm Gott der H Ao 1616 den 7. Januarij Durch den Zeittlichen tod auch von der seitten gerissen. Darauff ist er Ao 1617 Zur dritten ehe geschritten mit Fr: Elisabeth (895), Jacob **Borcherts**, Schultzen Zum Guttenfelde (896) Ehel: T. mit welcher er in 12 jähriger ehe 2 tochter Vnd 3 söhne geZeuget, davon allein die tochter am Leben. Nach absterben dieser hatt er sich Zum vierden mit J. Dorothea, Bartel **Sassen** T. ehelich eingelassen Vnd mit derselben in 2 Jahren eine Tochter geZeuget die noch am Leben.

Ao 1632 den Montag in der Fasten hatt ihn der liebe Gott mit Kr: heimgesuchet, da er gleichwoll bies pfingsten noch etwas gehen können, hernacher aber ist er von pfingsten an nicht aus dem Lager kommen, sondern auff seinem siegbette immer gekräncket, hatt aber in socher Zeitt sich mit dem Hochw: Abendmahl offters Versehen lassen, auch vleissig gebetet, bies er am Vergangnen Mittwoch Zu Mittage Zwischen 11 Vnd 12 Vhr fein sanfft vnd still im 54 Jahr seines alters entschlaffen. Hatt sonst seines Christenthums Vnd eusserlichen Lebens gutt geZeuchnus. Die Leichpr hatt H M. **Halbach** gehalten in templ: Suburb: [Witt 168]

---

893 Nach QMS 19/2 (S. 552) war Melchior Ganß 1588–1604 (vielleicht auch länger) Pfarrer in Albrechtsdorf (Kr. Preußisch Eylau), unter Bezug auf Witt und damit auf dieses Kirchenbuch „anscheinend bereits zuvor in Saalfeld/Ostpr. im Amt gewesen“.

894 Das Wort "endlich" über der Zeile eingefügt.

895 Elisabeth **Gans** ✝ 14. oder 15. 10. 1629 (lfd. Nr. 309).

896 Wohl Guttenfeld, Kr. Preußisch Eylau. Unwahrscheinlich: Gutenfeld, Landkr. Königsberg.

584 GEORGEN VIELROSE, ✶ ALTENBERG, LANDKR. KÖNIGSB. UM 1548, ✝ 12. 2. 1633

Georgen **Vielrose**, Fischer.

Begraben den 14 Febr. ☽

Ist vor 85 Jahren Zu Oldenberg von Christl: eltern geboren sein Vater hatt geheissen **Hans Vielrose**, seine Mutter Barbara, von welchen seinen eltern er auch Zur H Tauffe befordert worden, weil ihm aber dieselben balde mit Tode abgangen, hatt er von jugend auff frembden Leutten dienen müssen, Wie er dann auch bei F.D. [Fürstlicher Durchlaucht] Fischermeistern in die Zehen Jahr trew vnd vleissig gedienet, worauff er im 35 Jahr seines Alters durch schickung Gottes sich in den H. Ehestand eingelassen mit Fr Anna (897), S. Jacob **Kingers** Nachg: W. die er ietzo im Wittbenstand hinterlesset, Mitt derselben hatt er in friedlicher ehe gelebet 50 Jahr, Vnd aus Gottes segen 7. Kinder geZeuget 2 söhne, 5. Töchter, Davon noch 1 sohn. 2. Töchter am Leben. Sein hohes alter hatt ihm allerhand Leibes Kr mitgebracht, welche auch die grosse mühe Vnd arbeit in Jungen vnd alten jahren Vermehret, dannenhero Zuletzt wenig gesund gewesen; bies ihm der liebe Gott am vergangen Sonnabend, Morgens, sanfft vnd Stille von dieser welt abgefordert im 85 Jahr seines Alters.

Hatt seines Christenthums vnd eusserlichen wandels ein gutt geZeuchnus. Conc: funebr. habuit M. **Lepn**: in templ: Suburb: ex ψ. 90 Vnser Leben wehret 70 Jahr: [Witt 757]

585 GEORGIUS CIEGLERUS, ✶ REVAL 2. 2. 1551, ✝ 22. 2. 1633

H M. Georgius Cieglerus, Emeritus Eccl: nrae Pastor

Pastor unserer Kirche im Ruhestand.

Begraben den 17 Febr: ⊙ (898)

Ist Ao 1551, 2 Febr: geboren (899), sein Vater ist gewesen H Nicolaus **Cieglerus** Pfarrherr Zu Reval, die Mutter hatt geheissen Catharina **Von Brüggen**, durch dieser seiner eltern Beforderung hatt er die H. Tauff empfangen, Vnd ist ferner Von ihnen in aller Gottesfurcht erZogen; nach absterben seines H. Vatters, hatt die Mutter, welche ihn in döfficilimo partu *in äußerst schwieriger Geburt* geboren, Vnd Gott Consecriret, *geweiht* gen Rostock an H D Laur: **Pancklovium** I.U.D. verschrieben; weil er aber einen defectum in artium fundamentis *Mangel in den Grundlagen der Künste (900)* bei sich gespüret, hatt er sich nach Magdeburg begeben, Vnd seine studia daselbst 3 jahr fleissig getrieben. Ao 1572 ist er wieder gen Rostock angelanget, hatt aber vff vermelten Tod seiner Fr Mutter sich bald von da nach hause begeben. Ao 1573 ist er hie gen

---

897 Anna **Vielrose** ✝ 24. 9. 1637 (lfd. Nr. 821).

898 Angabe des Begräbnisdatums falsch. Zum Ende des Textes wird das Todesdatum mit 22. 2. 1633 angegeben (so auch QMS 19/1, S. 297). Das Planetenzeichen hinter der Angabe des Begräbnisdatums steht für Sonntag. Der 17. 2. 1633 war jedoch ein Donnerstag. Im letzten Teil des Textes wird der Sonntag Okuli erwähnt, das war der 27. 2. 1633. So auch der Eintrag im Totenregister (EZA Signatur 2075) – dazu siehe in der Einführung S. 38.

899 Willgeroth (S. 1214) "geb. zu Reval in Livland 1551 Februar 11. Sohn des Pastors Nikolaus (und der Katharine von Brüggen) … ✝ zu Königsberg 1633 Febr. 13 im 83. J., verh. 1579 Juni 30 Elisabeth Hochweid. …".
QMS 19/1 (S. 297) hat weitere Angaben zur Biographie, 1603 – 1621 Pfarrer an der Altstädtischen Kirche.

900 Gemeint sind die für ein Studium nötigen Elementarkenntnisse z. B. in den alten Sprachen.

Königsberg kommen (901). Ao 1574 wiederumb H D **Pancklovio** in Rostock wieder Zugezogen. Ao 1577. 7 oct: ist (902) ludimoderatore *als Rektor der Domschule* nach Gustrow (903) im Land Mencklenburg [sic] beruffen; Ao 1578 im Sept: gen Wusterhausen (904) ad Rectoratum, *zum Rektorat* den er aber auff raht H D. Simonis **Pauli**, Vnd verheissung besserer promotion *beruflicher Aussichten* nicht angenommen, wie er dann auch so anno 6 oct: gen Darsaw (905) in Mecklenb: Zum pfarrherrn vociret, *berufen* vnd daZu den 21 oct: Zu Wismar ordiniret. Ao 1579, 3. April: hatt Er ehe verlobnuß gehalten mit J Elisabeth **Hochweidin** (906), Vnd dasselbe am 30 junij durch die copulation volzogen. Ao 1582 14 oct ist er von Hertzog Henrico (907) gen Schonenbergk (908) Zum Diacono vociret, daselbst er Ao 1584 Pfarherr worden. Ao 1586 hatt er Zu Rostock cum laude gradum Magisterij *den Magistergrad mit der Abschlußnote 'lobenswert'* angenommen. Ao 1587 auff ostern hatt er ein vocation *Berufung* gen Riga bekommen, dahin er sich gemachet, Vnd am 28 Junij in St Peters Kirch die Probe Predigt gehalten, Vnd darauff Zum Pfarherrn angenommen. Was er aber in solchen sein ampt daselbst ausstehen müssen beZeugen seine documenta, Vnd hatts das böse final *Ende* seiner wiederwerttigen gezeiget. Solches hatt ihn verursachet das er sich 1600 am tage Mariae Verkündigung von da weg begeben vnd ist folgends Ao 1602 hie Zu Königsberg ankommen, vnd eben in diesem jahr den 27 Martij ad Diaconatum in dieser Altenstad vociret. Ao 1603 am 22 Junij Zum Pastore dieser Kirchen, Ao 1613, 2 Jan: Zum Assessore Samb. Consistorij *Assessor des Samländischen Konsistoriums* . Die stelle hatt Er summa fidelitate *mit höchter Zuverlässigkeit* vertretten, wie er dan neben seinen ordiner laboribus *gewöhnlichen Arbeiten* seinen nechsten mit seinen schrifften gedienet, als ist, discursus de incerta rerum humanarum certitudine *Erörterung über die unzuverlässige Gewissheit der menschlichen Natur* welcher Zu teutsch vnd Latein ausgangen. Als aber Letzlich H M. Cieglero die arbeit alters halben Zuschwer worden, weil er bei 55 Jahren Kirchen vnd schulen gedienet, hatt E.E. wolw. Raht Gericht vnd gantze Gemein vff sein anhalten ihn ....iret, Vnd einhellig H D. Bernhardinum **Derschovium** (909) an seiner statt vociret vnd heut jarig Dominica oculi *auf den Tag genau am Sonntag Okuli* vor 12 Jahren Zu diesem ampt ordinieren vnd introduciren lassen, den Gott Zu seinen ehren vnd dieser

---

901 12. 7. 1573 immatrikuliert an der Albertina „Georgius Tegelmeister, Reualiensis, jurauit" (Erler, S. 53).

902 Hier steht ein einzelnes unbekanntes Zeichen.

903 Güstrow (Mecklenburg).

904 In Mecklenburg kein Ort dieses oder ähnlichen Namens bekannt. Möglicherweise Wusterhausen (Dosse)?, Kr. Ruppin (Bez. Brandenburg).

905 Dassau, Amt Grevesmühlen (Mecklenburg).

906 Elisabeth **Hochweydin** ✝ 3. 9. 1627 (lfd. Nr. 103).

907 Im Lebenslauf seiner Ehefrau richtig mit Herzog Christoph angegeben = Christoph, Herzog zu Mecklenburg (1537–1592), Administrator zu Ratzeburg.

908 Schönberg, Fürstentum Ratzeburg (Mecklenburg). Willgeroth (S. 1214): "… wurde 1582 Aug. 28 auf Michaelis nach Schönberg (Ratzeb.) berufen, von wo er nach 5jähriger Wirksamkeit in seine Heimat Livland zurückkehrte, …".

909 Bernhard **von Derschau,** 1621–1639 Pfarrer an der Altstädtischen Kirche und Assessor des Samländischen Konsistoriums (QMS 19/2, S. 367).

Kirchen erbawung noch lang erhalten wolle: Nach erlassung seines Dienstes hatt er an gemüt vnd Leibes Krefften sehr abgenommen bies er Ao 1626 als durch einem schlage gesicht, sprach vndt verstand verlohren. Ex conjugio suo suscepit 3 filios 4 filias, *Aus seiner Ehe gingen 3 Söhne und 4 Töchter hervor* davon noch eine tochter im Leben: Was sonst sein Leben vnd wandel anlanget ruffet er davon selber aus seinem grabe Johannes der teuffer ist ein Engel gewesen etc ego .... sum humani .... obijt Ao Mag: 47. Minist: 55 (910) .... Aetatis 83 .... 1633 22. Febr. intra 2 & 3 matut: Conc: Funeb: Do D. **Derschovius** habuit ex ψ. 73 à v. 21.

ich ... bin menschlich .... Er starb im 47. Jahr seiner Magisterwürde, im 55. Jahr seines Pfarramtes im Alter von 83 Jahren [am] 22. Februar 1633 zwischen 2 und 3 Uhr morgens. Die Leichenpredigt hielt Herr Dr. Derschau nach Psalm 73, ab Vers 21.

[Witt 88]

586 ANNA WOLLUHN, ✶ WO? 1614, ✞ 26. 2. 1633

Jacob **Wollunen** Von den Huben Fr. Anna

Begraben den 28 Febr. ☽

Ist im Jahr 1614 geboren Ihr Vatter hatt geheissen Jacob **Schultz**, die Mutter Brigitta; die eltern haben sie durch die Tauffe dem H Christo ein-Verleiben lassen, ferner in der aufferZiehung ihrer vleissig gewarttet. Vergangen Michaelis ein jahr hatt sie mit willen vnd einrahten ihrer Mutter Vnd ihres Stieffvaters mit Jacob **Walunen**, ihrem jetz hinterbliebenen Wittbern, sich ehelich eingelassen. Nach deme sie aber Gott der H in diesem ihrem ehestand mit Leibes frucht gesegnet, ist sie sambt ihrer Leibes frucht, da sie tod gewesen, am Vergangnen Sonnabend todes verblichen im 19 Jahr ihres Alters, Ihr Christenthum Vnd eusserliches Leben ist vor menschen vnsers wissens vntadlich gewesen. Die Leichpr hatt M. **Wolderus** in temp. Suburb: gehalten ex 16 cap: Joh: Ein Weib wenn sie gebieret etc. [Witt 815]

587 AGNET ZIER, ✶ PREUßISCH EYLAU 1553, ✞ 5. 3. 1633

Christoph **Zieren** hinterlassene Wittib Agnet.

Begraben den 7. Martij ☽

Ist im Jahr 1553 Vor 80 Jahren Zur Eylow an diese welt geboren Ihr Vater hatt geheissen Christoph **Krolle**, Ihre Mutter Agneta, dieselbe ihre Eltern haben verschaffung gethan das sie durch die H Tauffe wiedergeboren, sie auch in aller Zucht erZogen. Nach deme sie erwachsen ist sie anhero naher Königsberg kommen, vnd etliche jahr bei gutten Leutten trewlich gedienet. Als sie aber ihr 28 Jahr erreichet, hatt sie sich alhie Zu Königsberg mit einem Kürschner gesellen Ehrhartt **Holtzert** durch schickung Gottes in den stand der H Ehe eingelassen, mitt welchem sie Christl: gelebet 20 Jahr Vnd 3 Sohne Vnd 2 Töchter geZeuget. Nach absterben dieses ihres Mannes ist sie im Wittbenstand geblieben 2 Jahr, darauff Zur andern ehe geschritten mit Christoph **Zieren** Nagelschmiede, mit welchem sie gleichfals in gutter ehe 28 Jahr ohn Leibes erben gelebet, Vnd nach seinem absterben, im Wittbenstand bies an ihr ende verblieben. Wegen alters vnd schwacheit hatt sie das Haus Gottes eine geraume Zeit nicht besuchen können, doch sich zum oftern im Hause das Hochw: abendmahl reichen lassen, Vndalso hiedurch, wie auch durch

910 Angaben zu seinen Dienstjahren: 47 Jahre Magister, 55 Jahre ordinierter Pfarrer.

vleissigem gebet, Vnd erbaren Leben, ihr Christenthum männiglich beZeuget. Am vergangnen Sonnabend Vmb 2 Vhr nachmittage hatt Gott ihr seufftzen erhoret, vnd sie sanfft Vnd selig von dieser welt abgefordert, im 80 Jahr ihres Alters. Concionem funebr: in temp. Nicolait. habuit M. **Wolderus** ex 23 Cap: Luc: Pater in manus tuus etc *Vater, [ich befehle meinen Geist] in deine Hände usw.* [Witt 830]

588 Agnes Reinicke, ✶ Allenau, Kr. Friedland 1562, ✞ 24. 3. 1633

Agnes Jacob **Reinicken** Böttchers N.W.

Begraben den 28 Martij ☽

Ist im Jahr 1562 Zur Allenaw bei Friedland Von Greger **Margenfeld**, ihrem Vater, Vnd Regina **Fronersen**, ihrer mutter an diese welt gebohren darauff zur Tauffe befordert, Vnd ferner Zu allem gutten gehalten. Im 17. Jahr ihres alters ist sie anhero ihrem Mutter Bruder Zugesand worden, Von welchem sie sich nach Vier Jahren, mit seinem gutten willen Zu H Dittrich **Mundfahrtt** im Dienst verthan, bei deme sie gantzer 8 Jahr trewlich Vnd erlich gedienet. Im 29 Jahre ihres alters hatt sie sich auff rath ihrer eltern Vnd Brotherren in den stand der H ehe begeben mit Zacharia **Kauffman**, einem Böttcher, Vnd mit demselben in neunjehriger gutter ehe drey söhne Vnd eine Tochter geZeuget, davon allein ein sohn noch am Leben. Nach absterben dieses ehemannes ist sie wittib geblieben fast bei Zween Jahren, Vnd nachdem sich anderweit ehelich eingelassen mit Jacob **Reinicken** ihres Handwercks, mit welchem sie in ruhiger ehe 12 Jahr gelebet, Vnd aus Gottes segen 3 Töchter Vnd 1 sohn geZeuget, davon nur eine Tochter noch am Leben. Wie Gott ihr auch diesen eheman Von der seitten durch den Zeittlichen tod gerissen, ist sie im wittbenstand 19 Jahr, Vnd also bies an ihr ende Verblieben.

Im wittbenstand, wie auch in der ehe Vnd andren Leben hatt sie sich, was Vns wissend, Christlich verhalten, mit anhorung Gottliches wortts, offtern gebrauch des Hochw: abendmahls, Vnd eusserlichen wandel. In Vergangener Fastnachts woche hatt sie der liebe Gott mit Leibes Kranckheit angegriffen, in welcher sie sich getröstet das sie die vorige woche Zu des H tisch gewesen Vnd mit Gott ausgesönet, darauff sie Gott ernstlich angeruffen Vmb ein seliges stundlein nach seinem willen, vnd Zu ihrer seligkeit, welches ihr seufftzen auch Gott der Herr aus Gnaden in Christo erhöret Vnd am Vergangenen Donnerstag im 72 Jahre ihres alters sie sanfft vnd stille durch den Zeittlichen tod der seelen nach in sein ewiges reich abgefordert. Concionem funebrem in Nicolaitano templo q è [quod est] in suburbio nro Dn. M. **Halbach** habuit *Die Leichenpredigt hielt Herr M. Halbach in der Nikolaikirche, die in unserer Vorstadt liegt.* [Witt 563]

589 Peter Mauritius, ✶ Treptow an der Rega, Kr. Greifenbnerg / Reg.-Bez. Stettin 1590, ✞ 6. April 1633

Begraben den 10. April. ☉

Curriculum Vitae Clariss: Dn. M. Petri **Mauritij** Rectoris nri Industrij benemeriti in funebri concione habita ab Excell: Dn: Doctore nro, Ejus typis excusa, habetus.

Der Lebenslauf des hochberühmten Herrn Peter Mauritius, unseres eifrigen und wohlverdienten Rektors, steht in der Leichenpredigt, die von un-

serem ausgezeichneten Herrn Doktor gehalten und von ihm in den Druck gegeben wurde.
(911) [Witt 439]

590 ANNA OLENBERG, ✶ KÖNIGSBERG (PONARTH) 1567, ✝ 13. 4. 1633

Anna, Hans **Olenbergs** Von den Huben Wittib

Begraben den 15 Apr. ♀

Ist Von Greger **Kohlborn**, ihrem Vater, Vnd Anna N. ihrer Mutter Zur Ponnart (912), im Jahr 1567. an diese welt geboren, Vnd von selbigen ihren eltern Zur Heiligen Tauffe befordert, in gottesfurcht erzogen, Vnd im 20sten Jahr S. Hans **Olenberg** (913) Von den Huben Zur ehe gegeben, mit welchem sie Christlich gelebet 46 Jahr, Vnd in solcher Zeitt sieben Kinder als fünff Söhne Vnd Zwo Töchter aus Gottes segen geZeuget, davon allein noch eine Tochter am Leben.

Nach deme ihr der liebe Gott vor 17 wochen ihren ehegatten durch den Zeittlichen tod von der seitten gerissen, ist sie bald 8 tage darnach Vnd also Vor 16 wochen mitt harter Leibes Kranckheit angegriffen, in welcher sie Zu Zweenmahlen das Hochw. abendmahl J. C. Zu sich genommen, Vnd wie sie gesehen das ihre Kranckheit von tage Zu tage Zugenommen, sich dem willen Gottes Vnterworffen, nach demselben Leben vnd tod ihre gefallen Zu lassen, der sie den auch am Vergangen Mittwoch Vmb 12 Zur nacht in wahren glauben vnd anruffung Ihres Heiland Jesu Christi Im 66 Jahr ihres alters der seelen nach aus dieser welt abgefordert. Ihr Christenthum vnd eusserliches Leben hatt sie ein guttes geZeuchnus, Concio funebris à M **Halbach** habita in Lithost: *Die Leichenpredigt wurde gehalten von M: Halbach in* (914) [Witt 494]

591 VRSULA HÄGER, ✶ BARTENSTEIN, KR. FRIEDLAND 1553, ✝ 17. 4. 1633

Begraben den 20. April. ♀

Vrsula Carl **Hägers** Korckenmachers Hausfr.

Ist Zu Bartenstein im Jahr 1553 an diese welt geboren, ihr Vatter hatt geheissen Jacob **Dieckman**, ein grobschmid seines Handwercks, die Mutter Ursula; Von diesen eltern ist sie Zur H Taufe befordert, Vnd nachmahlen so lange sie ihr gelebet, Christlich erZogen, Nach ihrer

---

911 Im Kirchenbuch kein Lebenslauf und kein Platz frei gelassen. Im Totenregister (Signatur EZA 2075; siehe hier in der Einführung S. 37) findet sich noch der Hinweis: "LP. DD." [Leichenpredigt: Dr. Bernhard v. Derschau] – Die hier erwähnte Leichenpredigt konnte bisher im Druck nicht nachgewiesen werden.
Daniel Heinrich Arnoldt: Ausführliche und mit Urkunden versehene Historie der Königsbergischen Universität. Teil 1. Königsberg 1746. Faksimile-Nachdruck Aalen 1994, bringt eine kurze Lebensbeschreibung:

> *„M. Peter Mauritius, von Treptau in Pommern, ward 1616. Subinspector, 1617. aber Conrector der Altstadt, 1620. Rector im Kneiphof und 1621. in der Altstadt, starb 1633. den 6. April im 43sten Jahr. Nach Mauritii Abgang verwaltete der Oberinspector Wilhelmi zugleich das Subinspectorat einige Jahre lang."* (S. 341).

912 Ponarth: zeitgenössisch ein Dorf südlich von Königsberg, später Stadtteil.

913 Hans **Olenberg** □ 21. 12. 1632 (lfd. Nr. 570).

914 Die Angabe ‚in Lithost:' bezeichnet offenbar den Ort der Trauerfeier; vermutlich ist die Steindammer Kirche gemeint, in der bis 1602 auch für die evangelischen Gläubigen mit litauischer Muttersprache Gottesdienste gefeiert wurden.

absterben aber hatt sie auff einrathen ihrer freunde sich anhero begeben, Vnd bei gutten leutten trewlich gedienet bies sie ihr 42 Jahr erreichet, da hatt sie sich in die ehe Christlich eingelassen mit Michel **Goden**, Bürgern Vnd Korchenmacher in dieser altenstadt, mit welchem sie in Christlicher Vnd friedlicher ehe 12 Jahr gelebet Vnd durch Gottes segen zwene söhne geZeuget, die schon Vorlengst im Herrn entschlaffen. Nach absterben dieses ihres ehemans Vnd jährigen Wittbenstand, hatt sie sich ehelich eingelassen mit Carl **Häger** auch mittbürger Vnd Korchenmacher alhie, der Zwar noch am Leben, an ietzo aber seiner gescheffte halber Zu Lubeck Von da er burttig, mit diesem hatt sie ohn Leibes erben, doch in Christlich ehe bies ins 25ste Jahr gelebet. Ihr Christenthum hatt sie mit Vleissem anhoren göttliches wortts, gebrauch des Hochw. Abendmahls, Vnd eusserlichen Leben Vnstrefflich geführet. Ihre Kranckheit hatt sie am Vergangnen Montage acht tage gefühlet, welche von tage Zu tage also Zugenommen, das sie vermercket Gott würde feirabend machen derowegen sie nachmahlen an Vergangnen Sonnabend das Hochw. Abendmahl des H Zu sich genommen, Vnd ferner ihren willen Gott vnterworffen im ernstlichen gebett, der sie auch darauff am Sontage Vmb 12 Vhr Zu mittags durch den Zeittlichen tod der seelen nach von dieser welt abgefordert im 80 sten Jahr ihres alters, Die Leichpr. hatt **MW** gehalten vffm St [Witt 234]

592 Elisabeth Vogt, ✶ Königsberg (Altstadt) 5. 3. 1578, ✞ 20. 4. 1633

Fr. Elisabeth Hans **Vogten** N Wittbe.

Begraben den 21 Aprilis ♃

Ist alhie im Jahr 1578. den 5. Martij von Christlichen eltern an diese welt geboren, ihr Vater ist gewesen Matthias **Vox**, Bürger Vnd Meltzenbrewer dieser altenstad, die Mutter hatt geheissen Elisabeth **Beneken**, Durch dieser eltern Christliche vorsorge hatt sie die H Tauffe empfangen, Vnd ist so lange sie ihr gelebet, in aller gottesfurcht vnd christlichen Tugenden erZogen. Im 25sten Jahr ihres alters haben sie ihre vormünder Vnd Freunde, weil der Zeit die eltern beide schon verstorben, Zur ehe gegeben dem Ehrenvesten Vnd wollgeachten Hans **Vorgten**, Bürgern Vnd Meltzenbrewern alhie, mit welchem sie in friedlicher Christlicher ehe 20 jahr gelebet, Vnd aus Gottes segen 7. Kinder 3 söhne Vnd 4 Töchter geZeuget, davon 2 Söhne Vnd 1 Tochter im H entschlaffen. Ao 1623 hatt sie Gott im Wittbenstand versetzet, darin sie bies an ihr ende, Vnter vielem Creutz, verharret. Ihres Christenthums hatt sie, so viel Vns wissend, ein guttes geZeuchnus. Sie ist plötzlich am Bruch den sie lengst getragen Kranck worden hatt am Vergangnen Dingstag das Hochw. abendmahl empfangen Vnd ist darauff am mittwoch Zwischen drey Vnd Vier Zu abend selig Verschieden im 55 Jahr ihres alters. Die Leichpredigt hatt **ML** in Vnser pfarKirchen verrichtet, ex 37. Cap: Ezech *aus Hes Kap. 37.* [Witt 760]

593 Ursula Hoffmeister, ✶ Königsberg (Altstadt) 24. 2. 1547, ✞ 20. 4. 1633

Fr. Ursula H Hans **Hoffmeister** N.Wittib

Begraben den 24 Aprilis ☉

Ist im Jahr 1547. den 24. Febr: an diese welt von Christl. Vnd Gottselig eltern geboren, Ihr Vatter ist gewesen der Ehrb. Vnd Wollgeachte Jacob **Schütz** Bürger Vnd Meltzenbrewer alhie in der Altenstad. Ihre Fr. Mutter die Ehr- vnd Tugendreich Fr. Catharina **Sölnerin** Von denen ist sie Zur H Tauffe befordert, Christlich erZogen, Vnd in 1573. den 28 Aprili dem

Ehrenv. Vnd Vornehmg. Peter **Langerfeld**, Bürgern Vnd Kauffman alhie Zur ehe gegeben, mit welchem sie Zehen jahr friedlich Vnd Christlich gelebet, auch durch Gottes segen 4 Kinder einen sohn (915) Vnd drei Töchter geZeuget, die sie schon nach Gottes willen, alle vorausgesand. Ao 1584 den 17. Augusti, hatt sie Gott im betrübten Wittwenstand gesetzet, darin sie ein jahr Verblieben.
Anno 1585. den 18 oct: hatt sie sich anderweit Verehliget mit dem Ehrenv. Nahmhafften vnd wollw: H Hans **Hoffmeistern** Raths Verwandten dieser Altenstad, mit dem sie auch in friedlicher ehe gelebet 21. Jahr Vnd durch Gottes segen geZeuget einen sohn Vnd 5. Töchter, davon der sohn Vnd zwo töchter Gott allbereit aus diesem Leben abgefordert, drey sind noch am Leben (916), Vnd geben ihrer lieben Fr. Mutter, der sie in ihrem Leben Kindliche Lieb Vnd trew gantz trewlichen geleistet, das es ihnen Gott belohnen wird, an jetzo das geleitt Zu ihrem ruhebettlein.

Ao 1606. den 29 Aug. hatt ihr der liebe Gott wiederumb ein harttes erwiesen, in dem er ihr auch diesen ihren lieben Hn Von der seitten genommen (917), Vnd sie abermahl im betrübten Wittbenstand gesetzet; darin sie bies Zu dieser Zeit, sind 27 Jahr, verblieben. Ihr Christenthum ist in allen stücken Lob vnd ruhm würdig. Ihr hohes alter hatt neben andren Creutz auch allerhand schwacheit mitgebracht, in welchem allen sie sich doch fein zu trösten gewust aus Gottes wortt, das sie jederzeit herzlich geliebet, Endlich hatt Gott ihr seufftzen erhoret Vnd sie am Vergangnen mitwoch Zu abend sanfft vnd selig von dieser welt abgefordert Vnd der selen nach in sein reich versetzet. Ihr alter ist 86 Jahr. Vnd hatt gesehen Kinder vnd Kindes Kindes Kinder Vier Vnfünfftzigk Von ihr entsprossen. Die Fr. hatt in ihrem testament Vnter andren auch Vnser Ministerium bedacht, welches ihr der H an jedem tage, wie auch den ihrigen hie vnd dortt vergelten wolle, Die Leichpr: hatt H M. **Lepner** in vnser pfarKirchen gehalten aus dem 91. ψ. [Witt 305]

594 FRIDRIC FRONERT, ✶ KÖNIGSBERG (KNEIPHOF) 18. 8. 1599, ✝ 24. 4. 1633

Fridric Fronert

Begraben den 26 Aprilis

Ist im Jahr 1599 den 18 Augusti von Caspar **Fronert**, Bürgern vnd Handelsman im Kneiphoffe, seinem Vatter, Vnd Fr. Margareta **Berckmannin**, als seinen Christlichen eltern, an diese welt geboren, Vnd nach empfangener Tauff, wie auch erreichung seiner jahre Christlich erZogen vnd Zur schulen gehalten. Im gleichen Ao 1616 in pohlen verschicket darin er 2 Jahr sich auffgehalten bies Ao 1618, da er nicht allein auff ihr gut dücken sich wiedrumb hieher gemachet, sondern auch beim H Peter **Schönfeld** Mitbürger Vnd Handelsman dieser Altenstad im Dienste begeben, welcher, ob er gleich bald darauff von dem lieben Gott aus dieser welt abgefordert, hatt er doch bei desselben Hinterbliebenen Wittben

---

915 Der Sohn ist Reinholdt **Langerfeldt** ✝ 16. 1. 1628 (lfd. Nr. 127).

916 Zwei davon sind: Barbara **Pathon** ✝ 3. 2. 1635 (lfd. Nr. 681) und Anna **Rabe** ✝ 28. 2. 1636 (lfd. Nr. 780).

917 Bei Hans Hoffmeister war Christianus **Baumgartt** ✝ 1. 3. 1636 (lfd. Nr. 733) ab 1604 zur Lehre als Handelskaufmann "da er denn 16. jahr sich trewlich, from, Still vnd fleißig verhalten". Demnach hat die Witwe das Handelsgeschäft nach dem Tod des Hans Hoffmeister im Jahre 1606 noch jahrelang weitergeführt.

ganze 6 Jahr als trewlich im Dienst sich verhalten (918), das dieselbe ihm ihre Tochter Reginam, seine ietzo hinterlassene Wittbe, Zur ehe gegeben. mit welcher er in Zehen jähriger Christlicher ehe 4 Kinder, einen sohn vnd drey Töchter die noch alle am leben geZeuget. Sein Christenthum ist, vnsers wissens, Vnverwieslich. Was seine Kranckheit anlanget, ist er vergangen freitag acht tage, nachdeme er von seiner reise wieder Zu Hause kommen mit harter leibes Kranckheit angegriffen, welche, weil sie von tage Zu tage Zugenommen, hatt er sich mit dem lieben Gott am Vergangnen Mittwoch versönet; vnd darauff so Viel des Haupts schwacheit Zu lassen wollen, sich trewlich Gott befohlen. Der ihn auch in seinem waren erkentnuß am Vergangnem Sontag Vmb 3 Vhr nachmittage selig einschlaffen lassen im 34sten Jahre seine alters Die Leichpredigt hatt H M. **Halbach** in Vnser pfarKirchen aus dem 42 ψ. gehalten. [Witt 163]

595 Ursula Gille, ✶ Nalegau, Kr. Wehlau? 1556, ✝ 30. 4. 1633

Ursula, Valtin **Gillen** Tischlers Hausfr.

Begraben den 2. Maij ☽

Ist im Jahr 1556 bei Welaw in einem Dorff Nolacken (919) geboren von Gurgen **Weis** den Vatter, Vnd Barbara, der Mutter, darauff Zur H Tauffe gesand, Vnd weil ihr die gedachte eltern bald in der jugend abgestorben, hatt sie sich bies ins 16 Jahr bei den Leutten des ortts fast Kümmerlich auffhalten müssen, da aber ist sie anhero gekommen Vnd hatt bei vornehmen leutten dieses ortt trewlich gedienet 17. Jahr, nach welchen sie sich aus Gottes schickung mit dem Erb: Vnd Kunstr: Meister Michel **Teuffeln**, Bürgern dieser Altenstad ehelich eingelassen, Vnd in friedlicher ehe Zehen jahr gelebet, auch aus Gottes segen einen sohn geZeuget, der nach dem Willen Gottes schon Todes verblichen. Nach absterben dieses ihres ehemans, Vnd järigem Wittbenstand, hatt sie sich Zum andern mahl ehelich eingelassen mit dem auch Erb: Vnd Kunstr: Valtin **Gillen** (920), Tischlern vnd Bürgern Vnser Altenstad, jetzo ihrem hinterlassenen Wittwern, mitt deme sie 28 Jahr friedlich gelebet ohn leibes erben. Ihres Christenthums hatt sie ein guttes geZeuchnuß. Vor 14 tagen hatt sie der liebe Gott, in ihrem hohen alter, das ausser deme auch allerhand Kr: ihr offt Zugebracht, sonderlich mit hartter Kr: angegriffen, in derselben, weill sie Von tage Zu tage Zugenommen, hatt sie das Hochw. abendmahl empfangen, Vnd sich mit fleissigem gebett Gottes Willen ergeben, der sie auch am Vergangnen Sonnabend vmb 10 Vhr Vormittage aus dieser welt sanfft vnd selig abgefordert, im 72 [sic] Jahr ihres Alters, die Leichpr: hatt H M. **Lepner** auff St: gehalten. ex 8. Ad Rom: Cap. Pij. .... Cooperantz in bonum *nach Röm 8 .... alle Dinge zum Besten* (921) [Witt 187]

---

918 Auch hier hat offenbar die Witwe des Peter Schönfeld das Handelsgeschäft weitergeführt.

919 Oder Muplacken, Kr. Wehlau?

920 Valtin **Gille** ✝ 15. 10. 1635 (lfd. Nr. 718).

921 Offenbar Röm 8, 28a: scimus autem quoniam diligentibus Deum omnia cooperantur in bonum *Wir wissen aber, dass denen, die Gott lieben, alle Dinge zum Besten dienen* .

596 Greger Schimmelpfennig, ✶ Allenau, Kr. Friedland 1576, ✝ 4. 5. 1633

Greger Schimmelpfennig

Begraben den 6. Maij ♀

Ist Zu Allenow im Friedländischen im jahr 1576 geboren, sein Vater hatt geheissen Fridric **Schimmelpfennig**, seine Mutter Gertrud, durch deren Christliche Vorsorge er auch Zur Tauffe befordert, Vnd nachmahlen in Gottesfurcht erZogen. Nach absterben seines Vatters hatt er sich bei Frembden leutten vffhalten Vnd mit mühe Vnd arbeit sein Brod werben mussen. Im 35sten jahre seines alters hatt er sich mit seiner hinterlassenen Wittben ehelich eingelassen Vnd in 22 järiger ehe aus Gottes segen mit ihr 4 Töchter geZeuget, davon noch zwo im leben. Nach ihrer Hochzeit haben sie sich eine geraume Zeitt Zu Welow auffgehalten; wie es ihnen aber daselbst nicht lenger gefallen, haben sie sich anhero gemacht Vnd ins 12ffte jahr Christliche verhalten. Wie ihm den Von denselben welche ihn alhie gekand seines Christenthums Vnd eusserlichen Lebens ein gutt geZeuchnus gegeben wird. Seine Kr: anlangende, ist er fast 7. Jahr Wenig gesund gewesen, denn er Von Fieber Kr: Vnd sonst Viel anstöß gehabt. Vergangen Mittwoch 8 tage ist ihm abermahl seine alte FieberKranckheit von Gott Zugesand, die sich also gemehret, das er bald vermercket, der Almechtige Gott wolle sein stündlein kommen lassen, Derowegen er dan das Hochw. abendmahl inpfangen, Vnd mit fleissigem gebett sich Gottes Willen Vntergeben, welcher ihn am Vergangnen Mittwoch Morgens Zwischen 7 vnd 8 Vhr selig einschlaffen lassen im 57 Jahr seines alter, H M. **Halbach** hatt ihm die Leichpr gethan Vffm St: [Witt 630]

597 Michael Goldschmid, ✶ Kamstigal, Kr. Fischhausen 1601, ✝ 13. 5. 1633

Michael Goldschmid ein Gildefischer

Michael Goldschmid Gildefischer. 16 Maij ☽

Ist Ao 1601 Zu Kamstigall im Ampt Fischausen an diese welt geboren sein Vater hatt geheissen Jacob **Goldschmid**, des Ortts auch ein Fischer, die Mutter Ursula; Von diesen seinen Eltern ist er nach empfahung der H Tauffe, Vnd erreichung seiner jahre, Zur Gottesfurcht, schulen; Vnd endlich auch Zu ihrer nahrung, die ihm beliebet, gehalten. Im 22 Jahr seines alters hatt er sich mit Elisabeth, Bartel **Fischers**, auch gewesenen Gildfischers Vnd Bürgers in der Altenstad hinterlassenen Wittben, in den stand der H. ehe begeben, Vnd mit ihr in 11lffjäriger Christlicher Vnd friedlicher ehe 5 Kinder, als drey söhne, Vnd zwo Mägdlein, die allerseitts Klein, Vnd VnerZogen noch am leben, geZeuget. Seines Christenthums vnd eusserlichen Wandels hatt er ein guttes geZeuchnuß. Im osterfest hatt ihn Gott mit harter Leibes Kranckheit angegriffen, an welcher er bies an sein ende bettreisig gewesen. Des Freitags nach Himelfartt hatt er im hertzlichen Verlangen das Hochw. abendmahl des H enpfangen, Vnd darauff seinen willen dem willen Gottes Christlich ergeben der ihn auch in seiner erkentnus am vergangenen Freitags, morgens Zwischen 5 vnd 6 Vhr im 33sten Jahr seines alters sanfft vnd selig einschlaffen lassen, Funebrem Concionem Dnus M. **Lepnerus** habuit in templo D. Nicolaj. ex Joh: 3. Deus dilexit mundum *Denn also hat Gott die Welt geliebt* [Witt 198]

598 Anna Pohl, ✶ Königsberg (Kneiphof) 1597, ✝ 20. 5. 1633

Marci **Pohlen**, Schneiders Fr.

Marcs Pohlen Schneiders Fraw. 22 Maij ☉

Ist Ao 1597 im Kneiphoffe Von Greger **Portugall**, ein Breuwer, Vnd Anna N., geboren, Zur Tauffe befordert, Vnd Christlich erZogen Auch Ao 1619 im 21 Jahre ihres alters Martin **Reinholden**, Schneidern Vnd Bürgern dieser Altenstad Zur ehe gegeben, mit welchem sie ein jahr Vnd 12 wochen geruhig gelebet, Vnd aus Gottes segen ein Töchterlein gezeuget, das noch am leben. Nach absterben dieses ihres eheman ist sie 4 jahr im Wittbenstand gesessen, Vnd darauff Ao 1624. sich anderweit ehelig eingelassen mit ihrem hinterlassenen Wittbern, Marcs **Pohlen**, mit demselben hatt sie friedliche 9 jahr Vnd 3 tage ehelich gelebet, doch ohn leibes erben. Ihr Christenthum Vnd eusserliches Leben, ist so Viel Vns wissend, der gebür nach gewesen. Ihre Kr: anreichende so hatt sie Gott eine geraume Zeit bettreisig gehalten mit grosser Kr: die also zugenommen das sie am Vergangenen Freitage Zwischen 8 Vnd 9 Vhr selig im H entschlaffen im 36 Jahr ihres alters. Die Leichpr. hatt H M. **Lepn:** vffm St ihr gehalten [Witt 525]

599 Catharina Rietz, ✶ Königsberg (Steindamm) 1600, ✝ 24. 5. 1633

Catharina, Christoph **Rietzen** Töpffers Hausfr.

Catharina, Christoph Rietzen, Töpffers Fr. 26. Mai ♃

Ist im Jahr 1600 vffm St: an diese welt geboren, ihr Vater ist gewesen Martin **Maaß**, Bürger Vnd Töpffer, Vnd ihre Mutter Elisabeth, welche jetzo in der ehe lebet mit H Thomas **Dittrich,** Wolverordneten Richtern, der Altstädschen Freiheit St: Von ihren eltern ist sie an deme was ihr geistlich vnd leiblich von noht gewesen Christlich versorget, wie auch im 18 henden jahr ihres alters S. Georgen **Kammern**, Bürgern Vnd Töpffern Vffm St Zur ehe gegeben, mit welchem sie 4 1/2 Jahr friedlich Zusammen gelebet, vnd 2 söhne gezeuget, die der hochste Gott Diese Zeitt schon der seelen nach bei sich in seinem reiche hatt. Nach absterben dieses ehemannes Vnd Zwen jährigem Wittbenstand hatt sie auff gepflogenen raht der ihrigen, sich anderweit ehelich eingelassen mit ihren jetz hinterbleibenden Wittbern, Christoph **Rietzen**, Bürgern vnd Töpffern Vffm St, mit dem sie in Christfriedlicher ehe 8 1/2 Jahr Zusammen gelebet, Vnd drey sohnlein geboren, die alle gleichfalls wie die aus voriger ehe, todes Verblichen. Ihres Christenthums halber haben wir sie nie beschuldigen gehöret. Ihre Kranckheit anlangende, so hatt sie Gott der H am verschienen fastnacht dermassen mit schwerer Kr: heimgesucht das sie Von der Zeit an allerwege vber grosse seitten stich geclaget, bies sie sich ohngefehr vor 4 wochen gar legen müssen, Vnd gemercket das es Zum ende sich mit ihr nahete, derowegen sie so woll das Hochw: abendmahl 9. Maj Zu sich genommen, also auch ferner sich dem gnadigen willen des H Vater geben, der ihn auch an ihr geschaffet, in deme er sie Vergangen Dingstag, war der 24 Maij Vmb 3 Vhr sanfft vnd selig im Herrn entschlaffen, im 33 Jahr ihres alters Concionem funebr in Suburb: hatt H M **Lepnerus** gehalten. Ex 49 Cap. Esaja S..n spricht etc.

[Witt 573]

600 Henric Köster, ✶ Braunschweig 1566, ✞ 27. 5. 1633

Henric Köster, Rohtgiesser Vnd Mittburger Vffm St.

Henric Köster 29 Maij ⊙

Ist Ao 1566 Zu Brunschwig geboren, Von Peter **Köstern**, bürger daselbst, vnd Gese oder Gertrud, seinen eltern, von welchen er auch Zur H. Tauffe befordert, Vnd ferner Christlich erzogen, bies er nach erreichung seiner jahr sein Handwerck gelernet, darauff er nach ausgestandenen Lehrjahren 9 jahr gewandert. Im jahr 1603, war das 37 jahr seines alters hatt er Jungfrau Mariam (922) Daniel **Schnelwaldes** organisten Zu Elsenör (923) Tochter Zur ehe genommen, mit der er in 25 jahr 6 Kinder 3 söhne Vnd drey tochter geZeugett, die alle verstorben. Ao 1628. ist die selbe auch mit tode abgangen, worauff er nach jährigem Wittbenstand mit Fr. Ursula (924) damahls Michel **Ulrichs**, SchiffZimmermans jetzo auch seine hinterlassene Wittbe, mit welcher er fünff jahr Christlich gelebet, vnd aus Gottes segen Zwene Kinder, einen sohn Vnd eine tochter gezeuget die noch am leben. Seines Christenthums hatt er ein guttes geZeuchnus wie auch seines eusserlichen burgerlichen lebens. Am Fest der Himmelfartt Christi ist er bettreisig worden, wie ihm deucht daher, das er den vorigen tag zu schwer gearbeitet. Bald im anfang seiner Kranckheit hatt er das Hochw. abendmahl des H Zusich genommen, Vnd darauff sich gottlichen willen im gebet ergeben, der ihn am vergangen Freitage, abends Vmb 6 Vhr durch den Zeittlichen tod aus diesem leben abgefordert Aetat: 67. Die Leichpr hatt vffm St M. **Wolderus** gethan aus dem 23 ψ. den er H. M. Lepnero Zu seinem Leichtext benennet. [Witt 354]

601 Sophia Schmidmer, ✶ Königsberg 2. 11. 1590, ✞ 12. 6. 1633

H Christoph Schmidmers N.W Fr. Sophia Pantzerin

H Christoph Schmidmers Fr. Sophia. 15 Junij ♀

Ist im jahr 1590 den 2 Novemb: Von H Casparo **Pantzern** (925) Churfl. Dhtt Zu Brandenburg Hoffapoteker alhie, Vnd Fr. Sophia, H Jacobi **Montani** Med: D. *des Doktors der Medizin* Tochter, an diese welt gebohren, von ihnen Zur Tauffe befordert Vnd ferner in aller Gottesfurcht, Vnd Jungfrewlichen Tugenden mit vleis erzogen: welche Zucht sie sich in rühmlichem gehorsam alzeit vnterworffen Vnd willig gefolget. Im jahr 1.6.15 ist sie von ihren eltern dem S. H Christoph **Schmidmern** (926) Zur ehe gegeben, mit welchem sie 13 jahr ehelich in hertzlicher lieb gelebet, ohn leibes erben. Ao 1628 nun vor 5 Jahren hatt Gott der H, durch tödliche abforderung ihres gedachten ehemans, sie in den betrübten Wittbenstand versetzet, welchen sie in gedult auff sich genommen, Vnd denselben, wie auch ihr gantzes leben, mit vleissigen Kirchengehen, beten, Vnd liebe Gottes in Christgeburenden tugenden Zugebracht. Ihr leben hatt Gott der H nicht ohne Creutz sein lassen. Denn er sie fast von jugend auff mit sonderlicher leibes schwacheit beleget gehabt, die etwan diese Zeit also Zugenommen, das sie selber gemercket der H würde Feirabend mit ihr machen, darnach sie offt ein gros verlangen getragen, hatt darnach das Hochw. Abendm. in ihrer Kr. aus Christlicher andacht

---

922 Das Wort "Mariam" über der Zeile eingefügt.

923 Ist das dänische Helsingör (französisch: Elseneur) gemeint?

924 Ursula **Ulrich** ✞ 6. 5. 1634 (lfd. Nr. 649).

925 Caspar **Pantzer** ✞ 12. 9. 1627 (lfd. Nr. 106).

926 Christoph **Schmidmer** ✞ 30. 7. 1628 (lfd. Nr. 167).

begeret, Vnd sich dem lieben Gott mit ernstem gebet ergeben, welcher sie an verschienen Montag war der 12 Junij sanfft vnd selig Von dieser Welt abgefordert im 43 Jahr ihres Alters. Die Leichpr. hatt in Vnser Altstedschen Kirchen H M. **Lepner** gehalten aus dem 94 ψ. v. 9. [Witt 640]

602 Elisabeth Hintz, ✶ Königsberg (Altstadt) 1596, ✝ 13. 6. 1633

Elisabeth Peter Hintzen Fr. 15 Junij ☿

Peter **Hintzen** Fr Elisabeth

Ist im jahr 1596 geboren, ihre Vatter hatt geheisssen Hans **Dieckaw**, mitburger Vnd schuster diseer Altenstad, ihre Mutter Vrsula: Von diesen ist sie Zur H. Tauffe befordert, in aller Gottesfurch Vnd Christlichen tugenden vfferZogen. Ao 1615 im 22sten jahr (927) ihres alters, hatt sie mit Beliebung ihrer anVerwanten sich ehelig eingelassen mit Paul **Blauhutt**, mitburgern Vnd schustern dieser Altenstadt, mit welchem sie geruhiglich gelebet 1 1/2 Jahr, Vnd einen Sohn geZeuget, der schon verstorben. Nach absterben dieses ist sie 3 vierthel Jahr im Wittbenstand gesessen, Vnd darauff anderweit sich mit ihrem jetz hinterlassenen Wittbern Peter **Hintzen**, mittbürgern Vnd Schustern dieser Altenstad Verehliget, mit welchem sie, in Zwolffjähriger Christlicher ehe, 3 Kinder als eine Tochter vnd Zwene Söhne geZeuget, davon allein noch ein sohn im Leben. Ihres Christenthums hatt sie ein lobliches geZeuchnuß. Am Verschienen letzsten osterfeiertag hatt sie Gott angegriffen mit hartter leibes Kr, welche also Zugenommen das sie Von der Zeitt an immerZu bettreisig sein müssen: Derowegen sie auch vermercket das der Herr ihr Leben von ihr abfordern wollen, Vnd sich mit Gott versonet, dem willen desselben mit ernstem gebet ergeben; Bies er sie am Verschienen Montag Zwischen 6 Vnd 7 Vhr Zu morgen durch einen sanfften vnd seligen Tod von dieser müheseligen welt abgefordert etc im 37 sten jahr ihres alters. Die Leichpredigt hatt in der St. Kirchen H M. **Halbach** gehalten. [Witt 289]

603 Ursula Henschel, ✶ Königsberg (Kneiphof 1554, ✝ 17. 6. 1633

Ursula Kräntzmacherin Caspar Henschels Hausfr. 19 Junij ☉

Caspar **Henschels** Fr. Ursula Krentzmacherin.(928)

Ist Von Thoma **Zandern**, ihrem Vater vnd Sophia N. ihrer Mutter im jahr 1554 in der Kneiphoffischen Vorstad an diese welt geboren, darauff Zur Tauffe gesand Vnd ferner in aller Gottesfurcht Vnd Tugenden erZogen. Mit deroselben Vnd anderer ihrer Freunden Vorbewust hatt sie sich auch im 20 sten Jahr ihres alters ehelich eingelassen mit Stentzel **Schwartzen** geschwornen Kornmessern der Altenstad. Mit demselben hatt sie 50 Jahr in Christlicher, friedlicher ehe gelebet Vnd aus Gottes segen 16 Kinder geZeuget, acht sohn totidemij filias. *ebensoviele Töchter* Welche alle schon Todes verblichen. Nach tödliches abgehen dieses ihres ehemans, Vnd dreyjahrigem Wittbenstand, hatt sie sich mit Caspar **Henschel** (929), seines Handwercks ein Riemer, in die ander ehe begeben Vnd mit demselben in friedlicher ehe gelebet Ins sechste Jahr. Es ist aber dieser ihr eheman anitzo nicht Zugegen denn er sich Vngefehr fürm jahr mit ihrem

---

927 Im Jahre 1615 war sie erst 18 oder 19 Jahre alt, wenn die Geburtsangabe stimmt.

928 Im Namensregister am Ende des Kirchenbuches (vgl. dazu die Einführung, S. 8) wird sie auch bezeichnet als Caspar **Henschels** ehefr. Ursula die taube – ein Hinweis auf eine Gehörlosigkeit bei ihr?

929 Caspar **Henschel** ✝ 20. 11. 1634 (lfd. Nr. 668), der 36 Jahre jünger war als sie.

willen Vnter Ihr Maytt. Von Schwed: Vor einen Siersanten Vnterhalten, wie man aber nicht anders weis ist er noch am Leben. Ihr Christenthum ist Vnverwieslich gewesen, dieweil sie solches mit vleissigen ersuchen des gotteshauses, gebrauch des H Nachmahles, Vnd, so viel müglich in dieser schwacheit, mit erbarem Leben ausgeübet. Ihr Kranckheit anlangend, so ist sie Zwar diesmahl aus der schwacheit ihres alters nicht kr: gewesen denn sie noch am Verschienen Donnerstage Zu wege Vnd stege gegangen, das ihrige Verrichtet, in der nacht aber hatt sie ein solche Dampff befallen das sie Zwischen 1 vnd 2 Vhr derselben nacht ihren geist vffgegeben, vnd selig eingeschlaffen. Die Leichpr. hatt M. **Wolderus** vffm St. gehalten aus dem 4. Cap. Epistola jacobi v. 13.14.15.16. [Witt 272]

604 Catharina Thomas, ✶ Königsbger (Steindamm) 1573, ✝ 21. 6. 1633

Martin **Thomas** Fr. Catharina.

Catharina Martin Thomas Fr: 24 Junij ☿

Ist Ao 1573. gebohren ihren Vatter hatt geheissen Philip **Siedler**, Leinweber Vnd Bürger vffm St. die Mutter Aget, von diesen ist sie nach empfahung der H. Tauffe in aller Gottesfurch Zum gutten erZogen. Im 30sten jahr ihres alters Ao 1603. hatt sie sich mit ihrem jetz hinterbleibenden Wittbern ehelich eingelassen, Vnd mit demselben in guttem Friede vnd einigkeit 30 jahr gelebet auch aus Gottes segen 4 Kinder zwene sohne, Vnd zwo Töchter geZeuget, davon noch die sohne allein am Leben. Ihr Christenthum hatt sie in allen stücken ihr lassen ein ernst sein. Ihre werende LebensZeit über hatt sie Gott immerZu vnterm Creutz gehalten, wie sie den in die 15 Jahr nicht viel gesund gewesen insonderheit diese 2 gantze jahr gantz bettreisig sein müssen. In werender Kr: habe ich sie offters mit dem Hochw. abendmahl versorget sie hatt auch in den selbigen sich alZeit des gottlichen wortts Zu erinnern gewust, Vnd vleissig gebeten, bies am Vergangnen Dingstag Vmb 11 Zu mittage der H sie durch den Zeittlichen Tod selig von dieser welt abgefordert im 60sten Jahre ihres Alters. Die Leichpr. hatt M. **Wolderus**. vffm St: gehalten ex 2. Timoth. 4. v. 18. [Witt 735]

605 Adrian Bartsch, ✶ Königsberg (Altstadt) 1578, ✝ 1. 7. 1633

Burger Vnd Kauffman der Altenstad

Adrian Bartsch. 4 Julij ☽

Ist alhie im jahr 1578 geboren, sein Vatter hatt geheissen Hans **Bartsch** Bürger Vnd Meltenbrewer der Altenstad, die Mutter Margareta N, Von diesen ist er nach empfahung der H. Tauffe Vnd erreichung seiner jahren, Zur Gottesfurcht, schulen vnd ferner Zu den sprachen gehalten worden, nach welcher wissenschafft er sich in Spanien Vnd andre ortter Versuchet. Vnd nachdeme er aus denselben wieder kommen, hatt er nicht allein Den Kauffhandel angefangen, sondern auch die schmackenfahrtt vleissig vortgestellet. Im 27. jahre seines alters hatt er sich mit raht vnd willen seiner anverwanten ehelig eingelassen mit J. Dorothea, des Erb: Vnd wolg. Jacob **Schultzen** Mittbürgers Zu Elbing Eheleibl. Tochter, mit welcher er 7. Jahr friedlich vnd Christlich gelebet auch durch Gottes segen 4. Kinder 2 Söhne Vnd 2 Tochter geZeuget, davon nur eine Tochter noch am Leben. Nach absterben dieser, Vnd jährigen Wittbenstand, hatt er im 1613 Jahre die ander ehe mit Jungfr. Catharina S. Jacob **Schmides** gewesenen mitbürgers Vnd meltzenbrewers der Altenstad ehl. Tochter, vollZogen, 8 jahr mit ihr gelebetVnd 2. Töchter geZeuget, die vor der Mutter Gott aus diesem Leben abgefordert. Ao 1621 den 12 Septemb: hat ihn Gott abermahl in den wittbenstand gesetzet, auff erheischung aber seiner Haushaltung, hatt er sich nach verflossenen halbenjahren wiederumb ehelich eingelassen mit J. Ursula (930) S. Daniel **Schlegge**, gewesenen burgers Vnd Gildefischers Ehl. T. Mit derselben hatt er eilff jahr ehelich offt in grosser Vneinigkeit (931) gelebet Vnd 3 Töchter geZeuget, die noch alle Klein etc. Seines Christenthums Vnd eusserlichen Wandels hatt er ein guttes geZeuchnus Nach dem jahrmarck oder in demselben da er kurtz Zuvor Zu des H tisch in der Kirchen sich gehalten, hatt ihn Gott mit harter Leibes Kr: angegriffen, die sich teglich bei ihm gemeret das er leicht mercken können der Herr ihn von dieser Welt abfordern würde, dannenhero er dan auch sich mit Leib vnd seel im gebett Gott ernstlich befohlen Vnd also am vergangnen Freitage nachts Zwischen 1 Vnd 2. Sanft vnd selig eingeschlaffen, im 55 Jahre seines alters.

[Witt 20]

606 Petrus Tesmarus, ✱ Stettin 3. 12. 1611, ✝ 1. 7. 1633

Petrus Tesmarus Medicinae Stud.

Petrus Tesmarus Sedinô-Pom: Phil: & Med: studiosus 5 Julij ♂

Ao 11. Supra millesimum Sexentesimum (932) Sedini Pomeranorum natus Patre Viro integerrimo & spectatissimo Dn: Gregorio **Tesmaro**, Cive et mercatore dictae urbis non postremo, Matre Benigna **Hencken**, matrona virtutibus Sexum ornantibus, decentibus instructissima .... verum et pie honeque ab ijsdem educatus etc etc Ao 1621. Ex schola Senatoria cum insigni commendatione ad ducale paedagogium dimissus; in hoc .... unicum annum exagerat quando de consilio parentum, et quos consuluerant illi, ad nostram Academiam cum fratre Daniele SS Theol: studioso concessit (933) et ad Commendatias Komeratorum virorum in

---

930 Ursula **Köhler** ✝ 10. 12. 1637 (lfd. Nr. 837).

931 Die Worte "oft in grosser Vneinigkeit" über der Zeile eingefügt.
Bei ihr heißt es, sie habe mit ihm "im gutten friede gelebet".

932 Sein Geburtsdatum genannt in Edmund Lange: Die Greifswalder Sammlung Vitae Pomeranorum (= Baltische Studien. Neue Folge 1 – Ergänzungsband. 1898.) Greifswald 1898, S. 339. Dort auch ein Hinweis auf ein gedrucktes "Leichenprogramm" in lateinischer Sprache für ihn, enthalten in Band 38 dieser Greifswalder Sammlung [der Universitätsbibliothek].

933 Eintrag am 25. 5. 1632 in der Matrikel der Universität Königsberg (Erler, S. 335): "Petrus, Daniel **Tesmarus**, Sedinensus pomeranus, fratres, iur" [= sie schworen den akademischen Eid, wie bei über 16jährigen Volljährigen üblich]. –
Nachweis einer gedruckten Leichenpredigt für Daniel Tesmarus * Stettin 13. 10. 1614, ✝ Wittenberg 13. 5. 1636 in VD17: 3:002611N. Diese Leichenpredigt für Daniel Tesmar zum Download (Abfrage am 28. 2. 2013) unter:
< http://digitale.bibliothek.uni-halle.de/vd17/content/titleinfo/5176332 >
Paul **Röber**: Bey Christgewöhnlicher Volckreichen Leichbestattung/ Deß Ehrenvesten und Wolgelarten/ Herrn Daniel Tesmars/ von Stettin auß Pommern/ SS. Theol. Studiosi, Welcher im lauffenden 1636. Jahr/ am 13. Monatstage Maii zu Wittenberg sanfft im Herrn eingeschlaffen/ und den 15. Eiusd. in sein Ruhkämmerlein mit Christlichen Ceremonien eingebracht worden ist/ seines Alters im 22. Jahre. Gehalten/ und ... zum Druck außgelassen/ Durch Paulum Röbern .... Wittenbergk: Hake 1636.
Katalognachweis bei Fritz Roth: Restlose Auswertungen von Leichenpredigten und Personalschriften für genealogische Zwecke. Bd. 7. Boppard/Rhein 1972.

/ urgente redomen- stici [sic]

aedes ad convictum M. **Wolderi** receptus, qui ipse tumen / á Dn: M. **Hoppio** Scholae n[ost]rae Pro Rectore ut hoc qvidqvid beneficij defuncto nro exhiberet, non i.. prodem impetravit. 18 Junij ex Estsihi [??] febrij hectica qvibus ..ptus [?], gravissimis qppa fur [?] infastatus graviter tacumbere occaepit, qvi ipsi qvum omnem curam et operam Medicorum eluderent ipsis Calendis julij vitam cum morte commentavit. Pietatem, modestiam, in promovendis studijs diligentium, qvam diu nobiscum fuit, praeceptoribus Publicis et privatis quia [? pia?] et omnibus illis cum qvibus conversatus, abundanter ..tavit

concionem funebrem in templo Parochiali habuit Dnus M. **Lepner** ex 10 cap: Syracid v. á 9 usque ad 14.

Peter Tesmar aus Stettin in Pommern, Student der Philisophie u. Medizin, am 5. Juli – Dienstag [begraben]

*Im Jahre 1611 in Stettin in Pommern geboren, sein Vater war der hoch angesehene Herr Gregor Tesmar, Bürger und erfolgreicher Kaufmann der genannten Stadt, seine Mutter war Benigna **Hencke(n)**, eine Frau mit Eigenschaften, die ihr Geschlecht sehr zierten; er wurde von denselben fromm und ehrenhaft erzogen usw. usw. Im Jahre 1621 wurde er aus der RatsSchule mit besonderer Empfehlung zum Fürstlichen Pädagogium entlassen; hier hatte er ein einziges Jahr verbracht, als er auf Anraten seiner Eltern und derer, die sie beraten hatten, mit seinem Bruder Daniel, einem Theologiestudenten, zu unserer Universität kam und auf Empfehlung des Herrn D. Daniel **Cramer** (934) ins Haus beim Konvikt des M. **Wolder** aufgenommen wurde, der aber selbst [Einfügung in der Randspalte = unklar] von Herrn M. **Hoppius**, dem Prorektor unserer Schule, [unklare Stelle].... nicht erreichte. Am 18. Juni begann er schwer .... [tacumbere = unbekannt], der an den Kalenden des Juli das Leben mit dem Tod tauschte, weil sie [schwere Erkrankungen ?] jede Mühe und Sorge der Ärzte vergeblich sein ließen. (935) Er bewies öffentlichen und privaten Lehrern und all jenen, mit denen er Umgang hatte, reichlich Ehrfurcht, Bescheidenheit und Sorgfalt bei seinen Studien, solange er bei uns war*

*Die Leichenpredigt hielt Herr M. **Lepner** in der Pfarrkirche aus dem Buch Jesus Sirach Kap. 10, Vers 9 bis 14.*

[Witt 723]

---

934 Im biographischen Teil der Leichenpredigt für Daniel Tesmar (beginnend auf Seite a I r - Seite 52 des PDF-Dokumentes) heißt es, er habe sich
"auff Raht der seinigen / insonderheit aber des vornehmen vnd vmb die gantze rechtgläubige Kirche wohlverdienten Theologi, Herrn D. Danielis **Crameri**, naher Königsberg in Preussen auff die hohe Schule begeben / im Jahre 1623." (Seite a II r.).
Die Empfehlung der unverständlichen "Komeratorum virorum" des lateinischen Textes ist offenbar die des Dr. Daniel Cramer, Theologen in Stettin, siehe:
< http://de.wikipedia.org/wiki/Daniel_Cramer > (Abfrage am 28. 2. 2013).

935 In der Leichenpredigt für Daniel Tesmar steht dazu:
"Wozu ihm denn / nebest seiner eignen guten Natur / vnd eingepflantzter grosser Begierde zum studiren / daß Exempel seines älteren Brudern weiter angeführet /welcher eben auff selbiger Universitet den studiis so fleissig obegelegen / dz nach meinung der Herrn Medicorum Er ihm die Kranckheit / daran Er nachmahls an selbigem Orte selig verstorben / fast zugezogen vnd verursachet hat" (Seite a II r. – a III v.).

607 HANS GRÜNAGEL,
✶ KÜNZELSAU, JAGTSKREIS / WÜRTTEMBERG 1585, ✝ 3. 7. 1633

Hans Grünagel Beutler

Hans Grünagel begraben den. 6. Julij ♀

Ist ao 1585 Zu Kunstelsabe in der Graffschaft Von Hohenlohe im Württenberger Lande geboren, sein Vater hatt geheissen **Conrad Grünnagel**, Die Mutter Barbara, Von diesen eltern ist er Zur H. Tauffe befordert in aller Zucht erZogen, Zur schulen gehalten Vnd endlichen Zum Beuttler Handwerck gethan, auff welches er, nach ausgestandenen Lehrjahren, Durch Viele Lander gerreiset, endlich auch in Preussen anhero kommen, Vnd nach deme er etliche Zeit gearbeittet sich ao 1621 ehelich eingelassen mit Fr: Barbara, damals Daniel **Müllers**, Beuttlers, jetzo auch seine hinterlassene Wittbe, mit welcher er 12 jahr friedlich ohn Leibes erben gelebet. Sein Christenthum hatt er ihm zwar mit Kirchen gehen, Vnd sacrament gebrauchen lassen angelegen sein, auch im eusserlichen Leben, mit manniglich sich woll begangen, vnd für grobe sünden sich gehuttet, doch hatt er den trunck in Brandtwein Vnd Bier in etwas geliebet. Vor drey Wochen hatt ihn Gott mit Leibes Kr: angegriffen, in welcher er das Hochw: abendmahl gebrauchet, Vleissig gebeten, vnd seinen willen Gott ergeben, der ihn am Vergangnen Sontag Vmb 3 Vhr der seelen nach aus dieser welt abgefordert im 48. jahr seines alters; Die Leichpr hatt vffm St. M. **Wolderus** gehalten ex 5 cap. Joh: v. 24.

Hat in seinem Testament einem jeden auß unserem Ministerio 1 Rthaler vermacht, welchen wir den 5.Februarij 1636 durch Georg .... Holtzen empfangen.

[Witt 220]

608 HELENA RICHAU, ✶ LÜBECK 1556, ✝ 6. 7. 1633

Helena, Bartholomaei Richauen N.W.

Helena, Bartholomaei Richauen N.W. begraben den 9 Julij ♄

ist ao 1556 Zu Lübeck geboren, ihr S Herr Vatter ist gewesen der EhrenV. Achtb. vnd wollgelarte H M Conradus **Breskewald**, ein Rechtsgelartter, der der Stad Lubeck viel jahr gedienet, Vnd von E. Raht daselbst zum offtern in Vornehmen Negationibus *Verhandlungen* gebrauchet, die Mutter hatt geheissen Christina. Von diesen eltern ist sie nach empfangung der H Tauffe Vnd erreichung ihrer jahr, Christlich Vnd woll erZogen, Vnd ao 1578 Zur ehe gegeben Hans **Bartelsen** mittbürgern Vnd Kauffman daselbsten mit welchem sie 2 1/2 jahr in gutter ehe gelebet, Vnd Zwene sohne aus Gottes segen geZeuget die beide Vorlengst gestorben. Nach absterben ihres ehemans Vnd zweijahrigen wittbenstand hatt sie sich anderweit ehelig eingelassen, mit Bartholomaeo **Richauen**, Vnd mit demselben anfangs 2 1/2 jahr Zu Lubeck gewohnet, nachmahls alhie 35 1/2 sind in allem 37 [sic] jahr ihres ehestands / hatt sie in Christlicher ehe mit ihm 5 Kinder geZeuget 4 sohn 1 Tochter, welche Gott alle aus dieser welt in ihrer jugend abgefordert. Ao 1619 ist dieser ihre eheman auch durch den Zeittlichen Tod ihr hingerissen, Von der Zeit an ist sie im Wittbenstand Verblieben, Vnd hatt im selben sich Christlich Verhalten. Ihres Christenthums Vnd eusserlichen Wandels hatt sie von Maniglichen ein guttes Lob ohn gefehr Vor acht tagen hatt sie Gott mit Leibes Kr: angegriffen, in welcher sie vleissig gebeten, Vnd ob ihr woll nachdeme sie 4 tage gelegen, die sprache vergangen, Vnd die augen Zugehalten, hatt ihr doch der liebe Gott ihren Verstand gelassen, das sie sich fein ihres Gottes Vnd seines wortts erinnern, auch alles nachsagen können bei sich ingeheim was ihr Vorgesaget. Also hatt sie Gott am

Marginal note: / im selben

Vergangnen Mittwoch nachts Zwischen 10 Vnd 11 Vhr sanfft vnd selig aus dieser welt abgefordert. Im 77. Jahre ihres Alters. DieserFr. wird das geZeuchnus gegeben. das sie Gottes wortt, Vnd desselben Diener hertzlich geliebet, gegen ihren nechsten, sonderlich die nachbaren gutthätig gewesen, darumb sie dan auch fast all ihr gutt Vermachet, Vnd E. Ehrw: Ministerium dieses ortts auch soll bedacht haben. Conc: funebr: in templ: Parochiali Dn: M **Lepnerus** habuit ex ψ. 116. [Witt 570]

609 Wilhelm Drösin, ✶ Königsberg 6. 11. 1598, ✝ 8. 7. 1633

Wilhelm Drössin, Meltzenbrewer.

Wilhelm Drösin begraben den 10 Julij ☉

Ist im jahre 1598 den 6 Novemb: alhie Von Wilhelm **Drösin**, Bürger Vnd Handelsman dieser Stadt, seinem Vater, Vnd Margareta N, seiner Mutter an diese Welt geboren, auch Zur Tauffe befordert, Zur schulen gehalten, vnd ferner in aller Gottes Furcht erZogen. Nach erreichung seiner jahr haben ihn seine eltern in Pohlen, die sprache Zu lernen, verschicket, Vnd nach seiner Wiederkunfft, Zum Balbierer Handwerck gethan, auff welches er nach ausgestandenen Lehrjahren, sich an frembde orther etliche jahr auffgehalten. Ao 1620 ist er wieder anhero gelanget Vnd hatt sich im folgenden jahre in den stand der H. Ehe eingelassen, mit der Ehr Vnd Tugendreichen Fr. Sophia (936) jetzo seiner, damahls des w. Ehrenv. Vnd wollgeachten Eberhard **Lydtken** nach gelassenen Wittib, mit derselben hatt er in Christl. vnd friedl. ehe zwelff jahr gelebet, Vnd aus Gottes segen 5 sohne geZeuget, Davon noch Zwene im Leben. Sein Christenthum hatt er ihm lassen ein ernst sein, Vnd darumb Gottes wortt fleissig gehoret, Zum tisch des Herren sich offters gefunden. Im eusserlichen Leben hatt er sich für groben sünden gehüttet, mit seinen nachbaren beschedentlich Vmbgangen, doch hatt er auch seine mengel Vnd gebrechen gehabt, welche er auch erkand, Vnd, in warer bekehrung Zu Gott, ihre vergebung aus gnaden erlanget. Vngefehr vor 3 tagen hatt ihn Gott mit einem hitzigen Fieber Vnd hartter Leibes Kr: angegriffen, die Vber Verhoffen bei allem Vleis der Artzte also Zugenommen, das er Vorgestern morgen Zwischen 6 vnd 7. im 35 Jahr seines Alters im Herren seelig entschlaffen: Conc: Funebr: in templ: Parochiali habuit Dnus M. **Lepnerus** ex ordin: Epistola. Dominica 7. p. Trinit: *Die Leichenpredigt hielt Herr M. Lepner in der Pfarrkirche aus der vorgeschriebenen Lesung des 7. Sonntags nach Trinitatis* [Witt 118]

610 Urban Papal, ✶ Königsberg (Altstadt) 1603, ✝ 9. 7. 1633

Urban Papal, Huttstaffierer

Urban Papal den 14 Julij ♃

Ist Ao 1603 geboren, sein Vatter hatt geheissen Martin **Papal**, ein Burger Vnd Schmackenschipper in der Altenstad, die Mutter Frona, Von diesen ist er nach empfangener H. Tauffe Vnd Zuwachsung der jahre Christlichen erZogen, Zur schulen gehalten, auff die sprachen in Polen Vnd Littawen Verschicket, Vnd Ao 1619 bei H. Christoph **Bergern**, Gerichtsverwanten vffm St in Dienst gethan, bei welchem er auch 5 Jahr trewlich gedienet, darnach sich in die Frembde versuchet. Ao 1625 Nachdeme er wiedrumb anhero kommen hatt er sich den 10 Julij in den H Stand der ehe begeben mit seiner jetzo hinterlassenen Wittben damahls Jungfr: Maria H Bartel **Wolffen** Gerichtsverwanten vffm Tragheim ehelichen

---

936 Sophia **Drösin** ✝ 14. 10. 1633 (lfd. Nr. 619).

Tochter mit welcher er gelebet acht Jahr weniger 10 Tage Vnd aus Gottes segen 4 Kinder geZeuget 3 Sohne Vnd 1 Tochter, Davon 1 sohn albereit Verstorben. Von seinem Christenthum wird geZeuget das er ihm dasselbe lassen ein ernst sein, Vnd derowegen Zu anhorung Gottliches wortt, Vnd Zum Hochw. Abendmal offters finden. So wird von seinem eusserlichen wesen ein gutt geZeuchnus ihm ertheilet. Es hatt ihn aber Gott der Herren immerZu Vnter die .achen [sic] gehalten, Vnd mit Creutz beleget wie er den Vnter andren eine geraume Zeit sich mit der Darr tragen müssen, von welcher ihm offters ein grosses Brechen Vnd Husten Zukommen, darin man ihn lebendig Vnd todt gehabt. Am Verschienen Sonnabend ist er, seiner Handlung nach, gen Seburg (937) Zum Jahrmarck gefahren, weil er sich woll befunden, aber Vnterwegens Zu Guslack (938) im Kruge, da er einen Bissen Brods gessen das er trincken könte sich anfangen Zu brechen Vnd in solchen Brechen tod geblieben im 30sten Jahr seines alters. Concionem funebr: in Suburbio Dn. M. **Halbach** habuit. [Witt 501]

611 URBAN GUSSE, ∗ WÖKLITZ, KR. ELBING 25. 5. 1565, ✝ 21. 7. 1633

Urban Gusse Festbecker

Urban Gusse den 23 Julij ♄

ist Ao 1565 am Tage urbani Zu Wochlitz bei Elbing geboren, sein Vater hatt geheissen Urban **Gusse** (939), ein Frey daselbst, Vnd die Mutter Anna, dies eltern haben ihn Zur H Tauffe befordert, vleissig Zu schulen Vnd allem gutten gehalten, Vnd nach Elbing Zu einem Festbecker gethan, das Handwerck Zu lehrnen, auff welches er, nach ausgestandenen Lehrjahren hin Vnd Her Zehen jahr lang gearbeittet, bies er entlich anhero kommen Vnd Ao 1595 sich ehelich eingelassen mit Fr. Dorothea, S. Gurgen **Juxen**, mitburgers Vnd Festbeckers vffm St. hinterlassener Wittib, mit der hatt 23 jahr Christlich Zusammen gelebet ohn Leibes erben. Nach ihrer absterben aber ist er über ein halbes jahr wittber blieben, Vnd darauff Zur andern ehe geschritten mit der damahls Jungfr Ursula S Nickel **Schröders** Mittburgers Vnd schusters in der Altenstad nachgelassenen ehe leiblichen Tochter, jetzo seiner hinterbleibenden Wittib, mit welcher er in funffzehen jahriger ehe Zwene Kinder einen sohn Vnd eine tochter geZeuget, davon der sohn albereit verstorben. Sein Christenthum vnd eusserliches Leben ist Vnsers wissen vnverwieslich gewesen. Seine Kr. betreffende hatt ihn vor 8 wochen Gott der H mit einer frostigen Kr. Vnd reissen in allen gliedern angegriffen, welche Kr: Von tage zu tage Zu genommen. Darumb er auch das Hochw: Abendmahl zu vergewisserung der gnaden Gottes Zu sich genommen, Vnd mit gebet in gedult sich des H willen ergeben, welcher ihn auch am nechst verwichenen Donnerstag morgens Vmb 6 Vhr von dieser welt der selen nach durch den Zeitlichen Tod abgefordert, im 68sten Jahre seines alters, Die Leichpr. hatt M. **Halbach** vffm Steinth: gehalten ex Epistola Dom: 9 p. Trinit: *aus der Epistel des 9. Sonntags nach Trinitatis*

[Witt 229]

---

937 Seeburg, Kr. Rössel.

938 Wuslack, Kr. Heilsberg? Guslack in Ostpreußen unbekannt.

939 Ein weiterer Sohn ist Christoph **Gusse** ✝ 31. 10. 1634 (lfd. Nr. 665).

612 David Nauwerck, ✶ Zörbig, Kr. Bitterfeld / Prov. Sachsen 4. 9. 1578, ✝ 23. 7. 1633

H David Nauwerck, Gerichts Advocatus

H David Nauwerck den 26 Julij ♂

ist Ao 1578 den 4 Septemb: Styl: vet: Zu Zorwig (940) Vnter Churfl. Von Sachsen geboren, sein Vatter hatt geheissen H Andreas **Nauwerg**, Bürger Rahtsverwanter daselbst, die Mutter Maria **Kotzavin**. H. Donati **Kotzawen** pfarhers Zu Lissaw in der Chursachsen (941); Von diesen eltern ist er nach empfahung der H Tauffe, Vnd Zuwachs seiner Jahren, Christlich erZogen, auch in die schule des ortts, wie auch Zu Delitz, Hall (942), (da er 5. Jjahr gewesen) Vnd Hannober gesand. Ao 1598 Hatt er sich von Hannober, Da er wegen der pest nicht hatt bleiben können, alsbald nach Helmstad (943) begeben, Vnd da ihm selbiges ortts das wüste wesen nicht gefallen, von da die loca maritima perlustriret. *die an der Küste gelegenen Orte durchwandert* Darauff hatt er sich wiedrumb nach Hannober begeben, Vnd ist daselbst bies 1600 Verblieben. Wie er aber in diesem Jahr zu den seinen kommen, haben sie ihn nach Leiptzig verschicket, von da er nach verflossenem Jahre vff Wittenberg geZogen, Vnd da etliche jahr sein studium juris vleissig getrieben, Ao 1605 ist er mit H Jacobo **Nauwerg** Der Zeit Stadschreiber Zur Liebstad (944), Vnd hinaus kommen war seines S. Vatters sachen, der Sch[l]össer Zu Zorwig gewesen, richtig Zu machen, Herein geZogen, das er seinen Vätter H Christophorum **Nauwerg** ersuchte, derselbe ist die Zeit eben Wittber gewesen Vnd hatt wegen seiner grossen Handlung, bei den Gerichten nicht alles bestellen können, derowegen er ihn H David **Nauwerg** mit Consensu *mit Zustimung* der Erb: Gerichten pro Substituto *als Mitarbeiter* angenommen, welches er von Ao 1605 bies 1611 trewlich Verwaltet. Ao 1607 ist er an S. H Miachelis **Behmen** Stelle von E.E. Raht pro Advocato ordinario bestellet worden, Vnd Ao 1611. von der Erb. Gerichten in Seines H Vetters stelle pro ordinario advocato Judic: *als ordentlicher Rechtsanwalt* (945) Ao 1608 / hatt er Zur ehegenommen die Ehr vnd Tugendr: damahls Jungfr. Catharinam H Hilarij **Fincken**, Burgemeisters im Lobenicht T. jetzo seine hinterl. Wittib, mit welcher er bies ins 26ste Jahr friedlich vnd Christlich Zusammen gelebet Vnd aus Gottes segen 5 Kinder, 4 sohne, Vnd 1 Tochter geZeuget davon die Tochter Vnd ein sohn albereit verstorben. Seines Christenthums hatt er wegen vleissiges anhorung gottliches wortts, vnd offtern gebrauch des H Abendmahls ein gutt geZeuchnus, wie auch des eusserlichen lebens Vnd vleisses in seinem ampt; doch hatt er auch seine mengel Vnd gebrechen gehabt, Vmb derer Vergebung er Gott bitten müssen. Sein Kranckheit ist ein besonder schade am lincken ohr gewesen, denn weil er für etlichen 20

/ den 26 Maij

---

940 Zörbig, Kr. Bitterfeld / Prov. Sachsen.

941 Zu ergänzen wohl: "Tochter". Oder Witwe?. Donatius **Kotzaw** nicht nachgewiesen bei Reinhold Grünberg (Bearb.): Sächsisches Pfarrerbuch, Freiberg 1940, und nicht im: Pfarrerbuch der Kirchenprovinz Sachsen. Band 5. Biogramme Kn – Ma. Leipzig 2007. Bei Grünberg eine Parochie "Lissaw" ebenfalls nicht nachgewiesen.

942 Delitzsch und Halle an der Saale (Reg.-Bezirk Merseburg / Prov. Sachsen).

943 Helmstedt (Herzogtum Braunschweig).

944 Liebstadt (Amt Pirna / Königreich Sachsen).

945 Seit 1613 war bei ihm im Dienst als Schreiber Hans **Schomburg** ✝ 7. 9. 1634 (lfd. Nr. 659). Um 1621 heiratet seine Magd den Thomas **Marcus** ✝ 26. 11. 1637 (lfd. Nr. 831).

jahren am haupt in nachtlicher Vberfallung ist verwundet, vnd der schade damahls Zu hart gehefftet, sind die sehnen an dem ortt verschrumpen Vnd gespannet, daher letzlich der schade entstanden das an der seitten des lincken ohres etliche beulen sich affgedünstet, so das ohr eingenommen, darauff die scharfe flusse so hartt gefallen das es hinterm ohr vnd in demselben auffgebrochen, davon er vnertregliche schmertzen tag Vnd nacht erlitten, die teglich also Zugenommen, das er Vermecken können es Zum ende mit ihm kommen würde, derowegen er das Hochw. abendmahl gebrauchet, Vleissig gebeten bies ihn der liebe Gott den 23 Julij nachts Vmb 12 Vhr selig von dieser Welt abgefordert im 55sten Jahr seines Alters. Concionem funebr. in templi opp: habuit Dn: M. **Lepnerus** ex ultimis Cant: D. **Eberi** (946) verbis. *aus den letzten Worten des Liedes* Ach Herr vergieb all vnser schuld etc selbige hatt er als sein tägliches gebet gebrauchet, Vnd derowegen Zu seinem leichtext benennet. [Witt 475]

613 Barbara Reinicke, ✶ Königsberg (Altstadt) 10. 9. 1605, ✝ 3. 9. 1633

David **Reinicken** Fr. Barbara,

Barbara H David Reinicken Meltzenbr: Hausfr. den 6 Sept: ♂

ist Ao 1605 den 10 Sept: an diese welt geboren, ihre eltern sind Antonius **V.Kohlen** (947), Vnd Fr Cordula **Sommerin**, beide in guttem ruhm männiglichen bei Vns bekand. Von denen ist sie nach empfangener Tauffe Vnd erreichung ihrer jahr Christlich vnd woll erZogen auch Ao 1629, 3 Sept: H David **Reinicken** (948) Zur ehe gegeben, mit welchem sie bies Zu ihrem seligen absterben, sind gerade 4 Jahr Christlich Vnd friedlich in hertzlicher liebe gelebet Vnd, aus Gottes segen 3 Kinder 2 Töchter Vnd einen sohn geZeuget, davon die elteste Tochter Gott der Herr schon för sie wieder Zu sich genommen; Ihres Christenthums hatt sie wegen vleissiger anhorung göttliches Wortts, offtern gebrauch des Hochw: abendmahls, Vnd eusserlichen Christlichen tugendhafften leben bei jederman ein sehr ruhmliches geZeuchnus also das auch dies ihr frueZeittiges absterben Vielen sehr Zu Hertzen gehet. Ihr Kranckheit anlangend hatt sie Gott den 24 Aug gegen abend ihrer mütterlichen bürden mit einer jungen Tochter entbunden, da denn Zwar alles woll Zugegangen: die folgende tage aber hatt sie grosse schwacheit Vnd mattigkeit empfunden, die bei fleissiger warttung also Zugenommen, das sie am Vergangnen Sonnabend, an welchem tage sie Vmb 1 Vhr das Hochw: abendmahl des Herrn Zu sich nahm, nach ernsten, andechtigen gebett selig verschieden vnd im Herrn entschlaffen abend gegen 9 Vhr. Die Leich. hatt in vnser Pfarkirchen M. **Wolderus** gehalten aus den letzten Wortten des 4. ψ. [Witt 565]

---

946 Paul Eber (1511–1569), lutherischer Theologe, siehe: < http://www.deutsche-biographie.de/pnd118681524.html > (Abfrage im Januar 2013). Siehe auch seine Erwähnung im Lebenslauf der Catharina **Falckenberg** ✝ 26. 11. 1631 (lfd. Nr. 518) mit der Anmerkung 820.

947 Gallandi (wie Anm. 40) nennt auf S. 31 Antonius von Kohlen, Kaufmann der Altstadt, und seine Ehefrau Kordula geb. Sommer, jedoch nicht dieTochter Barbara verh. Reinicke und die weiteren, hier genannten Personen: einen möglichen weiteren Sohn Friedrich **von Kohl** ✝ 4. 9. 1632 (lfd. Nr. 553); eine mögliche weitere Tochter Elisabeth verheiratet mit Isaac **Bock** ✝ 31. 3. 1628 (lfd. Nr. 146).

948 David **Reinicke** ✝ zwischen 9. und 26. 6. 1635 (lfd. Nr. 702).

614 HANS GEORG, ✶ KÖNIGSBERG (KNEIPHOF) 10. 6. 1590, ✝ 14. 9. 1633

Hans Gurgen, Burger Vnd Meltzenbr: 15 Sept: ♃

Hans Georgen, Bürger Vnd Maltzenbrewer

Ist Ao 1590 den 10 Junij an diese Welt geboren, sein Vatter ist gewesen Jacob **Georg**, bürger im Kneiphoff vnd Haberkrüger (949), die Mutter Gertrud, Cyriaci **Harstorps** T. Von diesen ist er nach empfahung der H. Tauffe ferner Christlich erZogen, insonderheit auch von seinem Stieffvater Jochim **Hagemeister**, weil der Vatter Zeittig ihm mit Tode abgangen nemlich im 12 Jahr seines alters. Ao 1622. [sic] nach deme er vorher die polnische Vnd Littawsche sprache gelernet, hatt er sich mit seiner jetzo hinterlassenen Wittib, damahls J. Catharina S. H. Georg **Kriegeisens** Fr. Dhtt. Georg Friedrich p.m. Cammerverwantten hinterlassenen Tochter Ehelich eingelassen, mit derselben 21 [sic] Jahr ehelich gelebet in ehelicher lieb Vnd durch Gottes segen 3. Söhne und eine Tochter geZeuget davon ein sohn schon Verstorben. Vor 21. Wochen ist er in schwere leibes Kr: gefallen, die von tag Zu tage Zugenommen, Das er mercken können die gefahr seines lebens, Darumb er dann auch das Hochw: abendmahl das 2. mahl gebrauch: sich Gott ergeben, Vleissig gebettet bies ihn Gott in der mittwochs nacht durch den Zeittlichen tod in 44. Jahr aetat. abgefordert. Seines Christenthums hatt er Von ernster buß ein Christl. geZeuchn: H M. **Lepnerus** hatt ihn die Lp: gehalten in der pfarKirchen ex ψ. 6. [Witt 179]

615 REINHOLD KERSTEN, ✶ KÖNIGSBERG 1586, ✝ 22. 9. 1633

Reinhold Kersten, Burger Vnd Maltzenb. 25. Septemb. ☉

Reinhold Kersten, Bürger Vnd Mältzenbrewer

Ist im jahr 1586 alhie geboren sein Vatter ist gewesen Lorentz **Kersten** Bürger Vnd Meltzenbrewer der Altenstad, die Mutter hatt geheissen Helena, durch dieser beforderung hatt er die H. Tauffe empfangen vnd ist ferner nach erreichung seiner jahr Christlich erZogen. Weil er keine besondre lust Zum studiren gehabt, hatt er die alhie notige sprachen gelernet, Vnd nach erreichung seiner Mänlichen jahren Ao 1623 sich in den Stand Der H ehe begeben mit damahls J. Catharina Hans **Kempen** Bürgers Vnd Meltzenbrewers hie hinterlassene Eheliche Tochter, mit welcher er 10 Jahr Vnd 7 Monat in fried Vnd einigkeit gelebet, Vnd aus Gottes segen einen sohn vnd eine Tochter geZeuget die beide noch am leben. Sein Christenthum ist ausser dem ohn sonderlich ergernus das er den Trunck sehr geliebet seine Kranckheit hatt vorm jahr sich angesponnen vnd bies Zum ende gewehret, doch Zu letzt 3 wochen vorm tode sonderlich Zugenommen in selbiger Kr. hatt in ernster rew vnd waren glauben das Hochw. abendmal des H Zusich genommen, hertzlich gebeten vnd sich geduldig erZeiget, bies ihn Gott Vergangen Donnerstag abends Vmb 11 Vhr von dieser welt abgefordert im 47 Jahre seines alters. Die Leichpr hatt H M. **Lepner** in vnser PfarKirchen gehalten aus dem 7 Cap: Michae Iram Dni portabo. *Ich will des HERRN Zorn tragen* [Witt 334]

---

949 Wirtshaus auf dem Haberberg, nördlich der Haberberger Kapelle bzw. Kirche.

616 DOROTHEA MARTIN, ✶ BLEDAU, LANDKR. KÖNIGSBERG? UM 1605, ✞ 22. 9. 1633

Dorothea, Peter **Martins** Schusters Fr.

Dorothea, Peter **Martins,** schusters Hausfr. 25. Sept: ☉

Ist vor 28. Jahren geboren von Christlichen eltern Zu Bledaw (950), ihr Vatter hatt geheissen Martin **Reberg** die Mutter Barbara, von denen ist sie nach empfahung der H Tauffe, Vndt erreichung ihrer jahre Christlich erZogen Im ehestand hatt sie ins Vierde jahr mit ihrem hinterbliebenen Wittber gelebet. Vor 14 wochen hatt sie Gott ihrer mütterlichen bürden entbunden, von welcher sie alle wege gekrencket, bies sie Gott am Donnerstag Zwischen 8 Vnd 9 des abends durch den tod von dieser welt abgefordert. Ihres Christenthums hatt sie ein guttes geZeuchnus, die Leichpr. hatt vffm St. H.M. **Halb:** gethan aus dem 68 ψ. Gott leget Vns eine last etc etc. [Witt 435]

617 URSULA GÜRILL, ✶ LIEGNITZ / SCHLESIEN 1560, ✞ 25. 9. 1633

Ursula, Christoph **Gurillen** N. Wittib alias Schlütersche

Ursula, Christoph Gurillen N. Wittib alias Schluter-sche 27. Septemb: ♂

Ist Ao 1.5.60 Zur Liegenitz in der Schlesigen geboren, ihr. Vatter hatt geheissen Michael **Sandberger**, ein Kannegiesser daselbst, die Mutter Helena. Diese eltern sind ihr in der zartten jugend bald abgestorben, darumb sie anhero Klein Vnd VnerZogen Zu ihren Vetter **N. Schönfeld** Kanngiessern sich begeben. bei demselben hatt sie 16 Jahr treulich gedienet, Vnd im 17 Jahr ihres alters Von ihm Zur ehe gegeben Matthes **Schlütern** einem Gildfischern, mit welchem sie Christlich in gutter fried vnd ehelicher liebe 25 Jahr gelebet, Vnd mit ihm durch Gottes segen 8 Kinder, Zwene sohne, vnd 6 tochter gezeuget, davon noch ein sohn Vnd drey töchter im leben; Nach absterben dieses ihres ehemannes ist sie 1 1/2 Jahr Wittib blieben, Vnd darauff Zur andern ehe geschritten mit Stephan **Niclaß,** auch fischern, mit welchem sie in dreyjäriger ehe zwene sohne gezeuget, davon noch einer am leben. Wie auch dieser todes Verblichen hatt sie nach järigem Wittbenstand die dritte ehe Volzogen mit Jochim **Lüdken** (951), einem Söfahrenden Mann, mit welchem sie drey jahr in gutter ehe Zugebracht, Vnd eine tochter die noch am leben geZeuget. Nach seinem absterben aber Vnd verflossenen 1 1/2 Jahren im wittbenstand in die Vierde ehe sich begeben mit Christoph **Gürillen** (952), auch gewesenen fischer, mit welchem sie doch nur ein jahr Zusammen friedlich gelebet Vnd einen sohn, der noch am leben, geZeuget, von seinem absterben aber sich ferner bies an ihr end, sind fast 20. Jahr im Wittbenstande auffgehalten. Ihr Christenthum, ist so Viel Vns bewust vntadelich. Ihre Kranckheit ist ihr hohes alter, in welchem sie doch Gott Vor 4 wochen mit leibes Kranckheit, nemlich mit dem Schlag heimgesuchet, wie sie etwan kurtz Zuvor ihr das Hochw: abendmahl in dieser ihrer Kr. reichen lassen. Ob nun woll wegen dieser Kr: nicht reden können hatt sie doch Vernommen so ihr jemand Zugeredet, Vnd herzlich Zu Gott geseuffzet, der auch dies ihr seufftzen erhöret Vnd sie am Vergangen Sontag Vmb 2 Vhr gegen Morgen sanfft vnd stille aus dieser welt der selen nach abgefordert im 73 Jahr. ihres alters. Die Lp. hatt **MW**. in templo Suburbi gehalten aus dem 26 cap: Esajae. Gehe hin mein Volck etc [Witt 225]

---

950 Wohl Gut Bledau, Landkr. Königsberg i. Pr.

951 Ernst Witt: Das d in Lüdken anstelle eines anderen Buchstabens verbessert.

952 Ernst Witt: Hier klares ü!

618 ANNA NEUMAN, ✶ KÖNIGSBERG (TRAGHEIM) 6. 3. 1607, ✝ 11. 10. 1633

Anna

Anna, Nicolai **Neumans**, Schneiders Vnd Schöppen vffm St. Hausfr.

Niclas Neumans, schneiders Vnd Schoppen Vffm St. Hausfr. 13. octob. ♃

Ist im jahr 1607 den 6 Martij alhie vffm Tragheimb geboren, ihr Vatter hatt geheissen Matthes **Gottsche**, der alten Herschfft S.S: Cammerschneider Vnd GerichtsVerwanter Vffm Tragheimb, die Mutter Hedewig. Von diesen ist sie Zur H. Tauffe befordert, Vnd nachmahlen Christlich erzogen. Weil ihr aber ihr Vater Zeittig abgestorben hatt sie ihrer Mutter schwester Zusich genommen, Vnd sie in allerhand schoner arbeit Vnterrichtet, auch im 21. Jahr ihres alters sie Zur ehegegeben mit wissen Vnd beliebung ihrer mutter, dem Erbaren Jacob **Stoltzken** (953), mittbürgern Vnd fischern vffm St, mit welchem sie in friedlicher Christlicher ehegelebet 1 1/2 Jahr Vnd aus Gottes segen eine tochter geZeuget, so noch am leben. Nach absterben aber desselben hatt sie im wittbenstand verharret bies Ao 1630 da sie den 30 oct: Zur andren ehe geschritten, mit Nicolao **Neuman** (954) damahl gesellen nun mehr Mittbürger Schneider, auch GerichtsVerwanter vffm St. ihren hinterlassenen wittber, mit welchem sie gleichfalls christ- vnd friedlich gelebet drey Jahr weniger 8 tage. Vnd 2 Sohne gezeuget die noch am leben. Ihr Kr: ruret Von ihren 6 wochen denn nach dem sie am sontag vergangen 6 wochen Von Gott mit dem letzten sohn entbunden, hatt sie sich zwar bies am sonnabend des gedachten vergangnen sontags an welchem sie Zur Kirchen gehen wollen, aber eben da ist sie mit hartter leibes Kr: Von Gott angegriffen, welche Von tag zu tage also Zugenommen das sie Vergangen Dingstag Zu nacht Zwischen 11 Vnd 12 Vhr sanfft Vnd selig im H entschlaffen im 27sten Jahr ihres alters. Ihr Christenthum Vnd eusserliches leben ist, nach Vnserm wissen Vnergerlich gewesen, die Leichpr hatt H M **Lepner** aus dem [Psalm] 103 vffm St gehalten der Herr kennet was für ein gemecht wir sind usq ad 19 vers: [Witt 480]

619 SOPHIA DRÖSIN, ✶ KÖNIGSBERG (ALTSTADT) 7. 8. 1601, ✝ 14. 10. 1633

Sophia, S Wilhelm **Drosins** N. Wittib.

Sophia Wilhelm Drösins Wittib 16 oct: ☉

Ist Ao 1601 den 7 Aug: in dieser Altenstad Von Christlichen eltern gebore ihr S. Vatter ist gewesen Asman **Pusch** (955), Mitbürger Vnd Meltzenbrewer die Mutter Sibylla **Wagnerin**, durch dieser vorsorg ist sie Zu tauff befordert, Vnd ferner Christlich erzogen: Wie ihre Mutter ihr Zeittig abgestorben, ist sie, als ein mutterloses waiselein, bald Zu frembden leutten kommen; nach absterben ihres Vatters, hatt sie ihre Schwester Zu sich genommen Vnd in der Haushaltung auch andren Christlichen Jungfr: tugenden aufferZogen. Ao 1619 dem 9 April ist sie Eberhard **Liedtken** Zur ehe gegeben worden, mit deme sie in ehelicher liebe ein jahr Vnd 20 wochen gelebet, auch aus Gottes segen einen sohn geZeuget, der auch bald gestorben. Nach absterben desselben hatt sie im Wittbenstand sich Christlich Verhalten bies Ao 1621 den 10 Mai. da sie die ander ehe mit S. Wilhelm **Drosin** (956) VolZogen, Vnd 12 Jahr 3 monaht darin mit ihm gesesessen in solcher Zeit sechs söhne geZeuget, davon noch drey im leben.

---

953 Jacob **Stoltzke** ✝ 4. 3. 1630 (lfd. Nr. 402).

954 Nicolaus **Neumann** ✝ 3. 3. 1636 (lfd. Nr. 735).

955 Dessen erste Frau ist Anna **Feirmann** ✝ 26. 7. 1626 (lfd. Nr. 34).

956 Wilhelm **Drösin** ✝ 8. 7. 1633 (lfd. Nr. 609).

Vor Viertzehn wochen hatt Gott auch diesen ihren eheman durch den zeitlichen tod ihr hingerissen, der sie mit schwerem leibe hinterlassen, solcher bürden hatt sie Gott Vor 12 tagen entbunden, da sie sich den anfangs nicht beclaget, bies am verschienen montag da sie Vnverhoffet eine so hartte Kranckheit vberfallen das sie Vorgestern abends gegen 9 Vhr das leben hat enden müssen. Ihres Christenthums hatt sie Von manniglichen ein guttes geZeuchnus, die Lp. hatt M**Wolderus** in der pfarKirchen gehalten aus dem 73 ψ. wie sie selbst gebeten.

[Witt 117]

620 Eustachius Liebaß, ✶ Königsberg (Altstadt) 24. 1. 1597, ✝ 23. 10. 1633

Eustachius Liebas,

Eustachius Liebaß 25 oct: ♂

Ist Ao 1597, den 24. Januarij alhie Von Christlichen eltern dieser gemein geboren (957), sein Vatter hatt geheissen Eustachius **Liebaß**, Burger Vnd Meltzenbr: die Mutter Regina S. Henric **Müllers** Ehl. T, von diesen ist er nach empfahung der H Tauffe Vnd erreichung seiner jahren Christlich erZogen, weil sie ihm aber frueZeittig mit tode abgangen, haben ihn die anverwanten in Pohlen Vnd Littawen der sprach halber verschicket, Vnd nach deme er solche Zu nohturfft gefasset, auch wieder anhero kommen, nach Krempe (958) die Balbierer Kunst von Paul **Jordan** Zu lernen, gesant, auf welche er sich ferner nachmahls in frembde land Zu andren meistern als ein gesell begeben. Vnd darauff in erstandener Kriegs-emporung in teutschland für einen Feldscherer gebrauchen lassen, auch hatt er Sigismundo III Regi Poloniae b.m. *dem verstorbenen polnischen König Sigismund III.* für einen Fenrich wieder den türcken gedienet, vnd nach getroffener friede, sich wieder anhero gemachet. In folgender Zeit hatt er sich abermals bei jetzo noch werender Kriegsemporung in Teutschland für einen Leutenant gebrauchen lassen, Vnd solchem ampt, wie seine documenta Zeugen, mit ruhm Vorgestanden. Bies er endlich dem Kriegswesen valediciret, *Lebewohl gesagt hat* Vnd nach ab-danckung sich Zu den seinigen Zur ruhe begeben, Vnd seinen gesellen-standt bies anhero Volfuhret. Sein Christenthum anreichend, ist bewust das er in der jugend fast wild gelebet, welches leben im Krieg nicht wird gebessert sein, doch nachdeme ihn Gott vorm 1/2 Jahr Zwene starcke vorboten des todes nemlich die schwind- Vnd wassersucht Zugesand, hatt er ein sich geschlagen, seine sünde erkand, bekand berewet Vnd in festen glauben an Christum J. beweglich oder Kleglich Gott abgebeten, hatt auch Zu drey mahlen in werender Kr:, das Hochw. abendmal, Zu deme er sich in Voriger Zeit auch bei Vns offentlichen gehalten, Zu sich genommen. am Vergangnen Sontag abends Vmb 10 Vhr hatt ihn gott im ernsten gebeht abgefordert im 37 Jahre seines alters die leichpr hatt in der pfarKirchen **MW** gehalten ex 7 cap Syracid:

[Witt 400]

---

957 Seine Schwester Regina oo 1609 David **Kreuschner** □ 2. 5. 1628 (lfd. Nr. 154).

958 Ernst Witt: auch Lesung **Krempa** möglich.
Ein Ort dieses oder ähnlichen Namens ist in Ost- und Westpreußen nicht zu finden. Ist evtl. die Krämerbrücke oder die Krämergasse in der Altstadt (seit 1864 Kantstraße) gemeint?

621 Georg Jordan, ✶ Königsberg (Altstadt) 1591, ✝ 23. 10. 1633

Georg Jordan, Festbecker gesell.

Georg Jordan, Festbecker gesell 26. oct: ☿

Ist Ao 1591 Vor 42 Jahren alhie Zu Königsberg in der Altenstad an diese welt geboren, sein Vatter, der vor ihm Verstorben, hatt geheissen Georg **Jordan**, mitbürger Vnd Bader alhie, die Mutter Ursula (959). N. Von dieser ist er nach empfahung der H, Tauffe Vnd erlangung seiner Jahren in aller Gottesfurcht Vnd Christlichen Tugend erZogen. Dazu sein stieffvater Jacob **Wingerboht** mit vleiß verholffen. Nachmahlen ist er in Pohlen Vnd Littawen der sprach halber Verschicket, Vnd wie er aus den ortern Wieder kommen hatt er alhie sich bei einen Kauffman begeben, Vnd bei dem eine Zeitlang gedienet, weil er aber lust sich Zu versuchen gehabt, hatt er sich darauff in Spanien, Italien, Holland Vnd andre weit abgelegenen Lander gemachet, Vnd Da er wieder anhero kommen das Festbecker Handwerck ehrlich ausgelernet, worauff er bei dem obersten Kuchmeister in Pohlen sich in Dienst begeben, Vnd bei ihm verharret bis ins dritte Jahr weil er aber in solchen Dienst kranck worden hatt er sich Zu seinem schwager Henric **Brodman** bringen lassen, Vnd in werender Kr: sich alhie mit dem Hochw: abendmahl versehen lassen, Vnd weil er gesehen das es die Darre welche Von tage Zu tage Zunahm hatt er sich in Gottes Willen mit ernstem gebet ergeben, welcher Vnser Gott, ihn am Vergangen Sontag nachts Vmb 2 Vhr im 24 Jahr der seelen nach aus dieser welt abgefordert. Conc: fun: habuit M. **Lepner** in templ: Paroch: ex ψ. 15. v. 1.2.3. [Witt 322]

622 Caspar Zincke, ✶ Ragunh, Kr. Dessau / Anhalt 11. 5. 1572, ✝ 27.10.1633

Caspar Zincke Töpffer

Caspar Zincke, Töpffer, 30 oct: ☉

ist im Jahr1572, 14 tage vor pfingsten Zu Ragun in meissen Von Christl: eltern an diese welt geboren, Sein Vatter hatt geheissen Paul **Zincke**, seine Mutter, Anna, (Diese hatt er wegen grosser Kriegsgefahr Von draussen anhero Verschrieben, Vnd sie nach ihrem S. ableben vor 8 Jahren Christl. begraben lassen) nach empfahung der H. tauffe Vnd Zuwachs der jahren haben ihn gedachte seine L. eltern mit gebürender sorge Chrl: erZogen, Vnd Zur schulen gehalten das er seinen Catechismum, auch schreiben Vnd lesen gelernet, im 15. Jahr seines alters hatt er sich mit der eltern beliebung in der lehre des Töpfferhandwercks begeben, auff welches er nach woll ausgestandenen lehrjahren sich hin Vnd wieder Versucht, bies er ao 1597 anhero kommen, Vnd durch Gottes schickung sich mit Fr. Gertrud S. Paul **Nietzschen**, mitburgers Vnd topffers Vffm St Nachg. Wittib ehelich eingelassen. Mit derselben hatt er Christl Vnd friedl. Gelebet 23. Jahr Vnd aus Gottes segen einen sohn Vnd eine tochter geZeuget, Die Ao 1602 im Pest Jahr aus dieser welt der selen nach abgefordert.

Ao 1620. ist diese seine ehefraw gestorben, Vnd hatt er nach ihren absterben 1 1/2 Jahr im Wittbenstand gesessen, Vnd darauff die andre ehe mit der damahls J. Anna des S. Thomas **Machsons**, weiland bürgers Vnd Cramers alhie hinterlassene Ehl. Tochter, jetzo seiner hinterbleibende Wittib VolZogen (960) mit welcher er 11 1/2 Jahr Zusammen gelebet doch ohne leibes erben. Sein Christenthum ist

959 Ursula **Wingerboth** ✝ 21. 12. 1626 (lfd. Nr. 50).

960 Das Wort "VolZogen" über der Zeile eingefügt.

Vnverweislich gewesen. Seine Kr. nebest dem alter die gicht, daran er ins 8 Jahr grosse schmertzen erlitten Vnd wenig ausgehen mögen. Zu dieser ist Vor 4 wochen die schwere nohr [sic] Zugeschlagen die ihn dermassen angegriffen das er 24 stunden sprachlos gelegen. Nach wieder erlangter sprache hatt er seine Confession *Beichte* gethan vnd das H Abendmahl empfangen, wie vorhin offt in seiner Kr. Daruff hatt er mit vleissigen gebeht sich dem willen Gottes ergeben, der ihn auch am Verschienen Donnerstag Vmb 12 Vhr in der nacht sanfft vnd selig entschlaffen lassen im 61 Jahre seines alters. Die Leichpr: hatt H M. **Lepner** vffm St: gehalten ex 3. cap: ad Philip: Conversatia nra in Coelis. *Unser Bürgerrecht aber ist im Himmel* (961) [Witt 835]

623 Barbara Wegener, ✶ Königsberg (Kneiphof) 7. 12. 1600, ✝ 19. 11. 1633

Barbara Christian **Wegeners** Meltzenbrewers Hausfr.

Barbara, Christian Wegeners, Meltzenbrewers Fr. 22. Novembr: ♂

ist Ao 1600 den 7. Decemb: im Kneiphoff an diese weltgeboren, Ihr Vatter ist gewesen der Edle Vornehm vnd wollgeachte Mattheus **Wohlenbruch** burger Vnd Handelsman alhie. Ihr Fr. Mutter heist Catharina. Von diesen ihren eltern ist sie Zur H Tauffe befordert, Vnd ferner Christlich erZogen, auch Ao 1630 von ihrer Fr. Mutter Christian **Wegenern** (962) Verehliget, mit dem sie in friedlicher Vnd Christl: ehe drey Jahr vnd fünff Monat gelebet, Vnd durch Gottes segen Zween Kinder geZeuget einen Son vnd eine Tochter die noch beide am leben. Ihres Christenthums hatt sie bei Vns ein gutt geZeuchnus. Den 3. Novembr: hatt sie Gott mit einer Jungen Tochter entbunden, da es Zwar anfangs woll Zugangen, sie ist aber nachmahlen darauff mit einem schweren Dampff vnd grosser engbrüstigkeit befallen, Vnd den 19. Novembr: abends Zwischen 10 Vnd 11 Vhr von Gott durch den zeittlichen Tod aus diesem leben abgefordert im 34sten Jahr ihres alters. Die Leichpr hatt inVnser pfarKirchen H M. **Lepner** gehalten aus dem: (963) [Witt 771]

624 Adrian Bock, ✶ Antwerpen 7. 2. 1577, ✝ 6. 12. 1633

Adrian **Bock**, Borttenwercker

Adrian **Bock**, Bortten-wercker, 8 Decemb. ♃

ist ao 1577 den 7. Febr: Zu Antwerpen Von Christlichen eltern an diese Welt geboren, sein Vatter hatt geheissen Wilhelm **Bock**, seine Mutter Anna. Von diesen seinen eltern ist er nach empfahung der H. Tauffe auff Zulaß seiner Jahre Vleissig erZogen, Zur schulen gehalten, da er neben seinem Catechismo schreiben, lesen auch rechnen gelernet, Weil aber seine eltern Vmb Babstische verfolgung Von dannen naher Hamburg, mit verlassung ihres Hauses Vnd Hoffes sich begeben, hatt er daselbst sechs Jahr bei einem meister das borten Wercker Handwerck gelernet, darauff auch in die frembde gewandert, Vnd Ao 1598. anhero kommen; alhie hatt er drey jahr Vor gesell gearbeittet, Ao 1601 aber sich auff einrahten gutter Leutte in die ehe begeben mit der damahls tugendsamen Jungfr. Anna N. mit welcher er 19 jahr in stiller Chr: ehe gelebet Vnd aus Gottes segen 12 Kinder, sieben sohne, Vnd fünff tochter geZeuget, von welchen

---

961 Phil 3, 20: "nostra autem conversatio in caelis est".

962 In dessen Haus vorher vielleicht Ester **Wegener** ✝ 24. 7. 1629 (lfd. Nr. 236) lebte?

963 Predigtstelle nicht angegeben.

allen noch Zwene sohne im leben (964). Ao 1620 in der damahligen Pest, ist gedachte seine Hausfr verstorben, nach welcher absterben er fast ein jahr Wittber geblieben, da er Ao 1621, den 2 Martij mit seiner jetz hinterlassenen Wittben, der damahls Ehr. Vnd Tugendsamen J. Fabian **Helwing** Ehl. T. ehelich eingelassen, Vnd mit der in dreyzehnjahriger stiller ehe 4 Tochter geZeuget davon noch drey im leben, Sein Christnthumb ist Vnsers wissens, Vnverweislich; weil er vleissig Zur Kirchen vnd Hochw: Abendmal sich gefunden; Vnd für eusserlichen groben sünden sich gehuttet. Vorm halben jahr hatt ihn Gott mit harter leibes Kr. heimgesucht, in welcher er bei leiblicher Cur (965) Zwei oder 3 mal doch Hochw. abendmal gebrauchet, vleissig gebetet, Vnd seinen willen dem willen Gottes Vnterworffen, der ihn am Vergangen Dingstag Zu Mittag der seelen nach aus dieser welt abgefordert Vnd ins ewige leben Versetzet im 57 Jahr aetat: Conc: funebr. in templ. oppidano habuit M. **Wolderus**, ex 1 Thess. 4. [Witt 61]

625 Henric Rose, ✶ Königsberg? 5. 12. 1618, ✝ 6. 12. 1633

Henric Rose

Henric Rose 9 Decemb ♀

Ist Ao 1618 den 5 10bris nach mittag geboren sein Vatter ist H Daniel **Rose**, die Mutter Catharina **Puschin**, diese haben ihn Chro durch die tauffe einverleiben lassen, vnd ferner Zu allen tugenden erZogen. Ao 1631 haben sie ihn, der sprach halben, nach thorn verschicket von dannen ist er nechst vergangen Jahrmarck wieder kommen, Vnd in die Kneiphofsche schule gethan worden, darin seinen praeceptoribus *Lehrern* wegen Gottesfurchte vnd vleiß lieb gewesen, Vnd menniglichen gutte Hoffnung gemachet. Verschienen Sonnabend ist er Vber verhoffen mit der anjetzo sehr regirenden Kranckheit des Halses Vberfallen, welche ihn bald so hart angegriffen das er vergangen Dingstag nach mittage Zwischen 1 Vnd 2 Vhr selig Verschieden, da er auff dieser Welt 15 Jahr 1 tag gelebet hatte. (966) [Witt 588]

626 Barbara Ebert, ✶ Königsberg (Kneiphof) 8. 3. 1570, ✝ 6. 12. 1633

Barbara, Jan **Eberts** weiland Mäckelers Wittib

Barbara, Jan Eberts Wittib 9 Decemb ♃

ist Ao 1570 den 8. Martij im Kneiphoff geboren, ihr Vatter ist gewesen Conradus **Hausman** Bürger vnd Meltzenbrewer daselbst die Mutter Dorothea **Spacherin**, welche liebe eltern sie Chro einverleiben lassen durch die H tauffe, Vnd ferner Zwar in aller Gottesfurcht erZogen, aber schleunig mit tode abgangen; da sie H Christophorus **Hausman** Zu sich genommen, Vnd bei sich 4 Jahr behalten, da sie das 18 jahr erreichet Vnd durch Gottes sonderliche schickung dem Erbaren Vnd wollgeachten Jan **Ebertsen** Fürstl. Gn: H. **Alberti Friderici** loblicher gedechtnus so woll auch dieser Altenstad Mäckeler Zur ehe gegeben worden; mit dem hatt sie Vier jahr Christlich gelebet Vnd Zwo tochter, die schon todes Verblichen, geZeuget, Von dieser Zeit an, nemlich von den vierden jahr ihres gehabten ehestanden, ist sie, auff todliche abforderung ihres ehegatten, immerda wittib geblieben bies an ihr seliges ende. Ihr Christenthumb Vnd

---

964 Einer der vor dem Vater gestorbenen Söhne ist Adrian **Bock** ✝ 8. 9. 1629 (lfd. Nr. 270). Eine Tocher könnte Anna **Pitzaw** ✝ 11. 8. 1627 (lfd. Nr. 97) sein.

965 Die Worte "bei leiblicher Cur" über der Zeile eingefügt.

966 Mit der nachfolgenden Barbara **Ebert** in einer Trauerfeier.

Wittbenstand hatt sie ruhmlich gefuhret, Vnd in Vielfeltigem Chreutz sonderlich sich dieser sprüche aus gottes wortt getrostet, denen die gott lieben mus alles Zum besten dienen. Rom 8. Item Ich hatte Viele bekümmernus in meinem Hertzen aber deine trostung, H ergetzten meine Seele. ψ. 94 Im 64 Jahr ihres alters hatt sie gott am vergangen Dingstage angefordert, nachdeme sie ein Zeittlang alters Vnd andrer Zufellen halbe gekrencket, Vnd in solcher Kr: Zweiyer das H. Abendmal empfangen, ist mit Henric **Rosen** (967) in eine leichpr. gekommen, welche auff ihrer freunde begeren von dem spruch Davids der vorher verZeichnet in der pfarKirchen gehalten M. **Wolderus** [Witt 121]

627 Anna Winstein,
✶ Postnicken, Landkr. Königsberg 1612, ✝ 16. 12. 1633

Anna Bartel **Winsteins** SchiffZimmermans Fr.

Anna, Bartel Winsteins schiffsZim mermans Fr.

ist Ao 1612 Zu Postnicken geboren, ihr Vatter hatt geheissen Georg **Schultz**, fischer des ortts, die Mutter Anna N, weil diese ihre eltern nach empfahung der H tauffe vnd etliche wenig Jahren ihr abgestorben, haben sie in der von den eltern angefangne Gottes furcht Vnd Zucht ihre freunde weitter erZogen: Wie sie den ihre schwester alhie acht jahr bei sich gehabt; da sie im ihrem 20 Jahre dem Erbaren Martin **Winsteinen** etc Ihrem jetz hinterbleibenden Wittbern ist Zur ehe gegeben mit welchem sie in friedlicher ehe ein jahr 5 wochen gelebet Vnd ohngefehr Vor Zehen wochen Von Gott ihrer mütterlichen bürden entbunden, doch mit

/ fast

wenig freuden: Wie sie dan auch selber Von der Zeit an / immerdar gekrencket bis sie am vergangnen freitage Zwischen 10 Vnd 11 Vhr in der nacht selig entschlaffen im 21 Jahr ihres alters (968), Zu welchen abschied sie am Vergangnen Mittwoch den waren leib vnd das blutt J.C. im hochw: Abendmal Zu sich genommen, Von ihrem Christenthum ist Vns kein arges Zukommen. Die leichpr hatt vffm St H M. **Halbach** gehalten.

[Witt 808]

628 Agnes Hopke, ✶ Königsberg (Sackheim) 1561, ✝ 27. 12. 1633

Agnes H Jochim **Hopken** Bottchers Vnd Gerichts-verwanten vffm St Nachg. Wittib (969)

Agnes Jochim Hopken, Bötchers Vnd Gerichts-Verw. vffm St. Nachgel: Wittib Begraben

Ist Ao 1561 Vor 72 Jahren Vf Churfl Freiheit Sackheim an diese welt geboren, ihr Vatter hatt geheissen Lucas **Schultz** ein Fuhrman, ihre Mutter Sophia sind beide lengst nach den willen Gottes Verstorben. Wie sie von diesen eltern Zut tauffe befordert Vnd Zu allen Christlichen tugenden erZogen, hatt sie sich auff der ihrigen einrathen ehelich eingelassen nach erreichung ihres 27sten Jahres mit Greger **Kleenfeld** einem Fuhrman, mit welchem sie auch in fünffjariger friedlicher ehe

---

967 Der vorhergehende Eintrag im Kirchenbuch. – Mit dem „Spruch Davids" ist die zitierte Stelle aus ψ 94 (Vers 19) gemeint.

968 Im Totenregister (EZA Signatur 2075 – siehe hierzu in der Einführung S. 38) heißt sie in ihrem Begräbniseintrag am Montag, 19. 12. 1633 Catharina.

969 Im Totenregister steht sie unter dem 29. 12. 1631 mit: "Bartel Hoppen Böttchers ... Elisabeth"

29. Decemb. ♃ einen Sohn Vnd eine tochter aus Gottes segen geZeuget, die albereits verstorben. Nach absterben dieses ehemans hatt sie Zween Jahr im Wittbenstand gelebet, Vnd nachdem Ao 1587 (970) sich anderweit ehelich eingelassen mit Marttin **Bartschen** einem Böttcher vffm Sackheim, mit welchem sie 7 jahr ohn leibes erben in gutter ehe gelebet. Nach dieses tödlichen abgang vnd verfliessung eines Jahres im Wittbenstande hatt sie Vors dritte geehliget Jochim **Hopken** Ao 1603. Mit deme sie 20 Jahr ohn leibes erben friedlich gelebet, Vnd nach seinem absterben bis an ihr ende im Wittbenstand Verblieben. Ihres Christenthums vnd eusserlichen lebens hatt sie ein ruhmliches geZeuchnus. Ihr Kranckheit anlangend, hatt sie ausser ihrem alter vnd dem anhangenden schwacheitt sich wegen des Dampffs Vnd andrer Zufellen diese Zeit Vnpaslich befunden, also das sie selber Vermuhten konnen, der H würde mit ihr feirabend machen, dahero sie noch am vergangen Dingstage nach gethaner beicht Vnd empfangner absolution das Hochw. Abendmahl des H. J. Christi Zu sich genommen, vleissig gebetet bis sie Gott am gedachten Dingstag, mittages Vmb 11 Vhr selig einschlaffen lassen, wie gedacht im 72sten Jahres ihres alters Conc: funebr. In templo D. Nicolai Dnus M. **Lepnerus** habuit ex 2 cap: ad Hebraeos v. 14 usque ad finem. *Die Leichenpredigt hielt Herr M. Lepner in der Nikolaikirche aus dem 2. Kapitel des Hebräerbriefes Vers 14 bis zum Ende.* [Witt 310]

ANNUS CHRISTI
1634
IANUARIUS

629 DANIEL BATHOR, ✶ THEERWISCH, KR. ORTELSBURG 1607, ✝ 8. 1. 1634

Daniel Bathor Begraben den 10 Januarij Ist Anno 1607 Zu Torgowitz im Ortelburgischen (971) gebohren, Patre George **Bathor**, Matre Regina **Kalinsche**, welche diesen ihren Sohn, nachdem Er Zur Welt gebohren, dem Hn Christo in der H. Tauffe fürtragen Vndt ins buch des lebens einverleiben lassen, haben ihn auch ferner fleißig Zur Schulen gehalten, Vnd in allem gutten aufferZogen. Ao 1620 hatt Er Zu Johan **Karbowsky** Auffwartern bey der Regiements Stube für einen Jungen drey Jahr Zu dienen sich begeben; Ao 1623 vndt folgends vierdehalb Jahr bey H. Berent **Tegen** dem Jüngern auch für einen Jungen trew vnd fleißig gedienet. Ao 1627 hatt Er sich Zu H. Berent **Tegen** dem Eltern (972) begeben, vnd 6 Jahr ebenfals trew vnd fleißig bey Ihm gedienet / Ao 1633 hatt Er sich mit Fr. Ursula, Seel Michel **Holwellen** hinterlaßenen Wittwen (973) ehelich eingelaßen, mitt welcher Er friedlich Vnd woll 39 wochen Zusammen gelebet / Hatt in seinem Christenthumb sich Christlich vnd woll Verhalten, mitt fleißigem gehör

---

970 Aus ihrem Lebenslauf errechnet sich das Jahr 1595.

971 Die Worte "Zu Torgowitz im Ortelburgischen" über der Zeile eingefügt.

972 Dieser starb allerdings 1627, siehe Bernhardt **Thege d. Ä.** ✝ 17. 11. 1627 (lfd. Nr. 119). Daniel Bathor mag zuerst bei Bernhard Thege d. Ä. und dann bei dessen Sohn gedient haben.

973 Michel **Holwehl** ✝ 26. 8. 1629 (lfd. Nr. 260).

göttliches wortts vndt offterm gebrauch des H. Sacraments sich darin geübet / biß er den 5 Januarij dieses Jahres ein reißen in die seite bekommen, da Er den folgends den 8 dieses Morgens Vmb 7 Vhr (974) nach dem Er sich mit Gott Versöhnet, sanfft vndt seelig verschieden / Die Leichpredigt hatt H. M. **Wolderus** in der PfarrKirchen gehalten.

[Witt 26]

630 Regina Strüß, ✶ Trotczin, Kr. Gerdauen? um 1568, □ 15. 1. 1634

Regina eine Meltzersche.

Begraben den 15 Jan.

Ihr erster Eheman ist gewesen Berendt **Rode** von Trenzow (975) bürtig, mit welchem Sie im Ehestande gelebt 11 Jahr, vndt darin 4 Söhne vndt 2 Töchter geZeuget, welche alle verstorben / Nach seinem absterben hat sie 3 Viertel Jahr Wittwe geseßen, vndt darnach mit Hanß **Ragnit** von Perkiten (976) Schulzen Sohn, sich ehelich eingelaßen, mit welchem sie Zusammen gelebet 6 Jahr 14 tage, vndt 2 Töchter geZeuget, Hat nach seinem abschied 1 Jahr im Wittwenstand gelebet / Entlich Zur dritten Ehe geschritten, vndt Friedrich **Strüßen** von Newendorff (977) Vertrawet worden, mit dem sie 19 Jahr im Ehestande gelebet, vnd 1 Sohn vnd eine Tochter geZeuget, welche auch wie auch die von der anern Ehe alle gestorben / Sie ist 6 Jahr nacheinander mit Leibes schwacheit behafftet gewesen, Vnd lezlich 9 Wochen stets Zu bette gelegen, Biß sie entlich im 66 Jahr ihres alters seelig im H. entschlaffen. Concion: funebr. habuit. M. **Wolderus** in templ. Steindam. [Witt 714]

631 Judith Jöckel, ✶ Königsberg 1578, ✝ 19. 1. 1634

Judith eine Fischersche.

Begraben den 22 Januarij.

Ist alhier Zu Königsbergk Anno 1578 Von Matthes **Neubawr**, einem Fischer auff der Lastadie (978), vnd Ursula p. gebohren / Im 28 Jahr ihres alters ist sie Thomas **Jöckeln**, einem Gildfischer Zur ehe gegeben worden, mitt welchem sie 15 Jahr in friedliebender ehe gelebet, 3 Söhne vnd 3 Töchter geZeuget, dauon noch iZo 1 Sohn vnd 1 Tochter im Leben / Nach ihres Mannes absterben hatt sie biß an ihr ende (979) 13 Jahr im Wittwenstande gelebet, Hatt sich in ihrem Christenthumb woll vnd löblich Verhalten, biß sie 2 1/2 Wochen vor ihrem ende mitt dem Schwellen von Gott heimgesuchet worden, darauff sie sich Zum seel. abscheid bereitet, vnd das Hochw. Abentmahl empfangen, ist darauff am 19 Januarij seelig verschieden im 56 ihres alters. concion. habuit M. **Lepnerus** in templ. Steind. [Witt 316]

---

974 Die Worte "Morgens Vmb 7 Vhr" über der Zeile eingefügt.

975 Gut Trotczin (seit 17. 9. 1936: Trotzenau), Kr. Gerdauen. Lange (S. 820) nennt als ältere Namensformen u. a. Tratzin, Trotzin.

976 Wohl Perkuiken, Kr. Friedland.

977 Lokalisierung unklar, weil Neuendorf häufig.

978 Lastadie, Lastadienstraße: eigentlich die Schiffsladestelle; Straße im Speicherviertel der Altstadt am rechten Pregelufer westlich des Kneiphofes.

979 Die Worte "biß an ihr ende" über der Zeile eingefügt.

632 Bartel Geisel, ∗ Seligenfeld, Landkreis Königsberg? ca. 4. 4. 1602, ✝ 14. 2. 1634

Bartel Geisel

Begraben den 16. Febr.

Ist Anno 1602. auff Ostern Zu Seeligenfeldt (980) gebohren, Sein Vater hatt geheißen Barthel **Geisel**, ist ein Schirrmacher daselbst gewesen, seine Mutter Justina. Haben Ihn fleißig Zur Schulen gehalten, Schreiben vndt Lesen lernen laßen, hernacher Er daß Bandtschneider Handtwerck gelernet, auch darauff hin vndt wieder gewandert / Anno 1623 hatt Er sich mitt Justina, Andres **Benduhnen** nachgelaßenen Wittib ehelich eingelaßen, vndt mit derselben einen Sohn vndt drey Töchter geZeuget / Hatt sich anfenglich seines Handtwercks gebrauchet, nachmalß, alß sich das Kriegswesen im Lande erhoben, erstlich Zu Braunsperg vor einen Soldaten, hernacher im Kneiphoffe alhier für einen gefreyten gedienet, letzlich alhier in der Altenstadt bey E. Ew. Raht sich für einen Diener gebrauchen laßen / Hatt in die anderthalb Jahr hero immerZu gequienet, auch offters bettreisig gewesen, biß entlich vor 18 wochen der Schwulst Zugeschlagen, daß Er an seinem ganZen Leibe geschwollen gewesen, biß er entlich den 14 Febr. seelig Verschieden.

Concion. funebr. habuit M. **Halbach**. ex Psalm. 66, v. 10 ad 13.

[Witt 172]

633 Catharina Qvant, ∗ Prappeln, Landkr. Königsberg 1557, ✝ 21. 2. 1634

Begraben den 24 Febr.

Catharina Qvantin.

Ist Ao 1557 Zu Prappeln gebohren, Patre Ignatio Qvant, Agricola *Bauer* Matre Agneta, Im 19 Jahr ihres alters ist sie dem Christoff **Haßelpuschen** einem FuhrMan Vereheliget worden, mitt dem Sie in friedliebender Ehe 29 Jahr gelebet, einen Sohn vndt 5 Töchter geZeuget, vndt nach deßelben absterben biß an Ihr ente im Wittwenstande Verblieben / Hatt sich in Ihrem Christenthumb fromb Vndt friedlich begangen, Ist in die 7 Jahr Vor Ihrem Ende immer bettreisog gewesen, biß sie den 21 Febr. seelig entschlaffen, im 77. Jahr ihres alters.

Concion. funebr. habuit. M. **Halbach** ex Matth. 11 v 28 & Seqq.

[Witt 541]

634 Anna Kamman, ∗ Königsberg (Steindamm) 1565, ✝ 7. 3. 1634

Begraben den 9 Martij.

Anna Kammansche.

Ist Anno 1565 alhier auffm Steinthamm gebohren, Ihr Vater hatt geheißen Simon **WenZerlein**, ein Nagelschmiedt, Ihre Mutter Barbara, ist Zu allem gutten aufferZogen worden, vndt im 23 Jahr ihres Alters dem Jacob **Kamman** einem Nagelschmied Zur Ehe gegeben worden, mitt welchem sie in gutter Ehe gelebet 46 Jahr, vndt mitt demselben 7 Söhne, vndt 4 Töchter geZeuget, Hatt Sich fleißig Zum gehör göttliches wortts, vndt Zum gebrauch des Hochw. Sacraments gehalten, auch mitt iedermännig-lich woll begangen / Ist lange Zeit schwachleibig gewesen, biß sie entlich am Halß kranck worden, daß ihr auch darüber die Sprache vergangen, vndt den 7 Martij seelig verschieden. Ao aetat. 69 [Witt 328]

---

980 Möglich auch Seeligenfeld, Kr. Rastenburg.

635 Peter Krajeffsky, ✶ Lautern, Kr. Rössel 1578, ✝ 7. 3. 1634

Begraben den 10. Martij.

Peter Krajeffsky, Festbecker vffm Steinthamm.

Ist Ao 1578 im Ermbländischen Bischthumb, Zu Lautern im Seheburgischen Cammer Ambt gebohren, Patre Gregorio **Krajewsky**, Matre Elisabetha, Hatt sich im 23 Jahr seines Alters anhero nach Königsbergk begeben, vndt daß Festbecker Handwerck bey Friedrich **MaZen** in der wassergaßen (981) gelernet, auch darauf gewandert, Ao 1614 ist Er Meister worden, Vndt mit Elisabeth, Benedict **Hechten** eines Schneiders Zu Vderwang (982) Tochter sich ehelich eingelaßen, mitt welcher Er 19 Jahr vnd 8 wochen friedlich gelebet, Vndt durch Gottes segen 2 Söhne vndt 3 Töchter geZeiget / Ob Er nu woll in der Bäbstischen Religion erZogen, hatt Er doch hernachmalß, alß er alhier Meister worden, dieselbige fahren laßen, Vndt sich Zu Vnß begeben, Hatt sich auch in seinem Christenthumb woll vnd löblich verhalten / Den 2 Martij ist er ganZ schwach vndt bettreisig worden, auch die Kranckheit immer Zugenommen, biß er den 7 Martij seelig Von dieser Welt geschieden im 56 Jahr seines alters. Conc. habuit M. **Halbach**. [Witt 362]

636 Matthes Grafe, ✶ Groß oder Hoch Karschau, Landkr. Königsberg? 1580, □ 12. 3. 1634

Begraben den 12. Martij.

Matthes Graffe, Radmacher.

Ist Anno 1580 Zu Karschaw (983) gebohren, sein Vater hatt geheißen Peter **Grafe**, Seine Mutter Margaretha, welche seine Eltern ihn fleißig Zur Schule gehalten, Ihn hernach Zum Handtwerck gethan, darauff Er auch 8 Jahr gewandert / Ao 1607 hatt Er sich ehelich eingelaßen mitt Hanß **Herrendorffs** hinterlaßener Wittwen, mitt welcher Er friedlich Zusammen gelebet 17 Jahr, aber ohne Leibes Erben / Ao 1625 ist Er Zur andern Ehe geschritten, mitt Anna, Jacob **Ballauen** Radmachers auffm Roßgartten eheleiblichen Tochter, mitt welcher Er 9 Jahr v. etzliche wochen in guttem fried gelebet, vndt mitteinander 4 Kinder geZeuget / Hatt seines Christenthumbs wegen ein gutt geZeugnüß / Ist entlich seelig Verschieden im 53 Jahr seines Alters. conc. funebr. habuit M. **Halbach**. [Witt 201]

637 Dorothea Erhardt, ✶ Rastenburg um 1588, ✝ 10. 3. 1634

Begraben den 13 Martij

Dorothea Erhardts

Ist Zu Rastenburg gebohren, Ihr Vater hat geheißen Andreas **Preuß**, vndt Ihre Mutter Margaretha. Nach ihrer Eltern todt ist sie anhero nach Königsbergk gekommen, Vndt sich Zu H. Lorentz **Witpohlen** (984) in Dienste begeben, vndt bey demselben gedienet 8 Jahr, sich auch in wehrenden dienst getrew vndt fleißig verhalten / Anno 1618 hatt sie sich auf einrahten ihrer Herrschafft mitt Hansen **Erhardten**, Mittbürgern vndt

---

981 Wassergasse in Königsberg – Altstadt.

982 Uderwangen, Kr. Preußisch Eylau.

983 Die Gutsbezirke Groß Karschau und Hoch Karschau südwestlich von Königsberg sind die nächstgelegenen Örtlichkeiten dieses Namens. In Ostpreußen gibt es ferner: Gut Karschau, Kr. Fischhausen – Gemeinde und Gut Karschau, Kr. Friedland – Gemeinde Karschau, Kr. Braunsberg.

984 Wahrscheinlich der Vater von Regina **Pöpping** ✝ 20. 1. 1633 (lfd. Nr. 578).

Schustern dieser Altenstadt ehelich eingelaßen, vndt mitt demselben 16 Jahr in friedliebender Ehe Zusammen gelebet, auch 4 Söhne Vndt 3 Töchter Zusammen geZeuget / Sie ist beym halben Jahr immer kräncklich gewesen, nun aber sieder 8 tage Vor Weynachten immer Zu bettreisig gewesen, Vndt nach genießung des Hochwürdigen Abentmahls den 10 Martij sanfft vndt seelig verschieden, im 46 Jahr ihres Alters.
in templo Steindam. M. **Wolderus** concionem habuit. [Witt 133]

638 Caspar Kuicke, ✶ Königsberg (Altstadt) 1597, ✝ 22. 3. 1634

Begraben den 26 martij

Caspar Kuigke, Kannengießer

Ist Anno 1597 alhier Zu Königsbergk gebohren / Sein Vater hatt geheißen Caspar **Kuicke**, ist gewesen ein HandelsMan vndt Mittbürger dieser Altenstadt, Seine Mutter Elisabeth / Ist anfänglich Zur Schulen gehalten worden, hernach Zum Kannengießer gethan, welches Handt werck Er auch redlich außgelernet, Vndt etliche Jahr darauff gewandert / Anno 1624 hatt Er sich ehelich eingelaßen mitt Jungfr. Elisabeth **Boyen** von Rastenburgk, mitt welcher Er 10 Jahr, doch ohne Leibes Erben, in stiller vndt geruhiger Ehe gelebet / Hatt sich in seinem Christenthumb woll vnd löblich verhalten / Ist lange Zeit Krencklich gewesen, biß entlich 14 tage vor seinem ende er ganz bettreisig worden, vndt hefftig geschwollen, darauf Er auch den 22 Martij in der nacht sanfft v. seelig verschieden. an. aetat. 37.
concion. funebr. habuit M. **Wolderus** ex Rom. 8. v. 1. [Witt 379]

639 Maria Schindler, ✶ Friedland 1604, ✝ 31. 3. 1634

Begraben den 3 April.

Maria, Lorentz **Schindlers** Haußfr.

Ist Anno 1604 Zu Friedtlandt gebohren, ihre Vater hatt geheißen Anthonius **Ebert**, ein Höcker daselbst, ihre Mutter Dorothea. Ist hernach mitt ihren Eltern anhero auff den Steinthamb geZogen, Von denen sie fleißig Zur Schulen gehalten worden / Anno 1621 ist sie LorenZ **Schindler**, einem Festbecker auffm Steinthamm vereheliget worden, mitt dem sie sich friedlich biß an ihr ende begangen, Vndt eine Tochter mit ihm geZeuget / Hatt ihres Christenthumbs halben ein gutt lob / Ist Von Vergangenem Michaelis an immer Zu Vnpaßlich gewesen, biß sie den 31 Martij seelig Verschieden ihres Alters im 30 Jahr.
concion. funebr. habuit. M. **Wolderus.** ex Esaj. 43, v. 25.
[Witt 631]

640 Friedrich Müller, ✶ Königsberg 17. 2. 1568, ✝ 2. 4. 1634

Begraben den 4 April.

Friedrich Müller

Ist Anno 1568 den 17 Februarij alhier Zu Königsbergk gebohren, Sein Vater ist gewesen BalZer **Müller**, Ambtschreiber Zu Lochstedt (985), Seine Mutter Regina **Lembergerin**, welche seine Eltern ihme früeZeitig abgestorben, deswegen Er von Seinen Vormündern fleißig Zur Schulen gehalten worden, vndt hernach, da Er schreiben vndt Rechnen gelernet, in Pohlen der sprache halben verschicket / Hatt sich auch nachmalß den Handel angelegen sein laßen / Anno 1604 hatt Er sich mitt Seel. Gabriel **Wagners** nachgelaßenen Wittwen ehelich eingelaßen, mitt welcher Er 2

---

985 Lochstädt, Kr. Fischhausen.

1/2 Jahr friedlich, doch ohne Leibes Erben gelebet / Nachmalß Zur andern Ehe geschritten mitt Fr. Barbara, Seel. Bartel **Rakawen** GerichtsVerwandten alhier, nachgelaßenen Wittwen (986), mitt welcher Er 14 Jahr in friedlicher Ehe, doch auch ohne Leibes Erben gelebet / Nach absterben derselben, ist Er Ao 1621 Zur dritten Ehe getretten, vndt sich mitt Fr. Regina, seel. Jacob **von Krahnen** (987), Churfl. Schloß Organisten, nachgelaßenen Wittwen, ehelichen Versprochen, mitt welcher Er auch ohne Leibes Erben 13 Jahr friedlich gelebet / Hatt sich mitt seinen Nechsten woll begangen fleißig Zum gehör Göttliches wortts, vndt Zum gebrauch des Hochw. Sacramenten gehalten / Ist fast ein halb Jahr bettreisig gewesen, biß ihn Gott den 2 April durch einen seeligen todt von dieser welt abgefordert. Ao aetat. 67 (988).

concion. habuit. M. **Wolderus** [Witt 468]

641 Christian Taube, ✶ Goldap 1593, ✞ 2. 4. 1634

Begraben den 4 April.

Christian Taube.

Ist Anno 1593 Zur Goldap gebohren, Sein Vater hatt geheißen Albrecht **Taube**, Bürger daselbst, Seine Mutter Gertrud, Ist anfenglich fleißig Zur Schulen gehalten worden, daß Er im lesen, schreiben vndt Rechnen fertig worden, Nachmalß anhero nach Königsbergk an H Jacob **Walthauer** des Kauffhandels wegen verschicket worden, bey welchem Er auch eine Zeit lang gewesen, hernach Sich Zu H. Albrecht **Hacken**, gewesenen Bürgermeisters alhier (989), in Dienst begeben, vndt 9 Jahr treulich vndt fleißig gedienet / Mitt dessen einrahten Er sich auch mitt Jungfr. Dorothea iZo nachgelaß. Wittwen, ehelichen Versprochen, vndt in geruhiger ehe 13 Jahr mitt derselben gelebet, 2 Söhne vnd 1 Tochter geZeuget / Hatt sich mitt seinen Neben Christen woll Vertragen, seine Sünde Gott herZlich abgebetten, vndt 14 tage Vor seinem ende daß H. Abentmahl empfangen, biß Er den 2 April. von dieser welt seelig Verschieden. Ao aetat. 41.

concion. funebr. habuit M. **Halbach.** Ex Sirac. 21, v. 1.

[Witt 720]

642 Lorentz Brun, ✶ Schmirdtkeinm, Kr. Friedland? 1597, □ 6. 4. 1634

Begraben den 6 April.

Lorentz Brun, alias **Laßky**, KauffMan.

Ist Anno 1597, Zu Schmiedeinen im Friedländischen (990) geboren, Patre Lorenz **Laßky**, Matre Elisabeth ad huc Superstite. *die jetzt noch leben* Ist erstlichen nach Angerburgk in die Schule gegeben worden, da er im schreiben, Lesen vndt Rechnen etwas fortgekommen, haben ihn seine Eltern in Littawen, die Sprache Zu lernen verschicket / Hernacher anhero nach Königsbergk Zu H Ignatio **Treppenhawern** den Kauffhandel Zu lernen auff 2 Jahr verthan, die Er nicht allein daselbst außgestanden,

---

986 Der Bruder ihres verstorbenen Mannes ist Simon **Rakaw** ✞ 8. 11. 1634 (lfd. Nr. 667).

987 Catharina **Soltaw** ✞ 6. 3. 1636 (lfd. Nr. 734) war eine Tochter dieses Jacob **von Kranen** aus dessen früherer Ehe mit einer Elisabeth.

988 Aus den Lebensdaten errechnet sich ein Alter von 66 Jahren.

989 Bei Falcke (wie Anm. 52) ist in keiner der drei Städte Königsberg ein Bürgermeister Hacke genannt. Es könnte sich hier auch um einen der stellvertretenden Bürgermeister handeln.

990 Es könnte auch Schmiedehnen, Landkr. Königsberg sein, das aber weiter von Angerburg entfernt ist.

sondern noch darüber 14 Jahr bey Ihm gedienet / Darauff Er mitt Fr. Dorothea seel. Peter **Lölhöfels** nachgelaßenen Wittwen, sich vereheliget, mitt welcher er 9. Jahr in friedlicher ehe gelebet. conc. funebr. Habuit M. **Wolderus**. [Witt 83]

643 GERTRUD RODMAN, ✶ WO? 1562, ✝ 7. 4. 1634

Begraben den 10 April.

Gertrud Seel Michel **Rodmans** Wittwe

Ist Anno 1562 gebohren, Ihr Vater hat geheißen Hanß **Lüdke**, Ihre Mutter Barbara **Fuchsin** / Ao 1583 ist sie Michel **Rodman** Verehliget worden, mit welchem Sie in friedlicher Ehe gelebet 35 Jahr, 5 Söhne, vndt 5 Töchter geZeuget / hatt ihres Christenthumbs halben ein gutt geZeugnüß / 14 tage vor ihrem ende ist Ihr ein stechen in die brust getrette welches von tag Zu tag nebenst dem Dampff vndt Husten Zugenommen, biß sie entlich den 7 April. durch einen seeligen abschied Von dieser welt abgefordert, im 72 Jahr ihres alters.

Concion. Habuit M. **Lepnerus**. [Witt 582]

644 GEORG MELHORN, ✶ KÖNIGSBERG 1570, ✝ 14. 4. 1634

Begraben den 17 April.

Georg Mellhorn.

Ist Anno 1570 alhier Zu Königsbergk gebohren, Sein Vater hatt geheißen Johan **Melhorn**, geschworner Gerichts Advocat bey diesen dreyen Städten, Seine Mutter Elisabeth **Glaubitzen** / Diese seine Eltern haben in fleißig Zur Schulen gehalten, eine gutte Handt schreiben, vndt fertig rechnen lernen laßen / Anno 1603 hatt er sich mit Fraw Dorothea, Christian **Timmermanß** hinterlaßenen Wittib ehelich eingelaßen, mitt welcher Er in friedliebender ehe gelebet 31 Jahr, doch ohne Leibes Erben, Hatt in seinem Leben sich mitt iederman woll begangen, sich fleißig Zum gehör göttliches wortts, vndt offtern gebrauch des Hochw. Abentmahls gehalten, biß Ihn Gott entlich mitt dem Schlage auf der rechten seiten beleget, daß Er auch den 14 April seelig Verschieden, im 64 Jahr seines Alters. conc. habuit M. **Lepner**. [Witt 442]

645 DOROTHEA NEYDHALL ✶ KÖNIGSBERG 1571, ✝ 14. 4. 1634

Begraben den 18 April.

Dorothea, Jochim **Neydhall** Wittwe.

Ist Anno 1571 alhier Zu Königsbergk gebohren, Ihr Vater hatt geheißen Martin Apsel **Wiedtting**, ihre Mutter Anna, Vndt wiewoll Ihr Vater 4 wochen vor ihrer gebuhrt Verschieden, hatt doch ihre Mutter sie fleißig Zur Schulen gehalten, vndt Zu allem gutten aufferZogen / Anno 1589 ist Sie Balthasar **NewMan** einem Schneider in der Altenstadt Zur ehe gegeben worden, mitt dem sie in friedlicher Ehe gelebet 25 Jahr, doch ohne Leibes Erben / Anno 1615 hatt sie sich aber mahls mitt Joachim **Neydhall** (991) einem Schneider ehelich eingelaßen, Vndt in das eilfte Jahr, auch ohne Leibes erben, in gutter vnd geruhiger ehe gelebet / Hatt ihres Christenthumbs halben ein gutt geZeugnüß / Vndt eine geraume Zeit an den füßen kranck gelegen / biß sie entlich am 14 April sanfft vndt seelig Verschieden. ao aetat. 64.

concion. funebr. habuit M. **Halbach**. [Witt 486]

---

991 Jochim **Neidal** ✝ 23. oder 25. 11. 1626 (lfd. Nr. 16).

646 CASPAR SCHRÖDTER, ✶ KÖNIGSBERG (KNEIPHOF) 1600, ✝ 16. 4. 1634

Begraben den 19 April.

Caspar Schrödter.

Ist Anno 1600 alhier Zu Königsbergk gebohren, Sein Vater ist gewesen Matthias **Schrödter**, Tischler vndt Gerichtsverwandter in der Vorstadt Kneiphoff, seine Mutter hatt geheißen Elisabeth, ist anfenglich fleißig Zur Schulen gehalten, hernach aber daß Tischler Handtwerck Zu lernen gegeben worden. Anno 1621 hatt Er sich mitt Elisabeth, Seel. Christoff **Wicherts** nachgelaßenen Wittwen, ehelich eingelaßen, mitt welcher Er 13 Jahr in guttem frieden gelebet, 4 Söhne vndt 2 Töchter geZeuget / Vndt alß Er vor etlichen wochen seiner geschäfft halben verreiset, ist er auf dem Wege plötzlich kranck worden, nach Hause gekommen, da die Kranckheit täglich Zugenommen, biß er entlich nach genießung des Hochw. Abentmahls den 16 April seelig Von dieser Welt abgeschieden, anno aet. 34.

concion. habuit. M. **Lepner.** [Witt 659]

647 PETER ENGELS, ✶ AACHEN 15. 4. 1594, ✝ 23. 4. 1634

Begraben den 25 April.

Peter Engels, Kärtzenmacher.

Ist Anno 1594 den 15 Aprilis Zu Acken im Gülicher Lande gebohren, Sein Vater ist gewesen Wilhelm **Engels** ein Kuchenbecker, die Mutter hatt geheißen Gertrud / diese Seine Eltern haben ihn erstlich Zur Schulen gehalten, nachmalß Zu Cöln am Rhein daß Balbier Handtwerck lernen laßen, welches Er auch redlich außgelernet, weil Ihm aber daßelbe nicht gefallen, hatt Er sich Zum Organisten daselbst Zu Cöln verthan, vndt dieselbe Kunst gelernet. / Anno 1618 hat Er sich in Preußen begeben, Vndt sich bey Juncker Alexander **Rauschken** 3 Jahr Vor einen Organisten v. Schulmeister (992) gebrauchen laßen, hernacher alhier auf der Lacken (993) 2 Jahr Teutsche Schul gehalten / In mittelst sich mitt Anna, seel. Jürgen **Eliaßen** hinterlaßenen Wittwen in den Ehestandt begeben, mitt welcher er 9 Jahr gelebet, Vndt 3 Töchter geZeuget / Nach absterben derselben sich anderweit mitt Simon **von Loeleinen** ehelichen Tochter, Jungfr. Anna ehelich eingelaßen, mitt derselben in friedliebender Ehe ins sechste Jahr gelebet, ein Sohn vndt Zwo Töchter geZeuget / Hatt offtmahlß seiner Kranckheit halben anstöße gehabt, auch lezlich etzliche wochen niedergelegen, biß Ihn Gott entlich den 23 April. durch einen sanfften vndt seeligen todt von dieser welt abgefordert, im 40 Jahr seines alters. Concion. habuit M. **Halbach**. [Witt 130]

648 VRBAN ALBRECHT, ✶ KÖNIGSBERG (HABERBERG) 1568, ✝ 4. 5. 1634

Begraben den 7 Maij.

Urban Albrecht

Ist Ao 1568 alhier aufm Haberberge gebohren, Sein Vater hat geheißen Jacob **Albrecht** ein Radmacher, Seine Mutter Chatharina, von diesen seinen Eltern ist er anfänglich fleißig Zur Schulen gehalten worden, nachmals haben Sie Ihn das Tischler Handtwerck lernen laßen, darauf er auch gewandert, vndt sich hernach in Kriegssachen gebrauchen lassen, Biß entlich Er sich mit Elisabeth, Friedrich **Krügers**, Bürgers vnd Riemers im Löbnicht nachgelaßnen Tochter ehelich eingelaßen, mitt welcher

---

992 Die Worte "v. Schulmeister" über der Zeile eingefügt.

993 Altstädtische Freiheit Laak mit gleichnamiger Straße westlich der Altstadt.

Er auch in geruhsamer Ehe gelebet 27 Jahr / 4 Söhne vnd 8 Töchter geZeuget / Weill es aber seine gelegenheit nicht gewesen, sein Handtwerck Zu gebrauchen, alß hat er sich in der Herren Dienste begeben, sich darin trew vnd fleißig Verhalten, biß Ihn Gott aus Vorhergehende Leibes schwacheit den 4 Maij von dieser welt abgefordert im 66 Jahr seines Alters. Hatt seines Christenthumbs halben ein gutt lob / concion. habuit M. **Lepner**. [Witt 11]

649 URSULA ULRICH, ✶ FRIEDLAND 1593, ✝ 6. 5. 1634

Begraben Vrsula Vlrichs

den 8 Maij. Iar Anno 1593 Zu Friedland gebohren, Ihr Vater hat geheißen Absolon **Töpffer**, die Mutter Catharina. Weil ihre Eltern ihr Zeitig abgangen, ist sie Ao 1605 anhero kommen, sich in Dienst begeben Zu Niclaus **Herman** Handelsman im Kneiphoff, vnd nachdem sie in 5 Jahr bey Ihm verharret, sich Zu Peter **Rammen** Kauffman daselbst auf 9 Jahr verthan, trew vnd fleißig bey Ihm gedienet, biß sie Ao 1618 auf einrahten der ihrigen sich ehelich versprochen mit Michel **Vlrichen** Bürgern vnd einwohnern der Vorstadt Kneiphoff, mit welchem sie 8 Jahr in friedlicher ehe gelebet, doch ohne leibes erben / Nach absterben dessen, sich Anno 1628 sich Zum andermahl verheyrahtet mitt Henrich **Köster** (994) Rohtgießern aufm Steintham mit dem sie 5 Jahre in gutter Ehe gelebet 1 Sohn vnd 1 Tochter geZeuget, welcher Ihr Man doch fürm Jahr Todes verblichen, Hatt ihres Christenthumbs halben ein gutt geZeuchnuß / Sich in ihrer Kranckheit Gottes willen ergeben, welcher sie auch den 6 Maij durch ein seelig stündlein von dieser welt abgefordert, im 41 Jahr ihres alters. concion. habuit M. **Wold.** ex ψ 34, v 20. [Witt 748]

650 BARTHEL KLEIß, ✶ BRAUNSBERG 1584, □ 9. 5. 1634

Begraben Barthel (995) Kleiß, ein Fuhrmann.

den 9 Maij. Ist Anno 1584 Zu Braunspergk gebohren, Sein Vater hat geheißen Casper **Kleiß**, Seine Mutter Anna, Weil Ihm seine Eltern Zeitig mit Tode abgangen, ist er Zu seinem Bruder nach Dirschaw verthan worden, bey welchem er auch hernach das Festbecker Handwerck gelernet, auch darauf 8 Jahr gewandert, Nachmaln weil er nicht köndte Meister werden, bey Hn Michel **Denen** im Kneiphoff 2 Jahr vor Knecht gedienet, darauf sich in ehegelöbnüß begeben mit Blasij **Schufften** Tochter, mit welcher er 15 Jahr im Ehestande gelebet, vnd 1 Tochter geZeiget, meistentheils in seinem ehestande Kranck gewesen, biß Ihn entlich Gott von dieser welt abgefordert im 50 Jahr seines Alters. concion. habuit M. **Lepner** ex 1 Cor. 15. [Witt 343]

651 ANNA MOLLENHAWER, ✶ KÖNIGSBERG 1587, ✝ 20. 5. 1634

Begraben Anna Mollenhawer.

den 21 Maij Ist Anno 1587 alhier gebohren, Ihr Vatter hat geheißen Albrecht **Möller**, Ihre Mutter Margarita, hat sich nach Zeitigem absterben ihrer Eltern in

---

994 Heinrich **Köster** ✝ 27. 5. 1633 (lfd. Nr. 600).

995 Der Vorname ursprünglich "Caspar", dann durchgestrichen und durch "Barthel" ersetzt. Im Totenregister (EAZ Signatur 2075 – siehe dazu hier in der Einführung S. 38) ebenfalls einwandfrei: Barthel.

die 14 Jahr bey Michel **Lingnaw** Festbecker in der Altenstadt aufgehalten / da denn im 18 Jahr ihres alters ihr das glück vorgestoßen, das sie von Gergen **Elert** einem Festbecker Zur ehe genommen worden, mit welchem sie 27 Jahr in friedliebender Ehe gelebet, 6 Söhne vnd 5 Töchter geZeuget / Nach absterben dieses ihres Mannes ist sie Zur andern Ehe geschritten Ao 1633, vnd sich mit Michel **Mollenhawern** auch einem Festbecker vereheliget, mit welchem sie nur 19 wochen Zusammen gelebet / Ist lange Jahr mitt dem Dampff vnd andern Zufälligen Kranckheiten belegt gewesen, Hatt in ihrem Christenthumb sich fromm vnd gottseelig verhalten, biß sie den 20 Maij seelig verschieden, im 47 Jahr ihres Alters. concion. habuit M. **Halbach.** [Witt 466]

652 Hanß Wechbrodt, ✶ Elbing 1610, ✝ 29. 5. 1634

Begraben den 1 Junij.

Hanß Wechbrodt ein Festbecker.

Ist Anno 1610 Zu Elbing gebohren, Sein Vater hat geheißen Jacob **Wechbrod**, Bürger vnd Weinschröter (996) daselbst, Seine Mutter Regina, Ist im 15 Jahr seines alters, nach dem Zimlich lesen vnd schreiben gelernet, Zum Festbecker Handtwerck gethan worden, welches er ehrlich außgelernet, darauff gewandert, vnd hernach fast in die 4 Jahr alhier Zu Königsbergk gearbeitet. Im 23sten Jahr seines alters hatt er sich in den H. ehestand begeben, mitt Jungfr. Anna, Joachim **Plamans** eheleiblichen Tochter, mitt der er nur 1. Jahr vnd 3 wochen im ehestand gelebt, vnd 1 Söhnlein geZeuget. Von seinem Christenthumb ist wenig Zu sagen, denn Er Hn M. **Halbach** Vnbekand gewesen, weil er eine kurZe Zeit alhier gewohnet. Sonsten aber wird Ihm das beste nicht nachgeredet, denn er ein Zimlicher durchbringer soll sein gewesen, der des seinen nicht viel abgewartet &. darüber Er denn auch so iämmerlich Zum Tode kommen, were er Zu Hause, oder in den wegen seines beruffes blieben & denn den 29 Maij ist er nach dem Oberteich (997), mit anderer gesellschafft gangen, vielleicht der vnZeitigen fischerey nach, wie man sagt, Alß sie aber dahin kommen, haben sie in einem kleinen Kahn vff die ander seite gemelten teichs fahren wollen, vnd weil der Kahn schwer, nemlich mitt ihrer sechs beladen gewesen, ist ein starcker wind v. eilung kommen, den Kahn vmbgestürZt, daß also nebenst noch andern vier Personen, auch Er sein Leben im wasser erbärmlich enden müßen, Im 24 Jahr seines Alters. Concion. habuit M. **Halbach.** [Witt 768]

653 Sophia Henrich, ✶ Groß Wilmsdorf, Kr. Mohrungen 1603, ✝ 14. 6. 1634

Begraben den 16 Junij.

Sophia, Otto **Henrichs** Witwe.

Ist gebohren Anno 1603 Zu Willhelmßdorff im Oberlandt, Ihr Vater ist gewesen H. Melchior **Aißlinger** (998), Pfarrer daselbst, die Mutter Anna seel. Hn Johan **Preußij**, Pfarrers Zu Tieffensee (999) eheliche Tochter,

996 Nach v. Staßewski u. Stein (vgl. Anm. 21) war ein Weinschröter in Königsberg der Knecht des Kranmeisters, dem er beim Verladen der Weinfässer half.

997 Oberteich, langgestreckter See zwei Kilometer nördlich der damaligen Stadt.

998 Melchior **Ayslinger**, Pfarrer in Groß Wilmsdorf 1603 und noch 1610, später in Haffstrom, Landkr. Königsberg (QMS 19/1, S. 52).

999 Johan **Preuß**, 1570–1610 Pfarrer in Tiefensee – später in Pörschken, Kr. Heiligenbeil, 1613 in Kremitten, Kr. Wehlau (QMS 19/5, S. 1401).

hatt nach ihrer eltern todt bey gutten Vornehmen Leutten gedienet, Ao 1630 hat sie sich ehelich eingelaßen mitt Otto **Henrich** Söhlern (1000), Waldnüßbereiters Zum Dahmkrug (1001), hat in wehrender ehe mitt ihm geZeuget 1 Tochter vnd 1 Sohn nach seinem tode, In welchem Kindelbett, weill sie ohn daß wegen iämmerlichen vnd plötzlichen todesfall ihres ehegatten, von viel mühe abgemattet, ist sie so schwach worden, daß sie auch den 14 Junij nach empfangung des H. Abentmahls seelig im H. entschlaffen. Im 31 sten Jahr ihres alters.
Concion. habuit M. **Lepner**. [Witt 271]

654 Ursula Weyer, ✶ Mühlhausen, Kr. Preußisch Holland 1609, ✞ 26. 6. 1634

Begraben den 30 Junij.

Ursula Paul **Weyers** Klempners Haußfr.

Ist Anno 1609 Zu Mülhausen gebohren Patre Johanne **Koller** ein Dreher matre Ursula, Ist nach absterben ihrer eltern anhero nach Königsbergk kommen Vnd bey Melchior **Sachsen** einem Tischler 16 Jahr sich auffgehalten, biß sie im 22 Jahr ihres alters auff einrahten ihrer anverwandten sich mitt Paul **Weyern** Klempnern auffm Steintham ehelich eingelaßen, mitt welchem sie 4 Jahr in stiller vnd friedsamer ehe gelebet, vnd darin 3 Kinder geZeuget, Hatt ihrs Christenthumbs halben ein gutt geZeugnüß, In die 15 wochen vor ihrem ende nieder gelegen, biß sie den 26. Junij durch einen seeligen todt von dieser welt abgefordert im 26 iahr ihres alters.
Concion. habuit M. **Halbach**. [Witt 792]

655 Michel Metzschker, ✶ Königsberg (Kneiphof) 1559, □ 6. 7. 1634

Begraben den 6 Julij.

Michel Metzschker. Huttmacher.

Ist Anno 1559 alhier im Kneiphoff gebohren, Patre Veit **Metzschker**, Huttmacher, matre Elisabetha, vndt alß er Zu Jahren kommen das Huttmacher Handtwerck bey seinem Vater gelernet auch darauff in die 6 Jahr gewandert, hatt sich darauff, alß er anherin kommen, mitt Fr. Barbara, Willhelm **Kantelbergs** Huttmachers alhier nachgelaßenen Wittwen Vereheliget, vndt mitt derselben 36 Jahr in Christlicher vnd friedlicher ehe gelebet, darin 1 Sohn vnd 1 Tochter geZeuget / Nach absterben derselben hatt er Ao 1624 sich anderweit verheyrahtet mitt Jungfr. Anna Stenzel **Krebsen** Zur Guttstadt (1002) ehelichen tochter, ins Zehende iahr in friedlicher ehe, wiewoll ohne leibes erben gelebet, Hatt in seinem Christenthumb sich woll verhalten, biß er entlich nach dem er lange Zeit gequienet vnd Zu bette gelegen, im H. seelig entschlaffen, anno aetat. 75, Concion. habuit. M. **Lepner.** [Witt 449]

1000 Ernst Witt: deutlich lesbar, wohl verschrieben für Köhler. Im Namensregister am Ende des Kirchenbuches (vgl. dazu die Einführung, S. 8) wird sie aufgeführt als „Otto **Henrichs** Waltbereiters Ehefr. Sophia".

1001 Wohl Dammkrug, Wohnplatz fünf Kilometer westlich Königsberg am Pregel.

1002 Guttstadt, Stadt im Kreis Heilsberg.

656 GEORG LEMCKE, ✶ BRASDORF, LANDKR. KÖNIGSBERG 1583, ✞ 5. 7. 1634

Begraben Georg Lemcke, Heringbracker.

den 7 Julij. Ist Anno 1583 Zu Braßdorff im Waldowschen (1003) gebohren, Patre Lorenz **Lemcke**, Matre Regina, ist anfänglich fleißig Zur Schulen gehalten worden, auch Zimliche profectos *Fortschritte* gehabt, aber hernacher die sprache Zu lernen in Pohlen vnd Littawen verschickt worden, vndt darauff den Kauffhandel bey Daniel **Sterns** nachgelaßen wittwen ehrlich außgelernet, Anno 1605 hatt er sich mitt Fr. Catharina (1004) Christoff **Weckers** im Löbnicht nachgelaßenen wittwen ehelich versprochen, mit derselben in gutter ehe gelebet 22 Jahr, vnd darin 2 Söhne vnd 6 Töchter geZeuget, Nach absterben derselben hat er sich wieder Ao 1629 ehelich eingelaßen mit Regina, Paul **Krackowen** im Kneiphoff hinterlaßenen wittwen, mitt welcher er in gutter vnd friedlicher ehe gelebet 5 1/2 Jahr, vnd 1 Sohn geZeuget / Hatt seines Christenthumbs halben ein gutt geZeugnüß / Ist lange Zeit bettreisig gewesen, biß Ihn Gott den 5 Julij durch einen seeligen abscheid von dieser welt abgefordert, im 51 Jahr seines alters. Concion habuit M. **Wolderus**.

[Witt 396]

657 GEORGIUS TETZEL, ✶ KÖNIGSBERG 4. 4. 1621, ✞ 31. 7. 1634

Begraben Georgius Tetzel junior.

den 2 Aug. Ao 1634. Der S. Georgius Tetzel der Jüngere ist Anno 1621 den 4 Aprilis ist damahls der palmsontag gewesen, von Georgio **Tetzel** seinem Vater (1005) vnd Fr. Gertrudis **Stoltzin** seiner Mutter (1006) in diese Welt gebohren, den 5ten Aprilis haben Ihn diese seine lieben Eltern dem Herren Christo, seiner verordnung nach, in der heiligen tauffe vortragen lassen, da er krafft des Blutes Jesu Christi, von seinen Sünden gereiniget, vnd in das buch des Lebens geschrieben worden, vnd hat den nahmen Georgius bekommen. Im 5ten iahr seines alters hat ihn sein lieber Vater in die schule gebracht, das er daselbsten in der lehre des heiligen Catechißmi vnd andern nützlichen vnd guten künsten vndt tugenden möchte vnterrichtet werden. Vndt weil die polnische sprache in diesem lande sehr nöhtig, ist er, dieselbe Zu lernen, in seinem Eilfften iahr, in pohlen verschicket worden, da er fünff viertel iahr sich auffgehalten, da er denn die sprach, nicht allein reden, sondern auch lesen vndt schreiben gelernet. Vnd alß er wieder nach hause kommen, ist er alsbald wiederumb in die schule alhie gebracht worden, da er denn mit höchstem fleiß daran gewesen, damit er, was er in pohlen verseumet, wieder nachholen möchte, wie er denn dessen, wie er denn dessen, [sic] von seinen H praeceptoribus *Lehrern* ein gut gezeugnüß hat. Heute 14 tag in der nacht ist er etwas vbel auff geworden, ist aber dennoch des morgens in die schule gegangen, aber vmb 10 Vhr kranck wieder nach hause kommen, vnd sich Zu bette legen müssen, anfenglich sehr vber den rücken geklaget, biß die itzt regierende kranckheit der pocken sich hat

---

1003 Waldau, Dorf und Domäne im Landkr. Königsberg

1004 Catharina **Lembke** ✞ 26. 9. 1627 (lfd. Nr. 109).

1005 Georg **Tetzel** ✞ 31. 3. 1637 (lfd. Nr. 797).
Aus dessen Lebenslauf erschließt sich der Geburtsort von Georgius Tetzel jun.

1006 Deren Schwester Catharina oo Fridrich **Borst** ✞ 12. 2. 1632 (lfd. Nr. 528).

sehen lassen; Vnd weil er schwacher worden, ist er von allen dingen am vergangenen Sonnabend acht tage mit dem heiligen Abendmahl des leibes vnd bluts Jesu Christi, alß mit dem seligen Viatico *Wegzehrung [im Sinne von Abendmahl]* auff die reise Zum Ewigen leben versehen worden. Nachdem sind auch allerhandt gutte, heilsame mittel gebraucht worden, hat aber nichts verschlagen wollen, sondern der liebe Gott hat ein anders vber ihn beschlossen gehabt, vnd weil ihm seine Seele gefallen hat er mit ihm aus diesem bösen leben geeylet, der Wegen er ihn vergangnen Montag Zu abends, eben wie der Seger 8 geschlagen, von dieser welt abgefordert, vnd der Seelen nach in sein Ewiges reich versetzet, Im 14 iahr seines alters. Concionem habuit M. **Wolderus** Die 2 Augusti. Anno 1634. [Witt 725]

658 David Dreher, ✶ Danzig 1575, ✝ 26. 8. 1634

David Dreher.

Begraben den 28 Augusti: Ao 1634

Anlangende Vnsern in Gott ruhenden mitbruder, Den Ehrenvesten vnd vornehmgeachten H David **Drehern** ist derselbe Anno 1575. Von Christlichen vnd vornehmen Eltern in der königlichen Stadt Dantzig gezeuget vnd gebohren, sein S. H Vater ist gewesen der Ehrenveste vnd vornehmgeachte Heinrich **Dreher** vornehmer bürger vnd einer von den Hundertmannen (1007) daselbst, seine Fr. Mutter die Erbare vnd vieltugendreiche Fr. Elisabeth **Tidemannin**, Diese seine lieben Eltern haben ihn alsbald nach seiner empfängnuß Christo dem Herren durch das Sacrament der H. Tauffe einverleiben lassen, nachmals in der Furcht gottes aufferzogen wie er etwas erwachsen Zur schulen gehalten, das er hat schreiben vnd lesen lernen., vnd weil Er nicht Lust Zu Studieren gehabt, haben ihn seine lieben Eltern im Handel vndt anderer Handthierung gebraucht, hernacher in frembde Nationen Zu Wasser vnd Lande verschicket, Da er denn viel iahr nacheinander, in Spanien, Franckreich, Italien, Sicilien vndt andern weit abgelegenen örtern offtmahls mit grosser gefahr leibes vnd lebens zubracht, nach vollendung solcher schweren reise ist er wiederumb in sein vaterland, vnd von dannen anhero nach Königsberg kommen, seines Handels vnd Wandels trewlich vnd fleissig abgewartet, vndt weil er ziemlich Zu iahren kommen, hat er sich Durch sonderliche schickung vnd vorsehung Gottes des Allmechtigen mit der Erbahren vnd vieltugendreichen Fr. Regina **Sternbergerin**, des weyland Ehrenvesten vnd wolgeachten Friderich **Thomassen** hinterlassenen Witwen Anno 1611 in den Heiligen Ehestand begeben, mit derselben in Christlicher vnd friedlicher Ehe in die 8 iahre doch ohne Leibes Erben gelebet, (1008) Ao 1.619 hat ihm der liebe Gott diese seine liebe Haußfraw durch den zeitlichen todt von der seite genommen, vnd in den betrübten Witwenstandt versetzet, in demselben er zwey iahr verblieben, nachmahls wiederumb mit der auch Erbaren vnd vieltugendreichen Jungfrawen Regina des weyland Ehrenvesten, Achtbaren vnd hochgelarten H Doctoris N. **Schmalges**, der Fürfl. pommerischen Hauptstadt Stetin wolverordneten Syndici Eheleiblichen Tochter anderweit sich in den Heiligen Ehestand begeben, mit welcher er gleichfals in Christlicher vndt friedlicher Ehe in die 9. Iahr gelebet, vnd mit einander drey Kinderlein geZeuget ein Sohn vnd zwey Töchter, wel-

---

1007 Politische Vertretung der Handwerker und Kleinkaufleute, sogenannte "Dritte Ordnung" mit 100 Mitgliedern.

1008 1618 trat zu ihm in Dienst Hanß Salomon **Zahn** ✝ 4. oder 11. 12. 1635 (lfd. Nr. 724).

che noch alle am leben, derer sich der Allmechtige Gott erbarmen wolle, diese seine liebe Haußfraw hat ihm der höchste Gott durch den zeitlichen todt auch vor 4 iahren von der seite genommen, vnd abermahls in den betrübten Witwenstandt versetzet, darinnen er nun biß an sein ende verblieben, welches er auch im 59 iahr seines Alters in hertzlicher anruffung Zu Gott dem Allmechtigen am vergangenen Sonnabend Vmb 6 vhr abend seliglich beschlossen. p. Concionem habuit M. **Wolderus**. [Witt 114]

659 Hans Schomberg, ✶ Königsberg (Kneiphof) 1587, ✞ 7. 9. 1634

Hans Schomberg gewesener gartenschreiber.

Begraben den 10 Septem

Was nun anlanget diesen vnsern in Gott ruhenden mitbruder den weyland Erbaren Johan **Schomberg,** welchem wir anietzo das geleit Zu seinem Ruhebetlein gegeben, derselbe ist Anno 1587 alhier im Kneiphoffe von frommen, Christlichen vnd Gottseligen Eltern in diese welt gebohren, sein Vater ist gewesen der Ersame Carl **Schomberg** Einwohner gedachter Stadt Kneiphoff, vnd seine Mutter hat geheissen Anna **Reussin**: Diese seine liebe Eltern nachdem ihnen gedachter Sohn von dem lieben Gott bescheeret vnd Zur welt gebohren gewesen, haben sie denselben anfänglichen dem Herren Christo in der H. Tauffe dargestellet, vnd ihn also durch Wasser vnd Geist von Sünden abwaschen, vnd dem buch des lebens incorporiren lassen, Nachmahls auch nach S. pauli vermahnung, in aller Furcht vnd vermahnung Zum Herren aufferZogen, v. nach dem er etwas erwachsen, fleissig zur Schulen, damit er seinen Catechismum, wie auch fertig lesen, schreiben, v. rechnen gelernet, gehalten, auch so weit gebracht, das er ein Ziemlich fundament in der lateinischen sprache geleget. Weil er aber seine Studia ferner Zu continuiren *fortzusetzen* nicht Lust gehabt, ist er Ao 1602 vmb Martini Zum S. Friederich **Großmann** mitbürgern v. Handelsman Zur Tilsit in dienst verthan, bey welchem er anfänglich eine Zeitlang gedienet, v. von demselben im handel v. wandel gebrauchet worden, biß er entlichen aus erheblichen vrsachen seinen abschied von gedachtem seinem brotherren genommen, aber doch nicht lange, sondern nur etzliche wochen von ihme geblieben, da er dan abermahl zu ihme **Großen** in dienst eingetreten, ihm noch anderhalb iahr v. also zusammen drey Jahr gantz trewlich gedienet, biß Anno 1605 hat er abermahls von ihme **Großmannen** seinen freundlichen abschied genommen, anhero nach Königsberg kommen, v. sich Zu der weyland Ehr= vnd Tugentreichen Fr. Catharina S. H Christoff **Raben** im Kneiphoff nachgelassener Witwen Zu Dienste begeben, auch dersselben 2 iahr lang im handel v. wandel gleichfals gantz trewlichen gedienet, vnd ihr bestes (wie einem getrewen Diener eignet v. gebühret) in allem höchsten vermögen nach befordert. Folgends Ao 1607 hat er sich nach Thorn begeben vnd daselbsten sich 3 iahr lang bey vornehmen leuten auffgehalten, biß Anno 1610 nachdem er alhier Zu Königsberg wieder angelanget, hat er sich auff einrahten gutter Freunde ehelichen eingelassen mit der damahls Erbarn vnd Tugentsamen Jungfrawen Agneten des Erbarn v. wolgeachten Hanß **Satzken** mitbürgers vnd Beutlers Zu Thorn ehelichen Tochter in den H. Ehestandt begeben, vnd mit derselben in Christlicher v. friedlicher ehe gelebet ein iahr vnd etzliche wenig wochen darüber, vnd durch Gottes segen miteinander gezeuget eine Tochter, so er allbereit vorlengst vorher Zu dem lieben Gott gesand hat. Nach deme nun der liebe Gott ihme also bald gedachten seinen lieben Ehegatten, ehe er seine Haußhaltung noch recht angestellet gehabt, durch den zeitlichen

todt von der seiten genommen, v. ihn also in den betrübten Witwenstandt versetzet, hat er also einsamb Hauß Zu halten vor vnrahtsam erachtet, sondern hat sein mit seiner haußfrawen in wehrender ehe erzeugtes Töchterlein Zu andern guten leuten, woselbsten er seine pflege v. wartung so lange es gelebet hat, gethan, vnd sich Zum S. H D. **Myrander** vor einen schreiber begeben, vnd mit demselben Anno 1612 in Churland verreiset, demselben auch biß Anno 1.6.13 alle seine sachen geschrieben, da er denn von ihme abgezogen, vnd im Junio selbigen 1613 Jahres des S. H David **Nauwergs** (1009) sachen Zu schreiben angefangen, vnd in die 14 Jahr sein Schreiber gewesen, vnter dessen auch von vielen andern bürgern vnd Einwohnern alhier bey Schicht v. Theilung, bey Contracten Rechnungen vnd was dem mehr anhängig gebrauchet worden, weil er dessen gutte Wissenschafft gehabt vnd damit gar wol vmbZugehen gewust. Anno 1614 ist er mit gedachtem H **Nauwergk** in Deutschland verreiset, vnd die Örter daselbsten, insonderheit das Land Zu Meissen Ziemlich (wie er solches alles wo er gewesen richtig verzeichnet, vnd man alhier weitläufftig anZuZiehen vor vnnötig erachtet) durchZogen. Vnd nach dem er nebenst dem H **Nauwergk** wiederumb glücklich alhier angelanget, v. bey sich befunden das er die 5 iahr vber so er im Witwenstande verharret wenig vor sich bringen können, ihm auch lenger also einsam Zubleiben nicht zuträglich sein wollen, hat er Anno 1616 den 25 Octob: sich anderweit ehelichen eingelassen mit der damahls Erbarn vnd Tugendsamen Jungfrawen Dorothea des Ersamen Hanß **Deutschkawen** Krügers Zu Labiaw eheleiblichen Tochter seiner alhier Zugegenstehenden hinterlassenen hochbetrübten Witwen, v. mit derselben gleichfals in Christlicher v. friedlicher ehe gelebet bey nahe 18 iahr, auch (ohne das er sie anitzo noch schweres leibes hinter sich verlassen) durch Gottes segen mit einander geZeuget fünff Kinder einen Sohn vnd 4 Töchter: Worvon [sic] noch 3. töchter am Leben, die andern beyde aber als ein Sohn vnd eine tochter sind allbereits im Herren entschlaffen; vnd so viel von seinem euserlichen Leben vnd Wandel. So viel nun sein Christenthumb betrifft ist er ein mensch, welcher nicht ohne Sünde ist, v. also Adams sohn gewesen, dennoch so hat er sich mit menniglichen, insonderheit aber mit seinen Nachbarn (welche ihm das Zeugnuß geben müssen) wolbegangen, sich auch fleissig Zum gehör Göttliches Worts v. offters Zum gebrauch des hochwürdigen Abendmahls gehalten, wie er denn auch ohngefehr vor 6 wochen sich mit dem wahren Leib vnd Blut vnsers Herren vnd Heylandes Jesu Christi speisen vnd träncken lassen, vnd dasselbige von S.A.V. [sic] des H M. **Lepneri** Handt empfangen.
Seine Kranckheit anrührende, so hat ihn (Wie fast menniglich bekandt.) der liebe Gott vor anderhab iahren mit der Krankheit des Schlages heimgesucht, vnd dermaßen angegriffen, das er an der rechten seiten fast gantz gelähmet, auch die sprache meistentheils darüber verlohren, vnd ieder zeit öffters betreisig darnieder gelegen, da ihme die sprache vollends entgangen, v. solche seine Kranckheit von tag Zu tag Zugenommen, hat er, wiewol nicht mit Worten, dennoch mit geberden Zu vernehmen gegeben, das er den lieben Gott im hertzen hette, sich auch des leidens vnd sterbens Jesu Christi hertzlichen tröstete, v. das er auffgelöset Zu seyn begehrete; welches man dabey abnehmen können, weil man immerfort allerhand Geistliche Lieder v. Psalmen, auff sein begehren v. andeuten, singen v. behten müssen, so er den mit fleis angehöret, v. fast iedes Wort

1009 David **Nauwerck** ✝ 23. 7. 1633 (lfd. Nr. 612).

gar schwer beseuffZeit: Vnd ist also darauff am nechst verschienenen Donnerstag vmb 10 vhr auffn abend im Herren sanfft v. seelig eingeschlaffen im 47sten iahr seines alters.p. Concionem habuit M**Lepnerus** ex Job. 5 cap. [Witt 655]

660 MATTHEß RÜCKER, ✶ KÖNIGSBERG 1612, ✝ 6. 9. 1634

Mattheß Rücker büchsenmeister.

Begraben den 10 Septem

Anlangend vnsern in Gott ruhenden mitbruder den Erbarn gesellen Mattheus **Rücker**, so ist derselbe Anno 1612 von Christlichen Eltern alhie Zu Königsberg an diese Welt gebohren, sein Vater ist der Erbahre, Mannhaffte vnd kunstreiche Caspar **Rücker** gewürtz gärtner, itziger Zeit Churfr. Dhtt. Büchsmeister, v. seine Mutter die Ehrentugendsame Fr. Elisabeht [sic] (1010), welche beyde noch am leben vnd itzo zugegen, ihrem lieben Sohn das geleit Zu seinem Ruhebetlein gegeben. Diese Christliche Eltern, da ihnen Gott der Herr, diesen ihren sohn bescheret, haben sie ihn also bald durch die H. Tauffe Christo dem Herren vortragen lassen, nachmahls in wahrer Gottesfurcht aufferZogen, ihn Zur schulen gehalten das er lesen, schreiben v rechnen gelernet, auch einen gutten grund seines Christenthumbs geleget. Anno 1.625 hat ihn der Vater nach Cawen (1011) verschickt, Zum Achtbarn, Ehrwürdigen vnd wolgelahrten H Casparo **Movio** damahls Pfarrherren daselbst (1012), bey welchem er gewesen 3 iahr, alda er auch durch Fallen schaden bekommen, mit welchem er sich biß an sein ende hat tragen müssen, nachmahls hat er sich wiederumb anhero begeben, v. bey dem H David **Koch** Müntzmeistern vor einen Mülschreiber sich gebrauchen lassen in die 4 iahr, weil er aber dasselbe lenger nicht verrichten können, sintemahlen ihm der rücken gar krumm vnd an einem bein gantz lahm worden, derentwegen ihn der Vater Zu sich Zuhauß genommen, vnd ihn mit schweren vnkosten Curiren lassen, eß hat aber keine artzeney helffen wollen; sondern hat die vbrige Zeit seines lebens auffm bette gantz Mühseelig Zubringen müssen, da er denn offt geseufftzet v. gebehtet, Gott wolte sich sein erbarmen, v. ihn nach seinem willen von solchem Elend erlösen, hat sich offtmahls daZu bereitet mit empfahung des H. Hochwürdigen Abendmals, wie es denn vnlengst durch meine person ist verrichtet worden am vergangenen sontag, heut 8 tage, hat ihn Gott heimgesucht, also das er gantz sprachlos gelegen biß auff die Mitwoch, da er wieder anfangen Zu reden v. gesagt: der liebe Gott werde nu bald Feyerabend mit ihm machen, hat sonderlich seine brüder vnd schwestern zum gehorsam der Eltern trewlich vermahnet, auch vmb itzt verrichtete leichsermon gebehten, darauff hatt ihn Gott vmb 4 vhr nachmittag durch ein sanfft Simeonstündlein von dieser Welt abgefordert vnd der Seelen nach versetzet in sein reich, Im 22 iahr seines alters p.
Concion: hab: M**Lepnerus** ex Job. 5 cap. [Witt 591]

1010 Elisabeth **Rücker** ✝ 21. 1. 1635 (lfd. Nr. 679).

1011 Kaunas (Litauen).

1012 Des Caspar Movius‘ Ehefrau: Anna **Movius** ✝ 25. 2. 1636 (lfd. Nr. 732).

661 ANNA **WILHELM**, ✶ KAMSTIGAL, KR. FISCHHAUSEN 1577, ✝ 13. 9. 1634

Anna, Barthel **Wilhelms** bötchers auffm Steintham Haußfraw.

Begraben den 15 Septem: Ist dieselbe Anno 1577. vor 57 Jahren Zu Camstigall im Fischhäusischen von Christlichen vnd Seligen Eltern in diese Welt gezeuget vnd gebohren, ihr vater ist gewesen der Erbahre v. vorsichtige Kilian **Schwede**, ein Fischer v. Schipper desselben orts, Ihre Mutter hat geheissen Clara Welche allbereits vor etlichen Jahren todes verblichen. Diese Christliche Eltern haben diese ihre gewesene liebe Tochter anfänglichen, wie bald sie in die Welt ist geZeuget vnd gebohren, Christo dem H durch die H. Tauffe einverleiben lassen, hernach in der Zucht v. vermahnung im Herren aufferZogen, vnd wie sie etwan zun iahren vnd leibeskräfften gekommen, haben sie sie fleissig Zur Haußarbeit, v. andern häußlichen tugenden aufferZogen, Wie sie nun ihre 25 iahr erreichet, hat sie sich durch gottes schickung, mit consens vnd reiffen raht ihrer lieben Eltern vnd anverwandten, mit dem Ehrenvesten vndt weisen H Barthel **Wilhelm** (1013), Bürger vnd Gerichtsverwandten alhier vfm Steintham ehelichen Versprochen vnd eingelassen, mit demselben sie in stiller vnd friedliebender Ehe gelebet ins 32 Jahr, mit einander durch gottes segen gezeuget 7 Kinder, alß 2 Söhne vnd 5 töchter, davon noch 3 töchter beym leben, die beyden Söhne vnd 2 töchter sind all nach dem willen Gottes todes verblichen. Was ihr euserlich leben vnd wandel anlanget, ist sie eine stille, friedliebende vnd diensthaffte Fraw gewesen, die ihre Haußnahrung fleissig abgewartet, sich auch mit ihren Nachbarn vndt Wercksschwestern, wie auch sonsten mit menniglichen wol vertragen. Ihr Christenthumb betreffende hat sie auch fleissig das Hauß des Herren, mit anhörung Gottes wort, besucht, wie auch zum oftern zum hochwürdigen Abendmahl sich gehalten, wie solches noch newlich geschehen, v. v. ob sie wol einen guten vorsatz gehabt, auff künfftigen Sontag solches abermahl ins Werck zu richten, So ist sie doch am vergangenen Mitwoch des Morgens Zwischen 7 v. 8. mit der Kranckheit der Mutter gantz schnell, plötzlich vnd vnverhoffen vberfallen, da sie denn bald Ihnen in den händen todes verblichen, wie gedacht im 57 Jahr ihres alters. Concion: hab: **MLepner** ex Prov: 27 v. 1. [Witt 800]

662 GEORG **NEUMAN**, ✶ WO? UM 1584, ✝ 6. 10. 1634

Georg Neuman Meltzer.

Begraben den 8 Octob: Erstlich ist derselbe von ehrlichen Eltern auff diese welt gebohren, sein Vater hieß Stephan **Neuman** ein büttcher seines Handwercks, seine Mutter Gertrud. Diese seine liebe Eltern haben ihn erstlich in das buch des lebens durch die H. Tauffe einschreiben lassen, vnd hernach in Gottesfurcht aufferZogen. Als er aber was erwachsen, haben sie ihn nach Mehlsack (1014) Zum Festbecker Handwerck gethan, dasselbe Zu lernen, Welches er fleissig außgelernet nach außgestandenen Jahren, hat er von seinem Lehrmeister Vrlaub genommen, vnd sich nach Danzigk begeben, allda bey einem Meister 7 iahr gearbeitet. Von Danzigk hat er sich anhero nach Königsberg begeben, vnd wie es ihm nicht gefallen dem beckerhandwerck nachZusetzen, hat er sich in Dienst begeben bey der damahls gewesenen Witwen, des S. H Friederichen **Kücken** in der Koggengaß

1013 Bartel **Wilhelm** ✝ 11. 3. 1637 (lfd. Nr. 795).

1014 Mehlsack, Kr. Braunsberg.

(1015), von da hat er sich hernach begeben, vnd das mältzen gelernet, da bey er auch biß an sein ende geblieben vnd gearbeitet. Alß er nun sein männlich alter, hat er sich nach raht seiner gutten Freunde in den standt der H. Ehe eingelassen mit der itzt hinterlassenen betrübten Witwen Catharina, welche damahls bey dem Erbahren vnd wolgeachten H Wilhelm **Pathon** (1016) gedienet, mit welcher er in friedlicher ehe gelebet 7 Jahr, v. 3 Kinderlein geZeuget alle 3 Söhne, welche er schon Zuvor, den letzten nun vor 10 wochen vngefehr Zu Gott gesandt. Seine Kranckheit belangend so ist er schier alleZeit was kräncklich gewesen, v. Zumahl Zu iahr, da hat ihm die Kranckheit was hart Zugesetzt, das er meist hat Zu bette liegen müsen, Doch immer wenn ihn die Kranckheit was verlassen, seine arbeit nicht wollen verseumen, sondern fleissig derselben abgewartet.

Sein Christenthumb betreffende, so wird ihm des Zeugnuß gegeben, das er sich fleissig vnd gern Zum gehör göttliches worts. v. Zum gebrauch des H. Abendmahls gehalten, welches er auch noch vor wenig Wochen in der Altstädtischen Kirchen empfangen. Heut vor acht tagen alß er eben in der Kirche Gottes wort an gehöret, hat ihm seine alte Kranckheit dermaßen hart Zugesetzt, das er kaum harren können biß Zum ende der Predigt, alß er nach Hauß kommen, hat er sich Zu bette legen müssen, von welcher Kranckheit er auch nicht genesen, sondern am vergangenen Freytag Zwischen 7 vnd 8 Vhr des morgens in wahrer erkenntnuß vnd bekenntnuß seines Erlösers Jesu Christi, nach dem er gebehtet aus dem Liedlein: Wenn mein stündlein vorhanden ist. Auch: Ich hab mein sach Gott heimgestelt, seliglichen entschlaffen v. sein leben enden müssen im 50 jahr seines alters. Concion: hab: M**halb:** ex 42 ψal. p. [Witt 481]

663 Hieronymus Kuike, ✶ Königsberg (Altstadt) 1558, ✞ 17. 10. 1634

Hieronymus Kuike gewesener Meltzenbräwer.

Begraben den 20 Octob:

Anlangend diesen vnsern in Gott verstorbenen mitbruder, ist er von frommen Christlichen Eltern in diese welt gebohren 1558, Sein Vater ist gewesen der Ehrbare v. vornehmer Albrecht **Kuike,** damahls Meltzenbräwer in der Altenstadt: Seine Mutter die Ehr= vnd Tugendsame Barbara **von Pütten**. Diese seine Eltern haben ihn alßbald er an diese welt gebohren dem Herren Christo durch die H. Tauffe einverleiben lassen, nachmahls in allen Christlichen Tugenden vnd aller Gottesfurcht fleissig aufferZogen, ihn Zur schulen in allen freyen künsten vnd Sprachen vnterrichten v. vnterweisen lassen, also, das er auch einen solchen profectum in der lateinischen sprache erschöpffet, das er auch zum theil biß in sein hohes Alter derselben gebrauchen können. Hernacher haben seine Eltern für gut angesehen ihn in pohlen zu schicken, allda die polnische sprache zu lernen, welchem er trewlich nachgekommen, vnd sich daselbsten eine geraume Zeit auffgehalten, biß Er endlich von seinen Eltern wieder anhero nach Königsberg gefodert worden: Daar denn bald darnach Wie er nunmehr seine mänliche iahr erreichet, aus sonderbahrer schickung Gottes auch rahtsamer beliebung seiner lieben Eltern v. anverwandten, sich mit der Ehr- vnd Tugendreichen Jungfrawen Anna **Glandichen**, des

---

1015 Koggenstraße in der Altstadt.

1016 Die Ehefrau des Wilhelm Pathon ist Barbara **Pathon** ✞ 3. 2. 1635 (lfd. Nr. 681). Martin **Teschner** ✞ 27. 11. 1634 (lfd. Nr. 670) heiratete 1632 die Jungfer Christina, eine andere Beschäftigte im Haus des Wilhelm Pathon.

weiland Ehrenvesten v. vornehmen H Georg **Glandichen** königlicher Factor zur Kauen (1017) Eheleibliche Tochter, ehelichen versprochen vnd eingelassen, mit welcher er in guter v. friedlicher Ehe biß in die 29 iahr gelebet, vnd in wehrender Ehe durch Gottes segen 2 Söhne v. 2 Töchter geZeuget, davon noch eine Tochter im leben v. anietzo zugegen, welche der liebe Gott durch seinen H. Geist trösten, v. sich Ihrer alß der rechte vater v. helffer aller verlassenen Witwen hertzlichen annehmen v. versorgen wollen Sonsten hat ihn der liebe Gott auch mit hartem v. schweren Haußcreutz nicht vbersehen, in dem er ihm nicht allein seine liebe Haußfraw ohngefehr vor 10 Jahren von der seiten aus dieser betrübten Welt weggerissen; Sondern ihn auch mit einer hefftigen vnd schweren Kranckheit leibes Kranckheit [sic] heimgesucht, mit welcher er denn biß in die 26 iahr sich hat schleppen vnd tragen müssen, dieses letzte iahr aber, hat er mehrentheils sich im bette halten vnd nicht Zu füssen Wiederumb kommen können, biß Er endlich so gar schwach worden, v. wol gemercket, das Gott kommen, v. ihn aus diesem schweren lager abfordern wollte. Darauff Er sich denn bald gefast gemacht, vnd ihm fürgenommen, seine seele mit dem wahren leib v. blut Christi Zu versorgen; Welches denn auch geschehen, in dem er am verlauffenen montags morgen bittlichen begehret H M. **Lepnerum** Zu sich Zuvermögen, Welcher ihn mit Gottes wort getröstet, auch das H. Abendmahl gereichet. Sein Christenthumb anlangend, ist er ein frommer v. Gottfürchtiger mann gewesen, welches ihm alle so ihn gekennet, Zeugnuß werden geben müssen; hat vnvermögenheit halben nicht Zur Kirchen gehen können, aber Zu Hause offter communicieret, wie er denn auch in wehrender Kranckheit alzeit zu Hause fleissig die bibel v. sonsten seine gebeht gelesen, sich damit hertzlich getröstet, v. ihm lassen sein liebster schatz seyn; Vnangesen Er auch Adams v. Evae Kind gewesen v. des ruhms für Gott gemangelt; dennoch aber auff seinen Erlöser Christum Jesum gantz seelig am vergangenen Dienstag morgens frühe vmb 2 Vhr aus dieser Welt abgeschieden. Seines Alters im 76. Jahr. Concio: funeb: habuit **MLep:** ex Esa: 49.p. [Witt 380]

664 ANNA WEGNER, ✶ KÖNIGSBERG 3. 3. 1619, ✝ 26. 10. 1634

Jungfraw Anna, H D. Christopff **Wegners** tochter.

Begraben den 28 Octob: Ao 1.634

Anlangende die verstorbene Jungfraw ist dieselbe von ehrlichen Christlichen Eltern, alß dem Ehrenvesten v. hochgelahrten H Christopff **Wegnern** der Rechten Doctor Churfr. Dhtt. wolbestalten Rath. Dann der Erbahren vielehrentugendreichen Frawen Maria **Menigken** S. H Hansen **Menigken** Rahtsverwandten dieser Altenstadt eheleiblichen tochter (1018), nunmehr auch Seel: Anno 16.19 den 3 Martij an diese Welt geZeuget vnd gebohren, folgig den 4. durch die H. Tauffe Christo dem Herren einverleibet, nachmaln Zur Schulen, vnd allen Christlichen Jungfräwlichen Tugenden gehalten worden, da sie denn in ihrem Catechismo vnd Psalter Ziemlich Zugenommen, Als aber ihre S. Fraw Mutter Anno 1629 todes verblichen, hat ihr Herr Vater sie Zu vornehmen leuten der polnischen sprach halber gethan, da sie denn lieb v. angenehm gewesen, also das auch selbige leute, wie sie ihr Herr Vater nach Zweyen iahren wiederumb nach Hause geholet, fast vngern entrahten wollen; Wie

---

1017 Kaunas (Litauen).

1018 Maria **Wegner** ✝ 23. 6. 1629 (lfd. Nr. 229).

sie nun wiederum nach Hause gelanget, ist sie ihrem H Vater v. itziger Fraw Stieffmutter, gehorsam zur hand gangen, v. sich also erzeiget, das ihr H Vater vnd itzige Fraw Mutter vber ihrem tödlichen abgang nicht wenig betrübt, Inmassen sie dann alß sie abgewichenen 11 Octob: zu lagern angefangen, vnd betreisig worden, an artzney vnd guter pflege nicht erwinden lassen. Weil aber die Kranckheit der leidigen Pocken vberhand genommen, also, das sie wol gemercket, das Gott ein anders vber sie beschlossen, also hat sie auch nach einem seeligen sterbstündlein ein seeliges v. sehnliches verlangen getragen, Ihre seele wie in ihrem gantzen leben, also auch im Tode ihrem Erlöser vndt Seeligmacher Jesu Christo befohlen, die Absolution von ihren Sünden vnd das Heilige Nachtmahl Zur sterckung ihres Glaubens vnd Zum siegel des ewigen lebens begehret, welches ihr dann auch abgewichenen 21 Octob: heut für acht tagen mitgetheilet worden; Vnd ob es gleich hernach etwas Zur besserung angelassen, also das man gut Hoffnung Zur Gesundheit gefast, so hat doch vergangene Mitwochs Abend die Kranckheit wiederumb derogestalt Zugenommen, das sie folgig am Donnerstage war der 26 Octob: vmb 11 Vhr im beten vnd Flehen, im sechZehenden Jahr ihres Alters sanfft vnd seelig entschlaffen. Concion: hab: **Mwold:** ex 1. Tim. 4. Die Gottseligkeit ist etc. p. [Witt 775]

665 CHRISTOFF GUSSE, ✶ WÖKLITZ, KR. ELBING 1570, ✝ 31. 10. 1634

Christoff Gusse Kannengiesser aus der Wassergaß (1019).

Begraben den 2 Novem:

Es ist dieser vnser verstorbene Christliche mitbruder der Weiland Ehrbare vnd fürsichtige Christoff **Gusse** (1020) Anno 1570 Zu Weicholtz (1021) bey Elbing von Christlichen Gottseligen Eltern gebohren, sein S. Vater hat geheissen Vrban **Gusse**, welcher alda viel iahr Kirchenvater gewesen, v. seine S. Mutter hat geheissen Anna **Braunen**, Eines alten Herkommens vnd ehrlichen geschlechts. Dieselben Gottselige Eltern haben ihn anfenglich vnserm Herren Jesu Christo durch ihr fleissiges v. andächtiges Gebeht vnd durch das Hochwürdige Sacrament der H. Tauffe fürtragen vnd einverleiben lassen, das er also ein wahres gliedmaß der heiligen Christlichen Kirchen geworden, hernach Zu aller Zucht v. vermahnung Zum Herren, in der Furcht Gottes, in allen Christlichen Tugenden aufferzogen, auch so viel es seyn können Zur schulen gehalten, das er die fünff Hauptstück Christlicher lehre im heiligen Catechismo mit allem fleiß gelernet. Wie er nun ein wenig Zu seinem verstande kommen, vnd in das sechzehende iahr gegangen, hat er sich auff einrahten guter leute nach Elbing begeben, v. alda das Kannengiesserhandwerck vier iahr ehrlich ausgelernet, vnd hernacher im Deutschlande hin vnd wieder wol 6 iahr lang versuchet. Anno 1596 ist er anhero nach Königsberg gekommen, v. 2 iar alhie gearbeitet. Anno 1598 hat er sich durch sonderliche schickung Gottes auff einrahten guter leute mit der Ehrentugendsamen Jungfrawen Dorothea, des Erbahren Gottseeligen Michel **Wagners** eines bürgers v. Kannengiessers Ehelichen Tochter befreyet, mit der er in

---

1019 Wassergasse in der Altstadt, parallel zum Pregel an der Krämerbrücke.

1020 Sein Bruder Urban **Gusse** ✝ 21. 7. 1633 (lfd. Nr. 611).
Hanß **Rietzke** ✝ 26. 5. 1635 (lfd. Nr. 696) oo 1632 in dritter Ehe "S. Christoff **Gussen** Kangiessers D.". Alle Töchter dieses Christoff Gusse sollen jedoch bereits bei dessen Tod gestorben sein.

1021 Bei seinem Bruder Urban **Gusse** ✝ 21. 7. 1633 (lfd. Nr. 611) heißt es: Wochlitz.

Christlicher v. friedlicher Ehe gelebet 4 iahr, vnd mit ihr geZeuget 2 Söhne, die lengst sampt der Mutter Todes verblichen seyn. Darnach hat er vber ein iahr im Witwenstande verharret, v. Anno 1603 hat er sich Zum andern mahl befreyhet mit des S. Gergen **Gucksen** eines festbeckers Tochter (1022), mit der er in friedlicher ehe gelebet 7 iahr, vnd mit ihr geZeuget 3 Kinder als 2 töchter vnd 1 Sohn, die auch alle in Gott entschlaffen. Darnach hat er 7 iahr im Witwenstande verharret, vnd Anno 1617 hat er sich Zum drittenmahl befreyet mit der tugendsamen Jungfraw Anna des S. Martin **Graulacks** eines Kannengiessers Tochter, mit der er in friedlicher Ehe gelebet 3 iahr, v. mit iht gezeuget 2 tochter die auch in Gott entschlaffen sein. Darnach hat anderthalb iahr im Witwenstande verharret, v. Anno 1621 hat er sich Zum vierdenmahl verehliget, mit der tugendsamen Jungfrawen Anna des S. Benedict **Stirken** eines schneyders tochter seiner hinterlassenen Witwen, mit der er in ruhe, v. friedlicher Ehe gelebet 13 iahr, vnd mit ihr durch Gottes segen geZeuget zwey Kinder 1 Sohn v. 1 tochter, die auch beyde im Herren entschlaffen. Sein Christenthumb anlangende, das stellen wir in ewer Ehrw: bescheiden, weil ihn E. Ehrw: lang gekanndt, so ist dem H wol bewust, das er gern zur Kirchen gegangen, vnd Gottes wort nicht allein fleissig gehöret, sondern auch sein leben darnach so viel müglich gewesen angestellet, auch offter Zum hochw: Abendmahl gehalten, auch ist er ein friedliebender Mann gewesen, der sich mit iederman wol vertragen könnnen, wie ihm iederman das Zeugnus geben kann, iedoch so ist er auch ein Adams Kindt gewesen der auch seine fehl v. gebrechen gehabt, wie er denn sich für einen armen sünder erkandt vnd vmb vergebeung der sünden täglich gebehten hat.

Seine Kranckheit betreffende, so hat er nun fast in das vierde iahr zu bette gelegen, iedoch ist er Zu seiner Kranckheit geduldig gewesen, vnd immer fleissig gebehtet v. Zu Gott geseufftzet, das er ihm ein seliges Simeonstündlein mit gnaden verleyhen wolle, welches ihm denn auch der getrewe Gott Zu gnaden gegeben, das er im vergangenen Dinstag vmb 6 vhr des Morgens gantz sanfft ohne einiges Wehe v. schrecken des Todes, seeliglich im 64 iahre seines Alters entschlaffen. Leichp: **Mlep[ner]**: ex Rom. 5. v. 5. ad 12. [Witt 228]

666 ALBRECHT ÖHMKE, ✶ KÖNIGSBERG (ALTSTADT) UM 1581, □ 9. 11. 1634

Albrecht Öhmke Kürschner.

Begraben den 9. Novem: Was anlanget vnsern in Gott ruhenden mitbruder den weyland Erbahren v. vornehmen meister Albrecht **öhrke** (1023) Bürger v. Kürschner dieser altenstadt ist er von Christlichen Eltern geZeuget v. gebohren, sein Vater ist gewesen der vornehme meister Albrecht **Öhrke** bürger v. Kürschner dieser altenstadt seine Mutter hat geheissen Martha, Diese seine liebe Eltern sobald als ihnen Gott diesen ihren sohn gegeben hat, haben sie

---

1022 Möglicherweise eine Stieftochter seines Bruders Urban **Gusse** ✝ 21. 7. 1633 (lfd. Nr. 611), der in erster Ehe mit "Fr. Dorothea, S. Gurgen **Juxen**, mitburgers Vnd Festbeckers vffm St. hinterlassener Wittib" verheiratet war.

1023 Ernst Witt: Der Name ist in der Quelle in der Überschrift auch **Öhrke** geschrieben und dann in **Öhmke** verbessert. Im Namensregister am Ende des Kirchenbuches wird er einwandfrei als **Öhmke** genannt, wie auch seine Frau, obwohl da auch noch **Ehnke** auftritt.
Im Totenregister (EAZ Signatur 2075) gut lesbar **Öhmke**. Zu den Registern siehe die Einführung, Seiten 8 und 38).

Gott dem Allmechtigen durch die H. Tauffe fürtragen lassen v. Zum Christlichen Glauben gebracht haben. Alß er erwachsen ist, hat ihn sein Vater das Kürschner Handwerck gelernet v. hat auch auff dasselbe etliche iahr gewandert, v. sich in Deutschland versucht, v. als er wieder nach Hause kommen ist, hat er beym Vater ein Zeitlang gearbeitet, v. darnach durch raht seiner lieben Eltern sich mit der damals tugendsamen Jungfrawen Elisabeth (1024) sich in den standt der H. Ehe gelassen, vnd mit einander friedlich v. Christlich gelebt v. vertragen 27 iahr, v. durch Gottes segen geZeuget 6 Kinder 4 töchter v. 2 söhne, darvon noch ein sohn beym leben, welcher in pohlen ist, die sprach Zu lernen, die andern 5 voraus geschickt hat. Was anlanget sein Christenthumb, geben ihm sein Wercksbrüder Zeugnuß, das er ein friedlicher mann gewesen ist, vnd sich mit menniglich wol vertragen. Seines alters 53 iahr. Leichpr. M**hal.** Ex ψal. 73. v. 25 & 26.p [Witt 489]

667 SIMON RAKAW, ✶ KÖNIGSBERG (STEINDAMM) 28. 10. 1569, ✝ 8. 11. 1634

Simon Rakaw goldschmied.

Begraben den 10 Novembris

Was anlanget vnsern in Gott ruhenden mitbruder der Ehrenveste kunstreiche Simon Rakaw gewesener Goldschmiede, so ist der Anno 1569 den 28 Octobris in diese betrübte Welt gebohren von Gottseligen Christlichen Eltern. Sein S. Vater ist gewesen der Wolweise H Peter **Rakaw** wolverordneter richter auff dem Steintham. Seine S. Mutter hat geheissen Anna. Diese Christliche Eltern, wie sie Gott der Allmechtige mit diesem sohn begabet, haben sie ihn dem Herren Christo durch die h. Tauffe vortragen lassen, das er ist in das buch des ewigen lebens eingeschrieben. Nachdem haben sie ihn fleissig Zur schulen gehalten, das er seinen Catechismum, schreiben v. lesen gelernet hat. Weil aber der liebe Gott seinen S. H Vater ihm Zu Zeitig hat abgefordert, So hat ihn sein S. H Bruder Bartel **Rakaw** (1025) gerichtsverwandter in der altenstadt Zum Ehrenvesten kunstreichen H Joachim **German** goldschmied gethan die kunst Zu lernen auff 4 iahr, welche er auch ausgestanden hat. Nachdem hat er sich in Deutschland begeben da er sich etzliche Zeit auffgehalten hat. Nach dem Anno 95 sich wieder hieher begeben, vndt bey seinem lehrherren gearbeitet. Anno 97 hat er sein Meisterstück gemacht, v. sich eingelassen mit der Ehr v. Tugensamen Jungfrawen Barbara des Ehrenvesten H Jacob **Becker** Spittalherren im löbenicht hinderlassenen tochter, mit welcher er in friedlicher Ehe gelebet 23 iahr v. durch Gottes segen Zusammen geZeuget 4 söhne v. 3 töchter, von welchen noch 3 sohne im leben. Nachdem ihm Gott seine liebe Hausfraw von diesem iammerthal abgefordert, so ist er 3/4 iahr in dem betrübten Witwenstand gewesen. Nachdem hat er sich weit in die Ehe eingelassen, mit der itzigen hinderlassen hochbetrübten Witwen, der tugendsamen Fraw Anna des wolgeachten Meisters Caspar **Wolff** reffschleger hinderlassenen Wiwen, mit welcher eine tochter geZeuget hat, welche er schon vorhin geschickt hat mit welcher er in friedlicher ehe gelebet in 14 iahr. Was seine kranckheit anlanget so hat ihn Gott der allmechtige vngefehr vor 7 iahren mit der schwerer kranckheit heimgesucht mit dem schlag welch kranckheit er sich biß itzo geschleppet hat, weil ihm wieder ist

---

1024 Elisabeth **Ehmke**, ✝ 24. 3. 1637 (lfd. Nr. 796).

1025 Friedrich **Müller** ✝ 2. 4. 1634 (lfd. Nr. 640) war vor 1621 mit der Witwe Barbara des Bartel **Rakaw** 14 Jahre lang verheiratet; Bartel Rakaw ist demnach ca. 1606 oder früher gestorben.

angekommen, so hat er sich Vergangen Mitwoch sehr vbel befunden, hat sich dem lieben Gott trewlich befohlen, ist also in Gott dem Allmächtigen des Miwochs vmb 7 Vhr des Morgens stil v. sanfft entschlaffen im 65 iahr seines alters. Conc: funebr: habuit **Mwold:** Marc. v. 13. p. [Witt 549]

668 Caspar Henschel, ✶ Freystadt, Reg.-Bezirk Liegnitz / Schlesien 1590, ✝ 20. 11. 1634

Caspar Hentschell riemer von der lacken (1026).

Begraben den 22 Novem: Was anbelanget vnsern in Gott ruhenden mitbruder Caspar Hentschell, ist derselbe Ao 1590 von Christlichen Eltern auff diese Welt gezeuget worden, in keiserlicher stadt Freystadt im lande NiederSchlesien, sein Vater hat geheissen, Augustinus **Hentschell**, v. seine Mutter, Marta **Kuckelin**, diesen ihren sohn, als ihn der liebe Gott, obgedachten Eltern bescheret hat, haben sie ihn alßbald durch die h. Tauffe Gott dem Herren Zutragen vnd in das buch des lebens incorporiren lassen, hernach haben sie ihn in aller Zucht v. Gottesfurcht auferzogen Zur schulen gehalten, das er schreiben vnd lesen, v. den Catechismum wol gelernet v. gefasset, hernach da er etwas erwachsen haben ihn seine Eltern, Zu dem löblichen Riemerhandtwerck gethan, welches er auch gantzer vier iahr fleissig gelernet, nach ausgestandenen lehriahren hat er auf das obgedachte handwerck gewandert, v. in vielen ländern v. städten sich wol versucht, biß er endlich anhero nach königsberg gekommen, v. in die 2 iahr, bey dem Erbahren v. wolgeachten, Georgio **Plumpen** gearbeitet. Anno 1625 hat er sich von E.E.V.W. Raht der Altenstadt Königsberg vnterhalten lassen, v. eine Zeitlang vor einen Serganten gedienet, biß 1626 hat er sich durch schickung Gottes v. guter leute raht in stand der h. Ehe begeben, mit der damahls Fr. Vrsula (1027), des in Gott ruhenden, Stentzel **Schwartzen** nachgelassener Witwen, mit welcher Er Caspar **Hentschel** 6 iahr lang in friedlicher ehe gelebet, doch ohne leibes Erben, weil es aber seine gelegenheit nicht gegeben, Alß hat er sich mit Willen v. bewust seiner lieben Hausfrawen Vrsula, v. mit Zulaß der Obrigkeit Anno 1632 vnter Ihr. Königl. Maytt: von Schweden vnterhalten lassen, vnter seinem Regiment trewlich gedienet, biß Ao 1633 da er seinen richtigen v. wolverdienten paßbort empfangen, v. wiederumb den 30 Octob: anhero nach Königsberg kommen, seine liebe haußmutter aber allbereit Todtes verblichen gefunden, Nach diesem auff guter leute raht hat er auf das Löbliche Riemer handwerck alhie das meisterstück angefangen Zu machen, aber nicht volführet, weil ihn der liebe Gott mit leibes schwacheit heimgesuchet, v. vom 5. Aprili an, alZeit betreisig gewesen ist, etliche mahl auffgestanden, ausgegangen, aber bald wiederumb eingefallen, v. von tag Zu tag schwacher worden,

Sein Christenthumb belangend, ist er vor Gott ein sünder gewest, dem der ruhm gemangelt hat, den er für Gott haben solte, Jedoch hat er seine sünde bekandt v. berewet, v. sich auch alzeit fleissig Zu gottes Wort, vnd offtermahl Zum Hochw: Sacrament gehalten, so wol in seinem soldaten wesen deßselben sich gebrauchet, wie das Zeugnuß seines beichtvaters ausm reich ausweiset. In seiner langwirigen Kranckheit ist er geduldig gewesen, mit schönen trostsprüchen aus der H. schrifft sich alleZeit getröstet, so bald man ihm einen spruch vorgesagt, hat er denselben schon

---

1026 Altstädtische Freiheit Laak mit gleichnamiger Straße westlich der Altstadt.

1027 Ursula **Henschel** ✝ 17. 6. 1633 (lfd. Nr. 603), die 36 Jahre älter war als er.

in seinem Munde gehabt; Vngefehr vor 3 wochen hater sich wiederumb mit dem lieben Gott versöhnet, v. das Hochwürdige Sacrament empfangen, sich mit demselben hertzlich getröstet, biß an sein letztes Ende, mit behten v. seuffZen ohn vnterlaß angehalten, Gott wolle ihm seine qual verkürtzen, v. gesaget, Herr ich laß Dich nicht, Du hilffst mir denn, welches sein gebeht, der liebe Gott gnädiglich erhöret hat, vnd ihm seine bitte gewehret, ist also den 20 Novem: des Morgens vmb 1 vhr im Herren sanfft v. selig entschlaffen, im 44 iahr seines alters. Leichpr. gethan, M**wold**:p. [Witt 273]

669 Catharina Vergilius, ✶ Königsb. (Altstadt) 6. 10. 1588, ✝ 23. 11. 1634

Begraben den 26. Novem:

Catharina, Augustini **Vergilij** mühlschreibers Hausfraw.

Was vnsere nunmehr in Gott ruhende mitschwester, die weiland Erbahre v. Tugendsame Fraw Catharinam anlanget, Ist dieselbe Anno 1588 den 6 Octob: von Gottsfürchtigen Eltern an diese Welt gebohren worden, Ihr Vater S. ist gewesen der weilandt Ehrenveste v. wolgeachte Ditterich **Hagendorn** mitbürger v. Mältzenbräwer der Altenstadt Königsberg, Ihre Mutter die Weiland erbahre vnd Tugendsame Anna **Jeckelin** (1028), diese Eltern haben ihre tochter so bald sie der liebe Gott gegeben, Christo dem Herren durch die H. Tauffe vortragen vnd in das buch des Lebens einverleiben lassen, Nachmahlen sie fleissig Zur schulen v. in aller Gottesfurcht gehalten, auch wie sie ein wenig erwachsen bald in pohlen die sprach Zu lernen verschicket, demnach sie auch wieder Zu hause kommen, zur aller Gottesfurcht, Tugend v. häußlicher arbeit, als einer Jungfrawen gebühret gehalten v. auferzogen, bis sie Anno 1619 den 2 Decemb: nach sonderbahrer schickung Gottes an den itzt betrübten hinterlassenen Witwer, den Ehrenvesten v. wolgeachten H Augustinum **Vergilium** verehliget, mit dem sie ins 15 iahr ohne leibes Erben in friedliebender Ehe gelebet. Ihr christenthumb belangenden, pia & proba fuit, verbum divinum diligenter audivit &. *war sie fromm und rechtschaffen, hat Gottes Wort andächtig gehört usw.* In ihrem euserlichen leben v. wandel still v. friedlich verhalten, deswegen sie denn auch billich von männiglich ist lieb v. werth gehalten worden. Weil sie denn ihr Christenthumb sich recht ernst sein lassen, v. ihrem lieben Gott mit aufrichtigem v. trewem hertzen gedienet, (so viel nur immer in dieser menschlichen schwacheit müglich gewesen, denn sonsten sie eben wol als andre menschen, ihre Fehl v. mängel an sich gehabt, davon sie sich nie ausgeschlossen), siehe, so hat sie auch das ienige erfahren müssen, was Sirach von allen rechtgläubigen Christen ins gemein schreibet cap. 2. Mein Kind wiltu Gottes usque *bis zu der Stelle* trübsal bewahret. Sintenmahl sie ohne creutz ohne trübsal v. wiederwertigkeit nicht sein können, sondern sie hat vnterschiedliche v. Zwar grose beschwer, sonderlich Zur Zeit ihres wehrenden Ehestandes gehabt v. ausgestanden. Fürnemlich aber hat sie sich mit einer langwirigen beschwerlichen Kranckheit an ihrem leibe schleppen v. tragen müssen, also das sie fast in ander iahr das hauß des Herren nicht besuchen, viel weniger daselbst das H. Abendmahl gebrauchen können. Vnter dessen aber hat sie doch in diesem allen dem lieben Gott geduldig ausgehalten, v. ihren willen ihme gehorsamlich als eine gläubige Christin vnterworffen. Als nun auch die Kranckheit vberhand genommen, v. sie gemercket, das Gott der Allmäch-

1028 Eine weitere Tochter dieser Eltern ist Maria **Kamp** ✝ 12. 7. 1637 (lfd. Nr. 813).

tige nach langwiriger Krankheit, v. ausgestandenen grossen leibes beschwer, mit ihr feierabend machen würde, hat sie sich wie vor diesem Zum offtern geschehen, also auch noch am verschienen Freytag vor 8 tagen, Zuvor mit dem Allmächtigen Gott versöhnet, v. sich mit dem heilgen Abendmahl des wahren leibes v. bluts Christi, als dem allerbesten v. himlischen Viatico *Wegzehrung [hier im Sinne von Abendmahl]* versehen lassen, v. darauff nicht ohne vergiessung vnzehliger vieler thränen mit inniglichem hertzens seufftzen v. sehnlichem verlangen vnablässig, vmb ein Seeliges Simonsstündlein den lieben Gott angeruffen, v. immerdar mit dem lieben David geseufftzet: Wie der hirsch schreyet nach frischem wasser &: Welch ihr hertzliches seufftzen v. gebeht denn auch endlich der liebe Gott in gnaden, nach seinem gnädigen väterlichen willen erhöret, In dem er sie am verschienen Donnerstag Zwischen 10 v. 11 vhr Mittages sanfft v. stille im 46 iahr ihres alters aus diesem mühseligen leben abgefordert, v. der Seelen nach in sein Ewiges reich versetzet. Leichpr. **Mhalb**: gethan ex ψal 42. V. 12. p. [Witt 753]

670 MARTIN TESCHNER, ✶ ROSENBERG, KR. HEILIGENBEIL 1604, ✞ 27. 11. 1634

Martin Teschner gilfischer am Rolberg (1029).

Begraben den 30 Nove:

Ist derselbe Anno 1604 vor 30 iahren Zum Rosenberg im Ballgischen von Christlichen v. Gottseligen Eltern in diese Welt geZeuget v. gebohren, patre Crispino **Teschner**, ein gewesener Fischer desselben orts, Matre Gertrudis, welche Vnlängst nach dem willen Gottes todtes verblichen. Diese Christliche Eltern, haben diesen ihren Sohn anfänglichen, wiebald er ist in diese welt geZeuget v. gebohren, Christo dem Herren durch die H. Tauffe einverleiben lassen, Nachmahls als er etwas erwachsen, Zun allen guten erZogen, wie er den bald in seiner Jugend lust v. liebe Zur Fischerey gehabt, worZu seine S. Eltern ihn auch fleissig gehalten, nach absterben seiner Eltern hat er sich Zu Kamstigal (1030) v. andern örtern mehr auch auf der Fischerey gebrauchen lassen.

Alß er nu sein 28 iahr erreichet, hat er sich alhier Zu Königsberg mit der damahligen tugendsamen Jungfrawen Christina, des H Wilhelm **Patonen** gewesene Dienerin (1031), itzo hochbetrübten Witwen durch Gottes schickung in den stand der H. Ehe begeben, mit welcher er nur 2 iahr in friedliebender Ehe gelebet, miteinander durch Gotes segen geZeuget ein töchterlein, welches klein vndt vnerzogen, auch noch am leben. Was sein Christenthumb euserlich leben v. Wandel anlanget, hat er sich fleissig, Wenner wegen seiner schweren haußnahrung hat können zu hause sein, Zum gehör göttliches Worts, wie auch Zum gebrauch des hochw. Abendmahls gehalten, sich auch sonsten still v. friedlich mit seinen Nachbarn, Zunfftgenossen, wie auch sonsten mit männiglichen, verhalten, also das ihm alle die ienigen so ihn gekandt, v. viele mit ihm vmbgegangen, das Zeugnuß geben werden.

Seine Kranckheit betreffende hat er fast vor 3 wochen groß hauptwehe bekommen, da denn andere Kranckheiten mehr Zugeschlagen, wie er nun

---

1029 Ober- und Unter Rollberg, Straßen in der Steindammer Vorstadt.

1030 Kamstigall, Kr. Fischhausen.

1031 Die Ehefrau des Wilhelm Pathon war Barbara **Pathon** ✞ 3. 2. 1635 (lfd. Nr. 681). Georg **Neuman** ✞ 8. 10. 1634 (lfd. Nr. 662) heiratete die Witwe Catharina, eine andere Dienerin des Wilhelm Pathon.

vermerckt, das die Kranckheit ihme viel Zugesetzet, hat er sich als heut 8 tage uf seine vorhero gethane beichte v. empfangener Absolution mit dem wahren leibe v. blutte vnsers Herren v. Heilandes Jesu speisen v. tränken lassen, darauff fleissig gebehten, v. sich dem lieben Gott trewlichst befohlen, welches sein seufftzen v. Gebeht der liebe Gott auch in gnaden erhöret, v. ihn am vergangenen montag spätte Zu abend Zwischen 10 v. 11 vhr im wahren bestendigen Glauben an den Herren Christum sanfft v. selig einschlaffen lassen, im 30 iahr seines alters, Leichpr. **Mwold**: gethan. [Witt 722]

671 Isaac Model, ✶ Bayreuth / Bayern 13. 11. 1582, ✝ 27. 11. 1634

Begraben — Isaac Model Kornschreiber.

den 1. Dec: Was nun vnsern in Gott verstorbene Mitbruder, nehmlich der Ehrenveste vornehmgeachte Isaac Model anbelanget, ist derselbe Ao 1582 den 13/3 Novemb: (1032) Zu Bereyth in Franckenlandt von Christlichen Ehrlichen Eltern geboren. Sein Vater S. Johann **Model** ist Ihr Fürstl. Gnaden, Marggraff Georg Friedrich von Außarth v. Barieth, (1033) Christmilder v. hochlöblicher gedächtnuß bestelter Reitschmied gewesen; Seine Mutter ist gewesen, die erbahre v, vieltugendsame Fraw Catharina. Von welchen vnser Gottseliger mitbruder nicht allein aus einem reinen vnbefleckten ehebette gebohren, sondern auch dem Herren Christo durch das badt der H. Tauffe zu Borieht [= Bayreuth] in der pfarrKirchen einverleibet worden, v. von Kind auf biß ins 14 iahr seines alters fleissig Zur schulen gehalten worden, hernachmahls hat er einen Castener oder schößer (1034), wie man sie draussen nennet H Caspar **Kramern** mit nahmen 4 iahr vor einen schreiber sich gebrauchen lassen, daselbsten er sich denn vermöge ertheilten gezeugnuß, stille fromm getrew v. ehrlichen nach aller vnverweißlichen gebühr verhalten. Hernachmahls hat er seyn Heil v. glück ferner fortzusetzen sich anhero ins Hertzogthumb preussen, wie wol von seinem Hn vngerne verlassen, begeben, v. erstlich alhier im lande Zu preuschmarckt (1035) 2 iahr sich vor einen Fischmeister brauchen lassen. Von dannen hat er sich nach Kaulen (1036) im Insterburgischen weil der damahlige Cämmerer weder schreiben noch lesen können, im Dienst Zur schreiberey v. Haußhaltung der register bestellen lassen.

Ao 1611 den 19 Junij ist er von der hohen Herschafft wegen seines fleisses nach Schacken (1037) vor einen Kornschreiber bestellet, v. demselben Dienst 5 iahr lang fleissig v. trewlich vorgestanden. Anno 1616 den 31 Martij ist er abermahl wegen seines wolverhaltens anderweit nach Labiaw vor einen Kornschreiber versetzet, v. ihme danebenst ein Churfl abscheid vff den ersten vacierenden Amptschr: Dienst ertheilet, alda er 5 iahr wieder Kornschreiber gewesen. Anno 1627 den 10 Apr: ist er von Churfr. Dhtt vff den hiesiegen Kornschreiber Dienst

---

1032 13/3 = Tagesdatum nach altem / neuem Kalender.

1033 Georg Friedrich I., 1543–1603 Markgraf des Fürstentums Brandenburg-Ansbach 1577–1603 Administrator des Herzogtums Preußen.

1034 Verwalter eines "Kastens" (Kasse) – Schoßeinnehmer (Steuereinnehmer).

1035 Preußisch Mark, Kr. Mohrungen.

1036 Kauschen, Kr. Insterburg?

1037 Schaaken, Landkr. Königsberg.

verabscheidet. Vndt Ao 1628 den 15 July eine eidspflicht drauf genommen worden. Anno 1622 hat er sich durch schickung v. versehung des lieben Gottes mit der Erbahren v. viel tugendsamen Frawen Catharina **Derschkauin**, des Ehrenvesten vornehmgeachten H Samuel **Grammans** S. gewesenen Churfl. wolbestalten Hofffischmeisters nachgelassener Fr. Witwen verheyraht, mit welcher er 13 iahr in hertz v. friedliebender Ehe in seinem währenden ehestand gelebet. V. darinnen auch Gottes ehesegen gespüret. In deme sie mit einander 2 söhnlein geZeuget. Dieselben aber eine kurze Zeit gelebet, v. wiederumb von dem lieben Gott aus diesem iammerthal abgefordert worden. Wie er sich denn auch gegen seine von seinen S. vorfahren hinterlassene stieffkinder, also verhalten, die er nicht allein wie ein stieffvater, sondern wie ein rechter Vater väterlichen geliebet, geehret, v. in aller Gottesfurcht v. Christlichen tugenden, nebenst seiner lieben Ehegattin aufferZogen, sondern auch seine drey stiefftöchter, alß einem natürlichen vater obliegen v. gebühren wollen, ehelichen ausstatten, v. dieselben so viel ihm müglich gewesen, ins beste versorgen halffen.

Was nun sein eben v. Christenthumb anlanget, ist mir alß sein beichtvater, v. männiglichen ohne das bewust, das er ein gottfürchtiger Ehrliebender Man, vnd in seinem beruff getrew still v. fleissig gewesen. Denn er sich nicht allein fleissig v. offters Zum gehör des allein selig machenden Wort Gottes v. gebrauch des hochwürdigen abendmahls gehalten, welches obes wol die letzte iahr nicht der gestalt wie in den vorigen geschehen, wegen seiner beschwerlichen leibes vngelegenheit, v. schadhafften schenckel. So hat er sich doch privatim zuHause, aller Gottseligkeit befliessen, v. die seinigen mit rechtem Christlichem ernst v. eyver auch darZu trewlich gehalten. Betreffende seine Kranckheit so hat er 14 tage hero sich nicht wol befunden, dabey aber also lang er gekond gehalten, v, nicht zu bette begeben wollen, da er ie länger ie schwächer v. kräncker geworden, große hitze v. mattigkeit empfangen, v. sich gleichsam als ein fieber vermercken lassen, hat er sich ins bette bequemen müssen. Vnd ob wol die H Medici *Ärzte* , ihren Fleis bey ihme angewendet. So hat doch gemelte Kranckheit, bey ihm wieder alles verhoffen der gestalt vberhand genommen, das bey ihme nach grossem angewandten fleiß, v. fleissiger wartung woran mans im wenigsten ermangeln lassen, keine Medicamenta oder artzney helffen noch verschlagen wollen. Weil er aber von tag Zu tag mercklichen abgenommen, vnd erselbst bey sich gespüret, das es Gott viel anders schicken möchte, alß hat er sich seinem lieben Gott in gedult als ein Christ ergeben, v. sich in wahrem glauben seines Erlösers v. Seeligmachers Christi Jesu, hochgültigen verdiensts im festen vertrawen hertzlich Zugeeignet v. getröstet, v. Gottes gnädigen willen v. wollgefallen, alß ein rechtgläubiger Christ alles heimgestellet. Seine sünde hertzlichen berewet, v. darauff nach gethaner beicht v. erfolgten Absolution am vergangenen Montag den 27 Novem: das hochw: Abendmahl des morgens reichen v. damit versehen lassen. Er bey Gott auch mit einigem seufftzen v. fleissigem gebeht angehalten, das sein gnädiger wille, das er noch den lieben seinigen eineZeitlang Zu trost leben v. vorstehen möchte, wo aber nicht wolte er dem lieben Gott seine seele in seine Hände befohlen haben. Als er aber selbsten lag, da ihme das hochwürdige abendmahl gereichet nach mittage, immer schwacher worden, hat er sich aus nachfolgenden vers v. gebetlein nicht allein getröstet, sondern auch mit einem bestendigen Ja ohne gefehr 1/2 stunde vor seinem abschiede bey gutem verstande erinnert, alß= O Herr gib mir in Todes pein, ein seuberlichs geberde, & usque *bis zu der Stelle* Zum leben aufferwecken. V. was der gleichen schöner sprüche mehr gewesen, alß: Christus ist mein leben, sterben ist mein gewinn. Herr Jesu Christ in Deine Hände befehl ich meinen geist, Du hast mich ja erlöset, Du trewer Gott, im gleichen vmb aufflösung v. ein S. Ende gebehten. Alß nun das geschehen, der seyger 4 geschlagen v. die beht glocken gegen abendt geläutet, ist er drauff sanff v. seelig aus diesem mühseligen Jammerthal abgeschieden, im 53 iahr seines alters. Leichpr: **Mwold:** [Witt 459]

672 Martin Hein, ✶ Königsberg (Kneiphof ?) 13. 6. 1576, ✞ 3. 12. 1634

Begraben den 6 Decemb:

Martin Hein Meltzenbräwer.

Anno 1576 mitwoch nach pfingsten ist der Ehrbare v. vornehmgeachte S. Martin Hein mitbürger v. mältzenbräwer dieser altenstadt, von Christlichen v. ehrlichen Eltern gebohren: Patre Martino **Hein** der geburth von Lewenburg aus der Schlesige (1038) ein tuchmacher v. bürger im Kneiphoffe, Matre Fr. Gertrud: Diese Eltern haben ihren sohn anfänglichen Christo dem Herren durch die H. Tauffe vortragen lassen, Nachmahlen in aller Gottesfurcht erZogen v. fleissig zur schulen gehalten, weil er aber nicht studieren wollen, ihn schreiben v. rechnen lassen, v. ihn ins 12 iahr seines alters dem wolEdlen, Gestrengen vesten v. Manhafften Gotthard **Götzen** Häubtman vff dem Fürstl. Hause Groben (1039) in den Dienst gegeben, bey welchem er 8 iahr ehrlich v. trewlich gedienet. Nachmahls alß sein Vater gestorben, v. seine Fraw Mutter Zur andern ehe mit einem Fleischawer im Kneiphoff geschritten er das Fleischerhandwerck bey ihme gelernet v. biß an das 1603 iahr geselweiß demselben nachgelebet, in welchem iahr er sich denn durch Gottes schickung, mit der tugendsamen Frawen Catharina des Erbah. v. wolgeachten Christoff **Schultzen** auch Fleischawers v. bürgers dieser Altenstadt hinterlassenen Witwen ehelichen eingelassen, mit welcher er in das 25 iahr friedsamlichen gelebet v. durch Gottes Segen einen Sohn geZeuget, der auch in Gott verblichen, dieselbe ihm aber durch den Zeitlichen todt Anno 1628 den 15 Februarij hinweggenommen. V. weil es ihm in so einer schweren Haushaltung allein Zu seyn nicht dienen wollen, hat er Zur andern ehe schreiten müssen, da er denn durch Gottes schickung sich mit dieser seiner hinterlassenen Witwen der ehr v. viel tugendreichen Frawen Marien (1040), des Erenvesten, Achtbahrn v. wolgelahrten H Hans Andreas **Dantzkers** Churfr. preusischen Kammer Secretarien hinterlassenen Witwen, Anno 1628 den 7 Aug: ehelichen eingelassen, v. mit ihr durch Gottes segen 3 Kinder, 2 söhne v. 1 tochter geZeuget, welche noch klein v. vnerZogen im leben, der allerhöchste wolle ihr pflegvater seyn. Sein Christenthum v. leben anlangend, ist er ein fleissiger Zuhörer Göttliches worts v. gebrauchs des hochw: Sacraments gewesen, sich auffrichtig v. ehrlichen in seinem Handel v. Wandel verhalten, mit männiglichen friedsam gelebet, v. sich wol begangen. Vergangen Sontagk 8 tage, welcher der 26 9ber gewesen, alß er Zur Kirchen gehen wollen, ist ihm eine Kranckheit mit der Frost ankommen, Dampffig geworden, v. blut auffgeworffen, dieselbe Kranckheit aber von tage Zu tage ie länger iemehr sich gemehret, v. wie er vermercket, das es nicht besser werden wollen, hat er sich bereit gemacht das er sich mit Gott vorab vereinigen mögen,

---

1038 Löwenberg (Reg.-Bezirk Liegnitz).

1039 Greiben, Gutsbezirk Kr. Wehlau. Goldbeck: Königliches Erbpachtsvorwerk.

1040 Maria **Haßke** ✞ 18. 9. 1636 (lfd. Nr. 770).

darauff auch vergangenen Donnerstag das hochw: Abendmahl mit grosser andacht empfangen, v. sich darauff Gott dem Allmächtigen nach seinem göttlichen willen ergeben, das er es machen wolle, wie er weiß das ihm nützlich were. Vergangenen sontag Zu nacht hat ihn abermahl diese Kranckheit hart angegriffen; also das er gantz keine ruhe wegen engigkeit der brust nicht lufft haben können, vnd solches biß an den abend vmb halb 5 vhr gewehret, da er denn mit guter vernunfft vnd verstand sanfft im Herren seliglich verschieden im 58 iahr seines alters. Leichpr. M **Wold**: ex Joh. 6. [Witt 257]

673 Elisabeth Holtegel, ✶ Königsb. (Altstadt)? 21. 12. 1584, ✞ 7. 12. 1634

Begraben den 10 Decem.

Elisabeht Holtegelsche.

Ist Anno 1584 den 21 Decemb: auff den abend Zwischen 11 vnd 12 vhr von Christlichen v. Gottseligen Eltern gebohren, Ihr S. Vater ist gewesen, der weilandt Ehrenveste vnd wolgeachte H **Nicolaus Kramer** aus Ditmarschen in Holstein bürtig (1041), bürger v. Handelsman dieser Altenstadt Königsberg, ihre S. Mutter die Ehr- v. Tugendsahme Fr. Gertrude. Gedachte S. Eltern haben diese ihre liebe tochter alsbald Christo dem Herren durch die H. Tauffe einverleiben lassen, hernach ihrer fleissig gewartet, biß sie ein wenig zum verstande kommen, ist sie fleissig Zur schulen gehalten das sie ihren Catechismum, wie auch lesen vnd schreiben gelernet, haben dieselbe hernach nach Thorn verschicket, daselbst die polnische sprache Zu lernen, allda sie 1 1/2 iahr gewesen, vnd wie sie dieselbe sprach Zur notturfft gefasset, ist sie wiederumb Zu ihren Eltern nach Königsberg gekommen, da denn gedachte Eltern sie ferner Zur Haußhaltung, Gottesfurcht vnd allerhandt Jungfräwlichen Tugenden gehalten, vnd wie sie nun Zu ihren iahren kommen, vnd mannbar worden, ist sie Anno 1.6.08. den 5 Septembris durch einrahtung ihrer nahverwandten Freunde, auch wolbedachtem Raht ihrer lieben Eltern, mit dem Ehrenvesten vnd wolgeachten Henrich **Holtegeln** itzo kegenwertigen hochbetrübten Witwen ehelich vermählet worden, mit welchem sie 26 iahr in Christlicher vnd friedsamer ehe gelebet, vnd durch Gottes Segen einen Sohn geZeuget, welchen sie auch vor 2 1/2 iahren voraus geschicket (1042). Ihr Christenthumb anlangend, ist sie eine rechtschaffene Christin gewesen, die Gottes Wort von Hertzen geliebet vnd gerne gehöret, ihr leben so viel in dieser schwacheit müglich darnach gerichtet, wie auch das Hochw: Abendmahl offt mit andacht Zu sterckung ihres glaubens gebrauchet.

Mit ihren Nachbahrn vnd iedermänniglichen, hat sie wol vnd friedlich gelebet, sich aller einigkeit befliessen. Ihre Kranckheit vnd abscheid betreffende, so hat Gott bey ihrem Christenthumb ihrer auch nicht verschonet, vnd sie nach seinem väterlichen willen Zimlich vnter dem Creutze gehalten, denn sie eine rechte Creutzträgerin gewesen, in dem an Wiederwertigkeit, verfolgung nicht gemangelt auch offtermahls von denen die es ehren vnd gewissens halben nicht hetten thun sollen, vmb welche sie es auch nicht verdienet, doch hat sie solches alles mit Christlicher gedult getragen, es dem lieben Gott befohlen, vnd sich dieses

1041 Sie könnte auch in Holstein vor der Übersiedlung des Vaters nach Königsberg geboren sein. Zuwanderungen vor einer Eheschließung sind jedoch weit häufiger als danach – das spricht für ihre Geburt in Königsberg.

1042 Henricus **Holdtegel** ✞ 10. 2. 1632 (lfd. Nr. 527).

spruchs erinnert. Tob 12 Weil Du Gott lieb warest so muß so seyn, ohne anfechtung müssestu nicht bleiben. An Kranckheit vnd gebrächligkeit des leibes, hat sie auch das ihre ausgestanden, den sie viel iahr hero geklaget, biß es immer ärger mit ihr geworden, v. an kräfften des leibes also abgenommen, das endlich die Darre, oder schwindsucht daZu geschlagen, damit sie sich eine geraume Zeit geschlappet, vnd ob gleich allerley mittel darvon gebrauchet worden, hat doch alles nicht verschlagen wollen, sondern ie mehr vnd mehr Zugenommen, biß sie darin abgemattet vnd betreisig worden, In wehrender ihrer Kranckheit, hat sie ihren Hn Seelsorger Zu sich gefordert, an Gottesstadt ihre Sünde bekand, auch darauff die tröstliche Absolution bekommen, vnd das Hochw: abendmahl, Zu sterckung ihres glaubens, vnd gewissenspfands ihrer Seligkeit empfangen. Es hat aber die Kranckheit immer mehr vnd mehr Zugenommen, vnd ob wol für drey wochen ein anblick Zur besserung sich hat sehen lassen auch dafür in offentlicher Gemeine gedancket ward, da sie auch noch heut 8 tage des morgens in der Metten, das Hauß Gottes besucht hat, so ists doch die nacht vber ihr erstlich mit einer kalten, vnd darnach einer hitze angekommen, wie ein Fieber, auch also Zugenommen, das sie endlich nach vielen ausgestandenen schmertzen, das leben eingebüsset, vnd am vergangenen Donnerstag des nachts Zwischen 11 vnd 12 vhr, in Christo Jesu ihrem erlöser v. Seligmacher sanfft v. selig eingeschlaffen, in dem 50 iahr ihres alters. Conc. **Mwold:** habuit ex Rom. 8.

[Witt 308]

674 Paul Vierecker, ✶ Danzig 1575, ✝ 7. 12. 1634

Paulus Vierecker Tischler.

Begraben den 10 Decem: Ao 1.634.

Anno 1575 ist er von Christlichen Eltern gebohren worden. Sein Vater ist gewesen der Erbahre vnd vorsichtige Johannes **Viereck**, Mitbürger vnd grietzmacher Zu Dantzig die Mutter hat geheissen Margaretha. Wie er nun von diesen eltern gebohren, ist er alsbald Zur H. Tauffe befordert, vnd der Christlichen Kirchen einverleibet worden. Als er ein wenig erwachsen, ist er alsbald Zur Schulen, da er den Catechismum neben andern schönen gebehtlein, auch lesen vnd schreiben gar wol gefasset, vnd ferner Zu dem löblichen tischler Handwerck befördert worden. Als er nun etwa im 17 iahr seines alters das Handwerck wie billich vnd recht ausgelernet, hat er sich auff die wanderschafft begeben, vnd etliche iahr im Gesellenstande Zugebracht. Anno 1598 den tag Pauli bekehrung ist er allhier Zu Königsberg Meister worden, hat er sich Zweyffels ohne aus sonderbahrer schickung Gottes in eine ehegelübdnüß eingelassen, vnd Christlicher ordnung nach geheyrahtet die vieltugendsame damals Jungfraw Regina, des vorsichtigen Bartholomaei **Reimers** mitbürgers vnd schmackenschiffers alhier in der Altenstadt, nachgelassenen eheleiblichen tochter. Mit welcher er eine friedliche ehe besessen, vnd haben bey einander gelebt 3 iahr, Vnd einen sohn wie auch eine tochter, welche schon todt seyn. Anno 1602 hat er sich durch schickung Gottes Zum andernmahl in den H. Ehestand begeben, mit damahls der vieltugendsamen Fr. Maria (1043), des vorsichtigen Nicolai **Harders** Tischlers hinterlassenen Witwen, vmb welche Zeit er auch eines E.E. Rahts Tischler geworden, vnd hat dasselbe verwaltet 30 iahr. Diese ehe hat er in die 27 iahr besessen vnd von Gott dem Herren mit 6 Kindern, als 4 söhnen, vnd 2

1043 Maria **Vierecker** ✝ 3. 9. 1629 (lfd. Nr. 265) – ihr Eintrag ohne Lebenslauf.

töchtern, gesegnet worden, quorum modo unica filia ad huc in vivis *von denen nur eine einzige Tochter jetzt noch lebt* (1044). Anno 1629 den 3 Septem: ist er abermahls durch abforderung dieser Frawen Zum andern mahl in den Witwenstandt versetzet worden, darinnen er auch ein iahr verharret. Hernach hat er sich nach Gottes ordnung Zum drittenmahl in den H. Ehestand begeben, mit der vieltugendsamen Fraw Anna, des kunstreichn vnd vorsichtigen Hn Alexanders **Kruß** mit Bürgers vnd Bildschnützers hinterlasen Witwen, so geschehen den 3 Septem: Anno 1630 anitzo abermahls hinterlassene betrübte Witwe.

Seine Kranckheit belangend, hat ihn Gott der Herr plötzlich mit einer Kranckheit heimgesucht, den 27 Martij, drey wochen vor Ostern dieses iahres, als er (wie auch allZeit), sich in der Kirchen bey fleissigem gehör göttliches worts befunden befunden [sic] lassen, dadurch er alsbald die natürlichen kräffte verlohren, vnd man ihn nach Hause hat tragen müssen, Nachdem aber es bißweilen sich mit solcher Kranckheit gebessert, bißweilen er auch dadurch härter angegrieffen worden, vnd also die kräfften ie länger ie mehr abgenommen, dadurch er fast spüren können, das er dieses lagers nicht genesen würde, hat er sich gleichsam Zum Tod vnd sterbstündlein bereitet, vnd den 21 Novem: nun fast vor 3 wochen, mit dem H. Abendmahl versehen, v. in wahrer andacht damit speisen vnd träncken lassen. In seiner Kranckheit hat er sich nebenst fleissigem Gebeht gantz geduldig erzeiget, biß ihn Gott der Herr durch ein Sanfftes Simeonsstündlein den 7 Decem: vergangenen Donnerstag des abends Zwischen 10 vnd 11 vhr, von dieser mühseligen welt Zu sich in die ewige Freude transferiret vnd versetzet hat.

Diese letzte Ehe hat er friedlich vnd still besessen 4 iahr, 13 wochen 4 tage, vnd geZeuget 2 töchter, welche auch noch am leben. Erstreckt sich also sein gantzes alter auffs 61 [sic] iahr. Leichpr. **Mlep:** ex Esa. 35. v. 3.4. p. [Witt 759]

675 VRSULA PEST, ✶ KÖNIGSBERG (ALTSTADT) 1607, ✞ 18. 12. 1634

Vrsula Michael **pesten** bötchers ehefraw.

Begraben den 20 Decem.

Belangend diese vnsere in Gott ruhende mitschwester die weiland Erbare vnd Tugendsame Fraw Vrsula, dieselbe ist Anno 1607 alhier zu Königsberg vff der Lastadien (1045) von Christlichen v. Gottseligen Eltern in diese Welt gebohren, ihr vater ist gewesen der Ersame Thomas **Jeckel** mitbürger v. Fischer alhier, vnd ihre S. Mutter hat geheissen Judith. Gedachte ihre liebe Eltern, nach deme ihnen diese ihre liebe Tochter von dem höchsten Gott bescheret v. dieselbige Zur Welt gebohren, haben sie solche alsbald dem Herren Christo in der H. Tauffe vortragen lassen, da sie denn von sünden abgewaschen, v. dem buch des lebens einverleibet worden:

Nachmahls haben sie dieselbe nach S. Pauli ermahnung in aller Gottesfurcht v. ermahnung zum Herren aufferZogen, fleissig Zur schulen, damit sie ihren Catechismum auch lesen gelernet, vnd Zu andern Jungfräwlichen tugenden fleissig gehalten, biß Anno 1631 vierzehen tage nach Michaelis, da sie den auff einrahten vnd verwilligung ihrer anverwandten, Freunde, mit dem Erbaren Michael **Pesten**, Böttchergesellen vnd nun-

1044 Das ist Barbara **Sachs** ✞ 28. 6. 1636 (lfd. Nr. 755).

1045 Lastadie, Lastadienstraße: eigentlich die Schiffsladestelle; Straße im Speicherviertel der Altstadt am rechten Pregelufer westlich des Kneiphofes.

mehro mitbürgern v. Mitmeistern selbigen Gewercks alhier als ihrem hinterlassenen v. alhier Zugegenstehenden hochbetrübten Witwen, ehelich eingelassen v. mit demselben in Christlicher v. fridlicher ehe gelebet 3 iahr 10 Wochen vnd 1. tag, v. durch Gottes segen mit einander geZeuget 3 Kinder 1. Sohn v. 2 tochter, davon noch eine Tochter (so nur 2 tage alt) am leben die andern beide aber hat sie voraus Zu dem lieben Gott gesand. Ihr Christenthumb anlangende ist sie Zwar ein Mensch v. Eva tochter so nicht ohne Sünde gewesen, dennoch so hat sie sich mit menniglichen insonderheit aber mit ihren Nachbarn (so ihr das Zeugnuß geben werden) wol v. friedlichen begangen, sich auch fleissig Zum gehör Göttliches worts v. offters Zum gebrauch des Hochw: Abendmals gehalten, wie sie denn auch am nechst verschienenen Freytag, wie der allgemeine letzte Faste= Buß= vnd behtag gehalten worden, Zum tische des Herren gewesen, vnd sich mit dem wahren leib v. blut vnsers Herren Jesu Christi speisen vnd träncken lassen. Ihre Kranckheit betreffende deren hat man keine andere an ihr vermercket, als weil sie von dem lieben Gott mit leibes früchten gesegnet gewesen, vnd am nechst verschienen Montag vmb 4 Vhr nach mittage auch von dem lieben Gott solcher ihrer schwertragenden Mütterlichen Bürden in gnaden entbunden vnd mit einer Jungen tochter (so wie gedacht noch am leben vnd nur 2 tage alt ist) begabt worden, ist sie drauff stracks sehr schwach vndt kranck worden, auch alsbald (wie sie sich denn Zu vnterschiedenen mahlen, solches verlauten lassen vnd heraus gesaget) bey sich befunden, das der liebe Gott einen Feyerabend mit ihr machen würde, als hat sie ihre seele ihrem Schöpffer Zu trewen Händen befohlen, sich auch darneben des leidens vnd sterbens Jesu Christi hertzlichen getröstet, vnd ist darauff selbigen Montages abend vmb 9 vhr sanfft vnd seelig im Herren eingeschlaffen im 27 iahr ihres alters. Leichpr **Mlep** (1046) ex 68 ψal. v. 20.21. [Witt 509]

676 HEDWICH SCHLESIG, ✶ BEYDRITTEN, LANDKR. KÖNIGSBERG? UM 1554, ✞ 21. 12. 1634

Hedwich, peter **Schlesigen** S. Witwe.

Hedwich **Katyrcken** ist vor 80 iahren gebohren, Ihr Vater war Ambrosius **Katyrcke** Zu Patriten (1047), seines Handwercks ein Müller, ihre Mutter hieß Agnet. Wie sie Zu einem ziemlichen alter kommen, hat sie sich nach ihrer Eltern absterben anhero nach Königsberg Zu ihrer schwester Gertrud begeben, bey der sie 7 iahr gedienet. Nach verfliessung solcher 7 iahr hat sie sich vff einrahten vnd beliebung ihrer Freunde Zu peter **Schlesien** (1048) mitbürger alhier vff dem Steintham (der ihr vor 20 Jahren allbereit in der seligkeit vorgangen) ehelichen versprochen, mit dem sie 21 iahr eine friedliche ehe besessen, iedoch mit ihm keine Leibes erben geZeuget.

Nach absterben ihres Ehewirts S. hat sie ihr leben in die 20 Jahr erbahr vnd still im Witwenstand zugebracht, auch sich also mit ihren Nachbawren v. Neben Christen verhalten, das ihr das iedermann ein gutt geZeugnüß giebet. Ihr Christenthumb belangend so hat sie sich fleissig zum tisch des Herren gehalten, in der schwacheit im Hause. Ihre Kranck-

---

1046 Die Worte "Mlep" über der Zeile eingefügt.

1047 Oder Landgemeinde Patricken, Kr. Allenstein?

1048 Im Namensregister am Ende des Kirchenbuches (vgl. dazu die Einführung, S. 8): **Schlesiger.**

heit betreffende, so ist vor 8 tagen schwerlich danieder kommen: Vnd da ihre schwacheit von tag Zu tag Zunahm, hat sie sich am verwichenen Donnerstag mit Gott versöhnen lassen, vnd ist selben tag vmb 11 vhr Zu nachts sanfft vnd selig entschlaffen. Leichpr. **MLep**: ex Esa. 35. p. [Witt 632]

ANNO CHRISTI 1635 IANUARIUS

677 HANS FRANCK, ✶ MÜHLHAUSEN / THÜRINGEN 1579, ✝ 15. 1. 1635

Hans Franck Sattler ist Ao 1579 Zu Mühlhausen in Düringen gebohren Sein Vater hatt geheissen Valtin **Franck,** seine Mutter Lucia. Ist wegen Zeittlichen Absterbens seiner Eltern Von seinem Vetter erZogen, nachmahl Zum Sattler Handtwerk gethan, welches Er außgelernett Vndt vom 19 Jahr seines Alters an 14 Jahr gewandert, biß Er endtlich anhero kommen Vndt bey S. Elia **Niclaus** Sattler v. Scabino A. St. *Schöffe* gearbeitett, Vndt nach dessen absterben seine Nachgel. Tochter Annam gefreyett, mitt welcher Er ohne leibes Erben 5 Jahr gelebett. Nach dero Todt Vndt einJährigen Wittwenstandt hatt Er sich ehelich eingelassen mitt J. Anna S. Hans **Schröters** N. Ehl. T. mitt welcher Er in friedlicher Ehe siebenzehende halb Jahr gelebett, durch Gottes segen 7 Kinder mitt Ihr geZeugett 4 Sohne V. 3 Töchter, welche alle Vorher gestorben. Sein Christenthumb hatt Er mitt anhörung Göttliches worts Vndt offtern gebrauch des Hochwürdigen Abendtmahls Vndt fleissigem gebeht sonderlich in seiner Krankheitt erZeigett, mitt iederman friedlich gelebett. Vor 15 wochen ist Er an der Darre gantz lagerhafftig worden, da den alle arZeney Vmb sonst gewesen. Am Sontag hatt Er sich mitt Gott Versöhnet, Vndt ist am Montag Zwischen 2 Vndt 3 Vhr des Nacht im 56 Jahr seines Alters gestorben, Vndt am Mittwoch Vmb 1 begraben (1049). M**Halbach** hatt die Leichpredigt gethan ex ψ. 42 v. 12. [Witt 156]

678 ANNA MÖLLER, ✶ KÖNIGSBERG 23. 9. 1604, ✝ 19. 1. 1635

Anna Caspar **Möllers** Fleischhawers gewesene Eheliche Haußfraw ist Ao 1604 den 23 Septemb. alhie gebohren, Ihr Vater ist gewesen Christoff **Schütz** Fleischhawer, Ihre Mutter, so noch am leben Dorothea. Ao 1630 den 30 Decemb. hatt Sie sich mitt bewilligung der Mutter mitt gedachtem Caspar **Möller** Fleischhawer Verehligett, ins 5te Jahr mit Ihm gelebett Vndt 2 Söhne, so noch

---

1049 Laut Totenregister (EZA Signatur 2075 – siehe hierzu in der Einführung S. 38) am 17. 1. 1635 begraben.

am leben mitt Ihm geZeugett, Ist den 9 Jan. am hefftigen Frost, Durchlauff Vndt brechen krank worden, dazu ein Fieber geschlagen, den 15 hatt sie Communicierett ist den 19 h. 11 merid. *um 11 Uhr mittags* verschieden, im 31 Jahr ihres Alters. Hatt sich sonst Christlich verhalten. Wardt den 22 begraben **MLepner** hatt die Leichpredigt gehalten ex ψ. 42. [Witt 462]

679 ELISABETH RÜCKER, ✶ LIBAU (LIEPAJA / LETTLAND) 1589, ✞ 21. 1. 1635

Eli sabeth Caspar **Rückers** Gärtners V. Büchsmeisters Fr.ist Ao 1589 Zur Liebaw in Churlandt gebohren, der Vater ist gewesen Dominic **Dittrich** ein Schneider, die Mutter Catharina, welche nach ihres Mannes früezeitigen Todt den Koch aus der Festung Mümmel (1050) gefreyett, V. gedachte ihre Tochter mitt dahin genommen, welche im 22 Jahr ihres Alters sich an gedachten Casper **Rücker** befreyett, vndt mit Ihm anhero kommen, mitt Ihm ins 23ste Jahr friedlich gelebett, 9 Kinder geZeugett 5 Söhne (1051) v. 4 Töchter, davon 3 Söhne V. 3 Töchter noch am leben. Hatt lange gekränkett, biß Sie gar bettreisig worden, hatt sich still V. from Verhalten, ist am 20 huius *dieses Monats* mitt dem hochwürdigen Abendtmahl Versehen, darauff sich Gott befohlen, der Sie am Sontag gegen Mittag nach dem sie kurtz Zuvor ihr Hauß bestellett, vndt den Text ex 1 Joh. 1 das blutt Jesu Christi & Zur leichpredigt begehrett sanfft im schlaff Verschieden Aetatis *ihres Alters* im 45sten Jahr. Wardt den 24 huius Vmb 1 A. St. begraben **MLepner** hatt die leichpredigt gethan auß gedachtem spruch. [Witt 590]

680 GEORGIUS HEYDENREICH, ✶ LYCK 1616, ✞ 1. 2. 1635

Georgius Heydenreich, Studiosus ist Zur Lick gebohren Patre Hiobo **Heydenreich** einem Weißgerber, Matre Elisabetha. Ao 1616. In Schola patria & provinciali prima Christianismi fundamenta jecit. Ao 1630 huc missus in nra Schola Palaeopolitana quam diligentissime literis incubuit, testibus Praeceptoribus Ao praeterito circa festum Michaelis consensu praeceptorum Scholae triviali valedixit & membrum Academiae factus. Ante octiduum subito morbo correptus, animan Deo commendans 1 Febr. intra 9 & 10 placidè obijt Aetat. 19. Concionem funebrem habuit **ML**.

Der Student Georg Heydenreich ist in Lyck geboren im Jahre 1616, sein Vater war der Weißgerber Hiob Heydenreich, seine Mutter hieß Elisabeth. In seiner heimatlichen Provinzschule legte er erste Grundlagen seines Christentums. 1630 wurde er hierher geschickt, in unsere Altstädtische Schule, in der er sehr sorgfältig lernte, wie seine Lehrer bezeugen. Im vergangenen Jahr ungefähr um Michaelis nahm er mit Zustimmung seiner Lehrer von der gewöhnlichen Schule Abschied und wurde Mitglied der Universität (1052). *Vor acht Tagen wurd er plötzlich von Krankheit ergriffen, empfahl Gott seine Seele und starb am 1. Februar zwischen 9 und 10 Uhr friedlich im Alter von 19 Jahren. Die Leichenpredigt hielt M. Lepner.* [Witt 278]

1050 Memel.

1051 Ein verstorbener Sohn ist Mattheß **Rücker** ✞ 6. 9. 1634 (lfd. Nr. 660).

1052 Immatrikulation am 18. 10. 1634 als Georgius Heidenreich, Likcensis Borussus, iur. (Erler, S. 356).

681 BARBARA PATHON, ✶ KÖNIGSBERG 5. 4. 1595, ✞ 3. 2. 1635

Fr. Barbara Wilhelm **Pathonen** Eheliche Haußfraw ist Ao 1595 den 5 Aprilis Von H Hanß **Hoffmeister** Rahtsverwandten Vndt Fr. Vrsula **Schützin** (1053) geZeugett Vndt gebohren, Ao 1613 den 2 Septemb. hatt sie Hochzeit gehalten mitt Christoff **Wittpohln** Kauffman, mit Ihm gelebett 9 Jahr, geZeugett Einen Sohn, der noch am Leben. Ao 1622 ist Christoff **Wittpohl** gestorben. Ao 1623 den 20 Febr. hatt Sie sich wieder Vereheligett mit Wilhelm **Pathonen** (1054), mitt Ihm gelebet 12 Jahr, geZeugett 5 Söhne V. 3 Töchter, davon 1 Tochter V. 4 Söhne am leben. Ist eine fromme Christliche gutthätige Fraw gewesen. Am Sonnabendt 7 matutina *abends* hatt sie Gott von einer todten Frucht erlösett, Am Montag abends Zwischen 5 V. 6 Vhr ist sie Verschieden, im 40 Jahr ihres Alters. Concionem funebrem habuit M**Halbach**.

[Witt 503]

682 REGINA SCHÖNEMAN, ✶ BARTENSTEIN, KR. FRIEDLAND 1565, ✞ 9. 2. 1635

Regina S. Hans **Schönemans** Nagelschmieds Nachg. Wittwe ist Ao 1565 Zu Bartenstein gebohren, Ihr Vater hatt geheissen Görg **Winkler** Fleischhawer Vndt Meltzenbrewer daselbst, Ihre Mutter Dorothea **Sahlmansche.** Ihren Vater hatt sie in ihrer Jugendt Verlohren. Ao 1581 als sie 16 Jahr altt gewesen, hatt sie sich befreyett mitt ihrem NWittwer Hanß **Schöneman** Nagelschmiedt Zu Bartenstein mitt welchem Sie hieher geZogen, mitt ihm im Ehestand gelebet 20 Jahr, durch Gottes Segen mitt ihm geZeugett 4 Kinder, 1 Sohn Vndt 3 Töchter, welche alle Todes Verblichenn, nur ein SohnsKindt [Enkel] ein Knabe am leben. Ao 1631 [sic] da sie 36 Jahr alt gewesen, hatt Sie Gott der H in den Wittwenstandt gesetzt, darin Sie die gantze Zeitt ihres lebens nemlich 34 Jahr geblieben. Ihren auffenthalt aber in die 32 Jahr bey H Thomas **Ditrich** Richtern alhie auffm Steintham gehabt, der sich ihre Frommigkeit gefallen lassen V. sie mitt wohnung, holz, licht, essen, Trincken & Versorgett. Sie hatt sich stets Christlich V. fromm mitt anhörung Göttliches Worts V. offtern gebrauch des hochwürdigen Abendtmahls verhalten. Ist in ihrem hohen Alter, sonderlich die letzten 3 Jahr offt krank gewesen Vndt nicht können außgehen, Aber Zuhause dennoch fleissig gelesen, gebehtett, gesungen Vndt sich mitt dem hochwürdigen Abendtmahl Versehen lassen, biß sie Gott am vergangenen Freytag, war der 9 Febr. Vmb 11 Vhr Zu Mittag im 70 Jahr ihres Alters V. 34 Jahr ihres Wittwenstands im sanfften schlaff Von dieser welt abgefordertt. **MHalbach** hatt die Leichpredigt gethan ex Esa. 37 v. 3. [Witt 651]

683 SUSANNA BASCHKE, ✶ KÖNIGSBERG 5. 5. 1602, ✞ 22. 2. 1635

Susanna Friedrich **Baschken** Weinschencken Hausfraw ist alhie Ao 1602 den 5 Maij gebohren. Ihr Vater hatt geheissen Peter **Gerschaw** Weinkellermeister, ihre Mutter Margaretha **Hüsingen**. Ao 1629 den 29 Octob. hatt

---

1053 Ursula **Hoffmeister** ✞ 20. 4. 1633 (lfd. Nr. 593). Siehe auch den Lebenslauf ihrer Schwester Anna **Rabe** ✞ 28. 2. 1636 (lfd. Nr. 780).

1054 Bei Wilhelm Pathon hatten gedient:
vor 1614 die Ehefrau Catharina des Georg **Neumann** ✞ 8. 10. 1634 (lfd. Nr. 662); von 1620–1625 Catharina **Lack** ✞ 16. 9. 1635 (lfd. Nr. 711); Martin **Teschner** ✞ 27. 11. 1634 (lfd. Nr. 670) heiratete 1632 die Jungfer Christina, eine andere Dienerin des Wilhelm Pathon.

/ in 5 1/2 Jahr sie sich mitt gedachtem Fridrich Baschken Verehligett / , mit ihm eine Tochter geZeugett, welche schon gestorben. Hatt sich Christlich Verhalten teste *nach dem Zeugnis von* Levino **Pouchenio** (1055) ihrem Beichtvater. Ihre Krankheitt ist die Darre gewesen, daran sie den 19 Decemb. gantz lagerhafftig worden, vndt vber 9 wochen gelegen. den 8 Januarij hatt Sie Communiciret Vergangen Donnerstag Morgens Vmb 3 Uhr war der 22 Febr. ist sie verschieden im 33 Jahr ihres Alters. M**Pouchenius** hat die Leichpred. gethan. [Witt 25]

684 Hinrich Sternberg, ✶ Königsberg (Altstadt) 26. 3. 1593, ✞ 2. 3. 1635

H Hin rich Sternberg ist Ao 1593 den 26 Martij alhie gebohren. Sein Vater hatt Michael **Sternbergk** geheissen Meltzenbrewer, Vndt Kirchen Vater in Vnser Altenstadt; Seine Mutter Fr. Catharina **Wichertin**. Die haben Ihn fleissig Zur Schulen gehalten; im 18 Jahr nach Crackaw der Polnischen sprach halben verschickt, von dannen nach 2 Jahren nach Wittenbergk an H D. **Lothum** seinen vorgewesenen Praeceptori commendiret *seinem früheren Lehrer empfohlen*, Von dar hatt Er Straßburg, Heydelberg, Tübingen visitirett *besucht* Vndt auff solchen Vniversiteten seine studia Politica gefordertt, da Er, weil die Mutter Wittwe worden, sich der Haußhaltung V. Handels annehmen müssen V. derwegen etliche reisen, theils in Frankreich, theils in Pohlen verrichten müssen Ao 1623 hatt er sich Verehligett mit J. Dorothea S. H Lorentz **Perbands** Bürgermeisters Eheliche Tochter, mitt derselben durch Gottes Segen in 12 Jahren 3 Söhne v. 2 Töchter geZeugett, davon ein Sohn vorm H Vater todes verblichen. Ao 1624 ist Er in E.E. Gerichts Vndt das folgende Jahr in E.E. Rahts mittell gekohren worden, darin sonderlich das Cammer Ampt biß an sein ende verwaltett. Verschienen Freytag, als Er seiner gescheffte halben außgewesen, vndt nach hause kommen, hatt Ihn der schlag gerührett, daran Er in 3 stunden todes Verblichen im 42 Jahr seines Alters Ist ein frommer, redlicher, auffrichtiger, freygebiger Vndt diensthaffter Man gewesen, daher Von Jederman beklagett Vndt betraurett worden p. M**Lepner** hatt die Leichpredigt gethan ex Esa. 56. [Witt 699]

685 Margareta Henning, ✶ Königsberg 1560, ✞ 13. 3. 1635

Marga reta Casper **Hennings** Schusters gewesene Haußmutter ist Ao 1560 alhie gebohren Patre Barthell **Lengnick** Schuster, Matre, Walpurgis. Ao Aetatis 26 *Im Alter von 26 Jahren* hatt sie sich Verehligett mit Paul **Witten** Schuster, vixit cum eo 25 annos *lebte mit ihm 25 Jahre zusammen*, hatt mit Ihm geZeugett 4 Töchter V. 2 Söhne, davon nur 1 Sohn im leben. Mortuo hoc marito Ao 1611 post unius anni viduitatem nupsit Casparo **Henning** Schuster, vixit cum eo annos 23 absgus [sic] prole ulla. *Nach dem Tod dieses Ehegatten heiratete sie 1611 nach einjährigem Witwenstand den Schuster Caspar Henning, lebte mit ihm 23 Jahre zusammen mit irgendeinem Kind [oder: prole nulla = ohne Kind ?].* Ihre Krankheitt anlangend ist Sie vom schweren Dampff endtlich gar lagerhafftig worden für 8 tagen Vndt am Dienstag Vmb 3 Vhr des Morgens im 75 Jahr ihres Alters selig entschlaffen, Ist eine fromme Christliche Fraw gewesen. M **Lepner** hatt die Leichpred. gethan. (1056) [Witt 270]

1055 Levin **Pouchenius** (1594–1648), ab 1621 Professor an der Albertina, ab 1632 außerordentlicher Professor für Theologie dortselbst (QMS 19/5, S. 1390 f.).

1056 Laut Totenregister (EZA Signatur 2075 – siehe Einführung S. 38) am 15. 1. 1635 begraben.

686 PAUL UNGEFUG, ✶ BALGA, KR. HEILIGENBEIL 18. 8. 1597, ✝ 6. 3. 1635

Paul Vngefug Balbier ist Ao 1597 den 18 Augusti Zur Balge gebohren Patre Dno Tobia **Vngefug** Pastore ibidem (1057), Matre Barbara, *der Vater war Herr Tobias Ungefug, Pastor dortselbst, die Mutter hieß Barbara* Paul **Thomsen** Fleischawers Tochter, die haben Ihn Zur schule gehalten, Zu Thorn im Gymnasio 2 Jahr, Zu Bartstein 2 Jahr V hie in der Altstadt 3 Jahr. Ao Aetatis 19 hatt Er das Balbier handtwerck alhie gelernet darauff durch Cassuben, Pommern, Mekelburg, Mark, Sachsen Meissen Schlesien Böhmen (1058) Mähren, in Osterreich nach Wien kommen, daselbst in eine langwierige Krankheit gerahten: als Er genesen hatt Er sich auß noht in Keyß Mytt Dienst im Friaul wieder die Venediger begeben, Vndt folgends Vntern Gen. Tylli vor einen Hoffstadt Feldscherer gedienett. Im wehrenden Dienst hatt Er sich Vereheligett mitt Fr. Anna Maria eines Corporals Vnter der Reuterey NW. Jacob **Keysers** Bürgers in Wien Ehl. T. mitt welcher Er 6 Jahr gelebett, 2 Söhne geZeugett, davon noch 1 im Leben. Nach seiner ersten Frawen absterben ist Er Ao 1627 anhero kommen, das Werk gewonnen Vndt sich wieder Verehligett mit J. Sophia (1059) S. Fridrich **Borsten** (1060) Ehl. T. mitt derselben nur 3 Jahr gelebett, 2 Kinder geZeugett 1 Sohn V. 1 Tochter, welche noch am Leben, der Sohn aber schon todt ist. Ao 1632 das Jahr nach seiner 2 Frawen todt, hatt Er sich Zum 3 mahl verehligett mitt J. Anna, Alexandri **Maevij** (1061) Mühlenschmieds Ehl T. seiner ietzt NW. mitt welcher Er etwas Vber 2 1/2 Jahr gelebett, mitt Ihr auch 2 Kinder 1 Sohn V. 1 Tochter geZeugett, davon der Sohn am leben, die Tochter aber todt ist. Ao 1630 ist Er in E.E. Gerichtsmittell A. St. gekohren. Seine Krankheitt ist die Darre gewesen, daran er 16 wochen bettreisig gelegen, Vndt am Vergangenen Dienstag den 16 [sic] im 38 Jahr seines Alters sanfft verschieden. Hatt sich sonst still V. Christlich Verhalten. M**Lepner** hatt die Leichpred. gethan ex 2 Timoth. 1 v. 12. [Witt 749]

687 DOROTHEA SCHÜTZ, ✶ KÖNIGSBERG 1562, ✝ 15. 3. 1635

Dorothea Christoff **Schützen** (1062) Nachgel. Wittwe ist Ao 1562 alhie gebohren, Ihr Vater hatt geheissen Andres **Grünreiß** Ihre Mutter Dorothea, welche in ihrem 7 Jahr mitt tod abgangen, das sie biß Ao 1580 mitt dem Vater haußgehalten, da der Vater auch gestorben. Ao 1581 hatt Sie sich Verehligett mitt S. Peter **Teschenberger** Fleischawer alhie, mitt dem Sie 16 Jahr im Ehestand gelebt durch Gottes Segen 5 Kinder geZeugett: 4 Söhne v. 1 Tochter, so alle todes Verblichen.Ao 1597 ist Peter **Teschenbergk** gestorben Ao 1598 hatt sie sich wieder befreyett mitt S. Christoff **Schützen** auch einem Fleischawer, mitt ihm 32 Jahr gelebett, 3 Kinder geZeugett 1 Sohn V. 2 Töchter, davon noch 1 Tochter am leben, ob der Sohn noch leben mag, der vor 10 Jahren ins Reich geZogen hatt man

---

1057 Tobias **Scolius** (oder **Ungefug**), ab 1594 Pfarr-Adjunkt, dann Pastor in Balga bis zu seinem Tod 1599 (QMS 19/6, S. 1677).

1058 Das Wort "Böhmen" über der Zeile eingefügt.

1059 Sophia **Ungefug** ✝ 2. 12. 1631 (lfd. Nr. 521).

1060 Fridrich **Borst** ✝ 12. 2. 1632 (lfd. Nr. 528).

1061 Ernst Witt: auch Lesung **Moevij** möglich.

1062 Christoph **Schütz** ✝ 25. 12. 1629 (Lfd. Nr. 378).

keine nachrichtung. Ao 1628 den 12 Decemb. (1063) ist dieser ihr ander Man auch gestorben, von der Zeitt an ist sie im Wittwenstand geblieben. Dieses Jahr 1635 den 24 Febr. ist sie hefftig krank worden, den 2 Mart hatt sie sich mitt Gott versöhnett, den 15 Martij Zwischen 12 V. 1 in der nacht ist sie Verschieden im 73sten Jahr Ihres Alters. Hatt sich fleissig Zur Kirch gehalten **MHalbach** hatt die Leichpredigt gethan am Sontag Laetare. [Witt 663]

688 ANNA ADRIAN, ✶ KÖNIGSBERG (LÖBENICHT) 1546, ✞ 26. 3. 1635

Anna S. Urban **Adrians** Nachg. Wittwe ist Ao 1546 alhie im Löbnicht gebohren, Ihr Vater hatt geheissen Simon **Schütz** Gerichtsverwandter im Löbnicht, Ihr Fr. Mutter Anna S. Valtin **Miers** T. Ao 1568 Aet. 22 hatt sie sich Vereheligett mit Johan **Rohtbar** Meltzenbrewer allhie mitt welchem sie nur 5/4 Jahr ohne Erben gelebett; nach dessen tod V. 4 Jährigen Wittwenstandt Si Ao 1573 sich wieder Vereheligett mitt Vrban **Adrian** Meltzenbrewer, mit demselben 45 Jahr gelebett V. 7 Kinder nemlich 3 Söhn V. 4 Töchter, davon nur 1 Tochter am leben. Ao 1618 ist Ihr ander man gestorben, Von der Zeit an ist Sie 17 Jahr biß an Ihr ende Wittwe Verblieben hatt sich still V. from Verhalten, v. ist den 26 Martij Vmb 8 Vhr des Abends am schweren Dampff todes verblichen im 89 Jahr V. 3 Monat ihres Alters. **MLepner** hatt die Leichpredig gethan [Witt 5]

689 BARTHEL DREGER, ✶ KÖNIGSBERG 1596, ✞ 7. 4. 1635

Barthel Dreger Schuster ist Ao 1596 alhie gebohren, sein Vater hatt geheissen Peter **Dreger** Schuster, seine Mutter Gerdrut &c. Seiner Eltern sindt im andern Jahr seines Alters gestorben, da hatt Ihn seine Mutter Schwester erZogen 11 Jahr, darauff in Pohlen verschickt, V. Zum Schusterhandtwerk gethan, auff welches Er nach den lehrjahren gewandert. Ao 1621 hatt er sich Vereheligett mit J. Anna Matthiae **Geislers** Schoppenmeisters A. St. N.T. mit welcher er gelebet 14 Jahr, durch Gottes Segen 4 Kinder geZeugett 2 Sohne v. 2 Töchter, davon noch 1 Sohn v. 1 Tochter im leben. Hatt lange an der Darre gekrenkett, Vmb Weihnachten gantz lagerhafftig worden, daZu entlich Tympanitis *Entzündung der Ohren* kommen. Daran Er am Sonnabendt den 7 Aprilis morgens Vmb 3 Vhr im 39 Jahr seines Alters verschieden. Ist sonst ein frommer gutthätiger Man gewesen. **MLepner** hatt die Leichpred. gethan ex. Joh. 11 v. 25. [Witt 113]

690 MELCHER MEHL, ✶ BRESLAU 1578, ✞ 3. 5. 1635

Melcher Mehl Stadtmeurer ist Ao 1578 Zu Breßlaw in der Schlesien gebohren 6 wochen nach seines Vaters tode Sein Vater hat geheissen Merten **Mehl**, seine Mutter Vrsula. Ao 1600 ist Er nach Thorn geschickt, da Er die Maurer Kunst gelernett. Ao 1603 hatt Er sich im 25 Jahr seines Alters befreyett mitt J. Catharina .... (1064) ietzt seiner N. Witwen mitt derselben im Ehestand gelebett 32 Jahr Vndt geZeugett 6 Kinder 3 Söhne V. 3 Töchter, davon nur 1 Tochter im leben, die Newlich begeben (1065). E E. Raht hatt Er 15 Jahr gedienett bey der StadtArbeit. Hatt lange an der Gicht

---

1063 Im Lebenslauf ihres Ehemannes steht in Übereinstimmung mit den laufenden Eintragungen der 2<u>5</u>. 12. 162<u>9</u>.

1064 Hier ist eine halbe Zeile Platz frei gelassen - für nachträgliche Angaben zur Familie?

1065 Ernst Witt: soviel wie „geheiratet hat“.

gekrenckett. V. endtlich am Vergangenen Donnerstag den 3 Maij Vmb 11 Zu Mittag im 56 Jahr seines Alters verschieden hatt sich Christlich Verhalten. [Witt 440]

691 Hiob Lepner, ✶ Königsberg (Kneiphof) 22. 8. 1575, ✞ 6. 5. 1635

H Hiob Lepner ProConsul ist Ao 1575 den 22 Augusti alhie Zu Konigsbergk im Kneiphoff Auffm Petersplatz (1066) gebohren Patre Gregorio **Lepnero** Mercatore, Matre Gertrude filia Rev. Dni Vrbani **Sommeri** primi Evangelici Diaconi Cniphov. (1067) fuit sub fideli institutione Dni Jacobi **Sethi** (1068) tum temporis Conrectoris Scholae Cniphov. / & Matthiae **Gronenbergij** Cantoris ratione Musices, cuius per totam vitam fuit inexplebilis. Ao 1588 Vilnam missus ead Fratrem Vrbanum **Lepnerum** (1069) dum Rectorem Scholae Germanicae August. Confess. ad discendam lingvam Lithvanicam & Polonicam. Inde Ao 1591 reversus in Paedagogio Ducali sub Institutione M. Georgij **Molleri** fuit usque dum ab eo dignus judicatus fuit studiendis publicis lectionibus. Ao 1595 In Germaniam ad Academias Witeberg. Lipsiensem & Jenensem se contulit. Biennio post reversus in Poloniam abijt; prius ad Gen. Sub Cancellarium Lithvaniae Dnum Gabrielem **Woyna**, Dde a Gen. Dnum Paulum **Sczerbiz** Regiorum Decretorum Notarium, ubi in Cancellaria Sae Rae Mtis Poloniae usque ad annum 1601 fidelem operam perstitit, & ad maximas promotus fuisset Dignitates, nisi Religio obstitisset. Ao 1601 ab aula revocatus in Patriam in Cancellariam Principis vocatus fidelissimas saepè Secretariorum absentium vices sustinuit cum laude Dnorum Regentium. Ao 1603 23 Junij matrimonium inijt cum Virgine lectissima Anna, Dni Salomonis **Brandten** Scabini Palaeopolitani relicta filia, cum ea in jucundo conjugio vixit annos 14. genuit liberos 11. 6 filios & 5 foemellas. de quibus 2 filij & unica restat filia. Ao 1605 ab Amplissimo Senatu Palaeopolitano in locum defuncti Secretarij Joh. **Pistorij** vocatus (1070) & Ao 1621 in ordinem Senatorium cooptatus, eique post obitum D. **Wilhelmi** Syndicatus co[mmiss]us e; gna fidelitate munere suo defuncus sit, testabundus eius Dni Collegae testatus tota Civitatis, testantus varia itinera in gravissimis Reipubl. negotijs tam ad S. Regem Poloniae quo 1615 missus, quam ad Electorem, & in Svecico bello ad Regem Sveciae. Ao 1617. 16 Maij obijt eius Conjunx prior, ideoque Deo benedicente Ao 1618 ad 2da vota transijt cum Virgine Elisabetha, Dni Hinrici **Kenkelij** Senatoris Palaepolitanis Filia (1071), Vixit cum ea usque ad finem vitae suae annos nmi. 17. & 4 menses, genuit ex ey 2 Filias. Fuit Vir pietati,

[Marginal note: / postea v. Diaconi Aulici]

1066 Der sich rings um den Dom erstreckende Platz hieß bis ins 17 Jahrhundert „Peterplatz", später „Großer Domplatz".

1067 Urban **Sommer,** Diakon und 2. Pfarrer am Dom 1523–1545 (QMS 19/6, S. 1725).

1068 Jacob **Seth**, 1586–1588 unordinierter Prediger an der Haberberger Kirche, 1596–1622 2. Hofprediger an der Schloßkirche, 1622 emeritiert, 1631 gestorben (QMS 19/6, S. 1691).

1069 Das ist der Diakon und 2. Pfarrer der Altstädtischen Kirche Urban **Lepner**, der hier als Pfarrer der Trauergottesdienste erscheint (vgl. Anm. 23, S. 18).

1070 Nach dem Tod des Johann **Pistorius** war bei ihm in Diensten:
Zacharias **Schütz** □ 18. 12. 1630 (lfd. Nr. 466).

1071 Eine zweite Tochter des Heinrich Kenckel war Dorothea **Krumteich** ✞ 8. 10. 1628 (lfd. Nr. 184).

Justitiae & Humanitati studiosus, liberalis erga egenos imprimis studiosos, boni publici studens privati negligens, hinc Civibus charus, Fautor Ministerij, Papillorum Patronus vigilantissimus. Rediens à Comitijs Heiligenbeilensibus stomacho laborare coepit & tandem invalescente morbo 6 Maij (1072) .... Dominica Cantate hora 1 matutina triduo ante diem Jobi Ao Aetatis 60 placide obijt, cum antea propria manu vitae suae curriculum consignasset, in ea consignatione, Academio, Rev. Ministerio, Amplissimo Senatui & toti Vrbi valedexisset, hisce versiculas concludens:

Juveni [Inveni!] portum, spes & Fortuna valeto,
Nil mihi vobiscum eludite nunc alios. (1073)

Concionem funebrem ad ipsius petitum habuit M**Wolderus** ex Esa. c. 60 v. 20.

*Herr Hiob **Lepner** Stellvertretender Bürgermeister ist 1575 den 22. August hier zu Königsberg in Kneiphof auf dem Petersplatz geboren, sein Vater war der Kaufmann Georg **Lepner**, seine Mutter Gertrud war die Tochter des verehrten Herrn Urban **Sommer**, des ersten kneiphöfischen evangelischen Diakons unter der treuen Unterweisung des Herrn Jakob **Seth**, des damaligen Konrektors der Kneiphöfischen Schule / später Hofdiakons / und der Unterweisung des für die Musik zuständigen [etwas unklar] Kantors Matthias **Gronenberg**, dessen [ein Wort fehlend?] das ganze Leben hindurch unersättlich war. Im Jahre 1588 wurde er nach Wilna geschickt zu seinem Bruder Urban Lepner, dem damaligen Rektor der Deutschen Schule Augsburger Konfession, um die litauische und polnische Sprache zu lernen. Dann, im Jahre 1591 zurückgekehrt, war er im herzoglichen Pädagogium im Unterricht des Magisters Georg **Moller**, bis er von ihm für würdig befunden wurde, öffentliche Vorlesungen zu hören. Im Jahre 1595 begab er sich nach Deutschland an die Universitäten Wittenberg, Leipzig und Jena. Zwei Jahre später nach seiner Rückkehr begab er sich nach Polen; zuerst zum [Vize?]Kanzler Litauens, Herrn Gabriel **Woyna**, danach zum Herrn Paul **Sczerbiz**, königlicher Notar, wo er in der Kanzlei Ihrer Königlichen Majestät von Polen bis zum Jahr 1601 treue Arbeit leistete und zu höchsten Ehren gelangt wäre, wenn nicht die Religion entgegengestanden hätte. 1601 wurde er vom Hof in die Heimat zurückgerufen und in die Kanzlei des Herrschers gerufen und erledigte oft sehr getreu die Aufgaben der abwesenden Sekretäre mit Lob von Seiten der Herren Herrscher. Am 23. Juni 1603 ging er die Ehe ein mit der vortrefflichen Anna, der nachgelassenen Tochter des Altstädtischen Schöffen Herrn Salomon **Brandt**; er lebte 14 Jahre lang mit ihr in glücklicher Ehe und zeugte 11 Kinder, 6 Söhne und 5 Töchter, von denen 2 Söhne und eine einzige Tochter noch leben. Im Jahr 1605 wurde er vom erlauchten Altstädtischen Rat an die Stelle des verstorbenen Sekretärs Joh. **Pistorius** berufen und 1621 in den Ratsherrenstand kooptiert und nach dem Tod des Herrn **Wilhelmus** ist ihm das Amt des Syndikus anvertraut worden; ... [unklare Stelle] verschiedene Reisen in äußerst wichtigen Staatsangelegenheiten, sowohl zum König von Polen, zu dem er 1615 geschickt wurde, als auch zum Kurfürsten und im Schwedischen Krieg zum König von Schweden. Am 16. Mai 1617 starb seine erste Ehefrau, deshalb verheiratete er sich unter Gottes Segen 1618 zum zweiten Mal mit der*

1072 Die Worte "6. Maij" über der Zeile eingefügt.

1073 Ein griechischer Grabspruch, der in lateinischer Übertragung in verschiedenen Varianten seit dem ausgehenden Mittelalter Verwendung fand.

*Jungfrau Elisabeth, Tochter des Altstädtischen Ratsherrn Herrn Heinrich **Kenkel**, lebte mit ihr bis zum Ende seines Lebens 17 Jahre und 4 Monate lang zusammen und zeugte mit ihr 2 Töchter. Er war ein frommer Mensch, strebte eifrig nach Rechtschaffenheit, Gerechtigkeit und Menschlichkeit, war freigebig zu den Armen, besonders den Studenten, bemühte sich um das öffentliche Wohl und vernachlässigte das private, weswegen er bei den Bürgern beliebt war, war ein Förderer der Kirche und ein überaus wachsamer Beschützer der Waisen. Als er von der Heiligenbeiler Versammlung zurückkehrte, begann er am Magen krank zu werden und nach sich verschlimmernder Krankheit starb er am 6. Mai, dem Sonntag Kantate, um 1 Uhr morgens drei Tage vor dem (Feier-)Tag Hiobs friedlich im Alter von 60 Jahren, nachdem er vorher mit eigener Hand seinen Lebenslauf aufgesetzt hatte; in dieser Schrift verabschiedete er sich von der Universität, dem verehrten Ministerium, dem erlauchten Rat und der ganzen Stadt und schloss mit diesen Versen:*

Ich habe den sicheren Hafen gefunden - Hoffnung und Glück, lebt wohl!
Ich habe nichts mehr mit euch zu tun,
treibt euer Spiel jetzt mit anderen.

*Auf seine Bitte hielt M. **Wolder** die Leichenpredigt nach Jesaja 60.*

[Witt 397]

692 Elisabeth Klein, ✶ Rastenburg 1580, ✝ 29. 3. 1635

Elisabeth Jochim **Kleinen** Bechlers Fraw ist Ao 1580 Zu Rastenburg gebohren, der Vater hatt geheissen Steffan **Stup** ein Sattler, die Mutter Dorothea. Ao 16 Aetatis ist Sie anhero Zu Ihrer Meddern (1074) geschickt, welche Sie nach andern, Zum H D. **Göbell** (1075) Vermietett, bey welchem Sie 7 Jahr gedienett. Ao 1615 Aetatis 35 hatt sie sich Verheurahtett mitt Hans **Cyprian** einem Fischführer Auffm Roßgarten, mitt welchem Sie in 10 Jahren einen Todten Sohn gebohren. Ao 1625 Ist Sie Wittwe worden Ao 1626. 10 post Trinitatis hatt Sie sich wieder Vereheligett mitt ihrem ietzt N Wittwer Jochim **Kleinen** einem Bechler, mitt welchem Sie ohne leibes Erben doch friedlich 9 Jahr weniger 19 wochen gelebett. Ist eine stille Fraw gewesen. Am Vergangenen Simon Judae tag 1634, ist Sie krank Vom Jahrmarkt Zu Hause kommen so lange gelegen, sich mitt Gott am Mittwoch Vereinigett, Vndt bald drauff Vmb 8 Vhr morgens im 55 Jahr ihres Alters todes Verblichen. M**Wolderus** die Leichpredigt gethan. (1076)

NB Diese gehörett in den Martium Vor den Barthell **Dreger** (1077).

[Witt 337]

693 Gerdrut Schwartz, ✶ Königsberg (Laak) 1590, ✝ 5. 5. 1635

Gerdrut Jacob **Schwartzen** Gildefischers Fraw ist Ao 1590 für 45 Jahr alhie Auff der Lahk im Schlangenwinckell (1078) gebohren, Ihr Vater hatt geheissen

---

1074 Altertümlich für Tante von Seiten der Mutter (Schwester der Mutter). Nach < www.wiki-genealogy.net > (Abfrage am 15. 12. 2012).

1075 Severinus **Göbel** ✝ 9. 4. 1627 (lfd. Nr. 68).

1076 Laut Totenregister (EZA Signatur 2075 – siehe hierzu in der Einführung S. 38) am Freitag, 30. 3. 1635 begraben.

1077 Bartel **Dreger** ✝ 7. 4. 1635 (lfd. Nr. 689).

1078 Schlangenwinkel = kleine Straße in der altstädtischen Freiheit Laak westlich der Altstadt.

Dominic **Bolle** Fischer, Ihre Mutter Anna. Ao Aetatis 22 hatt Sie sich mitt Hieronymo **Wingering** Fischer Verehligett, mit Ihm in 4 Jahren 1 Sohn V. 2 Töchter geZeugett die alle todes Verblichen Ao 1618 nach dem Sie 1 Jahr im Wittwen stand gelebett, hatt Sie sich wieder Verehligett mitt Jacob **Schwartzen** ihrem ietzt hinderlassenen Wittwer mitt welchem Sie in 18 Jahren ihres Ehestands 7 Kinder geZeugett 4 Söhne v. 3 Töchter, davon noch 2 Söhne im leben. Am Sonnabendt für 8 tagen ist Sie krank worden am toten Fieber, welches Sie gantz außgeZehrett, das sie am Sonnabendt Zwischen 5 V. 6 Vhr abends im 45 Jahr ihres Alters entschlaffen. Hatt sonst ein gutt Zeugnis gehabt. Ist für 4 wochen Zum tisch des Herrn gewesen. Wardt begraben 9 Maij ☿ post Cantate M**Halbach** hatt die Leichpred. gethan. [Witt 684]

694 Anna Hinrich, ✶ Königsberg (Rossgarten) 1552, ✞ 7. 5. 1635

Anna Hans **Hinrichs** Schuffenbrewers NW Ist Ao 1552 alhie Auffm Roßgarten gebohren. Ihr Vater hatt geheissen Hans **Ruprecht**, Ihre Mutter **Wollprecht**. hatt wegen Zeittlichen abgangs Ihrer Eltern sich bey frembden Leuten müssen auffhalten, biß Sie 30 Jahr altt worden, Hatt Sie sich erstlich Ao 1582 mitt Andreß **Schultzen** gewesenem Schuffenbrewer in der Altstadt Verehligett, mit welchem Sie 5 Jahr ohne leibes Erben gelebett. Nach 1/2 Jahr ihres Wittwenstands, ist Sie Zur andern Ehe geschritten mitt Matthes **Schultzen**, auch einem Schuffenbrewer mitt dem Sie nur 1/2 Jahr gelebett auch ohne Erben. Darauff Sie 7 Jahr Wittwe Verblieben. V. hernach sich Zum dritten mahl Verehligett mitt Hans **Hinrichen** auch gewesenem Schuffenbrewer mit welchem Sie 24 Jahr auch ohne Leibes Erben gelebett. Vndt nach dessen Tödtlichen abgang ohne etliche wochen 15 Jahr im Wittwenstandt blieben. Hatt Sich still V. from Verhalten in Ihrem hohen Alter, da sie nicht mehr außgehen können, sich offter Zu Hause berichten lassen. Vor wenig tagen ist ihr ein harter Frost ankommen, das Sie gantz krafftloß worden Vndt ist am Montag gegen morgen Vmb 2 Vhr im 88 Jahr [sic] ihres Alters Verschieden, nach dem Sie schon Vor 9 Jahren ihr Testament gemacht, darinnen Vnsere Kirche, Ministerium, die Pauperes *die Pauperschüler*, beyde Hospithahl Vndt ihre Pflegerin wollbedacht. Wardt den 9 Maij ☿ post Cantate *Mittwoch nach dem Sonntag Kantate* begraben. M **Lepner** hatt die Leichpredigt gethan ex Apocal. 14 v. 13 Beati. [Witt 285]

695 Matthias Pohl, ✶ Thorn 1551, ✞ 19. 5. 1635

Matthias Pohl Fleischawer ist Ao 1551 Zu Thoren gebohren in der Newstadt. Sein Vater hatt auch Matthis **Pohl** geheissen ein Fleischer, Seine Mutter Gerdrutt. Hatt das Fleischawer Handtwerk gelernett, darauff gewandert, Vndt als Er hieher kommen, hatt Er bey Matthis **Schötten** Fleischhawern auff Vnsern Bencken 8 Jahr gedienett. Ao 1591 Aetatis 40 hatt Er sich Verehligett mitt J. Catharina, Matthes **Wemmers** Fleischers Ehl. Tochter Vereheligett, mitt welcher Er in 38 Jahren 7 Kinder 6 Söhne V. 1 Tochter geZeugett, davon noch 4 Söhne Vndt 1 Tochter im leben. Hatt sich erst für einen Stadtkoch brauchen lassen, Vndt hernach Ihm eine eigene Bank gekaufft. Ao 1628 hatt Ihn Gott der He in den Wittwerstandt Versetzt, darin Er Verblieben, Vndt sich theils bey seiner Tochter Vndt darnach bey seinem Eltesten Sohn David **Pohlen** auffgehaltn, ist lange lagerhafftig gewesen, biß Ihn Gott am Vergangenen Sonnabendt Zwischen 5 V. 6 Vhr abends im 84 Jahr seines Alters abgefordert. Wardt den 21 Maij ☽ nach Exaudi begraben M**Lepner** hatt die Leichpredigt gethan Ex ψ. 31 parte 1ma. *nach Psalm 31 erster Teil.* [Witt 529]

696 HANß RIETZKE, ✶ KÖNIGSBERG (KNEIPHOF) 1566, ✞ 26. 5. 1635

Hanß Rietzke Korckmacher (1079) ist Ao 1566 Vmb Fastnacht alhie im Kneiphoff gebohren. Sein Vater hatt auch Hans **Rietzke** ein Korkmacher geheissen, Seine Mutter Catharina. Hatt lesen, schreiben, V. darnach das Korkmacher handtwerck gelernett, darauff eine Zeitlang gewandertt. Ao 1592 ist Er alhie Meister worden Vndt den 15 Octobris selben Jahres sich befreyett mitt J. Anna S. Thewes **Gerts** Schusters NEhlT. mitt welcher Er biß in das 15 Jahr gelebett Vndt mitt Ihr 8 Kinder 4 Söhne V. 4 Tochter gezeugett, welche alle todes Verblichen, ohne das man von einem Sohn der 16 Jahr schon weggewesen keine gewisse nachrichtung haben kann. Ao 1607 im Junio hatt Ihm Gott seine erste Fraw weggenommen darauff Er Ao 1608 im December zur andern geschritten mitt Fr. Elisabeth S. Hans **Hermans** NW. mitt welcher Er 21 Jahr ohne leibes Erben gelebett. Als Ihm diese andere Fraw Ao 1629 gestorben hatt Er sich Ao 1632 Dom. Sexagesima mit der dritten trawen lassen Sabina S. Christoff **Gussen** Kangiessers D. (1080) mitt welcher Er in wehrender Ehe einen Sohn geZeugett, so noch am leben. Sonst ist er Von den HH Vorstehern des Hospitahls Zu S Görgen consensu Senatus *mit Zustimmung des Rates* Zum Zinßmahner Verordnett worden, welches Ampt er 30 Jahr Verwaltett. Ist ein fleissiger Zuhörer der Predigten gewesen, sich sonst auch Christlich Verhalten. Ist am Mittwoch kranck worden, am Freytag morgens mit Gott Versöhnett am Sonnabendt Vmb 7 des Morgens selig Verschieden im 69 Jahr V. 14 wochen seines Alters. M**Halbach** hatt die Leichpredigt gethan 28 Maij ☽ ex 1 Reb: [Regum?] 1 v. 8 & 9. *aus dem 1. Buch der Könige [?] 1, 8 und 9* [Witt 576]

697 JACOB LUTTER, ✶ DROCHTERSEN, KR. KEHDINGEN, REG.-BEZIRK STADE / PROV. HANNOVER 1576, ✞ 25. 5. 1635

Jacob Lutter Goldtschmiedt ist Ao 1576 Zu Drachersen im Stifft Brehmen gebohren, sein Vater hatt geheissen Johannes **Lutter** Organist daselbst seine Mutter Rebecca. Ao Aetatis 15 hatt Er Zu Stade das Goldtschmied handtwerck gelernett 5 Jahr. Darauff sich Ao 1597 mit Consens seiner Eltern auff die Wanderschafft sich begeben, fürnemlich Zu Nürnberg Vndt Augspurg gearbeitett, biß Er Ao 1604 anhero kommen, da Er den bey Zacharias **Schubert** alhie gearbeitett Vndt die Jahr außgewartett, das Er Meister worden Ao 1608 hatt Er sich Vereheligett mitt J. Dorothea Jacob **Metzkers** Stuhlschreibers Vndt Rechenmeisters im Kneiphoff Ehelichen Tochter mitt welcher Er 27 Jahren 12 Kinder, 4 Söhn Vndt 8 Töchter geZeugett, davon 3 Söhn Vndt 2 Töchter noch im leben. Hatt sich still Verhalten. Ist mitt einem schweren Fluß im haupt V. am halse befallen, das Er darüber am ♀ abends Zwischen 5 V. 6 Vhr im 59 Jahr seines Alters todes Verblichen. M**Halbach** hatt die Leichpredigt gethan [Witt 422]

1079 Wohl der Bruder von Elisabeth **Rietzke** ✞ 21. 3. 1627 (lfd. Nr. 62).

1080 Eine Tochter des Christoff **Gusse** ✞ 31. 10. 1634 (lfd. Nr. 665)? Dessen Töchter sollen jedoch alle nach den Angaben in seinem Lebenslauf bei seinem eigenen Tod bereits gestorben gewesen sein, während diese Sabina offenbar noch 1635 beim Tod ihres Ehemannes lebte.

698 CASPAR STOBBE, ✶ KÖNIGSBERG 13. 6. 1591, ✝ 28. 5. 1635

Caspar Stobbe Instrumentmacher ist Ao 1591 den 13 Junij alhie gebohren sein Vater hatt geheissen Steffan **Stobbe** ein Saltzpacker, seine Mutter Barbara. Hatt das Tischlerhandtwerck bey Görg **Meyer** alhie Auffm St. Vndt in seiner Wanderschafft Zu LeipZig das Orgel Vndt Instrumentmachen gelernett. Ao 1616 hatt Er sich Vereheligett mitt J. Barbara S. Matthiae **Kolbens** in LeipZig ehelichen Tochter, mitt welcher Er sich hieher Von LeipZig begeben, mitt derselben in 4 Jahren 3 Kinder, 1 Sohn V. 2 Töchter geZeugett davon 1 Tochter Verstorben. Ao 1620 ist Ihm seine gedachte Fraw gestorben Ao 1621 hatt Er sich wieder Verehligett mitt J. Susanna (1081) Barthell **Apitzen** Wildnußbereuters Zum Thierenberg (1082) NEhlT. mitt derselben ins 14 Jahr gelebett, 5 Kinder, 2 Söhne V. 3 Tochter geZeugett, davon nur 1 Sohn v. 1 Tochter am leben. Ist ein künstlicher stiller frommer Man gewesen. Ist am Pfingstmontag vmb 3 Vhr nachmittag durch den schlag plötzlich gerürett Vndt Zwischen 5 V. 6 Vhr Abends im 44 Jahr seines Alters entschlaffen. M**Halbach** hatt die Leichpredigt gethan ex ψ. 73. v. 25.26. [Witt 700]

699 GÖRG KÖHLER, ✶ WO? WANN?, □ 3. 6. 1635

Görg Köhler ein Alter Schulmeister Vom Lande (1083) [Witt 347]

700 SIBYLLA HALTER, ✶ ANGERBURG 1607, ✝ 9. 6. 1635

Sibylla Hanß **Halters** Bawschreibers Fraw ist Ao 1607 Zur Angerburgk gebohren, Ihr Vater hatt geheissen Hanß **Berger** Schuster daselbst Ihre Mutter Eva. Als Sie erwachsen, ist sie anhero Zu dienst bracht worden anfenglich auff der Lahk (1084) bey einem Fischer hernach Zu diesem ihren hinderlassenen Wittwer (1085), welcher Sie nach absterbung seiner ersten Frawen, wegen 6 Jähriegen trewen Diensten geehligett Ao 1631 V. mitt Ihr 3 Kinder geZeugett 1 Sohn V. 2 Töchter, davon eine Tochter schon Verstorben. Am Vergangenen Freytag hatt Ihr Gott der herr mitt grossen schmertzen ihre ander Tochter gegeben, ist aber 8 tage hernach am Freytag in grosse ohnmacht gefallen, darin Sie nachts Zwischen 12 V. 1 Vhr Verschieden im 28 Jahr ihres Alters M **Lepner** hatt die Leichpredigt gethan. [Witt 240]

701 BARBARA METIUS, ✶ KÖNIGSBERG (ALTSTADT) 1604, ✝ 9. 6. 1635

Barbara Georgij **Metij** Klöckners Fraw ist Ao 1604 alhie gebohren Ihr Vater hatt geheissen Johannes **Jordan** Organist Vnser Kirchen, Ihre Mutter Barbara (1086) Ao 1625 ist Sie Georgio **Metio** damahln Vnser Schulen Collegae, nun Vnser Kirchen Klökner, Vereheligett, hatt mit ihm in 10 Jahren 3

1081 Susanna **Stobbe** ✝ 7. 11. 1636 (lfd. Nr. 775).

1082 Thierenberg, Kr. Fischhausen.

1083 Keine weiteren Angaben, etwa sechs Zeilen freien Platz gelassen. Laut Totenregister (EZA Signatur 2075 – siehe hierzu in der Einführung S. 38) am 1. 6. 1635 begraben.

1084 Altstädtische Freiheit Laak mit gleichnamiger Straße westlich der Altstadt.

1085 Hans **Halter** ✝ 15. 7. 1637 (lfd. Nr. 815).

1086 Barbara **Jordan** ✝ 10. 4. 1627 (lfd. Nr. 67).

Kinder geZeugett, alle drey Söhne Georgium, Christianum Vndt Johannem, Von welchen nur der eine Christianus im Leben. Hatt sich still V. from Verhalten, hatt lange an der Darre gekränkett biß Sie am Vergangenen Sonnabendt den 9 Jun. intra 7 & 8 mat. *zwischen 7 und 8 Uhr morgens* selig im 31 Jahr ihres Alters Verschieden. M**Halbach** hat Leichpredigt. [Witt 448]

702 DAVID REINICKE, ✶ RIGA 6. 1. 1597, □ 17. 6. 1635

David Reinke Meltzenbrewer ist Ao 1597 den 6 Januarij Zu Rigao in Liefflandt gebohren, sein Vater hat geheissen David **Reinke** Collega an der Thum Schuhl (1087) seine Mutter Margareta **V Mallen**. hatt hie (1088) V. Zu Wittenberg studiert. Ao 1621 hatt Er sich Verehligett mit Fr. Elisabeth **Schleinin** (1089), H Georg **Langerfels** Senat. NW. vixit cum illa 7 annos factus pater 3 liberorum 1 filij 2 foemellares, de quibus filius superest. Ao 1629 ad 2da vota transijt cum Virgine Barbara (1090), Anthonij **V Kohlen** filia, ex ea per annos 4 genuit 3 liberos unius itidem filius, 2 foemellarum, filia una jam obijt. Inter Cives primarios vitam duxit satis laudabilem. Obijt P[o]stmeridi[ana] Aeatatis 38 **MWolderus** conc. (1091)

Er lebte 7 Jahre lang mit ihr, wurde Vater von drei Kindern, eines Sohnes und zwei Töchtern, von denen der Sohn überlebte. 1629 schritt er zur zweiten Ehe mit der Jungfrau Barbara, der Tochter des Anton V. Kohlen, sie gebar in 4 Jahren 3 Kinder, wieder einen Sohn und 2 Töchter, eine Tochter ist schon gestorben.Unter den angesehenen Bürgern führte er ein recht lobenswertes Leben. Er starb am Nachmittag im Alter von 38 Jahren. M. Wolder hielt die Predigt. [Witt 567]

703 REGINA BREWER, ✶ BARTENSTEIN 1609, □ 22. 6. 1635

Regina Philipp **Brewers** Kürschners Fraw ist Ao 1609 Zu Bartenstein gebohren Ihr Vater hatt geheissen Barthell **Perschke** ein Festbecker, Ihre Mutter Dorothea **Krügerin**: Welche Ihre Eltern Ihr Zeitig abgangen, derowegen Sie alhie Zu Christoph **Brewern** Kürschner kommen bey welchem Sie in das 10 Jahr gewesen, sich from V. still Verhalten, biß Sie Ao 1634 im 25 Jahr ihres Alters mit ihrem ietzt N. betrübten Wittwer Vereheligett Philip **Brewer** Einem Kürschner, mitt welchem Sie nur 1 Jahr weniger 2 wochen gelebet Vndt mitt ihm einen Sohn geZeugett, vber welchem Sie geblieben, das Kindt aber noch am leben. M**Halbach** hatt die Leichpredigt gethan. (1092) [Witt 80]

1087 Wohl aus der Rigaer Familie dieses Namens, der im 17. Jahrhundert noch zwei Pastoren gleichen Namens (David I. ✝ 1687 und David II. 1661–1722) entstammten. Siehe: "Die evangelischen Prediger Livlands bis 1918" (wie Anm. 594, S. 241).

1088 Am 20. Nov. 1617 an der Albertina immatrikuliert (Erler, S. 231).

1089 Elisabeth **Reinicke** ✝ 17. 3. 1629 (lfd. Nr. 206).

1090 Barbara **Reinicke** ✝ 3. 9. 1633 (lfd. Nr. 613) – dort mit weiteren Angaben zu verwandtschaftlichen Beziehungen.

1091 Begräbnisdatum laut Totenregister (EZA Signatur 2075 – siehe hierzu die Einführung, S. 38).

1092 Sterbedatum laut Totenregister.

704 Anna Lüdke, Königsberg 1573, ✝ 21. 6. 1635

Anna Martin Lüdken Fraw ist Ao 1573 alhie gebohren Ihr Vater hatt geheissen Albrecht **Knoll** Meltzenbrewer dieser Altenstadt, Ihre Mutter Dorothea Ao 1592 im 19 Jahr ihres Alters ist Sie Verehligett mitt Hans **Lawen** Bürgern im Löbnicht, mitt welchem Sie ohne leibes Erben nur 3/4 Jahr gelebett. Ao 1594 ist Sie Zur andern Ehe geschritten mit obgedachtem Martin **Lüdken** Meltzenbrewern Vnser Altenstadt mitt welchem Sie in 41 Jahren 10 Kinder, 8 Söhne V. 2 Töchter geZeuget (1093), davon nur 2 Söhne im leben. Hatt sich from Verhalten, offters am Stein gelegen, Zu welchem letzlich allerley Symptomata Zugeschlagen, das Sie am Vergangenen Donnerstag (1094) circa 5 vespertinam *ungefähr um 5 Uhr abends* den Geist auffgegeben im 62 Jahr ihres Alters. M**Lepner** hatt die Leichpredigt gethan ex ψ. 71. [Witt 415]

705 Brigitta Haffstein, ✶ Königsberg (Kneiphof) 1564, ✝ 26. 6. 1635

Brigitta Andres **Haffsteins** Schneiders Fraw ist Ao 1564 alhie gebohren Ihr Vater hatt geheissen Andreas **Klein** Korkmacher V. hernach Krahmer im Kneiphoff, Ihre Mutter Dorothea. Ao 1582. 5 Novemb Aetatis 18 ist Sie Verehliget worden mitt Paul **Zyrus** Schneider mitt welchem Sie in 21 Jahren geZeugett 11 Kinder, 4 Sohn 7 Töchter davon nur 1 Tochter im leben. Ao 1603 ist Ihr Man gestorben, Vndt Sie ins dritte Jahr Wittwe blieben. Ao 1605 den 2 Junij hatt sie sich wieder Vereheligett mitt gedachtem Andres **Haffstein**, mit welchem Sie in 30 Jahren Vndt 2 wochen 1 Tochter geZeugett, welche schon todt. Ist eine gutte fromme diensthaffte Fraw gewesen. Am Vergangenen Donnerstag ist Sie am schweren brechen Vndt durchlauff krank worden im Sontag den 24 Communiciret, am Dienstag früe vmb 3 Vhr gestorben im 71 Jahr Aetatis M **Lepner** hatt Leichpredigt gethan ex Rom. 14 v. 7 & 8. [Witt 236]

706 Hanß von Büchten, ✶ Lübeck 1580, ✝ 30. 6. 1635

Hanß Von Büchten ist Ao 1580 Zu Lübek gebohren, Sein Vater hatt geheissen Hanß von Büchten Eysenkrahmer daselbst, sein Mutter Judith. Da Er erwachsen hatt Er 6 Jahr einem handelsman daselbst gedienett, hernach für sich selbst nach LeipZig Vndt hieher gehandeltt, Auch sich hie gentzlich auffgehalten. In der Müntz hatt Er etliche Jahr für einen Wechsler gedienett. Sich bey Vns Zum tisch des H gehalten, sonst auch friedlich gelebett, ist endtlich gar fast kindisch worden Vndt am 30 Junij Zu nachts gestorben im 55 Jahr AEtatis M**Lepner** hatt Leichpredigt gethan ex Epta. Dom. [Witt 85]

707 Görg Ölert, ✶ Königsberg (Steindamm) 1608, ✝ 10. Juli 1635

Görg Ölertt ein Festbeckergesell ist alhie A. St. Ao 1608 gebohren, sein Vater hatt auch Görg **Olert** geheissen Festbecker A. St. seine Mutter Anna. hatt in der Schulen ein Zimlich fundament der Lateinischen sprach gelegett, nachmahls ist Er 2 Jahr in Pohlen gewesen, als Er wiederkommen hatt Er das Buchhalten V. rechnen gelernett, Vndt darauff das Beckerhandwerck,

---

1093 Einer der vor ihr verstorbenen Söhne ist Martin **Lütcke** □ 26. 4. 1626 (lfd. Nr. 22).

1094 Begräbnisdatum laut Totenregister: Sonntag, 24. 6. 1635.

darauff Er in hollandt 1 1/2 Jahr gearbeitett. Als Er nach hause kommen Vndt der Vater todt gewesen, hatt er der Mutter haußhaltung eine Zeitlang Vorgestanden, biß sie sich wieder befreyett, da ist Er selbst Meister worden, Hatt sich aber nicht können befreyen den Er Vom NewJahr an immer gequiehnen, dadurch Er gar abgemattet Von allen Krefften kommen, hatt vor 4 wochen Communicierett, am Sontag sich gar gelegett V. am Dienstag den 10 Julij des morgens Zwischen 6 V. 7 im 27 Jahr seines Alters Verschieden. M**Halbach** hat die Leichpred. gethan. [Witt 491]

708 Christian Gerike, ✶ Waldau, Landkr. Königsberg 1605, ✝ 11. 7. 1635

Christian Gerike ein Gesell ist Ao 1605 gebohren, sein Vater ist Michell **Gerke** Zuvor Amptschreiber Zu Waldaw (1095) ietzt Meltzenbrewer alhie Seine Mutter Catharina S. **Plaßwicke** Senatoris T. *eines Ratsherrn Tochter* von Rastenburg. Ist fleissig Zur Schulen gehalten worden Vndt nachmahls Zur Schreiberey Ao 1627 ist Er nach Oletzky Zum Amptschreiber geschickt Ao 1629 nach der Wilde (1096) Ao 1632 Nach Neidenburg Ao 1634 wieder Zum Vater kommen, hatt sollen in Niederlandt geschickt werden, Ist aber Vorgestern Abendt im hause in den Brunnen gefallen, Vndt Versoffen. Ist sonst ein stiller frommer aber simpler Mensch gewesen, Aetatis 30 Jahr M**Lepner** hatt die Leichpredigt gethan ex Ecclast. 9 v. 12. (1097) [Witt 180]

709 Hanß Plempel, ✶ Zeilitzheim, Bezirksamt Gerolzhofen / Bayern 1595, ✝ 20. 7. 1635

Hanß Plempel ein Weißgerber ist Ao 1595 Zu Zeulitzheim in Frankenlandt gebohren, Sein Vater hatt Conradt **Plempell** seine Mutter Elisabeth Lorentz **Reussen** Tochter geheissen. Hatt das Weißgerber handtwerck gelernett darauff 12 Jahr gewandert. Ao 1631 alhie Meister worden Vndt sich Verehligett mit Fr. Judith Görg **Kegels** Leinwebers NW. mit welcher Er in 4 1/2 Jahren 2 Kinder 1 Sohn v. 1 Tochter geZeugett, davon der Sohn noch im leben. Für 14 tagen hatt er das geschoß am Finger V. groß reissen davon in die glieder bekommen V. am Freytag Zwischen 8 V. 9 morgens im 40 Jahr Aetatis gestorben. M**Lepner** hatt die Leichpredigt gethan ex Epta Mariae Magdal *aus dem Brief der / an die Maria Magdalena* 1 Tim. l. (1098) [Witt 518]

710 Jacob Thomas, ✶ Königsberg 21. 6. 1599, ✝ 22. 8. 1635

Jacob Thomas Mehkler Ist Ao 1599, 21 Junij St. V. alhie Zu Königsbergk gebohren, Sein Vater ist Fridrich **Thomas** Kauffmann, Seine mutter hatt geheissen Elisabeth **Drehersche**. Ist Zum studieren gehalten worden, hatt eine Zeitlang in der Capell auffgewartet, nachmahls gen Poltoffsky (1099) der Polnischen sprach halben geschickt V. 2 Jahr daselbst seine studia Philosophica fortgesetzett, darnach hatt Er sich nach Cawen in Littawen

---

1095 Domäne Waldau, Landkreis Königsberg.

1096 Wilna (Litauen).

1097 Begräbniseintrag im Totenregister (EZA Signatur 2075 – siehe hierzu in der Einführung S. 38) am Freitag, 13. 7. 1635: "Christian Michell Gerken Eltester Sohn 30 Jahr."

1098 Sein Begräbniseintrag im Totenregister am Sonntag, 22. 7. 1635: "Hans Plümpell ein Weißgerber am Buttelplatz".

1099 Pułtusk, Woiwodschaft Masowien (Polen).

(1100) begeben Vndt dem Kauffhandell obgelegen, auch derowegen in Deutschlandt Vndt Hollandt Verschickt worden. Aetatis 28 hatt Er sich Verehligett mitt J. Elisabeth (1101) S. Hinrich **Rahnschen** (1102) Meltzenbrewers Ehl T. ietzt seine NWitwe, Mitt welcher Er 8 Jahr gelebett, mitt Ihr 1 Tochter geZeugett welche noch am leben. Am vergangenen Freytag ist Er gar bettreisig worden, da die Gelbe sucht gantz Vberhandt genommen Am Sontag hatt Er Communicierett, Am 22 Augusti halb 5 ist Er Verschieden Aet. 37. Ist dem trunk V. Müssiggang Zimlich ergeben gewesen, daher gantz Zurück kommen. M**Wolderus** hat die Leichpred. gethan 24 Augusti ♀ [Witt 734]

711 CATHARINA LACK, ✶ RIESENBURG, KR. ROSENBERG 1. 5. 1602, ✞ 16. 9. 1635

Catharina Andres **Lacken** Schneiders S Fraw ist Ao 1602 den 1 Maij Zu Risenburg gebohren, Ihr Vater hatt geheissen Melchior **Scolm** Rahtsverwandter daselbst, Ihre Mutter Catharina. Ao 1620 nach absterben ihrer S. Eltern ist Sie Zum H Wilhelm **Pathon** (1103) geschickt worden, bey welchem Sie 5 Jahr gedienett Ao 1625, 14 tage vor Pfingsten, ist Sie gedachtem ihrem NWittwer Verehliget, mitt welchem Sie ins 11 Jahr gelebett, mit Ihm 4 Kinder geZeugett 2 Söhne v. 2 Töchter, davon beyde Söhne V. 1 Tochter am leben. Vergangen Jahr hatt Sie Gott ihrer Mütterlichen bürden erlösett, von welcher Zeitt an Sie wenig auß dem Bette kommen, sondern immer lagerhafftig gewesen, Vnter dessen sich ettliche mahl mitt dem hochwürdigen Abendtmahl Versehen lassen biß Sie Gott am Verschienen Sontag des Abendts Vmb 5 Vhr auffgelösett im 34 Jahr ihres Alters M**Lepner** hatt die Leichpred. gethan ex Luc. 7 Jesu lieber Meister erbarme Dich Vnser. 18 Sept. ♂ [Witt 384]

712 CATHARINA LANGERFELDT, ✶ KÖNIGSBERG (ALTSTADT) 1568, ✞ 18. 9. 1635

Fr. Catharina S. Fridrich **Langerfelds** NW.ist Ao 1568 Von Vornehmen Eltern auff diese Weltt geZeugett Vndt gebohren worden. Ihr S. H Vater ist gewesen H Christoff **Winter** Consul Palaeopolit. *Bürgermeister der Altstadt* Ihr Fr. Mutter, Anna **Büchnerin**. Ao 1586 ist Sie gedachtem Fridrich **Langerfeldt** Kauffman Verehliget worden, mitt welchem Sie 28 Jahr friedlich gelebett, durch Gottes Segen mitt ihm geZeugett 7 Kinder, 2 Söhne V. 5 Töchter, davon nur noch eine Tochter im leben (1104). Ao 1614 hatt Sie Gott der H in den Wittwenstandt versetzt, darin Sie bißher geblieben in Vielem langwierigem Creutz, das Sie nicht allein ihre Kinder, sondern auch Ihr gesicht Verlohren, Vndt nun ins 17 Jahr mehrentheils bettreisig gewesen, biß Sie gantz Von allen Krefften kommen, da Sie der Schlag 2 mahl gerürett, darüber Sie den 18 Septemb. Zwischen 9 V. 10 Vhr des Morgens im 67 Jahr ihres Alters Verschieden. Ist eine Gottselige Fromme Fraw gewesen, die Gottes wortt hertzlich geliebett, Täglich 2 mahl entweder die Außlegung der Psalmen oder anderer Text sich vorlesen lassen, offters das hochwürdige Abendtmahl gebraucht Auch

---

1100 Kaunas (Litauen).

1101 Elisabeth **Thomas** ✞ 30. 6. 1636 (lfd. Nr. 756).

1102 Henrich **Ransch** □ 7. 7. 1630 (lfd. Nr. 428).

1103 Die Ehefrau des Wilhelm Pathon war Barbara **Pathon** ✞ 3. 2. 1635 (lfd. Nr. 681).

1104 Christina **Federaw** ✞ 6. 4. 1637 (lfd. Nr. 799).

vor Vielen Jahren Ein Testament gemacht, darin auffs Altar eine Silberne Kanne Von 100 Fl. Vnß im Ministerio 60 Fl. dem Hospithal, den Pauperibus *den Pauperschülern* Vndt andern mehr herrliche Legata Vermacht, Gott bezahle es den Ihrigen 20 Sept. ♃
MLepner hatt die Leichpred. gethan ex Apoc. 7 v. 12 & seqq.
[Witt 386]

713 ANNA SIGMUND, ✶ KÖNIGSBERG (SACKHEIM) 1576, ✝ 22. 9. 1635

Anna Peter **Sigmunds** Schuffenbrewers Nachg. Wittwe ist Ao 1576 alhie auffm Sackheim gebohren, Ihr Vater ist ein Fischer hatt Andres **Frantz** ihre Mutter Dorothea geheissen. Im 27 Jahr ihres Alters ist Sie Ao 1603 gedachtem Peter **Sigmundt** Verehligett mitt welchem Sie in 21 Jahren 4 Kinder, 2 Söhne v. 2 Töchter geZeugett, davon noch ein Sohn im leben. Ao 1624 hatt Sie Gott der H in den Wittwenstandt Versetzett, in welchem Sie biß an ihr Ende ins 12te Jahr geblieben, Sich still, from Vndt einge-Zogen Verhalten, Gottes wortt geliebett, in ihrer Krankheitt geduldig gewesen, sich mitt Gott versöhnett, ist am Sonnabendt nachmittag Zwischen 12 V. 1 Vhr im 59 Jahr ihres Alters verschieden. **MHalbach** hatt die Leichpredigt gethan. 24 Sept. ☽ [Witt 613]

714 CATHARINA SCHMIED, ✶ BARTENSTEIN, KR. FRIEDLAND 1610, ✝ 24. 9. 1635

Catharina Görg **Schmieden** Schusters Fr.Ist Ao 1610 Zu Bartenstein gebohren Ihr Vater hatt Crispin **Richaw** Wildtnüsbereiter, Ihre Mutter Catharina gehiessen. Ao 1632 ist Sie gedachtem Görge **Schmieden** Vereheligett, mitt dem Sie nur im 3ten Jahr gelebett V. 2 Kinder geZeugett, 1 Tochter v. 1 Sohn, der nur 10 tag altt ist, Vber dessen geburt, die Mutter gar schwach worden. V. am ☽ abendts Zwischen 4 V. 5 verschieden im 25 Jahr Aetatis. **MLepner** hatt die Leichpredigt gethan ex c. 3 Gen. *aus dem 1. Buch Mose Kap. 3* Ich will dir Viel schmertzen schaffen &c. 26 Sept. ♀
[Witt 644]

715 CHRISTOPHORUS TITIUS, ✶ INSTERBURG 1596, ✝ 29. 9. 1635

H Christophorus Titius Rahtsverwandter Vndt Cämmerer Vnser Altenstadt ist Ao 1596 Zur Insterburg gebohren, Sein Vater hatt geheissen Matthes **Titz** Bürger daselbst, seine Mutter Barbara **Pörschin**; die haben Ihn Zum studieren gehalten, da Er erst Zur Insterburg, hernach im Kneiphoff Vnter M. Petri **Hagij** S. Disciplin gewesen, hernach Alumnus Electoralis *kurfürtslicher Zögling* worden 3 Jahr der Music Zugethan. Ao 1620, 3 wochen nach Ostern hatt er sich Verheurahtet mit J. Anna S. Lorenz **Kerstens** Meltzenbrewers NEhl T. mitt derselben, wiewoll ohne Leibes Erben 15 1/2 Jahr friedlich gelebett. Ao 1622 ist Er in EE Gerichts Vndt 1628 in EE. Rahtsmittell gekohren, hatt seinen Ämptern trewlich Vorgestanden. Vor 9 wochen ist er in seiner Mühseligen Amptsverwaltung durch einen Bückwassertrunck [sic], als Er sich Verhitzett mitt der Wassersucht befallen, daran Er obs gleich an fleissiger Chur nicht gemangeltt, gerade am Michaelis Fest Zwischen 1 V. 2 Vhr nachmittag im 39 Jahr seines Alters Verschieden, Ist ein gutter frommer Man gewesen. Hatt ein Testament gemacht. **MLepner** hatt die Leichpredigt gethan den 2 Octob. ♂ [Witt 741]

716 ELISABETH MIX, ✶ KÖNIGSBERG (ALTSTADT) 1575, ✞ 7. 10. 1635

Elisabeth Steffan **Mixen** Festbeckers NW. ist Ao 1575 alhie in der Altenstadt gebohren, Ihr Vater ist gewesen Jacob **Bock** Schmagkenschipper, ihre Mutter hatt geheissen Anna. Aetatis *im Alter von* 24 hatt Sie sich Verehligett mitt Steffan Mixen Festbecker alhie, mitt welchem Sie 25 Jahr gelebett Vndt 5 Kinder geZeugett, 2 Söhne V. 3 Töchter davon noch 1 Sohn v. 1 Tochter im Leben. Nach absterben dieses Mannes Vndt 5 Jährigen Wittwenstand hatt sie sich befreyett, mitt Hanß **Schoman** (1105) Bürger der Altenstadt mitt welchem Sie 3 Jahr ohne Leibes Erben gelebett, Vndt nach dessen todt 6 Jahr im Wittwenstand, ist fast 2 Jahr bettreisig gewesen. Den 7 Octob. Vmb 11 Vhr ist sie gestorben im 60 Jahr ihres Alters. M**Wolderus** hatt die Leichpred. gethan. 9 Octob. ♂

[Witt 458]

717 ANDREß SCHRECKENBACH, ✶ ARNSWALDE / REG.-BEZIRK FRANKFURT 1589, ✞ 12. 10. 1635

Andreß Schreckenbach Beutler Vndt Mittburger Vnser Altenstadt ist Anno 1589 in der Churfl. Brandenb. New Märkischen hauptstadt Arnßwalde gebohren. Sein Vater Andres **Schreckenbach** ist auch ein Beutler gewesen, seine Mutter Anna geheissen. Als Er etwas erwachsen hatt Er beym Vater das Beutler Handtwerck gelernett, Vndt darauff 12 Jahr gewandert. Ao 1621 Aetatis *im Alter von* 32 14 tag nach Michaelis (1106), hatt Er sich befreyett mitt Fr. Brigitta S. Wolff **Jägers** Beutlers NW. mitt welcher Er 14 Jahr gelebett mitt Ihr 2 Söhne geZeugett, welche schon todt sindt. Vor etlichen Jahren hatt Er einen schaden am bein bekommen, daran Er dieses Jahr von Johannis an gar bettreisig worden, Vndt an Krefften gar abgenommen, derowegen Er sein Testament gemacht, darin einem Jeden in Vnserm Ministerio 3 Rthl. der St. Kirchen 50 ﬂ den Pauperibus *den Pauperschülern* Vndt Hosptahl auch legierett *(etwas) zugewendet.* Gott bezahle es ihm V. ihr, darauff Sie mitt Gott versöhnett, Vndt ist am Freytag Vmb 8 Vhr des morgens im 46 Jahr seines Alters gestorben, Ist ein frommer Man Vndt ein fleissiger Zuhörer des Göttlichen worts gewesen. M**Lepner** hatt die Leichpredigt gethan ex Syr. 1 v. 13. 14 Octob. ☉

[Witt 657]

718 VALTIN GILLE, ✶ BRANDENBURG, KR. HEILIGENBEIL 1569, ✞ 15. 10. 1635

Valtin Gille Tischler ist Ao 1569 Zu Brandenburg in Preussen gebohren, Sein Vater ein Fischer hatt Albrecht **Gille**, seine Mutter Gerdrut geheissen. Als Er erwachsen hatt Er das Tischlerhandtwerck gelernett Vndt darauff etliche Jahr gewanderrtt. Ao 1606 hatt Er sich Verehligett mitt Fr. Vrsula (1107) S. Henning **Teibels** Tischlers NW. mitt welcher Er ins 29 Jahr ohne Leibes Erben gelebett. Nach welcher absterben V. Jährigem Wittwenstandt Er seiner Kranckheitt halben, da Er genesen hatt Er sich wieder verehligett mit Fr. .... (1108) S. Arendt **Hassings** Schneiders NW.

1105 Hans **Schuman** □ 11. 10. 1629 (lfd. Nr. 298).

1106 Die Worte "14 tag nach Michaelis" über der Zeile eingefügt.

1107 Ursula **Gille** ✞ 30. 4. 1633 (lfd. Nr. 595).

1108 Hier ist in der Zeile etwas Platz gelassen, um den (Vor-)Namen der Frau nachzutragen, was nicht erfolgt ist.

mitt welcher Er nur 1 Jahr V. 3 Monat ohne leibes Erben gelebett. Hatt sich sonst still V. friedlich Verhalten ist an der Gicht v. stein offt lagerhafftig gewesen, sonderlich diese 10 wochen her. derowegen Er sich durch den gebrauch des hochwürdigen Abendtmahls Zum Sterben bereitett, wie Ihn den Gott der H am Montags morgens gegen 1: im 66 Jahr seines Alters abgefordert. M**Halbach** hatt die Leichpredigt gethan 17. Oct. ♃ [Witt 188]

719 CHRISTIAN LUNITZ, ✶ 11. 11. 1615 KÖTZSCHAU, KR. MERSEBURG / PROV. SACHSEN, ✝ 22. 10. 1635

Christian Lunitz (1109) Kauffgesell ist Ao 1615 den 11 Novemb. Zu Kötzschaw (1110) in Meissen 1 meil von Leipzig gebohren. Sein Vater ist gewesen M. Gregorius **Lunitz** Pfarrherr daselbst (1111), seine Mutter Magdalena **Schimmellmannin** Von LeipZig. Ist nach absterben seiner Eltern Ao 1630 anhero kommen v. der handlung halben Verschickt worden die Polnische Vndt Littawische sprach Zu lernen. V. als Er wieder kommen ist Zu Dienst gethan Zum H. Jacob **Schultzen** Senat. Cniph. *Kneiphöfischem Ratsherrn* bey welchem Er sich from verhalten. Für 3 wochen ist Er am hitzigen Fieber krank worden, sich am Montag berichten lassen, Vndt denselben tag Vmb 4 Vhr nachmittag im 20 Jahr ohne 4 wochen Aetatis Verschieden M**Wolderus** hat die Leichpred. gethan 24 Octob. ☿ [Witt 420]

720 PETER TIEDEMAN, ✶ KAHLHOLZ, KR. HEILIGENBEIL 1590, ✝ 29. 10. 1635

Peter Tiedeman Gildefischer ist Ao 1590 Zu Kahlholtz im Balgischen gebohren, sein Vater hatt geheissen Lorentz **Tiedeman** bey 40 Jahren ein geschworner im Gericht ieZo Krüger daselbst, Seine S. Mutter Regina. Ist von Jugendt auff Zur Fischerey gehalten Vndt biß ins 24 Jahr den Eltern ihre nehrung fortgestellet. hernach beym Wolditschen Krüger (1112) 4 Jahr sich auffgehalten, Vndt seine eigene nahrung fortgestellett. Ao 1620 hatt Er sich Verehligett mitt J. Barbara Dittrich **Simon** Fischer daselbst Ehlichen Tochter, mitt welcher Er 15 Jahr friedlich gelebet mit Ihr 6 Kinder geZeugett 4 Söhne Vndt 2 Töchter, davon nur 1 Sohn im leben. Ist mehrentheils am Stein krank gewesen Vndt Vor 3 wochen gantz lagerhafftig worden Vndt am Montag Morgens Zwischen 5 V. 6 Vhr selig entschlaffen im 45 Jahr seines Alters, als Er am Donnerstag zuvor das hw. Abendtmahl empfangen. Hatt seines Christenthumbs ein gutt lob. M**Halbach** hatt die Leichpredigt gethan. (1113) [Witt 740]

1109 Besteht eine Verwandtschaft zu Dorothea **Lunietz** ✝ 23. 4. 1636 (lfd. Nr. 747)?

1110 Kötzschau, Ort und Gut Kr. Merseburg (Provinz Sachsen).

1111 Pfarrerbuch der Kirchenprovinz Sachsen. Band 5. Biogramme Kn–Ma. Leipzig 2007, S. 427: "**Lonitz** (Lunitz, Lunitzer, Lunz), Gregor ✶ Borna (1557) – ✝ Kötzschau 26. 11. 1619. Er war 1587– 619 Pfarrer in Kötzschau – oo I N.N. – oo II Magdalena N.N.; 3 Söhne, 1 Tochter aus Ehe II – Christian = jüngstes Kind aus Ehe II.

1112 Woyditten, Kr. Heiligenbeil?

1113 Sein Begräbniseintrag im Totenregister (EZA Signatur 2075 – siehe hierzu in der Einführung S. 38) am Mittwoch, 31. 10. 1635: "Peter Tideman Fischer von der Lastadie".

721 ANNA PHILIPP, ✶ KÖNIGSBERG (KNEIPHOF) 21. 1.(?) 1585, ✞ 31. 10. 1635

Anna **Wahlin** David **Philips** Kangissers gewesene Fraw ist Ao 1585 alhie gebohren, Ihr Vater hatt geheissen Hinrich **Wahl** Kürschner im Kneiphoff, Ihre Mutter Margareta **Höpnerin**, diese haben Ihre Tochter woll erZogen, schreiben, lesen, rechnen Vndt die Polnische sprache lernen lassen. Ao 1603 Ist Sie Verehligett worden Caspar **Hirrnen** Kürschnern im Kneiphoff, mitt dem Sie 23 Jahr gelebett Vndt mitt Ihm 4 Kinder geZeugett, 1 Sohn V. 3 Töchter, davon noch der Sohn Vndt 1 Tochter (1114) im Leben. Ao 1626 ist Sie Wittwe worden Ao 1627 hatt sie sich mitt David **Philipp** (1115) Kanngisser alhie Verehligett mit welchem Sie ohne Leibes Erben ins 9 Jahr gelebett. Vor 12 tagen, hatt sie eine schwere hitzige Krankheitt befallen das Sie von allen Krefften kommen, Vndt am Vergangenen Mittwoch Vmb 11 Vhr Zu Mittag im 50 Jahr 41 wochen V. 4 tage ihres Alters (1116) todes verblichen. Hatt ein Gutt lob gehabt. M**Wolderus** hatt die Leichpredigt gethan. [Witt 514]

722 MARGARETA WEISSEL, ✶ DOMNAU, KR. FRIEDLAND 1593, ✞ 6. 11. 1635

Margareta Achatij **Weissels** Festbeckers Fr.ist Ao 1593 Zu Domnaw gebohren, Ihr Vater ist Baltzer **Hoffman** gewesen Festbecker daselbst, Ihre Mutter Elisabeth. Im 16 Jahr ihres Alters ist sie anhero Zu Jacob **Schadewinckell** (1117) in dienst gethan bey welchem Sie 4 Jahr gedienet, Nachmahls sich Vereheligett mitt Martin **Marquart** Böttcher alhie A. St. mitt ihm aber nur 14 tage gelebet. Nach 1 Jahres first hatt sie sich mitt Achatio **Weisseln** Festbeckern Verheligett, mitt demselben 21 gelebett Vndt 8 Kinder geZeuget, davon noch 3 nemlich 1 Sohn v. 2 Tochter im Leben. Nachdem sie Vmb Jacobi (1118) einer gesunden Leibesfrucht genesen, ist Sie von der Zeitt an nimmer gesundt worden, sondern geschwollen, biß Sie am Vergangenen Dienstag (1119) des morgens Vmb 5 Vhr im 43 Jahr ihres Alters todes Verblichen, als Sie sich vor 6 wochen mit Gott versöhnett. M**Halbach** hatt die Leichpredigt gethan [Witt 784]

723 CATHARINA FANTZ, ✶ KÖNIGSBERG 1576, ✞ 8. 11. 1635

Catharina Jochim **Fantzen** Hofftischlers Nachg. Wittwe ist Ao 1576 alhie gebohren. Ihr Vater hatt geheissen Hieronymus **Grube**, Ihre Mutter Gerdrut. Ao Aetatis 20 *im Alter von 20 Jahren* ist Sie Vereheligett Albrecht **Rieger** einem Bortenwürcker, mitt welchem Sie ins 5 Jahr gelebett Vndt 2 Töchter geZeugett, welche schon todes verblichen. Nach 5 Jahrigem Wittwenstand hatt sie sich Vereheligett mitt Nickell **Babben** Churfl Hofftischer, mit welchem Sie im Ehestand gelebett 10 Jahr, mitt Ihm geZeugett 2 Sohne Vndt 1 Tochter, welche auch schon verstorben. Nach

---

1114 Barbara **Hörn** ✞ 27. 6. 1637 (lfd. Nr. 810).

1115 Dessen erste Frau war Maria **Philipp** ✞ 6. 12. 1626 (lfd. Nr. 46).

1116 Laut Totenregister (siehe dazu die Einführung, S. 38) ist sie am 2. 11. 1635 begraben, daraus ergeben sich ihr Sterbedatum und wohl auch ihr Geburtsdatum wie angegeben.

1117 Bei Jacob Schadewinkel war seit 1622 auch Stephan **Gelingk** ✞ 1. 11. 1629 (lfd. Nr. 345) in Dienst.

1118 = 25. Juli.

1119 Laut Totenregister (siehe dazu die Einführung, S. 38) ist sie am 8. 11. 1635 begraben, daraus ergibt sich ihr Sterbedatum wie angegeben.

dieses Mannes abgang V. Jährigen Wittwenstand, hatt sie sich mitt Jochim **Fantzen** auch einem Tischler befreyett, mitt dem Sie ins 3 Jahr ohne Erben gelebett: nach dessen tod ist Sie biß an Ihr ende 15 Jahr Wittwe gewesen V. sich Christlich Verhalten. Für 12 tagen hatt Sie begunt Zuklagen, derowegen sich mit Gott Versöhnett, Vndt ist am Donnerstag (1120) Vmb 1 Vhr nachmittag im 60 Jahr Ihres Alters verschieden M**Halbach** hatt die Leichpred. Gethan [Witt 138]

724 Hanß Salomon Zahn, ✶ Jena 19. 8. 1606, ✞ 27. 11. 1635

Hanß Salomon Zahn Meltzenbrewer ist Ao 1606 den Sonnabendt Vor Bartholomaei Zwischen 11 V. 12 Vhr Zu Mittag Zu Jehna (1121) gebohren. Sein Vater ist Hanß **Zahn** Markherr der Stadt Jena ad huc in vivis *noch lebend* Seine Mutter Elisabeth **Schultzin**. Ao 1618 ist Er in die Buden gen Fleen in Pohlen (1122) Zu H David **Drehern** (1123) kommen, alda die Polnische sprache gelernett V. 3 1/2 bey Ihm sich woll Verhalten. Ao 1623 ist Er mitt seinem H anhero kommen, sich auff einrahten seines Vettern M. Salomon **Zahnen** (1124) Beutlers Zu Eustachio **Schimmelpfenning** in dienst begeben, Vndt 5 Jahr trewlich gedienett. Ao 1629 Hatt Er Ihn (wegen erlittenen Brandschaden) auß seinem dienst gelassen, da Er bey Christoff **Dreher** 2 Jahr gewesen. Ao 1631 hatt Er sich Vereheligett mitt S. H Daniel **Schimmelpfenning** Schöppenmeisters Zu Welaw NEhlT. J. Maria, mit welcher Er 2 Kinder geZeugett 1 Sohn, qui jam obijt *der schon gestorben ist* V. 1 Tochter, mitt dem 3 Kinde lest Er Sie auff schwerem Fuße. Hatt 3 wochen an der hitz gelegen Obijt *Er starb* am Dienstag Morgens gegen 8. Aetatis *im Alter von* 30 M**Wolderus** hatt die Leichpred. gethan. (1125) [Witt 827]

1120 Laut Totenregister ist sie am 11. 11. 1635 begraben.

1121 Markherr: wohl Grundeigentümer in Jena.

1122 Lokalisierung unklar.

1123 David **Dreher** ✞ 26. 8. 1634 (lfd. Nr. 658). „In die Buden“: als Kleinhändler?

1124 Salomon **Zahn** ✞ 30. 9. 1637 (lfd. Nr. 822).

1125 Laut Totenregister (siehe dazu die Einführung, S. 38) ist er am Samstag, 1. 12. 1635 begraben, daraus ergibt sich sein Sterbedatum wie angegeben.

Abbildung 5
Pagina 520 des Kirchenbuches -
Dezember 1635 - Januar 1636
Vita der Catharina Kenckel und des Peter Hoffmann

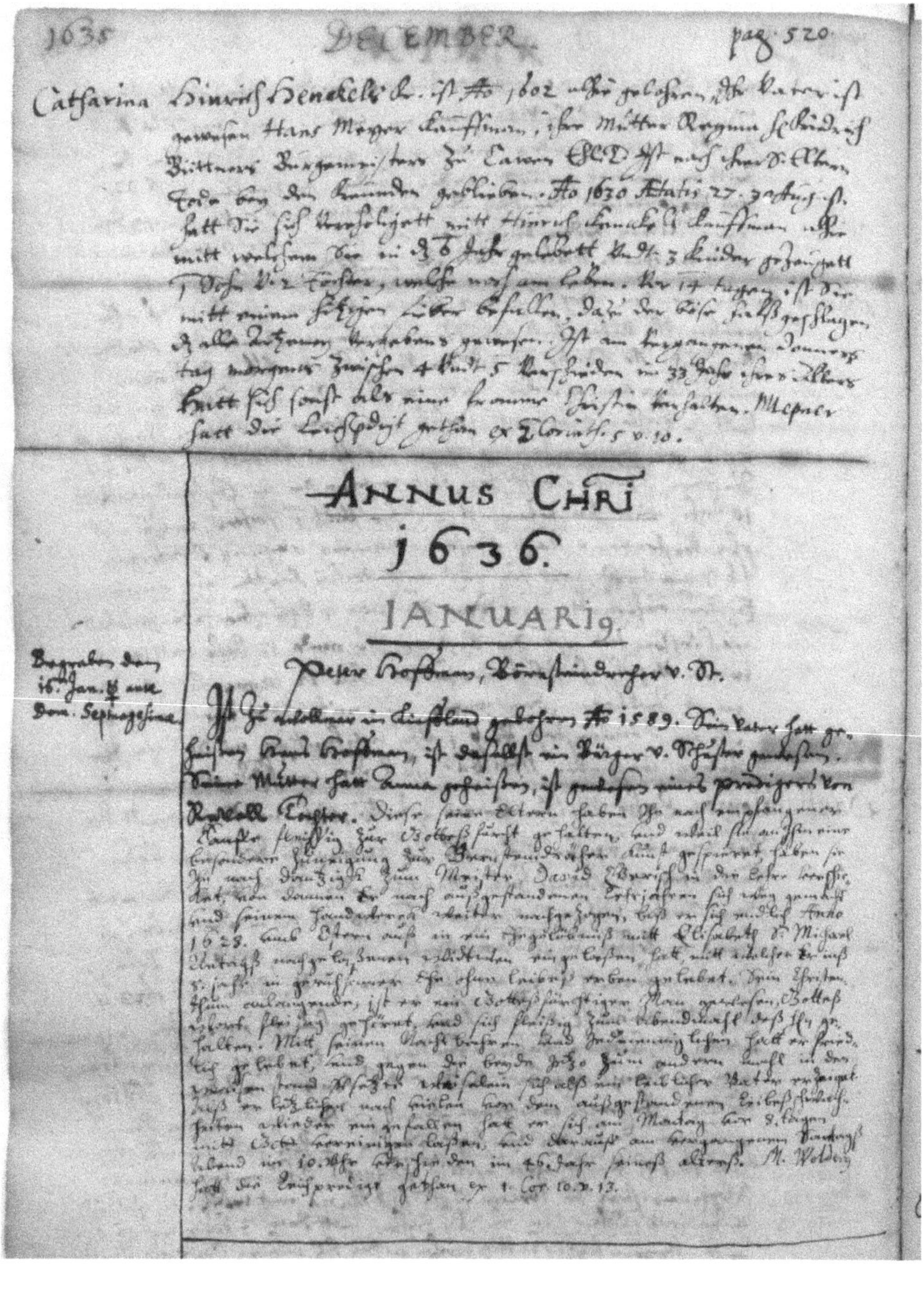
1635 DECEMBER pag. 520

Catharina

ANNUS CHRI

1636.

IANUARIJ.

725 CATHARINA KENCKEL, ✶ KÖNIGSBERG 1602, ✝ 6. 12. 1635

Catharina Hinrich **Henckels** [sic] Fr. ist Ao 1602 alhie gebohren, Ihr Vater ist gewesen Hans **Meyer** Kauffman, ihre Mutter Regina H Friedrich **Büttners** Burgemeisters Zu Cawen (1126) Ehl. T. (1127) Ist nach ihrer S. Eltern Tode bey den Freunden geblieben. Ao 1630 Aetatis 27. *mit 27* 30 Augusti hatt Sie sich Vereheligett mitt Hinrich **Kenckell** Kauffman alhie mitt welchem Sie in das 6 Jahr gelebett Vndt 3 Kinder geZeugett 1 Sohn V. 2 Töchter, welche noch am Leben. Vor 14 tagen ist Sie mitt einem hitzigen Fieber befallen, daZu der böse halß geschlagen das alle Artzeney Vergebens gewesen. Ist am Vergangenen Donnerstag morgens Zwischen 4 V. 5 Verschieden (1128) im 33 Jahr ihres Alters Hatt sich sonst als eine fromme Christin Verhalten. MLepner hatt die Leichpredigt gethan ex 2 Corinth 5 v. 10. [Witt 267]

ANNUS CHRI
1636.
IANUARIUS.

726 PETER HOFFMAN, ✶ WOLMAR (VALMIERA – LETTLAND) 1589, ✝ 13. 1. 1636

Begraben den 16. Jan ☿ ante *vor* Dom. Septua gesimae.

Peter Hoffmann, Börnsteindreher v. St.

Ist Zu wollmar in Liefland gebohren Ao 1589. Sein Vater hatt geheissen Hans **Hoffman**, ist daselbst ein Bürger v. Schuster gewesen. Seine Mutter hatt Anna geheißen, ist gewesen eines predigers von Revall Tochter. Diese seine Eltern haben Ihn nach empfangener Tauffe fleissig Zur Gotteßfurcht gehalten vnd weil sie an Ihm eine besondere Zuneigung Zur Bernsteindräher Kunst gespieret, haben sie Ihn nach Dantzigk zum Meister David **Gerisch** in die lehre verschicket, von dannen Er nach außgestandenen Lehrjahren sich weg gemacht vnd seinem handwerck weiter nachgezogen, biß Er sich endlich Anno 1628 vmb Ostern aus in ein Ehegelöbnüß mitt Elisabeth S. Michael **Netagß** nachgelaßenen Widtwen eingelaßen hatt, mitt welcher Er inß 8. jahr in geruhsamer Ehe ohne leibeß erben gelebet. Sein Christenthum anlangende, ist er ein Gotteßfürchtiger Man gewesen, Gotteß Wort fleißig gehöret, vnd sich fleißig zum Abendmahl deß Hn gehalten. Mitt seinen Nachtbahren vnd Jedemenniglichen hatt er friedlich gelebet, vnd gegen die beyde jetzo zum andern mahl in den waisen stand versetzte Waiselein sich alß ein leiblicher Vater erzeiget. Alß er letzlichen nach vielen vor dem außgestandenen Leibesschwachheiten wieder eingefallen hatt er sich am Mon-

---

1126 Kaunas (Litauen).

1127 Dorothea **Hintz** ✝ 21. 3. 1628 (lfd. Nr. 141) gehört wohl zu dieser Familie: sie war eine Enkelin eines Bernhard Büttner, Bürgermeister von Kaunas; ihre Mutter eine Dorothea geb. Büttner. Ist der hier genannte Bürgermeister von Kaunas Friedrich Büttner personengleich mit dem bei Dorothea Hintz genannten Bürgermeister von Kaunas Bernhard Büttner?

1128 Laut Totenregister (siehe dazu die Einführung, S. 38) ist sie am Sonntag, 9. 12. 1635 begraben, daraus ergibt sich ihr Sterbedatum wie angegeben.

tag vor 8. tagen mitt Gott vereinigen laßen, vnd darauff am vergangenen Sonntagß Abend um 10. Vhr verschieden im 46. Jahr seineß alterß. M**Wolderus** hatt die Leichpredigt gethan ex 1. Cor. 10. v. 13. [Witt 302]

727 BENDICT STÜRMER, ✶ WEHLAU 1562, ✝ 15. 1. 1636

Begraben den 17. Januarij. 24. Bendict Stürmer, Schneider vnd Mittbürger der Altenstad

Ist Zu Welaw in Preußen Anno 1562 gebohren. Sein Vater ist gewesen Georg **Störmer** Schneider vnd Mittbürger alda. Seine Mutter hatt Dorothea geheißen. Diese seine Eltern haben Ihn nach empfangener Tauffe fleißig zur Schulen vnd zu allerhand Christlichen tugenden gehalten. Alß Ihm aber sein Seeliger Vater etwaß zeitig gestorben, hatt Ihn sein Seeliger Stieffvater im 15 jahr seineß alterß zum Schneider handwerck gethan, daselbsten zu Welaw, welche seine lehrjahr Er auch ehrlich außgestanden, vnd hernacher hinauß in Deutschland gewandert. Anno 1589 ist er anhero nach Königsbergk gekommen, vnd nach dem er 2 jahr alhier gearbeitet ist er alhie in der Altenstad Meister geworden, vnd darauff sich bald in ein Eheverlöbnüß eingelaßen mitt Rosa **schultzen** Tochter von Peterßwalde (1129), mitt welcher Er 25. jahr im Ehestand gelebet, vnd durch Gotteß segen 6 Kinder alß 4 Söhne 2 Tochter gezeiget, wovon 3 Söhne v: 2. Töchter gestorben. Alß Ihm aber diese seine haußfraw Anno 1615. gestorben hatt er 1 jahr im Widtwenstand gelebet, vnd sich hernacher zum andern mahl mitt Anna S. Christoff **Brewerß** Kürschners vnd Mittbürgerß der Altenstadt Eheleiblichen Tochter verheyrahtet mitt welcher Er 5 jahr im Ehestand gelebet, vnd durch Gottes seegen 3 Kinder gezeiget alß 2 Töchter vnd 1. Sohn, welche albereit schon gestorben. Weil Ihm aber diese seine haußfraw auch gestorben hatt er ein halbeß jahr im Widtwenstand gelebet, vnd sich hernacher zum 3 Mahl in ein Eheverlöbnüß eingelaßen, Anno 1621. mitt Elisabeth (1130) S. Matthei **Jegerß** Collegij Schneiderß außm Kneiphoff nachgelaßenen Widtwen, mitt welcher Er 7 jahr in friedliebender Ehe gelebet, vnd durch Gotteß seegen 4 Kinder alß 3 Töchter v: 1. Sohn gezeiget (1131). Alß Ihm diese seine haußfraw gestorben hatt er ein halbeß jahr im Widtwenstand gelebet, vnd sich weiter zum Vierden mahl befreyet mitt Maria S. Paul **Brewerß** Schuster v: Mittbürgerß dieser Altenstad nachgelaßenenen Widtwen, vnd mitt derselben 8 jahr v: etzliche Monaten im Ehestand gelebet, vnd mitt derselben 4 Kinder alß 2 Söhne v: 2 Töchter gezeiget. Sein Christenthum belangend hatt er sich fleißig zum gehört Göttlicheß worts, vnd zum Abendmahl deß Hn gehalten. Mitt seinen Nachbahren hatt er auch friedlich gelebet. Vor 11 wochen ist er von Gott mitt leibeß-schwachheit heimgesuchet worden, in solcher seiner Kranckheit hatt er fleißig gebetet, vnd sich 8 tage vor seinem ende mitt Gott vereinigen laßen. Am vergangenem Diengstag Morgendß vmb 4 Vhr ist er gestorben im 74 jahr seineß alterß. M. **Halbach** hatt die Leichpredigt gehalten ex ψ: 25 v. 15. [Witt 715]

1129 Unklar, welcher der mehreren Orte dieses Namens gemeint ist. Vielleicht Peterswalde, Kr. Niederung?

1130 Elisabeth **Stürmer** ✝ 10. 3. 1627 (lfd. Nr. 60).

1131 Im Lebenslauf seiner Frau wird dieser Sohn als bereits verstorben angegeben.

728 CATHARINA FRIEDERICH,
✶ GROSS THIERBACH, KR. PREUßISCH HOLLAND 1578, ✞ 13. 1. 1636

Begraben den 17. Jan ♃ v. St.

Catharina, Peter **Friederichs**, Windmüllers Ehel. Haußfraw

Ist ao 1578 Zu Thierenberg im Ambt Holland (1132) von Christl. Eltern gebohren. Ihr Vater ist gewesen Greger **Stein**, Ihre Mutter Hedewich. Diese Ihre Eltern haben sie von jugend auff Zur Gotteßfurcht vnd zu allen Christlichen Tugenden gehalten. Weil Ihr aber Ihre Eltern Zeitig abgestorben, hatt sie sich in die Frembde begeben müßen. Da sie denn zu Derschaw (1133) bey meinem Herren (1134) 10 jahr lang auffrichtig gedienet, welcher dann Ihr Ihre trewe Dienste belohnet, vnd Sie Anno 1598. Im 20 jahr Ihreß alterß dem David **Hahnen** Zur Ehe gegeben, welcher ein Müller gewesen, mitt welchem sie 7 jahr im Ehestand gelebet alß Zu Derschaw 2 jahr vnd alhier 5. jahr im Müllerdienst gesessen, vnd durch Gotteß seegen 5 Kinder alß 2 Söhne vnd 3 Töchter (1135) gezeiget, so alle verstorben. Alß dieser Ihr Man gestorben, hatt sie sich nach außgestandener trawrzeit wieder in ein Eheverlöbnüß eingelaßen mitt Bastian **Dinitzen**, mitt welchem sie durch zulaßung E.E. Raths beim windmüller dienst verblieben vnd 15 jahr im Ehestand mitt einander gelebet, vnd durch Gotteß seegen 5 Kinder alß 1 Sohn vnd 4 Töchter gezeiget, davon nur eine Tochter noch am leben, die andern seind schon gestorben. Nach absterbung Ihres andern Manneß, hatt sie sich zum dritten mahl mitt einem Müller gesellen Peter **Friederichen** in ein Ehegelöbnüß eingelaß, mitt welchem sie 15 jahr, doch ohne leibeß erben, im Ehestand gelebet. Waß Ihr Christenthum anlanget, hatt sie sich Christlich vnd friedlich mitt Jederman begangen. Alß daß alter herranner kommen, hatt sie offters gekrencket, vnd am vergangenem Sontag deß Nacht Zwischen 11 vnd 12 Vhr seelig gestorben im 58 jahr Ihreß alterß. Die Leichpredigt hatt gehalten H M. **Wolderus** ex l. Joh. 1 v. 7.

[Witt 160]

729 BRAUN ♀, ✶ TOLKEMIT, KR. ELBING 1594, ✞ 18. 1. 1636

Begraben den 21. Januarij ☽

Michel **Braunen**, Böttchers vffmn St. Ehel. Haußfraw (1136)

Ist ao 1594. Zu Tolckmidt von Christl. Eltern gebohren worden. Ihr Vater ist gewesen Valtin **Pasenaw** Mittbürger vnd Bötger der Altstättischen

1132 Für Groß Thierbach, Kr. Preußisch Holland finden sich 1578 auch die Bezeichnungen ‚Tyrenberg‘ und ‚Tirbach‘, siehe Peter Germershausen: Siedlungsentwicklung der preußischen Ämter Holland, Liebstadt und Mohrungen (Wiss. Beiträge zur Geschichte und Landeskunde Ost-Mitteleuropas, Nr. 87.) Marburg 1969, S. 371. Eine ungenaue Angabe „bei Preußisch Holland“ erscheint auch an anderer Stelle (siehe Anm. 1188, S. 489).

1133 Dirschau?

1134 Ernst Witt: meinem deutlich zu lesen.

1135 Eine Tochter war Susanna **Körner** ✞ 24. 5. 1630 (lfd. Nr. 423).

1136 Vorname nicht im Lebenslauf, im Namensregister am Ende des Kirchenbuches und im Totenregister (EZA Signatur 2075 – siehe hierzu in der Einführung S. 38) genannt. Zu den Registern siehe die Einführung, Seiten 8 und 37.

Freyheit Steintham, Ihre Mutter ist gewesen Dorothea. Diese Ihre Eltern haben sie nach empfangener Tauffe in Ihrer jugend fleißig zur schulen vnd Zu andern Christlichen Tugenden gehalten. Alß sie zu Ihren mündigen jahren gekommen ist sie Anno 1.6.17. in den stand der H. Ehe getreten mitt Dionysio **Schultzen,** dieser Altstädtischen Freyheit Steintham Mittbürgern, vnd in demselben 1. jahr vnd 37 wochen ohne leibeß erben gelebett. Nach absterbung dieseß Ihres Ehe Manß hatt sie 7. Jahr vnd etzliche wochen im Widtwenstande gelebet, vnd nach dem hatt sie sich Anno 1626 wieder in eine andere Ehegelöbnüß eingelaßen mitt Michel **Braunen** Böttchern vffm Steintham, vnd mitt demselben 9. jahr vnd 8 wochen friedlich gelebet, doch ohne leibes erben. Ihr Christenthum belangende, hatt sie sich fleißig zum gehör Göttlicheß wortß v: zum gebrauch des hochwürdigen Abendmahlß gehalten. Ihre Kranckheit ist eine flüßige Kranckheit gewesen wie auch groß Reißen vnd Stechen im Creutz vnd allen gliedern damitt sie sich ein halbeß jahr geschleppet. In solcher Ihrer Kranckheit hatt sie sich mitt Gott versühnen laßen, vnd darauff am vergangenem Freytag Abendß im 10 Vhr seelig gestorben im 42 jahr Ihreß alterß. M. **Lepner** hatt die Leichpredigt gehalten ex ψal: 34. v. 20 et 21. [Witt 73]

730 Christoff Krüger, ✶ Lüneburg 15. 3. 1587, ✝ 5. 2. 1636

Begraben 8. Febr. ♀. p. Estomihi

Christoff Krüger, Kirchen Kleinschmidt,

Ist gebohren in der berümbten Stadt Lüneburg, ao 1587. den 15. Martij eben am tage Christophori, dahero Ihm auch derselbe nahme gegeben in der Tauffe, sein Vater ist gewesen Mattheus **Krüger**, ein Beutler, seine Mutter ist gewesen Elisabeth. Honestê educatus *ehrbar erzogen* Zur Schulen gehalten, bieß er seinen Catechismum wie auch lesen vnd schreiben gelernet. Alß erdas 15 jahr seineß alterß erreichet, hatt Ihn sein Vater das Kleinschmied handwerck lernen laßen, zu welchem er sonderliche lust gehabt, welcheß er auch inß 4. jahr ehrlich vnd redlich außgelernet. Nach seinen außgestandenen lehrjahren hatt er sich auff die wanderschafft vnd namentlich anhero nach Königsbergk begeben, da er denn selbigeß mahl 3 jahr lang für einen gesellen bey ehrlichen Meistern gearbeitet. Weil Er aber noch ein junger Mensch gewesen, alß hatt Er lust gehabt auch andere mehr örter zu besehen, v: seinem handwerck nachzuziehen, hatt sich demnach in Deutschland begeben v: in vielen schönen Städten sich vmbgesehen. biß er Ao. 1.6.18. wiederumb anhero nach Königsbergk gekommen, da hatt Er sich das jahr hernach, nehmlich Anno 1619. in den H. ehestand eingelaßen mitt der tugendsahmen Jungfrawen Catharina deß S. Berend **Sangurinnen** Eheleiblichen Tochter, damahlß Hn Henrich **Perbandts** Dienerin, seiner nunmehr hinterlaßenen betrübten Wittwen, mitt welcher Er ins 17. Jahr gelebet vnd 9 Kinder gezeuget, alß nehmlich 7. Söhne vnd Zwo Töchter, de quibus omnibus *von denen allen* nur 2 Söhne vnd 1 Tochter am leben. Sein Christenthum anlangend, so ist Er ein frommer vnd Gottßfürchtiger Mann gewesen, pacificè vixit. *und lebte friedlich* Was seine Kranckheit anlanget, so hatt Ihn der liebe Gott ohngefehr vorm halben jahr mitt der beschwerlichen Kranckheit der Schwindsucht oder Darr angegrieffen, da Er sich zwar nicht gantz legen vnd betreisig sein dörffen, dennoch aber haben die Kräffte von tag zu tag immer abgenommen. Vnd ob Er eß zwar an ordentlichen Mittlen nichts ermanglen laßen, tamen p. *dennoch usw.* Also das Er auch vor etzlichen wochen gantz bettreisig worden, In welcher Kranckheit patiens fuit, obijt ♂. abends h. 8. cum vixisset annos 49. *er war geduldig, er starb am Dienstag abends um 8 Uhr als er gelebt hatte 49 Jahre* weniger 7. wochen. Die Leichpredigt hatt gehalten H. M. **Halbach** ex ψ. 42. [Witt 372]

731 Albrecht Möller, ✶ Königsberg (Altstadt) 7. 5. 1570, ✞ 10. 2. 1636

Begraben den 13. Febr. ☿ p[ost].Dom. Invocavit.

Meister Albrecht Möller Chyrurgus
vnd Stadt Balbierer,

Ist gebohren alhie zu Königsbergk Anno 1570. dem 7. May von Ehrlichen Christlichen Eltern. Sein Vater ist gewesen Greger **Möller** bürger vnd Meltzenbrewer dieser Altenstadt, seine Mutter die S. Fraw Elisabeth **Prilacken**. Diese seine Eltern haben Ihn nach empfangener Tauffe in aller Gottesfurcht im Hn aufferzogen, Zur Schulen vnd sprachen gehalten. Wie er nu seine jahr erreichet, haben sie Ihn Zum Chyrurgo vnd Balbierer zu Kawen (1137) gethan in die lehre, da er denn die Kunst redlich vnd ehrlich gelernet, vnd sich nach außhestandenen lehrjahren ferner in Deutschland zu waßer vnd Land begeben, vnd der Kunst nachgestrebet, das er mitt ehr v: ruhm gutten leutten dienen können. Anno. 1601 hatt er sich in ein Ehegelöbnüß eingelaßen mitt Annen damahlß S. Georg **Jonaßen**, nunmehr auch seiner hochbetrübten Wittwen, in welchem Ehestande Er friedlich vnd Christlich gelebet, v: durch Gottes seegen 8 Kinder alß 4 Sohne v: 4 Tochter gezeuget, davon noch 1 Sohn vnd 3 Töchter im leben sind. Anfangß nach seiner heyrahtung hatt Ihn E.E. Rath Zu einem Stadt Chyrurgo vnd Balbierer angenommen, darinnen er sich trewlich vnd fleißig verhalten zu tag v: nacht den patienten mitt Rath vnd that beygewohnet. Seine Kranckheit anlangend, ist er vngefehr vorm jahr von Gott mitt einer schweren leibeß mattigkeit angegrieffen, licet adhibuerit media, *auch wenn er Mittel dagegen angewandt hat* so haben dennoch die Krefften von tag zu tag abgenommen, das er schon in Zwölff wochen das Hauß Gotteß nicht hatt ersuchen können, dennoch zu Hauß fleißig gebetet vnd vnterschiedlichen communiciret q antae [antea] quousque saepius ab ipso factum. *was er zuvor schon öfter gemacht hatte* Am vergangenem Sontag Morgends vmb 4. Vhr ist er gestorben im 66. jahr seineß alterß. Leichpredigt gehalten H M. **Lepner** Phil: 1. [Witt 461]

732 Anna Movius, ✶ Wilna um 1610, ✞ 25. 2. 1636

Begraben den 2. Martij Dom. Laetare.

Fr. Anna, Hn Caspari **Movij** S.S. Th. L.
Haußfraw,

Ist auß vornehmer Familien bürtig. Ihr Großvater vom Vater ist gewesen Roland **Maryn** Wardageß (1138) in Braband saßhafftig vnd Edler Herr, der aber Zur Zeit der grausahmen verfolgung des Ducis **Albani** *Herzogs von Alba* der Lutherischen religion halben das seinige verlaßen vnd mitt

1137 Kaunas (Litauen).

1138 Ein Ort in Brabant? Ein Amt / eine Funktion?

seinem gantzen hauß nach der wilda in die hauptstadt Litthawen sich begeben, daselbs große waldhandlung getrieben auch Königlicher Factor worden. Ihr Großvater von der Mutter ist gewesen Arend **Engellbrecht** ein vornehmer bürger vnd Kauffman in der Konigl. Stad Wilda. Ihr Vater ist Peter **Maryunn** bürger v: vornehmer Kauffman in Wilda, nunmehr alt v: vnvermögende so in vohrigen jahren aber große handlung alhie vnd in Dantzig getrieben, daher auch männiglich bey dieser Stadt bekand Ihre Mutter ist gewesen die Ehr= vnd Tugendsahme Fr. Barbara, so albereit vor 15 jahren diese welt gesegnet. Von diesen Eltern ist sie in obermelten stadt Wilda geZeiget vnd gebohren Ao 1.610. ac. [anno currentis *im laufenden Jahr*] da sie 20 jahr alt worden, ist sie auff Raht vnd belieben Ihrer Eltern dem Hn Casparo **Movio** S.S. Th. L. [Sanctissime Theologiae Licentiato?] *dem Lizentiaten der hochheiligen Theologie (?)* verehlichet worden (1139), vnd die hochzeit gehalten eben auff Esto Mihi Anno 1631. den 2. Martij. Worauff sie ein jahr lang mitt Ihm in gutten ehelichem wollstand gelebett, auch zu Kawen (1140) einen Sohn gebohren, Anno 1632 am Sontag Quasimodogeniti so Peter geheißen, vnd fürm jahr Dom: Invocavit alhie begraben worden. Da sie aber kaum Ihre wochen außgehalten, hatt sie mitt Ihrem Hn inß Exilium ziehen müßen, da Zwar Ihre bluttsfreund Ihr angeboten vnd sie gebeten, sie wolle bey Ihnen verbleiben, bieß Ihr H Zum ruhestand wiederumb gelanget, darin Ihr H auch gern gewilligett mit Verheißung das er sie bey guten wege offters ersuchen wollte, aber darzu hatt sie sich nicht verstehen wollen, sondern lieber mitt Ihm inß elend ziehen, vnd bey Ihm in lieb vnd leid verbleiben wollen. Anno 1634 den 17. Januarij hatt sie wieder einen Sohn gebohren so Johannes genennett worden und jezo sambt seiner lieben Mutter zugleich zur Erden bestattet wird / Anno 1636 den 2 Febr. zwischen 12 Vhr [sic] hatt sie eine Tochter gebohren, so Catharina heist, vnd solches zwar glücklich, wie sie sich auch etliche tage hernach woll befunden, aber bald hernach ist sie zu zweyen mahlen schwerlich kranck worden, da sie durch eineß vornehmen Medici cura *Artzes Pflege* allewege ist wieder zu rechte gebracht, aber sie ist zum dritten mahl wieder eingefallen, da eß denn auch an Rath vnd Medicamentis, so weit eine sechs wöchnerin solche ertragen mag, nicht gemangelt, Inmaßen sie auch mitt dem tod niergends so weit obsiegen wollen, das eß sich woll angelaßen, dahero auch am vergangenen Sontag Ihrent halben offentlich Dancksagung in der Kirchen geschehen. Plötzlich aber hatt siechs geendert, bieß eß sich gar mitt ihr geendet hatt noctu horâ 12. den 25. Febr. Die haupt Vrsach Ihrer Kranckheit ist die leidige Mühe und sorge gewesen, damitt sie sich vber Vierde halb jahr bieß Dato schleppen müßen, dadurch sie auch endlich, Dei permissu, *nach Gottes Ratschluß* verzehret worden. Gott vergebe eß denen, so hieran schuld haben. Bey wehrender KRanckheit hatt sie ihren beichtVater den Polnischen pfarhern zu sich rufen laßen, vnd von Ihm das Abendmahl empfangen, welcher sie auch offters besuchet hatt. Sonst hatt sie sich in ihrer Kranckheit erzeigett wie in Ihrem gantzen leben, das ist gantz Christlich vnd andächtig, hatt insonderheit Gott befohlen, vnd Ihren Hn vnd Kinder hertzlich gesegnet mitt solchen worten: Der Gott Abraham, der Gott Isaac, der Gott Jacob segne euch vnd unsere Kinder, das eß euch nach meinem tode beßer gehe

/ weil Ihn der liebe Gott am vergangenen Donnerstag den 28. Febr. von dieser welt abgefordert .

1139 Bei Caspar Movius war Mattheß **Rücker** ✝ 6. 9. 1634 (lfd. Nr. 660) in Kaunas von 1625 bis 1628 in Dienst.

1140 Kaunas (Litauen).

alß bey meinem leben gangen ist, habett nur einen gutten muth. Gott wird euch nicht verlaßen. Insoderheit hat sie das Kleineste Kind Zu sich bringen lassen dasselbige geküßet, vnd dabey ex Cantione *aus dem Lied*: herzlich thutt mich Verlangen & die wort gesprochen: Ob Ich gleich hinterlaße &. Welchen gesang sie sich auch hernach in Polnischer sprach hatt vorsingen laßen, vnd ist in Ihrer andacht bestendig geblieben bieß ans ende, welches ist gewesen den 25. Febr. Noctu hora 12. *Nachts um 12 Uhr* Im 26 jahr Ihres alterß.
Leichpredigt hatt gehalten H M. **Wolderus** ex ψ. 126. Die mitt thränen sehen, werden mitt Freuden erndten. p. [Witt 467]

733 CHRISTIANUS BAUMGARTT, ✶ KÖNIGSB. (ALTSTADT) 2. 12. 1585, ✞ 1. 3. 1636

Begraben den 4. Martij ♂ p. Laetare.

Christianus Baumgartt.

Ist alhie zu Königsbergk Anno 1585 den 2 Xbris zwischen 5 vnd 6 Vhr abends von Christlichen vnd Gottsehligen Eltern gebohren worden, sein Sehl.Vater ist gewesen H. Christoff **Baumgartt** Gerichtsverwandter dieser Altenstad, seine Mutter ist gewesen die Fraw Anna (1141) des Hn Hanß **von Puschen** bürger vnd winhändler dieser altenstadt Eheleiblichen Tochter. Diese seine Eltern haben Ihn nach empfangener Tauffe, alß er etwaß erwachsen, fleißig zur schuhlen gehalten, v: alß er das 8 jahr erreichet, haben sie ihn in Pohlen, die sprach daselbst zu lernen, verschicket, da er dan 3 jahr geblieben, wie er wieder nach hauß auß Pohlen gekommen, hatt Ihn sein Vater nicht allein zur schuhlen, sondern auch zu hauß einen praeceptoren *Lehrer* gehalten, der Ihn hatt fleißig instituiren müßen, also das er ein gutteß fundament in der Lateinischen sprache gelegett. Alß aber sein Vater gestorben Anno 1603. hatt er gerne ferner den studijs obliegen wollen, ist aber durch einrahten beyderseits freundschafft Anno 1604. Zum Hn Hanß **HoffMeistern** Rathsverwandten der Altenstad (1142), den Kauffhandell bey Ihm zu lernen, hingethan, da er denn 16. jahr sich trewlich, from, Still vnd fleißig verhalten. Alß aber seine Mutter Ihrer eygenen haußhaltung selbsten nicht mehr hatt vorstehen können, hatt er sich, alß ein frommer gehorsahmer Sohn, seiner alten Mutter angenommen, vnd Ihrer wirtschafft mitt allem fleiß vorgestanden. Alß nu seine liebe Mutter vor 3 jahren 3 Monatt auch gestorben, hatt Er in seinem gesellen Stande seinen eygenen Kauffhandell vorgenommen, bieß das Ihn Gott gestern 8 tage mitt dem schweren husten belegett, also, ob er woll den Medicum *Arzt* gebrauchet, hatt eß doch nicht helffen wollen, sondern der hochste Gott hatt Ihn am vergangenen Sonnabend zwischen 2 vnd 3. Vhr nach Mittage von dieser welt abgefordert im 51. Jahr 6 wochen seineß alterß. In seinem Christenthum hatt er sich still vnd from verhalten, vnd seine Gottsehligkeit hatt er insonderheit erwiesen mitt nachschreibung der predigten vornehmer Prediger dieser alten Stad Köngßbergk, vnd solcheß hatt Er nicht allein in der Kirchen gethan, sondern auch zu hauße mitt versetzung der Predigten auß dem Deutschen in die Lateinische sprache, wie seine eygenen schrifften die Er hinterlaßen, solches beZeugen. Die Leichpredigt hatt gehalten H M. **Lepner** ex ψ. 139. [Witt 28]

1141 Anna **Baumgartt** □ 2. 12. 1632 (lfd. Nr. 566).

1142 Die Frau des Hans Hoffmeister ist Ursula **Hoffmeister** ✞ 20. 4. 1633 (lfd. Nr. 593). Dort ist als Sterbedatum des Hans Hoffmeister angegeben der 29. 8. 1606. Die Witwe muss demnach das Handelsgeschäft noch jahrelang weitergeführt haben.

734 Catharina Soltaw, ✶ Königsberg 8. 8. 1586, ✝ 6. 3. 1636

Fraw Catharina, Paul **Soltawen** Haußfraw,

Begraben den 6. Martij ♃ p. Dom: Laetare.

Ist gebohren Anno 1586. den 8 Augusti. von Gottsehligen Eltern. Ihr Vater ist gewesen Jacobus **von Kranen** (1143), damahn Churfl. Durchl. Zu Preußen wollbestalten Hoff Organisten Ihre Mutter S. hatt geheißen Elisabeth, deß Sehl: Matthes **Walten** eheleiblichen Tochter. Diese seine Eltern haben sie nach empfangener Tauffe, wie sie etwaß zu jahren kommen, fleißig zur Schulen gehalten, sie lesen, schreiben vnd rechnen lernen laßen, v: also in allen in allen Christlichen vnd Jungfräwlichen tugenden aufferzogen. Anno 1610. da sie Ihr 24ta jahr erreichet, hatt sie sich, mitt einrahtung Ihrer Eltern vnd negst anverwandten Freunden, mitt Paul **Soltawen** itzigen hochbetrübten Wittwen [sic] in ein ehe gelöbnüß eingelaßen, mitt welchem sie 26 jahr in friedliebender ehe gelebett, v: durch Gotteß seegen 6 Söhne vnd 1 Tochter zusammen geZeigett, von welchen schon 3. Söhne gestorben. 3 Söhne aber vnd 1. Tochter sind noch beym leben. Ist eine fromme vnd stille person gewesen. Anno 1624. hatt sie der liebe Gott mitt einer harten leibeß Kranckheit heimgesuchet, da sie dann gantzer 2 jahr lang bettreisig gewesen, welcheß Ihr Creutz sie Christo Ihrem Erlöser geduldig nachgetragen. Anno 1.6.30 alß sie erfahren, das Ihr lieber Eheman itziger hochbetrübter Wittwer an frembden orten, an welchen Er seiner gescheffte halben verreiset, Zu großem schaden vnd vnglück gekommen, ist sie hefftig darüber erschrocken, bald darauff in eine Kranckheit gefallen, vnd in 6 jahr fast immer zu bettreisig gewesen, die Kranckheit sich auch von tag zu tag sich gemehret, vnd also am vergangenen Dinstag zwischen 3 vnd 4 Vhr gegen Morgen im 50 jahr Ihreß alterß sanfft v: seelig im Hn endtschlaffen. Leichpredigt hatt gehalten H M. **Lepner** ex ψ. 42. v. ult. *aus dem letzten Vers von Psalm 42* Waß betrübstu Dich meine seele vnd bist so vnruhig in mir, harre auff Gott, denn Ich werde Ihm noch dancken, das er meineß angesichts hülffe v: mein Gott ist. [Witt 615]

735 Nicolaus Neuman, ✶ Gut Rörchen Kr. Greifenhagen / Reg.-Bezirk Stettin 1602, ✝ 3. 3. 1636

H. Nicolaus Neuman Schneider vnd Gerichtsverwandter auffm Steintham,

Begraben d. 6. Martij ♃. p. Dom: Laetare.

Ist gebohren Anno 16.02. Zu Rörichen außm Creutzeigenthumb vnd Cambterey wildenbruch in der Neymarck gelegen. Sein S. Vater ist gewesen H Nicolaus **Neuman** Ambtsverwalter daselbsten, seine Mutter heißet Anna **Piepersin**. Diese seine Eltern haben Ihn nach empfangener Tauffe in aller Gotteßfurcht vnd vermahnung zum Hn aufferzogen, auch zur Schulen gehalten vnd schreiben vnd lesen lernen laßen, vnd wie Er seine 14 jahr erreichett haben Ihn seine Eltern zum Meister **Darnagel** Mittbürgern vnd Schneidern Zu Königsbergk in der Newmarck in die lehre gethan, das er daselbst das Schneider handwerck lernen solte, welcheß handwerck er nicht allein ehrlichen außgelernet, sondern hatt auch darauff 14 Jahr lang hin vnd wieder in Deutschland vnd an andern orthen mehr gewandelt, vnd, wie an andern orthen also auch alhier eine geraume Zeit vor einen Gesellen gearbeitet. Anno 1630 den 21. Octobris hatt Er sich mitt einrahtung gutter freunde mitt Sehl: Jacob **Stoltzken**

1143 1621 heiratete Friedrich **Müller** ✝ 2. 4. 1634 (lfd. Nr. 640) in dritter Ehe die Witwe Regina des Jacob **von Krahn(en)**, Organist am Königsberger Schloss.

(1144) gewesenen Mittbürgerß alhier nachgelaßenen Wittwen Fraw Annen (1145) in ein ehe gelöbnüß eingelaßen, vnd mitt derselben in Christlicher Ehe gelebet drey jahr, v: durch Gotteß seegen mitteinander geZeiget Zwey Söhne, davon noch einer am leben, den andern aber hatt er vorhero zu dem lieben Gott gesandt. In diesem wehrenden Ehestand ist er Anno 1632 vnd also vor 4 Jahren in Eineß Erbarn Gerichts Mittel alhier auffm Steinthamb Zum Schöppen erkohren worden. Nach dem Ihm diese seine Fraw Anno 1633. den 10 Octobris gestorben, hatt er in dem betrübten Wittwenstand verharret 2 gantzer jahr lang. vnd wie Er sich lenger also nicht hatt auffhalten können, hatt er sich Anno 1635. den 8 Octobris in eine andere Ehegelöbnüß eingelaßen mitt der Jungfrawen Anna des Johan **Brügmanß** Mittbürgerß alhier in erster Ehe geZeigeten Tochter, vnd mitt derselben in friedliebender Ehe gelebet 21 wochen. Sein Christenthum anlangend, hatt er sich mitt männiglichen vnd also auch mitt seinen Nachbahren woll v: friedlich begangen, sich auch fleißig zum gehör Göttliches wort vnd zum gebrauch deß hochwürdigen Abendmahlß gehalten, wie Er denn auch am negst verschienen Sontag vor 5 wochen in vnserer Altstädtischen Kirchen zum tische des Hn gewesen. Waß seine Kranckheit anlangett, ist er den gantzen winter vber nicht woll auffgewesen vnd zum offtern zu bette gelegen. Am negst verschienen Donnerstag aber vnd also vor 8 tagen hatt Ihn solch seine Kranckheit hart angegrieffen das er sich balde auffs siegbette legen müßen. vnd ob er zwar hertzlichen gewünschett, das, wenn eß Gott gefellig were, vnd Ihm seelig, Er seinem lieben Ehegatten v: kleinen aufferzogenen Kindlein zu trost noch eine zeitlang leben möchte, so hatt er dennoch seinen willen dem willen Gotteß ergeben, vnd sich deß leidenß v: sterbenß Jesu Christi getröstet, vnd seine seele Ihrem Schöpffer zu trewen handen befohlen. Vnd ist darauff am vergangenen Montag vmb 1 Vhr nach Mittag seelig gestorben im 34 jahr seineß alters. Leichpredigt hatt gehalten H M. **Wolderus** ex ψ. 51. v. 11. 12. 13. 14. [Witt 484]

736 Catharina Stobbe, ✶ Königsberg (Altstadt) 12. 6. 1573, ✝ 12. 3. 1636

Begraben den 16. Martij Dom. Palmarum.

Catharina, Henrich **Stobben,** gewesen Hoffglasers Nachg. Wittwe,

Ist Anno 1573 den 12 Junij gebohren alhie Zu Königsbergk, Ihr Seel: Vater ist gewesen H. Valtin **Bohll** bürger vnd handelßman dieser Altenstadt, Ihre Mutter die Fraw Gertrud, diese Ihre Eltern haben sie nach empfangener Tauffe in allen Christlichen tugenden aufferZogen vnd Zur Schulen gehalten, das sie Ihren Catechismum gelernet, v: hernachmahlß Ihren Eltern in der haußhaltung sehr nützlich gewest. Ist nach erreichung 25 Jahren dem Seel: Heinrich **Stobben** gewesenem hoffglaser verehliget worden, mitt welchem Sie in die 36. jahr gelebet in friedliebender Ehe, vnd mitt einander 11. Kinder alß 6 Sohne vnd 5 Töchter gezeiget, von welchen noch 1 Sohn vnd 2 Töchter im leben sind. 2. Jahr hatt sie nach absterbung Ihreß Ehemanneß im Wittwenstande gelebet. Ihr Christenthum belangende, ist sie in demselben sehr vleißig v: Gottsfurchtig]

1144 Jacob **Stoltzke** ✝ 4. 3. 1630 (lfd. Nr. 402).

1145 Anna **Neuman** ✝ 11. 10. 1633 (lfd. Nr. 618).

gewesen, all Ihr Thun v: wesen zu Platteß ehr eingestellet. Ihre Kranckheit belangende ist sie am vergangenen Donnerstag 8 tage damitt plötzlich befallen, v: ob woll menschliche hülff v: mittel an Ihr versucht, haben dieselben doch nichts außrichten wollen, Vnd weil sie vermercket, das Ihr ende sich nahet, hatt sie sich mitt Schönen sprüchen getröstet. Ist am vergangenen mittwoch im 63 jahr Ihreß alterß gestorben. Leichpredigt hatt gehalten H M. **Wolderus** ex ψ. 42. [Witt 701

737 Casparus Pantzer, ✶ Königsberg 6. 6. 1620, ✝ 18. 3. 1636

Begraben 21. Martij. ♀ p. Dom: Palmarum.

Casparus Pantzer.

Natus est Anno 1620. 6. Junij. Patre Casparo **Pantzer** Pharmacop: Elector: Matre Anna Dni Michaelis **Sternbergij** filiâ (1146). Obijt Apoplexia hora 12. pomeridiana 18. Martij. Aetas annorum 16. Concio: funebr. habuit Dnus M. **Lepner** ex Sap: 4. v. 7. usque ad v. 15. excl.

Er ist geboren am 6. Juni 1620 sein Vater hieß Caspar Pantzer, kurfürstlicher Apotheker, seine Mutter Anna war die Tochter des Herrn Michael Sternberg. Er starb am Schlagfluss um 12 Uhr nachmittags am 18. März im Alter von 16 Jahren. Die Leichenpredigt hielt Herr M. Lener aus Weisheit Salomos Kap. 4, Vers 7 bis 15. [Witt 499]

738 Catharina Greger, ✶ Schippenbeil, Kr. Friedland 1579, ✝ 23. 3. 1636

Begraben den 26. Martij. ☿ p. Pasch.

Catharina, paul **Gregers**, Mältzers Fr. (1147)

Ist gebohren Anno. 1579 Zu Schieppenpiell, Ihr Vater ist gewesen Abraham **Achtsnicht** ein Schneider, Ihre Mutter Barbara. Diese Ihre Eltern haben sie nach empfangener Tauffe in aller Gottesfurcht aufferzogen vnd hernacher zur Schulen gehalten, da sie lesen vnd den Catechismum gelernet. Alß Ihr im 14 jahr Ihreß alterß Ihre Eltern gestorben, ist sie anhero nach Königßbergk gekommen, vnd beym H.[errn] D.[oktor] Jacob (1148) in deß jetzigen H. Caspari (1149) Apotecken gedienet, bieß sie das 25. jahr erreichet, da hatt sie sich in eine Ehegelöbnüß eingelaßen mitt dem Michell **Hoffstein** einem Meurer gesellen. Mitt demselben hatt sie bieß ins 10 jahr in friedliebender Ehe gelebet, v: mitteinander 3. Kinder gezeugett, aber alle tod Zur welt gekommen. Alß dieser Ihr erster Man gestorben hatt sie 5 jahr im Wittwenstande gelebet, vnd hernach sich in eine andere Ehe eingelaßen mitt dem Baltzer **Funck** einem Steinhawer gesellen, mitt welchem sie 6 jahr ohne erben gelebett. Alß dieser Ihr ander Eheman gestorben, hatt sie 3. jahr im Wittwenstand gelebet, vnd hernach sich wiederumb mitt Paul **Gregern** einem Mältzer verlobet, auff der Freyheit Steintham, mitt welchem sie 8 jahr ohne leibeß erben gelebet. Ihr Christenthum] anlangende ist sie zwar eine sünderin gewesen, aber dieselbe Gott gebeichtet,

---

1146 Anna **Pantzer** ✝ 30. 1. 1632 (lfd. Nr. 526).

1147 Siehe auch den Lebenslauf der Catharina **Greger** geb. **Feldtbinger** ✝ 16. 3. 1627 (lfd. Nr. 61), mit der Paul **Greger** früher verheiratet war.

1148 Nachname **Montanus** fehlt hier, siehe den Lebenslauf des Reinholdt **Lubenaw** ✝ 17. 3. 1631 (lfd. Nr. 476) und den Lebenslauf der Sophia **Pantzer** ✝ 14. 4. 1637 (lfd. Nr. 801).

1149 Nachname **Pantzer** fehlt hier. Es ist offenbar der Sohn des Caspar Pantzer ✝ 12. 9. 1627 (lfd. Nr. 106).

Abbildung 6
Pagina 527 des Kirchenbuches
Lebensläufe von Casparus Pantzer, Catharina Greger und Wilhelm Kelch (Beginn)

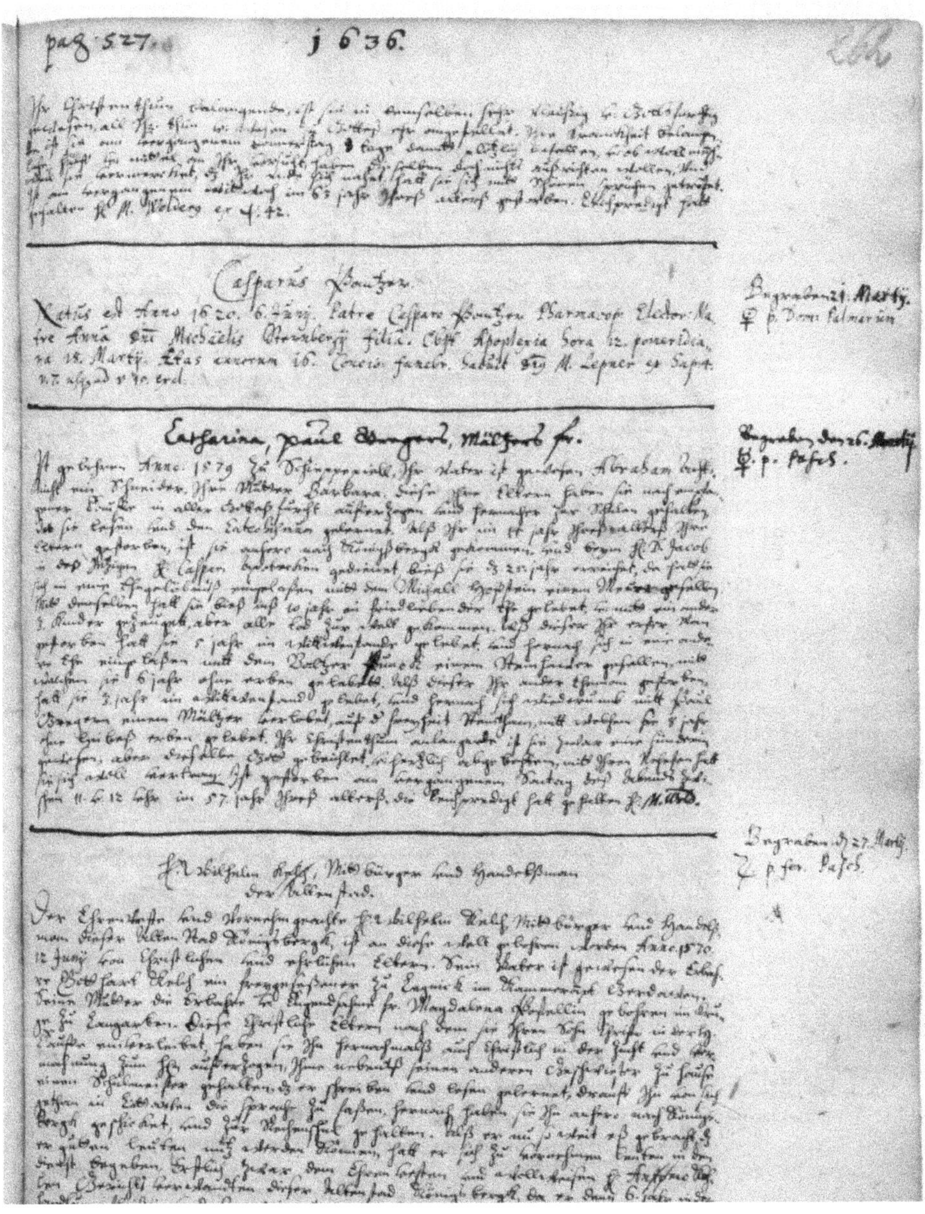

v: hertzlich abgebehten, mitt Ihren Nehesten hatt sie sich woll vertragen. Ist gestorben am vergangenen Sontag deß Abends zwischen 11 v: 12 Vhr im 57. jahr Ihreß alterß. die Leichpredigt hatt gehalten H. M. **Wold[er].**

[Witt 204

739 WILHELM KELCH, ✶ LÖCKNICK, KR. GERDAUEN 12. 6. 1570, ✞ 23. 3. 1636

Begraben den 27. Martij. ♃ p.fer.Pasch.

H. Wilhelm Kelch, Mittbürger vnd Handelßman der Altenstad.

Der Ehrenveste vnd vornehmgeachte H. Wilhelm Kelch, Mittbürger vnd Handelßman dieser Alten Stad Königsbergk, ist an diese welt gebohren Anno 1570. 12 Junij von Christlichen vnd ehrlichen Eltern. Sein Vater ist gewesen der Erbahre Gotthart **Kelch** ein Freygeseßener Zu Legnick im Kammerampt Gerdauen. Seine Mutter die Ehrbahre v. Tugendsahme Fr. Magdalena **Posellin** (1150) gebohren im Kruge zu Langarben (1151). Diese Christliche Eltern nach dem sie Ihren Sohn Christo in der H. Tauffe einverleibet, haben sie Ihn hernachmahlß auch Christlich in der Zucht vnd vermahnung zum Hn aufferZogen, Ihme nebentß seinen anderen Geschwister (1152) Zu hause einen Schulmeister gehalten, das er schreiben vnd lesen gelernet, darauff Ihn von sich gethan in Littawen die sprache zu faßen, hernach haben sie Ihn anhero nach Königsbergk geschicket, vnd Zur Rechenschul gehalten. Alß er nu soweit eß gebracht, das er gutten leuten nütz werden können, hatt er sich Zu vornehmen Leuten in den Dienst begeben, Erstlich Zwar dem Ehrenvesten vnd woll weisen H Antonio **Kohlen** (1153) Gerichtsverwandten dieser Altenstad Königsbergk. da er denn 6. Jahr in der handlung fleißig vnd trewlich auffgewartet, auch nach deßen S. abscheid noch ein gantzeß jahr bey der hinterlaßenen Fr. Wittwen im Dienst verblieben. Weil aber die Wittfraw nach sonderbahrer schickung Gotteß sich anderweit verEhliget, alß hatt er sich auß derer dienst mitt guttem willen vnd abscheid begeben Zu dem weiland Ehrenvesten, Nahmhafften vnd wollweisen Hn. Henrich **von Gersten** (1154) wollverordneten Bürgermeistern der Stad Kneiphoff, beym selbigen auch inß 6. jahr auffrichtig vnd trewlich gedienet auch länger bey Ihm verblieben, wann nicht in dem großen sterben Anno 1602. nach Gotteß willen ermelter H Bürger Meister mitt all den seinen vom Pest vbel were hingerißen worden. Wann denn nu vnser in Gott ruhender S. Mittbürger seine Manbahre Jahr erreichet, vnd deß dienens fast müde gewesen, alß hatt er sich zu seinem Freunde vnd Schwager Hn Friedrich **Neuman** Bürgern vnd Gewandhandlern im Kneiphoff begeben, dem er in seiner handlung 5. jahr auffgewartet, vnd etwaß zugleich auff seine eigene hand Zu handeln angeffangen vnd sonderlich zur Seefahrt in Holland vnd Dennemarck etlichemahl sein glück vnd brodt gesuchet, da

---

1150 Ernst Witt: Lesung unsicher – es könnte auch **Postellin** lauten, wie bei Anna **Kelch** ✞ 13. 10. 1629 (lfd. Nr. 308), die wohl seine Schwester ist.

1151 Gut Laggarben im Kr. Gerdauen?

1152 Eine Schwester ist Anna **Kelch** ✞ 13. 10. 1629 (lfd. Nr. 308).

1153 Ein Sohn dieses Antonius von Kohl war Friedrich **von Kohl** ✞ 4. 9. 1632 (lfd. Nr. 553) – der Schwiegersohn Isaac **Bock** ✞ 31. 3. 1628 (lfd. Nr. 146) war oo mit einer Tochter Elisabeth.

1154 Bei diesem war auch Jacob **Krause** ✞ 5. 3. 1631 (lfd. Nr. 474) in Diensten.

er denn auch innerhalb 3. jahren durch Gotteß seegen ein gutt Capithal erworben, also das er beschloßen sich nunmehro zur Ruhe zu geben, vnd sein Hertz nach Gotteß ordnung Zum H. Ehestand gewendet, da auch durch seineß Vettern Hn Michel **Kelchen** in Dantzig einrahten vnd beforderung Er sich Ehelichen eingelaßen in Dantzig mitt den damaln Ehr vnd Tugendreichen Jungfrawen Elisabeth, deß Ehrenvesten vnd wollgeachten Gert **Riegersch** vornehmen Handelßman in Dantzig Eheleiblichen Tochter. Nach gehaltener Hochzeit, weil er der Königsberischen Handlung beßer kündig, hatt er sich mitt seiner Haußhaltung anhero nach Königsbergk begeben, daß Bürgerrecht alhie gewonnen, vnd sich wie ein ehrlicher Büderman genehret. In stehender Ehe mitt seiner lieben Haußmutter drey Kinder gezeiget alß 1. Sohn vnd 2 Töchter, von welchen nur noch eine Tochter im leben, die vor wenig jahren an Hn Cyriacum **Heilßbergern** alhie ehrlichen außgestattet worden (1155). Wie eß aber gemeiniglich Zu gehen pflegt, das Eheleute, die sich woll am hertzlichsten lieben am ehesten getrennet werden, also hatt solches auch vnser Seel: Mittbruder mitt schmertzen erfahren müßen, in dem seine liebe Ehegattin Ihm bald von der seiten durch den zeitlichen tod gerißen worden, da sie kaum 5. jahr mitteinander in einer friedlichen Ehe gelebet, dadurch er denn in den betrübten Wittwenstand versetzet worden, vnd in demselben nicht ohne sorge vnd bekümmernüß verblieben bieß ins 6. jahr, Wann dann aber bey zunehmender Handlung Ihm die Haußhaltung zu schwer gefallen, vnd Er in der thatt erfahren, das eß nach Gotteß ausspechen nicht gutt sey das der mensch alleine sey. Alß hatt er sein hertz anderweit Zum H. Ehestand gewendet, vnd durch Gotteß sonderbahre schickung vnd wollgepflogenen Rath sich verehliget Anno 1617. mitt der damehlß Ehr= vnd Tugendreichen Jungfrawen Dorotheen deß weiland Ehrenvesten v: wollgeachten Lorentz **Heilßbergerß** Bürger vnd Handelsmaß dieser Altenstadt Königsbergk Ehlichen hinterlaßenen Tochter, seiner jezo hochbetrübten Wittwen, mitt welcher Er in gutter friedlicher, auch von Gott reichlich gesegneter Ehe gelebet 18 jahr vnd 18. wochen, vnd durch Gotteß seegen 5 Kinder geZeugett alß 1. Sohn vnd 4 Töchter, von welchen eine Tochter welche kaum 18 wochen alt worden, verstorben, die vbrigen 4. aber noch im leben sein, welche der liebe fromme Gott Krefftiglich trösten, auch durch seinen gutten Geist regieren wolle, das sie Gott Zu ehren v: der hochbetrübten fraw Mutter zu trost ferner Ihr leben anstellen mögen. Sein Christenthum v: eusserlicheß leben belangende, so ist daßelbige männiglich vnter vnß bekand v: also nicht nöhtig viel wort davon zu machen. Er ist ein fleißiger vnd andächtiger Zuhörer der predigten deß Göttlichen worts gewesen, der gerne von Gott vnd seinem wort geredet, das selbe fleißig gelesen vnd mitt den seinigen Zu Hauße geübet vnd getrieben. Er hatt sich auch zum offtern deß jahrß zum gebrauch deß H. Abendmahlß gehalten, welches am letzten auch noch acht tage vor seinem S. absterben am Palm Sontage alhie in vnser Kürchen geschehen. Sein Christenthum hatt er auch mitt den wercken der liebe gegen dörfftige vnd haußarme leute reichlich bewiesen, Inmaßen solches vnterschiedliche fromme hertzen mitt Danck erkennen vnd fast nicht genugsam Zu rühmen wießen. Gott der reiche vergelter v: belohner aller solcher wollthaten wolle eß den seinigen Tausendfältig wiederumb erstatten laut seiner getahnen Zu sage Matth: 20. Marc: 9. Sein Seeligeß

1155 Es handelt sich um die zweite Ehe des Cyriacus Heilsberger; die Heirat erfolgte also nach dem Tod von dessen erster Ehefrau Elisabeth **Heilsberger** ✝ 19. 3. 1628 (lfd. Nr. 140).

absterben betreffend, ist er Zwar ein zimlich betagter Man gewesen, der schon das 66 jahr seineß alterß erreichet, aber doch dabey stets sich bey gutter gesundheit befunden, ohn allein das er an der giecht bißweilen Lagerhafft worden, wiewoll Er ohne sonderbahre schmertzen dasselbe bald wieder loß worden. Kurtz vor dem abgewiechenen Osterfest ist er bey gesunden tagen mit sterbens gedancken vmbgangen vmb beschloßen das er bald nach Ostern sich eine grabstett in dieser Kirchen erkauffen wollen, daZu Ihn vieleicht bewogen das er die tage sein haupt geklaget, vnd vor dem die Zeit seineß lebenß kein Hauptwehe empfunden, Er sich selber prognosticiret, wan das Haupt Ihm würde wehe thun, eß sich mitt Ihm gewieß zum ende nahen würde, doch hatt er sich bald wieder frisch gestellet, vnd die seinigen das sie sich deßfalß nicht zu bekümmern, getröstet. Am heiligen Ostertage hatt er sich bey wehrender fruepredigt etwaß vbell befunden, also das er auch wieder seinen gebrauch vnd gewohnheit des seegenß nach gehaltener Communion nicht abwarten können, sondern sich nach hauß machen müßen, daselbst er gebetet vnd die passion welche er in wehrender Marterwoch mitt der außlegung durchgelesen, vollenZogen. hernach hatt er sich mitt einem trunck wein gelabet, v: darauff noch eine ziemliche Mahlzeit gegeßen, ob er schon damahls vber Magenwehe, welcheß sonst niemahlß geschehen, geklaget. Nach geendeter Malzeit hatt er bieß an die vesper die Zeit mitt Gottsehligen redn von Christi leiden tod vnd aufferstehung, auch etlichen Ostergesängen zugebracht, vnd sich endlich in die Vesper predigt verfüget. Nach gäntzlicher verrichtung deß Gotteßdiensts, alß er auß der Kirchen gehen wollen, hatt er sich wieder vbel befunden, sich eilends nach hause gemacht seine Kleider abgeleget, in der stuben sich auff vnd nieder leiten laßen, vnd sehr vber die brust geklaget, drauff er den Hn Medicum H. L. **Beckerum** Zu sich erfordern laßen. Vnter deßen weil die wehtage der brust sehr Zugenommen hatt er sein hertz zu Gott gerichtet, vnd mitt lauter stim vnterschiedlich gesprochen: Jesu du Sohn David erbarm dich Mein: Jesu lieber Meister erbarm dich mein: Jesu von Nazareth erbarm dich mein Item *Ebenfalls* Vater in deine hände befehl Ih meinen geist, du hast mich erlöset H du getrewer Gott. Alß nu der H Medicus gekommen v: gutte hoffnung der beßerung gegeben, deßwegen auch etwaß in die Apotecken verschreiben wollen, ist er vnter deßen auffgestanden, in der stuben in seinem vnterkleid auff die knie nieder gefallen, mitt auffgehabenen vnd gefaltenen händen ein kurtz gebett zu Gott gethan, drauff wieder auffgestanden, ein wenig sich nach dem tisch gewendet, bald geklaget das Ihm sehr vbel were, darüber Er Zur erden gesuncken, v: also seinen Geist ohn alleß schreien vnd vngeberde, auffgegeben im 66 jahr seineß alterß. Die Leichpredigt hatt gehalten H. M. **Halbach** ex ψ. 129.

[Witt 332]

740 HANß SCHMIED, ✶ DANZIG 10. 7. 1585, ✝ 2. APRIL 1636

Begraben den ♀ p. Dom: Quasimod: den 2 Aprilis.

Hanß Schmied.

Ist Anno 1585 den 10 Julij zu Dantzig gebohren von Christlichen v: vornehmen Eltern Sein Vater ist gewesen H. Hans **Schmid** mittbürger vnd Kauffman in Dantzig, seine S. Fr. Mutter ist gewesen Elisabeth **Wiehmansche**. Diese seine Eltern haben Ihn nach empfangener tauffen Zur Gottsehligkeit aufferzogen vnd Zur Schulen gehalten. Wie er das 14.

jahr erreichet haben sie Ihn in Pohlen verschicket, da er (1156) jahr verblieben von dannan ist er anhero nach Königsbergk gekommen, vnd sich in diensten begeben bey dem weiland Ehrenvesten Nahmhafften vnd wollweisen Hn Christoff **Schnierling** Rathsverwandten im Kneiphoff, bey dem er 6. jahr trew v: ehrlich gedienet. Wie er das 30 jahr erreichet hatt er sich in den stand der heiligen Ehe begeben mit Marta deß Ehrwürdigen vnd wollgelahrten H. Salomons **Fincken** Eheleiblichen Tochter, mitt derselben in friedliebender Ehe gelebet 1. jahr vnd durch Gotteß seegen 1. Sohn mitt Ihr geZeiget. Alß Ihm diese seine fraw gestorben hatt er 2. jahr im Wittwerstand gelebett, vnd hernach sich wiederumb befreyet mitt Vrsula deß S. Bartell **Dakauß** eheleiblichen tochter, anjezo hochbetrübten Wittwen, vnd mitt derselben in friedliebender ehe gelebet 18 jahr vnd durch Gotteß seegen 4 Kinder alß 3 Söhne vnd 1. Tochter gezeuget, davon 1. Sohn im Hn entschlaffen. Sein Christenthumb anlangend ist er ein friedliebender man gewesen. Seine Kranckheit betreffend, so ist er vor 3 wochen bettreisig worden, v: alß er gesehen das eß sich zum ende nahete, hatt er sich am vergangenen Montag 8 tage mitt Gott vereinigen laßen, vnd darauff am vergangenen Sontag deß morgens vmb 9 Vhr gestorben im 51 jahr seineß alterß. Die Leichpredigt hatt gehalten H M. **Lepner** ex Esa: 53. v. 1.2.3. [Witt 645]

741 FRIEDRICH HARDWICH, ✶ KÖNIGSBERG (ALTSTADT) 1600, ✝ 1. 4. 1636

Begraben den 4. Aprilis ♀ p. Dom: Quasimod:

Friedrich Hardwich Häcker

Ist Anno 1600 alhie zu Königsbergk in der Altenstad von Christlichen Eltern gebohren. Sein S. Vater ist gewesen Meister Friedrich **Hartwich** Schneider v: mittbürger der Altenstad. Seine Mutter heißet Dorothea, welche noch am leben, vnd anjezo Ihm das geleit zum grabe gegeben. Diese seine Eltern haben Ihn nach empfangener Tauffe alßer Zu jahren kommen fleißig zur Schulen gehalten, bieß er fertig hatt schreiben v: lesen können. hernacher haben sie Ihn in Pohlen die sprache zu lernen verschicket, alß er dieselbe gefaßet, hatt er sich wiederumb anhero zu seinen Eltern begeben, vnd weil vnter deßen sein Vater gestorben, vnd die Mutter sich wiederumb mitt Peter **Franck** Schneidern v: Mittbürgern der altenstad in ein ehegelöbnüß eingelaßen, hatt er bey demselben das Schneiderhandwerck 2 jahr vollenkommen gelernet, vnd nach außgestandenen lehrjahren alß er von 13 jahren (1157) gewesen gewandert, in Deutschland v: Vngern sich woll versucht, vnd 7. jahr weckgeblieben. Alß er wieder anhero zu seiner Mutter gelanget hatt er sich ein jahrlang bey Ihr auffgehalten vnd sich hernacher mitt Gertrud deß Andreß **Rettigken** im Bischthum wohnhafftig tochter, welche sich beym S. Meister Thomaß **Steimern** gewesenen fästbäckern v: mittbürgern der Altenstad 15. jahr still v: from verhalten, Ehelichen versprochen, mitt welcher er 12 jahr in gutter Ehe gelebet, vnd 8 Töchter mitt einander geZeiget, davon noch Eine nur aber sehr klein im leben ist, die andern 7 sind schon tod. Sein leben v: Wandel anlangende, weil er wegen deß schadenß an der rechten hand, das handwerck nicht hatt treiben können, hatt er auff nachgeben eineß hochweisen Raths der altenstad die erb-

1156 Anzahl der Jahre nicht angegeben, in der Zeile zum Nachtragen etwas Platz frei gelassen.

1157 Die Zeitangaben in seinem Lebenslauf lassen für den Beginn seiner Gesellenzeit auf ein Alter von etwa 16 Jahren schließen.

Zunfft der häcker gewonnen, v: seine nahrung fleißig fohrtgestellet, vnd mitt seinen zunfftbrüdern sich friedlich begangen. Sein Christenthum betreffend ist er ein liebhaber Gotteß worts gewesen, welcher sich fleißig zur Kirchen v: zum offtern gebrauch des hochwürdigen Abendmahls gehalten. Seine Kranckheit anlangend so hatt dieselbe schon lang gewehret, aber vor 6 wochen starck Ihn angegrieffen, in welcher Kranckheit er am vergangenen Osterdingstag das hochwürdige Abendmahl gebrauchet vnd sich darauff Gott ergeben welcher Ihn auch am vergangenen Dienstag zu mittag vmb 1. Vhr im 36. jahr seineß alterß von dieser welt abgefordert hatt. Die Leichpredigt hatt gehalten H.M. **Wolderus.** [Witt 241]

742 Anna Thege, ✶ Königsberg 29. 2. 1620, ✝ 4. 4. 1636

Begraben den 6. Aprilis Domin: Misericord. Domini.

Jungfraw Anna H. Bernhard Thegen Tochter.

Ist Anno 1620 den 29 Febr. von Christlichen Eltern alhier Zu Königsbergk gebohren. Ihr H Vater ist der Ehrenveste vnd hochgelahrte H. Bernhard **Thege** (1158) Chrfl. Br. pr. geheimer Rath Advocatus fisci *herzoglicher Anwalt in Finanzangelegenheiten* auch deß Samblendischen Consistorij assessor. Ihre S. Fr. Mutter ist gewesen die Fr. Anna S. Hn Bartell **preußen** hinterlaßene Tochter. Diese Eltern haben diese Ihre Tochter nach empfangener tauffe alß sie erwachsen Zur schuhlen fleißig gehalten schreiben v: lesen lernen laßen, sie ist aber in Ihrer erwachsung wenig gesund gewesen, sondern allezeit kranck, welche Kranckheit auch also zugenommen das sie vor 13 wochen gantz sprachloß worden v: bieß an Ihr end verblieben. Sie ist gestorben im 16 jahr v: 5 wochen Ihreß alterß den 4. Aprilis. Die leichpredigt hatt gehalten H.M. **Wolderus.** [Witt 729]

743 Michael Trotzer, ✶ Lauenstein, Amt Dippoldiswalde / Sachsen 1608, ✝ 9. 4. 1636

Begraben den 11. Aprilis ♀ p. Miseri cord: Dni.

Michael Trotzer, deß Hn Obersten **von Esen** Regiments Secretarius

Ist Anno 1608 Zu Lawenstein in Meißen 4. Meil Wegeß von Dreßden von Christlichen Eltern gebohren. Sein Vater hatt geheißen Fabian **Trotzen** ist ein Lehnrichter im Churfürstenthum Sachsen gewesen, seine Mutter hatt geheißen Regina, ist von seinen Eltern Zum studiren gehalten, nachmaln sich mitt begebender gelegenheit mitt etzlichen vornehmen Hn in Vngern begeben, daßelbsten er sich etzliche jahr auffgehalten. Anno 1632. ist er anhero inß Land Preußen gekommen vndt beym Börnstein-Meister Zur Germaw (1159) 1. Jahr lang die Kinder instituiret von dannen er zum Hr Obristen Alexander **von Eßen** Schwed: Gvernern vff Fischhausen gezogen, daselbsten gantzer 3. jahr vor einen Musterschreiber vndt endlich für einen Regiments Secretarien vffgewartet, in welchen wehrenden diensten er sich dermaßen verhalten, das Ihn der H Obriste sehr geliebet. gegen männiglichen hatt er sich fromb fried v: schiedlich verhalten das Ihme ein Jeder gern vmb sich leiden können. Nach weynachten coenâ Sacrâ usus est in templo

---

1158 Nicht Bernhardt **Thege d. Ä.** ✝ 17. 11. 1627 (lfd. Nr. 119), sondern dessen gleichnamiger Sohn (1590–1645 – Gallandi (wie Anm. 40 hier auf S. 33), S. 111).

1159 Germau, Kr. Fischhausen.

Palaeopoit. *nahm er in der Altstädtischen Kirche am Abendmahl teil* Seine Kranckheit ist gewesen die Daar oder Schwindsucht, welche er zwar fleißig curiret aber nichts helffen wollen. Praeterita die ♄ 5. Aprilis communiciret. Obijt den 9. Aprilis ☿ h l. pomerid: aetat. 28. jahr. *Am vergangenen Sonnabend, 5. April nahm er am Abendmahl teil. Er starb am Mittwoch, 9. April um 1 Uhr nachmittags im Alter von 28 Jahren* Leichpredigt hatt gehalten M. **Halbach** ex verbis Jobi cap. 19. v. 25.26.27. Ich weiß das mein Erlöser p. (1160) [Witt 744]

744 Anna Rabe, ✶ Königsberg (Kneiphof) 1603, ✝ 11. 4. 1635

Fr. Anna H. Christoff Raaben Haußfraw.

Begraben den 13. Aprilis Dom: Jubilate

Ist gebohren Anno 1603 Ihr H Vater ist gewesen der weiland Ehrenveste Namhaffte v: Wollweise H. Christoph **Schnüerling** Rathsverwandter der stadt Kneiphoff. Ihr Mutter die Fraw Sophia **Rösenkirchin** (1161) des auch weilandt Ehrenvesten Namhafften vnd wollweisen H Peter **Rösenkirch** Bürger Meistern derselben Stad Eheleiblichen Tochter. Diese Eltern haben diese Ihre Tochter zu allen Christlichen vnd Jungfräwlichen tugenden aufferzogen, vnd da sie das 17. Jahr erreichet ist sie Anno 1620. Den 10. Juny verheiratet dem Ehrenvesten v: vornehmgeachten H Christoff **Raben** (1162) itzigen hochbetrübten Wittwer, mitt dem sie in friedliebender ehe gelebet 15. Jahr 3. Monat, vnd mitt einander gezeiget Eine Tochter, welche noch im leben. Ihr Christenthum ist Jedermänniglich bewust. Ihre Kranckheit anlangende, ist sie vor 4. wochen mitt unpaßlichkeit von Gott heimgesucht, vnd wiewoll eß sich etlich mahl Zur beßerung angelaßen, hatt doch der liebe Gott nicht wollen hand an legen. v: weil sie gesehen das die Kranckheit von tag zu tag zugenommen, hatt sie am vergangenen Donnerstag mitt dem h. hochwürdigen Abendmahl sich versehen, vnd darauff den andern tag zwischen 10 v: 11 Vhr nach Mittag im H seeliglich eingeschlaffen im 32 Jahr vnd 6. Monatt Ihreß alterß. Die Leichpredigt hatt gehalten H M. **Lepner** ex ψ. 73. v. Herr, wenn Ih nur dich habe, so frage Ih nichts etc. [Witt 543]

745 Elias Gennert, ✶ Nemsdorf, Kr. Querfurt, Reg.-Bez. Merseburg / Prov. Sachsen 30. 8. 1585 ✝ 10. 4. 1636

Begraben den 13. Aprilis Dominica Jubilate.

Elias Gennert Mäwerer

Ist gebohren Anno 1585. den 30. Augusti. Sein Vater ist gewesen S. Elias **Gennert**. Seine Mutter (1163) von diesen Eltern ist er Zu Nimbßdorff in Düringerland gebohren worden. Diese haben Ihn in seiner jugend in

---

1160 Die Worte "Leichpredigt hatt … mein Erlöser p." von anderer Hand unter dem Text nachgetragen.

1161 Der Schwager der Sophia, Reinhold **Langerfeldt** ✝ 16. 1. 1628 (lfd. Nr. 127), war in zweiter Ehe mit ihrer Schwester Judith verheiratet. Ihre Schwester Anna **Poll** ✝ 18. 7. 1630 (lfd. Nr. 432).

1162 Vermutlich aus der bei Gallandi (wieAnm. 40 hier auf S. 33), S. 83 aufgeführten Familie Rabe. Vermutlich gehört auch Gerdrut **Thoms** ✝ 21. 6. 1631 (lfd. Nr. 486) als (angeheiratete) Nachfahrin ebenfalls zu dieser Familie. Diese Filiationen bei Gallandi jedoch nicht aufgeführt.

1163 Hier ist in der Zeile etwas Platz frei gelassen für den Eintrag des Namens, der nicht mehr erfolgt ist.

aller Gotteßfurcht aufferzogen, weil sie aber Zeitlich gestorben, so hatt er sich in seiner jugend bey seinen Freunden Still v: from verhalten. Wie Er aber zu seinen jahren kommen hatt er sich zum löblichen handwerk der mäwrer begeben vnd zu Eißleben (1164) seine lehrjahr außgestanden, v: darauff in die welt geZogen vnd Anno 1611. in Königsbergk ankommen, vnd 2. jahr gearbeitet, hernachmahlß aber sich verlobet mitt Jungfrawen Elsen S. Mauritz **Schmalgartts** Eheleiblichen Tochter, vnd mitt Ihr in friedliebender Ehe gelebet 14 jahr vnd einen Sohn gezeiget, welcher schon gestorben. Weil Ihm seine Haußfraw gestorben hatt der 1. jahr im Wittwer stand geseßen vnd sich hernacher wieder verheyratet mitt der Jungfrawen Catharinen deß S. Georg **Rußen** Eheleiblichen Tochter. vnd mitt Ihr bieß ins 8 jahr in friedliebender Ehe aber ohne leibeß erben gelebet. Sein Christenthum belangende, hatt er sich fleißig Zur Kirchen zum gehör Gottlicheß worts vnd zum gebrauch deß hochwürdigen Abendmahlß gehalten, sich mitt seinen Nachtbahren woll vertragen. Seine Kranckheit betreffend, so hatt er sindt weyhenachten her einen husten vnd Dampff gehabt, darwieder er sich immer gewehret bieß er am verschienen Ostertage in größere mattigkeit gerahten vnd dieselbe je länger je mehr zugenommen bieß er sich am vergangenen Freytage 8. tage mitt Gott vereinigen laßen weil er gesehen das sichs zum ende nahet vnd ist darauff am verschienen Donnerstag vmb 2. Vhr nach mittage im Hn seeliglich entschlaffen im 50 jahr vnd 30 wochen seineß alterß. Die Leichpredigt hatt gehalten H M. **Wolderus**. [Witt 178]

746 CHRISTOFF FEYERABEND, ✶ KÖNIGSBERG (ALTSTADT) 1592, ✞ 16. 4. 1636,

Begraben den 18. Aprilis ♀ p. Jubilate.

Christoff Feyerabend, Schmacken=Schipper

Ist Anno 1592. alhier in der Alten Stad von Christlichen Eltern gebohren. Sein Vater S. ist gewesen Christoff **Feyerabend** Mittbürger vnd handelßman dieser Altenstad, seine S. Fr. Mutter hatt geheißen Anna. Diese Eltern haben Ihn nachdem er etwas erwachsen fleißig Zur Schulen gehalten Ihn schreiben, lesen vnd den Catechismum lernen laßen. Alß er das 15 jahr erreichet v: zum studiren nicht lust gehabt, ist er von seinem Vater, weil Ihm die Mutter etwaß zeitig abgangen, Zu einem Kürschner im Löbenicht, solch handwerck zu lernen verthan; welcheß er auch nicht allein gelernet sondern auch in die 8. jahr vor einen gesellen drauff gearbeitet vnd sich in Deutschland hin v: wieder versucht bieß er das 26. jahr erreichet vnd Anno 1618. wiederumb anhero kommen, da hatt er sich mitt Jungfrawen Anna deß Sylvestri **Diegkmanß** gewesenen mittbürgerß vnd Melzenbrewerß vnd Kirchen Vaterß nachgelaßenen eheleiblichen Tochter verlobet, welche anJezo im betrübten Wittwenstand Zukegen ist vnd mitt derselben 18 jahr in friedliebender Ehe doch ohne leibeß erben gelebet. Was sein Christenthum betrifft, so hatt er sich mitt menniglichen v: insonderheit mitt seinen Nachtbahren friedlich begangen, sich fleißig zum gehör Göttlicheß worts v: zum gebrauch der hochwürdigen Sacramenten gehalten. Seine Kranckheit anlangend, ist er vor wenig wochen mitt seiner schaacken nach Insterburgk verreiset, vnd vnterwegenß mitt leibeß schwachheit von Gott angegrieffen, das er auch am Donnerstag vor acht tagen also kranck zu hauße gebracht worden, vnd weil er gesehen das der liebe Gott einen Feyerabend mitt Ihm machen würde, so hatt er sich am negst verschiehenem Dienstag mitt Gott vereinigen laßen vnd

---

1164 Eisleben, Reg.-Bezirk Merseburg (Prov. Sachsen).

sich darauff Gott ergeben, welcher auch mitt Ihm ein ende gemacht vnd Ihm am vergangenen Mittwoch vmb 4 Vhr nach Mittage von dieser Welt abgefordert im 44. Jahr seineß alterß. Die Leichpredigt hatt gehalten H. M. **Lepner**. [Witt 144]

747 Dorothea Lunietz, ✶ Königsberg (Altstadt) 15. 9. 1603, ✝ 23. 4. 1636

Begraben den 25. Aprilis ♀ p. Cantate.

Fraw Dorothea, H. Wilhelm **Lunietzen** haußfraw. (1165)

Ist gebohren Anno 1603. den 15 Septembris alhie Zu Königßbergk von vornehmen Eltern. Ihr S. H Vater ist gewesen H Georgius **Rab** Bürger vnd Kauffman dieser Altenstad. Ihre Mutter die Ehr v: tugendreiche Fr. Catharina Gebohrne **Meybohmin**. Welche Eltern diese Ihre Tochter in allen Christlichen vnd Jungfräwlichen tugenden fleißig aufferZogen. Vnd da sie nunmehr Zu ihren mündigen jahren gekommen ist sie Anno 1631 den 4. May dem Hn Wilhelm **Luintz** [sic] JeZigem hochbetrübten Wittwer verehliget worden, mitt dem sie in friedliebender Ehe gelebet 5. jahr. weniger etlichen tagen vnd mitt einander durch Gotteß seegen Zwo Kinder alß 1. Sohn vnd 1. Tochter gezeuget, von denen die Tochter nur am leben ist. Ihr Christenthum betreffende is sie zwar auch ein sündhaffteß Evae Kind gewesen, aber sie hatt sich gleich woll für eußerlichen v: fürsetzlichen sünden gehüttet. sie hatt sich fleißig Zum gehör Göttlicheß wort vnd zum gebrauch deß hochwürdigen Abendmahlß gehalten. Ihre Kranckheit anlangende ist sie vor 6 wochen mitt vnpäßligkeit von Gott belegett worden, v: wiewoll es sich etlich mahl gar fein zur beßerung angelaßen, so hatt eß doch dem lieben Gott mitt Ihr anderß zu machen gefallen. denn anhero alß sie vermercket das Ihre Kranckheit immer Zugenommen hatt sie sich vor drey wochen mitt dem hochwürdigen Abendmahl versehen laßen, worauff sie denn Ihren willen Gotteß willen gantz v: gar ergeben v: täglich vmb ein seeligeß stündlein geseufftzet, welch Ihr gebett der liebe Gott auch erhöret, v: sie auch am verschienen Mittwoch den 23 Aprilis Zwischen 7. vnd 8. vhr deß Morgenß von dieser welt abgefordert im 32 jahr 6. Monat. 2. wochen Ihreß Alterß. Die Leichpredigt hatt gehalten H M. **Halbach** ex ψ. 27. v. 10. [Witt 421]

748 Henrich Steinman, ✶ Königsberg (Löbenicht) 31. 7. 1587, ✝ 10. 5. 1636

Begraben den 3ten pfingst feyertag 13. Maij v. St.

Henrich Steinman, E.E. Rahts Glaser,

Ist ao 1587. den 31. Julij alhie Zu Königsperg im Löbenicht von Ehrlichen vnd Christlichen Eltern gebohren worden, sein S. Vater ist gewesen Henrich **Steinman**, Bürger vnd Glaser daselbst, Seine Mutter hatt Anna geheißen. Von diesen Christlichen Eltern ist er Zur tauffe befordert, darin er Christo einverleibet worden, auch ferner von ihnen auff Zuwachs, der Jahre, Zur Schulen gehalten, in aller Gottseeligkeit erzogen, auch ferner zum löblichen Handtwerck der Glaser auffgenommen, auff Welchen er nach außgestandenen LehrJahren ruhmlich gewandert. Im 30sten Jahr seines Alters hat er sich mit seiner iezo hinterlaßenen betrübten Wittwenm damahl Jungfrau der ehr vnndt tugendsahmen Frauen des weylandt Erbaren Casper **Wollen** gewesenen Bürgers Vnd Festbeckers auffm Sackheimb eheleiblichen Tochter ehelichen eingelaßen, Vnd in Zwanzigk iähriger friedlicher ehe 9 Kinder vier

1165 Besteht eine Verwandtschaft zu Christian **Lunitz** ✝ 22. 10. 1635 (lfd. Nr. 719)?

Töchter vnd fünff Sohne gezeüget, dauon noch ein Sohn vnndt drey Töchter am leben. Sein Christenthumb ist von ganz fleissiger anhörungk Göttliches Wordts, offtern gebraucht des H: Abendtmahls, vnd Vnverweislichen Erbahre leben rühmlich. Die Kranckheit hat aber 14 tage gewehret, in selbiger hat er am Vergangenen Freytag das H: Abendtmahl empfangen, fleissig gebetet, vnd sich Gott ergeben biß er am Vergangenen Sonnabendt abendt zwischen 9 vnd 10 Vhr im 50 Jahr aetatis Suae.
seines Alters [Witt 697]

749 Gerdrutt Riez, ✶ wo? 1575, ✝ 11. 5. 1636

Ist mit Henrich **Steinman**

Gerdrutt, Alten Vrban **Riezen**
von den Huben Hausmutter.

Zugleich begraben worden.

Ist Anno 1575 von Christlichen Gottseeligen Eltern gezeüget, vnd gebohren, Ihr Seeliger Vater ist gewesen der Erbahre Andres **Kollborn** ihr Seelige Mutter Anna **Schmidin**, diese ihre liebe Eltern haben diese ihre liebe Tochter in der Furcht Gottes erzogen, biß sie 25 Jahr erreichet hat, da ist sie verehlicht mit dem Erbahren Vrbahn **Ritzen** Ihren hochbetrübten Wittwer mit dem sie in friedlicher Ehe gelebet 36 Jahr Durch Gottes Segen gezeüget 6 Kinder 2 Sohne vnd 4 Töchter, dauon 2 Söhne vnndt 1 Tochter im Herren entschlaffen sein, Waß ihr Christenthumb belanget, ist sie eine fromme persohn gewesen, hat sich mit ihren Nachbahren Wollbegangen, vndt sich fleissig zu Gottes Wordt vnd Zum Hochwürdigen Abendtmal gehalten, wie sie auch daßelbe vor 14 tagen in dieser Christlichen Gemeine empfangen hat, Waß Ihr Abscheidt belanget hat woll 3 Jahr ihr eine Kranckheit angefangen, biß sie vor 8 tagen gar bettreisig worden, vnd ist vergangen Sontage in dem Herren sanfft vnd still seeliglich entschlaffen derer Seele Gott gnädigk sey. Im 61 Jahr ihres Alters. Lp. hatt gehalten H M**Lepner** ex Apoc. 2.10. [Witt 574]

750 Maria Bartsch, ✶ Königsberg (Altstadt) 15. 10. 1603, ✝ 17. 5. 1636

Begraben den 20. Maij p. Dom. Trinitatis ☉

Fraw Maria Friedrich **Bartschen**,
Kauffmans Haußfraw.

Anlangende die Weylandt Erb: vnd Tugendtsahme vnsere nunmehr in Gott ruhende Mittschwester, welche man zu ihrem Ruhebettlein beygesezet hat. Ihres Lebenß Ankunfft wißende, dieselbige ist an diese Weldt von Christlichen Eltern gezeüget vnd gebohren worden im Jahre Ao: 1603. den 15 Decembr: Ihr Vatter S: ist gewesen Weylandt Erb: Wollgeachter Peter **Steiner** Bürger vnd Handelßman wie auch ein SchmackenSchipper vnser Altenstadt. Ihre liebe Mutter Catharina, welche in ihrem hohen alter mit betrübtem Herzen ihrer lieben Tochter iezo den lezten Dienst geleistet vnd Ihr das Geleit zu ihrem Ruhebettlein gegeben vnd nachgefollget ist. Der Liebe Gott wolle sie trösten, vnd in ihrer trawrigkeit, Gedult verleihen, daß sie Göttes gnädigen Willen erkanne, vnd denselben sich gefallen laße; Diese ermelte Christliche Eltern so baldt sie ihre liebe Tochter vom Hn empfangen, haben sie dieselbe wiederumb dem H Christo in der heiligen Tauffe vortragen vnd einverleiben laßen, da sie den von ihren sünden gereiniget auß Waßer v: Geist wieder gebohren vnd in daß Buch des Ewigen Lebenß eingezeichnet worden. Alß sie nun was erwachsen, vnd Zu iahren kommen, ist sie fleissig Zur Schulen gehalten worden, da sie nicht allein lesen vnd Schreiben, sondern auch ihren Catechißmum fleissig gelernet vnd also Zu wahrer Gottesfurcht vnd andern Christlichen Tugenden aufferzogen worden. Biß sie daß 16 Jahr erreichet. Hat sie sich mit Vorbewust vnd Wollgedachtem Raht ihrer lieben Eltern in den Standt der H. Ehe eingelaßen mit ihrem alhie Zugegen hochbetrübten haußwirdt dem Erbaren vnd Wollgeachten Friedrich **Bartsch** Mittbürger vnser Altenstadt. Mitt welchem sie in wehrender Zeit ihres Ehestandes, durch Gottes Segen gezeüget 9 Kinder alß nemlich 4 Söhne, fünff Töchter, dauon aber mehr nicht alß nur noch 4 im Leben nemlich Drey Töchter vnd ein Sohn. Der Allmechtige Gott der ein Vater der Wittwen vnd waisen ist der wolle sich auch ihrer in gnaden erbarmen vnd annehmen, vnd ihr Vater sein vnd bleiben, Ihr Christenthumb belangende, so hatt sie dießfalß ein guttes Zeügnüß, daß sie eine liebhaberin des wordtes Gottes vnd eine fleissige Zuhörerin deßelben gewesen, Also daß sie nicht allein daßelbe vor ihre persohn gerne gehöret (.Wie sie dann selten eine Predigt soll verseümet haben:) sondern hatt auch Gottes wordt mit ihren Kindern vnd haußgesinde zu hause fleissig getrieben; Sich daneben auch offt zum Gebrauch des H. Abendtmalß gehalten, Auch sonsten Ihr eüserlich leben vnd Wandell dermaßen geführet, daß sie deswegen billichen rühmens vnd lobenß werth ist. Ihre Kranckheit betreffende hatt sie Gott der allmechtige vngefehr für 13 wochen ihrer mütterlichen Bürden entbunden vnd mit einem Jungen Sohnlein begabet, Weill sie dann schon lengst zuuor mit einem schweren husten beladen gewesen, alß hat sich solche beschwer ie lenger ie mehr gehäuffet vndt gemehret, vnd ist von tag zu tag mit Ihr schlimmer geworden, biß daß zulezt ein hieziges fieber darzu geschlagen, weill sie dann vermercket, daß der höchste Gott feüer Abendt mir ihr machen werde, hat sie den 25 April vngefehr für 3 wochen Ihren Beichtvater H.M. **Lepnerum** zu sich fordern, Vnd aus Gottes wordt sich trösten laßen, ihre Sünde erkandt vmb gnedige Vergebung der Sünden den allerhöchsten Gott angeruffen, ihre Beicht gethan, vnd darauff das H: Abendtmahl zu ihrer Seelen Seeligkeit empfangen. Hernacher allewege den H. Jesum biß an ihr Ende stets in ihrem herzen behalten, vnd sehnlich vmb ein seeliges Stündlein gebeten, Welches ihr Gott auch wiederfahren laßen, in dem er sie am Vergangenen Sonnabendt vff den Abendt vmb 7 Vhr sanfft vnd seelig einschlaffen laßen, Nach dem sie in dieser welt gelebet 32. Jahr Vnd 22 Wochen.

Lp: hat gehalten M Is: **Halbach.** ex Mich. 7, 9 [Witt 24]

751 BARBARA PINTZFELDT, ✶ KÖNIGSBERG 1578, ✞ 22. 5. 1636

Begraben den 25 Maij Dom: 1. p. Trinitatis.

Fraw Barbara Sel: Hn David
Pintzfeldts, Weylandt Churfl: Dhtt:
Rentmeisters Nachge: Wittwe.

Ist Anno 1578. alhier Zu KönigsPergk von Christlichen vnndt ehrlichen Eltern gezeüget vnd gebohren. Ihr Seeliger Vater ist gewesen, der weylandt Ehrenueste vnd wollgeachte Georg **Melch**, Mittbürger vnd Kauffman in der Altenstadt, Vnd ihre Selige Mutter, die Erbahre vnd Tugendtreiche Frau Vrsula **heilßbergerin**, Dieselbe Christliche Gottseelige Eltern, haben diese ihre Tochter in ihrer Zarten Jugendt, dem Hn Christo durch das Sacra: der H. Tauffe forderlichst einverleiben laßen, darinnen sie Krafft des Bluts Christi von allen Sünden abgewaschen vnd ihren Christlichen Tauff Nahmen Barbara empfangen, vnd alß sie etwas erwachsen, Ist sie von ihren lieben Eltern nach Gottes befehl fleissig Zur Schule vnd allen Christlichen Tugenden gehalten worden. Anno 1597 Ist sie mit willen vnd beliebung Ihrer lieben Eltern vereheliget worden, mit dem Weiland Ehrenuesten vnd wollgeachten S: Hieronymo **Brandt**, Mittbürger vnd Kauffman der Altenstadt mit welchem sie im friedlichen Ehestande gelebet 18 Jahr, darinen mit einander 3 Töchter durch Gottes Segen gezeüget, welche im H seeliglichen entschlaffen (1166). Nach Tödtlichem Abgang gedachten Ihres S: Mannes, hat sie im Wittwenstandt gelebet 2 Jahr, Nach welcher Zeit sie durch Gottes schickung Anno 1616 im herbst Zur andern ehe geschritten mit dem S: weylandt Ehrenuesten vnd Wolgeachten Davidt **Pinßfeldt**, Churfr: gewesener Rentmeister alhier Zu Königsbergk, mit deme sie in friedlicher ehe zusammen gelebet 1 1/2 Jahr ohne leibes Erben, da den gedachter ihr S: Mann Anno 1618 im Januario seelig im herren Verstorben, Vnd sie abermals in den betrübten Wittwenstandt von Gott dem Hn versezet worden, in welchem sie auch bieß an ihr Ende 18 Jahr verblieben, Gegen gedachte ihre beyde ehe Menner, hat sie sich iederzeit freündtlichen erzeiget, Die lieben Kinder in aller Zucht vnd Vermahnung im H. mit allem fleiß erzogen, mit ihren Nachbahrn hat sie sich allezeit nachbarlich vnd Woll begangen; Ihr Christenthumb anlanget pp. Vergangen Donnerstag ist sie nach dem sie 6 wochen ezliche tag Kranck gelegen, im herrn entschlaffen, im 58 Jahr ihres Alters.

Lp: hat gehalten M**Lepner** ex luc. 12. v. 35 usque ad *bis (Vers)* 41: Laßet eüre Lenden vmbgürtet sein. 7. Da ihr nicht meinet. (1167)

[Witt 516]

752 CHRISTOFF ENGELL, ✶ KÖNIGSBERG 1580, □ 3. 6. 1636

Begraben den 3. Juni ♂. p. Dom. 2. p. Trinit.

Christoff Engell, ein Meürer

Ist Anno 1580 von Christlichen Eltern alhie zu KönigsPergk gebohren, sein Vater hat geheißen Abraham **Engell**, seine Mutter Anna. Ist von Jugendt auff fleißig Zur Schulen gehalten. Anfangs hat er das Bortenwercker Handtwerck gelernet, vnd seine Lehr Jahr außgestanden, auch ezliche Jahr darauff gewandert, Weill ihm daßelbe aber nicht gefallen, hat er sich zum Mäuer handtwerck begeben, vnd daßelbe auch außgelernet. In den Ehestand hat er sich begeben mit Jungfraw Barbara Merttin **Poßers** eines Mäuers leibliche Tochter, mit welcher er 14 Jahr in friedlicher Ehe gelebet, Vnd 7 Kinder gezeüget, 3 Sohne 4 Töchter, welche alle verstorben. Nach Absterben seiner ersten Frauen ist er ein Jahr im Wittwenstandt geblieben, hernach sich anderweit eingelaßen mit Fr: Anna Peter **Mäyers** nachgelaßenen Wittwen, mit welcher er 17 Jahr wiewoll ohne leibes Erben gelebet, Nach Absterben dieser seiner andern Frauen hat er im Wittwenstandt geseßen, 3/4 Jahr. Weill er aber in seinem Alter vnd bey vielfeltiger leibes Schwacheit eines gehülffen benötiget, die seiner pflegen vnd warten können, alß hatt er sich zum dritten mal ehelichen eingelaßen mit seiner iezo hinterbliebenen Wittwen, mit welcher er aber nur 2 wochen vnd 5 tage Zusammen gelebet. Ist sonsten ein frommer

---

1166 Zwei dieser Töchter sind: Elisabeth **Trewiger** ✝ 28. 3. 1628 (lfd. Nr. 144) und Ursula **Brandt** ✝ 29. 10. 1629 (lfd. Nr. 338).

1167 Mit der Angabe "7." könnte der letzte Vers des Leichenpredigt-Textes gemeint sein, wenn man von Vers 35 bis Vers 41 zählt. Das zweite Bibelzitat steht allerdings in Lukas 12, Vers 40: „Denn der Menschensohn kommt zu einer Stunde, da ihr's nicht meint."

Gottsfürchtiger Mann gewesen, der sich fleissig Zum Gehör des göttlichen Wordts vnd gebrauch des h: Abendtmahls gehalten, ist gestorben im 57 Jahr seines Alters. LP: hat gehalten M**Lepner** ex. Psalmo 6.

[Witt 129]

753 Dorothea Flottwell ✶ Celle / Prov. Hannover 20. 1. 1591, ✝ 4. 6. 1636

Begraben den 6. Juny 1636 ♀ p.

Frau Dorothea
Hn Ludwig **Flottwelß** conjux.

Dom: 2. p. Trinit.

Ist Anno 1591 den 20 January Alten Calenders, im Herzogthumb Lüneburgk, in der Fürstlichen residentz Stadt Cella von vornehmen Christlichen Eltern an diese Weldt gebohren worden. Ihr S: herr Vater ist gewesen, der auch Ehrenueste, Achtbahre vnd wollweise Herr M: Simeon **Siek** Fürstlicher Dhtt: zu Lünebeurgk bestalter Advocatus am Keyserlichen Kammergericht Speier (1168); Wie auch woll verordneter Burgermeister Zu Cella. Ihre Seelige Frau Mutter, Die weylandt vielehrentreiche Fr: Catharina vhralten geschlechts daselbsten welche Gottseelige Christliche Eltern, ihre liebe Tochter dem H Jesu durch die heil: Tauffe ohn verzugk einverleiben laßen. Vnnd ob ihr woll ihre S: Fr: Mutter zu zeitig, ia in ihrer Zarten Jugend auß den augen gerißen worden, ist sie doch von ihren S: Hn Vatern vnd Anuerwandten mit höchster Vorsorge in der Zucht vnd Vermahnung Zum Herren, wie auch allen Jungfrewlichen tugenden fleissig aufferzogen worden, Im 22 Jahr ihres alters, ist sie durch sonderbahre Schickung Gottes, nach gepflogenem Reiffen Rath ihrer lieben Eltern Vnd Anuerwandten in den heiligen Ehestandt vermehlet worden, dem Ehrenuesten, Achtbahren vnd Wollgelahrten herren Ludwich **Flottwell** Gerichts Advocato vnd Notario publico izo hochbetrübten Wittwer. Mitt welchem sie in friedliebender gewünschter Ehe gelebet 23. Jahr, vnd durch Gottes Segen 7 Kinder nemlich 6 Söhne vnd ein Töchterlein gezeüget, dauon daß Töchterlein vnd 3 Söhne (1169) dem lieben Gott voraußgeschicket worden. Die andern 3 Söhne sind noch im Leben, Vnter welchen der Elteste, alß der seeligen frauen Ihr liebster wollgerathener Sohn, in der frembde seinen Studijs fleissig oblieget, Der Liebe Gott wolle sie alle miteinander, der seeligen Frau Mutter wunsch vnd Segen nach, ihm in gnaden treülich befohlen sein laßen; Ihr Christenthumb vnd Wandell betreffend, Weill sie Gott geliebet, vnd hinwiederumb Gott sie geliebet, hat sie den Christenstandt nur woll erfahren vnd practiciren müßen. Denn sie nicht allein in Ihrer Zarten Jugendt ihre liebste Frau Mutter verlohren, vnd empfunden, waß rechten Mutterlosen Waiselein Zubegegnen pfleget, Vnd was dort beim Tobia stehet, weill Du Gott fürchtest.p. Sondern sie hat auch baldt im Anfang ihres Ehestandes, mit ihrem lieben herren vnd Ehegatten wegen besorglichen Vnfriedens vnndt Kriegsempörungk anhero sich begeben müßen. Wie sich aber sonst alhie insonderheit gegen Gott, sein Wordt, Vnd deßen Diener, wie auch gegen ihre NebenChristen verhalten, ist verhoffentlich Jed=männiglichen bekand vnndt also nicht nötig viel wordt darvon Zu machen. Ihren lieben H. Ehegatten hat sie herzlich geliebet vnd geehret, Vnd die ihnen von Gott bescherte Kinderlein mit trewer mütterlicher Vorsorge Christlich aufferziehen helffen. Von dem lieben Gott ist sie mit allerhandt hauß-

---

1168 Speyer, Reg.-Bezirk Pfalz (Bayern).

1169 Einer dieser Söhne ist Ludwig **Flotwehl** ✝ 15. 2. 1630 (lfd. Nr. 393).

creyz, Kranckheiten vnd leibes Schmerzen, vorab in den Nechsten 6 Jahren, beleget, insonderheit aber nunmehr vor 25 wochen mit dem Stimdampff vnd andern beschwerlichen Catharris *Katarrh* heimgesuchet worden, in welcher langwüriger Kranckheit, vnd hochbeschwerlichen reisenden Schmerzen, sie Zwar die H. Medicos *Ärzte* gebrauchet, aber vornehmlich vnd vor allen Dingen nach Davids Exempell ihre einzige Zuflucht Zu Gott vnd ihrem Heilandt Jesu Christo genommen, Vnd mit heißen Thränen daß: Ach Herr wie doch so lange; Wie der hirsch schreiet nach frischem Waßer, item: *ebenfalls* Nach Dir Herr Verlanget mich: offters practiciret, vnd Vmb seelige Aufflösung inniglich geseuffzet. Auch unterdeßen ihre mühe seelige Zeit, mit lesen, beten, vnd andern Gottseeligen Vbungen Zugebracht, auch Vnterschiedlich daß hochwürdige Abendtmal gebrauchet.
Vnd ob woll wegen Langwirigkeit der Lieben Creyzes, Zu Zeitten Menschliche Schwacheit mit Vnterlauffen, so hat sie dennoch durch Kräfftigen Beystandt des heiligen Geistes sich wiederholet ihre Seele mit gedult gefaßet vnd dem gnädigen willen Gottes sich ganz vnd gar vntergeben. Kein fleiß noch menschliche mittell sind an ihr gesParet worden, die aber, weill ihr Stündlein herangekommen Vnndt der liebe Gott sie aufflösen wollen, nichts verschlagen mögen. Derowegen auch die Kranckheit so Zugenommen, daß die H. Medici an ihrem Leben gezweiffelt, welches sie selber verstanden. Derowegen vor wenig tagen mit ihrem lieben H Vnd Haußwirdt alles fein woll vnd vernünfftig abgeredet, vnd also ihr hauß bestellet, hingegen nur auff die gnädige aufflösung des Lieben Gottes mit großem Verlangen gewartet, allermaßen denn auch der liebe Gott solch ihr seuffzen v= verlangen erhöret, in dem er sie den Verschiehenen Mittwoch (1170) vmb 3 Vhr nach Mittag, alß ich eben war Zu ihr kommen vnd vnterschiedliche Gebeth ihr vorgesProchen, Vnter wehrendem Gebet in wahrem glauben bey gutter Vernunfft ganz sanfft vnd still auß diesem müheseligen Jammerhal abgefordert, vnd der Seelen nach in die ewige Freudt vnd Seligkeit versezet, auff vnd angenommen, nachdem sie auff dieser Welt gelebet 45 Jahr 4 Monat vnd 5 tage. Lp. hat gehalten M. Is:**Halbach** ex Psalmo 25, v.l. [Witt 151]

754 BARTELL LÖLHÖFEL, ✶ KÖNIGSBERG 10. 6. 1574, ✝ 15. 6. 1636

Begraben den 18, Junij ♃ post Dom. 4 à festo Trinit.

Lebenslauff Seel: Bartell Lohlhöfels.

Ist Anno 1574 den 10 Julij alhie zu KönigsPergk an diese Weldt gebohren, Sein Seliger H Vater ist gewesen, der weyland Ehrenueste vornehmgeachte Georg **Lölhefel**, Bürger vnd Melzenbreüer dieser Altenstadt seine S: Frau Mutter die Ehr vnd Tugendtsahme Frau Apollonia geborne **Lengnicken:** Diese seine Liebe Eltern haben ihn baldt zur heiligen Tauffe befordert, vnd in das Buch des Lebenß einverzeichnen laßen, Nach deme ferner fleißig Zur Schulen gehalten, weill aber sein S: H Vater baldt mit Tode abgangen; Alß ist er dennoch von seiner lieben Mutter vnndt Gebrüder so fern gebracht daß er seinen Catechismum nebenst schreiben vnd Rechnen woll gefaßet vnd gelernet. Auch ihn

1170 Das Wort „Mittwoch" verbessert aus einem ursprünglich anderen genannten Wochentag.

ferner in Pohlen vnd Littawen verschicket, da er denn zur genüge auch die sPrachen begrieffen, vnd erlernet hat. Nach dem er wieder auß Pohlen vnd Littawn anhero gekommen, Ist er von seinen Brüdern Anno 1591 nach Dantzigk an einen Tuchhändler nahmens Friedrich **Kobis** verschickt, bey welchem er 4 Jahr Redlich vnd Trewlich gedienet, seines herren geschäffte hin vnd wieder woll verrichtet, daß sein herr Ihn deswegen Lieb vnndt werth gehalten, vnd gern lenger bey sich haben wollen. Weill er aber die seinigen zu KönisPergk gehabt hat er sich Anno 1595, wiederumb anhero begeben, vnd sich bey seinem Bruder Hn Andres **Lölhefeln** auffgehalten seinen handel vnd Wandell fleissig nachgesezet: Auch sich Anno 1599 hin vnd wieder in Deütschlandt versucht vnd viel Schöner Städte vmbher durchgezogen vnd besehen. Nach deme er wiederumb anhero naher KönigsPerg gelanget: ferner seinen handell mit seinem H, Brudern Andreas **Lölhefeln** fleißig fortgesezet, biß daß er ao. 1603. den 18 Octobr: durch schickung Gottes sich mit des Ehrenuesten Vornehmgeachten Hn Erasmus **Waldthauern** gewesenen Bürgers vnd Melzenbreüers dieser Altenstadt eheleiblichen Tochter Catharina nunmehro seiner hochbetrübten hinterbliebenen Wittwen in ehegelöbnüs eingelaßen, vnd folgendts den 20 Novembr: seinen Hochzeitlichen Ehrentagk gehalten, Mitt derselben er ins drey vnd dreüßigste Jahr in herzlicher friedlicher Ehelicher Liebe gelebet, vnd durch Gottes Segen Dreizehn Kinder gezeüget, alß Sechs Sohne vnd Sieben Töchter: Dauon noch 4 Sohn vnd 5 Töchter im Leben, welche mit betrübten herzen so alhier meist ingegen ihrem Lieben Vater daß Geleite Zu seinem Ruhebettlein geben, 2. Söhne vnd 2. Töchter aber hat der Liebe Gott vnlengst vor dem Vater hero in sein ewiges Ewiges Reich versezet vnd hinweg genommen. Anno 1625 den 6 Junij. Ist er von E: Erb: hoch= vnd wollweisen Rath dieser Altenstadt zum Vorsteher des großen HosPitals im Löbenicht Verordnet, vndt bestetiget worden, Vnd den lieben Armen wie Menniglichen wißend nach höchster müglichkeit alß einem Ehrliebenden Biederman gebühret inß Eilffte Jahr woll vorgestanden vnd getreülich gedienet (1171). Waß ferner sein Christenthumb Leben handell vnd Wandell betreffend, wollen wir alhie nicht viel Wordt machen, Sintemahln er Manniglichen woll bekandt, vnd was er diezeit seines lebens seinen Nechsten in einem vnd andern Liebes vnd Dienstes erzeiget wirdt Jedem offenbahr sein. Seine Kranckheit vnd Todt betreffende, so ist er zwar dem Ansehen nach, ein starcker vnd gesunder Mann noch gewesen, der denn auch die Tage seines Lebens nicht viel Kranckheiten erfahren, vnd erlitten Nur allein ohngefehr vorm halben Jahr hat er Zum offtemaln vber einen kurtzen Athem vnd vber die Brust geklaget, daß wenn er in etwas gegangen ihm fast schlim vnd vbel geworden. Wie er denn auch am Verschiehenem Sontage, nach dem er Vor Mittage in der Kirchen gewesen, vnd hernach malzeit gehalten, seiner Ambts gescheffte halber (:die er doch billiger auff einen andern tag hette verschieben, Vnd Gottes Geboth nach den Sontag heiligen vnd feüern sollen:) nach Jerusalem (1172) in den SPitalhoff gefahren, daselbst eines vnd des anders bestellet vnd außgerichtet, vnd sich im Felde im gehen erhizet, sich wiederumb gemachet, ein Wenig sich gesezet dem Hoffman anbefohlen Daß Both fertig Zumachen, Er wolle hinüber auff die wiesen fahren Die Jungen pferde

1171 Seit etwa 1629 diente Fridrich **Jensch** □ 12. 10. 1632 (lfd. Nr. 559) als Gehilfe bei ihm.

1172 Jerusalem: Dorf fünf Kilometer östlich Königsberg am südlichen Pregelufer. 1928 eingemeindet.

besehen, Inn dem er also nach dem Boht gehen will, Vberfeldt ihn so eine ohnmacht, daß er daselbst im bey sein Vieler gutter Leüte darniederfeldt. Saget ó Gott vnd darauff seinen Geist auffgiebet: Im Zwey vnd Sechszigsten Jahr seines Alters.
Lp. hat gehalten M**Lepnerus** ex Proverb: 27, v 1. [Witt 406]

755 BARBARA SACHS, ✶ KÖNIGSBERG (ALTSTADT) 1605, ✝ 28. 6. 1636

Begraben den 30. Juny. ☽. p: Dom: 6. à festo Trinit.

Barbara, Melchior **Sachßen**
Tischlers Haußfrau.

Ist Anno 1605 nach ostern alhie in der Altenstadt von Ehrlichen vnd Christlichen Eltern in diese Welt gebohren, ihr Seeliger Vater ist gewesen der weylandt Erbahre vnd wollgeachte Paul **Vierecker** (1173) Mittbürger vnd E: Erb: Rahts Tischler hieselbsten in der Altenstadt vnd ihre Mutter hatt geheißen Maria (1174). Ist von Jugend auff in dem lieben Catechismo vnd zu allen Jungfreülichen tugenden fleißig aufferzogen worden. Anno 1622 ist sie ehelichen außgestattet an Melchior **Sachsen** ihrem izo hinterlaßenen betrübten Wittwer, mit welchem sie in friedlicher Ehe gelebet inß 15 Jahr vntter Gottes Segen gezeüget Sechs Kinder 2 Söhne vnd 4 Töchter Von welchen aber nur noch ein Sohn vnd eine Tochter am leben ist. Ist eine fromme Gottseelige Christin gewesen, auch ihren eüserlichen Wandell vnstrefflich geführet. Ist am verschiehenen Sonnabendt Zwischen 11 vnd 12 Vhr in der Nacht, nach dem Sie vber ein Viertell Jahr an schwerem husten vnd Dampff gelegen, sanfft vnndt seelig im herren eingeschlaffen, Nach dem sie gelebet 31 Jahr vnndt ezliche Wochen. Lp. hat gehalten M**Lepnerus** ex Psal: 116. Der Todt seiner heiligen ist werth gehalten etc. [Witt 595]

756 ELISABETH THOMAS, ✶ KÖNIGSBERG (ALTSTADT) 20. 3. 1608, ✝ 30. 6. 1636

Begraben den 2. Juliy ☿ p: Dom: 6. à Trinit:

Frau Elisabeth S: Jacob **Thomaßen**
Nachgel: Wittwe.

Ist gebohren Anno 1608, den 20 Martij Ihr Vater ist gewesen Heinrich **Rahnsch** (1175) Melzenbreuer vnd Mittbürger dieser Altenstadt, Ihre Mutter, welche noch am leben heißet Elisabeth **Rahdewaldts**. In ihrer Jugend ist sie Christlich aufferzogen, vnd fleißig zur Schulen gehalten worden. benè versata in psalterio caeterisque Scripturae dictis. *sie kannte sich gut in den Psalmen und übrigen Worten der Heiligen Schrift aus* Anno 1627 den 10 Novembr: ist sie mit einrathen vnd belieben ihrer Eltern vnd Anuerwandten dem Erbahren Jacob **Thomas** (1176), Mittbürgern vnd handelßman dieser Altenstadt verlobet, vnd Zugesaget worden. Mitt welchen sie in Christlicher ehe gelebet ins 8 Jahr, in wehrenden ihren Ehestande eine Tochter, welche noch am leben, gezeüget, Es hat aber Gott der Allmechtige ihren Eheman vor 44 Wochen, durch den Todt Zu sich in sein Reich gefordert. Anlagende ihre Kranckheit, so ists die Darre gewesen, mit welcher sie sich ezliche Zeit hero geschlepffet, welche auch so vberhand genommen, daß ihr 8 Tage die sprache vergangen, iedoch

---

1173 Paul **Vierecker** ✝ 7. 12. 1634 (lfd. Nr. 674).

1174 Maria **Vierecker** ✝ 3. 9. 1629 (lfd. Nr. 265). Ihr Eintrag im Kirchenbuch ohne Lebenslauf.

1175 Henrich **Ranisch** □ 7. 7. 1630 (lfd. Nr. 428).

1176 Jacob **Thomas** ✝ 22. 8. 1635 (lfd. Nr. 710).

aber bey gutten Verstandt biß an ihr Ende verblieben (Welches sie durch auffhebung der hende Zu Gott auch rihrung der Lippen, wie man ihr Vorgebetet, genusam angedeutet) Ist also ihr ganzes Alter 28 Jahr 14 wochen 3 tage etc. ist gestorben am Montage vmb 12 Vhr Zu Nachts. Lp. hat gehalten. M**Lepner** ex Evangelio ordinario luc: 1. Maria aber stundt auff in den tag etc. vnd grüßet Elisabeth. [Witt 733]

757 ELISABETH HOHENSEE, ✶ KÖNIGSBERG 1596, ✝ 2. 7. 1636

Begraben den 4. Julij — Elisabeth, Peter **Hohenseen**, Höckers vff Steintam Haußfrau.

♀ p: Dom: 6. à Trinit: — Ist Anno 1596 alhie Zu KönigsPergk gebohren, ihr Vater S: ist gewesen Christoff **Neiman** ein Maürer vnd Meister, ihre Mutter hat geheißen Salomey **Büttnerin**, So baldt ihnen der Liebe Gott diese Ihre Tochter bescheret, haben sie dieselbe dem Hn Christo in der heil: Tauffe vortragen vnd in das Buch des lebens einverleiben laßen, Nachmahln in aller Gottesfurcht vnd Christlichen Tugenden aufferzogen. Da sie etwas Zu Jahren kommen ist sie in Churfr: Dhtt: FrauenZimmer auffgenommen, da sie dan sechs Jahr lang Vor eine Wäscherin auffgewartet. Im 21 Jahr ihres Alters ist sie ehelichen außgestattet an peter **hohenseen** ihrem izo hinterlaßenen Wittwer mit welchem sie inß 19 Jahr friedlich gelebet, doch ohne leibes Erben. Ihres Christenthumbs halben hat sie ein guttes Gezeügnüß, Nachdem sie 11 wochen lagerhafft gewesen, hat sie der liebe Gott am vergangenen Mittwoch Zwischen 8 vnd 9 Vhr Zu Abendts im 40 Jahr ihres Alters von dieser Welt abgefordert. H. M. **Wolderus** hat ihr die Leichpredigt gehalten. [Witt 306]

758 BARBARA THIEDEMAN, ✶ KÖNIGSBERG (LAAK) 25. 12. 1611, ✝ 8. 7. 1636

Begraben den 10. Julij — Barbara, Barthell **Thiedemans** eines Fischers haußfrau.

♃ p. Dom. 7. â festo Trinit. — Ist Anno 1611 vff Weinachten alhie Zu KönigsPergk auff der Lacken (1177) von Christlichen Eltern gebohren, ihr Vater S: ist gewesen Phillip **ölz** ein Fischer, ihre Mutter, so noch am Leben heißet Anna. Ist von diesen ihren Eltern zu aller Gottsfurcht fleißig aufferzogen worden, denselbigen auch hernachmalß alß sie Zum Verstandt kommen, alle Kindtliche Trew vnd gehorsamb erwiesen; Ao. 1635 den 17 Martij ist sie von ihrem Stiffvater Zacharias **Sager** ehelichen außgestattet an ihren izo hinterlaßenen Wittwer, mit welchem sie 1 Jahr vnd 18 wochen gelebet; Vnd / Einen Sohn gezeüget, welcher izo sambt seiner lieben Mutter Zugleich begraben vnd Zur Erden bestattet wirdt. Ist alt worden 26 Jahr. Lp. hat gehalten M**Lepner** ex Psal: 66, v. 10.11.12. [Witt 731]

/ vor 2 tagen nemlich den 8 Julij, an welchem tag sie auch gestorben

1177 Altstädtische Freiheit Laak mit gleichnamiger Straße westlich der Altstadt.

759 ANTONIUS EBERD, * NEU DAMEROW, KR. SAATZIG / REG.-BEZIRK STETTIN 1562, † 10. 7. 1636

Begraben den 13. Julij Dom: 8 p. Tri:

Antonius Eberd Zimmermann.

Ist Anno 1562 Zu Neu Damerau bey Stargardt (1178) gebohren, Sein S. Vater ist gewesen der Ersame Jacob **Eberdt**, seine S. Mutter hat geheißen Sara. In seiner Jugendt ist er Zu aller Gottsfurcht vnd Vermahnung Zum herren aufferzogen, wie auch in die Schule fleißig gehalten. Vnndt nach dem er Zu iahren kommen, hat er Zu Stargardt daß Fästbecker handtwerck gelernet, vnd seine Lehrjahr außgestanden, auch ezliche Jahr drauff gewandert, Weill ihm aber daßelbige nicht gefallen, hat er sich Zum Zimmerhandtwerck begeben vnd daßelbe auch außgelernet. In den Ehestand hat er sich begeben Ao 1586., mit Frauen Engel Hansen **Neümans** Einwohners in Danzigk nachgelaßener Wittwen, mit welcher er ins Eilffte Jahr in friedlicher Ehe gelebet, vnd 2. Söhne gezeüget, welche albereit im herren entschlaffen. Nach Absterben seiner lieben Frauen, ist er 2. Jahr im Wittwer stand verblieben, hernach sich weiter ao 1599. eingelaßen mit der Jungfrauen Dorothea S: Jacob **Luchten** Nachgel. Tochter (1179), mit welcher er 35. Jahr in friedlicher Ehe gelebet, vnd miteinander 5. Kinder gezeüget davon nur noch (1180) 2. Söhne / die / am Leben andern 3. vorlengst verstorben. Nach Absterben seiner anderen Frauen, welche vor 4 jahren in Danzigk gestorben, daselbst er in die 50 Jahr gewohnet, vnd von Ao. 1601 Bürger vnd Meister gewesen, ist er im Wittwenstandt biß dahero verblieben, vnd sich auch so lang in Danzigk wohnhafftig verhalten, biß ohngefehr vor 30 wochen, da er dann auf erfordern vnd begehren seines alhier gegenwertigen Sohnes seine haußhaltung Zu Danzigk eingestellet, vnd am negst verschiehenen Advents Sontage anhero kommen vnd also biß an seinen Todt bey selbtigem Seinen Sohn Verblieben. Sein Christenthumb soll er nach deren Leüte Zeügnüß die ihn gekant haben, vnstrefflich geführet haben. Ist am vergangenen Donnerstag Abends vmb 10 Vhr sanfft v: seelig im Hn entschlaffen, im 74 Jahr seines Alters. Lp. hat gehalten **Mlep**: ex Epist: Domin: ordinaria Rom:8. à v 12 ad 18.

[Witt 119]

760 URSULA HECHT, * KÖNIGSBERG (LÖBENICHT) 1593, † 6. 8. 1636

Begraben den 8. Aug. ♀ p. Dom. XI. à festo Trinit.

Vrsula, Christoff **Hechten**, Schusters gewesene Ehel. Haußfraw,

Ist ao 1593 alhier Zu KönigsPergk im Löbenicht von Christlichen vnd Gottseeligen Eltern in die Welt gebohren, ihr S: Vater ist gewesen der weylandt Erbare Peter **Manheit** Ihrer fürstl Dhtt: des blöden herren (1181)

1178 Es muss der Ort in Pommern gemeint sein; bei Preußisch Stargard / Prov. Westpreußen findet sich kein 'Neu Damerau' o. ä.

1179 Die Worte "Nachgel. Tochter" über der Zeile eingefügt.

1180 Die Worte "davon nur noch" über der Zeile eingefügt.

1181 Herzog Albrecht Friedrich von Preußen, seit 1568 regierender Fürst des Herzogtums Preußen, starb 1618 in Fischhausen in geistiger Verwirrtheit.

Seeligen andenckens damahligen Schipper vff der Galleyen [sic] (1182) vnd Mittbürger daselbsten im Löpenicht, vnndt ihre nunmehr S: Mutter hat geheißen Dorothea. Solche ihre liebe Eltern, nach deme ihnen der liebe Gott diese ihre Tochter bescheret gehabt, vnd dieselbe Zur Weldt gebohren gewesen, haben sie solche alsobaldt dem Hn Christo in der h: Tauffe vortragen laßen, da sie dann durch Waßer vnd Geist anderweitt newgebohren, vnd dem Buch des Lebenß incorporiret worden. Nach empfangener Tauffe haben sie dieselbige nach S: Pauli Lehr in aller Gottes furcht vnd Vermahnung Zum Hn aufferzogen, vnd ob ihr gleich gedachter ihr lieber Vater was Zeitig mit Tode abgangen, so hat doch die nunmehr auch S: Mutter sowoll in ihrem Wittiben stande alß auch hernacher, wie sie Zur andern Ehe geschritten, mit hülffe vnd Zuthuung des Stieffvaters alß deß Erbahren vnd alhier gegenwertigen Lorenz **Grambauen** Mittbürgers vnd Schusters im Löbenicht, sie auch Zur Schulen, damit sie ihren Catechismum, auch lesen vnd schreiben, gelernet, wie im gleichen Zu andern Christlichen vnd Jungfrewlichen Tugenden, fleißig gehalten, biß sie ihr 24 Jahr erreichet da sie dann mit Vorbewust, wißen, vnndt willen ihrer Mutter vnd ihres Stieffvaters sich ehelichen eingelaßen, mit dem damalß Erbahren Gesellen Christoff **Hecht**, ihrem nunmehr alhier Zugegen hinterlaßenen Hochbetrübten Wittiber Mittburgern vnd Schustern alhier in der Altenstadt, mit welchem sie in Christlicher vnd friedliebender Ehe gelebet 19 Jahr, Vnd durch Gottes Segen miteinander gezeiget 11 Kinder nemlich 5 Söhne 6 Töchter dauon nur noch ein Sohn vnd fünff Töchter am Leben, die andern hatt der liebe Gott durch den Zeitlichen Todt albereit vor ihr hinwegk genommen; Ihr Christenthumb betreffende, ist sie Zwar ein Mensch Eva Tochter, vnd also nicht ohne Sünden gewesen, dennoch so hat sie sich mit iederman, insonderheit aber mit ihren Nachbahren (so ihr deßen Zeügnüß geben werden) woll vnd friedlichen begangen, sich auch fleißig Zum gehör göttliches wordts vnd offters Zum Gebrauch des hochwürdigen Abendtmalß gehalten. Waß nun entlichen ihre Kranckheit belanget, daruon ist Zu wißen, auch vielen alhier gegenwertigen bekandt, Wie daß am negst verschiehenen Mittwoch vor 14 tagen der liebe Gott sie ihrer schwertragenden Mütterlichen Bürden in gnaden entbunden vnd sie mit einer Jungen Tochter erfreüet; Aber doch hat sie nicht allein sieder der Zeit, sondern auch woll 14 tage vorhero bettreisig darnieder liegen müßen, da denn allerhandt Zufälle v: beschwerlichen Kranckheiten sich täglichen bey ihr gemehret, vnd vnter andern auch der stein darzugeschlagen, vnd sich dermaßen bewiesen, daß sie entlichen bey sich befunden, daß der Liebe Gott ein feyer Abendt mit ihr machen würde, derowegen sie dann sich Zu einem seeligen Sterbstündlein bereit gemacht, vnd am verschiehenen Dienstag des Morgenß Zwischen 5. vnd 6. Vhr ihre Beichte gethan, ihre begangene Sünde dem lieben Gott bekandt, dieselbe berüwet vnd beweinet, vnd nach empfangener Absolution, sich mit dem Wahren leib vnd Bludt vnsers herren Jesu Christi, Zum gewißen pfand ihrer Seligkeit sPeisen vnd tränckenlaßen. Vnd ob sie zwar zum offtern gewünschet, daß wanns dem lieben Gott gefällig vnd ihr seelig were, Wolte sie noch gerne eine Zeitlang ihrem herzlieben Eheman v: armen vnerzogenen Kinderchen Zum trost leben; So hat sie doch Zu lezt ihren willen dem allerh: vnd besten willen Gottes in Gedult vnterworffen, wie es derselbe

1182 Galley = Kombüse (Küche an Bord eines Schiffes)?
So < http://de.wikipedia.org/wiki/Galley > (Abfrage am 9. 4. 2014).

ferner mit ihr schicken würde, also wolte sie es auch gefallen laßen: Welcher vnser lieber Gott dan auch seinen gnädigen willen an ihr volnbracht, vnd sie darauff vorgestern am Mittwoch abendts Zwischen 5 vnd 6 Vhr durch einen sanfften v: seeligen Todt von dieser Müheseligen welt abgefordert, vnd der Seelen nach in sein ewiges Reich versezet, im 43. Jahr ihres Alters. p. Lp. Hat gehalten M: Isaac: **Halbach**. ex Esa: 26: 20. [Witt 252]

761 Leonhard Eberd, ✶ Domnau, Kr. Friedland 15. 9. 1570, ✞ 14. 8. 1636

Begraben den 17. Augusti Dom. XIII. p. Trinitatis

Leonhard Eberd; Bürger vnd Mältzenbräwer der Altenstadt KönigsPergk.

Ist ao 1570. den 15. Septembr. Zu Domnau von Christlichen Eltern gebohren. Sein Vater hatt geheißen Antonius **Eberd**, Bürger daselbst, Seine Mutter Elisabeth **Eckelin**. Diese seine Eltern haben Ihn in der Zucht v. vermanung Zum Herren fleißig aufferzogen, vnd ihn daß Festbecker handtwerck alhier Zu KönigsPergk lehren laßen, Welches er auch endtlich gelernet ezliche Jahr darauff gewandert, vnd folgendts seine Nahrung dadurch gesuchet. Anno 1604 hat er sich durch Gottes schickung vnd der Anuerwandten gutten vnd bleibung in den Standt der h: Ehe, mit der damahligen Tugendtsahmen Jungfrauen Gertrude des Erbahren Calixen **Großmans** Bürgern in Domnau eheleiblichen Tochter eingelaßen, vnd in demselben mit ihr in die 16. Jahr gelebet, darinnen sie durch Gottes Segen 5 Sohne vnd 3 Töchter gezeiget, dauon noch 2 Tochter am Leben. Anno 1620 ist er abermal zu der andern Ehe geschritten mit des Weylandt Ehrenuesten Christoff **Bürgers** Stadtschreibers in Domnau eheleiblichen Tochter seine izt nachgelaßene Wittwe, mit derselben hat er 16. Jahr im Ehestand gelebet, vnd durch Gottes Segen eine Tochter vnndt 3 Söhne gezeiget, dauon noch ein Sohn am Leben. Sein Leben vnndt Wandell belangende ist er Adams vnd Eve Kind gewesen, dennoch hat er sich für grobe Sünden gehütet, Gottes Wordt gerne gehöret, Zum Tische des herren sich fleißig gehalten, sonsten im Bürgerlichen Leben, hat er sich auch also verhalten, wie es einem Ehrliebenden Biderman gebühret. Seine Kranckheit betreffende ist er eine geraume Zeit mit einem schweren husten vnd Dampff beladen gewesen, vnd in die 4 wochen bettreisig gesesen, Entlichen aber alß alle menschliche hülffe außgewesen, ist der Wille des höchsten an ihme geschehen, da er am vergangenen Donnerstag im 6 Vhr morgens war der 14 Augusti seelig im herren entschlaffen Seines Alters. 66. Jahr.
Lp. hat gehalten M. Vrbanus **Lepner** ex Mich: 6.v.8. [Witt 120]

762 Herman Damman, ✶ Bremen wann?, ✞ 14. 8. 1636

Begraben den 17. Aug. Dom 13. P. Trinit.

Herman Damman, ein Goldschmidgesell

Ist von Christlichen Eltern, soviel man nachrichtung hatt, Zu Bremen gebohren, vnd von denselben Zu aller Gottesfurcht, ohne Zweiffel, aufferZogen worden, biß Er seine Jahr erreichet, da haben sie Ihn das Goldschmiede HandWerck lernen laßen. Nach außgestandenen Lehrjahren, hatt Er sich vorgenommen auff die Wanderschafft Zu begeben, vnd ist also in derselben nach Kopenhagen kommen, alda er sich eine geraume Zeit auffgehalten, von dannen er sich hierher nach KönigsPergk begeben, vnd bey dem Erbahren Franz **Grutzmacher** Zu arbeiten sich eingestellet, Weill er aber krancklich am Fieber Zu demselben gekommen, hat er ohne Zweiffell gemercket, daß seine Kranckheit in dieser hitze nicht ab, sondern Zunehmen möchte: Alß hat er vngefehr vor 4 wochen in der Altstadtischen Kirchen, sich mit dem hochwürdigen Abendtmal versorget; Weill aber seine Kranckheit mehr vnd mehr zugenommen, (wiewoll allerhandt Mittell zur gesundheit mit ihme vorgenommen) alß hat er sein Leben am vergangenen Donnerstage Abend seliglich Vollendet: Gott der Allmechtige wolle seine liebe Mutter, welche noch am leben soll vber den Tödtlichen abgang ihres Sohnes reichlich trösten, vnd vnß allen dermaleinß ein seeliges vnd sanfftes Stündlein verleyhen, vmb des hochtewern Verdienstes Jesu Christi vnsers Erlösers vnd Seligmachers willen. Lp. hat gehalten H.M. **Wolderus** ex Psal. 119 v. 19. [Witt 95]

763 MARGARETHA NEUBAWER, ✶ KÖNIGSB. (ALTSTADT) 16. 6. 1582, ✞ 2. 9. 1636

Begraben den 4. Septembr.

Fr. Margaretha, S. Hans Neubawers Nachgelaßene Wittwe,

♃ ante Dom. 16. p. Trinit.

Ist ao 1582. den 16. Junij, von Christlichen Eltern alhie in der Altenstadt KönigsPerg gebohren. Ihr S. Vater ist gewesen Kersten **Brandt**, Bürger dieser Altenstad, Ihre S. Mutter Barbara, Jacob **Hohendorffs** weyland Mitbürgers v. Mältzenbräwers im Löbenicht Eheliche Tochter. Von diesen Christl. Eltern ist Vnsre S. Mitschwester von Jugend Zu allen Jungfr. Tugenden aufferzogen worden, auch fleißig Zur Schulen gehalten, das sie Schreiben v. Lesen gelernet. Ao 1596. ist sie von Ihren S. Eltern Ehelichen außgestattet an den weyland Ehrenvesten Henrich **pohlman**, Weger in der Altenstad, mit welchem sie in friedlicher Ehe gelebet 9. Jahr, v. durch Gottes Segen 2. Söhne v. 1. Tochter gezeuget, davon noch ein Sohn am Leben. Ao 1605. hatt sie Gott der Herr in den betrübten Wittwenstand versetzet, in welchem sie 4. Jahr Lang verblieben. Hernachmals a.[ber] hatt sie sich abermahl ehelichen eingelaßen mit Hans **Neubawern**, (1183) Bürgern v. Handelsman dieser Altenstad, mit dem sie Zusammen gelebet 18. Jahr, Vnd in wehrender Ehe gezeuget 6. Söhne vnd eine Tochter, davon noch 3. im Leben sint. Nachdem nun Gott der Herr auch diesen Ihren Hauswirt durch den Zeitlichen Todt abgefordert, welches geschehen Ao 1627. hatt sie von selbiger Zeit an 9. Jahr Lang, bieß an Ihr S. ende, im Wittwenstande sich still v. eingezogen verhalten. Am nechstverschiehenen 23. Augusti, hatt sie Gott mit einer harten Leibes Kranckheit angegrieffen, welche dermaßen vberhand genommen, das sie auch vorgestern Dienstag Zunacht vmb 1. Vhr mit angehendem 2. 7bris Ihr Leben darüber enden müßen, im 54. Jahr Ihres alters. Lp. hatt gethan H M. **Lepner.** [Witt 478]

764 PAUL NEUMAN, ✶ PEITZ, KR. COTTBUS / PROVINZ BRANDENBURG UM 1580, ✞ 6. 9. 1636

Begraben den 9. 7br.

Paul Neuman, Becker vffm St.

♂. ante Dom. 17. p. Trin.

Ist derselbe seiner Geburhd nach her auß der Churfl. Stadt Peitz, in der Marck Brandenburgk gelegen. sein Vater S: hat geheißen Hans **Neiman** seine Mutter Anna, nach dem der Liebe Gott nun diesen Sohn bescheret,

---

1183 Hans **Neubawer** ✞ 26. 5. 1628 (lfd. Nr. 162).

haben sie ihn dem Hn Christo in der heiligen tauffe vortragen laßen, vnd Zu allen Christlichen Tugenden aufferzogen, Vnd wie er Zu seinen Jahren kommen, haben sie ihm das Festbecker handtwerck lernen laßen, welches er auch ehrlich außgelernet, vnd etliche Jahr drauff gewandert, biß er hier nach KönigsPergk kommen eine Zeitlang bey Meistern gearbeitet, vnd auch meister worden, vnd sich 1617 in den Stand der Christlichen Ehe begeben, Vnd mit der ersten Ehefrauen (1184) im Ehestande gelebet Eilff Jahr darinnen durch Gottes Segen gezeüget 7 Kinder, 5 Sohne vnd 2 Töchter welche im herren entschlaffen, Nach dem der Liebe Gott seine Vorige haußfrau ihm von der seyten genommen, ist er ein Jahr im Wittwen Standt verharret, Sich aber wieder durch Gottes Schickung in den andern Ehestandt begeben mit der Erbahren tugendsahmen Frauen Gerdrut des S. Daniel **Ditrichs** nachgelaßenen Wittwen mit derselben im Ehestand gelebet 7 1/2 Jahr darinnen 2 Kinder gezeüget 1 Sohn vnd 1 Tochter die Tochter im herren entschlaffen der Sohn aber ist noch am leben. Seine Kranckheit belangende hat ihn der liebe Gott vor Vierdehalb Wochen mit großem Stichen Zum herzen besuchet, welche Kranckheit sich immer gemehret, drauff er sich auch mit dem hochw: Abendtmal versehen vor 14 tagen, vnd am vergangenen Sonnabendt vff den Abend Zwischen 6 vnd 7 vhr sanfft vnd seelig im herren entschlaffen, Seines alters im 56 Jahr. Lp. hat gehalten M: **Lepner** ex Rom: 8. Ist Gott für vnß etc: [Witt 485]

765 Anna Grajeffsky, ✶ Königsberg (Altstadt) 1564, ✞ 10. 9. 1636

Begraben den 13. 7bris.

Anna, Albrecht **Grajeffsky,** Zimmermans gewesene haußfraw,

♄ ante Dom. 17. p. Trinit.

Ist alhie Zu KönigsPergk von ehrlichen Eltern gebohren, ihr Vater ist gewesen Sybert **Großen** ein Schwerdtfeger in der Altenstadt ihre Mutter hat geheißen Anna, Ist von Jugend auff Christlich aufferzogen, vnd alß sie ihre Jahr erreichet, ehelichen außgestattet, an Hans **Dörffern** einen arbeitsman mit welchem Sie friedlich gelebet drey viertell Jahr vnd mit demselben eine Tochter gezeiget, welche lengst verstorben. Hernachmals hat sie sich anderweit in den heil: Ehestand begeben mit dem Erbahren Albrecht **Graiewsky** einen Zimmerman, mit welchem sie ganz friedlich zusammen gelebet 32. Jahr, in wehrender Ehe hat sie 2. Kinder Todt auff die Weldt gebracht. Waß ihre Kranckheit betrifft ist sie von dem KönigsP: Jahrmarckt an immer bettreisig gewesen, da denn ihre Kranckheit von tag Zu tag sich gemehret vnd zugenommen, in welcher sie aber sich herzlich mit allerley schönen SPrüchen getröstet. Denn 10 Septembr: hat sie der liebe Gott durch den zeitlichen Todt auß ihrer schmerzlichen Kranckheit auffgelöset, vnd von dieser Weldt abgefordert, im 72. Jahr ihres Alters. Die Leichpredigt hat auff ihr Begehren auß 25. psalm v: 16.17.18. wende Dich zu mir etc: H: M: **Lepner** gehalten. [Witt 202]

1184 Anna **Neuman** ✞ 17. 6. 1629 (lfd. Nr. 226).

766 Regina Weiß, ✶ Königsberg (Kneiphof) 20. 6. 1612, ✝ 12. 9. 1636

Begraben den 14. 7br. Dom. 17. p. Trinit.

Fr. Regina, Martin Weißen
Kürschners gewesene Ehel. Hausfr.

Ist Anno 1612. den 20 Juny von Christlichen vnd Gottsfürchtigen Eltern, alß dem Erbahren Paull **Gebuern** Bürgern vnd Festbeckern Ihrem Vater vnd Frauen Dorothean Ihrer Mutter, im Kneiphoffe, ehelichen an diese Weldt gebohren, Welche ihre liebe Eltern sie anfangs dem herren Christo in der heil: Tauffe vortragen v: einuerleiben laßen, haben dieselbe auch von Jugendt auff Zu allen Christlichen Tugenden erzogen, fleißig zur Schulen vnd gehör Göttlichen Wordts vnd gebrauch der hoch H: Sacramenta gehalten, v: alß sie daß 16. Jahr ihres Alters erreichet, ist sie durch sonderbahre schickung vnd außersehung Gottes, alß auch einrichtung gutter Freünde, dem Erbahren Marttin **Weißen** (1185), Bürgern v: Kürschnern dieser Altenstadt ehelichen versProchen, vnd den 6 Septembr. 1628. ihr hochzeitlicher Ehrentagk celebriret worden, Hatt also mit ihrem hochbetrübten hinterlaßenen Wittwer 8 Jahr vnd 8 Tage lang in friedlicher vnd ruhiger ehe gelebet, aber keine Leibes erben erzeiget. Den 9 Augusti Anno 1635. Hatt sie der Liebe Gott mit Kranckheit besuchet, vnd vngeacht man an Cur vnd Medicin nichts mangeln laßen, hat ihr doch Zur Gesundheit nichts helffen wollen, sondern sie ist ein ganz Jahr lang vnd 28. tage im Sichbett von den lieben Gott gehalten worden, welchem sie in ihrem Creyz still gehalten, sich offtmalß mit dem hochwürdigen Abendmals versehen laßen, vnd mit Gott versöhnet, Ihren Todt auff den Todt Christi gesezt, offt geseüffzet vnd auß dem 73 psalm gebetet, vnd Zum Text ihrer Leichpredigt begehret: O Herr wenn ich nur Dich hab, so frag ich nichts nach Himmell vnd Erden, Vnnndt wenn mir gleich Leib vnd Seele verschmacht, So bistu doch Gott allezeit meines herzens Trost v. mein theil etc Solch ihr Gebett vnnd Seuffzen hat der liebe Gott in gnaden erhöret, vnd dieselbe am Freytage vor Mittage Zwischen 9 vnd 10 Vhr durch einen sanfften v. stillen Todt, ihres Alters 24Jahr 11 Wochen 6 tage, seliglichen von dieser Weldt abgefordert p Gott. Ihr Leben vnd Wandell betreffende, ist sie eine Liebhaberin Gotts wordts vnd der Hochw: Sacramenta gewesen, hat mit iederman schiedlich v: friedlich gelebet, vnd mit Willen kein Kind verzürnet. pp. Lp: hat gehalten H.M. **Lepner** p. [Witt 783]

767 Jacob Ostendorff, ✶ Alt Passarge, Kr. Heiligenbeil 1590, ✝ 13. 9. 1636

Begraben den 15. 7bris. ☽. p. Dom 17. Trinit.

Jacob Ostendorff, Fiescher,

Ist ao 1590. Zur paßarge (1186) von Ehrlichen Eltern gebohren, Sein Vater hatt geheißen Michael Ostendorff, ein Schneider daselbst, seine Mutter Apolonia. Weil seine Eltern Ihm was Zeitig abgestorben, hatt er sich bey seinen Freunden Zur paßarge in die 26. Jahr Lang aufgehalten, auf d Fiescherey gefahren v. sich still vnd from jederzeit verhalten. Ao 1616. hatt Er sich in den H. Ehestand begeben mit seiner jetzo hinterlaßenen Wittwen, der damahls tugendsamen Jungfr. Margarethen, des S. Barthel **Splieten**, daselbst Zur paßarge nachgelaßenen ehel.

1185 Martin **Weiß** ✝ 19. 9. 1637 (lfd. Nr. 820).
Martin Weiß war vorher verheiratet mit Catharina **Weiß** ✝ 20. 5. 1628 (lfd. Nr. 160).

1186 Wohl nicht Neu Passarge, Kr. Braunsberg im katholischen Bistum Ermland (siehe Anm. 252, S. 124).

Tochter. Mit welcher Er 20. Jahr in friedlicher Ehe gelebet, v. durch Gottes Segen 7. Kinder gezeuget, 5. Söhne vnd 2. Töchter. Von welchen ein Sohn gestorben, die andren a. noch alle am Leben sint. Ao 1618 hatt Er sich anhero nach KönigsPerg begeben, v. der Fiescherey abgewartet, welche Zeit vber Er sich gar Christlich v. woll in seinem Lelben verhalten. Seine Kranckheit belangende, hatt er fast bey Zwey Jahren hero immerZu gequienen, doch noch allezeit dabey gegangen, vnd seiner Arbeit Zur noht abwarten können, bieß ohngefehr vmb Ostern auß dieses Jahres, hatt seine alte Kranckheit etwas heftiger v. mehr zugenommen, also das Er sich auch nunmehr vor 14. wochen gantz niederlegen müßen, in welcher seiner Kranckheit Er sich mit dem H. Abendmahl versehen laßen, welches er auch sonsten Zum oftern bey gesunden tagen Zu thun pflegen, denn Er ein Christliches Leben v. wandel stets geführet. Am verschienen Sonnabend den 13. 7bris Zwischen 7. vnd 8. Vhr des morgens hatt Ihn der liebe Gott selig von dieser welt abgefordert im 46. Jahr seines alters. Lp. hatt Ihm gehalten H M. Martinus **Wolderus** ex ψ. 25. Nach Dir Herr verlanget p. [Witt 496]

768 Anna Reutz, ✶ bei Kaymen, Kr. Labiau 1576, ✞ 15. 9. 1636

Begraben 17. Sep tembr. ♀. p. Dom 17. p. Trin. v. St.

Anna, David **Reutzen**, Mältzenbrewers Nachg. Wittwe,

Ist ao 1576. im Kruge Caußen (1187) im Caymischen gelegen, von Christl. Eltern gebohren. Ihr Vater ist gewesen Florian **Frietz**, Krüger daselbst, Ihre Mutter hatt geheißen Gertrudt. Ist von jugent auf Christl. aufferzogen worden. Als sie Ihre Manbare Jahr erreichet, ist sie von Ihren Eltern ehelichen außgestattet worden an den Erb. Matthes **Thorunen** einen preußischen Freyen im Caymischen, mit welchem sie friedlich 2 1/2 Jahr gelebet, v. durch Gottes Segen Zwo Töchter geZeüget, von welchen noch eine im Leben ist, die jetzo Ihre Liebe Mutter Zur Erden bestatten laßen. Nach absterben dieses Ihres Ersten Haußwirts, hatt sie 1 1/2 Jahr im Wittwenstand geseßen, hernachmals aber sich anderweit verheyrahtet mit dem weyland Erb. v. wolgeachten David **Reutzen**, Mitbürgern v. Mältzenbräwern in der Altenstad, mit welchem sie Zusammen gelebet 22. Jahr, Vnd 9. Kinder gezeuget, 6 Söhne v. 3. Töchter. von welchen allen aber mehr nicht alß nur ein Sohn (: der jetzo in der frembde sich aufhelt:) vnd eine Tochter am Leben sint. Vor 16. Jahren hatt sie Gott der Herr abermahl in den Wittwenstand versetzet, in welchem sie auch bieß an Ihr seliges ende verblieben, Vnd bey Ihrer Eltesten Tochter auß der ersten ehe sich aufgehalten. Hatt sich sonsten allewege still, from v. eingeZogen verhalten. Ihre Kranckheit betreffende, ist sie fast in die 7. Jahr hero nicht woll aufgewesen, Letzlich aber ist vor etzlichen wochen eine hietzige Kranckheit mit Zugeschlagen, darüber sie auch am vergangenen Montag des Morgens Zwischen 5. vnd 6. Vhr Ihr Leben selig beschloßen, im 60. Jahr Ihres alters. Lp. hatt gethan H M. **Lepner** ex ψ. 94. Ich hatte viel bekümmernuß in meinem p.
Ist Zugleich mit der Hans **Hintzschen** von den Huben Zur Erden bestattet worden. [Witt 568]

1187 Ein Krug dieses Namens ist nicht zu lokalisieren.

769 GERTRUDT HINTZ,
✶ SCHÖNFLIEß, KR. PREUßISCH HOLLAND? 1568, ✞ CA. 14. 9. 1636

Gertrudt, Hans **Hintzen** auf den Vorder huben
gewesene Fraw,

Ist gebohren ao 1568. Zu Schönflüß bey Riesenburg (1188). Ihr Vater hatt geheißen Dionysius **Siedler**, Ihre Mutter Anna. Im 30. Jahr Ihres alters hatt sie sich ehelichen eingelaßen mit **Martin Burchardten,** mit welchem sie 8. Jahr gelebet, Vnd Zwey Kinder, einen Sohn vnd eine Tochter geZeuget, welche noch beyde im Leben. Nach tödlichem abgang Ihres Mannes hatt sie 10. Jahr lang im Wittwenstand geseßen, vnd hernach sich anderweit mit Ihrem jetzigen hinterlaßenen Wittwer Hans **Hintzen** verheyrahtet, mit dem sie 20. Jahr friedlich Zusammen gelebet, jedoch ohne Leibes Erben. Ihre Kranckheit hatt fast ein gantzes Jahr gewehret, da sie anfänglich einen sehr gefährlichen Schaden vnter das Gesicht bekommen, hernachmals vor ein woch 7. eine hietzige vnd beschwerliche Haüpt Kranckheit mit Zugeschlagen, darüber sie also geschwächet das sie auch ihr Leben laßen müßen. Obijt praeter. d. ⊙ circa 5. (1189) vesp. aet. 68. *Sie starb ungefähr am Sonntag gegen 5 Uhr nachmittags im Alter von 68 Jahren* (1190) [Witt 290]

770 MARIA HAßKE, ✶ KÖNIGSBERG (ALTSTADT) 19. 8. 1597, ✞ 18. 9. 1636

Begraben 21. 7br.

Fr. Maria **Boye**, Christoff **Haßken**
gewesene Ehefraw, sonst **Tantzerin**,

⊙ 18. p. Trinitatis.

Ist alhie Zu KönigsPerg von Ehrlichen vnd Christl. Eltern geZeuget v. gebohren worden den 19. Augusti 1597. Ihr S. Vater ist gewesen der Weylandt Ehrenueste, Nahmhaffte vnd Wollweise H Antonius **Boye**, Rathsverwandter dieser Altenstadt KönigsPerg Ihre S: Frau Mutter ist gewesen die Ehr vnd Tugendreiche Fraw Dorothea, eine geborne **Meybomin**. Diese ihre Christliche liebe Eltern haben ermelte ihre Tochter alsbaldt durch den Gnadenbundt der heiligen Tauffe Gott dem Allmechtigen vortragen, vnd der Christlichen Kirchen einverleiben laßen. Von dehnen sie nachmals in der Furcht Gottes vnd allen Christlichen Tugenden aufferzogen worden. Nach dem sie nun das 22. Jahr ihres alters erreichet, ist sie, nemlich Anno 1619. mit wolbedachtem rath gedachter ihrer lieben S: Eltern, vnd beliebung ihrer ganzen freundtschafft dem weiland Ehrenvesten, Achtbahren vnd wollgelahrten Hn Johan Andreß **Danzern** Churfl: Preußischen Cammer Secretario vermehlet worden, mit welchem sie in die Sieben Jahr in gutter friedlicher Ehe gelebet, vnd durch Gottes Segen mit ihm einen Sohn vnd zwo Töchter gezeuget, dauon der Sohn vnd die eine Tochter todes verfahren, eine Tochter aber noch im leben. Nach Tödtlichem abgange gedachtes Ihres lieben Ehegattens hat sie Zwey Jahr im betrübten Wittwenstande gesessen. Weill sie aber ihrer

---

1188 Von den mehreren Gemeinden 'Schönfließ' in Ost- und Westpreußen ist aufgrund der Angabe "bey Riesenburg" das Dorf im Kr. Preußisch Holland am wahrscheinlichsten wegen der relativen Nähe der Stadt Riesenburg (Kr. Rosenberg / Westpreußen). Eine ungenaue Angabe „im Amt Holland" erscheint auch an anderer Stelle (siehe Fußnote 1132). Die anderen Gemeinden 'Schönfließ' liegen im Kreis Allenstein, im Landkreis Königsberg, im Kreis Rastenburg bzw. im Kreis Berent und im Kreis Briesen.

1189 Die Ziffer "5" über der Zeile eingefügt.

1190 Gemeinsam begraben mit Anna **Reutz**, die vor ihr eingetragen ist.

Vngelegenheit halben im Wittwenstande zuuerbleiben bey sich nicht rathsam befunden hat sie sich durch Gottes schickung vnd mit Einrathen ihrer Freünde Anno 1628. anderweit mit dem Ehrbahren vnd Wollgeachten Merten **Heynen** (1191) weilandt Bürgern dieser Altenstadt ehelich eingelaßen, mit welchem sie 6. Jahr ebenmeßig in guttem Fried vnd einigkeit gelebet, vnd durch Gottes Segen mit demselben auch drey Kinder, alß nemlich Zweene Söhne vnd eine Tochter gezeüget, welche noch alle drey im leben, der liebe Gott alß ein Vater aller Wäsen [sic] vnd Vnmündigen wolle verleihen vnd geben daß sie sembtlich in der Furcht Gottes vnd allen Christlichen Tugenden auffwachsen vnd erzogen werden mögen. Nach absterben des Merten **Heinen** hat sie abermahl im betrübten Wittwenstande geseßen Anderthalb Jahr, Weill sie sich aber mit ihren kleinen vnerzogenen Kindern in so einer beschwerlichen Haußhaltung Zuleben beschwerlich befunden, ist sie durch Gottes Schickung Zum dritten Ehe geschritten, mit dem Erbahren vnd wollgeachten Christoff **Hasen** (1192) iezigem hinterlaßenen Wittwer, mit welchem sie nur Acht wochen vnd drey tage in friedlicher ehe, doch mehrentheill kranckliche gelebet. Nach dem aber die Kranckheit von tage Zu tage sich gemehret vnd vberhand genommen, Sie also bey sich vermercket, daß der Medicorum *Ärzte* rath vnd hülffe, welche zwar in ihrem trewen fleiße nichts erwinden laßen, bey ihr nichts verschlagen noch hafften wollen hat sie sich Zu dem lieben Gott gewendet, vnd sich mit dem Lieben Gott Zuuersehnen begehret; Darauff meine Perßon begrüßen laßen. Alß bin ich den negst verwichenen 13. Septembr. Zu ihr kommen, sie mit Gotts wordt getröstet, vnd nach gethaner ihrer bußfertigen Beichte, sie von Gottes wegen von ihren allen Sünden absolviret vnd loßgesProchen, auch mit dem Hochwürdigen Abendtmal versorget. Da sie sich dann Gott dem Allerhöchsten in seine Väterliche handt befohlen, vnd von gesProchen: Es solle es nun mit ihr machen wie es ihm gefellig sey, wie sie dann auch wenig tage hernach nemblich am verwichenen Donnerstage, war der 18. Septembr: fruhe Zwischen 2 vnd 3 vhren in Gott dem Herren seliglich entschlaffen. im 39. Jahr ihres alters. Lp. hat gehalten Hr

M. **Lepner** ex Ps. 13. p.

[Witt 248]

771 Henrich Heilsberger, ✶ Königsberg (Altstadt) 19. 1. 1613, ✝ 26. 9. 1636

Begraben am S. Michaelis Tage

Henrich Heilßberger

Ist ao 1613. 19. Januarij, Zwischen 9. vnd 10. vf den abend, alhie Zu KönigsPergk von Christlichen Ehrlichen Eltern gebohren, Sein Vater ist gewesen der weylandt, Ehrenvestem Namhaffte vnd wollweise H. Hieronymus **Heilßberger** (1193) Gerichts Verwandter dieser Löblichen Altenstadt Königsp: Seine Mutter die Ehr vnd Tugendtsahme Fraw Gerdrutt **von Weinberin**, Welche christliche Eltern diesen ihren Sohn Christo seinem Erlöser durch die heilige Tauffe haben einverleiben laßen, Ihn hernachmals Zur Schulen, Zur Gottesfurcht, wie auch zu allen

1191 Martin **Hein** ✝ 3. 12. 1634 (lfd. Nr. 672).

1192 Vgl. am Beginn des Textes Christoff **Haßke**. So auch im Namensregister am Ende des Kirchenbuches (vgl. dazu die Einführung, S. 8).

1193 Hieronymus Heilsberger hatte aus einer früheren Ehe mit Anna, Tochter des Altstädtischen Bürgermeisters Hans **Neffels**, eine Tochter: Dorothea **von Weinbeer** ✝ 20. 10. 1629 (lfd. Nr. 320).

Christlichen Tugenden fleißig erzogen. Nach absterben seiner lieben Eltern, haben seine Vormünder ihn weiter in die Frembde, theils der Polnischen SPrach, theils Studirens halben verschicket. Nach diesem hatt er sich (: wiewoll etwas fruezeitig.) Anno 1631. in den Standt der Heiligen Ehe begeben, mit der Ehren= vnd Tugendtreichen Jungfrawen Barbara, des Ehrenvesten, Nahmhafften, vnd wollweisen Hn Thomas **Jenckens** Gerichtsverwandten alhier in der Alttstadt KönigsPergk ehelichen Tochter, seiner iezo hinterlaßenen Wittiben, mit welcher er 5 Jahr vnd 7 Monat gelebet, vnd durch Gottes seegen einen Sohn vnd 2 Töchter miteinander gezeiget, worvon noch eine Tochter am Leben. Sein Christenthumb vnd eüserlich leben vnd Wandel belangende, so ist er zwar ein Mensch, vnd also nicht ohne Sünde gewesen, der seine ziemliche fehl, mangell vnd gebrechen an sich gehabt, in dem Er sich durch die argerlichen Exempel der Welt vnd verkehrte Lust vnd Sündtliches Fleisches nicht wenig verführen vnd verleüten laßen. Jedoch aber so hat er solche seine Sünde vnd menschliche Gebrechen Zulezt herzlich erkandt, dieselben bereüet, vnd dem lieben Gott mit inniglichem Seüffzen abgebeten. Weill denn der Gnädige vnd Barmherzige Gott ihm solche seine menschliche Schwacheit Sündt vnd Fehl außgenaden vmb seines Eingebornen Sohnes Jesu Christi willen vergeben, alß wollen wir dieselbigen auch nicht weit herfür suchen, sondern vielmehr mit dem Mantel der Christlichen Liebe bedecken, vnd nebenst ihm im Grab verscharret sein laßen. Seine Kranckheit betreffende, so hat ihn der Liebe Gott am verschiehenen 18. Septembr: Mitt harter leibes Schwacheit heimgesuchett, welche dermaßen geschwind Zugenommen, daß er ganz von allen Kräfften kömmen. Drumb er auch einige vnd größte sorge dieses sein laßen, daß er sich mit Gott versühnen, vnd vergebung seiner Sünden erlangen möge. Deswegen er sich denn heüt acht tage mit dem hey: Abendtmal versehen laßen, welches er auch auff vorher gethane Beicht vnd Tröstliche Absolution mit herzlicher Andacht empfangen, weilln aber die Schwacheit sich täglich gemehret, vnangesehn, daß es an keinen menschlichen mitteln gemangelt, Er auch gemercket, daß Gott der Allmechtige ihn auß diesem Jammerthall abfordern, vnd feyerabend mit ihm machen würde. Ist er nicht allein in seiner herzlichen Bußfertigkeit beständig verharret, sondern hat sich auch ohne Vnterlaß v. auffhören der Gründlosen Gnade, herzlichen liebe, vnd Vatterlichen Barmherzigkeit Gottes, wie auch des leidens vnd sterbens Jesu Christi getrostet v: sich mit wahrem Glauben in die Blutfließenden Wunden seines Heilandes fest eingeschloßen, daneben seine Seele empsiglich Christo seinem Erloser befohlen vnd herzlich geseüffzet, daß doch Gott ihm ein seeliges ende auß gnaden bescheren wolle. Welches auch der höchste Gott allergnädigst erhöret, vnd nach vielem innerlichen seüffzen vnd beten, den 26. dieses am Freytage vmb 10 Vhr gegen die Nacht ohn einige qual vnd Todesangst gar sanfft seine Seele abgefordert, vnd Zu sich in sein ewiges Reich genommen. Nach dem er 23 Jahr 8 Monat Vnd 7 tage gelebet. Gott der allerhöchste wolle dem Cörper eine sanffte Ruhe v: am Jungsten Tage eine fröliche Aufferstehung sambt allen außerwehlten verleihen, Die hochbetrübte Wittwe nebenst denen so vber diesen Todesfall betrübet worden, trösten p.p. Lp. hat gehalten M: **Halbach** ex Johan: 3. v. 16. Also hat Gott die welt geliebet p. [Witt 255]

772 ANNA REIBOLD, ✶ KÖNIGSBERG 1576, ✝ 10. 10. 1636

Begraben den 10. Octobr ♀ p. Dom. 20 â Trinit.

Anna, S. Valtin **Reibolds** ,Schneiders in der Altenstadt Nachgel. Wittwe,

Ist Anno 1576 alhie zu KönigsPerg von Gottseeligen vnd Christlichen Eltern auff diese welt gebohren, Patre Merten **Hehs** ein Beütler Mater Gertrudt **Straussin**, diese ihre Eltern, nach dem sie etwas erwachsen, haben sie bey ihren lebzeiten in pietate, honestate, bonis moribus et vita domaestica *in Frömmigkeit, Ehrbarkeit, guten Sitten und häuslichem Leben* erzogen, vnd wiewoll ihre Liebe Eltern ihr früezeitig abgangen, so hat sie sich doch secundum praecepta Dei *nach Gottes Geboten* still vnd from verhalten, biß sie sich annuente Deo Ao. 1608 *nach dem Willen Gottes im Jahre 1608* in den heiligen stande der Ehe begeben, mit dem Weyland Erbahren Valentin **Reiboldt** Schneidern vnd Bürgern dieser Altenstadt, vnd durch Gottes Segen 5. Kinder gezeüget, dauon nur eine Tochter im Leben, vnd ihr das Geleit zu ihrem Ruhebettlein gibet; Nach dem aber ihr Ehemann Anno 24. diese Weldt gesegnet, hat sie sich im Wittwenstande biß an ihr ende still vnd from verhalten. Ihr Christenthumb anlangend Reverendiss: Ministerium notitiam habebit procul dubio. Causa mortis: *wird das verehrte Ministerium ohne Zweifel davon Kenntnis haben. Der Grund ihres Todes* fast ein genzes Jahr gequinet, bettreisig gewesen, in allen Krefften abgenommen durch den Stein, Darr vnd andern Zufalligen Kranckheiten am vergangenen Mittwoch auff den Abend ihr Leben geendet im 60. Jahre vnd ezliche tage ihres Alters. p. Lp. hat gehalten M. **Wol[der]:** [Witt 558]

773 JUDITH JOHN, ✶ BARTENSTEIN, KR. FRIEDLAND 1607, ✝ 5. 11. 1636

Begraben den 7. 9bris. ♀ ante Dom. 25. p. Trinit.

Judith, Henrich **Johnen**, Grobschmids v. Mittbürgers vffm Steintham gewesene Eheliche Haußfraw,

Ist ao 1607. von Christlichen Eltern Zu Bartenstein gebohren. Ihr S. Vater ist gewesen der weyland Erb. Hans **Fieschaw**, Bürger v. Nädler daselbst, vnd ihre Mutter, so noch am Leben vnd alhier zugegen ist, heißet Anna. Diese liebe Eltern nach deme der liebe Gott ihnen solche ihre Liebe Tochter bescheret gehabt, vnd dieselbe Zur welt gebohren gewesen, haben sie dieselbe alsobald dem Herren Christo in der Heyligen Tauffe vortragen laßen, da sie dann durch Waßer vnnd Geist, Kraft des Blutes Jesu Christi, anderweit Newgebohren, von Sünden abgewaschen vnd dem Buch des Lebens einverleibet worden. Nach empfangener Tauffe haben sie dieselbe (.nach S:Pauli erinnerung.) in aller Gottesfurcht vnd Vermahnung zum Herren aufferzogen, biß sie ihr Vierde Jahr erreichet, da sie dann von gedachten ihren Eltern anhero nach KönigsPergk, zu dem Erbahren vnd Weisen Herrn Conradt **vom felde** Gerichtsverwandten dieser Altenstadt Freyheit Steinthamb, alß welcher selbtiger nunmehr in Gott ruhenden Frawen Mutter Schwester Zur ehe hat, gebracht worden, Welcher sie dann Zur Schulen damit sie ihren Catechismum, auch lesen gelernet, wie im gleichen Zu andern Christlichen vnd Jungfräwlichen Tugenden fleißig gehalten vnd zum allen gutten aufferzogen, biß sie ihr zwanzigste Jahr erreichet, Da sie dann Anno 1628 den 24 Januarij durch schickung Gottes deß Allmechtigen, auch mit vorbewust, wißen vnd Willen ihrer Mutter vnd Anuerwandten Freünde, sich ehelichen einge-

laßen, mit dem Weylandt Erbahren vnd wollgeachten Georg **Karger** (1194) gewesenen Mittbürgern vnd Grobschmiede hieselbsten, vnd mit demselben in Christliebender Ehe gelabt [sic] drey Jahr, vnd durch Gottes segen miteinander gezeüget Zwo Kinder, einen Sohn vnd eine Tochter, worvon der Sohn noch am Leben, die Tochter aber hat sie vorhero Zu dem Lieben Gott gesand. Nach deme nun der Liebe Gott ihr ein hartes erwiesen vnd ietzt gedachten ihren gewesenen lieben Eheman Anno 1631 am Heyligen Christage, durch den zeitlichen Todt, ihr von der Seiten genommen, vnd sie also in den betrübten Wittibenstandt versezet, hat sie darinnen verharret ein Jahr, 7 wochen 4 tagen, Da sie dann (.weill es ihr nicht lenger also einsamb zu leben in ihrer Haußhaltung nicht zu träglichen sein wollen.) Zur andern Ehe geschritten, vnd sich Anno 1632 den 16 Februarij abermals ehelichen eingelaßen, mit dem damals Erbahren vnd wollgeachten Gesellen Heinrich **John** aniezigem Mittbürgern vnd Grobschmieden alhier, alß ihrem hinterlaßenen vnd alhier gegenwertigen Hochbetrübten Wittiber, vnd mit demselben gleichfals in Christlicher vnd ehe [sic] gelebet vier Jahr, 8 Monat, vnd 20 tage, vnd durch Gottes seegen miteinander in solch wehrendem Ehestande gezeiget Zwo Söhne so auch noch am Leben sein.
Ihr Christenthumb betreffende, ist sie zwar ein Mensch, Evae Tochter vnd also nicht ohne Sünde gewesen, dennoch so hat sie sich mit menniglichen, insonderheit aber mit ihren Nachbahrn (.so ihr deßen Zeügnüß geben werden.) woll vnd friedlichen begangen, sich auch bey gesunden tagen fleißig zum Gehor Göttliches Worts, vnd offters Zum Gebrauch des Hochwürdigen Abendtmals gehalten. Was nun entlichen ihre Kranckheit anlenget, so ist vielen Leüten bekandt, daß wie sie der Liebe Gott nunmehro fast vorm Jahr ihrer schwertragenden mütterlichen Bürde in gnaden entbunden, vnd mit einem Jungen Sohn erfrewet gehabt, sie damals also balde, die fast menniglichen bekandte Kranckheit bey sich befunden, Welche sich auch dermaßen bey ihr sich gemehret, vnd von tage zu tage Zugenommen, daß sie vor 12 wochen sich vffs Siegbette niederlegen, vnd biß dahero an ihren Todt darauff liegen müßen, Vnd ob zwar ihr Raht zu schaffen, auff die Ärzte viel gewandt, vnd dißfals nicht ersPahret worden, So hat doch solches alles nichts helffen noch verschlagen wollen, sondern sie bey sich befunden daß alles vergebenß angewandt, vnd der Liebe Gott einen FeyerAbend mit ihr machen würde. Derowegen sie ohn gefehr vor 3 Wochen dem lieben Gott ihre Sünde gebeüchtet, dieselben herzlichen berewet, vnd dem lieben Gott abgeben, auch vmb mehrer versicherung, nach empfangener Absolution sich mit dem Wahren Leib vnd Blut vnsers Herren v: Heylandes Jesu Christi sPeisen vnd träncken laßen, vndt also zum seeligen Sterbstündlein bereit gemacht: Nachmals, ob sie zwar ihrem lieben Ehegatten vnd Kinderchen zum Trost (.wens Gottes wille gewesen were.) noch gerne eine Zeitlang leben wollen, so hat sie doch ihren Willen dem Willen Gottes vnterworffen, ihr Herz in Gedult gefast, fleißig gebetet, sich auch des Leidens und sterbens Jesu Christi herzlichen getröstet, vnd darneben offentlichen sich verlauten laßen, sie were nunmehro bereit, wie es der Liebe Gott ferner mit ihr schicken würde, also wolte sie es ihr auch gefallen laßen, Welcher vnser lieber Gott dann auch seinen väterlichen gnädigen Willen an ihr volnbracht vnd sie am nechst verschienenen Mittwoch Zwischen 7 vnd 8 Vhr des Abendts, durch einen sanfften vnd seeligen Todt von dieser

---

1194 Georg **Karger** ✝ 25. 12. 1630 (lfd. Nr. 464).

müheseeligen Welt abgefordert, vnd, der seelen nach, in sein ewiges himlisches frewden Reich versezet hat. Im 29. Jahr ihres alters. Lp M: **Lepner** ex Sap: 2 v. 23. 24. 25. p.

[Witt 318]

774 HENNING WEGNER, ✶ MAGDEBURG 9. 1. 1584, ✝ 6. 11. 1636

Begraben den 9. Novembr. Dominicâ 25. p. Trinit.

Curriculum Vitae
Nobilissimi, Amplissimi, Clarissimi ac Consulissimi Viri
Dn. Henningi Wegneri, J.U.D. Praeconsulis Palaeopoleos RegiomontAna, Ex=Professoris ac Facultatis Judicae Academiae Senioris etc.

Lebenslauf
des edelsten, erlauchtesten, berühmtesten und erfahrensten Mannes, des Herrn Henning Wegner, Doktors beider Rechte, des Bürgermeisters der Altstadt Königsbergs, des früheren Professors und Seniors der juristischen Fakultät der Universität usw.

Was nun anlanget den Verstorbenen, vnd in Gott ruhenden Weilandt Edlen Ehrenvesten, Hochachtbahren, vnd Hochgelahrten Herren Henning **Wegner** den Rechten Doctoren vnd gewesenen Bürgermeistern der Altenstadt KönigsPergk, so ist derselbe Anno 1584. den 9 Jan: styl: vetor. gebohren, sein Herr Vater ist gewesen, der Weiland Edle, Ehrenveste, vnd Wollgelahrte herr **Nicolaus Wegner** ein Patritius *Patrizier* von Magdeburgk Fürstl. Pr: Rath vnd Advocatus Fisci, *Anwalt in Finanzangelegenheiten* seine Fraw Mutter ist die Edle Viel ehr vnd Tugendreiche Fraw Vrsula eine gebohrne **Boyin**, welche annoch vmb Leben, vnd ihrem Herren Sohn mit Höchstbetrübten Herzen anhero das geleit gegeben. Diese Christliche Eltern haben ihren Sohn Dem herren Christo durch die Heylige Tauffe vorgetragen, vnd hernachmals zur Schulen gehalten, alda alß sie gesehen, daß er ein treffliches Ingenium *Begabung* auch große lust zum Studieren gehabt, haben sie ihn auch dazu fleißig gehalten; Anno 1601. ist er mit seiner lieben Eltern Raht vnd Willen naher Helmstadt auff die Vniversitet gezogen, alda er sich drey Jahr auffgehalten, von dannen hat er sich nach Jena vnd Rostock begeben, da er sich auch eine Zeitlang auffgehalten; Was er da praestiret *geleistet* vnd gelernet, auch wie fleißig er seinen Studijs daselbsten obgelegen, bezeügen seine Schrifften disputationes vnd Collegia *Disputationen und Kollegs* welche in offentlichem Druck vorhanden. Anno 1607. ist er nach Basell gezogen, alda er mit großem Ruhm in Doctorem Juris promoviret hat, von dannen ist er Anno 1608. in sein Vaterland wiederkommen, darauff Anno 1609. Ihr Fürstl. Gn: **Herzogen Willhelm** auß Churlandz etc. ihn Zum Raht angenommen, vnd als er Zween Jahr solchem seinem Consiliarat woll vorgestanden, vnd sich nach seinem Vaterland gesehnet, hatt er vmb erlaßung seines Dienstes bey Ihr. Fürstl: Gn: angehalten, welche er in Gnaden erlanget. Ist also Anno 1611 wieder anhero nach KönigsPerg kommen, vnd Extraordinarius bald darauf, Anno 1615. Ordinarius vnd dann Anno 1618. Primarius Profeszor *Erster Professor* geworden, Wie er sich in solchem seinem Ambt vnd Profession verhalten, wie vngern auch man ihn daselbst verlohren, das werden die Herren Professores seine gewesene HH Collegen, wie auch die Studiosi so ihn zur der Zeit gehöret, bezeügen, Anno 1626. ist von E.E. Raht alhie auff Reminiscere Zu einem Burgermeister erkohren, darauf dann baldt das Schwedische Vnwesen vnd Krieg entstanden gleichsamb ihn Gott auß sonderlicher schickung Zu der Stadt erhaltung damaln zuvor gezogen. Wie trewlich nun vnd wie woll er dieser Stadt bey wehrendem tumult vorgestanden, wie er auch dieselbe vnd ihre Privilegien mit hinden ansezung seiner Wollfahrt, vnd Gesundheit vertreten wie er auch tag vnd Nacht vor die Stadt vnd der obesten gesorget, daß hat die offenbahre tägliche erfahrung an den Tag gegeben, das man vnnötig helt weitleüfftig Zuerzehlen; Insonders aber wirdt seinem Nahmen mit Ruhm von den Nachkömlingen nachgesaget werden können, Daß bey seinem Bürgermeister Ambt in den sorglichen KriegsZeiten, da das ganze Land fast drauff gangen, durch gutten Raht dennoch diese Stadt wunderbahrlich erhalten, Dieselbe Zu erst bewallet, vnd in sonders von Königl. Maytt. in Pohlen in großer Obacht vnd defension *Verteidigungsstellung* ist gehalten worden, alß daß man von ihm sagen mag, er habe sich seines Vaterlandes alß ein Vater angenommen, in dem er auch mit Standhafften Vnerschrockenem Herzen in Vertretung deßelben Rechten, wie auch sonsten aus Liebe Zur Warheit vnd Gerechtigkeit keine gefahr gunst oder Vngunst angesehen, vnd gescheüet, Wie er auch die Gerechtigkeit vnd Justits gefordert. Anno 1611. hat er sich in den standt der Heyligen Ehe begeben mit der Edlen Viel ehr vnd Tugendreichen Jungfrawen Dorothea (1195) Herren Heinrich **Hinzen** nachgelaßenen Tochter, mit welcher er inß 17 Jahr eine gute vnd friedliche Ehe gehabt, vnd mit ihr auß Gottes seegen gezeüget 11 Kinder 9 Söhne vnd 2. Töchter, dauon noch 6. Sohne vnd 2. Tochter im Leben. Alß ihn Anno 1628. Gott der Allmechtige in den Wittiben stand gesezet, hat er abermal Anno 1629. sich befreyt, mit der Edlen viel ehr vnd Tugendreichen Jungfrawen (1196) Regina **Winterin**, ietzo seine Hochbetrübten Wittiben mit welcher er inß 8 Jahr woll vnd friedlich gelebet, vnd durch Gottes seegen mit ihr gezeüget 2. Söhne vnd 3. Töchter, dauon noch 3. Tochter im Leben.

Seine Kranckheit belangend, so hat er sich vor 8 wochen so vbel befunden, daß er sich Zu Bett hat legen müßen, da er dann anders nicht geklaget, alß vber große mättigkeit, vnd ob woll allerley mittel anfangs gebrauchet worden, sein mattes müdes Herz zuerfrischen, so haben doch dieselbige nichts helffen können, das alß die schwacheit von tag Zu tag Zugenommen, daß er weder sPeises noch tranckes noch artzeney genießen mögen, sondern hat alle Zeit gesaget, Gott were sein bester arzt, der wüste woll was ihm seelig würde sein, der würde ihn seine beschwerde vnndt grose vnruh Zu einer seeligen ruhe machen, hat immer geseüffzet vnd geflehet mit David auß dem 42. psalm. Wie ein Hirsch schreyet nach frischem Waßer, welchen psalm er sich vorsingen vnd vorbeten laßen, wie er dann auch Zum Hn **Woldero** alß er bey ihm gewesen, gesagt mit fried vnd frewd ich fahr dahin. Vergangen Mittwoch ist er immer schwächer worden, vnd alß ihm in der Nacht die Sprach vergehen wollen, hat er gesaget, wenn ich nicht mehr reden kann, so nimb herr Gott den lezten seüffzer an. Die seinigen hat er zulezt angeredet; Ach Kinder betet, wie ihm nun vorgebet, vnd vorgesungen worden, ist er Vergangen Donnerstag (.war der 6. Novembr.) des morgens im schlag 6 von dieser Welt sanfft vnd seelig bey volligem Verstandt vnd vernunfft in fleißiger anruffung seines Heilandes Jesu verschieden, vnd der Seelen nach inß him-

---

1195 Dorothea **Hintz** ✞ 21. 3. 1628 (lfd. Nr. 141).

1196 Ernst Witt: ursprünglich "wittiben"; dann von gleicher Hand geändert in "Jungfrawen".

lische Paradeyß versezet. Gott wolle die hinterlaßene Betrübte trösten. Im 53. Jahr seines Alters.
Lp hat gehalten H.M. Martinus **Wolderus**, ex Epta Dominic. Ordinariâ 1 Thessal. 4. v. 13. usque ad finem, *aus der ordentlichen Sonntagsepistel 1. Thess. 4, 13 bis zum Ende* Wir wollen eüch aber, Lieben Brüder, nicht verhalten von denen die da schlaffen. p.

[Witt 776]

775 Susanna Stobbe, ✶ Dresden 1585, ✞ 7. 11. 1636

Begraben den 10. 9bris ☽.

Susanna, der S. CasPar **Stobben**
Instrumentmachers Nachge.
Wittibe.

p. Dom 25. p. Trinit.

Ist zwar Anno 1585. Zu Dreßden in Meißen gebohren von Christlichen Eltern. Ihr Vater ist gewesen Bartholomaeus **Apitz**: Ihre Mautter heißet Catharina, so noch am Leben. Weill aber iezt gedachte ihre Eltern von draußen anhero kommen, vnd ihr seeliger Vater Ihr Churfr: Dhtt. Wildtnüßbereiter dienst Zum Thierenberge (1197) angenommen gehabt, haben sie diese ihre Tochter mit sich anhero inß Landt gebracht, vnd dieselbe, wie dorten zu Dreßden also auch hier im Lande Zum Thierenberg Sanct Pauli vermahnung nach, in aller Gottesfurcht aufferzogen, sie auch Zur Schulen fleißig gehalten: Nach deme sie aber etwas erwachsen, hat sie sich Zu Vornehmen Leüten bey diesen Städten in dienst begeben, vndt eine lange Zeit hin vnd wieder gedienet: Weill aber ihre liebe Mutter alters halben innerhalb solcher Zeit schwach worden, hat sie sich wiederumb Zu ihrer Mutter begeben, vnd bey ihr ezlich Jahr verblieben, biß sie ihr 35 Jahr erreichet, hat sie sich in den H: Ehestandt begeben, mit dem Erbahren vnd Kunstreichen Casparo **Stobben** (1198) Mittbürgern vnd Instrumentenmacher alhier, mit welchem sie in friedlicher Ehe gelebet / inß fünffzehende Jahr vnd durch Gottes seegen fünff Kinder, 2 Sohne vnd 3 Tochter, vorvon noch ein Sohn am Leben ist. Es hat aber Gott der Allmechtige ihren Ehegatten vor anderthalb Jahren durch den Todt Zu sich in sein Reich gefordert. Ihr Christenthumb belangende ist sie eine fromme Christin gewesen, insonderheit aber hat sie sich mit ihren Nachbahren woll vndt friedlichen begangen, sich auch Zum Gehör Gottliches Wordts, vnd offters zum Gebrauch des hochw: Abendtmahls gehalten. Nach tödtlichem Abgang ihres Ehemannes hat sie sich dermaßen herzlich gemühet, daß sie anfgangs bettreisig darnieder gelegen, vnd fast ein halbes Jahr im Siegbette gelegen, vnterdeßen ist die Darre zugeschlagen, vnd sie dermaßen angegriffen, daß sie entlich bey sich befunden, daß der liebe Gott mit ihr einen Feyerabend machen würde. Ist am negst verschiehenen Freytag vmb halb Zwo vhr nach Mittage im Herren sanfft v: seelig entschlafen, vnd ist also ihr ganzes Alter 51 Jahr.

/ biß Ao. 1635 vff Pfingsten v: also

Lp M. **Lepner** ex ψ. 25. Nach dir H. verlanget mich. [Witt 703]

1197 Thierenberg, Kr. Fischhausen.

1198 Caspar **Stobbe** ✞ 28. 5. 1635 (lfd. Nr. 698).

776 Bernhard Pöpping, ✶ Jülich, Reg.-Bezirk Aachen 1558, □ 12. 11. 1636

Begraben den 12. 9bris ♃ ante Dom. 26. p. Trin.

H Berhard Pöpping (1199), weyland Fürstlicher Fräwlein Frantzesischer Praeceptor, *Lehrer*

Ist ao 1558. im Lande Zu Jülich von Ehrlichen vnd Christ. Eltern gebohren. (1200)

[Witt 519]

777 Barbara Schwedler, ✶ Königsb. (Altstadt) 30. 1. 1588, ✝ 23. 11. 1636

Begraben den 26. Novembr. ☿ ante Dom: Adventus.

Fraw Barbara, Jacob Schwedlers Kauff mans Ehel: Haußfraw.

Ist Anno 1588 den 30 Januarij in diese Welt gebohren, Ihr Vater ist gewesen, der Ehrenueste vnd Wolgeachte Jochim **Koßen** Bürger Vnd handelßman dieser Altenstadt, Ihre Mutter Barbara **Bockin**, Von welchen Eltern sie dem Hn Christo in der heiligen Tauffe vorgetragen, nachmals in aller Zucht vnd Vermahnung Zum Herren erzogen worden, fleißig zur Schulen gehalten, auch in Pohlen vnd Littawen die SPrachen zu lernen verschicket worden. Anno 1609 den 9 Octobr. Ist sie mit raht vnd willen ihrer Eltern vnd Freünde, dem Ehrenuesten vnd Wollgeachten Christoff **Gronaw** Ehelich versprochen, mit welchem sie mit friedlicher Ehe gelebet 11. Jahr durch Gottes Segen gezeüget 7. Kinder, 4 Söhne vnd 3 Töchter, dauon noch 1 Sohn vnd 1 Tochter im Leben. Nach Absterbung ihres ersten mannes, ist sie 2. Jahr im Wittiben standt verblieben, biß sie Ao. 1622 Zur andern Ehe geschritten, mit dem Ehrenuesten, Vnd Wollgeachten Michel **Schultzen** mit dem Sie 3 Jahr in friedlicher Ehe geseßen, doch ohne leibes Erben. Anno 1627 den 18. Octobr. nach dem Sie abermal 2 Jahr im betrübten Wittiben stand gesessen, hat sie sich in Eheliche verbindniß eingelaßen, mit dem Ehrenuesten vnd Wolgeachten Jacob **Schwedler** iezigem betrübten Wittiber, mit dem Sie inß Zehende Jahr in Christlicher Ehe gesessen, durch Gottes Segen gezeüget 1 Sohn vnd 1 Tochter dauon die Tochter im Leben. Von ihrem Christenthumb wird E: Ehrw: Ministerium ihr Zeügniß geben, sie ist eine Christliche Gottseelige vnd Sorgfeltige Matron gewesen, die mit ihren Nachbahren sich friedlich vertragen. Vngefehr vor 14. Tagen hat sie Gott mit Leibes Schwacheit angegriffen, welche von tag Zu tag zugenommen, daß obgleich aller hand mittel gebraucht, Sie dennoch nichts verschlagen wollen, ideoque Sacrae Coenae usu ad beatam migrationem sese Deo cemmendare praeparavit, *und deshalb hat sie sich durch das Heilige Abendmahl auf die selige Reise, sich Gott an zu empfehlen, vorbereitet* der sie am Vergangenen Sontag vmb 3 Vhr nach mittag sanfft vnd selig von dieser welt abgefordert. im 49. Jahr ihres Alters. Lp. M. **Lepner** ex ψ. 73, 1.

[Witt 689]

1199 Ehemann von Dorothea **Pöpping** □ 25. 4. 1632 (lfd. Nr. 542).

1200 Keine weiteren Eintragungen, im Kirchenbuch eine halbe Seite frei gelassen.

778 ANNA HAYSE, ✶ LABIAU 1598, ✝ 1. 12. 1636

Begraben den 3. xbris ☿ p. Dom. — Anna, Joachim **Haysen**, SchöppenKnechts in der Altenstadt gewesene Haußfraw.

1.Adventus — Ist Anno 1598. Zu Labiaw gebohren, ihr S: Vater ist gewesen der Ersahme Jacob **Diezschkaw** Krüger daselbsten zu Labiaw, v: ihre S. Mutter hat geheißen Vrsula: Diese ihre Christliche liebe Eltern haben gemelte ihre Tochter alsobaldt durch den Gnadenbundt der heil. Tauffe Gott dem Allmechtigen Vortragen, vnd der Christlichen Kirchen einverleiben laßen. Von dehnen sie nachmals in der furcht Gottes vnd allen Christlichen Tugenden fleißig aufferzogen worden. Alß aber die Mutter ihr etwas Zeitig mit Tode abgangen, ist sie anhero nach KönigsPergk gebracht vnd also von Jugend auff bey Vornehmen Leüten alhier gedienet, biß sie ihr 22.ste Jahr erreichet, ist sie durch sonderbahre Schickung Gottes des Allmechtigen mit dem Erbahren Joachim **Haysen**, alß ihrem nunmehr hochbetrübten Wittiber, ehelichen außgestattet, mit welchem sie in friedlicher Ehe gelebet 15. Jahr vnd 47 wochen, Vnd durch Gottes Segen 2. Söhne vnd 4 Töchter gezeüget, dauon nur noch ein Sohn am Leben. Ihr Christenthumb belangende, ist sie eine fromme Christin gewesen, insonderheit aber hat sie sich mit ihren Nachbahren woll vnd friedlichen begangen, sich auch zum Gehör Göttliches Wordts, vnd offters zum Gebrauch des hochw: Abendtmals gehalten. Ihre Kranckheit belangende, hat sie eine geraume Zeit gequinen, balde zu Bette gelegen, vndt acht tage lang immer bettreisig gewesen, hat sie am negst verschiehenen Sontage vor achte Tagen, nach gethaner Beicht vnd darauff empfangener Absolution sich mit dem Wahren Leib vnd Blut vnsers herren Jesu Christi sPeisen Vnd tränckеn laßen, vnd also zum seeligen Sterbstündlein bereit gemacht, auch ihren willen, dem Willen Gottes Vnterworffen, er solle es nur mit ihr machen, wie es ihm gefellig sey, wie sie dan auch wenig tage hernach nemblich am negst verschiehenen Montagk (1201) zwischen 10 vnd 11Vhr in der Nacht im herren sanfft vnd seelig eingeschlaffen, im 35. [sic] Jahr ihres Alters.Lp. M. **Lepner**, auß dem Kirchen Gebet. Lieber Herre Gott wecke vnß auff p. [Witt 251]

779 ANDREAS CUBANTZ, ✶ BOTTSCHOW, KR. WESTSTERNBERG / REG.-BEZIRK FRANKFURT 1594, ✝ 5. 12. 1636

Begraben den 7. — Andreas Cubantz, Instrumentist. p.

Decembr. Dom. 2. Adventus — Ist Anno 1594. zu Bedtzschaw in dem Marggraffthumb Niederlaußnitz (1202) von Christlichen Eltern in diese welt gebohren. Sein Vater ist gewesen, der Ehrenueste vnd Wollgeachte Casparus **Cubantz** Schliebenischer Ambtman (1203) vnd MittBürger daselbst, seine Mutter hat geheißen Anna. Von diesen seinen lieben Eltern ist er alsobaldt durch die heylige Tauffe dem Hn Christo einuerleibet, vnd von Jugend auff zu aller Gottesfurcht vnd Tugenden, wie auch zum Studiren fleißig gehalten Worden, Wie ihn dann sein Lieber Vater, alß er zuorhin den Catechis-

---

1201 Ernst Witt: ursprünglich "Mittwoch", durch Überschreiben geändert in "Montag".

1202 Die Worte "zu Bedtzschaw in dem Marggraffthumb Niederlaußnitz" über der Zeile eingefügt.

1203 Stadt und Amt Schlieben, Kreis Schweinitz (Reg.-Bez. Merseburg / Provinz Sachsen).

mum vnd seine Initia *Anfänge* gelernet, Ao. 1611. nach Glatzin (1204) in Oberschlesien auff die Particular Schule geschicket, alda er 2. Jahr gewesen, vnd in studijs einen zimblichen Grundt geleget, entlichen von dar mit gutter Gelegenheit anhero nach KönigsPergk gelanget, in meinung seine Studia zu Continuiren, *fortzusetzen* Weill Er aber alsobaldt in eine Kranckheit gerathen, vnd in der frembde keinen andern wegk gewust, auch sie Sumptus *Geldmittel* Zum Studieren von heuse nicht woll haben können, alß hat der Damahlige Stadt Instrumentist im Kneiphoff der Erbahre vnndt kunstreiche Heinricus **Gildehauß** Ihr zu sich genommen, seiner, biß Er wiederumb zu vorigen Kräfften gekommen. gepfleget, Vnd weil er sonst ein guter Musicus Vocalis *Vokalmusiker* gewesen, auch lust zu den Instrumenten gehabt, Ihn folgents die Kunst gelehret, da Er dann nach außgang seiner getrewen Lehr Jahren nach Insterburgk verschrieben worden, vnd bey zwey Jahr sich daselbsten auffgehalten, folgents Anno. 1620. Von seinem gewesenen Lehrmeistern wiederumb anhero gefordert worden, bey dem er vier Jahr verblieben, vnd in seinem Dienst sich still, from vnd friedlich verhalten biß er entlichen Anno 1624. den 22. Septembr. durch sonderbahre Schickung Gottes des Allmechtigen sich in den heyligen Ehestandt begeben, mit der Erbahren vnndt Tugendsahmen Jungfrawen Dorotheaen, Des Weylandt Erbahren Vnndt Kunstreichen Christoff **Rossen** mitbürgers vnd Lautenmachers (1205) hinterlaßene Tochter der izt hochbetrübten Wittiben, mit welcher er in friedlicher Ehe gelebet 12. Jahr vnd 11. Wochen, Vnd durch Gottes Segen gezeüget 2. Söhne vnd 2. Töchter, dauon die Töchter gestorben, die andern 2 Sohne sind noch am Leben. Sein Christenthumb belangende, hat er sich gegen iederman friedlich vnd auffrichtig erzeüget, sich auch zum Gehör Göttliches worts, vnd offters zum Gebrauch des hochw: Abendtmals gehalten. Seine Kranckheit belangende, ist er in Zwo Jahren selten woll vnd Zu paße gewesen, vnndt im Februario dieses Jahres ein reißen an den füßen bekommen, wie auch weheklage in den Rücken welches der Stein gewesen, dannenhero groß Brechen darzu geschlagen, vnd eine große innerliche hitze, damahlen aber durch Gottes hülffe vnd Gebrauch der Medicamenten weiderumb genesen, Welches aber nicht lange gewehret, biß er entlichen vor 12. wochen ganz betreisig worden, da dann die Entzündung des Geblütes überhand genommen, vnd in die Leber eine faulung bekommen, vnd ob es zwar der Notturfft nach an medicamenten auch nicht gemangelt, so hat es doch nicht helffen wollen, weill es eine alte eingewurzelte Kranckheit gewesen, vnd hat ihn also der liebe Gott am Vergangenen Freytags Abendt vmb 9. Vhr auß diesem Jammerthal abgefordert, im 42. Jahr seines Alters. Hatt die ganze Kranckheit vber biß er Verschieden, Vernunfftig geredet, sich allezeit vor einen armen Sünder erkandt vnd auffs fleißigste seine Seele dem Lieben Gott befohlen, sonderlich hat er kurtz vor seinem Ende die Psalmen lieb hab ich Dich o Hr etc item *und auch* Hr meine Seele befehl ich in deine hende. gebetet. Gott verleihe ihme eine fröliche aufferstehungk! Lp. M. **Lepner** ex 2. Cor. 5. v. 10. Wir müßen alle offenbahr werden etc. [Witt 91]

1204 Lokalisierung unklar. Ist Glatz (Reg.-Bezirk Breslau / Schlesien) gemeint?

1205 Andreß **Heling** ✞ 16. 2. 1632 (lfd. Nr. 530) war mit Anna, einer anderen Tochter dieses Christoff Ross, verheiratet.

80 ANNA RABE, ∗ KÖNIGSBERG (ALTSTADT) 1. 4. 1593, ✝ 28. 12. 1636

Begraben den 31. Xbris.

Fr. Anna, Hn Johans **Raaben** Gerichtsverwandten gewesenen Ehe-liche Haußfraw,

am Newjahrs abend.

Ist Anno 1593. den 1 Aprilis Alten Calenders von Vornehmen Ehrlichen vnd Gottseeligen Eltern gebohren. Ihr S: Vater ist gewesen, der weylandt, Ehrenueste, Namhaffte vnd Wollweise Hr Hanß **hoffmeister** Rathsverwandter dieser Altenstadt, Ihre S: Fraw Mutter, die Ehr= vnd Tugendreiche Fraw Vrsula **Schüzin** (1206) welche Eltern, diese ihre Tochter in aller Gottesfurcht vnndt Jungfrawlichen Tugenden von Jugend auff fleissig aufferzogen, biß sie das 19. Jahr aetat. erreichet, da sie denn selbe durch Gottes Schickung ehelichen VersProchen vnd zugesaget. Dem Ehrennvesten Nahmhafften vnd wollweisen Hn Hanß **Raaben** Gerichtsverwandten dieser Altenstadt, Jezigen hochbetrübten Wittwer, mit welchem sie in ruhelicher friedsahmer gewünschter vnd gesegneter Ehe gelebet. 24. Jahr, vnd durch Gottes Segen gezeüget 8 Söhne vnndt eine Tochter, davon 2. Söhne vnd eine Tochter im herren entschlaffen, Die vbrigen sind noch am Leben, Welche der Barmherzige Gott alß ein Vater der Weysen versorgen, vnd neben dem Hn Vater Krefftiglich trösten wolle, Wie Christlich wie Erbahr wie Gottseelig vnd Vnstrefflich sie ihr leben vnd wandel geführet; Wie fleißig wie andechtig sie Gottes Wordt gehöret; Vnd das Hochwürdige Abendtmal gebrauchet; Wie guttähtig vnd freygebig sie gegen die Dürfftigen gewesen: Solches ist menniglich wißend, vnd auch in der predigt albereit in etwas erwehnet worden, vnd also nicht nötig alhie, weitleüfftig zu wiederholen. Ihre Kranckheit anlangende, hat sie sich den Vergangenen Sommer im Junio etwas Vnpaßlich befunden, auch also, daß ihre Kranckheit dermaßen Zugenommen, daß sie sich der Ärzte hände vntergeben, welche zwar alle mügliche mittel gebrauchet, die aber doch nichts verschlagen wollen, sondern von tag Zu tag ihre Kranckheit sich vermehret, also daß sie das hauß des Herren eine geraume Zeit nicht hat besuchen können. Zwar hat es sich mit solcher ihrer Kranckheit in etwas Zur beßerungk angelaßen, also daß sie auch das Hauß der Herren, wiewoll mit großer beschwerde, den 8. Decembris ersuchet, her nachmals aber des andern tages wieder eingefallen, daß sie sich hat einhalten müßen, da denn die Kranckheit abermals dermaßen sehr Zu vnd vberhand genommen, also daß sie sich auch ihres Lebens begeben, vnd sich zu einer seeligen hinfahrt geschicket vnd gefaßt gemacht, in dem sie mit dem tewren vnd köstlichen Pfandt des wahren Leibes vnd Bluts ihres Erlösers Jesu Christi, sich versehen laßen. Darauff sie ohn Vnterlaß fleißig, herzlich vnd inbrünstig gebeten; Gottes gnädigen willen sich vntergeben; Vnd mit wahrem festen Glauben sich der Geburt vnd Menschwerdung Jesu Christi, vnd seines ganzen vollkommenen Verdienstes von herzen getröstet. In welchem Gebeth, Glauben vnd Erkändtnüß Ihres Erlösers, Sie auch am näheren Sontag den 28. Decembris zwischen 2 vnd 3 Vhr nach Mittag ihr Leben sanfft vnd seelig geendet, vnd beschloßen. Nach dem sie in dieser Welt gelebet 44. Jahr weniger 15 Wochen. Lp hat gehalten Hr M. Isaac **Halbach.** [Witt 544]

Finis Anni 1636.

1206 Ursula **Hoffmeister** ✝ 20. 4. 1633 (lfd. Nr. 593). Siehe auch den Lebenslauf ihrer Schwester Barbara **Pathon** ✝ 3. 2. 1635 (lfd. Nr. 681).

I. N. J.
Annus Christi
1637
Ianuarius

781 Daniel Dörffer, ✶ Königsberg 1623, ✝ 6. 1. 1637

Daniel Dörffer. H. Christiani **Dorfferi**
J.V.D. et Dicusterij [sic] Aulici Assess: uc etc.
R. Consistorij Sambiensis Officialis Filius. (1207)
Daniel Dörffer, Sohn des Herrn Christian Dörffer,
des Doktors beider Rechte und Assessor des Hofgerichts usw.
des Offizials (1208) des verehrten samländischen Konsistoriums.

Begraben den 9. Januarij.

Ist Anno 1623 im Sept: Sein H. Vatter ist vorbenant. Die Fr. Barbara **Gelborin** (1209), Von diesen seinen eltern ist er nach empfangener h. Tauffe, Vnd Zuwachs der Jahre in aller Gottesfurcht erZogen, Zur schulen gehalten, in welcher er gutte Fundamenta *Grundlagen* geleget, Vnd endlich im vergangenen Jahr in Pohlen der sprach halber verschicket, daselbsten weil er an der wassersucht anfangen Zu krancken, als hatt die Fr. Mutter, Wittib, wie bald sie solches erfahren ihn, damit seiner sorgfeltiger, als etwan, nach seinen bericht, der ortter geschehen, hie wartten möchte abfordern lassen. Wie er aber vorgestriges tages etwan hergebracht hatt man bald gemercket das es Zu spät mit der Cür sein würde, weil die Kr: uberhand genommen, derowegen man ihn mit allerhand Sterb=gebethlein Vnd gesang seines sterbstündleins erinnert, Vnd Zum S. tode bereittet, durch welchen ihn auch der liebe Gott nach seinen heiligen Vnd Vaterlichen Willen am vergangen Fest der Weisen aus Morgenland den 6. J: Zu mittage vmb 12 Vhr (1210) der Seelen nach aus dieser welt abgefordert Vnd in sein ewiges Reich versetzet im 14. Jahre Seines Alters. Leichpr. hatt in der Altenst. gehalten M**Wolderus** ex 7. cap: Apocal: auff ihre benennung. [Witt 109]

782 Johan Melhorn, ✶ Gera 1585, ✝ 8. 1. 1637

Begraben d. 11 Januarij.

Johan Melhorn Cammermeister.
(1211) [Witt 443]

1207 Wohl ein Bruder der Barbara **Dörffer** ✝ 25. 8. 1629 (lfd. Nr. 258).
Laurentius **Wigandus** ✝ 9. 11. 1630 (lfd. Nr. 457) war wohl mit einer weiteren Schwester Elisabeth verheiratet.

1208 Ein Offizial übt an Stelle des Bischofs die ordentliche Gerichtsbarkeit in einer Diözese aus.

1209 Ernst Witt: Dieser Name ist sicher nicht richtig, wie schon die ganze Niederschrift dieser ersten Leichenpredigt im Jahre 1637 den Anschein trägt, als ob der neue Schreiber sehr unsicher gewesen wäre.

1210 Die Worte "umb 12 Vhr" über der Zeile eingefügt.

1211 Weitere Angaben fehlen, eine halbe Seite frei gelassen.
Bei Caspar Stein: Das Alte Königsberg. Königsberg i. Pr. 1911 (Sonderschriften des Vereins für Familienforschung in Ost- und Westpreußen. 91.) Nachdruck Hamburg 1998, S. 4, findet sich seine, im Original lateinische, Grabinschrift wie folgt in deutscher Übersetzung:
Dem hochansehnlichen, ausgezeichneten und wohlgelahrten Herrn, Herrn Johann

783 Greger Nitzsch, ✶ Alt / Neu Rosenthal, Kr. Rastenburg 1597, ✝ 13. 1. 1637

Greger Nitzsch. Schuster.

Begraben den 15. Januarij.

Ist Zu Rosenortt im Rastenburgischen Ao 1597. geboren Von Hans **Nitzschen**, Vnd Catharina seinen eltern von welcher Zur H. tauff befordert, Vnd anderweitt christlich erZogen worden bis ans 20ste Jehr seines alters da er sich alhie das schusterhandwerck Zu lernen in die Lehre gethan hatt, worauff er nachmalen acht Jahr in die Frembde gewandert. Ao 1627. den 22. Nov: hatt er sich mit seiner jetzo hinterlaßenen betrübten Wittben, damahl Junfr, Elisabeth, Hans **Littkens** Zu Billiemen auch im Rastenburgschen (1212) Ehelichen Tochter, ehelich eingelassen. Vnd mit derselben in gutter Christlicher ehe gelebet 9 Jahr Vnd 7. wochen, auch in solcher Zeit aus Gottes segen mit ihr 4. Sohne Vnd 2. Töchter geZeuget, von welchen nur noch ein Sohn im Leben. etc. Sein Christenthum ist Vnverweislich gewesen. Seine Kr: hatt ihm Gott am Vergangen Sontag achtage Zugesand welche weil sie Von tage Zu tag Zugenommen. als hatt er am Verschienen Montag des H. Abendmahl des H nach gethaner Beicht Vnd empfangner absolution Zu sich genommen, darauff mit fleissigen andechtigen gebeth den willen Gottes ferner ergeben, Nach welchen er am Vergangnen Dingstag morgens nach Zehen Vhr sanfft vnd selig entschlaffen im 40sten Jahr Seines Alters. Leichpr: hatt v. St HM**Lepner** gehalten ex 2 Timoth: 1. Scio cui cred: *Ich weiß, an wen ich glaube* [Witt 487]

784 Maria Göbel, ✶ Königsberg 14. 8. 1578, ✝ 27. 1. 1637

Fr. Maria V. **Weinberin** S. H. D. Severini **Göbelij** Med:D. etc. hinterlaßene Wittib

Begraben

Ist alhie im Jahr 1578 den 14. Aug: geboren Von Vornehmen Christliche

---

Melhorn, kurfürstlich brandenburgischen wohlverdienten Kammerherrn in Preußen, haben, da er den durchlauchtigsten Fürsten in Preußen das Kammerherrenamt 38 Jahr treu verwaltet und nunmehr im 52. Jahres seines Alters, im Jahre des Heils 1637, den 8. Januar fromm und friedlich entschlafen, seine Gattin und zwei Söhne dieses Denkmal i h r e r Pietät und s e i n e s Namens als ihrem vielgeliebten Gatten und Vater in ihrer Trauer aufgerichtet.

Unter den ‚Anmerkungen' (S. 125) finden sich folgende Angaben zum Leben des Johann Melhorn:

„Das Kammerherrenamt war nicht nur die den kurfürstlichen Haushalt leitende Behörde im heutigen Sinne, sondern der Kammerherr oder Kammermeister hatte auch zugleich die Rentkammer mit ihrem Einnahmen aus Domänen, Forsten, Gefällen, Zehnten und Zinsen zu verwalten. Joh. Melhorn, geb. 1585, war von seinem Oheim, dem kurfürstlichen Rentmeister David **Pinsfeld** auf dessen Reise in die alte Heimat Gera als 16jähriger Jüngling 1601 nach Königsberg mitgenommen und hierher verpflanzt worden. Hier wurde er von ihm in die Rentkammer eingeführt und erlangte zuletzt die höchste Stelle im Amte, das er nach seiner Leichenintimation auf der königlichen Bibliothek jedoch nur 35-36, nicht 38 Jahre bekleidet haben kann."

Boetticher (wie Anm. 17), S. 191 nennt für Johann Mehlhorn und seinen gleichnamigen Sohn noch ein „großes Epitaphium" an einem Pfeiler der Altstädtischen Kirche. „Es präsentiret den Fall Adams und die Kreuzigung Christi."

1212 Vielleicht Dombehnen, Kr. Rastenburg?

den 1. Febr: eltern, nemlich Von Nobiliss: Georg **von Weinbeer**, Burgemeistern (1213) Vnd Nobiliss: Gertrud **Klenavin,** Von Welchen sie auch in aller Gottesfurcht Vnd Christlichen tugenden erZogen. Ao 1598 ist sie von H. D. Severino **Göbeli** (1214) Med: D. *des Dr. med.* etc. P.P. etc. Duc: ac Elect: Prussiae Archiatro *Leibarzt des preußischen Herzogs und Kurfürsten* geehiget worden, mit welchem sie in 28 Jähriger Christlicher Ehe Vierzehn Kinder aus Gottes segen geZeuget, davon noch achte im leben. Ihr Christenthum hatt sie im Jungfr ehe = Vnd Wittbenstand lobwürdig geführet Vnd zwar Vnter gar Vielen Creutz, welches sie mit Gottes hulff Vnd trost überwunden. Ihre Kranckheit hatt sie bei Zuwachsenden altern insonderheit etwan vorm Jahr gemercket, doch also das sie nicht allein ihrer gescheffte halber, sondern insonderheit wegen des Gottesdiensts ausgehen Vnd das haus des herren besuchen können, bis etwan für Zehn wochen da sie gantz lagerhafftig worden Vnd bishero geblieben. In werender Zeit hatt die das Hochw: Abendmahl mit grosser andacht empfangen, aus Gottes Wortt sich allerhand spruch erinnert, Vnd von denen gründlich geredet, sich auch ferner mit herztlichen Vnd ernsten gebeth Gott ihrem Vatter ergeben. Der sie auch in solchem ihrem vertrawen Vnd herzlichen verlangen den 27. Januarij Vmb 10 Vhr des Abens durch einen sanfft tod der seelen nach Zu sich in sein reich abgefordert Vnd auffgenommen im 59 Jahr ihres alters Lp hatt M **Wolderus** gehalten ex 1 Corinth: 10. Fidelis Deus. *Gott ist treu*

[Witt 195]

785 Jacob Wecker, ✶ Königsberg 12. 2. 1612, □ 11. 2. 1637

Jacob Wecker.

Begraben den 11 Februarij. Ist Ao 1612 den 12 Febr: alhie geboren Von Mattheo **Weckern**, Kauffman seinem Vater, Vnd Fr. Christina **Lindhorstin** seiner Mutter; Von diesen eltern ist er auch Zur H Tauffe befordert, nach Zulaß der Jahre vleissig erZogen, Zur schulen gehalten, in welcher er auch Vnter dem S.H. M. Petro **Mauritio** gute fundamenta geleget, Vnd der Lateinschen sprache mechtig worden. Ao 1627 ist er der polnischen sprache halber Von ihnen nach der wilde (1215) verschicket; Vnd nach deme er Ao 1629 von dannen wiederumb abgefordert Vnd im Italienischen Buchhalten sich geubet gehabt ist Ao 1630 vff ihre beliebung nach Warschaw Vnd Crackaw auch ferner mit ihrer Gnaden Johann **Rakowsken** Jetziger Zeit Woywoden Zu Brescz, damahl Ihr. Königl: Maytt in Pohlen Abgesanten in Engelland verreiset beides seine Freunde alda, vnd den seiner eltern gescheffte Zu verrichten, welches auch glücklich geschehen. Von dannen ist er nach Holland, vnd ferner in Franckreich geZogen, bis er endlich aus Franckreich wiedrumb in Engelland kommen Vnd von da Ao 1633 alhie bei seinen Eltern wiedrumb glucklich angelanget, welchen er auch bis hieher als ein gehorsamer wollgeZogner sohn Zur hand gangen Vnd derselben wie auch seine eigne gescheffte in Reusland, Littawen Vnd andren orttern trewlich verrichtet.

Seines Christenthumbs hatt er wegen seines fleissigen Kirchengehens, offtern gebrauch des H. Abendmahl, Gottesfurcht, Vnd erbaren leben bey menniglichen ein guttes ruhmliches geZeuchnis Seinen tod Vnd ausgang

---

1213 Georg von **Weinbeer** ✞ 30. 11. 1637 (lfd. Nr. 832).

1214 Severinus **Göbel** ✞ 9. 4. 1627 (lfd. Nr. 68).

1215 Nach Wilna (Litauen).

aus diesem leben anlangend ist er am Vergangnen Freitag auff befehl seiner lieben eltern, Vnd so woll ihrer als seiner eignen gescheffte halben, mitzu auch auff Christoff **Rodemans** Hochzeit die folgenden Montags daselbst hatt sollen gehalten werden, Zu erscheinen, nach der Mummel (1216) verreiset, da er denn Vnterwegens mit Eines Vom Adel aus Lieffland gestade (1217) im Zwist gerathen, darumb das Er Zwar dem vom Adel aus dem wege gewichen war, ihnen aber, die woll eine stunde nach jenem ihm Vnd seinen gefertten begegnet, solches nicht thun wollen; Darüber der eine vnter jenen ihm mit der geissel etliche mahl ins gesicht gehawen, Vnd darumb von ihm Vnd seinen beistand wiedrumb war etwas geschlagen worden. Hierauff sind diese buben ihrem herren nachgeeilet Vnd ihm solches hefftiger geclaget, der ihnen der soll befohlen haben das sie mehr von seinem gesinde Zu sich nehmen, ihnen nacheilen, Vnd sie wiedrumb abprügeln oder schlagen solten. Darauff sind ihrer etliche Jacob **Weckern** Vnd andren seinen gefertten vber drey meilen nachgehawen Vnd mit gewalt an sie gesetzet, warauff sich diese auch Zur Were gesetzet, Vnd Jacob **Wecker** sein Rohr gefasset, mit Zum schrecken, denn, als die rede gehet, hette sie den andren mercklichen schaden thun können, wenn sie ihres gewissens nicht schewen wolten, darauff ist einer Zu ihn kommen Vnd im Hawen ihm den Daumen getroffen, worauff er das rohr fallen lassen, auch selbsten sich in die sielen verwickelt Vnd gefellet, darauff den jener Jacob **Weckers** eigen rohr genommen es auff ihn gelöset, Vnd mit einem schuß durch das lincke auge also am haupt, durch welches die Kugel gangen, verwundet, das er nach einer oder anderhalb stunden verschieden, im 25. Jahr seines alters. Conc: funebr: habuit in Templi parochiali M**Wolderus** ex 4 cap: Gen: de fratricide Caino. etc. *Die Leichenpredigt hielt M. Wolder in der Pfarrkirche aus dem 4. Kapitel der Genesis über den Brudermord des Kain usw.* [Witt 769]

786 Elisabeth Preusner,
✶ Tharau, Kr. Preußisch Eylau? 1609, ✝ 12. 2. 1637

Elisabeth Hans **Preusners**, Klempners Nachgelassene Wittib.

Begraben den 13. Febr:

Ist Ao 1609 Zu Taraw geboren. Ihr Vatter hatt geheissen Georg **Kalmß**, ein Grobschmid, Ihre Mutter Anna; Diese ist noch am leben: Sie hatt nach fleissiger aufferziehung Vnd erreichung ihrer Jahre bei gutten leutten gedienet, sonderlichen bei bei [sic] der Fr. **Hawenschwertschen** 5. Jahr in welchem Ihrem Dienst sie sich auch ehelig eingelassen mit Hans **Preussern,** Klempnern, mit welchem sie Zusammen gelebet 1 Jahr vnd 7. wochen. Vnd nach desselben tode etwan dreissig wochen eine Junge tochter Zur welt geboren, die jetz nur 3 Wochen ohn gefehr alt ist etc. Von ihrem Christenthum ist Vns nichts Wiederlich wissend. Ihre Kranckheit rühret Von ihrer Mutterlichen enbindung her; denn ob sie woll anfangs ihrer 6 wochen Zimliche gutte Zeit gehabt, ist so doch am vergangnen Montag sonderlich im haupt sehr schwach geworden, welche sich doch nachmahlen so weit gelegert das sie hatt beten können. Worauff sie endlich gestern nacht Vmb 2 Vhr verschieden, im 28. Jahr Ihres alters, Die Leichpr: hatt auffm St: H M. **Halbach** gehalten. [Witt 537]

1216 Nach Memel.

1217 Das Wort "gestade" über der Zeile eingefügt.

787 Henricus Ranisch, ✶ Königsberg (Altstadt) 16. 2. 1603, ✝ 12. 2. 1637

Begraben. 15 Febr.

Henricus Ransch, (1218) Meltzenbrewer Vnd Vorsteher der Hausarmen.

Ist im Jahr 1603 den 16 Febr: alhie geboren. Sein Vater ist gewesen Thomas **Ransch** mitbürger Vnd Meltzenbrewer der Altenstad, die Mutter Fr. Maria **Berckmannin**. Dieselben haben ihn durch die H Tauffe Christo dem H einverleiben lassen, Vnd mit Zu wachs der Jahre Zur schulen gehalten, Vnd in aller Gottesfurcht erZogen. Welches auch Herr Thomas **Sternberg**, gewesener Schoppenmeister dieser Altenstad als sein stieffvater, der seine Fr. mutter, da H Thomas **Ransch**, Vnsers verstorbenen Vatter im Jahr 1613. ihr abgestorben, anderweit geEhliget, Veterlichen gethan. Ao 1617. ist er in Pohlen der sprach halber verschicket, vnd als er nach Zween Jahren von dannen wieder abgefordert, hatt er theils bei seinen anverwanten theils bei andren der Kauffmanschafft fleissig abgewarttet. Ao 1626 hatt er sich in den stand der H ehe begeben mit der damahl Ehr= Vnd tugendreichen J. Catharina H Urban **Dehnen** Bürgers Vnd Meltzenbrewers im Kneiph: nachgelassene Tochter, seiner ietz hinterbliebenden Wittben mit welcher er fridlich vnd christliche Zusammen gelebet bis ins 11 Jahr Vnd aus Gottes segen sieben Kinder als 5 sohne Vnd 2 Töchter gezeuget, davon noch 3 Söhne Vnd 2 Töchter im leben. Ao 1630 hatt ihn E E Raht Zum vorsteher der hausarmen erwehlet; in welchem ampt er trew vnd vleissig, wie auch in seinem Christenthum Vnd burgerlichen leben vnstrefflich gewesen. Seine Kranckheit anlangende hatt er von Martini verflossenen Jahrs an sich mit der gelben sucht beschweret befunden, wieder welche ob er woll geburliche mittel gebrauchet, so hatt doch die Kr: also zugenommen das er gantzer vier wochen bestendig liegen müssen, Vnd er also gemercket das Gott Feirabend in diesem leben mit ihm machen würde; dennenhero Er nach gebrauch des H Abendmahls sich mit ernsten gebeth dem allerhöchsten Gott ergeben, der ihn auch den 12 Febr: Vmb 3 Vhr nach mittage durch den zeittlichen tod der seelen nach aus dieser welt Zu sich in sein reich abgefordert im 34 Jahr seines Alters, die Lp. hatt in templo parochiali H. M. **Lepner** gehalten ex 2 Timoth 4. Bonum certuum [certamen] certavi. *Ich habe den guten Kampf gekämpft* auff benennung der hinterl: [Witt 551]

788 Anna Fiedler, ✶ Lengniethen, Kr. Fischhausen 1583, ✝ 14. 2. 1637

Begraben den 17 Febr:

Anna, Michel **Fiedlers** Schusters Hausfr:

Ist Ao 1583. Zu Lengknitten im Germauschen geboren Ihr Vatter ist gewesen Andreas **Fritzsch** Freye daselbsten, die Mutter hatt geheissen Dorothea. Durch diese ihrer eltern beförderung hatt sie die H. Tauffe empfangen, weil sie ihr aber alsbald nach dem andren Jahr ihres alters mit tode abgangen hatt sie ihr anverwanter Antonius **Zimmerman** nach Cumaynen (1219) Zu sich genommen, Zur schulen gehalten, Vnd sie den Catechismum, schreiben Vnd lesen lernen lassen, Vom selben ist sie im 15. Jahre ihres alters Zu Jacob **Zimmerman** Mitburgern Vnd Höckern alhier vffm St: kommen, Vnd Zehen Jahr verblieben; der sie auch Zu

1218 Wohl ein Bruder der Ursula **Ranisch** ✝ 8. 11. 1628 (lfd. Nr. 188) und der Elisabeth **Gerling** ✝ 26. 10. 1629 (lfd. Nr. 330).

1219 Wohl Kumehnen, Kr. Fischhausen.

einem Vornehmen von Adel vor eine Näherin verthan, bei welchem sie auch drey jahr verblieben. Nach denselben als sie wiedrumb anhero kommen ist sie von ihren anverwanten Georgen **Blumen**, schustern Zur ehe gegeben; mit demselben hatt sie 9 Jahr in gutter ehe gelebet, Vnd aus Gottes segen drey töchter geZeuget, welche alle verlengst verstorben. Diesen ihren eheman nachdem der liebe Gott durch den Zeittlichen Tod aus dieser welt abgefordert, Vnd sie 3/4 Jahr im Wittbenstand gesessen hatt sie sich anderweit ehelich eingelassen mit gegenwertten ihren hinterlassen Wittber damaln gesellen, Michel **Fiedlern** etc: mit welchem sie aus Gottes segen in sechzehenjähriger Christlicher ehe fünff Kinder, einen Sohn Vnd vier Töchter geZeuget, von welchen noch der sohn Vnd drey töchter im leben. Ihr Christenthum ist, Vnsers Wissens Vnverwieslich gewesen. Ihr Kranckheit ist ihr an nechst verschienen Sontag vor acht tagen mit frost ankommen, Vnd sich dermassen gemeret das sie bald bei sich befunden das der liebe Gott ihr das sterbstündlein Zuschicken würde. Darumb sie heut (Dingstag) achtage das H Abendmahl enpfangen, vnd darauff den willen Gottes in ernstem gebeth erwarttet, welcher den am verschienen Sonnabend an ihr vollZogen, da sie des Abends Vmb 9 Vhr im 54sten Jahr ihres alters selig verschieden. Die Leichpr: hatt M **Wolderus** vffm St. gehalten ex 7 cap: Proverb: [Witt 145]

789 Hans Neuman, ✶ Lötzen um 1592, ✝ 18. 2. 1637

Begraben 20. Febr

Hans Neuman Krahnknecht.

Derselbe ist etwan vor 45 Jahren Zu Lötzen geboren von Simon **Neuman** Burgern Vnd Kleinschmid daselbsten Vnd Euphemia N. nach erreichung seiner Jahre hatt er sich bald im 15. Jahr seines alters vom Vatter, Die Mutter hatt er nicht recht wegen ihres zeittlichen absterben nicht erkant, nach Niendorff (1220) in E E Rahts Hoff Zu Dienst begeben, Vnd sechs Jahr daselbst verblieben, Vnd ferner bei bei einem bawren daselbst etliche jahr auffgehalten. Nach erlangtem alter hatt er sich in den stand der H ehe eingelassen mit Catharina S. Georg **Dreusen** nachg: wittib mit welcher er 12 Jahre in fried Vnd einigkeit gelebet, Vnd aus Gottes segen Vier Kinder geZeuget eine tochter Vnd drey söhne. Seine Kranckheit anlangende. hatt er etliche jahr im Krahn etliche Jahr bei der H arbeit sich auffgehalten, Vnd alda bei schwerer arbeit vieleicht eine ader gesprenget, denn er blut auffgeworffen, Vnd 14 wochen schwer danieder gelegen, in welcher Zeit die Kranckheit immer Zugenommen das er vermercket es sich Zum ende mit ihm nahete Vnd dennenhero Zu Zween mahlen das Hochw. abendmahl gebrauchet auch embsig gebetet bis ihm Gott am verschienen Mittwoch Vmb 4 Vhr abends durch den Zeitlichen tod abgefordert im 46 Jahr seines alters. Lp. hatt M. **Halbach** v. St, gehalten. [Witt 48

790 Salome Sperling, ✶ Kirscheiten, Kr. Heiligenbeil 1555, ✝ 19. 2. 1637

Salome Ambrosij **Sperlings**, Kalckbrenners Vnd Gillfischers Wittib

Begraben 22 Febr.

Ist Ao 1555. Zu Giskaim im Balgischen (1221) geleget Von Lorentz **Betken** Hofftischler daselbst, Vnd Vrsula N. als ihren elten geboren, Zur

---

1220 Lokalisierung unklar.

1221 Goldbeck: Kirschaiten, Adel. Vorwerk im Hauptamt Balga.
Lange (S. 356): Kirscheiten, "Großer Hof … Nähe Ostufer Frisches Haff", Kr. Heiligenbeil.

tauff befordert Vnd nach Zulas der jahre aufferzogen. Weil ihr aber der liebe Gott dieselbe fruZeittig durch den tod verrücket, hatt sie sich anhero begeben, Vnd bei vornehmen leutten trew Vnd fleißsig gedienet bis Ao 1582 da sie im 27 Jahre ihres alters sich ehelig eingelassen mit Ambrosio **Sperling** etc. mit welchen sie in 34 Jahrige Christliche ehe acht Kinder 4 sohn Vnd 4 tochter gezeuget, davon noch eine tochter allein im leben. Ao 1606 [sic] hatt sie Gott durch todliche abforderung ihres gedachten ehemans im wittbenstand versetzet in welchem sie bis an ihr ende, sind 20 Jahr, vnter vielen Creutz verblieben. Ihr Christenthum hatt sie mit anhorung Gottliches wortts Vnd gebrauch des H Abendmahls befordert, mit einem Christl leben bewiesen. Ihr Kranckheit ist das hohe alter gewesen, darin sie am vergangnen Mittwoch achttage mit leibes schwacheit angegriffen. in welcher sie das hochwurdige abendmahl genossen, vnd darauff mit embsigen gebeth sich Gott ergeben der sie am Vergangen Donnerstag Zwischen 2 Vnd 3 Vhr Zu mittag durch einen S tod abgefordert vnd der seelen nach in sein reich versetzet im 82 Jahr Ihres Alters Conc: funebr. hab: M **Wolderus** v. St. ex 14. cap: Epist ad Rom: *aus dem 14. Kapitel des Römerbriefes* Vnser keiner lebet ihm selber. der text war von den hinterlassenen begeret. [Witt 618]

791 Ursula von Gehren, ✶ Königsberg (Kneiphof) 9. 2. 1600, ✞ 27. 2. 1637

Ursula Kerstin, Ehrhard **V. Gehren** des Jüngeren hausfr

Begraben den 1. Martij

Ist Ao 1600 den 9. Febr: gebohren, Ihr Vater ist gewesen Johan **Kersten** Burger vnd Kauffman im Kneiphoff; die Mutter hatt geheissen Ursula,Von diesen ihren Christlichen eltern ist sie nach empfangner H. tauff Vnd erreichung ihrer Jahre in warer Gottesfurcht Vnd allen Christli: tugenden erZogen. Ao 1621 den 30 Septemb: hatt sie sich ordentlicher weise mit S. Fridrich **V. Kohlen** (1222) ehelich eingelassen, Vnd mit demselben 11 Jahr in Fridlicher vnd geruhiger ehe gelebet, auch, durch Gottes segen 5 Kinder, 3 Söhne, Zwo töchter geZeuget, welche noch alle am leben. Ao 1632 den 4 Septemb hatt sie Gott durch abforderung ihres jetzt gedachten ehemans in den betrubten Wittben stand versetzet, in welchem sie fast zwey (1223) Jahr verblieben, Vnd darauff den 1. Maij Ao 1634 sich anderweit aus gottlicher providentz *Vorsehung* ehelich eingelassen mit ihrem jetz hinterbleibenden Wittbern Erhard **von Gehren** dem Jüngern mit welchem sie ins dritte gar fridsam vnd christlich gelebet, Vnd aus Gottes segen einen Sohn Vnd eine tochter geZeuget, welche sie beide in dieser welt hinterlesset etc. Der tochter ist sie am verfallenen 20 Febr. tag genesen, worauff sie sich alsbald ubel Vnd mit sonderlicher leibes Kr vnd mattigkeit behafftet befunden, welche also zugenommen das sie am vergangen Freytag Morgens Zwischen 5 Vnd 6. uhr ihren geist Selig auffgeben im 37 Jahr Ihres alters. Die Leichpr: hatt H. M. **Lepner** in der Altenstad gethan von dem spruch ψ. 94, 19. Ich hatte viel bekümmernus in meinem herzen etc (1224) welcher ihm benennet, Vnd Zum Leichargument begeret worden von der verstorbenen bei lebzeitten. [Witt 171]

1222 Friedrich **von Kohlen** ✞ 4. 9. 1632 (lfd. Nr. 553).

1223 Die Worte "fast zwey" anstelle einer Streichung über der Zeile eingefügt.

1224 Die Worte "ψ. 94, 19. Ich hatte viel bekümmernus in meinem herzen etc" anstelle einer Streichung über der Zeile eingefügt.

792 URSULA SAGE(N), ✶ GROß HOHENRADE, LANDKR. KÖNIGSB. 1562, ✞ 2. 3. 1637

Begraben den 5. Martij

Ursula Adrian **Sagens**, Schneiders Fr.

Ist im Jahr 1562 Zu Hohenrade (1225) geboren, Ihr Vater hatt geheissen Anthonius **Graulack** Krüger daselbst, ihre Mutter Dorothea N. Von diesen ihren eltern ist sie nach enpfahung der h. tauffe, Vnd Zuwachs der Jahren christlich erZogen auch endlich in den Dienst gethan Zu gutten leutten. Im 20sten Jahr ihres alters hatt sie sich mit derselben anrathen vnd willen mit S. Michel **Eygenwillen**, einen vffm Rosgartten, mit welchem sie in sechs järiger fridlicher ehe einen Sohn Vnd eine tochter gezeuget, welche beide noch am leben Vnd Zu Bartenstein wonen. Auff dieses absterben ist sie vier Jahr im Wittbenstand gesessen, Vnd darauff wieder von Adrian **Sagen** einem schneider geehliget, mit deme sie in 45 Jahren drey sohne Vnd sechs töchter geZeuget, davon noch 2 töchter am leben. Von ihren Christenthum ist Vns nicht sonderliches wissend weil sie eine geringe Zeit dieses ortts gewohnet, Vnd sich doch Vnbaldig, des Gottesdiensts halber Zu tragheim gehalten, da sie auch noch vor 14 tagen soll Zur Communion gewesen sein. Ihre Kranckheit erachtet man vom Umbsturtzen so vergangen Martini auff der reise mit verletzung ihres leibes geschehen. Von der Zeit an hatt sie immerZu gekrencket, bis sie endlich gar bettreisig worden, Vnd endlich verschienen Montag Vf die nacht Zwischen 12 Vnd 1 Vhr im H. entschlaffen im 75 Jahre Ihres alters. Die Leichpr: hatt H. M**Lepner** v. St. gehalten ex 1. cor. 1. Christus Jesus ist Vns von Gott gemachet. etc. [Witt 596]

793 ANNA SCHRAMM, ✶ KÖNIGSBERG 1571, ✞ 8. 3. 1637

Begraben den 11. Martij

Anna Georg **Schrammen**, GerichtsVerwanten v. st. Nachg: Wittib

ist Anno 1571 alhie geboren Von Melcher **Papallen** Mitbürgern Vnd Schmackenschipper Vnd Gertrud N. ihren eltern Von welchen sie auch Zur H. tauff befordert, Vnd ferner Christlich Vnd Gottselig erZogen; auch im achtZehenden Jahre Ihres Alters Valtin **Schmiden**, Churfl Dhtt. Sattelauffwartten sie Zur ehe gegeben, mit welchem sie acht Jahr in gutter ehe Zusammen gelebet Vnd aus Gottes segen drey (1226) Kinder einen Sohn Vnd Zwo tochter geZeuget, davon noch eine tochter im Leben (1227).

Als der liebe Gott ihr diesen eheman von der seitten durch den Zeittlichen tod genommen ist sie ein Jahr im Wittben stand Verblieben Vnd darauff Ao 1598 sich anderweit mit dem Erb: vnd weisen Georg **Schrammen** GerichtsVerwanten v. St sich ehelichen eingelassen Vnd mit demselben aus Gottes segen in 24 Jähriger ehe sechs Kinder geZeuget, 2. Söhne Vnd 4 töchter. davon noch 2 töchter, so albereit begeben, am leben. Nach absterben dieses ehemans ist sie im Wittbenstand gesessen bis an ihr ende, sind 15. Jahr. Ihr Christenthum ist Vnsers wissens Vnverwieslich. In werenden wittbenstand hatt sie Gott für 6 Jahren ihr gesicht gantz verlihren lassen, auch etwan für ein par Jahr mit schwacheit des haupt etlicher massen beleget, in welcher sie sich Zur Zeitten besinnen, Vnd das Abendmahl des Herren gebrauchen können, für ihrem ende ist sie allermassen woll auff gewesen, das sie ihre tochter neben ihr wonende in

---

1225 Groß Hohenrade, Gutsbezirk im Landkreis Königsberg i. Pr.

1226 Das Wort "drey" anstelle einer Streichung über der Zeile eingefügt.

1227 Maria **Preicke(n)** ✞ 16. 4. 1637 (lfd. Nr. 802).

ihren sechs wochen fleissig ersucht, Vnd nach ihrem Vermügen hulff geleistet. Aber für 8 tagen hatt sie hartte leibes Kranckheit enpfunden, doch bey gutten verstenden dannenhero sie den so woll in meiner Kegenwartt, als auch bis an ihr ende Gott gantz verstendig mit leib wie seel befohlen, vnd Zu allerletzt, etwan eine halbe stunde für ihrem ende. O Lamb Gottes Vnschuldig etc gebetet. Worauff sie nachmahlen am Verschienen Sontag Zwischen 3 vnd 4 Vhr in der nacht selig entschlaffen Im 66 Jahr ihres Alters. Conc. Funebr. habuit in templo Nicolai **MW** ex Apocal: 3. welche ich lieb habe etc: welchen text der hinterl: benennet hat. [Witt 656]

794 CATHARINA BLUMENAW, ✶ KÖNIGSB. (STEINDAMM) 13. 3. 1578, ✝ 9. 3. 1637

Fr. Catharina, Albrecht **Blumenaws**, GerichtsVerwanten v. St. Nachg: Wittib

Begraben den 13. Martij

Ist Ao 1578 den 13 Martij alhie geboren, Ihr Vatter ist gewesen Melchior **Brewer**, ein Tischler Vnd GerichtsVerwanter v. St. Die Mutter hatt geheissen Marta. Von diesen ihren eltern ist sie zur Tauff befordert, christlich erZogen Vnd im 20sten Jahr ihres alters Hans **Olligen** Burgern vnd Losbeckern der Altenstad Zur ehegegeben mit welchem sie Vier Zehende halb Jahr in gutter gewünschter ehe Zusammen gelebet, Vnd aus Gottes segen drey Kinder geZeuget, einen sohn, Zwo töchter, von welchen noch die Töchter am leben. Nach absterben dieses ihres L. Eheman vnd verflossenen Jahr des wittbenstandes hatt sie sich anderweit ehelich eingelassen mit dem Ehrenv. vnd weisen H. Albrecht **Blumenawen** etc: mit welchem sie in achtjäriger ehe durch Gottes segen drey Kinder 2 Sohne, Vnd eine Tochter geZeuget, welche schon alle drey im H entschlaffen. wie auch gedachter ihr letzter eheman, welchen Gott Ao 1620 den 29 Augusti durch den Zeittlichen tod der selen nach abgefordert hatt: Von selbiger Zeit an ist sie im wittbenstand Verblieben bis an ihr S ende. Sieben Zehende halb Jahr. Ihr Christenthum Vnd leben Vnd wandel ist ruhmlich gewesen. Ao 1636 den 15 Julij da durch Gottes Verhengnus der Pulverthurm auffgangen ist sie durch grosses erschrecknus in leibes Kr: gefallen, welche sich von tag Zu tag gemehret, das sie bettreisig worden, Vnd vermercket das Gott mit ihr Zu ende eylen wolle derowegen sie in dieser ihrer Kr. vnterschiedlich in warer busfertigkeit Vnd glauben das hochwürdige Abendmahl J.C. gebrauchet, Vnd ernstlich gebeten, bis sie Gott an Vergangnen Dingstag Vmb 8 Vhr morgens sanfft und selig einschlaffen lassen im 59 Jahr Ihres Alters. Conc: funebr. habuit in templo Nicolai H. **ML**. ex 14. cap: Apocal: Beati mortui etc. *Selig sind die Toten usw.* [Witt 58]

795 BARTEL WILHELM, ✶ KÖNIGSBERG 1577, ✝ 11. 3. 1637

Begraben den 15. Martij

Bartel Wilhelm, Böttcher Vnd GerichtsVerwanter v. St.

Ist alhie im Jahr 1577. alhie Zur weltgeboren sein S. Vatter ist gewesen Matthes **Wilhelm** mitburger Vnd Böttcher v. St. Die Mutter hatt geheissen Barbara. Von diesen seinen L. eltern ister er, nach enpfahung der H Tauffe, Vnd Zuwachs der Jahre durch anderer vnd eigener anweisung in der Gottesfurcht Vnterricht, wie auch nach mahlen Er von seinem Vatter das Böttcher Hendwerck gelernet darauff Er in die frembde gewandert Vnd endlich Ao 1603. alhie meister geworden. Ao 1604 nachdem er sein sechs vnd zwantzigste Jahr erreichet hatt er sich ordentlich im stand der

H ehe begeben mit dahmalen J. Anna (1228), Chilian **Schweden**, Zu Kambstigal (1229) Ehl Tochter welche ihn Gott, nach einvnd dreissig Jahriger Christlicher vnd friedlicher ehe, auch erZeugung sieben Kinder 2 Sohne vnd 5 töchter, davon noch drey tochter am leben durch den Zeittlichen tod von der seitten genommen. Ao 1634 den 20 Sept: (1230) Worauff er nahe 2. Jahr in den Wittberstand verblieben, Vnd endlich Ao 1636 den 8 Julij die andre ehe wollZogen mit der damahls auch J. Anna, S. Georg **Kletten** Messerschmids in Dantzig nahgl Ehl T. derZeit bei H Conrad **v. Felde** ihrem ohmen sich alhie auffhalten, seine jetzo hinterlassene Wittib. Mit derselben hatt er nur 35 Wochen vnd 2 tage in Christl. friedl: ehe gelebet.

Ao 1630 Ist er in E Erb. Gerichts v. St: mittel Zum Schoppen erkoren. Sein Christenthum hatt er durch fleissige anhörung Gottliches Wortts Vnd offtern gebrauch des H. Abendmahls befordert, auch mit einem Christl: leben beZeuget. Gestern (Sonnabend) acht tage vergangen ist ihm seine alte Kranckheit der colica *Kolik [?]* Vnd verstopff der gedärme der massen hart angekommen das er alsbald die HerZunahung des endes seines Zeittlichen lebens vermercket; derowegen er den fleissig gebetet bis an sein ende. Welches er im Verschienen Mittwochs nacht h: 11 im 60sten Jahr seines alters erreichet. Leichp: hatt H **MH.** in templo Nicolai gehalten Von den wortten, O du Gottes lamb, welches der welt sünde trägt, erbarm dich vber mich.

Auff sein vnd seiner hinterlassnen anordnung, weil der verstorbene sie in seiner todes noht wiederholet. [Witt 801]

796 Elisabeth Ehnke, ✶ Gut Mednicken, Kr. Fischhausen? 1577, ✞ 24. 3. 1637

Elisabeth Albrecht **Ehnckens** Kurchners Nachg. Wittib

Begraben den 26 Martij.

Ist Ao 1577 im Dorff Lortmeddigen vf Samland (1231) geboren, Ihr Vatter hatt geheissen Bendict **Klee**, Ihre Mutter Anna, Von diesen Ihren eltern ist sie nach enpfangner tauff Vnd erreichten Jahren Christlich erzogen. Weil Ihr aber dieselbe fast Zeittig abgestorben hatt sie sich anhero gemachet Vnd an vnterschiedlichen orttern trewlich gedienet bis sie im 30sten Jahre ihres Alters, aus schickung Gottes, mit dem damahligen gesellen Albrecht **Ehnken** (1232) ehelich eingelassen, mit welchem sie 27. Jahr in friedlicher ehe gelebet, Vnd, aus Gottes segen, sechs Kinder 4 töchter vnd 2 Söhne geZeuget, davon noch ein sohn im leben etc. Im wittbenstand hatt sie Gott Vor drey Jahren gesetzet, in welchem sie auch bis an ihr ende verblieben. Ihr Christenthum, so viel Vns wissen, hatt sie Ihr lassen ein ernst sein. Ihre Kranckheit rühret mitZu dahero das sie im vergangnen herbst da sie in einen ortt Zum Jahrmarck gefahren Vmbesturzet Vnd einen hartten fall gethan, wieder welchen ob man woll der Ärz rath vnd hulff gebrauchet, hatts doch wenig schaffen wollen,

---

1228 Anna **Wilhelm** ✞ 13. 9. 1634 (lfd. Nr. 661).

1229 Kamstigall, Kr. Fischhausen.

1230 Im Lebenslauf der Anna **Wilhelm** heißt es: ✞ 13. 9. / □ 15. 9. 1634.

1231 Das genannte Mednicken ist im Samland die am ähnlichsten klingende Ortsbezeichnung.

1232 Albrecht **Öhmke** □ 9. 11. 1634 (lfd. Nr. 666). Siehe bei diesem auch die Hinweise zu den Varianten in der Schreibweise des Nachnamens.

darumb sie sich desto fleissiger in die hende Gottes mit ernsten gebeth befohlen, welcher sie am vergangnen Dingstag morgens Vmb 4 uhr durch den zeittlichen tod der seelen nach abgefordert etwan im 60sten Jahr ihres Alters. Conc: funebr hab: Dnus **ML** ex. 26 cap: Matth: wachet Vnd betet etc.

[Witt 490]

797 GEORG TETZEL, ✶ KÖNIGSBERG (ROSSGARTEN) 6. 2. 1583, ✞ 31. 3. 1637

Begraben den 2. April:

H Georg Tetzel Wundartzt Vnd KirchenVatter

Ist geboren im Jahr 1583 den 6 Febr: auff den fordersten Rosgartten (1233) alhie, sein Vater ist gewesen Albertus **Tetzel**, Balbierer Vnd Wundartzt, Die Mutter hatt geheissen Anna. Von diesen eltern ist er nach enpfangner h tauff Vnd erreichung der Jahre in Christl. tugend der Gottseligkeit erZogen, auch mit fleis Zur schulen gehalten, da er dann Zimlicher massen seine principia artium *Grundlagen der Künste [seine Unterrichtsfächer]* gefasset, Vnd Ao 1600 in numerum Alumnorum Electoralium ist recipiret worden, *unter die kurfürstlichen Zöglinge aufgenommen worden ist* Vnd des beneficij *Stipendium* drey jahr lang genossen Weil er aber grosse lust Zum studio Chirurgico (1234) getragen hat er sich Nachmahlen ganz darauff geleget, Vnd desselben Zweck Zuerreichen diese Kunst bei H Thoma **Platten**, Balbierer Vnd Schöppenmeister auff der Churfl Freiheit fordersten Rosgartten seinem damahligen Stieffvattern erlernet. Ao 1605. hatt er sich in die frembde begeben vnd auffgehalten bis Ao 1609 ihn seine eltern wieder herin gefordert, denen er ferner auffgewarttet bis er sich Ao 1611 den 16 Junij aus Gottes schickung mit der damahligen Ehr vnd tugendreichen Jungfr: Gertrud, Laurentij **Stoltzen** Ehlige Tochter (1235), jetz seine hinterlassenen betrübten Wittwe in den stand der h ehe begeben Vnd in 27 Jahriger friedlicher ehe aus Gottes segen 8 Kinder 6. söhne Vnd 2 Töchter geZeuget, von denen noch 2 söhne vnd 2 Tochter im leben (1236). Sein Christenthum Vnd eusserliches leben, ist ausser den menschlichen schwacheiten Vnd menglen Christlichen Vnd lobwurdig, denn er Gottes Wortt, die H. Sacramenta, Die Diener des Worttes Gottes lieb Vnd werth gehalten, mit männiglichen sich wollbegangen Vnd dahero auch wiedrumb in gutten respect gewesen. Seine Kinder hatt er Zu aller gottesfurch gehalten, Vnd Vmb ihres willen den publicis et privatis praeceptoribus *öffentlichen und privaten Lehrern* so er ihnen allewege gehalten reichlich guttes gethan. Seine Kranckheit anlangende rühret dieselbe aus Gottes schickung her von hartten Donnerschlag Vnd entzundung auch Zursprengung Churfl Pulverthurms (1237) als dadurch er sehr erschrecket, worauff auch moribus hypochondriacus, calculus *Erkrankung an Nieren-, Gallen- oder Blasenstein* Vnd andre mehr Zugeshlagen die auch den ruhmlichen fleis der H Medicorum hinter-

---

1233 Vorderer Rossgarten, Straße östlich des Schloßteichs.

1234 Das Wort "Chirurgico" mehrmals, jedoch nicht unleserlich, durchstrichen.

1235 Ihre Schwester Catharina war die 2. Frau von Fridrich **Borst** ✞ 12. 2. 1632 (lfd. Nr. 528), deren gemeinsame Tochter ist Sophia **Ungefug** ✞ 2. 12. 1631 (lfd. Nr. 521), oo Paul **Ungefug** ✞ 6. 3. 1635 (lfd. Nr. 686).

1236 Einer der verstorbenen Söhne war Georgius **Tetzel** ✞ 31. 7. 1634 (lfd. Nr. 657).

1237 Am 15. 7. 1636, wie bei Catharina **Blumenaw** ✞ 9. 3. 1637 (lfd. Nr. 794) berichtet.

trieben. In werender Kranckheit er sich des hochwürdigen Abendmahls Zwier gebrauchet, Von Gottes Wortt gerne geredet Vnd embsiglich da es Gottes wille war ihn von dieser welt abzufordern Vmb ein vernünfftiges ende gebeten, das er mit waren glauben sich am selben Jesu Christi tewres Verdienstes trosten konte Zur ewigen seligkeit. Welches gebeth, wie Viel andre mehr, Gott ihm auch erhoret in deme er ihn am vergangnen Dingstag, nachdeme ihm kaum ein halb Viertelstündlein Zuvor von seinem beichtVater allerhand sterbgebetlein waren fürgebetet, Vnd trostsprüche der schrift fürgehalten, Bald auff diese wortt: Herr Jesu in deine Hände befehl ich meinen geist, das sind meine letzten wortt, sanfft Vnd selig der seelen nach von dieser welt Zu sich in den himel abgefordert, als er in dieser welt gelebet 54 Jahr. 7 wochen. Die leichpreidigt hatt **MW** gethan von dem spruch Bonum certamen certavi, 2 ad Thim: 4 *Ich habe den guten Kampf gekämpft, 2. Tim. 4, 7* auff des verstorbenen bitte in werender Kranckheit. [Witt 726]

798 MARCUS POHL, ✶ ZÜLLICHAU, REG.-BEZIRK FRANKFURT 24. 8. 1595, ✝ 3. 4. 1637

Marcus Pohl, Ein Schneider in der Badergaß (1238)

Begraben den 5. April: Ist Ao 1595 den 24. Augusti Zu Zilgaw in der Schlesige geboren von Hans **Pohlen**, burgern daselbst, Vnd Barbara N. seinen eltern Von Welchen er auch Zur H. tauffe befördert, Zur Gottseligkeit Vnd andren tugenden beides Zu hause Vnd in der schulen gehalten, auch endlich Ao 1611. Zum loblichen schneider handwerck gethan, auff welches er, nach ausgestandenen lehrjahren in teutschland hin Vnd wieder sich versucht, bis er Ao 1618 auch anhero kommen, da er sich Ao 1624. aus Gottes schickung mit Fr. Anna S. Martin **Reinholts** nachgel: Wittwen in den stand der ehe begeben, Vnd 9 Jahr darin mit ihr Christlich gelebet ohn leibes erben. Ao 1633 hatt ihm Gott diese seine Hausfr durch den tod von der seitten genommen, worauff er nach verflossenen halben jahr aus dringender noth Zur andren ehe geschritten mit der damahls tugends. Jungfr Dorothea S. Jochim **Riebers**, Schneiders Vnd bürgers in der Altenstad Nachg Tochter, jetz seine hinterblibende Wittwe, mit welcher er in friedlicher ehe gelebet Vierdehalb jahr ohn leibes erben. Sein Christenthum ist, Vnsers Wissens Vnverwieslich gewesen. Seine Kranckheit ist die Darre gewesen, welche auff die gicht, damit er sich 8 Jahr getragen vnd daran offters in gedachter Zeit gelegen, erfolget. Vnd ihn in die 23 wochen bettreisig gehalten in welcher Zeit er das hochwürdige Abendmahl Zwey mahl gebrauchet fleissig gebetet, bis ihn Gott am Vergangnen Freytag Vmb 5 uhr des Morgens sanfft Vnd stille durch den Zeittlichen tod abgefordert im 43 Jahre seines Alters. Concionem funebr: in suburbio habuit Dnus M. **Halbach**. Der verstorbene hatt in seinem Testament Vnter andren auch einem jedern in Vnserm Ministerio einen Rcht vermachet welcher Vns bei seinem begrebnus richtig Zugestellet, wofür wir danckbar sein. [Witt 528]

1238 Badergasse in der Altstadt.

799 CHRISTINA FEDERAW, ✶ KÖNIGSBERG (ALTSTADT) 22. 8. 1587, ✝ 6. 4. 1637

Fr Christina H. Hans **Federawen** Kauffmans Vnd KirchenVaters hausfr:

Begraben den 6. April:

ist Ao 1587. den 22 Augusti an diese welt alhie geboren Ihr S Vater ist gewesen H Fridrich **Langerfeld**, weiland Kauffman Vnd Kirchen Vorsteher in der Altenstad, die S. Fr. Mutter Catharina **Winterin** (1239). Von diesen ist sie Zur tauff anfangs befordert, ferner Christlich in aller Gottesfurcht erZogen, auch endlich ihrem jetzo hinterlassenen betrübten Wittbern H. Hans **Federawen** im Jahr 1607. den 13 Aprilis Zur ehe gegeben. Mit welchem sie den friedlich Vnd Christlich gelebet 30 jahr ohne Zwey wochen Vnd 5 tage. Vnd aus Gottes segen geZeuget 7. Sohne Vnd Zwo töchter von welchen noch 2 Söhne vnd 2 töchter leben. Ihr Christenthum vnd eusserliches leben ist lobwürdig, denn sie Gottes wortt mit sonderbaren fleis öffentlich gehöret, Vnd Zu hause, Zu erbawung ihres Christenthums, in der Bibel Vnd wichtigen reinen lehrern nachgelesen, das hochwürdige Abendmahl offters gebrauchet, ihr leben, so Viel in dieser schwacheit muglich, nach Gottes wortt, darin sie den auch sonderlich erfahren, Vnd ihr lust vnd frewde daran hatte, angestellet, auch ihre Kinder Zur Gottseligkeit Vnd Christlichen tugenden angewiesen.

Verflossenen Dingstag acht tage hatt sie sich anfangs dieseZeit vbel befunden, Vnd weil es folgende tage ärger worden, hatt sie am darauff folgenden Sonnabend in grosser begird Vnd christl: andacht das hochw: Abendmahl des H Jesu Christi gebrauchet, Vnd darauff ihren willen Gott ergeben, welcher sie am Vergangnen Sonnabend Vmb 1 Vhr des nachts der seelen nach durch einen sanfften seligen tod Zu sich genommen aus dieser welt als sie darin gelebet hatte 49 Jahr: 7 Monat 1 1/2 woche. Die Leichpredigt hatt in der pfarKirchen gehalten H M **Lepner** ex 10 v. cap: 61 Esajae. *aus Jesaja 61, Vers 10* [Witt 141]

800 BARBARA TRESCHENBERGER, ✶ KÖNIGSBERG 22. 7. 1573, ✝ 7. 4. 1637

Fr. Barbara **Pohlin** H Erasmi **Dreschenbergs** Ph. et Med: D. hausfraw

Begraben den 10. April:

Ist im Jahr 1573 den 22 Julij Vmb 9 Vhr vor Mittage alhie an diese welt geboren von Caspar **Pohlen**, Bürgern Vnd Kauffman, Vnd Elisabeth **Perbantin** seinen eltern, Von welchen sie nach enpfahung der h. tauff Vnd Zuwachs ihrer Jahre fleissig Zur schulen gehalten Vnd ferner Christlich erZogen, auch zu erlernung der polnischen sprachen gehalten. Ao 1592 im neunZehenden Jahre ihres alters hatt sie mit H Henrico **Gelberen** Privilegirten Apot der Altenstad sich ehelichen eingelassen, mit demselben folgendes sieben Jahr in fried Vnd einigkeit gelebet auch durch Gottes segen geZeüget drey sohne Vnd eine tochter, davon allein noch die tochter ubrig. Ao 1599 ist sie nach todlicher abforderung ihres gedachten ehemans, Vnd verfliessung ihrer trawerZeit Zur andren ehe geschritten welche sie mit H Valentino **Pannonio** Phil. et Medicinae D. ac Primario Professore *Dr. phil. et med. und Ersten Professors* in hiesiger Vniversitet volZogen mit welchem sie innerhalb Zween Jahren Vnd Zween monahten Zwene Söhne geZeuget, welche Gott auch albereit durch den Zeittlichen tod abgefordert. Ao 1602. den 3 octobr: hatt sie

---

1239 Catharina **Langerfeldt** ✝ 18. 9. 1635 (lfd. Nr. 712).

sich Zum Dritten mahl verheyrahtet mit H. Erasmo **Treschenbergk** (1240) Phil: et Med: Doctore Vnd bestelten Physico *Arzt* der Altenstad mit welchem sie ehelig gelebet 34 Jahr ohn leibes erben.
Ihr Christenthum ist, was eusserliche grobe sünde anlanget, Vntadlich gewesen, wie woll sie sonst ihre mängel Vnd gebrechen gehabt Gottes wortt hatt sie fleissig gehoret, das h Sacrament des leibes Vnd bluts J.C. offters gebrauchet, mit ihren nachbaren sich friedlich begangen Vnd jegen die armen wolthätig erzeiget. Als sie den 3 Aprilis in der Kelte Vnd grossem winde mit meister Sebastiano **Decimatore** ihrem Freunde Zu grab gewesen (1241), ist sie Zwar frisch vnd gesund nach heuse gekommen aber die nacht nach 12 Vhr hatt sie eine grosse ohnmacht Vnd schweres brechen vberfallen worZu auch das schlucken kommen Vnd ihr alle Kraffte entgangen, Vnd die Medicamenta nichts schaffen können, das sie alsbald gemercket das ihr sterbstündlein sich nahen würde. Dannenhero sie mit ihren beichtvater Vnd anwesenden, wie auch allein für sich ernstlich gebetet Vnd sich Gott ergeben. bis sie den 7 Aprilis Zwischen 9 Vnd 10 abends im H Selig entschlaffen im 64 Jahre ihres Alters. Leichpr: hatt **MW** gehalten ex 17. cap: Nem [Num]: de Virga Staronis [St. Aronis]. *aus dem 4. Buch Mose Kap. 17 über den Stab des heiligen Aron*

[Witt 115]

801 Sophia Pantzer, ✶ Königsberg? 5. 7. 1564, ✞ 14. 4. 1637

Begraben den 17. April:

Fr. Sophia H Caspari **Pantzers** hinterlassene Wittwe
Ist Ao 1564 den 5 Julij von H Jacobo **Montano** Med: Doctore et Illustrissi: ducum in Borussia Archiatro *Dr. med. und Leibarzt der hochberühmten Herzöge in Preussen* Vnd Fr. Apollonia **Engelbrechtin**, (1242) Ihren eltern, Von welchen sie nach erfahung der h. tauffe, Vnd sorgfeltiger Christlicher erZiehung Ao 1683 (1243) im 19 Jahre Ihres Alters H. Casparo **Pantzern** Churfl. Durchl. alhie hoff Apotheckern Zur ehe gegeben, welche sie 44 Jahr in fried Vnd einigkeit mit ihm besessen, Vnd darin, aus Gottes segen 4. Kinder 2 Sohne Vnd 2 tochter geZeuget, Von welchen noch die 2 Sohne Vnd eine tochter leben.
Ao 1627. hatt sie der liebe Gott im betrübten Wittbenstand gesetzet, in welchem sie bis an ihr ende verblieben Ihr Christenthum ist ruhmlich gewesen, weil sie Gottes wortt fleissig gehoret, das H Sacrament des leibes vnd bluts J C. offters gebrauchet Vnd in ihrem leben sich fur groben sünden gehütet, wie woll wir sie nicht den menschlichen schwacheiten Vnd gebrechen entnemen. Ao 1637. hatt sie der liebe Gott mit einer hartten leibes Kr: Vnd grosser mattigkeit angegriffen, in welcher sie nebest fleissigen gebeth, des hochw: Abendmal gebrauchet; Vnd sich Gottes Vaterlichen Willen ergeben, welcher sie den 14 Aprill

1240 Nach Gallandi (S. 112) ein Schwager von Anna **Göbel** ✞ 31. 8. 1637 (lfd. Nr. 819).

1241 Am 3. April 1637 ist ausweislich des Totenregisters der Altstädtischen Gemeinde (EZA Signatur 2075 – siehe hierzu in der Einführung S. 38) niemand begraben worden. Es handelt sich um ein Begräbnis an anderer Stelle.

1242 Apollonia **Montanus** ✞ 15. 8. 1627 (lfd. Nr. 98).

1243 Verschrieben für 1<u>5</u>83; so auch bei ihrem Ehemann Caspar **Pantzer** sen. ✞ 12. 9. 1627 (lfd. Nr. 106).

Mittags Zwischen 10 Vnd 11 Vhr selig einschlaffen lassen Concionem funebr: in templ. paroch: habuit Dnus M. **Lepn**: ex 18 v. ψ. 71 *Die Leichenpredigt hielt M. Lepner in der Altstädtischen Kirche nach Psalm 71, 18*

[Witt 500]

802 Maria Preicke(n), ✶ Königsberg (Steindamm) 1606, ✞ 16. 4. 1637

Begraben Maria Melcher **Preicken** (1244) Festbeckers Hausfraw.

den 19 Apr. ist im Jahr 1606 alhie geboren ihr Vater ist gewesen Georg **Schram** GerichtsVerwanter V. St. die S. Mutter, welche vor sechs wochen Zur erden bestattiget, hatt geheissen Anna **Papallin** (1245), diese eltern haben sie durch die tauffe Christo einverleiben lassen, ferner fleissig Zur Gottesfurcht erZogen, Vnd weil der Vater Zeittig Verstorben, hatt sie die Mutter Ao 1623. Vier wochen vor weihnachten aus Gottes schickung, ihrem jetz hinterbliebenden Wittbern, Zur ehe gegeben. mit welchem sie 14 Jahr 20 wochen 3 tage christlich vnd friedlich Zusammen gelebet, auch aus Gottes segen sechs Kinder gezeuget einen Sohn, fünff tochter davon noch Zwo leben. Ihr Christenthum ist, Vber gemeine schwacheiten Vnd mängel in allen stücken vnsers wissen richtig gewesen. Ihre Kranckheit hatt sich Vnlengst nach ihren 6 wochen angefangen. Den als sie nach denselben Zur Kirchen gangen gewesen, hatt sie sich Zwar frisch bewunden, doch am diesen sontag daren sie ihren Kirchengang gehalten folgenden freitag, Vnd also ohnegefehr vor 17 oder 18 wochen ist sie vom lieben Gott mit einer hitzigen Kr: also hartt angegriffen das sie die Zeit über fast immer bettreisig gewesen, in welcher Zeit Vnd Kr sie dan auch hertzlich das absterben ihrer lieben mutter betrübet. weil sie dann gewertig sein müssen das sie in dieser Kr: aus diesem Zeitlichen leben abfodern mochte; also hatt sie sich christlichen Zu seligen sterbstündlein Zu bereiten mit geniessung des hochw: Abendmahls, welches ihr in werender Kranckh: auff inniges begehren Zweymahl gereichet, Vnd mit embsigen gebeth, darauff sie Gott am nechst verschienen Donnerstag

Zwischen 10 Vnd 11 Vhr Abends sanfft vnd selig einschlaffen lassen etc: im 32sten Jahr ihres Alters, Concionem funebrem hatt auffm St H M. **Halbach** gehalten. [Witt 533]

803 Theodoricus Kleinpfennig, ✶ Köln 11. 10. 1573, □ 26. 4. 1637

Begraben Theodoricus Kleinpfennig Alter Krahnmeister.

den 26 April: Ist im Jahr 1573. den 11 octobr: Zu Cöln am Rhein geboren von Henrich **Kleinpfennig,** einem vornehmer Schipper des Rheinstroms Vnd Martha **Bitterin** eines vornehmen geschlechts von Arnemb in gelder land (1246), als seine Christl eltern, von welchen er nach enpfangener h tauffe Vnd erreichung seiner Jahre Christlich erZogen, Zur schulen gehalten Vnd als er 11 Jahr alt gewesen. Ao 1584 in Franckreich verschicket, von dannen nach Lunden in Engeland (1247), Vnd wieder Zurück in Holland da er von seinem grosvater Zu Arnemb aufs new Zur schulen gehalten, Als ihm sein

---

1244 Im Namensregister am Ende des Kirchenbuches (vgl. dazu die Einführung, S. 8): **Pröcken**.

1245 Anna **Schramm** ✞ 8. 3. 1637 (lfd. Nr. 793).

1246 Arnheim (Arnhem) (Niederlande).

1247 London.

Vater Ao 1588 mit tode abgangen, hat ihn seine Mutter Ao 1590 das löbliche handwerck der fasbinder lernen lassen, wie es des ortts gewöhnlich des weinhandels wegen, darauff ist er nach ausgestandenen dreyen lehrjahren mit einem vornehmen weinhandler Jacob **Kopper** mit etlichen stücken reinschen wein auff Dantzig gefahren, Vnd alda bei S. Cornelio **Dorschen** Zwey Jahr Verblieben. Ao 1595 ist er mit einem weinschencken nach warschaw verreistet die polnische sprache Zu lernen Vnd bei einem Cammer Juncker Hans **Tisenhausen** auffgewarttet. Vnd nachdem Ihr Konigl: Maytt gen Dantzig gereiset Vnd von dannen in Schweden ist er bis Dantzig mit gereiset, Vnd von da nach Venedig ferner in Candien (1248) etc. Ao 1601 als ihm Zuvor H Jacob **Roose** mit vielen weinen anhero naher Konigsberg geschicket, hatt er sich mit seiner hinterlasenen wittben damahls Jungfr Anna Caspar **Biedermans** leiblicher tochter ehelich eingelassen, Vnd in 36 jahriger ehe aus Gottes segen mit ihr gezeuget 8 Kinder sechs sohne (1249), Vnd zwo tochter, von welchen nur noch ein einiger Sohn im leben.

Von seinem Christenthum hatt H M. **Lepnerus** in der Leichpr. vermeldet das er durch vielfeltige reisen Vnd andren privat Zufellen offters an geher gottliches wortts Vnd gebrauch des H. Abendmahls verhindert vnd abgehalten worden, dennoch aber sich wenn er gekont derZu gehalten, auch mit jederman so Viel ihm muglich friedlich gelebet. Im werenden ehestand ist er bald mit dem Krahnmeister Dienst belohnet worden, Vnd denselben 23 Jahr verwaltet. Ohngefehr vor 12 wochen ist ihm eine grosse mattigkeit angkommen, das er sich bald legen müssen, welche auch bei der Arzte fleis also zugenommen das er vorgestriges tages ☿ (1250) Vmb sieben Vhr des morgens selig entschlaffen im 64 Jahr seines Alters. Die Leichpr: hatt H. M. **Lepner** in der pfarkirchen gehalten.

[Witt 341]

804 URSULA WILHELMS, ✶ KÖNIGSBERG (ALTSTADT) 8. 9. 1574, ✞ 7. 5. 1637

Fr Vrsula S. Harman **Wilhelms** Nachgelassene Wittib.

Begraben den 10. Maij

Ist Ao 1574 den 8. Septemb: alhie geboren von Martin **Pohlen** Bürger Vnd Mältzenbrewer der Altenstad, vnd Ursula **Perbandin**, ihren eltern von welchen sie nach enpfangener h. tauffe Vnd erreichung ihrer Jahre in aller Gottesfurcht Vnd Christl tugenden erZogen. Ao 1588. hatt sie Herman **Wilhemsen**, Bürger Vnd Kauffman der Altenstad Zur ehe genommen, Vnd in 25 Jahren drey Kinder, 2 Sohne Vnd eine tochter mit ihr geZeuget, davon noch ein sohn lebet. Nach absterben dieses ihres Ehemans ist sie 24 Jahr in Wittbenstand bis an ihr ende Verblieben Ihr Christenthumb hatt sie mit fleissigen geher Gottliches wortts offtern gebrauch des h. Abendmahls befordert, Vnd mit einem Christlichen leben bewiesen.

Vor 6 wochen hatt sie gott mit leibes Kr als mit sonderbarer mattigkeit vnd einem bosen halse angegriffen, wieder welche weil keine Medica-

1248 Kreta (venezianischer Name: Candia).

1249 Darunter Hinrich **Kleinpfennig** ✞ 28. 5. 1627 (lfd. Nr. 84)
und möglicherweise auch Caspar **Kleinpfenning** ✞ 1. 12. 1629 (lfd. Nr. 373).

1250 Das Planetenzeichen steht für Mittwoch. Die Niederschrift des Textes müsste also an einem Freitag erfolgt sein. Das Begräbnisdatum 26. 4. 1637 ist ein Sonntag. Bis zum nächsten hier vermerkten Begräbnis am 10. Mai 1637 gab es zwei Freitage: 1. und 8. Mai. Das deutet darauf hin, dass der Eintrag des Textes erst eine Reihe von Tagen später als die Beerdigung erfolgte.

menta was vermacht, hatt sie bald gemercket das ihr stündlein herZunahete. Vnd demnach sich dem willen Gottes mit ernstem gebeth ergeben. Welcher Vnser Gott sie auch am Vergangnen Donnerstag nach mittage Vmb 4 Vhr der seelen nach durch den Zeittlichen tod aus dieser welt Zu sich in sein himlisches reich abgefordert im 63 Jahr Ihres Alters. Die Leichpr hatt M**Wolderus** in der pfarKirchen aus dem 15 Cap: 1 ad Corinth. auff der verstorbenen anordnung gehalten. [Witt 805]

805 Regina Berbaum, ✶ Alt Münsterberg, Kr. Marienburg um 1567, ✞ 11. 5. 1637

Begraben den 14. Maij

Gergen Berboms Schusters Fr. Regina.

Ist Zum Minsterberg im Dantzker grossen werder geZeuget Vnd geboren Ihr Vater hatt geheissen Asman **Lentzke** vnd ihre Mutter Hedewig. Von selbigen ihren eltern ist nach enpfahung h tauffe Vnd heranwachs der Jahr Christlich erZogen, weil sie ihr aber Zeittig abgestorben als hatt sie Ihr Vetter Bartel **Reimer** S. anhero genommen da sie sich in ihrem dienst still Vnd from verhalten; als sie ihr 17. Jahr erreichet hatt sie sich mit consens *Zustimmung* ihrer anverwandten in den stand der h. Ehe eingelassen mit hans **Nutsch** schustern Vnd mitbürgern alhie v. St. mit welchem sie 17 Jahr Christlich vnd friedlich gelebet. auch aus Gottes segen 6. Kinder 2 Sohne vnd 4 tochter geZeuget. Welche diese Zeit lengst verstorben. Nach absterben dieses ihres Ehemans Vnd verflossnen Jahr ihres wittwenstandes hatt sie sich mit ihrem jetz hinterblibenden Wittber Gurgen **Berbaum** auch Schustern vnd mitbürgern v. St. anderweit ehelich eingelassen Vnd in 35sig Jahriger Christliche Ehe 2 Sohne geZeuget, die auch schon verstorben. Ihr Christenthum hatt sie mit anhorung Gottliches wortts, offtern gebrauch des h. Abendmahls befordert, Vnd mit einem Christlichen leben beZeuget. Ihr Kranckkheit ist ihr gestern achtage mit einem schwindel ankommen, in welchem sie Zur erden gefallen, Vnd bald darauff so schwach worden das ihr auch die sprach schwer gefallen. Am montag abend Vmb 6 uhr hatt sie Gott durch den Zeittlichen tod von dieser welt der seelen nach abgefordert, im 70 Jahre Ihres alters. Concionem funebrem in templo Nicolai habuit Dominus M. **Lepner** ex 11 Cap: Joh. Ergo sum resurred. etc. *Die Leichenpredigt hielt Herr M. Lepner in der Steindammer Kirche über Joh. 11 Ich bin die Auferstehung usw.*

[Witt 38]

806 Christoff Krellenstein, ✶ Königsberg (Ponarth) 1560, ✞ 11. 5. 1637

Begraben den 15 Maij

Christoff (1251) Krellenstein Dräger V. St.

Ist Ao 1560 Zur ponart geboren sein Vater daselbst wonend hatt geheissen hans **Krellenstein,** die Mutter Catharina, welche eltern ihn nach enpfangner h. tauff vnd erreichung seiner Jahren Christlich erZogen Zur schulen gehalten, Vnd entlich Zum Dreßler handwergk gethan, welches er in 4 1/2 Jahren ausgelernet, Vnd ferner sechs Jahr darauff als ein gesell hin Vnd wieder gearbeittet, bis das er sein 28ste Jahr erreichet da er auff sein handwergk meister worden, Vnd sich mit J. Ursula Christoph **Karmerß** Schirmachers in der Kneiphovischen Vorstadt in den stand der h. ehe eingelassen, mit derselben hatt er dreyzehen Jahr Christlich Zusammen gelebet, Vnd in solcher Zeit aus Gottes segen fünff

---

1251 Ernst Witt: ursprünglich Martin, dann durchstrichen und geändert in Christoff.

Kinder, 3 Söhne Vnd 2 töchter geZeuget, von denen noch ein sohn Vnd eine tochter am leben. Als Anno 1602 durch die pest diese seine ehfraw verstorben ist er 3/4 Jahr im wittbenstand verblieben, Vnd nachdem sich anderweit verehliget mit seiner jetz hinterbleibenden wittwe damahls Jungf: Elisabeth, Bartel **Crausen** Zu Vderwang (1252) eheleiblichen tochter, mit der er in 35sig Jehrigen ehe 11 Kinder, acht sohne vnd drey Töchter geZeuget, wovon nur noch Zwo tochter am leben. Sein Christenthum ist Vnverwieslich gewesen. Seine Kr: anreichend so hatt er den gantzen Winter über am Dampff sehr gekranckheit, der auch wieder alle mittel also samb anderer Kr. Zugenommen das er sich seines lebens verZihen Vnd Zum S. sterbstündlein mit ernsten gebeth Vnd gebrauch des Abendmals des Herren bereittet. Worauff er am verschienen Montag abends Zwischen 8 Vnd 9 Vhr sanfft entschlaffen im 77 Jahr aetatis concionem funebrem Dnus M. **Halbach** in templo D. Nicolai habuit. [Witt 366]

807 Esther Wilhelm, ✶ Königsberb (Kneiphof) 1598, ✞ 13. 5. 1637

Begraben den 15 Maij

Michel **Wilhelms** Schusters Fr. Esther

Ist im Jahr 1598 von Christlichen eltern nemlich Michel **Köseling**, Bürger Vnd handelsman im Kneiphoff Vnd Elisabeth N. an diese welt geboren, Zur tauff befordert, Christlich erZogen. Ao 1614 im 16 Jahr: aetatis Zur ehe gegeben Andreae **Rosanken**, Böttchern im Kneiph: mit welchem sie sechs jahr friedlich gelebet, Vnd aus Gottes segen sechs Kinder geZeuget, einen sohn, fünff töchter, welche alle vorlengst im H entschlaffen.

Als Ao 1620 in grassirender pest ihr der liebe Gott diese eheman durch den Zeittlichen tod von der seitten genommen Vnd sie fünffviertel Jahr im Wittbenstand Verharret hatt sie Ao 1622. 14 tage nachm NewJahr sich anderweit ehelich eingelassen mit Michel **Wilhelm** Schustern Vnd burgern der Altenstad, ihrem jetz hinterbliebenden Wittber mit welchem sie Zwar ohn leibes erben doch friedlich gelebet 15. Jahr. 17. wochen Vnd 2 tage.

Ihr Christenthum ist, Vnsers wissen, Vntadelich. Ihre Kr. anlangende, hatt sie den 14 octobr: verwichenen Jahres einen sehr hartten frost entfunden, worauff bald ein solcher schwulst gefolget das man ihr in 2 stunden drey mieder vom leib abschneiden mussen, der selbe schwulst hatt auch die Zeitt über wieder vielfeltigen rath der Medicorum, *Ärzte* Vnd gebrauchte Mittel immer angehalten, das sie leicht erachten können wie nicht anders als der zeittliche tod darauff folgen müste, dannenhero sie in werender Kr auch Zum offters das hochw: Abendmahl des H gebrauchet, fleissig gebeten Vnd sich Gott ergeben, welcher sie am nechst verschienen Mittwoch Vmb 12 Vhr Zu mittage durch den Zeittlichen tod der Seelen nach von dieser welt Zu sich in sein reich genommen im 39sten Jahre Ihres alters. Die Lp. hatt H M. **Lepner** in der pfarkirchen gehalten. ex 1.2.3.4. V. ψmi 77. [Witt 802]

1252 Uderwangen, Kr. Preußisch Eylau.

808 HERMAN STARLEY, ✶ LÜBECK 1601, ✝ 26. 6. 1637

Herman Starley Kürschner von Lübeck

Begraben den 28. Junij

Ist Ao 1601. in Lubeck an diese welt geboren, Sein Vater hatt geheissen Kersten **Starley** Bürger Vnd Kürschner daselbsten, die mutter so noch am leben heisset Weymar. Von diesen eltern ist er nach enpfangner h. tauffe vnd Zuwachs der Jahre Zur schulen Vnd andren Christl. tugenden gehalten, auch entlich Zum handwerck gehalten, auff welches er nach ausgestandenen lehrjahren Zu hamburg, Amsterdam Vnd an andren orttern gearbeittet, bis er das 25ste Jahr erreichet, da er meister worden, Vnd sich durch Gottes schickung ehelich eingelassen mit Anna hans **Möllers** [sic] (1253), burgers Vnd Kürschners in Lubeck ehelichen tochter. NN. Kürschners Vnd Burgers daselbst Zu der Zeit, jetzo auch seiner hinterlassene Wittib, mit welcher er in gutter ehe 11 Jahr gelebet Vnd durch Gottes segen 2 Sohne Vnd 4 töchter gezeuget, davon noch 1 Sohn vnd drey tochter im leben. Seines Christenthums wird ihm von seinen landsleutten gutt geZeuchnus gegeben, etc. hatt er bei Vns als er handels halben hergekommen Zimlich starck geZechet, das man auch sorget, die Kr: habe dahero vrsprung genommen. Vergangen Sontag ist er von derselben angegriffen, welche dan bei fleissiger Cur. von tag Zutage also Zugenommen das er am Vergangnen freytag, nachdem er frue nach 9 Vhr in grosser schwacheit, sein beicht gethan, die absolution vnd das h Abendmahl enpfangen, nach mittage bald nach 4 Vhr verschieden, Im 30sten Jahre seines Alters Concionem funebr. in templo Nic. habuit **MW** ex 1 Cap Esajae. *Die Leichenpredigt hielt M. Wolder in der Steindammer Kirche nach den Worten aus Jes. Kap. 1* Waschet euch etc. [Witt 691]

809 ANNA JOHANSEN, ✶ WEWELSBURG, KR. BÜREN / WESTFALEN 1550, ✝ 27. 6. 1637

Anna, Gerd Johansen, huttmachers Wittwe.

Begraben den 29 Junij

Ist Ao 1550. Zu Welsburg in westphalen im stift Paderborn geboren, ihr Vater hatt geheissen Paul **Salomon**, ist ein wirt im Kruge Vnd Festbecker gewesen. Die Mutter, Wichtrude. Von diesen eltern ist sie Zur tauffe befordert, vnd ferner Zur arbeit Vnd Vhr: tugenden gehalten. Nach tödlichen abgang ihrer eltern ist sie mit ihrem bruder, wegen Tyrannei Regis Kath: *des katholischen Herschers* (1254) Von dannen nach hamburg gezogen, da sie gutten leutten gedienet, bis der bruder das Filtmacher (1255) handwerck daselbst ausgelernet, vnd sich mit ihr anhero in Preussen begeben. Bei selbigen ihren bruder hatt sie alhie etliche Jahr gedienet bis an 38 Jahr ihres alters, da sie sich auff Gottes schickung im ehestand begeben mit Gerd **Jansen**, einem filtmacher mit welchem sie in friedlicher ehe gelebet 23 Jahr. Vnd durch Gottes segen sechs Kinder 4 Sohne Vnd 2 tochter geZeuget davon noch ein sohn vnd eine tochter am leben. Nach dieses mannes absterben vnd anderthalb jahren ihres wittbenstandes hatt sie sich anderweit mit einen ihres handwerckes gesellen NN. ehelich eingelassen, der nur 22 wochen mit ihr Zusammen gelebet. Von seinem tode an ist 24 Jahr wittwe geblieben, in solchen wittbenstande aber mit allerhand Creutz von Gott beleget,

---

1253 Ernst Witt: " Möller – eventuell auch Lesung Müller möglich".

1254 Wewelsburg gehörte zum Territorium des Fürstbischofs Paderborn.

1255 Filzmacher.

welches sie doch geduldig ertragen. Ihr Christenth: ist Vnstrefflich. für 9 wochen hatt sie Gott wiedrumb mit Kr: angegriffen in welcher sie das hochw: Abendmahl des H begeret Vnd enpfangen auch fleissig gebetet bis sie Gott am Vergangnen Sonnabend Zwischen 2 Vnd 3 Vhr morgens Von dieser welt der seelen nach abgefordert im 87 Jahr Ihres alters. Die Leichpr: hatt auffm St. H M. **Lepner** gehalten. [Witt 317]

810 Barbara Hörn, ✶ Königsberg (Kneiphof) 2. 12. 1620, ✞ 27. 6. 1637

Begraben den 29 Junij

Caspar **Hörns** Kürschners T. Barbara.

Ist Ao 1620 den 2. Decembr: im Kneiphoff. Ihr Vater ist gewesen Caspar Hörn, Bürger Vnd Kürschner daselbst Die Mutter Anna **Wahlin** (1256), Von denen ist sie nach entphahung der h tauff Vnd erreichung ihrer Jahre, Zur schulen gehalten, das sie ihren Catechismum, psalter, Vnd herliche sprüche der gottlichen schrift gelernet, nachmahlen auch Zu allen tugenden in der Zucht Vnd Vermahnung Zum herren aufferZogen. Als, nach Gottes Willen, ihre gedachte Vatter ihr Zeittig abgestorben, hatt in werenden wittbenstand die Mutter nach müglichkeit bei ihrer auffer-Zihung gethan. Bis das David **Philip** Ihr Stieffvater an des löblichen Vaters stelle ihrer gewarttet, Vnd die polnische sprach Zu lernen in pohlen geschicket, welche sie auch fertig gefasset. Als sie wiedrumb nach hause gefordert, ist sie alhie ihren eltern in ehrerbietung from, fleissig getrew Vnd gehorsam gewesen, nicht allein bei der Mutter leben, sondern auch nach derselben ihr frücZeitten todlichen hinfall, da sie den Stieff-vater in seiner haushaltung mit gehorsam trew Vnd fleissig gewesen. Wie sie den auch ihre brüder Vnd Vormündren in allen billigen sachen gehor-samlig gefolget, Die dann auch allerseits gern gesehen das ihr Gott ihr leben gfristet hette, nicht Zweifflende, sie an derselben frewde Vnd trost erleben würden. Aber Es hatt den lieben Gott anders gefallen, der sie vor 14 tagen nicht allein mit leibes Kr: angegriffen, da sie anfangs Vber hauptwehe geklaget, sondern auch bei gepflogenen raht der H Medici die Kr: also Zunehmen lassen, das sie am Vergangnen Sonnabend, wieder die gefassete meinung der besserung sich legen müssen, welches bis dahero noch nicht geschehen, da sie den bald mit grossen hertzens mattigkeit dergestalt angegriffen das sie Vmb 12 Vhr Zu Mittage, doch in warer anruffung Gottes, sanfft Vnd selig verschieden nach deme sie in dieser welt 16 Jahr 22 Wochen gelebet. Ihr Christenthum ist Vnverweislich gewesen. Die Leichpredigt hatt M. **Wolderus** aus dem ordentlichen Evangelio am tage Petri vnd Pauli, an welchem sie begraben, gehalten in der pfarkirchen. In welcher ihr das begrebnus ist vergönnet worden. weil ihre hinterlassn von ihrem gutte Zwene silberne leuchter auff Vnsre Altar verheissen. [Witt 298]

811 Michel Mörcke, ✶ Stettin 1566, ✞ 9. 7. 1637

Michel Mohrke Bürger Vnd fastbecker der Altenstad

Begraben den 12. Julij

ist Ao 1566 Zu Stettin in Pommern an diese welt geboren. sein Vatter hatt geheissen Carsten **mörcke** seine Mutter Anna **Klottes** Von diesen seinen eltern ist er nach enpfangner tauff Vnd erreichung seiner Jahre fleissig erZogen. Weil ihm aber dieselbe Zeittig abgangen mit tode ist er anhero

---

1256 Anna **Philip** geb. Wahl ✞ 31. 10. 1635 (lfd. Nr. 721).

Zu seinen gefreundten kommen Vnd sich bei denen so lange auffgehalten bis er das fastbecker handwerck erlernen können, auff welches er in die frembde gewandert bies auffs 30sigste Jahr Jahr seines alters da er sich mit Jungfr Dorothea (1257) Paul **Brewers** schusters Vnd Bürgers dieses ortts leiblichen tochter ehelich eingelassen, mit welcher er in ZweVnd dreissig Jahriger ehe (1258) durch Gottes segen drey Kinder, Zweene sohne Vnd eine tochter, davon diese Zeit albereit ein sohn verstorben, geZeuget. Nach absterben dieser seiner hausfrawen vnd Zwojährigen wittbenstand hatt er Ao 1630, den 23 Septembr: sich anderweit ehelich eingelassen mit Fr Elisabeth S hans **Bartels** Vhrmachers hinterlassene wittwe mit welcher er 6 Jahr, 10 wochen 6 tage, Vnd also bis an sein ende Christlich Vnd friedlich zusammen gelebet Vnd in werender Zeit einen sohn erzeuget, der noch am leben. Sein Christenthum ist vnverweislich. Seine Kranckheit hatt albereit eine lange Zeit sich bei ihm ereuget, doch hatt er noch Zu stege Vnd wege gehen können bis etwan kurtz vor nechst verschienen weinachten da ihn solche seine Kranckheit im erreichten alter dermassen hart angegriffen, das er sinthero immerZu bettreisig gewesen, Vnd die Kr: auch bei fleissigen gebrauch der artzeney also Zugenommen das er am verschienen Donnerstag abends Vmb 4 Vhr im 71 Jahr seines alters todes Verblichen, die leichpr. hatt H M. **Lepner** in der pfarkirchen dieses ortts aus der ordentlichen Sontags Epistel gehalten.
[Witt 464]

812 MICHEL WULFF, ✶ MARIENBURG 1582, ✞ 12. 7. 1637

Begraben den 14. Julij

Michel Wulff Schlösser Vnd Bürger V. St.

Ist Ao 1582. Von Christl. eltern Zu Marienburg geboren sein Vater hatt geheissen Georg **Wulff** ein Refschleger Vnd Bürger daselbst seine Mutter Anna N. eines bürgers Tochter des ortts, von diesen ist er Zur tauff befordert, Christlich erZogen. Vnd im 16 Jahre seines alters in Newteich (1259) Zum schlosser handwerck gethan, auff welches er nach ausgestandenen lehrjahren sich redlich versucht. Als er wiedrumb dieser ortter angelanget hatt er Ao 1616 sich mit S. Michel **Zimmermans** eines schlössers Zu Bartenstein (1260) ehelichen Tochter Catharina (1261) in die ehe begeben, Vnd in 16 Jahren aus Gottes segen mit ihr sieben Kinder 4 sohn Vnd 3 töchter geZeuget davon nur ein sohn noch am leben. Nach tödlichen abgang dieses seines ehegatten hatt er sich folgendes Jahres Ao 33. mit seiner jetz hinterlassenen wittben damahl Jungfr: Catharina S. Peter **Paschen** Zimmermans T. verehliget, mit welcher er Zwo töchter, die albereit im H entschlaffen Vnd einen sohn der noch am leben geZeuget. Ao 1623. ist der anhero kommen seines handwercks ferner Zugebrauchen in werender Zeit bein Vns Zwar seines handwercks halber ehrlich verhalten, doch im Christenthum Vnd eusserlichen wesen allerhand sonderliches wesen mit Vnterlauffen lassen, als fluchen, etc. welches doch theils der hinfallenden Kr: damit er behefftet gewesen Zugeschrieben wird. Von dieser Kr: ist er also geschwechet worden das

---

1257 Dorothea **Mörecke** □ 10. 6. 1629 (lfd. Nr. 224).

1258 Bei seiner Ehefrau heißt es 30 Jahre.

1259 Neuteich, Kr. Marienburg.

1260 Bartenstein, Kr. Friedland.

1261 Catharina **Wulff** □ 28. 10. 1632 (lfd. Nr. 561).

er am vergangnen Sontag da sie ihm wieder angetretten vermercket wie es ein ende mit ihm gewinnen würde; derowegen fleissig gebeten, Vnd seine sele Gott befohlen, bies er nach gehaltener AbendmahlZeit mehr den jemahl Von dieser Kr: angegriffen, Vnd mit derselben bis Vmb 10 Vhr zu nacht gerungen da er durch den Zeittlichen tod seinen geist auffgegeben im 55 Jahre seines Alters Die leichpr: hatt M **Wolderus** v. St: gehalten. [Witt 824]

813 MARIA KAMP, ✶ KÖNIGSBERG (ALTSTADT) 16. 6. 1578, ✝ 12. 7. 1637

Begraben den 15. Julij

Fr. Maria H hans **Kampen** Nachg: wittib.

Ist Ao 1578 den 16 Junij dieses ortts Von Ditterich **Hagedorn** Burgern Vnd meltzenbrewern dieses ortts Vnd Anna **Jeckelin** ihren Christl. eltern (1262) an diese welt geboren, Vnd in allen stücken Christlich erZogen auch im 19 Jahr ihres Alters H Bartel **Drubi** Churfl. Durchl in Preussen Kuchenmeistern Zur ehe gegeben mit welchem sie 21 Jahr friedlich ohn leibes erben gelebet. Nachdem dieser Ao 1618 den 13 Martij todes verblichen hatt sie im andern Jahre ihres wittbenstandes Ao 1619 den 21 Julij sich anderweit Ehelichen eingelassen mit S. h. hans **Kempen** Burgern Vnd Meltzenbrewern alhie auch Vorsteher des grossen Hospithals (1263), welchen als im 6ten Jahr ihrer Christlichen ehe Ao 1624. den 22 Nov: Gott ihr durch den Zeittlichen tod auch Von der seitten genommen ist sie bis an ihr ende, Vnd also bis ins dreyZehende Jahr im wittbenstand verblieben; in solcher Zeit hatt sie Gott vnter so grosser leibes beschwer gehalten das sie auch des h haus wenig ersuchen können, doch hatt sie Zu hause des herrn nachmahl enpfangen offters, vnd fleissig gelesen auch gebetet bies sie der hochste Gott am verschienen Sontag Vmb 3 nachmittag selig einschlaffen lassen im 59. Jahr ihres Alters. Die Leichp. hatt in der pfarkirchen M **Lepner** ihr gehalten ex 10 cap: ad Hebr: Ihr wisset das ihr etc. [Witt 329]

814 SARA GLUCKRAHT, ✶ RUDAU, KR. FISCHHAUSEN? 1572, ✝ 12. 7. 1637

Sara S. Greger **Gluckrahts** GerichtsVerwanten v. St. Wittwe

Begraben den 15 Julij

Ist Ao 1572. Zu Rudow Von Caspar **Langen** Krüger daselbsten Vnd Ursula N ihren Christlichen eltern andiese welt geboren, Vnd nach enpfangner tauffe bis ins 4te Jahr aet: Christl. erZogen, da sie auff tödlichen abgang ihrer eltern Von frembden ferner erzogen Vnd endlich anhero kommen da sie bei Carsten **Felten** Kauffman Vnd burgern 12 Jahr treulich gedienet, nach welcher verfliessung Vnd erreichung ihres 22. Jahres sie sich mit hans **Beckstein** Sattlern ehelich eingelassen, Vnd Zur hochZeit mit demselben von gedachter ihrer herschafft ihrer trewe halber allerhand hulff erlanget. Mitt diesen ihren ehe man hatt sie in sechs-jähriger Christl. ehe aus Gottes segen 4 Kinder 3 Sohne vnd eine tochter geZeuget, die alle schon nach dem willen Gottes todes Verblichen. Als dieser Man Verstorben Vnd sie ein jahr im Wittbenstand gesessen hatt sie anderweit mit hans **Sivertten**, fastbeckern in die ehe begeben Vnd in 9 Jahren Vier Kinder 2 Sohne Vnd 2 tochter mit ihm geZeuget. Als dieser

---

1262 Eine weitere Tochter dieser Eltern ist Catharina **Vergilius** ✝ 23. 11. 1634 (lfd. Nr. 669).

1263 Meist wird in diesem Kirchenbuch das Große Hospital im Löbenicht so bezeichnet. Oder ist das St.-Georgs-Hospital der Altstadt gemeint?

nach dem willen Gottes die welt verlassen ist sie Zur ehe genommen von EZechiel **Rohden** fastbeckern mit dem sie auch 9 Jahr friedlich gelebet, doch ohn leibes erben. Nach seinem tödlichen abgang hatt sie die Vierde ehe mit Greger **Gluckrahten** Gerichtsverwanten v. St. VolZogen Vnd 4 Jahr friedlich ohn leibes erben besessen. Von seinem tode ist sie 12 Jahr im wittbenstand bis an ihr ende verblieben Ihr Christenthum ist Vnverwieslich gewesen: Ihre Kr: ist vergangen Dingstag 8 tage ihr plotzlich Zugestossen, in welcher sie fleissig gebeten Vnd endlich nach verlohrner sprach am verschienen Sontag Zwischen 4 Vnd 5. Abends in 65 Jahr ihres alters durch den zeittlichen tod der selen nach von dieser Welt abgefordert, Die Leichpr: hatt H M. **Halbach** v. St: gehalten. [Witt 190]

815 HANS HALTER, ✶ HILDESHEIM 1569, ✞ 15. 7. 1637

Hans Halter, Bawschreiber

Begraben den 19 Julij

Ist Ao 1569 in Hindesheim an diese welt geboren sein Vatter hatt geheissen Fridrich **Halter**, ein Gewürtz Vnd Seiden Crämer daselbst, die Mutter Maria N. Von diesen eltern hatt Christliche beforderung Zum Christenthum vnd leiblicher erhaltung gehabt bis er sich mit ihrer beliebung Zu Cliesten (1264) in ein Adeliches Closter beim Amptman begeben Vnd 5. Jahr für einen Küchenschreiber gedienet. Nachmahlen ist er an des Fürsten Von Braunschweig hoff bei einem Vornehmen Raht nach Wolffenbüttel (1265) kommen, bei welchen er 5 1/2 Jahr für einen auffwartter gedienet. Ao 1596 hatt ihn sein Vater von da abgefordert Vnd nach Crakaw verschicket das er daselbsten seines Vatern bruders gelegenheit erkundigen, Vnd wo es ihm raht deuchte denselben von Vorhabender heiraht abreden solte. Er hatt sich aber bei diesem seinen Vettern eine Zeitt lang auffgehalten, Vnd mit ihm auff den Reichstag Nach warschaw verreiset, Vnd mit einem lieffländischen von Adel in liffland begeben in meinung Von Riga wiedrumb Zu seinen eltern Zu kommen, er ist Aber vom selbigen Edelman beredet Vnd auff seine gütter an der muscowieterschen grenze gelegen mit genommen, bei welchem er 2 Jahr verharret Vnd nachmahlen auff desselbigen gütter hie in Preussen für einen Verwalter verschicket worden. da er sich den nach Gottes willen vnd beliebung seiner eltern ehelich eingelassen mit der Edlen Fr. Otilia Jost **Mohricken** (1266) nachgelassener wittib, mit welcher er 2 Jahr friedlich Zusammen gelebet Vnd eine tochter geZeuget, die albereit verstorben. Ao 1603 hatt er sich sich anderweit verheiratet mit J Anna (1267) S. Lorentz **Wigands** Meltzenbrewers alhie Eheleibl. Tochter mit welcher er in 24 Jahriger friedlicher ehe 8 Kinder, 4 Sohne Vnd 4 tochter geZeuget, davon nur ein Sohn noch am leben. Ao 1615 hatt Ihn ein E. Raht der Altenstad Zu ihrem bawschreiber angenommen, welchen Dienst er mit ruhm der herren trewlich bis an sein ende verwaltet. Nach deme ihm seine andre hausFr Ao 1627. auch mit tode abgangen, Vnd er 4 Jahr Wittwer blieben hatt er Ao 1631. die dritte ehe mit J. Sibylla (1268),

---

1264 Ernst Witt: einwandfrei lesbar. – Vermutlich Kloster Corvey bei Höxter, in dessen Konvent nur Adelige aufgenommen wurden.

1265 Wolfenbüttel, Herzogtum Braunschweig.

1266 Ernst Witt: auch Lesung **M<u>e</u>hricken** möglich.

1267 Anna **Halter** ✞ 18. 5. 1627 (lfd. Nr. 80).

1268 Sibylla **Halter** ✞ 9. 6. 1635 (lfd. Nr. 700).

seiner damahligen Dienerin VolZogen, mit derselben hatt er in 5 Jahren aus Gottes segen einen Sohn vnd Zwo töchter geZeuget, davon eine tochter schon verstorben. Diese seine ehefraw ist Ao 1635. ihm auch durch den zeittlichen tod Verrücket, von welcher Zeit an er in Wittbenstand Vnter hartter leibes Kr Verblieben. Sein Christenthum Vnd eusterliches leben ist ruhmlich gewesen. Vor 16 Monat hatt ihn Gott sonderlich mit schwerer leibes Kr: angegriffen, welche, Vngeachtet das allerhand medicament auf raht der Medicorum *Ärzte* gebrauchet teglich also Zugenommen das er am vergangnen Mitwoch abends Zwischen 10 Vnd 11 Vhr verschieden im 69 Jahr seines Alters. Die Leichpr. hatt v. St H M H[**Halbach**]. gehalten ex 73 ψ. [Witt 239]

816 FRIDRICH CHUR, ✶ GUT WOSEGAU, KR. FISCHHAUSEN 1579, ✞ 25. 7. 1637

Begraben den 28. Julij

Fridrich Chur, heidkruger.

Ist Ao 1579. vom Abraham **Churen** Krüger Vnd schultzen Zu Wesekaw vnd Churin (1269) N. an diesen welt geboren Vnd geburlich erzogen. Im 15 Jahre seines alters ist er von ihnen in teutschland verschicket, aus welchen als er nach 2. Jahren wiederkommen hatt er H Lorentz **Schmidlein** Churfl Durchl Cammer Secretario gedienet, durch dessen beforderung, wegen seiner trewen Dienste, er Zum Kornschreiber Dienst in der memel befordert worden, Vnd nachdem er denselben 9 Jahr trewlich bedienet Zum amptschreiber Dienst, diesen nachdem er 4 Jahr treulich verwaltet Vnd sein 36 Jahr erreichet hatt er sich ehelich eingelassen mit J. Agnes Reinhold **Helwing** Burgers Vnd handelsmans daselbsten Ehl Tochter, mit welcher er 6 Jahr ohn leibes erben friedlich gelebet: Nach deme er 8 jahr das Amptschreiber ampt bedienet hatt er abgedancket mit erlangeten ruhmlichen geZeuchnussen. Nach verflossenen 6 Jahren seiner gedachten ehe, Vnd absterben seiner haus Fr: auch verflossene 2 Jahren im wittbenstand hatt er die andre ehe vollZogen mit Fr. Elisabeth S. H Greger **Paschels** Rahts verwanten Zur Tilsit hinterlassenen Wittwen, Vnd mit derselben eilff Jahr ohn leibes erben friedlich gelebet Vnd die Zeit hero Kirchenvater Vnd Krüger im Heidkrug (1270) gewesen weil Er wegen etlicher sachen vnd geschefften diese Zeit anhero kommen hatt ihn Gott dergestalt mit leibes Kr: hart angegriffen das er den 35. [sic] dieses Zwischen 6 vnd 7 Vhr selig verschieden im 58 Jahr seines alters. Conc: funebr: in templo D. Nic: habuit Dnus M. **Lepner** ex 3 cap: ad Philip: *die Leichenpredigt hielt in der Nikolaikirche (Steindammer Kirche) Herr Magister Lepner aus dem 3. Kap. des Briefes an die Philipper* [Witt 87]

817 MARIA RICHTER, ✶ KÖNIGSBERG 1583, ✞ 27. 7. 1637

Fr. Maria Daniel **Richters** Hausfr:

Begraben den 29 Julij

Ist Ao 1583 an diese welt geboren ihr Vater ist gewesen Lorentz **Karsten** Burger Vnd Handelsman dieses ortts die Mutter Helena **Meerkerin**, Von selbigen Ihren eltern ist sie Christlichen erZogen. Als sie ihr 20ste Jahr erreichet hatt sie Ihren jetz hinterlassenen Wittwer Daniel **Richter** Zur

1269 Churin = Nachname der Mutter?

1270 Heidekrug, Kr. Wehlau.

ehe genommen, Zwar anfangs mit grossen wiederwillen Ihres Vatters, Mit demselben hatt sie 33. Jahr Zwar ohn leibes erben Christl: vnd friedlich gelebet. Ihr Christenthum, wie auch sonst ihr leben Vnd wandel ist Christlich gewesen. Gott hatt sie fast 7. Jahr hart mit Kr: des leibes beleget gehabt, in sonderheit am verschienen weinachten hartt angegriffen das sie gantz bettreisig worden, In solcher werender Kr. hatt des H nachmahl gebrauchet, fleissig gebeten Vnd sich Gottes willen ergeben, der sie den 27 Junij [sic] Zwischen 12 Vnd 1 Vhr mittags durch den Zeittlichen tod von dieser welt abgefordert, Vnd der seelen nach in sein ewiges Reich versetzet im 52 Jahr ihres Alters. Die Leichpr: hatt in der Altenstad H M **Lepner** gehalten ex v. 6 etc ψ. 39. [Witt 571]

818 Maria Marqvart, ✶ Bartenstein, Kr. Friedland 1598, ✞ 15. 8. 1637

Christoph **Marqvarts**, Büchsenschmides Fr. Maria

Begraben den 17. Aug. — Ist Ao 1598 Zu Bartenstein Von Michel **Zimmerman**, Kleinschmid Vnd Anna N. Ihren Christlichen eltern an diese welt geboren, Zur tauffe befordert Vnd ferner Christlichen erZogen. Als Ihr Vater Vieler beschwerlichkeit halber von dannen sich anhero begeben Vnd diese seine Tochter mitgebracht, hatt dieselben anfangs bei H. Doctore **Lotho,** nachmahlen bein Bernhard **Romsen** im Kneiphoff 14 Jahr gedienet bis sie im 25sten jahr aetatis Von ihren eltern dem jetzo hinterbliebenen Wittbern damahl gesellen Christoph **Marqvart** Zur ehe gegeben, mit welchem sie in VierZehenjäriger friedlicher ehe aus Gottessegen 7. Kinder 4 Söhne Vnd 3 töchter darunter 2 todt an die welt kommen, geZeuget, von welchen nur noch ein Sohn Vnd eine tochter am leben. Ihr Christenthum ist sambt dem eusserlichen leben Vntadelich. Ihre Kr. Vnd die ursach ihres todes, ist ihre mütterliche bürde, Vber welche sie Vnentbunden am vergangen Sonnabend Vmb 8 Vhr das leben gelassen im 39 sten Jahr aetat: Die Leichpr. hatt H **ML**. v. St. gehalten ex 35 Cap: Gen: [Witt 434]

819 Anna Göbel, ✶ Königsberg (Altstadt) 31. 7. 1570, ✞ 31. 8. 1637

H. Henrici **Göbels** Pro=Consulis
des Stellvertretenden Bürgermeisters hausfr. Anna.

Begraben den 2. Sept: — Ist Ao 1570 den 31. Julij an die Welt alhie geboren ihr Vater ist gewesen Greger **Treschenberger**, Mitbürger dieser Altenstad, die Fr Mutter Brigitta **Langnawin**, H Florian **Langnawen** weiland Rahtsverwanten dieser Altenstad Tochter (1271). Von diesen Christlichen eltern ist sie nach enpfangner tauff Vnd Zu wachs ihrer Jahre Christlich Vnd loblichen erZogen. Ao 1603. Ist Sie Daniel **Watzen** (1272), weiland Mitbürgern vnd Kauffman alhie Verehliget worden, mit welchem sie in lieb, Fried Vnd einigkeit 27. Jahr Vnd 2 Monat gelebet. Vnd Zusammen einen sohn geZeuget. welcher albereit todes Verblichen. Nach absterben dieses Ihres Ehemans Vnd verflossenen dreyen Jahren im wittbenstand hatt sie mit Ihr Achtb. H. Henrich **Gobeln** p. t. [sic] (1273) Pro= consule die andere ehe

1271 Nach Gallandi (S. 112) ist Barbara **Treschenberger** ✞ 7. 4. 1637 (lfd. Nr. 800) eine Schwägerin von ihr.

1272 Daniel **Watzsen** ✞ 17. 11. 1631 (lfd. Nr. 515)

1273 p. t. vielleicht: c. t. cui titulus = dem der Titel … [ergänze:] gegeben war?

vollZogen Vnd dieselbe 3 Jahr 4. Monat 25tage in guttem friede gefuhret, bis sie den 31. Augusti Vmb ein Vhr Zu mittage; nach ausgestandener langwirigen Kr: in welcher sie zwey mahl das hochw. Abendmahl des H enpfangen, in warer anruffung Gotts der Seelen nach Von dieser welt abgefordert, Vnd in das ewige himlische reiche versetzet. Als sie in dieser welt 67 Jahr Vnd 1 Monat Zugebracht. Ihr Christenthum Vnd eusserlicher wandel ist rühmlich gewesen, wie auch das verhalten in ihrer Kr. In ihren letzten willen hatt sie die hausarmen, das Gros Vnd Kleine Hospithal, die pauperes, *die Pauperschüler* Vnd herren Collegen an der pfarschulen bedacht, auch einem jeden Vnsers Ministerij 10 Rthl. vermachet, welche Vns alsbald bei ihrem begrebnus erleget. Leichpr hatt **MW**. in der pfarkirchen gehalten, aus dem 25. v. 17 etc Spr. Welchen text die S. Fr. ihm selber auffgegeben hatte. [Witt 192]

820 Martin Weiß, ✶ Königsberg 1575, ✞ 19. 9. 1637

Begraben den 22. Sept:

Martin Weis Kürschner.

Ist Ao 1575. alhie geboren, sein Vater hatt geheissen Michel **Weiß**, Bürger Vnd Kürschner alhie, die Mutter Catharina, Von diesen ist er nach enpfangner tauff, ferner Christlich erZogen Vnd endlich vom Vatter in die lehre auff sein handwerck genommen, auff welches er ferner in die frembde gewandert. Als er wieder anhero kommen, da er seine eltern nicht im leben funden, hatt er sich, aus Gottes schickung in den stand der h ehe eingelassen Ao 1602. mit J. Catharina (1274) Michel **Rochels** eheleiblichen tochter. mit welcher er friedlich gelebet 28. Jahr, Vnd aus Gottes segen 2. Sohne geZeuget, die er schon durch den Zeittlichen tod Zu Gott vorangesand. Nach absterben dieser seiner hausfr: hatt sich Ao 1628 anderweit ehelich eingelassen mit J. Regina (1275) Paul **Gebuers**, Bürgers Vnd Beckers im Kneiph: Ehl. T. mit selbiger hatt er 8 Jahr friedlich gelebet ohn erben. Sein Christenthum hatt er in gebuhrender acht gehabt Vnd sein eusserliches leben Vnergerlich gefuhret. Am Vergangnen Sonnabend Zu nacht Zwischen 1 Vnd 2 Vhr; als er die vorige tage etwas gekrencket, hatt ihn Gott entschlaffen lassen im 62 Jahr aetat: Die Leichpr. hatt in der pfarK: gehalten H **ML**. ex 18 Cap: Syr: v. 22. [Witt 782]

821 Anna Vielrose, ✶ Königsberg um 1558, ✞ 24. 9. 1637

Begraben den 27 Sept:

Georgen **Vielrosen** Wittwe Anna.

Ist alhie dieses ortts Von Georg **Fischern** Vnd Lena N. ihren eltern geboren Vnd von ihnen Christlich erZogen. Im 23 Jahr aetat: ist sie Jacob **Kunger** (1276), Fischern aus Gottes schickung Zur ehe worden mit welchem sie nur 20 wochen zusammen gelebet Vnd eine tochter nach seinem tode Von ihm Zur welt gebracht, die albereit todes Verblichen. Nach absterben dieses Mannes vnd trawrjahr ist sie geehliget worden von Georg **Filrosen** (1277), Fischern mit welchem sie 50 Jahr friedlich gelebet Vnd sieben Kinder 3 Sohne, Vnd 4 töchter geZeuget wo von noch 1 Sohn

1274 Catharina **Weiß** ✞ 20. 5. 1628 (lfd. Nr. 160).

1275 Regina **Weiß** ✞ 12. 9. 1636 (lfd. Nr. 766).

1276 Im Lebenslauf ihres zweiten Ehemannes G. Vielrose heißt dieser Mann Jacob **Kinger**.

1277 Georgen **Vielrose** ✞ 12. 2. 1633 (lfd. Nr. 584).

2 Töchter am leben. Nach absterben dieses ihres ehemans ist sie 5 Jahr im wittbenstand verblieben, in welchem wie auch in voriger Zeit sie ihr Christenthumb vnd wandel geburlich getrieben. Vor drey wochen ist sie mit leibes Kr. von Gott beleget, welche also zugenommen das sie verschienen Donnerstag morgens Vmb 6 Vhr S. verschieden, als sie 79 Jahr vnd 20 wochen in dieser welt gelebet. [Witt 756]

822 Salomon Zahn, ✶ Jena 18. 4. 1584, ✞ 30. 9. 1637

Solomon Zahn. Beuttler

Begraben den 30. Sept: Ist Ao 1584 den 18 Aprilis Zu Jehna geboren (1278), Von Salomon **Zahn**, Beuttlern Vnd Rahtsverwanten, Vnd Anna **Breunnings**, Bürgers Vnd Rahtsverwanten Tochter daselbst, Von diesen eltern ist er auch Christlich erZogen Vnd endlichen Zum handwerck gehalten, auff welches er Ao 1598 ausgewandert, Vnd sich hin vnd wieder versuchet bies er Ao 1602. anhero kommen, doch von hie sich wiedrumb auffgemachet Vnd nach Vier jahren allererst wiederkommen Vnd bies an 1608 gearbeittet da er meister worden. Ao 1609 6 Mart: hatt er Zur ehe genommen Greger **Schultzen**, Beuttlers Vnd Bürgers alhie hinterlassene Wittib, mit welcher er bis Ao. 1611 den 17. oct: sind 2 1/2 Jahr ohn leibes erben gelebet. Ao [ergänze: 1622] (1279) hatt er sich abermahl ehelich eingelassen mit J. ursula Martin **Kerschen**, weisgärbers Zur Tilsit Tochter, mit derselben hatt er 15 Jahr Zusammen gelebet Vnd 6 Kinder geZeuget 4 Töchter. 2 Söhne, davon noch ein Sohn vnd zwo töchter am leben, Sein Christenthum vnd wandel ist Vnverweislich gewesen. Seine Kr. betreffend ist er albereit vor ein Viertheil jahr Vnpaß gewesen, doch sich allererst vergangen Donnerstag 8 tage legen müssen, da er von tage Zu tag also Krafftloß worden, das er 28 Septembr: frue Vmb 3 Vhr sanfft entschlaffen. aetat: 53. Die Leichp. hatt H M. **Lepner** gehalten v. St ex ψ 91. v. 11,12,13. [Witt 828]

823 Dorothea Pohl, ✶ Königsberg (Altstadt) 1585, ✞ 7. 10. 1637

Christoph **Pohlen,** Fleischer, Vnd GerichtsVerwanten v.St.
Fr. Dorothea:

Begraben den 11. oct ist Ao 1585 also vor 52 Jahren alhie auff der Lastadien (1280) vom Matthes **Neubawer** gewesenen Bürger Vnd gildschipper Vnd Ursula N. Von welchen eltern sie nach Christlicher aufferZihung Ao 1603 den 24. Augusti Andreae **Seidlern** mitburgern Vnd Fleischern alhie Zur ehe gegeben, mit welchem sie ins Eilffte Jahr friedlich gelebet Vnd aus Gottes segen Vier Kinder, 1 Sohn Vnd 3 Töchter geZeuget, wor von nur Eine Tochter noch am leben, so hier Zugegen.

Als Ao 1614 der liebe Gott diesen ihren Eheman von dieser welt der seelen nach abgefordert hatt sie Ao 1615 den 3 Augusti sich wiedrumb ehelig ingelassen mit Jacob **Schultzen**, auch Mitburgern Vnd Fleischern alhie, mit welchem sie fünff Jahr friedlich gelebet Vnd Zwo töchter geZeuget davon noch eine am leben, die jetz ihrer an ihr ruhebettlein mit

---

1278 Sein Vetter Hanß Salomon **Zahn** ✞ 4. oder 11. 12. 1635 (lfd. Nr. 724).

1279 Jahreszahl nicht geschrieben. Wenn die Dauer dieser Ehe – wie im Text angegeben – 15 Jahre gedauert hat, muss die zweite Heirat 1622 erfolgt sein.

1280 Lastadie: siehe Anm. 1045.

begleittet Als sie Ao 1620 der liebe Gott abermahl im wittbenstand versetzet, hatt sie Ao 1621. den 28 Julij Zur dritten ehe genommen gegenwerttigen ihren hinterlassenen Wittwer damahl gesellen h. Christoph **Pohlen** etc. mit welchem sie ohn leibes erben 16 Jahr 10 wochen, 2 tage in liebe Vnd friede Zugebracht. Ihres Christenthums Vnd eusserlichen wandels hatt sie ein guttes geZeuchnuß. Mit ihrer Kr ist sie eine geraume Zeitt behafftet gewesen, auch dahero fast ein gantzes Jahr Nieder gelegen, in welcher Zeit sie Vnterschiedlich sich mit dem hochw. Abendmahl des H versehen lassen, Vnd mit vleissigem gebeht sich Gott ergeben, welcher sie am nechst verschienen Mittwoch war der 7. oct: abends Zwischen 8 Vnd 9 Vhr, durch den Zeittlichen tod Zu sich in sein reich der Seelen nach abgefordert aet: 52. die leichp hatt v. St. gehalten M**Wolderus**. [Witt 527]

824 Jacob Bergaw, ✶ Abschwangen, Kr. Preußisch Eylau 1581, ✝ 18. 10. 1637

Jacob Bergaw Von den huben

Begraben den 21. Oct:

Ist Ao 1581 Zu Abschwangen an diese welt geboren sein Vater hatt geheissen Hieronymus **Bergaw**, die Mutter Anna N. Von diesen eltern ist er Christlich erZogen; Zur schulen gehalten, da er lesen Vnd seinen Catechismum gelernet, worauff sie ihn Zu vortstellung des ackerbaws gebrauchet. Ao aet: 39 hatt er Zur ehegenommen J Dorotheam, Hans **Schönmohren** Zu Trintkeym (1281) eheliche T. jetzo seine hinterlassene Wittwe; mit derselben hatt 17 Jahr friedlich gelebet. Vnd aus Gottes segen eine Tochter geZeuget, die noch am leben. Seines Christenthums Vnd gutten Verhaltens geben ihm die Nachtbaren gutt geZeuchnus Am nechst verschienen Freytage. Abend hatt ihn Gott mit hertter leibes Kr: angegriffen welche also zugenommen das er den folgenden morgen, Zwar bei gutter vernunftt doch seiner Zungen nicht mechtig gewesen In werender Zeit hatt er offters herzlich Zu Gott geseuffzeit, worauf er endlich am nechst verschienen Sontag, Morgens Zwischen 7. Vnd 8 Vhr. entschlaffen, als er das 56ste Jahr seines alters erreichet hatte. Die Leichpr. hatt v. St. H M. **Halbach** gehalten. [Witt 46]

825 Barbara Mahlke, ✶ Königsberg (Altstadt) 1616, ✝ 24. 10. 1637

Begraben den 26 oct:

Jochim **Mahlken** Höckers Fr. Barbara (1282).

Ist Ao 1616 v. St. von Christlichen eltern geboren, nehmlich von Nickel **Cosman**, Burgern Vnd Fastbeckern der Altenstad, Vnd Barbara N. Von denselben ist sie auch ferner Christlich erZogen. Im 16 Jahr aet: ist sie ihrem jetz hinterlassenen Wittwern Jochim **Mahlcken** Zur ehe gegeben, mit welchem sie 5 Jahr ohne leibes erben friedlich gelebet. Doch ist sie in werendem ehe stand wenig gesund gewesen, hatt allewege gekrencket bis sie vor 4 wochen sich gantz legen müssen, von welcher Zeit an sie mit schweren hust, Dempff Vnd andren leibes schmertzen behafftet gewesen, bis sie vergangen Sonnabend morgens Zwischen 8 Vnd 9 Vhr durch den zeittlichen tod der seelen nach Von dieser welt abgefordert im 21sten

---

1281 Trinkheim, Kr. Preußisch Eylau.

1282 Diese Barbara **Mahlke** ist offenbar die zweite Frau des Joachim **Mahlke**; dessen erste Frau ist Elisabeth **Mahlke** ✝ 21. 9. 1632 (lfd. Nr. 556).

Jahr ihres alters. Ihr wandel ist sonst bildig gewesen, ausser dem das sie etwas den trunck soll geliebet haben. Die leichpr. hatt v. St. H M. **Lepner** gehalten. ex ψ 102 v. 24, 25. [Witt 424]

826 Hans Gurgen, ✶ wo? 1622, □ 30. 10. 1637

Begraben den 30 oct: Hans Gurgen, Ein Jungergesell.

(1283) [Witt 227]

827 Christoph Bergaw, ✶ Königsberg (Löbenicht) 4. 3. 1604, ✝ 27. 10. 1637

Christoph Bergaw Burger Vnd Fastbecker der Altenstad Begraben den 1. Nov:

Ist Ao 1604 den 4. Martij alhie im Lobenicht an die welt geboren, als Von Christoph **Bergow**, Bürger Vnd Meltzenbrewer daselbst, Vnd Margarete **Schurtztuchin** Von diesen eltern ist er geistlich Vnd leiblich als Christen geburet Versorget Vnd erZogen, vnd Zu erwerbung seines leibes auffenthalt ferner in pohlen vnd Littawen verschicket, nachmahlen Zum Kauffman gethan, von Welchem er nach 2. Jahren auffs fastbecker handwerck begeben, auff welches er nach ausgestandenen lehrjahren gewandert bis er Ao 1628 den 6 Aprillis in den ehestand sich begeben mit Fr. Regina S. Thomas **Reimers**, Burgers Vnd Fastbeckers hinterlassene Wittwe; welche er auch jetzo hinterlesset nach deme er mit ihr 9. Jahr 29 wochen friedlich gelebet Vnd ein Söhnlein geZeuget das todt Zur Welt kommen. Seine Kranckheit hatt schon gantze drey jahr sich bei ihm mercken lassen, also das bald liegen müssen, bald wiedrumb gehen können, bis endlich jetz Vor 14 tagen da er sich abermahl Zu bette kranck niederlegen müssen Vnd alsbald befunden das sein sterbstündlein sich nahen würde; darumb er dann nach genissung des h. nachtmahls sich mit ernsten gebeht Gott befohlen, welcher denn vergangen Dingstags abends vmb 7 Vhr seine seele Von ihm in sein ewiges himmelreich gefordert; Nach deme er in dieser welt gelebet 33 Jahr. 33 wochen. 6 tage. Die Leichpr. hatt H. M. **Lepner** in der Pfarkirchen gehalten ex Epta Dom: [Witt 45]

828 Christoph Schliecker, ✶ Königsberg (Altstadt) 1581, ✝ 28. 10. 1637

Begraben den 1. Nov: Christoph **Schliecker**, Nagelschmid Vnd Schulmeister v. St:

Ist Ao 1581 alhie auff der Lastadien (1284) geboren, sein Vater hatt Arnold **Schlicker** welcher ein Bürger Vnd Nagelschmid gewesen, die Mutter Elisabeth geheissen. Von diesen ist er wie Zur h tauffe befordert, also in fernerer Christlicher aufferziehung Zur schulen gehalten das er sein schreiben lesen Vnd fertig rechnen gelernet, Wie er dann auch 3. Jahr in Pohlen die sprach halber verschicket, Als er wieder Zu hause kommen hatt er das Nagelschmid handwerck beim vater gelernet, worauff er 8 Jahr in die frembde geblieben. Ao 1605 als er wieder anhero kommen hatt er sich aus Gottes schickung mit der damahls Jungfr. jetzo

1283 Weiterer Text fehlt; einDrittel der Seite ist frei gelassen für eine nachträgliche Eintragung. Sein Alter ergibt sich aus dem Eintrag im Totenregister (EZA Signatur 2075; siehe in der Einführung S. 37).

1284 Lastadie: siehe Anm. 1045 .

seiner hinterlassenen Wittwen, Margareta, Lorentz **Tolcksdorffs**, Tuchmachers nachgelassenen Tochter ehelich eingelassen. mit welcher er friedlich 31 Jahr gelebet Vnd 40 wochen. in werender Zeit 13 Kinder 6 töchter 7 Sohne geZeuget welche bereit alle gestorben. Weil er sein handwerck wegen ablegung des gesichts Vnd sonderheit an einem auge nicht treiben können, hatt er Kinder schul gehalten, Vnd nach Vermügen die Kinder wie in der Gottesfurcht, also auch sonderlich im rechnen, darinnen woll erfahren Vnterrichtet. Sein Christenthum Vnd wandel ist ausser, Vns wissenden, groben sünden. Vergangen Montag achttage hatt ihn Gott fast eilends mit hartter Kr: angegriffen, in welcher er Zwar geseuffzet aber seine sprache Vnd andren gliedern nicht allermassen mechtig gewesen. Dannenhero man fast schlissen mögen das er das schlag gewesen. In solcher Kr hatt ihn der liebe Gott am vergangen Mitwoch abends Zwischen 6 Vnd 7 Vhr entschlaffen lassen im 56sten Jahr seines alters. Die leichpr. hatt v. St. gehalten M. **Wolderus** ex Evangelio Domin: *aus dem Evangelium des Sonntags* [Witt 637]

829 ANNA FOLCKMAN, ✶ WO? WANN?, □ 9. 11. 1637

Begraben den 9. Nov: Martin **Folckmans** Fr. Anna. (1285) [Witt 155]

830 DOROTHEA HELWIG, ✶ KÖNIGSBERG (ALTSTADT) 13. 4. 1596, ✞ 18. 11. 1637

Begraben den 20 Nov: Christoph **Helwigs** Fr. Dorothea.

Ist im Jahr 1596 den 13 Aprilis an diese Welt geboren (1286) Ihr Vater ist gewesen H Christoph **Lindhorst** Bürger Vnd handelsman alhie, die Fr. Mutter so noch am leben, Dorothea **Schultzin**, dieser Zeit H. Henrich **Brubachß** etc: Ehl: hausfr. Von gedachten ihren Eltern ist sie nach enpfangner tauff Vnd Zuwachs der Jahre in aller Gottseligkeit erZogen bies sie Ao 1622 H Jochim **Kossen** Zur ehegegeben: welchen als er folgenden Jahres, Ao 1623 Verstorben, ist sie Ao 1624 anderweit in die Ehe getretten mit H Christoph **Hilwig**, ihren jetz hinterlasnen Wittwern, mit demselben hat sie in friedlicher ehe 13 Jahr Vnd darüber gelebet, auch, aus Gottes segen, fünff Kinderlein 4 Sohne Vnd eine tochter geZeuget, von welchen noch drey sohne am leben Ihr Kranckheit hatt sonderlich vor 6 wochen sich bei ihr vermercken lassen, Vnd also hefftig Zugenommen das auch kein rath der Medicorum *Ärzte* sie auffhalten mögen. sondern sie den 18 Nov: in 41 Jahr ihres alters ihr leben geendet. Ist Kein Zweiffel der trawrige fal ihres Sohns der vom pferde übergerant Vnd also Zugerichtet das er bald darauff gestorben, werde Viel darZu geholffen haben. Ihr Christenthum ist loblich gewesen Conc: funebr. hab: Dnus M. **Lepner**. *Die Leichenpredigt hielt Herr M. Lepner* [Witt 264]

1285 Weiterer Text fehlt, eine halbe Seite ist frei gelassen für nachträgliche Eintragungen. Im Totenregister (EAZ Signnatur 2075; siehe in der Einführung S. 37) fndet sich noch die Angabe „Böttchers Frau“.

1286 Eine Schwester von ihr ist Maria **Naps** ✞ 26. 10. 1628 (lfd. Nr. 186).

831 Thomas Marcus, Willkassen, Kr. Lötzen um 1592, ✝ 26. 11. 1637

Begraben den 29 Nov:

Thomas Marcus Schuster, Ein Pohl.

Ist im Dorff Mickessen im Ampt Lötzen gelegen geboren, sein Vater hatt **Marcus** seines handwerck ein Böttcher, die Mutter Sophia geheissen, Von diesen eltern ist er allermassen in seiner jugend am geistlichen Vnd leiblichen Versorget, auch endlich zu Lorentz **Solkà** mitbürgern Vnd geschwornen Elterman der schuster in Lötzen gethan, da er das schusterhandwerck als sein lehrbrieff Zeuget richtig ausgelernet, Vnd auff dasselbe endlich anhero kommen, da er sich dann mit seiner jetz hinterbleibenden Wittwe, die Zu der Zeit bei H David **Nauwerck** (1287) als magd gedienet ehelich eingelassen, mit welcher er in friedlicher ehe 16 Jahr gelebet Vnd 6 Kinder geZeuget von welchen nur noch ein Mägdl. am leben. Seines Christenthums geben ihm die polnischen H predicanten *Prediger* gut Zeuchnus. Sein Kr: ist ihm Vnlengst Zugestossen, Vnd hat also Zugenommen das er am vergangnen Donnerstag abends Vmb 10 Vhr seinen geist auffgegeben im 45 Jahr seines alters Conc: funebr: hab: Dnus M **Lepner** *Die Leichenpredigt hielt Herr M. Lepner* [Witt 431]

832 Georg von Weinbeer jun., ✶ Königsberg (Altstadt) 1583, ✝ 30. 11. 1637

H Georg V. Weinbeer

Begraben den 3. Decemb:

Natus Ao 1583 patre nobili Dno Georgio **à Weinbeer** (1288) Consule hij opp: Matre nob: Getrude **Klenavin** & & Ao 1605. duxit Virginem Dorotheam (1289), Hieronymi **Heilsbergeri** Scabini filiam. Vixit cum ea Aos 24 Factus ex ea pater 7. lieberorum. 3 masc: 4 Faemell: resid: unicus Filius & Filia (1290), Ao 1611 in numerum Scab: Ao 20. Senat electus ascitus Ao 1631. judex hoc Ao Scholarcha perstitutus. Ao 1629 20 oct: obijt prior conjux. in viduati vixit Sesqviam: Ao 1631 29 Mart (1291) ad altera vota transijt cum Virg: Sophia Dni Henrici **Geelschen** Scabini Cneiph filia ex qua unam (1292) in optalis: Viro suscepit filiolam ad huc Superstitum. [sic] 6 oct. 1 artritido [sic] deinde cholera humida conflicturi coepit. Obijt 31. [sic] Novembr: circa 1 pomeridianam. Aetatis 54. â pietate caeterisque virtutibus chr: clarus.

Conc. fun. hab. **MLepner** (1293)

Er wurde 1583 geboren von dem adligen Vater, Herrn Georg von Weinbeer, Bürgermeister dieser Stadt und der adligen Mutter Gertrud Kleinau usw. 1605 heiratete er die Jungfrau Dorothea, Tochter des Schöffen Hieronymus Heilsberger. Er lebte 24 Jahre lang mit ihr zusammen und wurde Vater von 7 Kindern, 3 Jungen und 4 Mädchen, von denen ein einziger Sohn und eine Tochter überlebten; 1611 wurde er

---

1287 David **Nauwerck** ✝ 23. 7. 1633 (lfd. Nr. 612).

1288 Georg v.Weinbeers Schwester ist Anna **Meinicke** ✝ 10. 10. 1630 (lfd. Nr. 449), deren Töchter sind Gertrud **Schumann** ✝ 21. 10. 1629 (lfd. Nr. 321) und Maria **Wegner** ✝ 23. 6. 1629 (lfd. Nr. 229.

1289 Dorothea **von Weinbeer** ✝ 20. 10. 1629 (lfd. Nr. 320).

1290 Die Worte "& Filia" über der Zeile hinzugefügt.

1291 Ernst Witt: Lesungen Mart oder Maij sind beide möglich.

1292 Ernst Witt: auch Lesung unum möglich [jedoch unwahrscheinlicher].

1293 Die Worte "Conc. Fun. Hab. MLepner" von anderer Hand nachträglich angefügt.

Schöffe, 1620 in den Rat, 1631 zum Richter gewählt. In diesem Jahr auch ständiger Lehrer. Am 20. 10. 1629 starb die erste Ehefrau. Er lebte anderthalb Jahre als Witwer. Am 29. März [bzw. 29. Mai] 1631 schritt er zur zweiten Ehe mit der Jungfrau Sophia, Tochter des Herrn Heinrich Geelschen, des Kneiphöfischen Schöffen, mit der er eine Tochter [einen Sohn?] [in optalis: Viro = unklar] empfing ein Töchterchen, das jetzt noch lebt. Am 6. Oktober (1 artritidio = unklar) dann begann er an feuchter Cholera zu leiden. Starb am 31. [!] November ungefähr um ein Uhr nachmittags im Alter von 54 Jahren, berühmt aufgrund seiner Frömmigkeit und der übrigen christlichen Tugenden. M. Lepner hielt die Leichenpredigt. [Witt 779]

833 ANDRES GOßEN, ✶ DEVENTER / NIEDERLANDE 18. 5. 1604, ✝ 3. 12. 1637

Andres Gossen, Weinschenck.

Begraben den 6. Decemb: Ist Ao 1604 den 18 MaI in der Keyserlichen Reichsstadt Deventer geboren, sein Vater ist gewesen H. Harman **Goßen**, Bürgermeister derselben Stadt seine Mutter hatt geheissen Christina **Däppers** Von diesen eltern ist er Zur tauffe befordert, wie auch nach erreichung seiner jahre in Christlicher Zucht Zur schulen Vnd andren tugenden gehalten, auch Ao 1618 Zu seiner künfftigen Vnterhaltung Zum faßbinder handwerck gethan. Ao 22. ist er anhero gekommen, Vnd bei H Hans **Michel**, Gerichtsverwanten im Kneiphoff Vier jahr gedienet. Ao 1626 ist er nach Franckreich, Vnd Holland gefahren. Ao 27. ist er wieder anhero kommen Vnd bei H hans **Michel** sich auffgehalten, bis er Ao 1628. sich mit seiner jetzigen hinterlassenen Wittben Anthonia ehelich eingelassen, welche damahls Antonij **Berendsen** Wittwe war. Mit dieser Frawen hatt er 9 Jahr: 13 tage im ehestand gelebet ohne leibes erben. Sein Christenthum hatt er Zeit seines ehestandes, Vnd also auffenhaltens bey Vns ohn eusserlichen groben sunden gefuhret, ist sonst ein gutter burs gern lustig gewesen. Sein abscheid ist plotzlich; denn als er gesund Zu wege Vnd stege gegangen hat ihn vergangen Donnerstag Vmb 4 Vhr eine plotzliche ohnmacht befallen, darin er auch geblieben, Vnd also im 34sten Jahr aetatis verschieden. Conc: funebr: in temp: opp: habuit M. **Lepner**. ex Epta Dominicali. *Die Leichenpredigt hielt M. Lepner in der Altstädtischen Kirche nach der Epistel des Sonntags* [Witt 199]

834 CONRAD VON NOSS, ✶ NEUSTADT / OBERSCHLESIEN 15. 3. 1620, □ 7. 12. 1637

Conrad Von Noss. Nobilis Silesius
Conrad von Noss. Ein Adliger aus Schlesien

Begraben den 7. Decembr: Huius Curriculum vide in parentatione Academica et Concione funebri. (1294) *Seinen Lebenslauf siehe in der Akademischen Totenfeier und in der Leichenpredigt.* [Witt 488]

1294 Weiter keine Eintragungen. Er erscheint am 21. 11. 1635 in den Matrikeln der Universität Königsberg als Conradus a N<u>a</u>ss, zusammen mit seinem Bruder [?] Johannes a Nass, "Nobiles Silesij" (Erler, S. 364). Dabei heißt es "minorennes non iurarunt" – d.h. sie waren nicht volljährig und schworen keinen akademischen Eid. – Eine gedruckte Leichenpredigt für 'Konrad von Nass und Grabau' ist nachgewiesen in: Katalog der fürstlich Stolberg-Stolberg'schen Leichenpredigt-Sammlung. Band 3. Leipzig 1930, S. 177, Katalog-Nummer 16980. Dieser Eintrag enthält Geburtsort und -datum sowie die Nennung von Martin Wolder als Verfasser von Predigt und Personalia. Das Sterbedatum ist dort angegeben mit 20. 9. 1637.

835 HANS GROSMAN, ✶ DRENGFURT, KR. RASTENBURG 15. 11. 1600, ✞ 7. 12. 1637

Hans Grosman, Losbecker.

Begraben den 9 Decembr: Ist Ao 1600 den 15 Novembr: Zu Drenckfurtt an diese Welt geboren, sein Vater hatt geheissen Peter **Grosman**, Meltzenbrewer daselbst, die alte Mutter so noch am leben heisset Anna **Kleinin.** Von diesen ist er Zu tauff befordert, Zur schulen gehalten, nach der Goldap auff die sprache verschicket, woselbst er auch endlich das Kuch Vnd losebecker handwerck gelernet. Auff dieses ist er ins reich nach Nurneberg Vnd Von dannen in Osterreich gereiset, Endlich als er wiederumb ins land Vnd insonderheit anhero gelanget. hatt er sich Ao 1626. den 15 Sept: Ehelich eingelassen mit Fr. Maria S. Michel **Zwicken** Kuchen Vnd Losebeckers im Löbenicht hinterlassene Wittwe mit welcher er 3 Jahr 28. wochen vnd 1 tag friedlich Zusammen gelebet, Vnd einen sohn Vnd tochter geZeuget davon der sohn noch am leben. Als Ao 1630 2. April, diese verstorben Vnd er 39 wochen im Wittwenstand gelebet, hatt er die ander ehe VolZogen Ao 1630 den 29 Decembr. mit Fr. Elisabeth (1295) S. Fridrich **Kalawen** weiland mitbürgers Vnd handelsmans dieser Altenstad n.g. Wittwe. mit welcher er. 43 wochen 6 tage ehelich gelebet, Vnd eine tochter geZeuget so noch am leben. Nachdeme Ao 1631 den 1 Nov: auch diese todes verblichen ist er im Wittwenstand 2. Jahr auch 13 tage Verblieben Vnd endlich Ao 1633 den 14 November seine jetz hinterlassene Witwe, damahls Jungfr. Dorotheam H Abraham **Gedions** mitbürgers Vnd Meltzenbrewers im Lobenicht Ehl. Tochter Zur dritten ehe genommen mit welcher er in 4. Järigen ehe 2 Kinder 1 Sohn Vnd 1 Tochter die noch beyde am leben geZeuget. Sein Christenthum hatt er mit fleissiger anhörung Göttliches Wortts Vnd offterm gebrauch des hochw. Abendmahls befordert. Seine Kranckh. ist ihm in Warschaw, dahin er im Nahmen des gantzen gewercks Verreiset gewesen, Zugestossen, also das er sich in die dritte woche hernach kranck anhero müssen bringen lassen. Ob nun hie woll alle mittel gebrauchet; hatt doch die Kr: immer Vberhand genommen, darumb er auch am verschienen Sonnabend das hochw: abendmahl J.C. begeret Vnd enpfangen, darauff ernstlich sich Gott befohlen der ihn am vergangnen Montag Zwischen 9 Vnd 10 Vhr vormittag der seelen nach aus diesem leben abgefordert Vnd Zu sich in sein reich genommen wie er 37. Jahr 3 wochen 1 tag am alter erreichet gehabt. Conc: funebr in templ: opp: hab. M. **Wolderus** ex 4 cap 1 Epistolae Joh: [Witt214]

836 WILHELM SCHWAGERICH, ✶ FRIEDLAND 1563, ✞ 9. 12. 1637

Wilhelm Schwagerich.

Begraben den 13. Decembr. Ist Ao 1563. Zu Friedland in Preussen geboren, sein Vater mitburger daselbst hat geheissen hans **Schwagerich**, die Mutter Juliana. Von diesen

---

Das passt schwierig zum Datum des 7. 12. 1637, das in diesem Kirchenbuch und im Totenregister (EAZ Signnatur 2075; siehe die Einführung, S. 37) als Begräbnisdatum angegeben ist. Der Eintrag im Totenregister unter dem Datum des 7. 12. 1637 lautet „Conrad **von Noss** Nobilis Silesius Leichp. MW“ mit der weiteren Angabe, dass er um 1 Uhr mittags im Inneren der Altstädtischen Kirche und mit der ‚Ganzen Schule‘, also mit großem Gefolge, beigesetzt wurde. – Die gedruckte Leichenpredigt in der Herzog-August-Bibliothek in Wolfenbüttel konnte nicht eingesehen werden.

1295 Elisabeth **Großmann** ✞ 1. 11. 1631 (lfd. Nr. 509).

eltern ist er christlich erZogen. Vnd entlich anhero auff gürtler handwerck verthan, welches er nicht allein in 4 Jahren ausgelernet, sondern auch nach solchem seinen lehrjahren bei einem meister alhie 7 Jahr auffeinander als ein gesell gearbeitet. Hernacher hat er sich in Teutschland begeben Vnd in die 26 Jahr daselbsten Viel länder Vnd Städte durchZogen. Ao 1602. ist er wieder anhero ins land kommen; aber seine eltern nicht im leben angetroffen. Nach solcher seiner ankunfft hatt er sich Vom handwerck abgegeben Vnd allerhand Kauffhandel getrieben. Ao 1614. wie er sein 46 Jahr erreichet hatt er sich allererst in die ehe begeben mit damahls Jungfr. Anna, S. Valtin **Schmides** Mittbürgers Nachg: Ehl T. jetzo seine hinterbleibende Witwe. Mit derselben hatt er in 26 Jariger ehe 3 Kinder, 1 Sohn 2 tochter geZeuget davon alleine eine tochter im leben. Seines Christenthums hatt er kein Wiederliches geZeuchnus auch bei menschlicher schwacheit. Seine schwacheit Vnd Kr: hatt er Vngefehr für 14 tagen entpfunden, derowegen er abermahls Zu des H. tisch geeilet, Vnd wie er eingefallen ernstlich gebeten bis ihn Gott vergangnen mitwoch morgens intra 8 et 9. abgefordert.
Aetat: 72. Conc: funebr. hab. M. **Lepner** in temp. opp: ex 17. Cap, Jobi.
Im Alter von 72 Jahren. Die Leichenpredigt hielt M. Lepner in der Altstädtischen Kirche nach Hiob Kap. 17. [Witt 683]

837 URSULA KÖHLER, ✶ KÖNIGSBERG (ALTSTADT) 1604, ✝ 10. 12. 1637

Michel **Köhlers**, Kauffmans Fraw Ursula

Begraben den 14 Decembr.

Ist Ao 1604 alhie vff der Lastadigen (1296) geboren Ihr Vater ist gewesen Daniel **Schlegge**, Gildschipper, die Mutter, welche noch am leben, heisset Anna. Von diesen eltern ist sie Zur h. Tauffe befordert, nachmahlen christlich erZogen , auch ins Newstädchen (1297), Zu ihres Vatern bruder daselbst der sprach halben verschicket, Vnd als sie nach dreien jahren wieder anhero kommen, Ao 1622. den 11 Aprilis Adrian **Bartschen** (1298) gewesenen mitbürger Vnd handelsman der Altenstad Zur ehe gegeben. Mit welchem sie eilff jahr Vnd etliche wochen im gutten friede gelebet, auch durch Gottes segen drey Töchter geZeuget, die noch am leben. Ao 1633 im anfang des Maij hatt ihr Gott diesen Eheman durch den Zeittlichen tod entnommen, worauff sie ein Jahr im wittwenstand verblieben Ao 1634 den 16 Maij aber die andre ehe VollZogen mit Michel **Kölern**, damahls Kauffgesellen; anjetzo mitbürgern Vnd Handels-man alhier, ihren hinterlasnen Wittwern, mit welchem sie 3 Jahr 29 wochen 9 tage in gutter eingkeit gelebet Vnd 2 Kinder 1 Sohn 1 Tochter geZeuget die noch beide am leben. Ihr Christenthum ist Vntadlich gewesen. Ihr Kranckheit anlangende, dieselbe ist vor 13 Wochen ihr von dem lieben Gott Zugesand, Vnd hatt bei gepflogenen Raht der H. Medici D. **Hemsingij**, auch fleissiger warttung also Zugenommen, das sie in warer anruffung Gottes Vnd vertrawung auff Christum, mit dessen leib vnd blut sie in werender Kr: sich auch hatte speisen Vnd trencken lassen am verschienen Donnerstag Vmb 2 Vhr nach Mittage S. entschlaffen im 34sten Jahre ihres Alters. Conc: funeb. hab. M. **Wolderus** ex ψ. 10. wie die anverwanten begertten. [Witt 349]

1296 Lastadie: siehe Anm. 1045.

1297 In Ostpreußen kein Ort Neustadt. Ist Neustadt in Westpreußen gemeint?

1298 Adrian **Bartsch** ✝ 1. 7. 1633 (lfd. Nr. 605).

838 MARIA WRYTT, ✶ KÖNIGSBERG (ALTSTADT) 18. 4. 1599, ✝ 21. 12. 1637

Begraben Maria, Hanß **Wrytten** hausfraw.

den 23 Decemb. Ist Ao 1599 den 18 April: an diese welt geboren, Ihr S. Vater ist gewesen Reinhold **Ransch,** mitburger vnd Meltzenbrewer der Altenstadt, die Mutter Gertrud **Jeckelin** (1299) Von diesen eltern ist sie allermassen Christlich erzogen auch endlich Ao 22 den 28 Junij ihrem jetzo hinterlasnen Witwern, dem damahl Gesellen hans **Wrytten** hutstaffirern Zur ehe gegeben, mit welchem sie 15. Jahr, 5 monaht, 3 wochen Zusammen gelebet Vnd aus Gottes segen 14 Kinder 7. Söhne Vnd 7. töchter geZeuget, worvon noch 3 töchter am leben. Ihr Christenthum hatt sie mit geburenden ernst befordert, Vnd erwiesen. Etliche wochen vor ihre Kr Vnd absterben hatt sie sonderliche trawrigkeit enpfunden, auch schwere Zeit gehabt. das sie auch am Vergangnen Sontag acht tage, da sie mit den ihrigen zu des herren tisch sich gehalten, kaum Zu hause gehen können. Diese mattigkeit hatt bis an den damahls folgenden Dingstag geweret da sie Gott Zu abend mit einen Jungen sohn, der tod an die welt kommen entbunden. Nach solcher entbindung obwoll gute Vermutung gewesen, so hatt doch die mattigkeit immer angehalten, Vnd den schlaff verhindert bis sie endlich in warer anruffung Gottes am Vergangnen Montag, morgens Vmb 8 Vhr todes verblichen, im 38 Jahre aetatis. Conc: Dnus M. **Lepner** in templo opp: habuit *im Alter von 38 Jahren. Die [Leichen-]Predigt hielt Herr M. Lepner in der Altstädtischen Kirche* [Witt 820]

839 CHRISTOPH JECKEL, ✶ KÖNIGSBERG? 25. 7. 1586, ✝ 23. 12. 1637

Begraben Christoph Jeckel, Bürger der Altenstad

den 26 Decemb: Ist Ao 1586 den 25. Julij an diese Welt geboren (1300) sein Vater hatt geheissen Gurgen **Jeckel,** die Mutter Regina **Liedesche**, Von diesen eltern ist er Zur tauff befordert, Nachmahls Zur schulen v. Zur polnischen sprache gehalten, auch zu Stephan **Scheer** auff den Kauffhandel verthan. Nachmahls ist er in holland verreiset, nach seiner wiederkunfft bey der mutter bies in sein 27ste Jahr verharret. Im 27sten Jahr seines alters hatt er Zur ehe genommen J. Catharinam S. Fabian **Mundes** StadtZimmermans Tochter, jetzo seine hinterlassene Wittwe mit welcher er in ruhiger ehe gelebet 24. Jahr Vnd 4. Kinder, 1 Sohn 3 Töchter gezeuget, so noch alle am leben. Im leben hatt er sich Zwar Zur Kirchen Vnd hochw: Abendmahl gehalten, auch friedlich erZeuget, doch sonst sehr geZechet. Seine Kr: ist von Vielen flussen entstanden, welche sich Vmb die brust so hefftig gesamlet, das er vermercket wie sein stündlein sich nahete, darumb er sich den des hochw: Sacraments des leibes Vnd bluts J.c. gebrauchet, Vnd fleissig gebeten. bis er den 23. Decemb: Vmb 3. Vhr in der nacht verschieden, im 51. Jahre aetatis suae. conc: exeqvialem Dni: M. **Lepneri** habuit feria 2. Nativit: Jesu. in templ: Suburb: *im 51. Jahres seines Lebens. Die Grabrede hielt Herr M. Lepner am 2. Weihnachtsfeiertag in der Steindammer Kirche* [Witt 314]

1299 Gertrud **Albrecht** □ 30. 3. 1632 (lfd. Nr. 539).

1300 Für seine – vermutete – Geburt in Königsberg sprechen die Vorbereitung auf den Kaufmannsberuf, u. a. durch Erlernen der polnischen Sprache. Gallandi (wie Anm. 40), S. 8 nennt Johann Jeckel, Gerichtsverwandter im Löbenicht.

Register der Personennamen

Angegeben sind die Seitenzahlen. Mehrfaches Vorkommen des gleichen Namens auf einer Seite ist nicht besonders gekennzeichnet. Seitenzahlen in **Fettdruck** verweisen auf Verstorbene mit Lebenslauf.

Die Schreibung der Namen folgt im Grundsatz dem Kirchenbuch, mit den folgenden Abweichungen:

a) Die Namen sind auf die wahrscheinliche Grundform (im Nominativ) zurückgeführt. Das Genitiv-s ist stets fortgelassen, ebenso in zweifelsfreien Fällen bei Frauen die Nachsilben –in oder -sche sowie die Deklinationsendung -en bzw. -n; in unsicheren Fällen wird letztere im Register in runde Klammern gesetzt. Stärker voneinander abweichende Namensformen im gleichen Lebenslauf sind in runder Klammer hinzugefügt.

b) Um der Regellosigkeit in der Orthographie zu begegnen, werden in eindeutigen Fällen ‚normierte' Namensformen als Lemmata verwendet – z. B. finden sich unter dem Registereintrag Lölhöfel alle 17 (!) vorkommenden Varianten dieses Familiennamens. Als eindeutig gilt eine Namensform dann, wenn sie sich bei Johannes Gallandi, Königsberger Stadtgeschlechter (siehe Anm. 40, S. 33) oder anderen einschlägigen Veröffentlichungen findet und die Familiengleichheit als gesichert gelten kann oder die Schreibung sich durch Vergleich bei identischen Personen im Kirchenbuch erschließt (Ciglerus > Cieglerus). Um dabei möglichst wenig eigene Interpretation vorzunehmen und die Abweichung eines Lemmas von der originalen Schreibung auf die eindeutigen Fälle zu beschränken, verbleiben im Zweifel mehrere Einträge auch für den gleichen Familienstamm (Elisabeth Geling (lfd. Nr. 330) oo Stephan Gelin**gk** (lfd. Nr. 345).

Wegen der Nennung in jedem Lebenslauf wurden nicht in das Register aufgenommen: Ernst Witt als Verfasser der Regesten der Lebensläufe (siehe dazu die Einführung Seite 8 ff) und die drei Pfarrer der Altstädtischen Kirche Isaac Halbach, Urban Lepner, Martin Wolder, wenn sie nur als Verfasser der jeweiligen Leichenpredigt erscheinen: (vgl. dazu auch Kap. 3 in der Einführung, S. 18). Nicht enthalten sind auch die Namen regierender Herrscher und die Verfasser von nur zitierten Literaturangaben.

Register der Orts- und Ländernamen

Angegeben sind die Seitenzahlen. Mehrfaches Vorkommen des gleichen Begriffes auf einer Seite ist nicht besonders gekennzeichnet. Die Stichworte „Königsberg“ und "Altstadt Königsberg" sowie die Angaben zum Ort der Trauerfeier sind wegen des häufigen Vorkommens nicht aufgeführt; die sonstige Erwähnung der Königsberger Teilstädte und Stadtteile ist aufgenommen. Latinisierte Angaben sind nur in ihrer deutschen Entsprechung aufgeführt. Namen und Schreibung gehen nach dem Stand um 1900, soweit die originalen Angaben identifiziert werden konnten. Bei kleineren oder unbekannteren Orten ist eine größere administrative oder regionale Einheit – in Ost- und Westpreußen immer der Landkreis – in runden Klammern hinzugefügt, um das Auffinden zu erleichtern. Näheres dazu siehe oben in der Einführung S. 13.

Register der Sachbegriffe

Angegeben sind die Seitenzahlen. Mehrfaches Vorkommen des gleichen Begriffes auf einer Seite ist nicht besonders gekennzeichnet. Die Stichworte „Leichenpredigt“, „Predigt“, „Bürger“, „Magister“, „Dominus“ und „Schule“ sind wegen des häufigen Vorkommens nicht in das Register aufgenommen. Aufgeführt sind die originalen Begriffe, jedoch bei zweifelsfreier Bedeutung in moderner Rechtschreibung und im Nominativ (melzenbrewer > Mälzenbräuer). Soweit viele ausdifferenzierte Begriffe oder verwandte Sachverhalte vorkommen, sind sie zumeist unter einem allgemeineren Oberbegriff eingeordnet, um den Inhalt mit seinen oft ungebräuchlichen und bei einer nur alphabetischen Anordnung verstreut im Register auftauchenden Begriffen leichter zu erschließen (**Schreiber** > Mühlschreiber, Pfundschreiber usw. — **Bedienstete** > Knecht, Lakai, Wäscherin usw.). Auch die Lemmata zu solchen Stichworten wie **Kaufleute, Handelswesen** — **Krankheit** — **Geistlichkeit** — **Lernen** (zum Erwerb von Fremdsprachen und in einer Schule) — **Todesursachen** (diese nur, soweit explizit genannt) u. a. sind jeweils unter diese Oberbegriffe eingeordnet. Viele handwerkliche Tätigkeiten finden sich unter gemeinsamen Lemmata wie z. B. **Holz-Gewerke** — **Leder-Gewerke** — **Schneider** — **Tuchmacher**. Verwandtschafts-Nennungen (ohne die ständig erscheinenden „Vater“, „Mutter“, „Sohn“, „Tochter“, „(Haus-)Frau“, „Witwe / Wittwer“) sind unter **Verwandte** subsumiert. Bei öffentlichen Funktionen (z. B. **Bürgermeister** — **Gerichtsverwandter** — **Ratsverwandter** — **Schulze** u. ä.) sind die jeweiligen Orte mit angegeben, soweit diese sich aus den Texten ergeben. Gleichbedeutende Bezeichnungen finden sich unter der heute gebräuchlicheren (Akademie > Universität). Lateinische Formen erscheinen im allgemeinen unter ihrem entsprechenden deutschsprachigen Eintrag (scabinus > Schöffe).
Für die Suche nach einem bestimmten Lemma kann es sich empfehlen, zuerst das ganze Register durchzusehen. Im übrigen wird auf die Erklärung zeitgenössischer Begriffe in der Einleitung, Kapitel 2.2, Seite 16 verwiesen.

Anhang

Veröffentlichungen des Vereins

Der "Verein für Familienforschung in Ost- und Westpreußen e.V." wurde am 19.11.1925 in Königsberg i. Pr. gegründet. Seine erste Veröffentlichung war ein im Jahre 1926 erschienenes 36 Seiten starkes "1. Sonderheft für Ost- und Westpreußen" in der Zeitschrift "Kultur und Leben". Von 1927 bis 1943 gab der Verein unter dem Titel "Altpreußische Geschlechterkunde" eine eigene Zeitschrift heraus. Außerdem erschienen während dieser Zeit drei Einzelschriften. Nach 1945 wurden diese Veröffentlichungen nachgedruckt.

Der Verein wurde nach dem Krieg von Hamburg aus fortgesetzt und nahm im Jahre 1953 seine Publikationstätigkeit wieder auf. Er führte zunächst seine Zeitschrift mit neuer Zählung der Jahrgänge und dem Zusatz "Neue Folge" fort. Seither hat der Umfang der Veröffentlichungen sehr stark zugenommen, weil der Verein sich wegen der räumlichen Zerstreuung seiner Mitglieder entschloß, den Schwerpunkt seiner Arbeit auf die Publikationstätigkeit zu legen. Seit dem Jahre 1977 erscheinen seine Schriften in vier verschiedenen Reihen:

- Altpreußische Geschlechterkunde - Neue Folge (APG-NF). 1953 ff.
- Altpreußische Geschlechterkunde. Familienarchiv (APG FA). 1956 ff.
- Quellen, Materialien und Sammlungen zur altpreußischen Familienforschung (QMS). 1977 ff.
- Sonderschriften. 1961 ff.

Der Verein bemüht sich, das nötige Rüstzeug für die Familienforschung bereitzustellen. Hierzu gehören zunächst vielfältige Aufsätze zu den Forschungsmöglichkeiten, umfangreiche Besprechungen der relevanten in- und ausländischen Literatur sowie der Neudruck grundlegender Werke, insbesondere von älteren Orts- und Kirchspielverzeichnissen. Den breitesten Raum nehmen unterschiedlichste Quellenveröffentlichungen ein.

Hinzu kommt der Nachdruck ganzer Zeitschriften, so der Zeitschrift "Altpreußische Forschungen" aus den Jahren 1924 bis 1943 der Historischen Kommission für ost- und westpreußische Landesforschung in zehn Bänden, der "Mitteilungen des Vereins für die Geschichte von Ost- und Westpreußen" aus den Jahren 1926 bis 1944 in vier Bänden und der Zeitschrift "Danziger familiengeschichtliche Beiträge" aus den Jahren 1929 bis 1943. Dadurch wurden heute noch wichtige Beiträge zur Landes- und Familienforschung wieder leichter zugänglich gemacht. Letztlich werden in der Reihe "Altpreußische Geschlechterkunde. Familienarchiv" die Arbeitsergebnisse der Mitglieder publiziert.

Die bis zum Jahre 2000 erschienenen Veröffentlichungen sind in den Sonderschriften 98, 99 und 100 durch systematisch gegliederte Verzeichnisse inhaltlich erschlossen. Darüber hinaus enthalten alle einzelnen Bände Orts- und Personennamenverzeichnisse. Ein geschlossenes Gesamtnamenverzeichnis gibt es bisher für die Bände der "Altpreußische Geschlechterkunde - Neue Folge und für das APG-Familienarchiv" (auf CD-ROM).

Mitglieder erhalten die neu erscheinenden Schriften, von wenigen Ausnahmen abgesehen, gegen den Mitgliedsbeitrag von jährlich Euro 41,-- / Inland und Euro 47,-- / Ausland.

* * *

Bestellungen an: **Verein für Familienforschung in Ost- und Westpreußen e.V.**
Postfach 2102, 58264 Gevelsberg (Fax: 02332-665372)
E-mail: vffow.buchverkauf@t-online.de
Internet: www.vffow-buchverkauf.de

Preise im Internet-Schriftenverzeichnis oder auf Anfrage.
Die Lieferung erfolgt frühestens drei bis vier Wochen nach Bestellung. Der Sendung ist eine Rechnung beigefügt. Zahlung durch Überweisung ohne Abzüge.

Eine Abgabe von einzelnen Aufsätzen oder eine Anfertigung von Kopien ist leider nicht möglich.

Stand: 2014

Verzeichnis der Veröffentlichungen des Vereins

1. Quellen, Materialien und Sammlungen zur altpreußischen Familienforschung (QMS).
2. Sonderschriften.
   Die mit **(x)** gekennzeichneten Schriften sind nur noch auf CD-ROM lieferbar.

---

1. Quellen, Materialien und Sammlungen zur altpreußischen Familienforschung (QMS)

Sie erscheinen seit 1977 und sollen vor allem Karteien und Sammlungen, dabei auch unzusammenhängendes, unfertiges und unvollständiges Material durch den Druck sichern und allgemein zugänglich machen.

QMS 1 Die Kartei Quassowski. 1977-1991. 8500 S.
Die etwa 350.000 Eintragungen umfassende Kartei ist in 50 Jahren aus weitgestreuten, privaten Forschungsinteressen entstanden. Sie schöpft zu einem großen Teil aus nicht veröffentlichten und heute verlorenen Quellen und betrifft vorwiegend Ostpreußen. Jeder Buchstabe ist in sich paginiert und bildet in der Regel einen abgeschlossenen Band mit einem eigenen Register für die nicht in der alphabetischen Folge stehenden Namen.

Die als nicht mehr lieferbar (x) gekennzeichneten QMS/1-Bände sind auf CD-ROM erhältlich.

Buchst.:	A	(Paul Aberger). 1977. 198 S. Nachdruck 1992 (x)
	Ba-Be	(Paul Aberger). 1978. S. 1-184. Nachdruck 1992 (x)
	Be-Br	(Brigitte Gramberg). 1983. S. 185-624 (x)
	Br-Bz	(Brigitte Gramberg). 1986. S. 625-994
	C	(Erna Pranz u. Margot Braess). 1979. 212 S. Nachdruck 1992 (x)
	D	(Günter Boretius). 1982. 338 S. Nachdruck 1997
	E	(Ernst Mertsch). 1981. 200 S. Nachdruck 1997
	F	(Günter Boretius u. Margot Braess). 1985. 306 S. Nachdruck 1997
	G	(Herbert Nolde u. Ernst Mertsch). 1986. 588 S. (x)
	H	(Helmut Zipplies). 1980. 540 S. Nachdruck 1998
	I/J	(Marianne Legien u. Paul Aberger). 1985, zus. 208 S. (x)
	Ka-Ko	(Schimmelfennig v. d. Oye u. Brigitte Gramberg). 1990. S. 1-524 (x).
	Ko-Ky	(Günter Boretius u. Brigitte Gramberg). 1991. S. 525-914
	L	(Günter Boretius u.A.). 1991. 394 S.
	M	(Helmut Zipplies). 1983. 460 S. (x)
	N	(Helmut Zipplies). 1982. 156 S. (x)
	O	(Johann-Georg Sommer). 1985. 108 S. (x)
	P	(Günter Boretius). 1988. 462 S. (x)
	Q/R	(Kurt Eckert, Ernst Mertsch u. Günter Boretius). 1990, zus. 484 S.
	Sa-Sd	(Günter Boretius). 1989. S. 1-604 (X)
	Se-Sz	(Günter Boretius). 1991. S. 605-1138 (x).
	T	(Brigitte Gramberg). 1990. 272 S.
	U-Z	(Paul Aberger). 1989, zus. 618 S.
Registerband:		(Reinhard Borchert) Gesamtverzeichnis der nicht in der alphabetischen Folge stehenden Personennamen. Mit einer Einleitung von Reinhold Heling. 1993. 16 u. 386 S. (x)

QMS 2 Zipplies: Ortsnamenänderungen in Ostpreußen.1982. 92S. (x)
Die Sammlung enthält vor allem die sogenannten "Umtaufen" der dreißiger Jahre, geordnet nach den Begriffspaaren "alt-neu" und "neu-alt".

QMS 3 Ströfer: Die Kartei Ehmer. 1988. 484 S.
Die Kartei benennt etwa 17.000 Personen (1.837 Namen) nichtsalzburgischer Herkunft, die nach der großen Pest 1709 im nördlichen Ostpreußen angesiedelt wurden.

QMS 4 Aberger: Aus den Aufzeichnungen von Walter Grunert. 1990. 262 S.
(Ahnenlisten, Stammfolgen, Auszüge aus archivalischen Quellen)

QMS 5 Trunz: Apotheker und Apotheken in Ost- und Westpreußen 1397-1945.
Ein Namen-, Orts- und Literaturverzeichnis.

I: 1992. 398 S. (x) II: 1996. 156 S.

QMS 6 Ströfer: Einwanderer aus Franken nach Ostpreußen.
Frankenkartei Ehmer. 1993. 120 S. (x)
Kolonisten aus dem Fürstentum Ansbach 1723-1740 (Seckendorffsche Kolonisten). Österreichische und Salzburgische Emigranten des 17. Jh. aus Franken und Schwaben als Vorfahren preußischer Kolonisten.

QMS 7 Flade: Aus dem Archiv der Grafen zu Dohna-Reichertswalde. 1996. 224 S.
Familienkundliche Aktenauszüge aus einem ostpreußischen Adelsarchiv. 1596-1900.

QMS 8 Schemmerling/Gramberg: Die Kartei Schulz. 1993. 519 S. (x)
Familienkundliche Aufzeichnungen vorwiegend aus dem Kreis Heiligenbeil.

QMS 9 Fox: Totenbücher 1830-1876 und Friedhofsdokumentation 1990-1992 des Kirchspiels Alt-Wartenburg im Ermland. 1996. 232 S. (x)

QMS 10 Wenau: Ostpreußische Archivalien in der litauischen Akademie-Bibliothek in Vilnius. 2004. 315 S.

QMS 11 (DVD): Flade / Schuka: Kartei Moeller. 2006.

QMS 12 Bulitta/Jend: Ortelsburger Zeitung.
Personenkundliche Auswertung der Jahrgänge 1910 und 1914. 2006. 158 S.

QMS 13 Paschedag / Rudel: Militärpersonen im Kreis Alleinstein 1842-1869.
Personenkundliche Auswertung des Allensteiner Kreisblattes. 2007. 273 S.

QMS 14 Roemer: Aus den Aufzeichnungen von Hans Zippel. 2008. IX u. 447 S.

QMS 15 Blazejewski: Im Allensteiner Kreisblatt von 1845 bis 1869 veröffentlichte Steckbriefe. Personenkundliches zur Kriminalität im südwestlichen Ostpreußen. 2009. 261 S.

QMS 16*Kirchenbücher des 18. Jahrhunderts der evangelischen Pfarrei Drengfurth.
Nebst dem ältesten Taufbuch der Nachbarpfarrei Wenden 1665-1705.
Mit einer umfassenden Einleitung von Reinhard Wenzel.

QMS 17*Nikulski: Kirchenbücher Pissanitzen, Kr. Lyck. 2012. XL u. 820 S.
Band 1: Verzeichnis der Heiraten 1832 bis 1874; Geburts- und Taufregister 1832 bis 1874
Band 2: Verzeichnis der Sterberegister 1832 bis 1874 Gesamtregister der Personennamen

QMS 18 Quassowski: Stammfolge Quassowski
Mit Nachdruck der „Zeitschrift Quassowski" Heft 1 bis 5 (1919-1932). 2012 XXIX u. 194 S.

QMS 19*Das „Zwischenmanuskript" zum Altpreußischen evangelischen Pfarrerbuch
Auf der Grundlage der Sammlungen von Friedwald Moeller, bearbeitet von Walther Müller-Dultz, Reinhold Heling und Wilhelm Kranz.
Das „Altpreußisches evangelisches Pfarrerbuch von der Reformation bis zur Vertreibung im Jahre 1945".

Band 1: Abegg bis Czypulowski
Band 2: Daase bis Gyzicki
Band 3: Haack bis Kytlickowski
Band 4: Laasch bis Nutzelius.
Band 5: Obereigner bis Rzadtki.
Band 6: Saalfeld bis Szypulowski.
Band 7: Tabor bis Zywietz.

QMS 20* Nikulski, Ernst: Kirchenbücher Ostrokollen, Kr. Lyck 1832-1874, in drei Bänden, Heiraten, Geburten Sterbefälle.
1. Band: Das Kirchspiel. Heiraten 1832-1874.

2. Band: Geburten und Taufen 1832-1874.
3. Band: Sterbefälle 1832-1874.

2. Sonderschriften

Seit 1961 erscheinen Schriften, die vom Umfang her den Rahmen einer Zeitschrift sprengen würden, in der Reihe Sonderschriften als ein- oder mehrbändige Veröffentlichungen. Bisher sind folgende Titel erschienen.

Es bedeuten:
(N) = Nachdruck in Abschrift
(FN) = Faksimilenachdruck
(x) nur noch auf CD-ROM erhältlich.
* = Diese Sonderschriften wurden nicht gegen den Jahresbeitrag abgegeben.

1 Gallandi: Königsberger Stadtgeschlechter. (N). 1961. 161 S. (x)

2 Adress-Calender Königsberg auf das Jahr 1733. (N). 1962 42 S. (x)

3 Witt: Leichenpredigten der Altst. Kirche Königsberg/Pr. 1626-1637. 1963. 106 S. (x)

4 G. Karl (Karl Gustav Springer): Geschichtliches Straßenverzeichnis der Stadt Königsberg in Preußen. 2. Nachdruck (FN). 1992. VIII u. 176 S. Zwei Pläne

5 Stahl: Nassauische Bauern und andere Siedler in Ostpreußen. (N). 1965 39 S. (x)

6 Address-Calender für das Königreich Preussen und insbesondere der Hauptstadt Königsberg auf das Jahr 1770 (N). 1965. 135 S. (x)

7 J. Goldbeck: Vollständige Topographie des Königreichs Preußen 1785.
Erster Teil: Ostpreußen (1785). 2. Nachdruck (FN). 1990. 478 S.
* Zweiter Teil: Westpreußen. 1789. 2. Nachdruck (FN). 1991. IX u. 430 S.

8 Adres-Calender vom Königreich Preußen auf das Jahr 1784. (Ost- und Westpreußen). (N). 1966. 195 S.

9 Kenkel: Bauernlisten des Amts Tilsit aus der Zeit vor und nach der großen Pest 1709/10. 1968. 70 S. (x)

10 Lehrer und Abiturienten des Königlichen Friedrichs-Kollegiums zu Königsberg (Pr). 1698-1898. Königsberg 1898. (N). 1969. 80 S.

11 Moeller: Altpreußisches evangelisches Pfarrerbuch von der Reformation bis 1945.
Teil I: Die Kirchspiele und ihre Stellenbesetzungen. 1968. 248 S. (x)
Teil II: Biographischer Teil. Erste Lieferung. Abegg-Brenner.
Bearbeitet von Walther Müller-Dultz. 1977. 220 S.

12 Guttzeit: Das Bürgerbuch der Stadt Heiligenbeil von 1770-1918. (N). 1969. 90. S.

13 Kenkel: Französische Schweizer und Refugiés als Siedler im nördlichen Ostpreußen (Litauen) 1710-1750. 1970. 164 S. (x)

14 Rhode: Presbyterologia Elbingensis. 1555-1883. Ergänzungen und Nachräge bis 1945. Hrsg. von Walther Hubatsch. 1970. 337 S.

15 Dittmann: Beyträge zur Geschichte der Stadt Thorn. Thorn 1789. (N). 1970. 90 S.

16 Die Selbstverwaltung der Kaufmannschaft Memel 1929. (N). 1970. 95 S.

17 von Wilckens: Altansässige deutsche Bauerngeschlechter in den Kreisen Zempelburg und Wirsitz in Westpreußen. Mit 16 Ahnentafeln. 1971. (x)

18 von Staßewski und Stein: Was waren unsere Vorfahren? 3. Auflage. 1991. 118 S. (auch als CD lieferbar)

19 Lindenau: Kirchenbücher der französ.-ref. Gemeinde Gumbinnen. Taufen 1752-1808, Trauungen 1780-1808, nebst Ortsnamenänderungen in Ostpreußen von 1934 bis 1939. 2. Auflage 2003. 174 S.

20 Heidn: Geschichte des Kreises Karthaus. 1466-1945. 1971. 84 S. (x)

21 Altpreußische Geschlechterkunde. Inhalts- und Namenverzeichnisse. 1927-1943. 1972. 261 S. (x) (Ersetzt durch **Sonderschrift 99**)

22 Miller: Die Auswanderung der Württemberger nach Westpreußen und dem Netzegau 1776/78. Stuttgart 1935. (N). 1972. 173 S. (x)

23 Kenkel: Amtsbauern und Kölmer im nördlichen Ostpreußen um 1736. Nach der Generaltabelle u. den Prästationstabellen. 2. Aufl. 1994. 310 S. (x)

24 Schwarzien: Bilder aus der Vergangenheit des Ksp. Willkischken. (N). 1973. 100 S. (x)

25 von Wilckens: Portraits und Lebensdaten bedeutender Ost- und Westpreußen des ausklingenden Mittelalters. 1973. 154 S., davon 51 Abb.

26 Baranski: Die Taufregister der deutsch-reformierten Gemeide Sadweitschen, Kr. Gumbinnen 1714-1735. 1974. 240 S. (x)

27 Metz: Nassauer Siedler in Ostpr. und die Herrschaft Beilstein. 1974. 165 S. (x)

28 Kenkel: Rat und Gericht der Stadt Tilsit. 1528-1809. 1974. 80 S.

29 Löschin: Bürgermeister, Ratsherren und Schöppen des Danziger Freistaats. (N). 1974. 70 S. (x)

30 Ehmer: Schrifttum zur Salzburger Emigration 1731/1733 d. 18. Jh. 1975. 144 S. (x)

31 Schulz: Chronik der Stadt Seebad Zoppot. Danzig 1905. (N). 1976. 114 S. (x)

32 Heling (Hrsg.): Lötzener Fragmente (17. bis 18. Jh.). 1976. 268 S.

33 Wernicke: Die Geschichte der 72 Großbürgerhäuser in Marienwerder. Hrsg. von M. Guenter. 1976. 482 S.

34 Das Insterburger Bürgerbuch und andere ausgewählte familienkundliche Beiträge aus "Nadrauen" 1935-1939. (N). 1977. 324 S. (x)

35 Seeberg-Elverfeldt: Die Bürger der Stadt Angerburg 1653-1853.(N).1977. 72 S. (x)

36 Schulz und Tiesler: Bürgerbuch der Stadt Königsberg/Pr. (1746-1809). (N). 1978. 440 S. (x)

37 Schemmerling: Einwohnerlisten aus dem Kreis Heiligenbeil. Amtsrechnungen und Prästationstabellen. 4 Bände.
I.1: (1601-1690). 1987. 464 S. (x)
I.2: (1691-1753). 1989. 550 S.
II: (1756-1800). 1978. 434 S. (x)
III: (1801-1876). 1980. 403 S. (x)

38 Günther: Die Verluste der Regimenter der Kgl. Pr. Armee an Ost- und Westpreußen im Feldzug 1866. 1978. 210 S. (x)

39 Bürger: Abiturienten und Lehrer des Kaiser-Wilhelm-Gymnasiums in Osterode Ostpreußen (1877-1945). 1978. 114 S. (x)

40 Schütz: Raths- und Bürgerbuch (1728-1852) und Seelen-Register (1780-1788) der Stadt Gumbinnen. (FN). 1978. 136 u. 16 S. (x)

41 Heling: Die männliche Bevölkerung in den 48 ländlichen Kirchspielen der Diözesen Rastenburg u. Kreuzburg im Jahre 1778. 1979. XII und 373 S. (x)

42 Wernicke: Kreis Marienwerder. Hrsg. v. M. Guenter. 1979. 297 S. (x)

43 Wald: Topographie des Bezirks der Regierung Königsberg. 1820. (FN). 1979. 64 u. 283 S. (x)

44 Vogel: Amt Barten. Orte, Wohnplätze und ihre Einwohner. Prästationstabellen. (1774-1819). 1980. 148 S. (x)

45 Diehlmann: Die Erbhuldigungsakten des Herzogtums und Königreichs Preußen. EM 87d Nr. 1-55. 3 Bände.
I: (1525-1642). 1980. 4 u. 390 S. (x)
II. (1648-1678). 1983. 16 u. 361 S. (x)
III: (1678-1737). 1991. 28 u. 490 S.

46 Kenkel: Studenten aus Ost- und Westpreußen an außerpreußischen Universitäten vor 1815. Anhand der gedruckten Matrikeln. 1981. 547 S.

47 Der Regierungsbezirk Danzig. (Topographie) 1820. (FN). 1981. 34 u. 278 S. (x)

48 Der Reg.-Bezirk Gumbinnen (Topographie) 1818. (FN). 1982. 16 u. 160 S. (x)

49 Abs: Matrikel des Gymnasiums zu Elbing (1598-1786). (FN). 1982. 34 u. 470 S.

50 Vogel: Amt Bartenstein. Orte, Wohnplätze und ihre Einwohner. Prästationstabellen. (1774-1851). 1983. 14 u. 555 S. (x)
Mit Auszügen aus: Behnisch: Geschichte der Stadt Bartenstein und des Kirchspiels. 1836, ferner aus statistischen Erhebungen 1925, 1931, 1939.

51 Chronik der Stadt Gilgenburg Kr. Osterode (1326-1851). Bearb. von K. Bürger. 1982. 100 S. (x)

52 Krollmann: Die Ratslisten der drei Städte Königsberg im Mittelalter. (FN). 1983. 88 S. (x)

53 Gause: Neue Ortsnamen in Ostpreußen seit 1800. Königsberg 1935.(FN). 1983. 120 S. (x)

54 Vogel: Amt Rastenburg. Orte, Wohnplätze und ihre Einwohner. Prästationstabellen. (1772-1876). 2 Bände.
I: (1772-1801) mit Schippenbeil. 1984. S.1-329. (x)
II: (1819-1876). 1985. S. 330-637. Register in Band II. (x)

55 Moeller: Amtsblatt der Königlichen Preußischen Regierung zu Königsberg. Personenkundliche Auszüge. 1811-1870. 2 Bände.
I: 1984. 8 u. 500 S. (x)
II: 1985. 13 u. 471 S. - Register in Band II. (x)

56 Maczkowski: Eckersberg. Lötzen 1899. (FN). 1985. 4 u. 138 S. (x)

57 Bahr: Danziger Territorium 1793. (Preußische Landesaufnahme) 2 Bände.
I: 1986. 308 S. (x) II: 1987. 376 S.

58 Spehr: Die Veröffentlichungen des Vereins für Familienforschung in Ost- und Westpreußen. 1953-1985. 1986. 302 S. (Ersetzt durch **Sonderschrift 100.**)

59 Heling (Hrsg.): Die evangelischen Kirchengemeinden in Ostpreußen und Westpreußen in den Pfarr-Almanachen von 1912 und 1913. Mit alphabetischen Registern der eingepfarrten Orte (Kirchspielverzeichnisse). Zweite ergänzte und verbesserte Auflage. 2000. 410 S. Im Selbstverlag des Vereins. (x)

60 Danziger familiengeschichtliche Beiträge 1929-1943. (FN). 1988. 554 S.

61 Vogel: Amt Uderwangen. Orte, Wohnplätze und ihre Einwohner. Prästationstabellen. (1772-1819). 1988. 270 S.

62 Bär: Die Behördenverfassung Westpreußens seit der Ordenszeit. Danzig 1912 (FN). 1989. 420 S. Mit einem Geleitwort von Bernhart Jähnig.

63 Zdrenka: Rats- und Gerichtspatriziat der Rechten Stadt Danzig. 2 Bände.
I: 1342-1525. 1991. 508 S. II: 1526-1792. 1989. 374 S.

64 Zdrenka: Danziger Burggrafen 1457-1792/93. 1989. 126 S.

65 Altpreußische Forschungen. Zeitschrift der Historischen Kommission für ost- und westpreußische Landesforschung. 1.-20. Jahrgang 1924-1943. (FN).
10 Bände zu je zwei Jahrgängen: 1.-8. Jahrg. (1924-1931). 1989. 9.-20. Jahrg. (1932-1943). 1990. Zus. ca. 5.500 Seiten. Band 11 (Registerband): Jahrgänge

1 bis 20 (1924-1943). 1995. 324 S.

66 Vogel: Amt Pr.-Eylau. Orte, Wohnplätze und ihre Einwohner. Prästationstabellen. (1756-1876). 1990. 508 S.

67 Hoffmann-Bagienski: Die Dienstgüter des Amtes Johannisburg. 1991. 16 u. 320 S.

68 Tiesler: Lebensläufe aus 507 Königsberger Leichenpredigten 1579-1724. Leipzig 1927. (FN). 1991. 4 u. 128 S.

69 Zdrenka: Rats- und Gerichtspatriziat der Altstadt (1377-1792) und der Jungstadt (1387-1454/1455) Danzig. 1991. 538 S. (x)

70 Moeller: Amtsblatt der Königl. Pr. Regierung zu Gumbinnen. Personenkundliche Auszüge. 1811-1870. 1992. 14 u. 460 S.

71 Hungerecker: Die Untersuchung der Ämter des Litauischen (Gumbinner) und des Ostpr. (Königsberger) Kammerdepartements im Jahre 1777. 1992. 220 S. (x).

72 Vogel: Die Verzeichnisse der Seminaristen der Lehrerseminare Kl. Dexen und Pr. Eylau 1816-1924. Anhang: Festschrift von 1874 zur Feier des 100jährigen Bestehens der Anstalt. 1993. 407 S.

73 Barkowski: Die Besiedlung des Hauptamtes Insterburg 1525-1603. Königsberg 1928/1930. (FN). 1993. 14 u. 215 S.

74 Moeller: Amtsblatt der Königl. Pr. Regierung zu Marienwerder. Personenkundliche Auszüge 1834-1870. 1993. 14 u. 258 S.

75 Mitteilungen des Vereins für die Geschichte von Ost- und Westpreußen.
1.-19. Jahrgang 1926-1944. 4 Bände zu je 5 bzw. 3 Jahrgängen. 1993. Zus. 1250 S.

76 Altpreußische Beiträge.
Festschrift zur Hauptversammlung des Gesamtvereins der deutschen Geschichts- u. Altertums-Vereine zu Königsberg Pr. 1933. (FN). 1994. 10 u. 208 S.

77 Der Regierungs-Bezirk Marienwerder (Topographie). Um 1820. (FN). 1994. 234 S.

78* Hartung: Akademisches Erinnerungsbuch 1787-1817. Königsberg 1825. (FN). 1994. 10 u. 276 S. (x)

79* Hartung: Akademisches Erinnerungsbuch 1817-1844. Königsberg 1844. (FN). 1994. 10 u. 240 S. (x)

80* Philippi (Hsrg.): G. C. Pisanskis Entwurf einer preußischen Literärgeschichte in vier Büchern. Königsberg 1886. (FN). 1994. Gzl. 750 S. (x)

81* Gedenkbuch zur dritten Jubelfeier Albertinas 1844. Königsberg 1844. (FN). 1994. Gzl. 4 u. 132 S. (x)

82 Spehr: Die Domänenämter Uschpiaunen und Grumbkowkaiten (Kreis Pillkallen). Dörfer, Güter und ihre Bewohner. Prästationstabellen (1723-1858). 2 Bände.
I. Bereich Uschpiaunen. 1995. 538 S. II. Bereich Grumbkowkaiten. 1996. 772 S.

83 Kling: Das Territorium der Stadt Elbing 1773 (Preußische Landesaufnahme). 2 Bände
I. Die Ortschaften der Elbinger Höhe. 1995. 412 S.
II. Die Ortschaften der Elbinger Niederung. 1996. 378 S.

84 Hungerecker: Die Untersuchung der litauischen Ämter durch die Kommission Blanckensee im Jahre 1727. 1995. 280 S.

85* Adreßbuch der Haupt- und Residenzstadt Königsberg für 1857. (FN). 1995. 250 S. (x)

86* Adreßbuch Stadt Tilsit und Vororte 1919. (FN). 1995. 496 S. (x)

87 Moeller: Amts-Blatt d. Königl. Preußischen Regierung zu Danzig. Personenkundliche Auszüge 1834-1870. 1995. 240 S.

88 Diehlmann: Die Türkensteuer im Herzogtum Preußen.
Band 1: Fischhausen - Schaaken - Neuhausen - Labiau. 1998. 537 S.

Band 2: Memel - Tilsit. 2006. 332 S.
Band 3: Ragnit - Insterburg - Georgenburg und Saalau. 2008. 463 S.

89 Wenzel: Das Danziger Adreßbuchwesen. Mit Nachdrucken der Adreßbücher: Das jetzt-lebende Danzig Anno 1777. Adreßbuch der Königl. Westpreußischen See- und Handelsstadt Danzig und der combinierten Städte Stolzenberg fürs Jahr 1797. Adreßbuch des Landkreises Danzig 1888. 2004. 264 S.

90* Heling u. Poschmann (Hrsg.): Die Bevölkerung des Ermlands 1773. Die ältesten Prästationstabellen des Hochstifts. (Zusammendruck der Einzelveröffentlichungen aus APG NF Bd. 17-26). 1997. 2 Textbände, 1 Registerband. 1376 S., 1 Karte. (x)

91 Stein, Caspar: Das alte Königsberg. Eine ausführliche Beschreibung der drei Städte Königsberg samt ihren Vorstädten und Freiheiten wie sie anno 1644 beschaffen waren. Aus dem Lateinischen übertragen von Arnold Charisius. Königsberg i. Pr. 1911. (FN). 1997. 142 S.

92 Stein, Robert: Die ländliche Verfassung Ostpreußens am Ende des achtzehnten Jahrhunderts. Jena 1918. 542 S., 8 Pläne. 2. unveränd. Aufl. (FN). Mit Rezensionen von Aubin, Skalweit u. Gause, hinzugefügten Registern. 1997. XX, 542 u. 24 S. (zur Zeit nicht lieferbar).

93* Wormit: Geschichte der Gemeinde Allenburg. Königsberg 1905. VIII u. 249 S., 12 Abb. (FN). Anhang: Festschrift zur Einweihung der wiederaufgebauten Kirche. Wehlau 1925. 20 S., 1 Abb. und: Aus Allenburgs Vergangenheit. Darstellungen und Urkunden. Von Hugo Bonk. Königsberg 1900. 36 S. (FN). 1997.

94 Polenz u. Hungerecker: Anhalt Dessau in Ostpreußen. Beiträge zur Besiedlungsgeschichte Ostpreußens. (Polenz, Nachdruck: Chronik der Norkitt'schen Güter 1868). 1998. 148 S.

95* Gause: Geschichte des Amtes und der Stadt Soldau. 2.Neudruck 1998. 452 S.

96 Zdrenka: Rats- und Gerichtspatriziat der Stadt Danzig in napoleonischer Zeit. 1807-1813/14. 1998. 70 S.

97 Bialunski: Siedlungswesen im Bereich der Großen Masurischen Seen vom 14. bis zum 18. Jahrhundert - Ämter Lötzen und Rhein. Aus dem Polnischen übersetzt. 2005. 256 S.

98 Spehr: Altpreußische Forschungen 1924 bis 1943 und Mitteilungen des Vereins für die Geschichte von Ost- und Westpreußen 1926 bis 1944. Ein systematisch gegliedertes Gesamtverzeichnis. 2000. 146 S. (x)

99 Spehr: Altpreußische Geschlechterkunde 1927 bis 1943 und Danziger familiengeschichtliche Beiträge 1929 bis 1943. Inhaltsverzeichnisse, Gesamtregister der Personennamen. Systematisches Verzeichnis aller Beiträge. 2000. 396 S. (x)

100 Spehr: Die Veröffentlichungen des Vereins für Familienforschung in Ost- und Westpreußen 1953 bis 2000. Thematisch gegliedertes Verzeichnis aller Beiträge. 2000. 410 S. (x)

101* Hartwich, Abraham: Geographisch-historische Landesbeschreibung derer dreyen im pohlnischen Preußen liegenden Werdern. Königsberg 1722. (FN). 2002. XXXII u. 586 S., 1 Faltkarte und hinzugefügten Registern. (x)

102 Gemeindelexikon für das Königreich Preußen. - Beide Hefte in einem Band.
Heft I: Provinz Ostpreußen. Berlin 1907. (FN). 2003. VI u. 358 S.
Heft II: Provinz Westpreußen. Berlin 1908. (FN). 2003. VI u. 179 S.

103 Berwein: Ansiedlung von Schweizer Kolonisten im Rahmen der Repeuplierung Ostpreußens. Untersuchung einer 1712 ausgewanderten Gruppe aus der Landvogtei Sax-Forsteck. 2003. 370 S.

104 Vogelsang: Das Schützenbuch d. Schützengilde Mohrungen 1826-1897. 2004. 178S.

105 Alle-Pregel-Deime-Gebiet. Heimatkunde und Heimatschutz in den Kreisen Wehlau, Friedland und Labiau. 1921 - 1924. Herausgegeben von Donner, Lehrer in Friedrichsdorf. Nachdruck. 2005. 387 S.

106* Wilhelmi: Collectanea. Marienburg in schwerer Zeit. Aufzeichnungen eines preuß. Bürgermeisters zwischen 1696 u. 1726. Nach der Auswahl von Robert Toeppen. 2006. 454 S.

107 Kling: Das Amt Tolkemit bei der Preußischen Landesaufnahme von 1772/73. 2006. 96 S.

108 Fecker/Wenzel: Landesgeschichte und Familienforschung in Altpreußen. Festschrift für Reinhold Heling zum 80. Geburtstag. 2007. XXVIII u. 446 S.

109 Bialunski: Bevölkerung und Siedlung im ordensstaatlichen und herzoglichen Preußen im Gebiet der "Großen Wildnis" bis 1568. 2009. XIV u. 462 S. Aus dem Polnischen übersetzt von Dr. Michael G. Esch.

110* Zirkwitz: Alt-Pillauer Totenregister 1885 - 1944. 2009. XI u. 373 S. Im Anhang: ab Seite 327: Pillauer Totenbuch 1945 von Hugo Kaftan. Das Totenbuch 1945 von Hugo Kaftan. Beim Standesamt Seestadt Pillau in der Zeit vom 1. Januar bis 31. März 1945 beurkundete Sterbefälle von Zivilpersonen.

111 Kling: Die Ortschaften im Großen Marienburger Werder bei der Preuß. Landesaufnahme von 1772/73. 2011. XXII u. 330 S.

112 Goedtke: Kirchengeschichte der evangelischen kleinen Städte im polnischen Preussen gelegen. Hrsg. Hans-Christoph Surkau und Martin Conitzer. 2010. XXXIV u. 316 S.

113* Mathiak: Das Kirchspiel Locken-Langgut Kreis Osterode/Ostpreußen bis 1945. 2010. XXIV u. 500 S.

114 Moeller: Königsberger Personenstandsfälle 1727 bis 1764. Hrsg. von Reinhold Heling und Elisabeth Meier. 2010. XXIV u. 622 S.

115 Bastemeyer: Das Bürgerbuch der Stadt Tilsit in Ostpreußen 1772-1804. 2011. 124 S.

116 Wolf: Amt Wandlacken; Orte, Wohnplätze und ihre Einwohner 1768 bis 1876 Zusammengestellt nach den Prästationstabellen des Domänenamtes Wandlacken.

117 Fecker, Carsten (Herausgeber): Familienkundliche und ortsgeschichtliche Beiträge aus „Nadrauen“, Heimatbeilage des „Ostpreußischen Tagblatts“, erschienen Insterburg 1935 bis 1940.

118 Surkau: Verlustlisten im Krieg 1870/71 in zwei Bänden